中国世界贸易组织年鉴

李岚清

主　管：中华人民共和国商务部
主　办：中国世界贸易组织研究会
合　办：对外经济贸易大学
北京市国际服务贸易事务中心
上海WTO事务咨询中心
深圳市世贸组织事务中心
武汉大学WTO学院
国际贸易和可持续发展中心

2013
总第7期

中国商务出版社
CHINA COMMERCE AND TRADE PRESS

图书在版编目（CIP）数据

中国世界贸易组织年鉴．2013/中国世界贸易组织研究会编．—北京：中国商务出版社，2013．12

ISBN 978-7-5103-0971-7

Ⅰ．①中… Ⅱ．①中… Ⅲ．①世界贸易组织－影响－中国经济－2013－年鉴 Ⅳ．①F743-54②F12-54

中国版本图书馆 CIP 数据核字（2013）第 305138 号

中国世界贸易组织年鉴 2013

中国世界贸易组织研究会　编

出　版：中国商务出版社
发　行：北京中商图出版物发行有限责任公司
责任编辑：李彩娟　孙　梅
社　址：北京市东城区安定门外大街东后巷 28 号
邮　编：100710
电　话：010—64269744（编辑室）
010—64266119（发行部）
010—64263201（零售、邮购）
网　址：www. cctpress. com
邮　箱：cctp@ cctpress. com
照　排：嘉年华文排版公司
印　刷：北京京华虎彩印刷有限公司
开　本：889 毫米×1194 毫米　1/16
彩　插：6 印张
正　文：51.75 印张　　**字　数：**1597 千字
版　次：2013 年 12 月第 1 版　　2013 年 12 月第 1 次印刷

书　号：ISBN 978-7-5103-0971-7
定　价：480.00 元

2012年6月4日，在俄罗斯喀山，中国商务部部长陈德铭在亚太经合组织贸易部长会议会场接受采访。由于多哈回合谈判延迟，各国对于双边和多边的自贸区建设积极性非常高。陈德铭表示，中方希望区域合作是开放和包容的，而且应该是多边贸易体制的补充而不是替代。

2012年9月8日，商务部国际贸易谈判代表兼副部长高虎城出席第十六届中国国际投资贸易洽谈会并致辞。高虎城强调，深化全面合作，积极促进跨国投资，是实现全球经济可持续增长的重要途径。中国愿与世界各国继续加强合作，积极推动投资便利化，努力促进资本跨国流动，稳步增强全球经济增长的推动力。

2012年5月28日，世界贸易组织总干事拉米在首届中国（北京）国际服务贸易交易会的“WTO与中国”高层论坛上发表主题演讲。拉米总干事在演讲中指出，今天的中国是一个有无穷无尽成长能力和创新发展能力的国家，中国市场服务产业升级有巨大机会。

《中国世界贸易组织年鉴》编委会组织机构

总 顾 问

徐匡迪　第十届全国政协副主席、中国世界贸易组织研究会名誉会长、中国工程院院士
陈德铭　第十二届全国政协常委、商务部前部长、中国世界贸易组织研究会名誉会长

高级顾问

（以下按姓氏笔画排序）
丁家褷　中国世界贸易组织研究会顾问、《中国商务》前总编辑、教授
万鄂湘　中国世界贸易组织研究会竞争政策与法律专业委员会名誉主席
王新奎　上海 WTO 事务咨询中心总裁、上海市人民政府参事室主任
龙永图　原对外贸易经济合作部副部长、博鳌亚洲论坛前秘书长、中国入世首席谈判代表
包克辛　前贵州省副省长、原国家计划委员会对外经济贸易司司长、中国复关/入世代表团成员
毕井泉　国务院副秘书长
李东生　中国广告协会会长、国家工商行政管理总局前副局长
李若谷　中国进出口银行董事长、行长
佟志广　原对外贸易经济合作部副部长、中国复关谈判代表团第二任团长
谷永江　原对外贸易经济合作部副部长、中国复关/入世谈判代表团第三任团长
沈觉人　原对外贸易经济合作部副部长、中国复关谈判代表团首任团长
张月姣　世界贸易组织上诉机构主席、教授
张玉卿　原对外贸易经济合作部条法司司长
林毅夫　世界银行前副行长兼首席经济学家、北京大学教授
易　纲　中国人民银行副行长、国家外汇管理局局长
易小准　世界贸易组织副总干事、前中国常驻世界贸易组织代表团常驻代表、特命全权大使
罗伯托·阿泽维多　世界贸易组织总干事
帕斯卡尔·拉米　前世界贸易组织总干事
俞建华　商务部国际贸易谈判副代表
素帕猜·巴尼巴滴　联合国贸易和发展会议秘书长
樊　纲　中国经济改革研究基金会国民经济研究所所长、教授

名 誉 主 编

孙振宇　第十一届全国政协委员、商务部前副部长、中国首任常驻世界贸易组织代表团常驻代表、特命全权大使、中国世界贸易组织研究会会长

主　编

廖晓淇　全国政协委员、商务部前副部长、中国国际贸易中心董事长、中国世界贸易组织研究会副会长

副主编

俞晓松　中国世界贸易组织研究会高级顾问、中国国际贸易促进委员会前会长

张志刚　全国政协经济委员会副主任、中国世界贸易组织研究会高级顾问、商务部前副部长、中国商业联合会会长

徐秉金　中国世界贸易组织研究会高级顾问、中国欧洲经济技术合作协会会长、原对外贸易经济合作部部长助理、原国家机电办主任

陈经纬　全国政协委员、香港中国商会主席、中国世界贸易组织研究会副会长

李恩恒　中国常驻世界贸易组织代表团前副代表、中国世界贸易组织研究会副会长

霍建国　商务部国际贸易经济合作研究院院长、中国世界贸易组织研究会副会长

王琴华　商务部产业司前司长、中国世界贸易组织研究会副会长

王成安　中国—葡语国家经贸合作论坛（澳门）前秘书长、对外经济贸易大学区域国别研究所葡语国家研究中心主任、客座教授、中国世界贸易组织研究会副会长

薛荣久　对外经济贸易大学教授、中国世界贸易组织研究会副会长

郑志海　原对外贸易经济合作部研究院院长、中国世界贸易组织研究会前副会长

吴家煌　中国入世市场准入谈判代表、中国世界贸易组织研究会前副会长

刘光溪　云南省人民政府金融办公室党组书记、主任、中国法学会 WTO 法研究会副会长、教授

执行主编

陈　鹏　中国世界贸易组织研究会副会长兼秘书长、商务部配额许可证事务局前局长、中国国际贸易学会前副会长

施建军　对外经济贸易大学校长、教授

邓洪波　北京市商务委员会委员、北京市国际服务贸易事务中心党委书记

高　瞻　深圳市世贸组织事务中心主任

余敏友　武汉大学 WTO 学院院长、教授

梅林德　国际贸易和可持续发展中心（ICTSD）总裁

委　员

（以下按姓氏笔画排序）

马　正　中国民用航空局政策法规司司长

王　晖　商务部科技司前司长

王世春　中国常驻维也纳联合国工业发展组织代表处副代表、公使衔参赞

王汉江　商务部对外援助司前司长

王沈阳　商务部对外投资和经济合作司司长

王俊文　中国国际贸易学会会长

王胜文　商务部对外援助司司长

王洛林　商务部经贸政策咨询委员会主任

王雪坤　商务部政研室副主任

方　英　中国传媒大学经济与管理学院

尹宗华　商务部国际经贸关系司司长

孔令羽　商务部市场体系建设司副司长

包　玲　商务部对外贸易司副司长

朱　洪　中国常驻世界贸易组织代表团副代表、公使

向　欣　商务部流通业发展司司长

刘　佐　中国税务报社总编辑

刘亚军　商务部外国投资管理司司长

刘有厚　驻欧盟使团经商参处前公使衔参赞

刘俊生　商务部驻广州特派员

刘海泉　商务部综合司司长

江　山　商务部美大司司长

孙永福　商务部欧洲司司长

孙继文　商务部财务司司长

孙淮滨　中国纺织工业联合会副秘书长、中国纺织经济研究中心主任

杜　墨　中国保险监督管理委员会国际部国际规则处处长

李　勇　民政部民间组织管理局副局长

李月芬　联合国贸易和发展会议高级经济事务官员

李成钢　商务部条约法律司司长

李晋奇　商务部电子商务和信息化司司长

杨　益　中央人民政府驻香港特别行政区联络办公室经济部副部长兼贸易处负责人

岑兆琦　中国世界贸易组织研究会竞争政策与法律专业委员会副秘书长

何　宁　驻美国使馆经济商务公使（正司级）

邱建凯　商务部市场运行和消费促进司司长兼国家茧丝绸协调办公室主任

沙开清　国家知识产权局办公室处长
沈丹阳　商务部国际贸易谈判代表秘书局局长兼办公厅副主任
沈荣华　中国行政管理学会副秘书长
张　勇　中央财经督导小组办公室副局长
张　骥　商务部机电和科技产业司司长兼国家机电产品进出口办公室副主任
张汉林　对外经济贸易大学WTO研究院院长、教授
张丽萍　联合国贸易和发展会议高级经济事务官员
张松涛　中国进出口银行党委委员
张国庆　商务部驻上海特派员、商务部政研室前副主任
张晓婉　农业部农业贸易促进中心研究员
陈　星　商务部台港澳司司长
陈　洲　商务部亚洲司司长
陈婧丹　中国民用航空局政策法规司政策处
尚　明　商务部反垄断局局长
周　萍　商务部外事司司长
周亚滨　商务部人事司司长
周宏达　中国证监会国际合作部副处长
周柳军　商务部服务贸易和商贸服务业司司长
周冠山　海关总署国际合作司前司长
周晓燕　商务部进出口公平贸易局局长
赵龙跃　南开大学教授、南开大学中国国际发展研究中心主任
赵明霞　中国纺织工业联合会产业部处长
胡　铁　中国世界贸易组织研究会竞争政策与法律专业委员会副秘书长
胡景岩　中央人民政府驻澳门特别行政区联络办公室经济部副部长兼贸易处负责人
钟曼英　商务部西亚非洲司司长
侯　颖　中国钢铁工业协会高级分析师、市场调研部副主任、教授级高级工程师
姜　波　中国保险监督管理委员会国际部主任
姚　坚　商务部办公厅主任、新闻发言人、青岛市人民政府前副市长
顾春芳　商务部产业损害调查局局长
柴小林　商务部世界贸易组织司司长
柴海涛　全国打击侵犯知识产权和制售假冒伪劣商品工作领导小组办公室副主任（正司级）
钱建初　中国商务出版社总编辑
倪洪兴　农业部农业贸易促进中心主任、农业部农产品贸易办公室副主任、研究员
唐　炜　中国国际贸易中心股份有限公司总经理
唐小兵　世界贸易组织市场准入司司长
戚秀芹　国家质量监督检验检疫总局国际合作司司长
常晓村　商务部市场秩序司司长
崔明谟　中国国际经济合作学会会长

隆国强 国务院发展研究中心对外经济研究部部长、研究员
蒋璇芳 中国钢铁工业协会市场调研部进出口处
韩秀成 国家知识产权局办公室巡视员
韩铁城 中国驻法国大使馆经济商务参赞处前公使衔参赞
傅星国 中国常驻世界贸易组织代表团参赞
童道驰 中国证监会国际合作部主任
温再兴 商务部市场秩序司巡视员
谢金英 文化部对外文化联络局副局长
戴云楼 中国驻美国大使馆经济商务参赞处前公使衔参赞

指导单位

外交部	国家发展和改革委员会
教育部	民政部
财政部	中国人民银行
海关总署	国家税务总局
国家工商行政管理总局	国家质量监督检验检疫总局
国家新闻出版广电总局	国家食品药品监督管理局
国家知识产权局	国务院法制办公室
国务院研究室	中国科学院
中国社会科学院	中华人民共和国常驻世界贸易组织代表团
最高人民法院	中国国际贸易促进委员会
世界贸易组织秘书处	联合国贸易和发展会议
联合国工业发展组织	清华大学
北京大学	中国人民大学
复旦大学	武汉大学
对外经济贸易大学	上海对外经贸大学

编辑部

总 编 辑： 刘学煌

副总编辑： 陈碧月 宫和平 林万国 杨凤鸣

编　　辑：（以下按姓氏笔画排序）

王　洁　王　项　王　惠　王劲松　孔　超　李　西　杨　旸
吴洪岗　张春霞　庞　嫄　孟俊华　侯虓昆　俞永炳　黄艳希
曹自强　崔　凡　谭　力

序

中国加入世界贸易组织以来，全面履行加入世贸组织承诺，充分利用多边贸易体制与规则，以开放促改革促发展，经济社会实现了跨越式发展，在参与全球经济治理方面日益发挥重要作用。

当前，全球金融危机的影响仍未消退，世界经济复苏进程艰难曲折。在应对贸易保护主义、解决贸易争端、监督各国贸易政策等方面，世界贸易组织发挥了重要作用和影响力。中国坚定支持以世界贸易组织为代表的多边贸易体制，将继续推动多哈回合谈判取得进展。根据党的十八大报告要求，中国将适应经济全球化新形势，实行更加积极主动的开放战略，完善互利共赢、多元平衡、安全高效的开放型经济体系。

由中国世界贸易组织研究会编辑出版的《中国世界贸易组织年鉴(2013)》全面介绍了当前多边贸易体制面临的挑战、多哈回合谈判的最新进展和中国在世贸组织中的动态，客观反映了中国开放型经济体系发展的现状以及中国学术界的最新研究成果，是一部实用性很强的工具书。希望这部《年鉴》能为社会各界深入研究多边贸易体制和中国经贸发展提供有益的参考和借鉴。

中国世界贸易组织研究会名誉会长
中华人民共和国商务部前部长
陈德铭

2013年11月

编 辑 说 明

《中国世界贸易组织年鉴（2013）》（下简称“本年鉴”）是中华人民共和国商务部主管，由中国世界贸易组织研究会组织国内外权威部门和专家、学者参与编撰出版的大型工具书，集政策性、研究性、实用性、史料性为一体，是国内外追踪研究WTO及相关问题，全面了解加入WTO后中国对外开放新形势和新变化的年度出版物。

当前世界贸易格局正面临着重重挑战。多哈回合多边贸易谈判仍处在僵局，全球多边经贸治理亟须大国充分发挥其引领作用。适应经济全球化的新形势，我国正在实行更加积极主动的开放战略，全力推进改革开放，中国（上海）自由贸易试验区正是为全面深化改革开放探索新途径。这需要借助世界贸易组织平台，完善开放型经济体系。本年鉴的四篇专文对上述问题进行了阐述。

在内容方面，本年鉴在前六卷基础上做了进一步完善。正文篇数增至十篇，框架体系逐年充实并基本定型：专文、WTO事务、中国与WTO、中国大陆与港澳台、中国与WTO主要成员经贸关系、与WTO有关的政策与管理措施、中国地方WTO事务、WTO学术成果、与WTO有关的法规及政策、贸易统计数据。为推动和繁荣我国世界贸易体制方面发挥更积极作用，进一步加强对世贸组织规则的再学习再普及，由商务部办公厅发文，由中国世界贸易组织研究会和商务部政研室合作开展了“2012中国世界贸易组织研究成果收集活动”，本年鉴第八篇收录了此次活动的入围作品名单。此外，为全面反映中国加入WTO以来的国际地位和对外关系变化，延续去年的安排，将“中国与WTO主要成员经贸关系”从区域细分至双边，包括拉美、欧盟、东盟、非洲4个区域，美国、加拿大、澳大利亚、智利、秘鲁、新西兰、俄罗斯、英国、法国、德国、新加坡、日本、韩国、印度和巴基斯坦15个国家。

本年鉴在编撰过程中，得到了商务部、国务院其他相关经济贸易主管部门以及我国常驻世界贸易组织代表团和广大作者、译者的积极支持和帮助，在此谨表示衷心的感谢！

本年鉴所涉及单位名称、作者姓名及职务均以截稿日期为准。我们真诚希望社会各界继续对年鉴的编辑和出版工作给予关心和支持，对本年鉴的不足之处，敬请提出批评和改进意见，以使本年鉴更加完善。

通信地址：北京市朝阳区惠新东街10号对外经济贸易大学行政楼125室

邮政编码：100029

电　　话：0086－10－8425 5121

传　　真：0086－10－8425 5121

E-mail：cwtoyearbook@sina.com

《中国世界贸易组织年鉴》编辑部

2013年11月

目　　录

第四篇 中国大陆与港、澳、台

第五篇 与 WTO 主要成员经贸关系

第六篇 与 WTO 有关的政策与管理措施（2012）

第八篇　WTO 学术成果

- 学术论文

➢ 中国与世界贸易组织

附　录

CONTENTS

2013 | 中国世界贸易组织年鉴支持单位

SUPPORTS OF CHINA WORLD TRADE ORGANIZATION YEARBOOK

CAE EXPO XINJIANG 中国—亚欧博览会 CHINA-EURASIA EXPO 秘书长：李静援	瑞丽国家重点开发开放试验区工管委 管委会主任：王俊强	ANDA 安达市开发区
NU SKIN 优 异 · 你 看 得 见 大中华区副总裁：李潮东	CMEC 中国机械设备工程股份有限公司 China Machinery Engineering Corporation	CHONGQING EXPORT-IMPORT CREDIT GUARANTEE CO. LTD 重庆进出口信用担保有限公司
赣州经济技术开发区 Ganzhou Economic and Technological Development Zone 管委会党委书记：廖长荣	金华经济技术开发区 Jinhua National Economic and Technical Development Area	SEDA 沈阳经济技术开发区 管委会副主任：张坚强
首届中国特色商品博览交易会	天津市滨海新区 宗国英 天津市副市长天津市滨海新区人民政府区长	唐山曹妃甸经济技术开发区

天津市滨海新区

滨海新区行政区划面积 2270 平方公里，常住人口 253 万，辖 3 个城区、27 个街镇和 9 个产业功能区，是天津市的重要组成部分。滨海新区背靠北京和天津中心城区，可依托的智力资源密集，新区产业基础雄厚，初步形成了航空航天、电子信息、石油化工、汽车及装备制造、生物医药、新能源新材料、粮油食品、轻工纺织八大优势产业骨架。

国家对滨海新区开放做出了全面部署，明确了滨海新区的功能定位：依托京津冀、服务环渤海、辐射“三北”、面向东北亚，努力建设成为我国北方对外开放的门户、高水平的现代制造业和研发转化基地、北方国际航运中心和国际物流中心，逐步成为经济繁荣、社会和谐、环境优美的宜居生态型新城区。

开发区——泰丰

近年来，滨海新区在市委、市政府的坚强领导下，在全市各部门和各区县的大力支持下，全力推进“十大改革”，加快“十大战役”、“四大平台”建设，以加快结构调整为主攻方向，以改革创新为动力，迎难而上，顽强拼搏，在干事创业中赢得了主动，全区经济社会发展迈上了一个新台阶。2012 年全区生产总值达到 7205.17 亿元，比上年增长 20.1%。规模以上工业总产值 14416.75 亿元，增长 15.8%。

“十二五”时期是滨海新区大有可为的战略机遇期，也是加快开发开放的黄金发展期。经济社会发展的总体目标是：中国北方对外开放的门户功能显著增强，现代制造和研发转化基地基本建立，北方国际航运中心和国际物流中心地位基本确立，经济繁荣、社会和谐、环境优美的宜居生态型新城区框架基本形成。到 2020 年，全面实现国家对滨海新区的功能定位。

国际邮轮进港

With a permanent resident population of 2.53 million, the administrative division of Binhai New Area, an important component of Tianjin, covers an area of 2,270 square kilometers, governs 3 urban areas, 27 towns and 9 industrial functional zones. Backing on Beijing and the central urban area of Tianjin, Binhai New Area has tangibly shaped a framework of "Eight Competitive Industries" by virtue of intensive intellectual resource and solid foundation of its industries, namely space and civil aviation, electronics & information, petrochemical, automobile & equipment manufacturing, biopharmaceutical, new energy & new materials, grain, oil & foodstuff, and light industries & textile.

The State Council conducted a comprehensive planning for the opening of Binhai New Area and defined its functional orientation: relying on Beijing-Tianjin-Hebei Region, Binhai New Area is supposed to provide services for Bohai Rim, radiate "The Three Norths" and cater to Northeast Asia. Aim to be an opening door to the outside world of the northern China, a high-level base of modern manufacturing industry and R&D commercialization, the international shipping center as well as international logistics center in northern China, Binhai New Area is turning into a new and livable eco-friendly area featuring prosperous economy, harmonious society and pleasant environment.

In recent years, under the prudent leadership of the municipal Party Committee and municipal government, with strong support from competent departments and other districts, Binhai New Area has been boosting the "Ten Great Reforms" with all-out efforts to accelerate the construction of "Ten Great Campaigns" and "Four Great Platforms". Pushed on to quicken structural adjustment and driven forward by reform and innovation, Binhai New Area has strived to brave difficulties and take the initiative in pioneering businesses. As a result, the economic and social development of Binhai New Area reached a new stage. In 2012, the total output value amounted to 720.517 billion yuan, up 20.1% over last year, and the industrial output value totaled 1441.675 billion yuan, with a 15.8% growth over last year.

For Binhai New Area, the period of "12th Five-Year Plan" is a promising period of strategic opportunities, as well as a golden development period to accelerate its opening-up. The overall objectives for the development of economic society: strengthening its performance served as a door in northern China opened to the outside world, completing basic construction of the base for modern manufacturing industry and R&D commercialization, establishing the important status as an international shipping center as well as an international logistics center in northern China, and forming the framework of a beautiful and livable eco-friendly new area featuring prosperous economy, harmonious society and pleasant environment. Binhai New Area will completely realize its functional orientation planning conducted by the State Council by 2020.

高端装备制造产业
Effect drawing of Tangshan Bay Eco–city Hospital

The state formally approved the establishment of the Caofeidian Economic and Technological Development Zone that is a Caofeidian Economic and Technological Development Zone on January 2, 2013. This is the first newly established National Development Zone in China.

Tangshan Caofeidian Economic and Technological Development Zone is located in the core area of economic circle around Bohai. It is the window for regional cooperation of Northeast Asia, new industrialization base around Bohai, important point for the capital economic circle, national circular economy demonstration area and demonstration area for scientific development.

The development zone has seven excellent investment advantages:

Traffic advantage. The Development Zone is 220 km away from Beijing, 120 km away from Tianjin, 400 sea miles away from Inchon port of South Korea, 935 sea miles from the Kobe port of Japan. It has very convenient shipping route is to Australia, Brazil and other countries. Datong–Qinhuangdao, Beijing–Harbin, Beijing–Shanhaiguan and other main railway lines and TangJin Expressway, the Coastal Expressway etc are connected with Caofeidian. It has formed a road net system that is jointed with Beijing and Tianjin, around Bohai and facing North China, Northeast of China and Northwest of China.

System policy advantage. It is approved as the national Economic and Technological Development Zone, the comprehensive bonded area. It enjoys the special policies in finance, use for land and sea, decentralization of authority etc. At the same time, the total lands in the Zone are lands of state ownership. It is convenient for unified planning as there is no contradiction on land expropriation and removal.

Port resource advantage. There is no freeze and no silt in the port all the year. It has deep water coastline of 69.5 kilometers. The depth of deep trough in front of the island is 36 meters and there is a natural waterway with the depth of 27 meters flows to the Yellow Sea. It is the only natural diamond harbor in Bohai coast that can construct large berths of more than 300,000 tons without digging channel and harbor basin. It can plan to construct more than 260 ten–thousand ton level berths.

Gas resources. The LNG terminal and Tangshan LNG project which are under construction will provide abundant gas resources. It can be directly transported to the gas–using enterprises by the pipeline.

Power advantage. It has the power plant with power supply scale of total installed capacity of 46 million Kw.

Advantage of the land. It can provide sufficient land for the development of port industry and urban development and construction and it has the obvious price advantage.

Tax advantage. Hebei Province and Tangshan City implement the preferential policies of finance and tax that Quota Share, Whole Return When It Is Surplus on four taxes (value added tax, consumption tax, corporate income tax, personal income tax) in Caofeidian.

The Development Zone forms five leading industries including equipment manufacturing, steel, port logistics, chemical, high–tech industry. It attracts Shougang Jingtang Steel, Sinopec, CNPC, CR Power, Huadian Heavy Industries Co., LTD, SAIC, Lenovo and a number of the world Fortune 500 and large enterprises to establish companies in the Zone.

The Development Zone implements No Interference, No Check, No Fee and No Penalty for the enterprises which are established in the zone to ensure that all investors are satisfied and harmonious with no obstacle in Caofeidian.

综合保税区
The Comprehensive Bonded Area

冀东盾石机械制造项目
Jidong Dunshi Machinery Manufacturing Project

华润曹妃甸电厂
China Resources Caofeidian Power Plant

首钢京唐钢铁联合有限责任公司 Shougang Jingtang Joint Steel Co., Ltd

中国機械設備工程股份有限公司

China Machinery Engineering Corporation

www.cmec.com

中国机械设备工程股份有限公司(CMEC)，由中国机械设备进出口总公司通过整体改制正式更名，于2012年12月21日在香港正式上市。 CMEC成立于1978年，是中国第一家大型工贸公司，隶属于中国机械工业集团有限公司，是以工程承包为核心业务，以贸易、研发及国际服务为主的工贸结合、技贸结合的大型国际化综合性企业。

经过三十多年努力，CMEC成功实现业务转型，发展成为以国际工程承包为核心、国际贸易为主、中国领先的国际工程承包商。作为国际知名的工程承包商，CMEC在中国对外承包工程完成营业额方面连续多年名列前十位。

CMEC在国际工程承包领域始终名列前茅，尤其在国际电力能源工程承包领域创造了多个“中国第一”。20世纪80年代，古杜21万千瓦火电站是我国首次以出口卖方信贷方式承揽的国际工程承包项目；进入新世纪，首次将国产60万千瓦超临界燃煤发电机组电站打入国际市场，现已实现并网发电。其他领域的业务同样成绩斐然，如在非洲承建首座国家广播电视中心工程。

据益普索行业报告，就2012年全球市场内的国际电力能源项目收入而言，CMEC在中国承包商之中名列第四位。2012年12月土耳其EREN超临界燃煤电站荣获中国建设工程最高奖——鲁班奖（境外工程），是该奖（境外工程）设立以来当选的首个燃煤电站项目；在2012年11月第11届中国项目管理大会上，斯里兰卡普特拉姆电站一期工程获中国项目管理研究委员会评选的“中国项目管理成就奖”。

目前，CMEC承接的国际工程承包业务和一般国际贸易已经遍及世界五大洲150多个国家和地区。工程承包业务范围涉及电力能源、交通运输及电子通讯、房屋及建筑、制造及加工工厂、环境保护及采矿和资源勘探等多个领域。

CMEC在国内设有26家附属公司，在国外及香港特别行政区设有13家附属公司，26家驻外代表处。

CMEC以“让创想成真”为企业理念，不断致力于互利互惠、共同发展、和谐进步，努力成为在国际工程承包、国际贸易及相关服务业中位居中国前列、世界知名的国际化企业集团。

土耳其艾伦600MW超临界电站
600MW EREN Supercritical Power Plant, Turkey

刚果（布）OBO公路
Asphalt Concrete Highway Engineering of OBO, Congo (Brazzaville)

加蓬广电中心
Broadcasting & TV Center, Gabon

刚果（布）英布鲁水电枢纽工程
Imboulou Hydropower Project in Congo (Brazzaville)

地址：北京市西城区广安门外大街178号 Add: No.178 Guang An Men Wai Street, Xicheng District, Beijing 100055, China
Tel: +86-10-6345-1188 Fax: +86-10-6326-1865 6326-8203 E-mail: cmec@mail.cmec.com

腾飞

China Machinery Engineering Corporation (CMEC) was built on its predecessor China National Machinery & Equipment Import & Export Corporation through an overall reorganization. On December 21st, 2012, CMEC was listed in the Hong Kong Stock Exchange. Founded in 1978, CMEC is the first large engineering & trade company in China, and a member of China National Machinery industry Corporation. It is a conglomerate taking engineering contracting as its core business and integrating trade, R&D, and international service.

After painstaking efforts for more than three decades, CMEC has successfully reshaped its business pattern, and evolved into an internationally reputed and domestically leading engineering contractor mainly engaged in international projects and trade. As a world-renowned engineering contractor, CMEC has been ranked among China's top 10 contractors by the business turnover from overseas contracted projects by the Chinese Ministry of Commerce (MOFCOM) for many consecutive years.

CMEC has always taken the leadership in the international contracting market, and, in particular, been recognized as "China's First" in a number of international projects in the power sector. In the 1980s, CMEC contracted the 210MW Guddu Thermal Power Station under the export seller's credit, the first of its kind in China. With the advent of the new century, CMEC took the lead to introduce the made-in-China 600MW supercritical coal-fired generator set to the international market, which has been connected to the grid for power generation. CMEC has also made outstanding achievements in other sectors, including the building of the first national radio & TV center in Africa.

According to IPSOS's report, CMEC ranked 4th among Chinese contractors in terms of revenue from international power and energy projects worldwide. In December 2012, CMEC's EREN 2×600MW Supercritical Coal Fired Power Plant in Turkey won the Luban Prize (overseas project), the highest prize for construction projects of China, making it the first coal fired power plant to win this prize. At the 11th China Congress on Project Management held in November 2012, the Phase I project of Puttalam Power Plant in Sri Lanka was accorded the China Project Management Achievement Award by China Project Management Research Committee.

CMEC has extended its business reach to more than 150 countries and regions in the fields of international engineering contracting and international trade in general. The contracting business involves a broad range of areas such as electric power, transportation, electronic communications, housing & architecture, manufacturing and processing plants, environmental protection, mining and resource exploration.

Now CMEC has 26 affiliates in the Chinese mainland, 13 affiliates in the Hong Kong Special Administrative Region (Hong Kong SAR) and foreign countries, and 26 representative offices overseas.

CMEC embraces the corporate philosophy of "Create Ideas, Achieve Dreams", and devotes itself to the promotion of mutual benefit, common development, and harmonious progress. CMEC is making every effort to build itself into an internationally renowned and domestically leading business conglomerate in international contracting, international trade and related service industries.

安哥拉罗安达城市电网改造二期
Rehabilitation of the Luanda Electricity Network Project, Phase II, Angola

巴基斯坦塞伊夫225MW燃机联合循环电站
Saif 225MW Gas Turbine Combined Cycle Power Project, Pakistan

出口德国4250箱的集装箱船
4250 TEU Container Vessel Exported to Germany

2009 至 2012 年，公司业务规模以年均 70% 的速度递增，已累计为 217 户企业提供了 225 亿元担保服务，在保余额超过 135 亿元，损失率保持为 0，连续四年盈利，实现了社会效益与经济效益的有效统一，得到了社会各界的高度认可，先后获得“全国最具公信力中小企业信用担保机构”、“全国万亿担保规模上榜机构 30 强”、“中国担保成长先锋”、“最佳风险控制奖”、“重庆市国企贡献奖先进集体”、重庆市融资担保机构“10 强”、“十一五期间支持中小企业发展贡献突出担保机构”以及“中小企业信用担保突出贡献奖”等多项荣誉。

面向未来，公司确立了“全国一流的新型金融服务集团”的企业愿景，正沿着以“投资担保集团”为核心，以担保、小额贷款、金融租赁、咨询顾问、股权投资等新型金融服务业为依托的集团发展路径扬帆前行！

第二家小贷公司——信汇产融小贷公司开业典礼现场

第三家小贷公司——信和产融小贷公司开业典礼现场

中缅合作不断深化

振翅欲飞的瑞丽国家重点开发开放试验区

瑞丽国家重点开发开放试验区工管委

瑞丽国家重点开发开放试验区位于云南省德宏傣族景颇族自治州，这里山川秀丽，气候宜人，具有三个显著的特点：一是民族文化丰富多彩；二是绿色生物资源丰富多样；三是地理区位独具优势。

建设云南瑞丽国家重点开发开放试验区，是国家深入推进西部大开发的重大举措，是云南省桥头堡建设的重要突破口，是德宏实现科学和谐跨越发展的重要途径。2011年5月，云南省委、省政府在瑞丽市举行了试验区建设启动仪式，并组建了试验区工委和管委，对试验区建设全面履行统筹、决策、指挥、协调职能，任命德宏州委副书记王俊强同志兼任工委书记、管委主任。2012年7月9日，国家批准了《瑞丽重点开发开放试验区建设实施方案》，瑞丽开发开放试验区建设工作全面展开。2012年11月，云南省政府成立了由省级领导任组长的试验区建设领导小组。

我国对缅最大口岸——姐告

2012年，瑞丽试验区工委和管委围绕建设中缅边境经济贸易中心、西南开放重要国际陆港、国际文化交流窗口、沿边统筹城乡发展示范区、睦邻安邻富邻示范区五大目标，不断解放思想，先行先试，有序推进试验区建设，取得了显著的成效。一是组建了试验区工管委及其综合办公室，成立了试验区建设规划委员会等机构，召开了试验区建设专家咨询会，提出一系列行之有效的新思路新举措。二是积极探索创新跨境合作体制机制，稳步推进跨境贸易人民币结算退税、个人本外币特许业务兑换等试点工作，扎实开展全国低丘缓坡土地综合开发利用和云南省城镇上山试点工作，试验区建设体制机制创新不断突破，自我发展能力进一步增强。三是中缅石油天然气管道、龙瑞高速公路、瑞陇高速公路、大瑞铁路、芒市机场升级、陇川通用机场、瑞丽江电站电力回送等重大项目建设加快推进，试验区基础设施条件加快改善，大通道建设取得实质性进展。四是以芒市、瑞丽两个省级重点工业园区为核心的园区建设全面推进，以中石油、中储粮等国企入驻瑞丽为代表的大企业进入战略全面实施，以中缅胞波狂欢节、中缅边境交易会为代表的会展经济蓬勃发展，以旅游购物、珠宝、红木为代表的外向型特色优势产业集群逐步形成，试验区呈现出产业体系逐渐优化、招商引资提质增效、对外贸易发展迅速、特色产业逐步壮大的良好态势。五是“七彩云南德宏保护行动”深入实施，“森林德宏”建设得到高度重视，瑞丽森林式生态型园林城市、陇川森林宜居城市、芒市卫生园林城市建设取得重大进展，资源节约型、环境友好型社会建设成效显著，沿边生态屏障作用明显。

详细地址：云南德宏芒市会堂四楼
联系人：李永华
电话：0692-2906365
传真：0692-2906368

上海合作组织粮食安全研讨会会场

德国在第三届亚欧博览会举办专题投资促进会

CAE EXPO XINJIANG
中国—亚欧博览会
CHINA-EURASIA EXPO

中国—亚欧博览会

为了搭建我国与周边国家（地区）开展首脑外交的交流平台，推动新疆与周边国家的深层次合作，进一步扩大我国沿边开放和向西开放，推进新疆跨越式发展和长治久安，切实贯彻中央《关于推进新疆跨越式发展和长治久安的意见》中发〔2010〕9号）和《关于深入实施西部大开发战略的若干意见》中发〔2010〕11号）文件精神，中央决定于2011年起，中国—亚欧博览会（以下简称亚欧博览会）由中国乌鲁木齐对外经济贸易洽谈会（原乌洽会）升格为国家级博览会。乌洽会是1992年由时任国务院总理李鹏同志建议开始举办，至2010年连续举办了19届，已发展成为中国西北乃至中亚地区最大的综合性展会。19年来，乌洽会成果丰硕，累计对外经济贸易总成交396.5亿美元，国内贸易成交1585.06亿元人民币，国内经济技术合作项目11586个，总额9430.43亿元人民币；19年来，乌洽会对外影响持续扩大，已成为中国扩大向西开放、沟通，与世界各国特别是中西南亚国家经贸往来的重要桥梁和窗口，有力地促进了区域经济的合作发展，加深了科技与人文交流；19年来，乌洽会推动新疆外经贸迅速发展，1991至2010年，新疆的对外贸易、吸收外资、对外承包分别增长了36.3倍、57.2倍、52.6倍，边贸增长了225.2倍。这些都为中国—亚欧博览会奠定了坚实的基础。

从2011年起，乌洽会升格为中国—亚欧博览会。这为增进中国与亚欧各国合作，共享发展机遇提供了更为广阔的空间。中国—亚欧博览会将成为中国与亚欧国家（地区）开展首脑外交的重要平台、扩大与周边国家经贸合作的重要渠道、深化与周边国家科技人文交流的重要纽带、树立中国新疆对外良好形象的重要窗口。通过这一平台，将进一步加强中国和亚欧国家各方面合作。亚欧博览会作为中国国家级展会，有利于进一步促进国内东中部地区与西部地区经济协调发展，吸引内外资投入和产业聚集；有利于强化新疆在新欧亚大陆桥的枢纽作用，把新疆打造成为我国向西开放的重要门户和基地，建设成联接亚欧的商贸物流中心；有利于推动形成我

“印度—中国商业投资”论坛

亚太经社理事会围绕新疆发展举办专题研讨会

国陆上开放和沿海开放并进的开放新格局，加强与中亚、西亚、南亚和欧洲各国的全方位、多领域合作；有利于加快新疆改革开放和现代化建设步伐，推进和密切同亚欧各国关系，促进本地区的和平、繁荣、稳定、共同发展。

亚欧博览会的作用是多方面的，主要体现为政治作用、经济作用、文化作用、社会作用及对其他展会的示范作用。

政治作用主要体现在首脑外交平台作用的凸显上。通过我国家领导人和外国政要与会，以及开展多双边会见活动，可以进一步增强亚欧博览会的影响力，从而扩大新疆的知名度，为新疆与亚欧各国交流打造外交平台。博览会期间，内容丰富、领域广泛、形式多样、成果丰硕的数十场论坛和主题活动，使亚欧博览会的国际性、多样性、互动性进一步显现，构筑了中国与亚欧国家之间多领域合作交流的新舞台。

亚欧博览会还发挥了巨大的经济作用。首届亚欧博览会对外经济贸易成交总额 55.06 亿美元，内联项目集中签约 178 个，总投资额 1850.56 亿元人民币。第二届亚欧博览会签订外贸合同总额 62.41 亿美元，内联项目集中签约 170 个，签约总金额 2068.53 亿元人民币。第三届亚欧博览会签订对外经济贸易成交总额 56 亿美元，内联项目集中签约 165 个，签约总金额 2132 亿元人民币。

亚欧博览会还具有明显的社会作用。亚欧博览会在提升城市文明社会效应方面作用明显。乌鲁木齐市的交通、商贸、酒店、金融等服务机构，以及每个市民，都积极展示良好素质。亚欧博览会对新疆各地的特色展会具有良好的示范效应。应通过不断完善提升亚欧博览会的功能，加快新疆会展业的市场化、专业化和国际化进程，提高会展业核心竞争力，不断扩大新疆会展经济规模，将会展经济培育成新疆优势产业和新的经济增长点。

第三届中国—亚欧博览会成为新疆各族人民的节日

展外大型机械展区成为亚欧博览会一大亮点

志愿者成为第三届亚欧博览会亮丽风景线

金华经济技术开发区
Jinhua National Economic and Technical Development Area

一、园区简介

位置：浙江省金华市　　创建时间：1992年6月　　升级时间（国家级）：2010年11月

园区特色：浙江省外商投资新能源汽车产业基地、浙江省电子信息产业基地、首批省级电子商务示范园区；德国尼奥普兰、美国巴奥米特等世界500强企业，美国黑石、IDG等国际风险投资公司投资开发区；围绕宜居、宜学、宜业目标，着力打造产城融合、生态良好的多功能综合性产业园区。

环境建设：浙江中西部基础设施配套最完善的多功能综合性产业园区；实行“一站式”办理、“一条龙”服务，努力提升行政审批服务效能，竭力让投资者满意。

二、主导产业

汽车及配件产业：浙江省外商投资新能源汽车产业基地。达到欧IV排放标准的重型柴油豪华城市客车先后中标北京奥运会、上海世博会采购项目。

电子信息产业：拥有“中国商业网站100强”企业3家，“中国行业电子商务100强”企业9家，“中国互联网产业百强”企业2家。

三、龙头企业

青年汽车、今飞轮毂、绿源集团、5173、9158、东晶电子、博尚电子、巴奥米特、康恩贝、金字火腿。

地址：金华市双溪西路620号（开发区管委会办公室）
电话：0579-89159999　　传真：0579-82377699
邮箱：kfqsw0579@163.com　　网址：http://www.jhk.gov.cn/

绿源集团生产的电动车
Electric Vehicles, which are manufactured by LUYUAN Group

全球最大的网游服务提供商——5173公司
5173 Company, which is largest game service provider in the world

青年集团汽车生产线
The Production line of China Youngman Automobile Group

鸟巢前的青年客车

1.Brief Introduction

Location: Jinhua City Zhejiang Province

Founded in: June (Month) 1992 (Year)

Upgrading Date (State-level): November (Month) 2010 (Year)

Features of the Zone: The Zone is the industrial base of new energy vehicles which is invested by foreigners in Zhejiang Province, the electronic information industry base in Zhejiang Province, and one of the first batch of provincial-level electronic business demonstrational parks; several world top 500 enterprises (including NEOPLAN Bus GmbH, BIOMET Group, and so on) have settled down in the Zone, and several international risk investment enterprises (such as the Blackstone Group, IDG, and so on) have invested in the Zone; aiming at be suitable for living, studying and working, the Zone is to be a multi-functional comprehensive industrial area, where the development of industries and the development of city are promoting with each other and the eco-environment is very well.

Environmental Construction: the Zone is a multi-functional comprehensive industrial area which has the most perfect infrastructure in the middle-and-west of Zhejiang Province; the Zone implements the policy of the one-stop admission, provides the all-in-one services, and makes efforts to improve the service efficacy of administrative approval, in order to satisfy the investors.

2.Leading Industries

Auto and auto parts industry: the Zone is the industrial base of new energy vehicles which is invested by foreigners in Zhejiang Province. The heavy-duty diesel luxurious urban bus which meets Euro-IV emission standard has won the bid of purchasing project of Beijing Olympic Games and Expo 2010 Shanghai China.

Electronic information industry: in the Zone, there are three enterprises which are the top 100 commercial websites in China, nine enterprises which are the top 100 industrial e-businesses in China, and two enterprises which are the top 100 network enterprises in China.

浙中第一街（八一南街）
The First Street in the Middle of Zhejiang Province (Bayi South Street)

3.Leading Enterprises

China Youngman Automobile Group, Zhejiang Jinfei Kaida Wheel Co., Ltd, LUYUAN Group, 5173 Company, 9158 Company, Zhejiang East Crystal Electronic Co., Ltd, Zhejiang Boshang Electronics Co., Ltd, Zhejiang Biomet Medical Products Co., Ltd, Zhejiang Conba Pharmaceutical Co Ltd, Jinzi Ham Co., Ltd

和谐社区 Harmonious Community

宾虹小学
Binhong Primary School

住宅小区 Residential Quarters

Contract Information (of Administrative Committee):

Address: No. 620, Shuangxi West Road, Jinhua City

Tel: 0579-89159999

Fax: 0579-82377699

E-mail: kfqsw0579@163.com

Website: http://www.jhk.gov.cn/

湖海塘区块鸟瞰效果图

对外开放的时代先锋——秦皇岛经济技术开发区

数据产业标志性建筑——数谷大厦

整洁优美的邢庄村民新居

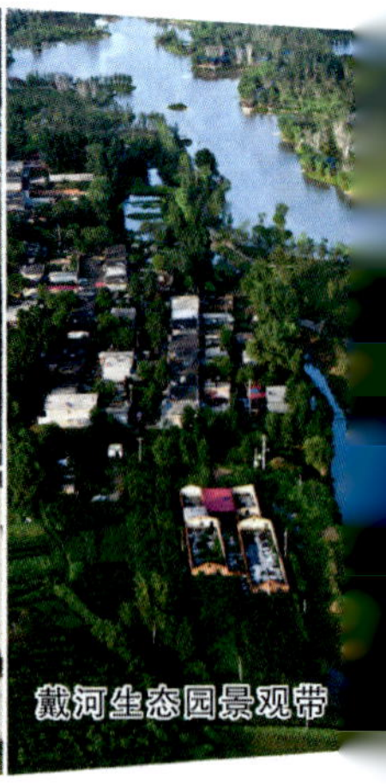

戴河生态园景观带

作为我国首批国家经济技术开发区之一的秦皇岛经济技术开发区，是环渤海地区对外开放的重要窗口，经过近 30 年的开发建设逐步发展成为集国家出口加工区、国家大学科技园、国家创业服务心于一体的现代化、多功能、综合性产业园区，是秦皇岛市最具活的经济增长极。截至 2013 年上半年，已荣获“全国投资环境 40 佳”“ISO14000 国家示范区”、“跨国公司最佳投资开发区”、“2012 具投资价值园区”、“中国产学研合作创新示范基地”、“全国数据业最佳基地”等多项荣誉称号。

面对新的发展机遇，秦皇岛经济技术开发区解放思想，率先发展充分发挥“窗口、示范、辐射、带动”作用，利用沿海优势，着力好开放牌，为河北沿海地区经济迅速崛起发挥积极推动作用。

特色产业提升，全面推进产业转型升级。数据产业发展迅2008 年 10 月，秦皇岛经济技术开发区在全国率先提出发展战略性

充满生机和活力的秦皇岛经济技术开发区

数据产业研究院揭牌仪式

开发区"十二五"新兴产业发展战略合作项目

秦皇岛开发区投资服务中心

兴产业——数据产业，打造“中国数谷”的科学构想。截至 2012 年底，已吸引包括BM 三维互联网技术平台、北京大学（秦皇岛）科技产业园、秦皇岛（中科院）技术创新成果转化基地、工信部电子五所秦皇岛分所等多个战略性合作项目以及 50 余家数据企业入驻。同时，1.4 平方公里的起步区已基本具备项目摆放条件，标志性建筑“数谷”大厦以及 49 栋单体建筑正式建成。此外，节能环保、生物产业、新能源等新兴产业如雨后春笋般兴起，呈现出强劲的发展态势，支柱产业逐渐做强。中信戴卡公司挺进全球汽车零部件供应商 100 强；哈电重装生产完成世界首台 AP1000 三代核电汽轮机，标志着核电制造技术跻身世界一流；国内首台大直径全断面岩石掘进机在天业通联下线，成功打破国外垄断；天威保变首台高性能变压器一次试验成功，技术指标国际领先。目前，秦皇岛开发区粮油食品加工、汽车零部件、重大装备制造、冶金及金属压延等特色产业迅速崛起，中国最大汽车轮毂生产基地、北方重要的重大装备制造基地、最大粮油食品加工基地已经形成。

地址：秦皇岛经济技术开发区秦皇西大街 69 号　　电话：0335-8019196　　邮编：066004

MEDA 绵阳经济技术开发区

绵阳经济技术开发区（以下简称绵阳经开区）是 2000 年成立的省级开发区。2011 年 11 月与绵阳科技城现代农业科技示范区整合成为新的绵阳经开区。2012 年 10 月升级为国家经济技术开发区。绵阳经开区是绵阳科技城的城市副中心、全市特色产业园区和新型工业集中区，先后荣获四川省优秀工业园区、四川省新型工业示范基地、四川省招商引资承接产业转移优秀园区等殊荣。

绵阳经开区幅员面积近 70 平方公里，常住人口近 10 万，各类企业 600 余户，其中规模以上工业企业 72 户。2012 年辖区实现地区生产总值 60 亿元，规模以上工业总产值 153 亿元，税收 10 亿元以上。围绕“核心区主攻新型工业、滨江新区繁荣第三产业、丘区发展生态休闲观光农业”的总体思路，绵阳经开区重点发展以长虹智能移动终端、长虹 PDP 平板显示、旭虹玻璃基板为龙头的电子信息产业，以四川美丰、东材科技、利尔化学、日普、西普为代表的化工环保产业，以华润啤酒、丰谷酒业、蓝剑饮品、好圣为代表的食品及机械加工产业等“1+2”主导产业，加快发展现代服务业，协同推进汽配铸造产业和现代农业，着力构建以城南新区为主体，以塘汛、松垭两个产城一体组团为双核，打造沿江高端商业商住与现代服务功能带、沿路（绵三路）高端制造与新型工业化功能带、沿山旅游休闲与生态观光功能带以及多个区域特色突出片区的“一区两团三带多片”区域发展大格局，力争到 2015 年建成五百亿元产业园区，至 2020 年建成宜业宜商宜居的千亿元产业园区和现代山水生态新区。

好圣

东材

虹欧 PDP 项目

金鑫铜业拉丝车间

Mianyang Economic and Technical Development Area(MEDA), which was founded in 2000. The amalgamation of Mianyang Modern Agriculture Sci-tech Model Zone into the MEDA in Nov, 2011. In Oct, 2012, the MEDA has been Promoted to State-Level Economic and Technical Development Area. The State Council confirm the MEDA to become the second centre, New industry concentration area and specialty industries precinct of industrial development in city of science and technology. It has become the excellent industry area in Sichuan, New type of industrial demonstration, excellent garden of investment and receiving industry transfer in Sichuan and etc.

The MEDA covers about 70 sq. km with the population of 100thousand. Sofar over 600enterprises have been registered including 72 scale enterprises), MEDA has realized GDP ¥ 6billion, Scale industry total production value ¥ 15. 3billion, Revenue more than ¥ 1billion. With the master plan of Key area to develop the new style of industry, Newly added district of waterfront to develop the ecological leisure agriculture. The MEDA has been putted priority on the development of one plus two industry, which mainly develops the electronic information industry focusing on the Changhong smart mobile terminal equipment, Changhong PDP, giving priority, as well as the innovation industry, Lier Chemistry, Meifeng chemical industry. Dongfang insulating material, Ripu and Xipu chemical industry, As well as the machinery and food processing industry, Huarun brewery, Fenggu distilling, Lanjian beverage manufacturer, Haosheng auto parts manufacturing. Accelerate the modern service industry development, making a concerted effort in auto parts casting industry and modern agriculture. The regional planning of the MEDA is one heartland, two groups, three industrial structure zones and some function areas. As the base of the construction about Chengnan newly developed area, the development about the industrial base and business park groups of the Tangxun Town and Songya Town, making the high-end business commercial residential building and modern service industry zone along the river, hign-end manufacture industry and new style industrialized zone along the road (Mianyang city to Santai country)tourism-oriented agriculture zone around the hill and some function area. We believe in 2015 the industry total production value of MEDA will be about ¥ 50billion, this number will be about ¥ 100billion in the year of 2020 and then the MEDA will be become a modern ecological newly developed area suitable for commercial activity and dwell.

地址：绵阳市三江大道 39 号　电话：0816-2840161　0816-2840176　邮编：621000　网址：www.meda.gov.cn

广元经济技术开发区

Guangyuan Economic and Technological Development Zone

广元经济技术开发区组建于 1992 年，1993 年 8 月被批准为省级开发区，2012 年 12 月被批准为国家经济技术开发区。现已建成国家新型工业化产业示范基地、国家先进电子产品及配套材料高新技术产业化基地和四川省军民融合高新技术产业化基地、四川省新型工业化示范基地、省级高新技术产业园区。

截至 2012 年，开发区规划建设了“七园一区”，形成了以有色金属、电子机械、食品饮料和生物医药、纺织服装、新材料、新能源、现代服务业为主的“3+5”产业体系，现有娃哈哈、四川电子军工集团、长虹欣锐、元泰达泡沫铝等规模以上骨干企业 75 家。广元经济技术开发区热忱欢迎国内外有识之士投资这片热土。

Guangyuan Economic and Technological Development Zone was established in 1992, was approved to provincial developing zone in August, 1993 by Sichuan province government, and was approved by the State Council as a national Economic and Technological Development zone in December, 2012. Now, Guangyuan Economic and Technological Development Zone already built national new industrialization demonstration base, advanced national electronic products and related materials high-tech industrial base, Sichuan Province civil-military integration of high-tech industrialization base, Sichuan Province new industrialization demonstration base, and provincial new and high technology industrial park.

At present, the Development Zone has built the "seven Parks and one District", formed a "3 + 5" industrial system mainly in non-ferrous metal, electronic machinery, food and beverage, pharmaceutical, textile and garment, new material, new energy, as well as modern service industry, we have 75 mainstay enterprises with a larger scale business, including Wahaha, Sichuan electronic military group, Changhong Xin Rui, Yuan Tai Da Aluminum Foam company and so on. Guangyuan economic and Technological Development Zone warmly welcome domestic and foreign person with breadth of vision to invest this piece of land.

地址：中国四川省广元市下西物流园区　邮编：628000　电话：0839-3503396　网址：www.gykfq.gov.cn

Address: Xiaxi Logistics Park, Guanyuan City, Sichuan Province, China　Zip code: 628000　Tel: 0839-3503396　Web site: www.gykfq.gov.cn

上饶经济技术开发区

Shangrao Economic & Technological Development Zone

上饶经济技术开发区位于素有“八省通衢”之称的上饶市城区西部，是国家经齐技术开发区、国家加工贸易梯度转移重点承接地、台资企业转移承接基地，同时又是国家光伏、光学高新技术产业化基地和江西省前五强开发区，辖区面积 176 平方公里，目前工业建成区面积 12 平方公里，总人口 10 万。区位条件十分优越，沪昆高速、上武高速、320 国道和国家正在规划建设的杭南长高铁、京福高铁穿境而过，距离正在规划建设的上饶三清山机场仅 2 公里且 3 小时车程内可达周边 6 个机场，开通了到宁波、上海的“铁海联运”和“五定班列”等快捷物流服务。平台建设迅速推进，已建成主干道路 60 余公里，电、水、气供应和污水处理、居住小区等功能设施完善，生态环境得天独厚，城镇化水平不断提升。经济实力日益增强，现有投产工业企业 167 家，汇聚了晶科能源、凤凰光学、大自然地板、圣达威电工、上饶客车等一批行业品牌企业，形成了光伏、光学和机械制造等产业集群。作为上饶市主攻工业的引领区，加速崛起的上饶国家经济技术开发区正在朝着“千亿开发区”的目标奋进！

Shangrao Economic and Technological Development Zone (SETD for short) is located to west the urban area of Shangrao city, which is of convenient transportation as known as accessible to eight ovinces. SETD is National Economic and Technological Development Zone, Key Gradient Under-king Base for National Processing Trade, Transference Undertaking Base for Taiwan-funded Enter-ises, and meanwhile National Photovoltaic & Optical High-tech Industrialization Base, and the top e development zone of Jiangxi Province. It covers an area of 176 square kilometers with 12 square ki-neters of current industrial built-up area, and owns a total population of over 100,000.

SETD owns extremely advantageous geographical conditions, with Shanghai-Kunming Express-y, Shangrao-Wuyishan Expressway, National Road 320, Hang-nan-chang angzhou,Nanchang,Changsha) Expressrailway and Beijing-Fuzhou Expressrailway being under plan-g and construction passing through. It is 2 kilometers far from Shangrao Sanqingshan Airport being der planning and construction and can drive to six nearby airports within 3 hours. It has opened rail nsport and five scheduled train (Fixed time, fixed routing, fixed freight, fixed station and fixed train nber), which can provide fast and convenient logistics service.

The platform construction of SETD is being accelerated. More than 60 kilometers of its trunk ds has been completed. It has perfect functional facilities for electricity, water, gas supply, sewage atment and residential quarters. It is favourably endowed ecologically, the level of urbanization is im-ving continually and the economic strength is growing day by day. There are 167 industrial enterpris-out into production currently, converging a number of industry brand enterprises such as Jinko ergy, Phoenix Optics, Nature Wood Industry, Shengdawei Electrical Material, Shangrao Coach etc, ch have formed photovoltaic, optical and mechanical manufacturing industrial clusters etc. As the n leading industrial zone of Shangrao City and with accelerating rise, SETD is advancing bravely ard the goal of Hundred-billion Development Zone.

联系方式：0793——8462501　网址：www.srkfq.com

地址：湖南长沙星沙三一路 2
联系电话：0731-8401110

平潭综合实验区

风筝冲浪

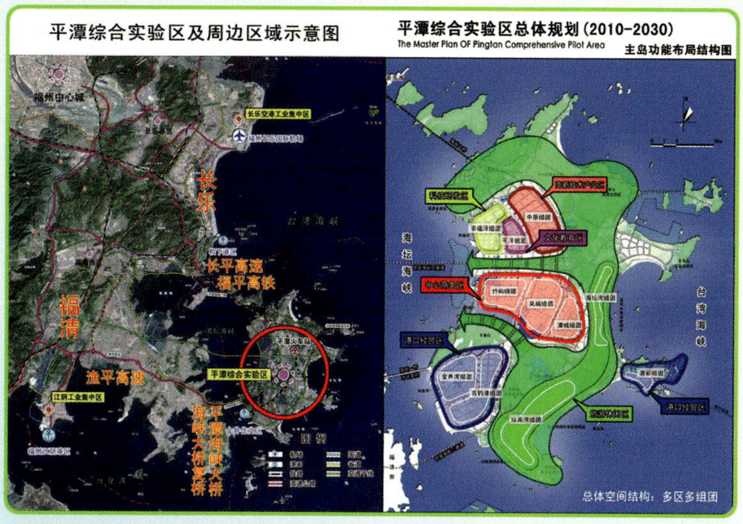

平潭又称“海坛”，是全国第五大岛，福建第一大岛。平潭由 126 个岛屿、702 座岩礁组成，主岛海坛岛面积 324.13 平方公里，陆域面积 392.92 平方公里，海域面积 6064 平方公里，拥有 408 公里曲折海岸线，以及良好的港湾和优越的深水岸线资源；风能、潮汐能等资源丰富；花岗岩、沉积硅砂（石英砂）储量丰富。旅游资源独具特色，素有“海滨沙滩甲天下，海蚀地貌冠全球”之美誉，优质沙滩长达 70 公里，海蚀地貌景观遍及全岛。平潭距台湾新竹仅 68 海里（125 公里），两地民众交流交往十分密切，商贸文化往来频繁。

2009 年 7 月，福建省委八届六次全会正式做出了设立福州（平潭）综合实验区的决定，提出把平潭建设成为探索两岸合作新模式的示范区和海峡两岸经济区科学发展的先行区。2011 年 11 月国家批复《平潭综合实验区总体规划》。2012 年 1 月，福建省政府正式批复实施《平潭综合实验区总体规划》。2013 年 2 月，国家发布《平潭综合实验区产业发展指导目录》，确定发展高新技术产业、服务业、农业及海洋产业、旅游业、社会事业、生态环保业、公共设施管理业七大产业。

根据《平潭综合实验区总体发展规划》，平潭开发开放将突出对台合作、先行先试、综合实验，探索两岸区域合作新模式，把平潭建成两岸交流合作先行区、体制机制改革创新示范区、两岸同胞共同生活的宜居区、海峡两岸科学发展的先导区。平潭的开发建设采取组团推进、分时序开发的空间发展模式，构建布局科学、分工合理、功能互补、协调发展的空间开发格局。重点发展电子信息、高端装备制造、海洋生物、海洋可再生能源等高新技术产业和旅游休闲、文化创意、总部经济、商务会展、金融、物流等现代服务业，打造绿色、生态、低碳、科技岛及国际知名的海岛旅游休闲目的地，建成两岸同胞合作建设、先行先试、科学发展的共同家园。

建设中的海峡大桥复桥

绿意盎然的环岛路

海峡号

北京马坊工业园区
Beijing Ma Fang Industry Park

北京马坊工业园区于 2002 年 10 月设立，2006 年 8 月 10 日被列为 16 个市级工业开发区之一。2007 年 12 月 12 日被列为中关村（马坊）高新技术产业基地；2009 年 8 月 5 日被列为北京市绿色能源产业基地；2013 年 1 月被评为北京市首批新型工业化产业示范基地。2013 年 2 月 26 日，中关村科技园平谷园正式挂牌成立，马坊工业园区作为平谷园的重要组成部分，成为中关村一区十六园之一。

园区建设面积 3.45 平方公里，主要以发展高新技术产业、医疗器械产业、绿色能源产业、现代制造业为主。园区交通便利，区位优势明显，基础设施达到“七通一平”标准。配套设施有腾飞园小区、思创厚德商业中心。

园区地处平谷西南部，与顺义及河北三河接壤。京平－蓟津高速公路横跨东西连接京津两大都市圈，西距首都国际机场 35 公里，南距天津新港 130 公里，距京唐港 140 公里，紧邻 G101、G102 国道，是北京东部发展带与天津出海口的交汇地。计划在“十二五”末建成平谷至北京市区的轻轨，其中马坊设立一站，届时从马坊到市区的时间将缩短一半。规划中的七环穿过平谷境内，将为货运物流提供更为便利的交通。

马坊地区设有海关和国检等口岸功能，负责三区一县的通关工作，是天津新港向内地的延伸，也是北京地区唯一的内陆无水港。可实现“一次报关、一次查验、一次放行”。

2012 年马坊工业园区标准化厂房项目受到了市、区两级领导的高度重视，同时园区的优惠政策和良好的服务也吸引了越来越多的企业前来洽谈。目前马坊工业园区共有入区企业 47 家，其中入驻标准化厂房的企业有 7 家。2012 年马坊工业园区工业总产值达 17.6 亿元，同比增长 33.9%。上缴税收 5166 万元，同比增长 86%。

传统工业产业

现代制造产业

马坊工业园区标准厂房区

绿色能源产业

地址：北京市平谷区马坊工业园管理委员会　邮编：101204　传真：60998085

招商部电话：60998085　网站：http://www.bjmafang.gov.cn　邮箱：mfyqzsb@126.co

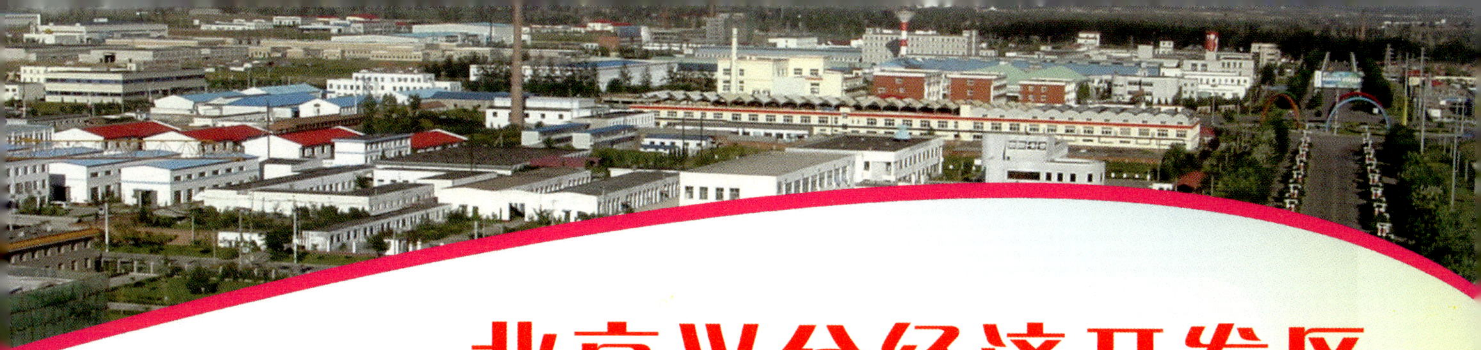

北京兴谷经济开发区

Beijing Xinggu Economic Development Zone which is one of the 16 munici-pal level economic development zones has got the approval of Beijing Mu-nicipal Government and through the examination and verification of Nation-al Development and Reform Committee. With the planned area of 16 square kilometers, the main industries of it are positioning on automobile parts, food, and machinery. The Zone was classified as " National agricul-tural product processing demonstration base ","Beijing automobile and matching components production base", " New Area of Beijing Headqua-ters Economy " .Besides, it was included in the Zhongguancun National In-novation Demonstration Zone ,became the main area of Pinggu Park in the end of 2012,and enjoy various preferential policies and supporting policies and measures of Zhongguancun as well as the polices of Headquaters economy.

Xinggu Economic Development Zone takes the investment direction of building "North China's largest food and beverage industry base" and "Beijing modern automobile parts base". At present, the zone has introduced 120 enterprises' investment, and formed two big industrial bases : modern manufacturing industry based on automobile parts and urban industry based on food and drink industry. The enterprises inlclude Want-want food Group, Uni-President, New Hope Group, Japanese Enterprises 7-11, Beijing

日进生产线

旺旺

XingGwoo Che Hitech Company, Beijing Iljin Automotive Systems Company, Beejing Hwashin Company, Daewon Kang Up Company,ect. In 2012, the zone achieved the total industrial output value of 15.7 billion Yuan, arranged the employment of 16000 persons, and payed taxes 1.2 billion Yuan. The economy of the zone was ranked third among 16 municipal level development zones. Xinggu Economic Development Zone also promoted town urbanization and industry growing, such as catering, logistics, retail, finance, and ect, and drove the development of regional social economy.

At present, Xinggu Economic Development Zone has reached the investment agreement with Uni-President and Liando U Valley. The projects of Minth、Kohsan and ect are stepping up construction. It is estimated that by 2015, Xinggu Economic Development Zone will become a modern industrial city with 26 billion Yuan annual sales revenue, 2 billion Yuan tax revenue, and population size of 50000 .

北京兴谷经济开发区是北京市政府批准的 16 家市级开发区之一，规划面积 16 平方公里，主要产业定位为汽车零部件、食品、机械，被列为“全国农产品加工示范基地”、“北京汽车及配套零部件生产基地”，“北京市总部经济发展新区”。2012 年底，纳入中关村国家自主创新示范区，成为平谷园的主要区域，享受中关村各项优惠政策、配套政策措施和北京市总部经济各项政策。

兴谷开发区以打造“华北最大的饮食品工业基地”和“北京现代汽车配件基地”为招商方向，目前引进 120 家企业投资建厂，形成以汽车配件为主的现代制造业和以食品业为主的都市工业两大产业基地，知名企业包括旺旺食品集团、统一企业、新希望集团、日资企业 7-11、星宇、日进、和信、大圆等。2012 年完成工业总产值 157 亿元，安排就业 1.6 万人，纳税 12 亿元，经济总量在全市 16 个市级开发区中排名第三，并带动了餐饮、物流、零售、金融等产业的壮大与城镇化建设，带动了区域社会经济事业的发展。

目前，兴谷开发区和统一企业、联东 U 谷达成投资协议，敏实、高山等项目也在加紧建设。预计到 2015 年，兴谷开发区将成为年销售收入 260 亿、缴纳税收 20 亿元、人口规模 5 万人的现代化工业新城。

京兴谷经济开发区管理委员会
e Administrative Committee of Beijing Xinggu Economic Development Zone.
址：北京市平谷区平谷北街 15 号 Address：No.15 Pinggu Beijie, Pinggu, Beijing
（fax）：69959702 69959703 Email：zhaoshangbu_08@126.com

平瑞街

四平红嘴经济技术开发区

Siping Hongzui Economic and Technological Development Area

四平红嘴经济技术开发区是在振兴东北老工业基地大潮中快速崛起的国家开发区，位于东北亚经济圈地理中心、东北振兴核心动力轴 -- 长吉图经济带与哈大经济带交汇之间，规划面积 50 平方公里，远期规划面积 68 平方公里。

进入“十二五”，红嘴开发区发展全面提速，经济实力持续攀升，基础设施日臻完善，主要经济指标一直保持 40% 的强势增长，湖南中烟、广西柳工、三一重工、中国建材、国药集团等一批有实力的世界 500 强企业和央企相继落户，已形成了先进装备制造、新型建材、动漫创意和现代服务、食品和农副产品精深加工、生物制药“五大产业”。晋升国家开发区后，坚持“产城一体、融合发展”理念，按照“人才集聚、资本集聚、产业集聚打造山水型宜居宜业宜游创智新城”的功能定位，高标准、高起点规划和启动了四平“北部新城”建设，到“十二五”末期工业总产值将达到 1000--1500 亿，成为国内具有一定影响力和较强综合经济实力的新兴产业区和现代化新城区。

Siping Hongzui Economic and Technological Development Area is a state-level development area, which rises rapidly i the tide of northeast industrial revitalization. Located at the intersection of Changchun-Jilin-Tumenjiang Economic zon and Harbin-Dalian Economic zone-the geographic centre of the northeast Asia economic zone and core powerful axis c revitalization. It covers 50 square kilometers and has a long-term plan with 68 square kilometers.

With the 12th Five-year Plan arriving, Hongzui has already into a new stage with high-speed overall developing, eco nomic strength rising and infrastructure improving. Main economic indicators have maintained strong growth of 40%. large number of state-owned enterprises, such as China Tobacco Hunan Industrial Co., Ltd, Guangxi Liugong Group Co Ltd, Sany Heavy Industry and China National Building Materials Group Corporation., China National Medicines Corpora tion Ltd, and the top 500 companies have settled in and formed five industries which are made up of the advanced equip ment manufacturing, new type of building materials, cartoon innovations and modern service, food and agricultural proc ucts deep processing, and biological pharmacy. Promoted to the state-level development area, the concept is to adhe to “a city with industry and fusion development”, and functional orientation is in accordance with “talents agglomeratic capital accumulation and industrial concentration, building up new landscape city which is livable, tourist, industrial.” Su a high standard and high starting point plan, launching Siping “Northern new district” construction, Hongzui Area w become new industrial zone and modern district which has great influence and stronger comprehensive econon strength with 100-150 billion gross industrial output at the end of the 12th Five-year Plan.

四平红嘴经济技术开发区分区规划

第一篇　专　　文

世界贸易格局不断发展：面临重重挑战

世界贸易组织前总干事 帕斯卡尔·拉米

不断发展中的世界贸易格局和面临的重重挑战

全球化已经改变了世界，其改变的方式是前几代人几乎无法想象的。这已成为了不争的事实。新科技、市场开放和创新的商业模式结合在一起，强化了国与国之间经济、社会和政治的相互依赖。世界经济重心向东转移，新兴经济体的崛起引领世界进入了经济力量及其影响力的新布局。我们也同时目睹了非洲的崛起。

在过去的三十年里，国际贸易形势也发生了深刻的变动。新兴经济体和发展中经济体所占国际贸易和投资份额从十五年前的三分之一增加到现在的一半以上。许多发展中国家不再是日用品和原材料的提供者，它们已经成长为增值工业产品和服务的生产者。

今天，发展中国家不再以美国、欧盟或日本作为它们出口的最终目的地。发展中国家之间的贸易往来日益密切。北北贸易额从1990年的60%缩水至2011年的36%。同时，发展中国家的贸易额增长了三倍。

贸易壁垒的领域及其形式也发生了改变。由于单边、双边、多边贸易开放，作为贸易政策工具的关税不再像从前那么重要。相反，更常用到的是非关税措施，比如与医疗、安全、环境保护相关的标准和市场准入监管。这些措施更加复杂，透明度更低，而且很容易被滥用为贸易壁垒。

经济重心的起伏已经不可避免地引起了全球治理中权力结构的调整。20国峰会已经代替8国峰会成为全球经济政策协调的主要论坛。在世贸组织中，中国、巴西、印度、印度尼西亚、墨西哥、南非和尼日利亚现在都已成为谈判桌上不可或缺的参与者。这种权力转移对国际合作构成了一定挑战，因为必须在权利和责任之间找到一个新的平衡。多哈回合谈判就是一个很好的例子。

贸易不再只关乎在一个国家制造所有的产品。价值链的兴起模糊了许多国家对其制成品的身份认同。今天，它关乎任务贸易。而服务——占当今世界贸易的一半——也成为制造业的不可分割的部分。用附加值衡量贸易突出了国家之间相互依赖的程度和本质。这迫使我们用一种截然不同的方式来思考贸易。

我们也看到了不同形式的自由贸易安排在扩散，尤其是大型区域贸易协定，比如跨太平洋伙伴关系协定、跨大西洋贸易与投资伙伴关系协定以及以东盟为核心的区域全面经济伙伴关系。如果这些协定能够以一致的方式解决当今的贸易障碍——非关税壁垒，它们或许会成为积极的推动力量。但如果以相分歧的方式解决非关税壁垒，这些协定反而会使得竞争环境四分五裂。

如果我们希望开放贸易以帮助价值链发挥功能，促进经济增长和就业，那么这场博弈就要改名为融合。我去年召集的专家组对未来世界贸易所做的报告中，就传达了这一讯息。首先，优惠贸易协定和多边体制的融合；其次，贸易政策和其他国内政策的融合；最后，我们需要世贸组织和其他国际组织之间更好的协调，以及在新的权力结构背景下，实现世贸组织成员之间权利和义务的新平衡。

这些任务都非常艰巨，但是我们必须面对并完成这些任务，如此才能重新恢复世贸组织的活力。

中国在变化格局中扮演的角色

如果有人问我："在过去五十年中，世界政治和经济史中最重要的两件事是什么？"我的答案一定是柏林墙的倒塌和中国加入世贸组织。后者极大地促进了中国经济的增长，影响了全球经济的结构和增长模式。

一个拥有五千年文明史、非西方政治体制、13 亿人口的市场，融入到了世界经济中来，遵守着同样的全球商业规则。中国自 2001 年来的经济和贸易表现是 12 年前加入 WTO 战略决策的最好证明。今天，入世带来的边际收益已经基本消失。我相信中国需要新一波经济改革浪潮来克服发展瓶颈，创造新的增长势头。

中国的经济力量和未来潜力在于其良好的基础设施，训练有素的劳动力，高效的物流网络，稳定的投资环境，不断增长的研发能力，还有最重要的，即中国巨大的国内市场。

另一方面，中国也面临着严峻的国内外挑战：贫富差距日益增大，房地产价格飙升，污染和环境方面的压力，食品安全，表现欠佳的服务业。我们也注意到中国与别国越来越多的贸易摩擦，以及有时别国对中国在世界各地投资的敌对态度。如果这些问题没有得到妥善处理，将会严重削弱中国发展的潜力。

因此关键是在实行多边贸易开放的同时，加强中国国内改革。首先，进一步开放中国服务业。鉴于服务业在当今经济发展中扮演重要角色，更加开放和更具有竞争力的服务业不仅可以解决就业，而且将促进该国制造业的升级。

其次，多边投资协定也可以帮助中国。一个透明的、规则导向的全球投资监管体制是实现中国对外投资迅速增长的最佳政策保障。

最后，作为新兴国家和发达经济体之间的桥梁，中国可以联合美国、欧盟和日本共同努力，在世贸组织中建立新的全球贸易议程。一个强大的规则导向的多边贸易体制可以为所有国家，包括中国，提供公平的市场准入机会，以及更加公开稳定的环境来刺激经济增长和就业。主要经济领域一旦实现密切合作，如在贸易便利化，信息技术协议或者服务业等领域，则成功的概率就更大。

中国扮演着一个更加积极的角色，并逐渐在多边贸易前线展露出领导者的风范，这不仅有利于中国，更将惠及整个世界。

（李西　译）

附原文：

"Evolving Patterns of World Trade: Challenges ahead"

Pascal Lamy, Director-General, WTO

Changing Patterns of World Trade and Challenges Ahead

Few would dispute the fact that globalization has changed our world in ways scarcely imaginable by previous generations. The combination of new technologies, market opening and innovative business models has led to intensified economic, social and political interdependence among nations. World economic gravity has shifted eastward. The rise of emerging countries is ushering a new configuration of economic power and influence. We are also witnessing the rise of Africa.

In the past three decades, the landscape of international trade has also changed profoundly. Emerging and developing economies' share of international trade and investment has grown from a third to over a half in just 15 years. Many developing countries are no longer suppliers of commodities or raw materials. They have become producers of value added industrial products and services.

Today, developing countries no longer see US, EU or Japan as the only final destinations of their exports. They are trading more and more with each other. The share of North-North trade has shrunk from 60% in 1990 to around 36% in 2011. At the same time, trade among developing countries increased three folds.

The topography of trade barriers is also changing. The role of tariffs as trade policy instrument is less significant as a result of unilateral, bilateral, plurilateral and multilateral trade opening. Instead, non-tariff measures such as standards, market entry regulations associated with health, safety, environmental protection are more frequently used. They are much more complex, less transparent and might be abused as trade barriers.

The relative rise and falls of economic gravity has inevitably brought adjustment in power structure in global governance. G20 has replaced G8 as the key forum of global economic policy coordination. In the WTO, China, Brazil India, Indonesia, Mexico, South Africa, Nigeria are now indispensable players around the negotiation table. This power shift poses a challenge for international cooperation in that it requires finding a new balance between rights and responsibilities. The Doha Round negotiation is a good example of that.

Trade is no longer about manufacturing entire products in one country. The rise of value chains blurs national identity of many manufactured products. Today it is about trade in tasks. And services—which today represent half of world trade — are an integral part of manufacturing. Measuring trade in value-added underlines the extent and nature of interdependence among nations. It forces us to think trade in a different way.

We are also seeing the proliferation of various forms of free trade arrangements, in particular mega regional trade agreements, such as the Trans-Pacific Partnership, the Transatlantic Trade and Investment Partnership or the ASEAN centred Regional Comprehensive Economic Partnership. These agreements may be positive forces if they address in a coherent manner today's obstacles to trade—non-tariff barriers. But they can scatter the playing field if they address non-tariff barriers in a divergent manner.

If we want trade opening to help the functioning of value chains in generating growth and jobs, the name of the game is convergence. This is the message that stems from the report of a group of experts that I convened last year to look into the future of world trade. First, convergence between preferential trade agreements and the multilateral regime; second, convergence between trade policies and other domestic policies at home; third, we need better coordination between the WTO and other international organizations, and against the background of this new power structure, a new balance of rights and obligations among the WTO membership should be achieved.

These are not easy tasks, but they must be faced to revitalize the WTO.

China's role in this changing landscape

If some asked me "what are the two most significant events on the world political and economic history in the past 50 years?" My answer will be the fall of the Berlin wall and China's accession to the WTO. The latter has tremendously stimulated China's economic growth, and influenced the structure and pattern of the global economy.

A five thousand years civilization, a non-Western political regime, a market of 1.3 billion people was integrated into the world economy, under the same set of global commercial rules. China's economic and trade performance since 2001 is the best endorsement of the strategic decisions made 12 years ago. Today, marginal returns from WTO accession have diminished. I believe China needs a new wave of economic reforms to overcome development bottle necks and create a new growth momentum.

China's economic strength and future potential lies in its good infrastructure, its well-trained labour force, its efficient logistics network, its stable investment environment, its growing R&D capacity and most importantly its huge domestic market.

On the other hand, China is also facing tremendous domestic and external challenges: widening income gaps, rocketing property prices, pollution and environmental pressures, food safety, under-performing services sector. We are also seeing rising trade frictions with other countries as well as sometimes hostile attitudes towards China's outward investments in some parts of the world. If not properly handled, these problems could serious undermine China's development potentials.

The key is to synergize China's domestic reforms with its multilateral trade opening agenda. First, further opening up China's services sector. Given the fundamental role of services in today's economy, more open and competitive services sectors can be a source of employment, but also can contribute to efforts to upgrade the country's manufacturing sector.

Second, a multilateral agreement on investment would help China. A transparent and rules based global investment regulatory regime could serve as the best assurance policy for China's rapid growing investments abroad.

Third, as the bridge between emerging countries and advance economies, China could work together with the US, EU and Japan among others in setting the new global trade agenda in the WTO. A strong rules-based multilateral trading system can provide all countries, including China, with fair market access opportunities. With a more open and stable environment to generate growth and jobs. Whenever these major economies work closely, for example on Trade Facilitation, on the Information Technology Agreement or on services, the chances of success are much higher.

China playing a more proactive role and show leadership on the multilateral trade front will not only benefit China, but the world as well.

发挥全球多边经贸治理中的大国引领作用

时任中国常驻世界贸易组织大使 易小准

加入世贸组织十多年来，随着贸易地位和经济实力不断上升，中国逐渐从一个世贸组织（WTO）新成员，成长为娴熟运用世贸机制与规则维护国家经济利益，反对贸易保护主义，积极参与相关机制建设的重要建设性力量。2013年，全球多边贸易体系处于重要的调整和过渡时期，中国更加积极主动参与全球多边贸易体系治理，逐步展示大国的引领作用。

一、全力引导“巴厘早期收获”谈判取得成功

2013年以来，超大型的区域贸易协议来势汹汹，主要经济体纷纷加快自贸区谈判步伐。日本加入了美国主导的“跨太平洋伙伴关系协议”（TPP）谈判；美欧启动了“跨大西洋贸易和投资伙伴关系”（TTIP）谈判；欧盟和日本的自贸区谈判也在紧锣密鼓地进行中。此外，东盟十国和中国、日本、韩国、印度、澳大利亚、新西兰等也同意启动“区域全面经济伙伴关系”（RCEP）谈判。显而易见，以上任何一个自贸区谈成，都可能对全球贸易治理格局演化产生深远影响。

多边贸易体制在维护世界贸易秩序、抵制贸易保护主义方面继续发挥中流砥柱的作用。超大型的区域或双边贸易协议可能加大世界贸易治理碎片化的风险，而多边贸易体系则是允许所有国家与地区均能参与制定并执行统一国际贸易规则的唯一平台。中国始终坚持多边贸易主义，并联合大多数WTO成员大声疾呼，必须确保在年底WTO第九次贸易部长会议（MC9）上成功达成“巴厘早期收获”。否则，多边贸易体系及其多边贸易谈判的中心地位可能极大受损。

作为世界第二大经济体，中国积极参与贸易便利化、农业、发展问题、信息技术产品协议（ITA）扩大以及环境产品等贸易谈判，在多边贸易谈判进程中地位举足轻重，已成为重要的平衡力量。2013年以来，中国利用既是发展中国家又是贸易大国的特殊地位，积极在多种利益集团和多个区域集团之间积极斡旋，充分发挥大国引领作用，力推谈判取得实质性成果。4月底，中国首次出面与澳大利亚共同主持了各方瞩目的WTO高官会。高官会一反此前消极的谈判气氛，推动谈判重现积极势头。在5月底OECD会议期间WTO小型部长级会议上，中国再次强调了“巴厘早期收获”的重要性，力推有关议题取得实质性进展。

二、成功参与世贸组织新一届总干事选举

由于多哈回合谈判久拖不决，致使多边贸易体系深陷危机。WTO是多边国际贸易治理的权威机构，2013年总干事选举被认为是挽救多边体系，重振世贸体制的重要契机。

长期以来，多边贸易体制事实上形成了美国与欧盟的两极结构，WTO总干事长期被西欧把持。随着中国等金砖国家和新兴市场经济群体性崛起，多边贸易体制力量对比发生重大改变。在中国和金砖国家的共同努力下，金砖国家力推的巴西候选人阿泽维多顺利当选新一任WTO总干事。特别是中国在三轮投票中均明确支持阿泽维多，对部分发展中国家形成了影响，确保了阿泽维多最终胜选。此次选举也从侧面反映了全球经济治理格局的重大转变，历来主导多边贸易体制的美国、欧盟已经无力左右总干事选举的最终结果。

但多边贸易体系具有极大的包容性，美欧等发达经济体在选后都承认和欢迎阿泽维多的当选，说明多边贸易体制并没有分裂，中国和金砖国家等新兴市场经济在多边贸易体制的作用已经被世界认可，WTO 多边化趋势越发明显。

三、坚决利用世贸规则反对贸易保护主义

金融危机以来，全球市场需求减弱，全球性产能过剩凸显，保护主义升温，而中国在金融危机中稳健发展，成为国际贸易保护主义的主要目标国。2012 年当年，中国遭受 21 国贸易救济措施 77 起，涉案金额高达 277 亿美元，特别是欧盟对华光伏产品“双反”调查，涉案金额 204 亿美元。2013 年第一季度，又有 12 个国家对我国发起 22 起贸易救济措施调查，涉案金额 9.63 亿美元。

中国日益娴熟和自信地利用争端解决机制，积极应对国外针对中国产品滥用“两反两保”措施，维护国内产业安全。截至 2013 年 7 月，我国参与了 42 起世贸组织争端解决案件，其中起诉案件 11 起，被诉案件 31 起（涉及 19 项争议措施）。同时，中国还作为第三方参与了其他 101 起争端解决案件。在直接涉及我国的争端案件中，有近 1/3 的案件通过双方磋商获得解决。世贸组织争端解决机制日益成为我国维护国内产业利益、为出口企业走出去保驾护航，抑制保护主义的强有力武器。

中国始终坚持反对贸易保护主义的立场，并依靠自身不断增长的贸易和经济影响力，利用 WTO 规则，反击贸易保护主义。我国积极参与贸易政策审议机制，尤其重视对美国、欧盟、日本等主要发达成员的审议，对其违反世贸组织规则的贸易保护主义措施提出质疑，并对在双边经济合作中久拖未决的问题在多边场合表达关注。在世贸组织理事会与委员会的例会上，中国的参与越来越深入，对一些成员尤其是发达成员出台的贸易保护主义措施不断地提出质疑和挑战，得到其他发展中成员的支持和响应。

四、积极参与促贸援助承担大国责任和义务

中国坚定维护发展中国家利益，是全球促贸援助的重要参与方。中国有力支持了给予最不发达国家免关税、免配额待遇，重点帮助最不发达国家加入 WTO，不仅向 WTO 捐款设立“最不发达国家加入 WTO 中国项目”，还积极推动简化最不发达国家加入程序。中国多次向促贸援助框架下的多哈发展议程全球信托基金进行捐助，帮助其他发展中成员从多边贸易体制中获益。

“南南合作”已成为国际发展援助的重要组成部分。2013 年 7 月，商务部李金早副部长率团出席 WTO 第四届全球促贸援助审议大会，明确支持在“南南合作”框架下加强发展中成员之间的援助。在全球价值链背景下，中国的“南南合作”促贸援助内涵不断延伸，从鼓励中国企业到发展中国家投资，提高受援国生产能力入手，到援建生产性项目和加强基础设施建设，内容和形式日益丰富多样，并不断促进受援国内外结合和协调，提高自身能力，实现援助与发展的良性互动。

五、努力提升多边贸易治理中的话语权和影响力

中国在多边贸易体制的地位大幅上升。WTO 坎昆部长级会议以来，主要的决定都缺少不了包括中国、巴西、印度在内一些国家的共识。2008 年 7 月，中国受邀参与“G7”部长小范围磋商，首次进入多边贸易谈判核心决策圈。此外，中国还是 G20、G33、亚洲发展成员、APEC 等主要谈判集团的重要成员。

十多年来，中国主动参与 WTO 规则制定，单独或联合其他国家共提交了 100 多份提案，其中单独提交的提案超过半数，从各个层面推动了多边贸易体制建设，如中国关于反倾销日落条款、渔业补贴、贸易便利化等提案都受到成员的重视和好评。可以说，目前在高官会、大使级磋商、G20、G33 等任何议题讨论、任何级别磋商中，中国的参与都是必不可少的。

世贸组织成为我国参与全球经济治理的主要平台。随着我国经济和贸易实力不断上升，我们要清醒地认识到中国目前在多边贸易体系所处的重要地位，积极做好多边贸易治理相关工作。从改革开放实践和中国和平崛起的需要看，推进贸易自由化最符合我国的利益，应成为我国国际经济往来的核心价值观念。

中国（上海）自贸试验区面临的挑战

商务部前副部长
中国世界贸易组织研究会会长 孙振宇

2013年九月底，中国（上海）自由贸易试验区正式挂牌启动，这是我国在新形势下推进改革开放的重大举措。试验区肩负着在新时期加快政府职能转变，积极探索管理模式创新，促进贸易和投资便利化，为全面深化改革开放探索新途径、积累新经验的重要使命。

一、为什么要在上海建立试验区?

建立试验区首先是适应经济全球化和全球经济重构的新趋势。2010年美国奥巴马政府提出“重返亚太”的战略，在经济领域力图通过跨太平洋伙伴关系协议（TPP）、跨大西洋贸易和投资协议（TTIP）和诸边服务业协议（TISA）形成新一代高水平的全球贸易和投资自由化规则，制订所谓21世纪新的游戏规则。中国如果贸然加入进去会遇到许多困难和挑战。如果先划定一块区域进行试点，允许所有国家到这里自由投资和贸易，做一个对接的窗口，并可适当将其中的高水平商业开放标准逐步辐射到整个中国制造业和服务业。由此限定范围，在试验过程中可以对如何加强监管、规避风险积累经验。一旦条件成熟，就可以进一步扩大推广到中国各个经济领域。

其次，上海自贸试验区建设也是中国自身的改革需求。我们不能说发达国家所追求制订的所有游戏规则都是对我们的长远经济利益不利的，因为其中不少规则符合市场发展和经济升级的内在规律要求，所以中国必须用积极开放的态度认真对待，其中一些合理的规则同中国自身的改革开放的大方向是一致的。有些新规则可以推进我国自身的经济转型发展，同时这些规则对打破国内既得利益集团对改革开放的抵制与阻力、接受国际通行的规则以避免更多不合理的利益固化是一个可供选择的路径。因此，设立上海自贸试验区是本届政府力图打造中国经济改革开放“升级版”的重要举措。

第三，试验区的设立有利于实现人民币国际化目标。我国从2009年通过人民币跨境使用开始了人民币国际化的进程。目前跨境人民币结算累计已经超过1.12万亿元。加上最近与欧洲央行签订的3500亿元的互换协议，签署人民币互换协议累计已经超过2.4万亿元。但人民币在全球贸易结算总量中比重依然很小，还不到2%。我们希望在国家贸易与投资结算中用人民币多一点。但如果不能满足这些资本自由回流获利的动机，人民币在海外总量还是无法做大，而构建回流闭环就需要巨大的、有深度和广度的金融市场（基础和衍生）来容纳和吞吐。现在的目标是探讨先在试验区建立一个庞大的金融资产缓冲区和蓄水池，最终在风险可控的条件下打通资本账户，进行双向投资，实现金融资源的全球优化配置，提升人民币的国际地位。

第四，上海在上述领域具备独特的条件与优势。上海外高桥保税区、外高桥保税物流园区、洋山保税港区和浦东机场综合保税区本身已经是海关特殊监管区，这28.78平方公里的区域可以成为先行先试推动贸易投资便利化，实现人民币自由兑换、监管高效便捷、规范法律环境的理想场所。上海拥有全国最全的交易所、银行间市场和要素市场，因此上海有条件成为人民币回流最大的目的地和集散地。

二、上海试验区承担的主要任务

（一）加快政府职能转变，深化行政管理体制改革

试验区承担的任务包括推动政府管理由注重事先审批转为注重事中、事后监管。完善信息网络平台，建立高效运作的服务模式。实现各类投资主体的公平竞争。实施“一线彻底放开、二线安全高效管住、区内货物自由流动”的创新监管服务新模式。因此自贸区建设最重要的工作之一是要在现有的开放试点里，化繁为简、减少行政成本，提供一条整合现有海关特殊监管区的有效路径。其最终目的是建立起集中统一的市场监管体系，转变政府职能，提高行政透明度，并进行地方立法试验和履行投资者权益保护功能。这既是实践“小政府大社会”的全新的执政理念，也是理清市场和政府最优边界的最新尝试。

（二）实现贸易和投资领域的自由化，尤其要扩大服务业开放和投资的自由化

试验区的总体方案涉及对金融、航运、商贸、专业服务、文化、社会服务六大服务领域放宽外商投资的行业准入门槛，包括取消投资者资质要求、股权比例限制、经营范围等准入限制。在试验区全面实施准入前国民待遇和负面清单管理。所谓负面清单管理，是指在投资领域，除了负面清单中规定不能干的，其他都可以干。实践证明，不管是制造业还是服务业，凡是对外开放比较彻底、积极参与全球资源竞合领域的企业，都发展得较好，竞争力变强。因此试验区内投资会大部分实行备案制，取消外资持股比例或经营范围等诸多限制。预期率先在试验区范围内改革投资项目管理、外商投资企业设立及变更管理、工商登记这三个环节。而船舶运输、资信调查、融资租赁、检测维修、演出经纪、娱乐文化、教育培训、医疗保健等众多现代生产型和生活型服务性行业，都将对内外资实施公平的准入标准，欢迎国内民营资本和海外直接投资。

（三）金融的国际化

其终极目的就是推动人民币国际化。试验区的目标预期是在自贸区内，投资和贸易相关的资金可以自由兑换，利率、汇率都由市场决定，积极探索面向国际的外汇管理改革试点，建立与自贸区相适应的外汇管理体制。同时允许符合条件的外资金融机构设立外资银行，以及民营资本与外资金融机构共同设立中外合资银行。鼓励其建立综合交易平台，全面放开产品创新。允许自贸区的金融机构去海外发债，也可以给自贸区里面的企业发放贷款，并突破现有存贷比的限制。同时变革自贸区内企业外债管理方式，力图实现外汇资金集中运营，以便建立跨国企业的全球资金管理中心。

三、试验区成功的关键所在

毫无疑问，上海自贸试验区是为未来深水区域的机制和改革探路的。为打造中国经济转型提供一个积极的模板，对于中国长期的经济增长前景和金融发展意义重大，然而，仍存在许多需要关注和解决的问题。自贸试验区的相关政策目标尚缺少关键执行细节，而且相关的政策内容并没有提及当自贸试验区和内地其他地区发生经济往来时，是否可以在政策层面有所突破。现在看来，试验区的成败取决以下几个方面：

（1）上海市各级政府部门和研究机构为试验区的设立做了大量卓有成效的工作。今后的试点成功与否离不开上海各级政府部门与研究机构和各类企业领导的共同努力。上海三十多年来一直处于我国改革开放的前沿，积累了丰富的实践经验，多年来培养锻炼出一支高素质的具有开阔的国际视野和高水平经济金融理论积淀的专业干部队伍，这是试验区取得成功的重要前提。

（2）试验区运行顺利与否还取决于国家各个部委的配合与协调。试验区运行的目标不在出台一两项税收优惠，也不在引进一两家骨干企业在试验区投资，而是着眼经济运行机制和体制的全面创新和升级。这是一个从经济体制到监管体制再到行政体制改革的综合试验区，它将创造出一个符合国际惯例、自由开放、鼓励创新的市场经济环境。中央领导层的改革开放决心需要各个有关部委的积极跟进和出台相关配套政策。这些部门能否克服形形色色的利益集团的阻力也是试验区成败的关键。

(3) 上海试验区的建立与我国对外多边与双边贸易谈判有密切的关系。我国与美国在投资保护协定（BIT）上的谈判，将来要参加的诸边服务贸易谈判（TISA），以及对美国主导的跨太平洋伙伴关系（TPP）所涉及议题的研究等都与试验区的工作密切相关。只有在国家层面把对外谈判与试验区建设通盘考虑，放在同等重要的位置上认真规划，试验区的工作才能进展得更加顺利更有成效。

加入世贸组织与中国开放型经济体系的确立与完善

对外经济贸易大学资深教授
中国世界贸易组织研究会副会长 薛荣久

加入世贸组织促进了中国“开放型经济体系”的确立与完善

2001 年 12 月 1 日，中国成为世界贸易组织第 143 个成员，由此进入以世界贸易组织规则为基础的对外开放阶段。中国加入世贸组织后，可以享受的权利有：全面参与多边贸易体制，无条件的最惠国待遇和国民待遇，发展中国家权利，获得市场开放和法规修改的过渡期，保留国营贸易体制，对国内产业提供必要的支持，维持国家定价权，征收出口关税，进出口上检验，逐步地开放服务市场。与此同时，中国要履行的义务有：遵守非歧视原则，贸易政策要统一，确保贸易政策透明度，逐步放开外贸经营权，降低关税和逐步取消非关税壁垒，不再实行出口补贴，接受特殊保障条款和过渡期政策审议等。由于中国充分享受权利，如实履行义务，加速了我国社会主义市场经济体制的完善，货物贸易、服务贸易进一步自由化，取得了经济的高速发展。知识产权保护加强，对外交流扩大，对外直接投资迅速增加，进一步融入世界经济全球化，逐步形成了开放型经济。

开放型经济体系是“外向型经济”和“开放型经济”的升华。从 1978 年提出“改革开放”到社会主义市场经济体制确立之前，中国建立的是“外向型经济”。它以出口导向为主，以扩大创汇为目的，总体上是一种政策性的开放经济。从 1994 年社会主义市场经济体制的确立到中国加入世贸组织初期，形成了“开放型经济”。它是一种根植于中国社会主义市场经济体制的一种制度性的开放经济。随着中国加入世贸组织后过渡期的大部分结束，中国社会主义市场经济体制与世贸组织规则形成有机结合和互动，需要把“开放型经济”提升为“开放型经济体系”，以与世贸组织为基础的多边贸易体制切合。在切合中，中国经贸高速发展，中国与世贸组织成员间正传递加强，负传递也在加多，经贸合作扩大的同时，贸易摩擦不断出现。为了与世贸组织成员建立良好的经贸关系，需要理顺相互间互动关系。为此，胡锦涛总书记 2007 年在中国共产党十七大报告中提出“完善内外联动、互利共赢、安全高效的开放型经济体系”。它提升了中国的对外开放水平。

“开放型经济体系”的确立与完善促进了中国的跃进式发展

中国加入世贸组织后，开放型经济体系的确立与完善，大大加速了中国整体的发展。第一，贸易投资取得高速发展。中国货物贸易额从 2007 年的21 737.4亿美元增长到 2012 年的38 669.8亿美元。出口世界排名由第二位升至第一位，进口由第三位升至第二位。与新兴国家和发展中国家的贸易比重同期从 31%提高到 37.2%。吸收外商直接投资全球排名跃升至第二位，并连续两年稳定在1 000亿美元以上。对外投资规模从 2007 年的 265 亿美元增加到 2012 年的 772.2 亿美元，跻身全球对外投资大国行列。第二，经济效益显著。2011 年中国贸易总额与国内生产总值之比达到 49.8%，对国民经济的拉动作用进一步增强。中国经济发展速度一直保持在 10%左右，远远高于同期世界经济增长速度。经济结构优化，中国已成为制造业大国，2010 年我国制造业产出占全球的比重升至 19.8%，超过美国成为世界第一制造业大国。我国外汇储备不断增加，2011 年底就已超过 3 万亿美元。第三，促进国计民生的改善。人均国民总收入由 2002 年的9 398元增长至2012年的3.8万元，步入中等收入国家行列；就业机会增多，直接与贸易有关的就业人数达到1.5亿；两亿多人脱贫。第四，中国经济地位和影响力不断提高。中国已成为世界第二大经济体，对世界经济增长贡献率超过20%，成为众多世贸成员的重要贸易和投资伙伴。第五，中国成为国际组织重要成员，作用不断加强。中国已成为世界贸易组织的核心成员，成为世界银行的第三大股东国和国际货币基金组织第三大份额国，在联合国的作用不断加强，中国参与全球问题的治理能力不断增强，在全球气候变暖、粮食安全、能源安全等重大国际问题上拥有更多的发言权。

与此同时，中国在经贸高速发展中也出现了值得注意的问题，如经贸发展失衡、生态环境恶化、权贵集团出现、法规意识扭曲等。在2008年后国际金融危机下，世界经济发展停滞，贸易保护主义兴起，多哈回合久拖不决，贸易争端加多，经济全球化出现许多新特点。

在上述情势下，中国对内需要加大改革，对外需要加大开放，中国共产党第十八次全国代表大会决定进一步完善开放型经济体系。

“开放型经济体系”的进一步完善将全面提高中国开放型经济水平

2012年在中国共产党十八大报告中提出“适应经济全球化新形势，必须实行更加积极主动的开发战略，完善互利共赢、多元平衡、安全高效的开放性经济体系”。开放型经济体系完善的内容为“内外联动、互利共赢、安全高效”。与2007年党的十七大报告相比，在完善开放性经济体系上有所深化和提高。

第一，把“内外联动”改变为“多元平衡”。第二，完善内涵整体排序调整。2007年提出的完善内涵排序为“内外联动、互利共赢、安全高效”。2012年11月，中国共产党十八大报告中提出的开放型经济体系完善内容的排序调整为“互利共赢、多元平衡、安全高效”。第三，三项内涵的释义反映了中国的新的追求。①

互利共赢，就是对外开放中要坚持共同发展，坚持通过合作促进世界强劲、可持续、平衡增长。在着眼于自身利益的同时，尊重和支持对方利益，最大限度地寻找利益交汇点。互利共赢是中国和平发展战略的必然选择。在开放型经济体系建设过程中，要更加自觉地把互利共赢理念落到实处，从国家全局和长远利益出发，坚持以开放换开放，不断拓展经济发展外部空间和良好国际环境。

多元平衡，就是对外开放中要坚持统筹协调，注重良性互动，实现多元发展、平衡发展。在提升制造业开放层次的同时，也要重视扩大服务业和农业开放；在扩大出口和吸引外资的同时，也要重视增加进口和对外投资合作；在巩固发达国家传统市场的同时，也要重视开拓发展中国家市场；在做强一般贸易的同时，也要重视提升加工贸易附加值；在加强自主创新的同时，也要重视参与经济全球化分工合作；在提升沿海开放水平的同时，也要重视加快内地和沿边开放，不断增强开放型经济发展的平衡性、协调性和可持续性。

安全高效，就是对外开放中要坚持转变对外经济发展方式，培育开放型经济发展新优势，提高开放型经济的综合效益，增强抵御外部冲击和国际风险的能力。按照有中国特色社会主义市场经济体制的要求，加快改革涉外经济管理体制，建立统一高效的对外开放决策、协调、管理和评估机制，完善开放条件下的对外经贸促进体系和风险防范机制，提高开放型经济对国民经济的贡献，增强风险防控水平。加强战略谋划，增进外交与经济紧密互动，全力维护国家和产业核心利益，切实保障经济安全。

互利共赢表明我国开放型经济体系追求的目标，多元平衡揭示了我国开放型经济体系的立足点，安全高效是我国开放型经济体系运行的保证。

世贸组织健身是中国进一步完善“开放型经济体系”的重要条件

1995年世贸组织正式运行，2002年启动“多哈回合”多边贸易谈判，由于先天不足、体制和决策失衡、领导授权有限，加以区域主义的兴起和2008年世界金融危机的冲击，多哈回合谈判结束日期一再拖后，令世贸组织成员失望，世界贸易组织的影响和作用受到严重的挑战。

---

① 陈德铭，完善互利共赢、多元平衡、安全高效的开放型经济体系，载十八大报告辅导读本，人民出版社2012年版。

中国作为一个负责任的贸易大国和核心成员应该充分肯定世贸组织运行的业绩。如把不同经济发展水平、不同社会制度的国家和地区聚集在一起，构建一个互利互惠的多边贸易体制，成为国际贸易合作的典范；实施管理乌拉圭回合达成的众多的贸易协定与协议，促进成员的贸易与经济发展；对成员贸易政策审议监督制度化，有利于政策透明、加强预见、减少风险、改善贸易环境；成员不断扩大，俄罗斯于 2012 年 8 月 22 日成为正式成为第 156 个成员，世界贸易组织成员从成立时的 112 个扩充到 2013 年的 159 个，在世界贸易中的比重提高到 97%以上；2002 年启动多哈回合谈判，更多关注发展中国家成员尤其是最不发达国家成员的发展，现已完成议题谈判的 80%；通过呼吁和政策跟踪等方式，遏制 2008 年金融危机带来的贸易保护主义的蔓延；与其他国际经济、金融组织合作，就世界重大问题协商，取得共识和解决。世贸组织通过各种努力维护和发展多边贸易体制，享有在多边贸易体制中的组织和法律基础的权威性。

中国将一如既往，与世贸组织其他成员一道，推动多哈回合谈判的早日完成，实现改革的目标。不仅要推动经济全球化，促进成员的经贸发展，而且通过互动，为中国实现开放型经济体系的目标提供良好的外部条件。

第二篇　WTO 事务

● WTO 运行总体情况（2012）

一、WTO秘书处人员与预算（2012）

（一）WTO秘书处人员

WTO秘书处总部设在日内瓦，2012年拥有639名日常工作人员，统一受总干事帕斯卡尔·拉米的领导。WTO的一切决策权归属其全体成员，秘书处没有任何决策权。

秘书处的主要职责是为各理事会和委员会提供技术和专业支持，为发展中国家成员提供技术援助，监督和分析全球贸易发展动态，为公众和媒体提供信息，以及组织召开部长级会议。此外，秘书处提供争端解决程序中的一定形式的法律支持服务，并为申请加入WTO的政府提供咨询服务。

WTO秘书处致力于吸收优秀的工作人员，并力争其来源更为多样。2012年WTO秘书处人员共来自于77个WTO成员，相较于2011年范围更加广泛。其中，专业人员大多由经济学家、法学家和其他国际贸易政策方面的专家组成。此外，还有大量负责提供支持性服务的员工，包括信息技术人员、财务人员、人力资源及语言服务人员。

2012年WTO秘书处的女职员人数超过男职员，其中女职员为349人，男职员为290人。WTO工作语言是英语、法语和西班牙语。

人力资源部门继续应对秘书处的不断变化的需求。提高员工的工作绩效最终实现最佳产出，这是制订一些关键的人力资源计划的主要动力。各项计划之间强大的管理系统已经实施，确保集体讨论通过WTO领导对员工的期望和员工绩效、一年一度的集体绩效和成果，以确定谁最值得奖励。WTO员工委员会由所有的职员选举产生，以确保所有职员的利益。

WTO总干事的选举程序。2012年底共有9人由其政府提名为WTO总干事候选人。现任总干事帕斯卡尔·拉米的任期在2013年8月31日结束。九名候选人分别为来自加纳的阿兰·科瓦德沃·克里曼坦（Alan John Kwadwo Kyerematen），来自哥斯达黎加的安贝尔·冈萨雷斯（Anabel González）部长，来自新西兰的蒂姆·格罗泽（Tim Groser）部长，来自肯尼亚的阿米纳·穆罕默德（Amina Mohamed）女士，来自约旦的艾哈迈德·欣达维（Ahmad Hindawi）先生，来自墨西哥的埃米尼奥·布兰科（Herminio Blanco）先生，来自印度尼西亚的冯慧兰（Mari Pangestu）女士，来自韩国的朴泰镐（Taeho Bark）部长，来自巴西的罗伯托·卡瓦略·阿泽维多（Roberto Carvalho de Azevêdo）。所有的候选人需要在2013年1月的总理事会会议上提交远景规划。竞选程序必须在2013年5月31日前完成，届时将选出新任总干事。

根据《关于争端解决规则与程序的谅解》，WTO秘书处专门设立上诉机构，负责处理争端解决专家组裁决的上诉事宜。上诉机构设有独立秘书处，由7名在法律和国际贸易领域拥有特别威望的专家组成，每位专家的每届任期为4年，且可以连任一届。

表 1 **WTO 秘书处组织机构**

总干事 帕斯卡尔·拉米（Pascal Lamy）	总干事办公室 人力资源部 内部审计部 理事会与贸易谈判委员会部 信息与媒体联系部 上诉机构
副总干事 亚雷汉德罗·捷瑞（Alejandro Jara）	法律事务部 规则部 经济研究与统计部 加入部
副总干事 瓦伦丁·鲁格瓦比扎（Valentine Sendanyoye Rugwabiza）	发展部 培训与技术援助研究所 贸易政策审议部
副总干事 鲁佛斯·H. 耶克萨（Rufus H. Yerxa）	市场准入部 知识产权部 行政与综合服务部 信息技术解决方案部 语言、文件与信息管理部
副总干事 哈沙·伐尔檀那·辛格（Harsha Vardhana Singh）	农业与货物贸易部 贸易与环境部 服务贸易部

资料来源： *WTO Annual Report 2013*，Figure 1 WTO Secretariat organization chart，截至 2012 年 12 月 31 日。

表 2 **WTO 秘书处日常工作人数统计（按性别、地区和成员）**

地　区	成　员	女　性	男　性	小　计
北美洲	加拿大	6	15	21
	墨西哥	2	4	6
	美国	19	9	28
合计		27	28	55
南/中美洲	阿根廷	4	6	10
	巴巴多斯	0	1	1
	玻利维亚	1	2	3
	巴西	3	5	8
	智利	3	1	4
	哥伦比亚	4	6	10
	哥斯达黎加	1	1	2
	古巴	1	0	1
	厄瓜多尔	1	1	2
	危地马拉	1	0	1
	洪都拉斯	1	0	1
	巴拉圭	1	0	1
	秘鲁	3	4	7
	圣卢西亚	1	0	1
	特立尼达和多巴哥	1	0	1
	乌拉圭	1	6	7
	委内瑞拉	1	4	5
合计		28	37	65

续 表

地 区	成 员	女 性	男 性	小 计
欧洲	阿尔巴尼亚	1	0	1
	奥地利	2	3	5
	比利时	3	2	5
	保加利亚	0	3	3
	克罗地亚	1	0	1
	丹麦	1	1	2
	爱沙尼亚	1	0	1
	芬兰	2	3	5
	法国	101	74	175
	德国	7	12	19
	希腊	3	2	5
	匈牙利	0	1	1
	爱尔兰	10	1	11
	意大利	7	9	16
	荷兰	2	4	6
	挪威	0	2	2
	波兰	2	2	4
	葡萄牙	0	2	2
	罗马尼亚	2	0	2
	西班牙	29	14	43
	瑞典	1	2	3
	瑞士	22	14	36
	土耳其	3	1	4
	英国	50	15	65
合计		250	167	417
非洲	贝宁	0	1	1
	乍得	0	1	1
	科特迪瓦	0	1	1
	刚果（金）	0	1	1
	埃及	3	2	6
	加纳	0	1	1
	几内亚	1	1	2
	肯尼亚	1	0	1
	马拉维	0	1	1
	毛里求斯	0	2	2
	摩洛哥	1	2	3
	尼日利亚	0	1	1
	卢旺达	1	1	2
	塞内加尔	0	1	1
	南非	0	1	1
	坦桑尼亚	1	0	1
	突尼斯	2	3	5
	乌干达	3	0	3
	赞比亚	1	0	1
	津巴布韦	2	0	2
合计		16	20	36

续 表

地 区	成 员	女 性	男 性	小 计
亚洲	澳大利亚	5	5	10
	孟加拉国	0	1	1
	中国	6	4	10
	印度	2	10	12
	日本	2	2	4
	约旦	1	0	1
	韩国	4	1	5
	马来西亚	1	2	3
	新西兰	1	1	2
	巴基斯坦	0	2	2
	菲律宾	5	7	12
	斯里兰卡	1	2	3
	泰国	0	1	1
合计		22	32	54
总计		349	390	639

资料来源： *WTO Annual Report 2013*，Figure 4 WTO staff on regular budget by gender and nationality，截至 2012 年 12 月 31 日。

表 3　　WTO 秘书处各部门职位分布

部 门	日常工作人员①	高管和主管②	总 计
总干事		1	1
总干事办公室	13	1	14
副总干事办公室	5.2	4	9.2
加入部	7.8	1	8.8
行政与综合服务部	78	1	79
农业与货物贸易部	14	2	16
理事会与贸易谈判委员会部	12.3	1	13.3
发展部	11	1	12
多哈发展回合特别关税部	2	1	3
经济研究与统计部	48	2	50
对外关系部	8.8	1	9.8
人力资源部	17.6	1	18.6
信息技术解决方案部	38	1	39
信息与媒体联系部	20.8	1	21.8
培训与技术合作研究所	28.5	1	29.5
知识产权部	12	1	13
语言、文件与信息管理部	157	1	158
法律事务部	15.8	1	16.8
市场准入部	10.8	1	11.8
医疗队	2.5	0	2.5
内部审计部	1	1	2
规则部	20	1	21
技术合作审计部	1.5	0	1.5

① 表中的小数是因统计包括那些工作时数不满一周的人员。

② 工作年限为 11 年和 12 年。

续 表

部 门	日常工作人员	高管和主管	总 计
贸易与环境部	6.8	1	7.8
贸易与金融服务便利化部	8.4	1	9.4
服务贸易部	15.8	1	16.8
贸易政策审议部	37.9	1	38.9
上诉机构	14	1	15
总计	608.5	31	639.50 (1)

资料来源：WTO官方网站，截至2013年10月31日。

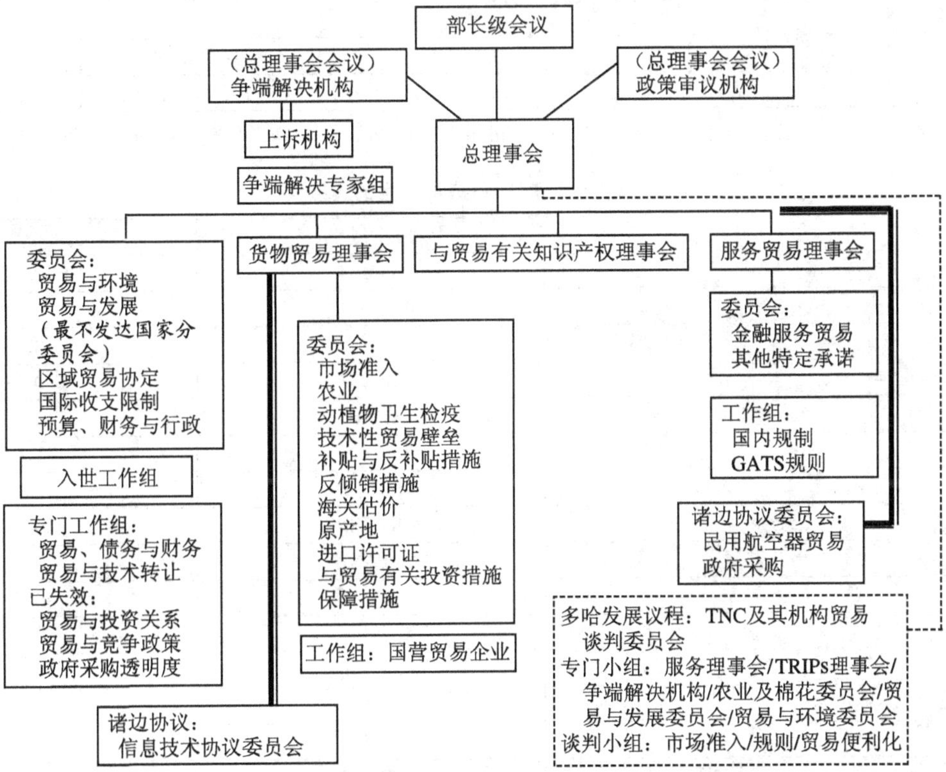

图1 WTO组织结构

注：——向总理事会（或其下属机构）报告 ▭向争端解决机构报告
-----诸边贸易协议委员会将其活动通知总理事会或货物理事会（虽然只有部分WTO成员签署这些协议）
▬贸易谈判委员会向总理事会报告

资料来源：http：//www.wto.org/english/thewto_e/whatis_e/tif_e/org2_e.htm，截至2012年12月底。

（二）WTO秘书处经费

WTO秘书处年度经费绝大部分来自于所有成员所承担的会费。依据过去5年货物、服务和知识产权贸易的可用数据，每个成员的会费取决于其在国际贸易中所占的份额。此外，WTO秘书处年度经费还来源于其他收入，主要包括租金及纸质和电子出版物的销售收入。WTO还管理大量的由成员出资的信托基金。这些资金主要用于特定的活动，如旨在使最不发达国家成员和发展中国家成员更好地利用WTO及自多边贸易体制中获取更大利益的技术合作与培训项目。

表 4 2012 年 WTO 秘书处的合并开支

项 目	预 算	开 支	结 余
年薪（包括工资和养老金）	126 310 600	−136 111 084	199 516
临时补助	15 992 700	−20 913 839	−4 921 139
通讯（包括通讯费和快递费）	1 786 500	−1 476 380	310 120
物业设施（包括租金、水电费、维护和保险费）	3 866 000	−4 225 653	−359 653
固定资产	1 089 000	−1 284 327	−195 327
耗材	1 281 000	−942 323	338 677
项目服务（包括复印、办公自动化和安全等）	9 236 600	−8 733 242	503 358
员工费用（包括培训和保险）	4 827 000	−4 007 412	819 588
代表团	2 939 000	−2 785 819	153 181
贸易政策课程	3 315 000	−1 908 279	1 406 721
其他（包括争端解决专家组、出版、图书馆和公共信息服务等）	6 449 500	−6 315 951	133 549
国际贸易中心	18 911 000	−16 948 304	1 962 696
合计	196 003 900	−195 652 612	351 288

资料来源： *WTO Annual Report 2013*，Table1 Consolidated Expenditure 2012，截至 2012 年 12 月 31 日。

表 5 2012 年度 WTO 成员承担的会费

成 员	瑞士法郎	%
阿尔巴尼亚	54 404	0.028
安哥拉	441 061	0.227
安提瓜和巴布达	29 145	0.015
阿根廷	716 967	0.369
亚美尼亚	31 088	0.016
澳大利亚	2 380 175	1.225
奥地利	2 432 636	1.252
巴林	184 585	0.095
孟加拉国	211 787	0.109
巴巴多斯	29 145	0.015
比利时	4 414 496	2.272
伯利兹	29 145	0.015
贝宁	29 145	0.015
玻利维亚	58 290	0.030
博茨瓦纳	62 176	0.032
巴西	2 088 725	1.075
文莱	75 777	0.039
保加利亚	340 025	0.175
布基纳法索	29 145	0.015
布隆迪	29 145	0.015
柬埔寨	73 834	0.038
喀麦隆	71 891	0.037
加拿大	5 727 964	2.948
佛得角	29 145	0.015
中非	29 145	0.015
乍得	46 632	0.024
智利	748 055	0.385
中国	14 156 698	7.286

续 表

成　员	瑞士法郎	%
哥伦比亚	437 175	0.225
刚果（布）	52 461	0.027
哥斯达黎加	161 269	0.083
科特迪瓦	116 580	0.060
克罗地亚	322 538	0.166
古巴	145 725	0.075
塞浦路斯	139 896	0.072
捷克	1 581 602	0.814
刚果（金）	68.005	0.035
丹麦	1 884 710	0.970
吉布提	29 145	0.015
多米尼克	29 145	0.015
多米尼加	163 212	0.084
厄瓜多尔	198 186	0.102
埃及	579 014	0.298
萨尔瓦多	91 321	0.047
爱沙尼亚	188 471	0.097
欧盟	0	0.000
斐济	29 145	0.015
芬兰	1 239 634	0.638
马其顿	58 290	0.030
法国	8 545 314	4.398
加蓬	40 803	0.021
冈比亚	29 145	0.015
格鲁吉亚	52 461	0.027
德国	17 135 317	8.819
加纳	97 150	0.050
希腊	973 443	0.501
格林纳达	29 145	0.015
危地马拉	137 953	0.071
几内亚	29 145	0.015
几内亚比绍	29 145	0.015
圭亚那	29 145	0.015
海地	29 145	0.015
洪都拉斯	99 093	0.051
中国香港	5 073 173	2.611
匈牙利	1 268 779	0.653
冰岛	89 378	0.046
印度	3 240 924	1.668
印度尼西亚	1 509 711	0.777
爱尔兰	2 300 578	1.184
以色列	866 578	0.446
意大利	7 074 463	3.641
牙买加	77 720	0.040
日本	9 310 856	4.792
约旦	155 440	0.080

续 表

成　员	瑞士法郎	%
肯尼亚	101 036	0.052
沙特阿拉伯	2 261 652	1.164
韩国	5 298 561	2.727
科威特	617 874	0.318
吉尔吉斯斯坦	29 145	0.015
拉脱维亚	159 326	0.082
莱索托	29 145	0.015
列支敦士登	46 632	0.024
立陶宛	281 735	0.145
卢森堡	825 775	0.425
中国澳门	163 212	0.084
马达加斯加	29 145	0.015
马拉维	29 145	0.015
马来西亚	2 209 191	1.137
马尔代夫	29 145	0.015
马里	29 145	0.015
马耳他	79 663	0.041
毛里塔尼亚	29 145	0.015
毛里求斯	60 233	0.031
墨西哥	3 516 830	1.810
摩尔多瓦	34 974	0.019
蒙古	31 088	0.016
摩洛哥	367 227	0.189
莫桑比克	40 803	0.021
缅甸	38 860	0.020
纳米比亚	44 689	0.023
尼泊尔	31 088	0.016
荷兰	6 272 004	3.228
新西兰	333 947	0.229
尼加拉瓜	44 689	0.023
尼日尔	29 145	0.015
尼日利亚	699 480	0.360
挪威	1 756 472	0.904
阿曼	293 393	0.151
巴基斯坦	363 343	0.187
巴拿马	178 756	0.092
巴布亚新几内亚	48 575	0.025
巴拉圭	81 606	0.042
秘鲁	330 310	0.170
菲律宾	722 796	0.372
波兰	2 115 927	1.089
葡萄牙	996 759	0.513
卡塔尔	443 004	0.228
罗马尼亚	709 195	0.356
卢旺达	29 145	0.015
圣基茨和尼维斯	29 145	0.015

续 表

成 员	瑞士法郎	%
圣卢西亚	29 145	0.015
圣文森特和格林纳丁斯	29 145	0.015
塞内加尔	46 632	0.024
塞拉利昂	29 145	0.015
新加坡	4 379 522	2.254
斯洛伐克	744 169	0.383
斯洛文尼亚	376 942	0.194
所罗门群岛	29 145	0.015
南非	1 084 194	0.558
西班牙	4 995 453	2.571
斯里兰卡	136 010	0.070
苏里南	29 145	0.015
斯威士兰	29 145	0.015
瑞典	2 485 097	1.279
瑞士	2 642 480	1.360
中国台北	3 122 401	1.607
坦桑尼亚	68 005	0.035
泰国	2 110 098	1.086
多哥	29 145	0.015
汤加	29 145	0.015
特立尼达和多巴哥	132 124	0.068
突尼斯	248 704	0.128
土耳其	1 863 337	0.959
乌干达	40 803	0.021
乌克兰	788 858	0.406
阿联酋	2 150 901	1.107
英国	9 019 406	4.642
美国	23 687 113	12.191
乌拉圭	89 378	0.046
委内瑞拉	742 226	0.382
越南	736 397	0.379
赞比亚	52 461	0.027
津巴布韦	29 145	0.015
合计	194 300 000	100

资料来源： http：//www. wto. org/english/thewto _ e/secre _ e/contrib11 _ e. htm，2012年12月31日。

二、WTO主要活动（2012）

（一）技术援助和培训

WTO与贸易有关的技术援助计划旨在提高成员方对WTO活动的了解程度，各项培训都尽可能地满足成员方的实际要求。WTO成员任何时候都可以向秘书处提出技术援助的相关请求，这可以确保技术援助能及时集中反映成员的要求，特别是发展中成员和最不发达成员的诉求。

2012年，WTO在日内瓦以及全球其他地区共计举行了343次技术援助和培训活动。这些活动绝大多数是和其他国际组织、区域组织和次区域组织共同举办的。国家层面的活动，主要是多重议题的简报会，主要围绕世界贸易组织所管辖的协定协议或多哈回合谈判。这主要包括非农市场准入、规则、服务贸易、与贸易相关的知识产权协定、卫生与植物卫生措施等问题。

这些活动的直接目标是促使参与者更好地了解所涉及议题的WTO基本原则。多哈回合谈判的一些特定谈判领域，目的是让参加者掌握其谈判立场所需要的技能和专业知识，以便其国家在多哈回合谈判达成时取得积极的成果。2012 年在 9 个国家设立和更新了 WTO 信息查询中心，以便能依据受益人的需求，更好地调整项目活动。这些信息查询中心配有信息设备、书籍、CD、DVD 和其他 WTO 相关的文件。截至 2012 年，共有 108 个 WTO 信息查询中心，其中拉丁美洲和加勒比地区占 20%，非洲占 40%，中东欧和中亚占 7%，阿拉伯和中东国家占 5%，亚太地区占 25%，其余约占 3%。

2012 年 WTO 在线课程继续增长，精心设计了专门的电子平台，包括 33 门在线课程，语言包括英语、法语和西班牙语。在线课程的网址为 https：//etraining. wto. org，也可以通过 WTO 官网进入。2012 年全球超过 6500 名参加者注册在线课程，其中超过 1100 名来自最不发达国家。而 5442 名参与者必须是政府官员或经过筛选才能参加。就区域而言，非洲占 39%，拉丁美洲占 26%，亚太地区占 20%。

技术援助和培训最为重要的是确保有及时和充分的资金。金融援助项目主要来自多哈发展议程全球信托基金，这是一个由 WTO 成员发起的自愿的基金窗口。2012 年的捐助额达25 977 529瑞士法郎，比 2011 年略有下降。

表 6　　2012 年与贸易有关的技术援助活动分布（按地区统计）

地　区	国别　TA		区　域		全　球		其他（会议等）		合　计	
非洲	47	35%	13	22%	0	0%	22	33%	82	24%
阿拉伯和中东地区	7	5%	6	10%	0	0%	4	6%	17	5%
亚太地区	26	19%	16	28%	0	0%	4	6%	46	13%
中东欧	19	14%	6	10%	0	0%	7	10%	32	9%
加勒比地区	4	3%	6	10%	0	0%	0	0%	10	3%
拉丁美洲地区	31	23%	11	19%	0	0%	6	9%	48	14%
单项合计	134	100%	58	100%	0	0%	43	64%	235	69%
全球性合计	0	0%	0	0%	84	0%	24	36%	108	31%
合计	134	100%	58	100%	84	100%	67	100%	343	100%

资料来源：*WTO Annual Report 2013*，CH6 Table1 Trade-related technical assistance by region in 2012，截至 2012 年 12 月 31 日。

（二）WTO 各理事会活动

1. 总理事会

自前次年度报告起，总理事会一共举行了 5 次会议，时间分别为 2012 年 2 月 14 日，2 月 24 日，5 月 1 日，7 月 25 日～26 日，10 月 26 日。这些会议的纪要都包括在文件 WT/GC/M/135－WT/GC/M/139 中。

2012 年，对于 WTO 而言，也是加入的好年头。黑山、萨摩亚、俄罗斯、瓦努阿图已经正式成为 WTO 成员，老挝和塔吉克斯坦已经基本完成加入程序。

表 7　　正在申请加入 WTO 国家的谈判进展情况

	申请日期	工作组成立日期	达成备忘录日期	首次/最后一次日期（工作组会议）	工作组会议次数	货物贸易承诺		服务贸易承诺		起草工作组报告日期
						初始	最终	初始	最终	
阿富汗	2004.11	2004.12	2009.03	2011.01/2012.12	3	2012.11		2012.06		2012.11
阿尔及利亚	1987.06	1987.06	1996.07	1998.04/2008.01	10	2002.02	2007.11	2002.03	2007.11	2006.06
安道尔	1997.07	1997.07	1999.03	1999.10	1	1999.09		1999.09		
阿塞拜疆	1997.06	1997.07	1999.04	2002.06/2012.12	10	2005.05	2012.11	2005.05	2011.10	2012.11

续　表

	申请日期	工作组成立日期	达成备忘录日期	首次/最后一次日期	工作组会议次数	货物贸易承诺		服务贸易承诺		起草工作组报告日期
				（工作组会议）		初始	最终	初始	最终	
巴哈马	2001.05	2001.07	2009.04	2010.09/2012.06	2	2012.03		2012.03		
白俄罗斯	1993.09	1993.10	1996.01	1997.06/2005.05	7	1998.03	2006.05	2000.02	2006.09	2012.11
不丹	1999.09	1999.10	2003.02	2004.11/2008.01	4	2005.08	2007.11	2005.08	2007.11	2007.12
波黑	1999.05	1999.07	2002.1	2003.11/2012.10	10	2004.1	2007.02	2004.1	2007.02	2012.09
科摩罗	2007.02	2007.1								
赤道几内亚	2007.02	2008.02								
埃塞俄比亚	2003.01	2003.02	2007.01	2008.05/2012.05	2	2012.02				
伊朗	1996.07	2005.05	2009.11							
伊拉克	2004.09	2004.12	2005.09	2007.05/2008.04	2					
哈萨克斯坦	1996.01	1996.02	1996.09	1997.03/2012.12	14	1997.06	2012.09	1997.09	2004.06	2012.11
黎巴嫩	1999.01	1999.04	2001.06	2002.10/2009.10	7	2003.11	2004.06	2003.11	2004.06	2009.10
利比里亚	2007.06	2007.12	2011.04	2012.07	1					
利比亚	2004.06	2004.07								
圣多美和普林西比	2005.01	2005.05								
塞尔维亚	2004.12	2005.02	2005.03	2005.10/2012.03	12	2006.04	2008.11	2006.10	2008.11	2012.10
塞舌尔	1995.05	1995.07	1996.08/2009.05	1997.02/2012.07	3	1997.06	2012.09	1997.05	2012.05	2012.07
苏丹	1994.1	1994.1	1999.01	2003.07/2004.03	2	2004.07	2006.1	2004.06	2006.1	2004.09
叙利亚	2001.1	2010.05								
乌兹别克斯坦	1994.12	1994.12	1998.1	2002.07/2005.10	3	2005.09		2005.09		
也门	2000.04	2000.07	2002.11	2004.11/2012.07	10	2005.09	2008.08	2005.08	2012.07	2012.07

资料来源： http://www.wto.org/english/thewto_e/acc_e/status_e.htm，截至2013年3月。

2. 货物贸易理事会

（1）进口许可程序委员会

进口许可程序委员会2012年年度报告考察期为2011年10月15日至2012年10月29日。报告考察期间，进口许可程序委员会分别于4月27日和10月29日举行了两次会议。在4月27日的会议上，委员会任命了来自比利时的Pierre-Emmanuel Brusselmans先生为委员会主席，同时选举了来自墨西哥的Elisa Olmedo de Alejandro女士为副主席。

根据《进口许可程序协议》第1.4（a）条和第8.2（b）条，报告考察期内进口许可程序委员会共从14个成员收到16次通报：阿尔巴尼亚，欧盟，格鲁吉亚，列支敦士登，中国澳门，以色列，马拉维，尼加拉瓜，摩洛哥，台湾、澎湖、金门、马祖单独关税区，瑞士，特立尼达和多巴哥，土耳其，越南。根据《进口许可程序协议》第5.1～5.4条，进口许可程序委员会共从10个成员收到19次通报：阿根廷，哥伦比亚，印度尼西亚，以色列，科威特，马拉维，马来西亚，摩洛哥，泰国，越南。根据《进口许可程序协议》第7.3条，进口许可程序委员会共从41个成员收到45次通报：阿根廷，澳大利亚，巴林，巴巴多斯，柬埔寨，加拿大，哥斯达黎加，克罗地亚，多米尼加，欧盟，格鲁吉亚，洪都拉斯，中国香港，日本，以色列，列支敦士登，中国澳门，马拉维，马里，尼泊尔，新西兰，尼加拉瓜，尼日利亚，挪威，阿曼，巴拿马，巴拉圭，卢旺达，台湾、澎湖、金门、马祖单独关税区，卡塔尔，新加坡，南非，瑞士，泰国，特立尼达和多巴哥，土耳其，乌克兰，乌拉圭和美国。

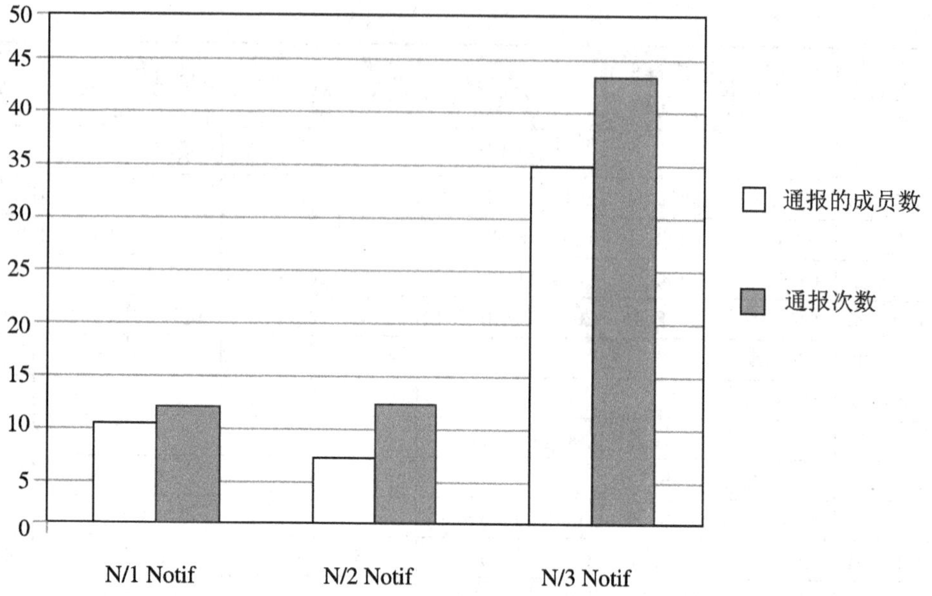

图 2 通报的成员数和通报次数（2011—2012）

注： N/1：根据第 1.4（a）条和第 8.2（b）条，相关的法律、法规和行政程序及其变更的通报。
N/2：根据第 5.1～5.4 条，相关实施程序及其变更的通报。
N/3：根据第 7.3 条，相关调查问卷回复的通报。

资料来源： Report（2012）of the committee on import licensing to the council for trade in goods，G/L/1011.

（2）补贴与反补贴措施委员会

补贴与反补贴措施委员会 2012 年年度报告考察期为 2011 年 10 月 27 日至 2012 年 10 月 23 日。

报告考察期内，补贴与反补贴措施委员会分别于 2012 年 4 月 26 日和 10 月 23 日举行了两次常规会议和两次特别会议。报告初期来自德国的 Andreas Krallmann 先生为委员会主席，来自阿曼的 Hilda Ali Rashid Al-Hinai 女士为副主席。

在 2012 年 4 月 26 日常规会议上，委员会选举了来自中国香港的 Sam C. S. Hui 先生为委员会主席，同时选举了加拿大的 William Kendall 先生为副主席。

截至 2012 年 10 月 23 日，共有 38[①] 个 WTO 成员向委员会通报了其所发起的反补贴调查措施，有 15 个成员做了无反补贴调查措施通报。在半年度报告中，2011 年 7 月 1 日至 2011 年 12 月 31 日期间，共有 52 个成员未履行通报义务；2012 年 1 月 1 日至 2012 年 6 月 30 日期间，共有 60 个成员未履行通报义务。

表 8　全球发起反补贴调查案件数（按被调查国/地区）

被调查国/地区 \ 年份	1995	1996	1997	1998	1999	2000	2001	2002	2003	2004	2005	2006	2007	2008	2009	2010	2011	2012	合计
阿根廷						3	1					1	1		1			1	8
澳大利亚					1														1
奥地利								1											1
比利时				1															1
巴西			1	1	1	1	2					1							7
加拿大		1	1	1			2	2		1									8
智利			1		1		1												3

① 欧盟作为一个成员计数。

续 表

被调查国/地区 \ 年份	1995	1996	1997	1998	1999	2000	2001	2002	2003	2004	2005	2006	2007	2008	2009	2010	2011	2012	合计
中国										3		2	8	11	13	6	9	10	62
哥伦比亚									1										1
捷克					1														1
丹麦				1															1
欧盟	3	1	1	1	1			1	2						1	1		1	13
马其顿					1														1
法国				2	2		2					1							7
德国			1				2												3
希腊			1						1										2
匈牙利							1												1
印度	1		3	6	5	7	8	2	8	1	1	1	1	2	1	1	5	2	55
印尼				1	5	1	2				1	1			1		2	2	16
伊朗															1				1
以色列						1													1
意大利	3	2	1	3	1		1	1	1										13
韩国				5	4	1	1	2		1	1	1			1		1	1	19
马来西亚					2						1			1	1				5
荷兰							1												1
挪威		1																	1
阿曼																	2	1	3
巴基斯坦						1									1			1	3
秘鲁			1																1
菲律宾					1														1
波兰					1				1										2
沙特				1													1		2
新加坡					1														1
南非		2	1	1	1	1													6
西班牙			1	1					1										3
中国台北			1		5					1									7
泰国	1				5	1				1	1				1		2		12
特立尼达和多巴哥			1				1												2
土耳其	1						1												2
阿联酋															1		1	1	3
英国							1												1
美国	1				1	1					1		1	2	4	1	1	2	15
委内瑞拉			1		1														2
越南															1		1	1	3
合计	10	7	16	25	41	18	27	9	15	8	6	8	11	16	28	9	25	23	302

注：调查类型：最初；自1995年1月1日至2012年12月31日。

资料来源：http：//www. wto. org/english/tratop _ e/scm _ e/scm _ e. htm.

表 9

全球发起反补贴调查案件数（按发起调查的成员）

发起调查的成员 \ 年份	1995	1996	1997	1998	1999	2000	2001	2002	2003	2004	2005	2006	2007	2008	2009	2010	2011	2012	合计
阿根廷	1	1	1																3
澳大利亚			1		1			1	3			1		2	1	1	2	2	15
巴西							1		1				1				3	1	7
加拿大	3				3	4	1		1	4	1	2	1	3	1	1	2	6	33
智利					4							1	1						6
中国															3	1		2	6
哥斯达黎加									1										1
埃及				4															4
欧盟		1	4	8	19		6	3	1		3	1		2	6	3	4	6	67
印度															1				1
以色列	2																		2
日本										1									1
拉脱维亚									1										1
墨西哥			1						1								3		5
新西兰	1	4	1																6
巴基斯坦																	2		2
秘鲁			1			1		1					1		2			1	7
南非			1	1	2	6	1							2					13
土耳其														1					1
美国	3	1	6	12	11	7	18	4	5	3	2	3	7	6	14	3	9	5	119
委内瑞拉					1				1										2
合计	10	7	16	25	41	18	27	9	15	8	6	8	11	16	28	9	25	23	302

注：调查类型：最初；自 1995 年 1 月 1 日至 2012 年 12 月 31 日。

资料来源：http：//www. wto. org/english/tratop _ e/scm _ e/scm _ e. htm.

表 10

全球发起反补贴调查案件数（按产品类别）

HS 编码 \ 年份	1995	1996	1997	1998	1999	2000	2001	2002	2003	2004	2005	2006	2007	2008	2009	2010	2011	2012	合计
I 活动物、动物产品	1	1	1	1	4	1			1	1			1		1				13
II 植物产品		1				2	1	2			1	1				1			9
III 动植物油、脂、蜡			1					1	5						1				8
IV 烟草	8	4	2	5	2			1	1			1							24
V 矿产品							4							1		1	1	2	9
VI 化学工业及其相关工业的产品	1		2		1		2		4			1	1	3	4		3	3	25
VII 树脂、塑料及其制品；橡胶及其制品				4	7	2	2			2	2		2	1	4		2		28
IX 木材，软木制品；篮筐		1					1			1						1		1	5
X 纸、纸板及其制品											2	3	1	1	2	1	2		12
XI 纺织原料及纺织制品				2	5	1	2	1					2		1		3	2	19
XII 鞋、帽；羽毛，人造花，风扇						1													1

续　表

年份 HS编码	1995	1996	1997	1998	1999	2000	2001	2002	2003	2004	2005	2006	2007	2008	2009	2010	2011	2012	合计
XIII 石料、石膏的制品；陶瓷产品；玻璃			1		1										1				3
XV 贱金属及其制品			7	12	20	11	14	1	3	3		2	3	7	11	4	10	11	119
XVI 机器和电气设备			1	1	1		1	3	1	1	1		1	3	2	1	2	3	22
XVII 车辆、航空器和船舶			1												1		2	1	5
总计	10	7	16	25	41	18	27	9	15	8	6	8	11	16	28	9	25	23	302

注：调查类型：最初；自1995年1月1日至2012年12月31日。

资料来源：http：//www. wto. org/english/tratop _ e/scm _ e/scm _ e. htm.

表11　　**全球实施反补贴措施案件数（按被调查国/地区）**

年份 被调查国/地区	1995	1996	1997	1998	1999	2000	2001	2002	2003	2004	2005	2006	2007	2008	2009	2010	2011	2012	合计
阿根廷	1						3												4
澳大利亚						1													1
奥地利	1																		1
比利时					1														1
巴西	4					2		2											8
加拿大								2	1										3
中国											2		1	10	6	10	5	8	42
哥伦比亚										1									1
科特迪瓦	1																		1
欧盟	1	2		2		1			1	1	1					1	1		11
法国					2	1	1	1					1						6
德国							1	1											2
匈牙利								1											1
印度	1			2	4	4	3	5	1	6		1		1	2		1	2	33
印尼	1				1	2	1		1			1				1			8
伊朗																1			1
以色列	1																		1
意大利	2	2		1	3			1											9
韩国					2	1		1	2		1	1							8
马来西亚	1					2													3
荷兰							1												1
挪威			1																1
巴基斯坦							1									1			2
菲律宾	1					1													2
南非			2		1		1												4
西班牙				1															1
斯里兰卡	1																		1
中国台北						3													3
泰国						2	1												3
土耳其		1																	1

续 表

被调查国/地区 \ 年份	1995	1996	1997	1998	1999	2000	2001	2002	2003	2004	2005	2006	2007	2008	2009	2010	2011	2012	合计
阿联酋																1			1
英国							1												1
美国						1									1	3	2		7
委内瑞拉	3																		3
越南																1			1
合计	19	5	3	6	14	21	14	14	6	8	4	3	2	11	9	19	9	10	177

注：调查类型：最初；自 1995 年 1 月 1 日至 2012 年 12 月 31 日。

资料来源：http：//www. wto. org/english/tratop _ e/scm _ e/scm _ e. htm.

表 12　　全球实施反补贴措施案件数（按发起调查的成员）

发起调查的成员 \ 年份	1995	1996	1997	1998	1999	2000	2001	2002	2003	2004	2005	2006	2007	2008	2009	2010	2011	2012	合计
阿根廷		2		2															4
澳大利亚						1							1			1	1	2	6
巴西	5									1				1					7
加拿大	1					5	1			1	2		1	3	1	1	1	4	21
智利						2													2
中国																2	2		4
哥斯达黎加										1									1
欧盟			1	2	3	10		2	3	2	1				1	3	2		30
日本												1							1
墨西哥	7										1							2	10
新西兰		1	2	1															4
秘鲁	1						1		1							2			5
南非						1	2	2											5
土耳其															1				1
美国	5	2		1	11	2	10	10	2	2		2		7	6	10	3	2	75
委内瑞拉										1									1
合计	19	5	3	6	14	21	14	14	6	8	4	3	2	11	9	19	9	10	177

注：调查类型：最初；自 1995 年 1 月 1 日至 2012 年 12 月 31 日。

资料来源：http：//www. wto. org/english/tratop _ e/scm _ e/scm _ e. htm.

表 13　　全球实施反补贴措施案件数（按产品类别）

HS 编码 \ 年份	1995	1996	1997	1998	1999	2000	2001	2002	2003	2004	2005	2006	2007	2008	2009	2010	2011	2012	合计
I 活动物、动物产品			1			2	1									1			5
II 植物产品	5			1			1		1								1		9
III 动植物油、脂、蜡				1					1	1	1					1			5
IV 烟草	2	5	2	1		1				1			1						13
V 矿产品							4								1		1		6

续 表

HS 编码 \ 年份	1995	1996	1997	1998	1999	2000	2001	2002	2003	2004	2005	2006	2007	2008	2009	2010	2011	2012	合计
VI 化学工业及其相关工业的产品				1		1		2		1				1	2	2		2	12
VII 塑料及其制品；橡胶及其制品					1	4	1	1						2	1	4			14
IX 木材，软木制品；篮筐								1			1						1		3
X 纸、纸板及其制品												2		1		2	1		6
XI 纺织原料及纺织制品						3	1	1		1				1		1			8
XIII 石料、石膏的制品；陶瓷产品；玻璃																1			1
XV 贱金属及其制品	12			2	13	10	6	9	1	3	1		1	4	3	7	4	6	82
XVI 机器和电气设备									3	1	1	1		2	2			1	11
XVII 车辆、航空器和船舶																	1	1	2
总计	19	5	3	6	14	21	14	14	6	8	4	3	2	11	9	19	9	10	177

注：调查类型：最初；自 1995 年 1 月 1 日至 2012 年 12 月 31 日。

资料来源：http：//www. wto. org/english/tratop _ e/scm _ e/scm _ e. htm.

（3）反倾销措施委员会

反倾销措施委员会 2012 年年度报告考察期为 2011 年 10 月 25 日至 2012 年 10 月 24 日。报告期间，反倾销措施委员会分别于 2012 年 4 月 23 日和 10 月 24 日举行了两次常规会议。

报告初期，来自毛里求斯的 Subhas Gujadhur 先生为委员会主席。

在 2012 年 4 月 23 日会议上，委员会选举了来自以色列的 Shai Moses 先生为委员会主席。在 2012 年 10 月 24 日，委员会选举了来自新西兰的 Alana Hudson 女士为委员会副主席。

截至 2012 年 10 月 24 日，共有 74① 个 WTO 成员对其国内的反倾销立法做了通报，其中有 35 个成员作了无反倾销立法的通报。此外，还有 21 个成员未尽到通报义务。在半年度报告中，2011 年 7 月 1 日至 2011 年 12 月 31 日期间，共有 18 个成员未履行通报义务；2012 年 1 月 1 日至 2012 年 6 月 30 日期间，共有 20 个成员未履行通报义务。

表 14　　全球发起反倾销调查案件数（按被调查国/地区）

被调查国/地区 \ 年份	1995	1996	1997	1998	1999	2000	2001	2002	2003	2004	2005	2006	2007	2008	2009	2010	2011	2012	合计
阿尔及利亚					1			1											2
阿根廷	1			1	4	2	5	3	1	3	4	3	1	2	2	2	1	2	37
亚美尼亚														1					1
澳大利亚	1		2	2	3	4	1	3	2			1	2	2			1	1	25
奥地利		2	3		3	3		1		1		1		2		2	1	1	20
巴林					1														1
孟加拉							1						1						2
白俄罗斯					3	4	3	2	1	2			1	2		1	3		22
比利时	1	2	3	3	1		5	1	3	2					3	1	1		26

① 欧盟作为一个成员计数。

续 表

年份 被调查国/地区	1995	1996	1997	1998	1999	2000	2001	2002	2003	2004	2005	2006	2007	2008	2009	2010	2011	2012	合计
波黑	1												1			1			3
巴西	8	10	5	6	13	9	13	4	3	10	4	7	2	3	11	3	3	2	116
保加利亚		3	2	1	1	1	2		1		1	1		1			1		15
加拿大	2	1	3	4		1	7	5	4	2	1	1	2	2	1	2	1		39
智利	2	2	2	2	1	6	4	4			1	1		1	1	2		2	31
中国	20	43	33	28	42	44	55	51	53	49	56	72	62	76	77	44	51	60	916
哥伦比亚		1		2			1	1											5
哥斯达黎加				2															2
克罗地亚	1			1	1	1					1								5
古巴		1			1														2
捷克	1	1		2	7	3	2	1	1				1				1		20
丹麦	1	1		2	2							1						1	8
多米尼加							1						1			1			3
厄瓜多尔								1		1				1					3
埃及	1	2	1	2		1	3					2						1	13
萨尔瓦多															2	1			3
爱沙尼亚			1			1	1	1									1		5
欧盟		1	2	4	7	9	9	10	10	3	5	3	2	4	6	9	3	5	92
法罗群岛								2											2
芬兰			1	1	2		1	2	2	2	1		1			2		2	17
马其顿	1		1	1	1		2	1				1						1	9
法国		4	4	10	7	2	3	2	3	1	1	1	1	1	1	2			43
格鲁吉亚								1											1
德国	7	9	13	8	11	6	9	7	3	2	2	2	4	1	3	3	2	3	95
希腊			3			1	1		1					1	1				8
危地马拉		1					1				1				1	1			5
洪都拉斯				1															1
中国香港	1	4	2	3	2	1	3	3			2	1	3	2	1		1		29
匈牙利	2		2	2	4		4	1								1			16
印度	3	11	8	13	13	10	12	16	14	8	14	6	4	6	7	4	7	10	166
印尼	7	7	9	5	20	13	18	12	8	8	14	9	5	11	10	4	5	6	171
伊朗		1	2		2	3	2	2	1	2			1	3	1	2		1	23
爱尔兰			2	1					1	2									6
以色列		1	2	1		1	2						1	1	1		2		12
意大利	6	5	5	5	2	5	8	3	4	1	1			2	2	1	2	3	55
日本	5	6	14	14	22	12	14	13	16	9	7	11	4	3	5	5	5	6	171
约旦							1												1
哈萨克斯坦	3	1	2	4		3	3	6				2		1			1		26
肯尼亚																1	1		2
朝鲜							1									1			2
韩国	14	11	15	27	35	23	23	23	17	24	12	11	13	9	7	9	11	22	306
科威特														1		1			2

续 表

年份 / 被调查国/地区	1995	1996	1997	1998	1999	2000	2001	2002	2003	2004	2005	2006	2007	2008	2009	2010	2011	2012	合计
拉脱维亚			2	1	1	3													7
利比亚						1	1												2
列支敦士登			1																1
立陶宛			1		4	1	1	3									1		11
卢森堡							2			1									3
澳门	1							1									1		3
马拉维					1														1
马来西亚	2	3	5	4	7	9	6	4	8	6	14	6	7	10	7	4	2	3	107
墨西哥	3	5	2	9	4	1	4	2	4	3	1	2	2		5	5	3	3	58
摩尔多瓦						2	1							1					4
莫桑比克			1																1
尼泊尔							2												2
荷兰	6	1	5	3	2	3	4	1		2					1	1			29
新西兰	1	1			2		3	1					1	1	1				11
尼加拉瓜		1																	1
尼日利亚									1										1
挪威		1				1	1	1		1				1		1			7
阿曼							1								1	2	2	1	7
巴基斯坦		2	1		1		1	2	2		1				1	1	1	2	15
巴拉圭			1												1				2
秘鲁	1					1								2					4
菲律宾	2					1	1	1	1	2		3		1					12
波兰	2	3	3	5	3	5	1	4	1	2						1	2		32
葡萄牙		2		2		1	1									1			7
卡塔尔							1												1
罗马尼亚	1	2	1	5	4	4	5	8	2		2			2		1	1	1	39
俄罗斯	2	7	7	13	18	12	9	20	2	8	4	5	6	2	4	2	3	3	127
沙特		1		3	2	3	1	1	2		1	1		4	2	2	1	2	26
塞尔维亚																		1	1
塞尔维亚和黑山					1		1				1								3
新加坡	2		4		5		12	9	1	1	1	7	2		1	1		2	48
斯洛伐克		1	1	1	3	1	2	1		1									11
斯洛文尼亚	1			1															2
南非	2	6	4	5	4	6	9	10	4		2	2	1	3		1	1	2	62
西班牙	2	4	7	7	5	6	4	2	4	1			1	1		2	1		47
斯里兰卡										1			1	2			1		5
瑞典	1	2	5		1		2	1		1	1	1		1		1	1		18
瑞士		2	1		1				1			1			1	1		1	9
中国台北	4	9	16	11	22	15	19	16	13	21	13	12	6	10	11	5	9	22	234
泰国	8	9	5	2	19	12	17	12	7	9	13	8	9	13	8	5	8	10	174
特立尼达和多巴哥			2				1												3

续 表

被调查国/地区 \ 年份	1995	1996	1997	1998	1999	2000	2001	2002	2003	2004	2005	2006	2007	2008	2009	2010	2011	2012	合计
土耳其	2	3	1	2	6	7	5	4	4	1		2	3	4	2	4	4	5	59
乌克兰	2	3	4	9	9	7	6	8	3	1	3	4		2	2	2		3	68
阿联酋			1			2	2		3	2			3		1	3	3	1	21
英国	6	4	6	4	2	9	6	2		1	1			3					44
美国	12	21	15	16	14	13	15	12	21	14	12	11	7	8	14	19	11	9	244
乌拉圭	1				1					1			1						4
乌兹别克斯坦	2									1									3
委内瑞拉		1	1	4	2	2	4	3	1								2		20
越南			1		1	1		3		7	3	2	2	3	3	1	3	8	38
南斯拉夫	1	1			1														3
津巴布韦	1			1															2
合计	157	226	246	266	358	298	372	315	234	220	201	204	165	213	209	172	166	208	4230

注：调查类型：最初；自 1995 年 1 月 1 日至 2012 年 12 月 31 日。

资料来源：http：//www. wto. org/english/tratop _ e/adp _ e/adp _ e. htm.

表 15　　全球发起反倾销调查案件数（按发起调查的成员）

发起调查的成员 \ 年份	1995	1996	1997	1998	1999	2000	2001	2002	2003	2004	2005	2006	2007	2008	2009	2010	2011	2012	合计
阿根廷	27	22	14	8	23	43	28	14	1	12	12	11	8	19	28	14	7	12	303
澳大利亚	5	17	44	13	24	15	24	16	8	9	7	11	2	6	9	7	18	12	247
巴西	5	18	11	18	16	11	17	8	4	8	6	12	13	23	9	37	16	47	279
保加利亚								1											1
加拿大	11	5	14	8	18	21	25	5	15	11	1	7	1	3	6	2	2	11	166
智利	4	3		2		5						1	1	1	1	1	1	1	21
中国				3	2	11	14	30	22	27	24	10	4	14	17	8	5	9	200
哥伦比亚	4	1	1	6	2	3	6			2	2	9	1	6	5	2	4	2	56
哥斯达黎加		4	1	1							1	1			2				10
捷克				2	1														3
多米尼加																1			1
厄瓜多尔				1												2			3
埃及			7	14	7	3	7	3	1		12	9	2		2	1	2	1	71
欧盟	33	25	41	22	65	32	28	20	7	30	24	35	9	19	15	15	18	13	451
危地马拉		1																	1
洪都拉斯																3			3
印度	6	21	13	28	64	41	79	81	46	21	28	35	47	55	31	41	19	21	677
印尼		11	5	8	8	3	4	4	12	5		5	1	7	7	3	6	7	96
以色列	5	6	3	7		1	4			1	4			1	6	6	1	2	47
牙买加						1	1	1	1						1	1			6
日本							2						4					1	7
约旦												1							1
韩国	4	13	15	3	6	2	4	9	18	3	4	7	15	5		3		2	113
拉脱维亚							1	6											7

续 表

年份 / 发起调查的成员	1995	1996	1997	1998	1999	2000	2001	2002	2003	2004	2005	2006	2007	2008	2009	2010	2011	2012	合计
立陶宛					1	6													7
马来西亚	3	2	8	1	2		1	5	6	3	4	8						11	54
墨西哥	4	4	6	12	11	6	6	10	14	6	6	6	3	1	2	2	6	4	109
摩洛哥																	1	2	3
新西兰	10	4	5	1	4	9	1	2	5	5		1	6			1	2		56
尼加拉瓜				2															2
巴基斯坦								1	3	3	13	4		3	26	10	7	5	75
巴拿马				2											4				6
巴拉圭					1					1									2
秘鲁	2	8	2	3	8	1	8	13	4	7	4	3	2		4		1	1	71
菲律宾	1	1	2	3	6	2		1	1						1				18
波兰			1		7			3	1										12
俄罗斯																	10	1	11
斯洛文尼亚					1														1
南非	16	34	23	41	16	21	6	4	8	6	23	3	5	3	3		4	1	217
中国台北			1	6		4	3		2			5			1	2		9	33
泰国		1	3				3	21	3	3		3	2	1	1	2	13	5	61
特立尼达和多巴哥		1		4	3	1	1		2										12
土耳其			4	1	8	7	15	18	11	25	12	8	6	23	6	2	2	14	162
乌克兰							2	3	2	6	2	1	5	7	2	2	6	3	41
美国	14	22	15	36	47	47	77	35	37	26	12	8	28	16	20	3	15	11	469
乌拉圭			1			1	4									1			7
委内瑞拉	3	2	6	10	7	1	1	1											31
合计	157	226	246	266	358	298	372	315	234	220	201	204	165	213	209	172	166	208	4230

注：调查类型：最初；自 1995 年 1 月 1 日至 2012 年 12 月 31 日。

资料来源：http：//www. wto. org/english/tratop _ e/adp _ e/adp _ e. htm.

表 16 **全球发起反倾销调查案件数（按产品类别）**

年份 / HS 编码	1995	1996	1997	1998	1999	2000	2001	2002	2003	2004	2005	2006	2007	2008	2009	2010	2011	2012	合计
...																	1		1
I 活动物、动物产品	1	2	2	6	8	3	2	11	2	10			1	1	3		2		54
II 植物产品		5	2	4	1	7	9	3	1	6	4	4	1	5	1	1	1	1	56
III 动植物油、脂、蜡							4	2	2	1	2	3							14
IV 食品；饮料、酒及醋，烟草	13	6	4	8	2	3	1	3		1	1	6			2	1	5		56
V 矿产品	1	4	3	4	9	9	16	8	5	1		2	2	2	1	4	2	2	75
VI 化学工业及其相关产品	31	42	21	24	74	63	67	96	73	49	37	37	56	34	47	44	29	34	858
VII 树脂、塑料及其制品；橡胶及其制品	20	26	36	33	40	24	56	42	24	44	37	27	16	21	31	23	13	40	553

续 表

HS 编码 \ 年份	1995	1996	1997	1998	1999	2000	2001	2002	2003	2004	2005	2006	2007	2008	2009	2010	2011	2012	合计
VIII 生皮、毛皮及制品；马具和旅行用品		3									2								5
IX 木材，软木制品；篮筐	1	4	11	3		5	4	1	11	11	3	2	1	9	7	5	13	1	92
X 纸、纸板及其制品	3	14	36	7	18	5	7	7	20	8	6	17	19	2	8	20	11	6	214
XI 纺织原料及纺织制品	1	23	8	28	36	17	27	7	14	21	27	17	11	39	20	7	2	12	317
XII 鞋、帽；羽毛，人造花，风扇	6	1		4	2	3	2	3			4	3		1	3				32
XIII 石料、石膏的制品；陶瓷产品；玻璃	3	11	11	12	8	6	6	11	11	8	10	12	3	4	11	12	14	13	166
XIV 珠宝，贵金属和金属，硬币							1												1
XV 贱金属及其制品	43	39	64	111	111	109	137	96	53	38	37	32	24	65	45	43	58	76	1181
XVI 机器和电气设备	24	33	34	10	30	30	24	9	12	16	17	29	28	16	21	10	8	18	369
XVII 车辆、航空器和船舶	3	3	1	2	4	7		2	2	2	4	2	1	3	3	1	6	4	50
XVIII 仪器，钟表，录音机和复读机	1	5	9	5	2		3	3	2	1	1	5		6	3	1	1		48
XX 杂项制品	6	5	4	5	13	7	6	11	2	3	9	6	2	5	3			1	88
总计	157	226	246	266	358	298	372	315	234	220	201	204	165	213	209	172	166	208	4230

注：调查类型：最初；自 1995 年 1 月 1 日至 2012 年 12 月 31 日。

资料来源：http：//www. wto. org/english/tratop _ e/scm _ e/scm _ e. htm.

表 17　　全球实施反倾销措施案件数（按被调查国/地区）

被调查国/地区 \ 年份	1995	1996	1997	1998	1999	2000	2001	2002	2003	2004	2005	2006	2007	2008	2009	2010	2011	2012	合计
阿尔及利亚						1			1										2
阿根廷	3				1	1	3	1	1		2	1	2		1	1	2	1	20
亚美尼亚															1				1
澳大利亚			1	1	2	2			1	2				2		1			12
奥地利	1			3		2							1		2			1	10
孟加拉国							1							1					2
白俄罗斯		1				3	4	3	1	1	1			1	1			2	18
比利时		1		4	5			2	2		1				1		1	1	18
波黑		1															1		2
巴西	9	10	7	6	5	8	2	6	4	3	5	5	2	2	3	3	2		82
保加利亚	2		1		2	1	1	2		1		1	1			1		1	14
加拿大	1			2	1			4	4	1			1	2	1			1	18
智利		1	1	3			4	4	1	1		1	1				1		18
中国	26	16	33	24	21	30	32	36	41	44	42	38	48	53	56	53	37	34	664
哥伦比亚	1				1														2
克罗地亚		2				1		1			1								5
古巴						1													1
捷克	1	1	1		1	4	1	3	1	1					1				15

续 表

被调查国/地区 \ 年份	1995	1996	1997	1998	1999	2000	2001	2002	2003	2004	2005	2006	2007	2008	2009	2010	2011	2012	合计
丹麦	1			1		1	1												4
多米尼加								1											1
厄瓜多尔	1								1		1								3
埃及			2		2									1					5
爱沙尼亚					1			1	1										3
欧盟			1	1	4	4	8	6	7	6	3	3	1	3	1	4	4	8	64
法罗群岛										1									1
芬兰				1	1	2			1	2	2	1		1				2	13
马其顿		1			1		1		1					1					5
法国	1	1	2	5	7	3	4	1	1		2				2		1		30
格鲁吉亚									1										1
德国	4	2	2	6	5	7	1	6	4			2		3	4			1	47
希腊				2				1	1						1				5
危地马拉									1										1
洪都拉斯					1														1
中国香港		3	1	1	1	1	1	2	2				1		2	1		1	17
匈牙利		1			2	2		2	1								1		9
印度	4	1	5	7	9	7	6	6	7	10	2	12	3	6	4	2	3	3	97
印度尼西亚		2	4	7	4	11	5	9	12	2	7	10	3	6	7	8	4	2	103
伊朗						1	2		1	2	1				1			2	10
爱尔兰					2							1							3
以色列	1				1		1	1	1							1		2	8
意大利	2	2	1	7	5	1	2	4	2		1				1		2		30
日本	5	6	5	9	11	22	9	5	11	6	7	8	4	4		2	3	5	122
约旦								1											1
哈萨克斯坦			2	2	4		1	2	7				1	1					20
肯尼亚																		1	1
韩国	4	6	3	14	15	23	12	13	22	13	8	10	6	8	7	3	4	10	181
科威特																1			1
拉脱维亚				1	1		4		1										7
利比亚								1											1
列支敦士登			1																1
立陶宛					1	1		1											3
中国澳门																		1	1
马拉维							1												1
马来西亚	3	3	3	4	3	4	1	4	3	6	3	6	5	2	7	3	5	2	67
墨西哥		3	4	1	3	4	1	4		3	2	1	2	1	1	2		2	34
摩尔多瓦	1						2	1											4
尼泊尔								2											2
荷兰	2		1	2	1	3	1	2	2		1				1	1			17
新西兰				1			1		1							1			4
尼日利亚										1									1

续 表

被调查国/地区 \ 年份	1995	1996	1997	1998	1999	2000	2001	2002	2003	2004	2005	2006	2007	2008	2009	2010	2011	2012	合计
挪威			1							1		1					1		4
阿曼								1								1		1	3
巴基斯坦	1		1				1		1	2								1	7
巴拉圭	1				1											1			3
秘鲁															1				1
菲律宾			1			1		1	1			3							7
波兰	1	1	3	2	4	2	4	1	1	1	1							1	22
葡萄牙			1	1	1			1											4
卡塔尔								1											1
罗马尼亚	2	1	1	2	2	4	1	4	5	2	1	1			1		1		28
俄罗斯	8	3	9	5	16	8	8	4	13	5	6	3	1	6		3	1	3	102
沙特				1	1	1	1	1			1		1		1	2			10
塞尔维亚和黑山						1	1					1							3
新加坡				3		3		7	7	1		2	5	3		1			32
斯洛伐克			1		2	1		2	1		1								8
斯洛文尼亚		1																	1
南非	2	3	2	2	3	4	3	7	8					4		1	1		40
西班牙	3			4	4	3	3	3		1	1			1	1		1		25
斯里兰卡										1					1				2
瑞典				4	1	1			1		1	1		1	1			1	12
瑞士				1						1			1						3
中国台北	2	2	7	12	8	17	9	13	11	10	8	7	7	8	7	7	5	9	149
泰国	5	8	2	5	1	12	8	8	8	6	6	8	4	4	10	7	7	3	112
特立尼达和多巴哥			1					1											2
土耳其	1	1	1	2	4	3	3	3	2	2				3		1	2	2	30
乌克兰	5	1	3	5	7	8	7	5	6		1	2	1			1		1	53
阿联酋							1	1		1	1	1		1	1		1	3	11
英国	3	1	2	3	3	1	2	5	1			1			2	1			25
美国	8	4	9	12	8	13	4	10	6	10	13	9	4	7	5	7	7	9	145
乌拉圭							1				1			1					3
乌兹别克斯坦										1									1
委内瑞拉	4	1		1		2		1	2	1									12
越南				1		1	1		1	2	4	2	2	2	4	2			22
南斯拉夫		1																	1
津巴布韦			1																1
合计	119	92	127	181	190	237	171	218	224	154	138	142	108	139	141	123	98	117	2719

注：调查类型：最初；自 1995 年 1 月 1 日至 2012 年 12 月 31 日。

资料来源：http：//www. wto. org/english/tratop _ e/adp _ e/adp _ e. htm.

表 18　　全球实施反倾销措施案件数（按发起调查成员）

发起调查的成员＼年份	1995	1996	1997	1998	1999	2000	2001	2002	2003	2004	2005	2006	2007	2008	2009	2010	2011	2012	合计
阿根廷	13	20	11	12	9	15	16	22	20	1	8	5	10	6	15	15	8	9	215
澳大利亚	1	1	1	20	6	5	11	9	10	4	3	5	1	3	2	2	5	10	99
巴西	2	6	2	14	5	9	13	5	2	5	3		9	11	16	4	13	14	133
加拿大	7		7	10	10	14	19		5	8	4		3	3	2	3	1	10	106
智利	2		2	2									1		1	1		1	10
中国				3	2	5		5	33	14	16	24	12	4	12	15	6	5	156
哥伦比亚	1	1	1		6	2				1	1	1	7		3				24
哥斯达黎加									1				2						3
捷克						1													1
多米尼加																	1		1
埃及				5	14	1	2	7	4	1		12	2	3		1	1		53
欧盟	15	23	23	28	18	41	13	25	2	10	20	12	12	15	9	5	11	3	285
危地马拉			1																1
印度	7	2	8	22	23	55	38	64	52	29	18	16	25	31	30	32	26	30	508
印尼			4	2	7		1		1	8	4	2		5	1	5	2	1	43
以色列	1			6	4		1	2		1		3	1			2	1		22
牙买加							1	2		1									4
日本	1							2						4					7
韩国		5	10	8		5		1	4	10	3	8		12	4		2		72
拉脱维亚								1	1										2
立陶宛							7												7
马来西亚		2	2	4	1	1		1	7		7								25
墨西哥	16	4	7	7	7	6	3	4	7	7	8	5			1	2	1	4	89
摩洛哥																		1	1
新西兰	3	4		1			2	1		2	4	2	3				2		24
尼加拉瓜					1														1
巴基斯坦								1	2	4	1	7	4		6	5	7	6	43
巴拉圭					1					1									2
秘鲁	2	2	3		3	4	1	7	7	8	3	4	1		2	1	1		49
菲律宾		2	1	1	3	4													11
波兰				1		6			2										9
俄罗斯																		4	4
新加坡	2																		2
南非		8	18	13	36	13	5	15	1	4		7	1	3	3	1		1	129
中国台北			1	5	1	1		2				1	1			2	1		15
泰国			1	2				1	20	1	2		1		3		3	2	36
特立尼达和多巴哥				2		1	2		1	1									7
土耳其	11				1	8	2	11	28	16	9	21	6	11	9	10	2	1	146
乌克兰							1	2	2	2	6	2	1	5	7			7	35
美国	33	12	20	12	24	31	33	27	12	14	18	5	5	23	15	17	4	7	312
乌拉圭				1														1	2
委内瑞拉	2		4		8	9		1		1									25
合计	119	92	127	181	190	237	171	218	224	154	138	142	108	139	141	123	98	117	2719

注：调查类型：最初；自 1995 年 1 月 1 日至 2012 年 12 月 31 日。

资料来源：http：//www. wto. org/english/tratop _ e/adp _ e/adp _ e. htm.

表 19　　　　全球实施反倾销措施案件数（按产品类别）

年份 / HS 编码	1995	1996	1997	1998	1999	2000	2001	2002	2003	2004	2005	2006	2007	2008	2009	2010	2011	2012	合计
I 活动物、动物产品	2		1	2	1	3	7		1	2	6	1				1		1	28
II 植物产品	4	1	1	4	3	1	4	3	1		2	6	3	1	2	2		1	39
III 动植物油、脂、蜡								1			1								2
IV 食品；饮料、酒及醋，烟草	6	6	1	3	1	1	3	1	1			4	3				2		32
V 矿产品		1	2	3	1	5	11	8	2	7			1	1	2		3		47
VI 化学工业及其相关工业的产品	19	12	22	15	15	49	38	57	68	46	31	27	26	46	18	32	28	36	585
VII 树脂、塑料及其制品；橡胶及其制品	10	11	13	14	27	26	11	25	48	22	23	28	7	25	13	15	12	8	338
VIII 生皮、毛皮及其制品；马具和旅行用品			1									1							2
IX 木材，软木制品；篮筐	1		1	6	7			3	1	4	5	5		3	6		2	1	45
X 纸、纸板及其制品	2		2	29	5	10	2	6	10	4	10	7	4	11		2	4	13	121
XI 纺织原料及纺织制品	4	8	9	2	21	26	9	30	2	14	13	23	17	10	29	17	2	3	239
XII 鞋、帽；羽毛，人造花，风扇	1		3	3		7	2	1				2	1		1	2			23
XIII 石料、石膏的制品；陶瓷产品；玻璃	3	3	1	6	5	7	1	2	10	4	5	7	5	4	4	5	13	8	93
XIV 珠宝，贵金属和金属，硬币	49	24	46	61	85	83	65	59	65	39	24	15	10	29	28	29	21	37	769
XV 贱金属及其制品	8	17	16	28	4	14	11	15	8	6	12	9	19	8	27	14	6	7	229
XVII 车辆、航空器和船舶	1	5	1	2	1		3		2	2	1		5		1	2	2	1	29
XVIII 仪器，钟表，录音机和复读机	2	1			11		1		1	1	3		4		5	1	3	1	34
XX 杂项制品	7	3	7	3	3	5	3	7	4	3	2	7	3	1	5	1			64
合计	119	92	127	181	190	237	171	218	224	154	138	142	108	139	141	123	98	117	2719

注：调查类型：最初；自 1995 年 1 月 1 日至 2012 年 12 月 31 日。

资料来源：http：//www.wto.org/english/tratop_e/scm_e/scm_e.htm.

（4）保障措施委员会

保障措施委员会 2012 年年度报告考察期为 2011 年 10 月 28 日至 2010 年 10 月 22 日。报告调查期内，保障措施委员会分别于 2012 年 4 月 27 日和 2012 年 10 月 22 日举行了两次常规会议。

2012 年 4 月 27 日会议上，委员会再次选举了 Lillian Saili Bwalya 女士为委员会主席，同时再次选举了 Tomoko Ota 女士为副主席。

截至 2012 年 10 月 22 日，共有 102 个 WTO 成员对其国内的保障措施的立法和规章做了通报。此外，还有 28 个成员未尽到通报义务。

表 20　　全球发起保障措施调查案件数

年份 发起调查的成员	1995	1996	1997	1998	1999	2000	2001	2002	2003	2004	2005	2006	2007	2008	2009	2010	2011	2012	2013	合计
阿根廷	0	0	1	1	0	1	1	0	0	1	0	1	0	0	0	0	0	0	0	6
澳大利亚	0	0	0	1	0	0	0	0	0	0	0	0	1	0	0	0	0	0	0	2
巴西	0	1	0	0	0	0	1	0	0	0	0	0	0	1	0	0	0	1	0	4
保加利亚 *	0	0	0	0	0	1	1	3	1	0	0	0	0	0	0	0	0	0	0	6
加拿大	0	0	0	0	0	0	0	1	0	0	2	0	0	0	0	0	0	0	0	3
智利	0	0	0	0	2	3	2	2	0	1	0	1	0	0	1	0	0	1	0	13
中国	0	0	0	0	0	0	0	1	0	0	0	0	0	0	0	0	0	0	0	1
哥伦比亚	0	0	0	0	1	0	0	0	0	2	0	0	0	0	0	0	0	0	0	3
哥斯达黎加	0	0	0	0	0	0	0	1	0	0	0	0	0	0	0	0	0	1	0	2
克罗地亚	0	0	0	0	0	0	0	0	0	0	0	0	0	0	1	0	0	0	0	1
捷克 *	0	0	0	0	1	2	1	5	0	0	0	0	0	0	0	0	0	0	0	9
多米尼加	0	0	0	0	0	0	0	0	0	0	0	0	0	0	3	2	0	0	0	5
厄瓜多尔	0	0	0	0	2	0	0	1	4	0	0	0	0	0	0	1	0	0	0	8
埃及	0	0	0	1	1	1	0	0	0	0	0	0	0	1	0	0	1	4	0	9
萨尔瓦多	0	0	0	0	0	3	0	0	0	0	0	0	0	0	0	0	0	0	0	3
爱沙尼亚 *	0	0	0	0	0	0	0	0	1	0	0	0	0	0	0	0	0	0	0	1
欧盟 *	0	0	0	0	0	0	0	1	1	1	1	0	0	0	0	1	0	0	0	5
匈牙利	0	0	0	0	0	0	0	1	2	0	0	0	0	0	0	0	0	0	0	3
印度	0	0	1	5	3	2	0	2	1	1	0	0	0	1	10	1	1	1	0	29
印尼	0	0	0	0	0	0	0	0	0	1	1	1	0	2	0	7	4	7	0	23
以色列	0	0	0	0	0	0	0	0	0	0	0	0	0	0	1	0	1	0	0	2
牙买加	0	0	0	0	0	0	0	0	1	0	0	0	0	0	0	0	0	0	0	1
日本	0	0	0	0	0	1	0	0	0	0	0	0	0	0	0	0	0	0	0	1
约旦	0	0	0	0	0	1	0	8	0	0	1	1	1	2	0	1	0	1	0	16
韩国	1	2	0	0	1	0	0	0	0	0	0	0	0	0	0	0	0	0	0	4
吉尔吉斯斯坦	0	0	0	0	0	0	0	0	0	0	0	0	0	0	2	1	0	0	0	3
拉脱维亚 *	0	0	0	0	1	0	0	1	0	0	0	0	0	0	0	0	0	0	0	2
立陶宛 *	0	0	0	0	0	0	1	0	0	0	0	0	0	0	0	0	0	0	0	1
马来西亚	0	0	0	0	0	0	0	0	0	0	0	0	0	0	0	0	1	0	0	1
墨西哥	0	0	0	0	0	0	0	1	0	0	0	0	0	0	0	1	0	0	0	2
摩尔多瓦	0	0	0	0	0	0	0	0	1	1	0	0	0	0	0	0	0	0	0	2
摩洛哥	0	0	0	0	0	2	0	0	0	0	1	0	0	0	1	1	0	1	0	6
巴基斯坦	0	0	0	0	0	0	0	0	0	0	1	0	0	0	0	0	0	0	0	1
巴拿马	0	0	0	0	0	0	0	0	0	0	0	1	0	0	0	0	0	0	0	1
秘鲁	0	0	0	0	0	0	0	0	0	1	0	0	0	0	1	0	0	0	0	2
菲律宾	0	0	0	0	0	0	3	0	3	0	0	1	0	1	1	0	0	0	0	9
波兰 *	0	0	0	0	0	1	0	4	0	0	0	0	0	0	0	0	0	0	0	5
俄罗斯	0	0	0	0	0	0	0	0	0	0	0	0	0	0	0	0	0	3	0	3
斯洛伐克 *	0	0	0	0	1	1	0	1	0	0	0	0	0	0	0	0	0	0	0	3
斯洛文尼亚 *	0	0	0	1	0	0	0	0	0	0	0	0	0	0	0	0	0	0	0	1
南非	0	0	0	0	0	0	0	0	0	0	0	0	1	0	0	0	0	1	1	3
泰国	0	0	0	0	0	0	0	0	0	0	0	0	0	0	0	1	0	2	0	3
突尼斯	0	0	0	0	0	0	0	0	0	0	0	2	0	0	0	0	0	0	0	2
土耳其	0	0	0	0	0	0	0	0	0	5	0	5	3	1	1	0	1	1	0	17

续 表

年份 发起调查的成员	1995	1996	1997	1998	1999	2000	2001	2002	2003	2004	2005	2006	2007	2008	2009	2010	2011	2012	2013	合计
乌克兰	0	0	0	0	0	0	0	0	0	0	0	0	2	1	2	3	2	0	0	10
美国	1	2	1	1	2	2	1	0	0	0	0	0	0	0	0	0	0	0	0	10
委内瑞拉	0	0	0	0	0	4	1	1	0	0	0	0	0	0	0	0	0	0	0	6
越南	0	0	0	0	0	0	0	0	0	0	0	0	0	0	1	0	0	1	0	2
合计	2	5	3	10	15	25	12	34	15	14	7	13	8	10	25	20	11	25	1	255

注：自 1995 年 3 月 29 日至 2013 年 3 月 31 日。

* 欧共体 2004 年 5 月 1 日和 2007 年 1 月 1 日东扩。所有新加入的国家加入前作为 WTO 成员统计数字仍有效。欧盟整体的数字：(a) 1995 年 1 月 1 日至 2004 年 4 月 30 日以 15 国为准；(b) 2007 年 1 月 1 日后以 27 国为准。

资料来源：http：//www.wto.org/english/tratop _ e/safeg _ e/safeg _ e.htm.

表 21　　全球发起保障措施调查案件数（按产品类别）

部门	1995	1996	1997	1998	1999	2000	2001	2002	2003	2004	2005	2006	2007	2008	2009	2010	2011	2012	2013	合计
I	0	1	0	3	2	3	0	1	1	1	0	1	1	0	2	1	0	1	0	18
II	1	1	1	0	2	3	2	1	0	2	1	0	0	0	1	0	0	3	0	18
III	1	0	0	0	0	1	0	1	0	0	0	0	0	0	0	0	0	1	0	4
IV	0	0	0	0	1	4	3	3	3	0	1	0	0	1	1	0	0	3	1	21
V	0	0	0	0	0	0	1	0	1	0	0	1	0	1	0	1	1	0	0	6
VI	0	0	1	3	4	5	0	8	2	2	1	1	1	2	6	2	1	4	0	43
VII	0	0	0	2	1	3	0	0	1	0	0	1	1	0	1	0	3	1	0	14
VIII	0	0	0	0	0	0	0	0	0	0	0	0	1	0	0	0	0	0	0	1
IX	0	0	0	1	0	0	0	2	0	0	0	0	0	0	1	0	0	0	0	4
X	0	0	0	0	0	1	0	0	1	0	0	0	0	0	4	1	0	0	0	7
XI	0	0	0	0	0	1	0	0	0	1	0	0	0	2	3	4	2	3	0	16
XII	0	0	1	0	1	1	0	1	0	0	1	2	0	0	0	0	0	0	0	7
XIII	0	0	0	0	0	0	1	2	5	3	1	2	1	1	3	2	1	1	0	23
XV	0	0	0	0	2	2	4	12	1	0	0	0	1	2	3	7	2	6	0	42
XVI	0	0	0	0	1	0	0	3	0	3	0	4	1	1	0	1	0	1	0	15
XVII	0	1	0	0	1	1	0	0	0	0	1	1	0	0	0	1	1	0	0	7
XVIII	0	0	0	0	0	0	0	0	0	2	0	0	1	0	0	0	0	1	0	4
XX	0	2	0	1	0	0	1	0	0	0	1	0	0	0	0	0	0	0	0	5
29/03/1995－31/03/2013 合计	2	5	3	10	15	25	12	34	15	14	7	13	8	10	25	20	11	25	1	255

注：自 1995 年 3 月 29 日至 2013 年 3 月 31 日。

资料来源：http：//www.wto.org/english/tratop _ e/safeg _ e/safeg _ e.htm.

表 22 全球实施保障措施案件数

年份 / 发起调查的成员	1996	1997	1998	1999	2000	2001	2002	2003	2004	2005	2006	2007	2008	2009	2010	2011	2012	2013	合计
阿根廷	0	1	0	0	0	2	0	0	0	0	0	1	0	0	0	0	0	0	4
巴西	0	1	0	0	0	0	1	0	0	0	0	0	0	0	0	0	0	0	2
保加利亚 *	0	0	0	0	0	0	2	0	0	0	0	0	0	0	0	0	0	0	2
智利	0	0	0	0	2	1	2	0	0	1	1	0	0	0	0	0	1	0	8
中国	0	0	0	0	0	0	1	0	0	0	0	0	0	0	0	0	0	0	1
克罗地亚	0	0	0	0	0	0	0	0	0	0	0	0	0	1	0	0	0	0	1
捷克 *	0	0	0	1	0	1	1	2	0	0	0	0	0	0	0	0	0	0	5
多米尼加	0	0	0	0	0	0	0	0	0	0	0	0	0	0	2	0	0	0	2
厄瓜多尔	0	0	0	0	0	1	0	1	1	0	0	0	0	0	1	0	0	0	4
埃及	0	0	0	1	1	1	0	0	0	0	0	0	1	0	0	0	1	0	5
欧盟 *	0	0	0	0	0	0	1	0	1	1	0	0	0	0	0	0	0	0	3
匈牙利 *	0	0	0	0	0	0	0	3	0	0	0	0	0	0	0	0	0	0	3
印度	0	0	4	1	1	0	2	0	0	1	0	0	0	3	0	1	2	0	15
印尼	0	0	0	0	0	0	0	0	0	0	1	0	0	2	0	7	3	1	14
约旦	0	0	0	0	0	1	1	2	0	1	0	1	0	0	1	0	0	1	8
韩国	0	1	0	0	1	0	0	0	0	0	0	0	0	0	0	0	0	0	2
吉尔吉斯斯坦	0	0	0	0	0	0	0	0	0	0	0	0	0	1	0	0	0	0	1
拉脱维亚 *	0	0	0	1	0	0	0	1	0	0	0	0	0	0	0	0	0	0	2
立陶宛 *	0	0	0	0	0	0	1	0	0	0	0	0	0	0	0	0	0	0	1
摩尔多瓦	0	0	0	0	0	0	0	0	1	0	0	0	0	0	0	0	0	0	1
摩洛哥	0	0	0	0	0	1	0	0	0	0	1	0	0	0	0	0	0	0	2
巴拿马	0	0	0	0	0	0	0	0	0	0	0	1	0	0	0	0	0	0	1
菲律宾	0	0	0	0	0	0	1	1	3	0	0	0	0	1	0	1	0	0	7
波兰 *	0	0	0	0	0	0	0	4	0	0	0	0	0	0	0	0	0	0	4
斯洛伐克 *	0	0	0	0	0	1	0	1	0	0	0	0	0	0	0	0	0	0	2
南非	0	0	0	0	0	0	0	0	0	0	0	1	0	0	0	0	0	0	1
泰国	0	0	0	0	0	0	0	0	0	0	0	0	0	0	0	1	0	0	1
土耳其	0	0	0	0	0	0	0	0	0	2	4	1	4	1	0	1	0	0	13
乌克兰	0	0	0	0	0	0	0	0	0	0	0	0	1	1	0	0	0	0	2
美国	1	0	1	1	2	0	1	0	0	0	0	0	0	0	0	0	0	0	6
合计	1	3	5	5	7	9	14	15	6	6	7	5	6	10	4	11	7	2	123

注： 自 1995 年 3 月 29 日至 2013 年 3 月 31 日。* 欧共体 2004 年 5 月 1 日和 2007 年 1 月 1 日东扩。所有新加入的国家加入前作为 WTO 成员统计数字仍有效。欧盟整体的数字：(a) 1995 年 1 月 1 日至 2004 年 4 月 30 日以 15 国为准；(b) 2004 年 5 月 1 日至 2006 年 12 月 31 日以 25 国为准；(c) 2007 年 1 月 1 日后以 27 国为准。

资料来源： http：//www. wto. org/english/tratop _ e/safeg _ e/safeg _ e. htm.

表23　　全球实施保障措施案件数（按产品类别）

部门	1996	1997	1998	1999	2000	2001	2002	2003	2004	2005	2006	2007	2008	2009	2010	2011	2012	2013	合计
I	0	1	0	2	0	2	0	1	0	1	1	0	0	1	0	0	1	0	10
II	0	0	1	0	2	2	1	0	0	2	0	0	0	1	0	0	1	0	10
IV	0	0	0	1	0	3	3	2	2	0	0	0	0	1	0	0	0	0	12
V	0	0	0	0	0	0	0	1	0	0	1	0	0	0	0	0	0	0	2
VI	0	0	3	2	1	1	3	5	0	2	0	1	0	5	0	1	2	0	26
VII	0	0	1	0	0	0	0	0	0	0	0	1	0	0	0	1	1	0	4
VIII	0	0	0	0	0	0	0	0	0	0	0	0	1	0	0	0	0	0	1
IX	0	0	0	0	0	0	0	1	0	0	0	0	0	0	0	0	0	0	1
X	0	0	0	0	0	0	0	0	0	0	0	0	0	0	0	1	0	0	1
XI	0	0	0	0	1	0	0	0	0	0	0	0	2	0	2	3	1	0	9
XII	0	1	0	0	0	0	0	0	0	0	1	1	0	0	0	0	0	0	3
XIII	0	0	0	0	0	0	1	1	4	0	2	0	0	0	2	1	0	0	11
XV	0	0	0	0	2	0	5	3	0	0	0	0	1	2	0	4	1	2	20
XVI	0	0	0	0	1	0	1	1	0	0	2	1	1	0	0	0	0	0	7
XVII	0	0	0	0	0	1	0	0	0	0	0	1	0	0	0	0	0	0	2
XVIII	0	0	0	0	0	0	0	0	0	1	0	0	1	0	0	0	0	0	2
XX	1	1	0	0	0	0	0	0	0	0	0	0	0	0	0	0	0	0	2
合计	1	3	5	5	7	9	14	15	6	6	7	5	6	10	4	11	7	2	123

注：自1995年3月29日至2013年3月31日。

资料来源：http：//www.wto.org/english/tratop_e/safeg_e/safeg_e.htm.

3. 服务贸易理事会

2011年11月3日，2012年3月23日、6月29日、10月5日，服务贸易理事会举行了4次正式会议。重点审议和解决了下列问题：第一，审议成员方根据《服务贸易总协定》第3条第3款，第5条第7款和第7条第4款所通报的服务贸易措施；第二，根据中国入世议定书第18节对中国履行服务贸易承诺进行过渡性审议；第三，服务贸易部门与提供模式的讨论；第四，对国际漫游服务的研讨；第五，有关电子商务的工作计划；第六，与世界银行共同构台服务贸易数据库；第七，重启牙买加的第五议定书的谈判；第八，附属机构的工作。

服务贸易理事会下属委员会和工作组活动如下：

（1）金融服务贸易委员会

年度报告期内，金融服务贸易委员会举行了4次正式会议及几次非正式会议，分别为2011年10月31日，2012年3月19日，6月27日，10月1日。委员会讨论了下列议题：对加入GATS第5议定书的监管；GATS下对银行、其他金融服务监管及合规性审查技术发展的影响；有关金融服务的发展现状；金融服务贸易和发展；金融服务的分类；对中国进行最终过渡期审议。

（2）特定承诺委员会

2011年11月2日，2012年3月20日、6月25日、10月4日，特定承诺委员会举行了四次正式会议，讨论三方面议题：新老承诺之间的关系等传统议题、减让表问题及划分等级等审查问题。

（3）国内规制工作组

自2011年度报告以来，国内规制工作组举行了四次正式会议和数次非正式会议，分别为2011年11月4日，2012年3月21日、6月27日、10月4日。工作组工作中心仍是国内规制协议文本草稿的修订与讨论。重点是讨论了技术问题。但并没有达成一致的修订文本。另外，还讨论了有关服务提供模式和部门的监管问题。

（4）GATS规则工作组

自2011年度报告以来，2011年11月1日，

2012年3月19日、6月25日、10月1日，GATS规则工作组举行4次正式会议和数次开放的非正式会议。工作重点仍然是紧急保障措施、政府采购和补贴三个问题。

4. 知识产权理事会

自2011年度报告以来，知识产权理事会共举行3次正式会议，分别为2012年2月28日～29日、6月5日和11月6日～7日。这些会议由洪都拉斯大使 Dacio Castillo 先生主持。这些会议向所有的WTO成员，其他政府和观察员以及具有该理事会观察员地位的某些国际政府间组织开放。理事会继续讨论了对最不发达国家的技术援助，金融合作和能力建设问题及其过渡期问题，还有通报和成员相关法律框架的审议。

● 多哈回合谈判进展（2012）

2012多哈谈判的整体概况

·为响应2011年12月第八届部长级会议的号召，2012年各谈判方继续努力以求打破多哈发展议程的僵局，在一些领域，尤其是贸易便利化、农业谈判和争端解决等领域取得了进展。

·力争在2013年12月印度尼西亚巴厘岛举行的第九届部长级会议上取得积极的成果，这一愿望是所有WTO成员共同期待的，因此各成员一致同意继续努力以求取得可向第九届部长级会议提交的成果。

·WTO成员强调，任何早期收获成果都不是终点，而是聚集能量以全面完成多哈回合的里程碑。

2011年部长级会议承认，尽管WTO成员充分参与并集中推进，多哈回合谈判仍然陷入了僵局；而且在可预期的未来多哈回合各领域同时完成的可能性几乎是不存在的。然而，部长们都不愿意放弃多哈回合目标，并达成共识督促日内瓦的一线谈判人员探索出与之前不同的方法，为贸易谈判提供新的动力。特别是，督促一线谈判人员推动可能取得进展的领域的谈判，强化努力以解决这些领域中所存在的实质性分歧。所有这一切努力，应该遵守透明度原则和包容性原则，同时确保发展问题仍然是多哈发展回合谈判的关键要素。

按照这些共识与指示，谈判人员的工作集中在确认可以提交早期收获成果的领域，而不是达成全面的多哈回合“一揽子承诺”（直到所有的内容达成才有效）。这些谈判工作刚启动时非常慢，但在2012年下半年有所加速。2012年12月贸易谈判委员会会议，总结了每一谈判领域的工作进展，并制定了2013年谈判路线图。贸易谈判委员会下属机构的主席提交了各自的活动报告。WTO总干事作为贸易谈判委员会主席，对于谈判情况做出了评估，对于未来的谈判路径给出了展望。WTO成员也在会议上表达了自己的需求及对来年谈判的期望。

令人鼓舞的进展

谈判委员会会议显示，2012年的多哈回合谈判虽然没有取得全面进展，但在贸易便利化、农业谈判和争端解决等领域已经取得了令人鼓舞的进展。这体现在一个承诺和一个决议中。

所有WTO成员共同期待力争在2013年12月印度尼西亚巴厘岛举行的第九届部长级会议上取得积极的成果，因此各成员一致同意继续以及时、务实和富有建设性的方式，以求取得可向第九届部长级会议提交的成果。各代表团一致支持总干事所提的临近第九届部长级会议如何进行谈判的指导性原则。

总干事鼓励WTO成员向着达成合理可行的成果而努力，力求就合理的提案达成共识，避免对抗。除了努力确保2013年第九届部长级会议取得成功的、富有意义的成果，WTO成员也强调任何早期收获都不是终点，而是重要的里程碑。

农业谈判情况

·2012年，农业谈判者为响应2011年12月第八届部长级会议的号召，探索不同的谈判方式，以求多哈回合谈判成功结束。农业谈判在2012年前半年进展缓慢，下半年有所加速。截至2012年底，农业谈判者已经明确了为2013年第九届部长级会议做准备的集中努力的几个议题。

2012年上半年为如何推动谈判提供了反思期。农业谈判小组主席新西兰大使John Adank，与代表团进行非正式地磋商，交换彼此的意见。在3月份农业谈判特别会议上，各代表团就如何取得进展交换了意见。然而，无论是程序上还是实质内容

上，这些磋商尚不足以取得显著的效果，

2012年下半年，WTO成员提出了几个方案，给予谈判新的动力。其中一个方案需要WTO秘书处散发有关实施关税配额和出口竞争（出口补贴以及其他包含补贴的出口措施）的更新信息，即加强关税配额管理的议案。依据关税配额（或简单关税配额），配额内的进口品所征收的关税要低于配额外进口产品所征收的关税。

其他两个发展中国家集团提出的草案文本，旨在了解为保障食品安全的关税配额的实施情况以及公共储备。基于食品安全的公共储备将使政府为贫穷农民的需求而以支持价格购买粮食，这是不算做补贴的。这两个提案体现在2008年12月所发布的“模式”草案的部分章节中。

农业谈判者开始讨论这些议题以确定是否可以在2013年12月印度尼西亚巴厘岛部长级会议前达成协议。

最初的磋商暴露出一系列的敏感问题，如在何种程度上选择合适的方式以取得农业谈判的必要的综合平衡成果，讨论的基调是建设性的、务实的。

2012年年底，WTO秘书处发布了就关税配额的管理办法以及适用率（配额的范围）的文件。WTO秘书处启动了有关出口竞争的工作，主要是借助WTO成员的通报信息以及问卷调查的信息。另外，农业谈判小组主席要求成员在实施基于食品安全的公共储备项目以及国内食品援助项目时，必须提供这些项目的背景信息。这些信息需要在2013年向农业谈判小组通报。

非农产品市场准入的谈判情况

• 2012年早期，应来自瑞士的小组主席Luzius Wasescha的建议，非农产品市场准入谈判小组，重启了关税谈判。过去几年因为一直偏重于非关税议题的谈判，关税领域的谈判被边缘化。然而，无论是关税议题，还是非关税壁垒，在2012年均未取得进展。新上任的小组主席是来自瑞士的Remigi Winzap，他认为对于想强化企业在区域价值链或全球价值链中的参与度和角色的成员而言，非农产品市场准入谈判的成功就变得尤为重要，因此谈判成员2013年必须更加努力。

在任职届满前的最后一次报告中，Wasescha主席提到，尽管他尽力督促成员探讨新的谈判方式，但关税谈判仍然是停滞的。很显然，对于一些成员来说，目前的非农产品市场准入谈判模式草案并没有为促进谈判打下良好基础。同时，另外一些成员并不愿意放弃耗费10年的谈判文本。

然而，成员可能还在寻求更多的选择。包括可能引入安全阀，这可以给成员以信心使其可以进行更有雄心的关税削减，确保他们在困难时期可以得到喘息的机会，Wasescha主席说。另外一个选择是削减关税的时间表。不再是目前的模式草案中的一揽子的时间表，而可能是根据不同的项目进行延长或缩短时间的安排。这将在有雄心的目标与灵活性之间获取平衡。

在过去的3年中，谈判小组主要集中在讨论不同的非关税壁垒草案，基于不同的谈判文本进行讨论。然而，自2012年初，一些成员就提出不能继续将关税谈判排除在外了。因此，谈判的僵局已经从关税领域蔓延到了非关税壁垒。

谈判小组启动了更小级别的小组，以推动非关税壁垒。主要有3个小组，共提出3个文本提案，包括所谓的“水平机制”；纺织品，服装，鞋类及旅行用品的标签；技术法规的透明度。

水平机制旨在实现灵活快捷的程序，包括一位协调人，以协助WTO成员公布其对非关税措施。该机制建立具体的程序和时间表，为协调人的作用提供建议，以及可能的结果。就纺织品，服装，鞋类及旅行用品的标签而言，这些提案旨在根据《非关税壁垒协议》明确地定义标签注册标准，尤其是针对成员所采取的构成贸易障碍的措施。就技术标准的透明度而言，草案文本倡议在制定和实施技术法规时，确保更多的清晰度和透明度，以使成员、贸易商和其他利益相关方明晰不遵守规定时的所能采取的措施及其后果。

纺织品，服装，鞋类及旅行用品的标签提案的进展最大，尤其体现在其适用范围，谈判小组的成员一致同意适用范围将涵盖中间产品。Wasescha主席说，因此谈判围绕着这些产品的特殊待遇。透明度提案也取得了进展，各代表团已经开始改善生命周期监管措施的相关信息的可获得性。

服务谈判的情况

• 2012年，降低服务贸易壁垒的谈判几乎没有什么进展，服务贸易理事会也没有召开过特别会议。国内规制工作组就现存的监管实践进行了信息交流。《服务贸易总协定》规则工作组仍陷在僵局中。

市场准入

2012年12月份召开的贸易谈判委员会，来自墨西哥的市场准入谈判小组主席 Fernando de Mateo 介绍他一直努力与 WTO 成员就市场准入议题进行磋商。为响应 2011 年部长级会议的指导原则，各成员必须不断探讨新的不同的谈判方式，以努力推动服务贸易谈判取得进展。然而并没有取得任何进展，2012 年 Fernando de Mateo 先生并没有召集任何特别会议，而这才是进行正式谈判的场合。在很大程度上，这一领域谈判的瘫痪反映了多哈发展议程谈判全面陷入僵局。

国内规制

2012 年，国内规制谈判工作小组取得了进展，解决了谈判中出现的技术问题。在成员提交的 93 个问题的基础上，集中讨论如何定义国内规制以及在国家层面实施的原则。

信息交换将有助于了解现存的国内规制。一些 WTO 成员使用这些措施并考虑这些措施所可能产生的影响。国内规制工作组的工作目标是制定规则，保证许可的要求和程序、合格的要求和程序、不会构成服务贸易不必要壁垒的技术标准。

为帮助谈判，成员要求 WTO 秘书处进行两个背景说明。一个是“服务提供模式和部门的监管议题”，就国内规制对服务提供模式和服务部门的影响进行了说明。另一个是“服务的技术标准”，阐明了服务部门中技术标准的制定与实施。

《服务贸易总协定》规则

《服务贸易总协定》规则工作组任务是对 GATS 第 10 条（紧急保障措施），第 13 条（政府采购）和第 15 条（补贴）进行谈判。然而，在前些年，WTO 成员对于每个议题都有不同的观点，目前以文本为基础的谈判还不能实现。

就紧急保障措施而言，自《服务贸易总协定》规则工作组启动以来，成员认识到需要暂停和评估谈判的内容与选择。基于非歧视原则的紧急保障措施（ESM）允许成员在遇到紧急状况时，可以暂时违背承诺，如不可预见的服务贸易顺差可能对国内服务产业产生威胁或伤害。

2010 年末和 2011 年工作组举办了一系列的专门磋商，议题是政府采购服务对于更为宽泛的经济发展的影响。这产生了指导未来工作的几个初步方案。然而，2012 年，在该议题上，成员并没有取得新的进展。

关于补贴，在探讨如何规避贸易扭曲效应的多边规则之前，成员不同意首先考察与服务补贴相关的贸易扭曲效果的具体例子。

与贸易有关的知识产权问题的谈判情况

• 有关葡萄酒和烈酒的地理标志注册和通报的谈判仍然处于僵局。2012 年 12 月，来自尼日利亚的新任主席 Yonov Frederick Agah 召开与贸易有关的知识产权理事会特别会议以处理谈判的问题。Yonov 主席说，最大的分歧是目标的不一致，包括谈判范围是否应该为原有的目标即仅仅限于葡萄酒和烈酒，还是可以增加新的产品。各代表团在其他不同的问题上意见也是不一致的，如注册问题，是否应该适用于所有成员，而不仅仅是参与的成员。

地理标志注册的谈判

葡萄酒和烈酒地理标志注册旨在便利地理标志的保护。这些地名（或有时与地方相关的其他条款或体征）用于识别产品的位置，以确认或区分其特定品质，声誉或其他特性。波尔多和龙舌兰酒是众所周知的例子。自 1996 年以来，《与贸易有关的知识产权协定》即进行地理标志注册谈判。

与贸易有关的知识产权特别会议正在审议三种提案：

• 2003 年中国香港提案。

• 2005 年的联合提案，并于 2011 年修订，一些国家将该注册体系作为数据库。成员可以选择是否参与该注册系统。

• W/52 提案，是世界贸易组织的 100 多位成员在 2008 年 7 月 19 日提出的，其中包括欧盟拟定的多边注册提案的修改和精简版。该提案被视为发起者之间谈判达成的妥协，提案设想了一套适用于所有成员的体系，尽管成员可以选择是否注册他们自己的地理标志。

2011 年 4 月，TRIPs 专题会议主席赞比亚的 Darlington Mwap 散发了“复合文本草案”。这是首次使用单一文本，提供了不同谈判阶段的综合状况，利益关切和利害关系，所使用的工作方法，存在分歧的成员，以及反映成员提案和立场的综合谈判草案。2012年，主席Agah就如何响应第八届部长级会议的号召，以推动谈判并取得“早期收获”，召开了几次非正式磋商。还有产品覆盖范围的问题，即是否与原来的谈判任务，应该仅限于葡萄酒和烈性酒，或是否登记注册延伸到其他产品。其他谈判的分歧还有，注册的法律后果，或注册是否适用于所有的WTO成员，还是仅仅部分适用。一些代表团反对启动工作，除非“复合文本草案”明确这些目标。其他的成员则不愿意这一草案仅仅关注这些目标。

另一个难题是，地理标志的外延和《与贸易有关的知识产权协定》与《生物多样性公约》的关系问题。有的成员建议这三者的关系问题采取非正式磋商的方式，用单独的通道来解决。目前也未对此问题达成一致。

突出的实施问题的磋商

2005年香港部长宣言，总干事号召对“突出的实施问题”组织磋商。

第一个问题是实施加强或过度保护其他产品的外延问题，现在加强保护一般用在葡萄酒和烈酒上。成员在加强保护是否促进相关产品贸易和是否产生不必要的法律和商业负担方面还存在争论。

另外一个问题是，《与贸易有关的知识产权协定》和生物多样性公约的关系：《与贸易有关的知识产权协定》是否应采取措施促进生物多样性目标实现，同时享受遗产资源被用于研究和产业所带来的好处。现在已有成员提案要求修订《与贸易有关的知识产权协定》，要求专利劝人披露提供遗传资源和相关传统知识的来源和国家。一系列的可选提案已经被提交。

从2009年3月开始，总干事个人开始组织这类问题的磋商，与各利益相关方展开开放式磋商。这些磋商定期向贸易谈判委员会和总理事会汇报。磋商集中在技术问题上，帮助成员互相充分了解各自的利益和关注，以及关于以上两个问题的技术点。磋商还未决定是否把这两个问题提交到更宽范围的谈判，以及如何提交。

总干事提交了自2009年3月至2011年4月期间的书面报告。此后没有进一步的磋商。

技术转移的激励措施

2012年11月，TRIPs理事会的例会上，对发达国家成员向最不发达国家成员技术转移的激励措施进行第十次年度审议。发达国家提供了关于激励措施的详细信息。而最不发达国家提交有关2011年度报告的延伸问题的文件。

《与贸易有关的知识产权协定》要求向最不发达国家转让技术的激励措施。2003年理事会决定建立这样一个机制，要求发达国家提供关于激励措施实施的详细信息。

WTO秘书处组织了第五次年度专题讨论会，即按照《与贸易有关的知识产权协定》讨论技术转移。专题讨论会旨在使激励机制运作让更多人了解，并建立发达国家和最不发达国家间的有效对话。

知识产权保护争端

一般提交到WTO争端解决机制的争端不仅是违反了协议，还包括并未违反协议但根据协议可预期利益被破坏。《与贸易有关的知识产权协定》规定了知识产权加强保护的五年过渡期。这个过渡期条款规定还被一系列的部长级会议扩充。

2011年，TRIPs理事会还在考虑这类投诉的范畴和模式。成员在是否接受这类投诉、是否把这类投诉作为争端的法律基础方面还存在争执。

2011年第八次部长级会议上，应TRIPs理事会请求，部长会议指导理事会继续审查这类投诉的范畴和模式，为2013年召开的下一届部长级会议提出建议。同时，就成员不得在《与贸易有关的知识产权协定》下启动此类投诉达成一致。2012年，TRIPs理事会继续审查这类投诉的范畴和模式。为了便于理事会的工作，应理事会的请求，秘书处更新了前期谈判要点总结，组织了一场简报会。

贸易与发展的谈判情况

• 2012年，贸易与发展委员会特别会议在3个特定领域取得了进展。2003年部长级会议上所达成的原则，28个特定协议提案，另外6个提案是关于加强特殊与差别待遇，以及使用和实施这些特权的审议机制。

2012年上半年，委员会主席是来自新加坡的Fook Seng Kwok，他定期与WTO成员进行磋商，每一次磋商致力于解决一个问题。因此，每两周一次的会议需要更多的准备时间。这给特别会议注入了动力。

委员会主席和其他相关利益方的非正式磋商，

对于常规的双边和诸边正式会议，包括非洲和最不发达国家集团的月度会议，是一个极大的补充。委员会也持续增强与WTO其他机构的协调，提出所谓的“类别II”提案。

28个坎昆—特别提案

为响应WTO第八届部长级会议的号召，贸易与发展委员会特别会议开始盘点2003年墨西哥坎昆部长宣言草案所达成的一致原则涉及的28个特别提案。目标是正式适用这些提案。因此，WTO成员要求秘书处准备所发生的事实及随后几年可能带来的影响，做出事实评估。

秘书处已经就6个提案自2003年以来的影响做出了评估。成员之间最初的讨论集中在盘点的范围，是否应该仅限于这6个提案，还是也应该包括其余22个提案。成员同意启动这6个提案的工作，而其余的应该是在特别会议以外的非正式会谈中讨论。当然并不排除在这6个提案结束后再开始其余的22个提案。

其他6个特别提案

有别于28个坎昆—特别提案，另外6个特别提案同期在特别会议中进行谈判。6个提案中有3个与卫生与植物卫生措施相关，3个与进口许可协议相关。2012年，就与卫生与植物卫生措施相关的提案（协议第10.2和10.3条规定的“特殊与差别待遇”），成员进行了一系列的磋商，不时邀请秘书处做出一些技术说明。根据协议第10.3条的相关提案于2012年取得了显著的进展。

“类别II”提案

在所谓的“类别II”提案，协议特别提案与其他WTO谈判机构相关。2012年10月1日，主席召开与秘书处其他机构的会议，介绍谈判的进展情况，探讨促进谈判的最佳方式。主席向贸易谈判委员会所做的报告，描述在此领域的谈判进展是复杂的。

监管体制

2012年，贸易与发展委员会继续关注发展的监管体制问题。最初，谈判依据委员会前主席Thawatchai Sophastienphong散发的非正式的修订版本。考虑到成员之间的分歧，现任主席邀请各成员提供文本提议，以便合成综合文本。此后的磋商将集中在消除这些分歧。

贸易和技术转移的谈判情况

• 2012年，贸易和技术转移工作组召开了3次正式会议，继续分析贸易与技术转移的关系，探讨向发展中国家增强技术转移的方式。这些工作主要依据经济合作与发展组织（OECD），世界知识产权组织（WIPO）就创新和技术转移的演讲主题。

贸易和技术转移的关系

经济合作与发展组织（OECD）最近以“技术转移与全球价值链”为题发布演讲，突出其在全球价值链方面的工作，这涵盖了所有领域的生产网络。该主题强调了更为宽泛的全球价值链和技术转移的范围，分析了全球价值链的5种管理模式。技术转移依赖于不同的选择模式。技术转移主要发生在市场交易中，也有国际贸易、对外直接投资、许可、人员流动以及意外转移等。

WTO的演讲主题则集中于生产细分对于国际竞争力的影响。强调服务和制造商日益通过区域和多边生产网络来运营，通过参与全球价值链导致技术转移并刺激出口。在生产网络中制造的货物和服务向不同的国家扩散，体现了企业的比较优势。全球价值链组织生产和贸易的新方式，被称为“任务贸易”。

这些演讲提出了大量的问题，包括全球价值链如何影响发展中国家的经济增长和贸易前景，促进企业参与全球价值链和技术转移的政府角色，如何降低中间品贸易的壁垒并确保发展中国家的利益，以及其中所需要的促进贸易和技术转移的政策措施，这些都是需要解决的问题。

联合国贸易与发展大会的演讲则侧重双边投资协议、区域贸易协定和非股权模式对于技术转移的影响。非股权模式是指国际企业与东道国企业的合同不涉及任何股权。基于贸发大会的出版物——2011世界投资报告和发展中国家药品生产与相关的技术转移，表明非股权模式是直接投资与贸易的中间模式，在药品、汽车零部件、信息技术服务和电子设备部门中最为普遍。非股权模式在帮助技术向当地合作者转移方面起着举足轻重的作用。然而，提升当地技术和境况依赖于其国内的消化吸收能力，以及合同的性质和内容。

提高向发展中国家的技术转移

WTO成员考虑来自哥伦比亚、哥斯达黎加、墨西哥和秘鲁的提案，即在日内瓦设立贸易与技术转移工作小组。

2012年，WTO成员继续讨论了印度、巴基斯坦和菲律宾的提案，题目是“获得合适技术来源的信息——提高向发展中国家技术转移力度的步骤”。提案中，成员仍然重申了获得和发布合适技术来源信息的重要性，以及技术转移的核心和满足国情需求的可适应性。提案还强调了想通过技术转移和共享来促进经济发展，需要持续的国际合作。一些成员还重申了其对WTO网页提供技术转移信息的需求。

贸易和环境的谈判情况

- 2012年，贸易和环境委员会召开特别会议，以期找出共同点，推动谈判，尤其是在消除环境货物和服务贸易的壁垒方面。

2012年，来自马来西亚的前主席Hiswani Harun大使和来自土耳其的现任主席Selim Kuneralp大使，组织代表团进行磋商，讨论WTO和多边环境协议的关系，试图在WTO成员各自观点中，找出有共识的领域。

在环境货物和服务的谈判中，成员此前一直致力于减少和消除货物和服务贸易中环境的关税和非关税壁垒。至今所讨论的产品均为宽泛的环境友好型货物，如空气污染控制，可再生能源，废物管理以及水和废水处理。这些产品有的也与此有关减缓气候变化。它们包括可再生能源发电的产品，如风力发电和水电涡轮机或太阳能热水器。两任主席组织的磋商及会议致力于找出恢复环境产品谈判的方式，并推动谈判进行。

贸易便利化的谈判情况

- 2012年贸易便利化的谈判取得了良好的进展，在来自危地马拉的主席Eduardo Sperisen－Yurt的组织下，解决谈判案文的大量突出问题。WTO秘书处召开了两次座谈会以讨论谈判中的贸易便利化措施的实施。为了让所有国家都参与到谈判中，并从中受益，一些国家的政府捐出资金，资助发展中国家和最不发达国家的官员参与谈判，如非洲、加勒比地区、太平洋地区和最不发达国家。

代表团简化了一些草案的措辞，合并了谈判案文，并大幅减少括号标记的分歧。所有的谈判由来自危地马拉的主席Eduardo Sperisen－Yurt主持。谈判不拘泥于形式，有正式的谈判小组会议，有主席召集的非正式会议。所有会议进行了自下而上的、成员驱动的、包容和透明的方式进行。

WTO秘书处召开了两次座谈会，以提供WTO成员正在谈判中的实施贸易便利化措施的信息。第一次针对所有成员，包括成员实施便利化措施的成本，最好的做法和教训。第二次研讨会是针对非洲所有国家，还包括许多区域经济组织，以非洲为基础的技术援助项目，国家援助机构和国际组织，地点设在肯尼亚，是与非洲发展银行共同举办的。

为了让所有国家都参与到谈判中，并从中受益，一些国家的政府捐出资金，资助发展中国家和最不发达国家的官员参与谈判。来自非洲、加勒比地区、太平洋地区和最不发达国家的120名官员参与了2012年谈判小组的2次会议。提供捐助的政府表示，2013年将继续资助。

WTO规则的谈判情况

- 2012年，规则谈判组仍然致力于缩小分歧——反倾销、补贴和反补贴措施、渔业补贴和区域贸易协议。经过双边或者更为宽泛的磋商，新任主席表示代表团不愿意重启谈判，除非多哈发展回合的总体局势有所改变。然而，规则谈判组继续其技术活动，最显著的是技术谈判小组在WTO成员反倾销实践领域交换信息。

来自牙买加的Wayne McCook当选主席后，邀请利益相关的代表团进行双边磋商以交换意见，2012年10月公开的非正式磋商允许代表团之间交换不同的意见。他总结缺乏重启谈判的欲望。但是，成员有兴趣促进某些技术工作。

其中一个领域就是在反倾销实践方面，代表团交换各自的信息。技术工作小组于4月和10月召开了两次会议，就其实施反倾销的机构、培训和资源、调查时限、与国内产业损害相关的问题，成员进行信息交流。另一个领域就是渔业补贴，虽然推动者不是谈判组而是个别代表团。此外，一些在区域贸易协定领域的技术工作也是有用的。

争端解决机制的谈判情况

- 2012年争端解决谅解谈判工作组继续前一

年未充分讨论的议题。主席召开了特别会议推进一些领域的谈判进展，同时确定下一步工作目标为修订主席案文。

WTO成员在2008年7月主席案文基础上继续工作，完成12个议题的审查，也继续前一年未充分讨论的问题。

来自哥斯达黎加的主席 Ronald Saborio 大使，向贸易谈判委员会报告谈判进展，他认为过去一年大家的参与是务实的，对主席案文提出了很多改进建议。因此，大部分领域取得了重大的进展，在存在分歧的领域，分歧已经被显著缩小。

主席认为需要以谈判导向的阶段来消除分歧，以便于在争端解决谅解上达成协议。因此，下一步的目标就是要修订主席案文以盘点进展并夯实，为最终达成协议扫清道路。

2008年案文中的12个议题是发展中国家利益(包括特殊和差别待遇)，有效执行，灵活性和成员控制，一致同意的解决方案，专家组构成，后报复问题，发回重审，适用顺序，严格机密信息，第三方权利，时间性规定，透明度和法庭之友陈述①。

其中一半的议题2011年已经审查过，则2012年集中在另外6个议题即发展中国家利益，灵活性和成员控制，专家组构成，发回重审，严格机密信息，第三方权利。2011年根据所讨论的主题，召开了不同形式的会议。

就发展中国家利益而言，一些发展中国家成员明确了与其利益相关的议题，并制订了时间表，以促进尽快执行，参与和加入争端解决。灵活性和成员控制涉及的议题包括不涉及发回重审时，是否允许争端相关方联合寻求对于专家组报告和上诉机构报告的撤销，上诉机构是否可以将案子返回给专家组。

《政府采购协议》的谈判情况

2012年3月30日，WTO《政府采购协议》各方正式适用修订后的案文，这是应2011年12月所达成的“政治指导要点”号召。

修订后的《政府采购协议》，除了增加了新的和改善的内容，也将更能吸引和促进新成员的加入，而且承诺设立新的工作计划以改善管理和进一步扩大协议。缔约方承诺将尽快提供相应的措施，以实施修改后的《政府采购协议》。

·修订后的《政府采购协议》扩大国际政府采购市场准入机会，大约每年为800亿～1 000亿美元，其他的市场准入承诺包括：

·扩大了覆盖范围，增加了约600个采购实体，包括地方政府及其附属机构；

·首次覆盖到某些缔约方的基础设施特许权(BOT)合同。这些合同是指私人机构建设基础设施项目，然后在约定时间将该设施移交给政府部门，转由政府指定部门经营和管理；

·覆盖大部分缔约方的其他服务项目，如电信服务领域；

·减少四个缔约方的适用的门槛；

·消除某些缔约方在市场准入和互惠要求的限制。

修订后的协议文本纳入了政府采购实践的发展，如电子设备的广泛使用。这可以更好地确保政府合同的公平性。发展中国家已经采取了新的过渡期措施，以便于加入《政府采购协议》。另一重要的修订元素即要求参与国政府和有关采购实体，以避免利益冲突防止腐败行为。这一规定清晰地表明了全球良好治理的诉求日益受到关注。

委员会未来工作包括支持中小企业参与政府采购，改善统计数据的收集和报告，并促进要持续采购的措施。

---

① 即 amicus curiae brief，法院在审理案件的过程中，允许当事人以外的个人或组织利用自己的专门知识，就与案件有关的事实或法律问题进行论证并做出书面论证意见书。

● 向争端解决机构请求磋商的案件（2012）

一、土耳其——对来自印度的进口棉纱（不包括缝纫线）采取保障措施：印度请求磋商

此文件自2012年2月13日起印度代表团和土耳其代表团及争端解决机构主席间进行沟通，现根据DSU第4.4条规定予以散发。

受我国政府授权，根据《关于争端解决规则与程序的谅解》（“DSU”）第4条，《1994年关税与贸易总协定》（“GATT 1994”）第22条第1款，以及《保障措施协议》（“AoS”协议）第14条，我国代表团请求与土耳其共和国进行磋商。争议措施包括但不仅限于以下内容：

（a）根据2008年8月11日土耳其官方公报公布的调查报告和其他相关部长会议法令，土耳其从2008年7月15日开始，对来自各原产地的《商品名称和编码协调制度》（HS）代码目录52.05下的进口棉纱（不包括缝纫线）实施为期3年的最终保障措施；

（b）根据2011年8月4日公布的法令/通知第2011/2041条，土耳其于2011年7月15日开始实施临时保障措施；

（c）根据2012年1月15日第28184号政府公报公布的公文第2012/2号，土耳其于2012年1月28日公布了部长理事会法令第2012/2721条。法令规定于2012年1月28日起延长（a）项中所述2011年7月15日起生效的最终保障措施的期限；

（d）此外，包括调查以及所有修改、变更、执行或其他有关措施。

土耳其从2008年7月15日起，已经对来自印度的进口棉纱实施了3年最终保障措施。上述措施于2011年7月14日到期。土耳其在复审未做出裁决的情况下，于2011年8月4日继续实施追溯至2011年7月14日起的临时保障措施。复审结束之后，土耳其于2012年1月25日做出建议延长措施的最后调查结果。最终结果提及的保障措施为2012年1月28日实施追溯至2011年7月14日生效的措施。

印度认为，土耳其发起的延长保障措施的复审，需要履行AoS协议第7.2条中承诺的在措施延长之前做出裁定的义务，即按照第2、3、4、5条所规定的程序确定：为防止或补救严重损害继续适用保障条款是必需的；并有该工业正在调整中的证据；以及假如第8条和第12条的有关规定得到了遵守，则第1条所述适用期可加以延展。土耳其没有根据第7.2条的要求做出裁决就于2011年8月4日依据法令/通知第2011/2041条，自2011年8月4日起实施追溯至2011年7月15日的临时保障措施。印度认为，土耳其通过实施临时措施延长保障措施违反了AoS协议，因为土耳其在对现有措施复审时无权诉诸AoS协议第6条下的临时措施。土耳其于2008年申请实施保障措施时，采取了期限为200天的临时保障措施，随后又采取了最终保障措施。印度认为，根据AoS协议第6条实施临时性保障措施期限不可以超过200天的规定仅适用于初始调查，不适用于延长现有措施的复审。

印度认为，土耳其的措施与其在（至少与）GATT 1994和AoS协议中承诺的义务不相符，其中包括但不仅限于下列条款：

（a）土耳其于2008年7月15日起实施的最终保障措施不符合下列条款：

（Ⅰ）GATT 1994第19条第1款（a）项和AoS协议第3.1条、第4.2条第c款，因为土耳其没有说明增加的进口造成的国内产业的损害为GATT协议义务内的不可预见的发展结果；

（Ⅱ）AoS协议第2.1、3.1、4.1（c）和4.2

(c) 条，因为土耳其没有考虑占其总体国内产业"主要部分"的国内同类或竞争性产品生产商的全部产出的数据；

(Ⅲ) AoS 协议第 2.1、3.1、4.1 (b) 和 4.2 (c) 条，因为土耳其没有依据肯定性的证据说明增加的进口产品与严重损害之间存在的因果关系；

(Ⅳ) GATT 1994 第 19 条第 1 款 (a) 项和 AoS 协议第 3.1、4.2 (c)、5.1 和 7.1 条。因为土耳其没有说明为了"便利调整"而实施 3 年措施的必要性。因为调查报告中并未提及；

(b) 土耳其于 2011 年 8 月 4 日起实施追溯至 2011 年 7 月 15 日的临时保障措施不符合下列条款：

(Ⅴ) AoS 协议第 7.1 和 7.2 条，因为土耳其于申请实施措施过期之后延长期限，并追溯使用临时措施；

(Ⅵ) AoS 协议第 3.1、4.2 (c) 和 7.2 条，土耳其在没有确定为防止或补救严重损害继续适用保障条款是必需的条件下，于 2011 年月 4 日延展追溯至 2011 年 7 月 15 日生效的保障措施；

(Ⅶ) AoS 协议第 7.2 条以及第 3.1 条，4.2 条的 (a)、(b)、(c) 款。因为土耳其没有基于对相关因素的评估做出裁决，也没有依据肯定性的证据证明存在的因果关系；

(Ⅷ) AoS 协议第 3.1、4.2 (c) 和 6 条，因为土耳其没有做出紧急情况下，对存在着增加进口已造成或正要造成严重损害的明显证据的初步认定，就实施临时保障措施，并声明"临时保障措施是在延长现有措施的必要性下，消除正在进行的调查带来的不确定性"；

(Ⅸ) AoS 协议第 6 条，因为土耳其分别于 2008 年和 2011 年 8 月 4 日两次实施为期 200 天的措施，超过了临时保障措施限定的 200 天期限；

(Ⅹ) AoS 协议第 6、7.1、7.2、7.3 条，因为临时性措施仅适用于申请发起最终保障措施前的初始调查时期，不适用于延长初始措施的复审期间；

(Ⅺ) AoS 协议第 6 条和第 7 条，土耳其施加的临时措施是追溯的，不是前瞻性的；

(Ⅻ) AoS 协议第 7.5 条，因为土耳其没有按照 AoS 协议第 7.5 条规定的，对已受到 2011 年 7 月 14 日过期之后采取的保障措施约束的同一产品的进口，不适用期至少为 2 年，才可再次适用将此种措施与先前已适用此措施的期限相等的期限；

(XIII) AoS 协议第 3.1、4.2 (c) 条，因为土耳其没有做出裁决或公布第 6 条和第 7 条规定要求的相关报告说明根据具体事实得出的调查结果；

(XIV) AoS 协议第 5.1 条以及第 6 条和第 7.1 条，因为保障措施仅适用于为防止或补救严重损害和便利于调整，而非消除不确定性；

(XV) AoS 协议第 12.1 条，协议规定对适用或延长保障措施做出决定时，成员方应立即通报保障委员会。

(c) 土耳其于 2012 年 1 月 28 日起实施追溯至 2011 年 7 月 15 日的最终保障措施不符合下列条款：

(XVI) GATT 1994 第 19 条第 1 款 (a) 项和 AoS 协议第 3.1 条、第 4.2 条第 c 款，因为土耳其没有说明增加的进口造成的国内产业的损害为 GATT 协议义务内的不可预见的发展结果；

(XVII) AoS 协议第 7.2 条，因为土耳其没有按照第 2、3、4、5 条所规定的程序确定：为防止或补救严重损害继续适用保障条款是必需的；并有该工业正在调整中的证据；以及假如第 8 条和第 12 条的有关规定得到了遵守的情况下，就于 2012 年 1 月 28 日起延展 2011 年 7 月 15 日过期的最终保障措施的适用期；

(XVIII) AoS 协议第 7.5 条，因为土耳其没有按照 AoS 协议第 7.5 条规定的，对已受到 2011 年 7 月 14 日过期之后采取的保障措施约束的同一产品的进口，不适用期至少为 2 年，才可再次适用将此种措施与先前已适用此措施的期限相等的期限；

(XIX) AoS 协议第 7.2 条，因为土耳其没有按照第 2、3、4、5 条所规定的程序对国内产业、同类或直接竞争产品及严重损害或威胁进行确定，并说明为防止或补救严重损害继续适用保障条款是必需的，并有该工业正在调整中的证据。

印度进一步认为，请求磋商的措施会对印度向土耳其出口的棉纱造成严重不利影响。印度保留在磋商过程中依据 GATT 1994 以及 AoS 协议的其他规定进一步采取措施和提出法律申诉的权利。

印度期待土耳其在限定时间内对此请求的回复，并确定一个双方都方便的日期进行磋商。

（黄艳希　译）

二、美国——对源自越南的某些暖水虾的反倾销措施：越南请求磋商

此文件自2012年2月22日，在越南代表团和美国代表团及争端解决机构主席间进行沟通，现根据DSU第4条第4款的规定予以散发。

受我国政府指示，根据DSU第4条，GATT 1994第22条第1款，《关于实施〈1994年关税与贸易总协定〉第6条的协议》（又称“反倾销协议”）第17.2条和第17.3条的规定，请求就以下进行磋商：

（1）根据美国商务部（“USDOC”）在2008年2月1日至2009年1月31日的第四次行政复审的最终结果，对越南进行反倾销税和保证金需求的征收，在来自越南的某些冰冻暖水虾中：反倾销行政复审的最终结果和部分取消，75 Fed. Reg. 4771（2010年8月9日）；

（2）对来自越南的某些冰冻暖水虾的第四次行政复审，美国没有撤销反倾销税征收令；

（3）根据美国商务部在2009年2月1日至2010年1月31日的第五次行政复审的最终结果，征收反倾销税和现金保证金，来自越南的某些冰冻暖水虾：反倾销行政复审的最终结果和部分取消，76 Fed. Reg. 561589（2011年9月12日）；

（4）对来自越南的某些冰冻暖水虾的第五次行政复审，按照利害相关方的合理请求，应该撤销反倾销税征收令；

（5）其他任何正在进行或者未来的反倾销行政复审和与某些源自越南的冷冻暖水虾的进口的相关的初步和最终结果，以及任何估价指令，保证金要求和根据这类复审撤销已做出的决定；

（6）来自越南的某些冷冻暖水虾的最终结果：反倾销指令的第一次五年日落审议的最终结果75 Fed. Reg. 75965（2010年12月7日），美国商务部认为反倾销指令的撤销将可能导致倾销的持续和重复的出现；

（7）《乌拉圭回合协定法案》（URAA）第129节，在美国政府声明和《乌拉圭回合协定法案》中有详细阐述，并在相关美国权威机构中被执行。

考虑到这些措施，越南请求与美国就这些法律、规则和惯例运用进行磋商，内容包括如下：

（1）已修订的1930的关税法，以下特定部分：第731、751、752、771（7）、771（35）（A）、771（35）（B）和777A（d）节；

（2）《乌拉圭回合协定法案》第129节，其被编纂为19 U.S.C. §3538；

（3）美国政府声明和《乌拉圭回合协定法案》，H.R. Doc. No. 103－316，vol. I；

（4）美国商务部（“USDOC”）的执行中的规则19 C.F.R.351节，特别是19 C.F.R. §351.218和19 C.F.R. §351.414；

（5）进口反倾销行政指南（2009年版），包括其指出的电脑程序；

（6）美国商务部政策公告98.3，“反倾销和反补贴五年日落复审的政策”（1998年4月16日），63 Fed. Reg. 18871（1998年4月16日）；

（7）行政复审中的美国的确定倾销差额的算法，归零法；

（8）或者在原始调查定期复审中要求提交单独税率的申请；

（9）限制对应诉者进行独立审查的数量，使其缩小到在所有寻求独立审查的公司的很小范围之类；

（10）所谓的“越南税率”的运用，这个税率是基于一个不被单独调查的应诉者适用的相反的事实，这些应诉者不能提供一个单独税率的适用或证明来证明；

（11）拒绝独立审查，及非独立审查中不存在倾销现象的机会的措施，这些在独立的应诉者停止倾销行为后将会撤销反倾销的指令；

（12）决定是否撤销反倾销指令的第五次美国日落复审的惯例和算法，将会可能导致倾销的持续和反复；

（13）实施不利于争端解决机构裁决的措施，根据DRAA的129节，在129节实施之日或者以后进入或者撤回仓库的“未清算商品”，根据原始的反倾销税的决定。

越南不仅请求与美国商务部就已基于适用的基础采取的上述1～4条措施进行磋商，还请求与美国就下列措施进行磋商，如：（1）在行政复查的归零算法和日落复审中的归零算法的不当运用；（2）对在遍及国家的实体的定期审查的估价率不当运用；（3）通过美国商务部的“单独税率”的惯例，要求非独立调查的受访者对与独立于政府控制的调查回应，来达到其他比率的资格；（4）实施不利于

争端解决机构裁决的措施，根据《乌拉圭回合协定法案》的第 129 节，这些规则涉及美国的反倾销惯例行动和措施。

越南政府在磋商过程中请求发起的事项如下（但不仅限于）：

（1）第四次和第五次行政复审，当比较出口价格和正常价值时，倾销差额的归零；

（2）第四次和第五次行政复审，对于受调查的应诉者和所谓的单独税率应诉者的倾销差额的最终裁定，由于对调查的应诉者的负倾销差额的归零和随后的强制征税，以及连续的一系列反倾销税的结果，使得其高于最低标准；

（3）第四次和第五次行政复审中，限制被独立调查的应诉者的选择，比如非被调查的公司被取消了证实倾销不存在的机会，这对于反倾销税的撤销是必要的；

（4）第四次和第五次行政复审，所谓的越南的生产商待遇，包括将生产商指令为一个单独的生产商，和被分配的反倾销税，这些是基于所有可用的相反事实的应用；

（5）随后的复审中上述 1～4 中所述的惯例的持续使用；

（6）第四次和第五次行政复审中，美国商务部不撤销反倾销税的决定是考虑到三个应诉者：Minh Phu Group CAMIMEX 和 Grobest，尽管有证据显示在第四次行政复审中不存在倾销，任何之前美国商务部的复审中也不存在这些应诉者倾销的证据；

（7）归零的作用是用来计算倾销差额和在原来的调查以及第一、二、三、四、五次行政复审中最终结果中确定税收的估计，在某种程度上，美国商务部在那些决定中归零算法的应用，这些决定都不被允许地高估了反倾销税，必然也会影响到美国商务部的撤销五年日落复审的决定；

（8）归零法在计算倾销差的运用和在原始调查以第一、二、三、四、五次行政复审中最终结果中确定的税收估计，在某种程度上美国商务部对归零算法在那些决定中的持续使用，也表现了在整个反倾销的过程中，美国商务部持续不断的运用；

（9）在原始调查和第一、二、三、四、五次行政复审中，限制对应诉者进行独立审查的数量；在某种程度上这使得不被选择为行政复审对象的应诉者失去机会，这种机会是用来在争取得到反倾销税指令的撤销，也影响着美国商务部的五年日落复审的决定；

（10）在最初的调查和第一、二、三、四、五的行政复审中利用有限的受访者，在某种程度上这些裁决表明，美国商务部一直在反倾销诉讼过程中持续使用；

（11）在原始调查和第一、二、三、四次行政复审中所谓的越南的生产商待遇，在某种程度上影响了美国商务部对反倾销税的撤销和五年日落复审的决定；

（12）在原始调查和第一、二、三、四次行政服役中所谓的遍布越南的生产商的待遇，在某种程度上影响了美国商务部在整个反倾销案过程中持续不断的使用；

（13）在来自越南的暖水虾的反倾销的所有程序中，某种提供个人调查者或非独立调查应诉者机会来建立消除倾销的机制，这种机制需要反倾销税指令的撤销；

（14）在最后一次日落复审中，在原始反倾销调查中倾销差额的运用，或随后的行政复审中，负倾销差额的归零的决定，此决定影响反倾销指令的撤销可能会导致倾销的持续或反复出现；

（15）在最后一次日落复审裁决中，以一种无偏见和目标的方式在决定中评估，来决定持续或反复出现倾销的可能性；

（16）适用于“未清算商品”的反倾销税率与不一致，而且有悖于争端解决机构的裁决。

越南认为上述这些法律、规则和行政程序、措施和计算方法，及其持续运用，与美国在《马拉喀什建立世界贸易组织协定》及附件所承诺的义务不相符，其中包括但不仅限于下列条款：

（1）GATT 1994 的第 1 条第 1 款、第 6 条第 1 款及第 2 款及第 10 条第 3（a）款；

（2）反倾销协议的第 1、2.1、2.4、2.4.2、6、9、11、17.6（Ⅰ）条；

（3）马拉喀什建立世界贸易组织协定的第 16 条第 4 款；

（4）DSU 的第 3.7、19.1、21.1、21.3 和 21.5 条；

（5）越南加入 WTO 议定书。

越南在磋商过程中保留提出更多要求和法律申诉的权利。

为了避免此次磋商请求与此前成立“来自越南的冻虾”的专家组中的初始调查相混淆，我们需要澄清的是原始调查和第一、二、三次行政复审中的措施和裁决被引用，是因为他们对第四、五次行政复审、五年日落复审和正在进行及未来的行政复审有影响；可以说磋商请求中所涉及的措施和裁决在一定程度上已经或者将要影响第四、五次行政复审、五年日落复审和后续的复审。潜在的裁决，决议备忘录，其他备忘录及原始调查和三次复审中记录的证据，与磋商请求的程序是相关的和必要的。

我们期待着贵方对请求的回复，并与DSU的第4.3条保持一致，以便选择一个双方都可接受的磋商时间。我国期待美国可能考虑到磋商时间和地点的建议。

（孔超译，杨凤鸣校）

三、印度——影响某些农产品进口的措施：美国请求磋商

此文件自2012年3月7日起美国代表团和印度代表团及争端解决机构主席间进行沟通，并已根据DSU第4.4条规定予以散发。

受我国政府授权，根据DSU第1条和第4条，《实施卫生与植物卫生措施协议》（“SPS协议”），以及GATT 1994第22条，我国代表团就印度以禽流感担忧为理由禁止多类美国农产品进口的措施请求与印度政府进行磋商。

印度禁止进口的美国农产品包括：

（a）家养及野生禽类（包括家禽和圈养鸟类）；

（b）1日龄雏鸡、鸭、火鸡和其他新孵化的鸟类物种；

（c）未加工的禽类肉制品，包括家养、野生鸟类及禽类；

（d）种蛋；

（e）蛋及蛋制品（无特定病原体鸡蛋除外）；

（f）未加工的羽毛；

（g）生猪；

（h）鸟类生物制品和病料；

（i）农业或工业用途的动物源性饲料产品（来自鸟类）；

（j）包括家禽的家养或野生鸟类的精液。

印度根据以下条款实施措施：

（1）《1898年牲畜进口法案》（1898年第9号）（《牲畜法》）；

（2）印度农业部畜牧及奶业局（“DAHD”）根据《牲畜法》于2011年7月19日政府公报公布了第S.O.1663（E）号重要通知，禁止上述产品的进口；

（3）所有修改、执行或其他有关措施。

印度的措施对美国农产品出口造成了不利影响。这些措施违反了WTO协议中的下列规定：

（1）SPS协议第2.2、2.3、3.1、5.1、5.2、5.5、5.6、5.7、6.1、6.2和7条以及附件B的第2、5和6段；

（2）GATT 1994第1和11条。

这些的措施直接或间接地剥夺和减损了美国根据上述协议所应得的利益。

我们希望能够尽快收到对此请求的回复，并确定一个双方都方便的日期进行磋商。

（黄艳希　译）

四、中国——影响稀土、钨、钼出口的措施：美国请求磋商

此文件自2012年3月13日起在美国代表团和中国代表团及争端解决机构主席间进行沟通，现根据DSU第4条第4款规定予以散发。

受我国政府授权，根据DSU第1条和第4条，GATT 1994第22条，我国代表团就中华人民共和国（以下简称“中国”）政府对多种类稀土①、

① 稀土种类包括但不限于，第27号公告批准的《2012年关税实施方案》[已于2011年12月9日国务院关税税则委员会（税委会）第八次全体会议审议通过，自2012年1月1日起施行]中的八位中国海关商品代码类别（以下，简称《2012年关税实施方案》）：25309020，26122000，28053011，28053012，28053013，28053014，28053015，28053016，28053017，28053019，28053021，28053029，28461010，28461020，28461030，28461090，28469011，28469012，28469013，28469014，28469015，28469016，28469017，28469019，28469021，28469022，28469023，28469024，28469025，28469026，28469028，28469029，28469031，28469032，28469033，28469034，28469035，28469036，28469039，28469041，28469042，28469043，28469044，28469045，28469046，28469048，28469049，28469091，28469092，28469093，28469094，28469095，28469096，28469099，72029911，72029919，72029991，72029999，72051000. 稀土种类还包括但不限于，《关于印发〈2012年出口许可证

钨[②]、钼[③]施加的限制措施请求与中国进行磋商。

中国对稀土、钨、钼收取出口关税。

中国对稀土、钨、钼的出口实施出口数量限制。

中国施加的额外的关于稀土、钨、钼出口的行政要求和程序，包括但不限于费用及手续；依据以往出口经验限制出口权与最低资本要求；以及其他任何形式对外商投资产品与国内产品间施加不同待遇。

中国对稀土、钨、钼的出口施加许可证要求，包括关于稀土、钨、钼出口数量限制的行政措施。

中国维持对稀土、钨、钼出口的最低出口价格体系，并要求对稀土、钨、钼出口合同和出口价格的检查和审批。

中国通过其国务院下属的各部委及其他机构以及商会来管理关于稀土、钨、钼出口的行政要求和程序。此外，中国对稀土、钨、钼出口的行政要求和程序执行缺乏连贯、公正、合理、透明。

中国对稀土、钨、钼施加出口限制可能使用了未公布的措施。

中国对稀土、钨、钼施加出口限制，单独或共同涉及的中国法律法规或规范性文件，包括但不限于：

• 《中华人民共和国对外贸易法》（已由中华人民共和国第十届全国人民代表大会常务委员会第八次会议于2004年4月6日修订通过，自2004年7月1日施行）

• 《中华人民共和国海关法》（由第六届全国人民代表大会常务委员会第19次会议于1987年1月22日通过，于2000年7月8日修订）

• 《中华人民共和国进出口关税条例》（国务院［2003］第392号令，已于2003年10月29日国务院第26次常务会议上通过，自2004年1月1日施行）

• 《中华人民共和国货物进出口管理条例》（国务院第332号令已于2001年10月31日国务院第46次常务会议通过，自2002年1月1日施行）

• 《关于印发〈2012年出口许可证管理货物目录〉》（商务部、海关总署2011年公告第98号，2011年12月30日发布，自2012年1月1日施行）

管理货物目录〉》（商务部、海关总署2011年公告第98号，自2011年12月30日施行）中公布的十位中国海关商品代码类别（以下，简称《2012年出口许可证管理货物目录》）：2530902010，2530902090，2612200000，2805301100，2805301200，2805301300，2805301400，2805301510，2805301590，2805301600，2805301700，2805301913，2805301914，2805301915，2805301990，2805302110，2805302190，2805302910，2805302990，2846101000，2846102000，2846103000，2846109010，2846109090，2846901100，2846901200，2846901300，2846901400，2846901500，2846901600，2846901700，2846901920，2846901930，2846901940，2846901970，2846901980，2846901991，2846901992，2846901999，2846902100，2846902200，2846902300，2846902400，2846902500，2846902600，2846902810，2846902890，2846902900，2846903100，2846903200，2846903300，2846903400，2846903500，2846903600，2846903900，2846904100，2846904200，2846904300，2846904400，2846904500，2846904600，2846904810，2846904890，2846904900，2846909100，2846909200，2846909300，2846909400，2846909500，2846909600，2846909910，2846909990，7202991100，7202991200，7202991900，7202999110，7202999191，7202999199，7202999900. 稀土种类还可能包括，《关于稀土产品出口申报要求》（海关总署第37号公告，于2011年3月27日通过，自2011年6月1日正式施行）中所列中国海关商品编码：25309020，26122000，280530，2846，32065000，36069011，36069019，38249099，72029911，72029912，72029919，72029991，72029999，72044900，72051000，72052100，85051110.

② 钨种类包括但不限于，《2012年关税实施方案》中的八位中国海关商品代码类别：26209910，28259011，28259012，28259019，28418010，28418020，28418030，28418040，28418090，28499020，72028010，72028020，81011000，81019400，81019700. 钨种类还包括但不限于，《2012年出口许可证管理货物目录》中公布的十位中国海关商品代码类别：2611000000，2620991000，2825901100，2825901200，2825901910，2841801000，2841802000，2841803000，2841804000，2849902000，3824300010，7202801000，7202802000，8101100010，8101100090，8101940000，8101970000.

③ 钼种类包括但不限于，《2012年关税实施方案》中的八位中国海关商品代码类别：26131000，26139000，28257000，28417010，28417090，72027000，81021000，81029400，81029700. 钼种类还包括但不限于，《2012年出口许可证管理货物目录》中公布的十位中国海关商品代码类别：2613100000，2613900000，2825700000，2841701000，2841709000，7202700000，8102100000，8102940000，8102970000，8102990000.

·《货物出口许可证管理办法》（商务部令2008年第11号，自2008年7月1日施行）

·《出口商品配额管理办法》（对外贸易经济合作部2001年第12号令，2001年12月20日发布，自2002年1月1日施行）

·《进出口商品许可证发证机构管理办法》（对外贸易经济合作部，外经贸配管函字〔1999〕第68号，自1999年9月21日施行，于2010年9月12日修订）

·《出口许可证签发工作规范》（商务部，商配发［2008］第398号，自2008年10月9日施行）

·《进出口许可证证书管理规定》（商务部，商务部令［2012］第1号，于2012年2月4日发布，自2012年3月5日施行）

·《关于〈2012年关税实施方案〉的通知》（国务院关税税则委员会，税委会，第27号公告，于2011年12月9日发布，自2012年1月1日施行）

·《关于〈2012年关税实施方案〉的通知》（海关总署，第79号公告，2011年12月22日发布，自2012年1月1日施行）

·《公布2012年农产品和工业品出口配额总量》（商务部，2011年第71号公告，自2011年10月31日发布，于2012年1月1日施行）

·《公布2012年钨、锑等有色金属出口（供货）企业并下达第一批出口配额的通知》（商务部，商贸函〔2011〕1131号，自2011年12月26日施行）

·《关于将2012年钨、锑、白银国营贸易出口企业，钨、锑出口供货企业，2012年铟、钼出口配额申报企业名单上网公示的通知》（商务部，自2011年12月14日施行）

·《关于2012年铟、钼、锡出口配额申报条件及申报程序的公告》（商务部，2011年第79号公告，自2011年11月11日施行）

·《2012年钨、锑、白银国营贸易出口企业，钨、锑出口供货企业资格标准及申报程序》（商务部，2011年第80号公告，自2011年11月11日施行）

·《关于公布2012年稀土出口企业名单并下达第一批出口配额的通知》（商务部，商贸函［2011］1133号，自2011年12月26日施行）

·《关于2012年稀土出口配额申报条件和申报程序的公告》（商务部，2011年第77号公告，自2011年11月11日施行）

·《关于将2012年稀土、焦炭出口配额申报企业名单上网公示的通知》（商务部，自2011年12月14日施行）

·《关于稀土产品出口申报要求》（海关总署，于2011年5月27日发布，自2011年6月1日施行）

·《公布〈2012年出口许可证管理货物分级发证目录〉》（商务部，2011年第103号公告，于2011年12月31日发布，自2012年1月1日施行）

·《国务院关于海关开展出口商品审价和继续做好进口商品审价工作有关问题的批复》（国函［1994］95号）

·《关于进出口商会人事管理的若干规定》（对外贸易经济合作部，自1994年9月23日施行）

·《出口商品审价暂行办法》（海关总署，海关总署令第51号，于1995年1月22日发布，自1995年2月1日施行）

·《中华人民共和国海关对出口商品审价实施细则》（海关总署，于1994年12月31日发布，自1995年2月1日施行）

·《对外经济贸易社会团体管理办法》（对外贸易经济合作部，自1991年2月26日施行）

·《中国海关审定进出口货物完税价格办法》（海关总署，海关总署令第148号，自2006年3月28日施行）

·《中国五矿化工进出口商会章程》（2010）

·《中国钨业协会章程》（2008）

·《中国有色金属工业协会章程》（2011）

未公布的出口限制与管理措施，也包括任何对上述措施进行的修正、补充扩展，或与之相关措施，或其具体执行措施。

这些措施显然与下列条款不符：

（1）GATT 1994第7、9、10、11条；（2）《中国入世议定书》（WT/L/432）第一部分第二条A款第2项、第二条C款第1项和第5.1、5.2、7.2、8.2和11.3条；（3）中国应按照《中国入世议定书》第一部分第1.2条履行的义务，以及《中国入世工作组报告》第83、84、162和165段中规定的义务［WT/MIN（01）/3）］。

中国的措施直接或间接地剥夺和减损了美国根据上述协议所应得的利益。

美国希望能够尽快收到中国对此请求的回复，并确定一个双方都方便的日期进行磋商。

（黄艳希　译）

五、中国——影响稀土、钨、钼出口的措施：欧盟请求磋商

此文件自 2012 年 3 月 13 日起在欧盟代表团和中国代表团及争端解决机构主席间进行沟通，现根据 DSU 第 4 条第 4 款规定予以散发。

受我国政府授权，根据 DSU 第 1 条和第 4 条，GATT 1994 第 22 条，我国代表团就中国政府对多种类稀土①、钨②、钼③施加的限制请求与中国进行磋商。

中国对稀土、钨、钼收取出口关税。

中国对稀土、钨、钼的出口实施出口数量限制。

中国施加的额外的关于稀土、钨、钼出口的行政要求和程序，包括但不限于：费用及手续；依据以往出口经验限制出口权与最低资本要求；以及其他任何形式对外商投资产品与国内产品间施加不同待遇。

中国对稀土、钨、钼的出口施加许可证要求，包括关于稀土、钨、钼出口数量限制的行政措施。

---

① 稀土种类包括但不限于，第 27 号公告批准的《2012 年关税实施方案》［已于 2011 年 12 月 9 日国务院关税税则委员会（税委会）第八次全体会议审议通过，自 2012 年 1 月 1 日起施行］中的八位中国海关商品代码类别（以下，简称《2012 年关税实施方案》）：25309020，26122000，28053011，28053012，28053013，28053014，28053015，28053016，28053017，28053019，28053021，28053029，28461010，28461020，28461030，28461090，28469011，28469012，28469013，28469014，28469015，28469016，28469017，28469019，28469021，28469022，28469023，28469024，28469025，28469026，28469028，28469029，28469031，28469032，28469033，28469034，28469035，28469036，28469039，28469041，28469042，28469043，28469044，28469045，28469046，28469048，28469049，28469091，28469092，28469093，28469094，28469095，28469096，28469099，72029911，72029919，72029991，72029999，72051000. 稀土种类还包括但不限于，《关于印发〈2012 年出口许可证管理货物目录〉》（商务部、海关总署 2011 年公告第 98 号，自 2011 年 12 月 30 日施行）中公布的十位中国海关商品代码类别（以下，简称《2012 年出口许可证管理货物目录》）：2530902010，2530902090，2612200000，2805301100，2805301200，2805301300，2805301400，2805301510，2805301590，2805301600，2805301700，2805301913，2805301914，2805301915，2805301990，2805302110，2805302190，2805302910，2805302990，2846101000，2846102000，2846103000，2846109010，2846109090，2846901100，2846901200，2846901300，2846901400，2846901500，2846901600，2846901700，2846901920，2846901930，2846901940，2846901970，2846901980，2846901991，2846901992，2846901999，2846902100，2846902200，2846902300，2846902400，2846902500，2846902600，2846902810，2846902890，2846902900，2846903100，2846903200，2846903300，2846903400，2846903500，2846903600，2846903900，2846904100，2846904200，2846904300，2846904400，2846904500，2846904600，2846904810，2846904890，2846904900，2846909100，2846909200，2846909300，2846909400，2846909500，2846909600，2846909910，2846909990，7202991100，7202991200，7202991900，7202999110，7202999191，7202999199，7202999900. 稀土种类还可能包括，《关于稀土产品出口申报要求》（海关总署第 37 号公告，于 2011 年 3 月 27 日通过，自 2011 年 6 月 1 日正式施行）中所列中国海关商品编码：25309020，26122000，280530，2846，32065000，36069011，36069019，38249099，72029911，72029912，72029919，72029991，72029999，72044900，72051000，72052100，85051110.

② 钨种类包括但不限于，《2012 年关税实施方案》中的八位中国海关商品代码类别：26209910，28259011，28259012，28259019，28418010，28418020，28418030，28418040，28418090，28499020，72028010，72028020，81011000，81019400，81019700. 钨种类还包括但不限于，《2012 年出口许可证管理货物目录》中公布的十位中国海关商品代码类别：2611000000，2620991000，2825901100，2825901200，2825901910，2841801000，2841802000，2841803000，2841804000，2849902000，3824300010，7202801000，7202802000，8101100010，8101100090，8101940000，8101970000.

③ 钼种类包括但不限于，《2012 年关税实施方案》中的八位中国海关商品代码类别：26131000，26139000，28257000，28417010，28417090，72027000，81021000，81029400，81029700. 钼种类还包括但不限于，《2012 年出口许可证管理货物目录》中公布的十位中国海关商品代码类别：2613100000，2613900000，2825700000，2841701000，2841709000，7202700000，8102100000，8102940000，8102970000，8102990000.

中国维持对稀土、钨、钼出口的最低出口价格体系，并要求对稀土、钨、钼出口合同和出口价格的检查和审批。

中国通过其国务院下属的各部委及其他机构以及商会来管理关于稀土、钨、钼出口的行政要求和程序。此外，中国对稀土、钨、钼出口的行政要求和程序执行缺乏连贯、公正、合理、透明。

中国对稀土、钨、钼施加出口限制可能使用了未公布的措施。

中国对稀土、钨、钼施加出口限制，单独或共同涉及的中国法律法规或规范性文件，包括但不限于：

·《中华人民共和国对外贸易法》（已由中华人民共和国第十届全国人民代表大会常务委员会第八次会议于2004年4月6日修订通过，自2004年7月1日施行）

·《中华人民共和国海关法》（由第六届全国人民代表大会常务委员会第19次会议于1987年1月22日通过，于2000年7月8日修订）

·《中华人民共和国进出口关税条例》（国务院［2003］第392号令，已于2003年10月29日国务院第26次常务会议上通过，自2004年1月1日施行）

·《中华人民共和国货物进出口管理条例》（国务院第332号令已于2001年10月31日国务院第46次常务会议通过，自2002年1月1日施行）

·《关于印发〈2012年出口许可证管理货物目录〉》（商务部、海关总署2011年公告第98号，2011年12月30日发布，自2012年1月1日施行）

·《货物出口许可证管理办法》（商务部令2008年第11号，自2008年7月1日施行）

·《出口商品配额管理办法》（对外贸易经济合作部2001年第12号令，2001年12月20日发布，2002年1月1日施行）

·《进出口商品许可证发证机构管理办法》（对外贸易经济合作部，外经贸配管函字〔1999〕第68号，自1999年9月21日施行，于2010年9月12日修订）

·《出口许可证签发工作规范》（商务部，商配发［2008］第398号，自2008年10月9日施行）

·《进出口许可证证书管理规定》（商务部，商务部令［2012］第1号，于2012年2月4日发布，自2012年3月5日施行）

·《关于〈2012年关税实施方案〉的通知》（国务院关税税则委员会，税委会，第27号公告，于2011年12月9日发布，自2012年1月1日施行）

·《关于〈2012年关税实施方案〉的通知》（海关总署，第79号公告，于2011年12月22日发布，自2012年1月1日施行）

·《公布2012年农产品和工业品出口配额总量》（商务部，2011年第71号公告，于2011年10月31日发布，自2012年1月1日施行）

·《公布2012年钨、锑等有色金属出口（供货）企业并下达第一批出口配额的通知》（商务部，商贸函［2011］1131号，自2011年12月26日施行）

·《关于将2012年钨、锑、白银国营贸易出口企业，钨、锑出口供货企业，2012年铟、钼出口配额申报企业名单上网公示的通知》（商务部，自2011年12月14日施行）

·《关于2012年铟、钼、锡出口配额申报条件及申报程序的公告》（商务部，2011年第79号公告，自2011年11月11日施行）

·《2012年钨、锑、白银国营贸易出口企业，钨、锑出口供货企业资格标准及申报程序》（商务部，2011年第80号公告，自2011年11月11日施行）

·《关于公布2012年稀土出口企业名单并下达第一批出口配额的通知》（商务部，商贸函［2011］1133号，自2011年12月26日施行）

·《关于2012年稀土出口配额申报条件和申报程序的公告》（商务部，公告2011年第77号，自2011年11月11日施行）

·《关于将2012年稀土、焦炭出口配额申报企业名单上网公示的通知》（商务部，自2011年12月14日施行）

·《关于稀土产品出口申报要求》（海关总署，于2011年5月27日发布，自2011年6月1日施行）

·《公布〈2012年出口许可证管理货物分级发证目录〉》（商务部，2011年第103号公告，于2011年12月31日发布，自2012年1月1日施行）

·《国务院关于海关开展出口商品审价和继续做好进口商品审价工作有关问题的批复》（国函［1994］95 号）

·《关于进出口商会人事管理的若干规定》（对外贸易经济合作部，自 1994 年 9 月 23 日施行）

·《出口商品审价暂行办法》（海关总署，海关总署令第 51 号，于 1995 年 1 月 22 日发布，自 1995 年 2 月 1 日施行）

·《中华人民共和国海关对出口商品审价实施细则》（海关总署，于 1994 年 12 月 31 日发布，自 1995 年 2 月 1 日施行）

·《对外经济贸易社会团体管理办法》（对外贸易经济合作部，自 1991 年 2 月 26 日施行）

·《中国海关审定进出口货物完税价格办法》（海关总署，海关总署令第 148 号，自 2006 年 3 月 28 日施行）

·《中国五矿化工进出口商会章程》（2010）

·《中国钨业协会章程》（2008）

·《中国有色金属工业协会章程》（2011）

·未公布的出口限制与管理措施，也包括任何对上述措施进行的修正、补充扩展，或与之相关措施，或其具体执行措施。

这些措施显然与下列条款不符：

（1）GATT 1994 第 7、9、10、11 条；(2)《中国入世议定书》（WT/L/432）第一部分第二条 A 款第 2 项、第二条 C 款第 1 项和第 5.1、5.2、7.2、8.2 和 11.3 条；（3）中国应按照《中国入世议定书》第一部分第 1.2 条履行的义务，以及《中国入世工作组报告》第 83、84、162 和 165 段中规定的义务［WT/MIN（01）/3)］。

中国的措施直接或间接地剥夺和减损了欧盟根据上述协议所应得的利益。

欧盟保留在磋商期间采取其他措施或提出法律申诉的权利。

欧盟希望能够尽快收到中国的回复，并准备与中国商定一个双方都方便的日期在日内瓦进行磋商。

（黄艳希　译）

六、中国——影响稀土、钨、钼出口的措施：日本请求磋商

此文件自 2012 年 3 月 13 日起在日本代表团和中国代表团及争端解决机构主席间进行沟通，现根据 DSU 第 4 条第 4 款规定予以散发。

受我国政府授权，根据 DSU 第 1 条和第 4 条，GATT 1994 第 22 条，我国代表团就中国政府对多种类稀土①、钨②、钼③施加的限制请求与中国进行磋商。

---

① 稀土种类包括但不限于，第 27 号公告批准的《2012 年关税实施方案》［已于 2011 年 12 月 9 日国务院关税税则委员会（税委会）第八次全体会议审议通过，自 2012 年 1 月 1 日起施行］中的八位中国海关商品代码类别（以下，简称《2012 年关税实施方案》）：25309020，26122000，28053011，28053012，28053013，28053014，28053015，28053016，28053017，28053019，28053021，28053029，28461010，28461020，28461030，28461090，28469011，28469012，28469013，28469014，28469015，28469016，28469017，28469019，28469021，28469022，28469023，28469024，28469025，28469026，28469028，28469029，28469031，28469032，28469033，28469034，28469035，28469036，28469039，28469041，28469042，28469043，28469044，28469045，28469046，28469048，28469049，28469091，28469092，28469093，28469094，28469095，28469096，28469099，72029911，72029919，72029991，72029999，72051000. 稀土种类还包括但不限于，《关于印发〈2012 年出口许可证管理货物目录〉》（商务部、海关总署 2011 年公告第 98 号，自 2011 年 12 月 30 日施行）中公布的十位中国海关商品代码类别（以下，简称《2012 年出口许可证管理货物目录》）：2530902010，2530902090，2612200000，2805301100，2805301200，2805301300，2805301400，2805301510，2805301590，2805301600，2805301700，2805301913，2805301914，2805301915，2805301990，2805302110，2805302190，2805302910，2805302990，2846101000，2846102000，2846103000，2846109010，2846109090，2846901100，2846901200，2846901300，2846901400，2846901500，2846901600，2846901700，2846901920，2846901930，2846901940，2846901970，2846901980，2846901991，2846901992，2846901999，2846902100，2846902200，2846902300，2846902400，2846902500，2846902600，2846902810，2846902890，2846902900，2846903100，2846903200，2846903300，2846903400，2846903500，2846903600，2846903900，2846904100，2846904200，2846904300，2846904400，2846904500，2846904600，2846904810，2846904890，2846904900，2846909100，2846909200，2846909300，2846909400，2846909500，2846909600，2846909910，2846909990，7202991100，7202991200，7202991900，7202999110，7202999191，

中国对稀土、钨、钼收取出口关税。

中国对稀土、钨、钼的出口实施出口数量限制。

中国施加的额外的关于稀土、钨、钼出口的行政要求和程序，包括但不限于：费用及手续；依据以往出口经验限制出口权与最低资本要求；以及其他任何形式对外商投资产品与国内产品间施加不同待遇。

中国对稀土、钨、钼的出口施加许可证要求，包括关于稀土、钨、钼出口数量限制的行政措施。

中国维持对稀土、钨、钼出口的最低出口价格体系，并要求对稀土、钨、钼出口合同和出口价格的检查和审批。

中国通过其国务院下属的各部委及其他机构以及商会来管理关于稀土、钨、钼出口的行政要求和程序。此外，中国对稀土、钨、钼出口的行政要求和程序执行缺乏连贯、公正、合理、透明。

中国对稀土、钨、钼施加出口限制可能使用了未公布的措施。

中国对稀土、钨、钼施加出口限制，单独或共同涉及的中国法律法规或规范性文件，包括但不限于：

- 《中华人民共和国对外贸易法》（已由中华人民共和国第十届全国人民代表大会常务委员会第八次会议于2004年4月6日修订通过，自2004年7月1日施行）
- 《中华人民共和国海关法》（由第六届全国人民代表大会常务委员会第19次会议于1987年1月22日通过，于2000年7月8日修订）
- 《中华人民共和国进出口关税条例》（国务院［2003］第392号令，已于2003年10月29日国务院第26次常务会议上通过，自2004年1月1日施行）
- 《中华人民共和国货物进出口管理条例》（国务院第332号令已于2001年10月31日国务院第46次常务会议通过，自2002年1月1日施行）
- 《关于印发〈2012年出口许可证管理货物目录〉》（商务部、海关总署2011年公告第98号，于2011年12月30日发布，自2012年1月1日施行）
- 《货物出口许可证管理办法》（商务部令2008年第11号，自2008年7月1日施行）
- 《出口商品配额管理办法》（对外贸易经济合作部2001年第12号令，于2001年12月20日发布，自2002年1月1日施行）
- 《进出口商品许可证发证机构管理办法》（对外贸易经济合作部，外经贸配管函字［1999］第68号，自1999年9月21日施行，于2010年9月12日修订）
- 《出口许可证签发工作规范》（商务部，商配发［2008］第398号，自2008年10月9日施行）
- 《进出口许可证证书管理规定》（商务部，商务部令［2012］第1号，于2012年2月4日发布，自2012年3月5日施行）
- 《关于〈2012年关税实施方案〉的通知》（国务院关税税则委员会，税委会，第27号公告，于2011年12月9日发布，自2012年1月1日施行）

7202999199，7202999900. 稀土种类还可能包括，《关于稀土产品出口申报要求》（海关总署第37号公告，于2011年3月27日通过，自2011年6月1日正式施行）中所列中国海关商品编码：25309020，26122000，280530，2846，32065000，36069011，36069019，38249099，72029911，72029912，72029919，72029991，72029999，72044900，72051000，72052100，85051110.

② 钨种类包括但不限于，《2012年关税实施方案》中的八位中国海关商品代码类别：26209910，28259011，28259012，28259019，28418010，28418020，28418030，28418040，28418090，28499020，72028010，72028020，81011000，81019400，81019700. 钨种类还包括但不限于，《2012年出口许可证管理货物目录》中公布的十位中国海关商品代码类别：2611000000，2620991000，2825901100，2825901200，2825901910，2841801000，2841802000，2841803000，2841804000，2849902000，3824300010，7202801000，7202802000，8101100010，8101100090，8101940000，8101970000.

③ 钼种类包括但不限于，《2012年关税实施方案》中的八位中国海关商品代码类别：26131000，26139000，28257000，28417010，28417090，72027000，81021000，81029400，81029700. 钼种类还包括但不限于，《2012年出口许可证管理货物目录》中公布的十位中国海关商品代码类别：2613100000，2613900000，2825700000，2841701000，2841709000，7202700000，8102100000，8102940000，8102970000，8102990000.

• 《关于〈2012年关税实施方案〉的通知》(海关总署，第79号公告，于2011年12月22日发布，自2012年1月1日施行)

• 《公布2012年农产品和工业品出口配额总量》(商务部，2011年第71号公告，于2011年10月31日发布，自2012年1月1日施行)

• 《公布2012年钨、锑等有色金属出口（供货）企业并下达第一批出口配额的通知》(商务部，商贸函［2011］1131号，自2011年12月26日施行)

• 《关于将2012年钨、锑、白银国营贸易出口企业，钨、锑出口供货企业，2012年铟、钼出口配额申报企业名单上网公示的通知》(商务部，自2011年12月14日施行)

• 《关于2012年铟、钼、锡出口配额申报条件及申报程序的公告》(商务部，2011年第79号公告，自2011年11月11日施行)

• 《2012年钨、锑、白银国营贸易出口企业，钨、锑出口供货企业资格标准及申报程序》(商务部，2011年第80号公告，自2011年11月11日施行)

• 《关于公布2012年稀土出口企业名单并下达第一批出口配额的通知》(商务部，商贸函［2011］1133号，自2011年12月26日施行)

• 《关于2012年稀土出口配额申报条件和申报程序的公告》(商务部，2011年第77号公告，自2011年11月11日施行)

• 《关于将2012年稀土、焦炭出口配额申报企业名单上网公示的通知》(商务部，自2011年12月14日施行)

• 《关于稀土产品出口申报要求》(海关总署，于2011年5月27日发布，自2011年6月1日施行)

• 《公布〈2012年出口许可证管理货物分级发证目录〉》(商务部，2011年第103号公告，于2011年12月31日发布，自2012年1月1日施行)

• 《国务院关于海关开展出口商品审价和继续做好进口商品审价工作有关问题的批复》(国函［1994］95号)

• 《关于进出口商会人事管理的若干规定》(对外贸易经济合作部，自1994年9月23日施行)

• 《出口商品审价暂行办法》(海关总署，海关总署令第51号，于1995年1月22日发布，自1995年2月1日施行)

• 《中华人民共和国海关对出口商品审价实施细则》(海关总署，于1994年12月31日发布，自1995年2月1日施行)

• 《对外经济贸易社会团体管理办法》(对外贸易经济合作部，自1991年2月26日施行)

• 《中国海关审定进出口货物完税价格办法》(海关总署，海关总署令第148号，自2006年3月28日施行)

• 《中国五矿化工进出口商会章程》(2010)

• 《中国钨业协会章程》(2008)

• 《中国有色金属工业协会章程》(2011)

• 未公布的出口限制与管理措施，也包括任何对上述措施进行的修正、补充扩展，或与之相关措施，或其具体执行措施。

这些措施显然与下列条款不符：

(1) GATT 1994第7、9、10、11条；(2)《中国入世议定书》(WT/L/432) 第一部分第二条A款第2项、第二条C款第1项和第5.1、5.2、7.2、8.2和11.3条；(3) 中国应按照《中国入世议定书》第一部分第1.2条履行的义务，以及《中国入世工作组报告》第83、84、162和165段中规定的义务［WT/MIN (01) /3)］。

中国的措施直接或间接地剥夺和减损了日本根据上述协议所应得的利益。

日本保留在磋商期间采取其他措施或提出法律申诉的权利。

日本希望能够尽快收到中国的回复，并准备与中国商定一个双方都方便的日期在日内瓦进行磋商。

(黄艳希 译)

七、澳大利亚——影响烟草制品包装使用商标及其他简单包装要求的措施：乌克兰请求磋商

此文件自2012年3月13日起在乌克兰代表团和澳大利亚代表团及争端解决机构主席间进行沟通，现根据DSU第4条第4款规定予以散发。

受我国政府授权，根据DSU第1条和第4条，《与贸易有关的知识产权协议》(“TRIPs协议”)第64.1条，《技术性贸易壁垒协议》(“TBT协

议"）第 14.1 条，以及 GATT 1994 第 22 条，我国代表团就澳大利亚对烟草制品包装使用商标及其他简单包装要求的措施的若干法律法规请求与澳大利亚进行磋商。

澳大利亚对关于烟草外观和包装实施禁止使用商标及其他"烟草简单包装"要求的措施。澳大利亚实施的措施包括：

·《2011 年烟草简单包装法》（《简单包装法》）以及《2011 烟草简单包装条例》（《条例》）；

·《2011 年商标法修正案（烟草简单包装）》；

·任何进一步执行、修正、补充、变更上诉措施的法律法规及政策。

这些措施适用于所有供人类使用的烟草产品种植或生产①。澳大利亚对烟草产品的制造、供应和包装以及其他所有生产行为实施的法律处罚与《简单包装法》以及《条例》的"烟草产品要求"不符合②。《简单包装法》规定，"在烟草产品的除规定允许外的任何位置不得出现生产商的商标"③。《简单包装法》进一步规定，除其他事项外，"零售烟草包装任何位置不得出现生产商的商标"④，除品牌标识、别名、生产商名称以及其他相关法律要求外⑤。品牌标识的外观必须符合《简单包装法》以及《条例》的规定⑥。

《简单包装法》进一步规定，烟草包装材料的颜色统一使用单一色调的"黑褐色"（《条例》指定为潘通色卡 448C），不得出现其他任何颜色、标志或包装上可见的商品特征，除了健康警告图示下方用统一字体印刷的烟草生产商名称或别名⑦。烟草产品包装继续包含健康警告图示⑧，并且由占包装正面 30%修改为占包装正面的 75%，保持占包装背面的 90%⑨。《简单包装法》及《条例》规定了零售烟草包装的外部特征，包装采用统一的类型和大小⑩。《简单包装法》规定烟盒与纸箱采用统一形状，不得有镶嵌部分，并且香烟盒使用翻盖开口⑪。香烟盒内衬必须使用铝箔纸张或者其他《条例》允许的材料⑫。

澳大利亚的措施，特别考虑到澳大利亚详尽的烟草管理体制⑬，与其在 TRIPs 协议、TBT 协议以及 GATT 1994 中承诺的义务不符，其中包括但不限于下列条款：

·TRIPs 协议第 1.1、2.1、15 和 16 条，以及《巴黎公约》第 6 条第 2 款、第 7 条、第 10 条第 2 款（纳入 TRIPs 协议的部分），澳大利亚的措施歧视烟草相关商标的产品自然属性。澳大利亚未授予商标持有人有关商标，有效保护商标的"独占权"以及防止同竞争对手的建立、商品、工业或商业活动导致混淆可能性的任何措施的法律权利；

---

① 《简单包装法》第 4 节。

② 《简单包装法》第 3 章。

③ 《简单包装法》第 26 条。第 26 条第 2 款进一步指出"在烟草产品的除规定允许外的任何位置均不得出现生产商的品牌标识"。

④ 《简单包装法》第 20 条第 1 款。

⑤ 《简单包装法》第 20 条第 3 款。相关法律要求指健康警语、火灾警示以及商品规格说明。

⑥ 《简单包装法》第 21 条；《条例》第 2.4.1 条。

⑦ 《简单包装法》第 19 节；《条例》第 2.2.1 条。

⑧ 《竞争和消费者法 2010》附表 2 中的《澳大利亚消费者法》规定了健康警告图示。

⑨ 《竞争和消费者（烟草）信息标准 2011》通过《贸易惯例（消费产品信息标准）（烟草）规则 2004》（规则 2004）修改了健康警示体制。其规定健康警告图示占包装正面的 75%，规定自 2012 年 12 月 1 日起强制执行。

⑩ 《简单包装法》第 18 节；《条例》第 2.1.1 条。

⑪ 《简单包装法》第 18 节第 3 条（b）款。

⑫ 《简单包装法》第 18 节第 3 条（d）款。

⑬ 澳大利亚《禁止烟草广告法案 1992》（"广告禁令"）规定了禁止烟草产品广告的法令。此外，澳大利亚八个州和领地禁止在零售商店进行烟草产品公开展示（"零售展示禁令"）。参见：澳大利亚首都直辖区的《烟草法案 1927》第 20 节；新南威尔士州的《公众卫生（烟草）法案 2008》第 9 节；西澳大利亚州的《烟草产品控制法案 2006》第 22 节；北领地的《烟草控制法案 2011》第 20 节；维多利亚州的《烟草法案 1987》第 6（2AA）节；塔斯马尼亚州的《公众卫生法案 1997》第 72A 节；昆士兰州的《烟草及其他烟草产品法案 1998》第 26A 节；南澳大利亚州的《烟草制品管制法案 1997》第 40 节。澳大利亚国家以及地方政府还禁止在特定区域或特定场合的烟草制品消费（"禁烟令"）。

· TRIPs 协议第 20 条，因为商标在贸易活动中受到不合理的特殊要求的妨碍；

· TRIPs 协议第 1 条，因为澳大利亚没有在其国内法律法规履行 TRIPs 协议第 20 条；

· TRIPs 协议第 27 条，因为限制专利包装的物理特性，澳大利亚的措施剥夺了烟草产品合理剥削性以及享受专利权的权利；专利应适用于所有技术领域中的任何发明；

· TBT 协议第 2.2 条，因为澳大利亚的措施在达到规定的卫生目标时构成了不必要的贸易障碍及贸易限制；

· GATT 1994 第 3 条第 4 款、TRIPs 协议第 3.1 条及 TBT 协议第 2.1 条，因为澳大利亚的措施没有履行国民待遇原则提供平等竞争机会，给予进口烟草产品及外国商标权利人不得低于对其本国烟草产品及国内商标权利人所提供的待遇。

澳大利亚违反规定的措施直接或间接地剥夺和减损了乌克兰根据上述协议所应得的利益。

乌克兰保留在磋商期间采取其他措施和提出法律申诉的权利。

乌克兰期待澳大利亚对此请求的回复，并提供任何建议，确定一个双方都方便的日期和地点进行建设性磋商。

（黄艳希　译）

八、澳大利亚——影响烟草制品包装使用商标及其他简单包装要求的措施：洪都拉斯请求磋商

此文件自 2012 年 4 月 4 日起在洪都拉斯代表团和澳大利亚代表团及争端解决机构主席间进行沟通，现根据 DSU 第 4 条第 4 款规定予以散发。

受我国政府授权，根据 DSU 第 4 条，TRIPs 协议第 64 条，TBT 协议第 14 条，以及 GATT 1994 第 22 条，我国代表团就澳大利亚对零售烟草制品包装使用商标及其他简单包装要求的措施的若干法律法规请求与澳大利亚进行磋商。

澳大利亚规定了零售烟草产品及产品包装的外观以及其他设计特征，规定了品牌标识、生产商名称或别名采用统一的标准格式、字体大小以及位置。同时，还规定了零售烟草产品包装的颜色及外包装光洁度以及对包装、内置、外加的要求。具体如下：

· 零售包装上的品牌、业务及公司名称必须使用不大于 14 号的 Lucinda Sans 常规字体，颜色为潘通冷灰 2C。别名必须使用不大于 10 号的 Lucinda Sans 常规字体，颜色为潘通冷灰 2C。

· 所有零售烟草产品包装统一使用单一色调的“黑褐色”（潘通色卡 448C），除了健康警示、品牌标识、生产商名称或别名等相关法律标识。

非卷烟烟草产品（例如雪茄）允许在腰花部分使用潘通 448C 字体标注以下标识：品牌名称、企业名称或别名、生产国家以及数字编码。上述标识必须使用不大于 10 号的 Lucinda Sans 常规字体，颜色为潘通冷灰 2C，并且只允许出现一次。

洪都拉斯了解到，澳大利亚采取的措施涉及的法律法规或规范性文件包括：

· 2011 年第 148 号法令（《2011 年烟草简单包装法》），限制烟草产品的使用或其他相关目的；

· 《2011 年烟草简单包装法》（《2011 立法文件》）、第 263 号修订法令（《2011 年烟草简单包装条例》）上述规定适用于所有零售卷烟或非卷烟烟草产品的包装及外观；

· 《2011 商标法修正案（烟草简单包装）》。

澳大利亚限制零售烟草产品简单包装及外观的措施与其在 TRIPs 协议、TBT 协议、GATT 1994 中承诺的义务不相符，其中包括下列条款：

· TRIPs 协议第 20 条，因为商标在贸易活动中的使用不应受到不合理的特殊要求的妨碍；例如，（Ⅰ）以特殊的形式或方式使用，如使用特定的字体、颜色印刷品牌名称、企业或公司名称；（Ⅱ）从而使商标将一个企业的产品或服务区别于另一个企业的产品或服务的能力受到损害；

· TRIPs 协议第 16.1 条，因为措施剥夺了注册商标的所有者应享有的独占权；

· TRIPs 协议第 15.4 条，因为商标的商品性质在任何情况下都不应构成对商标注册的障碍；

· TRIPs 协议第 2.1 条，缔约方应遵守《巴黎公约》的规定，具体地，（Ⅰ）第 6 条第 5 款。因为在澳大利亚境外原产国注册的商标不享有“独占权”；（Ⅱ）第 10 条第 2 款。因为澳大利亚没有提供反对不正当竞争，以防止同竞争对手的产品导致混淆可能性的任何措施；

· TRIPs 协议第 24.3 条，因为澳大利亚降低了 1995 年 1 月 1 日之前已经存在的对地理标记的保护；

· TRIPs 协议第 22.2（b）条，因为澳大利亚没有提供反对构成不正当竞争的使用地理标记行为，以防止消费者对产品原产地产生混淆可能性的措施；

· TRIPs 协议第 3.1 条，因为澳大利亚在知识产权保护方面，对其他缔约方的国民所提供的待遇低于对其本国国民所提供的待遇；

· TBT 协议第 2.2 条，因为技术法规对国际贸易造成不必要的障碍，对贸易的限制超过了为实现合法目标所必需的限度；

· TBT 协议第 2.1 条以及 GATT 1994 第 3 条第 4 款，因为澳大利亚的措施给予源自任何成员领土进口的产品低于其给予本国同类产品的待遇。

洪都拉斯认为，澳大利亚未能证明根据 TRIPs 协议第 8 条中“采取必要的措施来保护公众的健康”以及 TRIPs 协议第 17 条，缔约方可以规定对商标所赋予权利的“例外”的规定采取的措施，因为这些措施不符合 TRIPs 协议的规定。

除上述法律文书之外，该请求包括每一项争议措施所涉及的相关法案，及其修订或延期，以及任何相关管理措施。洪都拉斯保留在磋商期间采取其他措施和提出法律申诉的权利。

洪都拉斯期待澳大利亚对此请求的回复，并确定一个双方都方便的日期和地点进行磋商。

（黄艳希 译）

九、美国——对源自印度的某些热轧碳钢产品的反补贴措施：印度请求磋商

此文件自 2012 年 4 月 12 日，在印度代表团和美国代表团及争端解决机构主席间进行沟通，现根据 DSU 第 4 条第 4 款的规定予以散发。

受我国政府指示，根据 DSU 第 1 条和第 4 条，GATT 1994 第 22 条第 1 款，第 23 条第 1 款，《补贴与反补贴协议》（“SCM”）第 30 条，与美国对源自印度的某些热轧碳钢产品征收反补贴税的相关措施请求磋商。

美国发起了反补贴税（“CVD”）调查（第 C－533－821），并对源自印度的某些出口产品征收了反补贴税。临时措施自 2001 年 4 月 20 日开始生效，最终措施从 2001 年 12 月 3 日起强制执行。美国在 2007 年进行了一次日落复审，裁决将反补贴税期限延长 5 年。美国也进行了几次行政复审来决定复审期间所适用的反补贴税率。这些措施继续有效。该请求提到的反补贴税和其他措施，如果有的话，包括任何通知、裁决、决定、备忘、行政命令或者任何其他措施等不时由美国颁布实施的在 C－533－821 号案中针对印度涉案产品，均列入附录一。该请求涉及的措施也包括美国《1930 关税法》以及美国联邦行政法典的第 19 篇——关税，第三卷，第三章，第 351 部分（“19 CFR 351”）的一些条款，SCM 协议的条款不一致。该请求也包括任何对上述措施进行的修正、补充扩展，或与之相关措施，或其具体执行措施。

印度认为美国《1930 关税法》以及美国《联邦行政法典》的 19 CFR 351 中的下列条款与 SCM 协议的第 12、14、15、19、32 条不符：

（a）《联邦行政法典》的 CFR 351.511（a）（2）（Ⅰ）至（Ⅲ）与 SCM 协议的第 14（d）条不符，因为他们要求基准价格的采用不必事先检查货物供给的报酬是否充足，以及是否与市场原则相符；

（b）《联邦行政法典》的第 19 CFR 351.511（a)(2)(Ⅳ）条对于“传导价格”的使用与 SCM 协议的第 14（d）条不符，因为他们忽略了货物供给国家的当前的市场条件；

（c)《联邦行政法典》的 19 CFR 351.511（a）（2）（Ⅳ）对于“传导价格”的使用与 SCM 协议的第 19.3 以及 19.4 条不符，因为导致了不当的或者过度的反补贴税的征收；

（d）在某种程度上，美国《1930 关税法》的第 771（7）（G）部门与 SCM 协议的第 15.3 条不符，因为它在确定损害时要求计算来源于没有被发起反补贴调查国家的进口产品；

（e）美国《1930 关税法》的第 776（b）条和在 19 CFR 351.308 中执行的规定，与 SCM 协议的第 12.7 条不一致，它在确定损害时使用“可获得事实”；

（f）在某种程度上，美国《1930 关税法》以及《联邦行政法典》与 SCM 协议的上述不符，说明了美国没有按照 SCM 协议第 32.5 条的规定，使其法律、法规及行政程序在对有关成员适用方

面，与 SCM 协议的规定相符合。

印度也认为上述第 2 段中描述的措施特别是与 GATT 1994 的第 1 和第 6 条，SCM 协议第 1、2、10、11、12、13、14、15、19、21、22 条不一致：

(a) 涉嫌以低于市场价的价格向企业提供高品质铁矿石：

(Ⅰ) 美国认定印度国家矿业发展公司属于公共机构，这与 SCM 协议第 1.1 (a) (1) 条不符，因为这一认定仅凭其政府所有的性质，并未考虑其他相关因素；

(Ⅱ) 美国认定印度政府通过国家矿业发展公司在矿精粉和矿块的销售中提供了一些财政资助，这与 SCM 协议第 1.1 (a) (1) 条不符；

(Ⅲ) 美国未能证明国家矿业发展公司的铁矿销售给涉案产品的生产商并给予某种利益，这与 SCM 协议第 1.1 (b) 条不相符；

(Ⅳ) "专向性" 裁决：

· 与 SCM 协议第 2.1 条不一致，因为铁矿石的供给不限于特定企业；

· 与 SCM 协议第 2.1 (c) 条不一致，因为未能考虑到所列的强制性因素；

· 与 SCM 协议第 2.4 条不一致，因为它不是基于正面的证据。

(Ⅴ) 美国未能集齐所有相关的信息，这与 SCM 协议的第 12.1 条不一致；

(Ⅵ) 美国未能测定实际补偿或者铁矿石供给的充分性，这与 SCM 协议第 14 (d) 条不符；

(Ⅶ) 作为计算补贴的基准价格，忽略了国家矿业发展公司的价格，这与 SCM 协议的第 14 (d) 条不符；

(Ⅸ) 行政复审中以传导价格作为基准价格的基础，忽略了印度铁矿石的市场条件，这与 SCM 协议的第 14 (d) 条不符；

(Ⅹ) 涉及 2006 行政复审时采用世界市场价格的 (二级价格)，而且在以往案例中采取过印度实际市场价格 (一级价格)，这与 SCM 协议的第 14.6 条不符。

(b) 与铁矿的自销矿山相关：

(Ⅰ) 裁决印度政府对采矿权的控制是 "决定性" 和 "实质性" 的与事实不符，这也与 SCM 协议第 12.5 条不符；

(Ⅱ) 裁决开矿权的授予相当于货物的供给 (也就是铁矿的供给)，这与 SCM 协议的第 1.1 (a) (1) (Ⅲ) 条不符，因为铁矿权的授予不等同于货物的供给；

(Ⅲ) 美国未能确定实际报酬与采矿权授予的充分联系，这与 SCM 协议的第 14 (d) 条不符；

(Ⅳ) 裁决授予铁矿生产者的采矿权构成了 "财政资助"，这与 SCM 协议的第 1.1 (a) (1) 条不符；

(Ⅴ) 美国未能证明采矿权与 "相关利益" 的关联，这与 SCM 协议的第 1.1 (b) 条不符；

(Ⅵ) 裁决采矿权的授予是 "专向性" 的，这与印度并非仅向钢铁生产商授予的事实不符，也与 SCM 协议的第 2 条不一致；

(Ⅷ) 由于不合适的基准价格，补贴总量的计算与 SCM 协议的第 14 (d) 条不一致。

(c) 与煤矿的自销矿山相关：

(Ⅰ) 裁决开矿权的授予相当于货物的供给 (也就是煤矿的供给)，这与 SCM 协议的第 1.1 (a) (1) (Ⅲ) 条不符，因为采矿权的授予不等同于货物的供给；

(Ⅱ) 美国未能确定实际报酬与采矿权授予的充分联系，这与 SCM 协议的第 14 (d) 条不符；

(Ⅲ) 裁决授予铁矿生产者的采矿权构成了 "财政资助"，这与 SCM 协议的第 1.1 (a) (1) 条不符；

(Ⅳ) 美国未能证明采矿权与 "相关利益" 的关联，这与 SCM 协议的第 1.1 (b) 条不符；

(Ⅴ) 裁决采矿权的授予是 "专向性" 的，这与印度基本客观标准和条件授予的事实不符，这也与 SCM 协议的第 2 条不一致；

(Ⅵ) 由于不合适的基准价格，补贴总量的计算与 SCM 协议的第 14 (d) 条不一致。

(d) 与钢制发展基金的运营相关：

(Ⅰ) 钢铁发展基金系由其参与者管理，美方错误认定钢铁发展基金是政府机构且提供了财政资助，违反了 SCM 协议第 1.1 (a) 条；

(Ⅱ) 裁决钢铁发展基金的运营带来了 "利益"，这与 SCM 协议第 1.1 (b) 条不符；

(Ⅲ) 美国未能集齐所有相关的信息，这与 SCM 协议的第 12.1 条不一致；

(Ⅳ) 补贴利益的计算由于其不准确及未能充

分解释，这与SCM协议的第14条和第19.4条不符。

(e) 与损害的测定有关：

(Ⅰ) 对进口品的损害测定的进行累积估算，这与SCM协议的第15.3条不符，因为美国累积了未包括在调查中国家的进口品；

(Ⅱ) 损害的测定与SCM协议的第15条不一致，因为没有区分非补贴进口产品造成的损害；

(Ⅲ) 补贴与损害之间因果关系的裁定，这与SCM协议的第15.5条不一致，因为美国没有排除非补贴因素带来的损害。

(f) 与其他问题相关：

(Ⅰ) 裁决中适用"可得的不利事实"的标准，这与SCM协议第12.7条不一致；

(Ⅱ) 在行政复审中包括新的补贴，这与SCM协议第11、21、22.1和22.2条不符；

(Ⅲ) 行政复审的中纳入新的补贴指控时并未请求与印度磋商，这与SCM协议第13.1和13.2条不符。

(Ⅳ) 适用的反补贴税的总量与SCM协议第19.3和19.4条不符，因为如果存在，也超过了补贴的总量；

(Ⅴ) 由于上述不一致，此案适用的反补贴税与SCM协议第10条和GATT 1994第6条不符。

印度进一步认为，争议措施给印度出口到美国的产品带来了严重的不利影响。根据GATT 1994第22条第1款，DSU的第3.8条，印度认为争议措施剥夺和减损了印度根据GATT 1994所应得的利益。

印度保留在磋商期间采取其他措施和提出法律申诉的权利。

印度期待着在规定的时间内美国对此请求的回复，并选择一个双方都可接受的磋商时间和地点。

（孔超译，杨凤鸣校）

十、美国——对来自中国的某些产品的反补贴税的措施：中国请求磋商

此文件自2012年5月25日起在美国代表团和中国代表团及争端解决机构主席间进行沟通，现根据DSU第4条第4款规定予以散发。

受我国政府指示，根据DSU第4条，GATT 1994第23条第1款，SCM协议第30条，我国政府请求与美国政府进行磋商。

该请求涉及的措施在A部分列出。该诉讼的法律基础在B部分列出。

A. 争议的措施

磋商请求所涉及的反补贴税措施的初裁和终裁在附录一列出。这些措施是美国商务部颁布的。这些措施包括美国商务部发起反补贴调查的决定，调查的执行，调查中发布的任何初步或者最终的反补贴税裁决，任何确定的反补贴税的征收，以及任何通知、附录、决定的备忘录、行政命令、修正案，或者其他由美国发起与附录一所示的反补贴税措施相关的任何措施。

争议措施也包括由美国商务部所采用的"可抗辩假定"，根据SCM协议1.1条，美国认定政府占多数股权即为"公共机构"，除非该公司可以证明即使政府占多数股权也未能导致对企业的"控制"。

B. 诉讼的法律基础

中国认为上述所列的反补贴税措施，尤其与美国在GATT 1944年的第6条，SCM协议第1、2、10、11、12、14和32条，中国入世议定书第15条的规定不符。

1. 关于"个案"的主张

中国认为反补贴调查的发起和执行，以及反补贴税的裁决，行政命令和任何据此确定征收的反补贴税等，至少与美国所承担的下述义务不符：

(a) 涉嫌以低于适当报酬的价格提供原材料产品：

(1) SCM协议第1.1 (a) (1)、11.1、11.2和11.3条，因为美国商务部错误地认定或缺乏证据认定部分国有企业是"公共机构"，且在未充分审核申请的情况下即对国有企业向下游生产商销售原材料的行为发起反补贴税调查；

(2) SCM协议第1.1 (a) (1) 条，因为美国商务部错误地认定或缺乏证据认定部分国有企业是"公共机构"；

(3) SCM协议第2、11.1、11.2和11.3条，因为美国商务部未能基于肯定性证据认定所谓以低于适当报酬的价格提供原材料产品的行为具有专向性，且在未充分审核的情况下即对此行为发起反补贴调查；

(4) SCM协议第2条，因为美国商务部未能

基于肯定性证据认定所谓以低于适当报酬的价格提供原材料具有专向性，是专门给一个企业或一个行业，或者企业和行业的团体；

(5) SCM协议第1.1 (b) 和14 (d) 条，因为美国商务部不适当地认定所谓以低于适当报酬的价格提供原材料产品的行为给接受者授予了一项利益，且不适当地适用外部基准计算该补贴金额。

(b) 涉嫌以低于适当报酬的价格提供土地和土地使用权：

(1) SCM协议的第2条，因为美国商务部未能基于肯定性证据认定所谓补贴具有专向性，是专门给一个企业或一个行业，或者企业和行业的团体；

(C) 据称中国实施的出口限制：

(1) SCM协议第11.1、11.2、11.31条，因为美国商务部发起了对这些主张的反补贴税调查；

(2) SCM协议的1.1 (a) (1) 条，因为美国商务部不恰当地认定出口限制构成了“财政资助”。

(d) 美国商务部发布的反补贴初裁和终裁中的反补贴调查：

(1) SCM协议的第12.7条，因为美国商务部适用“可获得事实”的方式，即使是不利的事实。

2. 关于“条文本身”的主张

中国认为，美国商务部关于将国有企业认定为公共机构的“可抗辩假定”，从条文本身看，违反了SCM协议第1.1条、第10条和第32.1条以及GATT 1994第6条。

中国保留在磋商期间采取其他措施和提出法律申诉的权利。

中国期待能够尽快收到美国对此请求的回复，并确定一个双方都方便的日期进行磋商。

（孔超译，杨凤鸣校）

十一、阿根廷——影响货物进口的措施：欧盟请求磋商

此文件自2012年5月25日，在欧盟代表团和阿根廷代表团及争端解决机构主席间进行沟通，现根据DSU第4条第4款的规定予以散发。

受我国政府指示，根据DSU第1条和第4条，GATT 1994第22条，《农业协定》第19条，《进口许可程序协议》第6条（ILP协议），《与贸易有关的投资措施协议》第8条（TRIMs协议），AoS协议第14条，就阿根廷采取的关于阿根廷进口限制措施，我国代表团请求与阿根廷政府进行磋商。

阿根廷要求进口货物时必须提交特定的进口声明（DJAI）才能获得批准。

阿根廷要求进口某些货物时必须申请“进口证书”（CIs）、“预先自动进口许可证”（LAPI）或“自由流通证书”（CLLs）等不同进口许可。

阿根廷经常要求进口商做出某些承诺，包括限制进口量、保持进出口平衡、增加在阿根廷境内的生产型投资、增加当地含量等，以控制其价格或利润流向国外。

阿根廷发放前述进口许可CIs、LAPI、CLLs以进口商是否做出承诺为条件系统性的拖延或者拒绝发放，而且是在不透明的基础上进行的。

上述措施限制了货物进口并在进口产品和国产品之间构成歧视。阿根廷采取这些措施的目的不是为了执行《世贸组织协定》的要求，而是为了实现“再工业化”、进口替代和消除贸易逆差等政策目标。

阿根廷进口限制措施还包括任何对上述措施进行的修正、补充扩展，或与之相关措施，或其具体执行措施。

阿根廷的上述措施与下述条款不相符：

(Ⅰ) GATT 1944第3条第4款、第8条、第10条第1款、第10条第3款、第11条第1款；

(Ⅱ) TRIMs协议第2条；

(Ⅲ) ILP协议第1.2、1.3、1.4、3.2、3.3、3.4、3.5、5.1、5.2、5.3及5.4条；

(Ⅳ)《农业协议》第4.2条；

(Ⅴ) AoS协议第11条。

阿根廷的措施直接或间接地剥夺和减损了欧盟根据上述协议所应得的利益。

欧盟保留在磋商期间进一步举证相关措施，以及就上述事项申诉的权利。

欧盟期待着阿根廷对此请求进行回复，以便选择一个双方都可接受的时间来进行磋商。

（孔超译，杨凤鸣校）

十二、南非——对来自巴西的冷冻鸡征收反倾销税：巴西请求磋商

此文件自2012年6月21日起在巴西代表团和

南非代表团及争端解决机构主席间进行沟通，并已根据DSU第4.4条规定予以散发。

受我国政府授权，根据DSU第4条，GATT 1994第23条，以及《反倾销协议》第17条，我国代表团请求与南非就南非国际贸易管理委员会（ITAC）于2012年2月10日在政府公告第35030号第R.105公文中的第389号报告上刊登的对来自巴西的整鸡或去骨冷冻家养鸡强制征收的临时反倾销税和其他相关措施进行磋商。

巴西认为，南非强制征收临时反倾销税和发起反倾销调查的做法与其在GATT 1994、《反倾销协议》下承诺的义务不相符，其中包括但不限于下列条款：

·《反倾销协议》第2.4条，因为南非没有对出口商的出口价格和正常价值进行公平比较，包括确定剩余倾销幅度。南非未能：（Ⅰ）在推定的出口价格相同的贸易水平上确定正常价值，或应根据本款进行适当减免；（Ⅱ）报告或者核实影响价格可比性的差异；（Ⅲ）确定正常价值时，排除去骨鸡肉切块等不视为同类产品的销售产品；（Ⅳ）确定产品销售价格时，排除受调查产品之外的销售产品。此外，南非没有指明为保证进行公平比较所必需的信息，并对出口商强加不合理的举证责任；

·《反倾销协议》第2.4.2条，因为南非对去骨鸡肉切块和整鸡的倾销幅度计算并非在计算可比出口交易时，对加权平均正常价值与全部可比出口交易的加权平均价格进行比较的基础上确定的。南非没有在逐笔交易的基础上对正常价值与出口价格进行比较来确定正常价值，仅使用单笔去骨鸡肉切块和整鸡确定正常价值来对比南部非洲关税同盟市场（SACU，甚至包括调查范围外的产品）所有去骨鸡肉切块和整鸡出口交易的价格；

·《反倾销协议》第3.1和3.2条，因为南非没有依据肯定性的证据对倾销数量做出客观调查，也没有对进口产品是否造成损害做出调查，其中包括：（Ⅰ）调查范围之外的产品数量以及价格；（Ⅱ）申请人提供的进口数据明显超过官方统计的进口产品数据；（Ⅲ）倾销进口产品是否对国内价格造成负面影响；

·《反倾销协议》第3.1和3.4条，因为南非没有依据肯定性的证据对倾销进口产品是否对国内产业造成损害做出客观调查。大部分影响国内产业的指标显示，整鸡和去骨鸡肉切块对国内产业的影响是正向的，或者呈积极趋势；

·《反倾销协议》第3.5条，因为南非没有依据所有有关证据来确定倾销进口产品与对国内产业损害之间存在的因果关系。南非没有审查其他任何已知因素对国内产业损害的影响，其中包括来自其他原产地的显著更高的数量和更低的价格，并与之相关的市场份额增加；

·《反倾销协议》第4.1条，因为南非对国内产业所遭受的损害进行分析时，没有提供占其总体国内产业"主要部分"的国内三大生产商的全部产出的数据。南非没有提供这三大国内生产商各自及全部产出的数据，也没有提供相关非机密信息摘要；

·《反倾销协议》第5.3和5.8条，因为澳大利亚发起的调查根据《反倾销协议》第5.2条，缺乏有关证据证明倾销进口产品与被指控的损害之间存在因果关系。因此，澳大利亚发起调查缺乏提供的证据的准确性和充分性，以确定调查是正当的。具体地，澳大利亚没有说明与第5.2条第（Ⅰ）、（Ⅱ）、（Ⅲ）款例中相关的信息的准确性和充分性，并且也因此没有撤销申请或中止调查；

·《反倾销协议》第6.1条，因为南非在做出初步裁决和征收临时反倾销税之前，没有提供有关巴西同类产品的销售成本和数据等信息，并给予出口商充分的机会提出其认为与所涉调查有关的所有证据；

·《反倾销协议》第6.1.2条，因为南非没有将出口成员国提出的书面证据向参与调查的其他利害关系方提供；

·《反倾销协议》第6.2条，因为南非没有给予利害关系方充分机会为其利益进行辩护；

·《反倾销协议》第6.4条，因为南非没有向所有利害关系方提供机会，使其了解与其案件陈述有关的、非机密信息，并使其能以此信息为基础准备陈述；

·《反倾销协议》第6.5.1和6.5.2条，因为南非：（Ⅰ）没有要求申请人提供此类信息的非机密摘要；（Ⅱ）无法确定关于保密的请求是否缺乏正当理由，因此，没有忽略此类信息；

·《反倾销协议》第6.7条，以及《反倾销协议》附件1第7和第8段，因为南非没有履行《反倾销协议》附件 1 中对出口成员进行实地调查的程序的规定。因为南非没有在访问之前告知出口商需要提供的任何进一步信息，也没有在访问前对出口商提出的对成功进行实地调查所必要的询问或问题做出答复；

• 《反倾销协议》第 6.8 条，以及《反倾销协议》附件 2 第 1、3、5、6 和 7 段。因为南非在出口商没有不允许使用或未在合理时间内提供必要的信息，或严重妨碍调查的情况下，就以可获得的事实为基础做出裁定。南非没有：(Ⅰ) 在发起调查后立即获取南非同类产品的销售信息以确保出口商了解销售量以及成本信息；(Ⅱ) 在初步裁决时没有考虑出口商在适当期限内提供的可证实的数据和信息；

• 《反倾销协议》第 6.9 条，因为南非在做出最终裁定之前，没有将考虑中的、构成是否实施最终措施决定依据的基本事实通知所有利害关系方。在基本事实通知中，南非没有考虑初次裁决时回复的数据和信息，只是简单重复和说明初次裁决；

• 《反倾销协议》第 6.10 条，因为南非仅对单个出口商确定单一的倾销幅度，没有对被调查产品的每一已知出口商确定各自的倾销幅度；

• 《反倾销协议》第 7.1 条，因为南非在下列情况下采取了临时措施：（Ⅰ）没有依据《反倾销协议》第 5 条的规定发起调查，且给予利害关系方提交信息和提出意见的充分机会；（Ⅱ）初次裁决违反了《反倾销协议》第 2、3 条；（Ⅲ）在调查期间没有损害产生；

• 《反倾销协议》第 12.1 条，因为南非没有在实施临时措施的公告或单独报告中提供关于倾销和损害的初步裁定的详细说明，并提及导致有关论据被接受或被拒绝的事实问题和法律问题。该公告或报告没有包含以下内容：（Ⅰ）关于确定和比较出口价格和正常价值所使用方法的理由的完整说明；（Ⅱ）与损害确定有关的考虑；（Ⅲ）导致做出裁定的主要理由。

南非的措施直接或间接地剥夺和减损了巴西根据上述协议所应得的利益。

巴西保留在磋商过程中进一步采取措施和提出法律申诉的权利，并希望能够尽快收到南非对此请求的回复，同时确定一个双方都方便的日期进行磋商。

（黄艳希　译）

十三、中国——对美部分进口汽车实施反倾销和反补贴措施：美国请求磋商

此文件自 2012 年 7 月 5 日起美国代表团和中国代表团及争端解决机构主席间进行沟通，并已根据 DSU 第 4.4 条规定予以散发。

受我国政府授权，根据 DSU 第 1 条和第 4 条，GATT 1994 第 23 条第 1 款，SCM 协议第 30 条及《反倾销协议》第 17.3 条，我国代表团就中国商务部发布的 2011 年第 20 号和第 84 号公告，对美国部分进口汽车实施反倾销和反补贴措施请求与中国进行磋商。中国的做法与其在 GATT 1994、《反倾销协议》和 SCM 协议下承诺的义务不相符。

具体来讲，中国对美国部分进口汽车实施反倾销和反补贴措施与（至少与）GATT 1994、《反倾销协议》和 SCM 协议中的下列条款不符：

1. 《反倾销协议》第 5.3 条和 5.4 条，SCM 协议第 11.3 条和 11.4 条，因为（a）中国在发起反倾销和反补贴调查之前未能对国内同类产品生产企业的支持或反对情况进行审查；（b）中国发起调查时，表示支持申请的国内生产者的产量不足国内同类产品总量的 25%；（c）中国未能审查申请中提供的证据的准确性和充分性。

2. SCM 协议第 11.3 条，因为反补贴调查申请没有提供证据的准确性和充分性来确定是否有足够的证据证明发起调查是正当的。

3. 《反倾销协议》第 6.5.1 条和 SCM 协议第 12.4.1 条，因为中国没有要求申请人提供足够的相关机密信息摘要。

4. 《反倾销协议》第 6.9 条，因为中国没有充分披露倾销税率的计算方法和数据。

5. 《反倾销协议》第 12.2 条和第 12.2.2 条，因为中国未能就认定和裁决提供充分详细的事实和法律材料，以及关于事实和法律推理的所有相关信息。

6. 《反倾销协议》第 6.8 条（包括附件 2 第 1 段），第 6.9、12.2、12.2.2 条以及 SCM 协议第 12.7、12.8、22.3 和 22.5 条，因为（a）中国以可获得的事实为基础对“所有其他”的反倾销和反补贴税率进行确定；（b）中国未披露关于计算“所有其他”倾销幅度的基本事实；（c）中国在确定“所有其他”税率时未能足够详细地提供就其认为重要的所有事实问题和法律问题所得出的调查认定

和结论；（d）中国没有能够提供所有事实问题和法律问题的全部相关信息以及做出此裁决的理由。

7.《反倾销协议》第3.1和4.1条，SCM协议第15.1和16.1条，因为中国没有依据肯定性证据对有关国内产业的损害做出判决。在确定损害时，中国利用不恰当的“国内产业”的定义。

8.《反倾销协议》第3.1和3.2条，SCM协议第15.1和15.2条，因为中国没有依据肯定性证据对同类产品价格以及进口产品是否造成损害做出调查。

9.《反倾销协议》第3.1、3.4和3.5条，SCM协议第15.1、15.4和15.5条，因为（a）中国没有依据肯定性的证据对影响国内产业的因素做出客观判断。中国没有调查影响国内产业的相关经济因素及指标，也没有调查除倾销和补贴的进口产品之外的其他可能影响因素；（b）中国没有说明国内产业所遭受的损害是由倾销或补贴的进口产品造成的。

10.《反倾销协议》第6.2条，中国剥夺了各方为其利益进行辩护的充分机会。

11.《反倾销协议》第1条，中国违反了上述《反倾销协议》条例。

12. SCM协议第12条，中国违反了上述SCM协议条例。

13. GATT第6条，中国违反了上述《反倾销协议》和SCM协议条例。

中国的措施直接或间接地剥夺和减损了美国根据上述协议所应得的利益。

美国希望能够尽快收到中国对此请求的回复，并确定一个双方都方便的日期进行磋商。

（黄艳希　译）

十四、澳大利亚——影响烟草制品包装使用商标、地理标志及其他简单包装要求的措施：多米尼加共和国请求磋商

此文件自2012年7月18日起在洪都拉斯代表团和澳大利亚代表团及争端解决机构主席间进行沟通，现根据DSU第4条第4款规定予以散发。

受我国政府授权，根据DSU第4条，GATT 1994第22条，TRIPs协议第64.1条，以及TBT协议第14.1条，我国代表团请求与澳大利亚进行磋商。

A. 争议措施

争议中的措施包括：

• 2011年第148号法令（《2011年烟草简单包装法》），限制烟草产品的使用或其他相关目的；

• 《2011年烟草简单包装条例》（《2011立法文件》第263号）、《2012年烟草简单包装修正条例》（第1号）（《2012立法文件》第29号）修订；

• 《2011商标法修正案（烟草简单包装）》，2011年第149号法令，“修订《1995商标法修正案》以及其他相关目的”；

• 任何澳大利亚采取的进一步执行、修改、补充、变更或实施上诉措施的法律法规。

上诉措施适用于香烟、雪茄以及其他零售烟草产品。措施规定了详尽的零售烟草产品及产品包装的外观和形式。其中：

• 有关零售烟草产品包装的措施：（Ⅰ）规定商标和地理标志的外观，包括禁止具有品牌辨识功能的设计和形象化特征，以及知识产权所涉及的组成部分；（Ⅱ）规定包装的表面、顶部、底部印刷的品牌及别名必须使用统一的字体、字形、字号、颜色和位置[①]；（Ⅲ）禁止印刷其他任何文字（不包括原产国、厂家联系方式等基本信息）；（Ⅳ）零售包装强制使用亚光面以及单一的黑褐色（潘通色卡448C）；

• 措施规定单根香烟不允许印刷除数字编码外的任何商标、地理标志和任何具有产品辨识功能的设计；

• 措施规定单根雪茄允许使用统一的字体、字形、字号和颜色在单一的黑褐色（潘通色卡448C）腰花上印刷品牌名称、别名、原产国以及数字编码[②]；

• 措施还规定烟草产品及包装的其他方面，如

---

① 品牌及别名必须使用潘通冷灰2C色的Lucinda Sans常规字体，品牌名称字号不得大于14号，别名字号不得大于10号，并且首字母大写，印刷于香烟包装正面健康警告图示下方。

② 上述标识必须使用不大于10号的Lucinda Sans常规字体，颜色为潘通冷灰2C，并且只允许出现一次。品牌名称与别名必须沿腰花长边水平方向印刷，以使其环绕雪茄。

以下要求：（Ⅰ）零售香烟必须使用统一的尺寸、形状和材料；（Ⅱ）香烟必须是白色[①]；（Ⅲ）雪茄必须是坚硬的圆柱形，且至少有15毫米的开口。

B. 诉讼的法律基础

澳大利亚规定零售烟草产品简单包装及外形的措施与其在TRIPs协议、TBT协议以及GATT 1994中承诺的义务不符，其中包括但不限于下列条款：

· TRIPs协议第2.1条，经《1967斯德哥尔摩法案》（"巴黎公约"）修订，包括《保护工业产权巴黎公约》中的相关条例，具体地：（Ⅰ）巴黎公约第6条第5款，因为在澳大利亚境外原产国注册的商标不享有"独占权"；（Ⅱ）第10条第2款，因为澳大利亚没有提供反对不正当竞争，以防止同竞争对手的产品导致混淆可能性的任何措施；

· TRIPs协议第3.1条，因为澳大利亚在知识产权保护方面，对其他缔约方的国民所提供的待遇低于对其本国国民所提供的待遇；

· TRIPs协议第15.4条，因为商标的商品性质在任何情况下都不应构成对商标注册的障碍；

· TRIPs协议第16.1条，因为措施剥夺了注册商标的所有者应享有一种独占权；

· TRIPs协议第20条，因为商标在贸易活动中的使用不应受到不合理的特殊要求的妨碍，例如，（Ⅰ）以特殊的形式或方式使用，如使用特定的字体、颜色印刷品牌名称、企业或公司名称；（Ⅱ）从而使商标将一个企业的产品或服务区别于另一个企业的产品或服务的能力受到损害；

· TRIPs协议第22.2（b）条，因为澳大利亚没有提供反对构成不正当竞争的使用地理标记行为，以防止消费者对产品原产地产生混淆可能性的措施；

· TRIPs协议第24.3条，因为澳大利亚降低了1995年1月1日之前已经存在的对地理标记的保护；

· TBT协议第2.1条，因为澳大利亚的措施给予源自任何成员领土进口的产品低于其给予本国同类产品的待遇；

· TBT协议第2.2条，因为技术法规对国际贸易造成不必要的障碍，对贸易的限制超过了为实现合法目标所必需的限度；

· GATT 1994第3条第4款，因为澳大利亚的措施给予源自任何成员领土进口的产品低于其给予本国同类产品的待遇。

多米尼加共和国保留在磋商期间采取其他措施或提出法律申诉以及要求成立专家组的权利。

多米尼加共和国期待澳大利亚对此请求的回复，并确定一个双方都方便的日期进行磋商。

（黄艳希　译）

十五、欧盟——对印度尼西亚脂肪醇的进口反倾销措施：印度尼西亚请求磋商

此文件自2012年7月27日，在印度尼西亚代表团和欧盟代表团及争端解决机构主席间进行沟通，现根据DSU第4条第4款的规定予以散发。

根据DSU第4条，SCM协议第17.3条，GATT 1994第23条，就关于欧盟对脂肪醇的进口实施最终和临时反倾销措施及调查，印度尼西亚政府请求与欧盟进行磋商。

印度尼西亚特别关注以下争议措施：

欧盟未能把印度尼西亚出口商的有关新加坡的销售办事处，作为一个单一的经济实体相关的制造商/出口商。此外，欧盟修正了出口商的出口价格，该价格既反映新加坡销售办事处的销售费用以及"佣金"。此重复计算并没有事实和法律基础，因此欧盟的措施与下列条款不符：

➢ SCM协议第2.3及2.4条，因为欧盟不当地调整了出口价格，导致出口价格和正常价值中不能进行公正的比较；

➢ SCM协议第5.8条，因为如果上述无根据的调整已经消除，印度尼西亚出口商的倾销幅度下降到"微量"，则就应征收反倾销税；

➢ SCM协议第3.1条和3.5条，因为欧盟不当地计算了倾销进口品的数量，则不能合理的评估倾销产品和国内产业实质损害的因果关系；

➢ SCM协议第9.4条，因为欧盟不当地计算了"所有其他"的比例，也不当地对未包括在调查中的出口商和进口商的产品征收了反倾销税；

➢ SCM协议第9.2条，因为欧盟未以"适当

---

① 但是，香烟允许在过滤嘴部分包装棕色的仿软木烟嘴。

金额”征收反倾销税；

➢ GATT 1994 中的第 10 条第 3（a）款，因为欧盟未能确保其法律、法规、决定和裁决的一致、无歧视和合理性。

·欧盟不恰当地将“支链”脂肪醇从国内“同类”产品和国内“同类”产业中排除，错误地定义了国内产业。因此欧盟的措施与下列条款不符：

➢ SCM 协议第 2.6 条、3.1、4.1、3.4 和 3.5 条，因为不合理地定义了国内同类产品，也未能为其裁决提供合理充分的解释；

➢ SCM 协议第 4.1 条，因为不合理地定义了国内产业的范围，也未能为其裁决提供合理充分的解释；

➢ SCM 协议第 3.1、3.2、3.4 和 3.5 条，因为未能基于肯定性证据、基于相关因素的客观审查、基于正确的产品和国内产业定义，以合理的分析损害和倾销的因果联系，也未能为其裁决提供合理充分的解释。

·欧盟未能提供合理充分的解释，其未能基于肯定性证据，未进行对于国内产业的损害是否因于其他已知因素的审查，如尤其是支链脂肪醇的销售对直链脂肪醇销售的影响、金融危机的影响等。欧盟的措施与 SCM 协议第 3.1、3.5 条的规定不相符。

·欧盟对印尼进口品和其他国家产品的累积评估，导致了对倾销幅度的不当计算，欧盟的措施与 SCM 协议第 3.1、3.3、3.4 条的规定不相符。欧盟的措施也与其行政管理条例不一致，这违反了 GATT 1944 的第 10 条第 3（a）款的规定。

·欧盟未能向印尼出口商提供实地核查的结果，与 SCM 协议第 6.7 条和 6.9 条的规定不相符。

显然，欧盟的措施与 GATT 1944 的第 6 条，SCM 协议第 1 条和第 18 条，以及上述引用的具体条款不相符。除了所列争议措施，该请求还包括任何对上述措施进行的修正、补充扩展，或与之相关措施，或其具体执行措施，包括任何审查结果，欧盟法律内包括欧洲法院任何对原始措施的修正。印度尼西亚保留在磋商期间进一步举证相关措施，以及就上述事项申诉的权利。

印度尼西亚期待着欧盟就此请求进行回复，以便选择一个双方都可接受的时间来进行磋商。

（孔超译，杨凤鸣校）

十六、欧盟及其成员国——生物柴油进口的某些措施：阿根廷请求磋商

此文件自 2012 年 8 月 17 日，在阿根廷代表团和欧盟代表团及争端解决机构主席间进行沟通，现根据 DSU 第 4 条第 4 款的规定予以散发。

受我国政府指示，根据 DSU 第 1 条和第 4 条，GATT 1994 第 22 条，TRIMs 协议第 8 条，就旨在控制其强制使用生物燃料目标的影响生物柴油进口的措施，我国代表团与欧盟和西班牙进行磋商。

部长令（OM）IET/822/2012 为控制其强制使用生物燃料目标而对生物柴油的产量进行了分配，于 2012 年 4 月 21 日在西班牙政府公报上发布。

该部长令显然受以下法令授权的：欧盟议会和理事会指令 2009/28/EC，“关于促进可再生能源利用”；随后修正的 2003/30/EC 指令，确立“生物燃料和其他交通运输消费的可再生燃料的年度目标”；皇家法令第 459/2011 号，确立“2011、2012 和 2013 年的生物燃料强制性目标”；部长令 ITC/2877/2008，“建立生物燃料和其他交通运输消费的可再生燃料的促进机制”。

部长令（OM）IET/822/2012 的执行部分规定，强制使用生物燃料目标必须是生物柴油必须完全来自西班牙或欧盟成员，而且必须按照该法令中设置的程序以及分配的数量。

2007 年阿根廷已经发展为世界上最有效率的生物柴油生产部门，如今也巩固了其在世界上生物柴油主导出口国的地位。欧盟是主要的出口市场，而西班牙是此市场中的主要买方。2011 年，阿根廷的生物柴油的出口累计达到了 21 亿美元，其中 19 亿多美元来自欧盟，其中 10 亿美元是西班牙的购买量。

政府令（OM）IET/822/2012 和实施，在欧盟原产产品和其他产地的产品之间构成了歧视，意味着实际禁止欧盟成员以外的产品进口，将其排除在强制使用生物燃料目标之外。这将完全把阿根廷的产品排除在市场外。

阿根廷认为西班牙部长令及实施从根本上违反西班牙和欧盟所应承担的义务，包括但不限于，GATT 1994 的第 3 条第 1 款、第 3 条第 4 款、第 3 条第 5 款和第 11 条的第 1 条。阿根廷也认为部长令与 TRIMs 协议第 2.1 条、2.2 条，《马拉喀什建

立世界贸易组织协定》的第 16 条第 4 款不相符。阿根廷认为部长令 IET/822/2012 剥夺和减损了阿根廷根据上述协议所应得的利益。

阿根廷保留在磋商期间进一步举证相关措施，以及就上述事项申诉的权利。

阿根廷期待着欧盟及其成员国就此请求进行回复，以便选择一个双方都可接受的时间来进行磋商。

（孔超译，杨凤鸣校）

十七、阿根廷——影响货物进口的措施：美国请求磋商

此文件自 2012 年 8 月 21 日，在美国代表团和阿根廷代表团及争端解决机构主席间进行沟通，现根据 DSU 第 4 条第 4 款的规定予以散发。

受我国政府指示，DSU 第 1 条和第 4 条，GATT 1994 第 22 条，ILP 协议第 6 条，TRIMS 协议第 8 条，AoS 协议第 14 条，就阿根廷采取的进口限制措施，我国代表团请求与阿根廷政府进行磋商。

阿根廷要求进口货物时必须提交特定的进口声明（DJAI）才能获得批准。

阿根廷要求进口某些货物时必须申请“进口证书”（CIs）。

阿根廷经常要求进口商做出某些承诺，包括限制进口量、保持进出口平衡、增加在阿根廷境内的生产型投资、增加当地含量等，以控制其价格或利润流向国外。

阿根廷发放前述进口许可 CIs 和 DJAI 以进口商是否做出承诺为条件系统性的拖延或者拒绝发放，而且是在不透明的基础上进行的。

上述措施限制了货物进口并在进口产品和国产品之间构成歧视。阿根廷采取这些措施的目的不是为了执行《世贸组织协定》的要求，而是为了实现“再工业化”、进口替代和消除贸易逆差等政策目标。

阿根廷进口限制措施还包括任何对上述措施进行的修正、补充扩展，或与之相关措施，或其具体执行措施。

阿根廷的上述措施与下述条款不相符：

（Ⅰ）GATT 1944 第 3 条第 4 款、第 10 条第 1 款、第 10 条第 2 款、第 10 条第 3（a）款、第 11 条第 1 款；

（Ⅱ）TRIMS 协议第 2 条；

（Ⅲ）ILP 协议第 1.2、1.3、1.4、3.2、3.3、3.4、3.5、5.1、5.2、5.3 及 5.4 条；

（Ⅳ）AoS 协议的第 11 条。

欧盟及其成员国期待着阿根廷就此请求进行回复，以便选择一个双方都可接受的时间来进行磋商。

（孔超译，杨凤鸣校）

十八、阿根廷——影响货物进口的措施：日本请求磋商

此文件自 2012 年 8 月 21 日，在日本代表团和阿根廷代表团及争端解决机构主席间进行沟通，现根据 DSU 第 4 条第 4 款的规定予以散发。

受我国政府指示，DSU 第 1 条和第 4 条，GATT 1994 第 22 条，ILP 协议第 6 条，TRIMS 协议第 8 条，AoS 协议第 14 条，就阿根廷采取的进口限制措施，我国代表团请求与阿根廷政府进行磋商。

阿根廷要求进口货物时必须提交特定的进口声明（DJAI）才能获得批准。

阿根廷要求进口某些货物时必须申请“进口证书”（CIs）。

阿根廷经常要求进口商做出某些承诺，包括限制进口量、保持进出口平衡、增加在阿根廷境内的生产型投资、增加当地含量等，以控制价格或利润流向国外。

阿根廷发放前述进口许可 CIs 和 DJAI 以进口商是否做出承诺为条件系统性的拖延或者拒绝发放，而且是在不透明的基础上进行的。

上述措施限制了货物进口并在进口产品和国产品之间构成歧视。阿根廷采取这些措施的目的不是为了执行《世贸组织协定》的要求，而是为了实现“再工业化”、进口替代和消除贸易逆差等政策目标。

阿根廷进口限制措施还包括任何对上述措施进行的修正、补充扩展，或与之相关措施，或其具体执行措施。

阿根廷的上述措施与下述条款不相符：

（Ⅰ）GATT 1944 第 3 条第 4 款、第 10 条第 1 款、第 10 条第 2 款、第 10 条第 3（a）款，第 11

条第1款；

（Ⅱ）TRIMS协议第2条；

（Ⅲ）ILP协议第1.2、1.3、1.4、3.2、3.3、3.4、3.5、5.1、5.2、5.3及5.4条；

（Ⅳ）AoS协议的第11条。

阿根廷的措施直接或间接地剥夺和减损了日本据上述协议所应得的利益。

日本保留在磋商期间进一步举证相关措施，以及就上述事项申诉的权利。

日本期待着阿根廷对此请求进行回复，以便选择一个双方都可接受的时间在日内瓦进行磋商。

（孔超译，杨凤鸣校）

十九、阿根廷——影响货物进口的措施：墨西哥请求磋商

此文件自2012年8月24日，在墨西哥代表团和阿根廷代表团及争端解决机构主席间进行沟通，现根据DSU第4条第4款的规定予以散发。

受我国政府指示，根据DSU第1条和第4条，GATT 1994第22条，《农业协议》第19条，《进口许可程序协议》第6条（ILP协议），《与贸易有关的投资措施协议》第8条（TRIMs协议），AoS协议第14条、TBT协议第14条，就阿根廷采取的进口限制措施，我国代表团请求与阿根廷政府进行磋商。

阿根廷要求进口货物时必须提交特定的进口声明（DJAI）才能获得批准。

阿根廷要求进口某些货物时必须申请“进口证书”(CIs)。

阿根廷经常要求进口商做出某些承诺，包括限制进口量、保持进出口平衡、增加在阿根廷境内的生产型投资、增加当地含量等，以控制价格或利润流向国外。

阿根廷发放前述进口许可CIs和DJAI以进口商是否做出承诺为条件系统性的拖延或者拒绝发放，而且是在不透明的基础上进行的。

阿根廷也要求进口某些货物必须符合主要及其他重金属含量分析相关的术标准，以控制这些货物的进口及其随后的销售及市场份额。而且必须由阿根廷的相关机构进行认证。墨西哥质疑这一措施具有歧视性，对国际贸易构成了不必要的壁垒。

上述措施限制了货物进口并在进口产品和国产品之间构成歧视。阿根廷采取这些措施的目的不是为了执行《世贸组织协定》的要求，而是为了实现“再工业化”、进口替代和消除贸易逆差等政策目标。

阿根廷进口限制措施还包括任何对上述措施进行的修正、补充扩展，或与之相关措施，或其具体执行措施。

阿根廷的上述措施与下述条款不相符：

（Ⅰ）GATT 1944第3条第4款、第10条第1款、第10条第2款、第10条第3（a）款、第11条第1款；

（Ⅱ）TRIMS协议第2条和第6条；

（Ⅲ）ILP协议第1.2、1.3、1.4、3.2、3.3、3.4、3.5、5.1、5.2、5.3及5.4条；

（Ⅳ）《农业协议》第4.2条；

（Ⅴ）AoS协议第11条；

（Ⅵ）TBT协议第2.1和2.2条。

阿根廷的措施直接或间接地剥夺和减损了墨西哥根据上述协议所应得的利益。

墨西哥保留在磋商期间进一步举证相关措施，以及就上述事项申诉的权利。

墨西哥期待着阿根廷对此请求进行回复，以便选择一个双方都可接受的时间进行磋商。

（孔超译，杨凤鸣校）

二十、美国——影响源自阿根廷动物、肉类和其他动物制品进口的措施：阿根廷请求磋商

此文件自2012年8月30日，在墨西哥代表团和阿根廷代表团及争端解决机构主席间进行沟通，现根据DSU第4条第4款的规定予以散发。

受我国政府指示，根据DSU第1条和第4条，GATT 1994第23条，SPS协议第11条，就美国影响源自阿根廷的动物、肉类和其他动物产品进口的措施，我国政府请求与阿根廷政府进行磋商。

（一）新鲜（冷藏或冷冻）的牛肉进口禁令

10年来，美国一直禁止进口自阿根廷的新鲜（冷藏或冷冻）的牛肉，这主要受以下法规的影响：动植物卫生检验服务局（APHIS）的临时和最终措施，美国联邦行政法典的第9篇第94部分（9 CFR－Part 94）［摘要No.01－032－2］的修订，于2001年6月4日（66 FR，29897－29899）和

2001年12月11日（66FR，63911）在美国联邦纪事中公布。从阿根廷恢复其作为口蹄疫无病区国际地位来看，进口禁止的延续缺乏科学的证据。

同时，美国规定禁止进口自阿根廷的新鲜（冷藏或冷冻）的肉类，依据美国联邦行政法典的第9篇第94.1（b）部分，也没有任何科学依据。这个进口限制令是由于美国不承认阿根廷是口蹄疫无病区造成的。阿根廷是由世界动物卫生组织认可的口蹄疫无病区。南纬42°（巴塔哥尼亚南部）自2002年5月起就被世界动物卫生组织认定为无须疫苗的口蹄疫无病区，根据第75届世界动物卫生组织国际委员会大会通过的第21号决议，该区域自2007年5月一直扩展至里约尼格罗（巴塔哥尼亚北部）。阿根廷的其余地区自2007年的5月由世界动物卫生组织认定为无须疫苗的口蹄疫无病区，而且其状态自2003年6月起已经恢复。

美国未承认阿根廷是国际认可的口蹄疫无病区并持续适用进口禁令是缺少科学依据的。

考虑到阿根廷地区接种了疫苗，阿根廷认为美国禁止进口自阿根廷的口蹄疫无病区的新鲜（冷藏或冷冻）的肉类缺乏科学依据，根据国际检疫保护标准，说明对于可忽略不计的风险采取了不当的措施。

此外，即使基于美国官方的卫生保护标准，其实施的进口禁令导致了正常保护水平以外的贸易壁垒。

事实上，1997年美国允许从整个阿根廷进口新鲜（冷冻）牛肉，那时阿根廷被认为是无须疫苗的口蹄疫无病区。矛盾的是，现在美国却禁止此类产品的进口，不仅阿根廷无须疫苗的口蹄疫无病区的国际健康地位已经恢复，而且部分地区已经被世界动物卫生组织认定为口蹄疫无病区。

（二）不承认口蹄疫无病区由南巴塔哥尼亚和北巴塔哥尼亚B组成

阿根廷也质疑美国对动物、肉类和其他动物制品的进口禁令由于不承认口蹄疫无病区由南巴塔哥尼亚和北巴塔哥尼亚组成，进口禁令体现在美国联邦行政法典的第9篇第94部分。这种缺乏认识和随后禁止进口被质疑产品仍然存在，没有任何科学证据，尽管事实上这个地区在十多年前（2002年）由世界动物卫生组织认定为无须疫苗的口蹄疫无病区。

在这一点上，阿根廷认为由1997年10月28日联邦纪事（Vol. 62，No. 208，56027－56033）公布的“APHIS有关动物和动物制品的进口政策”的政策公告中的一般规定，设置的无须疫苗的口蹄疫无病区的标准是缺乏科学证据的。

除此之外，美国违反了适用产品原产地的卫生措施的义务。

美国对口蹄疫无病区的认定，在阿根廷和其他WTO成员之间构成了歧视。

（三）核批程序的不当延迟

此外，根据联邦行政法典的第9篇第92.2部分，就区域内动物健康状态的认定，或该区域动物和动物制品出口的核批，美国犯了不当延迟的错误。这种不当延迟在自阿根廷进口新鲜（冷藏或冷冻）的牛肉的审批程序与口蹄疫无病区由南巴塔哥尼亚和北巴塔哥尼亚B组成的认定程序上都有体现。

在这两个案例中，美国在WTO中已经承认已经完成相应的风险分析。

甚至，美国已经确认“自阿根廷进口反刍动物以及反刍动物制品的口蹄疫的风险可忽略不计”。2007年美国已经在联邦纪事中公布，以及向WTO通报修订建议，即对源自南纬42°地区产品的进口认定为口蹄疫无病区。从那时起，阿根廷未发生过与口蹄疫相关的新的卫生问题，美国并没有要求更新信息，或者额外的技术标准。

除此之外，2009年的美国综合拨款法案（H. R. 1105，第111届国会），第737条对APHIS的规定，即就任何在阿根廷饲养或屠宰的反刍动物或猪，或任何其他新鲜的（冷藏或冷冻）的肉类及制品进口到美国施加限制，并没有科学证据和风险分析。该要求违反了最惠国待遇的原则，也违反了美国确保联邦行政法典的第9篇第92.2部分的程序以无不当延迟和不歧视阿根廷产品的方式实施的义务。

美国也未能解释延迟的原因。

综上，美国的措施与下述协议中所应承担的义务不符：

（Ⅰ）GATT 1994的第1条第1款、第3条第4款、第11条第1款；

（Ⅱ）SPS协议第1.1、2.2、2.3、3.1、3.3、5.1、5.2、5.4、5.6、6.1、6.2、8条以及附录

C.1 和第 10.1 条；

（Ⅲ）《马拉喀什建立世界贸易组织协定》第 16 条第 4 款。

美国的措施直接或间接地剥夺和减损了阿根廷根据上述协议所应得的利益。

阿根廷保留在磋商期间进一步举证相关措施，以及就上述事项申诉的权利。

阿根廷期待着美国对此请求的回复，以便选择一个双方都可接受的磋商时间和地点。

（孔超译，杨凤鸣校）

二十一、美国——影响新鲜柠檬进口的措施：阿根廷请求磋商

此文件自 2012 年 12 月 3 日，在阿根廷代表团和美国代表团及争端解决机构主席间进行沟通，现根据 DSU 第 4 条第 4 款的规定予以散发。

受我国政府指示，根据 DSU 第 1 条和第 4 条，GATT 1994 第 23 条，SPS 协议第 11 条，就美国影响源自阿根廷东北部的新鲜柠檬的进口措施，我国政府请求与阿根廷政府进行磋商。

（一）源自阿根廷东北地区的新鲜柠檬进口禁令

近 11 年来，美国维持着对柑橘类水果的进口禁令，包括从阿根廷东北地区新鲜柠檬。该禁令体现下述措施中：

（a）美国联邦行政法典的第 7 篇第 319 部分第 28 分部“柑橘类水果”（7 CFR 319.28）和第 56 分部“水果和蔬菜”（7 CFR 319.56 to 319.56.56）的规定；

（b）APHIS 的最终规定，联邦行政法典的第 7 篇第 300 部分和第 319 部分［摘要 No.02 026 4］的修订，于 2003 年 6 月 25 日在美国联邦纪事中公布，去除和保留此进口的行政指令；

（c）关于“哈兰土地公司等和美国农业部等”案例（Case ＃CV F 00 6106 REC/LJO）中的裁决。

阿根廷东北区的新鲜柠檬进口禁令的继续存在，缺少科学证据，与 SPS 协议和 GATT 1944 的规则不相符。

（二）未批准源自阿根廷东北地区的新鲜柠檬的进口

基于美国联邦行政法典的第 7 篇第 319 部分第 56 分部“水果和蔬菜”（7 CFR 319.56 to 319.56.56）及其相关条款的规定，美国没有批准源自阿根廷东北部的新鲜柠檬的进口。

阿根廷认为没有批准缺乏科学证据，与 SPS 协议和 GATT 1944 的规则不相符。

（三）对源自阿根廷东北地区新鲜柠檬的进口审批程序的不当延迟

美国也要对联邦行政法典的第 7 篇第 319 部分第 56 分部“水果和蔬菜”（7 CFR 319.56 to 319.56.56）及其相关条款规定的审批程序的不当延迟负责，也要对美国水果和蔬菜进口程序的修订负责。

这些不当延迟体现在源自阿根廷东北部新鲜柠檬的进口批核程序。

这些程序已经启动了 7 年，2005 年阿根廷已经据此提出，但至今仍没有对相应规则的修正提议，以批准对进口自阿根廷东北区域的新鲜柠檬。

这些不当延迟与 SPS 协议的规则不一致。

从上述措施可以看出，美国对源自阿根廷东北部的新鲜柠檬构成了歧视。

综上，美国的措施，尤其但不限于，与下述协议中所应承担的义务不符：

（Ⅰ）GATT 1994 第 1 条第 1 款、第 3 条第 4 款、第 10 条第 3 款、第 11 条第 1 款；

（Ⅱ）SPS 协议第 1.1、2.2、2.3、3.1、3.3、5.1、5.2、5.4、5.6、7 条，附录 B、第 8 条、附录 C 和第 10.1 条；

（Ⅲ）《马拉喀什建立世界贸易组织协定》第 16 条第 4 款。

美国的措施直接或间接地剥夺和减损了阿根廷根据上述协议所应得的利益。

阿根廷保留在磋商期间进一步举证相关措施，以及就上述事项申诉的权利。

阿根廷期待着美国对请求的回复，以便选择一个双方都可接受的磋商时间和地点。

（孔超译，杨凤鸣校）

二十二、美国——对自中国的某些产品的反补贴和反倾销措施：中国请求磋商

此文件自 2012 年 12 月 17 日，在美国代表团和中国代表团及争端解决机构主席间进行沟通，现根据 DSU 第 4 条第 4 款的规定予以散发。

受我国政府指示，根据 DSU 第 4 条，GATT 1994 第 23 条第 1 款，SCM 协议第 30 条，《反倾销协议》第 17 条，我国代表团请求与阿根廷政府进行磋商。

（一）争议措施

争议的措施包括公法 112—99，“对非市场经济国家适用 1930 年关税法中反补贴税条款和其他问题的法案”（“P. L. 112—99”）。P. L 112—99 是 2012 年 3 月 13 日由奥巴马总统签署的，由众议院和参议院投票通过。P. L 112—99 修订了 1930 年的关税法，增加新的章节 § § 701（f）和 777A(f)。

请求中的争议措施也包括任何其他由美国商务部、美国国际贸易委员会、美国海关与边境保护局（美国当局）所有裁决和执行，如就中国进口产品征收反补贴税，或者 2006 年 11 月 20 日至 2012 年 3 月 13 日期间发起的反补贴调查或复审的裁决及执行措施。这些措施包括，该期间发起的反补贴调查中不断保持或加强反补贴税措施，以及不断发起的反补贴调查但在 2012 年 3 月 13 日未完成的。

此争端的争议措施也包括反倾销措施，包括官方强行征收的反倾销税，以及反倾销和反补贴税措施的联合影响。

最后，争议措施包括，作为疏忽，美国未能给其商务部提过法律授权以确认或者避免双重救济，这种双重救济可能会导致美国商务部向非市场经济国家同时征收反补贴税和反倾销税（“双重救济”），2006 年 12 月 20 日和 2012 年 3 月 13 日期间发起的调查或者定期复审。

（二）诉讼的法律基础

A. P. L. 112—99 的第 1 部分

P. L. 112—99 的第 1 部分修正了关税法第 701 部分，美国法律规定了反补贴税的征收，增加新章节（f）“非市场经济的适用程序”。新的法规规定，关税法中的反补贴条款适用于美国认定的非市场经济国家（含例外）。该法案生效前，美国没有法律法规允许对美国指定的非市场经济国家的进口产品征收反补贴税。

与 P. L. 112—99 第 1（b）部分一致，701 部分新章节（f）适用于：（1）2006 年 11 月 20 日之后所有反补贴程序；（2）美国海关和边境保护局采取的所有相应行动；（3）所有与这些程序及行动相关的民事诉讼、刑事诉讼和其他美国联邦法院前的诉讼。P. L. 112—99 直到 2012 年 3 月 13 日才开始公布。因此，根据明文规定，P. L. 112—99 的第 1 部分的适用范围可以追溯到那些在其官方公布之前出现的行动和事件。

P. L. 112—99 包括关税法 701（f），是对于进口产品的关税、税率和其他费用征收，对进口产品的要求与限制的普遍适用的法律，这将增加进口品被征收的关税、税率和其他费用增加，也对进口品施加了新的更多的要求和限制，以影响进口品在美国市场的销售。

因此，中国认为 P. L112—99 的第 1 部分，包括关税法 701（f），与 GATT 1944 第 10 条第 1 款、第 2 款和第 3 款不一致。这是因为，尤其是：

• 这些美国法律条款没有以“迅速公布，以使政府和贸易商熟悉新的规定”；

• 这些美国法律条款在官方公布之前被美国实施；

• 美国对于非市场经济国家的进口品征收反补贴税的相关法律法规，没有以“统一、公正和合理”的方式实施；

• 美国未能确保其国内法院的裁决被执行，不能掌控美国当局的实践，这些是法律裁决的关键。

中国更进一步的认为，2006 年 11 月 20 日至 2012 年 3 月 13 日之间，美国当局与中国产品征收反补贴税相关的所有裁决和执行，包括该期间发起的反补贴调查中不断保持或加强反补贴税措施，与 GATT 1994 第 6 条不符。这是因为，尤其是，这些裁决和执行是在官方公布普遍适用前。

B. P. L. 112—99 的第 2 部分

P. L112—99 的第 2 部分修正了关税法第 777A 部分增加新章节（f）“非市场经济征收反倾销税的诉讼程序调整”。据称，新规定为美国商务部认定或者避免双重救济提供了法律授权。P. L. 112—99 第一部分可追溯至 2006 年 11 月 20 日，第 2 部分仅适用“法案生效之后发起的调查和复审”，即 2012 年 3 月 13 日之后。

中国认为 P. L112—99 的第 2 部分，两个部分生效日期的区别，与 GATT 1944 第 10 条不相符，因为，尤其是，美国没有“统一、公正和合理的方式”实施贸易救济法，这是第 10 条第 3（a）款所要求的。

C. 2006年11月20日至2012年3月13日期间发起的调查或复审中认定或者避免双重救济的法律授权的缺失

由于P. L. 112－99的第1部分和第2部分中生效日期的差别，有关中国进口产品的调查和裁决没有适用双重救济的法律基础。

中国认为2006年11月20日至2012年3月13日之间发起的调查或复审中认定或者避免双重救济的法律授权的缺失是个疏忽，这与以下规则不相符。这一疏忽使美国当局的所有调查和复审中反补贴税的征收与SCM协议第10、15、19、21、32条以及GATT 1944的第6条的规定不相符；阻止了反倾销调查和复审中反倾销税的征收，与《反倾销协议》第9、11条，GATT 1994第6条的规定不一致。

D. 2006年11月20日至2012年3月13日期间发起的调查和复审中未能发起和避免双重救济

2006年11月20日至2012年3月13日期间，针对中国进口产品，美国官方发起了一系列的反倾销和反补贴调查和复审，既有初裁又有终裁。而无论是调查还复审，美国当局没有采取措施调查以避免双重救济。

鉴于美国当局未能调查和避免双重救济，中国认为美国当局采取的反补贴措施和反补贴税的征收，与SCM协议的第10、15、19、21、32条以及GATT 1994第6条的规定不一致。中国进一步认为，认为美国当局采取的反倾销措施和反倾销税的征收，与《反倾销协议》第9、11条以及GATT 1994第6条的规定不一致。

中国保留磋商期间提起额外诉讼和法律措施的权利。

中国期待着美国对请求的回复，以便选择一个双方都可接受的磋商时间。

（孔超译，杨凤鸣校）

二十三、中国——影响汽车与汽车零部件产业的若干措施：美国请求磋商

此文件自2012年9月17日起在美国代表团和中国代表团及争端解决机构主席间进行沟通，现根据DSU第4条4款的规定予以散发。

受我国政府授权，根据DSU第1条和第4条，GATT 1994第23条第1款，SCM协议第4条和第30条，美国代表团就中国视出口实绩，以拨款、贷款、放弃或不收缴应收收入等形式对汽车及零部件出口进行补贴的相关措施请求与中国进行磋商。

具体来讲，中国通过建立“出口基地”对汽车及汽车零部件出口提供各种形式的补贴。中国对“出口基地”的汽车及汽车零部件企业提供补贴，或者指定“出口基地”企业。

截至目前，中国在以下12个城市建立了汽车及汽车零部件“出口基地”：武汉、天津、重庆、上海、广州、合肥、芜湖、厦门、台州、长春、保定、柳州。此外，还有以下省份的省会城市：江苏、山东、山西、河南、内蒙古、黑龙江、湖南、浙江、云南、广东、福建、安徽以及北京。

中国通过“出口基地”对汽车及汽车零部件出口提供补贴的措施，单独或共同涉及的中国法律法规或规范性文件，以及相关的修正、更改措施，包括但不限于：

1. 《汽车产业发展政策》①
2. 《汽车贸易政策》②
3. 《关于组织申报国家汽车及零部件出口基地企业有关问题的通知》③
4. 《国家中长期科学和技术发展规划纲要(2006—2020年)》若干配套政策④
5. 《转发商务部等部门关于“十一五”期间加快转变机电产品出口增长方式意见的通知》⑤
6. 《关于对长春等8个国家汽车及零部件出口基地授牌的决定》⑥
7. 《关于认定160家企业为国家汽车及零部件

---

① 国家发展和改革委员会令［2004］8号。

② 商务部令［2005］16号。

③ 商务部、国家发展和改革委员会，2005年11月1日发布。

④ 国发［2006］6号。

⑤ 国办发［2006］42号。

⑥ 商产发［2006］226号。

出口基地企业的决定》①

8. 商务部、财务部关于印发《优化机电和高新技术产品进出口结构资金管理暂行办法》②

9. 商务部办公厅、发展改革委办公厅《关于召开全国汽车产品出口工作会议的通知》③

10. 商务部、发展改革委关于印发《国家汽车及零部件出口基地管理办法（试行）》的通知④

11.《关于保持对外贸易稳定增长的意见》⑤

12.《汽车产业调整和振兴规划》（规划期为2009—2011年）⑥

13.《商务部办公厅关于实施中央外贸发展基金网络申报管理的通知》⑦

14.《商务部、发展改革委、工业和信息化部、财政部、海关总署、质检总局关于促进我国汽车产品出口持续健康发展的意见》⑧

15.《关于国家汽车及零部件出口基地考核结果的通知》⑨

16.《关于“十二五”期间促进机电产品出口持续健康发展的意见》⑩

17.《商务部发展改革委关于印发〈国家汽车及零部件出口基地管理办法（修订稿）〉的通知》⑪

18.《商务部发展改革委关于印发〈出口基地认定与考核细则（征求意见稿）〉的通知》⑫

19. 财政部、商务部《关于做好2011年外贸公共服务平台建设资金管理工作的通知》⑬

20.《财政部、商务部关于做好外贸公共服务平台建设资金管理工作的通知》⑭

21.《财政部关于安排2011年外贸公共服务平台建设资金的通知》⑮

22.《财政部、商务部关于做好保持外贸稳定增长有关资金管理的通知》⑯

23.《武汉汽车及汽车零部件现状和发展规划》（2006—2010年）⑰

24.《武汉市人民政府关于支持汽车及汽车零部件出口的意见》⑱

25.《天津市国民经济和社会发展十一五规划纲要》

26.《天津市商务委员会关于印发〈天津市汽车及汽车零部件出口基地企业认定及管理办法〉的通知》⑲

27.《关于调整天津市国家汽车及零部件出口基地建设领导小组成员的通知》⑳

28.《关于加快天津市国家汽车及零部件出口

---

① 商产发［2006］227号。

② 商财发［2007］291号。

③ 商办产函［2007］96号。

④ 商产发［2008］330号。

⑤ 国办发［2008］135号，参见 http://www.ccpit.org/Contents/Channel_50/2009/0309/168140/content_168140.html.

⑥ 国务院办公厅，2009年3月3日公布。

⑦ 商财字［2009］130号，参见 http://www.shandongbusiness.gov.cn/index/content/sid/111776.htm.

⑧ 商产发［2009］523号。

⑨ 商办产函［2011］157号，参见 http://www.cc.jl.gov.cn/wcss/cczf/info/20110414/1234/138516.html.

⑩ 商务部，2011年7月7日发布。

⑪ 参见 http://www.smvic.com.cn/smvic/hydt/947.htm.

⑫ 参见 http://www.smvic.com.cn/smvic/hydt/947.htm.

⑬ 财企［2010］88号，参见 http://hebei.mofcom.gov.cn/aarticle/sjtongzhigg/201107/20110707632540.html.

⑭ 财企［2010］166号，参见 http://wjmj.bl.gov.cn/news_read.php id=37662.

⑮ 财企［2010］245号。

⑯ 财企［2009］126号。

⑰ 武汉市商务局，2011年11月30日发布。

⑱ 武政〔2007〕37号。

⑲ 天津市商务委员会，2007年2月11日发布。

⑳ 津政办发［2008］69号。

基地建设的意见》[1]

29.《重庆市汽车及零部件出口基地企业管理办法》[2]

30.《重庆市人民政府关于建设汽车及零部件出口基地的意见》[3]

31.《重庆市人民政府办公厅关于成立重庆汽车及零部件出口基地建设领导小组的通知》[4]

32.《关于开展2011年重庆市外贸公共服务平台建设资金资助项目申报工作的通知》[5]

33.《上海市对外经济贸易发展“十一五”规划》[6]

34.《上海市商务委员会、上海市财政局2012年关于开展上海外贸公共服务平台建立特别基金项目的通知》[7]

35.《关于印发广州市申报国家汽车及零部件出口基地和出口基地企业工作方案的通知》[8]

36.《关于加快广州市国家汽车及零部件出口基地建设的意见》[9]

37.《国家汽车及零部件出口基地广州分基地管理暂行办法》(有效期5年，或直至2013年)[10]

38.《关于认定从化市为国家汽车及零部件出口基地广州从化基地的通知》[11]

39.《关于申报2011年度广州市汽车及零部件出口基地专项资金的通知》[12]

40.《关于申报2011年度广州市汽车及零部件出口基地专项资金的通知（附件一：广州市汽车及零部件出口基地专项资金项目申请书）》[13]

41.《关于申报2011年度广州市汽车及零部件出口基地专项资金的通知［附件二：广州市汽车及零部件出口基地专项资金项目可行性分析报告（参考样本）］》[14]

42.《关于做好2011年广东省外贸公共服务平台建设资金管理工作的通知》[15]

43.《关于印发〈合肥市汽车及零部件出口基地扶持资金管理暂行办法〉（试行）的通知》[16]

44.《安徽有关调查国家汽车及零部件出口基地企业申请的通知》[17]

45.《关于申报2007年机电产品进出口结构资金项目的通知》[18]

46.《安徽省人民政府关于加快我省装备制造业发展的若干意见》[19]

47.《厦门市人民政府办公厅关于印发厦门市汽车产业发展行动方案的通知》[20]

48.《厦门市保持外贸稳定增长专项资金管理办法（试行）》[21]

---

① 津政发［2008］162号。
② 重庆市发展和改革委员会，2006年6月12日发布。
③ 渝府发［2007］20号。
④ 渝办发［2007］234号。
⑤ 重庆市对外贸易经济委员会，2011年8月31日发布。
⑥ 上海市对外经济贸易委员会，2006年9月20日发布。
⑦ 参见 http：//zc. k8008. com/html/shanghai/shishangwuweiyuanhui/2012/0620/469054. html.
⑧ 穗外经贸机函［2007］4号。
⑨ 穗府办［2008］15号。
⑩ 穗外经贸机［2008］8号。
⑪ 穗外经贸机［2009］12号。
⑫ 广州市对外贸易经济局，2011年6月15日发布。
⑬ 广州市对外贸易经济局，2011年6月15日发布。
⑭ 广州市对外贸易经济局，2011年6月15日发布。
⑮ 粤外经贸规财字［2011］20号。
⑯ 合财企［2007］227号。
⑰ 安徽省商务厅，2006年4月20日发布。
⑱ 安徽省商务厅，2007年9月17日发布。
⑲ 皖政［2007］66号。
⑳ 厦府办［2007］258号。
㉑ 厦贸发规财［2009］520号。

49.《厦门市机电和高新技术产品出口结构调整项目管理办法》①

50.《厦门市 2011 服务外包公共服务平台专项建设资金使用管理暂行办法》②

51.《台州市人民政府关于促进全市对外贸易稳定健康发展的若干政策意见》③

52.《浙江省人民政府办公厅关于促进全省外贸稳定健康发展的意见》④

53.《关于做好 2011 年外贸公共服务平台建设专项资金管理工作的通知》⑤

54.《柳州市人民政府关于鼓励汽车及零部件出口的若干意见》⑥

55.《广西壮族自治区人民政府关于支持汽车工业发展的政策意见》⑦

56.《广西壮族自治区经济委员会关于同意柳州五菱汽车联合发展有限公司汽车底盘核心零部件产品技术升级及出口基地建设项目备案的函》⑧

57.《关于组织申报 2011 年度吉林省外贸公共服务平台建设资金项目的通知》⑨

58.《长春兴隆综合保税区汽车零部件进出口基地项目》⑩

59.《吉林省人民政府关于支持汽车及零部件出口的意见》⑪

60.《吉林省人民政府关于加快我省汽车零部件发展的意见》⑫

61.《吉林省保持外贸稳定增长有关资金管理实施办法》⑬

62.《关于组织申报 2011 年度吉林省外贸公共服务平台建设资金项目的通知》⑭

63.《河北省人民政府关于扩大对外开放加快开放型经济发展的意见》⑮

64.《关于做好 2011 年外贸公共服务平台建设资金管理工作的通知》⑯

65.《关于印发〈江苏省出口基地扶持办法〉的通知》

66.《江苏省保持外贸稳定增长资金管理暂行办法》⑰

67.《关于印发〈山东省机电产品出口基地认定管理试行办法〉并组织开展首批出口基地认定工作的通知》⑱

68.《山西省保持外贸稳定增长专项资金管理办法》⑲

69.《内蒙古自治区机电和高新技术产业出口基地建设工作方案》⑳

70.《河南省人民政府办公厅关于促进对外贸

---

① 厦经外［2009］449 号。
② 厦门市商务局、厦门市财政局，2011 年 12 月 9 日联合发布。
③ 台政发［2008］64 号。
④ 浙政办发［2008］45 号。
⑤ 浙财企［2011］206 号。
⑥ 柳州市人民政府，2008 年 12 月 3 日发布。
⑦ 桂政发［2009］102 号。
⑧ 桂经重工函［2009］754 号。
⑨ 吉财企［2011］503 号。
⑩ 长春市商务局，2011 年 5 月 10 日发布。
⑪ 吉政发［2005］27 号。
⑫ 吉林省人民政府，2006 年 2 月 20 日发布。
⑬ 吉林省商务厅，2009 年 10 月 21 日发布。
⑭ 吉财企［2011］503 号。
⑮ 冀政［2010］134 号。
⑯ 河北省商务局，2011 年 7 月 5 日发布。
⑰ 苏财规［2009］5 号。
⑱ 鲁商务机电字［2011］645 号。
⑲ 山西省人民政府法制办公室，2009 年 12 月 23 日发布。
⑳ 内蒙古自治区商务厅，2012 年 3 月 13 日发布。

易持续健康发展的若干意见》①

71.《黑龙江省人民政府关于进一步保持对外贸易稳定增长的意见》②

72. 以及任何管理、经营、资助或特定形式支持汽车及汽车零配件出口基地的措施；

73. 以及任何管理、经营、资助或特定形式支持江苏、山东、安徽、江西、辽宁、黑龙江、湖南、内蒙古、山西、浙江、云南、广东、河北和河南省以及北京市汽车及汽车零配件企业的措施。

中国对汽车及汽车零配件出口提供补贴的措施，违反了SCM协议第3条。

此外，中国没有履行相关的透明度义务。

中国没有恰当地做出有关所采取措施的通知，与GATT 1994第16条第1款以及SCM协议第25.1、25.2、25.3和25.4条中承诺的义务不符。

中国未能正式公布③或提供补贴措施的有效性，没有履行《中国入世议定书》（WT/L/432）（《入世议定书》）第I部分第2条（c）款第1项以及《中国入世工作组报告》[WT/MIN（01）/3]第334段中规定的义务。

中国没有在指定的公布所有有关或影响货物贸易的法律、法规的官方刊物上公布与这些补贴相关的措施，未能履行《入世议定书》第I部分第2条（c）款第2项中规定的义务。

更有，中国没有为WTO成员提供译成一种或多种WTO正式语言的措施，未能履行《入世议定书》第I.1.2部分以及《中国入世工作组报告》[WT/MIN（01）/3]第334段中规定的义务。

根据SCM协议第4.2条的规定，就现有证据提出磋商请求。

美国希望能够尽快收到中国的回复，并确定一个双方都方便的日期进行磋商。

现有证据声明

74.《汽车产业发展政策》④

75.《汽车贸易政策》⑤

76.《关于组织申报国家汽车及零部件出口基地企业有关问题的通知》⑥

77.《关于组织申报国家汽车及零部件出口基地企业有关问题的通知（附件一：国家汽车及零部件出口基地企业申请表）》⑦

78.《关于组织申报国家汽车及零部件出口基地企业有关问题的通知（附件二：国家汽车及零部件出口基地企业申报汇总表）》⑧

79.《国家中长期科学和技术发展规划纲要（2006—2020年）》若干配套政策⑨

80.《转发商务部等部门关于“十一五”期间加快转变机电产品出口增长方式意见的通知》⑩

81.《关于对长春等8个国家汽车及零部件出口基地授牌的决定》⑪

82.《关于认定160家企业为国家汽车及零部件出口基地企业的决定》⑫

83. 商务部、财务部关于印发《优化机电和高新技术产品进出口结构资金管理暂行办法》⑬

84. 商务部办公厅、发展改革委办公厅《关于召开全国汽车产品出口工作会议的通知》⑭

85. 商务部、发展改革委关于印发《国家汽车

---

① 豫政办[2009]65号。
② 黑政发[2009]12号。
③ 参见第11、13、15、17、18、19、20、21、22、34和43项。
④ 国家发展和改革委员会令[2004]8号。
⑤ 商务部令[2005]16号。
⑥ 商务部，国家发展和改革委员会，2005年11月1日发布。
⑦ 商务部，国家发展和改革委员会，2005年11月1日发布。
⑧ 商务部，国家发展和改革委员会，2005年11月1日发布。
⑨ 国发[2006]6号。
⑩ 国办发[2006]42号。
⑪ 商产发[2006]226号。
⑫ 商产发[2006]227号。
⑬ 商财发[2007]291号。
⑭ 商办产函[2007]96号。

及零部件出口基地管理办法（试行）》的通知①

86.《关于保持对外贸易稳定增长的意见》②

87. 中国国际贸易促进委员会，关于“福建省贸促会召开全省贸促系统贯彻国办发［2008］135号文件保增长保出口工作会议”的文章③

88.《汽车产业调整和振兴规划》（规划期为2009—2011）④

89.《商务部办公厅关于实施中央外贸发展基金网络申报管理的通知》⑤

90. 山东商务厅《商务政策文件汇编》⑥

91.《商务部、发展改革委、工业和信息化部、财政部、海关总署、质检总局关于促进我国汽车产品出口持续健康发展的意见》⑦

92.《关于国家汽车及零部件出口基地考核结果的通知》⑧

93.《关于商务部、国家发改委对长春市国家级汽车及零部件出口基地考核情况的报告》⑨

94.《关于“十二五”期间促进机电产品出口持续健康发展的意见》

95.《商务部发展改革委关于印发〈国家汽车及零部件出口基地管理办法（修订稿）〉的通知》

96.《商务部发展改革委关于印发〈出口基地认定与考核细则（征求意见稿）〉的通知》

97. 上海机动车检测中心，国家机动车产品质量监督检验中心（上海），关于“国家汽车零部件出口基地联席会议在上海安亭召开”的文章⑩

98.《财政部、商务部关于做好2011年外贸公共服务平台建设资金管理工作的通知》⑪

99.《河北商务部关于做好2011年外贸公共服务平台建设资金管理工作的通知》⑫

100.《财政部、商务部关于做好2010外贸公共服务平台建设资金管理工作的通知》⑬

101.《宁波经济发展局关于做好外贸公共服务平台建设资金申报工作的通知》⑭

102.《财政部关于安排2011年外贸公共服务平台建设资金的通知》⑮

103.《青海商务部关于申报2011年青海省外贸公共服务平台建设资金项目的通知》⑯

104.《财政部商务部关于做好保持外贸稳定增长有关资金管理的通知》⑰

---

① 商产发［2008］330号。

② 国办发［2008］135号。

③ 参见http：//www.ccpit.org/Contents/Channel_50/2009/0309/168140/content_168140.htm（2009年3月9日），提及《国务院关于保持对外贸易稳定增长的意见》，国办发［2008］135号。

④ 国务院办公厅，2009年3月3日公布。

⑤ 商财字［2009］130号，参见http：//www.shandongbusiness.gov.cn/index/content/sid/111776.htm.

⑥ 参见http：//www.shandongbusiness.gov.cn/index/content/sid/111776.html（2010年7月23日），提及《商务部办公厅关于实施中央外贸发展基金网络申报管理的通知》，商规字［2009］130号。

⑦ 商产发［2009］523号。

⑧ 商办产函［2011］157号，参见http：//www.cc.jl.gov.cn/wcss/cczf/info/2011-04-14/1234/138516.html.

⑨ 参见http：//www.cc.jl.gov.cn/wcss/cczf/info/2011-04-14/1234/138516.html（2011年4月14日），提及《商务部办公厅关于实施中央外贸发展基金网络申报管理的通知》，商办产函［2011］157号。

⑩ 参见http：//www.smvic.com.cn/smvic/hydt/947.htm（2012年4月19日），提及《出口基地管理办法（修订稿）》和《出口基地认定与考核细则（征求意见稿）》。

⑪ 财企［2010］88号，参见http：//hebei.mofcom.gov.cn/aarticle/sjtongzhigg/201107/20110707632540.html.

⑫ 河北商务部，参见http：//hebei.mofcom.gov.cn/aarticle/sjtongzhigg/201107/20110707632540.html（2011年7月5日），提及《财政部、商务部关于做好2011年外贸公共服务平台建设资金管理工作的通知》，财企［2011］88号。

⑬ 财企［2010］166号，参见http：//wjmj.bl.gov.cn/news_read.php id=37662。

⑭ 宁波经济发展局，参见http：//wjmj.bl.gov.cn/news_read.php id=37662（2010年11月5日），提及《财政部、商务部关于做好外贸公共服务平台建设资金管理工作的通知》，财企［2010］166号。

⑮ 财企［2010］245号。

⑯ 青海商务部，参见http：//qinghai.mofcom.gov.cn/aarticle/sjtongzhigg/201103/20110307447013.html（2011年3月15日），提及《财政部关于安排2011年外贸公共服务平台建设资金的通知》，财企［2010］245号。

⑰ 财企［2009］126号。

105.《山西省商务厅关于印发〈山西省保持外贸稳定增长专项资金管理办法〉的通知》①

106.《武汉汽车及汽车零部件现状和发展规划》(2006—2010年)②

107.《武汉市人民政府关于支持汽车及汽车零部件出口的意见》③

108.《天津市国民经济和社会发展十一五规划纲要》

109.《天津市商务委员会关于印发〈天津市汽车及汽车零部件出口基地企业认定及管理办法〉的通知》④

110.《关于调整天津市国家汽车及零部件出口基地建设领导小组成员的通知》⑤

111.《关于加快天津市国家汽车及零部件出口基地建设的意见》⑥

112.《重庆市汽车及零部件出口基地企业管理办法》⑦

113.《重庆市人民政府关于建设汽车及零部件出口基地的意见》⑧

114.《重庆市人民政府办公厅关于成立重庆汽车及零部件出口基地建设领导小组的通知》⑨

115.《关于开展2011年重庆市外贸公共服务平台建设资金资助项目申报工作的通知》⑩

116.《上海市对外经济贸易发展"十一五"规划》⑪

117.《上海市商务委员会、上海市财政局2012年关于开展上海外贸公共服务平台建立特别基金项目的通知》

118.《关于做好2011年度上海市国家科技兴贸创新基地(生物医药)公共服务平台建设资金项目申报工作的通知》⑫

119.《关于印发广州市申报国家汽车及零部件出口基地和出口基地企业工作方案的通知》⑬

120.《关于加快广州市申报国家汽车及零部件出口基地建设的意见》⑭

121.《国家汽车及零部件出口基地广州分基地管理暂行办法》(有效期5年,或直至2013年)⑮

122.《关于认定从化市为国家汽车及零部件出口基地广州从化基地的通知》⑯

123.《关于申报2011年度广州市汽车及零部件出口基地专项资金的通知》⑰

124.《关于申报2011年度广州市汽车及零部件出口基地专项资金的通知(附件一:广州市汽车

---

① 山西省人民政府,参见 http://www.shanxigov.cn/n16/n8319541/n8319612/n8321663/n12239672/n12239684/n13326051/13326494.html(2010年3月18日),提及《财政部、商务部关于做好保持外贸稳定增长有关资金管理工作的通知》,财企[2009]126号。

② 武汉市商务局,2011年11月30日发布。

③ 武政〔2007〕37号。

④ 天津市商务委员会,2007年2月11日发布。

⑤ 津政办发[2008]69号。

⑥ 津政发[2008]162号。

⑦ 重庆市发展和改革委员会,2006年6月12日发布。

⑧ 渝府发[2007]20号。

⑨ 渝办发[2007]234号。

⑩ 重庆市对外贸易经济委员会,2011年8月31日发布。

⑪ 上海市对外经济贸易委员会,2006年9月20日发布。

⑫ 上海市商务委员会,参见 http://www.scofcom.gov.cn/sfic/sc/list.jsp menuId=506&sonMenuId=48&rightMenuId=35235&id=282059(2012年6月14日),提及上海市商务委员会、上海市财政局2012年《关于开展上海外贸公共服务平台建立特别基金项目的通知》。

⑬ 穗外经贸机函[2007]4号。

⑭ 穗府办[2008]15号。

⑮ 穗外经贸机[2008]8号。

⑯ 穗外经贸机[2009]12号。

⑰ 广州市对外贸易经济局,2011年6月15日发布。

及零部件出口基地专项资金项目申请书）》①

125.《关于申报2011年度广州市汽车及零部件出口基地专项资金的通知［附件二：《广州市汽车及零部件出口基地专项资金项目可行性分析报告（参考样本）］》②

126.《关于做好2011年广东省外贸公共服务平台建设资金管理工作的通知》③

127.《合肥市被国家有关部门评定为第二批国家汽车及零部件出口基地城市》④

128.《关于印发〈合肥市汽车及零部件出口基地扶持资金管理暂行办法〉（试行）的通知》⑤

129.《合肥市财政局规范性文件目录》（1972—2007）⑥

130.《安徽有关调查国家汽车及零部件出口基地企业申请的通知》⑦

131.《关于申报2007年机电产品进出口结构资金项目的通知》⑧

132.《安徽省人民政府关于加快我省装备制造业发展的若干意见》⑨

133.《厦门市人民政府办公厅关于印发厦门市汽车产业发展行动方案的通知》⑩

134.《厦门市保持外贸稳定增长专项资金管理办法（试行）》⑪

135.《厦门市机电和高新技术产品出口结构调整项目管理办法》⑫

136.《厦门市2011服务外包公共服务平台专项建设资金使用管理暂行办法》⑬

137.《台州市人民政府关于促进全市对外贸易稳定健康发展的若干政策意见》⑭

138.《浙江省人民政府办公厅关于促进全省外贸稳定健康发展的意见》⑮

139.《关于做好2011年外贸公共服务平台建设专项资金管理工作的通知》⑯

140.《柳州市人民政府关于鼓励汽车及零部件出口的若干意见》⑰

141.《广西壮族自治区人民政府关于支持汽车工业发展的政策意见》⑱

142.《广西壮族自治区经济委员会关于同意柳州五菱汽车联合发展有限公司汽车底盘核心零部件产品技术升级及出口基地建设项目备案的函》⑲

143.《关于组织申报2011年度吉林省外贸公共服务平台建设资金项目的通知》⑳

144.《长春兴隆综合保税区汽车零部件进出口

① 广州市对外贸易经济局，2011年6月15日发布。

② 广州市对外贸易经济局，2011年6月15日发布。

③ 粤外经贸规财字［2011］20号。

④ 安徽省商务厅，机电产品进出口办公室，参见 http：//jdc.anhui.mofcom.gov.cn/aarticle/sjzhengwugongkai/200711/20071105257655.html.

⑤ 合财企［2007］227号。

⑥ 合肥市财政局，参见 http：//www.hefei.gov.cn/n1105/n32739/n281385/n284113/4641243.html（2008年11月25日），提及《关于印发〈合肥市汽车及零部件出口基地扶持资金管理暂行办法〉（试行）的通知》，合财企［2007］227号。

⑦ 安徽省商务厅，2006年4月20日发布。

⑧ 安徽省商务厅，2007年9月17日发布。

⑨ 皖政［2007］66号。

⑩ 厦府办［2007］258号。

⑪ 厦贸发规财［2009］520号。

⑫ 厦经外［2009］449号。

⑬ 厦门市商务局、厦门市财政局，2011年12月9日联合发布。

⑭ 台政发［2008］64号。

⑮ 浙政办发［2008］45号。

⑯ 浙财企［2011］206号。

⑰ 柳州市人民政府，2008年12月3日发布。

⑱ 桂政发［2009］102号。

⑲ 桂经重工函［2009］754号。

⑳ 吉财企［2011］503号。

基地项目》①

145.《吉林省人民政府关于支持汽车及零部件出口的意见》②

146.《吉林省人民政府关于加快我省汽车零部件发展的意见》③

147.《吉林省保持外贸稳定增长有关资金管理实施办法》④

148.《关于组织申报2011年度吉林省外贸公共服务平台建设资金项目的通知》⑤

149.《河北省人民政府关于扩大对外开放加快开放型经济发展的意见》⑥

150.《关于做好2011年外贸公共服务平台建设资金管理工作的通知》⑦

151.《关于印发〈江苏省出口基地扶持办法〉的通知》⑧

152.《江苏省保持外贸稳定增长资金管理暂行办法》⑨

153.《关于印发〈山东省机电产品出口基地认定管理试行办法〉并组织开展首批出口基地认定工作的通知》⑩

154.《山西省保持外贸稳定增长专项资金管理办法》⑪

155.《内蒙古自治区机电和高新技术产业出口基地建设工作方案》⑫

156.《河南省人民政府办公厅关于促进对外贸易持续健康发展的若干意见》⑬

157.《黑龙江省人民政府关于进一步保持对外贸易稳定增长的意见》⑭

（黄艳希 译）

二十四、中国——影响纺织品服装产品生产与出口的措施：墨西哥请求磋商

此文件自2012年10月15日起在墨西哥代表团和中国代表团及争端解决机构主席间进行沟通，现根据DSU第4条第4款规定予以散发。

墨西哥政府根据DSU第1条和第4条，GATT 1994第22条第1款，以及SCM协议第4、7和30条规定，请求与中国政府进行磋商。

墨西哥就中国采取多种措施直接或间接支持纺织品服装产品生产商与出口商请求与中国进行磋商。这些措施包括禁止性补贴及可诉性补贴，与中国在SCM协议、GATT 1994、《农业协议》以及《中国入世议定书》中承诺的义务不相符。

墨西哥可获得的信息指出，中国支持纺织品服装产品生产商与出口商的措施包括：

1. 对特定企业团体［包括指定的外商投资企业（“FIEs”）以及高新技术企业（“HNTEs”）］和特定地理区域（包括特定西部省区、特殊经济区和某些以特定农产品包括棉花生产创收的地区）的企业所得税免除、减少、抵消和返还。墨西哥认为部分措施是根据中国商品实施的。

2. 对特定企业团体（包括FIEs和特定地理区域如经济开发区内的企业）购买设备进口税和增值税（“VAT”）的免除、返还和减少。墨西哥认为部分措施是根据中国商品实施的。

3. 对特定企业团体(包括FIEs)的地方税务免除。

4. 国有银行（包括政策性银行和名义上的商业银行）向工业规划文件中的重点产业和企业提供的低息贷款、延长还贷期限以及债务减免。墨西哥

---

① 长春市商务局，2011年5月10日发布。
② 吉政发［2005］27号。
③ 吉林省人民政府，2006年2月20日发布。
④ 吉林省商务厅，2009年10月21日发布。
⑤ 吉财企［2011］503号。
⑥ 冀政［2010］134号。
⑦ 河北省商务局，2011年7月5日发布。
⑧ 苏外经贸财字［2007］1219号。
⑨ 苏财规［2009］5号。
⑩ 鲁商务机电字［2011］645号。
⑪ 山西省人民政府法制办公室，2009年12月23日发布。
⑫ 内蒙古自治区商务厅，2012年3月13日发布。
⑬ 豫政办［2009］65号。
⑭ 黑政发［2009］12号。

的可获得信息指出，中国工业政策对特定纺织品服装产品生产商以及其棉花和化纤供应商给予优惠。相关政策指明享有中国银行特殊待遇的企业或企业集团。这些政策还要求地方政府对企业提供担保以及贷款利息补贴。后者为给企业支付与政策相关的贷款利息费用的现金支付。

5. 对特定地理区域（包括经济开发区）内企业的土地使用权的价格优惠和相关费用的返还。

6. 对特定区域（包括某些特殊经济地区）内企业的电价优惠。

7. 在棉花的生产、销售、运输、加工、进口、出口以及使用环节提供的扶持。上述棉花用于生产纺线和布料，最终用于中国补贴的产品。中国通过税收减免、现金支付、国有银行贷款向棉农、运输商、加工商、面粉厂及纺纱厂提供支持，并且使用国营贸易企业、关税税率配额以及其他方式扭曲国内供应量。特定纺织品与服装产品生产商及出口商因为一体化操作直接受益，并因为这些措施带来的国内较低的原材料价格间接受益。墨西哥认为，部分措施是视出口实绩或国内对进口商品使用而定。

8. 在化纤的生产、销售和使用环节提供的一系列扶持。上述化纤用于生产纺线和布料，并最终用于中国补贴的产品。中国已经宣布将会行使对中国石化产业的“绝对”控制权。因此，中国会通过产业政策、雇佣及解雇公司高管、特定活动补贴以及其他方式引导化纤生产商的企业活动。根据政府政策，国有生产商以低于市场价格的售价在中国市场销售化纤制品，该价格甚至不足以弥补薪酬。特定纺织品与服装产品制造商及出口商因为一体化操作直接受益，并因为这些措施带来的国内较低的原材料价格间接受益。墨西哥认为，部分措施是视出口实绩或国内对进口商品使用而定。

9. 中国各级政府机构向指定产业内企业或从事中国政府产业政策中鼓励活动的企业提供现金。墨西哥可获得的信息显示，下列为企业获得现金支付的理由，包括他们：

·至少部分为中国政府所有；

·运作于纺织品与服装产业；

·运作于中国的“重点”产业，或被视为“重点”企业，或生产技术升级的“关键”产品；

·从事中国产业规划文件中提及的相关研究；

·被中国指定为“著名”或“知名”的品牌或产品；

·出口或“扩大”进入国外市场。

根据 SCM 协议第 4.2、7.2 条，现有可以得到的证据提供一份提请磋商的请求涉及的补贴的存在和性质的说明。该证据同时根据 SCM 协议第 7.2 条，声明补贴对于墨西哥利益造成的损害。

这些措施为补贴的原因是，在任何情况下均存在第 1.1 条（a）款下所定义的由政府或者由政府拥有或控制的公共机构提供的财政资助；GATT 1994 第 16 条下所定义的价格和收入支持；SCM 协议第 1.1 条（a）、（b）款下所定义的由此而给予的某种利益。上述明确的补贴均包含于 SCM 协议第 2.2、2.2 以及/或 2.3 条下的定义。

墨西哥认为，上述措施与中国在 WTO 承诺的义务不符。

上述第 7、8、9 条中所述措施违反 SCM 协议第 3.1 条（a）款的规定。此外，上文第 1、2、7、8 条中所述措施违反 SCM 协议第 3.1 条（b）款以及 GATT 1994 第 3 条第 4 款的规定。因为部分措施视进口商品的中国实用而定。

上述第 1～9 段中提及的措施根据 SCM 协议第 5（c）、6.3（b）、6.3（c）、6.4 和 6.5 条规定，损害了墨西哥的利益。因为这些符合 SCM 协议中第 1 和 2 条定义的特定补贴对墨西哥利益造成了严重损害。即补贴排斥或阻碍墨西哥纺织品与服装进口商品进入中国市场，并造成了严重的价格抑制、跌价、销售量减少等后果。①

中国有关上述第 4 和第 7 段中与棉花相关的措施违背了《农业协议》第 3、9 和 10 条的规定。

此外，请求磋商的措施与中国在《中国入世议定书》第 I.1.2 条中承诺的义务不相符（同时违背了《中国入世工作组报告》第 18、19、22、46、47、60、62、64、70、73、107、115、116、122、123、132、157、167、168、170、171、172、173、174、210、222、223、225、227、228、231、232、233、234、235、238、322 和 334 段中规定的义务）② 其

---

① 编者注：原文为“美国市场”，疑为原文错误，改为“中国市场”。

② WT/MIN（01）/3.

为中国加入WTO协议条款的组成部分，也是《马拉喀什建立世界贸易组织协定》的组成部分。

墨西哥保留在磋商过程中要求中国提供与损害墨西哥利益的措施的相关信息与文件。墨西哥还保留在磋商过程中进一步采取措施和提出法律申诉的权利。墨西哥期待中国对此请求的回复，并确定一个双方都方便的日期进行磋商。

现有证据声明

以下为墨西哥可以获得的证据证明上述磋商请求中补贴的存在和性质，以及补贴对墨西哥利益造成的损害。墨西哥保留在未来进一步补充或变更该列表的权利。

有关补贴的存在和性质的现有证据：

1.《纺织行业“十一五”规划》（未注明日期）

2.《5亿元棉花良种补贴惠及8省棉农》（2007年3月23日，农资导报）

3.《2010年棉花市场分析及2011年棉花市场展望》（安徽农网，2011年2月9日）

4.《农行常熟分行全力支持纺织品服装企业发展》（常熟经信网，2008年9月18日）

5. 上诉机构报告，美国——美国对某些来自中国的产品征收反倾销及反补贴税，WT/DS379/AB/R（2011年3月25日）

6.《中华人民共和国出口至澳大利亚的某些铝合金型材》（2010年4月15日，澳大利亚海关与边境保护署，向部长汇报的第148号报告以及其中所有涉及的文献）

7.《棉花问题》（约翰·巴费斯，世界银行2004年9月）

8.《银行改革：国际经验教训》（瑞·布鲁克斯，国际货币基金组织2004年7月）

9.《中国农业发展银行的业务范围》（2005年9月16日）

10.《关于对来自中国和法国的某些强化木地板的倾销和补贴措施的最终裁决以及对于来自奥地利、比利时、德国、波兰的某些强化木地板的倾销的中止调查的理由说明》（加拿大边境服务局，4214－4，4218－19，2005年6月1日，以及其中所有涉及的文献）

11.《划拨用地目录》（国土资源部第9号令，2001年10月18日）

12.《潮州市国民经济和社会发展第十二个五年规划纲要》（未注明日期）

13.《化纤工业“十二五”发展规划》（未注明日期）

14.《四川成都农商行授信万贯3亿元打造服装产业园》（成都市政府，2010年3月31日）

15.《中国明确七大行业将由国有经济控制》（新华网，2006年12月18日）

16.《中国明确七大行业将由国有经济控制》（中国日报，2006年12月19日）

17.《中国未准备好降低成品油价格》（中国日报，2011年8月8日）

18.《轻工和石化业调整振兴规划获通过》（新华网，2009年2月19日）

19.《国家税务总局关于外商投资企业和外国企业暂不征收城市维护建设税和教育费附加的通知》（国税发［1994］38号，1994年2月25日）

20.《农业部办公厅、财政部办公厅关于印发〈2011年中央财政农作物良种补贴项目实施指导意见〉的通知》（农办财［2011］24号，2011年3月7日）

21.《农业部办公厅、财政部办公厅关于印发〈2011年粮棉油糖高产创建项目实施指导意见〉的通知》（农办财［2011］42号，2011年4月19日）

22.《关于印发〈节能技术改造财政奖励资金管理办法〉的通知》（财建［2011］367号，2011年6月21日）

23.《国家发展改革委办公厅关于做好纺织专项资金项目管理有关工作的通知》（未注明日期）

24.《财政部、农业部关于印发〈中央财政农作物良种补贴资金管理办法〉的通知》（财农［2009］440号，2009年12月14日）

25.《财政部、国家税务总局关于外商投资企业和外国企业购买国产设备投资抵免企业所得税有关问题的通知》（财税字［2000］49号）

26.《财政部关于印发〈出疆棉移库费用补贴管理暂行办法〉的通知》（2008年6月13日）

27.《财政部关于印发出疆棉移库费用补贴管理办法的通知》（财建［2011］1157号，2011年12月31日）

28.《国家科技支撑计划管理暂行办法》（国科发计字［2006］331号，2006年7月31日）

29.《国家税务总局关于印发〈外商投资企业采购国产设备退税管理试行办法〉的通知》(国税发［1999］171 号，1999 年 9 月 20 日)

30.《国家税务总局文件国家税务总局关于印发〈外商投资企业和外国企业购买国产设备投资抵免企业所得税管理办法〉的通知》(国税发［2000］90 号，2000 年 3 月 18 日)

31.《国务院关于调整进口设备税收政策的通知》(国税发［1997］37 号，1997 年 12 月 29 日)

32.《新疆维吾尔自治区人民政府关于加快自治区纺织业发展有关财税政策的通知》(新政发［2010］99 号，2010 年 9 月 19 日)

33.《关于印发玛纳斯县纺织工业园区优惠政策的通知》(玛政发［2010］47 号，2010 年 7 月 15 日)

34.《关于促进我国纺织行业转变外贸增长方式，支持纺织企业“走出去”相关政策的通知》(2006 年 7 月 26 日)

35.《关于深入实施西部大开发战略有关税收政策问题的通知》(财税［2011］58 号，2011 年 7 月 27 日)

36.《科技部、财政部、国家税务总局关于印发〈高新技术企业认定管理办法〉的通知》(国科发火［2008］172 号，2008 年 4 月 14 日)

37.《中华人民共和国商业银行法》(2003 年 12 月 27 日修正)

38.《国家质量监督检验检疫总局关于修改〈中国名牌产品管理办法〉的决定》(国家质量监督检验检疫总局，总局第 124 号令，2009 年 12 月 19 日)

39.《产业结构调整指导目录(2005 年本)》(国务院 2005 年第 40 号令)

40.《德勤，同中国省份的合作为何是正确的时机》(2009 年 9 月)

41.《河南省人民政府办公厅转发省发展改革委 关于加快我省纺织工业结构调整指导意见的通知》(豫政办［2007］75 号，2007 年 7 月 25 日)

42.《关于加快江西省纺织业转型升级的意见草案》(未注明日期)

43.《中华人民共和国企业所得税法》(中华人民共和国主席令第 36 号，2007 年 3 月 16 日)

44.《对来自中华人民共和国的 128 克铜版纸实施反倾销税以及确定执行的通知》(理事会实施条例(EU) 2011 年第 451 号，欧盟委员会，2011 年 5 月 6 日)

45.《深圳企业出口补贴增长》(香港贸易发展局网站，2004 年 5 月 1 日)

46.《福建省人民政府关于印发福建省“十二五”科技发展专项规划的通知》(未注明日期)

47.《福建省国民经济和社会发展第十二个五年规划纲要》(未注明日期)

48.《福建省产业调整和振兴实施方案 2010 年投资重点》(2009 年 11 月 13 日)

49.《2009—2011 年福建省主要产业振兴规划》(2009 年 9 月 27 日)

50.《中国名牌战略发展报告》(国家质量监督检验检疫总局，2006 年 12 月 20 日)

51.《中国名牌产品有效期满后标志使用问题的通知》(国质检质函［2010］405 号，2010 年 6 月 22 日)

52.《广东省国民经济和社会发展第十一个五年规划纲要》(未注明日期)

53.《广东省国民经济和社会发展第十二个五年规划纲要》(未注明日期)

54.《广东省纺织工业“十二五”发展指导意见》(未注明日期)

55.《广东省纺织工业 2005—2010 年发展规划》(未注明日期)

56.《广东省纺织工业调整和振兴规划》(粤府［2009］164 号，2009 年 12 月 29 日)

57.《广东支持私人企业走出去》(香港贸易发展局网站，2004 年 3 月 1 日)

58.《中华人民共和国国民经济和社会发展第十一个五年规划纲要》(未注明日期)

59.《关于推进国际知名品牌培育工作的指导意见》(商贸发［2009］150 号，2009 年 4 月 2 日)

60.《纺织工业调整和振兴规划》(2009 年 4 月 24 日)

61.《河南省国民经济和社会发展第十二个五年规划纲要》(2011 年 1 月 23 日)

62.《河南省“十一五”纺织工业发展规划》(2006 年 9 月 22 日)

63.《宁波市服装产业基地实施方案》(2011 年 3 月 17 日)

64.《中华人民共和国外商投资企业和外国企业所得税法》(中华人民共和国主席令1991年第45号，1991年4月9日)

65.《中国工商银行股份有限公司2010年年度报告》

66.《纺织工业“十二五”发展规划》(未注明日期)

67.《江苏省省级外贸发展资金暂行管理办法》(苏政办发［2005］108号，2005年9月24日)

68.《中央财政清洁生产专项资金管理暂行办法》(财建［2009］707号，2009年10月30日)

69.《外经贸区域协调发展促进资金管理办法》(财企［2008］118号，2008年6月2日)

70.《重点产业振兴和技术改造专项投资管理办法(暂行)》(2009年3月26日)

71.《农轻纺产品贸易促进资金暂行管理办法》(商规发［2005］507号，2005年10月20日)

72.《江苏省宿迁经济开发区土地管理规定(试行)》(2003年4月23日)

73.《中国储备棉管理总公司网络档案》

74.《常州国家高新区大丰工业园网络档案》(未注明日期)

75.《兰溪经济开发区网络档案》(2011年7月26日)

76.《中国石油化工总公司网络档案》(未注明日期)

77.《中国石化仪征化纤股份有限公司网络档案》(未注明日期)

78.《中国石化仪征化纤股份有限公司高级管理网络档案》(未注明日期)

79.《上虞经济开发区网络档案》［百度百科(未注明日期)］

80.《万安县工业园区网络档案》(江西吉安网，2009年3月23日)

81.《夏邑县产业集聚区网络档案》(2010年10月24日)

82.《淄博高新技术产业开发区网络档案》(2005年2月1日)

83.《江苏省国民经济和社会发展第十二个五年规划纲要》(未注明日期)

84.《江苏省“十一五”工业结构调整和发展规划纲要》(苏政办发［2006］142号，2006年12月20日)

85.《江苏省纺织工业调整和振兴规划纲要2009—2011》(未注明日期)

86.《江西省国民经济和社会发展第十二个五年规划纲要》(2011年2月14日)

87.《江西省国民经济和社会发展第十一个五年计划纲要》(2006年12月5日)

88.《中华人民共和国土地管理法》(2004年8月28日)

89.《中央补助地方清洁生产专项资金使用管理办法》(财建［2004］343号，2004年10月13日)

90.《浙江省财政厅、省商务厅关于印发〈浙江省实施“走出去”战略专项资金使用管理办法〉的通知》(浙财企字［2009］296号，2009年11月10日)

91.《接受利益团体申请对来自中华人民共和国和印度共和国的进口三水羟氨苄青霉素发起反倾销反补贴调查的通知》(墨西哥经济秘书处，官方日报以及所有提及的文献，2011年7月12日)

92.《中国银行贷款的决定因素》(莫克、文森特等，2008)

93.《国民经济和社会发展第十二个五年规划》(未注明日期)

94.《宁波市纺织服装产业“十二五”发展专项规》(甬经信发［2011］259号，2011年11月1日)

95.《关于西部大开发税收优惠政策问题的通知》(财税［2001］202号，2011年12月30日)

96.《关于印发〈国家重点技术改造项目管理办法〉〈国家重点技术改造项目国债专项资金管理办法〉的通知》(国经贸投字［1999］886号，1999年9月10日)

97.《关于修订〈国家重点技术改造项目管理办法〉和〈国家重点技术改造项目国债专项资金管理办法〉的通知》(国经贸投资［2000］822号，2000年8月28日)

98.《财政部办公厅、工信部办公厅关于组织推荐科技成果转化项目的通知》(财办建［2010］25号，2010年4月1日)

99.《关于组织推荐2012年国家重大科技成果转化项目的通知》(财办建［2012］20号，2012

年 2 月 10 日）

100.《国务院关于实施企业所得税过渡优惠政策的通知》（国发［2007］39 号，2007 年 12 月 26 日）

101.《〈国家中长期科学和技术发展规划纲要（2006—2020 年）〉若干配套政策的通知》（国发［2006］6 号，2006 年 2 月 7 日）

102.《国务院关于经济特区和上海浦东新区新设立高新技术企业实行过渡性税收优惠的通知》（国发［2007］40 号，2007 年 12 月 26 日）

103.《南通市人民政府关于加快全市纺织服装业转型升级的意见》（通政发［2012］5 号，2012 年 1 月 17 日）

104.《绍兴市纺织产业提升发展规划实施方案》（2009 年 2 月 2 日）

105.《发改委关于加快纺织行业结构调整促进产业升级若干意见的通知》（发改运行［2006］762 号，2006 年 4 月 29 日）

106.《美国——对某些来自中国的产品征收反倾销和反补贴税》［专家组报告，WT/DS379/AB/R（经上诉机构报告修改），2011 年 3 月 25 日］

107.《东北地区振兴规划》（新华网，2007 年 12 月 19 日）

108.《中国金融机构》（法国沛丰协会，未注明日期）

109.《中华人民共和国国民经济和社会发展第十个五年计划纲要》（2001 年 3 月 15 日）

110.《沙雅县纺织工业园招商引资优惠政策》（2011 年 5 月 29 日）

111.《大河服装工业园区管委会招商引资优惠政策》（未注明日期）

112.《新疆阿克苏纺织工业城（开发区）招商引资优惠政策（试行）》（2011 年 5 月 29 日）

113.《清洁生产审核暂行办法》（中华人民共和国国家发展和改革委员会国家环境保护总局令第 16 号，2004 年 8 月 16 日）

114.《国务院关于鼓励投资开发海南岛的规定》（国发［1988］26 号，1988 年 5 月 4 日）

115.《泉州市国民经济和社会发展第十二个五年规划纲要》

116.《农业发展银行支持棉花纺织服装行业信用贷款管理办法》（泉州纺织服装商会）

117.《纺织工业调整和振兴规划》（2009 年 4 月 24 日）

118.《中华人民共和国企业所得税法实施条例》（国务院令第 512 号，2007 年 12 月 6 日）

119.《排污费征收使用管理条例》（中华人民共和国国务院令第 369 号，2003 年 1 月 2 日）

120.《排污费资金收缴使用办法》（中华人民共和国财政部国家环境保护总局令第 17 号，2003 年 3 月 20 日）

121.《广东省经济特区条例》（1980 年 8 月 26 日）

122.《对福建省关于建设厦门经济特区的批复》（国函字［1980］88 号，1980 年 10 月 7 日）

123.《根据〈补贴与反补贴措施协议〉第 25.10 条美国请求与中国磋商》（G/SCM/Q2/CHN/42，2011 年 10 月 11 日，以及所有涉及的文件）

124.《纺织工业调整和振兴规划》（2009 年 4 月 24 日）

125.《中华人民共和国外商投资企业和外国企业所得税法实施细则》（国务院令［1991］85 号，1991 年 6 月 30 日）

126.《协议出让国有土地使用权规定》（2003 年 6 月 11 日）

127.《山东省国民经济和社会发展第十一个五年规划纲要》（2006 年 7 月 10 日）

128.《山东省国民经济和社会发展第十二个五年规划纲要》（2011 年 3 月）

129.《山东省纺织工业“十一五”发展规划》（2008 年 5 月 26 日）

130.《山东省纺织工业“十二五”发展规划》（2011 年 6 月 17 日）

131.《绍兴市“十二五”工业发展规划》（绍政发［2011］72 号，2011 年 9 月 9 日）

132.《深圳市国民经济和社会发展第十一个五年总体规划》（2011 年 6 月 15 日）

133.《聚酯纤维》（SRI 咨询公司，2010 年 4 月）

134.《国家制定政策稳定棉花生产》（德信和实业有限公司网站，2010 年 4 月 10 日）

135.《陶朱街道纺织企业获亿元贷款》（蝶讯网，2011 年 5 月 5 日）

136.《纺织工业“十二五”发展规划》(未注明日期)

137.《中国国有企业与国家资本主义分析》(美国国会中国经济与安全审查委员会,2011年10月26日,以及所有涉及的文件)

138.《棉花及棉花产品年度报告》(美国农业部,2012年5月3日)

139.《对中国某些适用于使用单纸印刷机的高质量图形打印的铜版纸:最终反补贴税裁定》(75 Fed. Reg. 59212,美国商务部,2010年9月27日,以及所有涉及的文件)

140.《对中国进口的钻杆:最终反补贴税裁定,最终紧急情况裁定》(76 Fed. Reg. 1971,美国商务部,2011年1月11日,以及所有涉及的文件)

141.《对中国的复合编织袋:紧急情况最终反倾销及反补贴税裁定》(73 Fed. Reg. 35649,美国商务部,2008年6月24日,以及所有涉及的文件)

142.《根据WTO上诉机构在WTO文件DS379中的结果的一份中国公共机构分析》(对中国的圆形焊接碳素优质钢管材;薄壁矩形钢管和管件;复合编织袋;工程机械轮胎发起反补贴税调查的决定,美国商务部第129号决定,2012年5月18日,以及所有涉及的文件)

143.《在反补贴税调查确定特定企业是否被视为“公共机构”的有限目的中的中国共产党的相关性》(美国商务部,2012年5月18日,以及所有涉及的文件)

144.《中国农产品贸易:竞争条件以及对美国出口的影响》(美国国际贸易委员会,2011年3月22日,以及所有涉及的文件)

145.《世界棉花价格持续超过记录水平,国内市场需谨慎应对》(天津市棉花协会网站,2011年2月22日)

146.《中国贸易政策审议》(世界贸易组织秘书处报告,WT/TPR/S/230,2010年4月26日,以及所有涉及的文件)

147.《新疆纺织化危为机赢利2.5亿元》(中国纺织经济信息网,2010年5月26日)

148.《中国纺织服装协会及纺织工业分会发言稿》(许坤元,2006年)

149.《潍坊市“十二五”工业发展规划》(2011年8月19日)

150.《中国西部10年发展战略》(中国日报,2009年10月16日)

151.《无锡市“十二五”工业发展规划》(2011年9月)

152.《浙江省国民经济和社会发展第十一个五年规划纲要》(未注明日期)

153.《淄博市人民政府办公厅关于印发淄博市“十二五”工业发展规划的通知》(淄政办发[2011]69号,2011年7月9日)

154.《淄博纺织工业投资指南》(未注明日期)

上述为有关墨西哥利益损害的现有证据。

(黄艳希 译)

二十五、欧盟及其成员国——影响可再生能源生产部门的措施:中国请求磋商

此文件自2012年11月5日,在欧盟代表团和中国代表团及争端解决机构主席间进行沟通,现根据DSU第4条第4款的规定予以散发。

受我国政府指示,根据DSU第1条和第4条,GATT 1994第22条和第23条第1款,SCM协议第4.1条和第30条,TRIMs协议第8条,就影响可再生能源生产部门的措施,我国代表团请求与欧盟、意大利和希腊进行磋商。

这些措施包括但不限于与欧盟及其成员国(包括但不限于)意大利和希腊在光伏发电项目中做出的关于当地成分要求的限制性规定。这些措施已经授予欧盟成员政府相应权力,尤其是欧盟理事会和议会“促进可再生能源使用”的指令2009/28/EC。

中国欲在磋商过程中提出的措施包括但是不限于下述措施:

(1)意大利经济发展部2012年7月5日令:实施2011年3月3日法令第25条,n. 28,刺激光伏太阳能装置的产电量,发布于2012年的7月10日意大利政府公报,n. 159,补充n. 143(“Quinto Conto Energia”或者“第五能源法案”),包括第4(5)(d)、5(2)(a)和2(1)(V)条。

(2)意大利经济发展部2011年5月5日令:实施2011年3月3日法令第25条,n. 28,为刺激光伏太阳能装置的产电量,发布于2011年的5月12日意大利政府公报,n. 109,补充n. 143

（“Quarto Conto Energia”或者“第四能源法案”），包括第 14（1）（d）条。

（3）所有与颁布和实施（1）（2）有关的措施，包括但不限于：

（Ⅰ）意大利 2011 年 3 月 3 日法令，刺激光伏太阳能装置的产电量，第 25（10）条；

（Ⅱ）欧洲议会以及欧盟理事会 2009 年 4 月 23 日出台的“关于促进可再生能源利用以及修订并随后废除 2001/77/EC 和 2003/30/EC 指令”的 2009/28/EC 指令；

（Ⅲ）欧盟委员会 2009 年 6 月 30 日发布的 2009/548/EC 决议，“欧洲议会以及欧盟理事会 2009/28/EC 指令下建立国家可再生能源行动计划的模板”；

（Ⅳ）2012 年 8 月 7 日的“实施规则”。

（4）希腊 2012 年 3 月 27 日出台的法 4062/2012（FEK A'70/30.03.2012）：关于“以前国际机场海兰尼孔的发展——太阳神项目——提高可再生资源的能源的利用率（指令 2009/28/EC 集成），生物燃料和生物萃取液的可持续发展指标（指令 2009/30/EC 集成）”，尤其是第 39 条第 12 段。

（5）所有与颁布和实施（4）有关的措施，包括但不限于：

（Ⅰ）第（3）点中的（Ⅱ）和（Ⅲ）；

（Ⅱ）希腊关于可再生能源的主要立法，如法案 No.3468/2006 No.3468/2006“可再生能源的发电量”及所有的修订，包括但不限于，法案 No.3851/2010“为应对气候变化促进可再生能源的使用，环境能源和气候变化部的其他相关的规定”，4001/2011“电和天然气的能源市场”；

（Ⅲ）任何规定了明确的资格标准的与该措施相关的部门和行政决议，而不论颁布与否。

（6）所有相关的修订、修正、替代措施、更新措施、实施措施等，而不论颁布与否。

中国认为上述提及的措施，与下列条款不一致：

· GATT 1994 第 3 条第 1 款，因为影响国内销售的法律、法规和措施是为保护国内生产；

· GATT 1994 第 3 条第 4 款，因为部分措施在欧盟区域内的同类产品与进口产品之间构成了歧视；

· GATT 1994 第 3 条第 5 款，因为这些措施构成了数量限制；

· GATT 1994 第 1 条，因为有关国内成分的限制限制了包括中国在内的一些 WTO 成员，但另一些成员未受限制；

· SCM 协议第 3.1（b）条和第 3.2 条，因为这些措施包括 SCM 协议第 1.1 条定义的补贴，这是被禁止的；

· TRIMs 协议第 2.1 条、第 2.2 条和例示清单，因为与贸易有关的投资措施与 GATT 1994 第 3 条第 4 款不符。

美国的措施直接或间接地剥夺和减损了中国根据上述协议所应得的利益。

中国政府保留在磋商期间向欧盟和其成员国磋商更多相关信息和文件的权利。中国保留就欧盟和其成员国影响可再生能源部门的措施和实践，无论是否由希腊和意大利实施以及无论是否公布，提起法律诉讼的权利。

中国政府期待欧盟及其成员国对此请求的回复，以便选择一个双方都可接受的磋商时间。

（孔超译，杨凤鸣校）

二十六、阿根廷——与货物和服务贸易相关的措施：巴拿马请求磋商

此文件自 2012 年 12 月 12 日，在越南代表团和美国代表团及争端解决机构主席间进行沟通，现根据 DSU 第 4 条第 4 款的规定予以散发。

受我国政府指示，根据 DSU 第 4 条，GATT 1994 第 22 条第 1 款，《服务贸易总协定》（GATS）第 22 条，就阿根廷采取的影响货物和服务贸易的措施，请求与阿根廷进行磋商。这些措施仅适用于法令 1344/98 及修订后的法令 1037/00 中所列的国家，包括巴拿马。

根据 DSU 第 4 条第 4 款，磋商请求的原因、争议措施、诉讼的法律基础列示如下：

1. 根据外国服务供应商的地点歧视性征收利得税

根据其居住国的不同，阿根廷对外国债权人的支付建制定了不同的推定比例。假定债权人是所列国家的银行或金融机构，则净利润认定为 100% 时，而其他国家的相关机构的净利润认定为 43%。虽然用于支付的比例都是 35%，假定的净利润为税基，会面临不同的税收负担，分别为 35%

和15.05%。

巴拿马认为争议措施包括，尤其是，下列条款：（Ⅰ）收入/利得税法案第93（c）1条和第2条（利得税法案—法20.628）；（Ⅱ）法令1344/98；（Ⅲ）法令1037/00。

在这些措施下，相对于其他国家来说，名单列示的国家的金融服务提供者受到了歧视待遇。因此，巴拿马的措施显然与GATS第2条第1款不一致。此外，金融租赁相关的产品进口，相对于其他国家来说，名单列示的国家的产品受到了歧视待遇，与GATTA 1994的第1条第1款不相符。

2. 基于所谓的财富不正当的增长的歧视性措施

阿根廷推测所列国家的资金的流入，包括商品和服务的出口支付、提供服务相关的资金的转移，构成在阿根廷资金接受者财富的不正当增长。由于这个推测，这些资金被认为是“净利润”。为确定利得税税基，所有的资金都被考虑在内，再加上10%的收入增长，因此阿根廷适用的税率为35%。

另一方面，名单以外的国家产品和服务的交易，包括与原国籍的产品和服务的交易，没有受净利润推定和10%税基增加的影响。

巴拿马认为这个措施包括在，尤其是，下列条款中：（Ⅰ）税收流程法律的第18条以后的无序号的条款（法11683），由法25.795修正；（Ⅱ）收入/利得税法案第15条（法20.628）；（Ⅲ）法令1344/98；（Ⅳ）法令1037/00。

这些措施显然与以下条款不一致：

• GATS第2条第1款，阿根廷对于财富不正当的增长的推算，给名单中的国家构成了歧视；

• GATS第11条，通过净利润的推定和10%税基的增加，阿根廷限制其承诺的服务领域内的国际转移支付；

• GATS第16条和脚注8，因为：（Ⅰ）阿根廷限制资本的跨境流动，与市场准入承诺不符；（Ⅱ）阿根廷限制资本流入的地区，与市场准入承诺不符；

• GATS第17条，在所承诺的服务领域中，阿根廷的措施在名单中的国家服务和服务提供者和其国内服务和服务提供者之间构成了歧视；

• GATT 1994的第1条第1款，对于出口支付阿根廷赋予去往任何其他国家的产品一些优势、优惠和特权或者豁免权，却没有立即无差别的给予名单所列的国家。

3. 对所列国家当事人的交易价值的歧视

为计算利得税，阿根廷不考虑名单所列国家的交易是否是合理正常的市场行为和价格。因此，阿根廷借助转移价格的方法，造成较高的成本，如雇佣一个独立的公共会计师来核准这些信息，并出具报告AFIP 1122/01，从而征收较高的税率。这些做法：（Ⅰ）不利于名单所列国家的产品和服务的进口；（Ⅱ）不鼓励向名单所列的国家出口。

巴拿马认为这个措施包括在，尤其是，下列条款中：（Ⅰ）收入/利得税法案第15条；（Ⅱ）法令1344/98；（Ⅲ）法令1037/00。

因此，巴拿马认为对于出口支付阿根廷赋予去往任何其他国家的产品一些优势、优惠和特权或者豁免权，却没有立即无差别的给予名单所列的国家，与GATT 1994第1条第1款不一致。

同样，巴拿马认为与给予原籍地国家的产品的优惠相比，争议措施给予名单所列国家的进口产品较少的优惠，显然与GATT 1994第3条第2款和第3条第4款不一致。

最后，巴拿马认为争议措施使得源自名单所列国家产品的进口和出口受阻。因此，这些措施构成了对名单所列国家的进出口的限制，显然与GATT 1994第11条第1款不一致。

在所承诺的服务领域中，阿根廷的措施在名单中的国家服务和服务提供者和其国内服务和服务提供者之间构成了歧视，显然与GATS第17条不相符。

4. 影响再保险服务部门贸易的措施

在决议35615/2011号中，国家保险监督局（SSN）禁止外国再保险服务商给阿根廷承包人提供服务，除非他们在阿根廷有至少资本额达2000万阿根廷比索的子公司或者分部。同时，巴拿马认为名单所列国家的服务商已经杜绝了在阿根廷建立子公司或者分部的可能性。显然对于巴拿马再保险业在阿根廷设置分公司和分部的资本金的要求，与GATS的第16条第1款和阿根廷的对该部门的市场准入的承诺不一致。同样的，这一规定对名单所列的国家的再保险业的服务提供商构成了歧视，显然与GATS第2条第1款不相符。

此外，尽管普遍限制，决议35615/2011第

19、20条例外，例如，由于地震和自然风险，则在阿根廷设立的公司无法从事此业务。因此，在阿根廷没有商业存在的再保险服务供应商，在国家保险监督局的批准下，将可能提供这种服务。然而，SSN 35726/2011号中，所列国家再保险服务供应商也被禁止从事此服务。巴拿马认为该措施构成了歧视，显然与GATS第2条第1款不相符。

5. 对特定外国服务提供者注册公司和分支机构的歧视性要求

《商业公司法》第19.550号的第118条，阿根廷企业办公室（IGJ）负责对在布宜诺斯艾利斯自治市的注册和海外合并的检查，以寻求开展活动、设立分支机构、永久代表处。除此之外，IGJ总体决议7/2005第192条设置了仅对名单所列国家适用的规定，进入布宜诺斯艾利斯自治市的注册账号。这一措施规定设置公司后要参加重要的商业活动，在第三国注册或并购，都要满足特定的要求。另外，第192条还规定IGJ执行严格地注册标准。另一方面，对于其他国家的外国公司没有这一额外的规定。

此外，巴拿马认为与给其他国家的服务和服务提供者的优惠相比，争议措施给予名单所列国家的服务和服务提供者较少的优惠，显然与GATS第2条第1款不一致。

在所承诺的服务领域中，阿根廷的措施在名单中的国家服务和服务提供者和其国内服务和服务提供者之间构成了歧视，显然与GATS第16条第1款不相符。

6. 影响投资汇回的措施

阿根廷央行“A”4786通知和其修正规范了海外投资汇回进入统一自由的外汇市场的市场准入。“A”4786通知规定直接投资和证券投资的汇回而购买外汇，名单所列的国家的居民必须事先获得阿根廷央行的批准才能进入统一自由的外汇市场而名单外的国家的居民则不需事先批准。

巴拿马认为，这一限制反映了相比其他国家的服务和服务供应商，所列国家的服务和服务供应商在阿根廷建立商业存在和投资汇回方面得到优惠较少，这显然与GATS的第2条第1款的规定不一致。

7. 影响金融工具贸易的措施

根据国家证券委员会管制条款的综合文本，由总决议No.368批准，由总决议No.611更新，名单所列的国家的居民所注册的或上市的部分金融机构和证券交易商不能进行有关有价证券、远期合约、期货或任何期权，或其他金融工具及产品的交易。同时这一限制措施并不适用于其他国家的居民所注册的或上市的机构的交易行为。

巴拿马认为，限制所列国家服务提供者进入阿根廷证券市场的准入，阿根廷的措施在名单中的国家服务和服务提供者和其国内服务和服务提供者之间构成了歧视，这显然与GATS的第2条第1款不一致。

8. 对外国居民提供的商品和服务的费用扣减的歧视性标准

为利得税，阿根廷在货物和服务的费用扣减方面，对国内居民和国外居民设定了不同的标准。而且国外居民的标准也不尽相同。如果货物或者服务的供应商是所列国家的居民，只有这个费用在提交相应的纳税申报期限之前支付，阿根廷才会扣减这些费用。

另一方面，如果货物和商品的供应商居民为名单以外的国家，则费用的扣减就没有此限制。

巴拿马认为这个措施包括在，尤其是，下列条款中：（Ⅰ）收入/利得税法案第18条；（Ⅱ）法令1344/98；（Ⅲ）法令1037/00。

巴拿马认为，这一措施显然与GATS的第2条第1款不一致，因为相比其他国家的服务和服务供应商，尽管有利得税的决定，阿根廷仍然给予源自所列国家的服务和服务供应商较少的优惠待遇。同样的，在所承诺的服务领域中，阿根廷的措施在名单中的国家服务和服务提供者和其国内服务和服务提供者之间构成了歧视，这显然与GATS的第17条不一致。

尽管有利得税的测定，争议措施也与GATT 1994第1条第1款不一致，对于出口支付阿根廷赋予去往任何其他国家的产品一些优势、优惠和特权或者豁免权，却没有立即无差别的给予名单所列的国家。更进一步地说，议题中的措施似乎与GATT 1994第3条第4款不一致，因为相比其国内产品，所列国家的进口产品给予的优惠较少。

9. 拒绝给予增值税的减免和退税

若出口至所列国家，阿根廷拒绝给予增值税的减免和退税。同时，若出口至其他国家，阿根廷则给予增值税的减免和退税。

巴拿马认为，阿根廷赋予去往任何其他国家的产品一些优势、优惠和特权或者豁免权，却没有立即无差别的给予名单所列的国家。巴拿马认为，争议措施显然与GATT 1994第1条第1款不一致。

除上述措施外，该磋商请求也包括其他的监管工具、指导方针、实践、决定或行政或司法行为规范和执行问题的措施，包括那些正式修改的以及之前没有提到的，以及适用的例子。

巴拿马也通知阿根廷，在磋商过程中可能会有必要讨论其他与争议措施相关的实际或者法律论点，或者提起其他与此相关的争议措施，磋商请求中所提到的WTO规则，包括（但是不限于）GATT 1994第1条第1款、第3条第2款和第3条第4款和GATS的第2条第2款和第17条。

巴拿马期待着阿根廷对此请求尽快回复，选择一个双方代表团都同意的磋商时间和地点。

（孔超译，杨凤鸣校）

二十七、中国——对日本进口的高性能不锈钢无缝钢管（HP－SSST）征收反倾销税：日本请求磋商

此文件自2012年12月20日起在日本代表团和中国代表团及争端解决机构主席间进行沟通，现根据DSU第4条第4款规定予以散发。

受我国政府授权，根据DSU第1条和第4条，GATT 1994第22条第1款，以及SCM协议第17.2和17.3条，我国代表团就中国商务部发布的2012年第21号和第72号公告，中国政府对日本进口的高性能不锈钢无缝钢管（HP－SSST）征收反倾销税的措施请求与中国进行磋商。

日本政府认为，中国采取的措施与其在GATT 1994以及SCM协议中承诺的义务不相符，其中包括但不仅限于下列条款：

1. SCM协议第3.1、3.2条，因为中国没有依据肯定性的证据对来自日本的进口产品数量以及价格影响做出客观调查；

2. SCM协议第3.1、3.4条，因为中国没有依据肯定性的证据对进口产品是否造成国内产业损害做出调查；中国没有对影响国内产业的相关经济因素及指标做出客观判断；

3. SCM协议第3.1、3.5条，因为中国没有依据肯定性的证据说明因果关系，即：

中国没有依据肯定性的证据说明国内产业所遭受的损害是由倾销的进口产品造成的，而不是其他可能因素造成的；

中国没有声明其他已知因素造成的损害没有被归因于倾销进口产品。

4. SCM协议第5.3、5.8条，因为中国没有足够证据证明发起调查的正当性；

5. SCM协议第6.5、6.5.1条，因为：

（a）中国没有合理的理由将申请人信息作为机密信息；

（b）中国没有要求提供机密信息的利害关系方提供此类信息的非机密摘要；

（c）或即使提供，也没有确保此摘要足够详细，以便能够合理了解机密信息的实质内容。

6. SCM协议第6.9条，因为中国在做出最终反倾销措施之前，没有将构成是否实施最终措施决定依据的基本事实通知有利害关系的各方；

7. SCM协议第12.2和12.2.2条，因为中国没有详细提供就其认为重要的所有事实问题和法律问题所得出的调查结果和结论，以及实施最终措施的所有有关事实问题和法律问题及理由；

8. SCM协议第7.4条，因为中国没有根据所涉及的贸易中占很大百分比的出口商的请求，审查低于倾销幅度的反倾销税是否足以消除损害，实施了超过4个月的临时措施；

9. SCM协议第6.8条和附件2第1段以及第6.9、12.2、12.2.2条，因为，对所有日本其他公司的倾销幅度的确定：

（a）中国不当使用可获得事实；

（b）中国未充分披露实施最终反倾销措施依据的基本事实；

（c）中国没有详细提供实施最终措施的所有有关事实问题和法律问题及理由。

10. 中国对日本进口的高性能不锈钢无缝钢管（HP－SSST）征收反倾销税的措施违反了SCM协议第1条以及GATT 1994第6条，因为中国违反了上述SCM协议条例。中国的措施直接或间接地剥夺和减损了日本根据上述协议所应得的利益。日本保留在磋商过程中依据WTO协议的其他规定进一步采取措施和提出法律申诉的权利。日本期待中国对此请求的回复，并确定一个双方都方便的日期在日内瓦进行磋商。

（黄艳希　译）

附录 1：1995—2012 年争端解决机构受理的案件[①]

第一部分
请求磋商；成立专家组；达成解决方案

序号	案件	请求磋商	收到磋商请求（日-月-年）	加入磋商请求	请求成立专家组（日-月-年）	专家组成立（日-月-年）	双边达成解决方案（日-月-年）
1	马来西亚—聚乙烯和聚丙烯进口禁令	新加坡 WT/DS1/1	10-01-1995		17-03-1995 新加坡 WT/DS1/2 WT/DSB/M/6 （请求撤回）		
2	美国—精炼汽油及传统汽油标准	委内瑞拉 WT/DS2/1	24-01-1995		27-03-1995 委内瑞拉 WT/DS2/2	10-04-1995 WT/DSB/M/3	
3	韩国—对于农业产品检测及检验措施	美国 WT/DS3/1	04-04-1995	日本 WT/DS3/2			
4	美国—精炼汽油及传统汽油标准	巴西 WT/DS4/1	10-04-1995		22-05-1995 巴西 WT/DS4/2	31-05-1995 WT/DSB/M/5	
5	韩国—韩国产品保质期措施	美国 WT/DS5/1	03-05-1995	加拿大 WT/DS5/2 日本 WT/DS5/4			31-07-1995 WT/DS5/5 和 Corr. 1 24-11-1995 Add. 1 22-04-1996 Add. 1/Rev. 1 22-04-1996 Add. 2 22-04-1996 Add. 3 19-07-1996 Add. 4 20-09-1996 Add. 5
6	美国—在 1974 年贸易法第 301 节及第 304 节对来自日本汽车征收进口税	日本 WT/DS6/1	17-05-1995	欧共体 WT/DS6/2 澳大利亚 WT/DS6/3			19-07-1995 WT/DSB/M/6

① 此统计截至 2012 年 10 月 31 日。案件可分为五个部分：第一部分包括从最初提出磋商请求到成立专家组，再到争议各方形成双方满意的解决方法的案件；第二部分包括从成立专家组到通过专家组报告，再到提起上诉和通过上诉机构报告的案件；第三部分包括从通过专家组/上诉机构报告到执行争端解决机构建议和裁决的案件；第四部分、第五部分分别包括援引《关于争端解决规则与程序的谅解》第 21.5 条和第 22 条再次提请申诉的案件。

续 表

序号	案件	请求磋商	收到磋商请求（日-月-年）	加入磋商请求	请求成立专家组（日-月-年）	专家组成立（日-月-年）	双边达成解决方案（日-月-年）
7	欧共体—扇贝的贸易描述	加拿大 WT/DS7/1	19-05-1995	智利 WT/DS7/2 爱尔兰 WT/DS7/3 日本 WT/DS7/4 秘鲁 WT/DS7/5	10-07-1995 加拿大 WT/DS7/7 和 Corr. 1	19-07-1995 WT/DSB/M/6	19-07-1996 WT/DS7/12
8	日本—对酒精饮料征税	欧共体 WT/DS8/1	21-06-1995	美国 WT/DS8/2 加拿大 WT/DS8/3	15-09-1995 欧共体 WT/DS8/5	27-09-1995 WT/DSB/M/7	
9	欧共体—谷类进口税	加拿大 WT/DS9/1	30-06-1995		15-09-1995 加拿大 WT/DS9/2	11-10-1995 WT/DSB/M/8	
10	日本—对酒精饮料征税	加拿大 WT/DS10/1	07-07-1995	美国 WT/DS10/2 欧共体 WT/DS10/3	15-09-1995 加拿大 WT/DS10/5	27-09-1995 WT/DSB/M/7	
11	日本—对酒精饮料征税	美国 WT/DS11/1	07-07-1995		15-09-1995 美国 WT/DS11/2 和 Corr. 1	27-09-1995 WT/DSB/M/7	
12	欧共体—扇贝的贸易描述	秘鲁 WT/DS12/1	18-07-1995	加拿大 WT/DS12/3 智利 WT/DS12/2 和 Rev. 1 日本 WT/DS12/5	15-09-1995 秘鲁 WT/DS12/6 附录 22-09-1995 秘鲁 WT/DS12/7	11-10-1995 WT/DSB/M/8	19-07-1996 WT/DS12/12
13	欧共体—对谷物征收进口税	美国 WT/DS13/1	19-07-1995		29-09-1995 美国 WT/DS13/2 22-11-1996 WT/DS13/2/Add. 1 13-02-1997 WT/DS13/5 27-03-1997 WT/DS13/6		02-05-1997 WTDS13/8（请求撤回）

续 表

序号	案件	请求磋商	收到磋商请求（日-月-年）	加入磋商请求	请求成立专家组（日-月-年）	专家组成立（日-月-年）	双边达成解决方案（日-月-年）
14	欧共体—扇贝的贸易描述	智利 WT/DS14/1	24-07-1995	加拿大 WT/DS14/2 秘鲁 WT/DS14/3 日本 WT/DS14/4	15-09-1995 智利 WT/DS14/5 附录 27-09-1995 智利 WT/DS14/6 附录	11-10-1995 WT/DSB/M/8	19-07-1996 WT/DS14/11
15	日本—影响电信设备购买措施	欧共体 WT/DS15/1	18-08-1995	美国 WT/DS15/2			
16	欧共体—对于香蕉进口、销售及分销的规定	危地马拉 洪都拉斯 墨西哥 美国 WT/DS16/1	28-09-1995	圣卢西亚 WT/DS16/2 哥伦比亚 WT/DS16/3 多米尼克 WT/DS16/4 委内瑞拉 WT/DS16/5 尼加拉瓜 WT/DS16/6 哥斯达黎加 WT/DS16/7			
17	欧共体—稻米进口征税	泰国 WT/DS17/1	05-10-1995				
18	澳大利亚—影响鲑鱼进口措施	加拿大 WT/DS18/1	05-10-1995		10-03-1997 WT/DS18/2	10-04-1997 WT/DSB/M/31	
19	波兰—汽车进口管理体制	印度 WT/DS19/1	28-09-1995				11-09-1996 WT/DS19/2
20	韩国—罐装水措施	加拿大 WT/DS20/1	08-11-1995	美国 WT/DS20/2 欧共体 WT/DS20/4			24-04-1996 WT/DS20/6
21	澳大利亚—影响鲑鱼进口措施	美国 WT/DS21/1	20-11-1995	加拿大 WT/DS21/2	11-05-1999 美国 WT/DS21/4	16-06-1999 WT/DSB/M/64	27-08-2000 WT/DS21/10
22	巴西—影响可可粉措施	菲律宾 WT/DS22/1	30-11-1995		08-02-1996 菲律宾 WT/DS22/5	05-03-1996 WT/DSB/M/12	
23	委内瑞拉—对工业用管材的反倾销调查	墨西哥 WT/DS23/1	05-12-1995				26-05-1997 WT/DS23/3 （调查终止）
24	美国—对棉质及人造纤维质内衣进口的限制	哥斯达黎加 WT/DS24/1	22-12-1995		27-02-1996 哥斯达黎加 WT/DS24/2	05-03-1996 WT/DSB/M/12	

续 表

序号	案件	请求磋商	收到磋商请求（日-月-年）	加入磋商请求	请求成立专家组（日-月-年）	专家组成立（日-月-年）	双边达成解决方案（日-月-年）
25	欧共体—乌拉圭回合稻米协议实施	乌拉圭 WT/DS25/1	14-12-1995				
26	欧共体—与肉及肉类制品相关措施（荷尔蒙）	美国 WT/DS26/1	26-01-1996	新西兰 WT/DS26/2 澳大利亚 WT/DS26/3 加拿大 WT/DS26/4	25-04-1996 美国 WT/DS26/6	20-05-1996 WT/DSB/M/17	
27	欧共体—对于香蕉进口、销售及分销的规定（Ⅰ）	厄瓜多尔 危地马拉 洪都拉斯 墨西哥 美国 WT/DS27/1	05-02-1996	多米尼克 WT/DS27/2 圣卢西亚 WT/DS27/3 尼加拉瓜 WT/DS27/4 牙买加 WT/DS/27/5	12-04-1996 厄瓜多尔 危地马拉 洪都拉斯 墨西哥 美国 WT/DS27/6	08-05-1996 WT/DSB/M/16	
	欧共体—对于香蕉进口、销售及分销区域的规定（Ⅱ）	厄瓜多尔 危地马拉 洪都拉斯 墨西哥 美国 WT/DS27/18		巴拿马 WT/DS27/19 多米尼克 WT/DS27/20 牙买加 WT/DS27/22 哥斯达黎加 WT/DS27/23 哥伦比亚 WT/DS27/24 巴西 WT/DS27/25 圣卢西亚 WT/DS27/26 多米尼加 WT/DS27/27 科特迪瓦 WT/DS27/28 喀麦隆 WT/DS27/29			
28	日本—关于音像制品措施	美国 WT/DS28/1	09-02-1996	欧共体 WT/DS28/2			24-01-1997 WT/DS28/4

续 表

序号	案件	请求磋商	收到磋商请求（日-月-年）	加入磋商请求	请求成立专家组（日-月-年）	专家组成立（日-月-年）	双边达成解决方案（日-月-年）
29	土耳其—对于纺织品和服装限制措施	香港 WT/DS29/1	12-02-1996	欧共体 WT/DS29/2 马来西亚 菲律宾 泰国 WT/DS29/3 秘鲁 WT/DS29/4 印度 WT/DS29/5 巴西 WT/DS29/7 加拿大 WT/DS29/8			
30	巴西—对来自斯里兰卡的可可粉和可可奶进口征收补贴税	斯里兰卡 WT/DS30/1	23-02-1996				
31	加拿大—关于杂志的特定措施	美国 WT/DS31/1	11-03-1996		24-05-1996 美国 WT/DS31/2	19-06-1996 WT/DSB/M/19	
32	美国—影响女士及女童羊毛外套进口措施				15-03-1996 印度 WT/DS32/1	17-04-1996 WT/DSB/M/14	30-04-1996 WT/DS32/2 （根据争端解决机构 1996 年 4 月 17 日决定终止进一步行动）
33	美国—影响羊毛衬衫及女上衣进口的措施				15-03-1996 印度 WT/DS33/1 和 Corr. 1	17-04-1996 WT/DSB/M/14	
34	土耳其—对于纺织品及服装进口的限制	印度 WT/DS34/1	21-03-1996		02-02-1998 WT/DS34/2	13-03-1998 WT/DSB/M/43	06-07-2001 WT/DS34/14
35	匈牙利—对于农产品出口补贴	阿根廷 澳大利亚 加拿大 新西兰 泰国 美国 WT/DS35/1	27-03-1996	日本 WT/DS35/2	10-01-1997 澳大利亚 WT/DS35/4 10-01-1997 新西兰 WT/DS/35/5 10-01-1997 美国 WT/DS35/6 10-01-1997 阿根廷 WT/DS35/7	25-02-1997 WT/DSB/M/29	30-07-1997 WT/DSB/M/36
36	巴基斯坦—制药及农业化学产品的专利保护	美国 WT/DS36/1	30-04-1996	欧共体 WT/DS36/2	04-07-1996 美国 WT/DS36/3		07-03-1997 WT/DS36/4

续 表

序号	案件	请求磋商	收到磋商请求（日-月-年）	加入磋商请求	请求成立专家组（日-月-年）	专家组成立（日-月-年）	双边达成解决方案（日-月-年）
37	葡萄牙—工业产权法案专利权保护	美国 WT/DS37/1	30-04-1996				15-10-1996 WT/DS37/2 和 Corr. 1
38	美国—古巴自由民主团结法	欧共体 WT/DS38/1	03-05-1996		08-10-1996 欧共体 WT/DS38/2 14-10-1996 Corr. 1	20-11-1996 WT/DSB/M/26 根据 DSU 第 12.12 条 1998 年 4 月 22 日专家组解散	
39	美国—对来自欧共体的产品提高关税	欧共体 WT/DS39/1	18-04-1996		24-06-1996 欧共体 WT/DS39/2		
40	韩国—电信采购部门的法律、法规及实践	欧共体 WT/DS40/1	09-05-1996				29-10-1997 WT/DS40/2
41	韩国—关于农产品检验措施	美国 WT/DS41/1	24-05-1996				
42	日本—音像制品相关措施	欧共体 WT/DS42/1	28-05-1996	美国 WT/DS42/2			7-11-1997 WT/DS42/4
43	土耳其—对外国电影收入征税	美国 WT/DS43/1	12-06-1996		10-01-1997 美国 WT/DS43/2	25-02-1997 WT/DSB/M/29	24-07-1997 WT/DS43/3
44	日本—影响消费者照相软片及相纸的措施	美国 WT/DS44/1	13-06-1996		20-09-1996 美国 WT/DS44/2	16-10-1996 WT/DSB/M/24	
45	日本—影响分销服务的措施	美国 WT/DS45/1 和 Add. 1	13-06-1996				
46	巴西—航空器出口融资计划	加拿大 WT/DS46/1	19-06-1996		17-09-1996 加拿大 WT/DS46/2 04-10-1996 WT/DS46/4 13-07-1998 WT/DS46/5	23-07-1998 WT/DSB/M/47	
47	土耳其—对于纺织品及服装进口的限制	泰国 WT/DS47/1	20-06-1996				
48	欧共体—影响家畜及肉类措施（荷尔蒙）	加拿大 WT/DS48/1	28-06-1996	澳大利亚 WT/DS48/2 美国 WT/DS48/3 新西兰 WT/DS48/4	17-09-1996 加拿大 WT/DS48/5	16-10-1996 WT/DSB/M/24	

续 表

序号	案件	请求磋商	收到磋商请求（日-月-年）	加入磋商请求	请求成立专家组（日-月-年）	专家组成立（日-月-年）	双边达成解决方案（日-月-年）
49	美国—对来自墨西哥的新鲜或冷藏西红柿的反倾销调查	墨西哥 WT/DS49/1	01-07-1996				
50	印度—对于药物及农业化学产品专利权保护	美国 WT/DS50/1 美国 WT/DS50/11	02-07-1996	欧共体 WT/DS50/2 欧共体 WT/DS50/12	08-11-1996 美国 WT/DS50/4	20-11-1996 WT/DSB/M/26	
51	巴西—特定汽车投资措施	日本 WT/DS51/1	30-07-1996	韩国 WT/DS51/2 欧共体 WT/DS51/3 美国 WT/DS51/4 加拿大 WT/DS51/6			
52	巴西—影响汽车部门贸易及投资措施	美国 WT/DS52/1	09-08-1996	加拿大 WT/DS52/2 日本 WT/DS52/3 韩国 WT/DS52/4 欧共体 WT/DS52/5			
53	墨西哥—进口海关估价	欧共体 WT/DS53/1	27-08-1996	挪威 WT/DS53/2 瑞士 WT/DS53/3			
54	印度尼西亚—影响汽车工业特定措施	欧共体 WT/DS54/1	03-10-1996	美国 WT/DS54/2 日本 WT/DS54/3 韩国 WT/DS54/4 加拿大 WT/DS54/5	12-05-1997 欧共体 WT/DS54/6	12-06-1997 欧共体 WT/DSB/M/34	
55	印度尼西亚—影响汽车工业特定措施	日本 WT/DS55/1	04-10-1996	美国 WT/DS55/2 欧共体 WT/DS55/3 韩国 WT/DS55/4 加拿大 WT/DS55/5	18-04-1997 日本 WT/DS55/6 WT/DS64/4	12-06-1997 WT/DSB/M/34	
56	阿根廷—影响鞋类、纺织品、服装和其他项目进口的措施	美国 WT/DS56/1	04-10-1996	匈牙利 WT/DS56/2 欧共体 WT/DS56/3	10-01-1997 美国 WT/DS56/5	25-02-1997 WT/DSB/M/29	

续 表

序号	案件	请求磋商	收到磋商请求(日-月-年)	加入磋商请求	请求成立专家组(日-月-年)	专家组成立(日-月-年)	双边达成解决方案(日-月-年)
57	澳大利亚—纺织品、服装及鞋类进口信贷计划	美国 WT/DS57/1	07-10-1996				
58	美国—对特定虾类及虾类产品进口限制	印度 马来西亚 巴基斯坦 泰国 WT/DS58/1	08-10-1996	香港 WT/DS58/2 欧共体 WT/DS58/3 日本 WT/DS58/4 澳大利亚 WT/DS58/5	10-01-1997 马来西亚 泰国 WT/DS58/6 07-02-1997 巴基斯坦 WT/DS58/7 04-03-1997 印度 WT/DS58/8	25-02-1997 WT/DSB/M/29 马来西亚 泰国 巴基斯坦 10-04-1997 WT/DSB/M/31 印度	
59	印度尼西亚—影响汽车工业的特定措施	美国 WT/DS59/1	08-10-1996	日本 WT/DS59/2 欧共体 WT/DS59/3 韩国 WT/DS59/4 加拿大 WT/DS59/5	13-06-1997 美国 WT/DS59/6	30-07-1997 WT/DSB/M/36	
60	危地马拉—对来自墨西哥的波兰特水泥的反倾销调查	墨西哥 WT/DS60/1	17-10-1996		13-02-1997 墨西哥 WT/DS60/2	20-03-1997 WT/DSB/M/30	
61	美国—对特定虾类及虾类产品进口限制	菲律宾 WT/DS61/1	25-10-1996	澳大利亚 WT/DS61/2 日本 WT/DS61/3			
62	欧共体—对某些计算机设备的海关分类	美国 WT/DS62/1	08-11-1996	韩国 WT/DS62/2 加拿大 WT/DS62/3	13-02-1997 美国 WT/DS62/4	25-02-1997 WT/DSB/M/29	
63	美国—对于前德意志民主共和国的尿素进口采取反倾销措施	欧共体 WT/DS63/1	28-11-1996				
64	印度尼西亚—影响汽车工业的特定措施	日本 WT/DS64/1	29-11-1996	美国 WT/DS64/2 欧共体 WT/DS64/3	18-04-1997 日本 WT/DS55/6 WT/DS64/4	12-06-1997 WT/DSB/M/34	
65	巴西—影响汽车部门贸易及投资措施	美国 WT/DS65/1	10-01-1997				
66	日本—影响猪肉进口措施	欧共体 WT/DS66/1	15-01-1997	加拿大 WT/DS66/2			

续 表

序号	案件	请求磋商	收到磋商请求（日-月-年）	加入磋商请求	请求成立专家组（日-月-年）	专家组成立（日-月-年）	双边达成解决方案（日-月-年）
67	英国—对某些计算机设备的海关分类	美国 WT/DS67/1	14-02-1997	韩国 WT/DS67/2	10-03-1997 美国 WT/DS67/3	20-03-1997 争端解决机构决定此问题交由 1997 年 2 月 25 日成立的专家组决定 WT/DSB/M/30	
68	爱尔兰—对某些计算机设备的海关分类	美国 WT/DS68/1	14-02-1997		10-03-1997 美国 WT/DS68/2	20-03-1997 争端解决机构决定此问题交由 1997 年 2 月 25 日成立的专家组决定 WT/DSB/M/30	
69	欧共体—影响特定家禽产品进口的措施	巴西 WT/DS69/1	24-02-1997		12-06-1997 巴西 WT/DS69/2	30-07-1997 WT/DSB/M/36	
70	加拿大—影响民用航空器出口的措施	巴西 WT/DS70/1	10-03-1997		13-07-1998 巴西 WT/DS70/2	23-07-1998 WT/DSB/M/47	
71	加拿大—影响民用航空器出口的措施	巴西 WT/DS71/1	10-03-1997				
72	欧共体—影响黄油产品的措施	新西兰 WT/DS72/1	24-03-1997		7-11-1997 新西兰 WT/DS72/2	18-11-1997 WT/DSB/M/39	11-11-1999 WT/DS72/7
73	日本—导航卫星政府采购	欧共体 WT/DS73/1	26-03-1997	美国 WT/DS73/2			19-02-1998 WT/DS73/5
74	菲律宾—影响猪肉及家禽措施	美国 WT/DS74/1	01-04-1997	欧共体 WT/DS74/2 加拿大 WT/DS74/3			13-03-1998 WT/DS74/5 WT/DS102/6
75	韩国—对酒精类饮料征税	欧共体 WT/DS75/1	02-04-1997	美国 WT/DS75/2 加拿大 WT/DS75/3	15-09-1997 欧共体 WT/DS75/6	16-10-1997 WT/DSB/M/38	
76	日本—影响农产品措施	美国 WT/DS76/1	07-04-1997		06-10-1997 美国 WT/DS76/2	18-11-1997 WT/DSB/M/39	23-08-2001 WT/DS76/12
77	阿根廷—影响纺织品及服装措施	欧共体 WT/DS77/1	21-04-1997	美国 WT/DS77/2	15-09-1997 欧共体 WT/DS77/3 06-10-1997 Rev. 1 16-10-1997 Rev. 1/Corr. 1	16-10-1997 WT/DSB/M/38 29-07-1998 WT/DS77/5 专家组暂停其程序	

续 表

序号	案件	请求磋商	收到磋商请求（日-月-年）	加入磋商请求	请求成立专家组（日-月-年）	专家组成立（日-月-年）	双边达成解决方案（日-月-年）
78	美国—扫帚进口的保障措施	哥伦比亚 WT/DS78/1	28-04-1997				
79	印度—对于药物及农业化学产品专利权保护	欧共体 WT/DS79/1	28-04-1997		15-09-1997 欧共体 WT/DS79/2	16-10-1997 WT/DSB/M/38	
80	比利时—影响商业电话目录服务的措施	美国 WT/DS80/1	02-05-1997				
81	巴西—影响汽车部门贸易及投资措施	欧共体 WT/DS81/1	07-05-1997				
82	爱尔兰—影响版权及邻接权的措施	美国 WT/DS82/1	14-05-1997		12-01-1998 美国 WT/DS82/2		06-11-2000 WT/DS82/3
83	丹麦—影响知识产权实施的措施	美国 WT/DS83/1	14-05-1997				07-06-2001 WT/DS83/2
84	韩国—对酒精饮料征税	美国 WT/DS84/1	23-05-1997	加拿大 WT/DS/84/2 欧共体 WT/DS84/3	15-09-1997 美国 WT/DS84/4	16-10-1997 WT/DSB/M/38	
85	美国—影响纺织品及服装产品的措施	欧共体 WT/DS85/1	22-05-1997	瑞士 WT/DS85/2 洪都拉斯 WT/DS85/3 中国香港 WT/DS85/4 巴基斯坦 WT/DS85/5 印度 WT/DS85/6 日本 WT/DS85/7 多米尼克 WT/DS85/8			11-02-1998 WT/DS85/9
86	瑞典—影响知识产权实施的措施	美国 WT/DS86/1	28-05-1997				02-12-1998 WT/DS86/2
87	智利—对酒精饮料征税	欧共体 WT/DS87/1	04-06-1997	秘鲁 WT/DS87/2 美国 WT/DS87/3 墨西哥 WT/DS87/4	06-10-1997 欧共体 WT/DS87/5	18-11-1997 WT/DSB/M/39	
88	美国—影响政府采购措施	欧共体 WT/DS88/1	20-06-1997	日本 WT/DS88/2	09-09-1998 欧共体 WT/DS88/3	21-10-1998 WT/DSB/M/49 14-02-2000 WT/DS88/6 专家组建立的授权取消	

续 表

序号	案件	请求磋商	收到磋商请求 （日-月-年）	加入磋商请求	请求成立专家组 （日-月-年）	专家组成立 （日-月-年）	双边达成解决方案 （日-月-年）
89	美国—对于来自韩国彩色电视接收机进口征收反倾销税	韩国 WT/DS89/1 和 Corr. 1	10-07-1997	墨西哥 WT/DS89/2 泰国 WT/DS89/3 日本 WT/DS89/4 中国香港 WT/DS89/5 欧共体 WT/DS89/6	07-11-1997 韩国 WT/DS89/7 28-11-1997 WT/DS89/7/ Corr. 1		05-01-1998 WT/DS89/8 18-09-1998 WT/DS89/9 （请求撤回）
90	印度—对于农产品、纺织品及工业品的数量限制	美国 WT/DS90/1	15-07-1997	日本 WT/DS90/2 欧共体 WT/DS90/3 加拿大 WT/DS90/4 澳大利亚 WT/DS90/5 瑞士 WT/DS90/6 新西兰 WT/DS90/7	06-10-1997 美国 WT/DS90/8 07-11-1997 WT/DS90/8/ Corr. 1	18-11-1997 WT/DSB/M/39	
91	印度—对于农产品、纺织品及工业品的数量限制	澳大利亚 WT/DS91/1	16-07-1997	日本 WT/DS91/2 美国 WT/DS91/3 欧共体 WT/DS91/4 加拿大 WT/DS91/5 瑞士 WT/DS91/6 新西兰 WT/DS91/7			17-03-1998 WT/DS91/8 17-08-1998 WT/DS91/8 Corr. 1
92	印度—对于农产品、纺织品及工业品的数量限制	加拿大 WT/DS92/1	16-07-1997	日本 WT/DS92/2 美国 WT/DS92/3 欧共体 WT/DS92/4 澳大利亚 WT/DS92/5 瑞士 WT/DS92/6 新西兰 WT/DS92/7			18-03-1998 WT/DS92/8 25-09-1998 WT/DS92/8/ Corr. 1

续 表

序号	案件	请求磋商	收到磋商请求（日-月-年）	加入磋商请求	请求成立专家组（日-月-年）	专家组成立（日-月-年）	双边达成解决方案（日-月-年）
93	印度—对于农产品、纺织品及工业品的数量限制	新西兰 WT/DS93/1	16-07-1997	日本 WT/DS93/2 美国 WT/DS93/3 欧共体 WT/DS93/4 加拿大 WT/DS93/5 澳大利亚 WT/DS93/6 瑞士 WT/DS93/7			01-12-1998 WT/DS93/8
94	印度—对于农产品、纺织品及工业品的数量限制	瑞士 WT/DS94/1 和 Corr. 1	17-07-1997	日本 WT/DS94/2 美国 WT/DS94/3 欧共体 WT/DS94/4 加拿大 WT/DS94/5 澳大利亚 WT/DS94/6 新西兰 WT/DS94/7			23-02-1998 WT/DS94/9 18-09-1998 WT/DS94/9/ Corr. 1
95	美国—影响政府采购措施	日本 WT/DS95/1	18-07-1997	欧共体 WT/DS95/2	09-09-1998 日本 WT/DS95/3	21-10-1998 WT/DSB/M/49 14-02-2000 WT/DS95/6 专家组建立的授权取消	
96	印度—对于农产品、纺织品及工业品的数量限制	欧共体 WT/DS96/1	18-07-1997	日本 WT/DS96/2 美国 WT/DS96/3 加拿大 WT/DS96/4 澳大利亚 WT/DS96/5 瑞士 WT/DS96/6 新西兰 WT/DS96/7			07-04-1998 WT/DS96/8 28-09-1998 WT/DS96/8/ Corr. 1
97	美国—对来自智利的鳟鱼进口实施反补贴税调查	智利 WT/DS97/1	05-08-1997				
98	韩国—对于特定奶制品进口保障措施	欧共体 WT/DS/98/1	12-08-1997	澳大利亚 WT/DS98/2	12-01-1998 欧共体 WT/DS98/4	23-07-1998 WT/DSB/M/47	

续 表

序号	案件	请求磋商	收到磋商请求（日-月-年）	加入磋商请求	请求成立专家组（日-月-年）	专家组成立（日-月-年）	双边达成解决方案（日-月-年）
99	美国—对来自韩国1兆及以上的计算机动态随机存取存储器芯片征收反倾销税	韩国 WT/DS99/1 和 Corr. 1&2	14-08-1997		07-11-1997 韩国 WT/DS99/2	16-01-1998 WT/DSB/M/40	25-10-2000 WT/DS99/12
100	美国—影响家禽产品进口措施	欧共体 WT/DS100/1	18-08-1997				
101	墨西哥—对来自美国的高果糖玉米糖浆开展反倾销调查	美国 WT/DS101/1	04-09-1997				
102	菲律宾—影响猪肉及家禽产品措施	美国 WT/DS102/1	07-10-1997	加拿大 WT/DS102/3 欧共体 WT/DS102/4			13-03-1998 WT/DS74/5 WT/DS102/6
103	加拿大—影响牛奶进口及奶制品出口的措施	美国 WT/DS103/1	08-10-1997	日本 WT/DS103/2 澳大利亚 WT/DS103/3	03-02-1998 WT/DS103/4	25-03-1998 WT/DSB/M/44	09-05-2003 WT/DS103/33
104	欧共体—影响融化干酪出口的措施	美国 WT/DS104/1	08-10-1997	日本 WT/DS104/2 澳大利亚 WT/DS104/3 加拿大 WT/DS104/4			
105	欧共体—对于香蕉进口、销售及分销区域的规定	巴拿马 WT/DS105/1 和 Add. 1&2	24-10-1997	哥伦比亚 WT/DS105/2 和 Add. 1 危地马拉 WT/DS105/3 多米尼克 WT/DS105/4 墨西哥 WT/DS105/5 哥斯达黎加 WT/DS105/6 洪都拉斯 WT/DS105/7 和 Add. 1 厄瓜多尔 WT/DS105/8 美国 WT/DS105/9 科特迪瓦 WT/DS105/10			
106	澳大利亚—对汽车皮革生产和采购补助	美国 WT/DS106/1	10-11-1997		12-01-1998 美国 WT/DS106/2	22-01-1998 WT/DSB/M/41	11-06-1998 WT/DS126/2（专家组要求撤销）

续 表

序号	案件	请求磋商	收到磋商请求（日-月-年）	加入磋商请求	请求成立专家组（日-月-年）	专家组成立（日-月-年）	双边达成解决方案（日-月-年）
107	巴基斯坦—影响皮革出口措施	欧共体 WT/DS107/1	07-11-1997				
108	美国—“海外销售公司”的税收	欧共体 WT/DS108/1 和 Add. 1	18-11-1997		09-07-1998 欧共体 WT/DS108/2	22-09-1998 WT/DSB/M/48	
109	智利—对酒精饮料征税	美国 WT/DS109/1 和 Corr. 1	11-12-1997	秘鲁 WT/DS109/2 墨西哥 WT/DS/109/3			
110	智利—对酒精饮料征税	欧共体 WT/DS110/1	15-12-1997	美国 WT/DS110/2 墨西哥 WT/DS110/3	13-03-1998 WT/DS110/4	25-03-1998 WT/DSB/M/44	
111	美国—落花生进口关税率配额	阿根廷 WT/DS111/1	19-12-1997	加拿大 WT/DS111/2 日本 WT/DS111/3			
112	秘鲁—对来自巴西的公交车进口的反补贴税调查	巴西 WT/DS112/1	23-12-1997				
113	加拿大—影响奶制品出口措施	新西兰 WT/DS113/1	29-12-1997	美国 WT/DS113/2 日本 WT/DS113/3	12-03-1998 WT/DS113/4	25-03-1998 WT/DSB/M/44	09-05-2003 WT/DS113/33
114	加拿大—药物产品专利权保护	欧共体 WT/DS114/1	19-12-1997	美国 WT/DS114/2 澳大利亚 WT/DS114/3 瑞士 WT/DS114/4	12-11-1998 WT/DS114/5	01-02-1999 WT/DSB/M/54	
115	欧共体—影响版权及邻接权的措施	美国 WT/DS115/1	06-01-1998		12-01-1998 美国 WT/DS115/2		06-11-2000 WT/DS115/3
116	巴西—影响进口付款条件的措施	欧共体 WT/DS116/1	08-01-1998	瑞士 WT/DS116/2 日本 WT/DS116/3 澳大利亚 WT/DS116/4 美国 WT/DS116/5 韩国 WT/DS116/6			
117	加拿大—影响企业分销服务的措施	欧共体 WT/DS117/1	20-01-1998				

续 表

序号	案件	请求磋商	收到磋商请求（日-月-年）	加入磋商请求	请求成立专家组（日-月-年）	专家组成立（日-月-年）	双边达成解决方案（日-月-年）
118	美国—港口维护税	欧共体 WT/DS118/1	06-02-1998	加拿大 WT/DS118/2 日本 WT/DS118/3 挪威 WT/DS118/4			
119	澳大利亚—涂层非木纸反倾销措施	瑞士 WT/DS119/1	20-02-1998	日本 WT/DS119/2 欧共体 WT/DS119/3			13-05-1998 WT/DS119/4
120	印度—影响特定商品出口措施	欧共体 WT/DS120/1	11-03-1998		13-10-2000 欧共体 WT/DS120/2		
121	阿根廷—鞋类产品进口保障措施	欧共体 WT/DS121/1	06-04-1998	美国 WT/DS121/2	11-06-1998 欧共体 WT/DS121/3	23-07-1998 WT/DSB/M/47	
122	泰国—对波兰出口的铁或非合金钢的角铁、型材、轧材及工字梁的反倾销税案	波兰 WT/DS122/1	06-04-1998		15-10-1999 波兰 WT/DS122/2	19-11-1999 WT/DSB/M/71	
123	阿根廷—鞋类产品进口保障措施	印度尼西亚 WT/DS123/1	22-04-1998	美国 WT/DS123/2	16-04-1999 WT/DS123/3 10-05-1999 印尼要求从争端解决机构议程中撤回上诉，并保留其在以后的争端解决机构会议上做出上诉的权利（WT/DS123/4）		
124	欧共体—动画片及电视节目知识产权保护的实施	美国 WT/DS124/1	30-04-1998				20-03-2001 WT/DS124/2
125	希腊—动画片及电视节目知识产权保护的实施	美国 WT/DS125/1	04-05-1998				20-03-2001 WT/DS125/2
126	澳大利亚—汽车皮革生产和出口的补贴	美国 WT/DS126/1	04-05-1998		11-04-1998 美国 WT/DS126/2	22-06-1998 WT/DSB/M/46	24-07-2000 WT/DS126/11
127	比利时—构成补贴的特定进口税	美国 WT/DS127/1	05-05-1998				
128	荷兰—构成补贴的特定进口税	美国 WT/DS128/1	05-05-1998				
129	希腊—构成补贴的特定进口税	美国 WT/DS129/1	05-05-1998				

续 表

序号	案件	请求磋商	收到磋商请求（日-月-年）	加入磋商请求	请求成立专家组（日-月-年）	专家组成立（日-月-年）	双边达成解决方案（日-月-年）
130	爱尔兰—构成补贴的特定进口税	美国 WT/DS130/1	05-05-1998				
131	法国—构成补贴的特定进口税	美国 WT/DS131/1	05-05-1998				
132	墨西哥—对来自美国的高果糖玉米糖浆开展反倾销调查	美国 WT/DS132/1	08-05-1998		14-10-1998 美国 WT/DS132/2	25-11-1998 WT/DSB/M/51	
133	斯洛伐克—关于牛的运输及奶制品进口的措施	瑞士 WT/DS133/1	07-05-1998	美国 WT/DS133/2			
134	欧共体—对于稻米的特定进口税的限制	印度 WT/DS134/1 和 Corr. 1	27-05-1998				
135	欧共体—影响石棉及石棉产品的措施	加拿大 WT/DS135/1	28-05-1998	巴西 WT/DS135/2	09-10-1998 加拿大 WT/DS135/3	25-11-1998 WT/DSB/M/51	
136	美国—1916 年反倾销法案	欧共体 WT/DS136/1	04-06-1998		12-11-1998 欧共体 WT/DS136/2	01-02-1999 WT/DSB/M/54	
137	欧共体—影响从加拿大进口松木的措施	加拿大 WT/DS137/1	17-06-1998				
138	美国—对来自英国的热轧铅铋碳钢产品征收反补贴税	欧共体 WT/DS138/1	12-06-1998	加拿大 WT/DS138/2	14-01-1999 WT/DS138/3 25-01-1999 WT/DS138/3 和 Corr. 1	17-02-1999 WT/DSB/M/55 和 Corr. 1	
139	加拿大—特定汽车工业措施	日本 WT/DS139/1	03-07-1998		13-11-1998 WT/DS139/2	01-02-1999 WT/DSB/M/54	
140	欧共体—对来自印度未漂平纹棉布进行反倾销调查	印度 WT/DS140/1	03-08-1998	巴基斯坦 WT/DS140/2			
141	欧共体—对来自印度棉布床单进口征收反倾销税	印度 WT/DS141/1	03-08-1998	巴基斯坦 WT/DS141/2	08-09-1999 印度 WT/DS141/3	27-10-1999 WT/DSB/M/70	
142	加拿大—特定汽车工业措施	欧共体 WT/DS142/1	17-08-1998		14-01-1999 WT/DS142/2	01-02-1999 WT/DSB/M/54	
143	斯洛伐克—影响从匈牙利小麦进口关税的措施	匈牙利 WT/DS143/1	18-09-1998（20 天）		09-10-1998 匈牙利 WT/DS143/2		
144	美国—影响从加拿大进口牛、羊和谷物的特定措施	加拿大 WT/DS144/1	25-09-1998				
145	阿根廷—对来自欧共体的面筋征收反补贴税	欧共体 WT/DS145/1 和 Rev. 1	23-09-1998				

续 表

序号	案件	请求磋商	收到磋商请求（日-月-年）	加入磋商请求	请求成立专家组（日-月-年）	专家组成立（日-月-年）	双边达成解决方案（日-月-年）
146	印度—影响汽车部门的措施	欧共体 WT/DS146/1 和 Corr. 1	06-10-1998	日本 WT/DS146/2 美国 WT/DS146/3	13-10-2000 欧共体 WT/DS146/4	17-11-2000 WT/DSB/M/92	
147	日本—影响皮革的关税配额及补贴	欧共体 WT/DS147/1	08-10-1998				
148	捷克—影响从匈牙利小麦进口关税的措施	匈牙利 WT/DS148/1	12-10-1998（20天）				
149	印度—进口限制	欧共体 WT/DS149/1	28-10-1998	美国 WT/DS149/2 日本 WT/DS149/3 瑞士 WT/DS149/4 澳大利亚 WT/DS149/5			
150	印度—影响关税措施	欧共体 WT/DS150/1	31-10-1998	美国 WT/DS150/2 加拿大 WT/DS150/3 日本 WT/DS150/4 瑞士 WT/DS150/5 澳大利亚 WT/DS150/6			
151	美国—影响纺织品及服装产品的措施（Ⅱ）	欧共体 WT/DS151/1	19-11-1998	多米尼克 WT/DS151/2 中国香港 WT/DS151/3 巴基斯坦 WT/DS151/4 洪都拉斯 WT/DS151/5 日本 WT/DS151/6 瑞士 WT/DS151/7 萨尔瓦多 WT/DS151/8 印度 WT/DS151/9			24-07-2000 WT/DS151/10

续 表

序号	案件	请求磋商	收到磋商请求（日-月-年）	加入磋商请求	请求成立专家组（日-月-年）	专家组成立（日-月-年）	双边达成解决方案（日-月-年）
152	美国—1974年贸易法案第301～310部分	欧共体 WT/DS152/1	25-11-1998	多米尼克 WT/DS152/2 巴拿马 WT/DS152/3 危地马拉 WT/DS152/4 墨西哥 WT/DS152/5 牙买加 WT/DS152/6 洪都拉斯 WT/DS152/7 日本 WT/DS152/8 哥伦比亚 WT/DS152/9 厄瓜多尔 WT/DS152/10	02-02-1999 欧共体 WT/DS152/11	02-03-1999 WT/DSB/M/56	
153	欧共体—制药及农业化学产品的专利保护	加拿大 WT/DS153/1	02-12-1998	美国 WT/DS153/2 澳大利亚 WT/DS153/3 瑞士 WT/DS153/4			
154	欧共体—影响咖啡差别及优惠待遇的措施	巴西 WT/DS154/1	07-12-1998	哥伦比亚 WT/DS154/2 秘鲁 WT/DS154/3 哥斯达黎加 WT/DS154/4 玻利维亚 WT/DS154/5			
155	阿根廷—影响牛皮出口及成皮进口的措施	欧共体 WT/DS155/1	23-12-1998		04-06-1999 欧共体 WT/DS155/2	26-07-1999 WT/DSB/M/65	
156	危地马拉—对来自墨西哥的波兰特水泥的反倾销措施	墨西哥 WT/DS156/1 和 Corr. 1&2	05-01-1999		15-07-1999 墨西哥 WT/DS156/2 05-08-1999 WT/DS156/2 和 Corr. 1	22-09-1999 WT/DSB/M/68	
157	阿根廷—从意大利进口钻头采取的反倾销措施	欧共体 WT/DS157/1	14-01-1999				

续 表

序号	案件	请求磋商	收到磋商请求（日-月-年）	加入磋商请求	请求成立专家组（日-月-年）	专家组成立（日-月-年）	双边达成解决方案（日-月-年）
158	欧共体—对于香蕉进口、销售及分销的规定	危地马拉 洪都拉斯 墨西哥 巴拿马和美国 WT/DS158/1	20-01-1999	厄瓜多尔 WT/DS158/2 伯利兹 WT/DS158/3			
159	匈牙利—对来自捷克的钢铁产品进口的保障措施	捷克 WT/DS159/1	21-01-1999				
160	美国—美国版权法第110（5）节	欧共体 WT/DS160/1	26-01-1999	澳大利亚 WT/DS160/2 加拿大 WT/DS160/3 瑞士 WT/DS160/4	16-04-1999 欧共体 WT/DS160/5	26-05-1999 WT/DSB/M/62	
161	韩国—影响新鲜、冷藏、冷冻牛肉进口措施	美国 WT/DS161/1	01-02-1999	新西兰 WT/DS161/2 澳大利亚 WT/DS161/3 加拿大 WT/DS161/4	16-04-1999 美国 WT/DS161/5	26-05-1999 WT/DSB/M/62	
162	美国—1916 反倾销法案	日本 WT/DS162/1	10-02-1999	欧共体 WT/DS162/2	04-06-1999 日本 WT/DS162/3	26-07-1999 WT/DSB/M/65	
163	韩国—影响政府采购措施	美国 WT/DS163/1	16-02-1999	欧共体 WT/DS163/2 日本 WT/DS163/3	11-05-1999 美国 WT/DS163/4	16-06-1999 WT/DSB/M/64	
164	阿根廷—影响鞋类进口措施	美国 WT/DS164/1	01-03-1999	欧共体 WT/DS164/2	20-05-1999 美国 WT/DS164/3 15-07-1999 WT/DS164/4	26-07-1999 WT/DSB/M/65	
165	美国—对来自欧共体特定产品的进口措施	欧共体 WT/DS165/1	04-03-1999	多米尼克 WT/DS165/2 日本 WT/DS165/3 洪都拉斯 WT/DS165/4 危地马拉 WT/DS165/5 厄瓜多尔 WT/DS165/6 巴拿马 WT/DS165/7 和 Corr. 1	11-05-1999 欧共体 WT/DS165/8	16-06-1999 WT/DSB/M/64	

续 表

序号	案件	请求磋商	收到磋商请求（日-月-年）	加入磋商请求	请求成立专家组（日-月-年）	专家组成立（日-月-年）	双边达成解决方案（日-月-年）
166	美国—对来自欧共体面筋进口的保障措施	欧共体 WT/DS166/1	17-03-1999	澳大利亚 WT/DS166/2	04-06-1999 欧共体 WT/DS166/3	26-07-1999 WT/DSB/M/65	
167	美国—对来自加拿大活牛的反补贴税调查	加拿大 WT/DS167/1	19-03-1999	墨西哥 WT/DS167/2			
168	南非—对来自印度某些药品征收反倾销税	印度 WT/DS168/1	01-04-1999				
169	韩国—影响新鲜、冷藏及冷冻牛肉进口的措施	澳大利亚 WT/DS169/1	13-04-1999	新西兰 WT/DS169/2 美国 WT/DS169/3 加拿大 WT/DS169/4 和 Corr. 1	15-07-1999 澳大利亚 WT/DS169/5	26-07-1999 WT/DSB/M/65	
170	加拿大—专利保护条款	美国 WT/DS170/1	06-05-1999		15-07-1999 美国 WT/DS170/2	22-09-1999 WT/DSB/M/68	
171	阿根廷—对药品的专利权保护及对农业化学品测试数据保护	美国 WT/DS171/1	06-05-1999	瑞士 WT/DS171/2			31-05-2002 WT/DS171/3
172	欧共体—航班管理系统开发有关措施	美国 WT/DS172/1	21-05-1999				
173	法国—航班管理系统开发有关措施	美国 WT/DS173/1	21-05-1999				

续 表

序号	案件	请求磋商	收到磋商请求（日-月-年）	加入磋商请求	请求成立专家组（日-月-年）	专家组成立（日-月-年）	双边达成解决方案（日-月-年）
174	欧共体—农产品和食品的商标及地理标识保护	美国 WT/DS174/1 和 Add. 1	01-06-1999 04-04-2003	加拿大 WT/DS174/3 澳大利亚 WT/DS174/4 墨西哥 WT/DS174/5 新西兰 WT/DS174/6 斯里兰卡 WT/DS174/7 印度 WT/DS174/8 阿根廷 WT/DS174/9 匈牙利 WT/DS174/10 马耳他 WT/DS174/11 保加利亚 WT/DS174/12 捷克 WT/DS174/13 塞浦路斯 WT/DS174/14 斯洛文尼亚 WT/DS174/15 土耳其 WT/DS174/16 罗马尼亚 WT/DS174/17 斯洛伐克 WT/DS174/18	18-08-2003 美国 WT/DS174/20	02-10-2003 WT/DSB/M/156	
175	印度—影响汽车部门投资和贸易的措施	美国 WT/DS175/1	02-06-1999	日本 WT/DS175/2 欧共体 WT/DS175/3	18-05-2000 美国 WT/DS175/4	27-07-2000 WT/DSB/M/86	
176	美国—1998 年全面拨款法第 211 部分	欧共体 WT/DS176/1	08-07-1999		07-07-2000 欧共体 WT/DS176/2	26-09-2000 WT/DSB/M/89	
177	美国—对来自新西兰的新鲜、冷藏及冷冻羔羊肉采取保障措施	新西兰 WT/DS177/1	16-07-1999	澳大利亚 WT/DS177/2 加拿大 WT/DS177/3	15-10-1999 新西兰 WT/DS177/4	19-11-1999 WT/DSB/M/71	

续 表

序号	案件	请求磋商	收到磋商请求（日-月-年）	加入磋商请求	请求成立专家组（日-月-年）	专家组成立（日-月-年）	双边达成解决方案（日-月-年）
178	美国—对来自澳大利亚羔羊肉进口的保障措施	澳大利亚 WT/DS178/1 和 Corr. 1	23-07-1999	新西兰 WT/DS178/2 和 Corr. 1 欧共体 WT/DS178/3 加拿大 WT/DS178/4	15-10-1999 澳大利亚 WT/DS178/5 和 Corr. 1	19-11-1999 WT/DSB/M/71	
179	美国—来自韩国的不锈钢卷板和不锈钢条的反倾销措施	韩国 WT/DS179/1	30-07-1999		15-10-1999 韩国 WT/DS179/2	19-11-1999 WT/DSB/M/71	
180	美国—特定糖浆税则归类	加拿大 WT/DS180/1	06-09-1999				
181	哥伦比亚—对来自泰国的纯聚酯长丝布进口的保障措施				08-09-1999 泰国 WT/DS181/1 撤销请求 27-10-1999 WT/DSB/M/70		
182	厄瓜多尔—对来自墨西哥的灰水泥的反倾销措施	墨西哥 WT/DS182/1 和 Corr. 1	05-10-1999				
183	巴西—对于进口许可证及最低进口价格的措施	欧共体 WT/DS183/1	14-10-1999	美国 WT/DS183/2			
184	美国—对来自日本的热轧薄板卷产品征收反倾销税	日本 WT/DS184/1	18-11-1999		11-02-2000 日本 WT/DS184/2	20-03-2000 WT/DSB/M/77	
185	特立尼达和多巴哥—影响从哥斯达黎加进口的意大利面的措施	哥斯达黎加 WT/DS185/1	18-11-1999				
186	美国—1930 年关税法及修正第 337 部分	欧共体 WT/DS186/1	12-01-2000	加拿大 WT/DS186/2 日本 WT/DS186/3			
187	特立尼达和多巴哥—对来自哥斯达黎加的通心粉和意大利面进口的临时反倾销措施	哥斯达黎加 WT/DS187/1	17-01-2000				
188	尼加拉瓜—洪都拉斯和哥伦比亚进口措施	哥伦比亚 WT/DS188/1	17-01-2000		28-03-2000 哥伦比亚 WT/DS188/1 和 Corr. 1	18-05-2000 WT/DSB/M/80	

续 表

序号	案件	请求磋商	收到磋商请求（日-月-年）	加入磋商请求	请求成立专家组（日-月-年）	专家组成立（日-月-年）	双边达成解决方案（日-月-年）
189	阿根廷—对从德国进口动画板和意大利进口的瓷砖采取明确反倾销措施	欧共体 WT/DS189/1	26-01-2000		15-09-2000 欧共体 WT/DS189/2 07-11-2000 WT/DS189/3	17-11-2000 WT/DSB/M/92	
190	阿根廷—对于原产巴西的特定机织棉布的过渡期保障措施				11-02-2000 巴西 WT/DS190/1	20-03-2000 WT/DSB/M/77	27-06-2000 WT/DS190/2
191	厄瓜多尔—来自墨西哥水泥的明确反倾销措施	墨西哥 WT/DS191/1	15-03-2000				
192	美国—对来自巴基斯坦精梳棉纱线的过渡期保障措施	N. A.	N. A.	N. A.	03-04-2000 巴基斯坦 WT/DS192/1	19-06-2000 WT/DSB/M/84	
193	智利—影响剑鱼的运输及进口措施	欧共体 WT/DS193/1	19-04-2000		06-11-2000 欧共体 WT/DS193/2	12-12-2000 WT/DSB/M/94 23-03-2001 WT/DS193/3 终止成立专家组	
194	美国—作为出口限制的补贴	加拿大 WT/DS194/1	19-05-2000		24-07-2000 加拿大 WT/DS194/2	11-09-2000 WT/DSB/M/88	
195	菲律宾—影响汽车部门投资和贸易的措施	美国 WT/DS195/1	23-05-2000		13-10-2000 美国 WT/DS195/3	17-11-2000 WT/DSB/M/92	
196	阿根廷—对于专利及测试数据的特定保护措施	美国 WT/DS196/1	30-05-2000	欧共体 WT/DS196/2 瑞士 WT/DS196/3			31-05-2002 WT/DS196/4
197	巴西—最低进口价格措施	美国 WT/DS197/1	30-05-2000	欧共体 WT/DS197/2			
198	罗马尼亚—最低进口价格措施	美国 WT/DS198/1	30-05-2000				26-09-2001 WT/DS198/2
199	巴西—影响专利保护措施	美国 WT/DS199/1	30-05-2000	欧共体 WT/DS/199/2	08-01-2001 美国 WT/DS199/3	01-02-2001 WT/DSB/M/98	05-07-2001 WT/DS199/4

续 表

序号	案件	请求磋商	收到磋商请求（日-月-年）	加入磋商请求	请求成立专家组（日-月-年）	专家组成立（日-月-年）	双边达成解决方案（日-月-年）
200	美国—1974年贸易法案及修正案第306节	欧共体 WT/DS200/1	05-06-2000	厄瓜多尔 W/DS200/2 牙买加 WT/DS200/3 日本 WT/DS200/4 多米尼克 WT/DS200/5 洪都拉斯 WT/DS200/6 危地马拉 WT/DS200/7 加拿大 WT/DS200/8 巴拿马 WT/DS200/9 澳大利亚 WT/DS200/10 圣卢西亚 WT/DS200/11			
201	尼加拉瓜—影响从洪都拉斯和哥伦比亚进口的措施	洪都拉斯 WT/DS201/1	06-06-2000	欧共体 WT/DS201/2			
202	美国—自韩国进口的圆焊碳质条形管的保障措施	韩国 WT/DS202/1	13-06-2000	欧共体 WT/DS202/2 日本 WT/DS202/3	15-09-2000 韩国 WT/DS202/4	23-10-2000 WT/DSB/M/91	
203	墨西哥—影响活猪贸易的措施	美国 WT/DS203/1	10-07-2000				
204	墨西哥—影响电信服务的措施	美国 WT/DS204/1 和 Add. 1	17-08-2000		10-11-2000 美国 WT/DS204/2 18-02-2002 WT/DS204/3	17-04-2002 WT/DSB/M/123	
205	埃及—豆油罐装金枪鱼进口限令	泰国 WT/DS205/1	22-09-2000				
206	美国—对来自印度钢板的反倾销及反补贴措施	印度 WT/DS206/1	04-10-2000		07-06-2001 印度 WT/DS206/2	24-07-2001 WT/DSB/M/107	
207	智利—对特定农产品的综合价格制度及保障措施	阿根廷 WT/DS207/1	05-10-2000		19-01-2001 阿根廷 WT/DS207/2	12-03-2001 WT/DSB/M/101	
208	土耳其—对于钢铁管配件征收反倾销税	巴西 WT/DS208/1	09-10-2000				

续　表

序号	案件	请求磋商	收到磋商请求（日-月-年）	加入磋商请求	请求成立专家组（日-月-年）	专家组成立（日-月-年）	双边达成解决方案（日-月-年）
209	欧共体—影响速溶咖啡措施	巴西 WT/DS209/1	12-10-2000	厄瓜多尔 WT/DS209/2			
210	比利时—建立稻米关税的管理办法	美国 WT/DS210/1	12-10-2000		19-01-2001 美国 WT/DS210/2 01-03-2001 WT/DS201/2/Rev. 1	12-03-2001 WT/DSB/M/101	18-12-2001 WT/DS210/6
211	埃及—对来自土耳其钢筋采取反倾销措施	土耳其 WT/DS211/1	06-11-2000		04-05-2001 土耳其 WT/DS211/2 11-05-2001 WT/DS/211/2/Corr. 1	20-06-2001 WT/DSB/M/106	
212	美国—对于来自欧共体特定产品的反补贴措施	欧共体 WT/DS212/1 和 Add. 1	10-11-2000	巴西 WT/DS212/2 和 Add. 1 以色列 WT/DS212/3	10-08-2001 欧共体 WT/DS212/4	10-09-2001 WT/DSB/M/109	
213	美国—对来自德国的特定耐腐蚀扁钢征收反补贴税	欧共体 WT/DS213/1 和 Add. 1	10-11-2000	印度 WT/DS213/2	10-08-2001 欧共体 WT/DS213/3	10-09-2001 WT/DSB/M/109	
214	美国—对钢盘条和圆缝碳质钢管的保障措施	欧共体 WT/DS214/1	01-12-2000	加拿大 WT/DS214/2 印度 WT/DS214/3	10-08-2001 WT/DS214/4	10-09-2001 WT/DSB/M/109	
215	菲律宾—对来自韩国的聚乙烯树脂采取反倾销措施	韩国 WT/DS215/1	15-12-2000				
216	墨西哥—对电力传输器采取临时反倾销措施	巴西 WT/DS216/1	20-12-2000	欧共体 WT/DS216/2 美国 WT/DS216/3			
217	美国—2000 年持续性倾销及补贴补偿法	澳大利亚、巴西、智利、欧共体、印度、印尼、日本、韩国和泰国 WT/DS217/1	21-12-2000	阿根廷 WT/DS217/2 加拿大 WT/DS217/3 墨西哥 WT/DS217/4 和 Add. 1	13-07-2001 澳大利亚、巴西、智利、欧共体、印度、印尼、日本、韩国和泰国 WT/DS217/5	23-08-2001 WT/DSB/M/108	
218	美国—对来自巴西的特定碳钢制品的反补贴税	巴西 WT/DS218/1	21-12-2000	欧共体 WT/DS218/2			
219	欧共体—对来自巴西的可锻铸铁管接头征收反倾销税	巴西 WT/DS219/1	21-12-2000		08-06-2001 巴西 WT/DS219/2	24-07-2001 WT/DSB/M/107	

续 表

序号	案件	请求磋商	收到磋商请求（日-月-年）	加入磋商请求	请求成立专家组（日-月-年）	专家组成立（日-月-年）	双边达成解决方案（日-月-年）
220	智利—对特定农产品相关的综合价格制度及保障措施	危地马拉 WT/DS220/1	05-01-2001				
221	美国—乌拉圭回合协议第129（C）（1）节	加拿大 WT/DS221/1	17-01-2001	印度 WT/DS221/2 欧共体 WT/DS221/3	13-07-2001 加拿大 WT/DS221/4	23-08-2001 WT/DSB/M/108	
222	加拿大—地区航空器的出口信贷保证	巴西 WT/DS222/1	22-01-2001		01-03-2001 巴西 WT/DS222/2	12-03-2001 WT/DSB/M/101	
223	欧共体—来自美国的玉米黄浆饲料的关税率配额	美国 WT/DS223/1	25-01-2001				
224	美国—美国专利权	巴西 WT/DS224/1	31-01-2001	印度 WT/DS224/2			
225	美国—对从意大利进口无缝管征收反倾销税	欧共体 WT/DS225/1	05-02-2001	日本 WT/DS225/2			
226	智利—对食用油混合物的临时保障措施	阿根廷 WT/DS226/1	19-02-2002				
227	秘鲁—对香烟征税	智利 WT/DS227/1 和 Corr. 1&2	01-03-2001		03-05-2001 智利 WT/DS227/2 此上诉于2001年7月12日被正式撤回 WT/DS227/3	20-06-2001 WT/DSB/M/106	
228	智利—对糖类的保障措施	哥伦比亚 WT/DS228/1	15-03-2001	古巴 WT/DS228/2 危地马拉 WT/DS228/3 尼加拉瓜 WT/DS228/4 哥斯达黎加 WT/DS228/5 萨尔瓦多 WT/DS228/6			
229	巴西—对来自印度的麻袋征收反倾销税	印度 WT/DS229/1	09-04-2001				

续 表

序号	案件	请求磋商	收到磋商请求（日-月-年）	加入磋商请求	请求成立专家组（日-月-年）	专家组成立（日-月-年）	双边达成解决方案（日-月-年）
230	智利—关于糖类的保障措施和程序修改	哥伦比亚 WT/DS230/1	17-04-2001	危地马拉 WT/DS230/2 哥斯达黎加 WT/DS230/3 古巴 WT/DS230/4 尼加拉瓜 WT/DS230/5			
231	欧共体—沙丁鱼贸易描述	秘鲁 WT/DS231/1	20-03-2001	委内瑞拉 WT/DS231/2 智利 WT/DS231/3 美国 WT/DS231/4 厄瓜多尔 WT/DS231/5	07-06-2001 秘鲁 WT/DS231/6	24-07-2001 WT/DSB/M/107	25-07-2003 WT/DS231/18
232	墨西哥—影响火柴的进口措施	智利 WT/DS232/1 要求磋商的申请撤回 WT/DS232/3 (02-02-2004)	17-05-2001	欧共体 WT/DS232/2			
233	阿根廷—影响药类产品进口的措施	印度 WT/DS233/1	25-05-2001				
234	美国—2000 年持续性倾销及补贴补偿法案	加拿大 墨西哥 WT/DS234/1	21-05-2001	日本 WT/DS234/2 欧共体 WT/DS234/3 巴西 WT/DS234/4 印度尼西亚 WT/DS234/5 韩国 WT/DS234/6 印度 WT/DS234/7 危地马拉 WT/DS234/8 泰国 WT/DS234/9 澳大利亚 WT/DS234/10 智利 WT/DS234/11	10-08-2001 加拿大 WT/DS234/12 10-08-2001 墨西哥 WT/DS234/13	10-09-2001 应澳大利亚、巴西、智利、欧共体、印度、印尼、日本、韩国和泰国的要求，争端解决机构决定于2001年8月23日成立专家组。此案件也可参见加拿大和墨西哥申请 WT/DSB/M/109	
235	斯洛伐克—糖类进口的保障措施	波兰 WT/DS235/1	11-07-2001				11-01-2002 WT/DS235/2

续 表

序号	案件	请求磋商	收到磋商请求（日-月-年）	加入磋商请求	请求成立专家组（日-月-年）	专家组成立（日-月-年）	双边达成解决方案（日-月-年）
236	美国—对来自加拿大的特定软木的初步判决	加拿大 WT/DS236/1	21-08-2001		26-10-2001 加拿大 WT/DS236/2	05-12-2001 WT/DSB/M/114	12-10-2006 WT/DS236/5/Add. 1
237	土耳其—新鲜水果的特定进口程序	厄瓜多尔 WT/DS237/1	31-08-2001	欧共体 WT/DS237/2	14-06-2002 厄瓜多尔 WT/DS237/3	29-07-2002 WT/DSB/M/130	22-11-2002 WT/DS237/4
238	阿根廷—桃脯进口的保障措施	智利 WT/DS238/1	14-09-2001		06-12-2002 智利 WT/DS238/2	18-01-2002 WT/DSB/M/117	
239	美国—对从巴西进口硅金属征收反倾销税	巴西 WT/DS239/1 和 Rev. 1	18-09-2001 01-11-2001	泰国 WT/DS239/2 欧共体 WT/DS239/3			
240	罗马尼亚—小麦及小麦粉进口禁令	匈牙利 WT/DS240/1 WT/DS240/1/Add. 1	18-10-2001 30-10-2001		28-11-2001 匈牙利 WT/DS240/2 2001年12月20日撤销建立专家组请求 WT/DS240/3		
241	阿根廷—对来自巴西家禽征收反倾销税	巴西 WT/DS241/1	07-11-2001	欧共体 WT/DS241/2	26-02-2002 巴西 WT/DS241/3	17-04-2002 WT/DSB/M/123	
242	欧共体—普惠制	泰国 WT/DS242/1	07-12-2001	哥斯达黎加 WT/DS242/2 危地马拉 WT/DS242/3 尼加拉瓜 WT/DS242/4 洪都拉斯 WT/DS242/5 哥伦比亚 WT/DS242/6			
243	美国—纺织品及服装原产地证明	印度 WT/DS243/1	11-01-2002	孟加拉国 WT/DS243/2 欧共体 WT/DS243/3	08-05-2002 印度 WT/DS243/5 07-06-2002 WT/DS243/5/Rev. 1	24-06-2002 WT/DSB/M/128	
244	美国—对来自日本的耐腐蚀钢板反倾销税日落复审	日本 WT/DS244/1	30-01-2002	欧共体 WT/DS244/2 印度 WT/DS244/3	05-04-2002 日本 WT/DS244/4	22-05-2002 WT/DSB/M/124 和 Corr. 1	
245	日本—影响苹果进口措施	美国 WT/DS245/1	01-03-2002		08-05-2002 美国 WT/DS245/2	03-06-2002 WT/DSB/M/125	30-08-2005 WT/DS245/21

续　表

序号	案件	请求磋商	收到磋商请求（日-月-年）	加入磋商请求	请求成立专家组（日-月-年）	专家组成立（日-月-年）	双边达成解决方案（日-月-年）
246	欧共体—给予发展中国家的优惠关税条件	印度 WT/DS246/1	05-03-2002	委内瑞拉 WT/DS246/2 哥伦比亚 WT/DS246/3	06-12-2002 印度 WT/DS246/4	27-01-2003 WT/DSB/M/142	
247	美国—对来自加拿大的软木进口的临时反倾销措施	加拿大 WT/DS247/1	06-03-2002				12-10-2006 WT/DS247/2 23-02-2007 WT/DS247/2/Add. 1
248	美国—对于特定钢铁制品进口的保障措施	欧共体 WT/DS248/1	07-03-2002	日本 WT/DS248/2 瑞士 WT/DS248/3 韩国 WT/DS248/4 挪威 WT/DS248/5 委内瑞拉 WT/DS248/6 加拿大 WT/DS248/7 墨西哥 WT/DS248/8 中国 WT/DS248/9 新西兰 WT/DS248/10	08-05-2002 欧共体 WT/DS248/12	03-06-2002 WT/DSB/M/125	
249	美国—对于特定钢铁产品的保障措施	日本 WT/DS249/1	20-03-2002	挪威 WT/DS249/2 新西兰 WT/DS249/3 墨西哥 WT/DS249/4	24-05-2002 日本 WT/DS249/6	14-06-2002 争端解决机构同意在 2002 年 6 月 3 日成立专家组来调查欧共体提请的上诉，同时也就日本提请的类似案件上诉做相应调查 WT/DSB/M/127	
250	美国—美国佛罗里达州对橙、柚加工产品的补贴性特许权税	巴西 WT/DS250/1	20-03-2002		19-08-2002 巴西 WT/DS250/2	01-10-2002 WT/DSB/M/133	28-05-2004 WT/DS250/3

续 表

序号	案件	请求磋商	收到磋商请求（日-月-年）	加入磋商请求	请求成立专家组（日-月-年）	专家组成立（日-月-年）	双边达成解决方案（日-月-年）
251	美国—对于特定钢铁产品进口的保障措施	韩国 WT/DS251/1	20-03-2002	挪威 WT/DS251/2 日本 WT/DS251/3 新西兰 WT/DS251/4 墨西哥 WT/DS251/5	24-05-2002 韩国 WT/DS251/7	14-06-2002 争端解决机构同意在2002年6月3日成立专家组来调查欧共体提请的上诉，同时也就韩国提请的类似案件上诉做相应调查 WT/DSB/M/127	
252	美国—对于特定钢铁产品进口的保障措施	中国 WT/DS252/1	26-03-2002	日本 WT/DS252/2 新西兰 WT/DS252/3	27-05-2002 中国 WT/DS252/5	24-06-2002 争端解决机构同意在2002年6月3日成立专家组来调查欧共体提请的上诉，同时也就中国提请的类似案件上诉做相应调查 WT/DSB/M/128	
253	美国—对于特定钢铁产品进口的保障措施	瑞士 WT/DS253/1	03-04-2002	新西兰 WT/DS253/2 日本 WT/DS253/3	04-06-2002 瑞士 WT/DS253/5	24-06-2002 争端解决机构同意在2002年6月3日成立专家组来调查欧共体提请的上诉，同时也就瑞士提请的类似案件上诉做相应调查 WT/DSB/M/128	
254	美国—对于特定钢铁产品进口的保障措施	挪威 WT/DS254/1	04-04-2002	新西兰 WT/DS254/2 日本 WT/DS254/3	04-06-2002 挪威 WT/DS254/5	24-06-2002 争端解决机构同意在2002年6月3日成立专家组来调查欧共体提请的上诉，同时也就挪威提请的类似案件上诉做相应调查 WT/DSB/M/128	

续 表

序号	案件	请求磋商	收到磋商请求（日-月-年）	加入磋商请求	请求成立专家组（日-月-年）	专家组成立（日-月-年）	双边达成解决方案（日-月-年）
255	秘鲁—对特定进口产品的税收措施	智利 WT/DS255/1	22-04-2002	美国 WT/DS255/2	14-06-2002 智利 WT/DS255/3 25-09-2002 WT/DS255/5（此事件撤回）		
256	土耳其—对来自匈牙利的宠物食品进口禁令	匈牙利 WT/DS256/1	03-05-2002				
257	美国—对来自加拿大的特定软木的最终反补贴税决定	加拿大 WT/DS257/1	03-05-2002		19-07-2002 加拿大 WT/DS257/2 19-08-2002 WT/DS257/3	01-10-2002 WT/DSB/M/133	12-10-2006 WT/DS257/26 23-02-2007 WT/DS257/26/Add. 1
258	美国—对于特定钢铁产品进口的保障措施	新西兰 WT/DS258/1	14-05-2002	欧共体 WT/DS258/2 日本 WT/DS258/3 韩国 WT/DS258/4 挪威 WT/DS258/5 中国 WT/DS258/6 墨西哥 WT/DS258/7	28-06-2002 新西兰 WT/DS258/9	08-07-2002 争端解决机构同意在 2002 年 6 月 3 日成立专家组来调查欧共体提请的上诉，同时也就新西兰提请的类似案件上诉做相应调查 WT/DSB/M/129	
259	美国—对特定钢铁产品进口采取保障措施	巴西 WT/DS259/1	21-05-2002	欧共体 WT/DS259/2 日本 WT/DS259/3 韩国 WT/DS259/4 挪威 WT/DS259/5 中国 WT/DS259/6 墨西哥 WT/DS259/7	22-07-2002 巴西 WT/DS259/10	29-07-2002 争端解决机构同意在 2002 年 6 月 3 日成立专家组来调查欧共体提请的上诉，同时也就巴西提请的类似案件上诉做相应调查 WT/DSB/M/130	
260	欧共体—对于特定钢铁产品进口的临时保障措施	美国 WT/DS260/1	30-05-2002	日本 WT/DS260/2	19-08-2002 美国 WT/DS260/4	16-09-2002 WT/DSB/M/132	
261	乌拉圭—特定产品的税收待遇	智利 WT/DS261/1	18-06-2002	欧共体 WT/DS261/2 墨西哥 WT/DS261/3	03-04-2003 智利 WT/DS261/4	19-05-2003 WT/DSB/M/150	08-01-2004 WT/DS261/7

续 表

序号	案件	请求磋商	收到磋商请求（日-月-年）	加入磋商请求	请求成立专家组（日-月-年）	专家组成立（日-月-年）	双边达成解决方案（日-月-年）
262	美国—对来自德国和法国的特定钢铁产品的反倾销和反补贴税的日落复审	欧共体 WT/DS262/1	25-07-2002	加拿大 WT/DS262/2 日本 WT/DS262/3			
263	欧共体—影响酒类进口的措施	阿根廷 WT/DS263/1	04-09-2002				
264	美国—对来自加拿大的木材的最终倾销决定	加拿大 WT/DS264/1	13-09-2002		06-12-2002 加拿大 WT/DS264/2	08-01-2003 WT/DSB/M/140	12-10-2006 WT/DS264/29 23-02-2007 Add. 1
265	欧共体—糖类出口补贴	澳大利亚 WT/DS265/1	27-09-2002	毛里求斯 WT/DS265/2 巴西 WT/DS265/3 瑞士 WT/DS265/4 斐济 WT/DS265/5 圭亚那 WT/DS265/6 伯利兹 WT/DS265/7 牙买加 WT/DS265/8 印度 WT/DS265/9 津巴布韦 WT/DS265/10 马拉维 WT/DS265/11 加拿大 WT/DS265/12 肯尼亚 WT/DS265/13 巴巴多斯 WT/DS265/14 科特迪瓦 WT/DS265/15 刚果 WT/DS265/16 马达加斯加 WT/DS265/17 哥伦比亚 WT/DS265/18 圣基茨和尼维斯 WT/DS265/19	09-07-2003 澳大利亚 WT/DS265/21	29-08-2003 WT/DSB/M/155	

续 表

序号	案件	请求磋商	收到磋商请求（日-月-年）	加入磋商请求	请求成立专家组（日-月-年）	专家组成立（日-月-年）	双边达成解决方案（日-月-年）
266	欧共体—糖类出口补贴	巴西 WT/DS266/1	27-09-2002	澳大利亚 WT/DS266/2 毛里求斯 WT/DS266/3 印度 WT/DS266/4 瑞士 WT/DS266/5 斐济 WT/DS266/6 圭亚那 WT/DS266/7 伯利兹 WT/DS266/8 牙买加 WT/DS266/9 津巴布韦 WT/DS266/10 马拉维 WT/DS266/11 加拿大 WT/DS266/12 肯尼亚 WT/DS266/13 巴巴多斯 WT/DS266/14 科特迪瓦 WT/DS266/15 刚果 WT/DS266/16 马达加斯加 WT/DS266/17 哥伦比亚 WT/DS266/18 圣基茨和尼维斯 WT/DS266/19	09-07-2003 巴西 WT/DS266/21	29-08-2003 WT/DSB/M/155	
267	美国—陆地棉补贴	巴西 WT/DS267/1	27-09-2002	津巴布韦 WT/DS267/2 印度 WT/DS267/3 阿根廷 WT/DS267/4 加拿大 WT/DS267/5	06-02-2003 巴西 WT/DS267/7	18-03-2003 WT/DSB/M/145	
268	美国—对来自阿根廷的石油管材的反倾销措施日落复审	阿根廷 WT/DS268/1	07-10-2002		03-04-2003 阿根廷 WT/DS268/2	19-05-2003 WT/DSB/M/150	

续 表

序号	案件	请求磋商	收到磋商请求（日-月-年）	加入磋商请求	请求成立专家组（日-月-年）	专家组成立（日-月-年）	双边达成解决方案（日-月-年）
269	欧共体—对冷冻无骨鸡块的关税分类	巴西 WT/DS269/1	11-10-2002	美国 WT/DS269/2	19-09-2003 巴西 WT/DS269/3	07-11-2003 WT/DSB/M/157	
270	澳大利亚—影响新鲜水果和蔬菜进口的特定措施	菲律宾 WT/DS270/1	18-10-2002	欧共体 WT/DS270/2 泰国 WT/DS270/3	07-07-2003 菲律宾 WT/DS270/5/Rev. 1	29-08-2003 WT/DSB/M/155	
271	澳大利亚—影响菠萝进口的措施	菲律宾 WT/DS271/1	18-10-2002	欧共体 WT/DS271/2 泰国 WT/DS271/3			
272	秘鲁—对来自阿根廷的植物油征收临时税	阿根廷 WT/DS272/1	21-10-2002				
273	韩国—影响商船贸易的措施	欧共体 WT/DS273/1	21-10-2002		11-06-2003 欧共体 WT/DS273/2	21-07-2003 WT/DSB/M/153	
274	美国—对于特定钢铁产品进口的保障措施	台、澎、金、马单独关税区 WT/DS274/1	01-11-2002	日本 WT/DS274/2			
275	委内瑞拉—对特定农产品进口许可证措施	美国 WT/DS275/1	07-11-2002	欧共体 WT/DS275/2 加拿大 WT/DS275/3 新西兰 WT/DS275/4 阿根廷 WT/DS275/5 哥伦比亚 WT/DS275/6 智利 WT/DS275/7			
276	加拿大—对于小麦出口措施和谷物进口待遇	美国 WT/DS276/1	17-12-2002	日本 WT/DS276/2 墨西哥 WT/DS276/3 欧共体 WT/DS276/4 澳大利亚 WT/DS276/5	06-03-2003 美国 WT/DS276/6 30-06-2003 美国 WT/DS276/9	31-03-2003 WT/DSB/M/146 11-07-2003 WT/DSB/M/152	
277	美国—对来自加拿大的软木的国际贸易商会调查	加拿大 WT/DS277/1	20-12-2002		03-04-2003 加拿大 WT/DS277/2	07-05-2003 WT/DSB/M/149	12-10-2006 WT/DS277/20
278	智利—果糖进口的保障措施	阿根廷 WT/DS278/1	20-12-2002				

续 表

序号	案件	请求磋商	收到磋商请求（日-月-年）	加入磋商请求	请求成立专家组（日-月-年）	专家组成立（日-月-年）	双边达成解决方案（日-月-年）
279	印度—2002 至 2007 年进出口政策中进口限制的持续	欧共体 WT/DS279/1	23-12-2002	美国 WT/DS279/2			
280	美国—对来自墨西哥的钢板的反补贴税	墨西哥 WT/DS280/1	21-01-2003		04-08-2003 墨西哥 WT/DS280/2	29-08-2003 WT/DSB/M/155	
281	美国—对来自墨西哥水泥的反倾销措施	墨西哥 WT/DS281/1	31-01-2003		29-07-2003 墨西哥 WT/DS281/2	29-08-2003 WT/DSB/M/155	16-05-2007 WT/DS281/8
282	美国—对来自墨西哥的石油工业用管材的反倾销措施	墨西哥 WT/DS282/1	18-02-2003		29-07-2003 墨西哥 WT/DS282/2	29-08-2003 WT/DSB/M/155	
283	欧共体—糖类出口补贴	泰国 WT/DS283/1	14-03-2003		09-07-2003 泰国 WT/DS283/2	29-08-2003 WT/DSB/M/155	
284	墨西哥—阻碍来自尼加拉瓜黑豆进口的特定措施	尼加拉瓜 WT/DS284/1	17-03-2003	美国 WT/DS284/2 加拿大 WT/DS284/3			
285	美国—影响博彩业跨境提供的措施	安提瓜和巴布达 WT/DS285/1 和 WT/DS285/1/Add. 1	13-03-2003 01-04-2003		12-06-2003 安提瓜和巴布达 WT/DS285/2	21-07-2003 WT/DSB/M/153	
286	欧共体—冷冻无骨鸡的关税分类	泰国 WT/DS286/1	25-03-2003	巴西 WT/DS286/2 美国 WT/DS286/3	27-10-2003 泰国 WT/DS286/5	21-11-2003 争端解决机构同意在 11 月 7 日成立专家组对巴西(WT/DS269/3)做出的上诉进行调查，同时也调查泰国(WT/DSB/M/15)就同一事件提出的投诉	
287	澳大利亚—进口检疫制度	欧共体 WT/DS287/1	03-04-2003	智利 WT/DS287/2 加拿大 WT/DS287/3 印度 WT/DS287/4 菲律宾 WT/DS287/5	29-08-2003 欧共体 WT/DS287/7 和 14-10-2003 WT/DS287/7/Rev. 1		09-03-2007 WT/DS287/8
288	南非—对来自土耳其毛毯的反倾销措施	土耳其 WT/DS288/1	09-04-2003				

续 表

序号	案件	请求磋商	收到磋商请求（日-月-年）	加入磋商请求	请求成立专家组（日-月-年）	专家组成立（日-月-年）	双边达成解决方案（日-月-年）
289	捷克—对来自波兰的猪肉进口的额外关税	波兰 WT/DS289/1	16-04-2003				
290	欧共体—农产品和食品的商标及地理标识保护	澳大利亚 WT/DS290/1	17-04-2003	马耳他 WT/DS290/2 保加利亚 WT/DS290/3 捷克 WT/DS290/4 塞浦路斯 WT/DS290/5 美国 WT/DS290/6 斯洛文尼亚 WT/DS290/7 新西兰 WT/DS290/8 土耳其 WT/DS290/9 墨西哥 WT/DS290/10 阿根廷 WT/DS290/11 匈牙利 WT/DS290/12 哥伦比亚 WT/DS290/13 罗马尼亚 WT/DS290/14 斯洛伐克 WT/DS290/15 台、澎、金、马单独关税区 WT/DS290/16	18-08-2003 澳大利亚 WT/DS290/18	02-10-2003 WT/DSB/M/156	
291	欧共体—影响生物科技产品审批及营销的措施	美国 WT/DS291/1	13-05-2003	秘鲁 WT/DS291/2 哥伦比亚 WT/DS291/3 墨西哥 WT/DS291/4 澳大利亚 WT/DS291/5 新西兰 WT/DS291/6 阿根廷 WT/DS291/7 巴西 WT/DS291/8 加拿大 WT/DS291/9 印度 WT/DS291/10 智利 WT/DS291/11	07-08-2003 WT/DS291/23	29-08-2003 WT/DSB/M/155	

续 表

序号	案件	请求磋商	收到磋商请求（日-月-年）	加入磋商请求	请求成立专家组（日-月-年）	专家组成立（日-月-年）	双边达成解决方案（日-月-年）
292	欧共体—影响生物科技产品审批及营销的措施	加拿大 WT/DS292/1	13-05-2003	墨西哥 WT/DS292/2 美国 WT/DS292/3 澳大利亚 WT/DS292/4 阿根廷 WT/DS292/5 巴西 WT/DS292/6 印度 WT/DS292/7 新西兰 WT/DS292/8	07-08-2003 WT/DS292/17	29-08-2003 WT/DSB/M/155	15-07-2009 WT/DS292/40
293	欧共体—影响生物科技产品批准及营销的措施	阿根廷 WT/DS293/1	14-05-2003	墨西哥 WT/DS293/2 美国 WT/DS293/3 澳大利亚 WT/DS293/4 巴西 WT/DS293/5 加拿大 WT/DS293/6 印度 WT/DS293/7 新西兰 WT/DS293/8	07-08-2003 阿根廷 WT/DS293/17	29-08-2003 WT/DSB/M/155	19-03-2010 WT/DS293/41
294	美国—计算倾销差额（归零法）的法律、规则及方法	欧共体 WT/DS294/1 和 WT/DS294/1/Add. 1	12-06-2003 08-09-2003	印度 WT/DS294/2 韩国 WT/DS294/3 日本 WT/DS294/4 墨西哥 WT/DS294/5 和 WT/DS294/6	05-02-2004 欧共体 WT/DS294/7	19-03-2004 WT/DSB/M/166	
295	墨西哥—对于牛肉及稻米反倾销措施	美国 WT/DS295/1	16-06-2003		19-09-2003 美国 WT/DS295/2		
296	美国—对于来自韩国的计算机动态随机存取存储器芯片(DRAMS)征收反补贴税调查	韩国 WT/DS296/1 和 WT/DS296/1/Add. 1	30-06-2003 18-08-2003		19-11-2003 韩国 WT/DS296/2	23-01-2004 WT/DSB/M/163	

续 表

序号	案件	请求磋商	收到磋商请求（日-月-年）	加入磋商请求	请求成立专家组（日-月-年）	专家组成立（日-月-年）	双边达成解决方案（日-月-年）
297	克罗地亚—影响活体动物及肉产品进口的措施	匈牙利 WT/DS297/1	09-07-2003				30-01-2009 WT/DS297/2
298	墨西哥—对于海关估价及其他特定用途的定价方法	危地马拉 WT/DS298/1 撤销要求磋商的请求 WT/DS298/2 (29-08-05)	22-07-2003				
299	欧共体—对来自韩国的计算机动态随机存取存储器芯片采取反补贴措施	韩国 WT/DS299/1 和 WT/DS299/1/Rev. 1/Add. 1	25-07-2003 25-08-2003		19-11-2003 韩国 WT/DS299/2	23-01-2004 WT/DSB/M/163	
300	多米尼克—影响香烟进口的措施	洪都拉斯 WT/DS300/1	28-08-2003				
301	欧共体—影响商船贸易的措施	韩国 WT/DS301/1	03-09-2003	中国 WT/DS301/2	05-02-2004 韩国 WT/DS301/3	19-03-2004 WT/DSB/M/163	
302	多米尼克—影响香烟进口和国内销售的措施	洪都拉斯 WT/DS302/1	08-10-2003	危地马拉 WT/DS302/2 尼加拉瓜 WT/DS302/3	08-12-2003 洪都拉斯 WT/DS302/5	09-01-2004 WT/DSB/M/162	
303	厄瓜多尔—对中密度板进口的保障措施	智利 WT/DS303/1	24-11-2003				
304	印度—对来自欧共体的特定产品进口的反倾销措施	欧共体 WT/DS304/1 和 Corr. 1	08-12-2003	土耳其 WT/DS304/2 台、澎、金、马单独关税区 WT/DS304/3			
305	埃及—影响纺织品及服装进口措施	美国 WT/DS305/1	23-12-2003	欧共体 WT/DS305/2			20-05-2005 WT/DS305/4
306	印度—对来自孟加拉电池采取反倾销措施	孟加拉 WT/DS306/1	28-01-2004	欧共体 WT/DS306/2			20-02-2006 WT/DS306/3
307	欧共体—对商船的补贴	韩国 WT/DS307/1	13-02-2004				
308	墨西哥—对于非酒精饮料及其他饮料征税	美国 WT/DS308/1	16-03-2004	加拿大 WT/DS308/2	10-06-2004 美国 WT/DS308/4	06-07-2004 WT/DSB/M/172	

续 表

序号	案件	请求磋商	收到磋商请求（日-月-年）	加入磋商请求	请求成立专家组（日-月-年）	专家组成立（日-月-年）	双边达成解决方案（日-月-年）
309	中国—对集成电路的增值税	美国 WT/DS309/1	18-03-2004	欧共体 WT/DS309/2 日本 WT/DS309/3 墨西哥 WT/DS309/4 台、澎、金、马单独关税区 WT/DS309/5			05-10-2005 WT/DS309/8
310	美国—国际贸易委员会对来自加拿大的硬粒赤春小麦的决定	加拿大 WT/DS310/1	08-04-2004		10-06-2004 加拿大 WT/DS310/2 On 20-07-2004 加拿大请求将成立专家组的要求从争端解决机构议程中撤出，保留其在未来会议中对该项请求的权利（WT/DSB/M/173）		
311	美国—对来自加拿大软木的反补贴税复审	加拿大 WT/DS311/1	14-04-2004				12-10-2006 WT/DS311/2 23-02-2007 WT/DS311/2/Add. 1
312	韩国—对来自印尼特定纸张征收反倾销税	印度尼西亚 WT/DS312/1	04-06-2004		16-08-2004 印度尼西亚 WT/DS312/2	27-09-2004 WT/DSB/M/176	
313	欧共体—对来自印度的扁钢和非合金钢产品采取反倾销措施	印度 WT/DS313/1	05-07-2004				22-10-2004 WT/DS313/2
314	墨西哥—对来自欧共体的橄榄油采取临时反补贴措施	欧共体 WT/DS314/1	18-08-2004				

续 表

序号	案件	请求磋商	收到磋商请求（日-月-年）	加入磋商请求	请求成立专家组（日-月-年）	专家组成立（日-月-年）	双边达成解决方案（日-月-年）
315	欧共体—特定海关措施	美国 WT/DS315/1	21-09-2004	澳大利亚 WT/DS315/2 日本 WT/DS315/3 巴西 WT/DS315/4 阿根廷 WT/DS315/5 台、澎、金、马单独关税区 WT/DS315/6 印度 WT/DS315/7	13-01-2005 美国 WT/DS315/8	21-03-2005 WT/DSB/M/186	
316	欧共体及其某些成员国—影响大型民用航空器贸易的措施	美国 WT/DS316/1 WT/DS316/1/Add. 1	06-10-2004 31-01-2006		31-05-2005 美国 WT/DS316/2 11-04-2006 美国 WT/DS316/6	20-07-2005 WT/DSB/M/194 09-05-2006 WT/DSB/M/211 和 Corr. 1	
317	美国—影响大型民用航空器贸易的措施	欧共体 WT/DS317/1 WT/DS317/1/Add. 1	06-10-2004 27-06-2005		31-05-2005 欧共体 WT/DS317/2 20-01-2006 欧共体 WT/DS317/5	20-07-2005 WT/DSB/M/194 17-02-2006 WT/DSB/M/205	
318	印度—对来自台、澎、金、马单独关税区特定产品的反倾销措施	台、澎、金、马单独关税区 WT/DS318/1	28-10-2004				
319	美国—1930 年关税法案第 776 节	欧共体 WT/DS319/1	05-11-2004				
320	美国—继续中止在荷尔蒙案件中的义务	欧共体 WT/DS320/1	08-11-2004	加拿大 WT/DS320/2 澳大利亚 WT/DS320/3 墨西哥 WT/DS320/4	13-01-2005 欧共体 WT/DS320/6	17-02-2005 WT/DSB/M/183	
321	加拿大—欧共体继续中止在荷尔蒙案件中的义务	欧共体 WT/DS321/1	08-11-2004	澳大利亚 WT/DS321/2 墨西哥 WT/DS321/3 美国 WT/DS321/4	13-01-2005 欧共体 WT/DS321/6	17-02-2005 WT/DSB/M/183	

续 表

序号	案件	请求磋商	收到磋商请求（日-月-年）	加入磋商请求	请求成立专家组（日-月-年）	专家组成立（日-月-年）	双边达成解决方案（日-月-年）
322	美国—与归零法及日落复审相关的措施	日本 WT/DS322/1	24-11-2004	印度 WT/DS322/2 挪威 WT/DS322/3 阿根廷 WT/DS322/4 台、澎、金、马单独关税区 WT/DS322/5 欧共体 WT/DS322/6 墨西哥 WT/DS322/7	04-02-2005 日本 WT/DS322/8	28-02-2005 WT/DSB/M/185	
323	日本—干紫菜和风味紫菜进口配额	韩国 WT/DS323/1	01-12-2004		04-02-2005 韩国 WT/DS323/2	21-03-2005 WT/DSB/M/186	23-01-2006 WT/DS323/5
324	美国—对来自泰国虾的临时反倾销措施	泰国 WT/DS324/1	09-12-2004	日本 WT/DS324/2 巴西 WT/DS324/3 欧共体 WT/DS324/4 中国 WT/DS324/5 印度 WT/DS324/6 厄瓜多尔 WT/DS324/7			
325	美国—对来自墨西哥的不锈钢的反倾销措施	墨西哥 WT/DS325/1	05-01-2005	日本 WT/DS325/2 欧共体 WT/DS325/3			
326	欧共体—对于鲑鱼的保障措施	智利 WT/DS326/1 撤回磋商请求 WT/DS326/4 (12-05-2005)	08-02-2005	挪威 WT/DS326/2			
327	埃及—对来自巴基斯坦火柴的反倾销措施	巴基斯坦 WT/DS327/1	21-02-2005		09-06-2005 巴基斯坦 WT/DS327/2	20-07-2005 WT/DSB/M/194	27-03-2006 WT/DS327/3
328	欧共体—对于鲑鱼的保障措施	挪威 WT/DS328/1	01-03-2005	智利 WT/DS328/2			
329	巴拿马—对于特定奶类产品的关税分类	墨西哥 WT/DS329/1	16-03-2005				20-09-2005 WT/DS329/2

续 表

序号	案件	请求磋商	收到磋商请求（日-月-年）	加入磋商请求	请求成立专家组（日-月-年）	专家组成立（日-月-年）	双边达成解决方案（日-月-年）
330	阿根廷—对于橄榄油、面筋及桃子的反补贴税	欧共体 WT/DS330/1	29-04-2005				
331	墨西哥—对来自危地马拉的钢管征收反倾销税	危地马拉 WT/DS331/1	17-06-2005		06-02-2006 危地马拉 WT/DS331/2	17-03-2006 WT/DSB/M/207	
332	巴西—影响翻新轮胎进口的措施	欧共体 WT/DS332/1	20-06-2005	阿根廷 WT/DS332/2	17-11-2005 欧共体 WT/DS332/4	20-01-2006 WT/DSB/M/203	
333	多米尼克—影响从哥斯达黎加进口的外汇费用	哥斯达黎加 WT/DS333/1	12-09-2005	危地马拉 WT/DS333/2 萨尔瓦多 WT/DS333/3			
334	土耳其—影响稻米进口的措施	美国 WT/DS334/1	02-11-2005	澳大利亚 WT/DS334/2 泰国 WT/DS334/3	06-02-2006 美国 WT/DS334/4	17-03-2006 WT/DSB/M/207	
335	美国—对来自厄瓜多尔的虾的反倾销措施	厄瓜多尔 WT/DS335/1	17-11-2005	欧共体 WT/DS335/2 印度 WT/DS335/3 巴西 WT/DS335/4 泰国 WT/DS335/5	08-06-2006 厄瓜多尔 WT/DS335/6	19-07-2006 WT/DSB/M/217	
336	日本—对来自韩国的计算机动态随机存取存储器芯片的反补贴措施	韩国 WT/DS336/1	14-03-2006	美国 WT/DS336/2 欧共体 WT/DS336/3	18-05-2006 韩国 WT/DS336/5	19-06-2006 WT/DSB/M/215	
337	欧共体—对来自挪威的养殖鲑鱼的反倾销措施	挪威 WT/DS337/1 和 WT/DS337/1/Add. 1	17-03-2006 27-03-2006		29-05-2006 挪威 WT/DS337/2	22-06-2006 WT/DSB/M/216	
338	加拿大—对来自美国谷物玉米征收临时的反倾销税和反补贴税	美国 WT/DS338/1	17-03-2006				

续 表

序号	案件	请求磋商	收到磋商请求（日-月-年）	加入磋商请求	请求成立专家组（日-月-年）	专家组成立（日-月-年）	双边达成解决方案（日-月-年）
339	中国—影响汽车零部件进口的措施	欧共体 WT/DS339/1	30-03-2006	美国 WT/DS339/2 日本 WT/DS339/3 澳大利亚 WT/DS339/4 墨西哥 WT/DS339/5 加拿大 WT/DS339/6	15-09-2006 欧共体 WT/DS339/8	26-10-2006 WT/DSB/M/221	
340	中国—影响汽车零部件进口的措施	美国 WT/DS340/1	30-03-2006	日本 WT/DS340/2 欧共体 WT/DS340/3 澳大利亚 WT/DS340/4 墨西哥 WT/DS340/5 加拿大 WT/DS340/6	15-09-2006 美国 WT/DS340/8	26-10-2006 WT/DSB/M/221	
341	墨西哥—对来自欧共体的橄榄油采取反补贴措施	欧共体 WT/DS341/1	31-03-2006		07-12-2006 欧共体 WT/DS341/2	23-01-2007 WT/DSB/M/225	
342	中国—影响汽车零部件进口的措施	加拿大 WT/DS342/1	13-04-2006	美国 WT/DS342/2 澳大利亚 WT/DS342/3 日本 WT/DS342/4 欧共体 WT/DS342/5 墨西哥 WT/DS342/6	15-09-2006 加拿大 WT/DS342/8	26-10-2006 WT/DSB/M/221	
343	美国—影响来自泰国虾的措施	泰国 WT/DS343/1 和 Corr. 2	24-04-2006	印度 WT/DS343/2 日本 WT/DS343/3 巴西 WT/DS343/4 中国 WT/DS343/5	15-09-2006 泰国 WT/DS343/7	26-10-2006 WT/DSB/M/221	

续　表

序号	案件	请求磋商	收到磋商请求（日-月-年）	加入磋商请求	请求成立专家组（日-月-年）	专家组成立（日-月-年）	双边达成解决方案（日-月-年）
344	美国—对来自墨西哥不锈钢的反倾销措施	墨西哥 WT/DS344/1	26-05-2006	日本 WT/DS344/2	12-10-2006 墨西哥 WT/DS344/4	26-10-2006 WT/DSB/M/221	
345	美国—涉及反倾销及反补贴税的商品海关保证金	印度 WT/DS345/1	06-06-2006	泰国 WT/DS345/2 中国 WT/DS345/3 巴西 WT/DS345/4	13-10-2006 印度 WT/DS345/6	21-11-2006 WT/DSB/M/222	
346	美国—对来自阿根廷的工业用管材的反倾销行政复审	阿根廷 WT/DS346/1	20-06-2006				
347	欧共体及其某些成员国—影响大型民用航空器贸易的措施（二诉）	美国 WT/DS347/1	31-01-2006		11-04-2006 美国 WT/DS347/3	09-05-2006 WT/DSB/M/211 和 Corr. 1 根据 DSU 第 12.12 条于 2007 年 10 月 7 日专家组解散	
348	哥伦比亚—来自巴拿马特定产品进口的海关措施	巴拿马 WT/DS348/1	20-07-2006	危地马拉 WT/DS348/2 中国 WT/DS348/3 菲律宾 WT/DS348/4 中国香港 WT/DS348/5 巴基斯坦 WT/DS348/6 WT/DS348/7 泰国 WT/DS348/8			01-12-2006 WT/DS348/10
349	欧共体—影响新鲜及冷藏大蒜的关税配额措施	阿根廷 WT/DS349/1	06-09-2006				
350	美国—继续使用归零法	欧共体 WT/DS350/1 和 WT/DS350/1/Add. 1	02-10-2006 09-10-2006	日本 WT/DS350/2 泰国 WT/DS350/3 巴西 WT/DS350/4 印度 WT/DS350/5	10-05-2007 欧共体 WT/DS350/6	04-06-2007 WT/DSB/M/233	
351	智利—对于特定奶制品的临时保障措施	阿根廷 WT/DS351/1	25-10-2006		8-03-2007 阿根廷 WT/DS351/2 WT/DS356/2	24-04-2007 WT/DSB/M/230	

续 表

序号	案件	请求磋商	收到磋商请求（日-月-年）	加入磋商请求	请求成立专家组（日-月-年）	专家组成立（日-月-年）	双边达成解决方案（日-月-年）
352	印度—影响来自欧共体葡萄酒和烈性酒进口和销售的措施	欧共体 WT/DS352/1	20-11-2006	美国 WT/DS352/2 澳大利亚 WT/DS352/3	23-03-2007 欧共体 WT/DS352/4	24-04-2007 WT/DSB/M/230 17-07-2008 建立专家组的授权取消（WT/DS352/7）	
353	美国—影响大型民用航空器贸易的措施（二诉）	欧共体 WT/DS353/1 WT/DS317/1/Add. 2			欧共体 WT/DS353/2/Corr. 1 WT/DS317/5/Add. 1/Corr. 1		
354	加拿大—对葡萄酒和啤酒的税收减免	欧共体 WT/DS354/1	29-11-2006				17-12-2008 WT/DS354/2
355	巴西—对产自阿根廷特定树脂征收反倾销税	阿根廷 WT/DS355/1	26-12-2006		07-06-2007 阿根廷 WT/DS355/2	24-07-2007 WT/DSB/M/236 05-02-2009 建立专家组的授权取消 WT/DS355/6	
356	智利—对特定奶制品实施保障措施	阿根廷 WT/DS356/1	28-12-2006		8-03-2007 阿根廷 WT/DS351/2 WT/DS356/2	24-04-2007 WT/DSB/M/230	
357	美国—对玉米和其他农产品的补贴和国内支持	加拿大 WT/DS357/1	08-01-2007	澳大利亚 WT/DS357/2 危地马拉 WT/DS357/3 巴西 WT/DS357/4 阿根廷 WT/DS357/5 欧共体 WT/DS357/6 乌拉圭 WT/DS357/7 尼加拉瓜 WT/DS357/8 泰国 WT/DS357/9	07-06-2007 加拿大 WT/DS357/11 15-11-2007 撤回请求 WT/DS357/13 08-11-2007 加拿大 WT/DS357/12 和 Corr. 1	17-12-2007 WT/DSB/M/243	

续 表

序号	案件	请求磋商	收到磋商请求（日-月-年）	加入磋商请求	请求成立专家组（日-月-年）	专家组成立（日-月-年）	双边达成解决方案（日-月-年）
358	中国—国内税收和其他支付的退还、抵免、减免措施	美国 WT/DS358/1 WT/DS358/1/Add. 1	02-02-2007 27-04-2007	欧共体 WT/DS358/2 澳大利亚 WT/DS358/3 日本 WT/DS358/4 墨西哥 WT/DS358/5 墨西哥 WT/DS358/7 欧共体 WT/DS358/8 澳大利亚 WT/DS358/9 日本 WT/DS358/10 加拿大 WT/DS358/11	12-07-2007 美国 WT/DS358/13	31-08-2007 WT/DSB/M/238	
359	中国—国内税收和其他支付的退还、抵免、减免措施	墨西哥 WT/DS359/1 WT/DS359/1/Add. 1	26-02-2007 04-05-2007	欧共体 WT/DS359/2 澳大利亚 WT/DS359/3 日本 WT/DS359/4 美国 WT/DS359/5 澳大利亚 WT/DS359/7 欧共体 WT/DS359/8 加拿大 WT/DS359/9 日本 WT/DS359/10 美国 WT/DS359/11	12-07-2007 墨西哥 WT/DS359/13	31-08-2007 WT/DSB/M/238	
360	印度—对来自美国的进口产品征收“附加税”和“超额附加税”	美国 WT/DS360/1	06-03-2007	欧共体 WT/DS360/2 澳大利亚 WT/DS360/3	24-05-2007 美国 WT/DS360/5	20-06-2007 WT/DSB/M/234	
361	欧共体—香蕉进口制度	哥伦比亚 WT/DS361/1	21-03-2007				

续 表

序号	案件	请求磋商	收到磋商请求（日-月-年）	加入磋商请求	请求成立专家组（日-月-年）	专家组成立（日-月-年）	双边达成解决方案（日-月-年）
362	中国—影响知识产权保护和执法的措施	美国 WT/DS362/1	10-04-2007	日本 WT/DS362/2 欧共体 WT/DS362/3 加拿大 WT/DS362/4 墨西哥 WT/DS362/5	21-08-2007 美国 WT/DS362/7	25-09-2007 WT/DSB/M/239	
363	中国—影响某些出版物和视听娱乐产品贸易权和分销权的措施	美国 WT/DS363/1 WT/DS363/1 /Add. 1	10-04-2007 10-07-2007	欧共体 WT/DS363/2 欧共体 WT/DS363/4	10-10-2007 美国 WT/DS363/5	27-11-2007 WT/DSB/M/242	
364	欧共体—香蕉进口制度	巴拿马 WT/DS364/1	22-06-2007				
365	美国—对农产品的国内支持和出口信贷担保	巴西 WT/DS365/1	11-07-2007	加拿大 WT/DS365/2 危地马拉 WT/DS365/3 哥斯达黎加 WT/DS365/4 欧共体 WT/DS365/5 墨西哥 WT/DS365/6 澳大利亚 WT/DS365/7 阿根廷 WT/DS365/8 泰国 WT/DS365/9 印度 WT/DS365/10 尼加拉瓜 WT/DS365/11	08-11-2007 巴西 WT/DS365/13	17-12-2007 WT/DSB/M/243	
366	哥伦比亚—指示性价格和入境港口的限制	巴拿马 WT/DS366/1	12-07-2007	危地马拉 WT/DS366/2 洪都拉斯 WT/DS366/3 台、澎、金、马单独关税区 WT/DS366/4	14-09-2007 巴拿马 WT/DS366/6	22-10-2007 WT/DSB/M/241	

续 表

序号	案件	请求磋商	收到磋商请求（日-月-年）	加入磋商请求	请求成立专家组（日-月-年）	专家组成立（日-月-年）	双边达成解决方案（日-月-年）
367	澳大利亚—影响来自新西兰苹果进口的措施	新西兰 WT/DS367/1	31-08-2007	欧共体 WT/DS367/2 美国 WT/DS367/3	06-12-2007 新西兰 WT/DS367/5	21-01-2008 WT/DSB/M/245	
368	美国—对来自中国的铜版纸征收临时反倾销和反补贴税	中国 WT/DS368/1	14-09-2007				
369	欧共体—禁止海豹产品进口和销售的措施	加拿大 WT/DS369/1	25-09-2007		11-02-2011 加拿大 WT/DS369/2	25-03-2011 WT/DSB/M/294	
370	泰国—对来自欧共体特定商品的海关估价制度	欧共体 WT/DS370/1	25-01-2008	菲律宾 WT/DS370/2 美国 WT/DS370/3			
371	泰国—对来自菲律宾烟草所采取的海关和财政措施	菲律宾 WT/DS371/1	07-02-2008	欧共体 WT/DS371/2	29-09-2008 菲律宾 WT/DS371/3	17-11-2008 WT/DSB/M/259	
372	中国—影响金融信息服务和外资金融信息服务提供商的措施	欧共体 WT/DS372/1	03-03-2008	美国 WT/DS372/2			
373	中国—影响金融信息服务和外资金融信息服务提供商的措施	美国 WT/DS373/1	03-03-2008	欧共体 WT/DS373/2			
374	南非—对未涂层纸采取反倾销措施	印度尼西亚 WT/DS374/1 撤回磋商请求 WT/DS374/2 (2008年11月20日)	09-05-2008				
375	欧共体及其成员国—对特定信息技术产品的关税措施	美国 WT/DS375/1	28-05-2008	泰国 WT/DS375/2 日本 WT/DS375/3 新加坡 WT/DS375/4 菲律宾 WT/DS375/5 台、澎、金、马单独关税区 WT/DS375/6 中国 WT/DS375/7	18-08-2008 美国 WT/DS375/8 WT/DS376/8 WT/DS377/6	23-09-2008 WT/DSB/M/256	

续 表

序号	案件	请求磋商	收到磋商请求（日-月-年）	加入磋商请求	请求成立专家组（日-月-年）	专家组成立（日-月-年）	双边达成解决方案（日-月-年）
376	欧共体及其成员国—对特定信息技术产品的关税措施	日本 WT/DS376/1	28-05-2008	泰国 WT/DS376/2 台、澎、金、马单独关税区 WT/DS376/3 新加坡 WT/DS376/4 菲律宾 WT/DS376/5 美国 WT/DS376/6 中国 WT/DS376/7	18-08-2008 日本 WT/D376/8 WT/DS375/8 WT/DS377/6	23-09-2008 WT/DSB/M/256	
377	欧共体及其成员国—对特定信息技术产品的关税措施	台、澎、金、马单独关税区 WT/DS377/1	12-06-2008	美国 WT/DS377/2 中国 WT/DS377/3 日本 WT/DS377/4	18-08-2008 台、澎、金、马单独关税区 WT/DS377/6 WT/DS375/8 WT/DS376/8	23-09-2008 WT/DSB/M/256	
378	中国—影响金融信息服务和外资金融信息服务提供商的措施	加拿大 WT/DS378/1	20-06-2008	美国 WT/DS378/2			
379	美国—对来自中国的特定产品征收反倾销税和反补贴税	中国 WT/DS379/1	19-09-2008		09-12-2008 中国 WT/DS379/2	20-01-2009 WT/DSB/M/263	
380	印度—对进口葡萄酒与烈酒采取的某些税收和其他措施	欧共体 WT/DS380/1 WT/DS380/1/Add. 1 WT/DS380/1/Add. 2	22-09-2008 15-12-2008 04-05-2009	澳大利亚 WT/DS380/2 美国 WT/DS380/3 美国 WT/DS380/4 美国 WT/DS380/5			
381	美国—对金枪鱼和金枪鱼产品的进口、营销和销售采取的措施	墨西哥 WT/DS381/1	24-10-2008	欧共体 WT/DS381/2 澳大利亚 WT/DS381/3	09-03-2009 墨西哥 WT/DS381/4	20-04-2009 WT/DSB/M/267	
382	美国—对从巴西进口的特定橙汁采取的反倾销行政复审和其他措施	巴西 WT/DS382/1 WT/DS382/1/Add. 1	27-11-2008 22-05-2009	日本 WT/DS382/2 日本 WT/DS382/3	20-08-2009 巴西 WT/DS382/4	25-09-2009 WT/DSB/M/274	
383	美国—对从泰国进口的聚乙烯包装袋采取的反倾销措施	泰国 WT/DS383/1	26-11-2008		09-03-2009 泰国 WT/DS383/2	20-03-2009 WT/DSB/M/266	

续 表

序号	案件	请求磋商	收到磋商请求（日-月-年）	加入磋商请求	请求成立专家组（日-月-年）	专家组成立（日-月-年）	双边达成解决方案（日-月-年）
384	美国—对特定国家原产地标签要求	加拿大 WT/DS384/1 WT/DS384/1/Add. 1	01-12-2008 07-05-2009	尼加拉瓜 WT/DS384/2 墨西哥 WT/DS384/3 墨西哥 WT/DS384/5 秘鲁 WT/DS384/6	07-10-2009 加拿大 WT/DS384/8	19-11-2009 WT/DSB/M/276	
385	欧共体—对从印度进口的聚对苯二甲酸乙二醇酯（PET）征收反倾销和反补贴税的期终复审	印度 WT/DS385/1	04-12-2008				
386	美国—对特定国家原产地标签要求	墨西哥 WT/DS386/1 WT/DS386/1/Add. 1	17-12-2008 07-05-2009	加拿大 WT/DS386/2 加拿大 WT/DS386/4 秘鲁 WT/DS386/5	13-10-2009 墨西哥 WT/DS386/7和Corr. 1	19-11-2009 WT/DSB/M/276	
387	中国—援助、贷款和其他鼓励措施	美国 WT/DS387/1	19-12-2008	墨西哥 WT/DS387/2 欧共体 WT/DS387/3 加拿大 WT/DS387/4 澳大利亚 WT/DS387/5 土耳其 WT/DS387/6 哥伦比亚 WT/DS387/7 危地马拉 WT/DS387/8 厄瓜多尔 WT/DS387/9 新西兰 WT/DS387/10			

续 表

序号	案件	请求磋商	收到磋商请求（日-月-年）	加入磋商请求	请求成立专家组（日-月-年）	专家组成立（日-月-年）	双边达成解决方案（日-月-年）
388	中国—援助、贷款和其他鼓励措施	墨西哥 WT/DS388/1	19-12-2008	欧共体 WT/DS388/2 加拿大 WT/DS388/3 澳大利亚 WT/DS388/4 土耳其 WT/DS388/5 美国 WT/DS388/6 哥伦比亚 WT/DS388/7 危地马拉 WT/DS388/8 厄瓜多尔 WT/DS388/9 新西兰 WT/DS388/10			
389	欧共体—对从美国进口的鸡肉及其产品采取的特定措施	美国 WT/DS389/1	16-01-2009	澳大利亚 WT/DS389/2	08-10-2009 美国 WT/DS389/4	19-11-2009 WT/DSB/M/276	
390	中国—援助、贷款和其他鼓励措施	危地马拉 WT/DS390/1	19-01-2009	欧共体 WT/DS390/2 澳大利亚 WT/DS390/3 墨西哥 WT/DS390/4 美国 WT/DS390/5 土耳其 WT/DS390/6 厄瓜多尔 WT/DS390/7 哥伦比亚 WT/DS390/8 加拿大 WT/DS390/9 新西兰 WT/DS390/10			
391	韩国—对从加拿大进口牛肉及其产品采取的措施	加拿大 WT/DS391/1	09-04-2009	欧共体 WT/DS391/2	09-07-2009 加拿大 WT/DS391/3	31-08-2009 WT/DSB/M/273	19-06-2012 WT/DS391/9
392	美国—对从中国进口的鸡肉采取的特定措施	中国 WT/DS392/1	17-04-2009		23-06-2009 中国 WT/DS392/2	31-07-2009 WT/DSB/M/272	
393	智利—对从阿根廷进口面粉采取的反倾销措施	阿根廷 WT/DS393/1	14-05-2009				

续 表

序号	案件	请求磋商	收到磋商请求（日-月-年）	加入磋商请求	请求成立专家组（日-月-年）	专家组成立（日-月-年）	双边达成解决方案（日-月-年）
394	中国—与限制原材料出口有关的措施	美国 WT/DS394/1	23-06-2009	欧共体 WT/DS394/2 土耳其 WT/DS394/3 加拿大 WT/DS394/4 墨西哥 WT/DS394/5	04-11-2009 美国 WT/DS394/7	21-12-2009 WT/DSB/M/277	
395	中国—与限制原材料出口有关的措施	欧共体 WT/DS395/1	23-06-2009	土耳其 WT/DS395/2 美国 WT/DS395/3 加拿大 WT/DS395/4 墨西哥 WT/DS395/5	04-11-2009 欧共体 WT/DS395/7	21-12-2009 WT/DSB/M/277	
396	菲律宾—对蒸馏酒征收国内税	欧共体 WT/DS396/1	29-07-2009	美国 WT/DS396/2	10-12-2009 欧盟 WT/DS396/4	19-01-2010 WT/DSB/M/278	
397	欧共体—对从中国进口的钢铁紧固件采取最终反倾销措施	中国 WT/DS397/1	31-07-2009		12-10-2009 中国 WT/DS397/3	23-10-2009 WT/DSB/M/275	
398	中国—与限制原材料出口有关的措施	墨西哥 WT/DS398/1	21-08-2009	欧共体 WT/DS398/2 美国 WT/DS398/3 哥伦比亚 WT/DS398/4 加拿大 WT/DS398/5	04-11-2009 墨西哥 WT/DS398/6	21-12-2009 WT/DSB/M/277	
399	美国—对从中国进口汽车轮胎采取的限制措施	中国 WT/DS399/1	14-09-2009		09-12-2009 中国 WT/DS399/2	19-01-2010 WT/DSB/M/278	
400	欧共体—限制海豹产品进口及营销的限制措施	加拿大 WT/DS400/1 WT/DS400/1/Add. 1	02-11-2009 18-10-2010	冰岛 WT/DS400/2 挪威 WT/DS400/3	11-02-2011 加拿大 WT-DS400/4	25-03-2011 WT/DSB/M/294	
401	欧共体—限制海豹产品进口及营销的限制措施	挪威 WT/DS401/1 WT/DS401/1/Add. 1	05-11-2009 19-10-2010	冰岛 WT/DS401/2 加拿大 WT/DS401/3 加拿大 WT/DS401/4	14-03-2011 挪威 WT/DS401/5	21-04-2011 争端解决机构同意在2011年3月25日会议上，设立专家组以调查加拿大的投诉（WT/DS400/4）和挪威的投诉 WT/DSB/M/295	

续 表

序号	案件	请求磋商	收到磋商请求（日-月-年）	加入磋商请求	请求成立专家组（日-月-年）	专家组成立（日-月-年）	双边达成解决方案（日-月-年）
402	美国—对来自韩国产品的反倾销措施适用归零法	韩国 WT/DS402/1	24-11-2009	日本 WT/DS402/2	08-04-2010 韩国 WT/DS402/3	18-05-2010 WT/DSB/M/283	
403	菲律宾—对蒸馏酒精征税	美国 WT/DS403/1	14-01-2010	欧盟 WT/DS403/2	26-03-2010 美国 WT/DS403/4	20-04-2010 争端解决机构同意在2010年1月19日会议上成立专家组来调查欧盟提请的上诉，同时也就美国提请的类似案件上诉做相应调查 WT/DSB/M/282	
404	美国—对自越南进口的虾采取反倾销措施	越南 WT/DS404/1	01-02-2010	日本 WT/DS404/2 欧盟 WT/DS404/3 泰国 WT/DS404/4	07-04-2020 越南 WT/DS404/5	18-05-2010 WT/DSB/M/283	
405	欧盟—对自中国进口的鞋采取反倾销措施	中国 WT/DS405/1	04-02-2010		08-04-2010 中国 WT/DS405/2	18-05-2010 WT/DSB/M/283	
406	美国—影响丁香香烟生产和销售的措施	印度尼西亚 WT/DS406/1	07-04-2010		09-06-2010 印度尼西亚 WT/DS406/2	20-07-2010 WT/DSB/M/285	
407	中国—对来自欧盟的钢铁紧固件征收临时反倾销税	欧盟 WT/DS407/1	07-05-2010				
408	欧盟及其成员—运输中的癫痫仿制药	印度 WT/DS408/1	11-05-2010	加拿大 WT/DS408/2 巴西 WT/DS408/3 厄瓜多尔 WT/DS408/4 土耳其 WT/DS408/5 中国 WT/DS408/6 日本 WT/DS408/7			

续 表

序号	案件	请求磋商	收到磋商请求（日-月-年）	加入磋商请求	请求成立专家组（日-月-年）	专家组成立（日-月-年）	双边达成解决方案（日-月-年）
409	欧盟及其成员—运输中的癫痫仿制药	巴西 WT/DS409/1	12-05-2010	加拿大 WT/DS409/2 厄瓜多尔 WT/DS409/3 印度 WT/DS409/4 土耳其 WT/DS409/5 中国 WT/DS409/6 日本 WT/DS409/7			
410	阿根廷—对来自秘鲁的紧固件及链条实施反倾销措施	秘鲁 WT/DS410/1	19-05-2010				
411	亚美尼亚—影响香烟和酒精输入和进口的措施	乌克兰 WT/DS411/1	20-07-2010		06-10-2010 乌克兰 WT/DS411/2 /Rev. 1		
412	加拿大—影响再生能源部门的措施	日本 WT/DS412/1	13-09-2010	美国 WT/DS412/2 欧盟 WT/DS412/3	01-06－2011 日本 WT/DS412/5	20-07-2011 WT/DSB/M/300	
413	中国—影响电子支付服务的措施	美国 WT/DS413/1	15-09-2010		11-02-2011 美国 WT/DS413/2	25-03-2011 WT/DSB/M/294	
414	中国—对自美国进口的取向电工钢征收反补贴税和反倾销税	美国 WT/DS414/1	15-09-2010		11-02-2011 美国 WT/DS414/2	25-03-2011 WT/DSB/M/294	
415	多米尼克—聚丙烯管状织物包装袋进口的保障措施	哥斯达黎加 WT/DS415/1	15-10-2010	巴拿马 WT/DS415/2 萨尔瓦多 WT/DS415/3 洪都拉斯 WT/DS415/4 危地马拉 WT/DS415/5	15-12-2010 哥斯达黎加 WT/DS415/7	07-02-2011 WT/DSB/M/292	
416	多米尼克—聚丙烯管状织物包装袋进口的保障措施	危地马拉 WT/DS416/1	15-10-2010	巴拿马 WT/DS416/2 哥斯达黎加 WT/DS416/3 厄瓜多尔 WT/DS416/4 洪都拉斯 WT/DS416/5	15-12-2010 危地马拉 WT/DS416/7	07-02-2011 WT/DSB/M/292	

续 表

序号	案件	请求磋商	收到磋商请求（日-月-年）	加入磋商请求	请求成立专家组（日-月-年）	专家组成立（日-月-年）	双边达成解决方案（日-月-年）
417	多米尼克—聚丙烯管状织物包装袋进口的保障措施	洪都拉斯 WT/DS417/1	18-10-2010	巴拿马 WT/DS417/2 和 Corr. 1 哥斯达黎加 WT/DS417/3 萨尔瓦多 WT/DS417/4 危地马拉 WT/DS417/5	20-12-2010 洪都拉斯 WT/DS417/7	07-02-2011 WT/DSB/M/292	
418	多米尼克—聚丙烯管状织物包装袋进口的保障措施	萨尔瓦多 WT/DS418/1	19-10-2010	巴拿马 WT/DS418/2 哥斯达黎加 WT/DS418/3 洪都拉斯 WT/DS418/4 危地马拉 WT/DS418/5	20-12-2010 萨尔瓦多 WT/DS418/7	07-02-2011 WT/DSB/M/292	
419	中国—有关风能设备的措施	美国 WT/DS419/1	22-12-2010	欧盟 WT/DS419/2 日本 WT/DS419/3			
420	美国—对自韩国进口的耐腐蚀碳钢板采取反倾销措施	韩国 WT/DS420/1	31-01-2011	日本 WT/DS420/2 墨西哥 WT/DS420/3	15-09-2011 韩国 WT/DS420/4 09-02-2012 韩国 WT/DS420/5	22-02-2012 WT/DSB/M/312	
421	摩尔多瓦—影响货物进口及国内销售的措施（环保税）	乌克兰 WT/DS421/1	17-02-2011	欧盟 WT/DS421/2	12-05-2011 乌克兰 WT/DS421/4	17-06-2011 WT/DSB/M/298	
422	美国—对自中国进口的冷冻暖水虾采取反倾销措施	中国 WT/DS422/1 WT/DS422/1 /Add. 1	28-02-2011 27-07-2011	日本 WT/DS422/2	13-10-2011 中国 WT/DS422/3	25-10-2011 WT/DSB/M/305	
423	乌克兰—蒸馏酒征税	摩尔多瓦 WT/DS423/1	02-03-2011	欧盟 WT/DS423/2	01-06-2011 摩尔多瓦 WT/DS423/4	20-07-2011 WT/DSB/M/300	
424	美国—对自意大利进口的不锈钢薄板和卷材采取反倾销措施	欧盟 WT/DS424/1	01-04-2011	日本 WT/DS424/2			
425	中国—对从欧盟进口的 X 射线安全检查设备征收最终反倾销税	欧盟 WT/DS425/1	25-07-2011		08-12-2011 欧盟 WT/DS425/2	20-01-2012 WT/DSB/M/311	

续 表

序号	案件	请求磋商	收到磋商请求（日-月-年）	加入磋商请求	请求成立专家组（日-月-年）	专家组成立（日-月-年）	双边达成解决方案（日-月-年）
426	加拿大—上网电价补贴计划相关措施	欧盟 WT/DS426/1 WT/DS426/1/Add. 1	11-08-2011 22-08-2011	美国 WT/DS426/2 日本 WT/DS426/3	09-01-2012 欧盟 WT/DS426/5	20-01-2012 WT/DSB/M/311	
427	中国—对自美国的白羽肉鸡产品采取反倾销和反补贴措施	美国 WT/DS427/1	20-09-2011		08-12-2011 美国 WT/DS427/2	20-01-2012 WT/DSB/M/311	
428	土耳其—对来自印度的进口棉纱（不包括缝纫线）采取保障措施	印度 WT/DS428/1	13-02-2012				
429	美国—对源自越南的某些暖水虾的反倾销措施	越南 WT/DS429/1	22-02-2012				
430	印度—影响某些农产品进口的措施	美国 WT/DS430/1	06-03-2012	哥伦比亚 WT/DS430/2	11-05-2012 美国 WT/DS430/3	25-06-2012 WT/DSB/M/318	
431	中国—影响稀土、钨、钼出口的措施	美国 WT/DS431/1	13-03-2012	欧盟 WT/DS431/2 日本 WT/DS431/3 加拿大 WT/DS431/4	27-06-2012 美国 WT/DS431/6	23-07-2012 WT/DSB/M/320	
432	中国—影响稀土、钨、钼出口的措施	欧盟 WT/DS432/1	13-03-2012	日本 WT/DS432/2 美国 WT/DS432/3 加拿大 WT/DS432/4	27-06-2012 欧盟 WT/DS432/6	23-07-2012 WT/DSB/M/320	
433	中国—影响稀土、钨、钼出口的措施	日本 WT/DS433/1	13-03-2012	欧盟 WT/DS433/2 美国 WT/DS433/3 加拿大 WT/DS433/4	27-06-2012 日本 WT/DS433/6	23-07-2012 WT/DSB/M/320	

续 表

序号	案件	请求磋商	收到磋商请求（日-月-年）	加入磋商请求	请求成立专家组（日-月-年）	专家组成立（日-月-年）	双边达成解决方案（日-月-年）
434	澳大利亚—影响烟草制品包装使用商标及其他简单包装要求的措施	乌克兰 WT/DS434/1	13-03-2012	危地马拉 WT/DS434/2 乌拉圭 WT/DS434/3 巴西 WT/DS434/4 挪威 WT/DS434/5 欧盟 WT/DS434/6 新西兰 WT/DS434/7 加拿大 WT/DS434/8 尼加拉瓜 WT/DS434/9	14-08-2012 乌克兰 WT/DS434/11	28-09-2012 WT/DSB/M/322	
435	澳大利亚—影响烟草制品包装使用商标及其他简单包装要求的措施	洪都拉斯 WT/DS435/1 Corr. 1	04-04-2012	巴西 WT/DS435/2 Corr. 1 津巴布韦 WT/DS435/3 Corr. 1 新西兰 WT/DS435/4 Corr. 1 尼加拉瓜 WT/DS435/5 Corr. 1 危地马拉 WT/DS435/6 Corr. 1 乌拉圭 WT/DS435/7 Corr. 1 欧盟 WT/DS435/8 Corr. 1 乌克兰 WT/DS435/9 Corr. 1 加拿大 WT/DS435/10 Corr. 1 萨尔瓦多 WT/DS435/11 Corr. 1 挪威 WT/DS435/12 Corr. 1 菲律宾 WT/DS435/13 Corr. 1 印度尼西亚 WT/DS435/14 Corr. 1	15-10-2012 洪都拉斯 WT/DS435/16		

续 表

序号	案件	请求磋商	收到磋商请求(日-月-年)	加入磋商请求	请求成立专家组(日-月-年)	专家组成立(日-月-年)	双边达成解决方案(日-月-年)
436	美国—对源自印度的某些热轧碳钢产品的反补贴措施	印度 WT/DS436/1 Rev. 1	12-04-2012 24-04-2012	加拿大 WT/DS436/2	12-07-2012 印度 WT/DS436/3	31-08-2012 WT/DSB/M/321	
437	美国—对来自中国的某些产品的反补贴税的措施	中国 WT/DS437/1	25-05-2012		20-08-2012 中国 WT/DS437/2	28-09-2012 WT/DSB/M/322	
438	阿根廷—影响货物进口的措施	欧盟 WT/DS438/1	25-05-2012	土耳其 WT/DS438/2 美国 WT/DS438/3 乌克兰 WT/DS438/4 日本 WT/DS438/5 加拿大 WT/DS438/6 危地马拉 WT/DS438/7 澳大利亚 WT/DS438/8 墨西哥 WT/DS438/9			
439	南非—对来自巴西的冷冻鸡征收反倾销税	巴西 WT/DS439/1	21-06-2012				
440	中国—对美部分进口汽车实施反倾销和反补贴措施	美国 WT/DS440/1	05-07-2012		17-09-2012 美国 WT/DS440/2	23-10-2012 WT/DSB/M/323	
441	澳大利亚—影响烟草制品包装使用商标、地理标志及其他简单包装要求的措施	多米尼加 WT/DS441/1	18-07-2012	乌拉圭 WT/DS441/2 新西兰 WT/DS441/3 洪都拉斯 WT/DS441/4 尼加拉瓜 WT/DS441/5 危地马拉 WT/DS441/6 萨尔瓦多 WT/DS441/7 欧盟 WT/DS441/8 巴西 WT/DS441/9 乌克兰 WT/DS441/10 南非 WT/DS441/11 加拿大 WT/DS441/12 挪威 WT/DS441/13			

续　表

序号	案件	请求磋商	收到磋商请求（日-月-年）	加入磋商请求	请求成立专家组（日-月-年）	专家组成立（日-月-年）	双边达成解决方案（日-月-年）
442	欧盟—对印度尼西亚脂肪醇的进口反倾销措施	印度尼西亚 WT/DS442/1	27-07-2012				
443	欧盟及其成员国—生物柴油进口的某些措施	阿根廷 WT/DS443/1	17-08-2012	澳大利亚 WT/DS443/2 印度尼西亚 WT/DS443/3			
444	阿根廷—影响货物进口的措施	美国 WT/DS444/1	21-08-2012	墨西哥 WT/DS444/2 土耳其 WT/DS444/3 欧盟 WT/DS444/4 澳大利亚 WT/DS444/5 日本 WT/DS444/6 加拿大 WT/DS444/7 危地马拉 WT/DS444/8			
445	阿根廷—影响货物进口的措施	日本 WT/DS445/1	21-08-2012	墨西哥 WT/DS445/2 土耳其 WT/DS445/3 欧盟 WT/DS445/4 澳大利亚 WT/DS445/5 加拿大 WT/DS445/6 危地马拉 WT/DS445/7 美国 WT/DS445/8			
446	阿根廷—影响货物进口的措施	墨西哥 WT/DS446/1	24-08-2012	土耳其 WT/DS446/2 澳大利亚 WT/DS446/3 日本 WT/DS446/4 加拿大 WT/DS446/5 欧盟 WT/DS446/6 危地马拉 WT/DS446/7 美国 WT/DS446/8			

续 表

序号	案件	请求磋商	收到磋商请求（日-月-年）	加入磋商请求	请求成立专家组（日-月-年）	专家组成立（日-月-年）	双边达成解决方案（日-月-年）
447	美国—影响源自阿根廷动物、肉类和其他动物制品进口的措施	阿根廷 WT/DS447/1 Corr. 1	30-08-2012				
448	美国—影响新鲜柠檬进口的措施	阿根廷 WT/DS448/1 Corr. 1	03-09-2012				
449	美国—对来自中国的某些产品的反补贴和反倾销措施	中国 WT/DS449/1	17-09-2012				
450	中国—影响汽车与汽车零部件产业的若干措施	美国 WT/DS450/1	17-09-2012	欧盟 WT/DS450/2			
451	中国—影响纺织品服装产品生产与出口的措施	墨西哥 WT/DS451/1	15-10-2012	欧盟 WT/DS451/2 危地马拉 WT/DS451/3 澳大利亚 WT/DS451/4 美国 WT/DS451/5 巴西 WT/DS451/6 秘鲁 WT/DS451/7 洪都拉斯 WT/DS451/8			

第二部分

散发及通过专家组及上诉机构报告

序号	案件	专家组成立（日-月-年）	散发专家组报告（日-月-年）	通知上诉（日-月-年）	通过专家组报告（日-月-年）	散发上诉机构报告（日-月-年）	通过上诉机构报告（日-月-年）
1	美国—精炼及传统汽油标准	10-04-1995 委内瑞拉 WT/DS2 31-05-1995 巴西 WT/DS4	29-01-1996 WT/DS2/R	21-02-1996 美国 WT/DS2/6	20-05-1996 WT/DS2/9	29-04-1996 WT/DS2/AB/R	20-05-1996 WT/DS2/9
2	日本—对酒精饮料征税	27-09-1995 欧共体 WT/DS8 加拿大 WT/DS10 美国 WT/DS11	11-07-1996 WT/DS8/R WT/DS10/R WT/DS11/R	08-08-1996 日本 WT/DS8/9 WT/DS10/9 WT/DS11/6	01-11-1996 WT/DS8/11 WT/DS10/11 WT/DS11/8	04-10-1996 WT/DS8/AB/R WT/DS10/AB/R WT/DS11/AB/R	01-11-1996 WT/DS8/11 WT/DS10/11 WT/DS11/8
3	欧共体—扇贝的贸易描述	19-07-1995 加拿大 WT/DS7	05-08-1996 WT/DS7/R	N. A.	N. A.	N. A.	N. A.
4	欧共体—扇贝的贸易描述	11-10-1995 秘鲁 WT/DS12 智利 WT/DS14	05-08-1996 WT/DS12/R WT/DS14/R	N. A.	N. A.	N. A.	N. A.
5	巴西—影响可可粉的措施	05-03-1996 菲律宾 WT/DS22	17-10-1996 WT/DS22/R	16-12-1996 菲律宾 WT/DS22/8	20-03-1997 WT/DS22/11/ Rev. 2	21-02-1997 WT/DS22/AB/R	20-03-1997 WT/DS22/11/ Rev. 2
6	美国—对于棉质及人造纤维内衣的进口限制	05-03-1996 哥斯达黎加 WT/DS24	08-11-1996 WT/DS24/R	11-11-1996 哥斯达黎加 WT/DS24/5	25-02-1997 WT/DS24/8	10-02-1997 WT/DS24/AB/R	25-02-1997 WT/DS24/8
7	美国—影响从印度进口羊毛衬衫和女上衣进口的措施	17-04-1996 印度 WT/DS33	06-01-1997 WT/DS33/R	24-02-1997 印度 WT/DS33/3	23-05-1997 WT/DS33/5	25-04-1997 WT/DS33/AB/R 和 Corr. 1	23-05-1997 WT/DS33/5
8	加拿大—关于杂志的特定措施	19-06-1996 美国 WT/DS31	14-03-1997 WT/DS31/R 和 Corr. 1	29-04-1997 加拿大 WT/DS31/5	30-07-1997 WT/DS31/7	30-06-1997 WT/DS31/AB/R	30-07-1997 WT/DS31/7
9	欧共体—香蕉进口、销售和分销	08-05-1996 厄瓜多尔、危地马拉、洪都拉斯、墨西哥、美国 WT/DS27	22-05-1997 WT/DS27/R/ 厄瓜多尔 WT/DS27/R/ 危地马拉 WT/DS27/R/ 洪都拉斯 WT/DS27/R/ 墨西哥 WT/DS27/R/ 美国	11-06-1997 欧共体 WT/DS27/9	25-09-1997 WT/DS27/12	09-09-1997 WT/DS27/AB/R	25-09-1997 WT/DS27/12

续 表

序号	案件	专家组成立（日-月-年）	散发专家组报告（日-月-年）	通知上诉（日-月-年）	通过专家组报告（日-月-年）	散发上诉机构报告（日-月-年）	通过上诉机构报告（日-月-年）
10	欧共体—关于肉类及肉制品措施（荷尔蒙）	20-05-1996 美国 WT/DS26 16-10-1996 加拿大 WT/DS48	18-08-1997 WT/DS26/R/美国 WT/DS48/R/加拿大	24-09-1997 欧共体 WT/DS26/9 WT/DS48/7	13-02-1998 WT/DS26/13 WT/DS48/11	16-01-1998 WT/DS26/AB/R WT/DS48/AB/R	13-02-1998 WT/DS26/13 WT/DS48/11
11	印度—对于药品及农业化学品的专利权保护	20-11-1996 美国 WT/DS50	05-09-1997 WT/DS50/R	15-10-1997 印度 WT/DS50/6	16-01-1998 WT/DS50/9	19-12-1997 WT/DS50/AB/R	16-01-1998 WT/DS50/9
12	阿根廷—影响鞋类、纺织品、服装和其他项目的进口措施	25-02-1997 美国 WT/DS56	25-11-1997 WT/DS56/R	21-01-1998 阿根廷 WT/DS56/8	22-04-1998 WT/DS56/11	27-03-1998 WT/DS56/AB/R 20-04-1998 WT/DS56/AB/R /Corr. 1	22-04-1998 WT/DS56/11
13	欧共体—特定计算机设备的海关分类	25-02-1997 美国 WT/DS62 30-03-1997 WT/DS67 WT/DS68	05-02-1998 WT/DS62/R WT/DS67/R WT/DS68/R	24-03-1998 欧共体 WT/DS62/8 WT/DS67/6 WT/DS68/5	22-06-1998 WT/DS62/11 WT/DS64/9 WT/DS68/8	05-06-1998 WT/DS62/AB/R WT/DS67/AB/R WT/DS68/AB/R	22-06-1998 WT/DS62/11 WT/DS67/9 WT/DS68/10
14	欧共体—影响特定家禽产品进口的措施	30-07-1997 巴西 WT/DS69	12-03-1998 WT/DS69/R	29-04-1998 巴西 WT/DS69/4	23-07-1998 WT/DS69/7	13-07-1998 WT/DS69/AB/R	23-07-1998 WT/DS69/7
15	日本—对进口胶卷相纸的限制	16-10-1996 美国 WT/DS44	31-03-1998 WT/DS44/R	N. A.	22-04-1998 WT/DS44/5	N. A.	N. A.
16	美国—对特定虾及虾类产品进口限制	25-02-1997 马来西亚 泰国 巴基斯坦 10-04-1997 印度 WT/DS58	15-05-1998 WT/DS58/R 09-11-1998 WT/DS58/R/Corr. 1	13-07-1998 美国 WT/DS58/11	06-11-1998 WT/DS58/14	12-10-1998 WT/DS58/AB/R	06-11-1998 WT/DS58/14
17	澳大利亚—影响鲑鱼进口的措施	10-04-1997 加拿大 WT/DS18	12-06-1998 WT/DS18/R 13-07-1998 WT/DS18/R/Corr. 1	22-07-1998 澳大利亚 WT/DS18/5	06-11-1998 WT/DS18/11	20-10-1998 WT/DS18/AB/R	06-11-1998 WT/DS18/11
18	危地马拉—对来自墨西哥的波兰特水泥的反倾销调查	20-09-1997 墨西哥 WT/DS60	19-06-1998 WT/DS60/R	04-08-1998 危地马拉 WT/DS60/9	25-11-1998 WT/DS60/12	02-11-1998 WT/DS60/AB/R	25-11-1998 WT/DS60/12

续 表

序号	案件	专家组成立（日-月-年）	散发专家组报告（日-月-年）	通知上诉（日-月-年）	通过专家组报告（日-月-年）	散发上诉机构报告（日-月-年）	通过上诉机构报告（日-月-年）
19	印度尼西亚—影响汽车工业的特定措施	12-06-1998 日本 WT/DS55 WT/DS64 欧共体 WT/DS54 30-06-1997 美国 WT/DS59	02-07-1998 WT/DS54/R WT/DS55/R WT/DS59/R WT/DS64/R 和 Corr. 2	N. A.	23-07-1998 WT/DS54/10 WT/DS55/10 WT/DS59/9 WT/DS64/8	N. A.	N. A.
20	印度—对于药品及农业化学品的专利权保护	16-10-1997 欧共体 WT/DS79	24-08-1998 WT/DS79/R	N. A.	22-09-1998 WT/DS79/5 和 Corr. 1	N. A.	N. A.
21	韩国—对酒精饮料征税	16-10-1997 欧共体 WT/DS75 美国 WT/DS84	17-09-1998 WT/DS75/R WT/DS84/R	20-10-1998 韩国 WT/DS75/9 WT/DS84/7	17-02-1999 WT/DS75/12 WT/DS84/10	18-01-1999 WT/DS75/AB/R WT/DS84/AB/R	17-02-1999 WT/DS75/12 WT/DS84/10
22	日本—影响农产品的措施	18-11-1997 美国 WT/DS76	27-10-1998 WT/DS76/R	24-11-1998 日本 WT/DS76/5	19-03-1999 WT/DS76/8	22-02-1999 WT/DS76/AB/R	19-03-1999 WT/DS76/8
23	美国—对来自韩国的 1 兆或以上的计算机动态随机存取存储器芯片征收反倾销税	16-01-1998 韩国 WT/DS99	29-01-1999 WT/DS99/R	N. A.	19-03-1999 WT/DS99/5	N. A.	N. A.
24	印度—对于农产品、纺织品和工业产品进口的数量限制	18-11-1997 美国 WT/DS90	06-04-1999 WT/DS90/R	25-05-1999 印度 WT/DS90/11	22-09-1999 WT/DS90/14	23-08-1999 WT/DS90/AB/R	22-09-1999 WT/DS90/14
25	巴西—对于航空器出口融资	23-07-1998 加拿大 WT/DS46	14-04-1999 WT/DS46/R	03-05-1999 巴西 WT/DS46/8	20-08-1999 WT/DS46/10	02-08-1999 WT/DS46/AB/R	20-08-1999 WT/DS46/10
26	加拿大—影响民用航空器措施	23-07-1998 巴西 WT/DS70	14-04-1999 WT/DS70/R	03-05-1999 加拿大 WT/DS70/4	20-08-1999 WT/DS70/6	02-08-1999 WT/DS70/AB/R	20-08-1999 WT/DS70/6
27	加拿大—影响牛奶进口及奶制品出口的措施	25-03-1998 美国 WT/DS103 新西兰 WT/DS113	17-05-1999 WT/DS103/R WT/DS113/R	15-07-1999 加拿大 WT/DS103/6 WT/DS113/6	27-10-1999 WT/DS103/11 WT/DS113/11	13-10-1999 WT/DS103/AB/R WT/DS113/AB/R	27-10-1999 WT/DS103/11 WT/DS113/11
28	澳大利亚—对于汽车皮革制造商和生产商提供的补贴	22-06-1998 美国 WT/DS126	25-05-1999 WT/DS126/R	N. A.	16-06-1999 WT/DS126/5	N. A.	N. A.

续 表

序号	案件	专家组成立（日-月-年）	散发专家组报告（日-月-年）	通知上诉（日-月-年）	通过专家组报告（日-月-年）	散发上诉机构报告（日-月-年）	通过上诉机构报告（日-月-年）
29	土耳其—对于纺织品和服装进口的限制	13-03-1998 印度 WT/DS34	31-05-1999 WT/DS34/R	26-07-1999 土耳其 WT/DS34/6	19-11-1999 WT/DS34/11	22-10-1999 WT/DS34/AB/R	19-11-1999 WT/DS34/11
30	智利—对酒精饮料征税	18-11-1997 欧共体 WT/DS87 25-03-1998 欧共体 WT/DS110	15-06-1999 WT/DS87/R WT/DS110/R	13-09-1999 智利 WT/DS87/8 WT/DS110/7	12-01-2000 WT/DS87/12 WT/DS110/11	13-12-1999 WT/DS87/AB/R WT/DS110/AB/R	12-01-2000 WT/DS87/12 WT/DS110/11
31	韩国—对于特定奶制品进口的保障措施	22-07-1998 欧共体 WT/DS98	21-06-1999 WT/DS98/R	15-09-1999 韩国 WT/DS98/7	12-01-2000 WT/DS98/10	14-12-1999 WT/DS98/AB/R	12-01-2000 WT/DS98/10
32	阿根廷—对鞋类产品进口的保障措施	23-07-1998 欧共体 WT/DS121	25-06-1999 WT/DS121/R	15-09-1999 阿根廷 WT/DS121/6 和 Corr. 1	12-01-2000 WT/DS121/9	14-12-1999 WT/DS121/AB/R	12-01-2000 WT/DS121/9
33	欧共体—影响黄油产品的措施	18-11-1997 新西兰 WT/DS72	24-11-1999 WT/DS72/R	N. A.	N. A.	N. A.	N. A.
34	美国—“海外销售公司”税收待遇	22-09-1998 欧共体 WT/DS108	08-10-1999 WT/DS108/R	26-11-1999 美国 WT/DS108/7	20-03-2000 WT/DS108/10	24-02-2000 WT/DS108/AB/R	20-03-2000 WT/DS108/10
35	美国—1974 年贸易法第 301～310 节	02-03-1999 欧共体 WT/DS152	22-12-1999 WT/DS152/R	N. A.	27-01-2000 WT/DS152/14	N. A.	N. A.
36	美国—对来自英国的热轧铅铋碳钢产品征收反补贴税	17-02-1999 欧共体 WT/DS138	23-12-1999 WT/DS138/R	27-01-2000 美国 WT/DS138/5	07-06-2000 WT/DS138/9 和 Corr. 1	10-05-2000 WT/DS138/AB/R	07-06-2000 WT/DS138/9 和 Corr. 1
37	墨西哥—对来自美国的高果糖玉米浆进行反倾销调查	25-11-1998 美国 WT/DS132 和 Corr. 1	28-01-2000 WT/DS132/R	N. A.	24-02-2000 WT/DS132/4 和 Corr. 1	N. A.	N. A.
38	加拿大—影响汽车工业的特定措施	01-02-1999 日本 WT/DS139 01-02-1999 欧共体 WT/DS142	11-02-2000 WT/DS139/R WT/DS142/R	02-03-2000 加拿大 WT/DS139/5 WT/DS142/5	19-06-2000 WT/DS139/8 WT/DS142/8	31-05-2000 WT/DS139/R WT/DS142/R	19-06-2000 WT/DS139/8 WT/DS142/8
39	加拿大—药品的专利权保护	04-02-1999 欧共体 WT/DS114	17-03-2000 WT/DS114/R	N. A.	07-04-2000 WT/DS114/9	N. A.	N. A.
40	美国—1916 年反倾销法	01-02-1999 欧共体 WT/DS136	31-03-2000 WT/DS136/R 和 Corr. 1	29-05-2000 美国 WT/DS136/5	26-09-2000 WT/DS136/8	28-08-2000 WT/DS136/AB/R	26-09-2000 WT/DS136/8

续 表

序号	案件	专家组成立（日-月-年）	散发专家组报告（日-月-年）	通知上诉（日-月-年）	通过专家组报告（日-月-年）	散发上诉机构报告（日-月-年）	通过上诉机构报告（日-月-年）
41	韩国—影响政府采购措施	16-06-1999 美国 WT/DS163	01-05-2000 WT/DS163/R	N. A.	19-06-2000 WT/DS163/7	N. A.	N. A.
42	加拿大—专利保护条款	22-09-1999 美国 WT/DS170	05-05-2000 WT/DS170/R	19-06-2000 加拿大 WT/DS170/4	12-10-2000 WT/DS170/7	18-09-2000 WT/DS170/AB/R	12-10-2000 WT/DS170/7
43	美国—1916 年反倾销法	26-07-1999 日本 WT/DS162	29-05-2000 WT/DS162/R 和 25-09-2000 Add. 1	29-05-2000 美国 WT/DS162/6	26-09-2000 WT/DS162/11	28-08-2000 WT/DS162/AB/R	26-09-2000 WT/DS162/11
44	美国—美国版权法第 110(5)节	26-05-1999 欧共体 WT/DS160	15-06-2000 WT/DS160/R	N. A.	27-07-2000 WT/DS160/8	N. A.	N. A.
45	美国—对来自欧共体特定产品的进口措施	16-06-1999 欧共体 WT/DS165	17-07-2000 WT/DS165/R 和 Add. 1	12-09-2000 欧共体 WT/DS165/10	10-01-2001 WT/DS165/13	11-12-2000 WT/DS165/AB/R	10-01-2001 WT/DS165/13
46	韩国—影响新鲜、冷藏及冷冻牛肉进口的措施	26-05-1999 美国 WT/DS161 26-07-1999 澳大利亚 WT/DS169	31-07-2000 WT/DS161/R WT/DS169/R	11-09-2000 韩国 WT/DS161/8 WT/DS169/8	10-01-2001 WT/DS161/11 WT/DS169/11	11-12-2000 WT/DS161/AB/R WT/DS169/AB/R	10-01-2001 WT/DS161/11 WT/DS169/11
47	美国—对来自欧共体面筋进口的保障措施	26-07-1999 欧共体 WT/DS166	31-07-2000 WT/DS166/R	26-09-2000 美国 WT/DS166/7	19-01-2001 WT/DS166/10	22-12-2000 WT/DS166/AB/R	19-01-2001 WT/DS166/10
48	欧共体—影响石棉及含石棉产品的措施	25-11-1998 加拿大 WT/DS135	18-09-2000 WT/DS135/R 和 Add. 1	23-10-2000 加拿大 WT/DS135/8	05-04-2001 WT/DS135/12	12-03-2001 WT/DS135/AB/R	05-04-2001 WT/DS135/12
49	危地马拉—对来自墨西哥的灰波兰特水泥采取反倾销措施	22-09-1999 墨西哥 WT/DS156	24-10-2000 WT/DS156/R	N. A.	17-11-2000 WT/DS156/4	N. A.	N. A.
50	美国—对来自韩国的不锈钢卷板和不锈钢条采取反倾销措施	19-11-1999 韩国 WT/DS179	22-12-2000 WT/DS179/R	N. A.	01-02-2001 WT/DS179/4	N. A.	N. A.
51	阿根廷—影响牛皮出口和成皮进口的措施	26-07-1999 欧共体 WT/DS155	19-12-2000 WT/DS155/R 和 Corr. 1	N. A.	16-02-2001 WT/DS155/5	N. A.	N. A.
52	欧共体—对于来自印度棉质床单进口征收反倾销税	27-10-1999 印度 WT/DS141	30-10-2000 WT/DS141/R	01-12-2000 欧共体 WT/DS141/6	12-03-2001 WT/DS141/9	01-03-2001 WT/DS141/AB/R	12-03-2001 WT/DS141/9

续 表

序号	案件	专家组成立（日-月-年）	散发专家组报告（日-月-年）	通知上诉（日-月-年）	通过专家组报告（日-月-年）	散发上诉机构报告（日-月-年）	通过上诉机构报告（日-月-年）
53	泰国—对波兰出口的铁或非合金钢的角铁、型材、轧材及工字梁的反倾销税案	19-11-1999 波兰 WT/DS122	28-09-2000 WT/DS122/R	23-10-2000 泰国 WT/DS122/4	05-04-2001 WT/DS122/7	12-03-2001 WT/DS122/AB/R	05-04-2001 WT/DS122/7
54	美国—对来自新西兰和澳大利亚的新鲜、冷藏和冷冻羔羊肉进口采取保障措施	19-11-1999 新西兰 WT/DS177 澳大利亚 WT/DS178	21-12-2000 WT/DS177/R WT/DS178/R	31-01-2001 美国 WT/DS177/7 WT/DS178/8	16-05-2001 WT/DS177/10 WT/DS178/11	01-05-2001 WT/DS177/AB/R WT/DS178/AB/R	16-05-2001 WT/DS177/10 WT/DS178/11
55	美国—对来自日本的某些热轧钢产品采取反倾销措施	20-03-2000 日本 WT/DS184	28-02-2001 WT/DS184/R	25-04-2001 美国 WT/DS184/5	23-08-2001 WT/DS184/8	24-07-2001 WT/DS184/AB/R	23-08-2001 WT/DS184/8
56	美国—对来自巴基斯坦棉纱采取过渡性保障措施	19-06-2000 巴基斯坦 WT/DS192	31-05-2001 WT/DS192/R	09-07-2001 美国 WT/DS192/4	05-11-2001 WT/DS192/7	08-10-2001 WT/DS192/AB/R	05-11-2001 WT/DS192/7
57	美国—对于作为出口限制的补贴措施	11-09-2000 加拿大 WT/DS194	29-06-2001 WT/DS194/R	N. A.	23-08-2001 WT/DS194/4	N. A.	N. A.
58	美国—1998 年全面拨款法第 211 节	26-09-2000 欧共体 WT/DS176	06-08-2001 WT/DS176/R	04-10-2001 欧共体 WT/DS176/5	01-02-2002 WT/DS176/9	02-01-2002 WT/DS176/AB/R	01-02-2002 WT/DS176/9
59	阿根廷—影响从意大利进口地板砖的措施	17-11-2000 欧共体 WT/DS189	28-09-2001 WT/DS189/R	N. A.	05-11-2001 WT/DS189/6	N. A.	N. A.
60	美国—自韩国进口的圆焊碳质条形管的保障措施	23-10-2000 韩国 WT/DS202	29-10-2001 WT/DS202/R	19-11-2001 美国 WT/DS202/9	08-03-2002 WT/DS202/13	15-02-2002 WT/DS202/AB/R	08-03-2002 WT/DS202/13
61	印度—影响汽车部门的措施	27-07-2000 美国 WT/DS175 17-11-2000 欧共体 WT/DS146	21-12-2001 WT/DS146/R 和 Corr. 1 WT/DS175/R 和 Corr. 1	31-01-2002 印度 WT/DS146/8 WT/DS175/8	05-04-2002 WT/DS146/11 WT/DS175/11	19-03-2002 WT/DS146/AB/R WT/DS175/AB/R	05-04-2002 WT/DS146/11 WT/DS175/11
62	加拿大—地区性航空器的出口信贷保证	12-03-2001 巴西 WT/DS222	28-01-2002 WT/DS222/R 和 Corr. 1	N. A.	19-02-2002 WT/DS222/6	N. A.	N. A.
63	智利—对特定农产品相关的综合价格制度及保障措施	12-03-2001 阿根廷 WT/DS207	03-05-2002 WT/DS207/R	24-06-2002 智利 WT/DS207/5	23-10-2002 WT/DS207/8	23-09-2002 WT/DS207/AB/R	23-10-2002 WT/DS207/8
64	欧共体—沙丁鱼贸易描述	24-07-2001 秘鲁 WT/DS231	29-05-2002 WT/DS231/R 和 Corr. 1	28-06-2002 欧共体 WT/DS231/11	23-10-2002 WT/DS231/15	26-09-2002	23-10-2002 WT/DS231/15

续 表

序号	案件	专家组成立（日-月-年）	散发专家组报告（日-月-年）	通知上诉（日-月-年）	通过专家组报告（日-月-年）	散发上诉机构报告（日-月-年）	通过上诉机构报告（日-月-年）
65	美国—对来自印度的钢板采取反倾销及反补贴措施	24-07-2001 印度 WT/DS206	28-06-2002 WT/DS206/R 和 Corr. 1	N. A.	29-07-2002 WT/DS206/5	N. A.	N. A.
66	美国—对于来自德国的某些耐腐蚀碳钢板产品征收反补贴税	10-09-2001 欧共体 WT/DS213	03-07-2002 WT/DS213/R 和 Corr. 1	30-08-2002 美国 WT/DS213/6	19-12-2002 WT/DS213/9	28-11-2002 WT/DS213/AB/R 和 Corr. 1	19-12-2002 WT/DS213/9
67	美国—乌拉圭回合协议法案第129（c）（1）节	23-08-2001 加拿大 WT/DS221	15-07-2002 WT/DS221/R 和 Corr. 1	N. A.	30-08-2002 WT/DS221/7	N. A.	N. A.
68	美国—对来自欧共体某些产品采取反补贴措施	10-09-2001 欧共体 WT/DS212	31-07-2002 WT/DS212/R	09-09-2002 美国 WT/DS212/7	08-01-2003 WT/DS212/11	09-12-2002 WT/DS212/AB/R	08-01-2003 WT/DS212/11
69	埃及—对来自土耳其钢筋采取反倾销措施	20-06-2001 土耳其 WT/DS211	08-08-2002 WT/DS211/R	N. A.	01-10-2002 WT/DS211/5	N. A.	N. A.
70	美国—2000 年持续性倾销及补贴补偿法案	23-08-2001 澳大利亚 巴西 智利 欧共体 印度 印尼 日本 韩国 泰国 WT/DS217 10-09-2001 加拿大 墨西哥 WT/DS234	16-09-2002 WT/DS217/R WT/DS234/R	18-10-2002 美国 WT/DS217/8 WT/DS234/16	27-01-2003 WT/DS217/11 WT/DS234/19	16-01-2003	27-01-2003 WT/DS217/11 WT/DS234/19
71	美国—对来自加拿大特定软木的初步决定	05-12-2001 加拿大 WT/DS236	27-09-2002 WT/DS236/R	N. A.	01-11-2002 WT/DS236/4	N. A.	N. A.
72	阿根廷—对于桃脯进口的保障措施	18-01-2002 智利 WT/DS238	14-02-2003 WT/DS238/R	N. A.	15-04-2003 WT/DS238/5	N. A.	N. A.
73	欧共体—对来自巴西的可锻铸铁管接头征收反倾销税	24-07-2001 巴西 WT/DS219	07-03-2003 WT/DS219/R	23-04-2003 巴西 WT/DS219/7	18-08-2003 WT/DS219/10	22-07-2003 WT/DS219/AB/R	18-08-2003 WT/DS219/10
74	阿根廷—对来自巴西的家禽征收反倾销税	17-04-2002 巴西 WT/DS241	22-04-2003 WT/DS241/R	N. A.	19-05-2003 WT/DS241/6	N. A.	N. A.

续 表

序号	案件	专家组成立（日-月-年）	散发专家组报告（日-月-年）	通知上诉（日-月-年）	通过专家组报告（日-月-年）	散发上诉机构报告（日-月-年）	通过上诉机构报告（日-月-年）
75	美国—纺织品及服装原产地证明	24-06-2002 印度 WT/DS243	20-06-2003 WT/DS243/R 和 Corr. 1	N. A.	21-07-2003 WT/DS243/8	N. A.	N. A.
76	美国—对特定钢铁产品进口采取保障措施	03-06-2002 欧共体 WT/DS248 14-06-2002 日本 WT/DS249 14-06-2002 韩国 WT/DS251 24-06-2002 中国 WT/DS252 24-06-2002 瑞士 WT/DS253 24-06-2002 挪威 WT/DS254 08-07-2002 新西兰 WT/DS258 29-07-2002 巴西 WT/DS259	11-07-2003 WT/DS248/R 和 Corr. 1 WT/DS249/R 和 Corr. 1 WT/DS251 和 Corr. 1 WT/DS252 和 Corr. 1 WT/DS253 和 Corr. 1 WT/DS254 和 Corr. 1 WT/DS254 和 Corr. 1 WT/DS258 和 Corr. 1 WT/DS259 和 Corr. 1	11-08-2003 美国 WT/DS248/17 WT/DS249/11 WT/DS251/12 WT/DS252/10 WT/DS253/10 WT/DS254/10 WT/DS258/14 WT/DS259/13	10-12-2003 WT/DS248/20 WT/DS249/14 WT/DS251/15 WT/DS252/13 WT/DS253/13 WT/DS254/13 WT/DS258/17 WT/DS259/16	10-11-2003 WT/DS248/AB/R WT/DS249/AB/R WT/DS251/AB/R WT/DS252/AB/R WT/DS253/AB/R WT/DS254/AB/R WT/DS258/AB/R WT/DS259/AB/R	10-12-2003 WT/DS248/20 WT/DS249/14 WT/DS251/15 WT/DS252/13 WT/DS253/13 WT/DS254/13 WT/DS258/17 WT/DS259/16
77	日本—影响苹果进口的措施	03-06-2002 美国 WT/DS245	15-07-2003 WT/DS245/R	28-08-2003 日本 WT/DS245/5	10-12-2003 WT/DS245/8	26-11-2003 WT/DS245/AB/R	10-12-2003 WT/DS245/8
78	美国—对来自日本的耐腐蚀碳钢板产品的反倾销税日落复审	22-05-2002 日本 WT/DS244	14-08-2003 WT/DS244/R	15-09-2003 日本 WT/DS244/7	09-01-2004 WT/DS244/10	15-12-2003 WT/DS244/AB/R	09-01-2004 WT/DS244/10
79	美国—对来自加拿大的软木最终反补贴税决定	01-10-2002 加拿大 WT/DS257	29-08-2003 WT/DS257/R 和 Corr. 1	21-10-2003 美国 WT/DS257/8	17-02-2004 WT/DS257/11	19-01-2004 WT/DS257/AB/R	17-02-2004 WT/DS257/11
80	欧共体—发展中国家优惠关税授予条件	27-01-2003 印度 WT/DS246	01-12-2003 WT/DS246/R	08-01-2004 欧共体 WT/DS246/7	20-04-2004 WT/DS246/10	07-04-2004 WT/DS246/AB/R	20-04-2004 WT/DS246/10
81	美国—对加拿大软木的国际贸易委员会调查	07-05-2003 加拿大 WT/DS277	22-03-2004 WT/DS277/R	N. A.	26-04-2004 WT/DS277/5	N. A.	N. A.
82	墨西哥—影响电信服务的措施	17-04-2002 美国 WT/DS204	02-04-2004 WT/DS204/R	N. A.	01-06-2004 WT/DS204/8	N. A.	N. A.

续 表

序号	案件	专家组成立（日-月-年）	散发专家组报告（日-月-年）	通知上诉（日-月-年）	通过专家组报告（日-月-年）	散发上诉机构报告（日-月-年）	通过上诉机构报告（日-月-年）
83	美国—对加拿大软木的最终倾销决定	08-01-2003 加拿大 WT/DS264	13-04-2004 WT/DS264/R	13-05-2004 美国 WT/DS264/6	31-08-2004 WT/DS264/9	11-08-2004 WT/DS264/AB/R	31-08-2004 WT/DS264/9
84	加拿大—关于小麦出口和谷物进口的措施	31-03-2003 美国 WT/DS276	06-04-2004 WT/DS276/R	01-06-2004 美国 WT/DS276/15	27-09-2004 WT/DS276/18	30-08-2004 WT/DS276/AB/R	27-09-2004 WT/DS276/18
85	美国—对来自阿根廷石油工业用管材的反倾销措施日落复审	19-05-2003 阿根廷 WT/DS268	16-07-2004 WT/DS268/R	31-08-2004 美国 WT/DS268/5	17-12-2004 WT/DS268/8	29-11-2004 WT/DS268/AB/R	17-12-2004 WT/DS268/8
86	美国—陆地棉补贴	18-03-2003 巴西 WT/DS267	08-09-2004 WT/DS267/R 和 Corr. 1	18-10-2004 美国 WT/DS267/17	21-03-2005 WT/DS267/20	03-03-2005 WT/DS267/AB/R	21-03-2005 WT/DS267/20
87	韩国—影响商船贸易的措施	21-07-2003 欧共体 WT/DS273	07-03-2005 WT/DS273/R	N. A.	11-04-2005 WT/DS273/8	N. A.	N. A.
88	欧共体—农产品和食品的商标及地理标识保护	02-10-2003 美国 WT/DS174 澳大利亚 WT/DS290	15-03-2005 WT/DS174/R 和 Add. 1，2&3 WT/DS290/R 和 Add. 1，2&3	N. A.	20-04-2005 WT/DS174/23 WT/DS290/21	N. A.	N. A.
89	美国—影响博彩业跨境交付的措施	21-07-2003 安提瓜和巴布达 WT/DS285	10-11-2004 WT/DS285/R	07-01-2005 美国 WT/DS285/6	20-04-2005 WT/DS285/10	07-04-2005 WT/DS285/AB/R	20-04-2005 WT/DS285/10
90	欧共体—糖类出口补贴	29-08-2003 澳大利亚 WT/DS265 巴西 WT/DS266 泰国 WT/DS283	15-10-2004 WT/DS265/R WT/DS266/R WT/DS283/R	13-01-2005 欧共体 WT/DS265/25 WT/DS266/25 WT/DS283/6	19-05-2005 WT/DS265/29 WT/DS266/29 WT/DS283/10	28-04-2005 WT/DS265/AB/R WT/DS266/AB/R WT/DS283/AB/R	19-05-2005 WT/DS265/29 WT/DS266/29 WT/DS283/10
91	多米尼克—影响香烟进口和国内销售的措施	09-01-2004 洪都拉斯 WT/DS302	26-11-2004 WT/DS302/R	24-01-2004 多米尼克 WT/DS302/8	19-05-2005 WT/DS302/12	25-04-2005 WT/DS302/AB/R	19-05-2005 WT/DS302/12
92	欧共体—影响商船贸易的措施	19-03-2004 韩国 WT/DS301	22-04-2005 WT/DS301/R	N. A.	20-06-2005 WT/DS301/6	N. A.	N. A.
93	美国—对来自韩国的计算机动态随机存取存储器芯片进行反补贴税调查	19-11-2003 韩国 WT/DS296	21-02-2005 WT/DS296/R	29-03-2005 美国 WT/DS296/5	20-07-2005 WT/DS296/10	27-06-2005 WT/DS296/AB/R	20-07-2005 WT/DS296/10

续 表

序号	案件	专家组成立（日-月-年）	散发专家组报告（日-月-年）	通知上诉（日-月-年）	通过专家组报告（日-月-年）	散发上诉机构报告（日-月-年）	通过上诉机构报告（日-月-年）
94	欧共体—对于来自韩国的计算机动态随机存取存储器芯片采取补贴措施	23-01-2004 韩国 WT/DS299	17-06-2005 WT/DS299/R	N. A.	03-08-2005 WT/DS299/6	N. A.	N. A.
95	欧共体—冷冻无骨鸡的关税分类	07-11-2003 巴西 WT/DS269 21-11-2003 泰国 WT/DS286	30-05-2005 WT/DS269/R WT/DS286/R	13-06-2005 欧共体 WT/DS269/6 WT/DS286/8	27-09-2005 WT/DS269/10 WT/DS286/12	12-09-2005 WT/DS269/AB/R WT/DS286/AB/R	27-09-2005 WT/DS269/10 WT/DS286/12
96	墨西哥—对于牛肉和稻米的反倾销措施：针对稻米的上诉	07-11-2003 美国 WT/DS295	06-06-2005 WT/DS295/R	20-07-2005 墨西哥 WT/DS295/6	20-12-2005 WT/DS295/9	29-11-2005 WT/DS295/AB/R	20-12-2005 WT/DS295/9
97	美国—对来自墨西哥的石油工业用管材反倾销措施	29-08-2003 墨西哥 WT/DS282	20-06-2005 WT/DS282/R	04-08-2005 墨西哥 WT/DS282/6	28-11-2005 WT/DS282/10	02-11-2005 WT/DS282/AB/R	28-11-2005 WT/DS282/10
98	韩国—对来自印度尼西亚特定纸张进口征收反倾销税	27-09-2004 印度尼西亚 WT/DS312	28-10-2005 WT/DS312/R	N. A.	28-11-2005 WT/DS312/5	N. A.	N. A.
99	墨西哥—对非酒精饮料及其他饮料征税	06-07-2004 美国 WT/DS308	07-10-2005 WT/DS308/R	06-12-2005 墨西哥 WT/DS308/10	24-03-2006 WT/DS308/13	06-03-2006 WT/DS308/AB/R	24-03-2006 WT/DS308/13
100	美国—计算倾销差额（归零法）的法律、规则及方法	19-03-2004 欧共体 WT/DS294	31-10-2005 WT/DS294/R	17-01-2006 欧共体 WT/DS294/12	09-05-2006 WT/DS294/17	18-04-2006 WT/DS294/AB/R	09-05-2006 WT/DS294/17
101	日本—干紫菜和味付紫菜进口配额	21-03-2005 韩国 WT/DS323	01-02-2006 WT/DS323/R	N. A.	N. A.	N. A.	N. A.
102	欧共体—特定海关措施	21-03-2005 美国 WT/DS315	16-06-2006 WT/DS315/R	14-08-2006 美国 WT/DS315/11	11-12-2006 WT/DS315/15	13-11-2006 WT/DS315/AB/R	11-12-2006 WT/DS315/15
103	美国—关于归零法及日落复审措施	28-02-2005 日本 WT/DS322	20-09-2006 WT/DS322/R	11-10-2006 日本 WT/DS322/12	23-01-2007 WT/DS322/15	09-01-2007 WT/DS322/AB/R	23-01-2007 WT/DS322/15

续 表

序号	案件	专家组成立（日-月-年）	散发专家组报告（日-月-年）	通知上诉（日-月-年）	通过专家组报告（日-月-年）	散发上诉机构报告（日-月-年）	通过上诉机构报告（日-月-年）
104	欧共体—影响生物科技产品审批及营销的措施	29-08-2003 美国 WT/DS291 加拿大 WT/DS292 阿根廷 WT/DS293	29/09-2006 WT/DS291/R WT/DS292/R WT/DS293/R		21-11-2006 WT/DS291/33 WT/DS292/27 WT/DS293/27	N. A.	N. A.
105	美国—对来自厄瓜多尔的虾的反倾销措施	19-07-2006 厄瓜多尔 WT/DS335	30-01-2007 WT/DS335/R	N. A.	20-02-2007 WT/DS335/9	N. A.	N. A.
106	墨西哥—对来自危地马拉的钢管征收反倾销税	17-03-2006 危地马拉 WT/DS331	08-06-2007 WT/DS331/R	N. A.	24-07-2007 WT/DS331/5	N. A.	N. A.
107	巴西—影响翻新轮胎进口的措施	20-01-2006 欧共体 WT/DS332	12-06-2007 WT/DS332/R	03-09-2007 欧共体 WT/DS332/9	17-12-2007 WT/DS332/12	03-12-2007 WT/DS332/AB/R	17-12-2007 WT/DS332/12
108	日本—对来自韩国的计算机动态随机存取存储器芯片的反补贴措施	19-06-2006 韩国 WT/DS336	13-07-2007 WT/DS336/R	30-08-2007 日本 WT/DS336/8	17-12-2007 WT/DS336/12	28-11-2007 WT/DS336/AB/R 和 Corr. 1	17-12-2007 WT/DS336/12
109	土耳其—影响稻米进口的措施	17-03-2006 美国 WT/DS334/4	21-09-2007 WT/DS334/R	N. A.	22-10-2007 WT/DS334/8	N. A.	N. A.
110	欧共体—对产自挪威的养殖鲑鱼采取反倾销措施	22-06-2006 挪威 WT/DS337	16-11-2007 WT/DS337/R	N. A.	15-01-2008 WT/DS337/6	N. A.	N. A.
111	美国—对来自墨西哥的不锈钢采取最终反倾销措施	21-10-2006 墨西哥 WT/DS344	20-12-2007 WT/DS344/R	31-01-2008 墨西哥 WT/DS344/7	20-05-2008 WT/DS344/10	30-04-2008 WT/DS344/AB/R	20-05-2008 WT/DS344/10
112	美国—对来自泰国的虾采取的措施	26-10-2006 泰国 WT/DS343	29-02-2008 WT/DS343/R	17-04-2008 泰国 WT/DS343/10	01-08-2008 WT/DS343/14	16-07-2008 WT/DS343/AB/R	01-08-2008 WT/DS343/14
113	美国—海关保税指令	21-11-2006 印度 WT/DS345	29-02-2008 WT/DS345/R	17-04-2008 印度 WT/DS345/9	01-08-2008 WT/DS345/13	16-07-2008 WT/DS345/AB/R	01-08-2008 WT/DS345/13
114	美国—欧共体要求取消报复措施：荷尔蒙争端	17-02-2005 欧共体 WT/DS320	31-03-2008 WT/DS320/R	29-05-2008 欧共体 WT/DS320/12	14-11-2008 WT/DS320/18	16-10-2008 WT/DS320/AB/R	14-11-2008 WT/DS320/18
115	加拿大—欧共体要求取消报复措施：荷尔蒙争端	17-02-2005 欧共体 WT/DS321	31-03-2008 WT/DS321/R	29-05-2008 欧共体 WT/DS321/12	14-11-2008 WT/DS321/16	16-10-2008 WT/DS321/AB/R	14-11-2008 WT/DS321/16

续 表

序号	案件	专家组成立（日-月-年）	散发专家组报告（日-月-年）	通知上诉（日-月-年）	通过专家组报告（日-月-年）	散发上诉机构报告（日-月-年）	通过上诉机构报告（日-月-年）
116	印度—对来自美国的进口产品征收“附加税”和“超额附加税”	20-06-2007 美国 WT/DS360	09-06-2008 WT/DS360/R	01-08-2008 美国 WT/DS360/8	17-11-2008 WT/DS360/12	30-10-2008 WT/DS360/AB/R	17-11-2008 WT/DS360/12
117	中国—影响汽车零部件进口的措施	26-10-2006 欧共体 WT/DS339 美国 WT/DS340 加拿大 WT/DS342	18-07-2008 WT/DS339/R WT/DS340/R WT/DS342/R 和 Add. 1&2	15-09-2008 中国 WT/DS339/12 WT/DS340/12 WT/DS342/12	12. 01. 2009 WT/DS339/14 WT/DS340/14 WT/DS342/14	15. 12. 2008 WT/DS339/AB/R WT/DS340/AB/R WT/DS342/AB/R	12. 01. 2009 WT/DS339/14 WT/DS340/14 WT/DS342/14
118	墨西哥—对来自欧共体的橄榄油采取反补贴措施	23-01-2007 欧共体 WT/DS341	04-09-2008 WT/DS341/R	N. A.	21-10-2008 WT/DS341/5	N. A.	N. A.
119	美国—与归零法和日落复审相关的措施	04-06-2007 欧共体 WT/DS350	01-10-2008 WT/DS350/R	06-11-2008 欧共体 WT/DS350/11	19-02-2009 WT/DS350/15	04-02-2009 WT/DS350/AB/R	19-02-2009 WT/DS350/15
120	中国—影响知识产权保护和执法的措施	25-09-2007 美国 WT/DS362	26-01-2009 WT/DS362/R	N. A.	20-03-2009 WT/DS362/10	N. A.	N. A.
121	哥伦比亚—对港口入境的价格限制要求	22-10-2007 巴拿马 WT/DS366	27-04-2009 WT/DS366/R 和 Corr. 1	N. A.	20-05-2009 WT/DS366/9	N. A.	N. A.
122	中国—影响知识产权保护和执法的措施	27-11-2007 美国 WT/DS363	12-08-2009 WT/DS363/R 和 Corr. 1	22-09-2009 WT/DS363/10	19-01-2010 WT/DS363/14	21-12-2009 WT/DS363/AB/R	19-01-2010 WT/DS363/14
123	美国—对自泰国的 PE 塑胶购物袋采取反倾销措施	20-03-2009 泰国 WT/DS383	22-01-2010 WT/DS383/R	N. A.	18-02-2010 WT/DS383/5	N. A.	N. A.
124	欧共体及其部分成员—影响大型民用飞机贸易的措施	20-07-2005 美国 WT/DS316	30-06-2010 WT/DS316/R	21-07-2010 欧盟 WT/DS316/12	01-06-2011 WT/DS316/16	18-05-2011 WT/DS316/AB/R	01-06-2011 WT/DS316/16
125	澳大利亚—影响自新西兰进口苹果的措施	21-01-2008 新西兰 WT/DS367	09-08-2010 WT/DS367/R	31-08-2010 澳大利亚 WT/DS367/13	01-06-2011 WT/DS316/16	18-05-2011 WT/DS316/AB/R	01-06-2011 WT/DS316/16
126	欧共体及其成员国—部分信息技术产品的关税待遇	23-09-2008 美国 WT/DS375 日本 WT/DS376 台、澎、金、马单独关税区 WT/DS377	16-08-2010 WT/DS375/R WT/DS376/R WT/DS377/R	N. A.	21-09-2010 WT/DS375/13 WT/DS376/13 WT/DS377/11	N. A.	N. A.

续 表

序号	案件	专家组成立（日-月-年）	散发专家组报告（日-月-年）	通知上诉（日-月-年）	通过专家组报告（日-月-年）	散发上诉机构报告（日-月-年）	通过上诉机构报告（日-月-年）
127	美国—影响自中国进口家禽的措施	31-07-2009 中国 WT/DS392	29-09-2010 WT/DS392/R	N. A.	25-10-2010 WT/DS392/5	N. A.	N. A.
128	美国—对自中国进口的产品征收确定性反倾销税和反补贴税	20-01-2009 中国 WT/DS379	22-10-2010 WT/DS379/R	01-12-2010 中国 WT/DS379/6	25-03-2011 WT/DS379/9	11-03-2011 WT/DS379/AB/R	25-03-2011 WT/DS379/9
129	泰国—对自菲律宾进口香烟的关税和财政措施	17-11-2008 菲律宾 WT/DS371	15-11-2010 WT/DS371/R	22-02-2011 泰国 WT/DS371/8	15-07-2011 WT/DS371/11	17-06-2011 WT/DS371/AB/R	15-07-2011 WT/DS371/11
130	欧共体—对从中国进口的钢铁紧固件采取最终反倾销措施	23-10-2009 中国 WT/DS397	03-12-2010 WT/DS397/R	25-03-2011 欧盟 WT/DS397/7	28-07-2011 WT/DS397/11	15-07-2011 WT/DS397/AB/R	28-07-2011 WT/DS397/11
131	美国—对从中国进口汽车轮胎采取的限制措施	19-01-2010 中国 WT/DS399	13-12-2010 WT/DS399/R	24-05-2011 中国 WT/DS399/6	05-10-2011 WT/DS399/9	05-09-2011 WT/DS399/AB/R	05-10-2011 WT/DS399/9
132	美国—对自韩国产品的反倾销措施适用归零法	18-05-2010 韩国 WT/DS402	18-01-2011 WT/DS402/R	N. A.	24-02-2011 WT/DS402/5	N. A.	N. A.
133	美国—对从巴西进口的特定橙汁采取的反倾销行政复审和其他措施	25-09-2009 巴西 WT/DS382	25-03-2011 WT/DS382/R	N. A.	17-06-2011 WT/DS382/8	N. A.	N. A.
134	美国—影响大型民用航空器贸易的措施（二诉）	17-02-2006 欧共体 WT/DS353	31-03-2011 WT/DS353/R	01-04-2011 欧盟 WT/DS353/8	23-03-2012 WT/DS353/13	12-03-2012 WT/DS353/AB/R	23-03-2012 WT/DS353/13
135	中国—与限制原材料出口有关的措施	21-12-2009 美国 WT/DS394 欧共体 WT/DS395 墨西哥 WT/DS398	05-07-2011 WT/DS394/R WT/DS395/R WT/DS398/R	31-08-2011 中国 WT/DS394/11 WT/DS395/11 WT/DS398/10	22-02-2012 WT/DS394/16 WT/DS395/15 WT/DS398/14	30-01-2012 WT/DS394/AB/R WT/DS395/AB/R WT/DS398/AB/R	22-02-2012 WT/DS394/16 WT/DS395/15 WT/DS398/14
136	美国—对自越南进口的虾采取反倾销措施	18-05-2010 越南 WT/DS404	11-07-2011 WT/DS404/R	N. A.	02-09-2011 WT/DS404/9	N. A.	N. A.
137	菲律宾—对蒸馏酒精征税	19-01-2010 欧盟 WT/DS396 20-04-2010 美国 WT/DS403	15-08-2011 WT/DS396/R WT/DS403/R	23-09-2011 菲律宾 WT/DS396/7 WT/DS403/7	20-01-2012 WT/DS396/11 WT/DS403/11	21-12-2011 WT/DS396/AB/R WT/DS403/AB/R	20-01-2012 WT/DS396/11 WT/DS403/11

续 表

序号	案件	专家组成立（日-月-年）	散发专家组报告（日-月-年）	通知上诉（日-月-年）	通过专家组报告（日-月-年）	散发上诉机构报告（日-月-年）	通过上诉机构报告（日-月-年）
138	美国—影响丁香香烟生产和销售的措施	20-07-2010 印尼 WT/DS406	02-09-2011 WT/DS406/R	05-01-2012 美国 WT/DS406/6	24-04-2012 WT/DS406/9	04-04-2012 WT/DS406/AB/R	24-04-2012 WT/DS406/9
139	美国—对金枪鱼和金枪鱼产品的进口、营销和销售采取的措施	20-04-2009 墨西哥 WT/DS381	15-09-2011 WT/DS381/R	20-01-2012 美国 WT/DS381/10	13-06-2012 WT/DS381/15	16-05-2012 WT/DS381/AB/R	13-06-2012 WT/DS381/15
140	欧盟—对自中国进口的鞋采取反倾销措施	18-05-2010 中国 WT/DS405	28-10-2011 WT/DS405/R	N. A.	22-02-2012 WT/DS405/6	N. A.	N. A.
141	多米尼加—聚丙烯管状织物包装袋进口的保障措施	07-02-2011 哥斯达黎加 WT/DS415 危地马拉 WT/DS416 洪都拉斯 WT/DS417 萨尔瓦多 WT/DS418	31-01-2012 WT/DS415/R WT/DS416/R WT/DS417/R WT/DS418/R Add. 1	N. A.	22-02-2012 WT/DS415/11 WT/DS416/11 WT/DS417/11 WT/DS418/11	N. A.	N. A.
142	美国—对特定国家原产地标签要求	19-11-2009 加拿大 WT/DS384 墨西哥 WT/DS386	18-11-2011 WT/DS384/R WT/DS386/R	23-03-2012 美国 WT/DS384/12 WT/DS386/11	23-07-2012 WT/DS384/18 WT/DS386/17	29-06-2012 WT/DS384/AB/R WT/DS386/AB/R	23-07-2012 WT/DS384/18 WT/DS386/17
143	美国—对自中国进口的冷冻暖水虾采取反倾销措施	25-10-2011 WT/DS422	08-06-2012 WT/DS422/R Add. 1	N. A.	23-07-2012 WT/DS422/6	N. A.	N. A.
144	中国—对自美国进口的取向电工钢征收反补贴税和反倾销税	25-03-2011 WT/DS414	15-06-2012 WT/DS414/R Add. 1	20-07-2012 中国 WT/DS414/5		18-10-2012 WT/DS414/ AB/R	
145	中国—影响电子支付服务的措施	25-03-2011 WT/DS413	16-07-2012 WT/DS413/R Add. 1	N. A.	31-08-2012 WT/DS413/6	N. A.	N. A.

第三部分
执行争端解决机构建议

序号	案件	通过专家组及上诉机构报告（日-月-年）	通知执行争端解决机构建议的意向（日-月-年）	确定合理时限（日-月-年）	根据 DSU 第 21.3 条确定的合理期限	根据 DSU 第 21.6 条争端解决机构对执行的监督
1	美国—精炼及传统汽油标准	20-05-1996 WT/DS2/9	19-06-1996 WT/DSB/M/19	03-12-1996 WT/DSB/M/27	20-05-1996 至 20-08-1997 （15 个月）	WT/DS2/10 和 Add. 1～Add. 7
2	日本—对酒精饮料征税	01-11-1996 WT/DS8/11 WT/DS10/11 WT/DS11/8	20-11-1996 WT/DSB/M/26	14-02-1997 WT/DS8/15 WT/DS10/15 WT/DS11/13 （通过仲裁）	14-02-1997 至 14-05-1998 （15 个月）	WT/DS8/18 WT/DS10/18 WT/DS11/16 和 Add. 1～Add. 2
3	美国—对于棉质及人造纤维内衣的进口限制	25-02-1997 WT/DS24/8	20-03-1997 WT/DSB/M/30	N. A.	N. A.	此措施于 1997 年 3 月 28 日到期 WT/DSB/M/31
4	巴西—影响可可粉的措施	20-03-1997 WT/DS22/ 11/Rev-2	N. A.	N. A.	N. A.	N. A.
5	美国—影响从印度进口羊毛衬衫和女上衣进口的措施	23-05-1997 WT/DS33/5	N. A.	N. A.	N. A.	该限制于 1996 年 12 月 3 日废除 WT/DSB/M/33
6	加拿大—关于杂志的特定措施	30-07-1997 WT/DS31/7	29-08-1997 WT/DS31/8	15-09-1997	30-07-1997 至 30-10-1998 （15 个月）	WT/DS31/9 和 Add. 1～Add. 5
7	欧共体—香蕉进口、销售和分销	25-09-1997 WT/DS27/12	16-10-1997 WT/DSB/M/38	07-01-1998 WT/DS27/15 （通过仲裁）	25-09-1997 至 01-01-1999 （15 个月零 1 周）	WT/DS27/17 和 Add. 1～Add. 3 WT/DS27/51 和 Add. 1～Add. 25
8	印度—对于药品及农业化学品的专利权保护	16-01-1998 WT/DS50/9	13-02-1998 WT/DSB/M/42	21-04-1998 WT/DSB/M/45	16-01-1998 至 19-04-1999 （15 个月）	WT/DS50/10 和 Add. 1～Add. 4
9	欧共体—关于肉及肉制品措施（荷尔蒙）	13-02-1998 WT/DS26/13 WT/DS48/11	13-03-1998 WT/DSB/M/43	29-05-1998 WT/DS26/15 WT/DS48/13 （通过仲裁）	13-02-1998 至 13-05-1999 （15 个月）	WT/DS26/17 WT/DS48/15 和 Add. 1～Add. 4
10	阿根廷—影响鞋类、纺织品、服装和其他项目的进口措施	22-04-1998 WT/DS56/11	08-05-1998 WT/DS56/12	15-06-1998 WT/DSB/M/46	22-04-1998 至 19-10-1998 （有 180 天的调查期限来决定纺织品和服装的特殊税）22-04-1998 至 01-01-1999（有 242 天的调查期限决定统计税）	WT/DS56/15 和 Add. 1～Add. 4

续 表

序号	案件	通过专家组及上诉机构报告（日-月-年）	通知执行争端解决机构建议的意向（日-月-年）	确定合理时限（日-月-年）	根据DSU第21.3条确定的合理期限	根据DSU第21.6条争端解决机构对执行的监督
11	日本—对进口胶卷相纸的限制	22-04-1998 WT/DS44/5	N. A.	N. A.	N. A.	N. A.
12	欧共体—特定计算机设备的海关分类	22-06-1998 WT/DS62/11 WT/DS67/9 WT/DS68/8	N. A.	N. A.	N. A.	N. A.
13	欧共体—影响特定家禽产品进口的措施	23-07-1998 WT/DS69/7	27-08-1998 WT/DS69/8	20-10-1998 WT/DS69/9	直至31-03-1999	
14	印度尼西亚—影响汽车工业的特定措施	23-07-1998 WT/DS54/10 WT/DS55/10 WT/DS59/9 WT/DS64/8	21-08-1998 WT/DS54/12 WT/DS55/11 WT/DS59/10 WT/DS64/9	07-12-1998 WT/DS54/15 WT/DS55/14 WT/DS59/13 WT/DS64/12 （通过仲裁）	23-07-1998至 23-07-1999 （12个月）	WT/DS54/17 WT/DS55/16 WT/DS59/15 WT/DS64/14 Add. 1
15	印度—对于药品及农业化学品的专利权保护	22-09-1998 WT/DS79/5和 Corr. 1	21-10-1998 WT/DSB/M/49	24-11-1998 WT/DSB/M/51	直至19-04-1999	WT/DS79/6
16	美国—对特定虾及虾类产品进口限制	06-11-1998 WT/DS58/14	25-11-1998 WT/DSB/M/51	21-01-1999 WT/DSB/M/54	06-11-1998至 06-12-1999 （13个月）	WT/DS58/15
17	澳大利亚—影响鲑鱼进口的措施	06-11-1998 WT/DS18/11	25-11-1998 WT/DSB/M/51	23-02-1999 WT/DS18/9 （通过仲裁）	06-11-1998至 06-07-1999 （8个月）	（见第四部分）
18	危地马拉—对来自墨西哥的波兰特水泥的反倾销调查	25-11-1998 WT/DS60/12	N. A.	N. A.	N. A.	N. A.
19	韩国—对酒精饮料征税	17-02-1999 WT/DS75/12 WT/DS84/10	19-03-1999 WT/DSB/M/57	04-06-1999 WT/DS75/16 WT/DS84/14 （通过仲裁）	17-02-1999至 31-01-2000 （11个月零2周）	WT/DS75/18 WT/DS84/16
20	日本—影响农产品的措施	19-03-1999 WT/DS76/8	15-04-1999 WT/DSB/M/58	15-06-1999 WT/DS76/9	19-03-1999至 31-12-1999 （9个月零12天）	WT/DS76/11和 Add. 1～Add. 16 日本和美国已通知争端解决机构，他们已达成双方满意的解决方案 WT/DS76/12
21	美国—对来自韩国的1兆或以上的计算机动态随机存取存储器芯片征收反倾销税	19-03-1999 WT/DS99/5	15-04-1999 WT/DSB/M/58	19-05-1999 WT/DSB/M/65	19-03-1999至 19-11-1999 （8个月）	WT/DS99/6

续 表

序号	案件	通过专家组及上诉机构报告（日-月-年）	通知执行争端解决机构建议的意向（日-月-年）	确定合理时限（日-月-年）	根据 DSU 第 21.3 条确定的合理期限	根据 DSU 第 21.6 条争端解决机构对执行的监督
22	澳大利亚—对于汽车皮革制造商和生产商提供的补贴	16-06-1999 WT/DS126/5	06-07-1999 WT/DS126/6		根据《补贴与反补贴协议》第 4.7 条，专家组建议于报告批准日起 90 天内撤销此措施	WT/DS126/7 （见第四部分）
23	巴西—对于航空器出口资金融通	20-08-1999 WT/DS46/10	13-09-1999 WT/DS46/11		根据《补贴与反补贴协议》第 4.7 条，专家组建议于报告批准日起 90 天内撤销此措施	WT/DS46/12 （见第四部分）
24	加拿大—影响民用航空器措施	20-08-1999 WT/DS70/6	06-09-1999 WT/DS70/1		根据《补贴与反补贴协议》第 4.7 条，专家组建议于报告批准日起 90 天内撤销此措施	WT/DS70/8 （见第四部分）
25	印度—对于农产品、纺织品和工业产品进口的数量限制	22-09-1999 WT/DS90/14	14-10-1999 WT/DSB/M/69	28-12-1999 WT/DS90/15	直至 01-04-2000 及 01-04-2001	WT/DS90/16 和 Add. 1～Add. 7
26	加拿大—影响牛奶进口及奶制品出口的措施	27-10-1999 WT/DS103/11 WT/DS113/11	19-11-1999 WT/DSB/M/71	22-12-1999 WT/DS103/10 WT/DS113/10	此实施阶段最迟不迟于 2000 年 12 月 31 日	WT/DS103/12—WT/DS113/12 和 Add. 1～Add. 6 （见第四部分）
27	土耳其—对于纺织品和服装进口的限制	19-11-1999 WT/DS34/11	15-12-1999 WT/DS34/9	07-01-2000 WT/DS34/10	19-02-2001	WT/DS34/12 和 Add. 1～Add. 8 就土耳其所采取的措施达成一致的通知 WT/DS34/14
28	智利—对酒精饮料征税	12-01-2000 WT/DS87/12 WT/DS110/11	11-02-2000 WT/DSB/M/75	23-05-2000 WT/DS87/15 WT/DS110/4 （通过仲裁）	12-01-2000 至 21-03-2001 （14 个月零 9 天）	WT/DS87/17 和 Add. 1～Add. 2
29	韩国—对于特定奶制品进口的保障措施	12-01-2000 WT/DS98/10	11-02-2000 WT/DSB/M/75	21-03-2000 WT/DS98/11	直至 20-05-2000	WT/DS98/12
30	阿根廷—对鞋类产品进口的保障措施	12-01-2000 WT/DS121/9	11-02-2000 WT/DSB/M/75	N. A.	N. A.	N. A.
31	美国—1974 年贸易法第 301～310 部分	27-01-2000 WT/DS152/14	N. A.	N. A.	N. A.	N. A.
32	墨西哥—对来自美国的高果糖玉米浆进行反倾销调查	24-02-2000 WT/DS132/4 和 Corr. 1	20-03-2000 WT/DSB/M/77	10-04-2000 WT/DS132/5	24-02-2000 至 22-09-2000 （6 个月零 29 天）	（见第四部分）

续 表

序号	案件	通过专家组及上诉机构报告（日-月-年）	通知执行争端解决机构建议的意向（日-月-年）	确定合理时限（日-月-年）	根据DSU第21.3条确定的合理期限	根据DSU第21.6条争端解决机构对执行的监督
33	美国—“海外销售公司”税收待遇	20-03-2000 WT/DS108/10	07-04-2000 WT/DSB/M/78	20-03-2000 （报告批准）	直至01-10-2000 相应时间延至 01-11-2000	（见第四部分）
34	加拿大—药品的专利权保护	07-04-2000 WT/DS114/9	25-04-2000 WT/DSB/M/79	18-08-2000 WT/DS114/13 （通过仲裁）	直至07-10-2000	相关规定于 07-10-2000公布
35	美国—对来自英国的热轧铅铋碳钢产品征收反补贴税	07-06-2000 WT/DS138/9 和Corr. 1	05-07-2000 WT/DSB/M/85	N. A.	N. A.	N. A.
36	加拿大—影响汽车工业的特定措施	19-06-2000 WT/DS139/8 WT/DS142/8	27-07-2000 WT/DSB/M/86	04-10-2000 WT/DS139/12 WT/DS142/12 （通过仲裁）	直至19-02-2001	此措施于 18-02-2001废止 WT/DSB/M/101
37	韩国—影响政府采购措施	19-06-2000 WT/DS163/7	N. A.	N. A.	N. A.	N. A.
38	美国—美国版权法第110（5）节	27-07-2000 WT/DS160/8	24-08-2000 WT/DS160/9	15-01-2001 WT/DS160/12 （通过仲裁）	直至27-07-2001 相应时间顺延直至美国国会结束或31-12-2001 （WT/DS160/14）	WT/DS160/18 和Add. 1～Add. 16 （见第四部分） 在23-06-2003各方达成了相互满意的临时性协议 （WT/DS160/23） 相应地现状报告重新开始 WT/DS160/24 和Add. 1～Add. 22
39	美国—1916年反倾销法	26-09-2000 WT/DS136/8 WT/DS162/11	23-10-2000 WT/DSB/M/91	28-02-2001 WT/DS136/11 WT/DS162/14 （通过仲裁）	直至26-07-2001 相应时间顺延直至美国国会结束或31-12-2001 （WT/DS136/13 WT/DS162/16）	WT/DS136/14 WT/DS162/17 和Add. 1～Add. 31 （见第四部分）
40	加拿大—专利保护条款	12-10-2000 WT/DS170/7	23-10-2000 WT/DSB/M/91	28-02-2001 WT/DS170/10 （通过仲裁）	直至12-08-2001	加拿大宣布执行建议至 12-08-2001止 WT/DSB/M/107
41	危地马拉—对来自墨西哥的灰波兰特水泥采取反倾销措施	17-11-2000 WT/DS156/4	12-12-2000 WT/DSB/M/94	N. A.	N. A.	反倾销税至 02-10-2000止 WT/DSB/M/94
42	韩国—影响新鲜、冷藏及冷冻牛肉进口的措施	10-01-2001 WT/DS161/11 WT/DS169/11	01-02-2001 WT/DSB/M/98	19-04-2001 WT/DS161/12 WT/DS169/12	直至10-09-2001	韩国宣布执行建议至10-09-2001止 WT/DSB/M/110
43	美国—对来自欧共体面筋进口的保障措施	19-01-2001 WT/DS166/10	03-04-2001 WT/DSB/M/99	04-04-2001 WT/DS166/12	直至02-06-2001	

续 表

序号	案件	通过专家组及上诉机构报告（日-月-年）	通知执行争端解决机构建议的意向（日-月-年）	确定合理时限（日-月-年）	根据DSU第21.3条确定的合理期限	根据DSU第21.6条争端解决机构对执行的监督
44	美国—对来自韩国的不锈钢卷板和不锈钢条的反倾销措施	01-02-2001 WT/DS179/4	01-03-2001 WT/DSB/M/100	26-04-2001 WT/DS179/5	直至01-09-2001	美国宣布执行建议至01-09-2001止 WT/DSB/M/109
45	阿根廷—影响牛皮出口和成皮进口的措施	16-02-2001 WT/DS155/5	12-03-2001 WT/DSB/M/101	31-08-2001 WT/DS155/10（通过仲裁）	直至28-02-2002	WT/DS155/12 争端解决机构注意到欧共体和阿根廷之间根据《关于争端解决规则与程序的谅解》第21和22条达成的协议 WT/DSB/M/121
46	欧共体—对来自印度的棉质床单进口征收反倾销税	12-03-2001 WT/DS141/9	05-04-2001 WT/DSB/M/103	26-04-2001 WT/DS141/10	直至14-08-2001	见第四部分
47	泰国—对波兰出口的铁或非合金钢的角铁、型材、轧材及工字梁的反倾销税案	05-04-2001 WT/DS122/7	26-04-2001 WT/DSB/M/104	25-05-2001 WT/DS122/8	直至20-10-2001	WT/DS122/9 WT/DS122/11（双方达成协议，此项不再出现在争端解决机构的日程中）
48	欧共体—影响石棉及含石棉产品的措施	05-04-2001 WT/DS135/12	N. A.	N. A.	N. A.	N. A.
49	美国—对来自新西兰和澳大利亚的新鲜、冷藏和冷冻羔羊肉进口采取保障措施	16-05-2001 WT/DS177/10 WT/DS178/11	20-06-2001 WT/DS177/11 WT/DS178/12	31-08-2001 决定于15-11-2001停止该措施 WT/DS177/12 WT/DS178/13	直至15-11-2001	14-11-2001 美国宣布已完成必要的法律步骤来实施8月31日的决定 WT/DSB/M/113
50	美国—对来自日本的某些热轧钢产品采取反倾销措施	23-08-2001 WT/DS184/8	10-09-2001 WT/DSB/M/109	19-02-2002 WT/DS184/13（通过仲裁）	23-08-2001至23-11-2002（15个月）相应的，时间顺延直至31-12-2003或直至美国国会休会日，选两者较前者（WT/DS184/16）相应地，时间被修改于31-07-2004到期（WT/DS184/17）相应地，时间被修改于31-07-2005到期（WT/DS184/18）	WT/DS184/15和Add. 1～Add. 47

续 表

序号	案件	通过专家组及上诉机构报告（日-月-年）	通知执行争端解决机构建议的意向（日-月-年）	确定合理时限（日-月-年）	根据DSU第21.3条确定的合理期限	根据DSU第21.6条争端解决机构对执行的监督
51	美国—对于作为出口限制的补贴措施	23-08-2001 WT/DS194/4	N. A.	N. A.	N. A.	N. A.
52	美国—对来自巴基斯坦棉纱采取过渡性保障措施	05-11-2001 WT/DS192/7	21-11-2001 WT/DSB/M/113	N. A.	N. A.	美国宣布此措施于01-11-2001被废除 WT/DSB/M/113
53	阿根廷—对来自意大利的地板砖进口的反倾销措施	05-11-2001 WT/DS189/6	05-12-2001 WT/DSB/M/114	18-12-2001 WT/DS189/7	05-11-01至05-04-2002 WT/DS189/7	WT/DS189/8
54	美国—1998年全面拨款法第211节	01-02-2002 WT/DS176/9	19-02-2002 WT/DSB/M/120	28-03-2002 WT/DS176/10	直至31-12-2002或美国国会休会日，不迟于03-01-2003相应地，时间被修改于30-06-2003到期(WT/DS176/12)时间再次被修改于31-12-2003到期(WT/DS176/13)相应地，时间被修改于31-12-2004到期(WT/DS176/14)相应地，时间被修改于30-06-2005到期(WT/DS176/15)	WT/DS176/11和Add. 1～Add. 47
55	加拿大—地区性航空器的出口信贷保证	19-02-2002 WT/DS222/6	08-03-2002 WT/DSB/M/121		专家组建议从报告通过后的90天内撤销此措施(截止20-05-2002)	(见第四部分)
56	美国—对产自韩国的环状焊接碳素钢管实施保障措施	08-03-2002 WT/DS202/13	05-04-2002 WT/DSB/M/122	29-07-2002 WT/DS202/18	直至01-09-2002	在18-03-2003争端解决机构会议上，美国宣布此措施已于01-03-2003终止 WT/DSB/M/145

续 表

序号	案件	通过专家组及上诉机构报告（日-月-年）	通知执行争端解决机构建议的意向（日-月-年）	确定合理时限（日-月-年）	根据 DSU 第 21.3 条确定的合理期限	根据 DSU 第 21.6 条争端解决机构对执行的监督
57	印度—影响汽车部门的措施	05-04-2002 WT/DS146/11 WT/DS175/11	02-05-2002 WT/DS146/12 WT/DS175/12	18-07-2002 WT/DS146/13 WT/DS175/13	05-04-2002 至 05-09-2002（5 个月）	在 11-11-2002 争端解决机构会议上，印度宣布其已执行了争端解决机构的建议 WT/DSB/M/136
58	美国—对来自印度的钢板采取反倾销及反补贴措施	29-07-2002 WT/DS206/5	27-08-2002 WT/DS206/6	01-10-2002 WT/DS206/7	20-07-2002 至 29-12-2002（5 个月）相应地，时间被修改于 31-01-2003 到期（WT/DS206/8）	在 19-02-2003 争端解决机构会议上，美国宣布已按争端解决机构建议来执行 WT/DSB/M/143
59	美国—乌拉圭回合协议第 129（c）（1）	30-08-2002 WT/DS221/7	N. A.	N. A.	N. A.	N. A.
60	埃及—对来自土耳其钢筋采取反倾销措施	01-10-2002 WT/DS211/5	23-10-2002 WT/DSB/M/134	14-11-2002 WT/DS211/6	01-10-2002 至 31-07-2003（9 个月）	WT/DS211/7 和 Add. 1～Add. 3 在 29-08-2003 争端解决机构会议上，埃及宣布已按争端解决机构建议执行
61	智利—对特定农产品相关的综合价格制度及保障措施	23-10-2002 WT/DS207/8	11-11-2002 WT/DSB/M/136	17-03-2003 WT/DS207/13 （通过仲裁）	23-10-2002 至 23-12-2003（14 个月）	WT/DS207/15 和 Add. 7（见第四部分）
62	欧共体—沙丁鱼贸易描述	23-10-2002 WT/DS231/15	11-11-2002 WT/DSB/M/136	19-12-2002 WT/DS231/16	23-10-2002 至 23-04-2003 相应地，时间被修改于 01-07-03 到期（WT/DS231/17）	WT/DS231/18（双方同意的解决方案）
63	美国—对来自加拿大特定软木的初步决定	01-11-2002 WT/DS236/4	28-11-2002 WT/DSB/M/137	N. A.	N. A.	N. A.
64	美国—对来自德国的特定耐腐蚀碳钢板征收反补贴税	19-12-2002 WT/DS213/9	17-01-2003 WT/DSB/M/141	N. A.	N. A.	在 20-04-2004 争端解决机构会议上，美国宣布已按争端解决机构建议执行（WT/DSB/M/167）

续 表

序号	案件	通过专家组及上诉机构报告（日-月-年）	通知执行争端解决机构建议的意向（日-月-年）	确定合理时限（日-月-年）	根据DSU第21.3条确定的合理期限	根据DSU第21.6条争端解决机构对执行的监督
65	美国—对于特定来自欧共体产品的反补贴措施	08-01-2003 WT/DS212/11	27-01-2003 WT/DSB/M/142	10-04-2003 WT/DS212/12	08-01-2003至 08-11-2003 （10个月）	WT/DS212/13 WT/DS212/19 （见第四部分）
66	美国—2000年持续性倾销及补贴补偿法案	27-01-2003 WT/DS217/11 WT/DS234/19	27-01-2003 WT/DSB/M/142 19-02-2003 WT/DSB/M/143 26-02-2003 WT/DSB/M/144	13-06-2003 WT/DS217/14 WT/DS234/22 （通过仲裁）	27-01-2003至27-12-2003（11个月）在与澳大利亚，印尼和泰国有关的争议中，实施期间按被修改于27-12-2004到期（WT/DS217/17，18，19） 相应地，美国就此事项分别与下列国家达成程序谅解 澳大利亚 （WT/DS217/44）， 泰国 （WT/DS217/45） 印尼 （WT/DS217/46）	WT/DS217/16 WT/DS234/24 和Add. 1～Add. 24 （见第四部分）
67	阿根廷—对于桃脯进口的保障措施	15-04-2003 WT/DS238/5	14-05-2003 WT/DS238/6 19-05-2003 WT/DSB/M/150	30-05-2003 WT/DS238/7	直至31-12-2003	在23-01-2004争端解决机构会议上，阿根廷宣布已按争端解决机构建议执行 （WT/DSB/M/163）
68	阿根廷—对来自巴西的家禽征收反倾销税	19-05-2003 WT/DS241/6	N. A.	N. A.	N. A.	N. A.
69	美国—纺织品及服装原产地证明	21-07-2003 WT/DS243/8	N. A.	N. A.	N. A.	N. A.
70	欧共体—对来自巴西的可锻铸铁管接头征收反倾销税	18-08-2003 WT/DS219/10	15-09-2003 WT/DS219/11 02-10-2003 WT/DSB/M/156	01-10-2003 WT/DS219/12	18-08-2003至 19-03-2004 （7个月）	17-03-2004，欧共体就其执行争端解决机构建议提供信息 （WT/DS219/13）
71	日本—影响苹果进口的措施	10-12-2003 WT/DS245/8	09-01-2004 WT/DSB/M/162	30-01-2004 WT/DS245/9	10-12-2003至 30-06-2004 （6个月零20天）	（见第四部分）

续 表

序号	案件	通过专家组及上诉机构报告（日-月-年）	通知执行争端解决机构建议的意向（日-月-年）	确定合理时限（日-月-年）	根据 DSU 第 21.3 条确定的合理期限	根据 DSU 第 21.6 条争端解决机构对执行的监督
72	美国—对特定钢铁产品进口采取保障措施	10-12-2003 WT/DS248/20 WT/DS249/14 WT/DS251/15 WT/DS252/13 WT/DS253/13 WT/DS254/13 WT/DS258/17 WT/DS259/16	N. A.	N. A.	N. A.	在 10-12-2003 的争端解决机构会议上，美国宣布其总统已经下令停止与此争议相关的 10 项保障措施（WT/DSB/M/160）
73	美国—对来自日本的耐腐蚀碳钢板产品的反倾销税日落复审	09-01-2004 WT/DS244/10	N. A.	N. A.	N. A.	N. A.
74	美国—对来自加拿大的软木最终反补贴税决定	17-02-2004 WT/DS257/11	05-03-2004 WT/DS257/12	28-04-2004 WT/DS257/13	17-02-2004 至 17-12-2004（10 个月）	WT/DS257/14 和 Add. 1（见第四部分）
75	欧共体—发展中国家优惠关税授予条件	20-04-2004 WT/DS246/10	19-05-2004 WT/DSB/M/169	20-09-2004 WT/DS246/14 （通过仲裁）	20-04-2004 至 01-07-2005（14 个月零 11 天）	WT/DS246/16 和 Add. 1～Add. 3
76	美国—国际贸易委员会对加拿大软木的调查	26-04-2004 WT/DS277/R	19-05-2004 WT/DSB/M/169	01-10-2004 WT/DS277/7	26-04-2004 至 26-01-2005（9 个月）	在 25-01-2005 的争端解决机构会议上，美国说明其已按争端解决机构在此争端中的建议执行（见第四部分）
77	墨西哥—影响电信服务的措施	01-06-2004 WT/DS204/8	01-06-2004 WT/DS204/7	01-06-2004 WT/DS204/7	从报告通过之日起的 13 个月内；也就是说在 2005 年 7 月底前	WT/DS204/9 和 Add. 1～Add. 8
78	美国—对加拿大软木的最终倾销决定	31-08-2004 WT/DS264/9	27-09-2004 WT/DSB/M/176	06-12-2004 WT/DS264/12	31-08-2004 至 15-04-2005 相应地，时间被修改于 02-05-2005 到期（WT/DS264/15）	在 19-05-2005 的争端解决机构会议上，美国说明其已按争端解决机构的建议和规则执行 WT/DSB/M/189）（见第四部分）
79	加拿大—关于小麦出口和谷物进口的措施	27-09-2004 WT/DS276/18	18-10-2004 WT/DSB/M/177	15-11-2004 WT/DS276/19	27-09-2004 至 01-08-2005（10 个月零 5 天）	WT/DS276/20 和 Add. 1～Add. 3
80	美国—对来自阿根廷石油工业用管材的反倾销措施日落复审	17-12-2004 WT/DS268/8	14-01-2005 WT/DSB/M/181	07-06-2005 WT/DS268/12 （通过仲裁）	17-12-2004 至 17-12-2005（12 个月）	在 20-12-2005 的争端解决机构会议上美国说明其已按争端解决机构的建议和规则执行（见第四部分）

续 表

序号	案件	通过专家组及上诉机构报告（日-月-年）	通知执行争端解决机构建议的意向（日-月-年）	确定合理时限（日-月-年）	根据DSU第21.3条确定的合理期限	根据DSU第21.6条争端解决机构对执行的监督
81	美国—陆地棉补贴	21-03-2005 WT/DS/267/20	20-04-2005 WT/DSB/M/188		根据《补贴与反补贴协议》第4.7条，专家组建议此措施自报告被批准后的6个月内或在2005年7月1日之前撤销（以较早的为准）	（见第四部分）
82	韩国—影响商船贸易的措施	11-04-2005 WT/DS273/8			根据《补贴与反补贴协议》第4.7条，专家组建议此措施自报告被批准后的90天内撤销	
83	欧共体—农产品和食品的商标及地理标识保护	20-04-2005 WT/DS174/23 WT/DS290/21	19-05-2005 WT/DSB/M/189	09-06-2005 WT/DS174/24 WT/DS290/22	实施时间至03-04-2006为止（11个月零2周）	WT/DS174/25-WT/DS290/23和Add.1～Add.3
84	美国—影响博彩业跨境交付的措施	20-04-2005 WT/DS285/10	19-05-2005 WT/DSB/M/189	19-08-2005 WT/DS285/13（通过仲裁）	20-04-2005至03-04-2006（11个月零2周）	WT/DS285/15和Add.1（见第四部分）
85	欧共体—糖类出口补贴	19-05-2005 WT/DS265/29 WT/DS266/29 WT/DS283/10	13-06-2005 WT/DSB/M/191	28-10-2005 WT/DS265/33至WT/DS266/33至WT/DS283/14（通过仲裁）	19-05-2005至22-05-2006（12个月零3天）	WT/DS265/35-WT/DS266/35-WT/DS283/16和Add.1
86	多米尼克—影响香烟进口和国内销售的措施	19-05-2005 WT/DS302/12	13-06-2005 WT/DSB/M/191	16-08-2005 WT/DS302/17	19-05-2005之后的24个月：也就是在19-05-2007之前	
87	欧共体—影响商船贸易的措施	20-06-2005 WT/DS301/6	20-07-2005 WT/DSB/M/194			
88	美国—对来自韩国的计算机动态随机存取存储器芯片的反补贴税调查	20-07-2005 WT/DS296/10	03-08-2005 WT/DSB/M/195	07-11-2005 WT/DS296/11	20-07-2005至08-03-2006（7个月零16天）	在14-03-2006的争端解决机构会议上美国说明其已按争端解决机构的建议和规则执行（WT/DSB/M/206）
89	欧共体—对来自韩国的计算机动态随机存取存储器芯片的反补贴措施	03-08-2005 WT/DS299/6	31-08-2005 WT/DSB/M/196	12-10-2005 WT/DS299/7	03-08-2005至03-04-2006（8个月）	WT/DS299/8 WT/DS299/9
90	欧共体—冷冻无骨鸡的关税分类	27-09-2005 WT/DS269/10 WT/DS286/12	18-10-2005 WT/DSB/M/199	20-02-2006 WT/DS269/13-WT/DS286/15（通过仲裁）	27-09-2005至27-06-2006（9个月）	WT/DS269/15-WT/DS286/17和Add.1

续 表

序号	案件	通过专家组及上诉机构报告（日-月-年）	通知执行争端解决机构建议的意向（日-月-年）	确定合理时限（日-月-年）	根据 DSU 第 21.3 条确定的合理期限	根据 DSU 第 21.6 条争端解决机构对执行的监督
91	美国—对来自墨西哥的石油工业用管材反倾销措施	28-11-2005 WT/DS282/10	20-12-2005 WT/DSB/M/202	15-02-2006 WT/DS282/11	28-11-2005 至 28-05-2006 （6 个月）	（见第四部分）
92	韩国—对来自印度尼西亚特定纸张进口征收反倾销税	28-11-2005 WT/DS312/5	20-12-2005 WT/DSB/M/202	10-02-2006 WT/DS312/6	28-11-2005 至 28-07-2006 （8 个月）	（见第四部分）
93	墨西哥—对于牛肉和稻米的反倾销措施：对于稻米的上诉	20-12-2005 WT/DS295/9	19-01-2006 WT/DS295/10	18-05-2006 WT/DS295/12	20-12-2005 至 20-08-2006 [8 个月，考虑到专家组报告第 8.1 和 8.3 段和上诉机构报告第 350（b）和（c）段] 20-12-2005 至 20-12-2006 [12 个月，考虑到专家组报告第 8.5 段和上诉机构报告第 350（d）段]	WT/DS295/13 和 Add. 1
94	墨西哥—对于非酒精饮料及其他饮料征税	24-03-2006 WT/DS308/13	21-04-2006 WT/DSB/M/210	03-07-2006 WT/DS308/15	24-03-2006 至 01-01-2007 （9 个月零 8 天） 或者如果墨西哥国会在 2006 年 12 月 1 日-31 日间制定法律停止此措施 24-03-2006 至 31-01-2007 （10 个月零 7 天）	WT/DS308/16
95	美国—计算倾销差额（归零法）的法律、规则及方法	09-05-2006 WT/DS294/17	30-05-2006 WT/DSB/M/213	28-07-2006 WT/DS294/19	09-05-2006 至 09-04-2007 （11 个月）	WT/DS294/20 和 Add. 1～Add. 6 （见第四部分） WT/DS294/34 和 Add. 1～Add. 6 随后的报告： WT/DS294/38 和 Add. 1～Add. 20
96	欧共体—影响生物科技产品审批及营销的措施	21-11-2006 WT/DS291/33 WT/DS292/27 WT/DS293/27	19-12-2006 WT/DSB/M/224	21-06-2007 WT/DS291/35	21-11-2006 至 21-11-2007 （12 个月）期限延长 WT/DS292/34, 35, 36, 37, 38 & 39（Corr. 1）（加拿大）和 WT/DS293/34, 35, 36, 37, 38, 39 & 40（阿根廷）	WT/DS291/37 和 Add. 1～Add. 57 WT/DS292/31 和 Add. 1～Add. 18 WT/DS293/31 和 Add. 1～Add. 26 （见第四部分）

续 表

序号	案件	通过专家组及上诉机构报告（日-月-年）	通知执行争端解决机构建议的意向（日-月-年）	确定合理时限（日-月-年）	根据DSU第21.3条确定的合理期限	根据DSU第21.6条争端解决机构对执行的监督
97	欧共体—特定海关措施	11-12-2006 WT/DS315/15	19-12-2006 WT/DSB/M/224			
98	美国—关于归零法及日落复审措施	23-01-2007 WT/DS322/15	20-02-2007 WT/DSB/M/226	04-05-2007 WT/DS322/20	23-01-2007至 24-12-2007 （11个月）	WT/DS322/22和 Add. 1～Add. 2 （见第四部分） WT/DS322/36 和 Add. 1～Add. 29
99	美国—对来自厄瓜多尔虾征收反倾销税	20-02-2007 WT/DS335/9	20-03-2007 WT/DSB/M/228	26-03-2007 WT/DS335/10	20-02-2007至 20-08-2007 （6个月）	2007年8月，美国宣布已按争端解决机构建议和裁决执行 WT/DSB/M/238
100	墨西哥—对来自危地马拉的钢管征收反倾销税	24-07-2007 WT/DS331/5	23-08-2007 WT/DS331/6	25-09-2007 WT/DS331/7	24-07-2007至 24-01-2008 （6个月）	2008年1月24日，墨西哥宣布已按争端解决机构建议和裁决执行 WT/DSB/M/248
101	土耳其—影响大米进口的措施	22-10-2007 WT/DS334/8	20-11-2007 WT/DS334/10	09-04-2008 WT/DS334/12	22-10-2007至 22-04-2008 （6个月）	WT/DS334/14
102	巴西—影响翻新轮胎进口的措施	17-12-2007 WT/DS332/12	15-01-2008 WT/DSB/M/244	29-08-2008 WT/DS332/16 （通过仲裁）	17-12-2007至 11-12-2008 （12个月）	WT/DS332/19 和 Add. 1～Add. 6
103	日本—对来自韩国的动态随机存储器征收反补贴税	17-12-2007 WT/DS336/12	15-01-2008 WT/DSB/M/244	05-05-2008 WT/DS336/16 （通过仲裁）	17-12-2007至 01-09-2008 （8个月零2星期）	（见第四部分）
104	欧共体—对产自挪威人工养殖的鲑鱼采取反倾销措施	15-01-2008 WT/DS337/6	08-02-2008 WT/DSB/M/246	06-05-2008 WT/DS337/8	15-01-2008至 15-11-2008 （10个月）	争端解决机构于2008年8月1日开会宣布撤销该措施，于2008年7月20日生效 WT/DSB/M/254
105	美国—对产自墨西哥的不锈钢采取最终反倾销措施	20-05-2008 WT/DS344/10	02-06-2008 WT/DSB/M/251	31-10-2008 WT/DS344/15 （通过仲裁）	20-05-2008至 30-04-2009 （11个零10天）	（见第四部分）
106	美国—与来自泰国虾有关的措施	01-08-2008 WT/DS343/14	29-08-2008 WT/DSB/M/255	31-10-2008 WT/DS343/16	01-08-2008至 01-04-2009 （8个月）	在2009年4月20日争端解决机构会议上，美国说明其已按争端解决机构的建议和规则执行 WT/DSB/M/267
107	美国—海关保税指令	01-08-2008 WT/DS345/13	29-08-2008 WT/DSB/M/255	31-10-2008 WT/DS345/15	01-08-2008至 01-04-2009 （8个月）	在2009年4月20日争端解决机构会议上，美国说明其已按争端解决机构的建议和规则执行 WT/DSB/M/267

续 表

序号	案件	通过专家组及上诉机构报告（日-月-年）	通知执行争端解决机构建议的意向（日-月-年）	确定合理时限（日-月-年）	根据 DSU 第 21.3 条确定的合理期限	根据 DSU 第 21.6 条争端解决机构对执行的监督
108	墨西哥—对从欧共体进口的橄榄油采取最终反补贴措施	21-10-2008 WT/DS341/5	17-11-2008 WT/DSB/M/259			在 2008 年 12 月 11 日争端解决机构会议上，墨西哥说明其已按争端解决机构的建议和规则执行 WT/DSB/M/260
109	美国-欧共体继续要求中止在荷尔蒙案件中的义务	14-11-2008 WT/DS320/18	11-12-2008 WT/DSB/M/260			
110	加拿大-欧共体继续要求中止在荷尔蒙案件中的义务	14-11-2008 WT/DS321/16	11-12-2008 WT/DSB/M/260			
111	中国—影响汽车零部件进口的措施	12-01-2009 WT/DS339/14 WT/DS340/14 WT/DS342/14	11-02-2009 WT/DSB/M/264	27-02-2009 WT/DS339/15 WT/DS340/15 WT/DS342/15	12-01-2009 至 01-09-2009 （7 个月零 20 天）	在 2009 年 8 月 31 日争端解决机构会议上，中国说明其已使其措施与争端解决机构的建议和裁决一致 WT/DSB/M/273
112	美国—继续存在和运用归零法	19-02-2009 WT/DS350/15	20-03-2009 WT/DSB/M/266	02-06-2009 WT/DS350/17	19-02-2009 至 19-12-2009 （10 个月）	WT/DS350/18 和 Add. 1～Add. 10
113	中国—影响知识产权保护和执法的措施	20-03-2009 WT/DS362/10	20-04-2009 WT/DSB/M/267	29-06-2009 WT/DS362/13	20-03-2009 至 20-03-2010 （12 个月）	WT/DS362/14 和 Add. 1～Add. 2 2010 年 4 月 20 日争端解决机构会议上，中国说明其已使其措施与争端解决机构的建议和裁决一致 （WT/DSB/M/282）
114	哥伦比亚—对港口入境的价格限制要求	20-05-2009 WT/DS366/9	19-06-2009 WT/DSB/M/270	02-10-2009 WT/DS366/13	20-05-2009 至 04-02-2010 （8 个月零 15 天）	WT/DS366/15
115	中国—影响出版物和视听娱乐产品的贸易权和分销服务措施	19-01-2010 WT/DS363/14	18-02-2010 WT/DSB/M/279	12-07-2010 WT/DS363/16	19-01-2010 至 19-03-2011 （14 个月）	WT/DS363/17 和 Add. 1～Add. 15
116	美国—对自泰国的 PE 塑胶购物袋采取反倾销措施	18-02-2010 WT/DS383/5	19-03-2010 WT/DSB/M/280	31-03-2010 WT/DS383/6	18-02-2010 至 18-08-2010 （6 个月）	2010 年 8 月 31 日争端解决机构会议上，美国说明其已使其措施与争端解决机构的建议和裁决一致 （WT/DSB/M/286）

续 表

序号	案件	通过专家组及上诉机构报告（日-月-年）	通知执行争端解决机构建议的意向（日-月-年）	确定合理时限（日-月-年）	根据DSU第21.3条确定的合理期限	根据DSU第21.6条争端解决机构对执行的监督
117	欧盟及其成员国—某些信息技术产品的关税待遇	21-09-2010 WT/DS375/13 WT/DS376/13 WT/DS377/11	13-10-2010 WT/DS375/14 WT/DS376/14 WT/DS377/12	20-12-2010 WT/DS375/16 WT/DS376/16 WT/DS377/14	21-09-2010至30-06-2011（9个月零9天）	WT/DS375/18 WT/DS376/18 WT/DS377/16
118	澳大利亚—影响自新西兰进口苹果的措施	17-12-2010 WT/DS367/17	10-01-2011 WT/DS367/18	31-01-2011 WT/DS367/19	直至17-08-2011	WT/DS367/20
119	美国—对自韩国产品的反倾销措施适用归零法	24-02-2011 WT/DS402/5	25-03-2011 WT/DSB/M/294	17-06-2011 WT/DS402/6	（Ⅰ）9个月，直至24-11-2011 （Ⅱ）8个月，直至24-10-2011	
120	美国—对来自中国的特定产品征收反倾销税和反补贴税	25-03-2011 WT/DS379/6	21-04-2011 WT/DSB/M/295	08-07-2011 WT/DS379/11	25-03-2011至25-02-2012（11个月）	WT/DS379/12和Add. 1～Add. 7
121	欧共体及其某些成员国—影响大型民用航空器贸易的措施	01-06-2011 WT/DS316/16	17-06-2011 WT/DSB/M/298		根据《补贴与反补贴协议》第7.9条，此措施自报告被批准后的6个月内撤销（01-12-2011）	（见第四部分）
122	美国—对从巴西进口的特定橙汁采取的反倾销行政复审和其他措施	17-06-2011 WT/DS382/8	17-06-2011 WT/DSB/M/298	17-06-2011 WT/DS382/9	17-06-2011至17-03-2012（9个月）	WT/DS382/10和Add. 1～Add. 10
123	泰国—对来自菲律宾烟草所采取的海关和财政措施	15-07-2011 WT/DS371/11	11-08-2011 WT/DS371/12	23-09-2011 WT/DS371/14	15-07-2011至15-05-2012（10个月） 15-07-2011至15-10-2012（15个月）	WT/DS371/15和Add. 1～Add. 6
124	欧共体—对从中国进口的钢铁紧固件采取最终反倾销措施	28-07-2011 WT/DS397/11	18-08-2011 WT/DS397/12	19-01-12 WT/DS397/14	28-07-2011至12-10-2012（14个月零2周）	WT/DS397/15和Add. 1～Add. 3
125	美国—对自越南进口的虾采取反倾销措施	02-09-2011 WT/DS404/9	27-09-2011 WT/DSB/M/303	31-10-2011 WT/DS404/10	02-09-2011至02-07-2012（10个月）	WT/DS404/11和Add. 1～Add. 5
126	美国—对从中国进口汽车轮胎采取的限制措施	05-10-2011 WT/DS399/9	N. A.	N. A.	N. A.	N. A.
127	菲律宾—对蒸馏酒精征税	20-01-2012 WT/DS396/11 WT/DS403/11	15-02-2012 WT/DS396/12 WT/DS403/12	20-04-2012 WT/DS396/14 WT/DS403/14	20-01-2012至08-03-2013（13个月零16天）	WT/DS396/15-WT/DS403/15
128	欧盟—对自中国进口的鞋采取反倾销措施	22-02-2012 WT/DS405/6	23-03-2012 WT/DSB/M/313	23-05-2012 WT/DS405/7	22-02-2012至11-10-2012（7个月零19天）	

续 表

序号	案件	通过专家组及上诉机构报告（日-月-年）	通知执行争端解决机构建议的意向（日-月-年）	确定合理时限（日-月-年）	根据DSU第21.3条确定的合理期限	根据DSU第21.6条争端解决机构对执行的监督
129	多米尼加—聚丙烯管状织物包装袋进口的保障措施	22-02-2012 WT/DS415/11 WT/DS416/11 WT/DS417/11 WT/DS418/11	23-03-2012 WT/DSB/M/313	13-04-2012 WT/DS415/12 WT/DS416/12 WT/DS417/12 WT/DS418/12	RPT 12年4月21日结束 WT/DS415/13 WT/DS416/13 WT/DS417/13 WT/DS418/13 （保障措施12年4月21日取消）	
130	中国—与限制原材料出口有关的措施	22-02-2012 WT/DS394/16 WT/DS395/15 WT/DS398/14	23-03-2012 WT/DSB/M/313	24-05-2012 WT/DS394/18 WT/DS395/17 WT/DS398/16	22-02-2012至31-12-2012 （10个月零9天）	
131	美国—影响大型民用航空器贸易的措施（二诉）	23-03-2012 WT/DS353/13	13-04-2012 WT/DSB/M/314		SCM协议相符 23-09-2012	WT/DS353/15
132	美国—影响丁香香烟生产和销售的措施	24-04-2012 WT/DS406/9	24-05-2012 WT/DSB/M/316	14-06-2012 WT/DS406/10	24-04-2012至24-07-2013 （15个月）	
133	美国—对金枪鱼和金枪鱼产品的进口、营销和销售采取的措施	13-06-2012 WT/DS381/15	25-06-2012 WT/DSB/M/318	17-09-2012 WT/DS381/17	13-06-2012至13-07-2013 （13个月）	
134	美国—对自中国进口的冷冻暖水虾采取反倾销措施	23-07-2012 WT/DS422/6	23-07-2012 WT/DSB/M/320	27-07-2012 WT/DS422/7	23-07-2012至23-03-2013 （8个月）	
135	美国—对特定国家原产地标签要求	23-07-2012 WT/DS384/18 WT/DS386/17	21-08-2012 WT/DS384/19 WT/DS386/18			
136	中国—影响电子支付服务的措施	31-08-2012 WT/DS413/6	28-09-2012 WT/DSB/M/322			

第四部分
援引《关于争端解决规则与程序的谅解》第21.5条

序号	案件	援引第21.5条（日-月-年）	提交原专家组（日-月-年）	散发专家组报告（日-月-年）	通知上诉（日-月-年）	散发上诉机构报告（日-月-年）	通过专家组和/或上诉机构报告（日-月-年）
1	欧共体—香蕉进口、销售和分销	15-12-1998 欧共体 WT/DS27/40 18-12-1998 厄瓜多尔 WT/DS27/41	12-01-1999 WT/DSB/M/53 欧共体 厄瓜多尔	12-04-1999 WT/DS27/RW/ECU WT/DS27/RW/EEC 和 Corr. 1	N. A.	N. A.	06-05-1999 WT/DSB/M/61 （WT/DS27/RW/ECU）
2	澳大利亚—影响鲑鱼进口的措施	28-07-1999 加拿大 WT/DS18/14	28-07-1999 WT/DSB/M/66	18-02-2000 WT/DS18/RW	N. A.	N. A.	20-03-2000 WT/DSB/M/77
3	澳大利亚—对于汽车皮革制造商和生产商提供的补贴	04-10-1999 美国 WT/DS126/8	14-10-1999 WT/DSB/M/69	21-01-2000 WT/DS126/RW 和 Corr. 1	N. A.	N. A.	11-02-2000 WT/DSB/M/75
4	巴西—对于航空器出口融资	26-11-1999 加拿大 WT/DS46/13	09-12-1999 WT/DSB/M/72	09-05-2000 WT/DS46/RW	22-05-2000 巴西 WT/DS46/17	21-07-2000 WT/DS46/AB/RW	04-08-2000 WT/DSB/M/87
5	加拿大—影响民用航空器措施	23-11-1999 巴西 WT/DS70/9	09-12-1999 WT/DSB/M/72	09-05-2000 WT/DS70/RW	22-05-2000 巴西 WT/DS70/12	21-07-2000 WT/DS70/AB/RW	04-08-2000 WT/DSB/M/87
6	美国—对来自韩国计算机动态随机存取存储器芯片征收反倾销税	07-04-2000 韩国 WT/DS99/8	25-04-2000 WT/DSB/M/79	07-11-2000 WT/DS99/RW（双方达成协议）	N. A.	N. A.	N. A.
7	美国—对特定虾及虾类产品进口限制	13-10-2000 马来西亚 WT/DS58/17	23-10-2000 WT/DSB/M/91	15-06-2001 WT/DS58/RW	23-07-2001 马来西亚 WT/DS58/20	22-10-2001 WT/DS58/AB/RW	21-11-2001 WT/DSB/M/113
8	墨西哥—对来自美国的高果糖玉米浆开展反倾销调查	13-10-2000 美国 WT/DS132/6	23-10-2000 WT/DSB/M/91	22-06-2001 WT/DS132/RW	24-07-2001 墨西哥 WT/DS132/10	22-10-2001 WT/DS132/AB/RW	21-11-2001 WT/DSB/M/113
9	美国—“海外销售公司”税收待遇	07-12-2000 欧共体 WT/DS108/16	20-12-2000 WT/DSB/M/95	20-08-2001 WT/DS108/RW	15-10-2001 美国 WT/DS108/21	14-01-2002 WT/DS108/AB/RW	29-01-2002 WT/DSB/M/118
10	巴西—对于航空器出口资金融通：加拿大再次援引 DSU 第21.5条	19-01-2001 加拿大 WT/DS46/26	16-02-2001 WT/DSB/M/99	26-07-2001 WT/DS46/RW/2	N. A.	N. A.	23-08-2001 WT/DSB/M/108

续 表

序号	案件	援引第21.5条（日-月-年）	提交原专家组（日-月-年）	散发专家组报告（日-月-年）	通知上诉（日-月-年）	散发上诉机构报告（日-月-年）	通过专家组和/或上诉机构报告（日-月-年）
11	加拿大—影响牛奶进口及奶制品出口的措施	16-02-2001 美国 WT/DS103/16 16-02-2001 新西兰 WT/DS113/16	01-03-2001 WT/DSB/M/100	11-07-2001 WT/DS103/RW WT/DS113/RW	04-09-2001 加拿大 WT/DS103/20 WT/DS113/20	03-12-2001 WT/DS103/AB/RW WT/DS113/AB/RW	18-12-2001 WT/DSB/M/116
12	加拿大—影响牛奶进口及奶制品出口的措施：美国和新西兰再次引用第21.5条	06-12-2001 美国 WT/DS103/23 06-12-2001 新西兰 WT/DS113/23	18-12-2001 WT/DSB/M/116	26-07-2002 WT/DS103/RW/2 WT/DS113/RW/2	23-09-2002 加拿大 WT/DS103/28 WT/DS113/28	20-12-2002 WT/DS103/AB/RW2 WT/DS113/AB/RW2	17-01-2003 WT/DSB/M/141
13	欧共体—对于来自印度棉质床单进口征收反倾销税	07-05-2002 印度 WT/DS141/13/Rev-1	22-05-2002 WT/DSB/M/124 和 Corr. 1	29-11-2002 WT/DS141/RW	08-01-2003 印度 WT/DS141/16	08-04-2003 WT/DS141/AB/RW	24-04-2003 WT/DSB/M/148
14	美国—对来自欧共体特定产品反补贴措施	17-03-2004 欧共体 WT/DS212/14	27-09-2004 WT/DS212/15 WT/DSB/M/176	17-08-2005 WT/DS212/RW	N. A.	N. A.	27-09-2005 WT/DSB/M/198
15	智利—对特定农产品相关的综合价格制度及保障措施	19-05-2004 阿根廷 WT/DS207/17	20-01-2006 WT/DS207/18 WT/DSB/M/203	08-12-2006 WT/DS207/RW	05-02-2007 智利 WT/DS207/22	07-05-2007 WT/DS207/AB/RW	22-05-2007 WT/DSB/M/232
16	日本—影响苹果进口的措施	19-07-2004 美国 WT/DS245/11	30-07-2004 WT/DSB/M/174	23-06-2005 WT/DS245/RW	N. A.	N. A.	20-07-2005 WT/DSB/M/194
17	美国—对来自加拿大的软木最终反补贴税决定	04-01-2005 加拿大 WT/DS257/15	14-01-2005 WT/DSB/M/181	01-08-2005 WT/DS257/RW	06-09-2005 美国 WT/DS257/22	05-12-2005 WT/DS257/AB/RW	20-12-2005 WT/DSB/M/202
18	美国—“海外销售公司”税收待遇：欧共体再次援引第21.5条	14-01-2005 欧共体 WT/DS108/29	17-02-2005 WT/DSB/M/183	30-09-2005 WT/DS108/RW2	14-11-2005 美国 WT/DS108/32	13-02-2006 WT/DS108/AB/RW2	14-03-2006 WT/DS108/36
19	美国—国际贸易委员会对加拿大软木的调查	15-02-2005 加拿大 WT/DS277/8	25-02-2005 WT/DSB/M/184	15-11-2005 WT/DS277/RW	13-01-2006 加拿大 WT/DS277/16	13-04-2006 WT/DS277/AB/RW	09-05-2006 WT/DS277/19
20	美国—对加拿大软木的最终倾销决定	19-05-2005 加拿大 WT/DS264/16	01-06-2005 WT/DSB/M/190	03-04-2006 WT/DS264/RW	17-05-2006 加拿大 WT/DS264/25	15-08-2006 WT/DS264/AB/RW	01-09-2006 WT/DS264/28

续 表

序号	案件	援引第21.5条（日-月-年）	提交原专家组（日-月-年）	散发专家组报告（日-月-年）	通知上诉（日-月-年）	散发上诉机构报告（日-月-年）	通过专家组和/或上诉机构报告（日-月-年）
21	欧共体—香蕉进口制度及ACP-EC合作伙伴协定	30-11-2005 洪都拉斯 WT/DS27/62 30-11-2005 巴拿马 WT/DS27/63 30-11-2005 尼加拉瓜 WT/DS27/64					
22	美国—对来自阿根廷石油工业用管材的反倾销措施日落复审	26-01-2006 阿根廷 WT/DS268/15	17-03-2006 WT/DS268/16 WT/DSB/M/207	30-11-2006 WT/DS268/RW	12-01-2007 美国 WT/DS268/19	12-04-2007 WT/DS268/AB/RW	11-05-2007 WT/DSB/M/231
23	美国—影响博彩业跨境交付的措施	08-06-2006 安提瓜和巴布达 WT/DS285/17	19-07-2006 WT/DS285/18 WT/DSB/M/217	30-03-2007 WT/DS285/RW	N. A.	N. A.	22-05-2007 WT/DSB/M/232
24	美国—陆地棉补贴	18-08-2006 巴西 WT/DS267/30	28-09-2006 WT/DSB/M/220	18-12-2007 WT/DS267/RW和Corr. 1	12-02-2008 美国 WT/DS267/33	02-06-2008 WT/DS267/AB/RW	20-06-2008 WT/DSB/M/252
25	美国—对来自墨西哥的石油工业用管材反倾销措施	21-08-2006 墨西哥 WT/DS282/13	24-04-2007 WT/DS282/14 WT/DSB/M/230 06-07-2008 专家组建立的授权取消 WT/DS282/17				
26	韩国—对来自印度尼西亚特定纸张进口征收反倾销税	26-10-2006 印尼 WT/DS312/8	23-01-2007 WT/DS312/9 WT/DSB/M/225	28-09-2007 WT/DS312/RW	N. A.	N. A.	22-10-2007 WT/DS312/12
27	欧共体—关于香蕉进口、销售和分销的制度	16-11-2006 厄瓜多尔 WT/DS27/65	20-03-2007 WT/DS27/80 WT/DSB/M/228	07-04-2008 WT/DS27/RW2/ECU	28-08-2008 EC WT/DS27/89	26-11-2008 WT/DS27/AB/RW2/ECU	11-12-2008 WT/DSB/M/260
28	欧共体—关于香蕉进口、销售和分销的制度	29-06-2007 美国 WT/DS27/83	12-07-2007 WT/DSB/M/235	19-05-2008 WT/DS27/RW/美国和Corr. 1	28-08-2008 EC WT/DS27/90	26-11-2008 WT/DS27/AB/RW/美国和Corr. 1	22-12-2008 WT/DSB/M/261

续 表

序号	案件	援引第21.5条（日-月-年）	提交原专家组（日-月-年）	散发专家组报告（日-月-年）	通知上诉（日-月-年）	散发上诉机构报告（日-月-年）	通过专家组和/或上诉机构报告（日-月-年）
29	美国—计算倾销幅度的法律、法规和方法（“归零法”）	09-07-2007 欧共体 WT/DS294/22	25-09-2007 WT/DS294/25 WT/DSB/M/239	17-12-2008 WT/DS294/RW	13-02-2009 欧共体 WT/DS294/28	14-05-2009 WT/DS294/AB/RW 和 Corr. 1	11-06-2009 WT/DSB/M/269
30	美国—与归零法和日落复审相关的措施	07-04-2008 日本 WT/DS322/27	18-04-2008 WT/DSB/M/249	24-04-2009 WT/DS322/RW	20-05-2009 美国 WT/DS322/32	18-08-2009 WT/DS322/AB/RW	31-08-2009 WT/DSB/M/273
31	日本—对来自韩国的动态随机存储器征收反补贴税	09-09-2008 韩国 WT/DS336/19	23-09-2008 WT/DSB/M/256 2009年3月4日，韩国要求专家组中止工作 WT/DS336/22 05-03-2010 专家组建立的授权取消 WT/DS336/23				
32	欧共体—与肉及肉制品有关的措施（荷尔蒙）	22-12-2008 欧共体 WT/DS26/23					
33	欧共体—与肉及肉制品有关的措施（荷尔蒙）	22-12-2008 欧共体 WT/DS48/21					
34	美国—对从墨西哥进口的不锈钢采取最终反倾销措施	19-08-2009 墨西哥 WT/DS344/18	21-09-2010 WT/DS344/20 WT/DSB/M/287				
35	欧盟及其部分成员国—影响大型民用航空器贸易的措施	30-03-2012 美国 WT/DS316/23	13-04-2012 WT/DS316/23 WT/DSB/M/314				
36	美国—影响大型民用航空器贸易的措施（二诉）	25-09-2012 欧盟 WT/DS353/16	23-10-2012 WT/DS353/18 WT/DSB/M/323				

第五部分
援引《关于争端解决规则与程序的谅解》第22条

序号	案件	援引第22条	在第22.6下进行仲裁	仲裁人报告	由争端解决机构授权中止减让
1	欧共体—香蕉进口、销售和分销	14-01-1999 美国 WT/DS27/43	29-01-1999 欧共体 WT/DS27/46	09-04-1999 WT/DS27/ARB	根据美国要求 （WT/DS27/49）于 1999年4月19日争端 解决机构会议上授权 （WT/DSB/M/59）
2	欧共体—香蕉进口、销售和分销	08-11-1999 厄瓜多尔 WT/DS27/52	19-11-1999 欧共体 WT/DS27/53	24-03-2000 WT/DS27/ ARB/ECU	根据厄瓜多尔要求 （WT/DS27/54）于 2000年5月18日争端 解决机构会议上授权 （WT/DSB/M/80）
3	欧共体—关于肉及肉制品措施（荷尔蒙）	17-05-1999 美国 WT/DS26/19 20-05-1999 加拿大 WT/DS48/17	02-06-1999 欧共体 WT/DS26/20 WT/DS48/18	12-07-1999 WT/DS26/ARB WT/DS48/ARB	根据美国要求 （WT/DS26/21） 和加拿大要求 （WT/DS48/19） 于1999年7月26日争端 解决机构会议上授权 （WT/DSB/M/65）
4	澳大利亚—影响鲑鱼进口的措施	15-07-1999 加拿大 WT/DS18/12	27-07-1999 澳大利亚 WT/DS18/13	N. A.	N. A.
5	巴西—对于航空器出口融资	10-05-2000 加拿大 WT/DS46/16	22-05-2000 巴西 WT/DS46/18	28-08-2000 WT/DS46/ARB	根据加拿大要求 （WT/DS46/25） 于2000年12月12日争端 解决机构会议上授权 （WT/DSB/M/94）
6	美国—"海外销售公司"税收待遇	17-11-2000 欧共体 WT/DS108/13	28-11-2000 美国 WT/DS108/17	30-08-2002 WT/DS108/ARB	根据欧共体要求 （WT/DS108/26） 于2003年5月7日 的争端解决机构 会议上授权 （WT/DSB/M/149）
7	加拿大—影响牛奶进口及奶制品出口的措施	16-02-2001 美国 WT/DS103/17 16-02-2001 新西兰 WT/DS113/17	28-02-2001 加拿大 WT/DS103/18 WT/DS113/18	双方达成一致 （WT/DS103/33， WT/DS113/33） 仲裁于2003年 5月9日终止	
8	美国—1916年反倾销法	07-01-2002 欧共体 WT/DS136/15 07-01-2002 日本 WT/DS162/18	17-01-2002 美国 WT/DS136/16 WT/DS162/19	24-02-2004 WT/DS136/ARB	

续 表

序号	案件	援引第 22 条	在第 22.6 下进行仲裁	仲裁人报告	由争端解决机构授权中止减让
9	美国—美国版权法第 110（5）节	07-01-2002 欧共体 WT/DS160/19	17-01-2002 美国 WT/DS160/20	N. A.	N. A.
10	加拿大—地区性航空器的出口信贷保证	23-05-2002 巴西 WT/DS222/7 和 Corr. 1	21-06-2002 加拿大 WT/DS222/8	17-02-2003 WT/DS222/ARB	根据巴西要求（WT/DS222/10）于 2003 年 3 月 18 日争端解决机构会议上授权（WT/DSB/M/145）
11	美国—2000 年持续性倾销及补贴补偿法案	15-01-2004 巴西 WT/DS217/20 智利 WT/DS217/21 欧共体 WT/DS217/22 印度 WT/DS217/23 日本 WT/DS217/24 韩国 WT/DS217/25 加拿大 WT/DS234/25 墨西哥 WT/DS234/26 和 Corr. 1	23-01-2004 美国 WT/DS217/26 WT/DS217/27 WT/DS217/28 WT/DS217/29 WT/DS217/30 WT/DS217/31 WT/DS234/27 WT/DS234/28	31-08-2004 WT/DS217/ARB/BRA WT/DS217/ARB/CHL WT/DS217/ARB/EEC WT/DS217/ARB/IND WT/DS217/ARB/JPN WT/DS217/ARB/KOR WT/DS234/ARB/CAN WT/DS234/ARB/MEX	根据巴西（WT/DS217/38） 欧共体（WT/DS217/39） 印度（WT/DS217/40） 日本（WT/DS217/41） 韩国（WT/DS217/42） 加拿大（WT/DS234/31） 墨西哥（WT/DS234/32） 要求，于 2004 年 11 月 26 日在争端解决机构会议上授权（WT/DSB/M/178） 根据智利（WT/DS217/43）要求，于 2004 年 12 月 17 日在争端解决机构会议上授权（WT/DSB/M/180）
12	日本—影响苹果进口的措施	19-07-2004 美国 WT/DS245/12	29-07-2004 日本 WT/DS245/13	双方达成一致（WT/DS245/21）仲裁于 2005 年 8 月 30 日终止	
13	美国—对来自加拿大的软木最终反补贴税决定	04-01-2005 加拿大 WT/DS257/16	13-01-2005 美国 WT/DS257/17	双方达成一致（WT/DS257/26）仲裁于 2006 年 10 月 12 日终止	
14	美国—国际贸易委员会对加拿大软木的调查	15-02-2005 加拿大 WT/DS277/9	23-02-2005 美国 WT/DS277/10	双方达成一致（WT/DS277/20）仲裁于 2006 年 10 月 12 日终止	
15	美国—对加拿大软木的最终倾销决定	19-05-2005 加拿大 WT/DS264/17	31-05-2005 美国 WT/DS264/19	双方达成一致（WT/DS264/29）仲裁于 2006 年 10 月 12 日终止	
16	美国—陆地棉补贴（Ⅰ）	05-07-2005 巴西 WT/DS267/21	14-07-2005 美国 WT/DS267/23	31-08-2009 WT/DS267/ARB/1	根据巴西请求（WT/DS267/41），于 2009 年 11 月 19 日争端解决机构会议上授权（WT/DSB/M/276）

续 表

序号	案件	援引第22条	在第22.6下进行仲裁	仲裁人报告	由争端解决机构授权中止减让
17	美国—陆地棉补贴（Ⅱ）	06-10-2005 巴西 WT/DS267/26	17-10-2005 美国 WT/DS267/27	31-08-2009 WT/DS267/ ARB/2 和Corr. 1	根据巴西请求 （WT/DS267/42）， 于2009年11月19日 争端解决机构会议上授权 （WT/DSB/M/276）
18	美国—对来自阿根廷石油工业用管材的反倾销措施日落复审	21-05-2007 阿根廷 WT/DS268/24	01-06-2007 美国 WT/DS268/25		
19	美国—影响博彩业跨境交付的措施	21-06-2007 安提瓜和巴布达 WT/DS285/22	23-07-2007 美国 WT/DS285/23	21-12-2007 WT/DS285/ARB	
20	美国—与归零法和日落复审相关的措施	10-01-2008 日本 WT/DS322/23 10-01-2008 日本 WT/DS322/24	18-01-2008 美国 WT/DS322/25		
21	欧共体—影响生物科技产品审批和营销的措施	17-01-2008 美国 WT/DS291/39	06-02-2008 欧共体 WT/DS291/40		
22	美国—计算倾销幅度的法律、法规和方法（“归零法”）	29-01-2010 欧盟 WT/DS294/35 22-06-2012 WT/DS294/45 （欧盟根据DSU第22.2条撤销）	12-02-2010 美国 WT/DS294/36		
23	欧盟及其部分成员国—影响大型民用航空器贸易的措施	09-12-2011 美国 WT/DS316/18	22-12-2011 欧盟 WT/DSB/M/309		
24	美国—影响大型民用航空器贸易的措施（二诉）	27-09-2012 欧盟 WT/DS353/17	22-10-2012 WT/DS353/19		

附录2 1995—2012年上诉机构受理的案件①

1. 上诉案件数量（1995—2012年）

年份	数量	最初上诉程序	第21.5条上诉程序
1995	0	0	0
1996	4	4	0
1997	6	6	0
1998	8	8	0
1999	9	9	0
2000	13	11	2
2001	9	5	4
2002	7	6	1
2003	6	5	1
2004	5	5	0
2005	10	8	2
2006	5	3	2
2007	4	2	2
2008	13	10	3
2009	3	1	2
2010	3	3	0
2011	9	9	0
2012	5	5	0
总数	119	100	19

2. 被上诉的专家组报告比率（1995—2012年）

批准年份	所有专家组报告			非第21.5条专家组报告			第21.5条专家组报告		
	批准的专家组报告	被上诉的专家组报告	被上诉比率（%）	批准的专家组报告	被上诉的专家组报告	被上诉比率（%）	批准的专家组报告	被上诉的专家组报告	被上诉比率（%）
1996	2	2	100	2	2	100	0	0	—
1997	5	5	100	5	5	100	0	0	—
1998	12	9	75	12	9	75	0	0	—
1999	10	7	70	9	7	78	1	0	0
2000	19	11	58	15	9	60	4	2	50
2001	17	12	71	13	9	69	4	3	75
2002	12	6	50	11	5	45	1	1	100
2003	10	7	70	8	5	63	2	2	100
2004	8	6	75	8	6	75	0	0	—
2005	20	12	60	17	11	65	3	1	33
2006	7	6	86	4	3	75	3	3	100
2007	10	5	50	6	3	50	4	2	50
2008	11	9	82	8	6	75	3	3	100
2009	8	6	75	6	4	67	2	2	100
2010	5	2	40	5	2	40	0	0	—
2011	8	5	63	8	5	63	0	0	—
2012	18	11	61	18	11	61	0	0	—
合计	182	121	70	155	102	66	27	19	71

① 1995年无专家组报告。

3. 上诉机构报告所涉及的WTO协议（1995—2012年）

年份	DSU	WTO协议	GATT1994	农业	SPS	ATC	TBT	TRIMs	反倾销	进口许可证	SCM	安全保障	GATS	TRIPs
1996	0	0	2	0	0	0	0	0	0	0	0	0	0	0
1997	4	1	5	1	0	2	0	0	0	1	1	0	1	1
1998	7	1	4	1	2	0	0	0	1	1	0	0	0	0
1999	7	1	6	1	1	0	0	0	0	0	2	1	0	0
2000	8	1	7	2	0	0	0	0	2	0	5	2	1	1
2001	7	1	3	1	0	1	1	0	4	0	1	2	0	0
2002	8	2	4	3	0	0	1	0	1	0	3	1	1	1
2003	4	2	3	0	1	0	0	0	4	0	1	1	0	0
2004	2	0	5	0	0	0	0	0	2	0	1	0	0	0
2005	9	0	5	2	0	0	0	0	2	0	4	0	1	0
2006	5	0	3	0	0	0	0	0	3	0	2	0	0	0
2007	5	0	2	1	0	0	0	0	2	0	1	0	0	0
2008	8	1	9	1	2	0	0	0	3	0	3	0	0	0
2009	3	0	4	0	0	0	0	0	3	0	0	0	1	0
2010	1	0	0	0	1	0	0	0	0	0	0	0	0	0
2011	7	1	6	0	0	0	0	0	1	0	2	0	0	0
2012	9	0	7	0	0	0	4	0	1	0	2	0	0	0
合计	94	11	75	13	7	3	6	0	29	2	28	7	5	3

4. 上诉案件中的参与方及第三方（1995—2012年）

（1）统计概况

WTO成员方	上诉方	其他上诉方	被上诉方	第三方	总 数
安提瓜和巴布达	0	1	1	0	2
阿根廷	2	3	5	13	23
澳大利亚	2	2	6	32	42
巴林	0	0	0	1	1
巴巴多斯	0	0	0	1	1
伯利兹	0	0	0	4	4
贝宁	0	0	0	1	1
委内瑞拉	0	0	1	6	7
玻利维亚	0	0	0	1	1
巴西	5	7	12	26	50
喀麦隆	0	0	0	3	3
加拿大	10	9	18	23	60
乍得	0	0	0	2	2
智利	3	0	2	12	17
中国	10	2	6	35	53
哥伦比亚	0	0	0	16	16
哥斯达黎加	1	0	0	3	4
科特迪瓦	0	0	0	4	4
古巴	0	0	0	4	4
多米尼克	0	0	0	4	4
多米尼加	1	0	1	4	6
厄瓜多尔	0	2	2	10	14
埃及	0	0	0	2	2

续 表

WTO 成员方	上诉方	其他上诉方	被上诉方	第三方	总 数
萨瓦尔多	0	0	0	2	2
欧盟	21	15	40	58	134
斐济	0	0	0	1	1
加纳	0	0	0	2	2
格林纳达	0	0	0	1	1
危地马拉	1	1	1	8	11
圭亚那	0	0	0	1	1
洪都拉斯	0	2	2	2	6
中国香港	0	0	0	8	8
印度	6	2	7	34	49
印度尼西亚	0	1	1	1	3
以色列	0	0	0	1	1
牙买加	0	0	0	5	5
日本	6	4	11	52	73
肯尼亚	0	0	0	1	1
韩国	3	4	6	25	38
科威特	0	0	0	1	1
马达加斯加	0	0	0	1	1
马来西亚	1	0	1	0	2
马拉维	0	0	0	1	1
毛里求斯	0	0	0	2	2
墨西哥	5	4	7	31	47
新西兰	0	3	6	13	22
尼加拉瓜	0	0	0	4	4
尼日利亚	0	0	0	1	1
挪威	0	1	1	19	21
巴基斯坦	0	0	2	3	5
巴拿马	0	0	0	3	3
巴拉圭	0	0	0	5	5
秘鲁	0	0	1	4	5
菲律宾	3	0	3	1	7
波兰	0	0	1	0	1
塞内加尔	0	0	0	1	1
圣卢西亚	0	0	0	4	4
沙特	0	0	0	5	5
圣基茨和尼维斯	0	0	0	1	1
圣文森特和格林纳丁斯	0	0	0	3	3
苏里南	0	0	0	3	3
斯威士兰	0	0	0	1	1
瑞士	0	1	1	0	2
中国台北	0	0	0	33	33
坦桑尼亚	0	0	0	1	1
泰国	3	2	5	20	30
特立尼达和多巴哥	0	0	0	1	1
土耳其	1	0	0	9	10
美国	33	21	71	30	155
越南	0	0	0	3	3
总计	117	87	221	613	1038

（2）年度详细信息

1996 年

案　件	上诉方	其他上诉方	被上诉方	第三方
美国—汽油 WT/DS2/AB/R	美国	—	巴西 委内瑞拉	欧共体 挪威
日本—含酒精饮料 II WT/DS8/AB/R WT/DS10/AB/R WT/DS11/AB/R	日本	美国	加拿大 欧共体 日本 美国	—

1997 年

案　件	上诉方	其他上诉方	被上诉方	第三方
美国—内衣裤 WT/DS24/AB/R	哥斯达黎加	—	美国	印度
巴西—可可粉 WT/DS22/AB/R	菲律宾	巴西	巴西 菲律宾	欧共体 美国
美国—羊毛衬衫及女上衣 WT/DS33/AB/R 和 Corr. 1	印度	—	美国	—
加拿大—期刊 WT/DS31/AB/R	加拿大	美国	加拿大 美国	—
欧共体—香蕉 III WT/DS27/AB/R	欧共体	厄瓜多尔 危地马拉 洪都拉斯 墨西哥 美国	厄瓜多尔 欧共体 危地马拉 洪都拉斯 墨西哥 美国	伯利兹 喀麦隆 哥伦比亚 哥斯达黎加 科特迪瓦 多米尼加 多米尼克 加纳 格林纳达 牙买加 日本 尼加拉瓜 圣卢西亚 圣文森特和格林纳丁斯 塞内加尔 苏里南 委内瑞拉
印度—专利权（美国） WT/DS50/AB/R	印度	—	美国	欧共体

1998 年

案 件	上诉方	其他上诉方	被上诉方	第三方
欧共体—荷尔蒙 WT/DS26/AB/R WT/DS48/AB/R	欧共体	加拿大 美国	加拿大 欧共体 美国	澳大利亚 新西兰 挪威
阿根廷—纺织品及服装 WT/DS56/AB/R	阿根廷	—	美国	欧共体
欧共体—计算机设备 WT/DS62/AB/R WT/DS67/AB/R WT/DS68/AB/R	欧共体	—	美国	日本
欧共体—家禽 WT/DS69/AB/R	巴西	欧共体	巴西 欧共体	泰国 美国
美国—虾 WT/DS58/AB/R	美国	—	印度 马来西亚 巴基斯坦 泰国	澳大利亚 厄瓜多尔 欧共体 中国香港 墨西哥 尼日利亚
澳大利亚—鲑鱼 WT/DS18/AB/R	澳大利亚	加拿大	澳大利亚 加拿大	欧共体 印度 挪威 美国
危地马拉—水泥 I WT/DS60/AB/R	危地马拉	—	墨西哥	美国

1999 年

案 件	上诉方	其他上诉方	被上诉方	第三方
韩国—含酒精饮料 WT/DS75/AB/R WT/DS84/AB/R	韩国	—	欧共体 美国	墨西哥
日本—农产品 II WT/DS76/AB/R	日本	美国	日本 美国	巴西 欧共体
巴西—航行器 WT/DS46/AB/R	巴西	加拿大	巴西 加拿大	欧共体 美国
加拿大—航行器 WT/DS70/AB/R	加拿大	巴西	巴西 加拿大	欧共体 美国
印度—数量限制 WT/DS90/AB/R	印度	—	美国	—
加拿大—奶制品 WT/DS103/AB/R WT/DS113/AB/R 和 Corr. 1	加拿大	—	新西兰 美国	—
土耳其—纺织品 WT/DS34/AB/R	土耳其	—	印度	中国香港 日本 菲律宾
智利—含酒精饮料 WT/DS87/AB/R WT/DS110/AB/R	智利	—	欧共体	墨西哥 美国
阿根廷—鞋类（欧共体） WT/DS121/AB/R	阿根廷	欧共体	阿根廷 欧共体	印度尼西亚 美国
韩国—奶制品 WT/DS98/AB/R	韩国	欧共体	韩国 欧共体	美国

2000 年

案　件	上诉人	其他上诉人	被上诉人	第三方
美国—海外销售公司 WT/DS108/AB/R	美国	欧共体	欧共体 美国	加拿大 日本
美国—热轧铅铋碳钢制品案 II WT/DS138/AB/R	美国	—	欧共体	巴西 墨西哥
加拿大—汽车 WT/DS139/AB/R	加拿大	欧共体 日本	加拿大 欧共体 日本	韩国 美国
巴西—航空器 (第 21.5 条—加拿大) WT/DS46/AB/RW	巴西	—	加拿大	欧共体 美国
加拿大—航空器 (第 21.5 条—巴西) WT/DS70/AB/RW	巴西	—	加拿大	欧共体 美国
美国—1916 年法案 WT/DS136/AB/R WT/DS162/AB/R	美国	欧共体 日本	欧共体 日本 美国	欧共体 印度 日本 墨西哥
加拿大—专利权保护 WT/DS170/AB/R	加拿大	—	美国	—
韩国—对牛肉的多种标准 WT/DS161/AB/R WT/DS169/AB/R	韩国	—	澳大利亚 美国	加拿大 新西兰
美国—特定欧共体产品 WT/DS165/AB/R	欧共体	美国	欧共体 美国	多米尼克 厄瓜多尔 印度 牙买加 日本 圣卢西亚
美国—麦麸 WT/DS166/AB/R	美国	欧共体	欧共体 美国	澳大利亚 加拿大 新西兰

2001 年

案　件	上诉方	其他上诉方	被上诉方	第三方
欧共体—棉质床单 WT/DS141/AB/R	欧共体	印度	欧共体 印度	埃及 日本 美国
欧共体—石棉 WT/DS135/AB/R	加拿大	欧共体	加拿大 欧共体	巴西 美国
泰国—工字梁 WT/DS122/AB/R	泰国	—	波兰	欧共体 日本 美国
美国—羔羊 WT/DS177/AB/R WT/DS178/AB/R	美国	澳大利亚 新西兰	澳大利亚 新西兰 美国	欧共体

续 表

案 件	上诉方	其他上诉方	被上诉方	第三方
美国—热轧钢产品 WT/DS184/AB/R	美国	日本	日本 美国	巴西 加拿大 智利 欧共体 韩国
美国—棉纱 WT/DS192/AB/R	美国	—	巴基斯坦	欧共体 印度
美国—虾 (第 21.5 条—马来西亚) WT/DS58/AB/RW	马来西亚	—	美国	澳大利亚 欧共体 中国香港 印度 日本 墨西哥 泰国
墨西哥—玉米浆 (第 21.5 条—美国) WT/DS132/AB/RW	墨西哥	—	美国	欧共体
加拿大—奶制品 (第 21.5 条—新西兰和美国) WT/DS103/AB/RW WT/DS113/AB/RW	加拿大	—	新西兰 美国	欧共体

2002 年

案 件	上诉方	其他上诉方	被上诉方	第三方
美国—211 拨款法 WT/DS176/AB/R	欧共体	美国	欧共体 美国	—
美国—海外销售公司 (第 21.5 条—欧共体) WT/DS108/AB/RW	美国	欧共体	欧共体 美国	澳大利亚 加拿大 印度 日本
美国—直线管 WT/DS202/AB/R	美国	韩国	韩国 美国	澳大利亚 加拿大 欧共体 日本 墨西哥
印度—汽车 II WT/DS146/AB/R WT/DS175/AB/R	印度	—	欧共体 美国	韩国
智利—综合价格制度 WT/DS207/AB/R	智利	—	阿根廷	澳大利亚 巴西 哥伦比亚 厄瓜多尔 欧共体 巴拉圭 美国 委内瑞拉

续 表

案 件	上诉方	其他上诉方	被上诉方	第三方
欧共体—沙丁鱼 WT/DS231/AB/R	欧共体	—	秘鲁	加拿大 智利 厄瓜多尔 美国 委内瑞拉
美国—碳钢 WT/DS213/AB/R 和 Corr.1	美国	欧共体	欧共体 美国	日本 挪威
美国—特定欧共体产品补偿措施 WT/DS212/AB/R	美国	—	欧共体	巴西 印度 墨西哥
加拿大—奶制品 (第21.5条—新西兰和美国 II) WT/DS103/AB/RW2 WT/DS113/AB/RW2	加拿大	—	新西兰 美国	阿根廷 澳大利亚 欧共体

2003 年

案 件	上诉方	其他上诉方	被上诉方	第三方
美国—抵消法案 (伯德修正案) WT/DS217/AB/R WT/DS234/AB/R	美国	—	澳大利亚 巴西 加拿大 智利 欧共体 印度 印度尼西亚 日本 韩国 墨西哥 泰国	阿根廷 哥斯达黎加 中国香港 以色列 挪威
欧共体—棉质床单 (第21.5条—印度) WT/DS141/AB/RW	印度	—	欧共体	日本 韩国 美国
欧共体—管道配件 WT/DS219/AB/R	巴西	—	欧共体	智利 日本 墨西哥 美国
美国—钢铁安全装置 WT/DS248/AB/R WT/DS249/AB/R WT/DS251/AB/R WT/DS252/AB/R WT/DS253/AB/R WT/DS254/AB/R WT/DS258/AB/R WT/DS259/AB/R	美国	巴西 中国 欧共体 日本 韩国 新西兰 挪威 瑞士	巴西 中国 欧共体 日本 韩国 新西兰 挪威 瑞士 美国	加拿大 古巴 墨西哥 中国台北 泰国 土耳其 委内瑞拉

续 表

案　件	上诉方	其他上诉方	被上诉方	第三方
日本—苹果 WT/DS245/AB/R	日本	美国	日本 美国	澳大利亚 巴西 欧共体 新西兰 中国台北
美国—不锈钢日落复审 WT/DS244/AB/R	日本	—	美国	巴西 智利 欧共体 印度 韩国 挪威

2004 年

案　件	上诉方	其他上诉方	被上诉方	第三方
美国—软木 IV WT/DS257/AB/R	美国	加拿大	加拿大 美国	欧共体 印度 日本
欧共体—歧视性关税 WT/DS246/AB/R	欧共体	—	印度	玻利维亚 巴西 哥伦比亚 哥斯达黎加 古巴 厄瓜多尔 圣萨尔瓦多 危地马拉 洪都拉斯 毛里求斯 尼加拉瓜 巴基斯坦 巴拿马 巴拉圭 秘鲁 美国 委内瑞拉
美国—软木 V WT/DS264/AB/R	美国	加拿大	加拿大 美国	欧共体 印度 日本
加拿大—小麦出口和谷物进口 WT/DS276/AB/R	美国	加拿大	加拿大 美国	澳大利亚 中国 欧共体 墨西哥 中国台北
美国—石油国家工业用管材日落复审 WT/DS268/AB/R	美国	阿根廷	阿根廷 美国	欧共体 日本 韩国 墨西哥 中国台北

2005年

案 件	上诉方	其他上诉方	被上诉方	第三方
美国—细绒棉 WT/DS267/AB/R	美国	巴西	巴西 美国	阿根廷 澳大利亚 贝宁 加拿大 乍得 中国 欧共体 印度 新西兰 巴基斯坦 巴拉圭 中国台北 委内瑞拉
美国—博彩业 WT/DS285/AB/R 和 Corr. 1	美国	安提瓜和巴布达	安提瓜和巴布达 美国	加拿大 欧共体 日本 墨西哥 中国台北
欧共体—糖类出口补贴 WT/DS265/AB/R WT/DS266/AB/R WT/DS283/AB/R	欧共体	澳大利亚 巴西 泰国	澳大利亚 巴西 欧共体 泰国	巴巴多斯 伯利兹 加拿大 中国 哥伦比亚 科特迪瓦 古巴 斐济 圭亚那 印度 牙买加 肯尼亚 马达加斯加 马拉维 毛里求斯 新西兰 巴拉圭 圣基茨和尼维斯 瑞士 坦桑尼亚 特立尼达和多巴哥 美国
多米尼加—烟草进口和销售 WT/DS302/AB/R	多米尼加	洪都拉斯	多米尼加 洪都拉斯	中国 萨尔瓦多 欧共体 危地马拉 美国
美国—对计算机动态随机存取存储器芯片反补贴税调查案 WT/DS296/AB/R	美国	韩国	韩国 美国	中国 欧共体 日本 中国台北

续 表

案 件	上诉方	其他上诉方	被上诉方	第三方
欧共体—鸡块 WT/DS269/AB/R WT/DS286/AB/R 和 Corr. 1	欧共体	巴西 泰国	巴西 欧共体 泰国	中国 美国
墨西哥—稻米反倾销措施 WT/DS295/AB/R	墨西哥	—	美国	中国 欧共体
美国—石油工业用管材反倾销措施 WT/DS282/AB/R	墨西哥	美国	墨西哥 美国	阿根廷 加拿大 中国 欧共体 日本 中国台北
美国—软木 IV (第 21.5 条—加拿大) WT/DS257/AB/RW	美国	加拿大	加拿大 美国	中国 欧共体

2006 年

案 件	上诉方	其他上诉方	被上诉方	第三方
美国—海外销售公司 (第 21.5 条—欧共体 II) WT/DS108/AB/RW2	美国	欧共体	欧共体 美国	澳大利亚 巴西 中国
墨西哥—不含酒精饮料税 WT/DS308/AB/R	墨西哥	—	美国	加拿大 中国 欧共体 危地马拉 日本
美国—软木 VI (第 21.5 条—加拿大) WT/DS277/AB/RW 和 Corr. 1	加拿大	—	美国	中国 欧共体
美国—归零法（欧共体） WT/DS294/AB/R 和 Corr. 1	欧共体	美国	美国 欧共体	阿根廷 巴西 中国 中国香港 印度 日本 韩国 墨西哥 挪威 中国台北
美国—软木 V (第 21.5 条—加拿大) WT/DS264/AB/RW	加拿大	—	美国	中国 欧共体 印度 日本 新西兰 泰国

续 表

案 件	上诉方	其他上诉方	被上诉方	第三方
欧共体—特定海关事项案 WT/DS315/AB/R	美国	欧共体	欧共体 美国	阿根廷 澳大利亚 巴西 中国 中国香港 印度 日本 韩国 中国台北

2007 年

案 件	上诉方	其他上诉方	被上诉方	第三方
美国—归零法（日本） WT/DS322/AB/R	日本	美国	美国 日本	阿根廷 中国 欧共体 中国香港 印度 韩国 墨西哥 新西兰 挪威 泰国
美国—石油工业用管材日落复审（第 21.5 条—阿根廷） WT/DS268/AB/RW	美国	阿根廷	阿根廷 美国	中国 欧共体 日本 韩国 墨西哥
智利—价格综合制度（第 21.5 条—阿根廷） WT/DS207/AB/RW	智利	阿根廷	阿根廷 智利	澳大利亚 巴西 加拿大 中国 哥伦比亚 欧共体 秘鲁 泰国 美国
日本—计算机动态随机存取存储器芯片（韩国） WT/DS336/AB/R 和 Corr. 1	日本	韩国	韩国 日本	欧共体 美国
巴西—翻新轮胎 WT/DS332/AB/R	欧共体	—	巴西	阿根廷 澳大利亚 中国 古巴 危地马拉 日本 韩国 墨西哥 巴拉圭 中国台北 泰国 美国

2008 年

案　件	上诉方	其他上诉方	被上诉方	第三方
美国—不锈钢（墨西哥） WT/DS344/AB/R	墨西哥	—	美国	智利 中国 欧共体 日本 泰国
美国—高地棉 （第 21.5 条—巴西） WT/DS267/AB/RW	美国	巴西	巴西 美国	阿根廷 澳大利亚 加拿大 乍得 中国 欧共体 印度 日本 新西兰 泰国
美国—虾（泰国） WT/DS343/AB/R	泰国	美国	美国 泰国	巴西 智利 中国 欧共体 印度 日本 韩国 墨西哥 越南
美国—海关保税指令 WT/DS345/AB/R	印度	美国	美国 印度	巴西 中国 欧共体 日本 泰国
美国—要求取消报复措施 WT/DS320/AB/R	欧共体	美国	美国 欧共体	澳大利亚 巴西 中国 印度 墨西哥 新西兰 挪威 中国台北
加拿大—要求取消报复措施 WT/DS321/AB/R	欧共体	加拿大	加拿大 欧共体	澳大利亚 巴西 中国 印度 墨西哥 新西兰 挪威 中国台北
印度—进口附加税 WT/DS360/AB/R	美国	印度	印度 美国	澳大利亚 智利 欧共体 日本 越南

续 表

案 件	上诉方	其他上诉方	被上诉方	第三方
欧共体—香蕉 III (第 21.5 条—厄瓜多尔 II) WT/DS27/AB/RW2/ECU 和 Corr. 1	欧共体	厄瓜多尔	厄瓜多尔 欧共体	伯利兹 巴西 喀麦隆 哥伦比亚 科特迪瓦 多米尼加 多米尼克 加纳 牙买加 日本 尼加拉瓜 巴拿马 圣卢西亚 圣文森特和格林纳丁斯 苏里南 美国
欧共体—香蕉 III (第 21.5 条—美国) WT/DS27/AB/RW/USA 和 Corr. 1	欧共体	—	美国	伯利兹 巴西 喀麦隆 哥伦比亚 科特迪瓦 多米尼克 多米尼加 厄瓜多尔 牙买加 日本 墨西哥 尼加拉瓜 巴拿马 圣卢西亚 圣文森特和格林纳丁斯 苏里南
中国—汽车零部件(欧共体) WT/DS339/AB/R	中国	—	欧共体	阿根廷 澳大利亚 巴西 日本 墨西哥 中国台北 泰国
中国—汽车零部件(美国) WT/DS340/AB/R	中国	—	美国	阿根廷 澳大利亚 巴西 日本 墨西哥 中国台北 泰国

续 表

案 件	上诉方	其他上诉方	被上诉方	第三方
中国—汽车零部件（加拿大） WT/DS342/AB/R	中国	—	加拿大	阿根廷 澳大利亚 巴西 日本 墨西哥 中国台北 泰国

2009 年

案 件	上诉方	其他上诉方	被上诉方	第三方
美国—归零法 WT/DS350/AB/R	欧共体	美国	欧共体 美国	巴西 中国 埃及 印度 日本 韩国 墨西哥 挪威 中国台北 泰国
美国—归零法（欧共体） （第 21.5 条—欧共体） WT/DS294/AB/RW 和 Corr. 1	欧共体	美国	欧共体 美国	印度 日本 韩国 墨西哥 挪威 中国台北 泰国
美国—归零法（日本） （第 21.5 条—日本） WT/DS322/AB/RW	美国	—	日本	中国 欧共体 中国香港 韩国 墨西哥 挪威 中国台北 泰国
中国—出版物和视听产品 WT/DS363/AB/R	中国	美国	中国 美国	澳大利亚 欧共体 日本 韩国 中国台北

2010 年

案 件	上诉方	其他上诉方	被上诉方	第三方
澳大利亚—苹果 WT/DS367/AB/R	澳大利亚	新西兰	新西兰 澳大利亚	智利 欧盟 日本 巴基斯坦 中国台北 美国

2011年

案　件	上诉方	其他上诉方	被上诉方	第三方
美国—反倾销和反补贴税（中国） WT/DS379/AB/R	中国	—	美国	阿根廷 澳大利亚 巴林 巴西 加拿大 欧盟 印度 日本 科威特 墨西哥 挪威 沙特 中国台北 土耳其
欧盟及其部分成员国—大型民用航空器 WT/DS316/AB/R	欧盟	美国	美国 欧盟	澳大利亚 巴西 加拿大 中国 日本 韩国
泰国—香烟（菲律宾） WT/DS371/AB/R	泰国	—	菲律宾	澳大利亚 中国 欧盟 印度 中国台北 美国
欧共体—紧固件（中国） WT/DS397/AB/R	欧盟	中国	中国 欧盟	巴西 加拿大 智利 哥伦比亚 印度 日本 挪威 中国台北 泰国 土耳其 美国
美国—轮胎（中国） WT/DS399/AB/R	中国	—	美国	欧盟 日本 中国台北 土耳其 越南
菲律宾—蒸馏酒精（欧盟） WT/DS396/AB/R	菲律宾	—	欧盟 菲律宾	澳大利亚 中国 哥伦比亚 印度 墨西哥 中国台北 泰国

续 表

案 件	上诉方	其他上诉方	被上诉方	第三方
菲律宾—蒸馏酒精（美国） WT/DS403/AB/R	菲律宾	—	美国	澳大利亚 中国 哥伦比亚 印度 墨西哥 中国台北 泰国

2012 年

案 件	上诉方	其他上诉方	被上诉方	第三方
中国—原材料（美国） WT/DS394/AB/R	中国	美国	中国 美国	阿根廷 巴西 加拿大 智利 哥伦比亚 厄瓜多尔 印度 日本 韩国 挪威 沙特 中国台北 土耳其
中国—原材料（欧盟） WT/DS395/AB/R	中国	欧盟	中国 欧盟	阿根廷 巴西 加拿大 智利 哥伦比亚 厄瓜多尔 印度 日本 韩国 挪威 沙特 中国台北 土耳其
中国—原材料（墨西哥） WT/DS398/AB/R	中国	墨西哥	中国 墨西哥	阿根廷 巴西 加拿大 智利 哥伦比亚 厄瓜多尔 印度 日本 韩国 挪威 沙特 中国台北 土耳其
美国—大型民用航空器（2 诉） WT/DS353/AB/R	欧盟	美国	美国 欧盟	澳大利亚 巴西 加拿大 中国 日本 韩国

续表

案件	上诉方	其他上诉方	被上诉方	第三方
美国—丁香香烟 WT/DS406/AB/R	美国	—	印尼	巴西 哥伦比亚 多米尼加 欧盟 危地马拉 墨西哥 挪威 土耳其
美国—原产地标签（墨西哥） WT/DS386/AB/R	美国	墨西哥	墨西哥 美国	阿根廷 澳大利亚 巴西 中国 哥伦比亚 欧盟 危地马拉 印度 日本 韩国 新西兰 秘鲁 中国台北
中国—取向电工钢 WT/DS414/AB/R	中国	—	美国	阿根廷 欧盟 洪都拉斯 印度 日本 韩国 沙特 越南
美国—金枪鱼Ⅱ（墨西哥） WT/DS381/AB/R	美国	墨西哥	墨西哥 美国	阿根廷 澳大利亚 巴西 加拿大 中国 厄瓜多尔 危地马拉 日本 韩国 新西兰 中国台北 泰国 土耳其 委内瑞拉
美国—原产地标签（加拿大） WT/DS384/AB/R	美国	加拿大	加拿大 美国	阿根廷 澳大利亚 巴西 中国 哥伦比亚 欧盟 危地马拉 印度 日本 韩国 新西兰 秘鲁 中国台北

5. WTO 争端解决报告及裁决（1995—2011 年）

简要标题	案件标题全称及出处
阿根廷—陶瓷	专家组报告，阿根廷—对于从意大利进口地板瓷砖的明确反倾销措施，WT/DS189/R，2001 年 11 月 5 日通过，DSR 2001：XII，6241
阿根廷—鞋类（欧共体）	上诉机构报告，阿根廷—鞋类进口安全标准措施，WT/DS121/AB/R，2000 年 1 月 12 日通过，DSR 2000：I，515
阿根廷—鞋类（欧共体）	专家组报告，阿根廷—鞋类进口安全标准措施，WT/DS121/R，2000 年 1 月 12 日通过，上诉机构报告修改，WT/DS121/AB/R，DSR 2000：II，575
阿根廷—皮革	专家组报告，阿根廷—影响牛皮出口及成皮进口措施，WT/DS155/R 和 Corr. 1，2001 年 2 月 16 日通过，DSR 2001：V，1779
阿根廷—皮革［第 21.3（c）条］	仲裁决议，阿根廷—影响牛皮出口及成皮进口措施—在 DSU 第 21.3（c）条下的仲裁，WT/DS155/10，2001 年 8 月 31 日，DSR 2001：XII，6013
阿根廷—家禽反倾销税	专家组报告，阿根廷—对来自巴西家禽的明确反倾销措施，WT/DS241/R，2003 年 5 月 19 日通过 DSR 2003：V，1727
阿根廷—桃脯	专家组报告，阿根廷—对进口桃脯的明确保障措施，WT/DS238/R，2003 年 4 月 15 日通过，DSR 2003：III，1037
阿根廷—纺织品及服装	上诉机构报告，阿根廷—影响鞋类、纺织品、服装和其他项目的进口措施，WT/DS56/AB/R 和 Corr. 1，1998 年 4 月 22 日通过，DSR 1998：III，1003
阿根廷—纺织品及服装	专家组报告，阿根廷—影响鞋类、纺织品、服装和其他项目的进口措施，WT/DS56/R，1998 年 4 月 22 日通过，上诉机构报告修改，WT/DS56/AB/R，DSR 1998：III，1033
澳大利亚—苹果	上诉机构报告，澳大利亚—影响自新西兰苹果进口的措施，WT/DS367/AB/R，2010 年 12 月 17 日通过，DSR 2010：V，2175
澳大利亚—苹果	专家组报告，澳大利亚—影响自新西兰苹果进口的措施，WT/DS367/R，2010 年 12 月 17 日通过，上诉机构报告修改，WT/DS367/AB/R，DSR 2010：VI，2371
澳大利亚—汽车皮革 II	专家组报告，澳大利亚—对汽车皮革生产商及出口商的补贴，WT/DS126/R，1999 年 6 月 16 日，DSR 1999：III，951
澳大利亚—汽车皮革 II（第 21.5 条—美国）	专家组报告，澳大利亚—对汽车皮革生产商及出口商的补贴—根据 DSU 第 21.5 条，WT/DS126/RW 和 Corr. 1，通过 2000 年 2 月 11 日通过，DSR 2000：III，1189
澳大利亚—鲑鱼	上诉机构报告，澳大利亚—影响鲑鱼进口措施，WT/DS18/AB/R，1998 年 11 月 6 日通过，DSR 1998：VIII，3327
澳大利亚—鲑鱼	专家组报告，澳大利亚—影响鲑鱼进口措施，WT/DS18/R 和 Corr. 1，1998 年 11 月 6 日通过，上诉机构报告修改，WT/DS18/AB/R，DSR 1998：VIII，3407
澳大利亚—鲑鱼［第 21.3（c）条］	仲裁决议，澳大利亚—影响鲑鱼进口措施—第 21.3（c）条下的仲裁，WT/DS18/9，1999 年 2 月 23 日，DSR 1999：I，267
澳大利亚—鲑鱼（第 21.5 条—加拿大）	专家组报告，澳大利亚—影响鲑鱼进口措施—根据加拿大 DSU 第 21.5 条，WT/DS18/RW，2000 年 3 月 20 日通过，DSR 2000：IV，2031
巴西—民用航空器	上诉机构报告，巴西—民用航空器出口资助计划，WT/DS46/AB/R，1999 年 8 月 20 日通过，DSR 1999：III，1161
巴西—民用航空器	专家组报告，巴西—民用航空器出口补贴计划，1999 年 8 月 20 日通过，上诉机构报告修改，WT/DS46/AB/R，DSR 1999：III，1221
巴西—民用航空器（第 21.5 条—加拿大）	上诉机构报告，巴西—民用航空器出口补贴计划—加拿大引用 DSU 第 21.5 条，WT/DS46/AB/RW，2000 年 8 月 4 日通过，DSR 2000：VIII，4067

续 表

简要标题	案件标题全称及出处
巴西—民用航空器（第21.5条—加拿大）	专家组报告，巴西—民用航空器出口补贴计划—加拿大引用DSU第21.5条，WT/DS46/RW，2000年8月4日，上诉机构报告修改，WT/DS46/AB/RW，DSR 2000：IX，4093
巴西—民用航空器（第21.5条—加拿大II）	专家组报告，巴西—民用航空器出口补贴计划—加拿大再次引用DSU第21.5条，WT/DS46/RW/2，2001年8月23日通过，DSR 2001：X，5481
巴西—民用航空器（第22.6条—巴西）	仲裁决定，巴西—民用航空器出口补贴计划—巴西根据DSU第22.6条及SCM协议第4.11条提出仲裁，WT/DS46/ARB，2000年8月28日，DSR 2002：I，19
巴西—可可粉	上诉机构报告，巴西—影响可可粉措施WT/DS22/AB/R，1997年3月20日通过，DSR 1997：I，167
巴西—可可粉	专家组报告，巴西—影响可可粉措施，WT/DS22/R，1997年3月20日通过，得到上诉机构报告支持，WT/DS22/AB/R，DSR 1997：I，189
巴西—翻新轮胎	上诉机构报告，巴西—影响翻新轮胎进口的措施，WT/DS332/AB/R，2007年12月17日通过，DSR 2007：IV，1527
巴西—翻新轮胎	专家组报告，巴西—影响翻新轮胎进口的措施，WT/DS332/R，2007年12月17日通过，上诉机构报告修改，WT/DS332/AB/R，DSR 2007：V，1649
巴西—翻新轮胎[第21.3（c）条]	仲裁决定，巴西—影响翻新轮胎进口的措施—DSU第21.3（c）条下的仲裁，WT/DS332/16，2008年8月29日，DSR 2008：XX，8581
加拿大—民用航空器	上诉机构报告，加拿大—影响民用航空器出口措施，WT/DS70/AB/R，1999年8月20日通过，DSR 1999：III，1377
加拿大—民用航空器	专家组报告，加拿大—影响民用航空器出口措施，WT/DS70/R，1999年8月20日通过，得到上诉机构报告支持，WT/DS70/AB/R，DSR 1999：IV，1443
加拿大—民用航空器（第21.5条—巴西）	上诉机构报告，加拿大—影响民用航空器出口措施—巴西引用DSU第21.5条，WT/DS70/AB/RW，2000年8月4日通过，DSR 2000：IX，4299
加拿大—民用航空器（第21.5条—巴西）	专家组报告，加拿大—影响民用航空器出口措施—巴西引用DSU第21.5条，WT/DS70/RW，2000年8月4日通过，上诉机构报告修改，WT/DS70/AB/RW，DSR 2000：IX，4315
加拿大—民用航空器信贷保证	专家组报告，加拿大—地区民用航空器出口信贷保证，WT/DS222/R和Corr.1，2002年2月19日，DSR 2002：III，849
加拿大—民用航空器信贷保证（第22.6条—加拿大）	仲裁决定，加拿大—地区民用航空器出口信贷保证—加拿大引用DSU第22.6条SCM协议第4.11条，WT/DS222/ARB，2003年2月17日，DSR 2003：III，1187
加拿大—汽车	上诉机构报告，加拿大—影响汽车工业特定措施，WT/DS139/AB/R，WT/DS142/AB/R，2000年6月19日通过，DSR 2000：VI，2985
加拿大—汽车	专家组报告，加拿大—影响汽车工业特定措施，WT/DS139/R，WT/DS142/R，2000年6月19日，上诉机构报告修改，WT/DS139/AB/R，WT/DS142/AB/R，DSR 2000：VII，3043
加拿大—汽车[第21.3（c）条]	仲裁决定，加拿大—影响汽车工业特定措施—DSU第21.3（c）条下的仲裁WT/DS139/12，WT/DS142/12，2000年10月4日，DSR 2000：X，5079
加拿大—要求取消报复措施	上诉机构报告，加拿大—欧共体要求取消报复措施—荷尔蒙争端，WT/DS321/AB/R，2008年11月14日通过，DSR 2008：XIV，5373
加拿大—要求取消报复措施	专家组报告，加拿大—欧共体要求取消报复措施—荷尔蒙争端，WT/DS321/AB/R，2008年11月14日通过，上诉机构报告修改，WT/DS321/AB/R，DSR 2008：XV，5757—DSR 2008：XVII，6717

续 表

简要标题	案件标题全称及出处
加拿大—奶制品	上诉机构报告，加拿大—影响牛奶进口及奶制品出口的措施，WT/DS103/AB/R，WT/DS113/AB/R 及 Corr. 1，引自 1999 年 10 月 27 日 DSR 1999：V，2057
加拿大—奶制品	专家组报告，加拿大—影响牛奶进口及奶制品出口的措施，WT/DS103/R，WT/DS113/R，1999 年 10 月 27 日通过，上诉机构报告修改，WT/DS103/AB/R，WT/DS113/AB/R，DSR 1999：VI，2097
加拿大—奶制品（第 21.5 条—新西兰和美国）	上诉机构报告，加拿大—影响牛奶进口及奶制品出口的措施—新西兰和美国引用 DSU 第 21.5 条，WT/DS103/AB/RW，WT/DS113/AB/RW，2001 年 12 月 18 日通过，DSR 2001：XIII，6829
加拿大—奶制品（第 21.5 条—新西兰和美国）	专家组报告，加拿大—影响牛奶进口及奶制品出口的措施—新西兰和美国引用 DSU 第 21.5 条，WT/DS103/RW，WT/DS113/RW，2001 年 12 月 18 日通过，上诉机构报告驳回，WT/DS103/AB/RW，WT/DS113/AB/RW，DSR 2001：XIII，6865
加拿大—奶制品（第 21.5 条—新西兰和美国 II）	上诉机构报告，加拿大—影响牛奶进口及奶制品出口的措施—新西兰和美国引用 DSU 第 21.5 条，WT/DS103/AB/RW2，WT/DS113/AB/RW2，2003 年 1 月 17 日通过，DSR 2003：I，213
加拿大—奶制品（第 21.5 条—新西兰和美国 II）	专家组报告，加拿大—影响牛奶进口及奶制品出口的措施—新西兰和美国引用 DSU 第 21.5 条，WT/DS103/RW2，WT/DS113/RW2，2003 年 1 月 17 日通过，上诉机构报告修改，WT/DS103/AB/RW2，WT/DS113/AB/RW2，DSR 2003：I，255
加拿大—专利条款	上诉机构报告，加拿大—专利保护条款，WT/DS170/AB/R，2000 年 10 月 12 日通过，DSR 2000：X，5093
加拿大—上网电价计划	专家组报告，加拿大 一有关上网电价计划，WT/DS426/R 和 Add. 1，2012 年 12 月 19 日在 WTO 成员中散发，【上诉中】
加拿大—专利条款	专家组报告，加拿大—专利保护条款，WT/DS170/R，2000 年 10 月 12 日通过，得到上诉机构报告支持，WT/DS170/AB/R，DSR 2000：XI，5121
加拿大—专利条款［第 21.3（c）条］	仲裁决定，加拿大—专利保护条款—DSU 第 21.3（c）条下仲裁，WT/DS170/10，2001 年 2 月 28 日，DSR 2001：V，2031
加拿大—杂志	上诉机构报告，加拿大—相关杂志特定措施，WT/DS31/AB/R，1997 年 7 月 30 日通过，DSR 1997：I，449
加拿大—杂志	专家组报告，加拿大—相关杂志特定措施，WT/DS31/R 和 Corr. 1，1997 年 7 月 30 日通过，上诉机构报告修改，WT/DS31/AB/R，DSR 1997：I，481
加拿大—药品专利	专家组报告，加拿大—药品专利保护，WT/DS114/R，2000 年 4 月 7 日通过，DSR 2000：V，2289
加拿大—药品专利［第 21.3（c）条］	仲裁决定，加拿大—药品专利保护—根据 DSU 第 21.3（c）进行的仲裁，WT/DS114/13，2000 年 8 月 18 日，DSR 2002：I，3
加拿大—可再生能源	专家组报告，加拿大—影响可再生能源生产部门的措施，WT/DS412/R 和 Add. 1，2012 年 12 月 19 日在 WTO 成员中散发，【上诉中】
加拿大—小麦出口和谷物进口	上诉机构报告，加拿大—小麦出口和谷物进口措施，WT/DS276/AB/R，2004 年 9 月 27 日通过，DSR 2004：VI，2739
加拿大—小麦出口和谷物进口	专家组报告，加拿大—小麦出口和谷物进口措施，WT/DS276/R，2004 年 9 月 27 日通过，得到上诉机构报告支持，WT/DS276/AB/R，DSR 2004：VI，2817
智利—酒精饮料	上诉机构报告，智利—酒精饮料税 WT/DS87/AB/R，WT/DS110/AB/R，2000 年 1 月 12 日通过，DSR 2000：I，281

续 表

简要标题	案件标题全称及出处
智利—酒精饮料	专家组报告，智利—酒精饮料税，WT/DS87/R，WT/DS110/R，2000年1月12日通过，上诉机构报告修改，WT/DS87/AB/R，WT/DS110/AB/R，DSR 2000：I，303
智利—酒精饮料［第21.3（c）条］	仲裁决定，智利—酒精饮料税—在DSU第21.3（c）条下仲裁，WT/DS87/15，WT/DS110/14，2000年5月23日，DSR 2000：V，2583
智利—综合价格制度	上诉机构报告，智利—与特定农产品有关的综合价格制度和保障措施 WT/DS207/AB/R，2002年10月23日通过，DSR 2002：VIII，3045（Corr. 1，DSR 2006：XII，5473）
智利—综合价格制度	专家组报告，智利—与特定农产品有关的综合价格制度和保障措施，WT/DS207/R，2002年10月23日通过，上诉机构报告修改，WT/DS207AB/R，DSR 2002：VIII，3127
智利—综合价格制度［第21.3（c）条］	仲裁决定，智利—与特定农产品有关的综合价格制度和保障措施—在DSU第21.3（c）条下仲裁，WT/DS207/13，2003年3月17日，DSR 2003：III，1237
智利—综合价格制度（第21.5条—阿根廷）	上诉机构报告，智利—与特定农产品有关的综合价格制度和保障措施—阿根廷引自DSU第21.5条，WT/DS207/RW，2007年5月22日通过，DSR 2007：II，513
智利—综合价格制度（第21.5条—阿根廷）	专家组报告，智利—与特定农产品有关的综合价格制度和保障措施—阿根廷引自DSU第21.5条，WT/DS207/RW和Corr. 1，2007年5月22日通过，得到上诉机构报告的支持，WT/DS207/AB/RW，DSR 2007：II III，613
中国—汽车零部件	上诉机构报告，中国—影响汽车零部件进口的措施，T/DS339/AB/R，WT/DS340/AB/R，WT/DS342/AB/R，2009年1月12日通过，DSR 2009：I，3
中国—汽车零部件	专家组报告，中国—影响汽车零部件进口的措施，WT/DS339/R，WT/DS340/R，WT/DS342/R和Add. 1和Add. 2，2009年1月12日通过，得到（WT/DS339/R）支持，由上诉机构报告 WT/DS339/AB/R，WT/DS340/AB/R，WT/DS342/AB/R，DSR 2009：I，119－DSR 2009：II，625修订（WT/DS340/R / WT/DS342/R）
中国—电子支付服务	专家组报告，中国—影响电子支付服务的措施，WT/DS413/R，2012年8月31日通过
中国—取向电工钢	上诉机构报告，对自美国进口的取向电工钢征收反补贴税和反倾销税，WT/DS414/AB/R，2012年11月16日通过
中国—取向电工钢	专家组报告，对自美国进口的取向电工钢征收反补贴税和反倾销税，WT/DS414/R，2012年11月16日通过，上诉机构报告 WT/DS414/AB/R 支持
中国—知识产权	专家组报告，中国—影响知识产权保护和执法的措施，WT/DS362/R，2009年3月20日通过，DSR 2009：V，2097
中国—出版物和视听产品	上诉机构报告，中国—影响特定出版物和视听产品贸易和分销权的措施，WT/DS363/AB/R，2010年1月19日通过，DSR 2010：I，3
中国—出版物和视听产品	专家组报告，中国—影响特定出版物和视听产品贸易和分销权的措施，WT/DS363/R和Corr. 1，2010年1月19日通过，上诉机构报告修改，WT/DS363/AB/R，DSR 2010：II，261
中国—原材料出口	上诉报告，中国—不同原材料的出口措施，WT/DS394/R，WT/DS395/R，WT/DS398/R，2012年2月22日通过
中国—原材料出口	专家组报告，中国—不同原材料的出口措施，WT/DS394/R/WT/DS395/R/WT/DS398/R/和Corr. 1，2012年2月22日通过，上诉机构执行修订，WT/DS394/AB/R/WT/DS395/AB/R/WT/DS398/AB/R

续 表

简要标题	案件标题全称及出处
哥伦比亚—港口入境	专家组报告，哥伦比亚—对港口入境的价格限制要求，WT/DS366/R 和 Corr.1，2009 年 5 月 20 日通过，DSR 2009：VI，2535
哥伦比亚—港口入境 [第 21.3（c）条]	仲裁报告，哥伦比亚—对港口入境的价格限制要求—DSU 第 21.3（c）条下的仲裁，WT/DS366/13，2009 年 10 月 2 日，DSR 2009：IX，3819
多米尼加—香烟的进口和销售	上诉机构报告，多米尼加—影响香烟进口及国内销售的措施，WT/DS302/AB/R，2005 年 5 月 19 日通过，DSR 2005：XV，7367
多米尼加—香烟的进口和销售	专家组报告，多米尼加—影响香烟进口及国内销售的措施，WT/DS302/R，2005 年 5 月 19 日通过，上诉机构报告修改，WT/DS302/AB/R，DSR 2005：XV，7425
多米尼加—香烟的进口和销售 [第 21.3（c）条]	仲裁报告，多米尼加—影响香烟进口及国内销售的措施—在 DSU 第 21.3（c）条下的仲裁 WT/DS302/17，2005 年 8 月 29 日，DSR 2005：XXIII，11665
多米尼加—保障措施	专家组报告，多米尼加—聚丙烯管状织物包装袋进口的保障措施，WT/DS415/R，WT/DS416/R，WT/DS417/R，WT/DS418/R，2012 年 2 月 22 日通过
欧共体—科托努协议	仲裁决定，欧共体—科托努协议—根据 2001 年 11 月 14 日决定提请仲裁，WT/L/616，2005 年 8 月 1 日，DSR 2005：XXIII，11669
欧共体—科托努协议 II	仲裁决定，欧共体—科托努协议—根据 2001 年 11 月 14 日决定提请仲裁，WT/L/625，2005 年 10 月 27 日，DSR 2005：XXIII，11703
欧共体—生物科技产品批准及营销	专家组报告，欧共体—影响生物科技产品批准及营销的措施，WT/DS291/R，WT/DS292/R，WT/DS293/R，Corr.1 和 Add.1，2，3，4，5，6，7，8 和 9，2006 年 11 月 21 日通过，DSR 2006：III VIII，847
欧共体—石棉	上诉机构报告，欧共体—影响石棉及含石棉产品的措施，WT/DS135/AB/R，2001 年 4 月 5 日通过，DSR 2001：VII，3243
欧共体—石棉	专家组报告，欧共体—影响石棉及含石棉产品的措施，WT/DS135/R 和 Add.1，2001 年 4 月 5 日通过，上诉机构报告修改，WT/DS135/AB/R，DSR 2001：VIII，3305
欧共体—香蕉 III	上诉机构报告，欧共体—香蕉进口，销售及分销区域，WT/DS27/AB/R，1997 年 9 月 25 日通过，DSR 1997：II，591
欧共体—香蕉 III（厄瓜多尔）	专家组报告，欧共体—香蕉进口，销售及分销区域，厄瓜多尔提出上诉，WT/DS27/R/ECU，1997 年 9 月 25 日通过，上诉机构报告修改，WT/DS27/AB/R，DSR 1997：III，1085
欧共体—香蕉 III（危地马拉和洪都拉斯）	专家组报告，欧共体—香蕉进口，销售及分销区域，危地马拉和洪都拉斯上诉，WT/DS27/R/GTM，WT/DS27/R/HND，1997 年 9 月 25 日通过，上诉机构报告修改，WT/DS27/AB/R，DSR 1997：II，695
欧共体—香蕉 III（墨西哥）	专家组报告，欧共体—香蕉进口，销售及分销区域，墨西哥上诉，WT/DS27/R/MEX，1997 年 9 月 25 日通过，上诉机构报告修改，WT/DS27/AB/R，DSR 1997：II，803
欧共体—香蕉 III（美国）	专家组报告，香蕉进口，销售及分销区域，美国上诉，WT/DS27/R/USA，1997 年 9 月 25 日通过，上诉机构报告修改，WT/DS27/AB/R，DSR 1997：II，943
欧共体—香蕉 III [第 21.3（c）条]	仲裁决定，欧共体—香蕉进口，销售及分销区域，—在 DSU 第 21.3（c）条下仲裁，WT/DS27/15，1998 年 1 月 7 日，DSR 1998：I，3
欧共体—香蕉 III（第 21.5 条—欧共体）	专家组报告，欧共体—香蕉进口，销售及分销区域，墨西哥上诉，—欧共体根据 DSU 第 21.5 条提出，WT/DS27/RW/EEC 和 Corr.1，1999 年 4 月 12 日，未通过，DSR 1999：II，783

续 表

简要标题	案件标题全称及出处
欧共体—香蕉 III (第 21.5 条—厄瓜多尔)	专家组报告，欧共体—香蕉进口，销售及分销区域—厄瓜多尔根据 DSU 第 21.5 条提出，WT/DS27/RW/ECU，1999 年 5 月 6 日通过，DSR 1999：II，803
欧共体—香蕉 III (第 21.5 条—厄瓜多尔) 欧共体—香蕉 III (第 21.5 条—美国)	上诉机构报告，欧共体—香蕉进口，销售及分销区域—厄瓜多尔根据 DSU 第 21.5 条第二次提出上诉，WT/DS27/AB/RW2/ECU，2008 年 12 月 11 日通过，和 Corr. 1。/欧共体—香蕉进口，销售及分销区域—美国根据 DSU 第 21.5 条提出上诉，WT/DS27/AB/RW/USA 和 Corr. 1，2008 年 12 月 22 日通过，DSR 2008：XVIII，7165
欧共体—香蕉 III (第 21.5 条—厄瓜多尔 II)	专家组报告，欧共体—香蕉进口，销售及分销区域—厄瓜多尔根据 DSU 第 21.5 条第二次提出上诉，WT/DS27/RW2/ECU，2008 年 12 月 11 日通过。上诉机构报告修改，WT/DS27/AB/RW2/ECU，DSR 2008：XVIII，7329
欧共体—香蕉 III (第 21.5 条—美国)	专家组报告，欧共体—香蕉进口，销售及分销区域—美国根据 DSU 第 21.5 条提出上诉，WT/DS27/RW/USA 和 Corr. 1，2008 年 12 月 22 日通过，得到上诉机构报告的支持，WT/DS27/AB/RW/USA，DSR 2008：XIX，7761
欧共体—香蕉 III (厄瓜多尔) (第 22.6 条—欧共体)	仲裁判决，欧共体—香蕉进口，销售及分销区域—欧共体根据 DSU 第 22.6 条提出仲裁，WT/DS27/ARB/ECU，2000 年 3 月 24 日，DSR 2000 年：V，2237
欧共体—香蕉 III (美国) (第 22.6 条—欧共体)	仲裁判决，欧共体—香蕉进口，销售及分销区域—欧共体根据 DSU 第 22.6 条提出仲裁，WT/DS27/ARB，9 4 月 1999 年，DSR 1999：II，725
欧共体—棉质床单	上诉机构报告，欧共体—对来自印度的进口棉质床单征收反倾销税，WT/DS141/AB/R，2001 年 3 月 12 日通过，DSR 2001：V，2049
欧共体—棉质床单	专家组报告，欧共体—对来自印度的进口棉质床单征收反倾销税，WT/DS141/R，2001 年 3 月 12 日通过，上诉机构报告修改，WT/DS141/AB/R，DSR 2001：VI，2077
欧共体—棉质床单 (第 21.5 条—印度)	上诉机构报告，欧共体—对来自印度的进口棉质床单征收反倾销税—由印度根据 DSU 第 21.5 条提出，WT/DS141/AB/RW，2003 年 4 月 24 日通过，DSR 2003：III，965
欧共体—棉质床单 (第 21.5 条—印度)	专家组报告，欧共体—对来自印度的进口棉质床单征收反倾销税—印度根据 DSU 第 21.5 条提出，WT/DS141/RW，2003 年 4 月 24 日通过，上诉机构报告修改，WT/DS141/AB/RW，DSR 2003：IV，1269
欧共体—黄油	专家组报告，欧共体—影响黄油产品的措施，WT/DS72/R，1999 年 11 月 24 日，未采纳
欧共体—鸡块	上诉机构报告，欧共体—冷冻无骨鸡块海关分类，WT/DS269/AB/R，WT/DS286/AB/R，和 Corr. 1，引自 2005 年 9 月 27 日，DSR 2005：XIX，9157
欧共体—鸡块（巴西）	专家组报告，欧共体—冷冻无骨鸡块海关分类，巴西上诉，WT/DS269/R，引自 2005 年 9 月 27 日，上诉机构报告修改，WT/DS269/AB/R，WT/DS286/AB/R，DSR 2005：XIX，9295
欧共体—鸡块（泰国）	专家组报告，欧共体—冷冻无骨鸡块海关分类，泰国，WT/DS286/R，2005 年 9 月 27 日通过，上诉机构报告修改，WT/DS269/AB/R，WT/DS286/AB/R，DSR 2005：XX，9721
欧共体—鸡块 [第 21.3（c）条]	仲裁决定，欧共体—冷冻无骨鸡块海关分类—在 DSU 第 21.3（c）条下仲裁，WT/DS269/13，WT/DS286/15，2006 年 2 月 20 日
欧共体—商船	专家组报告，欧共体—影响商船贸易的措施，WT/DS301/R，2005 年 6 月 20 日通过，DSR 2005：XV，7713
欧共体—计算机设备	上诉机构报告，欧共体—特定计算机设备海关分类，WT/DS62/AB/R，WT/DS67/AB/R，WT/DS68/AB/R，1998 年 6 月 22 日通过，DSR 1998 年：V，1851

续 表

简要标题	案件标题全称及出处
欧共体—计算机设备	专家组报告，欧共体—特定计算机设备海关分类，WT/DS62/R，WT/DS67/R，WT/DS68/R，1998 年 6 月 22 日通过，上诉机构报告修改，WT/DS62/AB/R，WT/DS67/AB/R，WT/DS68/AB/R，DSR 1998：V，1891
欧共体—芯片的反补贴措施	专家组报告，欧共体—对来自韩国的芯片的反补贴措施 WT/DS299/R，2005 年 8 月 3 日通过，DSR 2005：XVIII，8671
欧共体—糖类出口补贴	上诉机构报告，欧共体—糖类出口补贴，WT/DS265/AB/R，WT/DS266/AB/R，WT/DS283/AB/R，2005 年 5 月 19 日通过，DSR 2005：XIII，6365
欧共体—糖类出口补贴（澳大利亚）	专家组报告，欧共体—糖类出口补贴，由澳大利亚上诉 WT/DS265/R，2005 年 5 月 19 日通过，上诉机构报告修改，WT/DS265/AB/R，WT/DS266/AB/R，WT/DS283/AB/R，DSR 2005：XIII，6499
欧共体—糖类出口补贴（巴西）	专家组报告，欧共体—糖类出口补贴，由巴西上诉，WT/DS266/R，2005 年 5 月 19 日通过，上诉机构报告修改，WT/DS265/AB/R，WT/DS266/AB/R，WT/DS283/AB/R，DSR 2005：XIV，6793
欧共体—糖类出口补贴（泰国）	专家组报告，欧共体—糖类出口补贴，由泰国上诉，WT/DS283/R，2005 年 5 月 19 日通过，上诉机构报告修改，WT/DS265/AB/R，WT/DS266/AB/R，WT/DS283/AB/R，DSR 2005：XIV，7071
欧共体—糖类出口补贴 [第 21.3（c）条]	仲裁决定，欧共体—糖类出口补贴—在 DSU 第 21.3（c）条下仲裁，WT/DS265/33，WT/DS266/33，WT/DS283/14，2005 年 10 月 28 日，DSR 2005：XXIII，11581
欧共体—紧固件（中国）	上诉机构报告，欧共体—对自中国进口的钢铁紧固件实施肯定性反倾销措施，WT/DS397/AB/R，2011 年 7 月 28 日通过
欧共体—紧固件（中国）	专家组报告，欧共体—对自中国进口的钢铁紧固件实施肯定性反倾销措施，WT/DS397/R 和 Corr. 1，2011 年 7 月 28 日通过，上诉机构报告修正，WT/DS397/AB/R
欧共体—荷尔蒙	上诉机构报告，欧共体—肉类及肉制品措施（荷尔蒙），WT/DS26/AB/R，WT/DS48/AB/R，1998 年 2 月 13 日通过，DSR 1998：I，135
欧共体—荷尔蒙（加拿大）	专家组报告，欧共体—对于肉及肉制品相关措施（荷尔蒙），由加拿大上诉，WT/DS48/R/CAN，1998 年 2 月 13 日通过，上诉机构报告修改，WT/DS26/AB/R，WT/DS48/AB/R，DSR 1998：II，235
欧共体—荷尔蒙（美国）	专家组报告，欧共体—对于肉及肉制品相关措施（荷尔蒙），由美国上诉，WT/DS26/R/USA，1998 年 2 月 13 日通过，上诉机构报告修改，WT/DS26/AB/R，WT/DS48/AB/R，DSR 1998：III，699
欧共体—荷尔蒙 [第 21.3（c）条]	仲裁决定，欧共体—对于肉及肉制品相关措施（荷尔蒙）—在 DSU 第 21.3（c）条下仲裁，WT/DS26/15，WT/DS48/13，1998 年 5 月 29 日，DSR 1998：V，1833
欧共体—荷尔蒙（加拿大）（第 22.6 条—欧共体）	仲裁判决，欧共体—对于肉及肉制品相关措施（荷尔蒙），最初由加拿大上诉—由欧共体根据 DSU 第 22.6 条提出，WT/DS48/ARB，1999 年 7 月 12 日，DSR 1999：III，1135
欧共体—荷尔蒙（美国）（第 22.6 条—欧共体）	仲裁判决，欧共体—对于肉及肉制品相关措施（荷尔蒙），最初由美国上诉—溯及欧共体根据 DSU 第 22.6 条的仲裁，WT/DS26/ARB，1999 年 7 月 12 日，DSR 1999：III，1105
欧共体—IT 产品	专家组报告，欧共体及其成员国—信息技术产品的关税待遇，WT/DS375/R，WT/DS376/R，WT/DS377/R，2010 年 9 月 21 日通过，DSR 2010：III，933—DSR 2010：IV，1567
欧共体—家禽	上诉机构报告，欧共体—影响特定家禽产品进口的措施，WT/DS69/AB/R，1998 年 7 月 23 日通过，DSR 1998：V，2031

续 表

简要标题	案件标题全称及出处
欧共体—家禽	专家组报告，欧共体—影响特定家禽产品进口的措施，WT/DS69/R，1998年7月23日通过，上诉机构报告修改，WT/DS69/AB/R，DSR 1998：V，2089
欧共体—鲑鱼（挪威）	专家组报告，欧共体—对产自挪威养殖鲑鱼采取反倾销措施，WT/DS337/R和Corr. 1，2008年1月15日通过，DSR 2008：I，3
欧共体—沙丁鱼	上诉机构报告，欧共体—沙丁鱼贸易描述，WT/DS231/AB/R，2002年10月23日通过，DSR 2002：VIII，3359
欧共体—沙丁鱼	专家组报告，欧共体—沙丁鱼贸易描述，WT/DS231/R和Corr. 1，2002年10月23日通过，上诉机构报告修改，WT/DS231/AB/R，DSR 2002：VIII，3451
欧共体—扇贝（加拿大）	专家组报告，欧共体—扇贝贸易描述—由加拿大请求，WT/DS7/R，1996年8月日，未通过，DSR 1996：I，89
欧共体—扇贝（秘鲁和智利）	专家组报告，欧共体—对于扇贝的贸易描述—由秘鲁和智利申请，WT/DS12/R，WT/DS14/R，1996年8月5日，未通过，DSR 1996：I，93
欧共体—特定海关事项案	上诉机构报告，欧共体—客户对特殊规格要求案，WT/DS315/AB/R，2006年12月11日，DSR 2006：IX，3791
欧共体—特定海关事项案	专家组报告，欧共体—客户对特殊规格要求案，WT/DS315/R，2006年12月11日，上诉机构报告修改，WT/DS315/AB/R，DSR 2006：IX X，3915
欧共体—关税优惠	上诉机构报告，欧共体—给予发展中国家关税优惠的条件，WT/DS246/AB/R，2004年4月20日通过，DSR 2004：III，925
欧共体—关税优惠	专家组报告，欧共体—给予发展中国家关税优惠的条件，WT/DS246/R，引自2004年4月20日，上诉机构报告修改，WT/DS/246/AB/R，DSR 2004：III，1009
欧共体—关税优惠 [第21.3（c）条]	仲裁决定，欧共体—给予发展中国家关税优惠的条件—在DSU第21.3（c）条下仲裁，WT/DS246/14，2004年9月20日，DSR 2004：IX，4313
欧共体—商标和地理标识（澳大利亚）	专家组报告，欧共体—对于农产品及粮食商标和地理标识的保护，由澳大利亚上诉，WT/DS290/R，2005年4月20日通过，DSR 2005：X，4603
欧共体—商标和地理标识（美国）	专家组报告，欧共体—对于农产品及粮食商标和地理标识的保护，由美国上诉，WT/DS174/R，2005年4月20日通过，DSR 2005：VIII，3499
欧共体—管材配件	上诉机构报告，欧共体—对来自巴西的可锻铸铁管路连接件反倾销税，WT/DS219/AB/R，2003年8月18日通过，DSR 2003：VI，2613
欧共体—管材配件	专家组报告，欧共体—A对来自巴西的可锻铸铁管路连接件反倾销税，WT/DS219/R，2003年8月18日通过，上诉机构报告修改，WT/DS219/AB/R，DSR 2003：VII，2701
欧共体和其成员国—大型民用航空器	上诉机构报告，欧共体及其成员国—影响大型民用航空器贸易的措施，WT/DS316/AB/R，2011年6月1日通过
欧共体和其成员国—大型民用航空器	上专家组报告，欧共体及其成员国—影响大型民用航空器贸易的措施，WT/DS316/R，2011年6月1日通过，上诉机构报告修改，WT/DS316/AB/R
埃及—钢筋	专家组报告，埃及—对于来自土耳其的钢筋的明确反倾销措施，WT/DS211/R，2002年10月1日通过，DSR 2002：VII，2667
欧盟—鞋类（中国）	专家组报告，欧盟—自中国进口的部分鞋实施反倾销措施，WT/DS405/R，2012年2月22日通过
危地马拉—水泥 I	上诉机构报告，危地马拉—对来自墨西哥的水泥进行反倾销调查，WT/DS60/AB/R，1998年11月25日通过，DSR 1998：IX，3767

续 表

简要标题	案件标题全称及出处
危地马拉—水泥 I	专家组报告，危地马拉—对来自墨西哥的水泥进行反倾销调查，WT/DS60/R，1998 年 11 月 25 日通过，上诉机构报告修改，WT/DS60/AB/R，DSR 1998：IX，3797
危地马拉—水泥 II	专家组报告，危地马拉—对来自墨西哥的水泥采取反倾销措施，WT/DS156/R，2000 年 11 月 17 日通过，DSR 2000：XI，5295
印度—进口附加税	上诉机构报告，印度—对来自美国的商品征收进口附加税，WT/DS360/AB/R，2008 年 11 月 17 日通过，DSR 2008：XX，8223
印度—进口附加税	专家组报告报告，印度—对来自美国的商品征收进口附加税，WT/DS360/R，2008 年 11 月 17 日通过，上诉机构报告驳回，WT/DS360/AB/R，DSR 2008：XX，8317
印度—汽车	上诉机构报告，印度—影响汽车部门措施，WT/DS146/AB/R，WT/DS175/AB/R，2002 年 4 月 5 日通过，DSR 2002：V，1821
印度—汽车	专家组报告，印度—影响汽车部门措施，WT/DS146/R，WT/DS175/R 和 Corr. 1，2002 年 4 月 5 日通过，DSR 2002：V，1827
印度—专利权（欧共体）	专家组报告，印度—对于药品及农业化学产品的专利保护，由欧共体上诉，WT/DS79/R，1998 年 9 月 22 日通过，DSR 1998：VI，2661
印度—专利权（美国）	上诉机构报告，印度—对于药品及农业化学产品的专利保护，WT/DS50/AB/R，1998 年 1 月 16 日通过，DSR 1998：I，9
印度—专利权（美国）	专家组报告，印度—对于药品及农业化学产品的专利保护，由美国上诉，WT/DS50/R，1998 年 1 月 16 日通过，上诉机构报告修改，WT/DS50/AB/R，DSR 1998：I，41
印度—数量限制	上诉机构报告，印度—对于农产品，纺织品及工业产品进口的数量限制，WT/DS90/AB/R，1999 年 9 月 22 日通过，DSR 1999：IV，1763
印度—数量限制	专家组报告，印度—对于农产品，纺织品及工业产品进口的数量限制，WT/DS90/R，1999 年 9 月 22 日通过，得到上诉机构报告支持，WT/DS90/AB/R，DSR 1999：V，1799
印度尼西亚—汽车	专家组报告，印度尼西亚—影响汽车工业的特定措施，WT/DS54/R，WT/DS55/R，WT/DS59/R，WT/DS64/R 和 Corr. 1，2，3 和 4，1998 年 7 月 23 日通过，DSR 1998：VI，2201
印度尼西亚—汽车 [第 21.3（c）条]	仲裁决定，印度尼西亚—影响汽车工业的特定措施—在 DSU 第 21.3（c）条下仲裁，WT/DS54/15，WT/DS55/14，WT/DS59/13，WT/DS64/12，1998 年，12 月 7 日 DSR 1998：IX，4029
日本—农产品 II	上诉机构报告，日本—影响农产品措施，WT/DS76/AB/R，1999 年 3 月 19 日通过，DSR 1999：I，277
日本—农产品 II	专家组报告，日本—影响农产品措施，WT/DS76/R，1999 年 3 月 19 日通过，上诉机构报告修改，WT/DS76/AB/R，DSR 1999：I，315
日本—酒精饮料 II	上诉机构报告，日本—对酒精饮料征税 WT/DS8/AB/R，WT/DS10/AB/R，WT/DS11/AB/R，1996 年 11 月 1 日通过，DSR 1996：I，97
日本—酒精饮料 II	专家组报告，日本—对酒精饮料征税，WT/DS8/R，WT/DS10/R，WT/DS11/R，1996 年 11 月 1 日通过，上诉机构报告修改，WT/DS8/AB/R，WT/DS10/AB/R，WT/DS11/AB/R，DSR 1996：I，125
日本—酒精饮料 II [第 21.3（c）条]	仲裁决定，日本——对酒精饮料征税—在 DSU 第 21.3（c）条下仲裁，WT/DS8/15，WT/DS10/15，WT/DS11/13，1997 年 2 月 14 日，DSR 1997：I，3
日本—苹果	上诉机构报告，日本—影响苹果进口措施，WT/DS245/AB/R，2003 年 12 月 10 日通过，DSR 2003：IX，4391

续 表

简要标题	案件标题全称及出处
日本—苹果	专家组报告，日本—影响苹果进口措施，WT/DS245/R，2003年12月10日通过，得到上诉机构报告支持，WT/DS245/AB/R，DSR 2003：IX，4481
日本—苹果（第21.5条—美国）	专家组报告，日本—影响苹果进口措施—由美国根据DSU第21.5条提出，WT/DS245/RW，2005年7月20日通过，DSR 2005：XVI，7911
日本—动态存储器（韩国）	上诉机构报告，日本—对产自韩国动态存储器征收反补贴税，WT/DS336/AB/R和Corr.1，2007年12月17日通过，DSR 2007：VII，2703
日本—动态存储器（韩国）	专家组报告，日本—对产自韩国动态存储器征收反补贴税，WT/DS336/R，2007年12月17日通过，上诉机构报告修改，WT/DS336/AB/R，DSR 2007：VII，2805
日本—动态存储器（韩国）[第21.3（c）条]	仲裁决定，日本—对产自韩国动态存储器征收反补贴税—DSU第21.3（c）条下的仲裁，WT/DS336/16，2008年5月5日，DSR 2008：XX，8553
日本—胶卷	专家组报告，日本—影响消费冲印胶卷和纸张的措施，WT/DS44/R，1998年4月22日通过，DSR 1998：IV，1179
日本—紫菜配额	专家组报告，日本—干紫菜和味付紫菜进口配额WT/DS323/R，2006年2月1日，未通过
韩国—酒精饮料	上诉机构报告，韩国—酒精饮料征税，WT/DS75/AB/R，WT/DS84/AB/R，1999年2月17日通过，DSR 1999：I，3
韩国—酒精饮料	专家组报告，韩国——酒精饮料征税，WT/DS75/R，WT/DS84/R，1999年2月17日通过，上诉机构报告修改，WT/DS75/AB/R，WT/DS84/AB/R，DSR 1999：I，44
韩国—酒精饮料[第21.3（c）条]	仲裁决定，韩国——酒精饮料征税—在DSU第21.3（c）条下仲裁，WT/DS75/16，WT/DS84/14，1999年6月4日，DSR 1999：II，937
韩国—牛肉（加拿大）	专家组报告，韩国—影响自加拿大进口牛肉和肉制品的措施，WT/DS391/R，2012年7月3日未通过
韩国—特定纸张	专家组报告，韩国—对特定来自印度尼西亚进口产品征收反倾销税，WT/DS312/R，2005年11月28日通过，DSR 2005：XXII，10637
韩国—特定纸张（第21.5条—印尼）	专家组报告，韩国—对特定来自印度尼西亚进口产品征收反倾销税—由印度尼西亚根据DSU第21.5条提出，WT/DS312/RW，2007年10月22日通过，DSR 2007：VIII，3369
韩国—商船	专家组报告，韩国—影响商船贸易的措施，WT/DS273/R，2005年4月11日通过，DSR 2005：VII，2749
韩国—奶制品	上诉机构报告，韩国—进口特定奶制品的明确保障措施，WT/DS98/AB/R，2000年1月12日通过，DSR 2000：I，3
韩国—奶制品	专家组报告，韩国—进口特定奶制品的明确保障措施WT/DS98/R和Corr.1，2000年1月12日通过，上诉机构报告修改，WT/DS98/AB/R，DSR 2000：I，49
韩国—政府采购	专家组报告，韩国—影响政府采购措施，WT/DS163/R，2000年6月19日通过，DSR 2000：VIII，3541
韩国—牛肉多种措施	上诉机构报告，韩国—影响鲜肉，冷藏肉和冷冻肉的措施，WT/DS161/AB/R，WT/DS169/AB/R，2001年1月10日通过，DSR 2001：I，5
韩国—牛肉多种措施	专家组报告，韩国—影响鲜肉，冷藏肉和冷冻肉的措施，WT/DS161/R，WT/DS169/R，2001年1月10日通过，上诉机构报告修改，WT/DS161/AB/R，WT/DS169/AB/R，DSR 2001：I，59
墨西哥—稻米反倾销措施	上诉机构报告，墨西哥—对于牛肉和稻米的明确反倾销措施，对于稻米的上诉，WT/DS295/AB/R，2005年12月20日通过，DSR 2005：XXII，10853

续 表

简要标题	案件标题全称及出处
墨西哥—稻米反倾销措施	专家组报告，墨西哥—对于牛肉和稻米的明确反倾销措施，对于稻米的上诉，WT/DS295/R，2005年12月20日通过，上诉机构报告修改，WT/DS295/AB/R，DSR 2005：XXIII，11007
墨西哥—玉米糖浆	专家组报告，墨西哥—对于来自美国的高果糖玉米糖浆的反倾销调查 WT/DS132/R和Corr. 1，2000年2月24日通过，DSR 2000：III，1345
墨西哥—玉米糖浆（第21.5条—美国）	上诉机构报告，墨西哥—对于来自美国的高果糖玉米糖浆的反倾销调查 —由美国根据DSU第21.5条提请，WT/DS132/AB/RW，2001年11月21日通过，DSR 2001：XIII，6675
墨西哥—玉米糖浆（第21.5条—美国）	专家组报告，墨西哥—对于来自美国的高果糖玉米糖浆的反倾销调查 —由美国根据DSU第21.5条提请，WT/DS132/RW，2001年11月21日通过，得到上诉机构报告支持，WT/DS132/AB/RW，DSR 2001：XIII，6717
墨西哥—橄榄油	专家组报告，墨西哥—对来自欧共体的橄榄油征收最终反补贴税，WT/DS341/R，2008年10月21日通过，DSR 2008：IX，3179
墨西哥—钢管	专家组报告，墨西哥—对产自危地马拉钢管征收反倾销税，WT/DS331/R，2007年7月24日通过，DSR 2007：IV，1207
墨西哥—非酒精饮料征税	上诉机构报告，墨西哥—对于非酒精饮料及其他饮料的征税措施，WT/DS308/AB/R，2006年3月24日通过，DSR 2006：I，3
墨西哥—非酒精饮料征税	专家组报告，墨西哥—对于非酒精饮料及其他饮料的征税措施，WT/DS308/R，2006年3月24日通过，上诉机构报告修改，WT/DS308/AB/R，DSR 2006：I，43
墨西哥—电信	专家组报告，墨西哥—影响电信服务的措施，WT/DS204/R，2004年6月1日通过，DSR 2004：IV，1537
菲律宾—蒸馏酒精	上诉机构报告，菲律宾—对蒸馏酒精征税，WT/DS396/AB/R/WT/DS403/AB/R，2012年1月20日通过
菲律宾—蒸馏酒精	专家组报告，菲律宾—对蒸馏酒精征税，WT/DS396/AB/R/WT/DS403/AB/R，2012年1月20日通过，上诉机构报告修正，WT/DS396/AB/R/WT/DS403/AB/R
泰国—香烟（菲律宾）	上诉机构报告，泰国—对自菲律宾进口香烟的海关和行政措施，WT/DS371/AB/R，2011年7月15日通过
泰国—香烟（菲律宾）	专家组报告，泰国—对自菲律宾进口香烟的海关和行政措施，WT/DS371/R，2011年7月15日通过，上诉机构报告修正，WT/DS371/AB/R
泰国—H型钢	上诉机构报告，泰国—对波兰出口的铁或非合金钢的角铁、型材、轧材及H型钢的反倾销税案，WT/DS122/AB/R，2001年4月5日通过，DSR 2001：VII，2701
泰国—H型钢	专家组报告，泰国—对波兰出口的铁或非合金钢的角铁、型材、轧材及H型钢的反倾销税案，WT/DS122/R，2001年4月5日通过，上诉机构报告修改，WT/DS122/AB/R，DSR 2001：VII，2741
土耳其—大米	专家组报告，土耳其—影响大米进口的措施，WT/DS334/R，2007年10月22日通过，DSR 2007：VI，2151
土耳其—纺织品	上诉机构报告，土耳其—对于纺织品及服装进口的限制，WT/DS34/AB/R，1999年11月19日通过，DSR 1999年：VI，2345
土耳其—纺织品	专家组报告，土耳其—对于纺织品及服装进口的限制，WT/DS34/R，1999年11月19日通过，上诉机构报告修改，WT/DS34/AB/R，DSR 1999：VI，2363
美国—1916年法案	上诉机构报告，美国—1916年反倾销法案，WT/DS136/AB/R，WT/DS162/AB/R，2000年9月26日通过，DSR 2000：X，4793

续　表

简要标题	案件标题全称及出处
美国—1916年法案（欧共体）	专家组报告，美国——1916年反倾销法案，由上诉the欧共体，WT/DS136/R和Corr.1，2000年9月26日通过，得到上诉机构报告支持，WT/DS136/AB/R，WT/DS162/AB/R，DSR 2000年：X，4593
美国—1916年法案（日本）	专家组报告，美国—1916年反倾销法案，由日本上诉，WT/DS162/R和Add.1，2000年9月26日通过，得到上诉机构报告支持，WT/DS136/AB/R，WT/DS162/AB/R，DSR 2000：X，4831
美国—1916年法案［第21.3（c）条］	仲裁决定，美国—1916年反倾销法案—在DSU第21.3（c）条下仲裁，WT/DS136/11，WT/DS162/14，2001年2月28日，DSR 2001：V，2017
美国—1916年法案（欧共体）（第22.6条—美国）	仲裁判决，美国—1916年反倾销法案，最初由欧共体上诉—由美国根据DSU第22.6条的仲裁，WT/DS136/ARB，2004年2月24日，DSR 2004：IX，4269
美国—反倾销税和反补贴税（中国）	上诉机构报告，美国—对自中国的产品征收肯定反倾销税和反补贴税，WT/DS379/AB/R，2011年3月25日
美国—反倾销税和反补贴税（中国）	专家组报告，美国—对自中国的产品征收肯定反倾销税和反补贴税，WT/DS379/R，2011年3月25日，上诉机构报告修改，WT/DS379/AB/R
美国—石油国家工业用管的反倾销措施	上诉机构报告，美国—对来自墨西哥石油国家工业用管的反倾销措施，WT/DS282/AB/R，2005年11月28日通过，DSR 2005：XX，10127
美国—石油国家工业用管的反倾销措施	专家组报告，美国—对来自墨西哥石油国家工业用管的反倾销措施，WT/DS282/R，2005年11月28日通过，上诉机构报告修改，WT/DS282/AB/R，DSR 2005：XXI，10225
美国—PET包装袋反倾销措施	专家组报告，美国—对自泰国进口的PET包装袋采取反倾销措施，WT/DS383/R，2010年2月18日通过，DSR 2010：IV，1841
美国—碳钢	上诉机构报告，美国—对于来自德国的特殊耐腐蚀碳钢板的反补贴税，WT/DS213/AB/R和Corr.1，2002年12月19日通过，DSR 2002：IX，3779
美国—碳钢	专家组报告，美国—对于来自德国的特殊耐腐蚀碳钢板的反补贴税，WT/DS213/R和Corr.1，2002年12月19日通过，上诉机构报告修改，WT/DS213/AB/R和Corr.1，DSR 2002：IX，3833
美国—特定欧共体产品	上诉机构报告，美国—特定从欧共体产品的进口措施WT/DS165/AB/R，2001年1月10日通过，DSR 2001：I，373
美国—特定欧共体产品	专家组报告，美国—特定从欧共体产品的进口措施，WT/DS165/R和Add.1，2001年1月10通过，上诉机构报告修改，WT/DS165/AB/R，DSR 2001：II，413
美国—丁香香烟	上诉机构报告，美国—影响丁香香烟生产和销售的措施，WT/DS406/AB/R，2012年4月24日通过
美国—丁香香烟	专家组报告，美国—影响丁香香烟生产和销售的措施，WT/DS406/R，2012年4月24日通过，上诉机构报告修改，WT/DS406/AB/R
美国—要求取消报复措施	上诉机构报告，美国—欧共体要求取消报复措施—荷尔蒙争端，WT/DS320/AB/R，2008年11月14日通过，DSR 2008：X，3507
美国—要求取消报复措施	专家组报告，美国—欧共体要求取消报复措施—荷尔蒙争端，WT/DS320/R，2008年11月14日通过，上诉机构报告修改，WT/DS320/AB/R，DSR 2008：XI，3891—DSR 2008：XIII，4913
美国—归零法	上诉机构报告，美国—继续采用归零法则，WT/DS350/AB/R，2009年2月19日通过，DSR 2009：III，1291
美国—归零法	专家组报告，美国—继续采用归零法则，WT/DS350/R，2009年2月19日通过，上诉机构报告修改，WT/DS350/AB/R，DSR 2009：III，1481—DSR 2009：IV，1619

续 表

简要标题	案件标题全称及出处
美国—原产地标签	专家组报告，美国—部分原产地标签规定，WT/DS384/R/WT/DS384/AB/R/WT/DS386/AB/R，2012 年 7 月 23 日通过
美国—原产地标签	专家组报告，美国—部分原产地标签规定，WT/DS384/R/WT/DS384/AB/R/WT/DS386/AB/R，2012 年 7 月 23 日通过，上诉机构报告修改，WT/DS384/AB/R/WT/DS386/AB/R
美国—原产地标签 [第 21.3（c）条]	专家组报告，美国—部分原产地标签规定—在 DSU 第 21.3（c）条下仲裁，WT/DS384/24，WT/DS386/23，2012 年 12 月 4 日
美国—不锈钢日落复审	上诉机构报告，美国—对于来自日本的特殊耐腐蚀碳钢板反倾销税的日落复审，WT/DS244/AB/R，2004 年 1 月 9 日通过，DSR 2004：I，3
美国—不锈钢日落复审	专家组报告，美国—对于来自日本的特殊耐腐蚀碳钢板反倾销税的日落复审，WT/DS244/R，2004 年 1 月 9 日通过，上诉机构报告修改，WTDS244/AB/R，DSR 2004：I，85
美国—棉纱	上诉机构报告，美国—对来自巴基斯坦棉纱的过渡期保障措施 WT/DS192/AB/R，2001 年 11 月 5 日通过，DSR 2001：XII，6027
美国—棉纱	专家组报告，美国—对来自巴基斯坦棉纱的过渡期保障措施，WT/DS192/R，2001 年 11 月 5 日通过，上诉机构报告修改，WT/DS192/AB/R，DSR 2001：XII，6067
美国—对计算机动态随机存取存储器芯片进行反补贴税调查	上诉机构报告，美国—对来自韩国的计算机动态随机存取存储器芯片进行反补贴税调查，WT/DS296/AB/R，2005 年 7 月 20 日通过，DSR 2005：XVI，8131
美国—对计算机动态随机存取存储器芯片进行反补贴税调查	专家组报告，美国—对来自韩国的计算机动态随机存取存储器芯片进行反补贴税调查，WT/DS296/R，2005 年 7 月 20 日通过，上诉机构报告修改，WT/DS296/AB/R，DSR 2005：XVII，8243
美国—对特定欧共体产品贴税措施	上诉机构报告，美国—对特定欧共体产品贴税措施，WT/DS212/AB/R，2003 年 1 月 8 日通过，DSR 2003：I，5
美国—对特定欧共体产品贴税措施	专家组报告，美国——对特定欧共体产品贴税措施，WT/DS212/R，2003 年 1 月 8 日通过，上诉机构报告修改，WT/DS212/AB/R，DSR 2003：I，73
美国—对特定欧共体产品贴税措施（第 21.5 条—欧共体）	专家组报告，美国—对特定欧共体产品贴税措施—由欧共体根据 DSU 第 21.5 条提出，WT/DS212/RW，2005 年 9 月 27 日通过，DSR 2005：XVIII，8950
美国—海关保税指令	专家组报告，美国—对征收反倾销和反补贴产品实行海关保税，WT/DS345/R，2008 年 8 月 1 日通过，上诉机构报告修改，WT/DS343/AB/R，WT/DS345/AB/R，DSR 2008：VIII，2925
美国—计算机动态随机存取存储器芯片	专家组报告，美国—对来自韩国 1 兆或以上的计算机动态随机存取存储器芯片征收反倾销税，WT/DS99/R，1999 年 3 月 19 日通过，DSR 1999：II，521
美国—计算机动态随机存取存储器芯片（第 21.5 条—韩国）	专家组报告，美国—对来自韩国 1 兆或以上的计算机动态随机存取存储器芯片征收反倾销税—韩国根据 DSU 第 21.5 条，W 提出 T/DS99/RW，2000 年 11 月 7 日，未通过
美国—出口限制	专家组报告，美国—作为补贴的出口限制措施 WT/DS194/R 和 Corr. 2，2001 年 8 月 23 日通过，DSR 2001：XI，5767
美国—海外销售公司	上诉机构报告，美国—“海外销售公司”税收待遇，WT/DS108/AB/R，2000 年 3 月 20 日通过，DSR 2000：III，1619
美国—海外销售公司	专家组报告，美国“海外销售公司”税收待遇，WT/DS108/R，2000 年 3 月 20 日，上诉机构报告修改，WT/DS108/AB/R，DSR 2000：IV，1675

续 表

简要标题	案件标题全称及出处
美国—海外销售公司（第21.5条—欧共体）	上诉机构报告，美国“海外销售公司”税收待遇—由欧共体根据DSU第21.5条提出，WT/DS108/AB/RW，2002年1月29日通过，DSR 2002：I，55
美国—海外销售公司（第21.5条—欧共体）	专家组报告，美国—“海外销售公司”税收待遇—由欧共体根据DSU第21.5条提出，WT/DS108/RW，2002年1月29日通过，上诉机构报告修改，WT/DS108/AB/RW，DSR 2002：I，119
美国—海外销售公司（第21.5条—欧共体 II）	上诉机构报告，美国—“海外销售公司”税收待遇，由欧共体根据DSU第21.5条提出，WT/DS108/AB/RW2，2006年3月14日通过，DSR 2006：XI，4721
美国—海外销售公司（第21.5条—欧共体 II）	专家组报告，美国“海外销售公司”税收待遇，由欧共体根据DSU第21.5条提出，WT/DS108/RW2，2006年3月14日通过，得到上诉机构报告支持，WT/DS108/AB/RW2，DSR 2006：XI，4761
美国—海外销售公司（第22.6条—美国）	仲裁结论，美国—美国“海外销售公司”税收待遇—美国根据DSU第22.6条和SCM协议第4.11条做出的仲裁，WT/DS108/ARB，2002年8月30日，DSR 2002：VI，2517
美国—博彩业	上诉机构报告，美国—影响博彩业跨境提供服务的措施WT/DS285/AB/R，2005年4月20日通过，DSR 2005：XII，5663（Corr.1，DSR 2006：XII，5475）
美国—博彩业	专家组报告，美国—影响博彩业跨境提供服务的措施，WT/DS285/R，2005年4月20日通过，上诉机构报告修改，WT/DS285/AB/R，DSR 2005：XII，5797
美国—博彩业[第21.3（c）条]	仲裁决定，美国—影响博彩业跨境提供服务的措施—在DSU第21.3（c）条下仲裁，WT/DS285/13，2005年8月19日，DSR 2005：XXIII，11639
美国—博彩业（第21.5条—安提瓜和巴布达）	专家组报告，美国—影响博彩业跨境提供服务的措施—由安提瓜和巴布达根据第21.5条提出，WT/DS285/RW，2007年5月22日通过，DSR 2007：VIII，3105
美国—博彩业（第22.6条—美国）	仲裁决定，美国—影响博彩业跨境提供服务的措施—由美国根据DSU第22.6条提交仲裁，WT/DS285/ARB，2007年12月21日，DSR 2007：X，4163
美国—汽油	上诉机构报告，美国—精炼汽油及传统汽油标准WT/DS2/AB/R，1996年5月20日通过，DSR 1996：I，3
美国—汽油	专家组报告，美国—精炼汽油及传统汽油标准，WT/DS2/R，1996年5月20日通过，上诉机构报告修改，WT/DS2/AB/R，DSR 1996：I，29
美国—热轧钢	上诉机构报告，美国—对来自日本的热轧薄板卷产品征收反倾销税，WT/DS184/AB/R，2001年8月23日通过，DSR 2001：X，4697
美国—热轧钢	专家组报告，美国—对来自日本的热轧薄板卷产品征收反倾销税，WT/DS184/R，2001年8月23日通过，上诉机构报告修改，WT/DS184/AB/R，DSR 2001：X，4769
美国—热轧钢[第21.3（c）条]	仲裁决定，美国—对来自日本的热轧薄板卷产品征收反倾销税—在DSU第21.3条下仲裁，WT/DS184/13，2002年2月19日，DSR 2002：IV，1389
美国—羔羊	上诉机构报告，美国—对来自新西兰和澳大利亚的新鲜。冷藏和冷冻羔羊肉进口保障措施，WT/DS177/AB/R，WT/DS178/AB/R，2001年5月16日通过，DSR 2001：IX，4051
美国—羔羊	专家组报告，美国—对来自新西兰和澳大利亚的新鲜、冷藏和冷冻羔羊肉进口保障措施，WT/DS177/R，WT/DS178/R，2001年5月16日通过，上诉机构报告修改，WT/DS177/AB/R，WT/DS178/AB/R，DSR 2001：IX，4107

续 表

简要标题	案件标题全称及出处
美国—大型民用航空器（第 2 次起诉）	上诉机构报告，美国—影响大型民用航空器贸易的措施（第 2 次起诉），WT/DS353/AB/R，2012 年 3 月 23 日通过
美国—大型民用航空器（第 2 次起诉）	专家组报告，美国—影响大型民用航空器贸易的措施（第 2 次起诉），WT/DS353/R，2012 年 3 月 23 日通过，上诉机构报告修正，WT/DS353/AB/R
美国—热轧铅铋碳钢制品案 II	上诉机构报告，美国—对于原产英国的某些热轧铅铋碳钢制品进行反补贴税，WT/DS138/AB/R，2000 年 6 月 7 日通过，DSR 2000：V，2595
美国—热轧铅铋碳钢制品案 II	专家组报告，美国—对于原产英国的某些热轧铅铋碳钢制品进行反补贴税，WT/DS138/R 和 Corr. 2，2000 年 6 月 7 日通过，得到上诉机构报告支持，WT/DS138/AB/R，DSR 2000：VI，2623
美国—直线管	上诉机构报告，美国—对来自韩国的圆焊碳质条形管进口的保障措施，WT/DS202/AB/R，2002 年 3 月 8 日通过，DSR 2002：IV，1403
美国—直线管	专家组报告，美国—对来自韩国的圆焊碳质条形管进口的保障措施 WT/DS202/R，2002 年 3 月 8 日通过，上诉机构报告修改，WT/DS202/AB/，DSR 2002：IV，1473
美国—直线管 [第 21.3（c）条]	仲裁员报告，美国—对来自韩国的圆焊碳质条形管进口的保障措施—在 DSU 第 21.3（c）条下仲裁，WT/DS202/17，2002 年 7 月 26 日，DSR 2002：V，2061
美国—补偿法案 （勃德修正案）	上诉机构报告，美国—2000 年对持续倾销和补贴的补偿法案，WT/DS217/AB/R，WT/DS234/AB/R，2003 年 1 月 27 日通过，DSR 2003：I，375
美国—补偿法案 （勃德修正案）	专家组报告，美国—2000 年对持续倾销和补贴的补偿法案，WT/DS217/R，WT/DS234/R，2003 年 1 月 27 日通过，上诉机构报告修改，WT/DS217/AB/R，WT/DS234/AB/R，DSR 2003：II，489
美国—补偿法案 （勃德修正案） [第 21.3（c）条]	仲裁决定，美国—2000 年对持续倾销和补贴的补偿法案—在 DSU 第 21.3（c）条下仲裁，WT/DS217/14，WT/DS234/22，2003 年 6 月 13 日，DSR 2003：III，1163
美国—补偿法案 （伯德修正案）（巴西） （第 22.6 条—美国）	仲裁决定，美国—2000 年对持续倾销和补贴的补偿法案，最初由巴西上诉—溯及美国根据 DSU 第 22.6 条仲裁，WT/DS217/ARB/BRA，2004 年 8 月 31 日，DSR 2004：IX，4341
美国—补偿法案 （伯德修正案）（加拿大） （第 22.6 条—美国）	仲裁决定，美国—2000 年对持续倾销和补贴的补偿法案，由加拿大上诉—溯及美国根据 DSU 第 22.6 条仲裁，WT/DS234/ARB/CAN，2004 年 8 月 31 日，DSR 2004：IX，4425
美国—补偿法案 （伯德修正案）（智利） （第 22.6 条—美国）	仲裁决定，美国—2000 年对持续倾销和补贴的补偿法案，由智利上诉—溯及美国根据 DSU 第 22.6 条仲裁，WT/DS217/ARB/CHL，2004 年 8 月 31 日，DSR 2004 年：IX，4511
美国—补偿法案 （伯德修正案）（欧共体） （第 22.6 条—美国）	仲裁决定，美国—2000 年对持续倾销和补贴的补偿法案，由欧共体上诉—溯及美国根据 DSU 第 22.6 条仲裁，WT/DS217/ARB/EEC，2004 年 8 月 31 日，DSR 2004：IX，4591
美国—补偿法案 （伯德修正案）（印度） （第 22.6 条—美国）	仲裁决定，美国—2000 年对持续倾销和补贴的补偿法案最初由印度上诉—溯及美国根据 DSU 第 22.6 条仲裁 WT/DS217/ARB/IND，2004 年 8 月 31 日，DSR 2004：X，4691
美国—补偿法案 （伯德修正案）（日本） （第 22.6 条—美国）	仲裁决定，美国—2000 年对持续倾销和补贴的补偿法案最初由日本上诉—溯及美国根据 DSU 第 22.6 条仲裁 WT/DS217/ARB/JPN，2004 年 8 月 31 日，DSR 2004：X，4771
美国—补偿法案 （伯德修正案）（韩国） （第 22.6 条—美国）	仲裁决定，美国—2000 年对持续倾销和补贴的补偿法案最初由韩国上诉—溯及美国根据 DSU 第 22.6 条仲裁，WT/DS217/ARB/KOR，2004 年 8 月 31 日，DSR 2004：X，4851

续 表

简要标题	案件标题全称及出处
美国—补偿法案（伯德修正案）（墨西哥）（第22.6条—美国）	仲裁决定，美国—2000年对持续倾销和补贴的补偿法案最初由墨西哥上诉—溯及美国根据DSU第22.6条仲裁，WT/DS234/ARB/MEX，2004年8月31日，DSR 2004：X，4931
美国—石油工业用管材日落复审	上诉机构报告，美国—对来自阿根廷石油工业用管材反倾销措施日落复审，WT/DS268/AB/R，2004年12月17日通过，DSR 2004：VII，3257
美国—石油工业用管材日落复审	专家组报告，美国—对来自阿根廷石油工业用管材反倾销措施日落复审WT/DS268/R和Corr.1，2004年12月17日通过，上诉机构报告修改，W/DS/268/AB/R，DSR 2004：VIII，3421
美国—石油工业用管材日落复审［第21.3（c）条］	仲裁决定，美国—对来自阿根廷石油工业用管材反倾销措施日落复审—在DSU第21.3（c）条下仲裁，WT/DS268/12，2005年6月7日，DSR 2005：XXIII，11619
美国—石油工业用管材日落复审（第21.5条—阿根廷）	专家组报告，美国—对来自阿根廷石油工业用管材反倾销措施日落复审—由阿根廷根据DSU第21.5条提出，WT/DS268/RW，2007年5月11日通过，DSR 2007：IX，3523
美国—石油工业用管材日落复审（第21.5条—阿根廷）	专家组报告，美国—对来自阿根廷石油工业用管材反倾销措施日落复审—由阿根廷根据DSU第21.5条提出，WT/DS268/RW，2007年5月11日通过，上诉机构报告修改，WT/DS268/AB/RW，DSR 2007：IX X，3609
美国—果汁（巴西）	专家组报告，美国—对自巴西进口的果汁采取反倾销行政复审及其他措施，WT/DS382/R，2011年6月17日报告
美国—家禽（中国）	专家组报告，美国 —影响自中国进口家禽的措施，WT/DS392/R，2010年10月25日通过，DSR 2010：V，1909
美国—美国版权法第110节第5段	专家组报告，美国版权法第110节第5段，WT/DS160/R，2000年7月27日通过，DSR 2000：VIII，3769
美国—美国版权法第110节第5段［第21.3（c）条］	仲裁决定，美国—美国版权法第110节第5段—在DSU第21.3（c）条下仲裁，WT/DS160/12，2001年1月15日 DSR 2001：II，657
美国—美国版权法第110节［第5段（第25条）］	仲裁决定s，美国—美国版权法第110节第5段—在DSU第25条下仲裁，WT/DS160/ARB25/1，2001年11月9日，DSR 2001：II，667
美国—乌拉圭回合农业协议［第129（c）节（1）段］	专家组报告，美国—乌拉圭回合农业协议第129（c）节（1）段，WT/DS221/R，引自2002年，8月30日 DSR 2002：VII，2581
美国—综合拨款法第211节	上诉机构报告，美国—1998年综合拨款法第211节，WT/DS176/AB/R，2002年2月1日通过，DSR 2002：II，589
美国—综合拨款法第211节	专家组报告，美国—1998年综合拨款法第211节，WT/DS176/R，2002年2月1日通过，上诉机构报告修改，WT/DS176/AB/R，DSR 2002：II，683
美国—贸易法的301条款	专家组报告，美国—1974年综合拨款法第211节，WT/DS152/R，2000年1月27日通过，DSR 2000：II，815
美国—虾	上诉机构报告，美国—特定虾，及虾类产品进口限制，WT/DS58/AB/R，1998年11月6日通过，DSR 1998年：VII，2755
美国—虾	专家组报告，美国—特定虾，及虾类产品进口限制，WT/DS58/R和Corr.1，1998年11月6日通过，上诉机构报告修改，WT/DS58/AB/R，DSR 1998：VII，2821
美国—虾（第21.5条—马来西亚）	上诉机构报告，美国—特定虾，及虾类产品进口限制—由马来西亚根据DSU第21.5条提出，WT/DS58/AB/RW，2001年11月21日通过，DSR 2001：XIII，6481
美国—虾（第21.5条—马来西亚）	专家组报告，美国—特定虾，及虾类产品进口限制—由马来西亚根据DSU第21.5条提出，WT/DS58/RW，2001年11月21日通过，得到上诉机构报告支持，WT/DS58/AB/RW，DSR 2001：XIII，6529

续 表

简要标题	案件标题全称及出处
美国—虾（厄瓜多尔）	专家组报告，美国—对产自厄瓜多尔虾采取反倾销，WT/DS335/R，2007 年 2 月 20 日通过，DSR 2007：II，425
美国—虾（泰国）/ 美国—海关保税指令	上诉机构报告，美国—与从泰国进口虾有关的措施/美国—对征收反倾销和反补贴的商品实行海关保税指令，WT/DS343/AB/R，WT/DS345/AB/R，2008 年 8 月 1 日通过，DSR 2008：VII，2385/DSR 2008：VIII，2773
美国—虾（泰国）	专家组报告，美国—与从泰国进口虾有关的措施，WT/DS343/R，2008 年 8 月 1 日通过，上诉机构报告修改，WT/DS343/AB/R，WT/DS345/AB/R，DSR 2008：VII，2539
美国—虾（越南）	专家组报告，美国—对自越南进口虾实施反倾销措施，WT/DS404/R，2011 年 9 月 2 日通过
美国—软木 III	专家组报告，美国—对来自加拿大的特定软木产品的初步裁定，WT/DS236/R，2002 年 11 月 1 日通过，DSR 2002：IX，3597
美国—软木 IV	上诉机构报告，美国—对来自加拿大的特定软木的最后反补贴税决定，WT/DS257/AB/R，2004 年 2 月 17 日通过，DSR 2004 年：II，571
美国—软木 IV	专家组报告，美国对来自加拿大的特定软木的最后反补贴税决定，WT/DS257/R 和 Corr. 1，2004 年 2 月 17 日通过，上诉机构报告修改，WT/DS257/AB/R，DSR 2004：II，641
美国—软木 IV （第 21. 5 条—加拿大）	上诉机构报告，美国—美国对来自加拿大的特定软木的最后反补贴税决定—由加拿大根据 DSU 第 21. 5 条提出，WT/DS257/AB/RW，2005 年 12 月 20 日通过，DSR 2005：XXIII，11357
美国—软木 IV （第 21. 5 条—加拿大）	专家组报告，美国—美国对来自加拿大的特定软木的最后反补贴税决定，—由加拿大根据 DSU 第 21. 5 条提出，WT/DS257/RW，2005 年 12 月 20 日通过，上诉机构报告驳回，WT/DS257/AB/RW，DSR 2005：XXIII，11401
美国—软木 V	上诉机构报告，美国—对来自加拿大软木的最终倾销判决，WT/DS264/AB/R，2004 年 8 月 31 日通过，DSR 2004：V，1875
美国—软木 V	专家组报告，美国—对来自加拿大软木的最终倾销判决，WT/DS264/R，2004 年 8 月 31 日通过，上诉机构报告修改，WT/DS264/AB/R，DSR 2004：V，1937
美国—软木 V [第 21. 3（c）条]	仲裁员报告，美国—对来自加拿大软木的最终倾销判决—在 DSU 第 21. 3（c）条下仲裁，WT/DS264/13，2004 年 12 月 13 日，DSR 2004：X，5011
美国—软木 V （第 21. 5 条—加拿大）	上诉机构报告，美国—对来自加拿大软木的最终倾销判决—由加拿大根据 DSU 第 21. 5 条提出，WT/DS264/AB/RW，2006 年 9 月 1 日通过，DSR 2006：XII，5087
美国—软木 V （第 21. 5 条—加拿大）	专家组报告，美国—对来自加拿大软木的最终倾销判决—由加拿大根据 DSU 第 21. 5 条提出，WT/DS264/RW，2006 年 9 月 1 日通过，得到上诉机构报告支持，WT/DS264/AB/RW，DSR 2006：XII，5147
美国—软木 VI	专家组报告，美国—国际贸易委员会对来自加拿大软木的调查，WT/DS277/R，2004 年 4 月 26 日通过，DSR 2004：VI，2485
美国—软木 VI （第 21. 5 条—加拿大）	上诉机构报告，美国—国际贸易委员会对来自加拿大软木的调查—由加拿大，根据 DSU 第 21. 5 条提出，WT/DS277/AB/RW，2006 年 5 月 9 日通过，和 Corr. 1，DSR 2006：XI，4865
美国—软木 VI （第 21. 5 条—加拿大）	专家组报告，美国—国际贸易委员会对来自加拿大软木的调查—由加拿大根据 DSU 第 21. 5 条提出，WT/DS277/RW，2006 年 5 月 9 日通过，上诉机构报告修改，WT/DS277/AB/RW，DSR 2006：XI，4935
美国—不锈钢（韩国）	专家组报告，美国—来自韩国的不锈钢卷板和不锈钢条的反倾销措施，WT/DS179/R，2001 年 2 月 1 日 通过，DSR 2001：IV，1295

续 表

简要标题	案件标题全称及出处
美国—不锈钢（墨西哥）	上诉机构报告，美国—来自墨西哥的不锈钢采取最终反倾销措施，WT/DS344/AB/R，2008年5月20日通过，DSR 2008：II，513
美国—不锈钢（墨西哥）	专家组报告，美国—来自墨西哥的不锈钢采取最终反倾销措施，WT/DS344/R，2008年5月20日通过，上诉机构报告修改，WT/DS344/AB/R，DSR 2008：II，599
美国—不锈钢（墨西哥）［第21.3（c）条］	仲裁决定，美国—来自墨西哥的不锈钢采取最终反倾销措施—第DSU 21.3（c）条下的仲裁，WT/DS344/15，2008年10月31日，DSR 2008：XX，8619
美国—钢板	专家组报告，美国—对来自印度钢板的反倾销及反补贴措施，WT/DS206/R和Corr.1，2002年7月29日通过，DSR 2002：VI，2073
美国—钢铁保障措施	上诉机构报告，美国—对于特定钢制品进口的保障措施，WT/DS248/AB/R，WT/DS249/AB/R，WT/DS251/AB/R，WT/DS252/AB/R，WT/DS253/AB/R，WT/DS254/AB/R，WT/DS258/AB/R，WT/DS259/AB/R，2003年12月10日通过，DSR 2003：VII，3117
美国—钢铁保障措施	专家组报告，美国——对于特定钢制品进口的保障措施，WT/DS248/R，WT/DS249/R，WT/DS251/R，WT/DS252/R，WT/DS253/R，WT/DS254/R，WT/DS258/R，WT/DS259/R，和Corr.1，2003年12月10日通过，上诉机构报告修改，WT/DS248/AB/R，WT/DS249/AB/R，WT/DS251/AB/R，WT/DS252/AB/R，WT/DS253/AB/R，WT/DS254/AB/R，WT/DS258/AB/R，WT/DS259/AB/R，DSR 2003：VIII，3273
美国—纺织品原产地规则	专家组报告，美国—纺织品及服装产品原产地规则，WT/DS243/R和Corr.1，2003年7月23日通过，DSR 2003：VI，2309
美国—金枪鱼II（墨西哥）	上诉机构报告，美国—有关金枪鱼及其产品进口、市场和销售的措施，WT/DS381/AB/R，2012年5月16日向WTO成员散发［未判决］
美国—金枪鱼II（墨西哥）	专家组报告，美国—有关金枪鱼及其产品进口、市场和销售的措施，WT/DS381/R，2012年5月16日向WTO成员散发［上诉中/未判决］
美国—轮胎（中国）	上诉机构报告，美国—影响自中国进口的客车和轻卡车轮胎的措施，WT/DS399/AB/R，2011年10月5日通过
美国—轮胎（中国）	专家组报告，美国—影响自中国进口的客车和轻卡车轮胎的措施，WT/DS399/R，2011年10月5日通过，上诉机构报告支持WT/DS399/AB/R
美国—内衣	上诉机构报告，美国—对于棉质及人造纤维内衣进口的限制，WT/DS24/AB/R，1997年2月25日通过，DSR 1997：I，11
美国—内衣	专家组报告，美国—对于棉质及人造纤维内衣进口的限制，WT/DS24/R，1997年2月25日通过，上诉机构报告修改，WT/DS24/AB/R，DSR 1997：I，31
美国—棉花	上诉机构报告，美国—对于棉花的补贴，WT/DS267/AB/R，2005年3月21日通过，DSR 2005：I，3
美国—棉花	专家组报告，美国—对于棉花的补贴，WT/DS267/R，和Corr.1，2005年3月21日通过，上诉机构报告修改，WT/DS267/AB/R，DSR 2005：II，299
美国—棉花（第21.5条—巴西）	专家组报告，美国—对于棉花的补贴—由巴西根据DSU第21.5条提出，WT/DS267/RW和Corr.1，2008年6月20日通过，DSR 2008：III，809
美国—棉花（第21.5条—巴西）	上诉机构报告，美国—对于棉花的补贴—由巴西根据DSU第21.5条提出，WT/DS267/AB/RW和Corr.1，2008年6月20日通过，上诉机构报告修改，WT/DS267/AB/RW，DSR 2008：III，997 to DSR 2008：VI，2013

续 表

简要标题	案件标题全称及出处
美国—棉花 (第 22.6 条—美国 I)	仲裁决定，美国—对于棉花的补贴—由美国根据 DSU 第 22.6 条和《补贴和反补贴协议》第 4.11 条提出，WT/DS267/ARB/1，2009 年 8 月 31 日通过，DSR 2009：IX，3871
美国—棉花 (第 22.6 条—美国 II)	仲裁决定，美国—对于棉花的补贴—由美国根据 DSU 第 22.6 条和《补贴和反补贴协议》第 7.10 条提交仲裁，WT/DS267/ARB/2 和 Corr. 1，2009 年 8 月 31 日通过，DSR 2009：IX，4083
美国—面筋粉	上诉机构报告，美国—对来自欧共体的面筋粉进口的明确保障措施，WT/DS166/AB/R，2001 年 1 月 19 日通过，DSR 2001：II，717
美国—面筋粉	专家组报告，美国—对来自欧共体的面筋粉进口的明确保障措施，WT/DS166/R，2001 年 1 月 19 日通过，上诉机构报告修改，WT/DS166/AB/R，DSR 2001：III，779
美国—羊毛衬衫及女上衣	上诉机构报告，美国—影响从印度进口的羊毛恤衫及衬衫措施，WT/DS33/AB/R 和 Corr. 1，1997 5 月 23 日通过，DSR 1997：I，323
美国—羊毛衬衫及女上衣	专家组报告，美国—影响从印度进口的羊毛恤衫及衬衫措施，WT/DS33/R，1997 5 月 23 日通过，得到上诉机构报告支持，WT/DS33/AB/R，DSR 1997：I，343
美国—归零法（欧共体）	上诉机构报告，美国—计算倾销差额（归零法）的法律，规则及方法，WT/DS294/AB/R，2006 年 5 月 9 日通过，和 Corr. 1，DSR 2006：II，417
美国—归零法（欧共体）	专家组报告，美国—计算倾销差额（归零法）的法律，规则及方法，WT/DS294/R，引自 2006 年 5 月 9 日，上诉机构报告修改，WT/DS294/AB/R，DSR 2006：II，521
美国—归零法（欧共体） （第 21.5 条—欧共体）	上诉机构报告，美国—计算倾销差额（归零法）的法律，规则及方法，—由欧共体根据第 21.5 条提出上诉，WT/DS294/AB/RW 和 Corr. 1，2009 年 6 月 11 日通过，DSR 2009：VII，2911
美国—归零法（欧共体） （第 21.5 条—欧共体）	专家组报告，美国—计算倾销差额（归零法）的法律，规则及方法，—由欧共体根据第 21.5 条提出上诉，WT/DS294/RW，2009 年 6 月 11 日通过，上诉机构报告修改，WT/DS294/AB/RW，DSR 2009：VII，3117
美国—归零法（日本）	上诉机构报告，美国—与归零法有关的措施及日落复审，WT/DS322/AB/R，2007 年 1 月 23 日通过，DSR 2007：I，3，
美国—归零法（日本）	专家组报告，美国—与归零法有关的措施及日落复审，WT/DS322/R，2007 年 1 月 23 日通过，上诉机构报告修改，WT/DS322/AB/R，DSR 2007：I，97
美国—归零法（日本） [第 21.3（c）条]	仲裁报告，美国—与归零法有关的措施及日落复审，WT/DS322/21，2007 年 5 月 11 日，DSR 2007：X，4160
美国—归零法（日本） （第 21.5 条—日本）	上诉机构报告，美国—与归零法和日落复审有关的措施—由日本根据第 21.5 条提出上诉，WT/DS322/AB/RW，2009 年 8 月 31 日通过，DSR 2009：VIII，3441
美国—归零法（日本） （第 21.5 条—日本）	专家组报告，美国—与归零法和日落复审有关的措施—由日本根据第 21.5 条提出上诉，WT/DS322/RW，2009 年 8 月 31 日通过，得到上诉机构报告支持，WT/DS322/AB/RW，DSR 2009：VIII，3553
美国—归零法（韩国）	专家组报告，美国—对自韩国进口的产品实施反倾销使用归零法，WT/DS402/R，2011 年 2 月 24 日通过

● 贸易政策审议（2012）

沙特阿拉伯贸易政策审议

[摘要]

（一）经济环境

自2005年12月加入WTO以来，沙特阿拉伯就一直延续着一项旨在使经济摆脱原油和天然气（原油和天然气收入占2010年实际GDP的23%，占政府收入的91%，占出口收益的86%）的经济多元化发展战略。这一发展战略通过推动下游产业，改善教育及卫生服务、现代化基础设施来实现。这一发展战略一直关注于自由贸易体制，并伴随着结构改革，以便开创更为友善的商业环境。

沙特阿拉伯的发展战略在2005—2010年期间取得了积极的经济绩效：实际GDP以每年3.2%的速度增长；通货膨胀率以每年4.6%的速度增长；整体财政状况（除了2009年）和对外经常账户都出现了盈余。但是，全球经济危机使得这些宏观经济指标在2009年急剧恶化。沙特阿拉伯主要通过庞大的财政刺激（2009—2013年间的4 000亿美元投资和发展计划）这一反周期政策进行回应。该政策限制了危机的影响，支持了非石油部门的稳步增长。尽管出现了全球经济衰退，但作为G20成员的沙特阿拉伯一直对新的贸易限制措施保持克制态度。

拥有2 700万人口（31%的外籍人士，即80%的劳动力），考虑到石油部门不是劳动密集型产业，增加公共部门的就业从长期来看也不可持续，沙特阿拉伯当局认为面临的主要经济和社会挑战在于如何为公民提供更多的就业机会。因此，“沙化政策”得以实施，以适应沙特阿拉伯的限定性条件和私人部门需求。其他重大挑战则包括减少对公共部门吸收国内劳动力的依赖，逐步改革国内能源价格以创造更为节能的经济。

沙特阿拉伯的里亚尔（SAR）自1986年以来一直盯住美元（1美元等于3.75里亚尔）。2009年12月，巴林、科威特、卡塔尔、沙特阿拉伯批准了一项建立货币联盟的协议。作为海湾合作委员会（GCC）其余成员的阿曼和阿联酋，没有加入这一货币联盟。目前海湾货币委员会正在讨论货币联盟的技术细节。引入单一货币的日期还未决定。

沙特阿拉伯的经济对国际贸易的依赖性正在逐步增强：货物贸易和服务贸易（进口和出口）占GDP的比重从2005年的89%上升到2010年的97%，并在2008年达到了峰值105%。2010年，沙特阿拉伯在世界货物出口中排名第12，在世界货物进口中排名第21（将欧盟成员国考虑在一起，并排除掉欧盟内部贸易）。在服务贸易领域，沙特阿拉伯在出口中排名第33，在进口中排名第11。随着2005—2010年期间平均每年的贸易赤字都在500亿美元左右，沙特阿拉伯正在逐渐成为服务贸易的净进口国。

随着2005—2010年期间平均每年250亿美元的FDI流入，沙特阿拉伯已成为全球第八大FDI接受国。这是向外资开放某些关键的经济活动（如采矿、石化、天然气和电信）这一措施的结果，也是开发四个经济城市和经济特区这一措施的结果。虽然如此，外国公司仍在某些活动中面临着投资限制，如：渔业，石油的勘探、钻井和生产。

（二）制度框架

协同其他部门，例如（以国王为首的）最高经济委员会、负责讨论并评估WTO相关问题的沙特谈判小组，制定并实施沙特阿拉伯的贸易政策是工商部门（MCI）的职责。私营部门为贸易政策的制定提供信息，意见的传达要么直接通过 MCI，要么通过临时工商会。沙特阿拉伯正在采取能够促进其参与到多边贸易体制中的措施。这些措施与其在世界范围内不断增强的重要性相称，其中包括了 2010 年 6 月 WTO 代表团的设立。

WTO 协议以及海合会条约是决定沙特阿拉伯贸易政策的主要因素。作为入世谈判的一部分，沙特阿拉伯的约束关税为 100%；根据《服务贸易总协定》(GATS)，沙特阿拉伯做出了大量承诺，并成为《信息技术协议》（ITA）的签约成员之一。在 WTO 争端解决机制中，沙特阿拉伯没有直接涉及任何争端，但却以第三方身份参与了六个案件。截至 2011 年 3 月，沙特阿拉伯获得了 15 个杰出通知。

沙特阿拉伯参加了两个重叠的区域贸易协定，海合会(GCC)和沙特阿拉伯自由贸易区(PAFTA)。作为一个组织，海合会（GCC）已经与欧洲自由贸易区（EFTA）国家以及新加坡达成了自由贸易协定，这些协定正处于批准过程中。海合会（GCC）还参与了与澳大利亚、中国、欧盟（EU）、印度、日本、韩国、南方共同市场（MERCOSUR）、新西兰、巴基斯坦以及土耳其的贸易谈判。海合会（GCC）的国家元首同意，除与美国达成的协议之外，任一成员达成的新优惠协定都将同时适用于所有成员。

（三）贸易政策制度

自 2003 年以来，沙特阿拉伯就一直在使其关税与海合会普遍外部关税（CET）相一致。最初，设想通过三年过渡期（2005 年 12 月 31 日）来完成普遍外部关税调整，但是这一日期被延长到了 2011 年底。沙特阿拉伯的最惠国关税相对简单：98.6% 的税率是从价计征的，19 条税目具有混合税率（烟草及与烟草相关的产品），81 条税目所对应的产品因为宗教原因而被禁止，例如，酒精饮料、生猪及生猪产品。对于进口产品没有关税配额，没有季节性关税，也没有其他税费。沙特阿拉伯没有对国产的或进口的产品征收增值税（VAT）、消费税或其他国内税费。

沙特阿拉伯的平均最惠国适用关税为 5.2%。根据 WTO 的规定，农产品的平均关税为 6.1%，非农产品的平均关税为 5%。加入 WTO 后，沙特阿拉伯的约束关税可高达 200%（烟草及与烟草相关的产品），但平均水平在 10.9%，对农产品的平均约束关税为 15.4%，对非农产品的平均约束关税为 10.1%。比约束关税低 5.7 个百分点的总体平均最惠国适用关税，呈现出了不稳定的因素，因为它为当局提高最惠国适用关税留存了空间。沙特阿拉伯还对一些水果和蔬菜做出了季节性关税约束承诺。

总体上，沙特阿拉伯的关税显示出了正向增长，从初级加工产品的 4.2%的平均关税，到半成品的 5%的平均关税，再到最终产品的 5.5%的平均关税。在更为详尽的分解水平下，就出现了混合结果：在一些产业中（例如，纺织品服装和木质产品）关税从加工的最初阶段到最终阶段都是正向增长的，从而为这些产业提供了比名义税率更高水平的有效保护。食品、饮料、烟草工业（反映了烟草的高税率）和非金属矿产品的关税是混合增长的（从第一阶段到第二阶段是负的，然后是正的）。化工品及塑料制品的关税从最初阶段到最终阶段都是负向增长的，部分原因在于进口药品免税。

基于入世谈判中的承诺，沙特阿拉伯于 2007 年 12 月 31 日取消了认证进口文件的要求。只有在进出口农业机械时，才要求使用沙特代理商。对进出口的禁止和限制适用于一系列产品，这主要是基于卫生、安全、道德和宗教，以及《实施卫生与植物卫生措施协议》（SPS）原因。沙特阿拉伯正在使其标准和技术法规制度适应于海合会的标准，它还在 2006 年接受了《技术性贸易壁垒协议》（TBT）中的良好实践守则。

虽然沙特阿拉伯采纳了海合会条约关于应急性贸易救济措施的规定，但其从未实施过反倾销、反补贴以及保障措施。海合会部长级委员会并没有运用任何贸易救济措施，尽管其发起了两项保障措施调查，但都因缺乏损害而被迫终止。

沙特阿拉伯对未硝的兽皮只适用于一种出口关税，并且这一关税也将在 2013 年 9 月 10 日被取消。它对包括阿拉伯马和木材在内的 11 类产品维持了出口禁令。沙特阿拉伯继续努力以促成其出口基地的多元化，采取的措施中包括了针对出口的各种金融信贷保险业务。

除了进口关税方面的优惠，一般性激励措施也会惠及所有投资者。这些措施包括：免征个人所得税，征收20%的利得税，亏损可以无限期转移，从沙特阿拉伯工业发展基金中以具有竞争力的利率获得高达项目成本50%的中长期贷款，以具有竞争力的价格获得土地，以具有竞争力的工业价格获得电力、燃料、水、天然气，在人力资本发展基金的资助下开展与沙特阿拉伯劳动力获取资格、培训、招聘相关的支持活动，获得大量的R&D援助资金。

沙特阿拉伯通知WTO，称没有保留任何国营贸易企业。虽然存在着私有化，但伴随着公共部门逐渐成为最大的雇主之一，公有制在整个经济中仍具有十分重要的意义。

沙特阿拉伯的政府采购制度不适用于某些采购。这些采购包括武器及军事装备、咨询工作、仅由单一供应商提供的货物和服务等。它还分别向当地产品提供10%的价格优惠，向海合会产品提供5%的价格优惠。沙特阿拉伯自2007年12月以来就是诸边《政府采购协议》(GPA)的观察员，但尚未开展成为GPA成员的谈判。

沙特阿拉伯的竞争立法适用于除完全国有企业之外的所有机构。该法涉及沙特阿拉伯公司和外国公司之间、外国公司和外国公司之间达成的协议，尽管有些是在沙特阿拉伯境外达成的。不存在自由区和自由经济区。一些货物和服务受制于价格管制，例如，面粉、燃料、燃油、电力、能源运输服务和药品（受制于盈利管制）。过去几年，沙特阿拉伯在执行知识产权保护方面取得了显著的进步。

（四）部门政策

采矿和能源部门为沙特阿拉伯的经济发展奠定了基础。采掘业（第2版国际标准产业分类中的第2主类）的简单平均最惠国适用关税为5%。沙特阿拉伯是世界上最大的石油出口国，也是世界上最大的石油和天然气生产国之一。它在OPEC中保持着最大的额外石油生产能力，并在进行投资以便将其总生产能力提高到每天1 250万桶（目前的产量约为每天850万桶）。近些年来，国内外对天然气的投资大幅度增加。沙特阿拉伯还通过用天然气代替石油，来鼓励国内减少对石油的消费，并正在试验太阳能热及其他可持续发电方法。完全国有的沙特阿拉伯石油公司（Saudi Aramco）从某些与原油生产有关的特许权和特权中受益，例如（上游的）石油开采、天然气中的某些专有权和特权。

服务业构成了沙特阿拉伯整个经济多元化政策的重要组成部分。2010年，该部门构成了实际GDP的50.6%，吸收了大约3/4的劳动力。从官方了解到，多个国有企业基于商业考虑而进入了该部门。其中包括了国民商业银行、合作保险公司、沙特阿拉伯航空公司、沙特阿拉伯电信公司。自沙特阿拉伯加入WTO以来，金融服务，尤其是银行和合作保险，已经得到了大幅扩张。

制造业构成了沙特阿拉伯2010年实际GDP的12.6%。该部门受益于该国相对较大的碳氢化合物禀赋。碳氢化合物可用做工业投入品，以生产水泥、石油化工产品、金属和肥料。制造业（第2版国际标准产业分类中的第3主类）的简单平均最惠国适用关税为5.3%。政府是关键制造企业的重要股东，例如，沙特阿拉伯基础工业公司（SABIC）。政府正在兴建四大经济城市，这些城市主要集中着包括石油化工产品、铜精炼厂和冶炼厂、铝络合物在内的重工业。

尽管农业占实际GDP的份额相对较小，但基于沙特阿拉伯的粮食安全目标，农业在经济中仍具有十分重要的意义。这一目标主要通过相对较低的关税实现（3.5%，第2版国际标准产业分类中的第1主类）。为了增强粮食安全，沙特阿拉伯鼓励私营企业到国外投资农业项目。私营部门在沙特阿拉伯农业发展中发挥着重要作用。之所以如此，主要原因在于政府计划提供了长期免息的贷款，水、燃料和电力的成本比较低，原材料和机械设备的进口关税也降低了。

（孟俊华　译）

科威特贸易政策审议

[摘要]

科威特正在实施一项关注于自由贸易体制的新战略。该战略的目标是降低经济对原油和天然气的高度依赖。它们占据了将近一半的GDP，95%的出口收益，80%以上的政府收入。为了实现这一目标，科威特采取了一系列措施。这些措施包括改善本国的商业环境，提高非能源部门的生产率，提高私营部门（本国的或外国的）在经济中的参与程度（当前参与水平仅为25%）。

为了成为北部湾地区的国际贸易、物流、能源和金融服务中心，科威特还需要进一步改善基础设施和物流，降低国家在很多经济活动中的参与度，促进新企业的建立，使土地出租在长期内更具预见性。

（一）经济环境

科威特的实际GDP在2006—2008年期间以每年5%的速度增长，由于全球经济危机的影响在2009年出现了缩减，在2010—2011年期间又以4.5%的速度恢复了增长。这反映了世界石油市场的发展。

庞大的财政盈余，来源于政府多年来从能源部门的所有权中获得的积累，它已经占到了2007年GDP的40%。这在很大程度上免除了征税的需要，尽管正在筹备新的综合所得税法，也正在考虑2014年引入增值税（VAT）。财政盈余部分地用于包括公用事业和住房补贴在内的社会福利政策。存在着这样一种担忧，即针对公共服务的价格政策会削弱引进效率、减少浪费的动机，并带来比实际需要更高的消费。在鼓励多元经济、节能经济的背景下，逐步取消政府的高补贴将是有益的。

科威特已经建立了储备基金，以确保代际之间在不可再生资源开采上的经济平等性。

科威特的第纳尔盯住的是未公开的一篮子货币（2003—2007年5月之间盯住的是美元）。2009年12月，巴林、科威特、卡塔尔和沙特阿拉伯批准了建立货币联盟的协定。实行单一货币的日期还未确定。

科威特的外部账户反映了能源出口的主导地位，并显示出了由于对世界石油市场的依赖而产生的波动性。在贸易政策审议期间，经常账户盈余在GDP中的比重维持在24%～45%之间。经济高度依赖于国际贸易，2007—2009年期间货物贸易和服务贸易平均占到了GDP的将近90%。科威特是服务的净进口国，赤字从2006年的约22亿美元上升到2010年估计的59亿美元。

最近几年，科威特增加了对外投资，2006—2010年期间平均每年的FDI流出量约为75亿美元。另一方面，FDI的流入量仍然相对较低。这一点可通过在过去严格限制外国人的可投资领域来解释，可通过相对复杂的商业环境（例如，冗长的许可程序、官僚习气、过时的法律法规）来解释，也可通过只适用于外国公司所获利润的企业所得税来解释。因此，除其他事项外，一项针对2001年外商投资法的修正案正在被评估，以便为外国投资者设立“一站式服务”。政府鼓励更多外国投资的意图被近来的一项决定证实。该决定首次允许外国合作伙伴加入科威特的能源资源开发中，尤其是天然气的生产中。这样做的目的是获得必要的技术和技术诀窍，以便更有效地开发资源。

官方认为，一个重要的经济和社会挑战在于如何为本国居民提供更多的就业机会。“科威特化”政策正在实施，以减少对公共部门吸收国内劳动力的依赖，鼓励更多的科威特人在私营部门寻找和发现就业机会。然而，公共部门的工资和福利仍然十分具有吸引力。

（二）制度框架

协同其他部门，制定并实施科威特的贸易政策是工商部门（MCI）的职责。民营部门主要通过科威特的工商会来参与贸易政策的制定。

公共部门是科威特的最大雇主，国家对经济具有直接而强大的影响。2010年，科威特通过了一部新的私有化法律。该法律以将所有权转移到私营部门（建设—运营—转让计划）的过程为基础。转移所有权通过鉴别合适的国内外合作伙伴，通过首次公开发行的方式发行股票来实现。但是，一些法律修正案会降低其影响，因为医疗保健、教育、能源部门被排除出去了。政府在所有的新近私有化公司中都占有重要份额，出售公众控制的股权只能期待慢慢发生。

实现科威特的2035年愿景目标和中期发展计划（2010—2014），特别是扩大私营部门的作用和吸引外资，需要科威特政府加快颁布新法律的步伐以适应现代化的商业环境，还需要解决过多的行政和程序障碍，同时增加政府管理的透明度、问责性和有效性。

科威特在1963年成为《关税与贸易总协定》（GATT）的缔约方。自1995年以来，它一直都是WTO成员。它也是WTO《信息技术协议》的签约成员。在WTO争端解决机制中，科威特曾在一个案件中以第三方身份出现。科威特的杰出通知，作为首次贸易政策审议准备的一部分，从2011年3月底的44个降到了2011年6月底的22个。

科威特参加了两个重叠的区域贸易协定，即海合会（GCC）以及海合会（GCC）六个成员都参加了的大阿拉伯自由贸易区（GAFTA）。科威特在海合会（GCC）框架下协调贸易政策和贸易实践。除了个别外，科威特允许海合会（GCC）的公民及公司与本国国民一样从事所有的经济活动和职业。作为一个组织，海合会（GCC）已经与欧洲自由贸易区（EFTA）国家以及新加坡达成了自由贸易协定（FTAs），这些协定正处于批准过程中。海合会（GCC）还参与了与澳大利亚、中国、欧盟（EU）、印度、伊朗、日本、约旦、韩国、南方共同市场（MERCOSUR）、新西兰、巴基斯坦以及土耳其的贸易谈判。在大多数情况下，海合会（GCC）都是作为一个组织来开展自由贸易协定（FTAs）的谈判。尽管如此，一些海合会（GCC）成员（如巴林和阿曼）也单独达成了自由贸易协定（FTAs），特别是与美国达成了协定。

（三）贸易政策

进口货物只受制于关税，因为科威特没有对本国生产的产品或进口产品征收增值税（VAT）、消费税以及其他国内税费。科威特在2003年开始适用海合会（GCC）的普遍外部关税。结果，简单平均最惠国关税从2002年的7.7%下降到了2011年的4.8%。根据WTO规定，农产品的平均关税为5.7%，非农产品的平均关税为4.6%；98.6%的税率是从价计征的，与烟草及烟草产品相关的19条税目具有混合税率。除与原油、石油和石化产品相关的税目外，科威特的所有税目都存在约束关税。所有的约束税率都是100%。在所有的税收收入（大约是政府收入的2%）中，关税占了60%以上。

科威特适用海合会（GCC）关于海关程序和估价的共同法律。它需要有待验证的文件，还需要与商业票据、原产地证书、健康和清真肉类证书、所有进口产品的货物仓单有关的签证手续费。来源于所有国家的所有进口产品都需要“一般”进口许可证，特定产品则需要主管部门的特别许可。科威特基于安全、卫生、宗教原因，或者基于国际公约的要求，禁止进口某些商品。

科威特采纳了海合会条约关于应急贸易救济措施的规定，并告知WTO将在2010年12月对这些规定进行修正。科威特从未实施过反倾销、反补贴以及保障措施。海合会部长级委员会并没有运用任何贸易救济措施，尽管其发起了两项保障措施调查，但都因缺乏损害而被迫终止。

科威特和其他海合会（GCC）国家制定了共同的海合会（GCC）标准和技术法规，以取代单个海合会成员的标准和技术法规。科威特的标准以国际标准为基础，但由于气候、地理以及基础设施条件而存在着有限偏差。

出口手续很简单，任何自然人或公司（包括外国的）都可以在科威特出口。某些商品禁止出口，其他产品则被限制，并需要主管机关的许可。科威特不适用出口关税、出口税费。

2010年，政府采购约占GDP的12%。科威特的采购制度允许当地产品享有10%的价格优惠，海合会产品享有5%的价格优惠。投标人要么必须是科威特供应商，要么必须是具有科威特合作伙伴或代理商的外国供应商。此外，补偿计划要求因高于某个临界值而获得政府合同的外国公司，进行能够为科威特经济增加价值的投资。科威特不是WTO诸边《政府采购协议》的一方或观察员。

科威特的竞争立法于2007年由国民议会通过。政府正在为设立竞争保护局做法律方面的准备。但是，竞争立法并不适用于国家所有或国家经营的设施和项目。

科威特存在一些涉及知识产权（IPRs）的国

内法，但是海合会（GCC）层面的专利法和商标法也正在准备中。海合会（GCC）的商标法一旦被实施，就会取代科威特本国的商标法。海合会（GCC）的专利立法和科威特的专利立法都是有效的，因为允许存在双重保护。

（四）部门政策

石油和天然气部门奠定了科威特经济发展的基础。科威特是世界上第九大原油生产国，拥有近8%的世界已探明原油储量，并在全球天然气储量排名中位居第18位。石油、天然气以及石油产品的最惠国适用关税都是5%。外国投资者可以进行其他部门的经济活动，而不仅仅是石油和天然气的勘探生产。科威特的目标是，以天然气方面的比较优势为基础，并通过与外国企业合资，而成为石油化工产品中的世界级重要角色。完全国有的科威特石油公司（KPC）及其附属公司受益于与石油和天然气有关的若干特许权和特权。

电力部门得到了政府的大量补贴。新颁布的法律允许外资通过公私合营的方式进入电力和水务部门。因此，独立水电项目（IWPP）将被建设。在独立水电项目（IWPP）中，私人公司可以生产水电，然后出售给水电部，水电部再出售给消费者。允许外国投资者持有高达26%的所有权。第一个独立水电项目（IWPP）正在建设中。

服务业是经济中最大的非石油部门，占据了大约一半的GDP，吸纳了80%以上的总就业人口。该部门由几家国有企业主导，并在固网电话等活动中存在着国家垄断。科威特已经向外资开放了一些服务部门，其中包括金融服务、航空运输、移动电话服务以及专业服务。

根据《服务贸易总协定》（GATS），科威特计划对61个分部门和8个主部门做出承诺。8个主部门包括：商务服务、建筑及其相关的工程服务、分销服务、环境服务、与健康相关的服务及社会服务、旅游及与旅游相关的服务、娱乐及体育服务，还有金融服务。根据《服务贸易总协定》（GATS）第二条关于航空运输服务以及促进保护投资的规定（关于第二条例外的附件），它保留了最惠国待遇例外。

尽管存在着大量的外国劳动人口（60%以上的人口都是非科威特人），科威特并没有根据《服务贸易总协定》（GATS）的规定对自然人流动做出承诺，而仅仅对经理、专家、技师的入境和暂时停留做出了承诺。

虽然农业和渔业占GDP的份额很小，并且在不断下降，但是基于粮食安全目标，这些部门对经济来说仍然十分重要。科威特是农产品的净进口国，粮食安全目标主要通过相对较低的最惠国适用关税（3.2%）来实现。与此同时，民营公司也被鼓励到国外投资农业项目。政府对农业和渔业部门的援助主要通过国内支持，如补贴以及针对国内生产者的低成本信贷。

（孟俊华　译）

土耳其贸易政策审议

[摘要]

同世界许多国家一样，伴随着出口的减少，国内需求的损失，土耳其也感受到了2008—2009年全球金融危机的影响。但是，土耳其能够利用实施于1999年和2001年严重的国内经济危机之后的结构改革。改革包括了促进民营部门发展的市场自由化、私有化、农业改革、强化银行体系的改革、财政纪律、伴随着通货膨胀目标的紧缩性货币政策以及浮动汇率制。因此，在应对近来的金融危机中，稳健的银行体系以及良好的财政状况允许政府实施财政刺激政策，以恢复经济增长。经济衰退被证明是暂时的，随后而来的回升一直都很强劲。

土耳其的实际GDP在2010年增长了9%，预计在2011年会进一步增长7.5%。失业率曾从2006年和2007年的10%上升到了2010年的14%，现在正以相对较快的速度回到危机前的水平。年通货膨胀率在20世纪90年代末和2001年曾接近70%，但是自2004年以来已经下降到了10%或者更低。土耳其的经常账户赤字，已经扩大到了相当于2010年GDP6.5%的水平，这似乎构成了经济持续快速扩张的主要挑战。虽然赤字融资还不是当前的主要问题，但是近来的危机凸显了快速变化的业务和投资者情绪所产生的影响。

欧盟仍然是土耳其最重要的贸易伙伴和投资者。在2005—2010年期间，欧盟占土耳其FDI流入量的近70%。土耳其近40%的进口来自欧盟，刚超过50%的产品出口到欧盟。但在过去五年中，欧盟在土耳其对外贸易中的主导地位已经明显下降，这一点反映了土耳其明显地将其出口转向了邻国、北非、某些独联体（CIS）国家以及亚洲的成长型市场。

自上次贸易政策审议以来，土耳其制定和实施贸易政策的总体框架就大体上没有发生变化。但是，2011年随着一些部门和公共机构的重组，与土耳其对外贸易政策相关的关键职能取决于经济部（先前的外贸部）与其他机关部门的协调合作。经济部定期向私营部门和非政府组织（NGOs）搜集土耳其贸易政策制定和审议的信息。土耳其设立了世界贸易组织—多哈发展议程（WTO－DDA）协调委员会，以便跟进与多哈发展议程（DDA）相关的问题，并决定土耳其在多边谈判中的战略。土耳其高度重视多哈发展议程（DDA）的顺利结束，并采取了重大措施以支持最不发达国家（LDCs）消除贫困。

土耳其和欧盟之间的关税同盟于1996年1月1日生效。加入欧盟的谈判则开始于2005年10月。土耳其在其中做出的承诺使其正在开展以下工作：一是促使本国法律符合欧盟法律，二是协调与其他贸易伙伴交换的贸易优惠。基于此，关税同盟和加入欧盟的谈判依然是土耳其贸易政策的基石。土耳其与欧洲自由贸易联盟（EFTA）达成了自由贸易协议，它是欧洲—地中海伙伴关系的一部分。目前土耳其共加入了16个已生效的双边自由贸易协议。自上次贸易政策审议以来，土耳其共结束了7个双边自由贸易协议的谈判。更进一步，土耳其当前正与13个合作伙伴进行谈判，与另外10个贸易伙伴启动了谈判。土耳其还参加了经济合作组织（ECO）、发展中八国集团（D－8）、伊斯兰会议组织（OIC）、黑海经济合作组织（BSEC）。正如在原来的贸易政策审议中指出的，土耳其参与区域和双边贸易协议有助于改善经济中的竞争关系，但也增加了贸易制度的复杂性，还可能分散为进一步开放经济而做出的多边努力。

土耳其依靠对商品和服务征收国内税，而不是征收诸如关税这样的贸易税来增加政府收入。2010年，国内税主要是对进出口产品征收增值税（VAT）和特别消费税，大约占了土耳其政府税收收入的58%，占了政府总收入的44%以上。相比之下，关税在政府总收入中的占比还不到1%。

原则上，土耳其的增值税（VAT）和特别消费税对进口产品和国内生产产品不进行区分。但是，由于对酒精饮料所征收的特别消费税是依据产品类型，相对于其他产品，税收制度有可能会更支持某些产品的消费。增值税（VAT）的一般税率为18%，但是某些商品和服务适用于减税（8%和1%），某些类型的交易则是免税的。

土耳其将海关联盟共同对外关税（CET）适用于工业产品，它对非农产品适用的最惠国关税比较低，平均为5%。但是，这种相对开放没有体现在土耳其的入世承诺中，因为它使66.5%的非农关税细目不受约束。土耳其做出了约束承诺的关税细目，其简单平均水平是17.4%。实际上，工业品的进口制度比共同对外关税（CET）所显示的更为开放，因为关税联盟和自由贸易协议使土耳其的很多最重要贸易伙伴免税进入。此外，土耳其很可能对非农产品放开关税配额，鼓励投资计划也会对进口实行关税和税收减免，出口则受益于国内加工计划，“中止列表”能使制造商低税或免税进口特定原材料和中间投入品。

当其被认为不足以对国内产业形成“适当”保护时，法律允许土耳其政府提高最惠国适用税率。但是，自2007年以来，土耳其的最惠国进口关税总体上没有发生重大变化。然而，土耳其是反倾销措施的重要使用者，118项关税措施自2011年8月起生效，相比之下，2007年底有93项，2002年底只有27项。2009年，土耳其首次征收了反补贴税。2007年以来，根据《保障措施协议》，土耳其对一些产品发起了保障措施调查，并延长了保障措施。更进一步，根据2011年1月发起的调查，土耳其提高了大范围内的纺织品服装的最惠国关税。

基于国家安全和环境保护等原因，土耳其禁止或限制各种商品进口，以保护健康和安全，确保符合国内法和国际法义务。自2010年1月1日起，纺织品和服装必须通过登记，以便对其进口进行监控。更为普遍的是，自2004年以来，土耳其就实施了进口监控系统。该系统对一些产品的监控是以价格为基础的。

自上次贸易政策审议以来，土耳其就修改了其鼓励投资计划。现在，该计划依靠三大支柱方法，这些方法是以地区和部门的实施、促进国际竞争力规模投资以及一般的投资激励机制为基础的。新的国家援助监管法于2010年10月生效。虽然国家所有权依然重要，尤其是在某些银行、运输公司、公用事业、能源和矿业企业、农业行销中，但是土耳其一直在延续其在1984年推出的私有化计划。在过去的四年中，通过出售配电公司、港口经营权、石化企业、烟草企业以及土耳其电信的更多股权，收益获得了显著增加。进一步的私有化指向了糖加工、道路和桥梁。在过去的四年中，土耳其在打击知识产权滥用方面也取得了一些进步。农业部门占土耳其2010年GDP的8.4%。土耳其已跻身于世界最大的农产品生产国之列。主要的传统出口产品包括：榛子、水果、蔬菜以及香料烟。除了用于工业加工的农产品之外，农产品贸易不受制于海关联盟的共同对外关税（CET）。土耳其偶尔对特定农产品的关税进行调整，以适应国内的供求状况。考虑到最惠国适用关税和最惠国约束关税之间存在着差距（平均的48%与72%），土耳其对此具有一定的自主权。随着土耳其根据优惠贸易协定而保留着众多关税配额，以及为方便进口而时不时地单方放开关税配额，其适用的平均进口关税也有效地降低了。

自2002年以来，土耳其没有向WTO发出支农通知。根据所提供的资料，土耳其对本国农业生产者的支持额度最近以来一直在增加。2008年，取消了以市场为导向的农业改革实施项目。更进一步，随着直接收入支持计划在2009年的终止，支持的增加部分正通过差额补贴和其他工具（例如，以地区为基础的支付）而扩大。土耳其的市场价格支持近年来也增加了，主要是因为更高的国内价格而不是更低的世界市场价格。国有企业在商品贸易中的相应损失，已经由土耳其财政部的财政转移抵消了。16组产品获得了出口补贴资格。

虽然农业和制造业仍然很重要，但是现在的土耳其经济是以服务业为主导的。旅游业是外汇收入的主要来源，政府提供了刺激措施以及其他形式的援助来进一步发展该部门。从产出、就业以及对外贸易的角度来讲，其他的重要部门包括金融服务、交通运输、电信、批发和零售贸易以及外向型建筑业。随着能源消耗的快速上升，土耳其于2001年开始了能源部门的改革，包括私有化在内的过程已经在电力分配行业取得了长足发展。因为在该部门中，当前的战略预见到在2015年包括家庭在内的所有消费者都应该能够选择自己的供应商。天然气部门的改革一直都不太成功，因为在该部门中，国有企业BOTAS继续主导着天然气的进口和批发。土耳其把增加可再生能源的份额作为目标，以便满足不断增加的能源需求。

最近的经济危机凸显了土耳其自2001年以来

实施的经济改革的益处，以及持续推进这些改革的价值。在贸易方面，通过多边贸易谈判，合作伙伴进入土耳其市场的透明度和预测性在不断增强。土耳其的合作伙伴将会受益于此。这些多边贸易谈判促成了针对工业产品的更多关税约束承诺，针对农产品和制造业产品的低约束税率，关税制度的简化和合理化，进一步的服务承诺。与此同时，土耳其的贸易伙伴可以通过向土耳其做出开放自身市场的保证，来营造更为积极的贸易环境。

（孟俊华　译）

特立尼达和多巴哥贸易政策审议

[摘要]

特立尼达和多巴哥是一个高收入的发展中国家，人均 GDP 超过了15 500美元。它是加勒比共同体（CARICOM）中的最大经济体，人口约 130万，是第三大人口国。贸易对经济十分重要，货物进出口值大约相当于 GDP 的 78%。

石油和天然气在经济中占据主导地位，构成了出口收益的 3/4，政府财政收入的一半。因此，经济对石油和天然气的价格变动十分敏感。跟随 2008 年全球金融危机而来的价格下跌导致了人均 GDP 从 2008 年的近 21 000 美元下降到 2009 年的 15 000 美元。随后的 2010 年，经济又恢复了增长。金融危机还加速了保险公司和 CL 金融集团的破产。CL 金融集团在特立尼达和多巴哥设立了两家子公司。政府对两家子公司的救助，预计将耗费超过 10%的 GDP，并导致 2009 年和 2010 年相对较大的财政赤字。特立尼达和多巴哥有能力应对这些事件，因为它的公共部门债务较低，外汇储备比较充足，庞大的财政盈余一直持续到 2009 年。

政府的政策一直都是鼓励多元化以摆脱对石油和天然气部门的依赖，这一政策还会继续维持。石油产量的下降以及较低的石油天然气储产比使这一政策必不可少。这一政策也是发布于 2011 年 10 月的 2011—2014 中期政策框架（MTPF）的核心。这一政策关注于增长环境和竞争环境的改善，是建立在稳定宏观经济，增强法律体系职能，提供稳固的政府，促进储蓄和投资，对公共部门支出（尤其对社会基础设施项目）进行战略性干预，对社区和创业进行有效干预的基础上的。

然而，许多领域的改革步伐一直都很缓慢。2005 年贸易政策审议期间，特立尼达和多巴哥正在审查反倾销立法，也正在起草保障措施立法，但是新的法律至今还没有颁布。对政府采购政策的审查开始于 2004 年，并向国会提交。2008 年虽然通过了《版权法（修订案)》，但是与知识产权相关的其他领域的立法至今还没有实施。筹备于上次贸易政策审议时的新投资法，至今也还没有实施，尽管特立尼达和多巴哥鼓励外商直接投资到所有部门，并对投资没有任何限制或抑制。在缺乏法律和管制框架的情况下，似乎很难将投资吸引到石油和天然气以外的部门。

在过去几年中，与贸易相关的其他领域也进行了一些改革。海关手续因采纳了世界海关数据自动系统而得到了改进，并会因在 2012 年引入电子文件和单一电子窗口而继续得到改进。《2005 加勒比共同体法》于 2006 年 1 月生效。它规定了加勒比共同体（CARICOM）单一市场的推行，允许人员、资金、服务以及货物的自由流动，允许成员国之间设立实体。单一经济体规定了统一的经济、投资、财政以及货币政策，并有望在 2015 年获得全面推进。进一步，作为加勒比共同体成员的特立尼达和多巴哥已经与委内瑞拉、哥伦比亚、多米尼加共和国、哥斯达黎加以及古巴签订了双边协议。特立尼达和多巴哥还参与了欧盟—加勒比论坛国经济伙伴关系协定，并受益于与美国达成的加勒比海盆地计划、与加拿大达成的加拿大计划、一些发达国家提供的普遍优惠制以及全球贸易优惠制。

特立尼达和多巴哥将加勒比共同体（CARICOM）共同对外关税适用于 A 列表和 C 列表以外的其他所有进口商品。在 A 列表上（主要是农产品、石油产品以及一些家用产品），关税可能低于共同对外关税（CET）。在 C 列表上（主要是汽车、电器、贵金属以及酒精饮料），关税可能高于共同对外关税（CET）。一般情况下，关税都会远低于约束税率，但是在 2011 年，50 种关税细目（从 2004 年的 44 种上升）的适用关税超过了约束税率。其他 27 种关税细目（主要是酒精饮料）适用于从量关税，尽管按约束税率是从价计征。这就意味着在某些情况下，适用关税可能超过约束税率。另一方面，受到附加税限制的产品目录在 2011 年已经减少了，只剩下鸭鹅肥肝的附加税为 86%，甜菜、调味品以及有色糖的附加税为 60%，糖粉的附加税为 75%。

增值税（VAT）以 15%的税率适用于大多数商品和服务。除增值税之外，消费税也适用于酒精饮料、烟草产品、石油和柴油。消费税是从量计征的，并根据产品不同而不同。在某些情况下，消费税税率区分了可替代产品，例如，与其他葡萄酒相比，起泡葡萄酒的消费税更高；与其他蒸馏饮料相比，朗姆酒的消费税更低。

为了使经济摆脱对石油和天然气的依赖，政府十分重视农业部门，并给予了相对较高水平的支持。尽管如此，农业仍然是经济中的较小部门，并且地位还在下降。政府通过一系列措施来支持农业，其中包括为维持更高的国内价格而采取的边境措施、针对某些产品的保证价格、投入补贴、投资补贴以及低息贷款。至少自2003年以来，农业地位的下降在一定程度上可归因于进入传统市场的优惠价值减少。农场规模较小，许多农民的使用权不确定，国内市场较小，高价值产品（例如，可可和咖啡）的产量下降也导致了农业地位的下降。政策变化，例如，通过农业刺激计划而实行的更高补贴以及解决土地使用权的相关措施，是否成功还有待观察。

能源部门吸纳了近90%的外国投资。石油和天然气行业面临的最大挑战是，与生产相比，储备的水平比较低。当前政策关注于石油、天然气以及石化产品的深加工。官方鼓励当地参与到石油和天然气部门中来。2004年4月成立了固定本地含量委员会，2004年10月公布了政策框架。这一问题也是2011年初举行的能源政策公众听证会的主题之一。

服务业占2010年GDP的46%以上，并创造了70%的就业，表明了劳动生产率很低。服务出口在近年来下降了，在2010年达到了4.36亿美元。

商业银行资本充足，实行保守放贷。它不涉及或很少涉及高风险债务，与此同时还维持着高利差。因此，虽然速度在下降，但是银行仍有利润，在2008年金融危机及其随后而来的经济衰退中，其损失相对较小，比较稳定。新颁布的商业银行相关立法增强了中央银行的监管和监督权力。该法对所有的国内银行集团及跨国经营的银行集团进行综合监管。该法还要求通过创建金融控股公司来改组“混合组”（即提供商业银行业务和其他金融服务的银行集团）。金融控股公司分隔集团中的各种金融服务业务，并受制于中央银行的监管。该法还允许中央银行和其他国内外监管机构进行信息共享。商业银行部门也变得更加自由了，因为该法允许外国金融机构通过执照的分支机构来开展业务。

另一方面，特立尼达和多巴哥受到了CL金融集团及其两个子公司（CLICO和BAT）破产的影响。在破产发生后的2009年，《保险法》的一项修正案要求增加报告次数和法定基金数额，从而弥补了法律框架上的缺陷。修正案还授权中央银行实施及时的纠正措施，授权监管机构之间的信息共享。另一项保险法案预计很快就会颁布。官方称，该法是以保险监管的国际最佳实践为基础的。

自2005年以来，虽然游客数量已经下降了，但是旅游业仍是经济中的重要部门。游客数量之所以会下降，可能是因为游客来源国的经济放缓。以税收为基础的措施，如，加速资本免税额，是鼓励旅游投资的主要措施。这些措施大多都适用于外国人和特立尼达和多巴哥本国人。自2010年在国家旅游政策中提出以来，旅游就一直被认为是实现经济多元化的一条路径。

作为一个小岛国，运输服务，特别是海运及其相关服务，对特立尼达和多巴哥来说十分重要，政府将其作为高增长行业。特立尼达和多巴哥建立了港务局，并通过为在西班牙港口的货物装卸、基础设施以及岛间轮渡设立独立的实体，来实现商业化运作。工程和工业部当前正在修订现行法例，以便完善法律框架。

特立尼达和多巴哥的持续发展面临着几项挑战。它将多元化以及降低石油和天然气的生产出口作为首要任务。尽管历届政府都认识到了经济多元化的必要性，并采取了一些措施，但是相对于当前的石油和天然气生产，储备水平仍比较低，并且在某些国家中天然气产量的增加就意味着必须在中短期内实现显著的多元化。另一方面，特立尼达和多巴哥具有很多优势，例如，相当发达的基础设施和高效的政府服务。利用这些优势，并加快法律制度的改革步伐，将有助于减少对石油和天然气生产的依赖，实现多元化目标。

（孟俊华　译）

尼泊尔贸易政策审议

[摘要]

尼泊尔于1992年单方面地开始了贸易和投资体制的自由化，并于2004年4月通过了所有的加入程序而成为加入WTO的首个最不发达国家(LDC)。自此，经济效应没有为尼泊尔带来强劲的发展需求。阻碍GDP高速增长的关键因素包括政治不稳定（因为过渡期开始于1996—2006年的国内冲突之后）和供给约束，尤其是能源短缺、基础设施薄弱以及工人罢工。贸易对实现经济的持续性、包容性增长，对创造条件以消除贫困并提高人们的生活水平具有积极作用。意识到这一点之后，尼泊尔正在采取进一步措施，以便创造更为友好的商业环境，促进本国的出口商更具竞争力。

(一) 经济环境

在2004—2011年期间，尼泊尔实际GDP的年均增长率为4.2%，但它仍然是南亚地区最贫穷的国家之一，大约25%的人口生活在贫困线以下。进一步，出口缺乏多样性，严重依赖国外汇款(GDP的20%以上)，也使得其经济很容易受到外部经济的冲击。

2009年尼泊尔的年均通货膨胀率达到了两位数，主要是因为供应中断、大罢工、道路封闭、对包括食品在内的基本物资用品的卡特尔、因汇款不断流入而导致的国内消费膨胀（占GDP的90%以上)。尼泊尔的物价在很大程度上受到了印度通货膨胀的影响，因为尼泊尔的卢比是与印度货币挂钩的。

尼泊尔对财政管理仍持谨慎态度，最近实施的税收管理改革征收了大量的关税和增值税(VAT)。因此，公共债务占GDP的份额从2004年的59%下降到2011年估计的32%。

出口的疲软以及进口的旺盛，使得尼泊尔的贸易赤字在2003—2010年期间增长了四倍多。但是，大量的国外汇款导致了其经常账目在大部分的贸易政策审议期间都出现了盈余。

贸易占GDP的40%左右。尼泊尔的出口产品范围比较狭窄，出口市场集中在以印度为首的几个少数国家。在2003—2010年期间，商品出口占GDP的份额从10%下降到了5%，与此同时，进口增长了两倍多，主要是因为更多汇款造成了消费的增加。

尼泊尔对FDI流入的吸引力非常有限，主要是因为经商成本较高和投资机会有限。另外，某些经济活动（如，渔业、家庭手工业传统工业、旅行社和咨询服务业）是为国内投资者保留的。因此，尼泊尔经济政策计划的主要目标是为国内外投资创造一个透明的、公平的商业环境，并不断增强民营部门在经济发展中的作用。

(二) 制度框架

协同其他部门，制定并实施尼泊尔的贸易政策是商务供应部(MoCS)的职责。私营部门为贸易政策的制定提供信息，意见的传达要么直接通过MoCS，要么通过尼泊尔工商联和尼泊尔商会。

尼泊尔于2004年4月23日成为WTO的第147个成员。作为入世承诺的一部分，尼泊尔99.4%的关税细目都存在着约束关税，根据GATS做出了大量承诺。在WTO争端解决机制中，尼泊尔没有直接涉及任何争端，也没有以第三方身份参与到任何争端中来。自加入WTO以来，尼泊尔很少做出通知。尼泊尔当局请求秘书处在此方面给予援助。尼泊尔至少给予了其所有的贸易伙伴以最惠国待遇。

尼泊尔参加了两个重叠的区域协定：南亚自由贸易区(SAFTA)（阿富汗、孟加拉国、不丹、印度、马尔代夫、巴基斯坦、斯里兰卡）和孟加拉湾倡议多部门技术和经济合作组织(BIMSTEC，包括孟加拉国、不丹、印度、缅甸、斯里兰卡和泰国)。此外，尼泊尔签署了17个双边贸易协议，尤其是与印度和中国的。

在将传统农业经济改造成现代经济的过程中，贸易发挥着积极作用。意识到这一点之后，尼泊尔通过了2009年的贸易政策。贸易政策的实施则是通过2010年的尼泊尔贸易政策一体化(NTIS)。它的目标是增强尼泊尔的能力，从与贸易相关的技术援助和贸易援助中获得收益的能力。它优先发展19项具有出口潜力的活动。这些活动包括：小豆蔻、生姜、蜂蜜、扁豆、茶、面条、药材/精油、手工纸、银首饰、钢铁、羊绒、羊毛制品、旅游、劳务、信息技术和业务流程外包服务、卫生服务、教育、工程和水电。其他潜在的出口产品：糖、咖啡、乳制品、水泥以及变压器。

尼泊尔贸易政策一体化（NTIS）还确定了援助的必要性，以解决当前的贸易限制，帮助潜在出口的蓬勃发展。双边及多边贸易伙伴都支持贸易议程的发展。最近，以商务供应部（MoCS）为代表的政府，开始改善尼泊尔贸易援助议程中的援助国协调。强化综合框架，特别是通过一项旨在增强制度能力的多年项目，来支持尼泊尔的一系列努力，如，将贸易融入国家发展进程、改善援助国协调、落实尼泊尔贸易政策一体化（NTIS）的优先事项。

（三）贸易政策工具

作为一个内陆国，尼泊尔的交易成本特别高。通过印度（主要是加尔各答港）而将货物转运到国际市场给尼泊尔出口商造成了大量的运输成本和延误。但是在另一方面，2007 年的海关法律条例简化了尼泊尔的海关手续。在贸易便利化方面取得的进步也改善了海关通关。

尼泊尔的关税相对简单，99.3%的税目是从价计征的。平均最惠国适用关税从 2002 年 3 月的 13.8%下降到 2011 年 12 月的 12.2%，与此同时，平均的最终约束关税是 26.3%。尼泊尔没有运用关税配额。加入 WTO 以后，尼泊尔对除 8 位 HS 海关编码中的 54 种税目之外的所有税目都实施了关税约束。官方称，尼泊尔之所以排除这些税目，是基于征税和保护环境的需要。

尼泊尔的税收严重依赖于海关在边境所征收的税，因为与其他来源的税收相比，其管理比较方便。尼泊尔取消了大量的针对进口而征收的其他税费（ODCs）。唯一保留的其他税费即农业改革费，针对的是从印度和中国西藏自治区进口的产品。从这两个地区进口的农产品免征关税。

尼泊尔没有关于应急贸易救济措施的立法。但是，与反倾销和反补贴相关的法案正在起草中。尼泊尔没有采取任何反倾销、反补贴以及保障措施。

为了保护国家安全，维护公共道德，保护可用竭的自然资源，尼泊尔对一系列产品的进出口实行了禁止和限制。适用某些限制是为了保证国内原材料的可用性，因为这些原材料对国内加工业必不可少。除限制进口的货物以外，在尼泊尔不需要进口许可证。

尼泊尔对一些产品适用出口税。官方称，之所以这么做，是为了保护环境、保证粮食安全、阻止贸易向印度转移。这些出口限制未必是实现政府某些目标的最佳方式。例如，木材出口税往往抑制了木材的出口。当对别国的木材需求增加时，木材出口税往往鼓励了非法的木材出口。

政府通过各种渠道（如对出口赚取的利润征收 15%的所得税，而不是 25%的一般企业所得税）促进出口。建立经济特区和出口加工区的立法也正在进行中。

尼泊尔的所得税制度比较复杂，尤其是企业所得税的税率取决于业务部门。外国人的收入和与出口活动相关的收入之间也存在着不同的税率。13%的增值税（VAT）适用于大多数商品和服务。一些商品和服务免征增值税（VAT），另一些则适用于零税率。在大多数情况下，国内生产的商品服务与进口的商品服务适用同样的增值税（VAT）税率。

官方指出，自 2008 年以来，公共企业私有化就被搁置了。政府承认，一般而言，公共企业表现不佳，增加私营部门的参与程度可以提高生产率，以提高效率减少政府财政负担的方式提高生产率。但是，对私营部门的定期监控并不存在。一些企业在私有化之后就被关闭了，其他企业则在没有投资增加、产量增加、生产率增加的情况下进行经营。石油及石油制品、碘盐是仅有的国家专营产品，分别由尼泊尔石油公司和盐贸易公司经营。

尼泊尔出口商发现很难在国际市场上进行竞争，因为标准化程度比较低，合格评定等基础设施薄弱。尼泊尔缺乏认证体系和足够的测试设备。传统农业出口（如蜂蜜）受制于国际市场的约束。

尼泊尔于 2007 年通过的政府采购法也涉及公共企业的采购。它对尼泊尔产品提供了 10%的价格优惠。但是，对公共采购的监管存在着不足，因为缺乏训练有素的员工和充足的资金。其他的主要问题包括：没有规定采购方法、没有建立采购报告系统、没有建立电子采购系统、没有引入 IT 应用程序。因此，遵守采购法受到了限制，存在着不公平竞争。

尼泊尔于 2007 年通过了竞争法，该法设立了促进竞争和市场保护委员会。但是，该法并不适用于出口业务、家庭手工业和小型工业。

作为最不发达国家（LDC），直到 2013 年 7 月 1 日，尼泊尔才被要求适用《与贸易有关的知识产权协议》（TRIPs 协议）的相关规定。它正在筹备保护工业产权方面的立法。到目前为止，尚未出现与知识产权（IPR）边境执法措施相关的案件。

（四）部门政策

农业部门占实际 GDP 的 36%，吸纳了大约 2/3 的劳动力。吸纳的劳动力主要集中在自给农业。由于本国大部分地区面临着粮食短缺问题，因此，尼泊尔将粮食安全作为该部门的关键目标。政府主要通过贷款和结构性政策（对一般研究和推广服务的贷款和支持）来提供援助。尼泊尔的农业、狩猎和捕鱼业的简单平均最惠国适用关税为 9.7%，最终的约束税率为 33.9%，这就为其提高适用关税留足了空间。尼泊尔对农产品不实行关税配额，有保证的价格体系也不存在。

根据 1995—2015 农业远景规划，政府的目标包括：提高要素生产率、减轻贫困、通过加快经济增长和就业来显著提高生活水平、将自给农业转变成商业性农业。

制造业只占到实际 GDP 的 6.1%，这就反映了尼泊尔仍处于工业发展的初级阶段。根据 2010 年的产业政策，尼泊尔的目标包括：促进具有附加值的产业，增加产量，提高生产率。尼泊尔没有为任何制造业提供直接支付。尽管如此，仍然存在着一些刺激措施，例如减免某些行业的所得税、增值税（VAT）、消费税以及关税。官方称，这些刺激措施的目的是确保地区的以及部门的产业平衡发展。

制造业的简单平均最惠国适用关税为 12.3%，最终的约束税率为 26%，这就为其提高最惠国适用关税留足了空间。一些制造业产品（水泥）属于没有关税约束的税目。某些产业中的正向关税增长（例如食品、饮料和烟草、纺织和皮革）提供了比名义税率更高水平的有效保护。

尼泊尔虽然具有丰富的水电资源，但却无法生产足够的电力，以满足需求。因此，解决能源短缺问题，是尼泊尔实现经济持续快速增长的关键。

根据服务业对实际 GDP 的贡献（大约 50%），服务业逐渐成为尼泊尔经济中的关键部门。尼泊尔是服务的净进口国。根据 GATS，尼泊尔做出了大量的市场准入承诺，承诺表中包含了 77 个子部门。尼泊尔还签署了《基础电信参考文件》。

自加入 WTO 以来，尼泊尔就采取措施以解决某些服务活动（特别是银行部门）中的结构性问题。在银行部门中，总的外资持股从 67% 上升到了 80%。与此同时，自 2010 年以来，外资银行/金融机构可开设经营批发银行业务的分支机构。尼泊尔作为全球知名的旅游目的地，归因于其种族/语言/社会的多样性和美丽的自然风光。然而，它面临着关键的问题，特别是基础设施薄弱、空中连接有限、缺乏优良的住宿和熟练工人。其中的一些问题正在解决。服务业的进一步自由化应该提高总体的经济效益，提高尼泊尔出口产品的竞争力，尤其是降低与电信和运输相关的成本。

（孟俊华　译）

菲律宾贸易政策审议

[摘要]

以相对开放的贸易体制为基础，自2005年第三次贸易政策审议以来，菲律宾的经济就一直表现得非常良好。尽管如此，由于改革步伐缓慢，经济运行仍低于潜在水平。与此同时，制约整体增长的关键因素依然存在（例如，基础设施不足、低投资和管理问题）。为了能够与低成本的邻国进行竞争，提高生产率对菲律宾来说必不可少。需要采取进一步措施来促进竞争，改善人力资本，取消对外资的限制，减少刺激措施，改革国有机构。还希望政府最近出台的公私合作计划能够鼓励在重大基础设施项目方面的投资。

2005—2011年期间，菲律宾实际GDP的年增长率为5%。菲律宾出现了温和的通货膨胀（期内平均为5%），对外账户也出现了盈余。出现盈余的部分原因在于大量的汇款流入（GDP的10%左右）。私人消费、投资和出口为经济增长提供了深厚的基础，为应对全球经济危机而于2008年和2011年实施的财政刺激政策也促进了经济增长。持续的财政赤字以及由此而来的大量公共债务继续构成了宏观稳定的最大挑战。

2010年，菲律宾是世界上第37大商品出口国，第29大商品进口国。服务贸易领域，菲律宾在出口国中排名第27，在进口国中排名第36。菲律宾的外向型经济使其很容易受到外部冲击，但也增强了其应对挑战的弹性。更大程度的贸易多元化对菲律宾是有益的，因为它严重依赖于制造业产品（占出口产品的85%，占进口产品的67%）。

菲律宾继续鼓励在“首选”领域中的投资，这些领域列在投资优先计划（IPP）中。为了吸引投资，菲律宾仍在采取税收及其他激励措施，这些措施是由出口业绩及菲律宾人的所有权决定。最近，菲律宾引入了进一步的激励措施，例如，支持生物燃料的生产和有机农业。当局承认有必要理顺激励机制，国会也正在考虑一项法案。

贸易政策审议期间，菲律宾已经采取了改善商业环境的措施。尽管如此，仍然存在着相当大的改进空间。菲律宾进一步维持了其总体政策，以确保关键部门被菲律宾人有效控制，确保对外国投资者进行了限制，尤其是在农业、渔业以及大量服务业中的限制。结果，与本地区的其他国家相比，FDI的流入量比较低。尽管政府已对此表示出了关切，但是还不能预见到向外资开放这些部门的具体变化。

菲律宾鼓励外商投资到某些行业，尤其是制造业。制造业主要发生在出口加工区（EPZs）。出口加工区接收到了庞大的财政刺激。虽然该政策支持了制造业的就业和出口，但其也增加了预算赤字压力，抑制了效率。

菲律宾分别于2006年和2011年批准了GATS下关于基础电信的第四议定书和GATS下关于金融服务的第五议定书。除了农业，其向WTO做出的通知记录比较全面。在审议期间，菲律宾涉及两个WTO争端案件，一个作为原告，一个作为被告。

作为东盟（ASEAN）一员，菲律宾致力于加深成员之间的经济一体化，其中包括消除贸易障碍，提高贸易便利化。菲律宾既通过单方面也通过东盟，来不断追求一项政策。该政策希望通过谈判来达成以亚太地区为核心的区域贸易协定（RTAS）。

在贸易政策审议期间，东盟（ASEAN）与澳大利亚、新西兰、中国（服务）、印度、日本以及韩国达成的新区域贸易协定（RTAs）生效了。此外，菲律宾与日本之间的双边协议也生效了，从而使菲律宾的优惠伙伴变成了15个。只有在东盟（ASEAN）中关税自由化，才能得到充分落实，这就向菲律宾经济中的非竞争部门，特别是糖业，施加了压力。大多数区域贸易协定（RTAs）包含了服务承诺，这些承诺比菲律宾根据GATS而做出的承诺多得多。

自2005年以来，贸易政策就没有发生重大变化。关税仍然是主要的政策工具。随着2007年东盟通过了协调关税目录，菲律宾的关税得到了简化。现在它包括了8位HS海关编码中的8 299种税目（与2004年的10 688种税目相比）。简单平均最惠国适用关税（6.4%）比简单平均约束税率（25.7%）低 19.3 个百分点，这就为官方提高适用关税留足了空间。农产品（WTO 定义的）的平均关税为 10.2%（2004 年为 10.3%），非农产品的平均关税为 5.8%（2004 年为 7%）。所有的关税细目，不论是其适用关税，还是其约束关税，都是从价计征的。大约 40%的关税细目不存在约束关税。

总体上，菲律宾的关税显示出了混合增长。从初级加工产品（平均关税税率为 6.7%）到半成品（平均税率为 4.9%）关税表现出了负向增长，从半成品到最终产品（平均税率为 7%）关税表现出了正向增长。在更为详尽的分解水平下，正向的关税增长在纺织品和皮革中表现得最为明显，随后而来的是木材和家具、造纸和印刷、化工、非金属矿产品。关税的正向增长为这些产业提供了比名义税率更高水平的有效保护。

电子移动系统（E2M）可以简化海关局的支付结算程序。海关程序的自动化通过电子移动系统（E2M）而得以实现。菲律宾正在东盟（ASEAN）范围内落实"国家单一窗口"计划，以便促进东盟内部贸易和外部贸易。

菲律宾的进口许可体系仍然很复杂，因为它对不同产品收取不同费用。某些产品被禁止进口。其他几项非常敏感的产品，尤其是大米，则受到进口配额的限制。虽然在 2005 年已经取消了大米的进口配额，但是根据 WTO 的相关规定菲律宾获得了 7 年的延展期（直到 2012 年 6 月 30 日）。

国家标准和技术法规似乎正在遵循国际准则。在可能的情况下，自 2005 年以来，符合国际标准的国家标准数量增加了。《实施卫生与植物卫生检疫措施的协议》（SPS）的规定似乎比较严格。

自 2005 年以来，菲律宾已经发起了 3 项反倾销调查（1999—2003 年期间有 13 起），并对印度尼西亚的浮法玻璃采取了最终措施。自 1999 年以来，菲律宾就没有采取任何反补贴行动。菲律宾有 7 项已生效的最终保障措施，1 项针对冷冻鸡肉的特别保障措施。

受到禁止和管制的出口产品包括了濒危野生物种和活体动物。只有种植园原木（非本土的），才需要交纳出口税（离岸价的 20%）。

政府采购制度仍然限制外国人的参与。外国人对政府采购的参与，取决于项目的资金来源和所采购商品及服务的国内供应。菲律宾既不是诸边《政府采购协议》的签署方，也不是其观察员。

菲律宾没有一般意义上的竞争法，但是却有几项法律涉及竞争。司法部最近被指定为竞争管理局。知识产权立法是全面的，为了改善其执行已经采取了一些措施。

机械化程度低的小农场在菲律宾农业中占据主导地位。这主要是由正在进行的土地分配计划造成的，它也为竞争带来了重大障碍。以价值计算，菲律宾的主要农作物有：水稻、香蕉、椰子、玉米和甘蔗。椰子油主要用于出口，大米、糖、玉米主要用于国内消费。为了维护并实现这些产品的自给自足，采取了各种措施。这些措施包括：对大米和玉米（成本比较高）的价格支持、高关税、大米进口配额以及进出口限制。援助农业生产者的措施包括：各种激励措施，要求所有的银行机构（政府的和私人的）至少为农业和渔业预留 25%的贷款，要求当地预留 10%的生物乙醇混合汽油以及 2%的柴油来援助糖生产者。

菲律宾的渔业部门包括：商业性渔业、市政渔业和水产养殖业。允许在离海岸线 16 公里或者更远的水域进行商业捕鱼。深海捕鱼船的外资股权上限是 40%，所有的渔民都必须是菲律宾公民。只有被认为是"必要"的时候，才能进口生鲜、冷藏、冷冻鱼（除出口是为了加工和装罐这种情况外），此外，还需要必需证书。鱼产品的出口需要许可证。

面对全球金融危机，菲律宾的银行体系比较稳健。各大银行都保有充足的资金和流动性。为了鼓励较弱的乡村银行合并到较强的银行中，一些措施已被采取。外商在银行部门的参与程度受到了很大的限制：银行总资产的 70%必须由国内银行持有。这些国内银行主要是由菲律宾人所有。银行部门的外商直接投资在实践中只能采取这样的方式，即投资达到现有国内银行具有表决权股份的 60%。

菲律宾保险业的规模比较小，存款金刚刚超过 GDP 的 1%。对外资参股没有限制，外国保险公司可通过设立分支机构、子公司或者合资企业来运营，只要它们在过去十年中曾跻身于世界最大的 200 家外国公司。但是，新的最低实收资本要求足以使低价值公司要么完全由菲律宾人所有，要么实质上由菲律宾人所有。只要经过保险委员会授权，就可以从国外获得再保险服务。但是，必须将10%的国外再保险配售割让给部分国有的国家再保险公司。

电信业的法律与监管环境与先前贸易政策审议时的一样。但是，若干与信息通信技术（ICT）相关的法案正在国会的审议中。电信公司中的外资股权，不论是基本的还是增值的，都不得超过40%。提供基本的电信服务，需要国会的特许权。任何实体都不得同时具有广播业和电信业的特许权。私人无线电通讯网络中的外资股权不得超过20%。广播业和电视业则必须为菲律宾人保留。菲律宾长途电话公司（PLDT）仍在固话市场中占据主导地位。存在着两个主要的移动运营商。在贸易政策审议期间，出现了使用移动电话的浪潮，关税也下降了。但是，固话和宽带服务的价格却相对比较高。

在贸易政策审议期间，菲律宾海运部门发生的主要变化是完成了航海路线上的滚装运输系统。该系统允许货物通过陆路运输和水路运输而持续移动。官方称，该系统降低了先前贸易政策审议中提到的高运输成本。对海上运输所有权的限制则继续保留。国家注册的船只必须由菲律宾人占有60%的所有权，还必须拥有100%的菲律宾船员。此外，虽然在适用中存在着一定的灵活性，但是也包含着其他要求：政府的货载保留政策，要求由菲律宾船只（为提供国内运输服务而注册的）提供沿海运输服务，在菲律宾注册的船舶必须在国内船厂中维修、改装、坞修。菲律宾允许港口由私人所有和经营，尽管外资股权在港口所有权中的比重不得超过40%。根据特许协议，包括马尼拉港（菲律宾的主要港口之一）在内的一些国有港口也可以由私人公司运营。但是，菲律宾人必须占有这些公司至少60%的所有权。

在贸易政策审议期间，航空运输的客流一直在稳步上升。自2005年以来，已经有14个新的航空服务协议生效了。其中的大多数都具有限制性特征。然而，在2011年，为了追求更自由的方式，而给予了谈判实体一定的灵活性。货运和客运也正在东盟（ASEAN）内部实现自由化。在国内许可的航空公司中，外资股权不得超过40%，国内航空运输也仅限于国内航空公司。菲律宾航空公司（PAL）仍然在国际客运中占据主导地位。国内服务市场的份额则分配得比较均匀。菲律宾面临的主要挑战是，基于安全原因而被美国、欧盟（EU）、国际民航组织（ICAO）降级或列入黑名单。虽然最近创设的菲律宾民用航空局负责经营大部分机场，但是一个次级机场却被受让给了私人部门管理，另一个也在预计中。菲律宾允许单独的、相互的，以及第三方管理机场。

菲律宾的旅游业被认为是其经济社会发展的核心。政府的目标是使旅客人数在2016年翻一番。旅游业发展的主要瓶颈被认为是基础设施薄弱，尤其是高速公路、酒店和旅游设施。航空税也被认为阻碍了长途运输业。为了促进酒店业的发展，政府于2009年颁布了《旅游法》。这就发展了观光事业区这一概念。观光事业区接受特别激励措施，其中包括针对采购当地货物而实施的税收抵免。

菲律宾的专业监管委员会（PRC）通过具体部门的专业监管委员会和具体专业的法律，对46个专业进行管理并发放执照。法律作为唯一没有被专业监管委员会（PRC）管理的专业，是由最高法院负责的。宪法仅允许菲律宾人从事专业服务，除非法律另有规定。根据《劳动法》和《专业监管委员会现代化法案》，外籍专家在菲律宾执业具有灵活性。值得关注的一项新发展是，在菲律宾的区域贸易协定（RTAs）中包含了关于专业服务的具体承诺。为了履行承诺而进行的谈判在东盟（ASEAN）国家之间增多了。这些国家已经达成了框架协议，以便促成涉及7项专业服务的相互认可协议。

（孟俊华　译）

阿联酋贸易政策审议

[摘要]

阿联酋的贸易体制比较开放，关税较低且少有关税壁垒。阿联酋的对外开放有助于实现经济的稳步增长从而应对了先前的全球金融危机，还有助于促进经济活动的多样性。与贸易体制相比，投资体制限制得更多，因为外资在国内公司或国内活动中的份额不得超过资本总额的49%。但是，在阿联酋的免税区内，允许100%的外国所有权。

全球金融危机结束了一段时期的快速增长。经济于2009年出现了收缩，于2010年仅增长了1.4%（全部实际GDP）。危机过后，更低的石油价格、混乱的金融市场（尤其是迪拜金融区）以及迪拜房地产市场的价格调整影响着GDP的增长。为了应对危机，当局通过提供流行性和存款保证，以及通过资本重组来支持银行。

（一）经济环境

在2005—2008年期间，阿联酋的经济绩效相当良好，年均增长率达到了5.5%。经济增长在很大程度上，由一个成功的多元化战略带来的。该多元化战略涉及服务业、不动产以及制造业。非炼油石化产业的增长特别高，而一项促进投资的政策使其高增长成为一种可能。全球金融危机、低油价、迪拜房地产市场的价格调整三者共同结束了这一时期的高速增长。阿联酋的经济在2009年下降了1.6%。这场危机导致了债务的增加，尤其是与迪拜政府相关的企业（GREs）。

为了应对危机，联邦政府实施了强劲的反周期货币政策和财政政策，并对与政府相关的企业（GREs）实施了一揽子援救计划。这些援救计划包括了重要的债务重组。2010年，阿联酋的经济开始摆脱危机，GDP实际增长了1.4%。全球金融危机冷却了该国经济，阻止了2005—2008年期间出现的价格加速上涨势头。但是，随着经济的复苏，预计通货膨胀多少都会有所加速，尽管可能会低于危机前的水平。

由于危机的出现以及扩张性财政政策的实施，联邦政府在2009年和2010年结束了传统的财政盈余，出现了财政赤字。为了减少赤字，当局已经采取了相应措施。这些措施包括克制支出增长，减少对生产者的补贴和转移支付。但是，更大的努力似乎应该投入到财政整顿方面。

在整个2006—2008年期间，商品出口增长迅速，但是在2009年却下降了约17%。这就反映了低油价和全球经济危机的影响。进口遵循了类似的模式。但是，随着2010年增长的复苏，进出口也都开始了复苏。阿联酋存在着结构性的贸易盈余，并在2008年达到了峰值629亿美元，但是在2009年由于石油出口的大幅减少，贸易盈余也减少了。进口减少了，但在2010年和2011年又上升了，这主要是由于更多非炼油石化产品的出口和再出口。经常账户盈余在2010年达到了GDP的3.8%。

（二）贸易政策体制：框架和目标

尽管对外资设定了大量的限制和条件，阿联酋仍然具有一个比较自由的贸易体制。通过多边贸易自由化、双边及区域贸易协定来提高本国产品的市场准入水平，是阿联酋贸易政策的主要目标。阿联酋贸易政策的制定和实施既包括联邦层面的，也包括酋长国层面的。酋长国层面的具有相对较高程度的自由性。

阿联酋是多哈发展议程中的积极分子之一。它提出了消除原材料方面的关税和非关税壁垒的建议，并且提交了一项关于服务贸易的初始提议。在贸易政策审议期间，阿联酋没有卷入任何争端解决案件中。

阿联酋高度重视区域贸易协定，并将其视为多边贸易体制（以规则和非歧视原则为基础）的补充，尽管不是替代。阿联酋是海湾合作委员会（GCC）的创始成员。在贸易政策审议期间，阿联酋通过加入海合会（GCC）而推进了区域一体化进程。但是，海合会（GCC）关税同盟的完全统一在2011年年中仍旧悬而未决，预期能在年底完成。海合会（GCC）与欧洲自由贸易联盟（EFTA）之间、海合会（GCC）与新加坡之间的自由贸易协议已经签署了，但是直到2011年底，这些协议都未能实施。阿联酋也是泛阿拉伯自由贸易协定（PAFTA）的成员之一。

阿联酋开放的贸易体制与其更加封闭的投资体制形成了对比。阿联酋起草了新的投资法，以便提高外资的参与程度，促进外国投资，转让专有技术。这是阿联酋在贸易政策审议期间取得的一项重大进展。但是，外国投资继续受到限制，因为所有的投资项目都必须具有51%的国内资本。此外，使用本地代理商来经营业务，仍旧是一项强制性规定。尽管在贸易政策审议期间，实施代理合同的法律已经被修改了，但是它仍旧有利于代理商，因为投资者终止合同非常困难。

（三）贸易政策和贸易措施

自2006年上次贸易政策审议以来，阿联酋就通过引入完全的电子通关手续和风险评估体系，而简化了单据的处理程序，减少了清关所需的时间。尽管如此，阿联酋仍然要求进口必须由指定的贸易代理人来处理，并且在这方面具有国籍限制。贸易代理人需要获得贸易许可证。这些许可证仅授予阿联酋本国公民或者51%以上的股权都由阿联酋国民持有的公司。

自2003年以来，阿联酋就适用了海合会（GCC）的普遍对外关税。关税结构包含了四种从价税率：0和5%是一般税率，50%和100%各自适用于酒精和烟草。大约97%的关税细目都适用于从价税；关税按进口产品的离岸价征收。0.3%的关税细目适用于替代关税或者从量税。自阿联酋上次贸易政策审议以来，平均关税税率就有所下降，从5.1%下降到了4.9%。阿联酋的所有关税细目都存在着约束关税。在一般情况下，约束税率都比适用税率要高，在考虑到减免幅度的情况下，范围是从0～200%。阿联酋没有对进口产品征收其他税费。

HS海关编码中的30种关税细目被禁止进口，8位HS海关编码中的其他224种税目则被限制进口。限制或禁止进口主要是基于安全、宗教或者道德方面的原因。不存在进口许可制度，货物的成交价格一般用于估价。

2005年，阿联酋颁布了国内法，以便采纳并实施海合会条约中关于反倾销、反补贴和保障措施的规定。在贸易政策审议期间，阿联酋既没有采取任何反倾销、反补贴措施，也没有发起任何相关调查。

阿联酋标准化与度量委员会（ESMA）发展并采纳了一些标准。这些标准是由技术委员会应政府、工业或者消费者的要求而提出来的。大体上，这些标准是由现存的国际标准及区域标准发展而来。阿联酋没有负责制定技术规范的中央机构。这些规范可由标准化与度量委员会（ESMA）创设，起初以标准的形式，后来再使其具有强制性，也可直接由部门创设。所有的技术规范都需要通过内阁的同意才能被合法实施。标准化与度量委员会（ESMA）监督标准及技术规范的应用。在贸易政策审议期间，阿联酋向技术性贸易壁垒委员会提交了90多份通知。

在阿联酋，存在着大量的立法机构来规制动植物检验检疫措施。大多数法律都是以海合会（GCC）标准为基础的。动植物检验检疫措施既在联邦层面施行，又在酋长国层面施行。进入阿联酋境内的所有植物及植物产品都需要通过检疫并获得检疫证书。所有运输而来的食品都必须通过检查，以确保符合与标签和保质期相关的条例。

除了对废钢料征收出口税之外，阿联酋对出口产品不征收出口税费。出口军民两用商品则需要获得许可证。为了促进出口，阿联酋实施了包括自由贸易区（FTZ）计划在内的大量计划。在自由贸易区（FTZs）内，外资在公司中的所有权可达100%，投资者可在15年内免交个人所得税和公司税，当期限届满之后，还可延长15年。此外，商品进口到自由贸易区也免税。自由贸易区内（FTZs）的公司不需要符合代理/分销、赞助、本国所有等方面的要求。在自由贸易区（FTZs）内，既可以生产产品，也可以提供服务。

阿联酋没有竞争政策立法，但是部长级内阁正在考虑起草一项包括限制竞争协议、滥用支配地位、兼并和收购在内的竞争法草案。阿联酋经济将从该竞争法中收益，因为在某些部门中生产者/供应商确实相对集中。

阿联酋既不是WTO诸边《政府采购协议》的参加方，也不是其观察员。政府采购仍然优先选择本地的公司及供应商，因为外资的参与程度受到了国籍要求的限制。但是，对外国公司的依赖性仍然很强，尤其是在一些当地企业无力承担的重大项目中。补偿项目是为防务合同而设。考虑到阿联酋的联邦性质，大部分采购（通过价值衡量）都是在酋长国层面进行的。

所有主要的知识产权法都规定了旨在防止侵犯知识产权的措施，这些措施包括预防性扣押、没收、注销或者毁坏产品及设备，消除非法行为的影响、赔偿以及在特定情形下的监禁。近年来，为了提高保护知识产权的意识，阿联酋实施了一些方案。这些方案的目标是，建立一个促进创新的环境，并吸引外资到阿联酋与知识产权相关的领域中。

（四）部门贸易政策

石油及其相关部门仍在阿联酋经济中占据主导地位。但是，阿联酋也正在尝试着经济多元化，尤其是在服务业和制造业。2009 年石油部门占 GDP 的 29%，占政府收入的 69%，占出口收入的 85%。阿联酋已探明的原油储量估计为 978 亿桶，大约相当于世界总储量的 8.5%。与此同时，2010 年的日产量达到了 232 万桶。大约 95%的石油生产都集中在阿布扎比酋长国。

宪法规定，阿联酋自然资源的管理权归属于各个酋长国，而非联邦政府。项目中的外资股权份额由自然资源所在地的酋长国政府主管部门决定。

农业在阿联酋经济中的份额比较小，只占到了 GDP 的 1%。近年来，耕地总量在不断下降，阿联酋仍然是粮食的主要净进口国。阿联酋不允许外国人，除了海合会（GCC）成员国公民，在阿联酋境内拥有农地，但是允许其在农业公司中持有 49%的股份。渔业也仅限于阿联酋本国公民及海合会（GCC）成员国公民。阿联酋向 WTO 发出的农业通知，直到 2011 年 12 月都还悬而未决。

贸易政策审议期间，在使经济摆脱石油和天然气的探索中，阿联酋继续发展着制造业。尽管如此，一些主要的制造业，如石化产业，仍然与石油产业相关联。不过，在铝生产及医药制品中，已经发生了重大变化。大多数制成品进口都面临着 5%的关税。但是，获批工业项目生产所需的所有材料都可以免税进入阿联酋。

服务部门尤其是海运、空运、电信、旅游部门增长迅速。但是，服务部门的发展将受益于当前对外资所有权限制的放宽。

金融领域，迪拜酋长国受到了全球金融经济危机的很大影响。2008 年和 2009 年股票市场急剧萎缩。2010 年市值及一般股票价格指数也持续下跌。为应对危机，当局加强监督管理。采取的措施包括提高银行最低资本充足率（在 2010 年从 10%提高到 12%），向银行系统注入流动性，调整银行资本。为了应对金融危机而采取的其他措施则包括中止向商业银行发放新的许可证，限制外国银行设立分支机构的数量。现在，阿联酋本地注册银行的资本金比较充足，它们的最低资本充足率远远高于法定要求，并于 2011 年 9 月底平均达到了 21.2%。

外国银行必须在阿联酋开设分支机构，才能提供金融服务。自 2010 年以来，外国银行在阿联酋最多只能开设 8 个分支机构。禁止外国银行在阿联酋开设子公司。外国银行只有符合与利润税无关的实收资本要求，才会被给予国民待遇。外国银行要交纳 20%的利润税，本国银行则无须交纳。

要想在酋长国内设立本国及外国保险公司，必须遵照保险管理局规定的设立程序、许可要求。获得许可的条件包括：经济需求标准、阿联酋籍雇员的最低数量要求。符合条件的外国保险公司可以开设分支机构，也可以任命当地的保险代理和/或与当地的保险代理签订代理合同。

在贸易政策审议期间，电信部门取得的一项重大进展就是终止了电话服务领域中的垄断。但是，该部门的竞争程度依然很低。在移动电话领域存在着双头垄断，从而导致了价格水平相对较高。市场能够从不断提升的竞争中受益。

阿联酋的航空运输业是世界上最大的航空运输业之一。它有五家航空公司，其中两家是主要的国际航空公司。它有两个主要的机场，其中之一是世界上最繁忙的机场（迪拜）。阿联酋的航空业受益于该国的“开放天空”政策、良好的民用航空设施以及不同酋长国之间的竞争。当局期望该部门在不久的将来继续快速增长。为了获得进一步发展，主要的机场及航空公司都需要充分发挥其枢纽及转移载体作用，因为阿联酋的国内市场相对较小。

阿联酋计划增加港口的容量及活动。尽管在某些领域中存在着对私人服务提供者的让步政策，港口管理仍然是各个酋长国的特权。与其他服务领域一样，虽然联邦层面存在着一定程度上的协调，但是每个酋长国都在相同的领域中出台政策，这就可能导致政策过度。酋长国之间的进一步协调可以确保投资计划是相互补充的，从而形成更加全面的发展政策。

在 2008—2009 年全球金融危机之前，阿联酋经历了一场建筑业繁荣。这场繁荣促成了大型企业集团的出现。但是，危机过后，建筑业遭受到了大范围内的衰退，迪拜地区的价格下降了50%，阿布扎比酋长国的价格则下降了40%。先前时期的繁荣导致了新楼盘数量的增加，而新楼盘数量的增加又进一步加深了危机的影响。

旅游业在阿联酋经济中越来越重要了，尤其是阿联酋正在考虑开展该领域中的基础设施建设及各项发展。为了在联邦层面协调旅游政策，阿联酋于2008年设立了国家旅游业及文物委员会（NCTA）。但是，每个酋长国都可以颁发旅游许可证。人们期望通过设立国家旅游业及文物委员会（NCTA），来进一步推动旅游业的发展。

（孟俊华　译）

乌拉圭贸易政策审议

[摘要]

乌拉圭的贸易和投资体制比较开放，少有边境限制及非关税措施。它的贸易战略主要包括继续在多边及区域层面实现贸易和投资的自由化。作为一个小型开放经济体，乌拉圭依赖于不受扭曲和约束的贸易市场，尤其是在占据了出口大部分的农业部门中。在投资领域，乌拉圭积极寻求商业环境的改善以便继续吸引外商直接投资作为支持经济增长和就业、促进技术转让的手段。

乌拉圭是南方共同市场（MERCOSUR）的成员，并适用南方共同市场（MERCOSUR）的普遍对外关税（CET）。但是，也存在着几项例外，这几项例外通常都涉及低于普遍对外关税（CET）税率的税率。在采取了简化并计算机化海关手续、促进国际贸易等措施之后，乌拉圭还需要通过放宽登记要求、取消进口的签证手续费等方式来强化这一过程。在贸易政策审议期间，乌拉圭取得的重大成就之一就是实施了一项税收改革。该税收改革涉及了税收结构的简化和税收数量的减少。但是，分摊给消费者的税收依然很高，不论是对进口产品，还是对国内产品。

（一）经济环境

在贸易政策审议（2005—2011）期间，乌拉圭一直保持着强劲的经济增长。从 2005—2010 年，实际 GDP 的年均增长率为 6.2%。预计 2011 年实际 GDP 的增长率可达 5%～6%。归功于如此强劲的经济增长，人均 GDP 也翻了一番。2010 年的人均 GDP 已经达到了11 996美元。与此同时，贫困和失业率也显著下降。在贸易政策审议期间，乌拉圭的对外贸易（货物和服务）也获得了大幅增长，以美元计算的价值翻了一番。在出口方面，乌拉圭受益于良好的外部环境，因为农业原材料的价格比较高，本地区的其他国家也出现了强劲的经济增长。

自 2006 年上次贸易政策审议以来，乌拉圭在财政整顿方面取得了显著进步，其明显地降低了公共债务，并对公共债务进行了调整。2007 年，乌拉圭开始了广泛的税收改革。这些改革包括简化并合理化税收制度，提高税收征管的有效性。

乌拉圭货币政策制度的最终目标是稳定物价。自 2011 年 6 月以来，年通货膨胀目标被设定到了 4%～6%。由于世界上的粮食价格及能源产品价格上升，维持这一目标变得相当困难。虽然通货膨胀在 2009 年有所下降，但是在 2010 年和 2011 年又开始上升。2011 年 10 月，年度消费价格指数上升到了 7.9%。在贸易政策审议的大部分期间，国际收支平衡中的经常账目赤字都是合理的（占到 GDP 的 0.4%～2%），除了在 2009 年，由于进口的大幅增加而占到了 GDP 的 5.5%。在贸易政策审议期间，公共债务占 GDP 的比重也明显下降了（从 2005 年的将近 69%到 2010 年的 45%），反映了 GDP 的大幅增长和比索的大度升值。

乌拉圭是全球主要的粮食及农业原材料（主要是肉类和大豆）出口国。它们占到了出口产品总额的 75%，进口产品则主要包括资本货物和制造业产品。乌拉圭的主要贸易伙伴都是南方共同市场（MERCOSUR）国家，它们占到了乌拉圭对外贸易的 1/3。其他主要贸易伙伴则包括作为其出口贸易伙伴的欧盟、美国、俄罗斯，以及作为其进口贸易伙伴的中国。在 2005—2011 年期间，良好的经济状况、稳定的宏观经济、有利的法律框架都促成了外商投资流入量的强劲增加。

（二）贸易和投资体制

乌拉圭是 WTO 的创始成员，也是多边贸易体制的积极参加者。在多哈发展议程谈判中，乌拉圭单独地或与其他成员一起提出了许多建议。作为一个以农业为主的国家，乌拉圭提议，应该将农业完全纳入多边贸易规则，也应该取消国内支持和出口补贴。自 2006 年上次贸易政策审议以来，乌拉圭就没有求助于 WTO 争端解决机制，也没有以应诉方或第三方身份参加到新的争端中。

乌拉圭的贸易体制比较开放，基本上不对贸易实施非关税壁垒。作为一个小型开放经济体，乌拉圭经济贸易政策的优先目标是：在遵照多边贸易规则的情况下，通过区域一体化来进一步向世界开放。乌拉圭多次表示，对增强多边贸易体制具有浓厚的兴趣。它还认为，小国的增长和发展不可避免地与对外部门的扩张、多元化以及现代化相联系。

乌拉圭的贸易制度，在很大程度上通过其参与到南方共同市场（MERCOSUR）而制定出来。在参与到南方共同市场（MERCOSUR）的过程中，乌拉圭与多民族玻利维亚国、智利、安第斯共同体（哥伦比亚、厄瓜多尔以及委内瑞拉玻利瓦尔共和国）以及秘鲁签订了优惠贸易协定。他们都是共同市场的准会员。乌拉圭还与拉美一体化协会（LAIA）的其他成员国达成了多个双边贸易协议。自2006年以来，南方共同市场（MERCOSUR）与印度达成的局部范围内协议，与以色列达成的自由贸易协议，都已经生效了。南方共同市场（MERCOSUR）与埃及之间的协议，与南部非洲关税同盟（SACU）之间的协议，都已经签订了但尚未生效。

乌拉圭的投资制度，大体上是对包括外资在内的私人投资开放的。《投资法》保证国内外投资享有同等待遇。对私人投资的唯一限制在于：不能进入涉及国家公共利益的部门，例如，固定通信、水与卫生设施、保险及运输等特定领域。国内外投资都无须事先获得授权。外国公司可通过分支机构、子公司、永久代理商来运营，且可持有100%的股本。对资本的流入流出，利润、股息、利息的转让都没有限制。外资受益于与本地投资相同的激励措施。乌拉圭是各种国际仲裁机制的成员，这些机制是为了解决与投资相关的争端。

（三）贸易政策措施

自2006年上次贸易政策审议以来，乌拉圭就一直在简化并计算机化海关手续，促进国际贸易，并且它在这些方面也取得了长足进步。乌拉圭需要进一步强化这一过程，因为某些领域还存在着改进空间，例如，扩展风险分析系统，减少或统一注册要求。同样地，对不同的进口手续强制使用同一个报关行会提高与进口相关的费用。取消进口的签证手续费将会是促进贸易的另一项措施。因为乌拉圭当前继续收取占进口到岸价2%的手续费。在贸易政策审议期间，乌拉圭确实取消了一些影响进口的费用，例如，乌拉圭东岸共和国银行和社会保障基金税（COFIS）收取的占到岸价2.5%的佣金，这种佣金既适用于进口产品，也适用于国内工业产品。

乌拉圭适用南方共同市场（MERCOSUR）的普遍对外关税（CET），但是例外情况将近于关税项目的13.5%。所有关税都是从价计征的。大体上，在整个贸易政策审议期间，关税水平都是相对比较稳定的。2011年，简单平均最惠国适用关税为9.4%，略高于2005年的9.3%。这一点在很大程度上归功于税则目录的变化，因为税则目录增加了关税细目的数量，尽管某些产品的平均关税也增加了，例如，乳制品、鞋类以及运输设备。农产品（WTO定义的）的简单平均最惠国适用关税为9.6%，非农产品的简单平均最惠国适用关税为9.3%。显著高于2011年平均关税税率的产品组中包括了鞋类、纺织品和服装、食品。乌拉圭在WTO中的约束关税税率从6%～55%不等，涉及了23种类别。平均约束关税为30.7%。总体来说，适用关税远远低于约束关税，除了2011年的35种税目，因为它们的适用税率与约束税率相等。

2011年年底，乌拉圭在南方共同市场（MERCOSUR）的框架内，对来自于阿根廷、巴西以及巴拉圭的进口给予了关税优惠。乌拉圭也根据各种经济互补协议（ECAs），对来自于玻利维亚、智利、哥伦比亚、古巴、厄瓜多尔、墨西哥、秘鲁以及委内瑞拉的进口给予了关税优惠。对于这些协议没有涵盖的商品，则适用于拉美一体化协会（LAIA）的一般区域关税优惠机制（PAR）。乌拉圭还将优惠给予了已与南方共同市场（MERCOSUR）达成了自由贸易协议的国家，例如，埃及和以色列。此外，南方共同市场（MERCOSUR）还与印度签署了固定优惠协议。适用的优惠关税根据贸易伙伴的不同而不同，范围则从对玻利维亚和智利的接近于0%到对印度的9.3%（低于平均最惠国适用关税）。

在贸易政策审议期间，乌拉圭实施了一项重大的税收改革。该改革涉及税收结构的简化和税收数量的减少。这就取消了若干进口费用，修改了国内特别税（IMESI）。但是，提高国内特别税（IMESI）可以增加进口成本。受到最高国内特别税（IMESI）约束的商品包括酒精饮料、烟草以及石油产品。乌拉圭的增值税为22%（一般情况），例外情况为10%。国内特别税（IMESI）以及针对进口产品的关税，显著提高了某些消费品的价格。

在2006—2011年期间，乌拉圭没有积极运用应急措施，既没有发起反补贴调查，也没有发起保障措施调查。乌拉圭虽然于2010年发起了反倾销调查，但是直到2011年12月都没有采取任何措施。自2006年以来，当一项反倾销措施过期之后，乌拉圭就一直不存在生效的反倾销措施。该反倾销措施是对来自于阿根廷的纯精炼植物油征收了反倾销税。为了防止规避反倾销税，乌拉圭于2010年实施了一项措施，并创建了一个机制。在该机制中，反规避措施可以在反倾销措施实施之后实施。反倾销措施的实施是以调查结果为基础的。而调查的发起则是基于利害关系人的申请或者相关部门的职权。

乌拉圭对某些产品适用非自动进口许可，例如，机动车、糖和醋酸。基于动植物卫生检疫、安全、环境保护等原因，一些产品需要事先获得政府部门的授权。一般而言，是否需要动植物卫生检疫证书取决于风险水平，且证书由动物、植物以及动植物产品的原产国颁发。截至2011年12月，乌拉圭仅向WTO提交了6份涉及技术法规草案的通知，并且其中的一份通知涉及了已经采取的措施。技术法规大体上遵循了区域准则或者国际准则，并且平等地适用于国内产品和进口产品。同日，乌拉圭向WTO卫生与植物卫生措施委员会提交了16份通知，其中7份是自2006年上次贸易政策审议以来的通知。

乌拉圭根据一些计划而对出口提供财政奖励，例如，退还间接税、汽车制度以及自由区。为了获得出口间接税的退还资格，出口产品必须包含至少20%的国内投入。退款的范围是出口产品离岸价的2%～4%，它取决于包含在产品中的国内投入品的间接税负担。乌拉圭向WTO发出通知称，针对汽车行业的出口计划是一项涉及补贴的措施，要求根据《补贴与反补贴措施协议》（SCM协议）的第27条第4款延长给予出口补贴的过渡期。乌拉圭提出了请求并获得了过渡期的进一步延长，从2009年12月31日延长到2013年底，并且存在着一个最后阶段——期间结束后的两年，即终止期不得迟于2015年12月31日。

自1987年以来乌拉圭就存在着自由区制度。该制度免除企业在自由区内的所有国家税，除了社会保障税。在自由区内，可以从事任何类型的商业、工业或者服务业活动。进口商品、服务以及原材料可以免征进口税或者涉及生产国的税。自由区内生产的产品可以不受各种关税限制而在乌拉圭关境内销售。

法律禁止出口税，除了对特定皮革征收了5%的出口税。从2004年2月到2008年7月，出口大米及大米产品要被征收相当于离岸价5%的预扣税。为了提供卫生检验基金，出口牛、羊、猪、马、家禽肉以及小猎物要被征收相当于离岸价1%的税。上述税收同样适用于在国内市场上销售消费用的牛羊肉以及工业用的牛肉、猪肉。出口其他农产品也要被征收税费，以便为农业组织提供资金。

2007年7月，乌拉圭通过了《贸易自由与保护自由竞争法》（第18.159号法）及其条例（第404/007号法令）。这是自2006年上次贸易政策审议以来，乌拉圭取得的一项重要成就。生效于2007年8月的第18.159号法，规范兼并和收购，禁止反竞争行为和滥用市场支配地位行为。它还创设了一个新的竞争管理机关，确立了反竞争行为的调查程序，加强了处罚力度，提高了透明度。新设立的竞争促进维护委员会于2009年开始运营，它的职责包括监管、调查、制裁以及对兼并的事前控制。

第16.906号法，也就是1998年1月7日的《投资保护和促进法》，受到了2007年11月26日的第455/007号法令的调整。该法主要以税收减免的形式，创设了乌拉圭投资激励措施的总体框架。在贸易政策审议期间，乌拉圭修改了投资法，并通过投资激励计划而向企业提供了更大范围内的激励措施。乌拉圭的法律将激励措施给予了一些活动，这些活动有助于扩大出口，实现出口多元化，也有助于使用本地的劳动力和投入品。

国家在经济中的参与程度依然很高，尤其是在服务业。国有企业参与的关键部门，包括电力、燃料、饮用水以及卫生设施等。它们也参与了电信、航空、铁路运输、港口以及金融服务业。国有企业所参与的活动，一些被认为是公共服务，其他则被认为是合法垄断，或者是在各自市场上维持主导地位。乌拉圭向WTO发出通知称，唯一现存的国营贸易企业就是国家燃料、酒精和水泥管理局，它垄断了原油及原油产品（除了润滑油和沥青）的进口和精炼，也垄断了燃料的进出口。

乌拉圭不是WTO诸边《政府采购协议》的参与者。它的政府采购和承包制度主要由会计和财务管理的统一法律文本（TOCAF）决定。从本质上讲，这是一个分散的制度，尽管一般规定适用于公法所确定的所有政府采购机构，除了极个别例外。在过去的几年中，政府采购集中于食品和药品。在过去的十年中，为了增强政府采购程序的有效性和透明性，为了强化政府采购系统的制度框架，乌拉圭已经采取了相应措施。与此同时，乌拉圭通过给予优惠差额而将政府采购系统作为促进国内产业发展的工具。2008年，优惠差额从10%下降到了8%，尽管优惠范围有所扩展。优惠范围的扩展是指优惠不仅仅适用于先前情形中的国内份额，还适用于价格。与此同时，国内产品的当地含量要求从40%下降到了35%。2010年，乌拉圭将特定的政府采购优惠给予了微型、小型以及中型企业。

自2006年上次贸易政策审议以来，乌拉圭就没有对专利法、商标法以及版权法进行重大修改。这些法律的大部分变化都发生在2000年以前。但是，却存在着大量的与保护植物品种相关的修正案。允许专利产品的平行进口，但不允许受版权保护产品的平行进口。

（四）部门贸易政策

农业活动（包括林业）占GDP的份额从2004年的11.3%下降到2010年的8.2%。农业和农工业部门则占2010年GDP的13%。尽管相对份额在下降，农业部门（包括渔业）仍具有根本上的重要性，因为它雇用了11.5%的在业人口。主要的农产品包括：牛肉、油料（大豆）、牛奶、林产品、谷物（主要是小麦和大米）。2010年，农产品的平均关税为9.6%，农产品的关税保护水平略高于非农产品的关税保护水平。某些类目，主要是农工业产品，例如，食品、饮料和烟草，则具有更高的关税保护水平。作为2011—2015年农业战略的一部分，乌拉圭正在寻求增强农业和农工业竞争力的方法，以便实现社会融合和环境保护意义上的可持续发展。乌拉圭也正在努力创建有别于传统大宗商品市场的高价值市场。

制造业大约占2010年GDP的13%。其主要部门包括：食品、饮料和烟草，化工业，纺织品、服装和皮革，纸张和印刷，金属产品，机械和设备。制造业的政策目标包括：增加国家在可持续发展工业生产中的价值，稳步提高生产系统的效率和生产产品的质量。

服务业是经济的主导产业，构成了GDP的58%，创造了67%的就业。虽然私营部门在该产业中的参与程度已经大幅度提高，但是国有企业仍在某些领域中发挥着重要作用。在贸易政策审议期间，电信市场取得了很大进步。现在，乌拉圭的电话普及率和互联网普及率在拉丁美洲地区最高。虽然乌拉圭通过一个国营公司而在本国固话市场上维持着合法的垄断地位，但是在国际长途电话和数据传输服务领域却存在着多个供应商。移动电话领域也引入了竞争。运营商可以为自身的服务设定价格，除了固话国内长途，因为它需要行政部门的批准。

在贸易政策审议期间，金融部门的增长比较强劲，获得了令人满意的资金和流动性，从而轻而易举地应对了近来的全球金融危机。该部门经历了一系列改革，其中包括国家银行在管理方面的变化、一个国家银行的重组以及中央银行在结构方面的变化。该部门还改善了对银行体系的审慎监管和监督。开办新银行曾在获得批准的数量上受到限制，但是在2008年，乌拉圭废止了这一规定。虽然银行总资产的40%都由国家银行所有，但是外国投资者仍不乏在其中。

自2006年以来，国内航空服务就可以基于互惠原则而由外国公司提供。从事任何商业空运业务都要获得特许权或者授权。本国或外国的私人部门提供辅助性服务不受限制（国外或许需要承包），例如，飞机的维护和修理。乌拉圭的机场属于国家所有，但是法律允许存在机场管理方面的特许权。在海运部门，沿海航行和贸易权仅被授予给了在乌拉圭注册的船只，尽管其他船只可能会基于互惠原则而获得优惠。截至2011年年中，乌拉圭仅将优先承运权给予了阿根廷的双边客运和巴西的双边货运。私人运营商在获得国家特许的情况下，可以提供港口服务。因为国家才对港口享有所有权。

旅游业在乌拉圭获得了优先发展权，这一点可以从2009—2020旅游业可持续发展国家计划以及对该部门的政策支持中看出来。除了《工业促进法》和《投资法》所提供的激励措施之外，乌拉圭还给予了该部门特殊的税收激励措施。只要与激励措施相关，外国运营商就可以获得国民待遇。

（孟俊华　译）

中国贸易政策审议

[摘要]

得益于在2008—2010年实施的4万亿人民币财政刺激计划，中国经济在2010年和2011年发展强劲。这样的增长也得益于世界贸易的复苏，但中国的出口恢复速度慢于其进口，且商品贸易顺差继续回落，在2010年达到GDP的4.3%，而在2008年以前为9%及以上。中国人均名义GDP在2011年增加至5 400美元。

国内消费和投资刺激伴随着2010年的价格上涨，且2011年的通货膨胀率高于5%，超过了2009年之前的水平。当局关注并做出反应，紧缩中国财政政策和货币政策。在近日举行的全国人民代表大会中，GDP增长目标调低至7.5%，这也反映出2012—2013年度世界贸易增长将放缓的预测。

2005年7月（中国的汇率改革开始）以来，人民币名义水平兑美元已升值约31%。过去几年的升值速度比改革方案开始时慢。根据在2012年3月向全国人民代表大会提交的政府报告，中国打算改善人民币汇率决定机制并保持围绕均衡水平的汇率稳定，推动人民币在资本项目下自由兑换，并扩大在跨境交易中人民币的使用范围。

除了过去三年中宏观经济发展，全球金融和经济危机的影响，当局的反应，中国仍然有大量而持续的国家储蓄盈余和经常账户盈余。解决这个经济结构性失衡，并使中国经济增长不再过多依赖于制成品出口的海外需求，仍是当局面临的重要政策挑战。

中国已成为世界第二大出口国，以及第三大商品和服务进口国（不包括欧盟内部贸易）。自2009年以来其贸易方向并没有改变。进出口的主要贸易伙伴为欧盟、美国、日本、东盟国家、香港特别行政区（SAR）、韩国和中国台北。中国的商品贸易盈余占GDP的比重显著下降。中国与中国台北、韩国和日本有大量的双边贸易赤字。中国从这些区域进口组件来进行出口加工业务。中国与美国和欧盟的双边贸易顺差较大，向其出口最终产品。当计入中国出口所用到的进口组件净值时，双边顺差明显变小。

中国将继续扩大其双边和区域自由贸易协定（FTA）。2009年以来，中国与哥斯达黎加和中国台北的新自由贸易协定生效。与东盟国家、香港特别行政区和澳门特别行政区签署了补充协议。当局指出，自由贸易协定是多边贸易体制的补充，用于促进进口增长。

审议期内，中国进口政策和外来投资政策鲜有变化。中国应用的最惠国关税仍然接近中国的约束税率，简单平均最惠国关税适用关税税率不变，仍为9.5%。中国使用不同的非关税边境措施，如进出口许可证和国营贸易"引导"的资源分配。在起草贸易法律、法规和部门规章过程中，通知和评论程序正越来越普遍，但似乎公众并非能得到所有与贸易有关的信息。

补贴和其他政府援助是中国贸易政策和产业政策制定的重要特征。中国在2011年提交了一份新的WTO补贴的通告，其中列出了2005年和2008年之间在中央政府水平提供政府援助的方案。然而，在多数情况下，并没有提供支持幅度的数据，没有补贴和其他省级政府提供援助的信息，而据悉这些补助支持的量是相当大的。

自2009年以来，中国的反倾销体制和程序框架并没有改变。审议期内，中国反倾销措施的三大挑战被提至WTO争端解决机制。在WTO技术性贸易壁垒（TBT）委员会以及卫生与植物卫生措施（SPS）委员会，有成员表示担忧中国提议或施加的TBT措施。这些TBT措施针对从棉花和纺织品到摩托车照明和光信号装置的产品。还有，对中国提议或施加的SPS措施，包括蒸馏酒卫生标准、产品进口限制、检疫检测以及中国通知的习惯做法。

在过去的几年，由于产量增加和价格上涨，中国农业产值增长愈发强劲。然而，中国仍然是一个食品和农产品（WTO定义）净进口国，2010年进口为670亿美元，出口为360亿美元。农业政策已发生变化，对基础设施和与价格脱钩的直接支付的支持也发生了变化，生产及其他"绿箱政策"中向WTO通报的方案增加。此外，市场价格支持计划、投入补贴和其他更多的贸易和生产变形方式的支持有所增加。由于中国拥有世界上最大的农业部门，且由于它是一个主要的进口国和出口国，其政策可能会影响到其他国家。

中国正在加入《政府采购协议》的过程中。在2011年11月，中国提交了一份修订后的报价。在2010年，由政府部门、事业单位和公共机构使用财政资金进行的采购价值为8 420亿元。这样看来，地方政府占中国政府采购的一个重要组成部分，但没有数据可表明其采购活动。当局坚持认为，有关“自主创新”的政府采购将不再附加任何条件。

中国的出口制度很复杂，继续使用管理若干出口的措施。2010年1月1日起，17个税目的出口关税已取消，21个税目的出口暂定税率已降低。与此同时，中国已经出台规定，要求企业申报某些出口品的稀土成分重量百分比，增加受出口配额限制的税目数量，并采纳季节性的特殊出口税。当局认为，这些措施将有利于保护自然资源和环境。

更广泛地说，中国仍然关注能源和资源节约。其对原油和天然气的开采采用了新的销售值税率（以前是一个特定的税），为5%。对符合条件的节能服务公司的能源管理项目给予税收优惠。

审议期，国有企业数量下跌，但在某些“对国家经济至关重要”的部门和从属部门，国有企业仍占据主导地位。据有关当局介绍，2011年5月完成了国有企业非流通股的改革。2010年5月，中国国务院颁布了《关于鼓励和引导民间投资健康发展的若干意见》，该文件针对由国有企业为主导的部门；《意见》所载的政策并不适用于外商投资。

中国修改了其2012年1月30日生效的《外商投资产业指导目录》。将更多服务部门增加至“鼓励类”，而一些制造业部门产能过剩则被删除。在最新版本的《目录》中删除了11个界别分组的外资股权上限。有关内向和外向外国直接投资的行政程序方面，已委派省级发展和改革委员会和工商部门，进行验证和批准不超过3亿美元的投资项目（或如果投资使用的是离岸人民币，则不超过3亿人民币）。

自2010年12月1日起，外国投资者（企业和个人）与国内投资者受到同样的税收和收费，取消外国投资者支付城市维护建设税并免除教育附加费。

除了通过反垄断审议，外商通过兼并和收购来投资中国企业可能会被要求取得国家安全审批许可。2011年3月5日，国家安全审查机制生效。

自2009年以来，中国发布或修改了一些在知识产权保护方面的法律、法规和部门规章。这包括《著作权法》《专利法实施条例》以及《知识产权海关保护条例》。中国拟推动打击侵犯知识产权的运动。《外商投资产业指导目录》的最新版本中，知识产权保护服务被列为鼓励类。

在中国，七大产业已被确定为“战略性新兴产业”并获得税收优惠。鼓励外商投资企业申请成为高科技企业，以获得税收优惠。据有关部门介绍，未对外商投资项目，包括新能源汽车制造业，施加技术转移的要求。

金融服务业正逐步开放。允许外国投资者持有非银行金融机构100%的股权（如个人消费融资）；在银行间债券市场，外资银行子公司获准承保金融债券；在中国境外的人民币结算银行，可利用其在结算业务中的人民币在银行间债券市场投资。

自2005年以来，环境服务在中国迅速增长。总体政策仍是正在设计中。该部门是鼓励类的，在实践中旨在多元化经营，以及吸引国家的最先进的技术。对外商投资没有所有权限制，其可从事环境污染治理设施的专业类别操作。

中国的第三方物流尚处于早期阶段。大多数企业都提供单一的物流服务，外资运营商在市场上盛行。现代物流被列为鼓励类，外国投资者可持有100%的所有权。目前，没有单独的监管部门来监管这个部门。

2010年网上零售分销业务增长了44%。网上零售外商在2011年《外商投资产业指导目录》继续被“限制”。外资零售商在大型超市和高端百货界较为普遍。

自2009年以来，电信、运输和旅游贸易管制框架基本保持不变。在2009年，为与《邮政法》的修订一致，国内快递服务在《目录》中被列为禁止类。

（王洁　译）

哥伦比亚贸易政策审议

[摘要]

（一）概述

自从2006年贸易政策审议以来，哥伦比亚一直引导其贸易政策向更加开放的方向发展。同时，哥伦比亚通过谈判优惠贸易协定来扩大对外贸易和增加外资，加强与拉丁美洲和加勒比海地区的一体化，以及与世界其他各国的合作。为此，哥伦比亚加入多个谈判来巩固其现有的双边和区域贸易协定。同时，为确保优先进入战略市场而签订并积极洽谈新的贸易协定。这并未影响哥伦比亚对其加入世贸组织的重视程度。因此，哥伦比亚大力强调以透明的多边体制为主导，区域和双边协定为辅下，维持开放贸易体制的重要性。

哥伦比亚的贸易体制较为开放，在审议期内，其平均关税大幅下调。虽然总体趋势是扩大透明度并减少外贸阻碍，然而一些非关税壁垒（主要涉及登记和进口许可要求）仍旧存在。大量的条规也使得该贸易体制变得较为复杂。

（二）经济环境

审议期内，哥伦比亚的GDP年均增长率为4.8%。2005—2007年间，哥伦比亚经济增长提速，但2008—2009年间的全球金融危机使其丧失增长动力。然而，结合反周期政策和一些出口产品的强劲表现，可以看出，哥伦比亚的经济并未衰退，2010年增长率回升至4%，2011年回升至5.9%。

哥伦比亚经济强劲稳健，人均GDP增长迅速，从2005年的3 417美元增长至2011年的7 236美元。但另一方面，贫困水平虽然有所下降，其指数却仍居高不下。同时，收入分配仍旧公平性不足。除此之外，2011年的失业率也仍保持在9.8%。

在金融危机期间，哥伦比亚利用财政政策为工具推动中期增长并降低失业率，导致支出提高和财政赤字水平的增长。同时，哥伦比亚承诺维持稳健经济状况，这一承诺在宪法中有所规定。相应地，2011年，哥伦比亚引入一项财政法规来加强公共部门管制，并对特许权使用费制度加以改革来改善其管理和分配。这一反周期财政政策与扩张性货币政策相结合，最终导致2008年后期至2010年中期，干预利率大幅下降。然而，随着2011年通货膨胀的上升，哥伦比亚开始采用紧缩性货币政策。

哥伦比亚保持着固定利率。在审议期间，在一定程度上由于大量资金流入哥伦比亚，比索升值，同时进口产品成本下降，导致其出口货物竞争力下滑。为应对这一局势，哥伦比亚中央银行共和国银行多次干预汇市并采取措施来解决汇率方面的压力。

审议期内的国际货物和服务贸易呈现出动态增长：以美元计算，2005年至2011年进口货物年平均增长率为17.1%，出口为17.9%，期间两项指标都翻了一番。哥伦比亚的贸易不管是从销往地，还是出口产品种类来说，都相对集中。美国仍是哥伦比亚的主要出口市场，2011年矿产品占所有出口产品约65%。

由于收入和服务的负结余，哥伦比亚当前处于财政赤字状态。然而，在审议期大部分时间内，尤其是自2008年以来，由于出口增长迅速，货物贸易平衡处于超支状态。同时，哥伦比亚也因改善的贸易条件及对原材料的强劲需求而有所受益。持续增长的投资起到主要作用，也反映出该国投资者的信心。

（三）贸易和投资政策

在审议期内，哥伦比亚的贸易政策主要集中在优惠条款的协商上。2006年11月哥伦比亚与美国签订的《贸易促进协议》于2007年被纳入哥伦比亚法律中，2011年美国国会通过该协议，如今正在实施该协议。然而，作为WTO的创始成员之一，哥伦比亚意识到了透明清晰的多边贸易体制的重要性，其有助于发展中国家融入世界经济。哥伦比亚支持多哈发展议程迅速均衡的缔结，因其在加强多边体制和促进市场开放化上起着很大作用。哥伦比亚在政府采购委员会中继续持有观察员地位。最近哥伦比亚同意签订了《信息技术协议》。

在少数行业，哥伦比亚继续限制或禁止给予外商投资以国民待遇条件。除此之外，该国决定在特定时期内，特定行业仅可有一家企业提供相应服务。在一些特例（碳氢化合物和采矿业的融资以及组合投资）的情境下，外商投资无须等待优先授权。这类投资需在哥伦比亚共和国银行登记，以使得外国投资者可将其所赚利润调回国内或再投资。国内外直接投资者会与政府签署一份法律稳定性合同。这份合同确保在合同有效期内，投资行为所遵循的法规保持不变。

（四）贸易政策措施

哥伦比亚的贸易制度相当开放，平均关税税率一直在下降。虽然一些非关税限定仍然存在，但其主要关乎进口登记和发牌规定。由于条规数量繁多，哥伦比亚的贸易制度也因而变得复杂。

在审议期内，哥伦比亚通过建立进出口单一窗口和风险分析系统，简化了其海关和行政程序。该措施降低了检查的频率。然而，若想便利贸易，还需更多努力，包括改善单一窗口的运作。哥伦比亚继续使用参考价格作为参数来检查进口商在海关查验过程中报告的价值。

自上次审议后，哥伦比亚大大降低关税保护。哥伦比亚实施了一项旨在降低关税水平及分散程度的改革。同时，该改革也解决了哥伦比亚关税中明显的反关税偏见。鉴于该项改革，平均关税降至6.2%（2006 年高达 12%）。除了 2010 年末和 2011 年初实现的关税降幅，哥伦比亚于 2011 年 8 月对一大批产品（主要为工业投入和资本货物）降低适用关税，为期 12 个月。一般来讲，哥伦比亚应用的是从价税。哥伦比亚继续使用 SAFP 来对一些农产品征收进口关税，税率随相关产品国际价格变动。

一般来说，进口商品也受制于增值税（VAX）。国产产品和进口产品采用相同的增值税率。然而，对于哥伦比亚不生产的产品，进口时免征增值税。为使进口商得以免缴增值税，商务工业旅游部（MCIT）务必在进口之前证实进口产品在国内不生产。消费税同样适用于某些进口产品和国产产品。一定条件下，各种各样的进口手续、海关制度，以及不同的出口促进计划，可使其免征关税和其他对进口产品征收的税费。

至于非关税措施，哥伦比亚根据公共卫生和道德原因禁止对某些产品的进口。这一举措也是为了保护环境和国民安全，也为与其签署的国际协定中所做的承诺保持一致。哥伦比亚还采用了自动（自由进口）和非自动（优先许可）的发牌制度。在审议期内，根据哥伦比亚向 WTO 所通报的，进口发牌制度没有实质性改变。由于自动许可情况下的关税分类产生变化，以及 2010 年以来设立了进口麻醉药品的生产材料需要非自动许可证的要求。自 2006 年以来受制于自动和非自动许可的关税条目数量有所增加。

在审议期内，哥伦比亚继续持有对反倾销措施的追索权。2006—2011 年间，哥伦比亚发起了 25 项反倾销调查并采取了十项新的最终措施。在这 25 项调查中，13 项实施了临时措施。大部分措施是在 2007 年实施的。2011 年 12 月 31 日，哥伦比亚强制实施了 12 项反倾销措施。这些措施全部是针对从中国进口的产品。同期内，没有采取任何反补贴和保障措施，也未发起相关调查。

制定技术法规的任务并非集中于一个特定的机构内，这些法规可能由标准化研究所——哥伦比亚技术标准和认证协会（ICONTEC）颁布，或是部委、监管委员会以及其他分管机构。尽管各机构都有其制定技术法规的内部程序，2009 年通过了一套以良好实践建议为基础的制定发行技术法规的程序。大部分技术法规都是以国际标准为参照。2006—2011 年间，哥伦比亚向 WTO 中央登记处进行 207 次通告，其中包括技术法规草案、实施、修订以及驳回通告。自上次审议以来，评审程序有了重大改变。规划卫生和植物检疫（SPS）措施的政策由哥伦比亚多个政府部门共同负责。在卫生和植物检疫系统，实施不同部门进行协调的原则。负责风险评估的机构在适当时即可采取卫生和植物检疫措施。

根据法律或强制实施的国际协议规定，在哥伦比亚，出口自由是通则。然而，政府可能颁布一些标准来规范贸易，因而使得经济能够克服与哥伦比亚贸易利益有所冲突的内外部环境。因此，在审议期内，哥伦比亚采用牲畜（母）临时出口配额来确保国家牧群补给，以此来改善肉及肉制品出口供应。哥伦比亚在某些产品（包括温和咖啡、未雕琢的翡翠以及煤）的出口上维持特殊费用来为发展基金融资。

哥伦比亚继续运行一些出口支持和推广计划。自由贸易区计划接受审议以符合补贴和反补贴协议条款。新政权的主要目的是推动产品和服务的生产，但对国外市场却不完全如此。产品和服务出口商在通过申请退税凭证后，可获得全部或部分间接税、费用以及贡献的退税。除此之外，出口商也可获得其他出口支持和推广计划，如特殊出口计划和瓦列霍计划。

2009年，为了更新竞争保护法则，哥伦比亚采用了新的法律。重组于2011年的工业贸易监管局（SIC），现如今成为国家竞争保护局。它的职能是进行调查、处以罚款以及采取其他有关违反竞争保护法规的决议。在审议期内，工业贸易监管局在调查和决策过程平均持续时间上有长足的进步。民航单位特别行政区（航空运输）和金融监管局目前只在其各自部门处理业务合并。对经济发展起着奠基作用的农业部门有着一个特殊竞争制度，因此，出于稳定目的可制定一些反竞争协议。类似地，以下各项从竞争法应用中免除：价格稳定基金、除税收以外的农业发展基金、最低保障价格、国内农业产品市场监管、农业部门供应链协议以及农业保障制度。

哥伦比亚继续用财政刺激为工具来促进国内外投资，还采用其他计划来推动特殊产业的发展并为社会和政治公平做贡献。哥伦比亚在政府采购多边协议中具有观察员地位。在审议期内，哥伦比亚在2007年通过改变公共采购制度来强化政府采购的法律和体制框架，主要是为了增加透明度。然而，采购也被用作推动国内工业和就业的工具，主要是通过利用优先权。

在审议期内，哥伦比亚知识产权保护体制的法律框架并未有重大改变，然而，改变主要发生在监管领域，通过自动化以及在机构层面建立跨部门知识产权委员会（CIPI）来使手续变得更容易，从而协调有关知识产权的政策、活动以及公共和私人机构项目。

（五）部门贸易政策

在审议期内，哥伦比亚经济的部门组成发生了一些改变。矿业部门占GDP比重大幅增加，从2005年的6.3%到2011年的10.3%。这一部分原因是石油和煤的生产增加以及国家价格的上涨。农业和制造业所占比重下降；这两大产业虽有相对增长，但比起经济体中其他更加动态的行业来说，其增长并不明显。尽管有金融危机，金融和房地产服务对GDP的贡献仅有轻微下滑，建筑业则在公共支出增长的推动下所占比重有所上升。

农业因在GDP、就业和出口方面的贡献而对哥伦比亚经济起着至关重要的作用。现如今的农业政策重心主要是促进农村地区的发展，提高其竞争力并进行多元化经营。哥伦比亚的农业政策也旨在促进粮食安全，尽管这一宗旨并不明显。相比其他产业产品，农产品（WTO定义下的产品）拥有高达14.5%的关税保护水平，例如，制造业为4.9%，近期，降税加剧。农业部门也因国内支持计划、贷款优先权、债务再融资方案、农业保险补贴以及汇率风险降低而受益。哥伦比亚还利用其他机制，如价格稳定基金，来帮助缓解世界市场价格波动。

哥伦比亚矿业政策旨在保证供应碳氢化合物和电力，并生产促进国家发展所需要的资源。哥伦比亚对矿业和碳氢化合物部门及其他部门的外商投资给予国民待遇。外资企业若想获得勘探特许权，则必须在哥伦比亚建立一家子公司。在碳氢化合物产业，外汇的一大显著收入来源为国有公司—哥伦比亚国家石油公司。它在对石油和石油产品的提取、精炼、交易、分销和运输方面起着主导作用。在国内市场，哥伦比亚仍对燃料进行销售补贴。尽管已经改革，这仍然是一个庞大的财政负担。私营机构在电力部门占有率为45%。尽管政府在此部门保持主要股份，但市场机制的运行仍需改革。因此，在审议期内，哥伦比亚建立了电力批发市场，使其负责授予区域间发电、互联及传输网络特许经营权。电力批发市场也被用作为一种应对电力短缺的机制。依据核心消费水平或生活消费水平，对社会中最易受影响的居民用户则采用补贴制度。

制造部门对GDP的贡献在审议期内下降，而这主要是由采矿业的加速增长所导致。政府正尝试实施一个生产改造方案，其主要做法有确认和发展新兴产业，以及限定一个围绕部门委员会的产业策略。其目的是推动人力资本的发展并改善管理和基础设施，同时吸引更多的外资，将非正规部门的活动正规化。

2011年服务业占哥伦比亚GDP近2/3，其中其主导作用的是金融和贸易服务。哥伦比亚是一个服务净进口国。然而，在审议期内进口和出口都有所增长。

哥伦比亚将金融活动、股票交易和保险活动划归到公众利益中，因此，唯有优先国家授权才能执行这些行动。金融部门对外资开放，且对商业银行或保险公司的外资控股没有法律限制。然而，国外注册公司办理保险需采取特殊授权。在审议期内，由于监管体系和审慎标准进行了改革，金融机构审慎指标仍旧保持稳健。通过加强监管，以及采取具体措施增加储备来应对各机构金融现状的恶化，哥伦比亚成功地应对了 2008 年、2009 年的金融危机。

在通信领域，外企需在哥伦比亚建立子公司才能在其市场营业。2009 年，哥伦比亚颁布了一部新的法律来推动该部门的投资。因在转型期，该法律确立了总审批制度并废除了对低收入群体的补贴制度。电信服务的供应商可自由设置其关税，除非竞争过弱，或服务的质量或供应不合乎要求。然而，一部分关税是受到监控的，且关税最大限度取决于固定和移动电话的通话量。

空运政策旨在通过提供灵活的市场准入来推动竞争。哥伦比亚飞机拥有空中沿海航行服务的特许经营权。除此之外还有国籍要求，哥伦比亚航空和外国航空公司经销处或子公司至少要有 90%的员工为哥伦比亚国籍。这一限制建立在互惠的基础上。机场需在特许权体制内运营，或者由其所在地的市政当局运作。

海上运输市场的准入是建立在互惠原则之上的。在海运领域，沿海航行权仅属于哥伦比亚的船只。但是，在没有合适的哥伦比亚船只情况下，可租用外国船只。在哥伦比亚登记的船只的船长、军官以及 80%的船员必须是哥伦比亚国籍。国际海运和沿海航行公司设定其关税和运价，但必须向当局通告，并接受当局审议和提出异议。港口的建设、维护和管理根据 20 年的特许经营制度委托给港口公司。

某些旅游业服务受到注册要求的限制。除纳税外，这些类型的旅游服务供应商必须另做贡献来推动旅游业。这一措施自 2011 年开始用于商业中心。政府提供了一系列的激励措施来促进该领域的投资，主要是宾馆的建设或整修，以及提供生态旅游服务。

（王洁　译）

科特迪瓦、几内亚比绍、多哥贸易政策审议

[摘要]

科特迪瓦、几内亚比绍和多哥均是西非经济货币联盟（WAEMU）以及西非国家经济共同体（ECOWAS）的成员国。对这三个国家来说，农业对经济起着至关重要的作用。尤其是科特迪瓦，已是世界可可领先生产商。除此之外，科特迪瓦已经能够通过耕作咖啡、橡胶、水果和棕榈油来发展多元化农业。采矿部门主要出口产品为石油产品和黄金。在过去的十年间，科特迪瓦的制造品出口（集中在农产品加工）份额急剧下降，但它在使这些出口品增值上有很大潜力。其出口品主要销往欧盟和非洲，尤其是西非国家经济共同体的国家。

在不到十年的时间，几内亚比绍仅靠出口腰果就已经在其粮作物产业发展上有了很大进展。这些腰果是小规模生产，未经处理而出口，且几乎全部运往印度。自2005年贸易政策审议以来，多哥持续提高其服务部门的相关份额，尤其是像港口服务和区域运输业相关服务，其他主要活动为农业以及碳酸盐和水泥生产。农业自2008年来繁荣增长。多哥的出口产品主要销往非洲国家，尤其是贝基纳法索、贝宁、尼日尔、加纳和尼日利亚。

总的来说，这三个国家的国家预算很大程度上依赖于海关边境税收。这一收入来自进口税收、费用和内部税费，也有一部分来自出口税费。这类税收削减了出口商的收入，增加了本土企业进口投入成本，并使本土消费品价格更加昂贵。其中两个国家正在逐渐转变国内税收体制，这样会减少进出口税收的依赖，从而增加其经济生产部门的收入。

（一）经济环境

科特迪瓦、几内亚比绍和多哥都经历了社会政治斗争。这些社会政治斗争严重地抑制了其贸易，并阻碍了经济发展。西非经济货币联盟整体经济形势受科特迪瓦社会政治危机的严重影响。1999年该国占西非经济货币联盟GDP的43%，而当前为35%。这些冲突也对人力发展起到了负面影响，尤其是几内亚比绍和多哥。两国都处于世界最贫穷国家之列，其发展状况低于非洲撒哈拉以南地区的平均水平。最近的一次政变发生于2012年4月。这次政变使几内亚比绍的形势更加恶化。

社会政治不稳定和民主赤字使这三个国家部分暂停获取官方发展援助。官方发展援助均占据其国GDP的相当一部分。2005年，官方发展援助占据多哥GDP不到5%，而在2009年，由于一个政治协议而达到18%。这使得该国可以运用更多资源来改善信贷准入，发展基建项目和农业发展计划。这也引起了贸易援助的大幅增加。以几内亚比绍的情况来看，官方发展援助占GDP的1/3。大部分国家债务在2011年被取消，但是纳入贸易渠道的援助仍旧处于较低水平。

鉴于预算赤字的规模和持久性，社会经济项目很大程度上依赖于外部融资。投资放缓是维护不当的间接原因。这导致了基础设施建设大范围恶化，水电供应不断被削减，港口、道路和铁路被荒废。然而，在科特迪瓦，基础设施网络仍是西非南部区域最好且最广泛的之一。它可以通过适当的政策，使西非迅速恢复并超过金融危机前的发展水平。

由于这三个国家在基本食品供应上，如谷物，严重依赖进口，2008年全球食品和能源价格的上升对其影响很大，均受到强大的通胀压力。目前采取的紧急措施有暂停收取进口关税和增值税，降低这类产品的海关价值。采取这些措施大多数情况下仅是单方面的，而有时会违背西非经货联盟的规则。这证明了引入一个全社区的快速反应机制是非常必要的。

虽然近年来社会政治不稳定，西非国家中央银行（BCEAO）一直确保了该联盟的银行货币系统的稳定性。它独立于现任职的国家政府，因此，可根据其指令维持其政策的金融稳定性和完整性。它的货币政策工具主要有：在2007年恢复的关键利率、法定存款准备金率以及公开市场操作。

（二）总体框架

自2005年，这三个国家的外资流量一直低于其潜力。由于缺失社区投资代码，在西非经货联盟

内，成员国有选择性地准予税收（海关关税）豁免，但仅部分豁免得到管制。西非经货联盟使用统一的经济体制，有利于建立一个稳定透明的商业环境，从而对长期投资决议有利。因此，这应该被纳入社区政策优先权条例中。

完成业务启动行政手续的单一窗口的功效是有限的，因处理这些手续的官员没有签署权。当前的趋势是要发展平行业务程序中心，该中心也可能将所有处理这类程序的行政服务集结在统一场所。投资者要求制度和监管的稳定性及透明度，这一趋势与其需求相悖。另一方面，鉴于重复多余的成本风险，多重结构不应同时存在。

自由贸易区为企业全方位免除普通法律下的税收，提供多种电力并投入购买折扣，这可称为企业的绝对优势。然而，自由贸易区在推动出口方面进行得并不成功。缺失决断的社区法规使得科特迪瓦和多哥等自由贸易区不断出现国家和区域竞争问题，同时导致二元经济。

多哥在中小型企业的小额信贷和融资方面取得显著进展。政府资助了一个国家部门来促进和确保中小型企业融资。自 2006 年，该部门处理并为中小企业与银行融资进行担保。处理的案件中将近 80%会提供融资资金。迄今，政府还没有收到任何有关担保的索赔。这种担保在很大程度上降低了中小型企业贷款利率，也提高了中小企业的竞争力。

科特迪瓦、几内亚比绍和多哥的公司法都符合非洲统一公司法标准。其中，九项统一法案于 2012 年 4 月生效，这为总贸易法、商业销售、公司法、证券、仲裁和公路运输合同提供了一个法律标准。非洲统一公司法还提供了一个会计参照工具——西非会计系统（SYSCOA）。西非成员国必须运用这一系统。司法和仲裁普通法院审理有关统一行为的所有争议。适当应用这一统一框架对市场信心是至关重要的，然而并未能够保证对它的适当应用，也未保证合同和其他经济权利。科特迪瓦政府知晓，司法体制衰弱会妨碍经济发展，因此，采取了打击贪污措施。多哥国民议会、司法和民事服务是能力建设战略（包括信息研讨会、互联网接入和在线获得所有立法）的主体。

在 WTO，西非经货联盟成员国自行约束其海关等其他税收。科特迪瓦联合西非经货联盟和西非国家经济共同体成员，寻求某些案例中超出义务的税率所带来的问题。几内亚比绍和多哥并未出现这类问题。这三个国家都是非洲联盟的创始国，也是非洲统一组织的继承者。

非洲经货联盟委员会对其成员国，而非第三政府的共同贸易政策，具有专有权。其活动是由社区连带征费所资助的（税率为 1%）。这一措施对第三世界国家的进口适用，且全部交予非洲经货联盟委员会。非洲经货联盟委员会代表西非国家经济共同体征收额外社区税费，税率为 0.5%。

自 1994 年以来，成员国的贸易政策已经由委员会大致统一。在很多领域都达成了统一贸易政策，如海关边境税收（共同对外关税自 2000 年 1 月 1 号生效）、银行贸易交易所在地和原产地原则。在内部税收统一（增值税、消费税、石油产品税费、直接税提前支付）、禁止和许可、标准、技术法规、认证程序、卫生与植物卫生安全以及政府采购领域，仍在进行相当大的努力工作，且这种努力值得支持。

以 2003 年采用的原产地原则为基础，西非经济货币联盟的规章支持各国国家认可委员会所进行认证的产品的自由贸易。虽然有这些规则，但西非经货联盟成员国市场间受认可产品运动仍旧困难重重。总的来说，在科特迪瓦，社区内贸易占总货物贸易的比率为 6.5%；几内亚比绍为 10%；多哥的社区内贸易水平较高，为 20%，占总出口的一半多，也占据西非经货联盟区域进口总量的 7%。然而，在过去五年，这三个国家在西非经货联盟及西非国家经济共同体内贸易的相对份额并未显著增加。

为了减少贸易障碍，西非经货联盟委员会在边界安排并设置控制职位来避免标准的复制。同时，为了消除重复，委员会已经开始调查不合法行为，如滥用或非法税收、检查手续、重整某些产自该联盟的产品的关税、社区产品的技术和行政障碍，还有一些其他行为，如在联盟内对主要道路交通运输进行强行贿赂的行为。除此之外，在当前体制下，若第三世界国家的产品已经在某个西非经货联盟国家进行海关通关，而当其再出口至另一个成员国时，则要再收一次税，这助长了滥用税收的气焰。委员会知晓唯有建立单一市场，才能使货物在社区市场进行自由流通。委员会已经将建立自由贸易纳入其区域经济计划中。这些努力都应受到贸易援助的支持。

这三个国家也是非洲、加勒比和太平洋国家集团（ACP）国之一。在2000年6月，ACP与欧盟缔结了《科托努协议》。这一协议有效期至2020年。到2007年12月，在非互惠基础上，其贸易条款支持为原产自ACP成员国（除南非外）的非农产品和多数加工后的农产品予以免税。《科托努协议》支持协商区域经济伙伴关系协议。区域经济伙伴关系协议本意为自2008年1月起取代《科托努协议》的贸易条款。在这三个国家中，只有科特迪瓦与欧盟签署有《经济伙伴关系协议》（EPA）。该协议于2008年11月26日在阿比让签订。这一协议使得科特迪瓦得以继续享有进军欧盟市场的免税通道。根据《经济伙伴关系协议》条款，原产自协议方的产品依据其搬迁的进程来减免海关税收。《经济伙伴关系协议》还包括详尽的监管条款，如海关和行政协作，以及包括卫生和植物检疫在内的技术规定。

为将西非经货联盟共同对外关税应用于所有西非国家经济共同体成员国，自2006年开始，一直在商讨西非经货联盟共同对外关税修正案。2008年，西非国家经济共同体成员国建议在35%的关税基础上设置5%的浮动率，以便适用于农产品。对一些国家来说，采用35%的关税税率会增加关税。这样会违反WTO承诺。

（三）贸易政策工具

进口仍旧受制于一些繁重的费用。在共同对外关税下，20%的关税中的41%构成了国际关税高峰，其他关税增加了2.5%。一些原产地不是西非经货联盟的产品受制于科特迪瓦特殊进口税（TCI）。这是为了缓冲世界产品价格大幅下降的影响，并抵消不公平的做法。在科特迪瓦，对一些产品仍旧征收递减保护税（TDP）。递减保护税是另一个在全国范围内应用的社区机制。递减保护税虽然被西非经货联盟废除了，但在科特迪瓦仍旧有效。

对于中转各自海港的贸易流量，这三个国家都要求提交发货跟踪单（BSC）。发货跟踪单并不属于社区监管。一般来讲，发货跟踪单是由各国负责运输的部门引进。不同国家发行文件的成本不同，且根据进口货物的上船点会导致区别对待。从海关用途角度讲，发货跟踪单似乎用处不大，因为它提供的信息都已经包含在清单中。这三个国家，提交提前进口报关单或出口报关单的义务，或是具有同等效力的要求，仍旧有效。这些正式手续会损害经济运营的交易成本。

除几内亚比绍，其余所有西非经货联盟成员国仍在执行繁重的义务性进口检查计划，但并不总是统一的。这些计划的执行委托给了国际公司。这些国际公司在海关职权范围内控制所有信息：进口资格、货物的数量和质量、关税类型以及海关价值和产地。这三个国家的进展包括引进X射线扫描。X射线扫描的成本不包含在义务检查内。

这三个国家继续应用自己的进口参考值列表。其各自的列表并不总是以西非经货联盟委员会的列表为依据。后者甚至要干涉一些涉及应用内部社区贸易参考价值的案件。在一个打击低报的投标中，对二手车的海关估值被委托给了科特迪瓦和多哥的外资私企，交由他们自己确定进口价值。这些做法与WTO规则不符。

在内部税收方面，对诸如农业等重要经济部门免除增值税（或是在几内亚比绍免除一般销售税）。免除这类税收导致了贸易中进口产品竞争扭曲和国民待遇问题。增值税体制的全面审议使得消除多种豁免权，以及在西非经货联盟内完成增值税统一进程成为可能。

在各成员国海关边境，利得税提前支付方式有所不同。例如，在联盟的一些国家中，一些食品有利得税豁免权，而在其他国家就不免除。西非经货联盟规则规定，倘若发生对这种机制的追索权，除非是为了加强中小企业税收，成员国应该确保其申请在进口产品和内部交易的中立性。在没有税收识别的企业的情况下，社区体制施加5%的税率。在这一社区体制内仍会有偏差存在。

技术规定构成了扩展国际贸易的主要障碍之一。西非经货联盟成员国意识到这些后，在欧盟的协助下，于2001年推出了一个“质量计划”。该质量计划是为统一在西非经货联盟内的评审、证明、标准化和计量活动。在该项目下相互承认的原则在于三个层次：技术法规的识别、标准化和规范；合格评定程序的识别；合格评定程序结果的识别。成员国必须向西非经货联盟委员会告知其TBT制度并消除任何对货物和服务自由流通的障碍。这些活动都由区域质量协调委员会进行协调。

2007年采用了要求承认国际卫生和植物检疫标准的规章，同时为统一国家立法做出努力，在西非经货联盟地区，便利贸易发展的具体措施仅仅是采用了联合国政府间气候变化专门委员会（IPCC）的单独的植物或植物产品检疫证书，并对兽药控制的统一化。仅有一个西非经货联盟植物和卫生检疫进口许可证，便有利于这些产品的交易。鉴于资源有限，一些成员国没有实施有效的控制。此外，在一个国家执行的植物和卫生检疫控制，在另一个国家是不被认可的。这种基于所谓的“Cassis de Dijon”原则的认可会刺激区域内食品贸易，并有利于提高农民收入。

尽管在西非经货联盟有关于反竞争行为的详尽规章条例，然而关于其在判例法方面所做甚少的看法有待观察。科特迪瓦和多哥的竞争体制未能与社会法规保持一致。原则上，社会法规在国家层面上是直接适用的。几内亚比绍尚未通过国家竞争框架体系。国家竞争委员会尚未运转。在这三个国家，一些部门明显缺乏竞争，尤其是国定电话市场、网络市场、水电分配市场以及港口服务市场。

2009年改组了政府采购管理体制，旨在转变相关西非经货联盟指示。然而，几内亚比绍仍在进行实施法令和政府采购代码的发展。

所有的西非经货联盟国家，包括科特迪瓦、几内亚比绍和多哥，都签署了《班级协定》（1997）。《班级协定》介绍了统一法并创建了一个公共的知识产权局，即非洲知识产权组织（OAPI）。2006年1月1日开始实施有关植物新品种条款。植物新品种专利必须符合WTO《与贸易有关的知识产权协议》（TRIPs）第27条。由于缺乏处理申请保护的技能，非洲知识产权组织管理委员会推迟了《附录九》开始生效的日期。其中，《附录九》是关于集成电路布图设计的要求。集成电路受TRIPs协议下第35条保护。根据当局所说，侵权案主要涉及假冒食品药品、侵夺商号和工业设计，以及盗版音乐作品和电影。

（四）部门政策

提高农作物产量和生产率直到最近才真正成为政府工作重心。这之前，农村的食品安全、农民的收入以及居住条件都止步不前。2003年，在《马普托宣言》中，非洲国家政府承诺至少把国家预算中的10%分配给农业，进而达到6%的农业增长率。直到2008年，国家食品价格猛增，非洲国家严重依赖进口食品，才开始履行这一承诺。公共机关先对这三个国家的政策进行干预以支持食品生产，尤其是以补贴价格供给肥料、种子和其他农资。仍需向WTO通报更多类似措施。

西非经货联盟尚未统一海关税收及成员国对出口品施加的具有同等效用的税收。由于缺少这样一种参照标准，这三个国家中有两个对农业出口品收取高额税费。这一做法的后果则是向周边国家，如西非经货联盟成员国，进行很大程度的贸易转移，且这些国家对这些税款无追索权。例如，多哥极少生产可可，可是近来却成了可可出口国。这些税款还导致小农收入下降，与减少贫困和发展农村的目标背道而驰。

几内亚比绍渔业及渔业生产占GDP比例超出7%。得益于金枪鱼罐头厂的发展，渔业及渔业生产在科特迪瓦是一个高层次的经济活动。捕鱼船队通常没有国家补贴或援助，且这三个国家均无大型国家船队。在几内亚比绍，政府通过渔业协议和特许向外国船只收取的费用占到政府收入的1/3。这限制了在该部门引进可持续管理措施的决策自由。由于渔获总市值远远超过了征收的关税数额，几内亚比绍收入短缺情况相当严重。尽管在这三个国家采取打击非法捕鱼（IUU）的行动具有优先级，但在侵权情况下，他们监视领海和进行干预的能力不足。

关于采矿政策，这三个国家对外企仍是特别优惠。在几内亚比绍，尽管荷兰病式的通胀风险令人担忧，但近期发掘的磷酸盐和铝土矿开拓了额外收入的有利前景。为促使政府对此问题的关注，一个政府间组织正试图开展关于采矿项目环境和社会影响的系统性研究。在能源领域，西非国家经济共同体成员国政府已经倾尽全力解决由投资不足导致的严重区域能源危机。始于2000年的西非天然气管道如今还在运转，但因其当前的吞吐量不足以供给所有国家，故尚未使天然气的供应大幅增长。科特迪瓦精炼厂虽被视为非洲最高产的精炼厂，却于2010年出现了严重的财政困难。

服务领域的进展主要涉及港口和机场。ASKY——一个区域规模的新私营民航公司选择在多哥设立其总部。这三个国家的国有企业仍垄断着港口和机场服务产业、水电分配、银行业、保险业和电信业。主要是由于对这些行业改革并使其盈利有较大难度，而非由于故意的公共干预政策。

（王洁　译）

新加坡贸易政策审议

[摘要]

新加坡仍是世界上市场导向程度及开放度最高的经济体之一，也被视为最方便做生意的国家。由于全球金融危机，以及受低成本经济考验的竞争力，尤其是在亚洲，新加坡同时面临着新挑战与机遇。新加坡着手提高生产率来推动GDP增长，并促进其向高科技经济体转型。

由于全球金融危机，2009年新加坡第二季度经历了20年来最严重的产量下降。然而，反周期财政刺激（2009年为205亿新币）、宽松货币政策、强劲的经济基础以及灵活的劳动力市场使得新加坡得以迅速恢复。

2007—2011年，新加坡以年均6%的速度增长。运输和批发贸易活动的猛增反映出了新加坡作为区域贸易物流中心的地位。为了解决收入不平等和人口老龄化问题，政府正加强其社保网络，例如住房和医保。同时，新加坡也在缓和外籍劳工的涌入。

新加坡深受全球经济衰退的影响，主要是贸易渠道方面。非石油国内出口近乎下降了30%。其复苏尤其得益于中国的消费需求以及美国企业信息科技的投资。新加坡的贸易对GDP比例为全世界最高值（2008—2011年平均为400%）。这反映了其高出口强度以及重要转运枢纽的地位。在过去几十年，进口零部件占新加坡总产品出口份额的增长估计超过了50%。

在历史上，新加坡经历了显著的资金净流出，对应的持续经常账户有盈余（2007—2011年均20.5%）。新加坡官方资本流出占总资本流出的主要部分，反映的大多是由其主权财富基金（淡马锡和新加坡政府投资公司）积累的外汇资产。

新加坡是外商直接投资的主要接受者。其中，自2007年始，年均资本流入约为250亿美元。仅有包括广播或新闻媒体、法律服务业以及零售银行业在内的部分产业部门对外商直接投资有限制。

新加坡通过大量的税收及非税收刺激来鼓励投资。这些措施旨在鼓励当地企业扩大生产并向国际化发展，进行研发投资和培训，以及获取采购机会。政府还鼓励企业在新加坡设立全球或区域总部，以推进科技知识转型和加强新加坡服务枢纽的地位。

在一些关键领域，如电力、电信、运输和港口，国家仍拥有相当大的所有权。其中也包括由淡马锡对企业控股。

政府制订了2010—2020年间维持生产力2%～3%的年增长率目标（2000—2009年增长率为1%）。这一目标包括，在2015年将新加坡研发支出总额提高至GDP的3.5%。为提高生产率，政府确认了16个关键部门，包括建筑业、电子工业、精密工程、运输工程、一般制造业、零售业、食品服务业、旅店业、医疗保健业、信息/传播/媒体和设计业、物流仓储业、管理和支持服务业、会计行业、金融服务业、流程建设及维护业，以及社会服务业。

新加坡坚定支持多边贸易体制。加入了《信息技术协议》和诸边《政府采购协议》。新加坡还签署了服务贸易总协定（GATS）有关电信业的第四议定书，以及有关金融服务业的第五议定书。该国没有签署《民用航空器贸易协议》，但其具有观察员地位。在审议期内，新加坡在WTO没有牵扯到任何争端问题。

新加坡继续通过双边和区域协定追求贸易自由化。自2008年以来，六份新的自由贸易协定（FTA）生效，其中四个是在东盟体制下洽谈的区域协定，另外两个则是双边协定。新加坡还与12个国家签署或正致力于商讨双边贸易协定。新加坡与24个国家，多在亚太地区，共签署18个区域或双边协定。新加坡还参与了跨太平洋伙伴关系谈判。

新加坡与东盟伙伴正合作在2015年前达成东盟共同体。为达成这一目标，其于2010年签署了《东盟货物贸易协定》（ATIGA），以及将于2012年生效的《东盟全面投资协议》(ACIA)。

新加坡的贸易体制相当开放，仅有六个税目根据特定税率征收关税，包括司陶特黑啤、波特黑啤、啤酒、爱尔啤酒、药用和非药用三蒸酒。从自由贸易协定伙伴国进口这些产品无须缴纳关税。然而，新加坡约30%的关税税目是没有约束的，约束税率从0～10%不等。

新加坡在海关程序处理上保持单一窗口，交易者可以在网上提交进口文件和许可证。单一窗口与所有政府机构相连，政府机构会对某项申请授权。对于99%的案件来说，通过时间大约为10分钟。新加坡海关还引进了新的或是扩大现有的主动权来进一步便利贸易。除此之外，自2011年以来，进口商已经能够申请海关估价约束力的提前裁决。

进口限制主要出于卫生、安全以及环境因素，或是依从新加坡国际义务（非WTO）。非药用口香糖以及使用三年以上的机动车仍遭进口禁止。新加坡通过自动和非自动程序而对多种进口产品规定缴纳许可证。出于食品安全目的，对大米进口的管理进行战略性储备。在这种管理机制下，受到特许的进口商可囤积相当于两个月进口量的大米。植物和卫生检疫及技术性贸易壁垒委员会对新加坡的措施无重大异议。

在审议期内，新加坡未采取任何应变措施。该国没有保障立法，未采取反补贴措施，并于2003年终止了最后一系列的反倾销措施。

新加坡有五个自由贸易区（FTZ）。产品进入自贸区所需文件很少，且有多种减免消费税的计划。新加坡国际企业发展局（IE Singapore）负责促进贸易，还为帮助企业扩张和发展海外业务的项目提供资金支持。出口融资仅可通过私营部门机构进行。然而，政府参与为私营部门海外扩张贷款、贸易融资以及贸易信贷保险的担保。

自2008年来，新加坡竞争机制鲜有改变，仅是加强了执法规定并增加了一些执法措施。然而，很多地区仍免于竞争规则。

在知识产权领域，新加坡修订了《2008年专利法令》。这次修订是为了实施《与贸易有关的知识产权方面的协定》中多哈宣言第六段以及公共卫生的相应措施，以便以进口商的身份运用该系统。

在审议期内，政府采购程序没有变化。新加坡的应用制度很开放，其89个采购实体（包括中央政府实体和法定机构）进行的所有超过3 000新币的未分类采购都要刊登于政府门户网站（GeBIZ）上。所有供应商都可以访问政府门户网站，对国内供应商不设任何偏好或储备金。2011年为修订WTO《政府采购协议》（GPA）而进行了协商。在协商中，新加坡在《政府采购协议》承诺中增加了高级搜索服务。新加坡对在一些双边自贸协定中有采购承诺。法定机构（包括大量政府采购）的覆盖面往往是片面的，而阈值有所不同。2011年，新加坡政府的未分类采购总值达到273亿新币。

2011年制造业产量占GDP比例为21%，2007年则为24%。新加坡产业政策旨在将制造业控制在GDP的20%～25%，同时实现劳动密集型向高附加值及资本密集型产业的进一步转变。为鼓励经济重组，政府微调了劳动和土地使用政策，同时开始促进生产率的增长。

服务业对GDP（超过2/3）和总就业（约70%）的贡献最大。总的来说，新加坡在不同自贸协定中的服务承诺都比较类似。在大多数情况下，其承诺超出了GATS减让表或提议的范围。

外国和本土的金融机构只要满足资格标准就能获得多种激励。政府采取措施来提高了银行的资本充足要求并进一步加强了银行业弹性。新加坡正加强其作为主要区域资产管理中心的地位，并吸引公认度高的公司。

市场自由化程度提高，竞争性增强，包括最近修订的《电信法令》和《电信竞争准则》等，使得电信服务商数量的大幅增加。政府颁发了一千多个电信执照，其中大多是给以服务为基础的运营商。为便利市场准入和竞争，2008年颁布了《邮政竞争守则》及《邮政服务操作代码》。

新加坡是重要国际海运中心及国际空运中心。面对区域内竞争加剧，政府采取了措施，旨在加强新加坡作为港口、船运和海运活动一站式服务定位的竞争力。具体措施有精简海运行业特惠企业的所得税制度，以及投资港口基础设施建设。至于航运行业，新加坡主要在双边协定以及东盟框架内，为进一步开放航空服务方面取得了进展。

在审议期内，一大重要进展是部分开放了新加坡国内法律服务体制，并提高外国和本土公司联合提供法律服务的灵活性。获得授权的外国法律事务所，以及新加坡和外国法律事务所合资企业，现在可以通过雇佣新加坡律师或是持有《海外执业证书》的外籍律师，为国内企业和商业提供法律服务。国内法律的其他领域保持着新加坡律所及律师的专属权。

（王洁　译）

韩国贸易政策审议

[摘要]

(一) 经济环境

韩国是出口导向型经济体。当前韩国已从2008年贸易政策审议期间爆发的全球金融危机中复苏。这次复苏得益于全球范围的贸易和鼓励性宏观金融政策，包括经合组织（OECD）成员国中首屈一指的财政刺激政策、宽松的货币政策，以及2008年下半年大幅贬值的韩元汇率。总体来讲，此次未采取限制性贸易措施而实现了经济复苏。相反，韩国开放了国内市场，通过双边自由贸易协定来进一步促进国际贸易，如此实现了这次经济的强健复苏。现今，韩国是世界第七大出口商，2008年居于第12位。

旨在增强大型企业制造业集团出口产品国际竞争力的政策导致了制造部门和服务部门的劳动生产率差距不断扩大，进而导致工资差距不断增大。因此，收入不平等的情况越发严重。尽管2008年经济急剧下滑，出口和投资很快恢复，使得劳动生产率也在短时间内得到恢复，但是可以更准确衡量经济效益的指标——全要素生产率（TFP）于2008年和2009年却近乎为0，国际竞争力指数为负值。失业率突破记录达到3.7%，2011年则低至3.4%。

总的来说，在审议期内，货币政策使得通货膨胀率控制在2.9%～3.1%。即使在2011年，当食品价格和燃料价格猛涨时，通货膨胀率也维持在这个范围内。在审议期多数时候，持续的适度财政盈余反映了韩国的谨慎财政政策，因而2010年中央政府债务较低（GDP的31.9%）。

在审议期内，韩国经常账户有整体大幅盈余，平均占GDP的2.3%。这反映出国民储蓄（GDP的31.4%）超过了国民投资总额（GDP的29.0%）。外汇储蓄从2008年的2 000亿美元涨到2011年的3 000亿美元，使得韩国储备跃居世界第七位。韩国经济仍以出口为导向。货物和服务贸易对GDP的比例由2008年的107.2%增至2011年的110.3%。出口品仍以制成品为主，在2011年比例为85.3%。贸易的格局，尤其是商品贸易，仍继续由美国、欧盟和日本转向中国。

韩国是一个主要资本出口国。虽然官方政府对待内向的外商直接投资持有利态度，给予一些刺激，并在最近改善贸易环境，韩国获得的外商直接投资在经合组织国家中涉及GDP的量是最少的。尽管2008—2010年间，韩国在国际市场外商直接投资总量的份额有所上升，但其仍维持在2004年和2006年的水平。这种表现似乎是出于在韩国做交易的成本以及繁复的法规的原因。除此之外，还有“韩国折扣”相关因素。“韩国折扣”是指由于韩国的感知投资和地缘政治风险，投资者对韩国股票价值进行低估的量。在审议期内，韩国执行了一些措施来解决这些问题，其中包括促进外商在专门区域的直接投资。然而，有三个产业是对外国投资者不开放的，还有29个只部分开放。

(二) 贸易政策框架

韩国是WTO原始成员之一。韩国的贸易伙伴都享有最惠国待遇，其中，发展中国家会受到WTO协议规定下的特殊差别对待。自上次2008年的贸易政策审查以来，韩国贸易政策的制定、实施和评估结构几乎保持未变。

韩国一直以来支持并承诺自由化，并加强巩固其多边贸易系统以及多哈回合谈判的成功决议。然而，韩国不断追求与主要贸易伙伴和区域集团（如东盟、印度、欧盟、秘鲁和美国）的全面自由贸易协定，并筹划谈判与其他大型经济集团建立自由贸易协定。这些协定已向WTO报告，且覆盖了商品、服务和投资领域。这些协定通过在某些产业进一步提高自由化以及撤销管制，为改革经济和提高竞争力起到有效促进作用。然而，农业仅是部分覆盖。自由贸易协定驱动的自由化进程中不包含敏感性农产品（如大米）。自由贸易协定导致进口竞争，国内生产商和企业严重受损，政府加强了对他们采取的补偿调整措施。韩国作为WTO与贸易相关的技术援助和贸易援助的主要贡献者，持续为欠发达国家的多数出口品提供免税待遇。

韩国高度重视其法律透明度和可行性，包括对外国人的可行性。许多法律可在部委机构相关网站上找到对应的英文版。侧重刺激经济增长的监管改革有不断进展，并采取措施来辅助克服全球经济危机，包括修改、暂停和缓解一些繁琐法规的实施。通过与WTO通告要求的一致化，韩国在多边层面采取措施履行其透明度义务，但在某些领域（如国营贸易、特殊保障措施、农业出口补贴和政府采购），通告取决于提交缺口。

（三）贸易政策发展

海关关税是韩国主要贸易工具之一，也是一个主要税收来源（占2010年总税收的6%）。2012年海关关税仍旧复杂，涉及多重小额利率差异（84个从价税，46个备用税）和一些有小数点的税率。在审议期内没有任何关税削减。由于采用了HS2012税则，最惠国待遇关税平均由2011年的12.6%增长至2012年的13.3%。以经合组织国家标准来看，这一税率相对较高，因此规定关税减让或豁免（来确保中间投入品的税收不是有出口税）并增加边境税项的复杂度。从价计征税峰值税率仍保持不变且集中于农产品（WTO定义）。最惠国待遇关税税率范围从0～887.4%（木薯的税率）不等。除此之外，非从价计征税往往隐瞒涉及从价计征税等值（WVE）的关税峰值，可高至1 506.3%（电影胶片，2010年）。2012年，85%的税率值都在10%及以下。关税配额是根据韩国农业的多边市场准入承诺设置的。配额内税率由0～50%（2012年）不等，配额外税率高至887.4%，填充率逐渐降低，2011年为66.7%。其他措施（如“自治”关税配额、使用关税、关税优惠）选择性地降低关税投入。韩国对89.9%的税目有约束，即98.4%的农业税目（不包括主要种植水稻）和88.4%的非农业税目（根据WTO定义）。平均余额数关税和最惠国关税税率间的4.3%的差距赋予了关税制度一定程度的不可预测性并为权威机构在约束内提高税率提供参考。韩国还将此差距用于被称作“灵活关税”的更高的最惠国关税（如调整关税），都在WTO约束范围内。“灵活关税”的产品覆盖率有2007年的101项增至2012年的334项。

在审议期内，韩国通过进一步精简和现代化（以及海外扩散）其符合世界海关2012计划的完全计算机化、用户友好的海关程序，以追求广泛的贸易便利化。韩国处理了转让定价和海关估价。在这两个领域中，跨国公司在韩国做生意面临着困难。

直到2014年大米仍是唯一受进口配额影响的产品。为保护公共道德、人类健康、卫生和环境卫生、动物和植物的生命、环境保护和符合国内法律要求或国际承诺的基本安全利益，仍保留进口许可要求和禁令。韩国主要针对化学品、牛皮纸、塑料、不锈钢和颗粒板利用反倾销法规。韩国发起了8项新案例，且有31项最终措施对来自13个国家（多为亚洲国家）的进口品生效。

韩国定期限制或监视一些产品的出口（如大米和钢），以确保充足的国内供应，从而有助于这些产品的下游加工。出口禁令旨在保护动物权利和一些濒危物种，同时保护自然资源。保留直接出口补贴只为了减少某些农产品（如水果、蔬菜、鲜花、泡菜、参和牲畜）的市场成本。根据最新数据统计，在2008年，这些产品总计326.8亿韩元。除关税豁免方案，消费税和增值税是在边境回赠，而位于自由贸易区的企业给予减免所得税。出口商受益于出口信用保险、融资以及由国有机构提供的促销活动。

韩国采取多种措施（包括补助、税项宽减或低息贷款）继续支持一系列产品的生产和交易，并鼓励中小企业、研发和环境保护行动。尽管日落条款自动终止税收优惠政策，但许多都被延长了。中小企业会受益于这些措施。现有一个基金来支持那些在获得原材料方面面临困难的企业。政府很重视在绿色科技、高科技“趋同”以及高增值服务的新增长引擎活动提供经济援助。

尽管在过去五年政府尝试确保新的韩国工业准则与新采用的国际标准相一致，然而不一致的标准所占份额有显著增长。同时，强制性标准的数量增加了约70%。政府继续努力审查食品标签标准，以更好地反映国际需求，这包括涉及儿童最喜爱的食物产品、营养标签和辐射成分的新要求。

尽管缺乏国内价格偏好，政府采购似乎仍被用作促进中小企业、处于劣势的企业以及区域发展和绿色采购的经济政策工具。结果是，政府采购市场比国内市场更为封闭。韩国是WTO《政府采购协议》（GPA）的一方。虽然这些《政府采购协议》承诺未涵盖某些采购，但取决于其承诺的合同价值有所增长。多数采购仍很分散，采购市场上多于63%的采购涉及公共机构的直接采购。由于国内制造业和建筑服务供应商经验十足且竞争力强，同时，由国际公共贷款提供资金的政府采购中止，本就占份额很小的外国供应商自上次审议以来稳步回落。外国供应商占2010年公共采购服务总业务经营的1.6%。

在审议期内，国家对经济的干预仍然存在。尽管政府决心继续进行撤资，但私有化收效甚微（仅有八家公司进行了私有化）。有两个政府机构和一个生产商协会对所有的大米和一些其他农产品项目负责。尽管审议期内未对大米进行售后加价，其运作允许重要的价格加价。

由于履行了与欧盟和美国自贸协定的承诺，韩国的广泛知识产权法规得到进一步巩固加强。随着国际承诺的扩张、边境执法加强及其他改善，知识产权保护得到进一步增强。为了竞争和消费者的利益，允许平行进口符合一定要求的正版产品。

在审议期内，韩国删除了一些竞争法中的反竞争条例，垄断权平稳下降。然而，市场集中度仍相当高。大型企业受特殊法规限制，并禁止同一控股公司下的附属公司之间交叉持股。2009年，在其他国内企业的持股总额最大限度得以删除。大型企业和中小企业受到鼓励，自愿签署公平贸易和共享增长协议。未来的工作将集中于改善中小企业竞争条件。通过帮助消费者保护其权力和利益，并确保消费者充分共享自贸协定驱动自由化的好处，政府很好地改善了消费者保障。隐私相关问题上升至电子商务立法日程。

（四）产业政策发展

在审议期内，农业暴露于增长的自贸协定驱动自由化更加市场化和环境友好化的政府干预为农业发展提供援助。尽管国内支持相当于GDP的2.2%（2008—2010年），与2011年农业占国内生产总值下降比率2.7%几乎一样多。劳动生产率仍然较低，尽管有所改善，大约仅占全国平均水平的2/5。虽然一些主要产品（大米）已经达到自给自足，但平均增长速率有所下降，2015年和2020年的目标提高。同时，农产品进口量呈持续上升趋势。平均最惠国关税保护对农产品（WTO定义）的平均税率在55%，是非农业产品平均水平的八倍多（6.6%）。国营贸易实体或行业协会利用、管理或分配关税配额。为响应近期国内供应方面的不稳定，准入门槛被暂时提高。大米进口数量限制将持续有效至2014年。大米的出口数量限制也开始生效，但鲜有利用。自2008年以来，根据WTO农业协议的特殊保障条款（SSG）已较少被使用。农业受到大量的国内资金援助，包括特定产品支持，符合WTO有关规定。这种支持的结果是，韩国消费者得支付更高的价格（平均为世界水平的1.7倍）。以直接支付为支持形式的重要性有所提高。政府已采取行动，以促进农业企业的私人投资，并保护农户收入不受自然灾害影响，支持使用低量化肥的精准农业，扩展保护消费者利益的追溯信息系统，并帮助农村发展。稳定牛奶供应和需求的差别化定价系统，为进一步减少多余牛奶供应做出了贡献。尽管保留了渔业相关的政府补助，政府仍努力减少过度捕捞工作，并采取行动鼓励环境友好型近海水产养殖。

在审议期内，政府继续努力以减少对石油的依赖和应对不断上升的能源需求。措施主要包括：通过增加可再生能源在能源供应总量和海外项目中的份额，以减少能源需求（能源效率）和高密度能源生产。国家在天然气和电力部门的参与仍然存在，阻碍了竞争。有些行业有许可证可直接进口天然气供自己使用，而非从国家垄断机构购买。国家垄断机构定期调整天然气价格成本。主要运往电厂的国内煤炭生产（主要是无烟煤）继续受直接生产补贴、增值税免征（进口烟煤收缴10%的增值税）以及强制亏损的国营电力公司购买其昂贵输出的援助。电力交换池设置发电价格从而管理电力调度。消费者之间的交叉补贴扭曲了价格。农业用户为主要受益者，且所有的关税都低于生产成本。

制造业占GDP的比重增加（2011年为31.2%），而随着经济对服务业的依赖降低，其在就业中的份额保持相对稳定（劳动生产率的提高）。制造业仍然依赖外向型且在世界信息和通信技术（ICT）保持领先地位，在造船、汽车等大型集团企业支配的活动。政府政策（包括关税、税收优惠以及降低了的能源价格）更青睐于制造业，而非服务业。服务业的流通性比生产制造业要小。几乎完全局限于关税和调整关税的边境保护在上次审议中几乎没有改变。有几种税收和非税收奖励协助研发和中小企业活动。从2009年开始，政府支持集中在被称为以增加“绿色”产品（如电动汽车）出口为目标的新经济增长引擎活动。其他特定行业的支持主要在于提高汽车零部件的全球竞争力，钢铁行业的升级，以及帮助韩国夺回世界领先的造船国地位，并促进制药行业的扩张（包括生物仿制药）。

作为最大的经济产业部门，服务业劳动生产率相对较低（现在不到制造业水平的一半），且全要素生产率（TFP）的增长率下降。这一部分是由于国家所有制和过渡法规导致的竞争不足，包括对内向外商直接投资的限制。目前已采取措施来改善银行业及其他金融服务业的公司治理、透明度、稳健性、资本充足率。金融产业重组继续享受公共资金，同时加强宏观审慎监管。尽管有所下降，但国家所有权仍然存在于金融业和运输服务业。海运和航空运输也受到沿海贸易权的限制。此外，对一些行业的外资所有权有所限定，特别是电信业、航空运输业和沿海航运服务业，同时禁止广播和电视业的外资所有权许可。有关策划和促进广播通讯活动衔接的立法已经通过立法通过，同时这也为建立一个更具竞争力的广播市场有所帮助。限制大型零售商（大型超市）进入传统市场的规定即将实施。韩国服务贸易总协定的承诺保持不变，但鉴于最近签订的自由贸易协定，韩国将做出超出其服务贸易总协定的进一步承诺。

（五）展望

总的来说，韩国经济基本稳健。尽管经济危机后韩国经济迅速反弹，其仍然容易受到来自国际贸易的外部冲击影响，特别是严重依赖由少数大型企业集团生产的出口制成品。公平和可持续的增长依赖于政府实施结构性改革，尤其是那些旨在改善投资环境，从而使韩国吸引更多的外资的改革措施。解决劳动力市场僵化，以及由人口迅速老龄化造成的劳动力下降，同时还要提高生产力，特别是在能源业和服务业。例如，通过多边区域和双边自由化进一步开放他们在国内外的竞争。这些以及相关改革，包括私有化和持续监管改革，将提高韩国经济的灵活性和应对不断增长的外部竞争的能力。

（王洁　译）

挪威贸易政策审议

[摘要]

挪威自然资源丰富，已保持商品贸易盈余状态二十余年。挪威出口大量的原油和天然气，2007—2011 年，其经常账户盈余每年都超过 10%。挪威在政府养老基金中节省了相当一部分石油和天然气基金，完全用于国外投资。2012 年 3 月底，该基金的资产价值为35 000亿挪威克朗（460 亿欧元）。自 1995 年以来，中央政府每年都处于盈余状态。

在近期的全球金融风暴中，挪威的表现优于大多数发达经济体。与许多其他国家不同，2008 年秋季，挪威政府能够应对外部冲击，采取措施刺激国内经济，并确保财政稳定性，而没有危及其财务地位。用以抵御通胀压力的利率被大幅削减。2009 年的财政预算方案是近 30 年最具扩张性的预算。随着 2010 年经济恢复，政府在财政刺激措施中起主导作用。2011 年，内地 GDP 增长了 2.4%，仅低于历史趋势，失业率稳步下降至 3%，利率依然很低。

挪威最重要的贸易伙伴都在其区域内。欧盟仍占挪威的商品出口 80%以上，以及挪威的进口约 2/3。然而，在过去的四年中，挪威与世界其他地区（尤其是亚洲）的贸易保持持续增加趋势。挪威一直受益于贸易条件的改善。其能源出口价格、能源密集型产品和鱼类产品的价格一直很有利，且消费品进口价，尤其是来自亚洲供应商的消费品也很低。

在过去的四年中，挪威贸易政策的制定和实施总框架没有显著变化。挪威支持强有力的多边贸易体制以及有效的争端解决。挪威积极参与谈判以修改政府协议的多边协定，同时，将大大扩大对其他签署方的义务。

欧洲经济区（EEA）协定是挪威与欧盟密切关系中的一个核心要素。经由欧洲经济区协定，除一些特殊领域，欧盟各领域内部市场得以进入挪威。欧洲经济区协定不是一个关税同盟。它不提供通用农业政策，也不涉及国内税。挪威和其在欧洲自由贸易联盟（EFTA）合作伙伴，即瑞士、冰岛、列支敦士登，决定运用一个广泛的自由贸易协定体系。该体系目前覆盖了 33 个国家。进一步的自由贸易协定谈判正在进行中。此外，欧洲自由贸易联盟国家还与南方共同市场、马来西亚、毛里求斯和蒙古签署了有关合作的联合声明。

1971 年，挪威针对发展中国家出口品推出了普惠制。虽然其对某些商品仍然很重要，但该方案对挪威的许多发展中国家贸易伙伴作用越来越小。对于某些国家来说，其贸易关系现在涵盖于欧洲自由贸易联盟自由贸易协定。挪威单方面消除大多数制成品的最惠国关税。此举已取消了先前根据该计划提供的优惠幅度。2007 年挪威修订了普惠制方案。目前，所有最不发达国家和低收入发展中国家都可零关税和免配额进入挪威市场。虽然普惠制方案的利用率很高，但自 2008 年以来，普惠制改革似乎并未使得从最不发达国家和低收入国家的进口增加。

乌拉圭回合后，挪威约束关税减让表，但许多农产品的关税很高。制成品的约束税率最高值范围从 11%～14%不等。这一方案更自由化。大多数工业产品，不论出产地，均进行免税。目前，最惠国关税只适用于服装、特定纺织品（33 项）和一些用于动物饲料的鱼及鱼产品（9 项）。进口和出口限制在很大程度上源于挪威国际公约或条约，或联合国安理会决议的第七章。

欧洲经济区协定旨在为不断演变的欧盟申根共同体平等竞争条件下的商品、服务、劳动力和资本的自由流通提供条件。因此，许多挪威贸易法规欧盟成员国采用的贸易规则相一致。值得注意的是，其在海关规定、技术性贸易壁垒、卫生与植物卫生措施、TRIPs 协议和服务法规的结盟。挪威还与国家援助（即非农业补贴）、竞争政策和政府采购的一般规定保持一致。在欧洲经济区协定规定的领域和欧盟申根包含的领域，挪威和欧盟间的贸易不得采用反倾销和反补贴措施。挪威从未调用欧洲经济区协议或欧洲自由贸易联盟自由贸易协定下的保障条款。虽然挪威偶发运用过关贸总协定的贸易救济措施，但自 WTO 成立以来，挪威从未发起反倾销、反补贴和保障措施（根据 WTO 保障措施协议的规定)。

在过去的四年中，贸易制度有显著发展，其中，2011年1月1日，推进电子摘要报关单对挪威和非欧洲经济区国家之间的货物流通成为必须。授权经济运营的认证使人们可以放弃与欧盟贸易的汇总申报义务。挪威海关人员已采用了EU/EMARS系统和安全南海网来向海关报告航运信息。2012年1月1日起，用来为挪威食品安全局控制活动融资的很多用户收费被淘汰。在出口融资领域，由挪威出口融资公司（Eksportfinans）提供的信贷被削减。截至2012年7月1日，国有独资的挪威出口信贷机构Eksportkreditt Norge AS现提供资助商业利益参考利率（CIRR）贷款和商业利益参考利率合格的市场贷款。该公司提供的市场贷款将给予自由贸易区监督管理局通告。出口担保将继续由挪威出口信贷担保研究所（GIEK）发行。

挪威的国家所有权程度是相当大的，且在过去四年中一直保持稳定。挪威政府认为，国家可以通过对挪威工业企业的所有权而对工业发展做出积极贡献。政府无须筹集现金，也没有具体的私有化目标。相较于2005年以前，挪威的企业私有化已明显放缓。然而，当出于企业的盈利能力和增长考虑时，个人股份可能会被剥离。

有关实施欧盟服务指令，挪威通知了78个授权方案和监管要求。这些授权方案和监管要求可能会影响商业存在或跨境服务供给。该指令不要求挪威与欧盟协调其立法，但涉及了有关非歧视、公共利益和均衡性的国家授权方案的检测。

挪威的金融产业已经在很大程度上躲过了2008年以来全球金融风暴的影响。挪威当局临危受命，迅速为银行体系提供资金，以及国家财政基金的较长期资金许可。同时，建立了政府债券基金来方便企业按正常条款融资。两股基金都在既定信贷额度内运作良好。随后，许多银行用股权和其他类型的市场化融资来代替配发的出资额。在危机期间，挪威无须发行国家担保的存款保险，因挪威银行保证基金被认为足以处理当时的困难。争论的焦点在于，对国内经济重新持有乐观态度、一个前所未有的长期低名义利率以及本地需求旺盛能否造成了挪威住房市场的资产泡沫。

挪威是一个小且开放的经济体。许多挪威企业已习惯于全球环境下经营，很少在国内市场受到保护。对挪威的石油相关工程和服务企业、航运、电信业、金属业、挪威外向型的鱼类和鱼类加工行业来说，尤其是这样。开放性规则的一个例外是陆基养殖，其中，非贸易问题继续主导议程。初级农业生产的保护对食品加工行业和食品部门的竞争有溢出效应。

农业部门的监管密切。同时，复杂的国内市场调控往往与牲畜和农作物生长的边境保护齐头并进。牛奶和奶制品——挪威农业的核心，尤其受到目标定价、生产者征税、生产控制、产品价格均等化、运输支持、产品储存、内部价格退税、出口补贴、结构性收入支持和区域差额支付这些工具的严格管制。2010年对液体牛奶和奶油利用从价计征进口关税是政府有意识增加对该部门边境保护的体现。

尽管几十年来对农业部门提供大量援助，农民的数量仍在不断下降。政府支持似乎已经减缓结构性改革，但并非杜绝改革。在新的WTO多边协议中，进一步削减了农业补贴，极有可能对挪威产生重大影响。递减的“黄箱”补贴、“蓝箱”规定和微量支持、关税减免和结合零配额内进口关税的关税配额扩张将横断“政策空间”。但是挪威目前正在利用“政策空间”。然而，不管预期未来多边商定参数的单方面行动余地，没有任何迹象表明，挪威已采取了果断措施为WTO谈判结果做准备。

（王洁　译）

孟加拉国贸易政策审议

[摘要]

孟加拉国经济受全球经济危机的影响相对很小。但是，因其出口较单一，同时在很大程度上取决于外国务工人员的汇款，该国的经济仍然很脆弱。虽然近年来经济日益开放，商品出口总额仍然较低，自 2006 年以来，平均为 GDP 的 18%。无论是从产品还是目的地角度讲，出口都保持高度集中。这种形势带有一定的风险。欧盟和美国是其主要现成服装（RMG）出口国。然而，作为一个信誉良好的低成本服装生产国，最近几年，孟加拉国已获得一定全球市场份额。从中期来看，预计这一趋势将会继续。这会减轻由发达经济体增长缓慢所带来的负面影响。

（一）经济发展

在过去的六年中，孟加拉国年均实际 GDP 增长率超过 6%。这得益于有利的宏观经济政策、出口增长强劲表现和有利的天气条件。GDP 增长主要是基于农业、工业和服务产业的良好表现。据初步估计，2012 财年[①]的 GDP 增长虽然估计将仍超过 6%，但增速略有放缓。出口是经济增长的主要动力，其表现随今年时间的推移而有所下降。这主要是由于在孟加拉国的主要市场——欧盟，经济仍旧虚弱。

在审议期大部分时间内，国际收支整体保持盈余。这使得该国继续累积国际储备。然而，由于食品、燃料和资本货物的进口量上升，务工人员汇款和援助资金增长乏力的综合影响，2011 财年，国际收支由盈余状态变成赤字状态。这在过去十年内是第一次。虽然孟加拉国出口显著增加，但因它依赖于必需品（包括燃料）的进口，它仍然深受长期疲弱的外贸账户的影响。全球经济进一步放缓可能通过对其出口、汇款和外资流入的负面影响，从而导致收支不平衡状态进一步恶化。大量的汇款流入对孟加拉国的宏观经济稳定性是至关重要的，因为这会在很大程度上抵消贸易、服务和收入赤字。

孟加拉国规划到 2021 年成为一个中等收入的国家。这要求其至少以每年 8%增长发展，当前的经济发展增长率为 6%～7%。工业和服务产业的加速增长、出口市场多元化和由半熟练和熟练劳动力出口带来的更高的外汇收入带动了其经济的发展。孟加拉国需要改善投资环境，并继续开展与贸易相关的改革，以增加国内和外国投资，从而提高贸易增长和包容性。政府需要将其贸易改革努力集中于减少贸易扭曲，通过进一步关税改革最大限度地减少反出口偏向，并确保更大程度上融入多边贸易体制。低税收仍然是经济发展的一个重大约束，因为它们影响到政府增加对能源及其他基础设施建设投资的力度。

孟加拉国仍然容易受到气候变化和诸如飓风和洪水等自然灾害的影响。这往往造成重大经济损失，减缓了经济增长，同时遏制了减贫进展。然而，在过去的十年中，尽管自然灾害频发，孟加拉国取得了显著的经济和社会发展进步。贫困率从 1990 年的 57%下降到 2010 年的约 31.5%，确保了孟加拉国可在 2015 年前达成将极端贫困人口减半的千年发展目标。根据经合组织的数据，2002—2009 年间，在最不发达国家中，孟加拉国是第二大贸易援助受援国。贸易援助集中在满足广泛的基础设施建设需求，增强竞争力和机构能力建设。

（二）贸易政策框架

作为世贸组织的创始成员，孟加拉国至少将给予其所有贸易伙伴以最惠国待遇，并受到《WTO 协议》中提供的特殊和差别待遇。它继续积极参与 WTO 的工作，在 2007 年和 2011 年，作为在日内瓦最不发达国家集团的协调员。它向最不发达国家提倡更大的市场准入，提高多边贸易规则发展的灵活性，并对贸易基础设施进行针对性的援助。

商务部和财政部共同负责制定贸易政策，然而，其他很多部委和机构也参与大量贸易和投资政策的制定和实施。政府现正研究如何更好地协调部委和部门之间有关贸易和投资政策的相关事宜，以

---

① 2011 年 7 月—2012 年 6 月。

及协调部委和私营部门制定一个未来五年的全面贸易政策。

为促进经济增长和社会发展，法律和监管框架改革在某些领域已经必不可少。自上次审议以来，除了正规的进口和出口政策指引，还通过了贸易相关领域新的重要立法，包括标准和认证程序、植物与卫生检疫、政府采购、知识产权、经济特区、洗黑钱行为、保险业、旅游业、电信业和竞争。

在审议期内，孟加拉国参与和承诺区域一体化的举措已经进一步深入。这期间，南亚自由贸易区（SAFTA），孟加拉国、印度、缅甸、斯里兰卡和泰国经济合作（BIMST－EC）自由贸易区，均逐步发展。同时，亚太贸易协定（APTA，也被称为《曼谷协定》）的产品覆盖面的有所扩展。销往南亚自由贸易区和BIMSTEC伙伴国家的出口仍然有限，仅占各出口总额的3%。作为各种普惠制方案的受惠国，以及发展中国家间贸易优惠全球体系（GSTP）下的积极参与者，孟加拉国正努力获得免税进入美国纺织品和服装市场的许可。

（三）贸易政策的发展

关税是孟加拉国的主要贸易政策工具，也是一个重要的政府收入来源（审议期内的平均占税收总额的18.1%）。但是，关税对政府收入的贡献正逐渐下降。几乎所有的关税税率都采用从价计征，从而保证了高度的透明度。其基本原料、资本机械和零部件、中间产品和产成品的关税分别是5%、3%、12%和25%。水稻、小麦、洋葱、豆类、食用油、种子、肥料、药品和棉花这些商品的关税税率仍是零。平均最惠国关税（不包括具体的关税和其他费用）从2005/2006年度的15.5%轻微下降至2011/2012年度的14.9%。农产品的平均关税（19.4%）仍高于工业产品（14.3%）。在一些领域，包括纺织和皮革产业，关税随国家政策重点次序而明显提高。

孟加拉国对所有税目的约束水平为17.8%。对于农产品关税税目，约束水平为100%，对工业产品来说为2.7%。非农业产品的税率约束水平从0～200%不等，多集中在20%、30%和40%。因此，制造业产品的市场准入条件，都受到一定的不确定性的影响。大多数税目没有约束水平，平均约束水平与最惠国关税税率差距为157%。这为当局提高适用税率提供了相当大的范围。

通过其他费用和内部税收，特别是监管税收和补充税收（SDs）。补充税收适用于近20%的税目，目的是为了抑制奢侈品的进口，以及社会、道德、宗教或健康上认为不可取商品和服务供应。酒精饮料、香烟和豪华轿车适用的补充税收最大保护率为250%或更高。虽然补充税收与消费税相似，且原则上属于贸易中立（即对进口产品和相似的国产品适用同样的税率），但在实际中可能并不总是这样。补充税收构成任何进口商品征收额外关税的一种工具，只要当局认为适当。对于必需品和非奢侈品，包括原材料和中间品，也受补充税收的影响。补充税收在产品抵岸价加海关税收（不包括增值税）的基础上征收。当海关税提高，保护税率进一步上升，补充税收就会产生级联反应。

孟加拉国正在进行重大海关现代化以方便通过自动化快速通关并提高在海关通关过程中的透明度。通过减少货物清关程序所需签字数量和查验货物的频率，进口清关和出口手续已进一步简化。吉大港的港口承载了90%以上孟加拉国进出口贸易，显著提高了其在成本方面、船舶周转时间和集装箱装卸效率方面，相对于其他在该地区港口的竞争力和效率。装船前检验（PSI）已开始被淘汰。相较2012年底，与装船前检验机构合约届满后，PSI被完全去除前，海关官员得以逐渐承担更大责任。

至于进口限制，孟加拉国一直保持控制列表的有限产品覆盖率，其中包含进口禁止和限制。在审议期内未采取任何应变措施。

目前，据估计，每年孟加拉国公共部门采购的货物、工程和服务的支出占年度国家预算的20%～24%。《2008公共采购法》和《公共采购规则》涵盖了多数国际公共采购的良好做法，且新框架设立了国内优惠，其中交付商品价格的15%，工程合同价格的7.5%。一个新的法律框架竞争现在是到位。国家广泛参与经济发展，国有企业从事大量商业活动，并在许多关键行业产生支配性影响，包括黄麻、纺织、钢铁、化工或化肥生产、糖、公用事业和运输行业。

执行出口禁令的主要出于健康、生态平衡、安全、考古价值或维持足够的国内供应的原因。一些项目需要出口许可或授权。尿素化肥（国有企业KAFCO生产）的出口仍然受到限制。对国内生产和出口的援助（出口导向型的企业、“视为出口商的企业”、在出口加工区运营的企业）随不同类型活动而有所变化，其中包括：鼓励使用国产化技术、进口替代、调整或促进出口业绩、抵销关税和其他边境税的不利影响。这种援助都是以税收和非税收奖励的形式进行。前者包括间接税收措施，如对进口一流机械和部件给予优惠税率、出口退税、制造成品所需材料的特殊保税仓库以及对某些出口相关服务进行增值税退税。除此之外，还包括直接税的措施，如对任何出口交易产生的应纳税所得额给予回扣或免征所得税。

其他形式的支持措施包括出口现金补助、加速折旧以及各类由孟加拉国银行决定的给予一些行业（出口、农业生产、小型工业和家庭手工业）优惠利率贷款。

虽然经济加工区在吸引投资和促进出口方面已经取得了一些成功，但其在出口、投资和就业数量和类型上的影响仍然有限。《孟加拉国 2010 经济区法》将推动建立 20 个经济区。这些经济区运营后，预计将产生 150 万个新的就业机会，并将于 2021 年占据该国的出口的 85%左右。

孟加拉国正在提升其基础设施的质量和标准以迈向国际水平的协作努力。刚开始运作的孟加拉认可委员会依《孟加拉国认可法（2006 年）》而成立，将协助这一措施。SPS 事宜由农业部、卫生部、渔业和畜牧业部门负责。这一监管体制内有许多法律工具。孟加拉国面临并克服了一些在符合出口标准方面的挑战，特别是欧盟市场。欧盟市场是孟加拉国冷冻虾最大的进口国。

孟加拉国继续致力于使其知识产权法律符合 TRIPs 协定的内容，也符合其他有关国家经济社会发展战略国际承诺的内容。作为一个最不发达国家，孟加拉国获得了一个延长的时间限制，在 2013 年 7 月前完全实施 TRIPs 协定中的规定，除有关国民待遇和最惠国待遇的条款。孟加拉国也受益于 TRIPs 理事会决议。该决议延长至 2016 年的过渡期，在此期间，最不发达国家无须保护或执行有关药品的专利和未披露信息。孟加拉国承认知识产权执法是对鼓励创新和创造是很重要的，尽管它承认执法低于预期水平。

（四）产业政策发展

在孟加拉国在劳动密集型的农业领域提高生产力仍引起人们的关注。孟加拉国自然灾害多发。在孟加拉国农村地区，水稻生产是最重要的经济活动，大米每年生产的粮食总量占 90%。关税和非关税保护已经减少。为了降低生产成本，并面对来自邻国的竞争，对于国内生产的支持措施得到加强。支持措施为农业投入品补贴（如种子、化肥、灌溉和电力）和公共采购补贴。对食品安全的关注，关于进口主食（大米、小麦）的贸易政策以干预措施为特点。在保护和支持水平上，贸易政策是可变的。在审议期内，孟加拉国对某些农业和渔业出口品（即冷冻虾和鱼、水果、蔬菜、农业加工品）一直保持着高达 20%的现金直接补贴。

制造业仍然依赖于劳动力密集型的成衣服装（RMG）产业和有巨大亏损的国有企业。人们担心，根据 2005 年的《纺织品和服装协议（ATC）》，配额的逐步淘汰将对孟加拉国产生不利影响。但在那时，该国已经拥有了得以生存的足够竞争力，同时，服装产业继续取得长足增长。服装行业预计仍是保持产量增长的最大贡献者，特别是自 2011 年欧盟进口规则发生变化之后。这使孟加拉国和其他最不发达国家获得免关税准入，前提是最终产品的进口元件不超过 70%（以前规定是 30%）。政府的支持措施包括提供保税仓库设施、技术升级（优惠税率和免税进口一流机械）、对成衣服装企业使用面料进行现金补贴。除此之外，还包括覆盖国内出口信贷和国外商业政治风险的出口信贷担保计划。

服务产业占据孟加拉国 GDP 的一半。在未来几年，随着政府继续重点发展服务产业，贸易有望保持快速增长，尤其是该国的外包能力，包括所有呼叫中心。20 世纪 90 年代，各个行业已进行了私有化，在这一背景下，金融服务业、电信业和运输服务业都采取了贸易自由化措施。移动通信业对国内外资本进行开放，允许竞争。自 1998 年以来，私人经营者的准入市场使移动电话用户数量从少数增至 2012 年的9 000万。同时，还采取了措施，允许私营部门参与航运和港口服务业，以便提高物流服务效率和竞争力。孟加拉国以银行为主导的金融产业，虽然小并相对欠发达，占 GDP 的不到 2%，但其具有多样性。同时国家仍参与金融产业，虽然其参与度有所下降。

孟加拉国的经验表明，通过工人及专业人士的临时流动而提供服务市场准入，可对稀缺性外币产生极大的积极影响。这将改善经常账户平衡、较高进口水平的资金供应以及经济增长，创造就业机会，并减少贫困。汇款比援助或外国直接投资对孟加拉国经济增长更有效果。在审议期内，汇款增加了一倍多，在2012财年将达到128亿美元。

自上次审议以来，孟加拉国尚未改变其GATS承诺。其安排中只包括了有关五星级酒店和住宿服务以及电信服务的服务。孟加拉国积极参与多哈回合服务贸易谈判，特别是有关最不发达国家的事项，如最不发达国家的集体请求GATS模式4，以及有关最不发达国家减免的相关事宜。

（五）展望

鉴于其固有的优势，尤其是其充满活力的私营部门和大量的廉价劳动力，孟加拉国于审议期内增长强劲。延续这种增长趋势的前景较为良好。占主导地位的服装行业的单位劳动力成本远低于其竞争对手。外国投资者对将劳动密集型工厂大规模搬迁至孟加拉国有很大兴趣，特别是服装产业及相关纺织品制造业。此外，造船、制药、陶瓷、加工和冷冻食品等部门近年来也展现出活力。

尽管前景似乎乐观，但服装的外部需求、国内劳动力市场动荡以及市场准入方面的变化容易对成衣出口造成冲击。而汇款易受劳动法规和政策的变化，或科威特及沙特阿拉伯的冲击的影响。孟加拉国超过一半人口在科威特或沙特阿拉伯。两者的前景恶化可能会导致巨大的外部压力。受贸易体制、低劣的基础设施、治理的问题和艰难的营商环境的影响，外国直接投资量仍然很低。充足资源可以缓解基础设施建设的瓶颈，因此长期增长前景以资源充足性而定。同时，确保劳动力密集活动有一个具有竞争力的商务环境也会影响长期增长前景。

（王洁　译）

以色列贸易政策审议

[摘要]

以色列没有幸免于全球经济危机的影响，但其金融体系很好地处理了这场危机。自上次贸易政策审议以来，在2006年，实际GDP增长平均每年为5%，仅在2009年急剧下降。近日重现经济活动放缓的迹象。金融体系的弹性和稳定性归因于审慎的贷款和对以色列银行“有毒”资产敞口。这是以色列银行——以色列的中央银行采取的一项保守监管措施。虽然政府已大幅增加其信贷担保风险，用来刺激出口，但并没有必要采取任何银行救助或重大的经济刺激方案。公共债务占国内生产总值的百分比已有所下降（在2011年为74%）。

以色列是一个高收入国家，人均GDP从10年前的17 700美元，提高至2011年31 000美元。其国内生产总值约2400亿美元，与新加坡的大致相等。以色列的一些主要的经济挑战在于需要负担国防开支、某些社区的低劳动力市场参与率以及由此产生的收入不平等。在能源需求方面，以色列一直很大程度上依赖进口。但海上天然气的重大发现可能会改变其经济前景。

高科技产品和服务在以色列经济中占主导地位。主要高科技（非国防）活动存在于该地区的计算机零部件制造、软件工程、医疗技术和药品这些领域。以色列在世界钻石行业交易中也发挥了重要作用。

以色列经济的核心优势之一是它的创新能力，即在农业和高科技领域的创新能力。在2010年民用研发开支总额占GDP的4.4%左右，这一比率在全世界上是最高的。以色列的创新政策鼓励国内研发仿制和应用技术。这包括通过一系列的激励计划开展知识产权的开发和收购。国内外风险资本的可用性进一步鼓励了初创公司的发展。

在以色列初创公司外国直接投资的份额很显著。工业部门的投资得益于出口导向激励计划。以色列在一些产业部门保持对外国所有权的限制，其中包括空运和海运、电信和广播、能源和旅游。这一做法主要是出于保护公共利益、（能源）安全和文化方面的原因。对外商投资并没有特殊的审批或筛选过程。

以色列是一个出口导向型经济体。它的贸易仍受中东地缘政治局势的影响。这继续严重阻碍了以色列和其邻国之间的贸易往来。尽管以色列与亚洲的贸易在审议期内持续提升，但欧盟和美国仍然是以色列的主要贸易伙伴。自2003年以来经常账户一直处于盈余状态。

以色列奉行贸易自由化。贸易自由化主要表现在积极参与多哈发展议程谈判、双边互惠协定和单边自主行动。以色列的自由贸易协定网络囊括了一些主要贸易伙伴，如欧盟、美国、欧洲自由贸易联盟和土耳其。然而，目前这些自由贸易协定都未涉及服务条款。自上次贸易审议以来，以色列与南方共同市场签订了自由贸易协定。以色列和欧盟进一步放宽了双边农产品贸易。与印度和哥伦比亚的自由贸易协定谈判已经启动。尽管如此，通过自由贸易协定所达成的贸易，其相对重要性持续下降。这一现象是由于以色列与亚洲国家的贸易日益显著。

2011年的夏天，以色列经历了民众对高额生活成本进行的抗议。这一抗议是前所未有的。抗议是由消费者投诉一些奶制品的高价（“奶酪起义”）引发的。作为响应，政府已单方面拆除一些进口壁垒，将其作为一揽子改革的一部分。一系列非食品类商品的最惠国关税被淘汰，并即时生效（HS 8位水平的400个税目）。在2012年7月，政府宣布了进一步的单方面主动消除或者降低一些产品的进口关税，如电器、纺织品和服装，还有食品。

（一）贸易政策措施

在2012年，以色列的平均最惠国关税税率是7%。超过一半的关税都在免税线，仅有不到5%的关税线率超过20%。非农产品的平均最惠国关税相对较低（4.2%），而农产品的关税（WTO定义），平均为24.5%。农产品市场准入机会得以提供，除其他事项外，主要表现为免关税准入（即约1/3的最惠国关税是零税率）、关税优惠还有超过100项的农产品关税配额（最惠国待遇和优惠）。许多混合或复合最惠国关税使得农产品关税制度变得复杂。以色列尚未调换其减让表，仍在使用

HS1996 术语表。因为术语表有差异，这使得最惠国关税（HS 2012）的实施变得很困难。

自上次贸易政策审议，以色列已经为授权经济经营者和快递公司（空运预先清关）推出了贸易便利化措施。另一方面，以色列出于多种原因对多种产品维持非自动进口许可程序，如健康、安全、保障和关税配额管理。最新的通告将有助于提高这些进口手续的透明度。在一般情况下，以色列的通知记录已被混合。一些领域尚有改善余地。在这些领域，如农业、区域贸易协定和进口许可，以色列通知义务很出色。

以色列维持其出口许可和审批（许可）方案，但没有出口税或出口征费。自 2010 年以来，以色列没有使用农产品出口补贴。花生产业的一个出口国营贸易企业表现活跃。

在调整技术法规，以及食品标准与国际、区域或外国强势标准一致性方面，以色列取得了长足的进步。政府的目标是实现以色列的技术法规和 2012 年底海外强制性标准的全面协调化（2013 年底为食品标准）。自 2006 年，上次贸易政策审议以来，以色列已经通告了三个新的或修订的 SPS 措施。SPS 通报有关以色列进口植物检疫要求与国际接轨，以及修订疯牛病相关的进口产品要求。

以色列仍然大量采用反倾销措施。然而总体上，新措施发生率维持在长期趋势以内。在审议期内，以色列推出了实施 WTO 保障措施协议的保障法规，并发起了两项保障措施调查。

以色列对进口和国产货物和服务所应用的增值税税率为 16%。一些物品，包括蔬菜和水果，是零税率的。某些奢侈消费品，以及含酒精的饮料是取决于购置税税率大小。对于对进口产品购置税的评估，以色列使用一种类型的附加费，叫 TAMA，该费用接近国内的批发价格。2014 年前将实施酒精饮料税的改革，TAMA 也将被取消和更换为一个特定的税目，这种税对国产和进口酒精饮料同等征收。

以色列签署了《政府采购协议》（GPA），并曾参与 GPA 修订的谈判。以色列已取得了一些市场准入承诺，这些承诺提高了外国公司在政府采购市场竞争的机会。以色列还着手逐步停止使用 GPA 中有关采购的抵消制度。它将逐步减少当前 20%的抵消水平，并在实施修订版 GPA 十五年后完全消除。自 2006 年以来，以色列招标法例已进行改革。

以色列知识产权制度很发达。这巩固了该国作为最具创新性经济体之一的地位。以色列在知识产权法方面的一个重大进展是推出了《版权法 2007》。它取代了公平交易与公平使用原则，从而提供了一种更灵活的版权例外方式。没有哪个司法管辖区能如此明确地采取这一特殊步骤。以色列与美国达成了一项协议，用以修订若干药品知识产权条款，这些条款是关于专利延长、专利申请公布和数据独享的。

（二）行业发展

以色列继续面临竞争相关的挑战，诸如，高关税保护（农业）、经济规模小、鲜有区域贸易的一定程度地理隔离和语言障碍。这些因素导致了市场准入壁垒。政府的关键政策目标之一就是以提高在国内市场的竞争。自从 2006 年上次贸易政策审议以来，它已在多个领域，包括金融服务业、电信业和运输服务业，进行了一系列的结构性改革，来加强竞争。此外，还进行了寡头垄断竞争法的改革。

服务产业是以色列经济活动的领先产业，约占 GDP 和就业的 3/4。自 2006 年以来，以色列的金融服务部门已进行了影响深远的结构改革，用以促进竞争和提高金融中介的效率。资本市场改革（Bachar 改革）从根本上改变了以色列金融系统的全貌。这一改革要求银行出售其持有的互惠基金和公积金，从而打破了行业的高度集中化。保险公司和其他中介机构，包括外企，进入了那些传统上被银行控制的金融服务市场。以色列市场已经向国外承销商、投资顾问和投资组合经理打开，使他们可以在以色列提供服务。

政府在电信市场出台了进一步的改革，目的是刺激运营商之间的价格竞争和服务创新。改革的内容包括大幅减少强制互连费用、改善便携性、以激励为基础的监管制度，从而鼓励建立固网及移动电话服务批发市场（授权访问固定网络、移动虚拟网络运营商），并通过授予额外的 UMTS 网络许可证来推广基础设施竞争。政府仍在考虑有关建立一个独立的电信监管机构的计划。

以色列是一个运输服务净进口国。以色列大部分贸易是通过海上或航空运输完成的。自上次贸易政策审议以来，以色列已进一步改革其端口界别分组，以刺激竞争并提高港口的落后生产力。在 2010 年 10 月推出了一个新的端口用户收费制度。这一新制度将淘汰进口有效交叉补贴出口，同时，为成本关税打下基础。新方案还鼓励夜间货物装卸。以色列的国有港口企业于 2010 年开始私有化。

在审议期内，政府改革了航空运输政策，以鼓励航空公司之间的竞争。对反托拉斯法进行了修订，去除了航空公司对有可能损害竞争的商业安排法律审议的豁免权。以色列反托拉斯管理局也禁止了一些反竞争的代码共享协议。以色列政府与美国、哥伦比亚、欧盟以及其他民航伙伴缔结了更为宽松的航空服务协议。协议允许指定航空公司制定多条预定路线，以及运营自由确定航班的班次和承载力。

制造业对 GDP 和就业的贡献率约为 15%。相对劳动密集型的传统产业，如食品和纺织品，占制造业 GDP 的份额进一步下降。这一趋势反映了以色列在资本密集型的高科技产品的优势。政府开展了加强以色列制造业竞争力的主要政策措施。这些措施包括在鼓励资本投资法框架内建立一个更有利的税收环境，同时大幅提高研发补助。其他政策包括进一步开放单边贸易自由化和以色列自由贸易协定扩大网络的（免税）制造业进口市场。

以色列的农业部门很小（占 GDP 的 2% 左右）。以色列历来是一个农产品净进口国。以色列大多进口土地密集型作物，如小麦、糖和油籽。凭借其温和的气候和先进的技术，以色列的水果、蔬菜和花卉生产一直占有优势。政府通过对基本生产要素（土地、水和外国劳工）的控制权分配和补助，来影响农业部门的生产力和竞争力。为保障食品安全，政府发挥强有力的调控作用，尤其是在奶制品和鸡蛋行业。乳品行业在整个生产链中受到严格的监管和控制。从牛奶生产配额到一些基本的奶制品的零售价格控制都有调控措施。乳制品的最惠国关税平均近 110%。总体来说，以色列对农业的支持力度在所有的经合组织成员国位列最低者之一。边境措施，特别是关税，仍是以色列支持农业发展的主要工具。农业的支持主要由以色列消费者负担。消费者会受益于从以色列的食品市场开放以及更多的进口产品竞争。

（王洁　译）

冰岛贸易政策审议

[摘要]

冰岛在过去几年的发展一直深受2008年年底银行体系崩溃的影响。该银行体系崩溃导致主要银行的清盘，以及创建三个新的银行来处理其国内业务。因此，本就增长缓慢的经济陷入了衰退，冰岛克朗兑其他多数货币汇率下降，失业率上升。

2003—2007年间，经济危机爆发前，冰岛年均经济增长约为6%。经济增长私人消费和能源密集型产业的大量投资带动。但是，经济增长也导致了高水平的净外债（包括公共和私人），而且国际总负债在2008年达到GDP的625%，随之还具有很高的经常账户赤字和货币升值。银行业的崩溃导致2009—2010年均GDP收缩5.4%。虽然冰岛出于经济危机，但其并没有推出任何保护主义措施。事实上，出口导向使得该国从经济危机中复苏。商品贸易总额占GDP的比重从2005年的47%上升到2011年的70%。这一部分是由于克朗贬值所引起的竞争力提升，另一方面是也受益于渔业、能源业和铝行业的潜在实力。

以国内货币计算，出口和进口都已经超过经济危机前的水平，但这一水平并未考虑冰岛克朗汇率急剧下降的影响。若以美元计算，出口和进口在2009年均大幅下跌。出口迅速复苏，并在2011年几乎达到了危机前的水平，但进口的恢复相比之下较为缓慢。2007年冰岛的商品和服务贸易平衡为赤字水平，相当于GDP的5.7%，而到了2011年已变为盈余水平，相当于国内生产总值的12.3%。

总体而言，在过去的几年里，货物贸易结构没有明显改变。欧盟和其他欧洲自由贸易联盟（EFTA）国家仍然是主要的出口目的地和进口来源地。几乎所有的出口品都为鱼和鱼类产品，还有铝。进口产品则较为广泛。在2011年，矿石加工、燃料和机械及运输设备占进口总额的近60%。

冰岛的贸易政策主要集中在申请加入欧盟并成为欧洲自由贸易联盟（EFTA）和欧洲经济区（EEA）成员。自2009年7月以来，加入欧盟的谈判一直在进行。冰岛已经对欧洲经济区（EEA）所覆盖的那些领域采用了欧盟法律条规。此外，通过欧洲自由贸易联盟公约，冰岛已经是一个部分自由贸易区，其涵盖了工业产品和鱼类产品，但欧洲经济区协定旨在建立内部市场的货物、服务、资本和人员的自由流动。然而，无论是欧洲自由贸易联盟，或是欧洲经济区（EEA），都没有建立共同对外关税。从其他国家进口的产品受制于冰岛最惠国关税（除非区域贸易协议或非互惠贸易安排中有所涉及）。

欧洲自由贸易区（EFTA）监督管理局负责确保冰岛和其他欧洲经济区中的欧洲自由贸易联盟国家要遵从欧洲经济区协定的要求。管理局可以以自己的名义展开调查。它也可接受来自个人和企业有关一个国家是不是在履行欧洲经济区协定中的义务的投诉，并发出合理的意见。机关可以根据有关国家的响应，将投诉提至欧洲自由贸易联盟法院。当前法院正在审理的案件中有一个就是关于冰岛对银行存户进行国家担保的案件。

总体而言，冰岛的最惠国关税是相当低的，超过70%的税目是免税的。然而，农产品的关税往往是复合税，有30%的从价计征部分，以及一部分具体税费，即每千克从5冰岛克朗到1 462冰岛克朗不等。当局无法提供必要信息计算这些税目的等值从价计征量。

在贸易政策和实践方面，冰岛的进口手续简单，而且几乎都是通过电子数据交换完成。虽然进口和出口成本普遍高于其他经合组织国家，但这是由市场规模小所致。较小的市场规模导致港口及终端处理以及内部交通成本较高。

尽管营业税提高了2个百分点，但其20%的营业税税率还是比较低的。然而，其他一些税种的税率比较高，如增值税提高至25.5%。对一些商品和服务，包括食品和电力，已经将营业税降低了7%。消费税只针对少数种类的产品，主要是燃料、烟草和酒精饮料。除了燃料消费税，会根据二氧化碳排放量对汽车征收消费税。还有，对汽车征收半年度道路税、处置费以及重量/距离税。

在冰岛，大多数进口限制都是出于安全原因，比如进口放射性物品、枪支和弹药以及有毒化学品所需的许可证。此外，禁止进口活体动物，而进口新鲜肉类需要获得产业与创新部的许可。

2008年金融危机后，为使经济复苏，于2010年颁布了新法来激励冰岛的初始投资。该法律准许为培训、投资、研发提供财政援助，以及雷克雅未克地区外的地区援助项目。对小型企业地区援助可高达35%，中型企业为25%，大型企业为15%。此外，还有针对雷克雅未克地区的境外投资的税收优惠政策。在2013年底前将审议该法律。即使该法到期了，但期满前做出的投资协议将继续有效。

自2006年以来，冰岛并没有对TBT或SPS委员会做出任何通告。然而，冰岛已开始使用大多数欧盟标准。在卫生和植物检疫措施问题上，冰岛作为在欧洲经济区（EEA）的成员国，已运用欧盟立法处理SPS事宜。除有关兽医问题外，因其已从欧洲经济区协定中免除。自2011年11月以来，免征税费只局限于活体动物以及动物遗传资源的交易。但冰岛对鲜肉、生鸡蛋和非人类消费的动物产品继续进行限制进口政策。进口的动物及动物产品的严格控制是合理的，理由是冰岛的畜禽品种以独立繁衍了数世纪，易患传染性疾病。此外，国内生产的动物及动物产品也受到严格的控制。

冰岛农业面临着一些制约因素，如气候条件不好、可耕地不足以及农场业务规模相对较小。虽然它仅代表了经济和就业的一小部分，但它对文化和其他方面很重要，其中包括维持地区的人口农村。牛奶和羊肉占生产值的一半以上。通过相对高的关税，农业生产受到保护免于竞争。间接的途径有严格的SPS相关措施。也对保护农业免受竞争起到作用。此外，还通过直接支付生产商来支持农业。对乳制品来说，有最低价格。据经合组织生产者支持估计，其对生产商的总支持占农民总收入的45%，这在经合组织中位列最高者之一。

捕鱼业历来是经济支柱之一。它一直非常重要，占出口总额的40%和GDP的近10%。几十年来，政策的重点一直在于根据各种鱼类的总允许捕捞量进行资源分配。这之后将资源分配到各个捕鱼船，再根据各个捕鱼船的历史捕鱼份额来给予捕鱼配额。这些个别配额是可以自由转让的，仅对个人或公司可以持有配额的总量进行限制。外资对捕鱼业和初级水产品加工的直接持股比例的限定为25%，而直接加间接持股一共不得超过49%。在某些情况下，高达33%的外商直接所有权可能被允许。与其他经合组织国家相比，政府对渔业的财政转移支付相对较低。在2007年，政府对其财政转移支付相当于上岸鱼获价值的4%，而整个经合组织的财政转移支付比例为20%。

由于水电和火电丰富，能源价格相对较低。这导致产生能源密集型产业，如铝冶炼厂。这些已经成为一个重要经济部门和外汇来源。此外，当局已确定冰岛的竞争力优势所在。其优势主要存在于能源密集型产业、土地密集型产业、以知识为基础的产业和旅游业。这些也是未来经济增长的途径。然而，当前能源开采投资权以及能源生产分配权都仅限于欧洲经济区和欧洲自由贸易联盟居民。这将阻碍能源产业的投资。

在2008年全球金融危机导致冰岛银行体系的崩溃。国内银行对国内外存户和放款人负债累累，而偿还其负债的希望渺茫。这导致国内和海外业务的分离，银行进行了清算，同时建立新银行来运行国内业务。这些机构的资本结构调整导致政府重大财政支出。汇率贬值超过70%，这对经济的影响很严峻。冰岛实施了IMF资助的一个计划，并引入了资本管制。从那时起，银行业已经复苏，但该产业的规模已经大大减小。然而，风险仍然存在，主要表现为大量的不良贷款。

尽管冰岛正在从经济危机中复苏，然而复苏很脆弱，风险依然存在。冰岛需减少公共债务，并将公共财政控制在一个可持续发展的轨道上，并继续进行债务重组。这样不良贷款才能减少，从而使银行能够恢复其核心贷款活动。虽然如此，当局发现对于某些他们认为冰岛具有竞争优势的行业，需要恢复投资者信心，才能吸引投资。

（王洁　译）

东非共同体贸易政策审议

[摘要]

东非共同体（EAC）的农业是经济发展的核心。有利的天气条件以及近年来全球市场对其出口品需求的上升使得经济发展态势良好。2006—2007年间，东非共同体国家经济发展有积极表现，同时，从全球金融危机中恢复较好。然而，低弹性、传统的耕作方式以及狭窄的出口基地，导致2008年全球经济危机后，该地区经济增长即刻显著放缓。低入境旅游人数也是导致这种现象的一个原因，因旅游业对肯尼亚和坦桑尼亚（该地区唯一的最不发达国家）都是至关重要的。肯尼亚和坦桑尼亚是EAC两个最大的经济体。

宏观经济政策根据特定国家不同而有所不同。大型（免税）非正式部门、特设豁免以及国内税有效收集能力低导致了狭窄的财政空间。总的来说，狭窄的财政空间是造成财政赤字的主要原因。在审议期内，该地区有大量的财政赤字。在很大程度上，国际价格飙升所致，主要是石油产品，导致了通胀的发生。

自2006年以来，区域贸易总量显著增加。这要归功于区域一体化的不断努力，包括最近有关EAC关税同盟和单一市场的努力措施。其他的一些努力，如基建投资和简化行政程序，预计将产生更大且更持续的效益。自2006年以来，EAC区域内的投资也有所上升。肯尼亚一直是非常活跃的东非共同体区域内投资者。

根据美国的非洲增长与机遇法案（AGOA），东非国家一系列产品可享受于免税和免配额进入美国市场，这将一直持续到2015年。关于与欧盟的经贸关系，草签的经济合作协定框架（EPA）授予东非国家优先权，同时，《除武器外一切都行》（EBA）为最不发达国家提供优先权（即除了肯尼亚外的所有国家）。此外，全面的经济合作协定框架的谈判仍在进行。

上次审议时，其最初的成员肯尼亚、坦桑尼亚和乌干达正实施2005年推出的共同对外关税（CET）。布隆迪和卢旺达于2007年同意加入到东非共同体，并从2009年开始实施共同对外关税。共同对外关税的范围扩大尚未向世贸组织通报。EAC关税同盟全面和顺利实施的严重障碍包括35个非关税壁垒。这些非关税壁垒由EAC秘书处确定，并为全面发挥自贸协定作用而逐渐被消除。

为全面协调成员国相对于第三国的贸易政策，EAC已采取一些法律文件。然而，单个EAC国家的区域经济团体多重会籍资格仍然是完全统一的主要障碍。这也进一步使得与贸易有关的程序复杂化。近期，东南非共同市场（COMESA）—东非共同体（EAC）—南非发展共同体（SADC）三方论坛的启动似乎是为了使该地区一体化进程的合理化。

东非共同体国家正努力简化报关手续和文件的要求。区域优先权突出了全面协调海关相关问题。布隆迪仍然要求装运前检验。对于某些产品，肯尼亚和坦桑尼亚以TBT和SPS为由，要求由特定公司对货物进行装运前预检验。EAC国家继续使用不同的海关体系：布隆迪、卢旺达、坦桑尼亚和乌干达使用海关数据系统（ASYCUDA），而肯尼亚使用SIMBA 2005系统，这两个系统有相互关联。EAC海关估价条例已与WTO关于实施GATT 1994第七条的协定相吻合。然而，国家海关部门遭遇执行困难。海关相关纠纷上诉机制由国家层面处理。

自上次对EAC的审议以来，CET平均利率已经从12.9%下降到12.7%。三个关税带（0、10%和25%）适用于大部分进口产品。对58个敏感产品的税目应用更高的税率，从25%～100%不等，以及替代关税。因此，对于一些税目来说，应用替代关税可能超过绑定的从价税率。布隆迪的所有税目的21.6%，肯尼亚的15%，卢旺达的100%，坦桑尼亚的13.5%以及乌干达的15.9%都是绑定了从价计税。以布隆迪和卢旺达的情况来看，对某些产品的CET从价税率高于约束水平。在EAC框架内，关税和税务豁免及特许方案正互相协调。这些方案，包括特设税和税务豁免，已导致该地区严重的收入损失。

迄今 EAC 国家尚未采取应急措施。然而，其正在努力建立贸易救济委员会。EAC 国家没有维持定量的限制，因而不需要进口许可管理等措施。

所有 EAC 成员国都有通报局和关于 WTO 的 SPS 和 TBT 协定的咨询点。标准的制定和实施方面仍有明显不足，且在国际市场上，一些出口产品面临着技术法规挑战。虽然技术法规问题仍仅针对特定国家，EAC 成员已将1 200项（自愿）标准与统一应用相协调。关于转基因生物（GMOs）的生产和交易的法规仍处于初期阶段。肯尼亚是 EAC 唯一一个有完整的转基因生物相关体制框架的国家。

国家出口制度尚未完全统一。协调促进出口的政策主要包括：保税工厂、出口加工区和税务减免计划。根据这些计划，生产商须在 EAC 区域外出售至少 80%的产品。在共同体内，促进出口政策的有效性仍有待评估。

一些 EAC 仍使用出口税。2006 年，肯尼亚和坦桑尼亚将其兽皮出口税从离岸价的 20%提高到 40%。坦桑尼亚对生腰果征收的出口税为离岸价的 15%，或者每千吨 160 美元。乌干达对以下出口品征收附加税，其中咖啡为 1%，棉为 2%，原料兽皮为每千克 0.8 美元。

在一般情况下，公开招标是 EAC 国家在进行公共采购时使用的规则。乌干达例外，其 2003 公共采购和公共资产处置法进行了修订，所有 EAC 国家都引进了新的采购法。在 EAC 区域内，竞争问题尚未进行规定；在国家层面上，只有肯尼亚和坦桑尼亚的竞争法充分了发挥作用。

在 2011 年采用了有关利用公共健康相关 WTO－TRIPs 灵活性的 EAC 区域 IP 协议政策。它旨在通过统一的东非共同体国家的知识产权政策，促进基本药物的生产和进口，最大化 TRIPs 灵活性的利益。肯尼亚和乌干达正努力针对地理标志采取独立立法。在卢旺达，一项新的法案（《知识产权保护法》）于 2009 年生效，而布隆迪正修改其专利和版权的法律规定。总的来说，近年来，有关知识产权法律的执法已做出了一些改进。

EAC 尚未统一产业政策。农业是扶贫的核心，也是 EAC 国家外汇的重要来源。粮食安全仍然是国家农业政策的主要目标，但与实际需求相比，公共部门对该产业的支持仍然很低。政府以调控为目的进行的干预仍有些过度和扭曲。该产业主要的贸易政策工具是关税。

除了坦桑尼亚，采矿业在 EAC 是相对边缘化的产业。在坦桑尼亚，采矿业在过去十多年的勘探和开采的发展蓬勃；在乌干达，已发现有盈利可能性的石油矿藏。在审议期内，坦桑尼亚的采矿制度进行了法律改革，特许权使用费和税费均有所提高，这一措施旨在最大限度地发挥该产业对经济的贡献。

制造业对 GDP 的贡献仍然相对较低，大体说来不到 10%。生产力低下（缺乏创新支撑）、投入成本高（包括不可靠和昂贵的能源供给）和劳动力技能不熟练等，都是制造业业绩不佳的主要原因。国家已准备各种方案推动制造业的发展。然而，对 EAC 来说，使整体商业环境更有利于投资仍然是一个挑战。

服务业构成了主要经济活动。然而，其整体经济发展的潜力有待开发。电信服务自由化的浪潮，以及手机银行服务的兴起，有助于推动其下属产业的发展。在大多数东非共同体国家，改善运输服务并规范银行服务仍然是一个挑战。

东非共同体国家已经采取措施将贸易纳入其国家发展战略。这些国家不管是各自还是集体都受益于贸易援助。然而，他们需要更多的援助，以解决阻碍他们努力使贸易对经济发展做出大量贡献的问题。

（王洁　译）

尼加拉瓜贸易政策审议

［摘要］

（一）引言

尼加拉瓜的贸易和投资体制相对开放。其最惠国平均关税为6.2%，且仅使用有限的非关税措施。尼加拉瓜积极参与中美洲地区一体化进程，这很大程度上决定了其贸易政策。同时，尼加拉瓜坚守其他国际协定，特别是中美洲自由贸易协定。尼加拉瓜的贸易和投资政策以促进其融入世界经济进程为导向，利用该国比较有优势的产品，如，咖啡和糖。同时，其贸易政策也通过诸如自由区等计划方案，推进更加坚实的出口导向工业基地的发展。

尼加拉瓜的审慎宏观经济管理，在很大程度上，使其在审议期内得以抵消负面外部冲击的影响。尼加拉瓜经济较好地抵御了国际金融危机，保持GDP正增长率，除2009年外。因此，贫困率虽然还很显著，但已经降低。贫困率是城市和农村差距所在。尼加拉瓜也面临着减少对海外工人汇款依赖的挑战。在2011年，海外务工人员的汇款占GDP总额超过12%，也占消费的相当一部分。

（二）经济环境

自2006年上次贸易政策审议以来，尼加拉瓜经济已成功地克服了一系列不利因素的冲击，包括由费利克斯飓风造成的破坏、粮食和石油价格上升以及国际金融危机。虽然金融危机使得实际GDP在2009年下降1.5%，但从那时起，经济已经恢复，2010年增长了4.5%，2011年增长了4.7%，这使得2006—2011年期间的平均增长率达到4%。这一稳健增长态势得益于强劲的内需和出口，特别是对农产品来说。虽然有这些积极的成果，但尼加拉瓜经济仍然容易受到外部冲击的影响。这主要是由于其电力和交通从属行业对石油进口的依赖，以及大量的公共债务，其中2011年公债占GDP的71.8%。

过去几年的经济增长引起了一些社会指标的改善，特别是贫困率和文盲率的下降。然而，贫困率仍然高于40%，同时，若是要缩小城乡之间的差距，还面临着一些挑战。为减少对海外务工人员汇款的依赖，还需要创造更多的就业机会。2011年海外务工人员汇款占GDP比额超过12%，也占消费的相当一部分。虽然汇款额很高，但对于平衡货物和服务贸易中的大量赤字来说还是不足的，因此2006—2011年间，国际收支经常账户发布的赤字占GDP比率从16%～23.7%不等。尽管这段时间内货物出口增长比进口要快，但这是已变成既成事实。

尼加拉瓜仍坚持可自由兑换其货币科多巴的措施。在审议期内，尼加拉瓜中央银行一直很重视其之前宣布的每年下降5%的目标。尼加拉瓜经济仍然高度美元化，在2011年，美元资产占资产总额的71.6%，而有71%的银行负债以美元表示，以及91%的贷款也用美元表示。像其他国家一样，尼加拉瓜已暂时降低了一系列商品的进口关税和增值税税率，以舒缓通胀压力。以居民消费价格指数（CPI）作为衡量指标，在2011年，通货膨胀率估计为8%，预计2012年将达到9.7%，在2016年之前逐渐下降到7%。

在审议期内，尼加拉瓜开始了进行税收改革，旨在扩大课税基础，加强税收征管。其结果是税收收入绝对额增加，税收占GDP的比重提高。

（三）贸易和投资政策框架

尼加拉瓜有一个相对开放的贸易和投资制度。其贸易政策的主要目标是促进外国市场准入，并通过谈判和管理贸易投资国际协议来更加充分地融入国际经济。当局认为，国际贸易和投资协议的签署可增强法律的稳定性，并且有助于建立一个可靠的法律框架，以吸引国内外投资。私营部门在制定政策时也发挥了作用，并接收支持帮助，以便充分利用国际市场的机会，尤其是出口市场的机会。

尼加拉瓜相当重视WTO多哈发展议程的圆满结束。其主要利益在于确保谈判达成其农产品的更好市场准入。如此一来，尼加拉瓜已经加入多个发展中国家组织来推进农业谈判中提出的建议，如市场准入谈判模式、特殊和差别待遇以及发展措施。

尼加拉瓜积极参与中美洲地区一体化进程，这很大程度上决定了其贸易政策。同时，尼加拉瓜坚守其他国际协定，特别是中美洲自由贸易协定。其采取的贸易措施受到一体化协议中的承诺的影响。

1960年，尼加拉瓜签署了《中美洲经济一体化总条约》。该条约创建了一个经济融合基本框架，并建立了中美洲共同市场（CACM），其中，哥斯达黎加、萨尔瓦多、危地马拉和洪都拉斯都是其成员。到2011年底，中美洲共同市场成员国之间的关税协调已取得很大进展，并覆盖了约95.7%的税目（中美洲关税制度下的税目）。中美洲共同市场的成员国也采取了一系列的海关手续规定来促进区域内的贸易。他们引入了中美洲关税工具，被称为AIC。AIC涵盖了在自由贸易协议下，所有进入中美洲市场的产品的税收和关税削减，以及这些产品所适用的非关税措施，如技术法规、卫生和植物检疫措施、配额和保障力。

尼加拉瓜与多国签订了自由贸易协定（FTA），如美国（《中美洲自由贸易协定》）、墨西哥、多米尼加共和国、巴拿马和中国台北。它也缔结了与智利的自由贸易协定谈判，并连同其中美洲的合作伙伴，签署了《中美洲和欧盟结盟协定》。《中美洲自由贸易协定》对尼加拉瓜尤其重要，因其推动了与美国这一主要贸易伙伴的贸易。在审议期内，尼加拉瓜试图加强目前的贸易伙伴关系。同时，尼加拉瓜继续寻找新的贸易伙伴，如与智利和欧盟达成的协议。与此同时，尼加拉瓜与美洲玻璃瓦尔联盟的其他成员国建立的贸易关系也已加深加强。

尼加拉瓜奉行对外国投资开放的政策。为此，尼加拉瓜巩固了负责促进投资的机构，并使贸易便利化成为尼加拉瓜投资促进机构PRONicaragua的一项职责。PRONicaragua由总统办公室指导运作。外商投资不会受到任何限制或条件。作为一项规定，外国投资者与尼加拉瓜投资者在法律上享有同样的权利，并获得同样手段来行使权利，除涉及国家安全和公众健康的案件外，还必须符合宪法规定。法律承认投资者有权自由处置其财产（除申报公用事业外），及获得适当赔偿。外国投资者可拥有尼加拉瓜国内公司的所有资本或持有全部股份。

外商投资可获得特殊制度下，如自由区，授予的税务优惠，以及那些海关临时免税进口法律规定下的税务优惠。除此之外，有着出口潜力的特殊行业部门也可获得税务优惠，如纺织品和服装以及旅游业。作为一项规则，投资者不必满足强制履行令的规定，如出口特定数量或最低的本地容量。

国内外生产商品或提供服务的产商可以在自由区建立公司。自由区用户的产品必须出口或销往其他企业。区内投资者享有很多税收激励措施，如在区内运营10～15年可获得收入税项豁免，且之后得以减税。同时，这些公司进口原材料和资本财货可免征进口税。最后，对于在自由区内加工的产品可免除其他国内税和出口税。截至2011年12月，有161家公司在尼加拉瓜自由贸易区运营，提供了近10万个就业机会，并出口了价值超过20亿美元的货物和服务。

临时入境程序规定，货物进入尼加拉瓜海关领域均可免征关税或税收。同时，只要产品加工、修理或改装之后重新出口，那么在当地采购的这些产品或原材料也免征关税或税收。为了有资格享有这些好处，每年企业必须直接或间接地出口至少25%的产品，同等价值为每年至少50 000美元。这些利益是出口比例的基础上进行计算的，确定时间为五年。自由区的用户都没有资格通过临时入境程序。

尼加拉瓜已经与如下国家签订双边投资协定，包括：德国、阿根廷、比利时一卢森堡、捷克共和国、智利、韩国、丹麦、厄瓜多尔、西班牙、美国、芬兰、法国、荷兰、意大利、英国、萨尔瓦多、瑞典、瑞士、中国台北和俄罗斯。尼加拉瓜是投资争端解决国际中心（ICSID）的成员。

（四）贸易计量政策

尼加拉瓜海关程序是以中美洲统一海关代码（CAUCA IV）及其实施条例规定（RECAUCA—IV）为寄出的。在审议期内，尼加拉瓜在贸易便利化领域取得了长足的进展，例如，使大多数海关程序电子计算机化。尼加拉瓜还实施了风险评估系统，这一系统是以固定的规则以及概率论和随机模型为基础的，旨在降低审查次数。然而，据私营部门所说，这是需要进一步改善的地方，需要简化手续并缩短清关时间。尼加拉瓜的法律规定在大多数情况下，进口清关需得到许可的报关行。

2012年，尼加拉瓜的应用关税占7 359项。所有的税率都进行从价计征。46.4%的关税税目是免税的。在2012年的最惠国平均关税是6.2%。农产品适用关税（WTO定义）平均为11.2%，大大高于非农产品关税5.2%的税率。大于0利率税目的平均关税从2005年的10.9%上涨到2012年的11.6%。尼加拉瓜没有应用季节性或可变关税。双边和多边层面都有关税配额。WTO对尼加拉瓜的关税约束税率有13个，范围从0～200%不等。其采用的关税税率均低于或等于约束关税税率。

进口也受制于进口服务费（TSIM）及海关申报电子传输费用。尼加拉瓜对货物和服务供应，包括其进口，应用15%的增值税；出口的增值税税率为0。尼加拉瓜还对国内外一些产品施加选择性消费税（ISC）。需缴纳选择性消费税的商品占关税范围的14%。有22种不同的选择性消费税从价税率，从2%～100%不等，对于香烟和石油产品有具体费率。

在审议期内，尼加拉瓜未采用任何应变措施。2008年1月，尼加拉瓜向WTO通报了中美洲不公平商业条例。该条例于2007年5月生效。尼加拉瓜也向WTO通报了其新的立法保障措施。

一般情况下，编制技术标准，包括自愿标准和技术法规，集中并委托给由主管机关代表的各技术委员会。尼加拉瓜有一系列技术法规，都可在网上查询。2012年6月，有249技术法规生效。其中，有96项有关食品行业，而25项与环境有关，23项关于农业和健康保障，以及20项关于碳氢化合物，其余的涵盖各个领域，如农药、医药产品和运输。

只要涉及卫生和植物检疫措施方面，尼加拉瓜就不允许食品、植物、动物或者其产品的进口，除非有卫生或植物检疫进口许可证或自由销售证书（食品）。自上次审议以来，尼加拉瓜已更新了其有关卫生和植物检疫措施的法律框架。它通过了一项设立登记和许可证制度的法律，该项法律有关分子生物技术改良生物体的过境、进口、生产和出口程序；相应的法规仍在被批准的过程中。

2012年，尼加拉瓜通知WTO，在《补贴与反补贴措施协议》的意义范围内，它没有给予任何补贴；在《农业协议》意义范围内也没有给予任何出口补贴。正如前面提到的，在自由区制度和临时接纳为外来加工和出口便利程序下，尼加拉瓜给予不同的关税和税收减免和豁免。成立于2007年11月的生产促进银行（PRODUZCAMOS）提供金融服务和技术援助，以期促进国内生产的发展，特别是出口商品的发展。

一般情况下，价格由供给和需求的相互作用而决定。然而，尼加拉瓜调节了人类药品消费品、机场服务和全国港口管理局服务的价格，以及电力（传输和公共消费）、瓶装液化石油气、卫生污水处理服务和公用饮用水的关税。

作为旨在建立稳定投资体制的法律框架现代化进程的一部分，尼加拉瓜通过了竞争促进法律及其法规。两者均于2007年6月生效且管制反竞争协议、滥用市场支配地位和集中化（兼并和收购）行为。该法禁止任何经济运营商之间为限制竞争而协调一致的协议，包括拒绝经济运营商进入市场或将其逐出市场。国家竞争促进研究所（PROCOMPETENCIA）和公法技术行政法庭的设立旨在应用新法律框架，后者2009年5月以来一直运作。

尼加拉瓜目前还没有加入WTO的诸边政府采购协议。自上次审议以来，尼加拉瓜已经推出了新的政府采购立法，并采用了公共部门行政采购法及其实施条例，于2011年2月生效，此外，还有于2007年生效的市政采购法。公共部门采购立法不包含任何给予国内货物、服务和公共工程供应商进一步优惠待遇的条文，然而，市政采购制度为市政劳动力提供了10%的优惠幅度。

在审议期内，知识产权领域的法律框架未发生重大变化。发生的变化包括在2011年开始采用祖传传统医学法。该法解释了传统知识和生物盗版的含义，并建立了集体知识产权专利的要求。此外，自上次审议以来，尼加拉瓜已加入到《里斯本协定》、《布达佩斯条约》和《商标法条约》。

（五）部门贸易政策

农业（包括畜牧业、林业和渔业）约占尼加拉瓜GDP的19%，并囊括了该国1/3的劳动力。此外，农业部门对产生外汇是非常重要的，因为它占据商品出口来源的3/4。在审议期内，得益于出口的强劲表现，该部门的重要性在不断提升。以价值计算，主要作物为咖啡和甘蔗。农业部门平均最惠国关税保护［《国际标准产业分类（第二次修订版）》的主要分支］在2011年为8.3%，平均关税为6.2%。某些产品遇到了关税高峰，如鸡大腿（164%）、精米和牛奶（60%）。

尼加拉瓜已通知WTO，在审议期内，并未对农产品给予出口补贴。它还通知各成员国，向农业生产者提供的支持都在“绿箱政策”范围内。在审议期内提供的支持主要集中在粮食安全和培训以及技术开发领域，相当于每年农业产值的2%。

电力部门已经对私营投资开放，包括外资。自1997年以来，电气系统已经不再是国有产业了。因此，发电大部分集中在私营部门手中，其在2011年生产了78.5%的电力。然而，国家在电力传输上进行垄断。尼加拉瓜正在努力促进开发和利用可再生能源，并为此准予了一系列税收优惠政策，期限长达15年。尼加拉瓜的电力批发市场基本满足合同市场经销商的能源采购承诺，或作为二级市场平衡能源短缺和盈余。根据《中美洲电力市场框架协议项》，尼加拉瓜加入成立于1998年的中美洲区域电力市场。哥斯达黎加、萨尔瓦多、危地马拉、洪都拉斯和巴拿马也加入了中美洲区域电力市场。该领域面临的主要问题之一是分布层面的损失，这在2011年超过净发电20%。

在审议期内，制造业占GDP的比重上升，在2010年占GDP总量近20%。在某种程度上，这反映了实施《中美洲自由贸易协定》（CAFTA-DR）的作用，以及由此带来的出口增长。该部门50%为食品和饮料生产业，制造业出口产品3/4为肉类、牛奶和糖类加工农产品。制造业产品最惠国关税平均为6.1%，税率从0～170%不等。服装、纺织和皮革、橡胶和鞋类的平均关税保护超过平均值。

从对GDP和就业的贡献来讲，服务是最重要的部门。2010年，服务部门对GDP贡献率为58.4%，对就业的贡献率为55.8%。在审议期内，多数服务活动得以加强，规则和法规进行现代化调整。财政部门度过了2008—2009年的全球危机，对其来说难度不是太大。部分原因是归功于基于巴塞尔协议的更严格的金融监管。2011年12月，金融体系的资本化（资本充足比率为14.7%）轻松超过了10%的最低要求。此外，通过存款担保基金（FOGADE），每名存款人担保存款高达10 000美元。外资银行可通过在尼加拉瓜设立分行，或成为已经建立或即将建立的银行的股东而在该国经营。外资银行和信贷机构也可在尼加拉瓜开办代表处。

自1996年以来，保险市场已经开放竞争，包括建立外企。外企可以参加保险、再保险和资本投资活动。在尼加拉瓜设立的外资保险公司的分支机构并不需要在该国有一个董事会。在审议期内，由于《保险、再保险和债券（2010年）一般法》批准通过，保险立法得以修订。这一更新版的法律、监管和审慎框架，并设立了新的资本要求，且更新时间间隔不超过两年，或当一个公司发现自己处于危险之中即要进行更新。

在审议期内，在电信领域，就覆盖范围和提供的服务的种类和数量来看，快速扩张刷新纪录。部分原因是市场狭小，竞争的激烈程度仍然相对有限。因此，自2006年以来，有两个固定电话运营商，拥有20年的特许经营权。这两家公司拥有20年的经营许可来提供移动电话服务。许可证到期日也是基本服务特许经营权的到期日。

尼加拉瓜为尼加拉瓜船主经营国家登记船舶保留内陆和沿海航行权流量，但根据国家法律，如果没有任何尼加拉瓜或中美洲船只来执行服务，可为外国船只授权提供服务。该法允许外资在海上运输的某些环节投资，如船只登记以及建立造船和航运企业。国家港务局（EPN），运输和基础设施部下属的一个分散的实体机构，负责管理6个主要港口。EPN被授权签订提供各种港口服务的特许经营合同，授权期限为25年。

2006年，尼加拉瓜颁布了新的民用航空法。该法创建了一个新的负责民航事务和空中运输机构，即尼加拉瓜民航研究所（INAC）。尼加拉瓜民航的一般方法是开放基于双边互惠特许的空中政策。原则上，只有尼加拉瓜自然人或法人才能提供沿海客运和货运服务。然而，在特殊情况下，符合公众利益时，尼加拉瓜民航研究所可以授权外国公司提供这样的服务。

（王洁　译）

美国贸易政策审议

［摘要］

自上次审议以来，美国经济缓慢稳定恢复，力求新的平衡点。2009 年金融危机以来，商品和服务贸易量显著回升，现在已经达到了新的高峰，超过 2008 年以前的高峰水平。尤其是服务贸易，呈现出不断增加的贸易顺差，且服务贸易量约占美国总产量的 70%。美国对国内和国际再平衡政策已经开始，即远离消费和房地产并鼓励出口和投资的增长。

自上次审议以来，美国已经批准通过三个自由贸易协定，并延长两个优惠计划［《普及特惠税制度》和《安第斯贸易优惠法案》（ATPA）］。与韩国和哥伦比亚的自由贸易协定分别于 2012 年 3 月和 5 月生效；而在撰写这份贸易政策审议时，与巴拿马的自由贸易协定尚未实施。根据 2012 年贸易政策议程，美国正在致力于缔结跨太平洋伙伴关系的区域贸易协定，并拓展与俄罗斯的永久正常贸易关系。优惠贸易占美国贸易的比例显著且不断增长。在 2011 年，美国进口量有 20.1%是在优惠制度下的，互惠优惠的占 3.7%，单方面优惠的占 16.4%。

外商直接投资在美国经济中仍发挥着重要作用，为美国的就业、研发和出口做出了重要贡献。美国受到的外国直接投资（FDI）总量为全世界最大量，2011 年总计2 280亿美元。至于投资政策，经过几年的审议，美国完成了一个新的双边投资协定（BIT）模型框架，其中包括培养或促进投资流动的详细规定。2011 年 6 月，美国新采取了一些措施来方便和吸引外商直接投资。这些措施是通过“选择美国”倡议来创建第一个由政府发起的集中投资促进机构。

2010 年，金融服务业占美国 GDP 的 8.5%，其中 47%来自银行业务，33%来自保险，16%由证券交易活动产生。在过去的十年中，美国在金融服务业有贸易顺差，在保险业为贸易逆差。美国拥有世界上最大的证券和保险市场。自上次审议以来，主要监管改革表现在于 2010 年 7 月生效的《多德—弗兰克华尔街改革与消费者保护法案》。该法案的主要目标包括：促进金融稳定、结束“大而不倒”、结束救助、保护纳税人以及保护消费者免受滥用金融服务行为。

知识产权（IP）在美国国内经济和国际贸易状况都占据中心地位。美国是有着最完善和成熟的知识产权司法管辖权的国家之一。但是，在审议期内，知识产权的法律、经济和贸易政策环境仍发展显著，特别是在以下方面：发展重大立法、重大司法决策、监管立法，加强国内执法，将政策重心置于知识产权的作用上，以及整合在知识产权市场的发展趋势。

近年来，美国进口政策保持相对稳定，鲜有重大立法或监管倡议。在出口方面，美国已经发起“国家出口倡议”，旨在改善贸易倡议并追求促进经济增长的政策；还发起了“出口控制改革倡议”，旨在调和出口管制政策。此外，进出口银行已大幅提高其出口融资来支持“国家出口倡议”。

2010 年以来，经济年平均增长为 2.2%。经济复苏在 2011 年有所放缓，同时将 2012 年原始计划水平向下微调，这很大程度上是由于欧洲金融危机及其在第三国市场上的影响所致。虽然美国经济复苏有看好迹象，但要达到危机前水平，仍需更多时间。一些经济方面，如住房市场和失业水平，仍然很弱。

国际贸易和投资的政策在美国经济中发挥着重要作用。近年来，投资、消费和出口对实际 GDP 增长做出贡献。2010 年，总统设立五年内出口翻番的目标，由此出现了两项主要政策。自年底的经济衰退以来，出口占 GDP 的比重增长了 13%，并在 2011 年达到 GDP 的 13.8%，创历史新高。

金融危机期间，美国商品贸易（进口和出口）大幅下滑，但于 2010 年和 2011 年反弹，并超过 2008 年的纪录水平。虽然进口和出口均有所增长，但进口增长超过出口增长，使得商品贸易赤字恶化。进口增长了 16%，达到22 360亿美元，而出口也增长了 16%，达到14 970亿美元。另一方面，近年来服务贸易顺差严重且不断增长，并对经常账户余额产生了重要影响。2011 年，美国的商业服务出口增长了 9.2%，而进口增长了 6.9%，因此，服务贸易盈余扩大至1 860亿美元。

美国有着世界上最大的农业部门，2011 年总产值3 720亿美元。它也是最大的农业出口国，出口额1 448亿美元，但农业占 GDP 比例不到 1%。由于其占世界产量、农产品进出口的比例很大，美国的发展，包括农业政策的变化，在世界市场起到重要影响。自上次审议以来，美国的农业政策没有明显变化。在《2008 食物、保护与能源法案》到期前，该法案仍是大多数农业项目的基础。

与海关相关的问题上，美国继续发起一些贸易促进倡议。这些倡议于几年前通过立法，但被推迟，至今尚未完全实施，例如，海运集装箱和空运货物扫描，从而其影响尚未明确。有关原产地规则和标志要求的长期法律法规基本保持不变。然而，有可能整个行业将同时适用一些不同规则，最终结果可能依赖于一系列因素，这些法律的复杂性和应用过于繁复。美国还对取决于进口来源、价值和类型的进口产品规定了一些收费，包括货物加工费、COBRA 费用、港口维护税、农业费和消费税。对于海关估价，情况大致维持不变，没有新的立法或程序，进口许可也是类似情况。

在审议期内，美国的进口关税保护几乎保持不变，总体上保持相对较低水平。大多数贸易，在最惠国关税待遇下免税或者通过优惠计划进入美国。然而，在某些行业仍存在关税高峰，如制鞋、皮革、纺织和服装以及在农业中也有相当数量的非从价计征关税。

在审议期内，由于反倾销（AD）运用和反补贴案件持续发生，美国仍使用贸易救济措施作为贸易政策的一部分。2011 年发起的反倾销调查从 3 例增加到 15 例，2010 年仅有几例。近几年关于发起反补贴调查的总数并没有特别的趋势，但至于反倾销调查，过去五年发起的多数调查都涉及从亚洲国家的进口（约占 92%）。在审议期内，美国为非市场经济国家倾销幅度的计算方法采取或提出了一些修改措施。

美国在标准和植物检疫措施领域仍很活跃，尤其是在 WTO 委员会有关提出通告和这些领域纠纷的工作上。2010 年 1 月到 2012 年 6 月 30 日间，美国向 WTO 技术性贸易壁垒（TBT）委员会发出了 520 份通告，其中 337 份是附录或正误表，还向卫生和植物检疫措施（SPS）委员会发出了 537 份通告。也有少数例外，如《食品安全现代化法案》，在过去几年，制定有关 TBT 和 SPS 事项技术法规的程序和合格评定程序并没有改变。

（王洁　译）

第三篇　中国与 WTO

● 中国 WTO 事务综述

入世十多年的经验表明，多边贸易体制是我国参与全球治理的重要机制保障、把握改革发展机遇的稳固抓手和实现利益交换的最佳平台。2012 年，我国适应经济全球化新形势，积极完善互利共赢、多元平衡、安全高效的开放型经济体系，充分利用世界贸易组织多边贸易体制平台，积极参与规则制定，妥善处理贸易纠纷，更好地参与国际经济合作，为实现经济社会和谐发展营造了良好的外部环境。

一、坚持多边主渠道推进多哈谈判

面对多哈谈判僵局，中国联合其他发展中成员坚持第八届部长级会议共识，坚决反对美国力推诸边、抛弃多边的企图。充分利用“金砖国家”（BRICS）领导人会议、二十国集团（G20）峰会、亚太经合组织、经合组织部长级会议等重要场合及世贸组织各项磋商，旗帜鲜明维护多边贸易体制，反对贸易保护主义，与大多数成员一道推动谈判继续沿多边一揽子方向推进，将早期收获作为推进重点，强调最终目标是完成多哈回合谈判，使谈判形势出现有利的转机。

二、利用审议通报机制增信释疑

2012 年 6 月，中国圆满完成了世贸组织对华第四次贸易政策审议工作。本次审议世贸成员共提交了1 800多个书面问题，创世贸组织历史新高。中国政府回答了世贸成员提出的全部问题，并在审议会议上积极主动开展工作，正面舆论宣传，摆事实、讲道理，阐明中国坚持改革开放的决心和反对个别成员将审议政治化的严正立场，增进了成员对我贸易投资政策的理解。

2012 年，我国向世贸组织提交了涵盖 93 项补贴政策的第二份中央层面补贴政策通报，将所通报的补贴政策截止时间更新到了 2008 年，一定程度上缓解了我在履行补贴政策透明度义务上的压力。

此外，努力做好世贸组织在金融危机背景下建立的各国政策措施监督机制相关工作，确保其相关报告客观、准确反映我国的政策措施，体现我国维护多边贸易体制、反对保护主义的坚定立场和坚强决心。积极参与世贸组织各专门政策领域通报规则的修改工作，使数量限制通报规则等在修改中充分反映我国的具体关注，维护了我国的利益。

三、成功举办 LDC 圆桌会议及全球价值链研讨会

2012 年 5 月，中国政府与世贸组织在北京共同举办了“最不发达国家加入世贸组织最佳实践圆桌会议”，会议发表的《圆桌会议北京声明》，表明了中国支持最不发达国家加入多边贸易体制的坚定承诺，对推动 7 月世贸成员最终就简化最不发达国家加入程序达成一致产生了积极影响，得到世贸成员的普遍好评。9 月，中国政府在北京成功举办全球价值链国际研讨会，王岐山副总理与会并发表演讲，世贸组织、经合组织、联合国贸发会三大机构负责人 20 多年来首次聚首讨论国际热点问题，既显示了中国地位的提升，也为推动全球价值链的研究发挥了积极作用。

四、积极参与《信息技术协定》扩大谈判

密切跟踪《信息技术协定》（ITA）扩大的谈判情况，与美、欧、日等主要参加方进行多次非正式磋商，了解其谈判态度和立场，同时结合贸易额、产品竞争力等因素对美、欧、日清单进行研究分析。国内相关管理部门认真研究，形成我国产品

清单，努力在谈判中争取我方最大利益。

五、及时提交《政府采购协定》第四次出价

积极参与《政府采购协定》（GPA）例会，密切跟踪掌握GPA新一轮谈判最新结果，深入分析对我加入GPA谈判的影响，积极调整谈判策略，重新部署谈判有关工作。积极做好我国加入GPA谈判的第四次出价协调工作并及时提交出价清单，组织力量翻译GPA新文本，作为我国制订新一轮出价方案的重要依据。

六、密切关注服务贸易诸边磋商动向

自美国等成员启动服务诸边磋商以来，我国密切跟踪磋商动态，结合美国主导的谈判框架，对诸边磋商的发展方向、涵盖议题、雄心水平等进行分析预判，及时与主要新兴经济体沟通，协调谈判立场。同时，在重点落实对国内行业主管部门的走访调研基础上，研究我国攻防利益、摸清家底，分析了我参与诸边磋商的可行性，制订了应对工作计划。

七、大力开展多双边技术合作和咨询服务

2012年，通过中国政府世贸组织通报咨询局认真答复公众提出与贸易有关的政策咨询问题，认真完成复杂敏感的美国关于互联网的书面和当面咨询；利用多双边技术合作项目支持我国在贸易与发展、服务贸易、政府采购、贸易便利化等议题的研讨与交流。在服务业、质量监督、农业和农产品、检疫措施和企业社会责任等方面开展研究、研讨、培训和考察等活动，为促进中欧双边经济贸易发展提供了交流平台。组织召开中欧“文化贸易合作与《文化多样性公约》”国际研讨会，以及开展“中欧文化贸易领域合作与交流”考察访问活动。积极利用项目推动地方商务发展，使地方政府和企业及时了解国际经贸形势，提高业务水平。支持国内相关法律、法规和部门规章的修改与制定，提高国内相关部门开放意识，促进中国更好地融入多边贸易体制。积极向老挝等20余个发展中国家推荐专家宣传我入世经验和应对工作。

八、扎实推进技术性贸易措施相关工作

（1）积极做好技术性贸易措施应对工作。根据出口贸易形势和产业界要求，2012年，中国政府在技术性贸易壁垒委员会（WTO/TBT）和卫生与植物卫生措施委员会（WTO/SPS）例会上，向其他成员提出《欧盟化妆品禁限用物质名单》等30余项贸易关注议题，并要求实施措施的成员对不合理的措施进行修订，取得明显成效；中国政府就其他成员对我国《关于加强移动终端进网管理的通知》、《进口食品境外生产企业注册管理规定》等30余项技术性贸易措施进行解释澄清，极力消除外方误解，防止贸易摩擦激化，努力维护稳定的多双边经贸关系。

（2）加强出口技术服务体系建设。组织国内有关部门、行业组织、科研院所和重点企业开展课题研究，了解国外市场准入要求，分产品编制《出口商品技术指南》，逐个制订应对方案。迄今为止，中国政府已经通过商务部网站发布67项《出口商品技术指南》，并成立了30家进出口商品技术服务中心，免费为企业提供技术咨询服务，指导出口企业应对国外技术壁垒，组织100多场研讨和培训会议，得到业界和相关企业的欢迎。

此外，我向世贸组织捐建的中国花园“姑苏园”工程顺利竣工，并在我入世十一周年之际落成，成为中国支持多边贸易体制和世贸组织的一个亮点，受到各方普遍好评。

（商务部世界贸易组织司）

● 贸易争端与救济措施

中国参与世贸组织争端解决情况

2012 年，世贸组织成员新发起争端解决案件共计 27 起。其中，中国作为当事方的案件 10 起（包括起诉 3 起，被诉 7 起），占当年全部新发起案件的 37.04%。此外，中国还作为第三方参与了 8 起争端解决案件。下面就 2012 年中国作为当事方参与的世贸组织争端解决案件情况做一简要介绍。

一、中国作为起诉方参与世贸组织争端解决案件新情况

（一）中国诉美国反补贴措施案（DS437）

1. 争端进程

2012 年 5 月 25 日，就美国针对中国某些产品实施的反补贴税措施，中国请求与美国进行磋商。由于磋商未能解决争议，中国于 2012 年 8 月 20 日请求设立专家组。2012 年 9 月 28 日，世贸组织争端解决机构正式设立了专家组，澳大利亚、巴西、加拿大、欧盟、印度、日本、韩国、挪威、俄罗斯、土耳其、越南和沙特阿拉伯等 12 个世贸组织成员保留各自的第三方权利。

2. 涉案措施

涉案措施包括：（1）美国对中国发起的 22 项反补贴调查；（2）美国商务部认定“公共机构”时适用的“可反驳推定”，即美国商务部认为，一家企业所有权的多数由政府持有这一事实即足以认定该企业为《补贴协定》第 1.1 条意义上的“公共机构”，除非一方能够证明政府持有多数所有权并不导致对企业的“控制”。

关于美国对我国发起的 22 项反补贴税调查，中国提出了以下指控：（1）美国商务部声称中国通过国有企业以低于充分回报的价格提供原材料产品，将其视为补贴并发起反补贴税调查，违反了《补贴协定》第 1.1 条、第 2 条、第 11.1 条至第 11.3 条和第 14（d）条，因为美国商务部错误地或者缺乏依据地将部分国有企业认定为“公共机构”，没有足够证据认定此类补贴具有专项性，且不恰当地计算了此类补贴所授予的利益数额；（2）美国商务部声称中国以低于充分回报的价格提供土地和土地使用权并将其认定为补贴，违反了《补贴协定》第 2 条，因为美国没有以肯定性证据证明此项补贴具有专项性；（3）美国商务部声称中国维持出口限制，将其视为补贴并发起反补贴税调查，违反了《补贴协定》第 1.1（a）（1）条以及第 11.1 条至第 11.3 条，因为美国商务部不恰当地将出口限制认定为提供了“财政资助”；（4）美国商务部使用可获得不利事实做出不利推断，违反了《补贴协定》第 12.7 条。

关于美国商务部认定“公共机构”时适用的“可反驳推定”做法，中国指控这一做法“本身”违反了《补贴协定》第 1.1 条、第 10 条和第 32.1 条以及《1994 年关贸总协定》第 6 条。

（二）中国诉美国 GPX 法案（DS449）

1. 争端进程

2012 年 9 月 17 日，对于美国国会制定的第 112-99 号公法（下称“GPX 法”）以及 2006 年 11 月 20 日至 2012 年 3 月 13 日期间美国针对中国相关产品发起的 20 多起“双反”调查，中国请求与美国进行磋商。2012 年 11 月 30 日，中国请求设立专家组。2012 年 12 月 17 日，世贸组织争端解决机构设立了专家组。澳大利亚、加拿大、欧盟、日本、土耳其和越南等 6 个世贸组织成员保留各自

的第三方权利。

2. 涉案措施

涉案措施包括：(1) 2012年3月13日生效的第112-99号公法；(2) 2006年11月20日至2012年3月13日期间针对中国相关产品发起的反倾销税和反补贴税（简称“双反”）调查以及后续相关行动。

GPX法第1节规定，《美国1930年关税法》中的反补贴条款可以追溯性地适用于2006年11月20日或之后发起的所有反补贴税调查以及相关后续行动。中国认为GPX法第1节违反了《1994年关贸总协定》第10.1条、第10.2条和第10.3条，因为：(1) GPX法第1节没有“以使政府和贸易商知悉的方式迅速公布”；(2) 美国在其正式公布之前就执行了GPX法第1节；(3) 美国没有以“统一、公正且合理的方式”管理与对非市场经济国家进口产品适用反补贴税有关的法律和规章；(4) 美国没有确保国内法院判决的执行，没有就成为这些判决对象的事项调整美国当局的做法。中国还认为，就对中国产品施加或征收反补贴税而言，美国当局2006年11月20日至2012年3月13日期间做出的决定或采取的行动与《1994年关贸总协定》第10条不符，因为这些决定和行动在其正式公布之前就执行了普遍适用的一项措施。

GPX法第2节赋予美国商务部识别并避免双重救济的法定权力，但该节只适用于2012年3月13日或之后发起的调查和复审。中国指控第2节（包括GPX法第1节和第2节有效期的差异）“本身”与《1994年关贸总协定》第10.3(a)条不符，因为美国没有以“统一、公正且合理的方式”管理其贸易救济法律。

对于2006年11月20日至2012年3月13日期间发起的调查或复审，中国指控美国商务部缺乏识别和避免双重救济的法定权力，美国当局事实上也没有调查并避免这些调查或复审中的双重救济，违反了《1994年关贸总协定》第10条、第15条、第19条、第21条、第32条以及《反倾销协定》第9条和第11条、《1994年关贸总协定》第6条。

（三）中国诉欧盟可再生能源案（DS452）

1. 争端进程

2012年11月5日，对于欧盟成员国（包括但不限于意大利和希腊）影响可再生能源发电部门的某些上网电价措施（包括国内含量限制），中国请求与欧盟、意大利和希腊进行磋商。同年11月6日，日本请求加入磋商。11月19日，澳大利亚和阿根廷也请求加入磋商。但欧盟仅接受了日本的加入磋商请求。

2. 涉案措施

本案涉及欧盟及某些成员国的多项措施。中国指控这些措施“本身”及其“具体适用”违反了下列条款：

(1)《1994年关贸总协定》国民待遇条款（第3.1条、第3.4条、第3.5条），因为争议措施是为国内生产提供保护的影响产品国内销售的法律、法规和规定，授予进口可再生能源发电设备的待遇低于其授予在欧盟和欧洲经济区内生产的同类产品的待遇，构成了对产品的使用必须符合特定数量或比例的数量规制，直接或间接要求特定数量或比例的规制对象产品必须由国内来提供。

(2)《1994年关贸总协定》最惠国待遇条款（第1条），因为特定国内成分限制措施妨碍了包括中国在内的其他世贸组织成员享受该措施的全部利益，但其他世贸组织成员（包括但不限于欧洲经济区内的非欧盟成员国）却不受类似限制。

(3)《补贴协定》第3.1(b)条和第3.2条，因为争议措施以使用国产货物而非进口货物为条件发放补贴，属于禁止性补贴。

(4)《与贸易有关的投资措施协定》第2.1条和第2.2条及该协定例示清单第1条(a)款，因为争议措施以使用国内产品为获得全部利益的条件，属于与《1994年关贸总协定》第3.4条不符的与贸易有关的投资措施。

二、中国作为被诉方参与世贸组织争端解决案件新情况

（一）美国诉我电子支付服务措施案（DS413）

1. 争端进程

2010年9月15日，美国对我国有关电子支付服务措施提起世贸组织争端解决机制下的磋商。2010年10月27日～28日双方在日内瓦进行磋商，但磋商未能解决争议。美方于2011年2月11日请求世贸组织争端解决机构设立专家组。2011年3月25日，争端解决机构设立专家组审理此案。澳大利亚、厄瓜多尔、欧盟、危地马拉、日本、韩

国、印度等7个世贸组织成员方作为本案第三方。2012年7月16日，专家组报告散发给各成员。2012年8月31日，世贸组织争端解决机构通过了本案专家组报告。2012年11月21日，中美双方达成了11个月的合理期限，至2013年7月31日结束。

2. 专家组的主要裁决

关于美方专家组请求，专家组裁定中国没有证明美国专家组请求与DSU第6.2条不一致。关于被撤销或替代的中国法律文件，专家组认为它们在专家组设立之前已被撤销或取代，因此并未包括在专家组裁决或建议之内。

关于争议服务，专家组裁定，美国在其专家组请求中界定的争议服务可归类为《中国服务承诺表》第7.B（d）部门项下的“支付和汇划服务”。

关于争议措施，专家组裁定涉案措施施加了四项要求：（1）发卡机构要求，即要求中国境内发行的银行卡必须带有银联/UnionPay标志，要求发卡机构成为中国银联网络的会员，要求发卡机构在中国发行的银行卡必须满足某些统一的商业规格和技术标准；（2）终端机具要求，即要求成为全国银行卡互联互通网络之一部分的中国境内所有终端（ATMs、商业处理设备和POS终端）必须能够接受带有银联/UnionPay标志的所有银行卡；（3）收单机构要求，即要求收单机构张贴银联/UnionPay标志，要求收单机构加入银联网络，遵守有关银行间互通性的统一商业标准和技术规格，要求收单机构经营或提供的终端机具必须能够接受带有银联/UnionPay标志的银行卡；（4）“香港/澳门要求”，即要求中国银联处理涉及香港/澳门的某些人民币银行卡交易（中国内地发行但在香港/澳门使用的人民币银行卡或者香港/澳门发行但在中国内地使用的人民币银行卡）的清算，其他电子支付服务提供商不得处理。但是，专家组认为美国没有证明相关涉案措施施加了下列要求：（1）强制要求使用银联系统以及/或者将银联确立为所有国内人民币支付卡交易的唯一电子支付服务提供商；（2）对于跨地区或银行间交易广泛禁止使用“非银联”卡。

关于美方根据《服务贸易总协定》提出的市场准入请求（第16条）：（1）对于跨境交付服务提供模式，专家组裁定发卡机构要求、终端机具要求、收单机构要求和中国香港/澳门要求没有违反《服务贸易总协定》第16条，因为中国没有在这一模式项下和第7.B（d）部门对涉案服务做出市场准入承诺；（2）对于商业存在服务提供模式，专家组裁定发卡机构要求、终端机具要求和收单机构要求没有违反《服务贸易总协定》第16.2（a）条，因为这些要求并未构成第16.2（a）条意义上的限制。但是，专家组裁定香港/澳门要求违反了《服务贸易总协定》第16.2（a）条，因为这些要求以垄断的形式对服务提供者的数量施加了限制，违反了中国在第7.B（d）部门就商业存在服务提供模式做出的市场准入承诺。

关于美方根据《服务贸易总协定》提出的国民待遇请求（第17条），专家组裁定：（1）发卡机构要求、终端机具要求和收单机构要求违反了《服务贸易总协定》第17.1条，因为这些要求导致中国给予其他成员服务和服务提供者的待遇低于中国给予本国同类服务和服务提供者的待遇，违反了中国在第7.B（d）部门就跨境交付和商业存在这两种服务提供模式做出的国民待遇承诺；（2）香港/澳门要求并不违反《服务贸易总协定》第17.1条，因为对于这些要求，中国在第7.B（d）部门就跨境交付服务提供模式并未做出任何国民待遇义务；（3）对于美国就香港/澳门要求根据《服务贸易总协定》第17.1条提出的第7.B（d）部门商业存在服务提供模式方面的国民待遇请求，专家组行使了司法经济权力。

（二）美国诉我取向电工钢“双反”案（DS414）

1. 争端进程

2010年9月15日，对于中国对美国取向电工钢征收反倾销税和反补贴税的措施，美国请求与中国进行磋商。2011年2月11日，美国请求设立专家组。世贸组织争端解决机构于2011年3月25日设立了专家组。阿根廷、欧盟、洪都拉斯、印度、日本、韩国、沙特阿拉伯和越南等8个世贸组织成员保留各自的第三方权利。

2012年6月15日，专家组报告散发给各成员。2012年7月20日，中国提起上诉。2012年10月18日，上诉机构报告散发给各成员。2012年11月16日，争端解决机构通过了上诉机构报告和经上诉机构修改的专家组报告。

2012年11月30日，中国通报了执行裁决的意向，但表示需要一个合理期限。由于中美没有就本案的合理执行期限达成协议，2013年2月8日美方请求仲裁。2013年5月3日，仲裁员发布裁决，裁定本案合理执行期限为8个月零15天，至2013年7月31日结束。

2. 专家组和上诉机构的主要裁决

专家组裁定中国违反了《补贴协定》和《反倾销协定》下列条款：

(1)《补贴协定》第11.3条，因为商务部对于美国指控的11个项目发起了反补贴税调查，没有足够的证据证明其正当性。

(2)《补贴协定》第12.4.1条和《反倾销协定》第6.5.1条，因为商务部没有要求申请人提供足够详细的非保密摘要。

(3)《补贴协定》第12.7条，因为商务部计算两个已知应诉方在特定采购项目中的补贴率时使用了100%的产能利用率。

(4)《反倾销协定》第6.8条、第6.9条、第12.2条、第12.2.2条和附件II第1段，因为对于未知出口商，商务部使用了可获得事实，并且商务部在相关基本事实披露、公告和解释方面存在缺陷。

(5)《补贴协定》第12.7条、第12.8条、第22.3条和第22.5条，因为对于未知出口商，商务部使用了可获得事实，并且商务部在相关基本事实披露、公告和解释方面存在缺陷。

(6)《补贴协定》第15.1条、第15.2条、第12.8条和第22.5条以及《反倾销协定》第3.1条、第3.2条、第6.9条和第12.2.2条，因为商务部对被调查进口价格影响的裁决存在缺陷，并且商务部在相关基本事实披露、公告和解释方面存在缺陷。

(7)《补贴协定》第15.1条、第15.5条、第12.8条和第22.5条以及《反倾销协定》第3.1条、第3.5条、第6.9条和第12.2.2条，因为商务部对被调查进口造成了国内产业实质损害的裁决存在缺陷，并且商务部在相关基本事实披露、公告和解释方面存在缺陷。

专家组同时裁定，美国没有证明中国违反了《反倾销协定》第12.2.2条（美国指控中国商务部没有在公告或单独报告中包括用于确定应诉企业最终倾销幅度的数据和计算方法）以及《补贴协定》第12.7条（美国指控中国商务部计算两个已知应诉企业在特定采购项目下的补贴率时使用了可获得事实）和第22.3条（美国指控中国商务部对于支持其下列认定的裁决和结论的解释存在缺陷：根据美国相关政府采购法规项下的投标程序能够获得的价格并未反映市场条件）。专家组还认为没有必要就美国根据《补贴协定》第11.2条和《1994年关贸总协定》第6.2条提出的请求做出裁决。

上诉机构支持了专家组的相关裁决。

（三）欧盟诉我X射线最终反倾销措施案(DS425)

1. 争端进程

2011年7月25日，对于中国对欧盟X射线安全检测设备征收最终反倾销税的措施，欧盟请求与中国进行磋商。2011年12月18日，欧盟提出设立专家组的请求。2012年1月20日，世贸组织争端解决机构设立了专家组。印度、日本、挪威、泰国、美国、智利等6个世贸组织成员保留各自的第三方权利。专家组报告于2013年2月26日散发给各成员。2013年4月24日，世贸组织争端解决机构通过了本案专家组报告。

2. 专家组的主要裁决

专家组如下裁决支持了欧盟主张：

(1) 由于中国没有依据肯定性证据客观审查倾销进口产品对于同类产品国内市场价格的影响，中国违反了《反倾销协定》第3.1条和第3.2条。

(2) 由于中国没有客观审查倾销进口产品对于国内产业的影响，中国违反了《反倾销协定》第3.1条和第3.4条。

(3) 由于中国没有依据肯定性证据客观审查倾销进口产品与国内产业损害之间的因果关系，且中国没有进行非归因分析，中国违反了《反倾销协定》第3.1条和第3.5条。

(4) 由于违反了《反倾销协定》第3.1条、第3.2条和第3.4条，中国也违反了第3.5条。

(5) 由于中国没有要求提供保密信息的利害关系方提供足够详细的非保密概要，且中国没有要求利害关系方解释其所提交的某些保密信息为什么不能进行摘要，中国违反了《反倾销协定》第6.5.1条。

(6) 由于中国没有向利害关系方披露相关基本事实，中国违反了《反倾销协定》第6.9条。

(7) 由于商务部公告没有提供关于其价格影响分析及确定其他公司税率的事实基础的相关信息，

中国违反了《反倾销协定》第12.2.2条。

(8) 由于商务部公告没有解释商务部为什么拒绝了史密斯公司的相关主张，中国违反了《反倾销协定》第12.2.2条。

对于涉案反倾销措施的其他方面，专家组裁定欧盟没有证明中国违反了《反倾销协定》第3.1条、第3.4条（欧盟指控中国商务部没有依据肯定性证据审查影响产业状况的因素）、第3.5条（欧盟指控中国商务部在其非归因分析中未考虑出口的影响、全球金融危机的影响以及同方威视公司声称的其处于起步阶段等因素）、第6.5.1条（专家组认为同方威视公司答卷附件14、16、17、18的非保密摘要已到达了第6.5.1条的标准，驳回了欧盟的主张）、第6.9条（专家组认定对于关联经销商的出口价格所作的调整，商务部已尽到了披露义务；认定我方已披露使用可获得事实计算其他企业税率的理由，即其他企业未能回复商务部问卷；且商务部无义务披露史密斯倾销幅度的计算过程）和第12.2.2条（专家组认为第12.2.2条并不要求调查机关在终裁中说明计算史密斯倾销幅度所依据的事实和计算过程；终裁已说明了史密斯提出的关于部分损害数据可信度主张的原因；就史密斯提出的因果关系主张，专家组认为欧盟并未说明其提出第12.2.2条项下主张的依据，驳回欧盟的相关主张）。专家组对欧盟根据《反倾销协定》第3.1条、第3.4条（商务部是否应考虑“高能”与“低能”扫描仪之间的差异）、第3.5条（商务部的倾销进口产品数量分析）、第6.2条和第6.4条提出的请求采取了司法节制。

（四）美国、欧盟、日本诉我国稀土等原材料出口管理措施案（DS431/432/433）

1. 争端进程

2012年3月13日，就中国对于各种形态的稀土、钨和钼采取的某些出口管理措施，美国、欧盟和日本分别请求与中国进行磋商。2012年7月23日，世贸组织争端解决机构根据《争端解决谅解》第9.1条设立了单一专家组审理美国、欧盟和日本的起诉。巴西、加拿大、哥伦比亚、印度、韩国、挪威、阿曼、沙特阿拉伯、中国台北、越南、阿根廷、澳大利亚、秘鲁、俄罗斯、印度尼西亚和土耳其等16个世贸组织成员保留各自的第三方权利。2012年9月24日，总干事指定了专家组成员。

2. 涉案措施

涉案措施主要包括：

(1) 中国对于各种形态的稀土、钨和钼征收的出口税。

(2) 中国对于各种形态的稀土、钨和钼采取的配额等数量限制。

(3) 就管理对各种形态的稀土、钨和钼采取的数量限制而言，中国施加了额外要求和程序，包括费用和手续、诸如以往出口经历要求和最低资本要求的出口权限制以及给予外商投资企业不同于国内企业待遇的其他条件。

(4) 中国对于各种形态的稀土、钨和钼施加了其他限制（例如，许可要求）。

(5) 中国对于各种形态的稀土、钨和钼的出口维持最低出口价格制度，且要求审批出口合同与出口价格。

(6) 中国没有以统一、公正、合理或透明的方式管理对于各种形态的稀土、钨和钼所施加的出口限制。中国也通过没有公布的措施管理各种形态的稀土、钨和钼的出口。

起诉方指控中国前述措施违反了：(1)《1994年关贸总协定》第7条、第8条、第10条和第11条；(2)《中国加入议定书》第Ⅰ部分第2（A）2段、第2（C）1段、第5.1段、第5.2段、第7.2段、第8.2段和第11.3段以及被并入到《中国加入议定书》的《中国加入工作组报告》第83段、第84段、第162段和第165段。

（五）美国诉我汽车“双反”案（DS440）

1. 争端进程

2012年7月5日，就中国对美国某些汽车征收的反倾销和反补贴税，美国请求与中国进行磋商。2012年9月17日，美国请求设立专家组。世贸组织争端解决机构于2012年10月23日设立了专家组。哥伦比亚、欧盟、印度、日本、韩国、阿曼、沙特阿拉伯和土耳其等8个世贸组织成员保留各自的第三方权利。总干事于2013年2月11日指定了专家组成员。

2. 涉案措施

涉案措施为中国对美国某些汽车征收反倾销税和反补贴税的商务部2011年第20号公告（初裁裁决）和第84号公告（终裁裁决）。美国指控这些措施违反了《1994年关贸总协定》、《反倾销协定》

和《补贴协定》相关条款。具体而言，美国指控中国涉案措施违反了：

（1）《反倾销协定》第 5.3 条和第 5.4 条以及《补贴协定》第 11.3 条和第 11.4 条，因为：中国在发起反倾销和反补贴调查之前没有审查同类产品国内生产商所表达的支持或反对申请的程度；中国在支持申请的国内生产商占国内产业生产的同类产品总产量不到 25%的情况下发起了调查；中国没有审查申请人提交的证据的准确性和充分性。①

（2）《补贴协定》第 11.3 条，因为反补贴调查申请书没有包含申请人可以合理获得的信息，因此，申请书中没有足够的证据证明就许多项目发起反补贴调查具有正当理由。

（3）《反倾销协定》第 6.5.1 条和《补贴协定》第 12.4.1 条，因为中国没有要求申请人对其声称的保密信息提供充分的非保密摘要。

（4）《反倾销协定》第 6.9 条，因为中国没有充分披露用于确定反倾销税率的计算方法和数据。

（5）《反倾销协定》第 12.2 条和第 12.2.2 条，因为对于中国认为重要的所有事实和法律问题，中国没有提供足够详细的关于这些事实和法律问题的认定和结论。中国也没有对接受或拒绝相关主张或诉求说明理由。

（6）《反倾销协定》第 6.8 条（包括附件 II 第 1 段）、第 6.9 条、第 12.2 条和第 12.2.2 条以及《补贴协定》第 12.7 条、第 12.8 条、第 22.3 条和第 22.5 条，因为：中国不恰当地依据可获得事实认定了“所有其他企业”的反倾销和反补贴税率；中国没有披露支撑其“所有其他企业”税率认定的基本事实；对于中国认为重要的所有事实和法律问题，中国没有在其“所有其他企业”税率决定中足够详细地阐述关于这些事实和法律问题的认定和结论；就“所有其他企业”税率而言，中国未能提供导致采取最终措施的事实、法律和理由的所有相关信息。

（7）《反倾销协定》第 3.1 条和第 4.1 条以及《补贴协定》第 15.1 条和第 16.1 条，因为中国使用不恰当的国内产业定义做出了损害认定，由此导致其裁定没有肯定性证据的支持或者未能对生产被调查进口产品的国内产业相关事实进行客观审查。

（8）《反倾销协定》第 3.1 条和第 3.2 条以及《补贴协定》第 15.1 条和第 15.2 条，因为中国对于受调查进口产品对同类产品价格影响的分析没有依据对于案卷和肯定性证据的客观审查。

（9）《反倾销协定》第 3.1 条、第 3.4 条和第 3.5 条以及《补贴协定》第 15.1 条、第 15.4 条和第 15.5 条，因为：中国对于声称的因果关系的分析没有依据对于案卷和肯定性证据的客观审查，包括审查影响产业状况的所有相关经济因素和指标，审查调查当局面前的所有相关证据，或者审查声称的倾销和补贴进口产品之外的、正在同时损害国内产业的任何已知因素；中国没有满足下列非归因分析要求，即其他因素造成的损害不得归因于声称的倾销和补贴进口产品。

（10）《反倾销协定》第 6.2 条，因为中国没有给予利害关系方充分的抗辩机会。

（11）由于违反了前述《反倾销协定》和《补贴协定》相关条款，美国认为中国也违反了《反倾销协定》第 1 条、《补贴协定》第 10 条和《1994 年关贸总协定》第 6 条。

（六）美国诉我汽车及汽车零部件补贴政策案（DS450）

1. 争端进程

2012 年 9 月 17 日，对于中国以奖金、贷款、政府收入放弃、提供货物和服务等形式依赖于出口实绩向中国境内汽车及汽车零部件企业提供的补贴和其他激励，美国请求与中国进行磋商。

2. 涉案措施

美国指控中国通过“出口基地”项目提供各种形式的出口依赖补贴。涉案措施包括《汽车产业发展政策》等 71 个规范性法律文件。美国诉称，中国通过这些措施设立了汽车及汽车零部件“出口基地”，接着向位于这些“出口基地”或者被指定为“出口基地”企业的汽车及汽车零部件企业提供出口依赖补贴。美国认为，由于中国向中国境内的汽车及汽车零部件企业提供了依赖于出口实绩的补贴，涉案措施违反了《补贴协定》第 3 条。

此外，美国也指控中国违反了相关透明度义务：（1）中国没有适当地通报涉案措施，违反了《1994

---

① 美国在其第一次书面陈述中明确放弃了此项诉求。

年关贸总协定》第 16.1 条以及《补贴协定》第 25.1 条、第 25.2 条、第 25.3 条和第 25.4 条；（2）中国没有公布与这些补贴有关的某些措施并使这些措施可容易获取，违反了《中国加入议定书》第 I 部分第 2（C）（1）段；（3）中国没有官方刊物上公布与这些补贴有关的某些措施，违反了《中国加入议定书》第 I 部分第 2（C）（2）段；（4）中国没有使译成一种或多种世贸组织官方语言的措施可以获取，违反了《中国加入议定书》第 1.2 段（在该段并入《中国加入工作组报告》第 334 段的范围内）。

（七）墨西哥诉我服装与纺织品案（DS451）

1. 争端进程

2012 年 10 月 15 日，墨西哥就中国支持服装与纺织品生产和出口的补贴措施请求与中国进行磋商。欧盟、澳大利亚、危地马拉、巴西、秘鲁、美国、洪都拉斯、哥伦比亚等 8 个世贸组织成员先后请求加入磋商。

2. 涉案措施

墨西哥指控中国维持支持服装与纺织品生产商和出口商以及棉花和化纤产业供应商的多种补贴措施。涉案措施包括以下类型：（1）免除某些企业的税收；（2）减免和退还某类企业以及特定地区企业所购买的设备的进口税和增值税；（3）低于充分对价提供土地使用权和电价；（4）国有银行向某些产业提供低息贷款；（5）棉花和化纤生产、销售和运输环节扶持措施；（6）政府提供的现金支付。墨西哥认为这些措施涉及禁止性补贴和可诉补贴，后者正在通过替代和阻碍墨西哥产品进入美国，在同一市场造成显著价格削减、价格抑制、价格压低以及销售损失，对墨西哥利益造成严重损害或者严重损害威胁。墨西哥认为涉案措施违反了：（1）《补贴协定》第 3.1（a）和（b）条、第 5（c）条、第 6.3（b）和（c）条、第 6.4 条和第 6.5 条；（2）《1994 年关贸总协定》第 3.4 条；（3）《农业协定》第 3 条、第 9 条和第 10 条；（4）《中国加入议定书》第 I 部分第 1.2 段并入的“中国加入工作组报告”相关条款。

（八）日本诉我无缝钢管反倾销措施案（DS454）

1. 争端进程

2012 年 12 月 20 日，就中国对日本高性能不锈无缝钢管（HP-SSST）征收反倾销税的措施，日本请求与中国进行磋商。2013 年 4 月 11 日，日本请求设立专家组。2013 年 5 月 24 日，世贸组织争端解决机构就本案设立专家组。欧盟、美国、俄罗斯、韩国和印度等 5 个世贸组织成员保留各自的第三方权利。

2. 涉案措施

本案涉案措施为中国对日本 HP-SSST 征收反倾销税的措施。日本指控中国措施违反了：

（1）《反倾销协定》第 3.1 条和第 3.2 条，因为中国对于受调查进口产品数量影响和价格影响的分析并未依据肯定性证据进行客观审查。

（2）《反倾销协定》第 3.1 条和第 3.4 条，因为中国对于受调查目标进口产品对相关国内产业影响的分析并未依据肯定性证据（包括影响国内产业状况的所有相关经济因素和指标）进行客观审查。

（3）《反倾销协定》第 3.1 条和第 3.5 条，因为中国的因果关系裁决并未依据肯定性证据进行客观审查。

（4）《反倾销协定》第 6.5 条和第 6.5.1 条，因为中国将申请人提供的信息作保密处理但却没有表明正当理由，没有要求申请人提供这些信息的非保密摘要，并且即使提供了非保密摘要，它们也不够详细，不足以合理了解其实质内容。

（5）《反倾销协定》第 6.9 条，因为中国没有向利害关系方通报构成中国施加最终反倾销措施的决定之依据的被考虑基本事实。

（6）《反倾销协定》第 12.2 条和第 12.2.2 条，因为对于调查当局认为重要的所有事实和法律问题，中国没有提供足够详细的认定和结论，中国也没有就导致施加最终措施的事实、法律和理由提供所有相关信息。

（7）《反倾销协定》第 7.4 条，因为未经代表所涉贸易显著百分比的出口商请求或者没有审查低于倾销幅度的反倾销税是否足以消除损害，中国适用临时措施的期限超过 4 个月。

（8）《反倾销协定》第 6.8 条（包括附件 II 第 1 段）、第 6.9 条、第 12.2 条和第 12.2.2 条，因为就对所有其他日本公司确定倾销幅度而言，中国不恰当地使用了可获得事实，没有充分披露相关基本事实，也没有提供相关信息。

（9）由于违反了前述《反倾销协定》条款，中国对于日本 HP-SSST 施加的反倾销措施也违反了《反倾销协定》第 1 条和《1994 年关贸总协定》第 6 条。

（商务部条约法律司）

附表

2012 起诉案件表

编号	起诉方	被诉方	争议事项	涉及条款	起诉日期	进展情况
DS428	印度	土耳其	对进口棉纱（缝纫线除外）的安全保障措施	GATT 第 20 条第 1 款（a）项 SA 第 2 条、第 3 条、第 4 条、第 5 条、第 6 条、第 7.1 条、第 7.2 条、第 7.3 条、第 7.5 条、第 12.1（c）条	2012.02.13	
DS429	越南	美国	对越南冷冻暖水虾的反倾销措施	GATT 第 1.1 条、第 6 条第 1 款、第 6.2（a）条 ADA 第 1 条、第 2.1 条、第 2.4 条、第 2.4.2 条、第 6 条、第 9 条、第 11 条、第 17.6（i）及其附件条 WTO Agreement 第 16.4 条 DSU 第 3.7 条、19.1 条、21.1 条、21.3 条、21.5 条	2012.02.20	
DS430	美国	印度	对美国农产品的措施	SPS 第 2 条、第 2.2 条、第 2.3 条、第 3.1 条、第 5 条、第 5.1 条、第 5.2 条、第 5.5 条、第 5.6 条、第 5.7 条、第 6 条、第 6.1 条、第 6.2 条、第 7 条及附件 B GATT 第 1 条、第 11 条	2012.03.06	成立专家组：2012.06.25
DS431	美国	中国	对出口稀土、钨、钼的相关措施	GATT 第 7 条、第 8 条、第 10 条、第 11 条、第 11.1 条、第 11.3（a）条 Protocol of Accession 第 1 部分第 1.2 条、第 5.1 段、第 7.2 段、第 8.2 段、第 11.3 段	2012.03.13	成立专家组：2012.09.24
DS432	欧盟	中国	对出口稀土、钨、钼的相关措施	GATT 第 7 条、第 8 条、第 10 条、第 10.3（a）条、第 11 条、第 11.1 条 Protocol of Accession 第 1 部分第 1.2 条、第 5.1 段、第 5.2 段、第 7.2 段、第 8.2 段、第 11.3 段	2012.03.13	成立专家组：2012.09.24
DS433	日本	中国	对出口稀土、钨、钼的相关措施	GATT 第 7 条、第 8 条、第 10 条、第 10.3（a）条、第 11 条、第 11.1 条 Protocol of Accession 第一部分第 1.2 条、第 5.1 段、第 5.2 段、第 7.2 段、第 8.2 段、第 11.3 段	2012.03.13	成立专家组：2012.09.24
DS434	乌克兰	澳大利亚	对商标及其他适用于烟草产品和包装的普通包装要求的若干措施	TRIPs 第 1 条、第 1.1 条、第 2.1 条、第 3.1 条、第 15 条、第 15.1 条、第 15.4 条、第 16 条、第 16.1 条、第 16.3 条、第 20 条、第 27 条 TBT 第 2.1 条、第 2.2 条 GATT 第 1 条、第 3.4 条	2012.03.13	成立专家组：2012.09.28
DS435	洪都拉斯	澳大利亚	对商标、地理标识及其他适用于烟草产品和包装的普通包装要求的若干措施	TRIPs 第 2.1 条、第 2.2 条、第 3.1 条、第 15.4 条、第 16.1 条、第 20 条、第 22.2（b）条、第 24.3 条 TBT 第 2.1 条 GATT 第 3.4 条	2012.04.04	

续　表

编号	起诉方	被诉方	争议事项	涉及条款	起诉日期	进展情况
DS436	印度	美国	对印度某些热轧碳钢平板产品的反补贴措施	GATT 第 1 条、第 6 条 SCM 第 1 条、第 2 条、第 10 条、第 11 条、第 12 条、第 13 条、第 14 条、第 15 条、第 19 条、第 21 条、第 22 条、第 32 条 WTO Agreement 第 16.4 条	2012.04.24	成立专家组：2012.08.31
DS437	中国	美国	对中国某些产品的反补贴措施	SCM 第 1.1 条、第 1.1（a）（1）条、第 1.1（b）条、第 2 条、第 10 条、第 11 条、第 11.1 条、第 11.2 条、第 11.3 条、第 12.7 条、第 14（d）条、第 30 条、第 32.1 GATT 第 6 条、第 23 条 Protocol of Accession 第 15 条	2012.05.25	成立专家组：2012.11.26
DS438	欧盟	阿根廷	影响巴西冷冻肉类家禽的进口商品的反倾销税措施	GATT 第 3 条、第 4 条、第 8 条、第 10.1 条、第 10.3 条、第 11.1 条 TRIMs 第 2 条 Import Licensing 第 1.2 条、第 1.3 条、第 1.4 条、第 1.5 条、第 1.6 条、第 1.7 条、第 2.2 条、第 3.2 条、第 3.3 条、第 3.4 条、第 3.5 条 AA 第 4.2 条 SA 第 11 条	2012.05.25	成立专家组：2012.11.17
DS439	巴西	南非	对巴西冷冻肉类家禽的进口商品反倾销税措施	ADA 第 2 条、第 2.4 条、第 3 条、第 3.1 条、第 3.2 条、第 3.4 条、第 3.5 条、第 4.1 条、第 5.2 条、第 5.3 条、第 5.8 条、第 6.1 条、第 6.2 条、第 6.4 条、第 6.5 条、第 6.7 条、第 6.9 条、第 6.10 条、第 7.1 条、第 12.2.1 条及附件 2	2012.06.21	
DS440	美国	中国	对美国某些汽车的反倾销和反补贴税	ADA 第 1 条、第 3.1 条、第 3.2 条、第 3.4 条、第 3.5 条、第 4.1 条、第 5.3 条、第 5.4 条、第 6.2 条、第 6.5.1 条、第 6.8 条、第 6.9 条及附件 2 GATT 第 6 条 SCM 第 10 条、第 11.3 条、第 11.4 条、第 12.4.1 条、第 12.7 条、第 12.8 条、第 15.1 条、第 15.2 条、第 15.4 条、第 15.5 条、第 16.1 条、第 22.3 条、第 22.5 条	2012.07.05	成立专家组：2012.10.23
DS441	多米尼加	澳大利亚	对商标、地理标识及其他适用于烟草产品和包装的普通包装要求的若干措施	TRIPs 第 2.1 条、第 3.1 条、第 15.4 条、第 16.1 条、第 20 条、第 22.2（b）条、第 24.3 条 TBT 第 2.1 条、第 2.2 条 GATT 第 3.4 条	2012.07.18	成立专家组：2012.11.17
DS442	印度尼西亚	欧盟	对印尼某些脂肪醇的反倾销措施	ADA 第 1 条、第 2.3 条、第 2.4 条、第 2.6 条、第 3.1 条、第 3.2 条、第 3.3 条、第 3.4 条、第 3.5 条、第 4.1 条、第 5.8 条、第 6.7 条、第 6.9 条、第 9.2 条、第 9.4 条、第 18 条 GATT 第 6 条、第 10.3 条	2012.07.30	

续 表

编号	起诉方	被诉方	争议事项	涉及条款	起诉日期	进展情况
DS443	阿根廷	欧盟、西班牙	关于进口的生物柴油的若干措施	GATT 第 3.1 条、第 3.4 条、第 3.5 条、第 11.1 条 TRIMs 第 2.1 条、第 2.2 条 WTO Agreement 第 16.4 条	2012.08.17	成立专家组：2012.11.17
DS444	美国	阿根廷	影响进口产品的措施	GATT 第 3.4 条、第 10.1 条、第 10.2 条、第 10.3 (a) 条、第 11.1 条 TRIMs 第 2 条 Import Licensing 第 1.2 条、第 1.3 条、第 1.4 条、第 3.2 条、第 3.3 条、第 3.4 条、第 3.5 条、第 5.1 条、第 5.2 条、第 5.3 条、第 5.4 条 SA 第 11 条	2012.08.21	成立专家组：2012.11.17
DS445	日本	阿根廷	影响进口产品的措施	GATT 第 3.4 条、第 8 条、第 10.1 条、第 10.2 条、第 10.3 条、第 11.1 条 TRIMs 第 2 条、第 6.1 条 Import Licensing 第 1.2 条、第 1.3 条、第 1.4 条、第 1.5 条、第 1.6 条、第 1.7 条、第 2.2 条、第 3.2 条、第 3.3 条、第 3.4 条、第 3.5 条、第 5.1 条、第 5.2 条、第 5.3 条、第 5.4 条 SA 第 11 条	2012.08.21	成立专家组：2012.11.17
DS446	墨西哥	阿根廷	影响进口产品的措施	GATT 第 3.4 条、第 8 条、第 10.1 条、第 10.2 条、第 10.3 条、第 11.1 条 TRIMs 第 2 条、第 6 条 Import Licensing 第 1.2 条、第 1.3 条、第 1.4 条、第 1.5 条、第 1.6 条、第 1.7 条、第 2.2 条、第 3.2 条、第 3.3 条、第 3.4 条、第 3.5 条、第 5.1 条、第 5.2 条、第 5.3 条、第 5.4 条 AAD 第 4.2 条 SA 第 11 条 TBT 第 2.2 条	2012.08.24	
DS447	阿根廷	美国	影响阿根廷动物、肉类和其他动物产品的措施	GATT 第 1.1 条、第 3.4 条、第 11.1 条 SPS 第 1.1 条、第 2.2 条、第 2.3 条、第 3.1 条、第 3.3 条、第 5.1 条、第 5.4 条、第 5.6 条、第 6.1 条、第 6.2 条、第 8 条、第 10.1 条、附件 1c WTO Agreement 第 16.4 条	2012.08.30	成立专家组：2012.11.17
DS448	阿根廷	美国	影响新鲜柠檬进口的措施	GATT 第 1.1 条、第 3.4 条、第 10.1 条、第 10.3 条、第 11.1 条 SPS 第 1.1 条、第 2.2 条、第 2.3 条、第 3.1 条、第 3.3 条、第 5.1 条、第 5.2 条、第 5.4 条、第 5.6 条、第 7 条、第 8 条、第 10.1 条、附件 B、附件 C WTO Agreement 第 16.4 条	2012.09.03	成立专家组：2012.11.17
DS449	中国	美国	对中国某些产品的反倾销和反补贴措施	GATT 第 10 条、第 6 条 SCM 第 10 条、第 15 条、第 19 条、第 21 条、第 32 条 ADA 第 9 条、第 11 条	2012.09.17	成立专家组：2012.11.17

续 表

编号	起诉方	被诉方	争议事项	涉及条款	起诉日期	进展情况
DS450	美国	中国	影响汽车及汽车零部件产业的若干措施	GATT 第 16.1 条 SCM 第 25.1 条、第 25.2 条、第 25.3 条、第 25.4 条 Protocol of Accession 第 1 部分第 1.2 条	2012.09.17	
DS451	墨西哥	中国	服装和纺织产品的生产和出口的措施	AA 第 3 条、第 9 条、第 10 条 GATT 第 3.4 条、第 16 条 SCM 第 1 条、第 1.1（a）条、第 1.1（b）条、第 2 条、第 2.1 条、第 2.2 条、第 2.3 条、第 3.1（a）条、第 3.1（b）条、第 4.2 条、第 5（c）条、第 6.3（b）条、第 6.3（c）条、第 6.4 条、第 6.5 条、第 7.2 条 Protocol of Accession 第 1 部分第 1.2 条	2012.10.15	
DS452	中国	欧盟、意大利、希腊	影响可再生能源发电行业的若干措施	GATT 第 1 条、第 3.1 条、第 3.4 条、第 3.5 条 SCM 第 1.1 条、第 3.1（b）条、第 3.2 条 TRIMs 第 2.1 条、第 2.2 条	2012.11.05	
DS453	巴拿马	阿根廷	服务和货物贸易的措施	GATS 第 2.1 条、第 11 条、第 16 条、第 17 条 GATT 第 1.1 条、第 3.2 条、第 3.4 条、第 11.1 条	2012.12.12	

2012 年散发的专家组报告（7 个）

散发时间	编号	起诉方	被起诉方	争议事项	涉及条款	起诉时间
2012.01.31	DS415	哥斯达黎加	多米尼加	对进口聚丙烯袋，圆筒布的保障措施	DSU：Art. 4 GATT：Art. I：1，II：1，XIX：1，XIX：2 Safeguards：Art. 2.1，2.2，3.1，3.2，4.1，4.1（a），4.1（b），4.1（c），4.2，4.2（a），4.2（b），4.2（c），5.1，6，8.1，9.1，11.1（a），12.3	2010.10.15
2012.01.31	DS416	危地马拉	多米尼加	对进口聚丙烯袋，圆筒布的保障措施	DSU：Art. 4 GATT 1994：Art. II：1，XIX：1，XIX：2 Safeguards：Art. 2.1，2.2，3.1，3.2，4.1，4.1（a），4.1（b），4.1（c），4.2，4.2（a），4.2（b），4.2（c），5.1，6，8.1，9.1，11.1（a），12.3	2010.10.15
2012.01.31	DS417	洪都拉斯	多米尼加	对进口聚丙烯袋，圆筒布的保障措施	DSU：Art. 4 GATT：Art. II：1，XIX：1，XIX：2 Safeguards：Art. 2.1，2.2，3.1，3.2，4.1，4.1（a），4.1（b），4.1（c），4.2，4.2（a），4.2（b），4.2（c），5.1，6，8.1，9.1，11.1（a），12.3	2010.10.18
2012.01.31	DS418	萨尔瓦多	多米尼加	对进口聚丙烯袋，圆筒布的保障措施	DSU：Art. 4 GATT 1994：Art. I：1，II：1，XIX：1，XIX：2 Safeguards：Art. 2.1，2.2，3.1，3.2，4.1，4.1（a），4.1（b），4.1（c），4.2，4.2（a），4.2（b），4.2（c），5.1，6，8.1，9.1，11.1（a），12.3	2010.10.19

续 表

散发时间	编号	起诉方	被起诉方	争议事项	涉及条款	起诉时间
2012.06.08	DS422	中国	美国	对中国虾和金刚石锯片的反倾销措施	ADA：Art.1，2.1，2.4，2.4.2，5.8，9.2，9.3，9.4，11.3 GATT 1994：Art.VI：1，VI：2（a），VI：2（b）	2011.02.28
2012.06.15	DS414	美国	中国	对美国晶粒取向电工钢平板轧材的反补贴和反倾销税	ADA：Art.1，3.1，3.2，3.5，6.4，6.5.1，6.8，6.9，12.2，12.2.2，Annex II GATT 1994：Art.VI SCM：Art.10，11.2，11.3，12.3，12.4.1，12.7，12.8，15.1，15.2，15.5，19，22.2（Ⅲ），22.3，22.5	2010.09.15
2012.07.16	DS413	美国	中国	电子支付服务的若干措施	GATS：Art.XVI，XVI：1，XVI：2（a），XVII	2010.09.15

2012年散发的上诉机构报告（9个）

散发时间	编号	起诉方	被起诉方	争议事项	涉及条款	起诉时间
2012.01.30	DS394	美国	中国	对各种原材料出口的相关措施	GATT Art.VIII，VIII：1，VIII：4，X，X：1，X：3，XI，XI：1 Protocol of Accession：Part I，para.1.2，Part I，para.5.1，Part I，para.5.2，Part I，para.8.2，Part I，para.11.3	2009.06.23
2012.01.30	DS395	欧盟	中国	对各种原材料出口的相关措施	GATT 1994：Art.VIII，VIII：1，VIII：4，X，X：1，X：3，XI，XI：1 Protocol of Accession：Part I，para.1.2，Part I，para.5.1，Part I，para.5.2，Part I，para.8.2，Part I，para.11.3	2009.06.23
2012.01.30	DS398	墨西哥	中国	对各种原材料出口的相关措施	GATT 1994：Art.VIII，VIII：1，VIII：4，X，X：1，X：3，XI，XI：1 Protocol of Accession：Part I，para.1.2，Part I，para.5.1，Part I，para.5.2，Part I，para.8.2，Part I，para.11.3	2009.08.21
2012.03.12	DS353	欧盟	美国	影响大型民用飞机贸易的措施——第二次投诉	DSU：Art.23 GATT 1994：Art.III：4 SCM：Art.1.1，2，3.1，3.2，5，6.3，32	2005.06.27
2012.04.04	DS406	印度尼西亚	美国	影响的丁香烟生产和销售的措施	GATT 1994：Art.III：4，XX，XXIII：1（a） SPS：Art.2，3，5，7 TBT：Art.2，2.1，2.2，2.3，2.5，2.8，2.9，2.10，2.12，12	2010.04.07
2012.05.16	DS381	墨西哥	美国	对进口金枪鱼和金枪鱼产品、市场推广及销售的措施	GATT 1994：Art.I，III TBT：Art.2，5，6，8	2008.10.24

续　表

散发时间	编号	起诉方	被起诉方	争议事项	涉及条款	起诉时间
2012.06.29	DS384	加拿大	美国	特定国家的原产地标签（COOL）	GATT 1994：Art. III：4，IX，IX：2，X：3，XXIII：1（b），X：3（a） SPS：Art. 2，5，7 Rules of Origin：Art. 2，2（b），2（c），2（e），2（j） TBT：Art. 2，2.1，2.2，2.4	2008.12.01
2012.06.29	DS386	墨西哥	美国	特定国家的原产地标签（COOL）	GATT 1994：Art. III，IX，X，X：3（a） Rules of Origin：Art. 2 SPS：Art. 2，5，7 TBT：Art. 2，12	2008.12.17
2012.10.18	DS414	美国	中国	对美国晶粒取向电工钢平板轧材的反补贴和反倾销税	ADA：Art. 1，3.1，3.2，3.5，6.4，6.5.1，6.8，6.9，12.2，12.2.2，Annex II GATT 1994：Art. VI SCM：Art. 10，11.2，11.3，12.3，12.4.1，12.7，12.8，15.1，15.2，15.5，19，22.2（Ⅲ），22.3，22.5	2010.09.15

中国进出口公平贸易工作回顾

2012年，世界经济复苏放缓，我国贸易摩擦形势更趋严峻，进口产品不公平竞争加剧，公平贸易工作面临更大压力和挑战。在商务部党组正确领导下，我们以科学发展为主题，扎实做好各项工作，贸易摩擦应对、贸易救济调查、多双边规则谈判、信息服务和人才培训等工作实现了新的发展。

一、全力做好贸易摩擦应对工作

2012年，我国遭遇贸易摩擦数量增多、范围扩大、形势趋严。在贸易救济调查方面，2012年，我国共遭遇21个国家（地区）发起的调查案件77起，同比增加11.6%；涉案金额277亿美元，同比增长3.7倍。其中，发展中国家对华案件数量和涉案金额分别同比上升26%和65%；发达国家对华案件数量同比下降12%，但涉案金额同比增长5.6倍，其中，欧盟光伏电池双反调查涉案金额204亿美元，是迄今为止我国遭遇的最大金额贸易救济调查案件。反倾销仍是国外对华贸易救济调查的主要方式，约占案件总数的74%。除贸易救济调查案件之外，技术贸易壁垒、知识产权纠纷、WTO争端案件和体制制度性冲突等，也成为贸易摩擦的重要内容。2012年，美国对我国发起知识产权“337调查”13起，我国出口产品已成为主要被调查对象。

2012年，我们应对贸易摩擦的重点工作及成效如下：

（1）积极法律抗辩，多起案件取得胜诉。促使美国对华轮胎特保措施在2012年9月到期终止，有效维护了我国轮胎企业的合法权益。美国镀锌钢丝和钢制轮毂双反案、加拿大单元式幕墙双反案、澳大利亚电缆反倾销案等获得无措施结案。山东金和集团在美国柠檬酸及柠檬酸盐产品行政复审中连续两次反倾销复审结果为零。我国企业在美国高压钢瓶双反案中取得较低税率，90%以上涉案产品能继续对美出口。

（2）加强规则博弈，挑战美欧不合理做法。指导企业利用美欧国内司法诉讼渠道挑战其滥用贸易救济规则等不合理做法。我们将美在铜版纸等6起反补贴调查案件中的歧视性、不公平做法诉至美国国际贸易法院。在美国国际贸易法院、联邦巡回上诉法院做出于我国有利裁决后，美政府和国会出台新法律追溯承认美商务部做法的合法性，目前我们已就该法案提起违宪审查的诉讼。我国企业在欧盟法院胜诉案件不断增多，在草甘膦、皮鞋等多起反倾销案件中获得有利判决。

（3）创新应对模式，化解与新兴国家贸易摩擦。在墨西哥对华鞋产品特保案中，在商务部积极推动下，双方政府和业界共同参与，由我国业界与墨西哥政府签署协议，创造了妥善解决贸易摩擦的新模式。在巴西柠檬酸反倾销案中，中巴首次以价格承诺方式化解摩擦。对阿根廷滥用贸易救济措施的做法，我们开展了有理有节的斗争，2012年阿对华反倾销立案降至3起，为金融危机以来最低点。

（4）丰富应对手段，完成对美新能源贸易壁垒调查。2012年8月，商务部公布了关于对美国可再生能源产业的部分扶持政策及补贴措施贸易壁垒调查的结论。经调查，美国华盛顿州“可再生能源生产鼓励项目”等6项被调查措施构成世界贸易组织《补贴与反补贴措施协定》第3条的禁止性补贴，违反了该协定第3条和《1994年关税与贸易总协定》第3条的有关规定，对正常国际贸易造成扭曲，构成对我国可再生能源产品对美出口的贸易壁垒。商务部依法采取相关措施，要求美方取消被调查措施中与世界贸易组织相关协定不符的内容，给予中国可再生能源产品公平待遇。通过调查，我们增加了通过产业合作化解可再生能源贸易争端的可能性，积累了贸易壁垒调查经验，丰富了应对贸易壁垒的手段。

二、依法妥善运用贸易救济措施

2012年，按照世贸组织统计标准，我国对外发起反倾销调查9起，反补贴调查2起，完成对邻苯二酚等10多起反倾销案件的复审工作。贸易救济调查工作遏制了不公平贸易行为，维护了产业的合法权益，为产业转型升级赢得了时间。

2012年，我们贸易救济调查的重点工作及成效如下：

(1) 依法发起新能源领域贸易救济调查第一案。近年来，国内外多晶硅价格倒挂导致我国进口激增，受低价进口产品冲击，国内多晶硅行业遭受沉重打击，企业利润快速下滑甚至亏损严重。根据国内多晶硅产业的申请，2012年，我们先后对进口自美国、欧盟的太阳能级多晶硅发起反倾销和反补贴调查，对进口自韩国的太阳能级多晶硅发起反倾销调查，涉案产品是以太阳能级多晶硅为原料制作的晶体硅电池。该案是我国在新能源领域发起的第一起双反调查案件，涉及进口产品金额合计约23.84亿美元，是近年来我国对外发起涉案金额最大的贸易救济案件。

(2) 创新贸易救济调查制度，提高调查透明度。2012年，我们不断学习提高运用国际规则开展贸易救济调查的能力，创造了多个“第一”。我们在多晶硅案件中第一次同时对美欧发起反补贴调查；第一次将申请书以及相关案件材料在商务部网站上公开，提高了透明度；第一次发起追溯征税调查；第一次公开案件调查时间表，等等。这些做法既符合WTO规则，又具有灵活性，不仅丰富了我国贸易救济调查实践，而且赢得了较好的社会反响。鉴于我国贸易救济调查透明度愈加受到各方关注，我们完善并改进了贸易救济公开信息查阅室，新设贸易救济案件公开信息查阅网站，及时公开案件信息，方便利害关系方查询，受到了相关利害关系方好评，树立了中国贸易救济调查机关的良好形象。

(3) 参与世贸组织争端解决，不断提升调查水平。2011年以来，欧美日相继将我X射线安全检查设备反倾销、汽车双反、无缝钢管反倾销等5起案件诉至世贸争端解决机制。我们认真做好相关诉讼法律准备，会同有关司局及律师研究工作方案，取得应诉良好效果。取向性硅电钢等案的专家组报告或上诉机构裁定与我们的应诉目标基本一致，取得了于我国有利的裁决结果。通过参与世贸争端解决诉讼，也进一步加深了我们对世贸规则的理解，促进了调查水平的提升。

三、积极参与多双边规则谈判

(1) 加强与金砖国家在贸易救济领域的合作。作为东道国，我们成功举办首次“金砖国家贸易救济合作研讨会”，来自WTO、欧亚经济委员会、俄罗斯、巴西、中国的贸易救济调查官员、学者、律师以及产业代表与会，交流各自国家贸易救济立法和实践，围绕加强调查合作、合理运用规则、防止措施滥用等达成共识，为妥善处理贸易摩擦创造了合作基础。会议受到国内外媒体广泛关注，提升了我国遵守世贸规则、客观公正开展贸易救济调查的形象，扩大了贸易救济调查工作为企业争创公平、合理国际贸易环境的影响力。

(2) 与发展中国家加强贸易救济合作成效显著。2012年，我们与摩洛哥、哥伦比亚建立了贸易救济合作机制，其中哥伦比亚是首次与他国建立此类合作机制；与秘鲁就建立贸易救济合作机制达成共识。我们积极推动与海合会、马来西亚、泰国、印度尼西亚、阿根廷等建立贸易救济合作机制；利用救济合作机制，与南非、印度、土耳其、巴西等召开机制会议，开展深入对话和交流，增强了我国调查机关在发展中国家中的影响力，为应对发展中国家贸易摩擦提供了便利。

(3) 积极配合我国自贸区战略稳步推进。党的十八大报告提出“统筹双边、多边、区域次区域开放合作，加快实施自由贸易区战略”。我们积极配合有关部门参与中韩、中澳、中瑞、ECFA等自贸区谈判工作，针对我国与不同谈判对象国的贸易特点、产业结构和竞争关系，精心制订谈判方案，妥善设计贸易救济条款，避免在自贸区协定中出现对我们的歧视性规定，努力为我国企业“走出去”营造一个开放、公平、可预见的贸易环境，有利配合了自贸区建设的稳步推进。

四、加强信息服务和人才培训工作

(1) 加强信息工作，不断提高信息服务水平。我们定期编发《各国对华贸易摩擦综述》，向地方商务主管部门、行业组织和企业编发《应对贸易摩擦动态》、《贸易救济动态》、《国别贸易投资环境信息月报》；努力丰富商务部网站有关公平贸易工作的信息内容，开辟“应对贸易摩擦成功案例专栏”；加强贸易摩擦预警信息服务，提高信息的时效性和准确性。我们服务经济外交大局，通过为有关部门报送大量信息和材料，利用各种多双边机制和平台反对贸易保护主义。

（2）改进培训工作，加强地方和行业人才队伍建设。为建设高素质专业化人才队伍，特别是加强地方和行业的人才培养，我们按照“统筹规划、改革创新、按需施训、注重实效”的原则，科学设计培训课程，更新和优化培训内容，不断提高培训工作的针对性和有效性。2012 年，我们在上海、成都、北京举办了“贸易摩擦应对工作培训班”；派员赴江西、福建等省为地方商务部门举办的贸易摩擦应对培训班授课；成功组织了赴美国应对贸易摩擦培训班。参加培训人员来自国务院有关部门、商务主管部门、商协会、研究机构和企业等单位，通过培训提升了参训人员的业务素质，宣传和普及了贸易摩擦应对和贸易救济调查知识，提高了企业和行业组织运用国际规则维护自身合法权益的意识和能力。

2013 年是全面贯彻落实党的十八大精神的开局之年。党的十八大和中央经济工作会议对公平贸易工作提出了新的更高要求，主要是：服务于互利共赢、多元平衡、安全高效的开放型经济体系，坚持权利和义务相平衡，反对各种形式的保护主义，加强政策协调，通过协商妥善解决经贸摩擦，促进贸易和投资自由化便利化，推动建立公平合理的国际贸易环境。面对新时期复杂严峻的国内外形势，我们将按照商务部党组的统一部署，从统筹国内国际两方面大局出发，加强谋划，妥善应对，进一步提升贸易摩擦应对和贸易救济调查工作水平，切实维护国家、产业和企业的合法权益。

（商务部进出口公平贸易局局长　周晓燕）

全球及中国保障措施情况

2012年，国际金融危机深层次影响持续显现，发达经济体的经济景气度开始分化，新兴市场经济发展疲软，“金砖国家”经济增速创新低。世界贸易组织4月10日在日内瓦发布年度报告指出，受发达国家经济增速较低和欧元未来走向不确定的影响，2012年全球贸易额仅增长2%，远远低于2011年的5.2%，预计2013年全球贸易额将仅增长约3.3%，也远低于过去20年5.3%的平均水平。全球经济疲软的局面持续，贸易保护主义势头日益增加。各国除了频频发起反倾销和反补贴调查，保障措施调查近年也成为一些成员频繁使用的贸易保护工具。

一、2012年WTO成员保障措施实施情况

2012年，WTO成员共发起25起保障措施调查（具体情况见附表），其中4起采取临时保障措施，2起决定不采取措施，19起尚未裁决。发起国以发展中成员为主，其中印度尼西亚发起7起，埃及发起4起，俄罗斯发起3起，泰国发起2起。在2011年立案的保障措施案件中，有1起在2012年采取了临时保障措施，1起决定不采取措施。

二、2012年WTO成员保障措施立法情况

根据《世界贸易组织保障委员会报告（2012）》的统计，截至2012年10月22日，共有102个WTO成员方就其国内保障措施法律或者规章情况向WTO保障措施委员会做出通报。另外，有28个成员没有做此类通报。2012年，共有5个成员方向保障措施委员会通报了其国内立法情况（包括新制定及修改）并接受了审议，包括厄瓜多尔、印度、印度尼西亚、尼泊尔和多哥。此外，俄罗斯、乌克兰、马里也向保障措施委员会做出了通报。

三、与中国有关的保障措施情况

2012年，中国未发起保障措施调查，WTO成员共发起2起针对中国产品的特别保障措施调查，为印度对中国的绝缘体和300系列不锈钢热轧板，并采取相关措施。

编号	国别	立案时间	涉案产品	案件进展
1	印度	2012年5月30日	绝缘体 (Electrical Insulators)	2012年9月27日，印度做出终裁：第一年加征35%的特别保障措施关税，第二年加征25%的特别保障措施关税。
2	印度	2012年6月26日	300系列不锈钢热轧板 (Hot-Rolled Flat Products of Stainless Steel of 300 Series)	2012年9月24日，印度决定采取临时保障措施：征收20%的从价税，为期200日。2013年1月4日，印度决定对华304不锈钢热轧板材（宽度不超过1605毫米）征收20%临时特别保障措施税，为期200日。2013年2月26日，印度称调查期限延至2013年5月25日。

四、趋势分析

近年来，保障措施成为部分发展中成员越来越多使用的贸易救济手段。保障措施不同于反倾销和反补贴措施，它是在公平竞争条件下对来自各国（地区）的产品采取进口措施以保护国内产业，其保护力度强，对贸易负面影响大，因此各成员一直慎重或较少使用。然而，近年来，保障措施的使用呈大幅上升趋势。2010年世贸组织成员发起20起保障措施调查，2011年为13起，2012年为25起。发起保障措施调查的成员主要是发展中国家，其中自2010年至2012年，印度尼西亚共发起18起保障措施调查，埃及共发起5起保障措施调查，印度共发起3起保障措施调查。这体现了发展中国家为应对金融危机冲击，采取保障措施来保护本国产业以对抗经济衰退，而且倾向选择保护力度强的保障措施手段。

（商务部产业损害调查局）

2012年世贸组织成员保障措施调查汇总表

序号	发起成员	立案时间	产品名称	裁决情况
1	印度	2011年8月16日	邻苯二甲酸酐（Phthalic Anhydride）	2012年1月17日采取临时保障措施
2	印度	2011年8月22日	钢线制品（Articles of Iron or Steel Wire）	最终保障措施实施日不详
3	土耳其	2011年2月28日	聚对苯二甲酸乙二醇酯（Polyethylene Terephthalate ）	最终保障措施实施日不详
4	乌克兰	2011年7月2日	小汽车（Motor Cars）	最终保障措施实施日不详
5	以色列	2011年1月11日	玻璃棉和岩棉（Glass Wool and Rock Wool）	最终保障措施实施日不详
6	印度尼西亚	2011年11月3日	传送带（Conveyor Belts or Belting）	2012年4月13日终止调查，不采取保障措施
7	巴西	2012年3月15日	进口红酒（Fine or Table Wine）	尚未裁决
8	智利	2012年4月27日	经其他加工的玉米（Maize Otherwise Worked）	2012年4月27日采取临时保障措施
9	哥斯达黎加	2012年5月8日	舂米（Pounded Rice）	尚未裁决
10	埃及	2012年2月23日	棉纺织品及棉混纺制品（Cotton Textile and Mixed Cotton Textile）	2012年9月27日决定终止调查并取消临时措施
11	埃及	2012年11月28日	钢筋（Steel Rebar）	2012年12月2日起采取临时保障措施
12	埃及	2012年11月29日	粗糖和白糖（Raw and White Sugar）	2012年12月2日起采取临时保障措施
13	埃及	2012年5月31日	聚丙烯（Polypropylene）	决定推迟临时措施
14	印度	2012年5月23日	邻苯二甲酸二辛酯（Dioctyl Phthalate）	尚未裁决
15	印度尼西亚	2012年1月20日	套管和油管（Articles of Finished Casing and Tubing）	尚未裁决
16	印度尼西亚	2012年1月27日	马鲛鱼（Mackerel）	尚未裁决
17	印度尼西亚	2012年8月24日	小麦粉（Wheat Flour）	尚未裁决
18	印度尼西亚	2012年12月13日	山梨醇（Sorbitol）	2013年3月28日终止调查并取消临时措施
19	印度尼西亚	2012年12月19日	铁或非合金钢平板轧材（Flat-Rolled Product of Iron or Non-Alloy Steel）	尚未裁决
20	印度尼西亚	2012年12月28日	电度表及其零部件（Kilowatt Hour Meters Including Relevant Parts and Accessories）	尚未裁决
21	印度尼西亚	2012年11月28日	避孕套（Sheath Contraceptive）	尚未裁决
22	约旦	2012年4月4日	铁和钢制的条、杆（Bars and Rods of Iron or Steel）	尚未裁决
23	摩洛哥	2012年9月25日	条、杆（Bars and Rods）	尚未裁决
24	俄罗斯	2012年7月6日	联合收割机（Combine-harvesters）	尚未裁决
25	俄罗斯	2012年9月3日	餐具（Tableware）	尚未裁决
26	俄罗斯	2012年10月1日	纺织物（Woven Fabrics）	尚未裁决
27	越南	2012年12月26日	植物油（Vegetable Oils）	尚未裁决
28	土耳其	2012年4月6日	摩托车（Motorcycles）	尚未裁决
29	南非	2012年11月23日	冷冻薯条（Frozen Potato Chips）	尚未裁决
30	泰国	2012年12月8日	纺织物（Woven Fabrics）	尚未裁决
31	泰国	2012年11月27日	镀铬钢板（Hot Rolled Steel Flat Products With Certain Amounts of Alloying Elements）	2013年2月27日起采取临时保障措施

备注：该统计表中所列信息来源于《世界贸易组织保障委员会报告（2012）》［REPORT（2012）OF THE COMMITTEE ON SAFEGUARDSTO THE COUNCIL FOR TRADE IN GOODS］以及WTO官方网站统计的《成员国保障措施调查情况》（SG-InitiationsByReportingMember）。

● 政策审议

坦诚交流　展示成熟

——中国接受世贸组织第四次贸易政策审议

2012年6月12日至14日商务部俞建华部长助理率由商务部、工业和信息化部、财政部、人民银行、海关总署、质检总局、统计局组成的代表团与会。中国常驻世贸组织代表团易小准大使出席会议。

此次审议是中国在加入世贸组织十周年之后接受的首次审议。在当前多哈回合谈判陷入僵局，世界经济持续低迷的背景下，此次审议成为世贸组织2012年上半年最主要的关注焦点。发达成员、发展中成员均高度重视，积极参与，在会前向中国提交了1 720个书面问题，刷新世贸组织审议问题数量新纪录。世贸组织总干事拉米和美国、欧盟、日本、加拿大、澳大利亚、巴西、印度等主要成员大使参加了审议会议，共有42个成员代表发言，对中国经贸政策作了深入而广泛评议。

一、成员对中国的主要评价

一是赞赏中国反对贸易保护主义，经济强劲稳步增长，为世界经济复苏和发展做出了贡献。加拿大、丹麦、印度、巴西、古巴等多数成员对中国两年来贸易政策的发展变化给予了积极评价，赞赏我国不断深化改革、推动开放，贸易趋向平衡，成为多数成员最重要的贸易伙伴，成为拉动其经济增长的主要外部动力。审议会主席和讨论引导人在总结中指出，“在世界经济危机下的困难时期，中国顶住了贸易保护主义的压力，保持了市场开放”，“世贸组织成员承认中国在全球经济中的领导作用，中国将继续保持国际贸易的主引擎作用”。

二是肯定中国在多哈回合谈判中团结发展中成员，坚持发展授权和目标，为推动谈判进程，维护多边贸易体制发挥了领导作用。对此，加拿大、印度、巴西、沙特、古巴、土耳其、东盟、安哥拉等众多成员纷纷表示赞赏和感谢。

三是赞赏中国推动南南合作，向发展中国家提供无私帮助。丹麦、印度、沙特、哥伦比亚等成员对中国为帮助最不发达国家加入世贸组织而设立的“中国项目”表示赞赏，马来西亚表示“近期在北京举行的最不发达国家加入圆桌会议即是一闪耀例证”。印度、南非、尼泊尔等成员特别赞赏胡锦涛主席在2011年法国戛纳二十国集团峰会期间宣布的对不发达国家给予97%税目产品免关税待遇的决定。

四是少数成员特别是美、日、欧对我国贸易投资政策提出许多质疑，认为我国对国企和产业的补贴力度加大、服务贸易领域开放缓慢、外资市场准入要求增加等。美国甚至称我国“自2006年起，中国市场自由化步伐明显放缓，市场准入和投资限制措施日益增加，不仅担心中国（改革开放进程）会停滞，更担心出现倒退”，“自2010年上次审议至今，中国政府干预经济趋势有增无减，同时更倾向于实施国家资本主义”；欧盟和日本则不顾我国入世以来履行义务、不断提高透明度的事实，指责我国缺乏透明度。

二、成员主要关注的问题

关于透明度，成员要求我国增加经贸立法的公众参与程度、全面履行补贴通报义务。关于补贴，认为我国对贸易和产业尤其是战略新兴产业提供大量补贴，地方政府尤为严重；认为我国大幅增加扭曲贸易的农业支持措施。在国企方面，认为我国的国有企业享有优惠信贷并有获得其他资源的优惠条件，利用其市场垄断地位和补贴，在国内和国际市场进行不公平竞争。在技术标准方面，认为我国强制认证体系增加了企业商业成本，构成贸易障碍，且国家标准采用国际标准比例低，外资企业无法参与标准制定，敦促我国提高国家标准采用国际标准的比例，简化有关评定许可程序，降低企业认证成本。在知识产权方面，要求我国继续加强知识产权保护力度，加大执法和刑事处罚。在政府采购方面，敦促我国尽快加入《政府采购协议》，并将国有企业和更多地方政府纳入我国出价。关于出口限制，敦促我国取消对原材料的出口限制，取消不合要求的出口税。关于服务贸易领域，要求我国进一步降低和取消市场准入限制，扩大服务贸易的对外开放，特别是金融、电信、保险、物流、快递、交通、建筑和法律等领域。

三、我国坦诚交流并驳斥不实言论

会前，成员向我国提交了1 720个书面问题，在有限的时间内，完成回答海量的问题，对于存在语言障碍的中国是个巨大的挑战。国内相关部门积极配合，认真研究答复口径，使我国按时在会前提交了全部问题的书面答复，受到世贸组织成员的普遍赞扬，展现了我国履行成员义务、负责任的大国形象。

中方在会议期间积极利用媒体，有针对性地回答问题，宣传我国改革开放情况，正面积极引导舆论，包括路透社、华盛顿贸易日报在内的境外媒体刊发了较为客观和平衡的报道，取得良好效果。

中方在发言中介绍了我国两年来应对不利国际经济环境挑战，坚持改革开放，促进经济发展而采取的措施，以及为切实解决贸易伙伴合理关注所做的巨大努力；对成员1 700多个书面问题中共同关心的问题进行了详细答复，表示中方愿意深入研究成员提出的建设性建议。中方的坦诚态度起到了增信释疑，宣传政策的效果。对于美国指责我国自2006年以来改革开放停滞和倒退、实施国家资本主义的无端指责，中方在发言中通过事实和数据进行了有力反驳，表示“我们从来没有倒退或停滞不前，我们认为倒退或者停滞不前对中国而言是没有出路的”，“个别成员用国家资本主义给中国贴标签，这是个在世贸组织规则中不存在的概念，这与贸易政策审议无关，与世贸规则无关，对此，我们不予接受。”表达了我国坚定不移推进改革开放的决心，反对个别国家将审议政治化的立场。

中国作为第二大经济体、第一大出口国和第二大进口国，与包括发展中成员在内的世界各国经贸联系更趋紧密，国内政策外溢性不断增强，对贸易伙伴国和多边贸易体制影响巨大。此次审议讨论引导人在总结中指出“中国在世界经济和贸易中的地位不断增长，已经变得让人无法回避，如今，没有哪个成员还会忽视中国经济的影响”。在这种背景下，我国以坦诚和负责的成熟姿态，认真自信地参与了第四次审议的整个过程，展现了中国不断深化改革、持续推进开放的作为与成效，获得世贸组织成员的普遍认同和赞誉。

（商务部世界贸易组织司）

中国代表团团长、商务部俞建华部长助理在世贸组织第四次中国贸易政策审议首日会议的发言

2012年6月12日　日内瓦

尊敬的主席穆纽兹大使，
尊敬的世贸组织总干事拉米，
尊敬的讨论人施密特大使，
各位大使、各位代表：

我很高兴率领中国代表团出席世贸组织中国第四次贸易政策审议会议。首先，请允许我以中国代表团的名义，对主席先生刚才的热情致辞表示感谢！

我要感谢此次审议的讨论引导人、尊敬的施密特大使，感谢他同意担任此次审议的讨论人。同时祝贺丹麦队在今年欧洲杯中取得了首场胜利，希望丹麦队能够继续保持这种势头，在杯赛中走得更远。我还要特别感谢埃格林先生带领的秘书处贸易政策审议司的同事们，感谢他们为此次审议会议的顺利召开而做出的所有努力。他们准备的《秘书处报告》包含了近两年来中国经济贸易政策方面的大量事实性材料，为审议顺利进行提供了很好的基础。

截至昨天，我们收到了来自30个成员约1 720个问题。刚刚我们还收到了来自厄瓜多尔的问题，我们将尽快提供答复。由于工作量大，时间紧，中方几十个部门的同事一直在昼夜工作。现在我可以自豪地告诉您和所有成员，这些问题的书面答复已经完成。其中个别问题的答复还在翻译过程中，这已经在答复中标记出来。我们将努力在周四前完成翻译，以便在第二次会议上可以散发。

自上次审议以来，中国面临的经济贸易环境十分复杂。但是，中国政府以保持经济强劲、可持续、平衡增长为目标，坚持深化改革，扩大开放，着力扩大内需，加快经济结构调整和经济发展方式的转变。中国的经济贸易发展保持了良好的态势，与各国各地区在多边、区域和双边的经济贸易联系进一步深化。

我下面的发言将主要分为两个部分，第一部分是经济贸易的宏观环境；第二部分是贸易投资的发展情况及有关政策。最后，我将简短地对未来前景进行展望。

第一部分，关于宏观环境

1. 中国面临的挑战

上次审议以来，中国发展的外部环境十分复杂。持续蔓延的欧债危机和一些成员采取的非常规货币政策对中国经济贸易发展都产生了诸多不利影响。

外需仍然低迷，特别是欧债危机影响日益明显。欧盟是中国最大的贸易伙伴，中国对欧盟出口2010年第一季度同比增长31%，2011年第一季度同比增长17.2%，但2012年第一季度却同比下降了1.8%。欧盟对华投资2010年第一季度同比增长9.9%，2011年第一季度同比增长26.54%，但2012年第一季度却同比下降了31.2%。

人民币汇率持续升值。根据国际清算银行测算，2005年人民币汇率形成机制改革以来，人民币名义有效汇率已经升值21.37%，实际有效汇率升值29.38%。

在这种情况下，中国有许多企业，特别是沿海地区外向型的中小企业遭遇订单减少、成本增加、融资困难等问题。

在国内，我们在稳定物价上遇到了较大压力。2000年至2009年十年间，中国消费者物价指数平均涨幅仅为1.85%。但是2010年第一季度到2011年第三季度，该指数逐季快速攀升，从2.2%上升到了6.2%。

劳动力成本上升趋势明显，人口老龄化压力不断加大。2010年，中国大陆31个省（区、市）中，有30个调整了最低工资标准，月最低工资标准平均增幅为22.8%。2011年，又有25个调整了最低工资标准，平均增幅22%。

目前中国老年人口已达1.85亿，是世界上唯一一个老年人口超过1亿的国家，而且还在以每年3%的速度快速增长，预计到2053年将攀升至

4.87亿的峰值。也就是在不久之后，中国社会的老龄化水平将由现在的13.3%提升至34.8%。

中国政府为控制物价上涨采取了房地产调控等一系列措施，但是这些措施对消费也产生了一定影响。中国的汽车销量在2009年和2010年经历了46%和34%的爆发式增长，2011年回落到了2.5%。中国农村市场消费潜力虽然规模巨大，但启动缓慢。中国在处理好短期的现实问题的同时，必须着力解决经济中长期存在的不平衡、不协调和不可持续的问题。

2. 中国政府的应对举措和成效

面对这样的形势，中国政府积极深化改革，坚持推进开放，着力改善民生，在扩大内需、特别是消费需求方面出台了一系列政策措施。

2011年9月，中国开始实施新修订的《个人所得税法》，大幅调降了个人所得税。这是2008年上一次个人所得税减税后的又一次大幅减税，个人所得税纳税人数由约8 400万人减少到了约2 400万人。

中国社会保障制度的完善在这两年取得了突破性进展。覆盖13亿多城乡居民的社会保障体系框架基本形成，保障水平在保证可持续性的同时也稳步提高。社会保障制度的不断完善长远而言对于扩大内需，特别是消费需求将起到重要的促进作用。

在深化改革方面，过去两年，中国政府全面启动了资源税改革、营业税改征增值税的改革试点，有序推进了人民币汇率形成机制改革，促进人民币的跨境使用。截至2012年3月底，中国人民银行已经与17个国家和地区签署了双边本币互换协议。已有83家境外机构可以投资中国债券市场，包括境外货币当局、国际金融机构、商业银行、保险公司和基金管理公司等。

在我们起草《政府声明》之后的短短2个多月时间里，中国政府在许多重要领域又连续迈出了重大改革步伐。

央行扩大了外汇市场人民币兑换美元汇率的浮动幅度；交通部、铁道部、银监会、国资委等发布了一系列关于民间资本进入相关行业，或者参与国有企业改制重组的实施意见。就在前几天，6月8日，央行在宣布降息0.25个百分点的同时，决定将金融机构存款利率浮动区间的上限调整为基准利率的1.1倍；将金融机构贷款利率浮动区间的下限调整为基准利率的0.8倍，从而在利率市场化方向上又迈出了重要的一步。

在中国政府的努力下，2010年和2011年，中国经济保持了强劲的增长势头。国内生产总值同比分别增长了10.4%和9.2%，而物价指数涨幅在2011年第四季度回落到了4.6%。2012年第一季度，国内生产总值继续实现了8.1%的较为强劲的增长，与此同时物价涨幅继续回落，下降到了3.8%。

经济和社会发展也显示出了更趋平衡的势头。中国的经常项目顺差占国内生产总值的比重出现了持续下降。2007和2011年，中国经常项目顺差与国内生产总值之比分别为10.1%和2.8%，而在2012年第一季度仅为1.2%。中国的城镇化率在2011年超过了50%，实现了社会结构的历史性变化。

第二部分，关于贸易投资发展情况和有关政策

1. 贸易发展方面

中国政府坚持出口和进口并重的方针，过去两年，进口增幅明显高于出口增幅，进出口贸易正向更平衡的方向发展。

2010年和2011年，中国货物贸易出口总额分别为1.58万亿美元和1.9万亿美元，同比增长31.3%和20.3%；进口总额分别为1.4万亿美元和1.74万亿美元，同比增长38.8%和24.9%。

中国货物贸易顺差近年来持续下降。2008年，中国货物贸易顺差达到历史最高点，为2 981亿美元；2009年下降到1 957亿美元；2010年和2011年，又进一步下降到1 815亿美元和1 550亿美元。

2010年，中国货物贸易顺差占进出口总值的比重为6.1%，占国内生产总值的比重为3.0%。2011年，这两个数字分别下降到了4.3%和2.1%。

中国政府努力扩大开放、扩大进口、扩大内需，是贸易趋向平衡的重要原因。

这几年，中国政府一直通过实施低于最惠国税率的进口暂定税率和关税减免措施，鼓励国内经济社会发展和人民生活质量提高所需产品的进口，发挥进口对宏观经济平衡和经济结构调整的作用。

2010年和2011年，中国分别有600多个8位税号的产品实施了较低的年度进口暂定税率。2012年，实施较低年度进口暂定税率的产品增加到了

730多个税号，平均税率4.4%，比最惠国实施税率降低50%以上。

出口方面，中国仅次于欧盟，是全球第二大出口国。但是与许多成员不同的是，中国的出口中包含有很高的进口成分。这也是为什么中国同时成为美国和欧盟之后的第三大进口国的原因。

以电子信息产品为例，电子信息产品出口约占中国出口总额的三分之一，2010年出口额约6 000亿美元。但是其中中国增值部分仅占40%。相比而言，美国和欧盟对华出口中，本国增值部分一般都占到80%以上。

2. 投资政策和投资环境

中国充分利用比较优势，坚持不懈扩大开放，努力营造良好投资环境，不断提高贸易投资便利水平，所以成功地成了全球价值链中不可或缺的制造环节，多年以来一直是全球最具吸引力的投资东道国之一。

2010年和2011年，中国吸收外商投资在经受国际金融危机的冲击之后实现了平稳回升，实际使用外资金额分别达到1 057.4亿美元和1 160.1亿美元，同比分别增长17.4%和9.7%，连续两年创下了突破1 000亿美元的历史新高。

但是，进入2012年以来，1～4月中国实际使用外资金额同比出现了2.38%的降幅，并不乐观。这很大程度上与我开始时提到的欧盟对华投资出现大幅下降有关。我们对此也将继续进行观察和分析。

中国政府2011年对《外商投资产业指导目录》进行了最新修订，继续拓宽对外资的开放领域，尤其鼓励外资投向中西部地区和先进制造业、高新技术产业、节能环保产业、现代服务业。投资审批程序更加简化，便利化水平进一步提高。

在服务贸易方面，中国在一系列具体部门采取了超越服务贸易减让表承诺的自主开放措施。

旅游服务领域，2010年8月，外资旅行社经营中国内地居民出境旅游业务开始试点。

保险领域，2012年5月1日起，机动车第三者责任强制保险向外资保险公司开放。

证券服务领域，外国投资者在合资证券公司中的持股比例上限由33%提升到49%，并开始允许设立外资持股比例不超过49%的合资期货经纪公司。

知识产权保护是外国投资者普遍关心的重要问题之一。上次审议以来，中国政府大力推进政府机关和企业的软件正版化工作，开展了打击侵犯知识产权和制售假冒伪劣商品的专项行动。中国政府还成立了常态化的工作领导机制，把打击侵权假冒作为一项长期任务，常抓不懈。

上次审议以来，中国还与乌兹别克斯坦、刚果（金）、利比亚还有日本和韩国一起商签了新的投资保护协定。截至2012年5月底，中国已经与128个国家和地区签署了131个双边投资保护协定。中国和加拿大的这一协定谈判也已经完成，将于近期签署。

在鼓励欢迎外国直接投资来华的同时，中国的对外投资也进入了加快发展的阶段。2009年末，中国对外直接投资存量占全球存量的1.3%，2010年末上升到了1.6%。2010年和2011年，中国非金融类对外直接投资都超过了600亿美元。

3. 中国的多双边经贸关系

主席先生，中国是多边贸易体制的坚定支持者和维护者。去年，中国政府隆重纪念加入世贸组织十周年。中国在加入时做出的广泛承诺一一得到落实，极大地促进了中国与各成员经济贸易关系的发展。

中国反对保护主义，努力克制使用贸易救济措施，坚持通过对话与合作，以多边规则为依据处理贸易争端，并尊重世贸组织争端解决机构的裁决。

根据世贸组织、经合组织和联合国贸发会议最近发布的二十国集团国家贸易措施报告，2011年10月至2012年4月的半年间，中国发起的贸易救济措施比此前半年减少25%。

关于多哈回合谈判，中国对一切有助于推动谈判的努力持开放态度，但同时认为，不能放弃发展在谈判中的核心地位，不能放弃多边谈判的主渠道作用。

与此同时，中国也愿意以开放和包容的态度继续与各国各地区推进区域和双边合作。在推进贸易自由化的进程中，中国政府坚持多边为主、区域为辅的政策。

作为发展中国家，对南南合作的高度重视是中国一直以来的政策传统。2008年以来，中国已经连续4年是最不发达国家的最大出口市场。根据世贸组织秘书处的统计，2010年，中国自最不发达国家的货物进口总额比上年增长 58%，约占这些国家出口总额的四分之一。2000 年至 2010 年，中国从最不发达国家的进口年均增长 27%。

为了推动落实香港部长级会议提出的对最不发达成员“免关税免配额”的倡议，尽管面临困难，中国仍决定进一步扩大对最不发达国家的市场开放水平。胡锦涛主席 2011 年 11 月在法国戛纳二十国集团领导人峰会上已经宣布，中国将把对最不发达国家实施零关税的商品在全部税则税目中的比例由原来承诺的 95%进一步提高到 97%。

对于许多非洲国家，包括许多最不发达国家关心的棉花问题，中国与非洲主要产棉国在世贸组织第八届部长会议期间启动了在多边框架下的棉花领域合作。中国为他们提供良种、化肥、农机、技术以及人才方面的培训的承诺现在已经在落实之中。

前几天，世贸组织秘书处在促贸援助“中国项目”下举办了最不发达国家加入世贸组织圆桌会议。我们很高兴地在北京欢迎了世贸组织总干事拉米先生，萨摩亚副总理福诺托先生阁下，还有其他 12 个成员和申请加入方的部长和大使们，包括我们今天的讨论人施密特大使先生，他是世贸组织最不发达国家分委员会的主席。

在南南合作框架下，中国在双边也继续向其他发展中伙伴提供力所能及的帮助。这包括进一步免除 50 个重债穷国和最不发达国家 2010 年到期未还的政府无息贷款；2015 年以前再派遣3 000名农业专家和技术人员，为发展中国家再培训 8 万名各类人员；以及继续向发展中国家提供基础设施建设等发展项目援助等。

主席先生，以上是我对上次审议以来中国经济、贸易发展情况和相关政策的概述。

关于未来前景，主席先生，2011 年 3 月，第十一届全国人大第四次会议批准的《国民经济和社会发展第十二个五年规划纲要》，就中国未来五年的发展给出了以扩大内需、加快转变经济增长方式为主要内容的清晰路线图。

今后五年，中国将保持国内生产总值年均 7%以上的增长，服务业占国内生产总值的比重将由 2010 年的 43%提升至 2015 年的 47%以上。中国将为4 500万人创造就业机会，建设3 600万套保障性住房，进一步提高养老、医疗等社会保障水平。

今后五年，随着中国扩大内需战略的有效实施，中国消费结构将进一步升级，居民消费潜力将进一步释放。预计社会消费品零售总额将年均增长 15%以上，2015 年达到 32 万亿元人民币，使中国国内市场的规模位居世界前列。中国的进口总规模 5 年内也将超过 8 万亿美元，给世界各国各地区带来巨大商机。

中国政府将在未来五年以更大的决心和勇气推进各个领域的改革，特别是经济体制的改革。中国也将实行更加积极主动的开放战略，继续不断拓展新的开放领域和空间，扩大和深化同各方利益的会合点。

中国将以开放、包容、合作和负责任的态度，与贸易伙伴一起，共同营造、维护良好的国际经济贸易环境，推动多边贸易体制向均衡、普惠、共赢的方向发展。我们期待在我们共同努力下，我们所珍视的与各国各地区的互利共赢的经济贸易关系能够更加健康稳定地发展。

主席先生，我的发言到此结束。下面，我愿意倾听讨论引导人和其他成员的评论和问题。

谢谢。

中国代表团团长、商务部俞建华部长助理在世贸组织第四次中国贸易政策审议第二日会议的发言

2012年6月14日（日内瓦）

尊敬的主席先生，尊敬的鲁戈瓦比扎副总干事，
尊敬的讨论引导人施密特大使，
各位大使、各位代表：

在6月12日的会议上，成员和我们的讨论引导人，尊敬的施密特大使就上次审议以来中国的经济贸易政策提出了许多客观、中肯的观点、评价和意见。我在此向这些代表团和施密特大使表示感谢！

今天，我想先就成员在发言中普遍关心的一些问题进行回应。

一些成员注意到秘书处报告中说，过去两年中国进口和吸引外资的政策变化不大。还有一些成员感觉中国的改革进程出现了停滞。这个印象是不正确的，可能是成员与以前中国落实加入承诺时的情况进行了对比，因为那时候每年都会有新的发展。

事实上，在多哈回合陷入僵局，全球贸易投资自由化进程受挫的情况下，过去两年，中国不仅没有停下深化改革和对外开放的步伐，相反，改革和开放在以更大的决心、更大的力度在各个重要和关键的领域稳步扎实地向前推进。

我在12日发言中已经列举了中国过去两年，包括最近两个月采取的一系列改革开放措施，包括税收制度的改革、人民币汇率形成机制改革、利率市场化的推进、自主采取低于最惠国税率的暂定税率、在医疗卫生、旅游、保险、证券等服务领域进一步扩大开放，全面修订《外商投资产业指导目录》等等。

今天，我还可以再补充一些，比如预算制度改革继续推进，内外资企业和个人的税收制度在2010年底实现了完全统一，国有企业改革继续深化，2011年国有资本收益的收取比例进一步提高。

最新的举措也有，比如，5月22日，财政部发布了修订后的《政府采购品目分类目录（试用）》。这个新修订的《目录》根据世贸组织《政府采购协定》，将中国的政府采购按货物、服务、工程3大类划分了各级分类，以推进政府采购体制的改革，适应中国加入《政府采购协定》谈判的需要。

中国两年来改革开放举措的更多详细情况，成员可以参阅我们提交的《政策声明》。我想强调指出，中国的这些努力，是在国际金融危机冲击下，国际大环境并不十分理想的情况下做出的。因此，它更加体现了中国政府坚定不移坚持改革开放政策的决心。我必须强调，这些都是在中国履行了加入世贸组织承诺的基础上的新举措。这些积极进展理应得到这个主张公平，公正的组织的认可和欢迎。

关于中国扩大内需的举措和内需外需之间的关系，这是我们《政策声明》的重点内容之一。中国一直以来都在为此进行艰苦努力。

过去两年，中国实现经济再平衡的努力已经取得了积极成效。

一是内需和外需，以及内需中投资和消费对国内生产总值的贡献率正在发生积极变化（《政策声明》第27段）。二是中国农村居民人均收入增速连续两年高于城镇居民的人均增幅（《政策声明》第39段）。三是中国货物贸易顺差和经常项目顺差在国内生产总值中的比重呈持续下降态势（《政策声明》第56段）。

关于中国贸易投资体制的透明度问题，不断提高透明度是中国政府深化行政体制改革的重要内容之一。上次审议以来，中国政府继续推进了这方面的工作。

在成员一直比较关心的立法公开征求意见问题上，利用互联网公开征求意见的做法在中国进一步普及。特别是，国务院行政法规和各部门的规章草案，对贸易投资有较大影响的，目前都通过国务院法制办公室和各部门的官方网站统一公开征求意见。全国人大常委会在其官方网站上也建立了法律草案的征求意见系统。

在具体的贸易投资政策措施方面，商务部有关

进出口管理、贸易救济和外国投资的规章和公告都清楚及时地在官方网站上发布。它们还与其他部门发布的与贸易有关的政策措施一起，在《中国对外经济贸易文告》上汇集刊登。在通报方面，除了补贴，中国基本上都履行了通报义务。补贴通报滞后是世贸组织普遍存在的问题。中国政府正在克服情况多样、能力不足等困难，积极开展工作，建立相关机制，建立上下一致、经常性的通报制度。

关于补贴政策，作为世贸组织成员，中方在这个问题上的原则和态度很清楚，那就是按照世贸组织规则来办。

关于补贴政策的透明度，现在中央层面补贴通报的工作机制已经建立并开始了有效运作。接下来，就是要把工作逐步向地方延伸，培养地方的人才，争取尽快将地方补贴情况纳入未来的补贴通报。

关于中国的标准和认证体系，采用国际标准是中国经济现代化过程中将长期坚持的基本政策。中国早从1980年以来就一直积极将国际标准作为技术法规的基础。截至2011年底，相关领域国家标准采用国际标准和国外先进标准的比例已经达到68%，远超出中国加入世贸组织时承诺的50%的水平。

根据TBT协定，在采用国际标准问题上，例外情况是允许存在的；而且对于发展中成员，也不应期望其一定使用不适合其发展、财政、贸易需要的国际标准作为其技术法规或标准的依据；此外，在一些领域，目前还不存在相关国际标准，或者在什么是TBT协定下的国际标准问题上还没有定论。在这种情况下，我们认为，不能因为中国在某些领域未遵从某些成员的标准，就认定中国在搞自己独有的标准体系，不符合TBT协定的要求。

关于外资企业参与标准制定问题，实际情况是中国欢迎外资企业参与中国国家标准化活动。中国包括《国家标准管理办法》在内的有关法规规章中，没有对外资企业参加技术委员会以及国家标准制定修订活动进行限制。目前，有外资企业代表参加的技术委员会的比例已经达到至少25%，涉及制造业、服务业和农业的120多个标准化领域。

中国在标准和认证体系问题上将始终保持开放的态度，愿意就具体案例与各成员进行深入交流，争取更多共识。中国也支持世贸组织就TBT协定下的国际标准问题继续进行讨论。

关于中国在TBT和SPS领域通报义务的履行问题，中国是世贸组织TBT和SPS领域提交通报最多的成员之一。总体而言，中国认真履行了这方面的透明度义务。

至于成员提到的某些法律法规或措施没有及时通报的问题，我了解了一下，主要是因为我们的专业人员与有关成员对它们是否属于协定要求通报的具体技术法规有不同的理解。比如，有一些普遍适用性质的法律法规，我们认为对贸易本身并没有直接的影响，还有一些，涉及的标准为推荐标准，或者已经采纳了国际标准。我认为这些问题都是技术性的。

为了推动国内与TBT和SPS有关的各个部门更好地履行通报义务。我们准备向秘书处提出技术援助要求，明年在中国举办几期这两个领域的通报专题培训班。今后，我们也愿意与成员就这些技术问题更多地进行交流沟通，这不仅有助于中国，也有助于其他成员更好地履行在TBT和SPS领域的透明度义务。

关于知识产权保护，中国政府态度十分明确，决心很大，行动很坚决。温家宝总理、王岐山副总理亲自领导、部署这项工作。这是中国的一项国家战略，正在稳步实施。

过去两年，中国政府不仅进一步完善了知识产权方面的立法，大力推进了软件正版化工作，更集中力量开展了知识产权执法的专项行动，并建立了长期的、常态化的打击侵犯知识产权的工作机制。这些在《政策声明》中已有较为详细的阐述。

《政策声明》提交后，中国的知识产权保护行动又有了最新进展。5月15日，中国国务院发布了2012年知识产权执法工作要点，其中提到，将在今年开展商标保护、版权保护、专利保护、地理标志保护、网络商品交易、进出口环节、药品化妆品、农资等一系列的专项整治行动，加大打击侵犯商业秘密违法行为的力度，并将保持刑事司法打击的高压态势。在不断提高知识产权保护水平的问题上，中国政府将做出长期持续的努力。

关于出口管理问题，中国确实对一些产品维持着出口管理措施。中国只执行符合世贸组织规则的出口管理措施。

对高污染、高耗能和不可再生自然资源的出口管理是中国政府在面临日趋严峻的资源和环境压力下，为实现可持续发展而进一步强化的生态环境保护综合措施的一个组成部分，目前不得不采取。在这个问题上，世贸组织争端解决机构已经在处理中国与有关成员的争端。中方会在认真评估有关裁决的基础上，按照符合世贸组织规则的方式对这些产品的出口进行科学管理，以实现可持续发展的目标。

我还要补充一点，中国政府为实现与出口限制措施相同的政策目标，正在不断推进相关领域的改革。中国的资源税改革已经开始启动，开征环境税的问题也已在研究中。中国政府将稳步推进这方面的努力。

关于农业政策，在中国，处理好“三农问题”对于经济社会保持长期稳定可持续发展具有关键意义。近年来，为加快推进经济结构调整，促进平衡发展，中国逐步加大了对“三农”的支持力度。不过，需要澄清的是，因为中国“三农”政策的重要着力点是要增加农民收入，因此中国的措施是世贸组织中所定义的“绿箱”措施，对农业生产和贸易没有扭曲作用。

中国注意到一些成员对中国农业支持政策方向的关注。不过，中国的农业支持措施不管是实施办法还是支持金额，都符合中国在世贸组织中的权利和义务。在非“绿箱”措施方面，中国也是有政策空间的，而且与一些成员提供的补贴和支持相比，中国的支持措施对贸易的影响是微量的。我们愿意就此与成员保持沟通和交流，以增进成员对中国农村情况和农业政策的理解。

主席先生，除了以上具有普遍性的问题之外，成员在12日还提到了以下一些主要问题。

关于政府采购，中国一直在努力加快加入《政府采购协定》的进程。中国为此已经提交了三份出价，而且是在两年内连续提交，并已将东部5个经济发达省（市）列入。中国还将在今年年底之前，争取再更新一次出价。与此同时，中国国内政府采购体制的改革也在不断推进。我刚才提到，《政府采购品目分类目录》进行了与《政府采购协定》相一致的修订。这些都已经充分表明了中国加入《政府采购协定》的诚意。

但是，中国毕竟是发展中国家，政府采购改革不可能一蹴而就。国有企业作为独立的市场主体，其采购和销售并不属于政府采购范畴。因此，我们希望协定有关参加方能够着眼长远，采取灵活务实的态度，与中方共同努力，加快谈判的进程。

关于贸易救济，中国是遭遇贸易救济最频繁的国家，而且，其中不乏贸易救济措施的滥用。中国对此是坚决反对的。中国自己在采取贸易救济措施时，始终本着审慎克制和负责任的态度，将程序公正、透明度作为重要原则。中国建立了比较完善的贸易救济法律体系，涵盖了立案、抽样、问卷、信息披露和查阅、实地核查、价格承诺等贸易救济程序的各个环节，为程序公正提供了法律上的保障。实践中，中国的贸易救济调查严格遵守世贸组织规则和中国法律，坚持公平合理、程序正当和透明度原则，充分尊重各利害关系方权利，严格依照法律和事实做出客观公正合理的裁决。

关于成员对中国发起的几起贸易救济案件属于报复性措施的关注，我们认为该论断完全是主观臆断。截至目前，中国所有的反倾销和反补贴调查均是建立在申请人有足够正当理由的基础上。同其他世贸成员一样，中国的调查机关应当在有足够的初步证据的基础上受理申请，并以客观、公正的方式发起调查。

关于国有企业与民营企业公平竞争的问题，中国政府的政策是，非公经济与公有制经济是相互促进、共同发展的关系，国有企业和其他所有制企业都是市场中平等的竞争主体。中国政府将一直并将继续大力推进公开、透明、公平的市场和法制环境的建设，为公有制经济和非公经济在平等竞争的基础上协调发展创造条件。

中国政府大力支持非公经济的发展。有关的政策举措，在此次和上次审议时的《政策声明》中都已有具体描述。最新的一些情况，我在12日的发言中也提到了，交通运输部4月13日出台了关于鼓励民间资本投资公路水路运输领域的实施意见，铁道部5月18日发布了关于鼓励民间资本投资铁路的实施意见，这些领域都已经确认对民间资本全部开放。不仅如此，还有一系列具体领域鼓励非公经济进一步深入参与的实施细则也将在最近密集出台。

关于服务贸易的进一步开放，作为发展中国家，中国虽然在服务贸易很多领域起步晚，发展水平还比较低，但一直坚定不移地推进服务业的各项改革，提高服务领域对外开放水平。

2012 年 1 月 1 日，中国政府启动了旨在促进服务业加快发展的营业税改征增值税的税收制度改革试点。在 12 日的发言中，我也提到了中国进一步扩大服务贸易开放的具体情况。在不久前完成的《外商投资产业指导目录》修订中，鼓励类增加了农村连锁配送、创业投资企业、知识产权服务、海上石油污染清理技术服务、职业技能培训等一系列的服务贸易条目，服务业在鼓励类中的比重进一步增加。外商投资医疗机构、金融租赁公司等调整为允许类。加快发展服务业，进一步提高服务业发展水平和在国民经济中的比重，是中国政府的既定政策。

关于促贸援助，中国代表团十分感谢各成员代表团的友好发言。中国与广大发展中国家互帮互助，是发展中国家相互合作、共同发展的重要途径。中国将继续通过向其他发展中伙伴提供力所能及的帮助，增强他们自主发展能力，提升经济社会发展水平。这方面，中国以伙伴国意愿为基础、与伙伴国协商实施，不附加条件的做法不会改变。

主席先生，以上是我对 6 月 12 日会议上讨论引导人施密特大使和成员提到的一些重点问题的发言。

谢谢！

[结束语]

主席先生，讨论引导人施密特大使，
各位大使，各位代表：

刚才我们会上又收到了一些问题和评论，我们将在收到书面问题后准备相关答复意见。

我很高兴与施密特大使和各成员代表团就上次审议以来中国经济贸易政策的方向和具体内容进行交流。

在审议会议结束前，我想为过去两天坦诚和丰富的交流，向主席先生您、向各成员代表团、向施密特大使表示衷心的感谢。

贸易政策审议是世贸组织成员相互评判，保持经济贸易体制和政策透明度的重要机制，中国政府对此十分重视。中国是世界上最大的发展中国家，在实现强劲、可持续、平衡增长的进程中面临的挑战极为复杂。我们希望审议有助于成员增进对中国这个国情的了解，看到中国不断改革，不断开放，不断完善经济贸易体制和各项政策的具体努力。显然，我们从来没有倒退或者停滞不前，我们认为倒退或者停滞不前对中国而言是没有出路的。

我们认真听取了成员的评论和问题，体会成员希望向中国传递的丰富信息。大多数成员的评论、所提的问题都是建设性的，与我们下一步深化改革、扩大开放的方向是基本一致的。对于这些评论和问题，我们将予以高度重视。还有一些问题属于误解，我们也将继续与成员保持沟通，努力增进相互理解，扩大共识。

贸易政策审议作为世贸组织的重要职能，我的理解，应该在世贸组织规则基础上进行，要防止泛政治化。但是我遗憾地注意到，在 12 日的发言中，个别成员却用国家资本主义给中国贴标签。关贸总协定和世贸组织的文件中都找不到国家资本主义这样的概念。这个概念与贸易政策审议无关，与世贸组织规则无关，因此我们不予接受，我们认为贸易政策审议不能用作服务于国内政治的工具。

主席先生，只要我们在世贸组织规则基础上友好地，建设性地开展贸易政策审议，建设性地提出评论和问题，不论对被审议成员、审议成员还是世贸组织本身，其意义都要超出审议本身。我们是本着这种理念来接受审议的。以后我们也将抱着相同的理念参加对其他成员的审议。

在此，我还要再次感谢秘书处所有为此次审议顺利进行而付出辛勤劳动的工作人员，特别是贸易政策审议司的同事，这两天会议的译员，还有把我们厚厚的问题单答复印发到成员手中的工作人员。我们期待着未来继续与秘书处进行富有成效的合作。

再次感谢各位的关心。谢谢！

世贸组织对美国第 11 次贸易政策审议 中国常驻世贸组织代表团易小准大使的发言

2012 年 12 月 18 日

主席先生：

在对所有成员的贸易政策审议中，对美国的审议显然成为人们兴趣和参与的聚焦点。原因不言自明，老成员和这个组织都对美国寄予了很高的期望，希望美国能够带头尊重世贸组织规则，通过反对保护主义维护全球经济，通过多哈发展议程强化世贸组织职能，并且在获取自身利益的同时为发展中国家谋福祉。

主席先生，美国为这次审议所提交的政府报告也试图通过以下声明来回应这些期待：美国贸易政策追求市场开放和贸易自由化，仍致力于保护和加强世贸组织不可替代的角色，为多边贸易自由化、全球贸易规则的发展和实施提供主要平台，为抵制保护主义发挥中坚力量。

然而在许多成员国看来，美国在过去两年中的实际行动是否与其所称的政治导向一致还是一个疑问。导致这种疑问的一个例子就是，当多边贸易前线最需要美国强有力的领导时，美国却似乎偏离了其政治导向，显然将区域和双边倡议放在了首位，多边倡议退居其次。我们不知道这是否仅是一个巧合，亦或表明此次美国政府报告确实将工作重点放在了区域和双边贸易上。

与此同时，尽管美国已经建立了相对透明和公开的贸易体制，但在很多领域仍亟待提高。其中的一些问题，不仅发展中国家和最不发达国家尤为关切，对世贸组织的体系也有重要意义。

农业无疑是其中一项。正如秘书处报告中所提及的，美国长久以来都是最大的农业出口国，农业贸易顺差额较大。但遗憾的是，美国农业的如此表现却是由于国内的强力支持。成员国都要求纠正这种不平衡，以使发展中国家的农民有一个公平的竞争环境。

关税问题上，秘书处报告显示美国关税细目的37％是免税的，7％达关税高峰，主要涉及发展中国家利益的产品，比如纺织品及服装，农业产品和鞋类。

想必在座各位都清楚，美国的法律和实践并不总是遵守争端解决机构的裁决。美国肩负起相应责任对多边贸易体系的重要性无论怎么强调都不为过。

主席先生，鉴于时间有限，我就不赘述我们的担忧了，我们提出的问题也反映出了这些担忧。例如：滥用贸易救济，基于意识形态差异拒绝投资项目，出口管制体系和实践具有歧视性，选择性的检疫措施，约束服务业贸易的控制措施等。

最后，请允许我回到美国在世贸组织尤其是多哈回合谈判中所扮演角色的话题上。现在选举已尘埃落定，经济迎来复苏势头，就业率也有抬头迹象，虽然增长速度很缓慢。我们真诚地希望，美国能够在其国内政治和经济都复苏的同时，重新将多边贸易体系放回首位，以更加积极主动的姿态重新加入到多哈发展议程中。近日美国发表了鼓舞人心的声明：表示愿意领导 WTO 第九届部长级会议取得可靠成果，并坚定承诺随后将为多哈发展议程的收尾继续努力。对此我们表示欢迎。

主席先生，中美双方是极为重要的贸易伙伴，不管是在双边还是多边层面上。今明两天，中美商贸联委会将在华盛顿举行第 23 届会议。届时也会讨论我们今天所提出的问题和担忧。地点虽不同，渴望却相同，那就是我们期待中国与美国能够持续合作，一同解决问题。

谢谢你，主席先生。也非常感谢美国代表团回应我们的书面问题。

（以原英文发言为准，中文译文仅供参考）

（李西　译）

世贸组织对土耳其第五次贸易政策审议中国常驻世贸组织代表团易小准大使的发言

2012年2月21日

主席先生：

中国对这次出席土耳其第五次贸易政策审议感到尤为高兴。不仅仅是因为土耳其是中国贸易合作最久的伙伴之一，早在1000年前，古老的丝绸之路就将两国联系在一起；还因为就在今天，中国国家副主席习近平开始对土耳其进行国事访问。鉴于两国的历史渊源和目前的紧密联系，尤其是在两国领导的支持下，我们有充分理由相信，中国和土耳其将会在未来进一步发展互惠互利的经贸合作。昨天在接受土耳其媒体采访时，习近平副主席表示，中国将继续鼓励更多的中国企业在土耳其投资，并加强两国在多领域的合作，如基础设施建设、能源以及电讯等。尽管在过去十年里，两国双边贸易额年增长率达35%，但金额却仅有190亿美元。两国的相互投资也仅有8.2亿美元。考虑到两国经济的规模和互补性，相信双方都会充分开发贸易和投资的巨大潜力，以使双边关系达到更高水平。

主席先生，现在我想与各位分享在本次审议期间我们对土耳其经济表现和贸易政策的观察。

1999年至2001年间，土耳其为应对国内经济危机踏上了重大结构改革的征程。这场改革使得土耳其成功减缓了全球经济危机带来的影响，进入了很长一段时间的持续增长和经济稳定。现在，土耳其是第十七大经济体，还是世界范围内经济增速最快的经济体之一。但正如秘书处报告所显示，土耳其仍需应对一些结构性挑战，比如较高的失业率。我们鼓励土耳其政府采取更加积极有效的举措来应对这些挑战。

在谈到具体贸易问题上，毋庸置疑，土耳其是一个积极、有建设性的世贸组织成员，尤其是在多哈发展议程谈判中。土耳其的观点和立场都得到了在座各位的广泛肯定。在上周的总理事会会议上，土耳其正确地突出强调了一些关键点，值得我们每一个人仔细思考。阿然大使也讲到了，我们必须对世贸组织保持忠诚，因为它的重要性超越多哈回合；尽管我们遇到了很大的困难，但重要的是我们要致力于多哈发展议程的收尾，并继续为促成谈判的每一点微小进展做出努力，而且要维护其发展空间。我们对阿然大使富有启迪的讲话表示感谢，尽管这仅是他对世贸组织所做持续贡献的很小一部分。

最后，我祝愿土耳其第五次贸易政策审议圆满成功，希望Cemalettin Damlaci先生和他的团队在日内瓦度过一段愉快的时光，阿然大使归途一路平安！

谢谢你，主席先生！

（以原英文发言为准，中文译文仅供参考）

（李西　译）

世贸组织对尼泊尔首次贸易政策审议
中国常驻世贸组织代表团易小准大使的发言

2012年3月13日

主席先生：

中国非常高兴能够参加尼泊尔首次贸易政策审议。

尼泊尔是中国的友好之邦。中国和尼泊尔的友谊可以追溯到数百年前。早在7世纪，两国就相互派遣使者访问。13世纪，才华横溢的尼泊尔工匠尼哥在中国的拉萨和北京帮助修建了佛塔，这些佛塔至今保存完好，并且见证了两国友谊的发展和延续。

如今，经贸合作进一步拉近了两国关系。2011年，中国成为尼泊尔第二大贸易伙伴。双边贸易额达到了12亿美元，比上年增长了61%。中国在近几年中还增加了对尼泊尔的直接投资。到2011年底，中国在尼泊尔累积直接投资达1 860万美元。正如秘书处报告中所提到的，中国在南南合作框架下为尼泊尔发展提供了援助。

主席先生，尼泊尔是自世贸组织成立以来首个入世的最不发达国家。我们非常高兴地看到尼泊尔2004年的入世为其经济发展带来了显著的成效。例如，2003年至2010年间，尼泊尔年实际GDP增长率为4.2%，人均GDP增长了二倍以上。这样的成绩来之不易。尼泊尔还未入世之时，就已经开展了结构性改革和贸易自由化。自入世以来在诸多领域，尤其是贸易自由化方面，更是取得了长足进展。尼泊尔的平均适用最惠国待遇关税有所减少，立法以及执行都得到了加强。我们相信，随着尼泊尔2010贸易一体化战略的全面实施，尼泊尔经济会得到更加强有力的发展。如秘书处报告中所讲，尼泊尔还积极参加了世贸组织非正式最不发达国家咨询小组，呼吁“免关税、免配额”以及为最不发达国家提供其他的优惠待遇。因此，中国对尼泊尔将贸易列为发展战略的努力以及积极参与多边贸易体系的行为表示称赞。

尽管如此，我们没有忘记尼泊尔仍是南亚最贫穷的国家之一，面临着巨大的挑战，尤其是供给限制，比如出口总体有限，经济基础设施匮乏，有技能的人力资源缺乏。在这一点上，世贸组织的贸易援助倡议对帮助尼泊尔应对这些挑战有着建设性的意义。经合组织表示，贸易援助承诺和在尼泊尔的实际付款项目之间有着明显的差距。尼泊尔也做出了相应的评价，那就是目前贸易援助在其经济增长和消除贫困方面起到的作用非常有限。因此，我们呼吁国际社会提供更多援助来帮助尼泊尔和其他最不发达国家。一些能提供此类援助的地区包括了贸易援助和“免关税、免配额”。中国在多边及双边诸多方面会继续为此做出努力。

最后，我祝愿尼泊尔首次贸易政策审议取得圆满成功，希望尼泊尔代表团在日内瓦度过一段愉快的时光。

谢谢大家。

（以原英文发言为准，中文译文仅供参考）

（李西　译）

中国常驻世贸组织代表团朱洪代办在韩国第六次贸易政策审议会上的发言

谢谢主席先生。同其他成员一样，我们对李助理率领韩国代表团参加第六次贸易政策审议表示热烈的欢迎。

主席先生，韩国在过去几年取得的成绩值得赞扬。如秘书处报告所述，韩国的出口导向型经济已经从 2008 年其审议后爆发的全球金融危机中复苏。依据其应对亚洲金融危机的经验，以及对多边贸易体制的深度参与，韩国政府在应对金融危机时采取了迅速有效的政策，包括财政刺激计划和积极的货币政策，并最终带动了经济的强劲复苏。

韩国的贸易竞争力在过去几年大幅提高。尤其值得称赞的是，韩国在应对金融危机时没有采取贸易限制措施。相反，韩国更加深度地开放市场参与国际贸易。同样值得赞扬的是，韩国政府认识到外商直接投资对经济增长和经济结构调整的重要作用，进而采取更加一致的措施改进投资环境以吸引外商直接投资。

在多边舞台上，韩国一直是多哈回合的积极参与者。我们赞同韩国的观点，多哈回合对进一步改善全球贸易和投资环境起到了关键作用。中国将继续和韩国精诚合作，共同推进多哈回合的终结。

主席先生，中国和韩国是彼此非常重要的贸易伙伴。中国是韩国最大的贸易伙伴和第二大投资市场，韩国是中国第三大贸易伙伴。从 2005 至 2010 年 5 年间，中国和韩国的贸易量从 1 千亿美元翻番至 2 千亿美元，提前两年实现了双方领导人达成的目标。

今年是中韩两国建交 20 周年。展望未来，我们希望继续发展双边贸易战略伙伴关系。几个月前，中国和韩国开始了自贸区谈判，并争取早日实现具有前瞻性的、双赢的协议。

主席先生，需要指出的是，韩国的贸易政策中还有些领域值得成员关注。关税体制仍然复杂，农业领域仍然高度保护。我们鼓励韩国继续改进关税配额体制，简化检验检疫程序。中国感谢韩国对我们提出问题的认真答复。我们将在今天会后提交我们最后一批书面问题单，并期待韩国进一步的解释和澄清。

谢谢关注，祝此次审议取得圆满成功，并祝韩国代表团在日内瓦愉快！

世贸组织对阿拉伯联合酋长国第二次贸易政策审议中国代表团的发言

2012年3月27日

主席先生：

中国热烈欢迎由外贸部部长Lubna Bint Khalid Al Qasimi阁下带领的阿联酋代表团出席第二次贸易政策审议。我们希望借此机会，与各位成员共同分享中国对阿联酋经贸环境以及两国双边经贸关系发展的看法。

首先，关于阿联酋经济的贸易环境。我们认为至少有三方面值得关注。

第一，与很多同类国家相似，阿联酋经济的成功主要归功于其石油储量。即便在金融危机最严重的时候经济增长骤减，阿联酋仍旧依靠外部条件的改善和内部妥善管理实现了较快的复苏。

第二，与大多数同样具有丰富石油储量的国家不同，阿联酋在多样化方面取得了显著的成绩。尽管石油产业持续主导经济，但目前也仅占其GDP的29%。相比之下，服务业正在快速增长，尤其是空运和海运、电讯和旅游业。也许我们还可以把金融服务也加入以上行列，但实际情况可能有些复杂。服务业占GDP的48%，已远超石油业。制造业基础仍旧相对薄弱，但也占到GDP的10%。正如秘书处报告显示，铝制品和医药产品均有重要发展。中国鼓励阿联酋继续在这条道路上向前迈进。

第三，阿联酋的贸易体制公开、自由，值得学习和借鉴。但是，投资体制却限制很多，外国资本仅占49%。我们鼓励阿联酋为了自身利益也应在这方面做出更多改善。

至于双边关系，令人欢欣鼓舞的事例不胜枚举。为了节约时间，我会尽量简洁叙述。

阿联酋是中国对阿拉伯地区出口的首要目的地。我们想要对阿联酋人民致以最诚挚的感谢，感谢他们对我们物美价廉的产品给予长期的支持。2011年，两国双边贸易额超过了350亿美元，比2010年增长了36.7%。中国主要出口机械和电子产品，纺织品和服装，以及电脑；阿联酋主要出口的自然是原油。

阿联酋是中国传统的劳动承包市场。2011年底，累计劳动合同金额达182亿美元，涉及营业额140亿美元。共计超过60家中国企业在阿联酋开展了劳动合同项目，涉及输油管道、道路、桥梁、电讯等领域。

双方投资都在快速发展。2011年底，阿联酋在中国的投资接近10亿美元，涉及780个项目，而中国公民在阿联酋设立约4 000个实体，直接投资约8.2亿美元。

近年来，双边经济合作中的服务贸易尤其活跃。空运方面，每周往返两国的民航有74架次。2011年，仅阿联酋国际航空公司就运输了300万乘客到中国。旅游业方面，2011年有30万的中国旅客到阿联酋旅游。双边的金融服务合作也日益加深。

鉴于我们的友好关系、两国经济的互补性以及在发展议题上的相同立场，我们有足够理由相信两国会进一步加强双边以及多边经济合作。

最后，我们祝愿阿联酋第二次贸易政策审议圆满成功。

谢谢你，主席先生。

（以原英文发言为准，中文译文仅供参考）

（李西　译）

世贸组织对特立尼达和多巴哥第三次贸易政策审议中国代表团的发言

2012 年 3 月 7 日

主席先生：

祝贺您的当选。我们会通过实际行动来支持您的工作。同时，还要感谢马特斯大使在过去的一年中出色的主席工作。

中国非常高兴参加特立尼达和多巴哥第三次贸易政策审议。我们热烈欢迎由斯蒂芬·卡迪兹部长领队的西班牙港代表团。

自 20 世纪 70 年代建交以来，中国与特立尼达和多巴哥就一直保持着密切友好的关系。近年来双方的经贸合作更是得到了快速、顺利的发展。据中国海关统计，2011 年的双边贸易额达到了 6.27 亿美元，年增长率为 57%。特立尼达和多巴哥出口额达到了 3.4 亿美元，比上年增长 214.8%，首次出现出口顺差。商业方面包括中国在特立尼达和多巴哥的投资和劳动合同合作也在与日俱增。中国政府将继续鼓励有能力有信誉的企业在特立尼达和多巴哥投资和开展多种形式的合作。同时，中国也会力所能及地继续为特立尼达和多巴哥提供经济和技术协助。

中国与特立尼达和多巴哥在广泛的多边和区域框架中都有良好的合作。在世贸组织多哈发展议程谈判中，两国在许多议题上都持有共同立场，尤其是在对发展中国家的特殊和差别待遇问题上。区域层面，两国在中国一加勒比经贸合作论坛的基础上保持着紧密的联系。2011 年 9 月，特立尼达和多巴哥与中国共同在西班牙港举办了第三届中国一加勒比经贸合作论坛，并由斯蒂芬·卡迪兹部长与我国王岐山副总理共同主持。论坛上，王岐山副总理宣布了为加强未来三年中国和加勒比国家友好合作的关于六个领域的新政策措施，包括金融与投资、能力建设、环境保护和新能源、文化、教育、健康、贸易和旅游、农业以及渔业。具体内容包括：中国将向加勒比国家提供 10 亿美元的优惠贷款，以支持当地经济发展；中国国家开发银行会留出 10 亿美元作为基础设施发展的特殊商业贷款；中国将向加勒比共同体发展基金捐赠 100 万美元，为加勒比国家提供不少于2 500个培训机会，为加勒比专业人才提供 30 个在中国攻读硕士的机会。中国愿帮助加勒比国家建立小规模的新能源项目，比如太阳能项目。中国还会在加勒比国家建设友谊学校。继续支持加勒比国家增加对中国出口，并且使其出口商品结构多样化。中国会继续派送农业专家到加勒比国家经营农业和渔业的示范项目。如今，中国的相关机构都正在推进以上措施的实施。我们相信这将进一步加强中国一加勒比经济和贸易合作。

现在我想简要地评价一下特立尼达的经济和贸易体制。特立尼达和多巴哥是一个小型的、开放的发展中经济体，有着令人羡慕的人均高收入。对这样的经济体来说，最大的挑战就是如何克服易受外部冲击的特点。我们所能给予特立尼达伙伴的唯一建议就是通过多样化的努力来保持改革的势头。我们也会尽量有效地倾听和解决小型、较脆弱的经济体所发出的求助。

主席先生，为了不给我们的特立尼达同事添加过多的负担，中国代表团此次审议将不提出任何书面问题，但是我们会密切关注和研究他们对其他成员国所提问题的回答。

最后，我们祝愿特立尼达和多巴哥第三次贸易政策审议取得圆满成功！

谢谢你，主席先生。

（以原英文发言为准，中文译文仅供参考）

（李西　译）

● WTO/TBT与SPS

2012年世贸组织有关《TBT协定》和《SPS协定》的争端解决案件综述

1995年1月1日世贸组织成立以来，截至2013年7月31日，世贸成员诉诸争端解决机制的案件共463件。其中，涉及《技术性贸易壁垒协定》(《TBT协定》)案件共48件，占案件总数的10.4%；涉及《卫生和植物卫生措施协定》(《SPS协定》)案件共40件，占案件总数的8.6%。总体而言，世贸组织有关《TBT协定》和《SPS协定》的争端解决案件数量不多，但世贸组织专家组和上诉机构关于两个协定条款的解释与澄清对世贸规则的发展产生了重要影响。

2012年，世贸成员提起的涉及《TBT协定》的争端有4件，分别是乌克兰诉澳大利亚影响香烟产品商标和其他平装要求措施案（DS434)，洪都拉斯诉澳大利亚影响香烟产品商标和其他平装要求措施案（DS435)，多米尼加共和国诉澳大利亚影响香烟产品商标和其他平装要求措施案（DS441)，墨西哥诉阿根廷影响货物进口措施案（DS446)。2012年，世贸成员新提起的有关《SPS协定》的案件有3件，分别是美国诉印度关于美国农产品进口的若干措施案（DS430)，阿根廷诉美国影响肉类和其他动物产品的措施案（DS447）和阿根廷诉美国影响新鲜柠檬进口措施案（DS448)。上述案件目前均在诉讼程序中，预计专家组将在今年或者2014年做出裁决。

2012年，世贸组织专家组和上诉机构没有涉及《SPS协定》的裁决，但世贸组织争端解决机构通过了3个涉及《TBT协定》的专家组和上诉机构报告，分别是印度尼西亚诉美国影响生产和销售丁香香烟措施案（DS406)、墨西哥诉美国关于进口、销售金枪鱼和金枪鱼产品的措施案（DS381)、加拿大和墨西哥诉美国某些原产地标签规定案(DS384、DS386)。以下重点介绍上述3个案件中，专家组和上诉机构裁决的主要内容。

一、印度尼西亚诉美国丁香香烟案(DS406)

(一) 磋商

2010年4月7日，印度尼西亚就美国《2009年预防家庭吸烟和烟草控制法》(Family Smoking Prevention Tobacco Control Act of 2009）中有关禁止丁香香烟的条款向美国提出磋商请求。印度尼西亚认为，美国上述立法（2009年6月22日签署成为法律）第907条款，禁止包含丁香香烟在内的包含添加物的香烟在美国进行生产和销售，但同时仍然允许其他香烟（包括薄荷香烟）在美国的生产和销售。印度尼西亚指控，第907条款不符合《1994年关贸总协定》第3.4条、《TBT协定》第2条以及《SPS协定》的一系列条款。

2010年6月9日，印度尼西亚提出设立专家组请求。2010年6月22日，WTO争端解决机构(DSB）会议宣布推迟设立专家组。

(二) 专家组审理

根据印度尼西亚请求，2010年7月20日，WTO争端解决机构正式设立专家组。巴西、哥伦比亚、多米尼加共和国、欧盟、危地马拉、墨西哥、挪威和土耳其作为第三方参与本案。2010年9月9日，争端方就专家组组成达成一致。2011年3月8日，专家组主席通知WTO争端解决机构，专家组和各当事方协商后，已经确定了工作时间表，预计专家组将在 2011 年 6 月底前向争端方散发报告。2011 年 9 月 2 日，专家组向成员散发专家组报告。

本案主要涉及美国《联邦食品药品化妆品法》(Federal Food, Drug and Cosmetic Act，简称 FFDCA) 第 907 节第 (a) 款第 (1) 项之 (A) 部分，该部分是根据《2009 年预防家庭吸烟和烟草控制法》第 101 节 (b) 款补充进 FFDCA 的。该项措施禁止在美国生产和销售丁香香烟和其他大部分调味香烟。然而，薄荷调味的香烟却不在此项禁令之列。印度尼西亚是世界上主要的丁香香烟生产国，在禁令实施之前，在美国销售的绝大部分丁香香烟都来自印度尼西亚的进口。印度尼西亚指控，美国的丁香香烟禁令具有歧视性，且并非必要；同时，美国准备和实施第 907 节第 (a) 款第 (1) 项之 (A) 部分的行为，违反了《TBT 协定》的若干程序性和/或其他要求。

专家组分析的第一步是确定争议措施是否属于《TBT 协定》的适用范围。专家组认为，第 907 节第 (a) 款第 (1) 项之 (A) 部分构成《TBT 协定》附件 1 第 1 段所指的“技术法规”，故属于《TBT 协定》的适用范围。随后，专家组审查了印度尼西亚根据《TBT 协定》第 2.1 条、第 2.2 条、第 2.5 条、第 2.8 条、第 2.9 条、第 2.10 条、第 2.12 条和第 12.3 条提起的诉讼请求。

关于《TBT 协定》第 2.1 条，专家组认为，丁香香烟和薄荷香烟是《TBT 协定》第 2.1 条所指的“同类产品”，理由是两类香烟都经过调味，而且都很受年轻人青睐。在此基础上，专家组认为，美国的禁令导致其给予丁香香烟的待遇低于薄荷香烟，因此违反了《TBT 协定》第 2.1 条有关国民待遇义务的规定。专家组在认定禁令违反《TBT 协定》第 2.1 条后，拒绝就印度尼西亚根据《1994 年关贸总协定》第 3.4 条提出的诉讼请求做出裁决，也未就美国根据《1994 年关贸总协定》第 20 条 (b) 项提出的抗辩做出裁决。

关于《TBT 协定》第 2.2 条，专家组驳回了印度尼西亚的指控。专家组认为，印度尼西亚未能根据《TBT 协定》第 2.2 条证明美国禁令对贸易的限制超过了为实现合法目标（如减少年轻人吸烟）所必需的限度。大量的科学证据表明禁止丁香香烟和其他调味香烟可以有效减少年轻人的吸烟量。

关于印度尼西亚根据《TBT 协定》提出的其他指控，专家组认为美国违反了《TBT 协定》第 2.9.2 条（WTO 成员关于技术法规的通报义务），以及《TBT 协定》第 2.12 条（在技术法规的公布和生效之间留出合理时间间隔的义务）。然而，专家组认为印度尼西亚未能证明美国违反了《TBT 协定》第 2.5 条（对技术法规草案做出说明的义务）、第 2.8 条（按照性能制定技术法规的义务）、第 2.9.3 条（提供拟议的技术法规的细节或副本的义务）、第 12.3 条（考虑发展中国家成员特殊的发展、财政和贸易需要的义务），并拒绝裁决印度尼西亚根据第 2.10 条（紧急情形下的通知义务）提出的诉讼请求。

2011 年 9 月 15 日，印度尼西亚和美国请求 WTO 争端解决机构通过决议，将《关于争端解决规则与程序的谅解》(DSU) 第 16.4 条规定的 60 天期限，延长至 2012 年 1 月 20 日。在 2011 年 9 月 27 日的会议上，WTO 争端解决机构同意将在 2012 年 1 月 20 日前通过专家组报告，除非 WTO 争端解决机构经协商一致决定不通过该报告，或印度尼西亚与美国任何一方通知 WTO 争端解决机构其上诉决定。

（三）上诉机构审理

2012 年 1 月 5 日，美国通知 WTO 争端解决机构其决定对专家组报告中的某些法律问题和专家组的某些法律解释提起上诉。2012 年 2 月 29 日，上诉机构主席通知 WTO 争端解决机构其无法在 60 天内散发报告，预计将推迟至 2012 年 4 月 4 日。2012 年 4 月 4 日，上诉机构报告向成员散发。

在上诉阶段，美国提出，专家组错误地认定丁香香烟和薄荷香烟是“同类产品”，并错误地认定美国立法第 907 节第 (a) 款第 (1) 项之 (A) 部分给予进口丁香香烟的待遇低于同类国产品的待遇，从而违反《TBT 协定》第 2.1 条。美国还提出，专家组裁定其违反《TBT 协定》第 2.12 条也是错误的。

上诉机构维持了专家组有关《TBT 协定》第 2.1 条和第 2.12 条的裁定，但不认同专家组对第 2.1 条中“同类产品”和“待遇不得低于”的解释。专家组根据技术法规的管理目标解释“同类产品”，但上诉机构不认同。上诉机构认为，在第

2.1条的背景下，确定产品是否为“同类”产品，实为根据传统的“相似性”标准，即物理特性、最终用途、消费者喜好和关税分类，确定产品的竞争关系。在对产品竞争关系产生影响的范围内，措施的管理目标，如产品的相关健康风险，可对判断“相似性”具有一定的关联。基于对“同类产品”概念的解释，上诉机构同意专家组的结论，即丁香香烟和薄荷香烟是《TBT 协定》第2.1条所指的“同类产品”。

上诉机构认为，第2.1条规定的给予进口产品的待遇不得低于给予同类国产品的待遇，并不禁止单纯由于合法管理上的差异而产生的损害性影响。在判断一措施对进口产品的损害性影响是否构成较低待遇时，专家组必须仔细审查具体案情，也即发生争议的技术法规的设计、体系、结构、操作和适用，尤其是，该技术法规是否公正。根据其对“待遇不得低于”的解释，上诉机构裁定，美国立法第907节第（a）款第（1）项之（A）部分的设计、体系、结构、操作和适用强烈地表明对丁香香烟竞争机会的损害性影响，反映了对进口自印度尼西亚的同类产品的歧视。

最后，上诉机构维持了专家组关于《TBT 协定》第2.12条的裁定，即美国在第907节第（a）款第（1）项之（A）部分的公布和生效之间仅留出了三个月，违反了《TBT 协定》第2.12条。上诉机构赞同专家组的观点，即《关于执行相关问题和关注的多哈部长决定》（《多哈部长决定》）第5.2条构成《维也纳条约法公约》第31条（3）款（a）项所指的“嗣后协定”。而根据《多哈部长决定》第5.2段进行解释，第2.12条要求在技术法规的公布和生效之间至少留出六个月的时间。

在2012年4月24日的会议上，WTO争端解决机构正式通过了上诉机构报告和经上诉机构报告修改过的专家组报告。

（四）执行程序

在2012年5月24日WTO争端解决机构会议上，美国通知WTO争端解决机构将以保护公共健康同时遵守其WTO义务的方式，执行WTO争端解决机构建议和裁决，但执行需要一段合理期限。2012年6月14日，印度尼西亚和美国通知WTO争端解决机构，美国执行WTO争端解决机构建议和裁决的合理期限为15个月，即合理期限至2013年7月24日到期。

二、墨西哥诉美国金枪鱼案（DS381）

（一）磋商

2008年10月24日，墨西哥就下列措施请求与美国进行磋商：（1）《海豚保护消费者信息法》（载《美国法典》第16卷第1385节，简称DPCIA）；（2）“海豚安全标签标准”（美国联邦法规第50篇第216.91节）和“东部热带太平洋（ETP）海域通过大型围网渔船捕获金枪鱼的海豚安全要求”（第216.92节）；（3）美国第九巡回上诉法院在*Earth Island Institute v. Hogarth*案中做出的判决。该案涉及DPCIA的适用。美国上述措施规定了在金枪鱼产品上使用“海豚安全”标签的条件。该条件依金枪鱼产品中所含金枪鱼的捕获区域和打捞方法的不同而有所不同。具体而言，使用通过追赶海豚（即追赶并网围海豚，从而捕获海豚周围的金枪鱼）捕获的金枪鱼制造的金枪鱼产品不能在美国获得“海豚安全”标签。根据这些措施，获得美国商务部的官方海豚安全标签需提交某些书面证据。但是，美国并不强制要求向美国进口或在美国销售金枪鱼产品必须使用“海豚安全”标签。墨西哥认为，美国上述措施不符合《1994年关贸总协定》第1.1条、第3.4条，以及《TBT协定》第2.1条、第2.2条和第2.4条。

2009年3月9日，墨西哥请求设立专家组。在2009年3月20日会议上，WTO争端解决机构推迟设立专家组。

（二）专家组审理

2009年4月20日，WTO争端解决机构正式设立专家组。2009年12月14日，WTO总干事组成专家组。阿根廷、澳大利亚、中国、厄瓜多尔、欧盟、危地马拉、日本、韩国、新西兰、中国台北、土耳其、巴西、加拿大、泰国、委内瑞拉和玻利维亚作为第三方参与本案。2010年6月15日，专家组主席通知WTO争端解决机构，根据专家组与争端方协商后制订的时间表，预计将在2011年2月向争端方散发最终报告。2010年7月26日，专家组成员之一，来自新加坡的Sivakant Tiwari先生去世。2010年8月12日，争端方就替补的一位新专家组成员达成一致。2011年2月24日，专家组主席通知WTO争端解决机构，由于专家组的组成发生了未意料到的变动，并且本案提出了一些复杂的问题，专家组起初预期在 2011 年 6 月 8 日向争端方散发最终报告。2011 年 9 月 15 日，专家组报告向成员散发。

如上所述，墨西哥的主要指控是美国有关措施具有歧视性，且并非必要。专家组首先判断美国的海豚安全标签规定是否构成《TBT 协定》下的"技术法规"。在此方面，专家组做出肯定性结论，特别是专家组认为，美国的相关要求具有《TBT 协定》附件 1 第 1 段要求的强制性。一位专家组成员对此发表了不同意见，但支持专家组报告的剩余部分。专家组接下来审查墨西哥根据《TBT 协定》第 2.1 条、第 2.2 条和第 2.4 条提起的诉讼请求。

关于墨西哥根据《TBT 协定》第 2.1 条提起的诉讼请求，专家组认为，美国的海豚安全标签规定不构成对墨西哥金枪鱼产品的歧视，因此不违反《TBT 协定》第 2.1 条。尽管墨西哥金枪鱼产品与产自美国或任何其他国家的金枪鱼产品是第 2.1 条所指的同类产品，专家组认为美国海豚安全标签规定并未使得墨西哥金枪鱼产品获得的待遇低于美国和其他产地的金枪鱼产品的待遇。

关于墨西哥根据《TBT 协定》第 2.2 条提起的诉讼请求，专家组认定墨西哥已经证明美国海豚安全标签规定对贸易的限制超过了为实现合法目标所必需的限度。这些合法目标包括：（1）确保不会在金枪鱼产品所含金枪鱼的捕获方式是否会对海豚造成不利影响的问题上，误导或欺骗消费者；（2）确保美国市场不鼓励渔船队以对海豚造成不利影响的方式捕捞金枪鱼，从而促进对海豚的保护。对此，专家组认定：（1）美国海豚安全标签规定只能部分地实现美国追求的合法目标；（2）墨西哥已经提供了对贸易限制更小的另一种方案，该方案可同等程度地实现美国海豚安全标签规定追求的目标。

关于墨西哥根据《TBT 协定》第 2.4 条提起的诉讼请求，专家组认为，美国海豚安全标签规定并未违反第 2.4 条。第 2.4 条要求，若可能，技术法规应以相关的国际标准为基础。尽管专家组认定就美国海豚安全条款而言，墨西哥提出的标准是相关国际标准，且美国未以此为基础制订措施，但专家组认为，该国际标准不能恰当或有效地实现美国追求的目标。

专家组拒绝就墨西哥根据《1994 关贸总协定》提出的非歧视诉讼请求做出裁决。因此，专家组对墨西哥根据《1994 关贸总协定》第 1.1 条和第 3.4 条提出的诉讼请求，适用司法经济原则未予裁决。

2011 年 10 月 31 日，墨西哥和美国请求 WTO 争端解决机构通过决议，将《争端解决谅解》第 16.4 条规定的 60 天期限，延长至 2012 年 1 月 20 日。在 2011 年 11 月 11 日的会议上，WTO 争端解决机构同意将在 2012 年 1 月 20 日前通过专家组报告，除非 WTO 争端解决机构经协商一致决定不通过该报告，或墨西哥与美国任何一方通知 WTO 争端解决机构其上诉决定。

（三）上诉机构审理

2012 年 1 月 20 日，美国通知 WTO 争端解决机构其决定对本案的某些法律问题及专家组的法律解释提起上诉。2012 年 1 月 25 日，墨西哥通知 WTO 争端解决机构其决定对某些法律问题及专家组的法律解释，以及专家组未能根据《争端解决谅解》第 11 条做出客观评估，提起上诉。2012 年 3 月 20 日，上诉机构主席通知 WTO 争端解决机构，由于上诉范围、案件量大等原因，其不能在 90 天内散发报告。上诉机构预计将不迟于 2012 年 5 月 16 日向成员散发报告。2012 年 5 月 15 日，上诉机构报告向成员散发。

关于争议措施是否构成一项"技术法规"，上诉机构认为专家组将涉案措施认定为《TBT 协定》附件 1 第 1 段所指的"技术法规"并没有错误。上诉机构注意到，争议措施是立法和美国联邦当局的管理行为，包括行政性规定。上诉机构还注意到，涉案措施对"海豚安全"金枪鱼产品规定了单一和法定的定义，不允许在不符合该定义的情形下，在金枪鱼产品上使用其他含有"海豚安全"、海豚、海豚和海洋哺乳动物等词语的标签。因此，争议措施广泛而全面地规定了在金枪鱼产品上标示"海豚安全"的条件，而不管采用何种表达方式。

关于墨西哥根据《TBT 协定》第 2.1 条提出的诉讼请求，上诉机构推翻了专家组关于美国"海豚安全"标签条款未违反第 2.1 条的裁定。上诉机构基于下列理由，认定美国措施不符合第 2.1 条。其一，绝大多数墨西哥金枪鱼产品无法获得"海豚安全"标签，但绝大多数美国和其他国家的金枪鱼产品可获得，故涉案措施修改了美国市场上的竞争条件，损害了墨西哥金枪鱼产品。其二，根据专家组做出的事实性认定和记录在案的事实，上诉机构审查了措施的损害性影响是否仅仅是由于合法的管理差异。特别是，上诉机构审查了获得“海豚安全”标签的不同条件，是否如美国所言，系针对在海洋不同区域使用不同打捞方法对海豚造成的风险。上诉机构注意到，专家组认为追赶海豚的捕捞技术对海豚有害，将会对海豚造成可见和不可见的不利影响。但专家组未被说服其他捕捞技术对海豚的风险微乎其微，在某些情形下，不会造成与追赶海豚相同程度的风险。上诉机构进一步注意到，专家组认为，虽然美国采取的措施完全解决了在东热带太平洋追赶海豚对海豚造成的不利影响（包括可见的和不可见的），但没有解决在其他海域使用其他渔获方法造成的海豚死亡问题。基于上述原因，上诉机构认定，涉案措施并未做到公平地对待在不同海洋区域因使用不同渔获技术而对海豚造成的各种风险。

关于墨西哥根据《TBT 协定》第 2.2 条提出的诉讼请求，上诉机构也推翻了专家组的相关裁定，即墨西哥已经证明美国“海豚安全”标签条款对贸易的限制超过为实现美国合法目标所必须的限度。上诉机构认为，专家组对争议措施和墨西哥提议的替代措施的分析与比较存在错误，后者不能在所有的海域都同等程度地促成美国的目标。在此基础上，上诉机构推翻了专家组关于涉案措施不符合《TBT 协定》第 2.2 条的裁定。

墨西哥以上诉机构推翻专家组关于涉案措施不符合第 2.2 条的裁定为条件，提起了另一项上诉，即专家组错误地认定美国的海豚保护目标是合法的，并且在已经认定涉案措施至多仅能部分地实现美国的目标后，错误地继续审查是否存在一种对贸易限制较小的替代措施。由于该条件已经满足，上诉机构审理了墨西哥的该两项上诉，并均予以驳回。

上诉机构认同专家组关于涉案措施符合《TBT 协定》第 2.4 条的结论，但推翻了专家组的中间裁定，即《国际海豚养护方案协定》（AIDCP）框架下的“海豚安全”定义和证明属于《TBT 协定》第 2.4 条所指的“相关国际标准”。特别是，对于《国际海豚养护方案协定》而言，任何新缔约方只有受到邀请才能加入该协定。因此，专家组错误地认定《国际海豚养护方案协定》对每一国家的相关机构都是开放的，在此基础上，专家组错误地认为《国际海豚养护方案协定》构成《TBT 协定》第 2.4 条下规定的国际标准化组织。

上诉机构裁定，专家组对墨西哥根据《1994 年关贸总协定》第 1.1 条和第 3.4 条提出的诉讼请求适用司法经济原则，违反了《争端解决谅解》（DSU）第 11 条之规定。

在 2012 年 6 月 13 日会议上，WTO 争端解决机构通过了上诉机构报告和经上诉机构报告修改的专家组报告。

（四）执行程序

在 2012 年 6 月 25 日 WTO 争端解决机构会议上，美国表示其愿意执行 WTO 争端解决机构建议和裁决，以遵守义务，但需一段合理的时间。2012 年 9 月 17 日，美国和墨西哥通知 WTO 争端解决机构已经就执行的合理期限达成一致，即为 13 个月。因此，执行的合理期限在 2013 年 7 月 13 日期满。

三、加拿大和墨西哥诉美国原产地标签案（DS384、DS386）

（一）磋商

2008 年 12 月 1 日和 17 日，加拿大和墨西哥分别就美国《1946 年农产品销售法》有关强制性原产国标签（COOL）条款，向美国提出磋商请求。涉案措施要求在零售环节告知消费者有关产品的原产地，其中包括牛肉和猪肉。只有完全在美国出生、饲养和屠宰的动物，才能注明“原产于美国”。出口至美国饲养或立即屠宰的牲畜制成的牛肉或猪肉，不能仅注明“原产于美国”。加拿大和墨西哥指控，美国上述强制性原产国标签规定不符合美国承担的 WTO 协定义务，包括：《1994 年关贸总协定》第 3 条、第 9 条和第 10 条；《TBT 协定》第 2 条，或者《SPS 协定》第 2 条、第 5 条和第 7 条；以及《原产地规则协定》第 2 条。

2009 年 10 月 7 日和 9 日，加拿大和墨西哥先后请求设立专家组。2009 年 10 月 23 日，WTO 争端解决机构会议宣布推迟设立专家组。

（二）专家组审理

在 2009 年 11 月 19 日会议上，WTO 争端解决机构决定设立专家组，审理加拿大和墨西哥提起的争端。阿根廷、澳大利亚、巴西、中国、哥伦比亚、欧盟、印度、日本、韩国、秘鲁、新西兰、危地马拉、中国台北、加拿大（DS386案中）和墨西哥（DS384案中）保留作为第三方参与案件的权利。2010年5月10日，WTO总干事组成了专家组。2010年12月21日，专家组主席通知WTO争端解决机构其不能在6个月内发布报告。在与争端方协商后，专家组制订了工作时间表，并预计在2011年年中向争端方发布最终报告。2011年11月18日，专家组报告向成员散发。

本案主要涉及：(1) 美国相关法律和法规关于牛肉和猪肉原产国标签的强制性规定（COOL措施）；(2) 美国农业部部长Vilsack关于实施COOL措施的一份信函（"Vilsack"信函）。专家组认为，COOL措施构成《TBT协定》下的技术法规，且不符合美国承担的WTO义务。特别是，COOL措施给予墨西哥进口牛的待遇，以及加拿大进口牛和猪的待遇，低于给予同类国产品的待遇，从而违反了《TBT协定》第2.1条。同时，COOL措施并不符合向消费者提供产地信息的合法目的，从而违反了《TBT协定》第2.2条。关于Vilsack信函，专家组认为信函的"自愿行动建议"超越了COOL措施下的义务，故信函构成对COOL措施的不合理管理，违反了《1994年关贸总协定》第10.3条（a）款。但专家组认为该信函并非《TBT协定》下的"技术法规"，故未根据《TBT协定》审查Vilsack信函。

根据上述裁定，专家组认为其没有必要就违反《1994年关贸总协定》第3.4条或第23.1条（b）款下的非违反之诉做出裁决。

2011年12月21日，加拿大、墨西哥和美国请求WTO争端解决机构通过一项决议，将《争端解决谅解》第16.4条规定的60天期限，延长至2012年3月23日。在2012年1月5日的会议上，WTO争端解决机构同意将在2012年3月23日前通过专家组报告，除非WTO争端解决机构经协商一致决定不通过该报告，或争端任何一方通知WTO争端解决机构其上诉决定。

（三）上诉机构审理

2012年3月23日和28日，美国、墨西哥和加拿大先后通知WTO争端解决机构，其决定对专家组报告中的某些法律问题和专家组的某些法律解释提起上诉。2012年5月21日，上诉机构主席通知WTO争端解决机构，由于上诉范围、上诉机构的案件负担量等，将无法在《争端解决谅解》第17.5条规定的90天期限内散发报告。因此，上诉机构预计不迟于2012年6月29日散发报告。2012年6月29日，上诉机构报告向成员散发。

上诉涉及COOL措施和专家组关于该措施违反《TBT协定》第2.1条和第2.2条的裁定。美国对两项裁决均提起上诉。加拿大和墨西哥附条件地对专家组有关第2.2条某些方面的分析提起上诉，并请求若上诉机构推翻专家组有关第2.2条的裁定，应完成法律分析。此外，加拿大和墨西哥还附条件地根据《1994年关贸总协定》第3.4条和第23.1条（b）款提起上诉。

上诉机构基于不同的理由，维持了专家组关于COOL措施违反《TBT协定》第2.1条的裁定，同时推翻了专家组关于COOL措施违反《TBT协定》第2.2条的裁定，但上诉机构未能完成进一步法律分析，以确定COOL措施对贸易的限制是否超过为实现合法目标所必需的限度。

关于《TBT协定》第2.1条，上诉机构赞同专家组的观点，即COOL措施的记录保存和检验要求鼓励加工商完全使用美国国产牲畜，抑制使用进口的同类牲畜，对进口牲畜造成损害性影响。但上诉机构认为，专家组的分析不完整，即专家组没有继续分析这一事实上的损害性影响是否完全根源于合法的管理差异；而如果这一影响完全是源于合法管理差异，则COOL措施将不会违反第2.1条。上诉机构经分析认为，相比在零售阶段通过强制性标签要求传达给消费者的信息，COOL措施的记录保存和检验要求对上游生产者和牲畜加工商造成了不成比例的负担，即COOL措施要求上游生产者必须追踪和传送大量信息，但实际上只有一小部分的信息传达给了消费者。事实上，在美国销售的相当比例的肉类并不适用COOL措施的标签要求。因此，对进口牲畜的损害性影响，并非完全是由于正当合理的管理差异，而是一种歧视，违反了第2.1条。基于这些原因，上诉机构维持了专家组有关第2.1条的裁定。

关于《TBT协定》第2.2条，上诉机构认同专家组将COOL措施的目标视为"向消费者提供产地信息"，但认为专家组对第2.2条的解释和适用是错误的。在上诉机构看来，专家组错误地认为只有一措施完全实现其目标或超过某种最低程度才符合第2.2条，并且忽视了自身的裁定，即COOL措施至少在某种程度上确实有助于实现其目标。因此，上诉机构推翻了专家组关于COOL措施不符合第2.2条的裁定，但不能确定COOL措施对贸易的限制是否超过为实现合法目标所必需的限度。

由于加拿大和墨西哥有关《1994年关贸总协定》第3.4条和第23.1条（b）款的上诉条件并未满足，上诉机构未裁定根据上述条款提出的诉讼请求。

在2012年7月23日的会议上，WTO争端解决机构正式通过了上诉机构报告和经上诉机构报告修改的专家组报告。

（四）执行程序

在2012年8月21日的WTO争端解决机构会议上，美国通知WTO争端解决机构其将执行WTO争端解决机构的建议和裁决，以履行WTO义务，但执行需要一段合理期限。

2012年9月13日，加拿大和墨西哥请求通过《争端解决谅解》第21.3条（c）项仲裁，确定合理执行期。2012年10月4日，WTO总干事指定来自巴西的Giorgio Sacerdoti先生作为仲裁员。2012年12月4日，仲裁裁决向成员散发。仲裁裁决裁定，执行WTO争端解决机构建议和裁决的合理期限为自专家组和上诉机构通过之日起10个月，直至2013年5月23日。

在2013年5月24日WTO争端解决机构会议上，美国通知WTO争端解决机构，美国农业部在2013年5月23日发布了最终规则，对被认定不符合《TBT协定》第2.1条的COOL标签要求进行了修改。美国认为最终规则已经执行了WTO争端解决机构的建议和裁决，但加拿大和墨西哥并不认同，认为这些修改更具有限制性，并将造成进一步损害。2013年6月10日，美国分别与加拿大和墨西哥就《争端解决谅解》第21条和第22条程序达成谅解，并通报WTO争端解决机构。

（商务部条约法律司　陈雨松）

2012年WTO/TBT、SPS工作情况

一、TBT概况

（一）TBT通报数量

2012年，共有74个WTO成员共提交了2 181件TBT通报，比上年同期（1 761件）增加了23.9%。其中，中国通报为80件，比去年（90件）减少了11.1%；WTO其他成员的通报为2101件，比去年（1 671件）增加了25.8%。2012年仅TBT通报的数量已超过2006年TBT通报和SPS通报的总和。2012年共有74个成员提交了新通报。其中18个发达成员通报了309件，46个发展中成员通报了1 249件，分别占19.8%和80.2%（详见图1）。

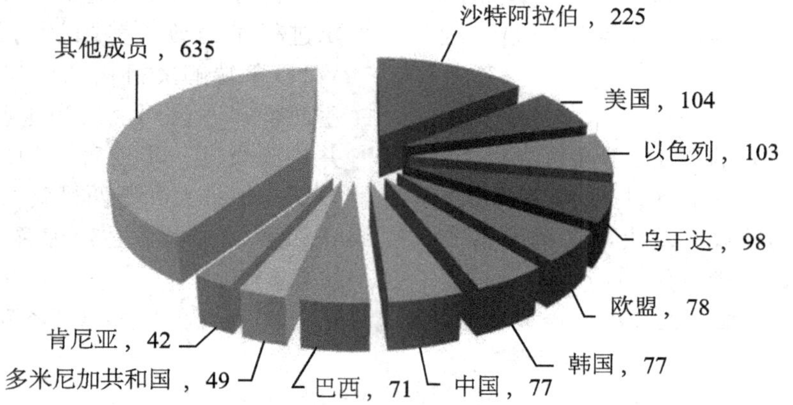

图1　2012年WTO各成员TBT通报情况

（二）TBT通报目标和内容

2012年的1 558件新通报中，拟采取的技术性贸易措施目标和理由的情况居前5位的为1 786通报件次，占总通报件次（2012件）的88.8%。部分通报涉及多个目标，因此，对于同一通报，在统计时可能多次计入相应“通报目标”，以“件次”表述。保护人类健康和安全最为突出，是各成员普遍强调、注重实现的首要目标；其次是质量要求（详见图2）。

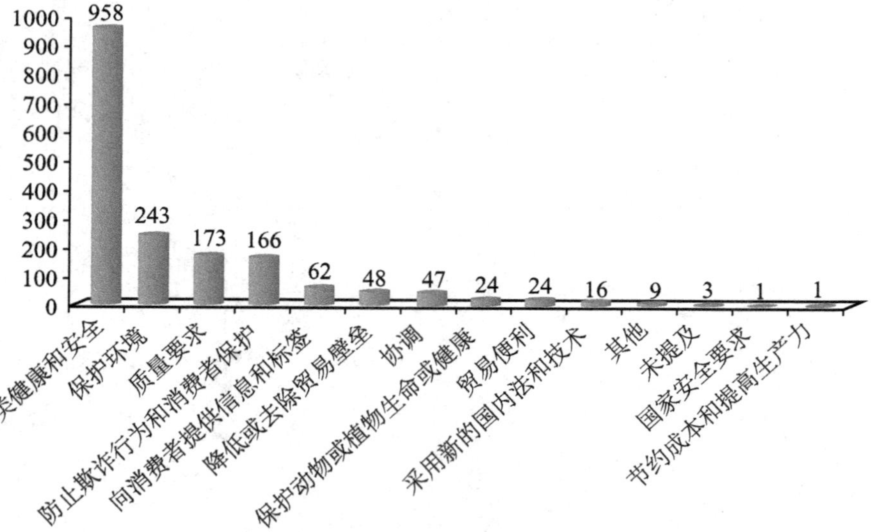

图2　2012年TBT通报中拟采取技术性措施的目标和理由

（三）TBT通报类型和领域

2012年WTO其他成员发布的2 101件通报中，1 558件为新通报，其余543件为勘误和补遗通报。TBT通报产品领域居前5位的占总通报件次的59.2%。通报中涉及最多的产品领域仍是食品及相关产品。这说明在各国的技术法规中与食品相关的内容占很大比例，食品始终是各国政府重点管理的产品。其次为石油化工技术和电子电器工程，这两个领域也一直是通报的热点，连续几年都位于通报领域的前5位（详见图3）。

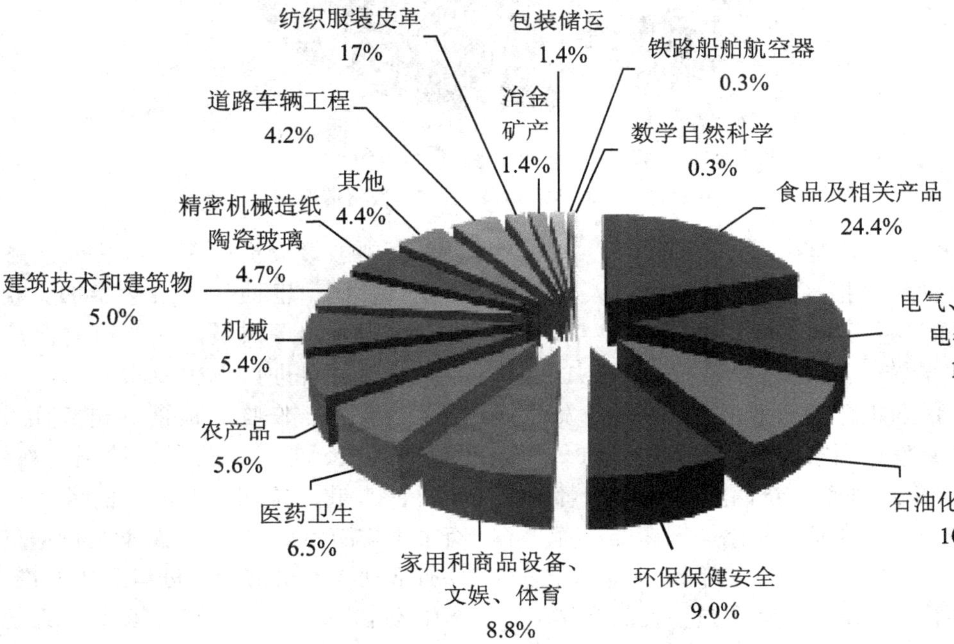

图3　2012年TBT通报产品涉及的领域

（四）中国TBT通报和外方评议

2012年，WTO共散发了中国提交的TBT通报80项（包括2项修订和3项补遗），这些文件分别出自7个部委局。其中66项为标委制定的国家强制性标准，1项为认监委制定的《有机产品认证管理办法》，8项为国家食品药品监督管理局发布的《保健食品良好生产规范》等技术规范和管理办法，2项为质检总局发布的《进口棉花检验监督管理办法》和质检总局特设局发布的《锅炉安全技术监察规程》，1项为国家安全生产监督管理总局制定的《危险化学品安全管理条例》，1项为工业和信息化部发布的《关于加强移动智能终端进网管理的通知》，1项为卫生部制定的《食品安全国家标准 预包装特殊膳食用食品标签》。

美国、欧盟、日本等成员就我国的31项通报的法规文件15次提出评议意见，起草单位给予了相应答复20次。

（五）中国对其他成员TBT通报的评议

2012年，通过对国外TBT通报进行分析，结合我国出口情况，筛选出美国、欧盟、沙特阿拉伯、日本、韩国、乌克兰、约旦等35个WTO成员的215项通报组织了评议，主要涉及的领域包括农产品、食品、化学品、玩具、电子电器等。共对国外54项TBT通报提出书面评议意见，涉及美国、欧盟、乌克兰、日本、韩国、加拿大、约旦、泰国、智利、沙特阿拉伯、巴西、乌干达12个成员。

二、SPS概况

（一）SPS通报数量

2012年，有52个成员向WTO提交了1 214件SPS通报，通报数量排在前10位的成员分别是：美国204件，加拿大170件，巴西95件，欧盟67件，秘鲁64件，智利61件，中国台北54件，澳大利亚43件，韩国42件，哥伦比亚、哥斯达黎加各36件。前10位成员的通报量（872件）占全部通报的71.8%（详见图4）。

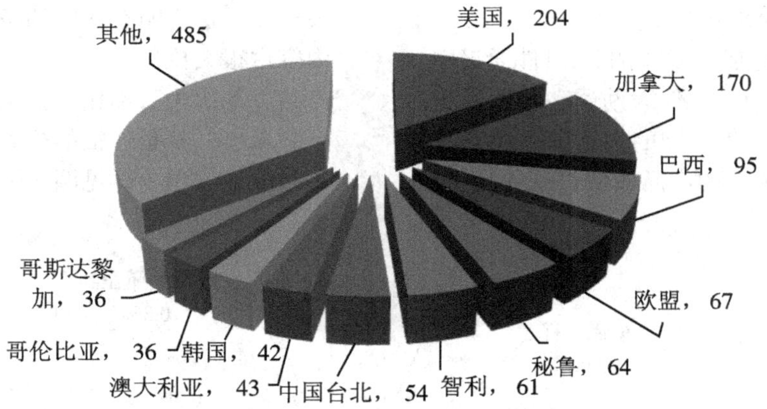

图 4　2012 年 WTO 各成员 SPS 通报情况

（二）SPS 通报目标和内容

通过对 787 件常规通报（包括修订）“涉及产品”和“内容摘要”栏目的分析发现，2012 年，各成员发布的通报措施，涉及食品安全的通报中，农药最大残留限量的通报数量最多，达 311 件，发布此类通报的主要是发达国家成员，有美国、加拿大、巴西、欧盟、澳大利亚、新西兰、日本、韩国、中国台北、越南；其次是食品添加剂标准，有 54 件，主要有中国、美国、日本、韩国、加拿大、中国台北、沙特阿拉伯、摩洛哥等成员；食品产品标准 52 件（包括动物源性食品、植物源性食品、加工食品等），主要有中国、巴西、多米尼加、菲律宾、卡塔尔、沙特阿拉伯、萨尔瓦多、洪都拉斯等；食品中污染物限量 20 件，主要有美国、韩国、加拿大、澳大利亚、欧盟、中国台北、乌克兰、新西兰、中国等成员；食品包装或接触材料 11 件，主要有韩国、巴西、哥斯达黎加、欧盟、中国台北、中国香港等成员。涉及植物保护措施的通报中，繁殖材料进口卫生要求 65 件；其次是水果、蔬菜、花卉、作物、粮食的进口卫生要求 67 件（包括荔枝、葡萄、芒果、沙梨、马铃薯、番茄、草莓、腰果、高粱、玉米、稻米等），植物疫病、有害生物防治 34 件。涉及动物健康的通报中，主要有活动物及动物产品进口卫生标准 33 件（包括水生动物、牛、马、猪、家禽、兔子、大象、鱼类、蜂王、虾，猫狗宠物等）；动物饲料及饲料添加剂 12 件，动物疫病 19 件（包括牛海绵状脑病、布鲁氏菌病及假狂犬病、猪瘟、狂犬病、禽流感等）（详见图 5）。

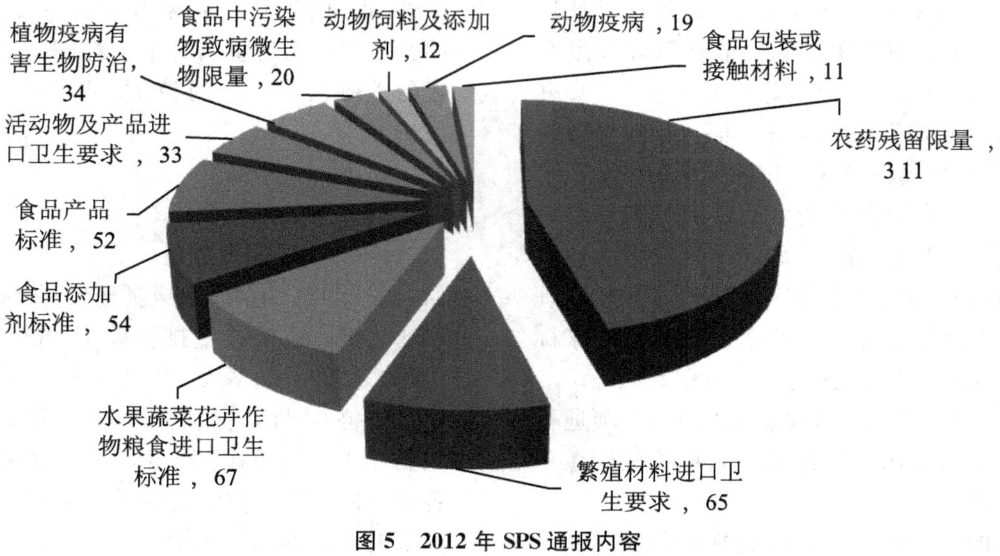

图 5　2012 年 SPS 通报内容

2012年，有22个成员向WTO提交了79件紧急措施通报（包括修订2项）。主要是针对特定国家而发布。涉及食品安全的紧急措施有15件，有1项是欧盟对中国出口大米制品中未授权转基因大米的紧急措施，有3项是针对日本食品中放射性污染物质；3项有关对含牛肉及可食用牛内脏的预包装、散装食品的食品标签的管理；6项因疯牛病、禽流感、口蹄疫、猪瘟等暂停进口牛肉、禽肉、蛋品等；1项有关鲜香蕉中的杀虫剂残留；1项因诺瓦克病毒而对进口牡蛎实施认证；涉及动物健康的紧急措施有51件，包括口蹄疫17件，禽流感15件，针对世界卫生组织报告的牛体内存在的施马伦贝格病毒的紧急措施7件，疯牛病3件，新城疫、猪瘟、绵羊衣原体病各2件；有关植物保护的紧急措施13件，其中关于植物有害生物（南黄蓟马、樱桃实蝇、星天牛、马铃薯跳甲、番茄斑潜蝇、茶翅蝽、瓶螺属）9件，植物疫病（真菌病原体疫病、黄龙病、辣椒小果类病毒等）4件。

（三）SPS通报类型和领域

2012年发布的1 214件通报中，常规措施通报为779件，约占通报总数的64.2%；紧急措施通报77件，约占通报总数的6.3%；修订通报10件，约占通报总数的0.8%，补遗通报336件，约占通报总数的27.7%；勘误通报12件，约占通报总数的1.0%。

就通报措施在SPS几大领域的分布情况而言，对可统计通报中“目的和理由”一栏的分析表明，2012年，涉及食品安全的通报数量534件，涉及植物保护216件，动物健康152件，保护人类免受动/植物有害生物的危害86件，保护国家免受有害生物的其他危害66件（详见图6）。

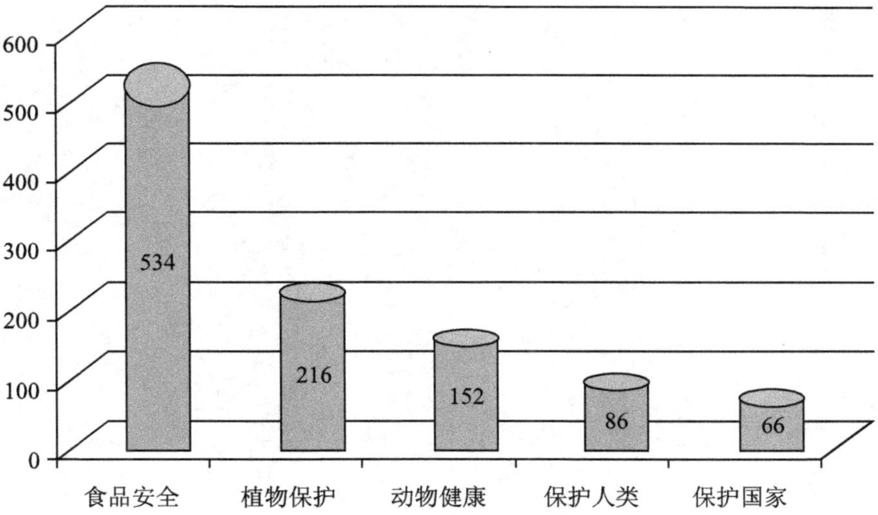

图6 2012年SPS通报领域

（四）中国SPS通报和外方评议

2012年，中国向WTO发布了25项通报，全部为常规通报，编号为CHN/520-544。内容涉及卫生部发布的食品添加剂国家标准16项；食品产品标准3项，其他还有集体用餐配送单位卫生规范，餐饮业卫生规范，预包装特殊膳食用食品标签，特殊医学用途配方食品通则，食品中致病菌限量等；农业部发布的食品中农药最大残留限量。

中国SPS通报发出后，共17项受到4个其他WTO成员的密切关注。美国先后对坚果、巧克力、粮食等产品标准及农药最大残留限量的通报提出了评议意见；欧盟对醋酸酯淀粉等食品添加剂标准的通报提出了评议意见；美国、欧盟、澳大利亚、巴西等成员对食品中致病菌限量的通报提出了评议意见。

（五）中国对其他成员SPS通报的评议

2012年，中国已对欧盟、日本、加拿大、印度、新加坡、印度尼西亚、智利、韩国、厄瓜多尔、哥伦比亚、澳大利亚、美国、中国台北、越南等成员的59件SPS通报措施进行了评议，内容涉及农兽药残留限量、植物保护法规修订案、食品包装接触材料、食品标准规范修订案、食品安全现代化法案、生物安全法、畜产品加工标准等，其中对欧盟、日本、新加坡、印度、韩国、厄瓜多尔、哥伦比亚、印度尼西亚、澳大利亚、美国、中国台北等成员的29项措施对外提出了书面评议意见，已收到答复意见18件。

（国家质量监督检验检疫总局国际合作司世贸组织处　徐菁）

服务贸易的国内规制

服务业和服务贸易是全球经济增长的重要动力，占世界经济比重接近70%，服务部门的跨国投资占全球投资比重也接近2/3。根据世界贸易组织的统计，2012年全球服务贸易进出口总额超过8万亿美元。全球73%的服务进口是增值服务，世界各经济体之间的服务贸易联系和合作日益紧密。

一、WTO关于服务贸易国内规制的内容及发展

与对货物贸易障碍不同的是，服务的无形性使得成员不能采取管制货物贸易的传统方法，如关税或进口配额等措施来管制服务贸易。相反，针对服务贸易的障碍通常隐含在各国的国内管制规章中，尤其体现为关于服务市场的准入条件、促进服务市场的竞争规则以及专业服务的资格与许可条件和程序等方面。这类保护性的国内管制措施即使在表面上没有明确歧视外国服务提供者，实际上也很有可能对贸易产生一定的限制或扭曲作用。

1. WTO服务贸易国内规制的内容及要求

WTO服务贸易总协定（下称“GATS”）主要通过其第6条关于国内管制的一般性规定和国内管制具体纪律的谈判两类渠道来规制这类措施。GATS第6条的主要目的在于确保成员根据GATS享有的市场开放利益不受到国内管制措施所引起的阻碍，为此规定了成员进行服务业国内管制时应当遵守的纪律要求，该条共有6款。

首先，GATS成员在其做出具体承诺的部门中，应保证所有影响服务贸易的普遍适用的措施以合理、客观和公正的（reasonable，objective and impartial）方式实施。这项要求，尤其是其中所含的合理性倾向，可能会被WTO的争端解决机构在施加国内管制的实质性义务时采用并加以扩展。应当注意的是，这里规范的问题是国内管制的执行方式而非管制本身。其次，根据第6条第2款，为建立影响服务贸易的行政决定审查机制的目的，成员需要维持或建立司法的、仲裁的或行政的程序和裁定，至少应当规定客观和公正的审查，并在请求被证明合理的情况下提供适当的补救措施。

第6条第3款是有关国内管制措施透明度的要求，该款要求成员在其已做出具体承诺的部门，如提供某种服务需经批准，则其主管机关应在根据其国内法律法规被视为完整的申请提交后的一段合理时间内，将有关针对该申请的决定通知申请人。在申请人请求下，该成员的主管机关还应提供有关申请情况的信息，并不得有不当延误。根据第6条第5款，如果一成员认为另一成员实施的某项措施抵消或减损（nullify or impair）了其所作的具体承诺，则受到损害的成员可以就后者有关服务业的许可、资格和技术标准方面的措施提出申诉，但申诉成员应提供相关证明。此外，在成员已经就专业服务做出具体承诺的部门，每一成员应规定适当程序，以核验任何其他成员专业人员的能力。

GATS第6条第4款是讨论国内管制纪律最多的一个条款。就其内容而言，该款仅是临时性质的，因其包含了要求成员通过谈判发展相关管制纪律的要求。这一要求背后的理念是，如果在成员的国内管制纪律方面仅存在简单的一般性规则，则并不足以为解决有关成员特定措施产生的争议提供充分指导，而将这些一般性规则发展成较为具体的纪律则会增加相应的可操作性。服务贸易理事会或其建立的合适机构应负责制定进一步的监管纪律，旨在确保成员实施的国内管制要求不对国际贸易构成不必要的障碍。

在有助于确保通过此类谈判所发展纪律的合理、客观及公平方面，第6条第4款要求将来发展的相关要求应符合以下条件：（1）基于客观和透明的标准，如提供服务的能力和资格；（2）在确保服务质量方面不施加额外的负担；（3）如果是许可程序，则程序本身不构成对服务提供的限制。但在一成员已经做出具体承诺的部门中，在按照第4款为这些部门制定的纪律生效之前，该成员不得以以下方式实施使此类具体承诺失效或减损的许可要求、资格要求和技术标准。

第6条第4款涵盖的措施种类包括：资格要求，即专业服务提供者为履行职责而获得许可所必须具备的实体性要求；资历程序，获取资格需要履

行的有关行政或实体性程序；许可要求，服务提供者被要求遵守从而获得正式许可并提供服务的实体性要求；许可程序，有关提供服务的申请提交或处理的行政管理程序；技术标准，有关服务特点或定义以及对完成服务的方式要求等规定。有关服务提供者的资格要求及许可程序方面所涉及的一个值得注意的问题是资格等方面的相互承认问题。这规定在GATS第7条中，但有关管制标准应当尽量采用国际标准的要求在GATS第6条第5款（b）项中有所体现。

2. 关于服务贸易国内规制纪律的进一步谈判

根据第6条第4款的授权，WTO服务贸易理事会采取了类似于“试点”的方法，发展服务业国内管制的具体纪律。该理事会于1995年3月1日通过了关于专业服务的决议，并成立了专业服务工作组（Working Party on Professional Services，下称“WPPS”），要求成员根据第6条第4款开始制定专业服务方面国内管制纪律的工作，首先针对会计业制定更为详细的监管纪律。WPPS在1998年底完成了《会计服务业国内管制准则》，服务贸易理事会于1998年12月14日通过了该文本。1999年4月，服务贸易理事会建立国内管制工作组（Working Party on Domestic Regulation，下称WPDR）取代WPPS，致力于制定出适用于所有部门的、涉及资格要求和程序、技术标准和许可要求等国内规制实体规则的水平管制纪律。

2000年2月25日，服务贸易理事会宣布启动新一轮服务贸易谈判（通称“GATS2000”），国内管制规则的谈判成为整体谈判框架的重要组成部分。谈判过程中，各成员的讨论内容主要涉及四项议题：（1）GATS框架下“国内管制”的适用范围；（2）国内管制的透明度问题；（3）必要性检验标准与合法目标清单；（4）相互承认与国际标准问题。其中，必要性检验标准问题尤为值得关注。

GATS第6条第4款前言明确了服务业国内管制纪律的主要目标，即成员应确保“有关资历要求和程序、技术标准以及许可程序的措施不构成对国际贸易的不必要障碍。”据此，该款设定了必要性检验标准作为评价有贸易限制影响的国内监管措施与GATS规则的相符性问题。WPPS的《会计服务业国内管制准则》的核心内容正是约束性的必要性检验标准，即成员方应保证措施“对贸易的限制程度不超过实现合法目标所需要的程度”。在WPDR主导下的水平管制纪律谈判中，澳大利亚提出必要性标准应参照WTO货物贸易领域的现行条款进行规定；日本则主张参照《会计服务业国内管制准则》中的必要性检验规定；欧盟提出引入比例原则的建议。随后的谈判中，欠发达国家主张在不损害其国内管制自主权的基础上，构建合理的必要性检验统一纪律，而以美国为首的发达国家反对在统一纪律中有可实际操作的必要性条款，强调关注透明度问题。因各国立场难以协调，WPDR不得不于2007年停止了对必要性检验统一纪律的协商。

谈判的停滞并不减损必要性检验标准在国内规制中的重要地位。为实现服务贸易自由化与各国公共政策利益的兼顾发展，需要在国内监管权力对多边贸易规则的干预程度和确保保护主义的管制措施不破坏市场准入承诺之间寻求适度的平衡，而必要性检验标准是把握两者关系的基本尺度，是划分合理调控与滥用调控权的界限。故无论将来是WTO争端解决机制通过个案司法审查逐步澄清和确定必要性检验规则，还是WPDR通过谈判协商制定出统一的必要性检验纪律，必要性检验始终是服务贸易领域不容回避的话题，始终是保障国内管制自主权得以充分行使的工具。

二、中国的服务贸易国内规制及新发展

作为发展中国家，中国在服务贸易领域起步较晚。但改革开放，尤其是加入WTO以来，中国服务业面临很好的发展机遇。目前，中国正处在工业化、城镇化、市场化和国际化快速发展的时期，面临能源和资源短缺以及环境保护等瓶颈的制约，经济社会的可持续发展面临着很大的压力。服务业和服务贸易发展是实现中国经济可持续发展的重要途径。近年来，中国服务业产值和就业持续增加，服务贸易规模持续扩大，服务进出口总额在2012年排名世界第三。

在加入WTO前后，中国开展了大规模的清理修改法律法规工作。中央政府30多个部门，共清理各种法律法规和部门规章达到了2 300多件，地方共清理出19万多件地方性法规和政策措施。这些清理工作使WTO服务贸易领域的相关规则顺利转化成为中国国内服务业监管制度。从市场准入到

国民待遇，中国基本建立了符合WTO所倡导的统一、透明和公平原则的国内监管体制。服务行业国内监管规则的建立，既理顺了政府在服务贸易管理中的职责，也促进政府行为更加公开、公正和透明，为中国服务贸易的快速发展奠定了一个良好的政策环境。

值得关注的是，目前我国服务贸易在国内经济和全球经济中所占比重仍然较小，与经济大国地位不相符。这主要表现在服务贸易竞争力不足，出口能力偏弱，常年处于逆差当中；服务贸易较为低端，出口多属于旅游服务、软件外包、金融支付服务等传统领域，同时大量进口高端服务，如专业咨询服务、信息服务、金融服务等；推动我国服务贸易发展的多是和生产结合在一起的服务，而国际竞争趋势是由生产包含服务转向生产与服务的分化，因此制约了我国服务出口的竞争力。

2013年9月27日，国务院批准《中国（上海）自由贸易试验区总体方案》。上海自贸区的设立旨在培育我国面向全球的竞争新优势，其功能定位是要建成服务贸易创新的引领区，离岸型产业体系的集聚区、对外投资服务的先导区、监管方式优化的先行区和政府管理创新的示范区。自贸区运行机制的核心在于制度创新，包括金融服务、航运服务、文化服务、商贸服务、社会服务、专业服务等方面，并寻求管理、税收、法规等方面的创新。因此，上海自贸区的建立，在市场准入、外资国民待遇、业务经营、投资服务等方面营造了更开放的宽松环境。

作为WTO成员，中国有义务遵守GATS各项规则，确保监管服务业的各项国内措施不成为服务贸易自由化的障碍。但与此同时，作为发展中大国，我国的诸多服务业仍处于初级发展水平的现实，如何更好地协调二者之间的关系，也是我们面临的一个基本问题。总体上看，中国作为服务业的未来发展大国，在一定时期和特定条件下，需要强调对服务业的国内管制自主权，这对实现我国服务业发展的国内政策目标至关重要。因此，中国政府除应当积极参与有关GATS规则（尤其是关于GATS第6条第4款具体纪律的制定）的新一轮谈判、表明相关立场外，实践部门需要切实加强对GATS具体条文的理解与运用，以便能够切实维护我国对服务业的监管自主权。

上海自贸区的建立为未来我国服务业的发展带来重要契机。国务院因此在重新制定一些法规，目的是在自贸区内按照国际惯例实施新规则，政府职能有更多转变，以政府放权为标志的改革将进一步深化。原先受到较多管制的创新类金融服务、商务服务、文化娱乐教育和医药医疗护理业等，将获得更多发展机会。这有助于中国的服务贸易国内规制措施与WTO规则的进一步接轨。

（对外经济贸易大学法学院教授　石静霞）

第四篇　中国大陆与港、澳、台

与中国香港、澳门 WTO 事务

1995 年 1 月 1 日，世界贸易组织成立。中国香港和澳门作为关贸总协定缔约方，成为其创始成员。2001 年 12 月，中国内地以国家主体身份加入了世界贸易组织。从多边层面看，在世界贸易组织框架下，内地与港澳是平等的成员；从国内层面看，内地与港澳地区之间的经贸关系是国家主体与其单独关税区之间的关系。

2001 年底，在内地正式成为世界贸易组织成员之初，香港特区政府即提出，希望在内地与香港之间建立自由贸易区，以便香港能够充分借助中国内地“入世”后的过渡期，先行进入内地市场。2002 年 1 月，内地与香港就建立内地香港自由贸易区在北京进行了首次磋商，将两地未来的合作模式定位为更紧密经贸关系安排。

2003 年 6 月 29 日，《内地与香港关于建立更紧密经贸关系的安排》（CEPA，简称《安排》）及其 6 个附件在香港签署。同年 10 月，内地与澳门也签署了《安排》。2004 年 1 月 1 日，《安排》正式实施。此后的 2004—2012 年，内地分别与香港、澳门又相继签署了 9 个《安排》补充协议。

内地与香港、澳门《安排》的内容主要包括货物贸易自由化、服务贸易自由化和贸易投资便利化三方面。在货物贸易领域，自 2006 年 1 月 1 日起，内地与港澳已经全面实现了自由化，即内地对原产于港澳的产品全部实行零关税。在服务贸易领域，内地与港澳《〈安排〉补充协议九》将内地对香港、澳门开放的服务贸易领域均增至 48 个，开放措施分别达 338 和 318 项。按照世界贸易组织服务贸易分类标准，《安排》对香港、澳门服务贸易的开放部门已经达到了 149 个，占世界贸易组织分类的 160 个服务贸易部门总量的 93.1%；在贸易投资便利化方面，内地与港澳在贸易投资促进、知识产权保护、品牌合作等 10 个领域开展了合作。此外，包括专业人士资格互认及考试、金融合作和旅游合作在内的经济技术合作内容也十分务实。

《安排》是中国国家主体与其单独关税区之间建立的具有自由贸易区性质的经贸安排，也是内地对外签署、全面实施并接受世界贸易组织审议的最早的自由贸易协议之一。既遵循“一国两制”方针，也符合世界贸易组织规则。通过不断地补充和完善，《安排》及其 9 个补充协议已经形成了对港澳较为系统的开放体系。

《安排》的实施，逐步减少了内地与港澳在经贸交流中的体制性障碍，加速了相互间资本、货物、人员等要素的便捷流动，对内地的改革开放、港澳经济的复苏和发展以及内地与港澳的经贸交流起到了积极促进作用；推动了内地经济建设和现代服务业发展，促进了内地与港澳经济互动；有利于充分发挥“两制”的优势，推动内地与港澳共同开拓国际市场。《安排》还为内地商签其他自由贸易协议起到了示范和借鉴作用。

（商务部台港澳司）

与中国台北 WTO 事务

2001 年 12 月 11 日，中国大陆正式加入世界贸易组织，成为其第 143 个成员。2002 年 1 月 1 日，台湾地区以“台澎金马单独关税区”（简称“中国台北”）的名义加入世界贸易组织。两岸由此在世贸组织框架下开启了相关问题的协商与互动，台先后三次参与了世贸组织对我贸易政策审议，我参与了两次世贸组织对台贸易政策审议。

2010 年 6 月 29 日，海峡两岸关系协会与台湾海峡交流基金会在重庆签署了《海峡两岸经济合作框架协议》（ECFA，简称“框架协议”）。框架协议包括序言和 5 章 16 条及 5 个附件，基本涵盖了两岸间的主要经济活动，遵循世界贸易组织规则和平等互惠原则，并结合两岸经济发展的实际状况和特点，签署的综合性、具有两岸特色的经济合作协议。

2011 年 1 月 1 日，框架协议早期收获全面实施，大陆对 539 项原产于台湾的产品逐步降低或取消关税，在 11 个服务行业对台实施更加开放的政策措施；台对 267 项原产于大陆的产品实施降税，就 9 个服务行业对大陆进一步放开。2011 年 5 月 6 日，中国大陆和台湾分别致函世贸组织秘书处，就框架协议向世贸组织进行了早期通告。

框架协议签署后，两岸陆续启动了货物贸易、服务贸易、投资保障、争端解决等 4 个后续协议的磋商工作。2012 年 8 月 9 日，海协会与海基会在台北签署了《海峡两岸投资保护和促进协议》（简称“投保协议”）。从实体权益看，两岸投保协议在规定了一般投保协议通常包括的重要实体条款，包括投资定义、投资待遇、征收、损失补偿、代位、转移等的同时，还就投资者人身安全保护和第三地转投资作了专门规定。从程序权利看，两岸投保协议为两岸投资者设计了一套行之有效的争端解决体系，这也是该协议的最大亮点之一。具体体现在：一是特别纳入了投资商事争议仲裁条款；二是为投资者与投资所在地一方的争端解决设计了多层次、多渠道的 5 种争端解决方式，包括争端双方友好协商解决、协调机制协调解决、投资争端协处机制协助解决、提交两岸投资争端解决机构通过调解方式解决、通过行政复议或司法程序解决。

投保协议有利于保护两岸投资者权益，逐步减少投资限制，创造公平的投资环境，促进两岸双向投资。作为框架协议生效后第一个完成商谈并成功签署的后续协议，它对两岸经贸领域制度化合作具有承前启后的重要作用。今后，商务部将按照世贸组织规则，结合《十二五规划纲要》中“关于建立健全两岸经济合作机制、全面深化两岸经济合作”的要求，加速推动框架协议其他三个后续协议的商谈工作，为两岸经济繁荣做出更大贡献。

（商务部台港澳司）

与港、澳、台经贸关系

（一）内地与港澳经贸关系

1. 内地与港、澳经贸交流情况

2012年，内地与香港贸易额为3 414.9亿美元，同比增长20.5%；其中，内地对香港出口为3 235.3亿美元，同比增长20.7%；自香港进口为179.6亿美元，同比增长15.9%。

2012年，内地与澳门贸易额为29.9亿美元，同比增长18.6%。其中，内地对澳门出口为27.1亿美元，同比增长14.9%；自澳门进口为2.8亿美元，同比增长72.0%。

从相互投资看，截至2012年底，内地累计批准港资项目348 884个，实际利用港资5 922.7亿美元。按实际使用外资统计，港资在内地累计吸收境外投资中占46.3%。内地累计批准澳资项目13 142个，实际利用澳资108.9亿美元，澳资在内地累计吸收境外投资中占0.85%。

与此同时，内地赴港澳投资也不断增加。截至2012年底，内地对香港非金融类累计直接投资为2 485.96亿美元，占内地对外非金融类累计直接投资存量总额的59.9%。内地累计对澳门非金融类直接投资8.50亿美元。

2. 对港澳经贸领域成就及业界评价

（1）成功签署内地与香港、澳门《安排》及9个补充协议，并顺利实施，取得积极成果。

2003年，内地与香港、澳门特区政府分别签署了内地与港、澳《安排》，开启了两地经贸往来的新篇章。此后的2004—2012年，两地又陆续签署了9个《安排》补充协议，形成了对港澳较为系统的开放体系。

在货物贸易领域，据中国海关统计，2012年，《安排》项下内地进口香港零关税货物货值为12.46亿美元，关税优惠额6.48亿元人民币。截至2012年底，内地累计进口香港《安排》项下受惠货物59.42亿美元，关税优惠额33.52亿元人民币。据香港统计，截至2012年底，香港发证机构共签发91 907份原产地证书，货物离岸价总值为471.7亿港元。

据中国海关统计，2012年，《安排》项下内地进口澳门零关税货物货值为1 660.6万美元，关税优惠额987.5万元人民币。截至2012年底，内地累计进口澳门《安排》项下受惠货物4 846.7万美元，关税优惠额2 850.2万元人民币。据澳门统计，截至2012年底，澳门经济局共发出2 406张“零关税原产地证书”，总出口额3.61亿澳门元。

在服务贸易领域，截至2012年底，香港工贸署共签发香港服务提供者证明书2 623份。其中运输服务及物流服务共签发证明书1 291份，占核发总数的49.2%。截至2012年底，澳门经济局核发429张“澳门服务提供者证明书”，主要涉及货代、物流、运输、仓储、会议及展览等领域。

在金融领域，截至2012年底，香港共有206家银行开办人民币业务，香港人民币存款总额6 030亿元。截至2012年底，澳门共有27家银行开办人民币业务；澳门人民币存款总额416.31亿元。

在个体工商户方面，截至2012年底，内地共注册香港个体工商户4 711户，从业人员13 225人，资金数额4.16亿元。截至2012年底，内地共注册澳门个体工商户897户，从业人员2 161人，资金数额5 652万元。

在个人游方面，据香港旅游局统计，2012年，内地赴港“个人游”旅客为2 314万人次，占内地赴港旅客66.3%。2003年7月至2012年底，内地赴港“个人游”旅客累计达1.02亿人次，占内地赴港旅客的56.2%（同期内地赴港旅客为1.8亿人次）。据澳门统计局统计，2012年，内地赴澳“个人游”旅客713万人次，占内地游客总数的42.2%。2003年7月至2012年底，内地赴澳“个人游”旅客累计达5 494.6万人次，占内地游客总数的42.3%（同期内地赴澳旅客为1.3亿人次）。

（2）推动“中国—葡语国家经贸合作论坛（澳门）”（简称“中葡论坛”）相关工作，发挥澳门的平台作用。

为加强中国内地与葡语国家的经贸合作，进

一步强化澳门作为中国内地与葡语国家经贸平台的作用，2012年商务部在各部门、澳门特区政府和中葡论坛常设秘书处的支持和配合下，一是积极推动温家宝总理在中葡论坛第三届部长级会议上对外宣布的六项新举措的落实。六项举措中，除中葡合作发展基金外，其他五项举措都完成了2012年度应完成的任务。关于中葡合作发展基金，商务部积极推动国家开发银行分别在澳门、北京、巴西召开三场推介说明会，协调澳门特区政府有关部门与国家开发银行协商首期出资额、出资比例等修改事项；与国家发展与改革委沟通核准基金的设立方案。二是成立中葡论坛中方后续行动委员会并于2012年2月中旬召开第一次会议。委员会的成立有利于协调中方各部门落实第三届部长级会议制订的《经贸合作行动纲领》和中方对外承诺的各项措施。

此外，2012年5月和9月，商务部还联合澳门特区政府、论坛常设秘书处组团，分别访问了巴西、安哥拉、莫桑比克。

2012年，中国与葡语国家进出口商品总值为1 284.97亿美元，比2011年同期的1 172.33亿美元增加112.64亿美元，同比增长9.6%。其中，中国自葡语国家进口874.45亿美元，同比增长10.74%；对葡语国家出口410.52亿美元，同比增长7.26%。

（二）大陆与台湾经贸关系

1. 大陆与台湾经贸交流情况

2012年，大陆与台湾贸易额1 689.6亿美元，同比增长5.6%。其中，大陆对台湾出口367.8亿美元，同比增长4.8%；自台湾进口1 321.8亿美元，同比增长5.8%。

台湾是我国第七大贸易伙伴，第九大出口市场，第四大进口来源地。大陆是台湾最大的贸易伙伴和贸易顺差来源地。

按投资者注册地统计，2012年，大陆共批准台商投资项目2 229个，同比下降15.5%，实际使用台资金额28.5亿美元，同比增长30.4%。

截至2012年底，按投资者注册地统计，大陆累计批准台商投资项目8.80万个，实际台资达570.5亿美元，占我国实际使用境外投资的4.5%。若加上台商经第三地的转投资，我国累计实际使用台资约921.5亿美元，占我国实际使用境外投资的7.3%，在我国外资来源地中排第二。

自台2009年6月30日开放陆资入岛起计算，截至2013年2月底，经商务部批准，有136家非金融类大陆企业赴台设立了公司或代表机构，投资金额2.6亿美元。领域涵盖批发零售、通讯、餐饮、塑胶制品、旅游等13个行业。

2. 对台经贸领域的成就

（1）ECFA早期收获成效显著

ECFA早期收获于2011年1月1日全面实施，早期收获实施的覆盖面广，效果明显，普遍惠及两岸民众。

在货物贸易领域方面，2012年大陆进口享受ECFA关税优惠的货物货值84.3亿美元，增长104.7%，减免关税33.9亿人民币（约合5.4亿美元），增长3.3倍。大陆对台出口享受ECFA关税优惠的货物货值约14.3亿美元，减免关税16.6亿新台币（约合0.56亿美元）。自2011年1月1日实施起，两年来大陆对台累计减免关税41.7亿人民币（约合6.7亿美元），台对大陆累计减免关税23.3亿新台币（约合0.80亿美元），大陆与台湾减免关税之比为8.4∶1。

在服务贸易领域方面，截至2012年底，大陆累计批准28家台湾金融企业和167家非金融企业在大陆提供服务，引进11部台湾影片，核准9家台湾会计师事务所取得1年临时执业许可。

（2）成功举办了“两岸经贸合作与发展论坛”

为进一步深化两岸经贸合作、协助大陆台资企业加快转型升级脚步，2012年9月8日，商务部、国台办在福建省厦门市举办了第七届两岸经贸合作与发展论坛。论坛以“产业转型与两岸合作”为主题，邀请两岸学术界和工商界人士200余人参加。会上，来自两岸的专家学者和知名企业家围绕当前经济形势下的两岸经贸合作、大陆台企转型升级等发表了主旨讲话。本次论坛的召开，为两岸学者及企业家搭建了有效的交流平台。

（商务部台港澳司）

第五篇　与WTO主要成员经贸关系

中国与美国的经济贸易关系

2012年，中美经贸关系保持稳定的发展势头，双边贸易额接近5 000亿美元，达到历史高点，美国成为中国最大的出口市场。

一、两国领导人高度重视、亲力推动，为扩展双边经贸合作创造有利条件

2012年2月，习近平副主席访美，深化了建设中美互利共赢合作伙伴关系的重要共识，拓展了双方在经贸等领域的务实合作。3月，胡锦涛主席在首尔出席核安全峰会期间与奥巴马总统会晤，就中美加强各领域合作、进一步推动合作伙伴关系建设达成重要共识。11月，温家宝总理在柬埔寨出席东亚峰会期间会见奥巴马总统，再次提出中美两国应在贸易、投资、金融、基础设施等领域开展大规模一揽子合作，化解矛盾和分歧。第四轮中美战略与经济对话和第23届中美商贸联委会分别于5月、12月成功举行。商贸联委会在中美两国完成重要政治议程后召开，双方就关心的问题进行广泛讨论，达成多项共识。

二、双边贸易稳步增长，规模不断扩大

据中国海关统计，2012年，中美贸易额达到4 847亿美元，同比上升8.5%。其中，中国自美进口1 329亿美元，同比上升8.8%；出口3 518亿美元，同比上升8.4%。中方顺差2 189亿美元，同比上升8.2%。

据美国海关统计，2012年，中美货物贸易额为5 551亿美元，同比上升6.5%。其中，美自华进口4 445亿美元，同比上升6.5%；对华出口1106亿美元，同比上升6.4%。美对华贸易逆差3 339亿美元，同比上升6.5%。

三、双向投资快速发展，领域更加广泛

美国仍然是中国外资最大的来源地之一。2012年，中国新批设立美资企业1 301家，同比下降8.8%；实际使用外资金额26亿美元，同比增长9.7%。截至2012年底，美对华实际投资达到701.9亿美元。与此同时，中国对美投资继续呈快速增长趋势，全年在美非金融类直接投资36.5亿美元。截至2012年底，中国企业在美累计非金融类投资112.5亿美元，投资范围广泛，涉及诸多领域。

四、对美贸促活动和中美省州经贸合作卓有成效

2012年2月和7月，中国商务部和有关商协会两次组织中国贸易投资促进团访美，在美多个州、市开展了多种形式的贸易投资促进活动，并广泛接触了美联邦和地方政府、议会和工商界人士，对中美经贸合作的稳定发展发挥了有力的推动作用。中美省州之间的交流与经贸合作日益增多，“中国省与美国加州贸易投资合作联合工作组”建立为中美省州经贸活动树立新标杆。

五、双边经贸摩擦增多但合作仍是双边经济关系主流

2012年，在美国经济复苏迟缓以及大选背景下，美国内经贸问题政治化倾向明显，涉华经贸摩擦和矛盾增多。美政府指责中国不遵守国际规则，宣布成立跨部门贸易执法中心强化对华贸易执法，并通过修订法律允许对“非市场经济”国家进行反补贴调查。在调查中采取政治化的做法，调查涉案企业管理人员的政治身份和企业中基层党组织信息。此外，将中国对稀土等原材料实施的出口限制和汽车“双反”措施、汽车零部件补贴问题诉诸世贸组织。美国会和行政当局在人民币汇率和其他诸多问题上不断向中国施压，要求中国为实现“世界经济再平衡”承担更多责任，进一步开放市场。同时，美以“国家安全”等非经济因素为由阻碍中国企业赴美投资的案例明显增多。

总体看，中美关系的主旋律是合作，中美经贸关系的本质是互利共赢，经贸关系仍是中美关系的压舱石。

（商务部美大司）

中国与加拿大的经济贸易关系

2012年，中加经贸关系继续稳步发展。双方高层互访频繁，各层级交流不断增多。2012年2月哈珀总理成功访华，两国领导人宣布一系列重要经贸成果。8月，双方共同宣布完成经济互补性联合研究并发布研究报告。9月，APEC领导人非正式会议期间，胡锦涛主席与哈珀总理举行双边会见，双方正式签署了《中华人民共和国政府加拿大政府关于促进和相互保护投资的协定》；中加经贸联委会第23次会议在厦门成功举行；加拿大九省省长率团访华，与中国有关省市就加强经贸合作进行深入探讨；加拿大中国总商会在加拿大多伦多市成立。

一、双边贸易稳步增长

据中国海关统计，2012年中加双边贸易额513.7亿美元，同比增长8.3%。其中，中国对加出口281.3亿美元，同比增长11.3%，从加进口232.5亿美元，同比增长4.9%。加拿大为中国第十四大贸易伙伴、第十三大出口市场和第十四大进口来源地。中国对加出口的主要商品为计算机、服装、家具、纺织品、鞋、箱包，中国从加进口的主要商品为纸浆、矿石、木材、煤炭和粮食等。

据加拿大海关统计，2012年中加双边贸易额为700亿加元，同比上升7.7%。其中，加拿大从中国进口507亿加元，同比上升5.2%，占加外贸总额的7.6%；加拿大对中国出口193亿加元，同比增长14.9%。中国是加拿大的第二大贸易伙伴、第二大进口来源地和第二大出口市场。

二、双向投资蓬勃发展

加拿大是中国外资的重要来源地之一。2012年，加拿大在华投资新设立企业331家，加方实际投入金额4.35亿美元。截至2012年底，加拿大累计在华设立企业12 441家，实际使用外资金额87.7亿美元。加拿大在华投资项目在沿海发达地区、中部地区和西部地区均有分布。投资的行业主要有：电信设备制造、轻工机械设备制造、工程设计、软件开发、种植业、服装制造、房地产、矿业、娱乐服务等。

截至2012年底，中国企业在加拿大非金融类直接投资共67.97亿美元。涉及的行业主要有资源开发、工业生产、金融服务、农牧渔业、餐饮业、科技文化交流、交通运输、咨询服务等。2012年，其中中方在加拿大非金融类直接投资7.2亿美元。

据加方统计，2011年中国对加投资存量为110亿美元，占其吸引外资的1.8%，为加第九大直接投资来源国，主要投资项目集中在能源矿产领域。2012年12月7日，中国海洋石油总公司以151亿美元收购加拿大尼克森能源公司的交易获加政府批准，这是目前为止中国公司规模最大的一次海外收购。加拿大已成为中国企业海外投资的重要目的地之一。

（商务部美大司）

中国与澳大利亚的经济贸易关系

中国和澳大利亚同为亚太地区的重要国家，经济互补性很强，具有广泛的共同利益。近年来，中澳经贸关系发展良好，澳成为我国重要的能矿资源合作伙伴，两国工商界人士来往日益频繁，各种经贸交流机制不断增多，中澳经贸合作已形成了全方位、多层次、宽领域的良好互动格局。

据中国海关统计，2012年中澳双边贸易额达到1 223亿美元，同比增长4.9%。其中，中国对澳出口377.4亿美元，同比增长11.3%；从澳进口845.6亿美元，同比增长2.3%。目前，澳是中国第八大贸易伙伴、第九大出口市场和第七大进口来源地。过去十年，双边贸易额年均增长率达28%。

据澳方统计，2012年澳中货物贸易额为1 178亿澳元（约合1 225亿美元），同比增长3.7%。其中，澳对华出口733亿澳元，增长2.6%；澳自华进口445亿澳元，增长5.5%。中国为澳第一大货物贸易伙伴，第一大进口来源地和第一大出口目的地。

澳大利亚是我国重要的外资来源地。截至2012年底，澳大利亚累计在华设立外商投资项目10 138个，累计实际对华投资71.8亿美元。我国对澳投资近年来增长较快，澳已成为我国重要的海外投资目的国。据中方统计，截至2012年底，中国企业累计对澳各类投资超过400亿美元。据澳外国投资审查委员会报告，2011/12财年（2011年7月至2012年6月）澳共批准中国企业投资161.9亿澳元（约合168亿美元），占澳批准外资总额的9.5%。按批准金额计，中国是澳第三大外资来源国，位于美国和英国之后。中澳两国企业在能矿资源开发、汽车制造、农业、金融服务、通讯等诸多领域进行了积极合作。尽管我国对澳投资势头增长较快，但我方投资总量仍较小。截至2012年6月底，中国在澳投资存量占澳吸收外资总量的2.6%，排名第9位。

澳大利亚通过对华经贸合作分享了中国经济增长的红利，获得了广泛、巨大的经济利益。澳对华强劲的出口和中国企业对澳较大规模的投资是澳成功抵御国际金融危机、保持经济增长的重要动力之一。中国是澳矿产品第一大出口市场、农产品第二大出口市场，同时也是澳第一大服务贸易出口市场。此外，中国也是澳最大的海外留学生来源国和人均消费最高的游客来源地。

两国政府部门建立了多个经贸磋商机制，开展了密切的沟通与合作。2012年4月，时任商务部长陈德铭访澳期间，中澳双方签署了《中澳基础设施合作谅解备忘录》，希望进一步推动双方在基础设施建设领域的合作。2012年5月，中澳两国在首届京交会期间还举办了第一届中澳服务贸易论坛，这将大大推动两国服务贸易领域的合作。2012年，澳多个州领导人访华，希望进一步加强省州之间的经贸合作。

展望未来，中澳经贸合作的前景十分广阔。中澳经济高度互补是推动中澳经贸关系不断稳定发展的基础。中国正处于工业化、城市化快速发展期，对能矿资源的需求总量将会继续增长，为澳大利亚能矿企业提供了巨大的市场。“十二五”期间，中国将以转变经济发展方式，推进经济结构调整，扩大内需，作为经济发展的长期战略方针和基本立足点。这一过程中释放的庞大投资需求和消费需求，将为澳产品提供更广阔的出口市场，为澳企业拓展对华经贸合作领域、提升合作规模提供前所未有的发展机会。

（商务部美大司）

中国与智利的经济贸易关系

一、智利历史和经济概况

智利位于南美洲西南部，是世界上最狭长的国家，南北长 4 352 公里，东西宽 96.8～362.3 公里。境内多火山，地震频繁。1535 年，西班牙殖民者从秘鲁侵入智利北部。1541 年建立圣地亚哥城，智利沦为西班牙殖民地。1810 年 9 月 18 日成立执政委员会，实行自治。1818 年宣告独立。1970 年社会党人阿连德当选总统，组成“人民团结”政府。1973 年以皮诺切特为首的军人集团推翻阿连德政府上台，开始了长达 17 年的军政府统治。1989 年，社会党、基民党等组成“争取民主联盟”（后称执政联盟）参加议会选举和总统大选，基民党人艾尔文当选总统，于次年 3 月 11 日开始执政，从而恢复了代议制民主。1998 年皮诺切特交出军权，智利的“民主过渡”进程基本完成。

智利属于中等发展水平国家。矿业、林业、渔业和农业是国民经济四大支柱。20 世纪 80 年代后，智利开放市场，加强宏观调控，调整产业结构，经济取得较大增长，被世界银行和西方国家誉为拉美经济的样板。特别是 2003 年以来，智利政府实行稳健的财政政策和货币政策，得益于铜、三文鱼、纸浆等智利出口支柱产品价格持续走高，经济稳步增长。2008 年以来受国际金融危机蔓延影响，智利实体经济受到冲击，经济增长放缓。2009 年下半年以来，智利经济企稳回升。2010 年“2.27”地震造成智利基础设施损毁严重，经济损失达 300 亿美元，约占智利国内生产总值 17%。皮涅拉政府加强宏观调控，重点围绕恢复交通、住房、就业和渔业四个方面展开灾后重建工作。凭借外部市场回暖、铜价走高等有利条件，智利经济逐渐走出低谷，呈现快速回升势头。

二、双边关系简况

（一）中智经贸关系总体情况

智利是拉美国家中同我国交往较早的国家之一。1961 年我国在智利建立了中国进出口公司商业新闻办公室，1965 年改为中国国际贸易促进会商务处。1970 年 12 月 15 日，中智建交，双边贸易开始正常发展。2004 年 11 月胡锦涛主席访智期间，两国关系定位为全面合作伙伴关系。2012 年 6 月温家宝总理访智期间，双方宣布建立战略伙伴关系。

智利是第一个与我国建交的南美国家、第一个同我国签署关于中国加入世界贸易组织双边协议的拉美国家、第一个宣布承认我国完全市场经济地位和第一个与我国签署自由贸易协定的拉美国家。

两国迄今签有政府贸易协定（1971 年 4 月）、经济技术合作协定（1972 年 6 月）、关于鼓励和相互保护投资协定（1994 年 3 月）、关于我国加入世贸组织的双边协定（1999 年 11 月）、自由贸易协定（2005 年 11 月）、自由贸易协定关于服务贸易的补充协定（2008 年 4 月）、自由贸易协定关于投资的补充协定（2012 年 9 月）等多项经贸协定。

（二）双边贸易

中智两国自 1970 年建交以来，双边经贸关系发展顺利。多年来，智利一直是中国在拉美的重要贸易伙伴。自 2006 年中智自贸协定实施以来，双边贸易快速增长，连创历史新高。目前，智利是我国在拉美的第三大贸易伙伴，我国是智第一大贸易伙伴、第二大进口来源国和第一大出口目的地国。据中国海关统计，2012 年中智双边贸易额为 332.4 亿美元，同比增长 5.7%；其中，我国出口 126 亿美元，同比增长 16.5%；我国进口 206.4 亿美元，同比下降 0.01%。我国对智主要出口机电产品、纺织品、家电等商品，主要进口铜、铁矿砂、纸浆、鱼粉、水果和葡萄酒等商品。

根据智方统计，2012 年中国为智利第一大贸易伙伴，与中国双边贸易额达 323.64 亿美元，其中智对华出口额 178.22 亿美元；智从中国进口额 124.21 亿美元。中国为智利铜和纸浆第一大出口市场。

（三）相互投资

截至 2012 年底，智利在华累计投资项目数 151 个，实际投入金额 1.05 亿美元，主要集中在航运、服装、化工、建材、食品和金属加工等领域。2012 年，智在华投资项目数 5 个，实际投入金额2 075万美元。

按照商务部业务统计，截至2011年底，我国对智非金融类直接投资9 794万美元，主要涉及矿产资源勘探开发、农业、加工制造和渔业等领域。2012年，我国对智非金融类直接投资2 349万美元。

（四）承包工程

截至2012年底，我国企业在智累计签订承包工程劳务合作8.78亿美元，累计完成营业额6.32亿美元。2012年新签承包工程合同额1.77亿美元，完成营业额1.15亿美元。项目工程涉及电信、地勘、水电等领域。

（五）中智自贸协定

2004年11月18日，胡锦涛主席与智利总统拉戈斯共同宣布启动中智自贸区谈判。2005年11月18日，在韩国釜山APEC领导人非正式会议期间，在胡锦涛主席和拉戈斯总统的见证下，双方签署《中智自贸协定》。2006年9月，吴邦国委员长访智期间，与智总统巴切莱特共同宣布自2006年10月1日起开始实施《中智自贸协定》，并正式启动服务贸易和投资谈判。

根据《中智自贸协定》，从2006年10月1日起，两国全面启动自贸协定货物贸易的关税减让。占两国税目总数97%的产品将在10年内分阶段降为零关税。迄今，经过五次降税，已有分别约占中方、智方税目总数75%、86%的产品关税降至零。

中智自贸区服务贸易谈判于2006年9月启动。2008年4月13日，在胡锦涛主席和智总统巴切莱特共同见证下，中智双方在海南三亚签署了《中智自贸协定关于服务贸易的补充协定》（即中智自贸区服务贸易协议）。双方已于2010年8月正式实施该协定，目前实施情况良好。

2009年1月，中智启动了《中智自贸协定关于投资的补充协定》谈判，并于2012年9月9日在俄罗斯APEC领导人会议期间正式签署。

中国—智利自由贸易协定的签署和实施，为双边经贸关系的深入发展注入了新的活力。自贸协定生效后，智对华出口额迅速增长，我国分别于2007年和2009年超越欧盟和美国，并从2009年起成为智利第一大出口目的地国。

（商务部美大司）

中国与秘鲁的经济贸易关系

一、秘鲁历史和经济概况

秘鲁是一个文明古国。公元 11 世纪建立“印加帝国”。1531 年沦为西班牙殖民地。1821 年 7 月 28 日独立，成立秘鲁共和国。此后，英、美势力相继侵入，秘鲁长期遭受内乱外患。秘鲁军人曾多年执政。1980 年 5 月，举行民主选举，恢复文人政府。主要传统政党人民行动党和阿普拉党先后执政。1990 年 7 月，“改革 90”党领导人藤森就任总统，并连续执政 10 年。2000 年藤森流亡日本，2005 年 11 月在智利被捕，2007 年 9 月被引渡回秘鲁接受审判，至目前仍被监禁。2001 年 6 月，“可行的秘鲁”党候选人托莱多当选总统。2006 年 6 月，阿普拉（APRA）党候选人阿兰·加西亚当选总统。2011 年 6 月，民族主义党候选人奥杨塔·乌马拉当选总统，并于 2011 年 7 月 28 日就职，任期 5 年。

秘鲁经济在拉美属中等水平。服务业和制造业是秘鲁的支柱产业，矿业和农牧渔业是其传统产业。

20 世纪 80 年代末，秘经济曾陷于严重危机。1993 年以来，藤森政府推行经济结构改革，加快私有化步伐，改善同国际金融机构的关系。1994 年和 1995 年经济持续增长，分别达 13.1% 和 7.3%，居拉美之首。1998 年受自然灾害和亚洲金融危机影响，经济大幅下滑。1999 年，秘政府加快基础设施建设和厄尔尼诺灾后重建工作，经济出现复苏迹象，但贫困和失业问题仍较严重。2000 年受政局动荡的影响，经济出现停滞。2001 年，托莱多政府执政后，实行“恢复经济政策”，但受国际经济环境不佳、内需和投资不旺影响，直到 2003 年起，随着世界范围内经济形势的好转，秘经济才开始恢复性增长。2006 年，加西亚政府延续了上届政府的经济政策，继续执行稳健的宏观经济政策，出台了一系列举措刺激经济：增大扶持农业的力度；启动鼓励创业计划，简化行政审批手续，扶助中小企业发展，以增加就业；推进教育、医疗、社会保障等领域的改革；维护秘在国际投资者的良好形象；推出新的基础设施和能源资源项目进行国际招标，吸引更多投资；积极推动美国国会批准秘美自贸协定，寻求与周边邻国及亚太地区新兴国家的自贸安排，为秘产品寻找新的出口市场。

2005—2008 年，秘经济连续四年增长超过 8%。尽管受国际金融危机的不利影响，2009 年秘经济增长率仍达 0.98%，是当年少数实现增长的拉美国家。2010 年秘鲁经济复苏势头强劲，GDP 达 1 530 亿美元，增长率 8.78%，是拉美增长最快的国家之一。2011 年秘鲁 GDP 达 1 767 亿美元，增长率 6.9%。2012 年秘鲁 GDP 达 1 996 亿美元，增长率 6.3%。

秘鲁是世贸组织成员国，长期以来实行自由贸易政策。同时秘鲁也是安第斯共同体成员，在该集团内部，大部分商品流通已实行零关税，对外则共同实行五级关税制度。

目前，秘鲁已建立了包括出口商贷款保险基金、出口融资计划和特别免税计划在内的多种机制以鼓励本国产品出口。

2012 年秘鲁进出口贸易保持增长势头，外贸总额为 874.4 亿美元，出口 452.8 亿美元，进口 421.6 亿美元。矿产品、石油和鱼粉是秘主要出口产品。秘鲁主要贸易伙伴为美国、中国、巴西、厄瓜多尔、阿根廷、智利、日本等。

二、双边贸易

目前，中国是秘鲁第一大贸易伙伴，秘鲁是中国在拉美第七大贸易伙伴。我国是秘鲁第一大出口市场和第二大进口来源国。据中国海关统计，2012 年，中秘双边贸易额为 137.96 亿美元，同比增长 9.7%，其中我国出口 53.33 亿美元，同比增长 14.6%，我国进口 84.63 亿美元，同比增长 6.8%。

我国向秘鲁主要出口计算机与通信技术、钢铁板材、手持无线电话机、摩托车等产品；我国自秘鲁主要进口铜矿砂及其精矿、原油、鱼粉和铁矿砂及其精矿。2012 年，中国是秘鲁铜矿砂及其精矿、铁矿砂及其精矿、铅矿砂及其精矿、铜及铜制品、鱼粉的最大出口市场。

三、双边经济合作

（一）双向投资

根据商务部业务统计，截至2011年底，秘鲁在华投资合同金额2.1963亿美元，实际投资4 208万美元，涉及电子、房地产、汽车零部件等行业。2012年，实际投资16万美元。

根据商务部业务统计，截至2011年底，我国对秘鲁非金融类直接投资5.21亿美元，2012年直接投资3 242万美元。

（二）承包工程、劳务合作和设计咨询

中秘工程承包合作稳步发展，秘鲁是我国在拉美第六大工程承包市场。我国对秘鲁开展承包工程业务始于1986年。截至2012年底，我国在秘鲁累计签署承包工程、劳务合作业务合同额13.7亿美元，完成营业额13.4亿美元。2012年，我国在秘累计签署承包工程、劳务合作业务合同额2.41亿美元，完成营业额3.50亿美元。

四、中秘自贸协定

2008年11月19日，胡锦涛主席访秘鲁期间，与秘鲁前总统加西亚共同宣布中国—秘鲁自贸协定谈判成功结束。2009年4月28日，中、秘两国在北京签署自贸协定。

经双方友好协商并书面确认，《中国—秘鲁自由贸易协定》于2010年3月1日起实施，也是我国在拉美继中智自贸协定后开始实施的第二个自贸协定。

中秘自贸协定覆盖领域广、开放水平高，是中国与拉美国家签订的第一个全面的自贸协定。

在货物贸易方面，中秘双方将对各自90%以上的产品分阶段实施零关税。我国的轻工、电子、家电、机械、汽车、化工、蔬菜、水果等众多产品和秘方的鱼粉、矿产品、水果、鱼类等产品都将从降税安排中获益。

在服务贸易方面，秘方将在包括研发、租赁、技术测试和分析、农业、采矿、快递、旅游等90个部门进一步对中方开放，中方则在采矿、管理咨询、研发、翻译和口译、体育、旅游等16个部门对秘方进一步开放。

在投资方面，双方将相互给予对方投资者及其投资以准入后国民待遇、最惠国待遇和公平公正待遇；鼓励双边投资并为其提供便利；建立了以投资者—东道国仲裁为特色的投资争端解决机制等。

此外，双方还在原产地规则及与原产地有关的操作程序、海关程序及贸易便利化、贸易救济、卫生与植物卫生措施、技术性贸易壁垒、知识产权、合作等领域达成广泛共识。

（商务部美大司）

中国与新西兰的经济贸易关系

中国和新西兰同为亚太地区重要国家，经济互补性很强，具有广泛的共同利益。近年来，两国政治关系良好，经贸关系发展稳定。自2008年两国实施自由贸易协定以来，双边贸易迅猛发展，相互投资显著上升，互利经济合作不断拓宽和深化。五年来，双边贸易总额年均增长22%。中新自由贸易协定的实施对两国共同抵御国际经济危机、保持经济增长起到了重要作用。

根据中方统计，2012年中新双边贸易额为96.7亿美元，同比增长11%；其中中国对新出口38.7亿美元，同比增长3.4%；中方自新进口58.1亿美元，同比增长16.6%。据新方统计，2012年中新双边贸易额145.73亿新元，同比增长9.4%，占新西兰贸易总额的15.6%。目前，中国已成为新第二大贸易伙伴、第二大出口市场和第一大进口来源地。新西兰已成为中国最大的乳制品和羊肉进口来源地。同时，中国已成为新西兰最大的海外留学生来源地和成长最快的海外游客市场。

据中方统计，截至2012年底，新西兰累计来华投资项目1 691个，累计实际投入金额达12.4亿美元。新西兰在华投资主要分布在农林、轻工、纺织、冶金、食品加工、医药、计算机等领域。截至2012年底，中国对新西兰非金融类直接投资2.4亿美元，主要涉及乳业、资源开发、保险、建筑等领域。据新方统计，2012年中国在新西兰投资3 400万新元，占新吸收外资总额68.99亿新元的0.49%。

2012年，新西兰朗泽科技公司与首钢集团、新西兰首钢唐明公司设立的合资公司在首钢建成煤气发酵制乙醇的示范工厂，上海鹏欣集团收购新西兰克拉法农场，海尔集团成功收购新西兰飞雪派克电器公司等投资案例，成为中新投资合作的新亮点。

中新两国经济互补性强，在机电产品贸易、服务贸易、农牧业、环保技术、生物医药、食品安全、清洁能源等领域有很大的合作空间。2012年2月，新西兰政府发布首份《中国战略报告》，提出将致力于扩大双边货物及服务贸易，增加双边投资，提升双边科技合作质量和水平，全面推进中新合作关系。2012年4月全国政协主席贾庆林访问新西兰，有力推动了双边经贸关系继续向前发展。

（商务部美大司）

中国与拉美国家的经济贸易关系

中国与拉美虽然相距遥远，但双边经贸往来历史悠久。早在16世纪末，拉美地区的白银就通过商品交换大量流入中国。目前，拉美33个国家都与中国有贸易往来，其中21个国家与中国建立了外交关系。目前，中拉高层接触密切，政治关系良好。中国同委内瑞拉建立了“共同发展的战略伙伴关系”，同巴西、墨西哥和阿根廷建立了“战略伙伴关系”，同智利建立了“全面合作伙伴关系”。中拉经贸合作进入全方位发展新阶段，合作规模迅速扩大，领域不断拓宽，利益交汇点和契合点日益增多。

一、中拉经贸合作简况

中拉经贸合作走过了一个渐进、积累和快速发展的过程。进入21世纪，中拉经贸合作迎来了一个大发展时期。这个时期，以双边贸易的快速增长为龙头，带动了中拉在各个领域相互投资的增长，同时也促进了中国在拉美国家的工程承包等业务的不断扩展。

（一）双边贸易

近年来中国与拉美和加勒比地区经贸合作平稳快速发展。2000年中拉贸易首次突破100亿美元，2007年超过1000亿美元。20世纪90年代，中拉贸易占我国外贸总量的比重只有不到3%，2012年这一比重已上升至6.76%。据联合国拉美经委会数据统计，2012年拉中贸易占该地区对外贸易额的11.27%。目前，中国是拉美仅次于美国和欧盟的第三大贸易伙伴，是巴西、智利等国的第一大贸易伙伴，也是阿根廷、墨西哥、秘鲁、委内瑞拉、古巴等国的第二大贸易伙伴。根据中国海关统计，2012年中拉贸易额为2 612.4亿美元，同比增长8.2%，其中，中方出口1 352.2亿美元，进口1 260.2亿美元，同比分别增长11.1%和5.2%。我国在拉美前五大贸易伙伴分别是：巴西、墨西哥、智利、委内瑞拉和巴拿马，我国对拉美前五大出口市场分别是：巴西、墨西哥、巴拿马、智利和委内瑞拉，前五大进口来源国分别是：巴西、智利、委内瑞拉、墨西哥和秘鲁。我国对拉美主要出口商品分别是：机电产品、高新技术产品、服装、纺织品、自动数据处理设备、钢材、液晶板、船舶、电话机等，从拉美主要进口商品分别是：大豆、铁矿砂、原油、铜矿砂、集成电路、纸浆、豆油、食糖等。

（二）相互投资

近年来，中拉经贸合作从传统的贸易投资合作更多拓展到新的合作领域，包括通信卫星和支线飞机等高科技领域、农业种植和生产加工、汽车制造、大型住宅和水电站等基础设施建设等。

我国对拉投资虽然起步较晚，但近几年发展态势强劲。据中方统计，截至2011年12月，我国对拉非金融类直接投资存量为540亿美元。2012年当年直接投资达106亿美元，占同期同类中国对外投资总额的13.7%。我国对拉投资主要涉及矿产资源开发、油气、基础设施、机械和汽车制造、农业种植和生产加工等领域。

截至2012年，拉美地区在华投资项目共计2 864个，累计实际投资额1 635亿美元，占全球累计对华实际投资额的12.8%。2012年，拉美地区在华设立项目数765个，实际投资102亿美元，同比下降18.6%，占全球累计对华实际投资额的9.1%。

（三）工程承包

工程承包领域是中拉经贸合作新的亮点。中国企业利用资金、技术、设备、施工能力等方面的优势，通过各种方式积极参与拉美地区的基础设施建设，为拉美国家的经济建设做出了贡献。截至2012年底，中国在拉美地区承包工程签署合同金额763.4亿美元，完成营业额411亿美元。

（四）金融合作

随着中拉经贸关系的不断深入，中国和拉美地区国家在金融领域的合作成为进一步推动中拉经贸关系发展至关重要的因素。2009年1月，中国正式成为美洲开发银行的正式会员，进一步拓展了与拉美国家的经贸合作和投资力度。2009年4月，中国人民银行与阿根廷中央银行签署了700亿人民币的双边货币互换协议，为中国与拉美国家在解决贸易融资方面做出了有益的尝试。中巴双方同意建立规模为 1 900 亿元人民币/600 亿雷亚尔的双边本币互换安排，尽快实施双边贸易本币结算。中国银行、中国开发银行、中国工商银行已经或正在拉美申请设立分行，将有利于中国企业更好地在拉美开拓业务。

二、中拉双边经贸合作协议和机制

在同中国建交的 21 个拉美国家中，15 个国家同中国签署了政府贸易协定（墨西哥、古巴、牙买加、特立尼达和多巴哥、圭亚那、巴西、委内瑞拉、阿根廷、智利、哥伦比亚、秘鲁、厄瓜多尔、乌拉圭、玻利维亚、苏里南），15 个国家同中国签订了相互鼓励和保护投资协定（墨西哥、哥斯达黎加、古巴、牙买加、玻利维亚、智利、阿根廷、乌拉圭、厄瓜多尔、秘鲁、巴巴多斯、圭亚那、特多、巴哈马、哥伦比亚），7 个国家同中国签订了避免双重征税协定（巴西、牙买加、古巴、巴巴多斯、委内瑞拉、墨西哥、特多）。

目前，中国与巴西建有高层协调与合作委员会，与墨西哥建有两国常设委员会，与委内瑞拉建有高级混合委员会。根据双边政府贸易协定，中国与墨西哥、古巴、圭亚那、智利、哥伦比亚、厄瓜多尔、巴西、阿根廷、乌拉圭、秘鲁、玻利维亚、委内瑞拉和特多等 13 国建有双边经贸混委会或经贸分委会机制。此外，中国商务部与墨西哥经济部还建有双边高层工作组机制，与哥斯达黎加外贸部建有双边经贸磋商委员会机制。

2004 年 3 月，中国—加勒比经贸合作论坛机制正式成立。2005 年 2 月、2007 年 9 月、2011 年 9 月三届论坛分别在牙买加首都金斯顿、中国厦门和特多首都西班牙港成功举办。

三、中国和拉美加勒比国家自贸区建设情况

中国加入世界贸易组织以来，中国与拉美地区国家在多边贸易体制框架下经贸关系发展迅速，中拉经贸关系已成为各自对外关系中最重要的关系之一，在促进本国经济发展过程中的重要性日益突显。中国与一些拉美国家签署了双边自贸协定，进一步推进了与这些国家的经贸关系的发展。2006 年 10 月 1 日，《中智自贸协定货物协定》正式生效，这是中国与拉美国家的第一个自贸协定。2010 年 3 月 1 日，《中国—秘鲁自贸协定》正式生效，成为中国与拉美国家签署的第一个一揽子自贸协定。2010 年 4 月 8 日，《中国—哥斯达黎加自贸协定》正式签署，成为中国与中美洲国家签署的第一个一揽子自贸协定。2011 年 8 月 1 日，《中国—哥斯达黎加自贸协定》正式实施。《中国智利自贸协定》实施顺利，2010 年 8 月《中智自贸协定关于服务贸易的补充协定》正式实施。2012 年 9 月，中智双方签署了《中智自贸协定关于投资的补充协定》。目前我国正与哥伦比亚开展自贸区联合可行性研究。

（商务部美大司）

中国与俄罗斯的经济贸易关系

一、总体评价

当前，中俄经贸关系总体发展势头良好，各领域务实合作全面推进，经贸合作已成为巩固和充实两国全面战略协作伙伴关系的重要物质基础，主要表现在：

(1) 双边贸易快速增长。据中国海关统计，2012年中俄贸易达到创纪录的881.6亿美元，同比增长11.2%，中国已连续三年成为俄罗斯第一大贸易伙伴。按照目前的增速，两国领导人提出到2015年、2020年双边贸易额分别达到1 000亿美元、2 000亿美元的发展目标有望提前实现。

(2) 投资合作步伐加快。两国相互投资规模不断扩大，经济技术合作质量显著提高。据中方统计，截至2012年底，中国对俄累计非金融类直接投资44.2亿美元，近10年来年均增长40%以上，其中2012年对俄投资6.56亿美元，增长116.2%。与此同时，能源、核能、航空、航天、科技、运输、通信等领域大项目合作顺利推进，中投公司等企业对俄重大项目投资取得进展。

(3) 科技创新合作不断深化。两国科研院所、企业和园区积极参与对口合作，俄罗斯“斯科尔科沃创新中心”与中国科技部火炬中心、中关村科技园陆续签署了合作协议。双方积极推动落实能效节能、航空航天、核技术、信息通信、生物技术、新能源和新材料等领域的合作项目。

(4) 边境和地方间合作蓬勃发展。中俄边贸额逐年扩大，已由2001年的22.5亿美元增长至2012年的103.7亿美元，增长近5倍，中国已成为俄多个联邦区第一大贸易伙伴。合作地域从边境毗邻省区向两国其他地区不断延伸，我国东南沿海及南部省份与俄经贸交往日益密切，贸易规模不断扩大。双方合作领域不断拓宽，已形成边贸与林业、矿产、农业、建筑、生产加工等多领域经济技术合作共同发展的局面。

(5) 金融合作范围日益拓宽。两国本币结算规模和使用范围逐步扩大，人民币对卢布直接交易条件不断优化，中俄商业银行间代理行网络建设继续完善，结算方式趋于多样，贸易和项目融资合作稳步推进。双方还积极探讨建立投资基金、参与并购、股权转让等新型合作模式，两国出口信用保险机构间的合作也已启动。

(6) 双边合作向多边领域延伸。2012年俄罗斯正式加入WTO，成功主办APEC系列活动，中俄双方在G20、金砖国家、亚欧会议等多边场合的协调配合更加紧密，为共同应对国际金融危机，促进全球经济恢复增长发挥了重要作用。

2013年3月，习近平主席对俄罗斯进行了成功的国事访问。访问期间，两国领导人就深化双边经贸关系达成多项重要共识，并提出把中俄高水平的政治关系优势转化为务实合作的实际成果，为实现两国共同发展的目标服务。为此，双方应继续本着互利双赢的原则，全面提升双边经贸合作的质量和水平：一是巩固双边贸易增长势头，优化贸易结构，扩大机电、高新技术产品等高附加值产品贸易。二是扩大相互投资，落实好经贸、能源、高科技和创新等领域的战略性大项目。三是继续建设和完善跨境基础设施，为两国企业合作和民众交往提供互联互通的便利条件。四是拓展两国地方间合作，落实中俄地区合作规划纲要，更好地发挥企业的主体作用。五是加强金融领域合作，进一步扩大本币结算，深化项目融资和贸易融资合作。

二、双边贸易简况

中俄自1992年建交以来，双边贸易总体保持平稳较快增长态势，贸易额由1992年的58.6亿美元，增长到2012年的881.6亿美元，增幅逾14倍。中俄已互为主要的贸易伙伴，在对方国家的外贸关系中占有举足轻重的地位。

特别是2010年以来，中俄贸易成功克服国际金融危机影响，实现持续快速增长，连创历史新高。2010年和2011年，中俄贸易分别实现554.5亿美元和792.5亿美元，增幅均超过40%，我国自2010年起成为俄罗斯第一大贸易伙伴。2012年，中俄贸易继续保持较快增长势头。据中国海关统计，2012年中俄贸易额达到881.6亿美元，再创历史新高，增幅（11.2%）虽较2011年

(42.7%)明显回落，但仍高于同期全国外贸增幅5个百分点，在我国主要贸易伙伴中居于首位。其中，我国对俄出口440.6亿美元，同比增长13.2%，自俄进口441亿美元，同比增长9.2%，俄为我第九大贸易伙伴。据俄罗斯海关统计，2012年俄中贸易额为875.1亿美元，同比增长5.1%，我国仍保持俄第一大贸易伙伴地位。

在贸易结构方面，2012年，我国对俄主要出口机械设备、轻纺产品（服装、鞋、纱线等）、电子产品、农产品、金属及其制品等，机电和高新技术产品在出口中的比重进一步提升，达到50.1%和15.3%，出口商品结构持续优化。自俄进口中，能源资源产品（原油、成品油、煤、铁矿砂、原木等）所占比重超过70%，机电和高新技术产品占比不足2%，商品结构失衡问题依然突出。

2013年以来，在国际大宗商品市场延续跌势和国内外需求依然偏弱的背景下，中俄贸易未能延续2010年以来的持续增长态势。据中国海关统计，2013年1～3月中俄贸易额为206.8亿美元，同比下降3.9%。其中，我国对俄出口103.5亿美元，同比增长19.6%；自俄进口103.2亿美元，同比下降19.7%。对俄贸易顺差0.3亿美元。俄在我主要贸易伙伴中列第九位。据俄罗斯海关统计，2013年1～3月，俄中贸易额为210亿美元，同比增长0.8%，其中，俄对华出口84.7亿美元，同比下降10.5%；自华进口125.3亿美元，同比增长10.2%。对华贸易逆差40.6亿美元。我国继续保持俄第一大贸易伙伴地位。

三、投资合作简况

（一）我对俄投资

据中国商务部业务统计，截至2012年底，我国对俄累计非金融类直接投资44.2亿美元。其中，2012年，我国对俄非金融类直接投资达到6.6亿美元，同比增长116.3%。2013年1～3月，我对俄非金融类直接投资为3 767万美元，同比下降61.4%。我国对俄非金融类直接投资主要分布在能源、矿产资源开发、林业、建筑和建材生产、贸易、轻纺、家电、通信、服务等领域。

据俄方统计，截至2012年底，我国已对俄累计投资（含对俄提供贷款）277.9亿美元，占俄累计吸引外资总额的7.7%，我国是俄第四大外资来源地。

（二）俄对华投资

据中国商务部业务统计，截至2012年底，我国累计实际使用俄直接投资8.5亿美元。其中，2012年，我国实际使用俄直接投资2 992万美元，同比下降3.6%。2013年1～3月，我国实际使用俄直接投资192万美元，同比下降43.7%。我国对俄投资集中在制造业、建筑、交通运输等领域。

四、中俄劳务及工程承包合作简况

据中国商务部业务统计，截至2012年底，中俄双方累计签署工程承包合同金额135.3亿美元，完成营业额90.3亿美元。其中，2012年，中俄双方签署工程承包合同金额22.4亿美元，同比增长62.3%，完成营业额16.5亿美元，同比增长17.9%，期末在外人数18 822人。

2013年1～3月，中俄签署工程承包合同金额4.6亿美元，同比增长39.4%，完成营业额2.3亿美元，同比下降21.5%，期末在外人数13 933人。我国对俄劳务合作集中在俄远东、西伯利亚地区，主要从事农业种植、建筑、森林采伐、木材加工、制衣、医疗及其他服务行业。

五、中国自俄技术引进情况

据中国商务部业务统计，2012年，我国自俄引进民用技术43项，合同金额1.4亿美元，同比下降92%。2013年1～3月，我国自俄引进民用技术13项，合同金额1 178万美元，同比增长46%。我国自俄引进项目主要集中在核电、航空、航天、电子等领域。

六、中俄边境贸易简况

据中国海关统计，2012年，中俄边境贸易额为103.7亿美元，同比增长10.8%。其中，我对俄出口39.4亿美元，同比增长16.9%，自俄进口64.3亿美元，同比增长7.3%。

2013年1～3月，中俄边境贸易额为21亿美元，同比下降3.7%。其中对俄出口10亿美元，同比增长21%；自俄进口11亿美元，同比下降18.6%。我国对俄边贸出口商品主要是轻纺、农产品和小家电等，进口以原木、原油、化肥、钢材、纸浆等初级产品为主。

（商务部欧洲司）

附表　　中俄经贸合作简表　　单位：亿美元

进出口（中方统计）	2012年	2013年1～3月
总额	881.6（↑11.2%）	206.8（↓3.9%）
中国出口	440.6（↑13.2%）	103.5（↑19.6%）
中国进口	441（↑9.2%）	103.2（↓19.7%）
我对俄差额	－0.4	0.3
进出口（俄方统计）	2012年	2013年1～3月
总额	875.1（↑5.1%）	210（↑0.8%）
对中国出口	357.2（↑2%）	84.7（↓10.5%）
自中国进口	517.9（↑7.4%）	125.3（↑10.2%）
俄对中国差额	－160.7	－40.6
我对俄投资	2012年	2013年1～3月
非金融类直接投资	6.6	0.38
俄来华投资	2012年	2013年1～3月
项目数（个）	73	23
俄方实际投资	0.3	0.02
自俄引进技术	2012年	2013年1～3月
项目数（个）	43	13
金额	1.4	0.12
劳务和工程承包	2012年	2013年1～3月
新签合同额	22.4	4.6
完成营业额	16.5	2.3
期末在外人数	18 822	13 933

中国与欧盟的经济贸易关系

中国与欧盟1975年正式建立外交关系，2003年建立全面战略伙伴关系。近年来，在中欧各界的共同努力下，中欧经贸关系保持了持续健康稳定的发展态势。2012年，受欧债危机影响，我国对欧出口有所下降，但自欧进口微幅上涨，我国对欧顺差大幅缩窄，贸易结构更趋平衡，吸引外资额稳中有升，经贸等各领域合作都取得了长足发展。

一、双边贸易

根据中国海关统计，2012年，中欧贸易额为5 460.4亿美元，同比下降3.7%。其中，我国出口3 339.9亿美元，减少6.2%；进口2 120.5亿美元，增长0.4%，对欧盟顺差1 219.3亿美元，下降15.8%。欧盟退居我国第二大出口市场，但仍是我国第一大贸易伙伴以及第一大进口市场。德国、荷兰、英国、法国和意大利是中国在欧盟内的主要贸易伙伴，中国与这5个国家的贸易额占中欧双边贸易总额的七成。

根据欧盟统计局数据，2012年中欧贸易额为4 336.1亿欧元，同比增加1.2%，对华出口1 438.7亿欧元，增加5.5%，自华进口2 897.4亿欧元，下降1.4%，欧盟贸易逆差1 458.7亿欧元，缩窄6.4%。中国继续为欧盟的第二大贸易伙伴、第一大进口来源地和第二大出口市场。

二、双向投资

欧盟连续多年保持我国累计第四大投资来源地地位。截至2012年底，欧盟在华直接投资项目36 639个，实际投入839.3亿美元，占我国吸收外资总量的6.6%。其中，2012年全年，欧盟对华投资新设立企业1 698家，实际投入外资金额53.5亿美元，同比增长1.6%。

近年来，我国企业对欧投资日渐活跃，并购和绿地投资并重。截至2011年底，中国共在欧盟设立直接投资企业1 600多家，覆盖欧盟27个成员国，雇佣当地雇员约5万人；我国对欧直接投资金额累计达202.91亿美元，主要集中在租赁和商务服务业、制造业、金融业、采矿业等领域。其中，2011年当年直接投资流量75.61亿美元，占我国对外投资流量总额的10.1%，较上年增长26.8%。

三、技术引进

欧盟长期保持我国累计最大技术引进来源地。截至2012年底，我国自欧引进技术共42 249项，累计合同金额1 591.95亿美元。其中，2012年全年我国自欧引进技术3 591项，合同金额123.97亿美元。

四、对话机制

中欧对话机制健全，交流渠道丰富。1979年，中欧成立正部级经贸混委会，迄今已成功举行26次会议。近年来，双方又相继建立了贸易与投资政策、竞争政策、知识产权、钢铁贸易和高技术贸易等对话机制。2007年，双方领导人达成共识，建立副总理级中欧经贸高层对话机制，迄今已成功举行三次对话。多层次、宽领域的对话和磋商机制为双方协调立场、处理分歧、促进合作提供了重要平台。

五、2012年重要经贸往来

2012年2月，第十四次中欧领导人会晤在北京举行。时任中国国务院总理温家宝与欧洲理事会主席范龙佩及欧盟委员会主席巴罗佐共同出席。

2012年5月初，时任中国国务院副总理李克强访问欧盟总部，分别会见欧洲理事会主席范龙佩和欧盟委员会主席巴罗佐。

2012年5月底，第26届中欧经贸混委会在欧盟总部布鲁塞尔举行。时任中国商务部部长陈德铭与欧盟委员会贸易委员德古赫特共同主持。

2012年9月，时任中国国务院总理温家宝与欧洲理事会主席范龙佩及欧盟委员会主席巴罗佐在布鲁塞尔共同主持了第十五次中欧领导人会晤。

六、双边经贸关系中的重点问题

（一）欧盟对华贸易救济措施

欧盟是最早对中国发起贸易救济调查的地区，

也是对华立案数量最多的地区。截至2012年底，欧盟共对华发起了175起贸易救济调查。2012年全年，欧盟对华共发起7贸易救济调查，中国仍是欧盟主要贸易救济对象国。其中，欧委会对我国光伏产品发起的反倾销、反补贴调查是迄今涉案金额最大的一起贸易救济案件。

（二）中欧投资协定谈判

根据第十四次和第十五次中欧领导人会晤后发布的联合公报，双方同意尽快启动一项内容丰富的中欧投资协定谈判，以促进和便利相互投资。

（三）政府采购

欧盟一直希望中国尽快加入世界贸易组织《政府采购协议》（GPA），进一步开放政府采购市场，中国于2007年启动加入GPA谈判以来，先后提交了四次出价。此外，欧委会在2012年3月向欧洲理事会和欧洲议会提交了一份立法议案，旨在通过加强对非GPA国家参与竞标欧盟政府采购项目的限制，迫使其他国家逐步开放政府采购市场。如果欧盟实施政府采购新规，中国企业进入欧盟政府采购市场将受到影响。

（四）知识产权保护

欧盟要求我国加强知识产权保护执法力度，主要关注集中在商标、专利质量、发明报酬和商业秘密等方面。目前，中欧双方在知识产权领域建立了多个对话机制和专项工作组，内容涉及地理标志认证、立法经验沟通、专家培训和交流等。其中，中欧地理标志谈判自2009年启动以来，到2012年底已经举行了五轮，双方同意继续努力推进谈判，尽早达成共识。

（商务部欧洲司）

中国与英国的经济贸易关系

据中国海关统计，2012年，中英双边贸易额为631亿美元，同比增长7.5%，其中，我国出口463亿美元，增长4.9%，我国进口168亿美元，增长15.5%。主要进口产品有汽车（包括整套散件）、废金属和计量检测分析自控仪器及器具、医药品、废纸、农产品、航空器零件、原油、涡轮喷气发动机、初级形状的塑料等；主要出口产品有服装及衣着附件、自动数据处理设备及其部件和家具及其零件、鞋类、纺织纱线、织物及制品、电话机、塑料制品、箱包及类似容器、灯具和照明装置及类似品、农产品等。

据商务部统计，截至2012年底，英国在华投资项目7 241个，实际投入180.76亿美元，我国对英直接投资总额约38.76亿美元。

据商务部统计，截至2012年底，我国在英承包工程合作项目累计合同额28.8亿美元，完成营业额21.9亿美元。

中英经贸联委会至今已举行了10次会议。2011年12月，时任商务部副部长兼国际贸易谈判代表高虎城与英国商业、技能和创新部大臣坎布尔在英国共同主持了第10次会议。

2012年我国与英国的高层互访主要有：1月，英国财政大臣奥斯本访华；4月，中央政治局委员李长春同志访问英国。

2012年经贸访问主要有：5月，英国商业、创新和技能部国务大臣格林访华，参加京交会；11月，钟山副部长访问英国，出席中国印·李岚清篆刻书法艺术展系列经贸配合活动。

我国与英国经贸合作中的主要问题是：取消欧盟对华高技术产品出口限制、促进对英投资便利化、共同反对贸易保护主义和落实中英经贸联委会项下各工作组合作。

（商务部欧洲司）

中国与德国的经济贸易关系

2012年是中德两国建交40周年。自1972年10月建交以来，中德双边关系总体保持平稳、顺利发展，逐步进入健康、稳定、成熟的发展轨道。

中德均为世界主要经济体和贸易大国，经贸合作是两国面向未来的战略伙伴关系的重要引擎和坚实基础。近几年，中德在双边贸易、双向投资与技术引进等领域的合作均取得较快发展，有力地推动了双边关系的不断深化，无论在广度还是深度上都走在中欧合作的前列。

一、双边贸易

建交之初，中德贸易额仅2.7亿美元。1975年，德国取代英国成为中国在欧洲最大的贸易伙伴。2008年，双边贸易额首次突破1 000亿美元大关，提前两年实现了两国领导人2004年确定的目标。2009年，尽管受金融危机严重影响，中德双边贸易额仅下降8.1%，明显低于中欧（盟）、中美、中日贸易额跌幅。2010年，中德贸易实现恢复性增长34.8%，2011年增长18.9%。受欧债危机影响，2012年中德贸易额为1 611.3亿美元，下降4.7%。其中，中方出口692.2亿美元，下降9.4%；中方进口919.1亿美元，下降0.9%。但中德贸易额仍高于中法、中英、中意贸易额之和，德国位列中国全球第六大贸易伙伴（位于美国、日本、中国香港、韩国和中国台湾之后）。

目前，中国对德出口最主要的商品包括自动数据处理设备及其部件、服装及衣着附件、二极管及类似半导体器件、纺织纱线及织物制品、家具及其零件、农产品、鞋类、太阳能电池、打印机和船舶等；自德进口主要包括商品汽车、汽车零件、计量检测分析自控仪器及器具、金属加工机床、通断保护电路装置及零件、医药品、飞机、集成电路、纺织机械及零件和医疗仪器及器械等。2012年，机电产品和高新技术产品在中国自德进口产品中的比重分别达到80.1%和22%，在中国对德出口产品中的比重分别为61.2%和29.3%；一般贸易在中德双边贸易中所占比重上升至67.5%；加工贸易比重下降至22.4%。

据德方统计，2002年，中国超过日本成为德国在亚洲最大的贸易伙伴。2010年，中国超过美国成为德国在欧盟以外最大贸易伙伴。2012年，德中贸易额为1 439.2亿欧元，下降0.3%。其中，德对华出口666.3亿欧元，增长2.7%；自华进口773.1亿欧元，下降2.8%。目前，中国是德全球第三大贸易伙伴（仅次于法国、荷兰）、第二大进口来源国（仅次于荷兰）和第五大出口目的国（前四名分别是法国、美国、英国、荷兰）。

二、双向投资合作

（一）德对华投资

德国是中国重要的外资来源地，也是累计对华投资额最多的欧盟国家。截至2012年底，德国累计对华投资7 820项，实际投入总额194.6亿美元。其中，2008年以来德企对华投资额为52.9亿美元，占德累计对华投资总额的27.2%。

2011年，中国首次成为德企业海外投资首选地。2012年，德新增对华直接投资项目为419项，实际投入14.5亿美元，增长28.5%，占同期欧盟各国对华投资总额的23.7%。德对华投资项目主要集中在化工、汽车、金融、电子电气、制药和零售等领域。

（二）中国对德投资

据商务部统计，截至2012年底，中国累计在德非金融类投资额为30.5亿美元，其中2008年以来我对德投资额达27.4亿美元，占历史总额的89.8%。2012年，中国企业对德非金融类投资额为6.5亿美元，集中在工业生产、运输货代、技术研发和贸易等领域，并涌现出如潍柴动力并购凯傲、三一重工收购普茨迈斯特、徐工收购施维英等大型投资项目。

据德国联邦外贸与投资署统计，2012年中国在德投资项目总数为98个，位居美国和瑞士之后排名第三。其中，汽车配件和机械制造领域投资项目占总数的29%，能源矿产和金属业占22%，电子业占8%。

三、技术合作

德国是中国在欧洲最大的技术来源地。2012年，中国批准自德技术引进合同1 676项，涉及金额46.1亿美元，增长32.9%，占中国同期自欧盟技术引进合同金额的37.2%。截至2012年底，中国自德技术引进合同共17 995项，累计金额达594.7亿美元。其中，近5年我国自德技术引进共6 659项，总金额188.7亿美元，占我国累计自德技术引进合同总额的31.7%。项目主要涉及交通运输、通讯、电子电气、机械制造、金属加工和化工制药等领域。

四、高层互访与经贸领域主要成果

2012年，中德两国高层保持密切交往。2月，德总理默克尔成为春节后首位访华的外国政府首脑，中德企业家座谈会第二次会议在广州举行；4月，温家宝总理赴德出席汉诺威工博会开幕式；8月，默克尔总理年内再度访华，并与温家宝总理在北京主持召开第二轮中德政府磋商，两国共计23位政府部门负责人参会。期间，中德经贸联委会第15次会议和第三次中德企业家座谈会分别在京、津举行。商务部还与德经济部签署了《关于进一步促进双向投资的联合声明》和《关于建立中德经济顾问委员会的联合声明》。双方将进一步密切两国政府与经济界对话，加大对双向投资的支持力度，推动中小企业、新兴产业、工业服务业等领域的地方合作项目，提升双边经贸合作的水平和内涵。

在商务部支持下，佛山中德工业服务区于2012年7月奠基，主要与德国企业开展包括研发设计、检测认证、职业培训、会展等现代服务业合作。继太仓之后，商务部支持在沈阳设立第二个中德企业合作基地，该基地将以宝马汽车产业城为核心打造汽车及零配件、机械和医药化工三大主导产业。

（商务部欧洲司）

附表　中国“入世”以来中德贸易数据（中方统计）　单位：亿美元

年份	总额	中方出口	中方进口	中方顺/逆差
2001	235.3（+19.5%）	97.5（+5.1%）	137.7（+32.3%）	−40.2
2002	278.0（+18.2%）	113.7（+16.6%）	164.3（+19.3%）	−50.6
2003	418.8（+50.7%）	175.4（+54.2%）	243.4（+48.3%）	−68.0
2004	541.2（+29.7%）	237.5（+36.2%）	303.7（+25%）	−66.1
2005	632.5（+16.9%）	325.3（+36.9%）	307.2（+1.2%）	18.1
2006	782.0（+23.6%）	403.2（+23.9%）	378.8（+23.3%）	24.4
2007	941.1（+20.4%）	487.2（+20.8%）	453.9（+19.8%）	33.3
2008	1 150.1（+22.2%）	591.7（+21.5%）	558.4（+23%）	33.3
2009	1 057.3（−8.1%）	499.2（−15.7%）	558.1（+0%）	−58.9
2010	1 423.9（+34.8%）	680.5（+36.3%）	743.4（+33.4%）	−62.9
2011	1 691.5（+18.9%）	764.3（+12.3%）	927.2（+24.9%）	−162.9
2012	1 611.3（−4.7%）	692.2（−9.4%）	919.1（−0.9%）	−226.9

中国“入世”以来中德贸易数据（德方统计）　单位：亿欧元

年份	总额	德方出口	德方进口	德方顺/逆差
2001	321（+14.2%）	121（+27.4%）	200（+7.5%）	−79
2002	359（+11.8%）	146（+20.7%）	213（+6.5%）	−67
2003	440（+22.6%）	183（+25.3%）	257（+20.7%）	−74
2004	538（+22.3%）	210（+14.8%）	328（+27.6%）	−118
2005	621（+15.4%）	212（+1%）	409（+24.7%）	−197
2006	774（+24.7%）	275（+29.6%）	500（+22.2%）	−225
2007	863（+11.5%）	299（+8.9%）	564（+12.9%）	−265
2008	949（+9.9%）	341（+14%）	608（+7.8%）	−267
2009	940（−0.9%）	373（+9.4%）	567（−6.7%）	−194
2010	1 311（+39.5%）	538（+44.2%）	773（+36.3%）	−235
2011	1 440（+9.8%）	648（+20.4%）	792（+2.5%）	−144
2012	1 439（−0.3%）	666（+2.7%）	773（−2.8%）	−107

中国与法国的经济贸易关系

据中国海关统计，2012年，中法双边贸易额为510.2亿美元，同比下降2%。我国出口269亿美元，同比下降10.3%，进口241.2亿美元，同比增长9.3%。我国对法出口主要商品：服装、自动数据处理设备、家具、电话机、鞋类、塑料制品、农产品、灯具、医药品、打印机等。我国自法进口主要商品：飞机、农产品、医药品、酒类、计量检测分析自控仪、汽车零件、集成电路、废金属等。

据商务部统计，截至2012年底，法国在华投资项目4 462个，实际投资121.6亿美元，我国对法直接投资总额约38.3亿美元。

据商务部统计，截至2012年底，我国在法承包工程累计签订合同额41.3亿美元，完成营业额41.8亿美元。

中法经贸混委会至今已举行了21次会议。2013年1月21日，商务部原部长陈德铭与法国外贸部长布里克在北京共同主持了第21次会议。

经贸访问主要有：3月，商务部副部长兼国际贸易谈判副代表钟山在京会见了来华参加第十八届中法经济研讨会的法国参议院副议长、前总理拉法兰及随行企业家代表团；9月，崇泉副部长访法，与法国经财部竞争、工业与贸易总司长卢梭会谈；9月，商务部副部长兼国际贸易谈判副代表钟山在京会见了法国参议院副议长、前总理拉法兰及随行的法国中小企业家代表团；12月，仇鸿部长助理访法。

我国与法国经贸合作中的主要问题是：放宽欧盟对华高技术产品出口限制、促进对法投资便利化、共同反对贸易保护主义和落实中法生态园合作、中法农产品贸易合作。

（商务部欧洲司）

中国与东盟的经济贸易关系

中国与东盟国家是友好近邻，互为重要贸易伙伴，我与东盟均高度重视对方在对外经贸关系中的突出地位。2013 年是中国—东盟建立战略伙伴关系 10 周年、中国—东盟博览会举办 10 周年，也是中国—东盟自贸区建成第 4 个年头。经过多年发展，双边经贸关系已形成多层次、多领域、全方位合作格局。2013 年以来，我国与东盟经贸合作继续保持快速发展势头，在彼此对外经贸关系中的地位持续上升。

一、双边贸易额大幅提高

中国已连续四年成为东盟第一大贸易伙伴，东盟连续第二年保持我国第三大贸易伙伴。2012 年中国与东盟双边贸易额达 4 000.9 亿美元，同比增长 10.3%，是 10 年前的 7.3 倍，占我国对外贸易总额 10.3%。其中，我国出口 2 042.7 亿美元，进口1 958.2亿美元，同比分别增长 20.1%和 1.6%。2013 年 1～8 月，我国与东盟进出口总额 2 843.1 亿美元，同比增长 12.5%，超过全球平均水平 4.2 个百分点，占我国对外贸易份额提高至 10.5%。其中，我国出口 1560.8 亿美元，进口 1 282.3 亿美元，同比分别增长 23.6%和 1.4%。按照目前的发展速度，我国与东盟完全有望提前实现双方领导人确定的 2015 年双边贸易额达 5 000 亿美元的目标。

二、双向投资合作卓有成效

中国是东盟第四大外资来源地，东盟是中国第三大外资来源地。据商务部统计，截至 2002 年底，中国与东盟双向直接投资额累计为 301 亿美元，而截至 2013 年 8 月底，双方相互投资上升至 1 118 亿美元，年均增幅达 13%。其中，东盟国家来华投资 851 亿美元，主要来自新加坡 (634 亿美元)、马来西亚（66 亿美元)、泰国（39 亿美元)、菲律宾（31 亿美元）和文莱（25 亿美元)；中国企业对东盟非金融类直接投资 267 亿美元，在当地设立直接投资企业近 2 500 家，雇佣当地雇员近 12 万人，投资主要集中在新加坡（123 亿美元)、柬埔寨（27 亿美元)、缅甸（25 亿美元)、老挝（25 亿美元)、印尼（24 亿美元）等国家，主要涉及制造业、批发零售、能源、采矿、金融、农业等领域。

三、互利经济合作成果显著

东盟国家是中国重要的海外承包工程和劳务合作市场。双方在基础设施建设、农业、制造业、加工业等诸多领域正在商谈或建设一批大型合作项目，中方金融机构也为此提供了多种形式的融资便利。据商务部统计，2012 年全年，中国企业在东盟国家新签承包工程合同额 228 亿美元，完成营业额 193 亿美元。截至 2013 年 8 月底，累计签订承包工程合同额 1 630 亿美元，完成营业额 1 086 亿美元，均占全球份额的 14.8%。新加坡、印尼、越南、马来西亚和缅甸是我国在东盟国家开展承包合作的主要国家。

四、中国—东盟自贸区升级版启动

2013 年 10 月，在文莱举行东亚领导人系列会议期间，李克强总理与东盟国家领导人共同宣布启动中国—东盟自贸协定升级版谈判，于年内举行首轮谈判，以在 2015 年前结束谈判，通过提高自由化和便利化水平、加强产业合作、促进相互投资等措施，使中国—东盟自贸协定成为更现代、更全面和更便于工商界使用的协定。

（商务部亚洲司）

中国与新加坡的经济贸易关系

新加坡是重要的金融、航运和贸易中心，具有人才、技术和管理优势，而中国正在加快转变经济发展方式，着力提高经济增长的质量和效益，内需市场潜力巨大，双方开展经贸合作具有很多利益会合点，前景广阔。中新经贸合作是两国友好合作的重要组成部分，也是深化两国友好关系的重要推动力。中新经贸关系的不断发展不仅给两国人民带来实实在在的利益，也有利于本地区的稳定与繁荣。

近年来，中新双边贸易发展顺畅，双边贸易额由2002年的140.2亿美元增长至2012年的692.8亿美元，年均增长20%。2009年，两国贸易在国际金融危机影响下出现负增长，但在双方共同努力下，两国贸易很快摆脱国际金融危机的影响，次年即重新进入增长轨道，全年贸易额达571亿美元，比2009年增长19.3%。2011年，中新贸易额继续保持快速增长，双边贸易总额达634.8亿美元，同比增长14.3%。目前，新加坡是中国在东盟第三大贸易伙伴，中国是新加坡第三大贸易伙伴。另据新方统计，2012年中新双边贸易额为830.8亿美元。中新双方贸易统计存在一定差异，主要是由计价方式、转口贸易等技术性原因导致的。

新加坡地理位置优越，基础设施完善，投资环境优良，是中国在东盟第一大投资目的地，新加坡则是中国第三大外资来源地。中新两国相互投资势头良好。中方统计，截至2013年8月底，中国企业累计对新加坡非金融类直接投资金额为123.3亿美元。中国对新投资主要集中在能源、矿业、房地产和建筑业、水上运输业。同期，新加坡在华累计直接投资额633.7亿美元。新加坡对华投资主要集中在制造业，主要投资在江苏、广东、上海、山东和天津等地区。开发区及园区建设合作是中新经贸合作的一大亮点。苏州工业园和天津生态城进展顺利，已成为中新合作的示范项目。

近年来，中新两国经济合作稳步发展。中方统计，截至2013年8月底，中国企业在新加坡累计签订承包工程合同金额226.3亿美元，完成营业额198.6亿美元。其中，2012年新签合同额20.6亿美元，完成营业额28.8亿美元，2013年1～8月新签合同额20.1亿美元，完成营业额15.9亿美元。新加坡是中国在全球的第三大劳务市场，仅次于日本和澳门。中方统计，2013年8月末，中国在新加坡的各类对外投资合作人员共7.8万人。其中，承包工程项下外派人员0.8万人，劳务合作人员7万人。

（商务部亚洲司）

中国与日本的经济贸易关系

一、双边贸易情况

（一）中日贸易统计

受全球经济复苏放缓、因日本政府非法“购岛”对中日关系造成损害等不利因素影响，2012年全年中日贸易规模有所下降。据中国海关统计，2012年中日贸易总额为3 294.5亿美元，同比下降3.9%，占我国对外贸易总额的8.5%。我国对日本出口1 516.4亿美元，同比增长2.3%，占我国总出口的7.4%；我国自日本进口1 778.1亿美元，同比下降8.6%，占我国总进口的9.8%；中方逆差261.7亿美元，同比下降43.5%。日本被东盟、中国香港超越，退居我国第五大贸易伙伴，为我国第三大进口来源地和第五大出口市场。但在我国外贸国别排名中，日本仍为我国第二大贸易伙伴，其中进口排第一，出口排第二。

如按日方统计，2012年日中贸易总额为3 336.6亿美元，同比下降3.3%，占日本对外贸易总额的19.7%。日本对中国出口1 447.9亿美元，同比下降10.4%，占日本总出口额的18.1%；自中国进口1 889.5亿美元，增长3.0%，占日本总进口额的21.3%；日方逆差442.5亿美元，超过上年的2倍，创2006年以来新高。中国是日本第一大贸易伙伴，既是最大出口目的地，也是最大进口来源地。但对华贸易占日本外贸的比重多年来首次有所下降，占日外贸总额、出口、进口的比重分别下降0.9、1.6和0.3个百分点。

（二）主要进出口商品情况

2012年，我国对日贸易结构继续优化。按中方统计，机电产品占出口总额的比重已达51.2%，占出口总额的一半以上，出口额777.8亿美元，同比增长9.4%；其中，高新技术产品出口额366.2亿美元，同比增长9.9%，占比24.1%。传统大宗的农产品出口额120.0亿美元，同比增长9.2%，占比7.9%；纺织纱线、织物及制品出口额49.5亿美元，同比下降2%，占比3.3%。

对日主要出口商品如下：服装及衣着附件出口额222.6亿美元，占比14.7%；自动数据处理设备及部件出口额114.7亿美元，占比7.6%；电话机出口额50.3亿美元，占比3.3%；水海产品出口额40.8亿美元，占比2.7%；鞋类出口额27.0亿美元，占比1.8%；家具及其零件出口额26.5亿美元，占比1.7%。

我国自日进口机电产品进口额1 196.5亿美元，同比下降9.9%，占比67.2%；其中，高新技术产品进口额549.9亿美元，同比下降5.8%，占比30.9%。汽车（包括整套散件）进口额76.1亿美元，同比下降6.4%，占比4.3%。

我国自日主要进口商品有：集成电路144.5亿美元，占比8.1%；汽车零件78.3亿美元，占比4.4%；钢材73.6亿美元，占比4.1%；通断保护电路装置及零件59.9亿美元，占比3.4%；金属加工机床56.0亿美元，占比3.1%；计量检测分析自控仪器及器具55.8亿美元，占比3.1%；液晶显示板55.5亿美元，占比3.1%。

（三）中日技术贸易情况

2012年，中国与日本签订技术引进合同2 834份，同比增长10.9%，合同总金额109.4亿美元，同比增长103.6%，占我国技术引进合同总金额的24.7%，在我国技术引进来源地中超过美国列第二位（欧盟占第一位）。我国自日本引进技术主要集中在交通运输设备制造业、通信设备、计算机及其他电子设备制造业、塑料制品业、通用设备制造业、黑色金属冶炼及延压加工业、专用设备制造业、化学原料及化学制品制造业、电气机械及器材制造业。

二、中日资金合作情况

（一）日本企业对华直接投资

2012年，日本对华投资继续保持增长。据商务部统计，2012年日本对华投资项目数1 579个，实际到位资金73.5亿美元，同比增长16.1%，在国家/地区排名中仅次于中国香港居第二位。截至2012年底，日本对华投资累计项目数为47 601个，实际到位金额872.5亿美元，是我国利用外资第三大来源地，排在中国香港和英属维尔京群岛之后。

从投资地区分布看，2012年日本对我国东部、中部和西部地区实际投资额分别为64.2亿美元、5.8亿美元和3.5亿美元，比重分别为87.3%、7.9%和4.8%。从投资行业分布看，日本对华投资仍主要集中在制造业，实际到位金额为45.4亿美元，服务、金融等非制造业为27.9亿美元，农林牧渔业为0.23亿美元，比重分别为61.8%、37.9%和0.3%。

（二）中国企业对日直接投资

2012年中国企业对日投资出现恢复性增长。据商务部统计，2012年我国非金融类对日直接投资实际到位金额1.7亿美元，同比增长48.2%。截至2012年底，我国对日非金融类投资存量为11.1亿美元。

（三）中日政府资金合作

根据2005年中日双方达成的协议，日本对华提供日元贷款和大规模无偿援助已于2008年基本结束。截至2012年底，我国实际使用日元贷款28 709亿日元，已还本12 220亿日元，已付息8 069亿日元，债务余额16 489亿日元。截至2012年底，中国累计接受日本无偿援助1 423.45亿日元，用于148个项目建设，涉及环保、教育、扶贫、医疗等领域。自2012年起，唯一保留的人才培养奖学金项目也已不再使用政府无偿援助资金。

三、中日工程承包和技能实习生合作情况

2012年中国对日承包工程合同额4.9亿美元，完成营业额4.6亿美元。截至2012年底，中国累计对日承包工程合同额22.6亿美元，完成营业额21.3亿美元。

日本是我国第一大海外劳务市场。2012年，中国对日派遣技能实习生6.0万人，占当年中国对外劳务派出人员的11.7%。截至2012年底，中国累计对日派出技能实习生77.3万人，2012年底实际在日技能实习生17.3万人，占中国实际在外劳务人员总数的20.4%，主要分布在日本的中小企业，涉及制造业、农林牧渔和建筑业等。

（商务部亚洲司）

中国与韩国的经济贸易关系

1992年中韩正式建交以来，中韩双边经贸合作关系全面迅速持续稳定发展。目前，韩国已成为中国在亚洲乃至世界重要的经贸合作伙伴，中国也成为韩国最重要的贸易投资伙伴，双边贸易、相互投资以及人员往来等交流规模不断扩大，相互融合程度不断加深。2012年5月，中韩FTA谈判正式启动，截至2013年11月底，已进行了八轮磋商。目前中韩FTA谈判已结束了模式谈判，进入了正式出要价阶段。此外，中韩两国在中日韩FTA、RCEP、10＋3、WTO、APEC、G20等多边及区域合作领域的交流与合作也十分密切。

一、双边贸易

据中国海关统计，2012年，中韩贸易额2563.3亿美元，同比增长4.4%，创历史新高。其中，我国对韩出口876.8亿美元，自韩进口1 686.5亿美元，同比分别增长5.7%和3.7%。按国别统计，韩是我第三大贸易伙伴国、第三大出口对象国和第二大进口来源国。我国对韩主要出口产品是半导体、电脑、钢板、平板显示器、无线通讯器材等；自韩进口主要产品是平板显示器、半导体、石油制品、汽车零部件等，呈现产业内贸易增长趋势。2013年1～10月，双边贸易额2 260.1亿美元，同比增加7.6%。其中，中方出口760.56亿美元，进口1 499.59亿美元，同比分别增长3.3%和9.8%。中方贸易逆差739亿美元，同比增长17.5%。按此趋势发展，中韩两国贸易额2015年突破3 000亿美元应无悬念。

二、双向投资

（一）韩国对中国投资

近年来，韩对华投资一直保持较为稳定的增长。2012年，韩对华实际投资30.3亿美元，同比增长19.1%。韩国是我第四大外商直接投资来源国。2012年韩国大企业加大对华投资力度，主要项目有：三星电子在陕西西安总投资210亿美元建立10纳米闪存为主的存储芯片工厂，同时还将投资30亿美元在苏州建设大型液晶面板生产线。5月，LG在广州举行8.5代线液晶面板生产工厂开工仪式，计划该项目投资额40亿美元。现代汽车在江苏盐城设厂，设计产量80万台，并于2012年开工建设四川资阳商用车项目。2013年1～9月，韩在华投资新批项目1 039个，同比增长8.12%，我国实际使用韩资24.34亿美元，同比增长11.88%。截至2013年9月底，韩累计对华投资项目数55 892个，实际投资额553.25亿美元，

（二）中国对韩国投资

我国对韩投资规模相对较小，但近年来出现较为明显的增长趋势。2012年，我国对韩非金融类直接投资1.1亿美元，同比增长49.1%。我国企业重点扩大了对韩旅游观光等服务业领域投资。绿地集团拟投资9亿美元购买济州南部地区1 500亩土地，用于建设医疗服务、旅游、住宅园区等设施。济州奔马犁湖乐园，由黑龙江奔马事业集团有限公司投资设立，累计投资金额为4 995万美元。浙江正泰太阳能科技韩国有限公司，由浙江正泰太阳能科技有限公司投资设立，累计投资金额为1 300万美元，主营业务为多晶硅、单晶硅光伏电池等。2013年1～9月，我国对韩非金融类直接投资1.37亿美元，同比增加148.05%。截至2013年9月底，我国累计对韩投资11.3亿美元。

三、承包劳务合作

韩国于2007年起实施雇佣许可制引进外籍劳务，年度劳务配额和工种由设在国务总理室的外国人力政策委员会确定。目前双方正在开展雇佣许可制项下劳务派遣工作，2013年中方赴韩劳务人员配额3 700名。此外，韩国于2007年3月起以雇佣许可制特例方式实施“访问就业制”，采用配额方式，允许部分中国等地的朝鲜族来韩务工。韩国政府允许引进外籍劳务的行业为制造业、建筑业、服务业、渔业和农畜产业。2012年，我国对韩劳务合作派出人数3 958名，年末在外人数26 793名，韩国是我国第八大外派劳务市场。2013年1～9月底，我国累计完成对韩工程承包营业额25.17

亿美元，期末在韩劳务人员 2.55 万名。

此外，两国间的人员往来也十分密切，中韩间的人员往来由 1992 年的 13 万人次已扩大到 2012 年的 720 万人次，2013 年有望突破 800 万人次。

随着韩国国内市场的逐步饱和，韩国企业对华投资力度和规模将进一步扩大，必将进一步带动中韩贸易规模的扩大和人员往来的进一步密切，中韩经贸合作将进一步走向深入。

（商务部亚洲司）

中国与印度的经济贸易关系

2012年，中印（度）两国高层往来频繁，双边经贸合作快速发展，双方已互为重要的经贸合作伙伴。

一、双边贸易

据中国海关统计，2012年，中印贸易额664.7亿美元，其中中国出口476.7亿美元，进口188.0亿美元，较2011年分别下降10.1%、5.7%和19.6%。印度现为中国第十二大贸易伙伴。据印方统计，2012/13财年，印中贸易额657.83亿美元，印度对中国出口135.35亿美元，自中国进口522.48亿美元，较上财年分别下降10.4%、25.1%和5.5%；印方逆差387.13亿美元。中国是印度第二大贸易伙伴和最大的进口来源。

二、双向投资

截至2012年底，经商务部批准或备案的中国对印度非金融类直接投资金额7.2亿美元，其中，2012年，中国对印投资1.5亿美元。截至2012年底，印度来华设立非金融类投资项目800个，实际投资4.9亿美元。2012年，印度在华投资新设企业77家，较2011年下降40.8%，实际使用外资金额4 406万美元，较2011年增长4.5%。

三、承包工程

截至2012年底，中国在印度累计签订承包工程合同额601.3亿美元，完成营业额335.2亿美元。其中2012年，中国在印度新签承包工程合同额45.2亿美元，较2011年下降67.9%，完成营业额66.9亿美元，较2011年下降10.1%。

（商务部亚洲司）

中国与巴基斯坦的经济贸易关系

巴基斯坦是我国在南亚地区最大的投资目的地、第二大贸易伙伴和海外主要工程承包市场，我国是巴第二大贸易伙伴、巴第二大进口来源地和第四大出口目的地。目前，中巴两国在基础设施建设、能源、水利、农业、矿产、电信等领域的合作不断推进。近年来，由于巴基斯坦政局动荡和恐怖势力活动频繁，我在巴工程和投资项目受到一定影响。2012年，中巴经贸合作稳步发展，双方在贸易、投资等领域的互利合作取得积极进展。

一、双边贸易

据中国海关统计，2012年中巴双边贸易额124.2亿美元，其中我国出口92.8亿美元，进口31.4亿美元，同比分别增长17.6%、9.9%和48.2%，我国顺差61.4亿美元。我国主要出口商品为电器及电子产品、纺织品、化工产品、计算机与通信技术等，主要进口商品为棉花、谷物、铜及其制品、矿砂等。

据巴方统计，2011/2012财年，中巴双边贸易额80亿美元，其中巴出口21.8亿美元，进口58.2亿美元。

二、对巴投资

截至2012年底，我国对巴非金融类直接投资累计达21.1亿美元。2012年，我国对巴新增非金融类直接投资6 016万美元，同比减少30.8%。我国在巴主要投资项目有中国移动在巴收购辛姆巴科电信公司（17亿美元）、中巴联合投资公司（2亿美元）等。

三、工程承包

截至2012年底，我国在巴累计签订工程承包合同额252.6亿美元，完成营业额199.7亿美元。2012年，我国在巴新签承包工程合同额23.5亿美元，同比减少24.2%；完成营业额27.8亿美元，同比增加17.1%。我在巴完成的工程项目主要有恰希玛核电站一期、二期，喀喇昆仑公路等，在建的主要项目包括恰希玛核电站三期、四期等。

（商务部亚洲司）

中国与非洲国家的经济贸易关系

2012年，虽然全球经济艰难前行，但北非国家经济开始复苏，撒哈拉以南非洲国家经济强劲增长，中非经贸合作继续呈现快速发展的积极态势，双方在贸易、投资、基础设施建设等领域的合作成果丰硕。

一、双边贸易再创历史新高

2012年，中非贸易额达1 985亿美元，同比增长19%，再创历史新高，高于同期我外贸增速13个百分点。我国对非洲出口853亿美元，增长17%；自非洲进口1 132亿美元，增长21%。我国在非洲前5大伙伴国分别为南非、安哥拉、尼日利亚、埃及、利比亚，贸易额占中非贸易总额的64%。利比亚战后重建需求旺盛，推动我国对利进、出口贸易增幅均超过200%；南非、安哥拉作为我国在非洲主要贸易伙伴，双边贸易额增幅也分别达到32%和36%。从商品结构看，能矿资源类产品是中国自非洲进口的主要商品，我国自非洲进口原油6 469.5万吨，增长7.6%；进口铁矿砂、铜、煤分别达到5 439万吨、58万吨和1 449万吨，同比分别增长31%、20%和56%。我国对非洲出口仍以机电和高新技术产品为主，出口额分别为392亿美元和66亿美元，合计占对非洲出口总额的54%；服装、鞋类出口增势尤为强劲，同比分别增长33%和34%。

二、对非投资规模不断扩大

2012年，非洲继续成为我国企业海外投资的新兴目的地，特别是在能源矿产领域，投资和并购业务持续升温，成为中非投资合作的亮点。2012年，我国对非洲直接投资非金融类流量29.1亿美元，同比增长70%。中国在非洲设立投资企业已超过2000家，雇佣当地员工超过8万人，投资项目分布在非洲50个国家，主要集中在南非、阿尔及利亚、尼日利亚，苏丹和赞比亚等国家，广泛覆盖采矿、制造业、建筑、贸易、交通运输、农业等众多领域。

三、承包工程合作增势强劲

2012年，中国企业在非洲全年新签承包工程合同额640.5亿美元，完成营业额408.3亿美元，同比分别增长40%和13%，分别占同期对外承包工程新签合同总额和完成营业总额的41%和35%。我国在非洲当年前五大承包工程市场为尼日利亚、安哥拉、埃塞俄比亚、阿尔及利亚和南苏丹，新签合同额分别达102.1亿、97.7亿、52.3亿、50.4亿和45.2亿美元，合计占我国在非洲新签合同总额的54.3%。莫桑比克和肯尼亚市场成为中非承包工程合作新的增长点，在两国新签合同额同比分别大幅增长248%、183%。房屋建筑和交通运输是中国企业在非承包工程的传统优势领域，也是承揽项目最多的行业，两大行业2012年新签合同额所占比重达到62.6%。

四、对非发展援助稳步推进

2012年，中国继续加大对非洲援助力度，重点支持非洲发展经济，改善民生，提高自主发展能力，已累计援建成套项目1000多个，包括住房、打井供水、污水处理、通讯设施等领域，为非洲培训各类人员5.4万名，涵盖经济、管理、农业、卫生、司法、教育、实用技术等多个领域。中非合作论坛北京峰会对非洲合作八项举措已全部落实，2009年论坛第四届部长级会议新八项举措的落实工作也已收官。

五、机制建设成效显著

2012年7月，中非合作论坛第五届部长级会议在北京成功召开。中方在会上宣布了在五个领域继续推进对非洲务实合作的新举措，其中三个领域涉及经贸工作，包括投融资合作、继续扩大对非援助和参与非洲一体化建设。上述举措承前启后、继往开来，开启了中非友好合作关系的新篇章。同时，我国与非洲次区域组织合作机制进一步健全。2012年10月，我国与西非国家经济共同体签署经济技术合作协定，成为继中国——东非共同体之后，我国与非洲次区域组织建立的第二个经贸联委会机制，将为我国与相关组织持续、健康、稳定开展双边经贸合作，发挥积极的保障和促进作用。

（商务部西亚非洲司）

第六篇　与 WTO 有关的政策与管理措施（2012）

●贸易政策与管理措施

中国行政审批制度改革

中国政府历来高度重视行政审批制度改革工作。加入世界贸易组织以来，按照建立社会主义市场经济体制的要求，中国政府不断深化行政管理体制改革，有力促进了政府职能转变，进一步增强了市场配置资源的基础性作用；有力促进了依法行政，进一步规范了政府行为；有力促进了政府管理创新，提高了行政效能；有力促进了反腐倡廉建设，进一步完善了政府系统预防和治理腐败的体制机制。2012 年，中国政府通过继续取消和调整行政审批项目，批准广东省在行政审批制度改革方面先行先试，进一步深化行政审批制度改革。

一、国务院第六批取消和调整行政审批项目

为进一步减少和规范行政审批，2012 年 9 月，中国政府在以往工作基础上，重点对投资领域、社会事业和非行政许可审批项目，特别是涉及实体经济、小微企业发展、民间投资等方面的审批项目进行了第六轮集中清理。经严格审核论证，国务院决定再取消和调整 314 项部门行政审批项目，其中取消注册咨询工程师（投资）执业资格认定，商品粮基地水利工程年度投资计划审批，高等学校设立、撤销、调整研究生院审批等 171 项行政审批项目；调整 143 项行政审批项目，包括乙级价格评估机构资质认定等 117 项下放管理层级的行政审批项目，地方粮库划转中央直属粮食储备库（站）审批等 9 项减少审批部门的行政审批项目，以及亏损补贴事项审批等 17 项合并的行政审批项目。至此，国务院十年来分六批共取消和调整了 2 497 项行政审批项目，占原有总数的 69.3%，各地区取消和调整的行政审批事项占原有总数的一半以上，改革取得明显成效。

在取消和调整行政审批项目的同时，国务院明确提出，深化行政审批制度改革是一项长期任务，今后一个时期，要在现有工作基础上，积极适应经济社会发展需要，坚定不移地深入推进行政审批制度改革。一是要按照“应减必减、该放就放”的原则，进一步取消和调整行政审批项目。凡公民、法人或者其他组织能够自主决定，市场竞争机制能够有效调节，行业组织或者中介机构能够自律管理的事项，政府都要退出。凡可以采用事后监管和间接管理方式的事项，一律不设前置审批。以部门规章、文件等形式违反行政许可法规定设定的行政许可，要限期改正。探索建立审批项目动态清理工作机制。二是要积极推进行政审批规范化建设。新设审批项目必须于法有据，并严格按照法定程序进行合法性、必要性、合理性审查论证。没有法律法规依据，任何地方和部门不得以规章、文件等形式设定或变相设定行政审批项目。研究制定非行政许可审批项目设定和管理办法。三是要加快推进事业单位改革和社会组织管理改革。把适合事业单位和社会组织承担的事务性工作和管理服务事项，通过委托、招标、合同外包等方式交给事业单位或社会组织承担。抓紧培育相关行业组织，推动行业组织规范、公开、高效、廉洁办事。四是要进一步健全行政审批服务体系。继续推进政务中心建设，健全省市县乡四级联动的政务服务体系，并逐步向村和社区延伸。加强行政审批绩效管理，推行网上审批、并联审批和服务质量公开承诺等做法，不断提高行政审批服务水平。审批项目较多的部门要建立政务大厅或服务窗口。五是要加强政府监管。对取消和调整的行政审批事项，要明确监管责任，制定后续

监管措施，强化工作衔接，避免出现监管真空。各地区、各有关部门要把工作重点转到依法监管上来，切实履行职责，制定政策法规、标准规范，加强日常动态监管，保证市场秩序，保障人民群众生命健康安全。六是要深入推进行政审批领域防治腐败工作。深化审批公开，推行“阳光审批”。加快推广行政审批电子监察系统。严肃查处利用审批权违纪违法案件。七是要把行政审批制度改革与投资体制、财税金融体制、社会体制和行政管理体制改革紧密结合起来。进一步理顺和规范政府与企业、政府与社会的关系，规范上下级政府的关系。进一步优化政府机构设置和职能配置，提高行政效能和公共管理服务质量。

二、广东省先行先试行政审批制度改革

为了推进行政审批制度改革，促进政府职能转变，2012 年，中国政府决定在广东省开展行政审批制度改革试点工作。在广东省进行改革试点，对于深化行政审批制度改革、推进行政管理体制改革、完善社会主义市场经济体制，具有重要示范意义。

广东省处于改革开放前沿，市场发育程度较高，行政审批制度改革进展较快。自 2000 年至 2009 年，广东省先后进行四轮行政审批事项清理，取消和调整了 2 300 余项审批项目。近年来，广东省经济社会发展正全面进入转型期，深化行政审批制度改革、进一步转变政府职能的要求十分紧迫。在此背景下，2012 年 8 月 22 日，依据行政许可法有关规定，国务院批准广东省“十二五”时期在行政审批制度改革方面先行先试，对行政法规、国务院及部门文件设定的部分行政审批项目在本行政区域内停止实施或进行调整，对法律规定的行政审批项目依照法定程序办理。同时提出，广东省要加强领导，精心制订试点方案，认真组织实施，把试点工作与转变政府职能结合起来，与强化监管和服务结合起来，为全国行政审批制度改革积累经验。各有关部门要积极支持、加强指导，及时帮助广东省解决试点中遇到的问题，确保试点顺利推进。

2012 年 12 月 28 日，第十一届全国人民代表大会常务委员会第三十次会议决定，授权国务院在广东省暂时调整部分法律规定的 25 项行政审批。其中 20 项暂时停止实施，通过行政许可、合同备案、核定经营范围、交由行业协会自律管理等方式监管；另外 5 项主要是调整实施机关，进一步下放审批权限。有关行政审批的调整，在三年内试行，对实践证明可行的，应当修改完善有关法律；对实践证明不宜调整的，恢复施行有关法律规定。

结合广东省实际情况，这次先行先试改革的重点主要集中在三大领域：一是投资领域。在取消、下放相当一部分投资审批权限基础上，在深圳、珠海、东莞、顺德等地开展商事登记制度改革，在佛山、惠州、肇庆、揭阳、清远等地进行企业登记审批制度改革，最大限度地激发企业的活力和创造力。二是社会管理领域。一方面要在建立和完善基层社会管理和服务体系建设的基础上，下决心减少或下放审批权限；另一方面，要积极引导社会组织健康有序发展，逐步把部分政府公共服务和社会管理职能转移给成熟的社会组织。三是非行政许可审批领域。大幅度减少《行政许可法》规定的临时性行政审批事项，同时明确，在国务院规定的范围之外，不再增加新的非行政许可审批事项。

中国共产党的十八大报告提出：行政体制改革是推动上层建筑适应经济基础的必然要求。要按照建立中国特色社会主义行政体制目标，深入推进政企分开、政资分开、政事分开、政社分开，建设职能科学、结构优化、廉洁高效、人民满意的服务型政府。深化行政审批制度改革，继续简政放权，推动政府职能向创造良好发展环境、提供优质公共服务、维护社会公平正义转变。下一步，中国将按照深化行政体制改革、加快转变政府职能的要求，继续坚定不移推进行政审批制度改革，清理行政审批等事项，加大简政放权力度，健全监督制约机制，加强对行政审批权运行的监督，不断提高政府管理科学化、规范化水平。

（国务院法制办公室工交商事司　姚驰）

中国海关管理制度

中国加入WTO以来，在更大范围和更深程度上参与经济全球化，改革开放和社会主义现代化建设进入一个新的阶段，对中国海关管理模式提出新的要求。同时，在经济全球化的趋势下，国际贸易对便利和安全需求增大，海关在保障全球贸易安全与贸易便利中的重要地位，也对中国海关管理提出了新的挑战。

围绕这些要求和挑战，2001年以来，中国海关以现代化为主线，不断推进管理创新，实施建设现代海关制度“两步走”的发展战略，力求建立与社会主义市场经济相适应、与改革开放相配套、与国际海关通行做法相衔接的管理体制和机制。第一步发展战略以通关作业改革为突破口，大力推进海关信息化建设，对通过模式、作业流程、资源配置等进行了全面改革，基本实现了中国海关通关管理的“四肢协调”。海关管理基本上适应了中国入世和经济全球化带来的挑战和需求。2004至2010年，在初步实现现代海关制度第一步发展战略目标的基础上，中国海关实施了现代海关制度第二步发展战略，以建立健全风险管理机制为中心环节，全面、协调地推进海关管理的各项改革和建设，基本建立起与社会主义市场经济体制相配套，与国际通行规则相衔接，严密监管与高效运作相结合的现代海关制度，“耳聪目明”的智能型海关初现雏形。2009至2011年，中国海关启动海关大监管体系建设，重点推进实施了“三查合一”，将企业稽查、保税中后期核查和减免税核查统一归口管理；发布了新修订的《企业分类管理办法》；调整了三级海关审批权限等。海关风险式管理思想进一步确立，综合监管模式逐渐形成，海关整体功能得到加强。

2011年是我国“十二五”规划的开局之年。“十二五”时期是我国全面建设小康社会的关键时期，也是深化改革开放、加快转变经济发展方式的攻坚时期。海关总署党组认真落实中央要求，紧紧围绕“十二五”主题主线，结合海关工作特点和规律，提出“把好国门、做好服务、防好风险、带好队伍”，作为当前和今后一个时期海关工作的总体要求。全国海关在现代海关制度“两步走”发展战略取得的成果基础上，以国家现代化总体战略为指引，牢牢把握国家和海关现阶段的新特征、新要求，进一步推进管理思想、管理制度、管理方法和管理手段的现代化，以适应中国经济社会发展和对外开放的需要。2012年，中国海关启动综合监管体系建设工作，并在推进业务改革和创新，提高海关管理现代化水平方面主要做了如下工作：

一、启动金关工程二期项目建设

2006年国务院批准海关总署“金关工程”立项，“金关工程”一期是国家电子政务重点建设项目，2012年5月已完成了国家发改委组织的竣工验收，得到专家好评。金关工程二期项目是在一期建设的基础上，为有效解决关境保护形势严峻和通关环境亟待改善等社会问题，通过顶层设计和科技创新，采用物联网、云计算等新技术，重点建设全国海关监控指挥系统、进出口企业诚信管理系统、加工和保税监管系统、海关物流监控系统等应用系统，实现进出口货物全过程可视化监控，对监控信息实时分析、风险研判、快速反应和应急处置，有效打击走私违法行为，全面发挥海关在国家经济社会发展中的关境保护作用。海关总署于2011年12月启动金关工程二期项目立项申报工作，2012年4月向发改委报送了金关工程二期项目建议书，2012年7月国家发改委正式启动了海关金关工程二期项目的立项报批程序，2012年9月国务院第216次常务会议审议批准《国家发展改革委关于审批金关工程二期项目建议书的请示》，同意批准该项目建议书。目前，金关工程二期项目的《可行性研究报告》已上报国家发改委审核。

二、实施通关无纸化改革试点，提高企业通关效率

为适应电子商务、国际贸易无纸化发展趋势，改变以纸面单证为基础的现有通关作业模式，提高企业通关速度，2012年8月1日，全国在北京等12个海关试点开展通关作业无纸化改革工作。10月1日，进一步扩大通关作业无纸化改革试点的业

务领域、业务现场和参与企业数量。11 月 23 日，将 12 个海关原分别试点的项目适用到各试点海关，并进一步扩大试点企业范围。截至 2012 年 12 月 20 日 24 时，全国各试点海关共计办理无纸通关报关单 459 373 份，进口97 569份，出口 361 804 份，无纸化通关成效随着试点范围的逐步扩大不断提高，受到企业的广泛好评。实施通关无纸化后，大大缩短了企业的通关时间，通关成本同比下降。

三、加强口岸管理，进一步优化口岸布局

完成了《国家口岸发展规划（2011—2015)》的编制工作（经国务院批准，已印发执行）。按照《国家口岸发展规划（2011—2015)》的总体安排，分年度、有计划进行口岸开放项目审理，将 8 个边境口岸项目列入 2012 年度口岸开放审理计划，加快审理进度。实行口岸开放的动态管理，对运行效益不达标准、口岸功能退减、开放需求不足或布局不合理的口岸研究提出了整合意见，开展了口岸准入、退出机制的课题研究。对广东等地的原二类口岸加大清理力度，已责成地方口岸办尽快上报清理意见。对云南等地具有口岸功能的边民通道进行实地调研，提出了“尊重历史，正视民意；富民为本，政治成边；疏管结合，分类管理”的工作思路和“一口岸、多通道”的监管模式，目前正组织推动落实。截至 2012 年底，全国共有经国务院批准的对外开放口岸 285 个。

四、推动海关特殊监管区域整合发展和布局优化

一是推动《国务院关于促进海关特殊监管区域科学发展的指导意见》的出台和落实，制定并实施了《海关特殊监管区域适合入区项目指引》。二是会同国家有关部门，研究制订海关特殊监管区域整合发展分类指导和分步实施方案。除保税区外，逐步将目前 5 类海关特殊监管区域统一整合更名为“综合保税区”，对今后新批准设立的海关特殊监管区域一律命名为“综合保税区”。三是按照增量向中西部倾斜、整合优化存量的指导思想，稳步推进海关特殊监管区域的设立、整合、整改、规划调整和验收工作。2012 年国务院审批设立 11 个综合保税区，其中整合设立的 4 个综合保税区在东部，新设立的 7 个综合保税区有 4 个在中西部。四是对发展不好的海关特殊监管区域坚决淘汰，督促部分批准设立时间较长尚未验收的出口加工区限期整改，必要时启动退出程序。2012 年完成 7 个出口加工区的整改工作。五是启动海关特殊监管区域和保税监管场所“两单一审”通关改革试点和全面推广应用海关特殊监管区域物流账册（HW）。允许资信良好的企业在特殊监管区域区区之间和区域场所之间自主运输流转保税货物。六是鼓励企业在海关特殊监管区域和保税物流中心设立采购中心、分拨中心和配送中心。积极支持研发设计、保税展示、期货交割、融资租赁、文化平台建设等新兴保税业务在海关特殊监管区域内发展。

五、促进加工贸易转型升级

一是完善加工贸易海关管理规定，进一步规范和简化加工贸易外发加工、深加工结转等监管手续，支持企业延长加工贸易产业链。在广东、福建省内开展跨关区外发加工不再收取保证金试点工作，大大降低了两省加工贸易企业经营成本。二是深入落实署省合作备忘录，会同商务部等部门开展加工贸易梯度转移重点承接地调研，对试点城市发展情况及政策需求进行摸底调查，推动重庆、成都、郑州、西安、银川等中西部加工贸易梯度转移承接地建设，引导加工贸易向中西部地区转移。三是进一步支持苏州、东莞加工贸易转型升级试点城市建设，制发了《海关总署关于支持苏州市加工贸易转型升级有关试点工作的通知》等文件，对苏州、东莞的加工贸易转型升级试点工作进行指导。四是简化加工贸易内销手续，对 B 类及以上企业全面推广实施内销集中办理纳税手续，推动加工贸易内销便利化。五是在海关特殊监管区域内开展企业自产内销货物返区维修业务试点工作，支持发展服务贸易。目前已在北京等 11 个海关开展试点业务，试点企业 12 家。六是进一步创新加工贸易保税监管模式，积极支持服务外包、检测维修、集成电路、战略性新兴产业以及文化产业的发展。

六、优化海关监管与服务，促进外贸稳定增长

积极落实国家区域发展总体战略，与各地、各部门共同推进“十二五”规划纲要、国家级发

展战略和重点项目落实。继续推进与地方政府签署合作备忘录，扩大合作、深化合作。2012年与黑龙江新签署了合作备忘录，与四川、福建省签署了第二轮合作备忘录，有针对性地支持各地区对外开放和重点项目建设。及时制订改进海关监管和服务的意见、促进外贸增长16条措施、支持中小型企业发展、支持企业创新和“走出去”等举措，启动关检合作“一次申报（一次录入、分别申报）、一次查验（一次开箱、关检依法查验/检验检疫）、一次放行（关检联网核放）”改革试点（简称“三个一”），取消4项海关行政审批和5项进出口环节收费，调整企业分类标准，实现全国海关12 360服务热线互联互通。2012年海关12 360服务热线受理各类问题44万多个，日均1 206个，当场答复40.7万个，转后台处理3.3万个，当场答复率90%以上。通过一系列“组合拳”，帮助企业减负增效。

（海关总署）

中国关税政策

中国关税政策包括进出口征税政策和减免税政策。2012 年，中国海关共征收进出口关税 2 782.7 亿元，同比增长 8.7%，其中征收进口关税 2 654.3亿元，增长 12.1%，征收出口关税 125.4 亿元，下降 34.3%。

进口关税设置最惠国税率、协定税率、特惠税率、普通税率、关税配额税率等税率。出口关税设置出口税率。对进出口货物在一定期限内可以实行暂定税率。

对进口货物需采取反倾销、反补贴、保障措施的，按照有关法律、行政法规的规定适用其税率。另外，对国家决定征收报复性关税的进口货物，适用报复性关税税率。

有关关税政策如下：

一、履行入世承诺，约束性降税基本到位

2001 年中国入世后，为履行降税承诺，经过几年的约束性降税，我国进口关税水平（最惠国税率算术平均税率）大幅降低，至 2006 年已基本完成了入世承诺的降税义务。目前进口关税是依据《中华人民共和国进出口税则》征收的。税则共分为 21 类，97 章，共计 8 238 个税号。2012 年我国关税总水平为 9.8%，其中农产品平均税率为 15.2%，工业品平均税率为 8.9%。如考虑到进口商品结构，进口征税货物关税加权平均税率约为 3.0%。

二、发挥税收调节作用，自主实施暂定税率

暂定税率是国家对部分进出口货物实行的一种临时性进出口关税税率。一般根据国民经济发展的实际需要和进出口关税税率的总体调整情况，对部分进出口货物实行暂定税率，以更有效地发挥关税在提高国内竞争能力、促进企业技术进步、保障经济运行等方面的作用。2012 年对 784 个 8 位税号商品实行进口暂定税率。

三、发挥关税保护作用，抵制不正当竞争，主动实施特保措施

反倾销税、反补贴税、保障措施关税、报复性关税等贸易救济措施是进口国在遭遇贸易冲击时或遭受歧视性贸易待遇时所采取的世界贸易组织允许的贸易保护手段。2011 年我国共发布涉及反倾销和反补贴的公告共 21 个，主要涉及化工、钢铁制品、汽车等。

四、促进对外经济、外交关系发展，开展多边贸易合作，实行协定税率和特惠税率

我国目前已与 10 个国家（地区）签署了贸易或关税优惠协定，对有关国家或地区实施协定税率。同时，主动对老挝等东南亚 3 国、苏丹等非洲 30 国、也门等 7 国共 40 个联合国认定的最不发达国家实施特惠税率。

（海关总署）

中国关税政策

2012年，中国关税政策牢牢把握“稳中求进”的工作总基调，坚持以科学发展为主题，以加快转变经济发展方式为主线，充分发挥关税职能作用，灵活、审慎地调整关税税目、税率，有效落实完善进口税收政策，进一步加强和改善宏观调控；落实各项多、双边贸易优惠安排，推动多双边和区域经贸合作；果断实施贸易救济措施，维护公平贸易环境。一年来，关税工作有序开展、成效明显，为保持外贸稳定增长、推动经济发展方式转变、促进经济社会全面协调可持续发展做出了积极贡献。2012年，全国海关征收关税和进口环节税17 579.1亿元，同比增长9.1%，比全年17 528亿元预算计划超收51.1亿元。其中，征收关税2 782.7亿元，增长8.7%；征收进口环节税14 796.4亿元，增长9.1%。进出口税收约占中央财政收入的31.3%。

一、科学调整进出口关税，合理调控经贸规模与结构

（一）落实结构性减税政策，积极扩大进口

自2012年1月1日起，继续通过进口暂定税率的方式，降低国内不能生产或性能不能满足要求的先进技术设备、关键零部件以及国内紧缺的重要能源、资源、原材料等共计730多种商品的进口关税，平均税率为4.4%，相对于最惠国税率，平均优惠幅度大于50%。据统计，实施较低进口暂定税率的商品一般贸易进口额增幅高于同期一般贸易进口总体增幅，为促进外贸平衡发展、优化进口商品结构、稳定国内市场物价水平、满足经济社会发展需要发挥了重要作用。

（二）保持出口关税调控力度，严格控制“两高一资”产品出口

自2012年1月1日起，继续以暂定税率的形式对煤炭、原油、化肥、铁合金等200多项“两高一资”产品征收2%～40%不等的出口关税。据统计，2012年以来这部分产品出口普遍保持下降态势，有效控制了高耗能、高污染和产能过剩行业产品的出口，抑制了这些行业的盲目发展，并起到了引导产业结构优化的调控作用。

二、落实并完善进口税收政策，服务经济社会发展大局

（一）促进城乡协调发展，落实支持“三农”税收优惠政策

一是为加强农业基础地位，及时研究下发了2012年度种子（苗）、种畜（禽）、鱼种（苗）和种用野生动植物种源的免税进口计划；二是下发了2012年度云南省进口花卉种苗、种球、种籽的免税计划，支持地方发展特色农业经济，提高花农收入；三是研究下发了2012年度云南省境外罂粟替代种植返销农产品第一批进口计划，巩固和发展替代种植成果，促进边疆民族地区经济合作和社会稳定。此外，在2012年关税实施方案中，继续对部分饲料、农药中间体等农业生产资料和大马力拖拉机、大型收割机等农业机械产品实施较低的进口暂定税率，加快发展现代农业，增强农业综合生产能力。

（二）充分发挥关税政策导向，大力保障和改善民生

为保障国内粮食安全，降低储备粮油成本，2012年继续对中国储备粮管理总公司为实现中央储备粮油年度轮换、转储备以及履行政府承诺而组织进口的粮油免征进口环节增值税。此外，在2012年关税实施方案中，通过暂定税率的形式大幅降低了多项与百姓生活密切相关生活用品的进口关税，主要包括特殊配方奶粉等婴幼儿食品，护肤品、烫发剂等日化产品，人用疫苗、人工耳蜗等医疗卫生用品，咖啡机、榨汁机等厨用电器。有关产品进口普遍实现较快增长，丰富了国内市场供应，降低了百姓消费成本。

（三）鼓励引进先进文化产品，推进文化强国建设

一是完善进口图书免征进口环节增值税政策的相关工作，规范企业申报程序，调整发文形式，提高政策效率。二是支持动漫产业发展，落实动漫企业进口税收优惠政策，参与有关审核和认定工作，并与文化部联合印发了获得免税资格的动漫企业名单。三是在2012年关税实施方案中，为落实中央

关于推动社会主义文化建设的方针，满足人民群众文化需求，降低了绘画制品、雕塑品的进口关税。

（四）支持清洁能源的开发利用，着力保障能源安全

一是为鼓励使用清洁能源，优化能源结构，继续对进口天然气实施按一定比例返还进口环节增值税的税收优惠政策，同时研究增加了享受政策的项目及企业，妥善解决了天然气定价机制改革与现有政策的衔接问题。二是继续利用进口税收优惠政策鼓励石油天然气企业进口先进技术设备及器材，不断提高油气勘探能力；继续加大对煤层气开采企业的支持力度，改善我国能源结构。此外，在2012年关税实施方案中，除继续对能源资源性产品实施较低进口暂定税率外，还降低了部分有利于环保和节能减排的先进设备和零部件的进口关税。

三、有效发挥关税杠杆作用，大力支持科技创新

（一）调整完善进口税收专项政策，促进先进制造业发展

1. 调整完善重大技术装备进口税收政策有关目录。重大技术装备进口税收政策自实施以来，有力地促进了国内装备制造业的发展。2012年3月，根据国内相关产业发展情况，对重大技术装备进口税收政策有关装备和产品目录、进口关键零部件和原材料目录、进口不予免税的装备和产品目录等进行了调整，将大型港口机械、海洋工程船舶、基础制造装备、太阳能电池生产设备等20多种装备扩充纳入政策支持范围，同时将因国内技术进步而具有生产能力的部分零部件、原材料从免税目录中剔除，以提高我国企业的核心竞争力和自主创新能力。截至2012年8月，重大技术装备进口税收政策共支持200多种先进设备的研发和制造，大约2 000多种进口关键零部件及原材料被纳入政策支持范畴。

2. 研究出台扶持新型显示器件产业发展的进口税收优惠政策。自2012至2015年期间，新型显示器件（包括薄膜晶体管液晶、等离子、有机发光二极管）面板生产企业进口国内不能生产的自用性原材料和消耗品免征进口关税，进口建设净化室所需国内尚无法提供的配套系统以及维修生产设备所需零部件免征进口关税和进口环节增值税，同时根据国内产业发展状况，将政策适用范围扩大到上游关键原材料和零部件生产企业，并制定出台了配套管理办法。此外，为了妥善解决增值税转型后新型平板显示器件重大项目进口设备增值税的资金占压问题，提出了既不突破现行税收体制、又可妥善解决企业诉求的分期纳税的方案。

3. 全面落实重大科技专项进口税收政策。为继续推进实施重大科技专项进口税收优惠政策，会同有关部门研究印发了重大科技专项2012年度免税进口物资清单，涉及440多种先进设备、510多种零部件及原材料，共310个项目享受了上述政策。

（二）开拓关税政策新思路，多渠道支持自主创新

1. 落实国家中小企业公共技术服务平台进口税收优惠政策。经过有关部门共同认定，给予首批符合规定条件的10家国家中小企业公共服务示范平台进口免税资格，对其在2015年12月31日前，在合理数量范围内进口国内不能生产或者国内产品性能尚不能满足需要的科技开发用品，免征进口关税和进口环节增值税、消费税。上述享受优惠政策的国家中小企业公共服务示范平台每年服务中小企业至少1 500家，对中小企业加快技术进步将发挥积极作用。

2. 研究拟定科技类民办非企业进口税收优惠政策。为进一步支持科技类民办非企业单位开展科技创新，将符合条件的科技类民办非企业单位纳入现行科学研究和教学用品进口税收优惠政策范围的政策方案，2013年1月1日起对符合条件的科技类民办非企业单位以科学研究为目的、在合理数量范围内进口国内不能生产或者性能不能满足需要的科研用品，免征进口关税和进口环节增值税、消费税。该政策的实施将有力地促进民办科研机构的健康发展，为进一步深化科技体制改革创造有利条件。

四、落实重点区域税收优惠政策，推进主体功能区发展战略

（一）适时调整完善海南离岛旅客免税购物政策

海南离岛旅客免税购物政策自2011年4月20日启动试点以来，政策运行总体平稳，对促进海南

旅游发展、支持国际旅游岛建设发挥了积极作用。为进一步发挥离岛免税政策效果，支持海南加快国际旅游岛建设，会同有关部门对离岛免税政策进行了调整，适当提高了免税购物金额、数量限制，放宽了适用对象年龄条件，增加了免税商品品种，并允许调剂使用免税额度。调整后的政策于 2012 年 11 月 1 日起开始实施。

（二）研究完善区域发展规划以及与区域有关的进出口税收政策问题

1. 研究落实支持横琴、平潭发展的进口税收政策。为贯彻落实《国务院关于横琴开发有关政策的批复》（国函［2011］85 号）和《平潭综合实验区总体发展规划》中涉及的进口税收政策问题，牵头会同有关部门制订了具体的工作计划，明确了拟定政策的基本原则。在开展实地调研、综合各部门意见的基础上，研究拟订了旅客经“一线”、“二线”携带行李物品的具体规定和“一线”不予免税或保税的具体货物清单草稿。

2. 调整大嶝对台小额商品交易市场的税收政策。针对福建省提出的调整大嶝市场税收政策的建议，会同有关部门进行了多次调查研究和论证分析。经过反复沟通、协调，本着“适度提高免税额度、满足生活自用以及避免扰乱有税市场”的原则，研究提出了大嶝对台小额商品交易市场的进口税收政策调整方案：将大嶝市场免税携带台湾商品额度从 3 000 元提高到 6 000 元，同时制定了市场携带入境数量限制商品清单。经国务院批准，新政策已于 2012 年 11 月 1 日起实施。

五、有效落实贸易优惠安排，推动国际经贸合作

为扩大多双边经贸合作，依据与有关国家或地区签署的自由贸易协定或关税优惠协定，2012 年 1 月 1 日起，继续对原产于东盟十国、智利、巴基斯坦、新西兰、秘鲁、哥斯达黎加、韩国、印度、斯里兰卡、孟加拉等国家的部分进口产品实施协定税率，产品范围进一步扩大，税率水平进一步降低；在内地与香港、澳门更紧密经贸关系安排（CEPA）框架下，对原产于港澳地区且已制定原产地优惠标准的产品实施零关税，根据海峡两岸经济合作框架协议（ECFA），对原产于台湾地区的部分产品实施包括零关税在内的协定税率；继续对原产于老挝、苏丹、也门等 40 个最不发达国家的部分产品实施特惠税率。有关贸易优惠协定已成为我国外贸持续稳定发展的重要基础。

六、科学运用贸易救济措施，维护公平贸易环境

一是决定对原产于欧盟、美国、日本进口相纸产品，原产于欧盟、日本的进口高性能不锈钢无缝管征收反倾销税；二是决定对马铃薯淀粉、壬基酚、磺胺甲噁唑、电解电容器纸、双酚 A、甲乙酮 6 个涉案产品在反倾销期终复审期间继续征收反倾销税；三是决定对邻苯二酚、环氧氯丙烷、氨纶 3 个涉案产品在反倾销期终复审后继续征收反倾销税；四是调整了磺胺甲噁唑的反倾销税税率。

（财政部关税司）

附表

中国关税平均水平

（1998—2012 年）

年 度	关税平均水平（%）	年 度	关税平均水平（%）
1998	17.3	1999	16.7
2000	16.4	2001	15.3
2002	12.0	2003	11.3
2004	10.4	2005	9.9
2006	9.9	2007	9.8
2008	9.8	2009	9.8
2010	9.8	2011	9.8
2012	9.8		

中国海关估价制度

中国于2001年12月11日正式成为世界贸易组织（WTO）的第143个成员。中国“入世”给海关带来的最直接影响就是WTO《海关估价协定》的全面实施。2001年以来，中国海关根据WTO《海关估价协定》要求，从估价理念到估价方法、程序等方面进行了全方位、深层次的改革，已实现了与国际惯例的接轨。

一、海关估价法律体系

中国目前的审价立法可以划分为三个层次：

第一个层次是《中华人民共和国海关法》第55条，“进出口货物的完税价格，由海关以该货物的成交价格为基础审查确定。成交价格不能确定时，完税价格由海关依法估定。”在法律层次上已经实现了和WTO《海关估价协定》的衔接。

第二个层次是《中华人民共和国关税条例》。2004年开始实施的新《关税条例》作为《海关法》的配套法规，对估价定义、估价方法、估价程序等均根据WTO《海关估价协定》要求进行了修订。

第三个层次是《中华人民共和国海关审定进出口货物完税价格办法》（以下简称《审价办法》）。《审价办法》是WTO《海关估价协定》在中国估价法律体系中最直接的体现，完整、准确地体现了WTO《海关估价协定》的有关规定。

二、海关估价原则

（一）以货物的成交价格为估价准则

货物的成交价格是中国海关估价的基本准则。进口货物的成交价格估价方法是WTO《海关估价协定》所规定的六种估价方法的第一种，也是最重要和最基本的一种估价方法。它是建立在进口货物实际交易价格基础上的一种估价方法，也是在估价实践中使用率最高的一种估价方法。

确定进口货物成交价格的步骤依次是：审查构成成交价格的各种要素是否成立（销售、实付应付、该货物）、审查进口货物是否符合4项条件（限制、不确定因素、转售收益、特殊关系）、审查是否有必要根据销售情况对有关价格因素进行合理调整。

（二）其他估价方法

中国海关的估价方法与WTO《海关估价协定》一致，除成交价格方法外，其他依次适用的估价方法有：

1. 相同或类似货物成交价格方法

相同货物成交价格方法是指海关无法按成交价格方法确定进口货物完税价格时，将以被估货物同时或大约同时向中华人民共和国境内销售的相同货物的成交价格为基础确定该进口货物完税价格的估价方法。这是按顺序使用的第二种估价方法。

类似货物成交价格方法是指海关无法按成交价格方法和相同货物成交价格方法确定进口货物完税价格时，将以被估货物同时或大约同时向中华人民共和国境内销售的类似货物的成交价格为基础确定该进口货物完税价格的估价方法。这是按顺序使用的第三种估价方法。

2. 倒扣方法

倒扣方法是以进口货物、相同或类似进口货物在被估货物进口时或大约同时，按进口时的状态在境内第一销售环节，以最大总量单位售予境内无特殊关系方的单价为基础估定完税价格，是第四种估价方法。采用倒扣方法估价通常的步骤是：一是确定倒扣方法的基础价格，即确定转售价格；二是扣除有关的税费。

3. 计算方法

计算方法是指在普遍接受的会计原则下利用有关资料，将进口货物生产商的生产成本加上从出口国出口销售到进口国通常发生的利润及一般费用，并在此基础上计算得到的价格作为对货物估价的方法。它是第五种估价方法，其计算基础不是货物的成交价格或转售价格，而是生产成本。

4. 合理方法

合理方法是第六种估价方法。所谓合理方法，实际上不是一种具体估价方法，而是规定了使用方法的范围和原则。也就是说，海关在使用合理方法时，应当根据公平、统一、客观的估价原则，且不得使用6种禁止使用的价格估价。

三、海关与进口商的权利与义务

中国海关估价法律法规体系不但规定了海关审定货物完税价格的程序，还赋予了海关与进出口商在估价过程中的权利和义务。

海关权利包括：

查阅复制权：查阅、复制与进出口有关的书面资料和电子数据；

询问权：向进口商及相关企业调查与进出口货物价格有关的问题；

查验、送验权：对进出口货物进行检验和化验；

检查权：检查进出口货物相关的场所；

查询权：查询进出口货物相关付汇或缴纳国内税情况；

海关义务包括：

保密义务：保守进出口商的商业秘密；

举证责任：海关履行估价程序必须向进口商举证；

书面告知的义务：据进出口商申请就如何确定进出口货物完税价格做出书面说明；

具保放行货物的义务：未做出估价决定前，进出口商提供担保后先放行进出口货物。

进口商的权利：

要求具保放行货物的权利；

估价方法的选择权：选择倒扣价格方法和计算价格方法的适用次序；

知情权：要求海关估价透明公开；

申诉权：对海关估价决定不服的，可以向上一级海关申报复议和向法院提起诉讼的权利。

进口商的义务：

如实申报的义务：向海关如实申报进出口货物的成交价格，提供相关的资料和电子数据；

举证责任：举证证明申报价格的真实性和准确性或举证交易价格没有受到买卖双方特殊关系影响。

四、海关审价工作流程

进出口货物向海关申报后，对其成交价格的审查从程序上通常可以分为审单中心审价、通关现场验估、关税价格职能部门专业认定等。

（一）审单中心电子审核申报价格

进出口货物报关单电子数据首先经过审单中心对其申报价格进行电子审核，审单中心的审价主要是以价格信息资料为基础并结合企业信息等其他的审单中心所掌握的相关的信息对企业的申报价格真实性进行初步判断。经审核认为申报价格合理的给予放行，对于判断风险值高的申报则转由其他审价环节通过更丰富的资料和手段进行判断。

（二）现场海关书面审核

现场海关要在审单中心电子审核申报价格的基础上，对审单中心提示重点作进一步审核的报关单或者现场海关分析认为存在风险需重点审核的，通过对书面报关数据与随附单证及相关信息的核对和审核，以及对货物的实际验估，确定进出口货物的完税价格。

（三）职能部门专业认定

当审单中心和现场海关经过电子审核和书面审核，仍无法确定进出口货的完税价格时，可以向上级关税职能部门提交估价专业认定申请。专业认定就是要发挥职能部门的专业优势，在掌握充分价格资料的基础上，通过企业进一步提供的更加充分的贸易单证对企业申报的价格进行验证，从而对企业申报价格的真实性和完整性做出判断。

从对具体货物的估价程序看，分为价格质疑、价格磋商以及价格核查等。

（1）价格质疑

是指海关对进出口货物的申报价格的真实性和准确性有疑问时，应当书面将怀疑的理由告知进出口商，要求进出口商作进一步说明，提供相关资料或其他证据，证明其申报价格是真实、准确的。

（2）价格磋商

是指海关采用相同、类似货物成交价格资料或者采用倒扣价格方法、计算价格方法确定进口货物完税价格时，由海关与进出口商交流与进口货物有关的贸易状况、交易情况、相同或类似进口货物的成交价格、市场价格行情、成交数量、商业水平、运输方式、运输距离等信息，以及使用倒扣价格方法、计算价格方法估价时所需资料的过程。

（3）价格核查

价格核查是海关审定完税价格的一种手段，是海关经过必要的审价程序后仍无法确定其完税价格时，依法通过审查单证、核实数据、核对实物及相关账册等方法，对进口货物申报成交价格的真实性、准确性进行的审查。

（海关总署）

中国海关原产地管理制度

一、中国海关原产地管理制度概述

我国对进出口货物原产地的管理分为非优惠原产地管理和优惠原产地管理。经过多年实践，初步形成了我国非优惠和优惠原产地管理体系。截至2012年底，海关总署颁布实施原产地相关署令20个，公告近60个。2012年，制定下发《海关总署关于下发修改〈中华人民共和国关于执行《内地与香港关于建立更紧密经贸关系安排》项下《关于货物贸易原产地规则》的规定〉的决定》等2个署令和5个公告，参加涉及15个自贸协定和多边原产地规则谈判及可行性研究共56轮/次。

二、中国非优惠原产地管理

（一）法制框架

中国非优惠原产地管理是以《中华人民共和国进出口货物原产地条例》和《关于非优惠原产地规则中实质性改变标准的规定》为基本法制框架，连同海关总署颁布的各项原产地管理规章和进出口原产地管理操作规程，形成了我国的非优惠原产地管理体系。

1.《原产地条例》

2004年9月，国务院颁布了《原产地条例》(国务院令第415号)，自2005年1月1日起施行。《原产地条例》共27条，分别就立法宗旨、适用范围、原产地规则、原产地证书签发、海关监管及核查、法律责任等作了明确规定。该条例适用于进口税率的适用、贸易统计、最惠国待遇、反倾销和反补贴、保障措施、原产地标记管理、国别数量限制、关税配额等非优惠性贸易措施的实施，以及政府采购时对进出口货物原产地的确定。

《原产地条例》建立了判定进出口货物原产地的共同标准，实现进出口货物原产地规则的统一，明确了海关在进出口货物原产地管理上的主导地位，对进出口收发货人的权利和义务做出规范，对签证机构和签证程序提出要求，是我国实施非优惠原产地管理的根本法律依据。

2.《实质性改变标准规定》

依照《原产地条例》的有关规定，海关总署会同商务部、国家质检总局于2004年12月发布了《关于非优惠原产地规则中实质性改变标准的规定》，与《原产地条例》同时实施。《实质性改变标准规定》共9条，主要包含了实质性改变标准条款和产品特定原产地标准清单两部分。

（二）进出口货物原产地管理

1. 进口货物原产地管理

货物申报进口时，进口货物收货人应当按照海关的申报规定，填制进口货物报关单，申明进口货物的原产地，并随附有关单证。海关对进口报关单进行审核。

为确定货物原产地是否与进口货物收发货人提交的原产地证书及其他申报单证相符，海关可以对进口货物进行查验。

海关对进口货物收货人或者其代理人提交的原产地证书的真实性、货物原产地的准确性存在怀疑时，可请求出口方原产地主管机构对进口货物的原产地进行核查，或对进口货物收货人或者其代理人及其进口货物进行核查。

2. 出口货物原产地管理

出口货物发货人可以向签证机构申请领取出口货物原产地证书。出口货物发货人办理申请手续时，应当如实申报出口货物的原产地，并提供出口货物的原产地相关资料。

货物申报出口时，出口货物发货人或者其代理人应当按照海关的申报规定填制出口货物报关单，申明出口货物原产于我国。

为确定出口货物的原产地是否与申报相符，海关可以对出口货物进行查验。

海关对出口货物发货人或者其代理人提交的原产地证书的真实性、货物原产地的准确性存在怀疑时，也可根据有关规定，对出口货物发货人或者其代理人及其出口货物进行核查。

3. 原产地行政裁定与预确定

2001年12月7日，海关总署发布《中华人民共和国海关行政裁定管理暂行办法》(海关总署令第92号)。在海关注册登记的进出口货物经营单位可在货物拟作进口或出口的3个月前提出书面申请，请求海关对有关货物预先做出原产地的行政裁定。海关做出的原产地行政裁定具有海关规章的同等效力，对与实际进出口原产地相关事务具有普遍约束力，自公布之日起在中华人民共和国关境内统一适用。

为规范进口货物原产地预确定管理，便利合法进口，提高通关效率，海关总署制订下发了《进口货物原产地预确定暂行规定》，于2012年4月1日起实施。进口货物的收货人及与进口货物直接相关的其他人，在有正当理由的情况下，可以在货物实际进口前提出书面申请，请求货物进口地直属海关对有关货物的原产地进行预确定。

三、中国优惠原产地管理

（一）法律框架

《原产地条例》第2条明确规定，实施优惠性贸易措施的进出口货物原产地规则及其管理办法，依照我国缔结或者参加的国际条约、协定的有关规定另行制定。

截至2012年底，我国已对外签署并实施了12个优惠贸易协定，分别是《亚太贸易协定》、中国—东盟自由贸易协定（FTA）、中国—巴基斯坦FTA、中国—智利FTA、中国—新西兰FTA、中国—新加坡FTA、中国—秘鲁FTA、中国—哥斯达黎加FTA、《内地与香港关于建立更紧密经贸关系安排（CEPA）》、内地与澳门CEPA、《海峡两岸经济合作框架协议》（ECFA），此外，我国还颁布实施了对台农产品优惠措施和对最不发达国家特惠措施等优惠政策。原产地规则作为这些协定的组成部分，对确保各项优惠政策的有效实施起着不可或缺的重要作用。中国海关依据上述协定项下的原产地规则，分别制订相应的优惠原产地管理办法，并以海关总署令的形式对外发布，完成从国际法向国内法的转换，作为优惠贸易项下进出口货物原产地管理的法律依据。

为加强我国进出口货物优惠原产地的统一管理，海关总署制定了《中华人民共和国海关进出口货物优惠原产地管理规定》（海关总署令第181号），自2009年3月1日起施行。该《优惠原产地管理规定》共31条，就优惠贸易项下普遍适用的原产地规则、签证机构及签证程序、进出口申报规范、货物查验及原产地标记、原产地核查等做了统领性规定。

《优惠原产地管理规定》连同各项优惠贸易协定项下的原产地管理办法，形成了我国优惠原产地管理的基本法律框架。

（二）优惠原产地规则

由于各个优惠贸易协定的对象国（地区）不同，谈判条件和结果各异，所达成的各项条款互有差异。总体来说包括以下内容：

1. 原产地标准

对于完全在一国（地区）获得或者生产的货物，适用完全获得标准；对于非完全在一国（地区）获得或者生产的货物，适用实质性改变标准。

2. 完全获得

对于符合完全获得标准的动物产品、植物产品、渔获产品、废碎料等产品范围进行界定。

3. 实质性改变

非完全在一国（地区）获得或者生产的货物，按照相应的自贸协定或优惠贸易协定规定的税则归类改变标准、区域价值成分标准、制造加工工序标准或者其他标准确定其原产地。

4. 累积规则

原产于优惠贸易协定缔约一方的货物或者材料，在另一方境内用于生产另一货物，并构成另一货物组成部分的，该货物或者材料应当视为原产于另一方境内。

5. 微小加工

为便于装载、运输、储存、销售而进行的加工、包装、展示等微小加工或者处理，不影响货物原产地确定。

6. 包装

运输期间用于保护货物的包装材料及容器不影响货物原产地的确定。

7. 中性成分

在货物生产过程中使用，本身不构成货物物质成分，也不成为货物组成部件的材料或者物品，其原产地不影响货物原产地的确定。

8. 直接运输

优惠贸易项下进口货物，应当从缔约一方直接运输至我国境内；经过第三方境内运输至我国境内的，不论在运输途中是否转换运输工具或者作临时储存，只要同时符合各协定规定的条件，可以视为“直接运输”。

（三）签证程序

依照国家法律、行政法规规定有权签发出口货物原产地证书的机构，可以签发优惠贸易协定项下出口货物原产地证书。签证机构应依据相应优惠贸易协定项下的原产地规则签发出口货物原产地证书。

出口商或生产商应向签证机构提出书面申请，由签证机构对其出口货物的原产地资格进行核实。出口货物的发货人及其代理人应向签证机构书面申领原产地证书，并提交相关证明文件。签证机构有权在货物出口前采取任何适当的措施审核产品是否具有原产地资格。

（四）通关管理措施

1. 进口申报要求

货物申报进口时，进口货物收货人或者其代理人应当按照海关的申报规定，填制进口货物报关单，申明适用协定税率或者特惠税率，同时提交货物的有效原产地证书正本或相关优惠贸易协定规定的原产地声明，以及货物的商业发票正本、运输单证等其他商业单证。货物经过第三方境内运输或临时储存的，应当提交证明符合直运规则的证明文件。一份报关单对应一份原产地证书；一份原产地证书或原产地声明对应同一批次的进口货物。

货物申报进口时，进口货物收货人虽已申明适用有关优惠贸易安排的协定税率，但未能提供有效原产地证书正本以及相关文件的，海关应当按照规定收取保证金后放行货物。海关可以申请在保证金收取的期限内，根据进口货物收货人按规定提供的材料退还保证金。

2. 出口申报规范

出口货物申报时，出口货物发货人应当按照海关的申报规定填制出口货物报关单，并向海关提交原产地证书电子数据或者原产地证书正本的复印件。货物出口后，出口货物发货人向签证机构申请补发优惠原产地证书的，出口货物发货人应向原出口地海关补交原产地证书正本复印件。

3. 货物查验及原产地标记

为确定货物原产地是否与进出口货物收发货人提交的原产地证书及其他申报单证相符，海关可以对进出口货物进行查验。优惠贸易协定项下进出口货物及其包装上标有原产地标记的，其原产地标记所标明的原产地应当与海关按照有关规定确定的货物原产地相一致。

4. 原产地核查

海关对进口货物收货人或者其代理人提交的原产地证书的真实性、货物原产地的准确性存在怀疑时，可以请求出口方原产地主管机构对自贸协定或优惠贸易协定项下进口货物原产地进行核查。必要时，海关可以进行跨境核查访问。

应优惠贸易协定缔约一方的请求，或者海关认为必要时，可以对有关出口货物原产地进行核查，以确定其原产地。

在核查期间，海关可以按照该货物适用的其他种类税率征收相当于应缴税款的等值保证金后放行货物。核查结束后，海关应当根据核查结果，立即办理退还保证金手续或者办理保证金转为进口税款手续。

5. 原产地预确定与行政裁定

进出口货物收发货人可以依照《中华人民共和国海关行政裁定管理暂行办法》的有关规定，向海关申请原产地行政裁定；进口货物的收货人可以依照《进口货物原产地预确定暂行规定》，向海关申请原产地预确定。

（海关总署）

中国海关商品归类制度

一、中国海关与《协调制度》

（一）《协调制度》介绍

《商品名称及编码协调制度》（简称《协调制度》，又称“HS”），是指世界海关组织（WCO）主持制定的商品分类目录体系，是顺应国际贸易实践的需要而产生的一种国际公约性质的商品分类标准，被称为国际贸易商品分类的一种“标准语言”。《协调制度》是《中华人民共和国进出口税则》制定的基础。

1983 年中国成为海关合作理事会的成员国。中国海关于 1987 年将《协调制度》译成了中文，并开始着手对原中国海关的税则目录根据《协调制度》进行转换。1992 年 1 月 1 日，中国海关加入了《协调制度》公约。同年，正式采用《协调制度》，使商品归类工作成为中国海关最早实现与国际接轨的执法项目之一。20 多年来，中国海关作为协调制度目录的主管部门，为目录在我国的推广、应用做了大量工作。

（二）《协调制度》在中国的应用

1.《协调制度》目录应用

《协调制度公约》第三条“缔约方的义务”第三款规定“本条规定不影响缔约各国在本国的税则目录或统计目录中，增列比《协调制度》目录更为详细的货品分类细目，但这些细目必须在本公约附件所规定的六位数级目录项下增列和编号。”因此，中国海关采用的《协调制度》分类目录，前 6 位数是协调制度国际标准编码，第 7、8 两位是根据我国关税、统计和贸易管理的需要加列的本国子目，同时，还根据代征税、暂定税率和贸易管制的需要对部分税号增设了第 9、10 位附加代码。随着进出口贸易的不断发展和商品种类的日益繁多，我国海关商品编号的数量也从 1992 年采用《协调制度》之初的 6 250 个增加到了 2013 年的 13 093 个。

此外，世界海关组织为使各缔约国能够统一理解、执行《协调制度》，编制了《商品名称及编码协调制度注释》，我国也将其完全翻译过来并据此制定了《进出口税则商品及品目注释》；在此基础上，我国还针对本国增列的子目逐步编制《中华人民共和国海关进出口税则——统计目录本国子目注释》，二者共同构成了对《税则》的有效补充。

2.《协调制度》目录转版

为了适应国际贸易和现代科技发展的需要，协调制度每 4～6 年都要做一次大的转版升级。到目前为止，我国海关先后组织完成了 1992 年版、1996 年版、2002 年版、2007 年版、2012 年版《协调制度》的翻译，并组织完成了我国《进出口税则》的修订转换以及 1992 年版、1996 年版、2002 年版、2007 年版、2012 年版《协调制度注释》的翻译工作，极大地推动了协调制度在我国的普及和应用。

现行 2012 年版的《协调制度》不仅成为海关征收关税和编制海关统计的基本工具，同样也成为国家发展改革委、财政部、商务部、科技部、税务总局等部门制定相关经济和贸易政策时的一项基本政策工具。

二、中国海关商品归类依据

（一）中华人民共和国进出口税则

中国海关完全采用《协调制度》的分类方式和 6 位数编码，并在此基础上根据本国贸易特点，增列了第 7、8 位本国子目，形成了 8 位数的编码体系，形成《中华人民共和国进出口税则》。

根据国际和国内贸易发展情况，因技术的发展，贸易方式的改变、公共安全及环境保护的需要、贸易统计、国内行业的需求等原因，本国《税则》中的子目每年修订一次，经国务院批准，修订的《税则》在下一年度实施。中国海关是中国国务院关税税则委员会成员单位，每年向税委会提出修订意见。

（二）中国海关归类主要依据

中国海关归类主要依据《海关法》、《关税条例》以及《归类管理规定》开展。归类的法律依据主要包括《税则》、《协调制度注释》、《本国子目注释》以及以公告形式对外公布的归类决定。

归类工作的战略目标是建立一个守法便利的通关环境，减少通关环节归类原因造成的延误。以此为目标，中国海关加强自身建设，加强信息化与法制化建设，取得了较好的成效。中国海关不断公开归类决定，通过网络公开归类信息，全国海关化验结论实现联网，努力营造良好贸易环境。目前中国海关对外公布作为归类依据的本国子目注释共297项，以公告形式对外公布的归类决定2 942项，其中对外公布的世界海关组织归类决定674项，公布我国归类决定2 268项，为归类业务的开展奠定了法律基础。

三、中国海关商品归类组织框架

中国海关归类工作是以世界海关组织协调制度为基础的进出口商品属性的认定工作，其目标就是在《协调制度》的框架下，确保进出口商品归类的准确性与一致性，保证税收及贸易管制等海关执法的进行，保证国际贸易便利化的有效开展，确保海关统计的准确性。

（一）中国海关商品归类组织结构

中国海关商品归类职能部门为海关总署关税征管司，负责规划、指导、税则立法建议、协调、数据库维护、争议解决、组织培训等工作。1998年机构改革后成立归类处，主管海关进出口商品的归类工作。经过近几年的发展，归类工作已经有较大的发展。目前，全国海关归类由关税司归类处主管，设有北京归类办、天津、大连、上海、广州归类分中心和化验中心，新建青岛、重庆化验中心。

北京海关商品归类办公室，上海、广州、天津、大连的4个商品归类分中心，为总署归类职能的外设机构，各负责部分全国海关的归类职能管理。同时在上海、广州、天津、大连设有海关化验中心。重庆化验中心已正式投入使用，青岛化验中心正在筹建中。

各个直属海关的关税部门负责本关区的具体归类管理，如遇到归类问题，可按照分管商品向商品归类分中心提交归类申请。

（二）中国海关商品归类委员会制度

目前中国海关成立了2个商品归类委员会，分别是协调制度商品归类技术委员会和协调制度管理委员会。

1. 协调制度商品归类技术委员会成立于1999年，主要由海关归类业务专家组成，研究和解决具体的商品归类疑难问题。归类技术委员会参照世界海关组织模式，下设一个顾问组，四个分委会（分别为审议分委会、政策分委会、科学分委会、数据分委会），四个专业组（分别为商品组、国际业务组、法规组、网络组）。其中，审议分委会负责税则和国家政策的研究，提出税则的修订和调整建议；政策分委会主要对商品归类工作的制度体系和业务规划进行系统性和前瞻性的研究；科学分委会主要由海关化验专家组成，为归类技术委员会提供技术支持和科学保障；数据分委会是归类化验数据的管理机构，负责对归类化验数据进行维护。各专业小组根据工作安排，完成总署分配的任务。归类技术委员会一年召开两次，研究海关面临的具体归类问题以及讨论涉及的法律、法规方面的问题，寻求解决途径。

2. 协调制度管理委员会于2006年6月成立，由海关总署牵头其他14个部委和20余个行业协会组成，为海关与这些机构在归类事务上的沟通搭建了平台。协调制度管理委员会一年召开一次，由海关总署组织召开，各成员单位参与，主要是通报海关的重大措施以及征求相关意见等。

四、中国海关商品归类管理

（一）中国海关商品归类工作模式

归类业务具有专业性强、业务链条长、涉及领域广的特点，受到中国海关的重视。中国海关归类业务实行垂直、三级管理，即海关总署（归类分中心）→直属海关→隶属海关。遇到问题逐级请示，各层级有不同的处理权限。

归类业务涉及通关前、通关中及清关后三个阶段。

通关前：收发货人或者其代理人依据海关发布的归类依据和原则确定进出口商品归类。收发货人或者其代理人有义务按照上述归类规定如实正确确定进出口商品的海关商品编码。

通关中：海关依据风险管理模式，依靠技术平台，依法对收发货人或者其代理人申报的进出口货物商品的归类进行审核。

通关后：海关通过后续数据核查、风险评估进行后续监控以及维护风险数据，维护归类一致性和准确性。

（二）中国海关化验

中国海关分别在大连、天津、上海、广州、青岛和重庆设立了海关化验室，承接各直属海关报送的进出口商品化验任务。

1999年3月，广州海关化验中心成为全国海关第一家通过国家认证的实验室，也是亚洲海关实验室中最早通过国际认证的实验室。2002年10月，上海海关化验中心通过国家实验室认可委评审。上海海关化验中心首次将非标方法纳入认证项目并通过国家认可委评审。2002年12月，大连海关化验中心通过国家实验室认可委评审。成为全国首家以电子化的质量管理体系通过评审的单位。2003年6月，天津海关化验中心通过国家实验室认可委评审，并建立了全国唯一一个纸张检测专业实验室。各实验室通过LIMS系统实现联网，方便化验结果的查询。随着贸易量的迅速增长，需要化验的商品越来越多，海关总署正在重庆和青岛新建2个海关化验室，来满足不断增加的化验需求。2013年4月，重庆海关化验中心正式投入使用。中国海关化验还对外发布海关化验部颁标准，并利用中国海关化验信息管理系统（LIMS）成功实现海关化验数据全国联网，实现海关化验标准化和信息化。

海关化验中心自1991年陆续成立以来，共受理送检样品近19万宗，补税及罚没超过11亿元，是对化验中心投入的7倍多。查获涉嫌逃避进出口许可证管制货物近3 000批，查获毒品约160批共计9 300多公斤，取得了显著的经济效益和社会效益。

（三）中国海关商品预归类制度

根据《中华人民共和国海关进出口货物商品归类管理规定》，在海关注册登记的进出口货物经营单位，可以在货物实际进出口的45日前，向直属海关申请就其拟进出口的货物预先进行商品归类。规定在海关预归类的申请、受理、制发决定书等各个环节，从制度上给予保障，实现海关预归类工作的有法可依。同时为了缓解日益增大的海关预归类需求压力，中国海关正在天津、大连、上海、南京、广州、深圳六个地区进行预归类服务的有益尝试，以更大程度上提高通关速度，提供贸易便利。

（海关总署）

中国进出口许可证制度

一、进出口许可证制度和国际通行做法

进出口许可证制度是世界各国管理对外贸易所普遍采用的一种重要的行政手段，是世贸组织规则允许在一定条件下使用的非关税措施。它包括有关许可证的申请、审查、颁发、使用、效力、撤销和废止等各方面的法律制度，具有严格、简便易行、效果显著等特点。进出口许可证制度对于贯彻一国经济贸易政策、进出口贸易统计和监测、维护正常的贸易秩序等方面具有重要作用。

进口许可证制度是指一国为加强对外贸易管制，规定某些商品的进口需由进口商向进口国有关部门提出申请，经过批准获得许可证后方可进口的一种制度。各国实施的进口许可证制度通常分为两种：一是自动进口许可证，通常是基于统计目的，有时也基于监测目的，为政府提供可能损害国内产业的重要敏感产品的进口情况。二是特种进口许可证，对列入特种进口许可证管理的商品，进口商必须向有关部门提出申请，经审核批准并发给许可证后，才能进口。

出口许可证制度是指一国出于国家安全、环境保护、维护出口秩序、履行国际协议等目的，对商品出口实现管制的一项措施。出口许可证，是根据一国出口商品管理的法令规定，由有关当局签发的准许出口的证件。

二、我国进出口许可证制度

加入世贸组织以来，为适应经济全球化和我国外贸发展的新要求，我国修订了相关法律法规，按照世贸组织的透明度要求，形成了一整套统一、规范、透明的进出口许可证管理体系。目前，我国进出口许可证制度以《对外贸易法》、《行政许可法》为上位法依据，确立了许可证制度的法律地位；《货物进出口管理条例》及《货物自动进口许可管理办法》、《货物进口许可证管理办法》、《货物出口许可证管理办法》等法规部门规章明确了许可证管理的体制框架和具体程序。

（一）进口许可证制度

1. 自动进口许可证管理

根据《对外贸易法》第 15 条，基于监测货物进口情况的需要，我国对部分自由进口货物实行自动进口许可管理。对这些商品进口的监测有助于及时了解和把握其对国内产业和市场的影响。

近年来，我国逐年减少自动进口许可管理货物种类，陆续取消了酒、石棉、合成橡胶等多种商品的自动许可管理。根据《2013 年自动进口许可管理货物目录》，我国对 47 种商品、723 个商品税号实行自动许可管理，其中非机电类产品 26 种，263 个商品税号；机电产品 21 种，460 个商品税号。2013 年 9 月 1 日，商务部进一步调减自动进口许可管理商品，取消了 14 种商品、130 个商品编码的自动进口许可管理，进一步提高了贸易便利化水平。

2. 进口许可证管理

为保护环境、人身健康安全，依据《对外贸易法》及相关国际公约，对消耗臭氧层物质、化工设备等重点旧机电产品实行进口许可证管理。为维护国家安全和社会公共利益，对监控化学品、易制毒化学品和放射性物质等实施两用物项和技术进口许可证管理。

根据《2013 年进口许可证管理货物目录》，目前我国对化工设备、金属冶炼设备、工程机械类等 12 种货物实行进口许可证管理。

（二）出口许可证制度

根据《2013 年出口许可证管理货物目录》，2013 年实行出口许可证管理共有 48 种货物，分别实行出口配额许可证、出口配额招标和出口许可证管理。

实行出口配额许可证管理的货物是：玉米、大米、小麦、玉米粉、大米粉、小麦粉、棉花、锯材、活牛（对港澳）、活猪（对港澳）、活鸡（对港澳）、煤炭、原油、成品油、稀土、锑及锑制品、钨及钨制品、锡及锡制品、白银、铟及铟制品、钼、磷矿石。

实行出口配额招标的货物是：蔺草及蔺草制品、滑石块（粉）、镁砂、甘草及甘草制品。

实行出口许可证管理的货物是：活牛（对港澳以外市场）、活猪（对港澳以外市场）、活鸡（对港澳以外市场）、冰鲜牛肉、冻牛肉、冰鲜猪肉、冻

猪肉、冰鲜鸡肉、冻鸡肉、消耗臭氧层物质、石蜡、部分金属及制品、铂金（以加工贸易方式出口）、汽车（包括成套散件）及其底盘、摩托车（含全地形车）及其发动机和车架、天然砂（含标准砂）、钼制品、柠檬酸、维生素C、青霉素工业盐、硫酸二钠、焦炭、碳化硅、矾土、氟石。

（三）进出口许可证签发管理

根据《进出口许可证证书管理规定》，商务部配额许可证事务局受商务部委托，管理各类许可证书，并监督、检查地方商务主管部门和商务部驻各地特派员办事处所属进出口许可证签发机构的执行情况。许可证书是指由商务部监制完成且尚未发放的各类具有许可进出口性质的证明、文件、原产地证书等。根据《货物进出口管理条例》和每年的出口许可证管理货物目录、进口许可证管理货物目录，商务部每年发布出口许可证管理货物分级发证目录和进口许可证管理货物分级发证目录。

在出口许可证发证方面，由商务部配额许可证事务局、商务部驻各地特派员办事处及地方商务主管部门签发出口许可证。其中，商务部配额许可证事务局负责签发玉米、小麦、棉花等货物的出口许可证；商务部驻各特派员办事处负责签发大米、锯材、稀土等货物的出口许可证；地方发证机构负责签发冰鲜牛肉、冰鲜猪肉、石蜡等货物的出口许可证；在京中央企业的出口许可证由商务部配额许可证事务局签发。

在进口许可证签发方面，目前商务部配额许可证事务局负责签发重点旧机电产品的进口许可证；地方发证机构负责签发消耗臭氧层物质的进口许可证；在京中央企业的进口许可证由商务部配额许可证事务局签发。

三、我国进出口许可证制度的作用和发展趋势

（一）我国进出口许可证制度对外贸发展的作用

1. 进出口许可证数据是反映外贸运行动态的先行指标。许可证数据领先于海关数据，是企业在国际国内两个市场中开展生产经营决策的提前反映，许可证发放数量、金额、价格和国别等数据信息的变动趋势，是研判对外贸易和宏观经济运行的重要视角，是政府实施对外贸易和宏观调控的重要依据。

2. 进出口许可证管理是保护资源环境和产业安全的重要抓手。我国实现进出口许可证管理的商品，既有石油等重要能源资源性产品、粮食等关系国计民生的大宗商品，也有部分重点机电产品、两用物项和技术、消耗臭氧层物质等。对这些商品实施许可证管理，有利于保障国内能源资源安全和有效利用，有利于提前发现进口异动，保护产业安全。

3. 进出口许可证管理是应对国际贸易摩擦的重要环节。我国已连续多年成为遭遇贸易摩擦最多的国家，通过进出口许可证管理，可以收集掌握受监控商品的进出口动态，为政府部门、行业协会及相关企业提供重要信息；可以规范贸易秩序，预防和减少贸易摩擦。

（二）发展趋势

进出口许可证制度是对外贸易管理政策体系的重要组成部分，加强和完善进出口许可证制度和管理，对于转变外贸发展方式、培育外贸竞争新优势、推动我国外贸强国进程具有重要意义。下一步，要在继续发挥进出口许可证现有作用的基础上，学习和借鉴国外先进的管理经验和理念，同时结合我国实际、入世承诺、自由贸易协定和外贸新形势对许可证制度的要求，推动许可证制度创新；充分发挥和完善许可证监测预警功能，为有效应对贸易摩擦和提高外贸宏观调控质量提供参考和依据，推动许可证管理创新；建立统一规范的许可证签发平台，健全快速有效的许可证签发管理服务体系，利用互联网和计算机技术，推进相关部门数据互联互通，着力提高贸易便利化水平，为外贸企业提供优质高效的服务，推动许可证服务创新。

（商务部对外贸易司副司长　张夏令）

中国关税配额制度

一、关于关税配额的定义

关税配额是指进口国对进口商品在一定时期内总的数量不加限制，而设定一个数量界限，对该数量界限以内的进口产品适用较低的关税税率，对超过数量界限的进口产品适用较高的关税税率。这一设定的数量界限即称为关税配额。关税配额准入量是市场准入机会，而不是最低购买义务。按进口商品的来源，关税配额可分为全球关税配额和国别关税配额。

二、我国加入世贸组织时关于关税配额管理的承诺

（一）实施进口关税配额管理的商品

根据《中国加入世贸组织议定书》，我国对小麦、玉米、大米（包括中短粒米和长粒米，下同）、豆油、棕榈油、菜籽油、食糖、棉花、羊毛、毛条、化肥（包括磷酸氢二铵、尿素和三元复合肥，下同）进口实施关税配额管理。其中，对小麦、玉米、大米、豆油、棕榈油、菜籽油、食糖、棉花和化肥进口实行国营贸易管理。

按照加入世贸组织承诺，自 2006 年 1 月 1 日起，我国取消了对豆油、棕榈油和菜籽油进口的关税配额和国营贸易管理。

（二）基本管理原则

1. 关税配额数量、配额内税率、国营贸易比例和实施期限按照中国入世议定书减让表的有关规定执行。

2. 任何配额持有者可通过国营贸易企业和/或通过国营贸易企业以外的其他拥有贸易权的企业进口，拥有贸易权的配额持有者也可自行进口。

3. 每一产品的关税配额将在每年 1 月 1 日启用。除非另有规定，关税配额分配量在该日历年度内有效。

4. 配额按如下要求分配：（1）申请关税配额的具体条件将于申请期前 1 个月在官方刊物上公布，申请期为每年 10 月 15 日至 10 月 30 日（先来先领分配方式除外）。（2）全部关税配额量应在每年 1 月 1 日前分配给最终用户（先来先领分配方式除外）。（3）配额持有者获得的配额量不得少于上一年获得并实际完成的关税配额量（先来先领分配方式除外）。（4）配额分配量应按商业上可行的装运量确定，并允许关税配额分配量分船装运。贸易条款，包括产品规格、定价、包装等，仅由进出口商决定，同时充分考虑最终用户的需求。（5）关于关税配额分配情况的质询，管理机关应在 10 个工作日内提供有关信息。

配额持有者在每年 9 月 15 日前交还的未使用完的关税配额数量将进行再分配。

5. 应任何 WTO 成员请求，中国应就关税配额的管理与该成员磋商，来保证关税配额以透明、公平和非歧视的方式进行分配，并保证配额得到充分使用。

6. 实施期结束后的配额量将有待进一步磋商。除非议定新的配额量，否则实施期末的数量将继续适用。

7.2006 年 1 月 1 日以后，向一种实行关税配额管理的化肥产品提供的关税配额量增长率，应向所有实行关税配额管理的其他化肥产品提供。

三、我国现行关税配额管理政策

（一）进口关税配额管理暂行办法

为有效实施进口关税配额管理，根据加入世贸组织承诺、《中华人民共和国对外贸易法》、《中华人民共和国海关法》、《中华人民共和国货物进出口管理条例》、《中华人民共和国进出口关税条例》，我国分别于 2002 年和 2003 年制定并颁布了《化肥进口关税配额管理暂行办法》（国家经贸委、海关总署 2002 年 27 号令）和《农产品进口关税配额管理暂行办法》（商务部、发展改革委 2003 年 4 号令）。根据上述办法，我国按以下规定对进口关税配额实施管理：

1. 管理口径。我国进口关税配额为全球配额。相关商品所有贸易方式的进口均纳入关税配额管理范围。《农产品进口关税配额证》和《化肥进口关税配额证明》（以下统称“配额证明”）适用于一般贸易、加工贸易、易货贸易、边境小额贸易、援

助、捐赠等贸易方式进口。由境外进入保税仓库、保税区、出口加工区的产品，免于领取配额证明。

2. 管理部门。小麦、玉米、大米和棉花进口关税配额由发展改革委会同商务部分配，并通过其授权机构受理企业申请、接受咨询、向经过批准的申请者发放《农产品进口关税配额证》。食糖、羊毛、毛条、化肥进口关税配额由商务部分配，并通过其授权机构受理企业申请、接受咨询、向经过批准的申请者发放配额证明。

3. 配额申请、分配和调整。（1）进口关税配额申请期为每年的10月15日至30日（先来先领分配方式除外）。（2）商务部、发展改革委分别于申请期前1个月在官方刊物和各自网站上公布每种商品下一年度进口关税配额总量、关税配额申请条件等情况。（3）商务部、发展改革委各自授权机构根据公布的条件，受理申请者提交的申请及有关资料，并于11月30日前将申请转报商务部、发展改革委（先来先领分配方式除外）。（4）每年1月1日前，商务部、发展改革委通过各自授权机构向用户发放相应的进口关税配额。（5）持有进口关税配额的最终用户当年无法将已申领到的全部配额量签订进口合同或已签订进口合同无法完成，须在当年9月15日前将无法完成的配额量交还原发证机构。（6）进口关税配额再分配量的申请期为每年9月1日至15日（先来先领分配方式除外）。商务部、发展改革委分别于申请期前1个月在官方刊物和各自网站上公布再分配量的申请条件，并由各自授权机构受理申请者的申请。（7）每年9月30日前，商务部、发展改革委将进口关税配额再分配量分配到最终用户。

4. 配额执行。（1）小麦、玉米、大米、食糖、棉花、化肥进口关税配额分为国营贸易配额和非国营贸易配额。国营贸易配额须通过国营贸易企业进口；非国营贸易配额可通过完成对外贸易经营者备案的任何企业进口。（2）国营贸易配额需在相应的配额证明上注明。（3）配额证明实行一证多批制，即最终用户需分多批进口的，凭配额证明可多次办理通关手续。最终用户须如实填写配额证明上“最终用户进口填写栏”，填满后，需持该证到原发证机构换领未办理通关部分的配额证明。（4）最终用户完成配额证明上标注配额量最后一批次进口报关后，于20个工作日内将海关签章的配额证明第一联（收货人办理海关手续联）原件交原发证机构。

5. 执行期限。（1）年度进口关税配额于每年1月1日开始实施，并在公历年度内有效。《农产品进口关税配额证》自每年1月1日起至当年12月31日有效，实行先来先领分配方式的《农产品进口关税配额证》、《化肥进口关税配额证明》有效期，按公布的实施细则执行。（2）当年12月31日前从始发港出运，需在下一年到货的进口关税配额产品，最终用户需持配额证明及有关证明单证到原发证机构申请延期。原发证机构审核情况属实后可予以办理延期，但延期最迟不得超过下一年2月底。

6. 罚则。（1）最终用户于当年未能完成分配其全部进口关税配额量进口，截止到9月15日又未将当年不能实现进口的配额量交还原发证机构的，其下年度分配的关税配额量将按未完成的比例相应扣减，且不能参与当年的再分配。（2）最终用户连续两年未能完成分配其全部进口关税配额量进口，并在该两年内每年9月15日前将当年不能使用的关税配额量交还原发证授权机构的，其下年度分配的关税配额量将按其最近一年未完成的比例相应扣减。（3）最终用户未在规定时间将海关签章的配额证明第一联（收货人办理海关手续联）原件交原发证机构的，视同未完成进口，相应扣减其下年度关税配额量。

（二）2012年进口关税配额实施细则

2012年，各商品进口关税配额申请条件如下：

1. 基本条件。企业需在申请前完成在国家工商管理部门登记注册；近年无在海关、外汇、工商、税务、质检、社保和环保等方面的违规记录；没有违反关税配额管理规定。

2. 对不同商品企业需满足如下具体条件。（1）小麦。国营贸易企业；具有国家储备职能的中央企业；2011年有进口实绩的企业；日加工小麦400吨以上的生产企业；2011年无进口实绩，但具有进出口经营权并由所在地外经贸主管部门出具加工贸易生产能力证明、以小麦为原料从事加工贸易的企业。（2）玉米。国营贸易企业；具有国家储备职能的中央企业；2011年有进口实绩的企业；以玉米为原料，年需要玉米5万吨以上的配合饲料生产企业；以玉米为原料，年需要玉米10万吨以上的其他生产企业；2011年无进口实绩，但具有进出口经营权并由所在地外经贸主管部门出具加工贸易生产能力证明、以玉米为原料从事加工贸易的企业。（3）稻谷和大米。国营贸易企业；具有国家储备职能的中央企业；2011年有进口实绩的企业；具有粮食批发零售资格，年销售额1亿元人民币以上的粮食企业；粮食年进出口额2 500万美元以上的贸易企业；2011年无进口实绩，但具有进出口经营权并由所在地外经贸主管部门出具加工贸易生产能力证明、以稻谷和大米为原料从事加工贸易的企业。（4）棉花。国营贸易企业；2011年有进口实绩的企业；纺纱设备5万锭以上的棉纺企业。（5）食糖。国营贸易企业；具有国家储备职能的中央企业；持有2011年食糖关税配额且有进口实绩的企业；日加工原糖600吨以上（含600吨）、注册资金1 000万以上（含1 000万）、食糖年销售额4.5亿元以上（含4.5亿元）的制糖企业；以食糖为原料从事加工贸易的企业。（6）羊毛和毛条。2011年有羊毛、毛条进口实绩者或新建成投产且羊毛、毛条年加工能力在5 000吨以上的企业。（7）化肥。2012年化肥进口关税配额实行凭合同先来先领的分配方式。凡是在工商行政管理部门登记注册的企业，在其经营范围内均可申请化肥进口关税配额。

2011年关税配额管理商品有关情况表

单位：万吨

品　　种	关税配额数量	关税配额税率	国营贸易比例
小麦	963.6	1%～10%不等	90%
玉米	720	1%～10%不等	60%
稻谷和大米	532	1%～9%不等	50%
食糖	194.5	15%	70%
棉花	89.4	1%	33%
羊毛	28.7	1%	—
毛条	8	3%	—
磷酸氢二铵	690	1%	55%
尿素	330	1%	90%
三元复合肥	270	1%	51%

四、进口关税配额政策实施效果

（一）充分体现了统一、透明、可预见、公平和非歧视的原则

我国在入世承诺中已明确了年度关税配额数量、关税配额申请条件和分配程序等。入世以来，我国依据国内的法律法规，先后制定并公布了《化肥进口关税配额管理暂行办法》和《农产品进口关税配额管理暂行办法》，建立起了统一、公开、透明、公平的关税配额管理政策体系和制度框架。在关税配额管理执行中，我国严格履行入世承诺，每年按时公布关税配额管理商品的年度进口实施细则，如期完成进口关税配额分配。我国现行的农产品进口关税配额分配和管理制度，与入世承诺和多哈早期收获农业谈判并不矛盾。

（二）非关税措施关税化

根据入世承诺，我国取消了传统进口政策对进口数量的直接限制，利用关税配额内外关税差异调节进口，实现了非关税措施关税化。

（三）提高了贸易便利化水平

按现行规定和做法，企业凭进口关税配额证明即可直接报关进口，不需再申领进口许可证，大大简化了原有凭进口配额证明和许可证双证报关的程序，减少了通关环节，降低了企业成本，更加便利企业进口。

（四）接受WTO年度审议

按照WTO规定和要求，我国认真履行成员义务，主动接受WTO年度审议，及时提供年度进口关税配额等有关情况，向成员国提供咨询并就共同关注的有关问题加强多双边领域的交流与磋商。

（商务部对外贸易司商务参赞　江伟）

中国与进出口有关的其他税收制度

2012 年，为了发展对外贸易，促进国内经济，中国在与进出口有关的其他税收制度方面采取了一系列的积极措施，取得了良好的效果。这里所说的与进出口有关的其他税收制度，主要包括进口环节征收的增值税、消费税（简称进口环节税），出口环节退还的增值税、消费税（简称出口退税），以及与进出口有关的营业税、企业所得税等税收和税收管理制度。

一、宏观决策和重大改革

3 月 5 日，国务院总理温家宝在第十一届全国人民代表大会第五次会议上所作的《政府工作报告》中肯定了 2011 年税收工作的成绩，提出了 2012 年税收工作的主要任务：实施结构性减税。认真落实、完善支持小型微型企业和个体工商户发展的各项税收优惠政策，开展营业税改征增值税试点。继续清理、整合和规范行政事业性收费和政府性基金。扩大物流企业营业税差额纳税试点范围，完善大宗商品仓储设施用地税收政策。调整完善部分农产品批发、零售增值税政策。实施有利于服务业发展的财税、金融政策。改革房地产税收制度，促进房地产市场长期平稳健康发展。推进财税体制改革，理顺中央与地方及地方各级政府间财政分配关系。健全消费税制度。全面深化资源税改革，扩大从价计征范围。加大对高收入者的税收调节力度。稳定出口退税政策。

同日，财政部部长谢旭人在上述会议上所作的《关于 2011 年中央和地方预算执行情况与 2012 年中央和地方预算草案的报告》中肯定了 2011 年税收工作的成绩，提出了 2012 年税收工作的要求：完善增值税制度，推进营业税改征增值税试点。健全消费税制度，促进节能减排和引导合理消费。进一步推进资源税改革，促进资源节约和环境保护。研究制定房产保有、交易环节税收改革方案，稳步推进房产税改革试点。推进城市维护建设税改革。深化环境保护税费改革。按照正税清费的原则，继续清理整合行政事业性收费和政府性基金。

上述会议批准了以上两个报告。

3 月 13 日，政协第十一届全国委员会第五次会议通过政治决议。决议提出：以更大的决心和勇气继续全面推进财税金融和行政体制等方面的改革，努力在重点领域和关键环节取得实质性突破。

3 月 18 日，国务院批转国家发展和改革委员会报送的《关于 2012 年深化经济体制改革重点工作的意见》。意见中提出了下列税收措施：稳步扩大营业税改征增值税试点行业和地区范围；研究将部分大量消耗资源、严重污染环境的产品纳入消费税征收范围；适时扩大房产税试点范围；全面深化资源税改革，扩大从价计征范围；推进环境保护税相关立法工作。

7 月 2 日，中共中央、国务院发布《关于深化科技体制改革加快国家创新体系建设的意见》。意见中提出了下列税收措施：

1. 落实企业研发费用税前加计扣除政策，适用范围包括战略性新兴产业、传统产业技术改造和现代服务业等领域；改进企业研发费用计核方法，合理扩大研发费用加计扣除范围，加大企业研发设备加速折旧等政策的落实力度。

2. 加大对于中小企业、微型企业技术创新的财政、金融支持，落实好相关税收优惠政策。

3. 引导、鼓励民办科研机构发展，符合条件的民办科研机构可以享受税收优惠等相关政策。

4. 完善、落实促进科技成果转化应用的政策措施，实施技术转让所得税优惠政策。

11 月 8 日，中共中央总书记胡锦涛在中国共产党第十八次全国代表大会上所作的题为《坚定不移沿着中国特色社会主义道路前进　为全面建成小康社会而奋斗》的报告中提出：加快改革财税体制，健全中央和地方财力与事权相匹配的体制，完善促进基本公共服务均等化和主体功能区建设的公共财政体系，构建地方税体系，形成有利于结构优化、社会公平的税收制度。加快健全以税收、社会保障和转移支付为主要手段的再分配调节机制。深化资源性产品价格和税费改革。

12 月 15 日至 16 日，中共中央、国务院在北京召开中央经济工作会议，会议提出继续实施积极的财政政策，结合税制改革完善结构性减税政策。

二、重要税收政策和税收措施

2011 年 11 月 16 日，经国务院批准，财政部、国家税务总局发布《营业税改征增值税试点方案》，自 2012 年 1 月 1 日开始试点。2012 年 7 月 31 日，经国务院批准，财政部、国家税务总局发出《关于在北京等 8 省市开展交通运输业和部分现代服务业营业税改征增值税试点的通知》。通知中规定的新旧税制转换时间为：北京市 9 月 1 日，江苏省、安徽省 10 月 1 日，福建省、广东省 11 月 1 日，天津市、浙江省和湖北省 12 月 1 日。

2012 年 2 月 6 日，国务院发布《质量发展纲要（2011—2020 年）》。纲要中提出了下列税收措施：

1. 搭建以组织机构代码实名制为基础、以物品编码管理为溯源手段的质量信用信息平台，推动行业质量信用建设，实现银行、商务、海关、税务、工商、质检、工业、农业、保险和统计等部门质量信用信息互通与共享。

2. 落实、完善有利于清洁生产的财税政策。

3. 地方各级人民政府、各行业主管部门要围绕建设质量强国，制定本地区、本行业促进质量发展的相关配套政策和措施，加大对质量工作的投入，完善相关产业、环境、科技、金融、财税和人才培养等政策措施。

2 月 7 日，经国务院批准，财政部、国家税务总局发出《关于增值税税控系统专用设备和技术维护费用抵减增值税税额有关政策的通知》。通知中规定：自 2011 年 12 月 1 日起，增值税纳税人购买增值税税控系统专用设备支付的费用和缴纳的技术维护费，可以在增值税应纳税额中全额抵减。

4 月 19 日，国务院发布《关于进一步支持小型微型企业健康发展的意见》。意见中提出了下列税收措施：提高增值税和营业税起征点；将小型微利企业减半征收企业所得税政策延长到 2015 年底，并扩大范围；将符合条件的国家中小企业公共服务示范平台中的技术类服务平台纳入现行科技开发用品进口税收优惠政策范围；自 2011 年 11 月至 2014 年 10 月，金融机构与小型微型企业签订的借款合同免征印花税；将金融企业涉农贷款和中小企业贷款损失准备金税前扣除政策延长到 2013 年底；将符合条件的农村金融机构金融保险收入减按 3% 的税率征收营业税的政策延长到 2015 年底；加快推进营业税改征增值税试点，逐步解决服务业营业税重复征税问题；结合深化税收体制改革，完善结构性减税政策，研究进一步支持小型微型企业发展的税收制度。

7 月 9 日，国务院发布《“十二五”国家战略性新兴产业发展规划》。规划中提出：结合税制改革方向和税种特征，针对战略性新兴产业特点，加快研究完善和落实鼓励创新、引导投资和消费的税收支持政策。

8 月 6 日，国务院发布《节能减排“十二五”规划》。规划中提出：落实国家支持节能减排的税收优惠政策，改革资源税，加快环境保护税立法工作，调整进出口税收政策和消费税范围、税率结构。

9 月 1 日，国务院发布《关于促进企业技术改造的指导意见》。意见中提出：完善税收优惠政策。用好现行有关税收优惠政策支持企业技术改造，包括增值税一般纳税人购进或者自制机器设备发生的增值税进项税额可以按照规定从销项税额中抵扣；企业所得税法规定的固定资产加速折旧，购置用于环境保护、节能节水和安全生产等专用设备的投资额可以按照一定比例实行税额抵免，研发费用加计扣除，技术转让减免企业所得税，被认定为高新技术企业的享受企业所得税优惠；对从事国家鼓励发展的项目所需、国内不能生产的先进设备，在规定范围以内免征进口关税；国内企业为生产国家支持发展的重大技术装备而确有必要进口的关键零部件和原材料，享受进口税收优惠等。稳步推进营业税改征增值税改革，逐步将转让技术专利、商标、品牌等无形资产纳入增值税征收范围。

12 月 1 日，国务院发布《服务业发展“十二五”规划》。规划中提出了下列税收措施：

1. 鼓励和引导各类资本投向服务业，在投资核准、融资服务、财税政策、土地使用、对外贸易和经济技术合作等方面，对各类投资主体同等对待。

2. 完善有利于服务业发展的税收政策，结合营业税改征增值税试点，逐步扩大增值税征收范围。

3. 合理调整消费税征收范围、税率结构和征收环节。

4．研究扩大物流企业营业税差额征税范围，完善征税办法。

12月29日，国务院发布《生物产业发展规划》。规划中提出：加大力度推进资源税费改革，加快淘汰落后产品、技术和工艺，促进新兴绿色技术、产品的推广应用；研究完善引导生物企业加大长期研发投入的财税激励机制。

三、进出口税收和国际税收关系

1月1日，中国政府2009年8月28日、2010年7月26日、2010年10月23日和2010年10月31日先后与捷克、赞比亚、马耳他和叙利亚4国政府签订的关于避免对所得双重征税和防止偷漏税的协定开始执行。

1月11日、4月11日，中国政府先后与乌干达、博茨瓦纳两国政府签订关于避免对所得双重征税和防止偷漏税的协定。

1月13日，经国务院批准，国务院办公厅发布《中国遏制与防治艾滋病“十二五”行动计划》。计划中提出：发展改革、财政、海关和税务等部门要继续对于进口和国产的抗艾滋病病毒治疗药品实行税收优惠。

1月17日，经国务院批准，财政部、海关总署和国家税务总局发出《关于鼓励科普事业发展的进口税收政策的通知》。通知中规定：自2012年至2015年，对公众开放的科技馆，自然博物馆，天文馆（站、台）和气象台（站），地震台（站），高校和科研机构对外开放的科普基地，从中国境外购买自用科普影视作品播映权进口的拷贝、工作带，免征关税，不征收进口环节增值税；上述科普单位以其他形式进口的自用影视作品，免征关税和进口环节增值税。

2月16日，国家宗教事务局、国家税务总局等6个部门发出《关于鼓励和规范宗教界从事公益慈善活动的意见》。意见中提出：经国务院主管部门依法批准成立的属于社会团体的宗教界公益慈善组织，接受境外捐赠人无偿捐赠的直接用于扶贫、慈善事业的物资，可以依法免征、减征关税和进口环节增值税。

3月7日，财政部、工业和信息化部、海关总署、国家税务总局发出《关于调整重大技术装备进口税收政策有关目录的通知》。通知中规定：《国家支持发展的重大技术装备和产品目录（2012年修订）》和《重大技术装备和产品进口关键零部件、原材料商品清单（2012年修订）》自当年4月1日起执行，符合规定条件的国内企业为生产上述装备、产品而确有必要进口上述商品，免征关税和进口环节增值税。

4月9日，经国务院批准，财政部、海关总署和国家税务总局发出《关于进一步扶持新型显示器件产业发展有关税收优惠政策的通知》。通知中规定：

1．自2012年至2015年，新型显示器件（包括薄膜晶体管液晶、等离子和有机发光二极管）面板生产企业进口国内不能生产的自用生产性（包括研发用）原材料和消耗品，可以免征关税；进口建设净化室所需国内无法提供的配套系统和维修生产设备所需零部件，免征关税和进口环节增值税。

2．符合国内产业自主化发展规划的彩色滤光膜、偏光片等属于新型显示器件产业上游的关键原材料、零部件的生产企业，经财政部会同有关部门确定以后，进口国内不能生产的自用生产性原材料和消耗品，可以免征关税。

3．“十二五”期间，财政部将会同相关部门，根据国内配套产业的发展情况，适时调整新型显示器件产业相关免税进口商品清单。

4月30日，国务院发布《关于加强进口促进对外贸易平衡发展的指导意见》。意见中提出了下列税收措施：

1．根据国内经济社会发展需要，以暂定税率的方式，降低部分能源原材料的进口关税，适当降低部分与人民群众生活密切相关的生活用品进口关税，适时调整部分先进技术设备、关键零部件进口关税，重点降低初级能源原材料和战略性新兴产业所需的国内不能生产或者性能不能满足需要的关键零部件的进口关税。

2．继续落实对自最不发达国家部分商品进口零关税待遇，加快降税进程，进一步扩大零关税商品范围。

3．结合自由贸易区降税安排，引导企业扩大从自由贸易区成员方的进口。

5月13日，中国、日本和韩国政府在北京签署关于促进、便利和保护投资的协定，其中囊括了国际投资协定通常包含的所有重要内容，包括投资定义、适用范围、最惠国待遇、国民待遇、征收、转移、代位、税收、一般例外和争议解决等条款。

5月25日，财政部、国家税务总局发出《关于出口货物劳务增值税和消费税政策的通知》，对近年来陆续制定的一系列出口货物、对外提供加工修理修配劳务增值税和消费税政策作了梳理归类。除个别规定自2011年1月1日起执行外，其他规定均自2012年7月1日起执行，同时废止一批相关文件。6月14日，国家税务总局发布《出口货物劳务增值税和消费税管理办法》。

6月15日，根据国务院的有关文件，财政部、国家税务总局发出《关于外派海员等劳务免征营业税的通知》。通知中规定：自当年1月1日起，中国境内单位提供的下列劳务免征营业税：标的物在中国境外的建设工程监理，外派海员劳务，以对外劳务合作方式向中国境外单位提供的完全发生在中国境外的人员管理劳务。

6月29日，根据国务院2010年5月7日发布的《关于鼓励和引导民间投资健康发展的若干意见》，国家发展和改革委员会、外交部和财政部等13个单位发布《关于鼓励和引导民营企业积极开展境外投资的实施意见》。意见中提出了下列税收措施：

1. 落实好企业中国境外（以下简称境外）缴纳所得税抵免政策，鼓励民营企业开展境外投资。

2. 发挥好中国与有关国家、地区已经签署的双边投资保护协定、避免双重征税协定和其他投资促进、保障协定作用，进一步扩大商签双边投资保护协定、避免双重征税协定的国家范围，为民营企业中国境外投资合作营造稳定、透明的外部环境。

3. 研究引入专业担保公司、机构参与提供海关税费担保，减轻民营企业融资困难。积极推广、优化全国海关税费电子支付系统，为民营企业提供准确、快捷、方便的税费网上缴纳服务。

7月27日，经国务院批准，国务院办公厅发布《电子口岸发展“十二五”规划》。规划中提出了下列税收措施：

1. 以进出口企业为单位，以工商部门企业注册登记信息为基础，汇集环保、商务、央行、海关、税务、质检和外汇等部门的企业基础信息、年度审核信息、注销吊销信息、财务经营状况、企业资信等级和违法违规记录等，建立跨部门的进出口企业资信共享机制和配套的综合资信库，为实现口岸管理部门网络化联合监管创造条件。

2. 根据国家经济发展、外贸形势和相关产业政策的需要，以实现国务院有关部门间与大通关流程相关的数据共享和联网核查为重点，依托金关工程、金质工程和金税工程等电子口岸平台，加大互联互通和信息资源共享力度，不断扩展部门间业务协同领域，促进无纸化业务改革，全面提升口岸管理部门联合执法、业务协同和综合服务能力。

3. 围绕加强税收管理，保障税收安全，便利企业网上办理征、缴、退、补等手续，加快企业资金周转效率，缓解企业资金压力，深化关库联网等联网核查项目建设。

9月16日，经国务院批准，国务院办公厅发布《关于促进外贸稳定增长的若干意见》。意见中提出：在货物贸易外汇管理制度改革的基础上，进一步加快出口退税进度，确保准确及时退税。

11月12日，经国务院批准，财政部、科技部、民政部、海关总署和国家税务总局发出《关于科技类民办非企业单位适用科学研究和教学用品进口税收政策的通知》。通知中规定：自2013年1月1日起，符合条件的科技类民办非企业单位，以科学研究为目的，在合理数量范围以内进口国内不能生产或者性能不能满足需要的科研用品，免征关税和进口环节增值税、消费税。

12月24日，为了促进先进技术引进和企业自主创新，财政部、国家发改委、海关总署和国家税务总局发布关于调整《国内投资项目不予免税的进口商品目录》的公告，对2008年调整的《国内投资项目不予免税的进口商品目录》做出再次调整。

据财政部统计，2012年，随着中国进出口贸易的增长，增值税、消费税进口征税额和出口退税额继续快速增长。其中，进口征税额从2011年的13 560.4亿元增加到14 802.2亿元，增长了9.2%；出口退税额从2011年的9 204.8亿元增加到10 428.9亿元，增长了13.3%。

四、税收法制和税收管理

3月2日，财政部公布《财政部门监督办法》。办法中规定：财政部门依法对财税法规、政策的执行情况和税收收入、政府非税收入等政府性资金的征收、管理情况实施监督。

4月9日，根据消费税暂行条例实施细则，财政部、国家税务总局发出《关于消费税纳税人总分支机构汇总缴纳消费税有关政策的通知》。通知中规定：纳税人的总机构与分支机构在同一省（自治区、直辖市），但是不在同一县（市），经本省（自治区、直辖市）财政厅（局）、国家税务局审批同意，报财政部、国家税务总局备案，可以由总机构汇总向总机构所在地的主管税务机关申报缴纳消费税。

6月6日，根据税收征管法、行政监察法、公务员法和行政机关公务员处分条例等法规，监察部、人力资源和社会保障部、国家税务总局公布《税收违法违纪行为处分规定》，自当年8月1日起实施。

6月12日，财政部、国家税务总局和中国人民银行发布新的《跨省市总分机构企业所得税分配及预算管理办法》，自2013年1月1日起执行，2008年上述部门发出的《关于印发〈跨省市总分机构企业所得税分配及预算管理暂行办法〉的通知》（财预［2008］10号）同时废止。

7月3日，根据国务院发布的《全面推进依法行政实施纲要》、《关于加强法治政府建设的意见》和有关规定，国家税务总局发布《关于规范税务行政裁量权工作的指导意见》。

9月25日，经中央人才工作协调小组同意，中共中央组织部、人力资源和社会保障部、财政部和国家税务总局等25个单位发布《外国人在中国永久居留享有相关待遇的办法》。办法中规定：持有中国发给的《外国人永久居留证》的外国人，在所得税方面，按照中国税法和税收协定履行纳税义务；在中国境内取得的收入，依法纳税并持有税务部门出具的对外支付税务证明以后，可以兑换外汇汇出中国境外。

11月9日，国务院公布《关于修改和废止部分行政法规的决定》，自2013年1月1日起施行。决定中修改了《中华人民共和国税收征收管理法实施细则》的部分条款，废止了《中华人民共和国固定资产投资方向调节税暂行条例》。

12月19日，根据国务院的有关要求，财政部、国家发展和改革委员会发出《关于公布取消和免征部分行政事业性收费的通知》，规定自2013年1月1日起取消和免征30项行政事业性收费，其中包括税务机关收取的发票工本费。12月27日，国家税务总局发出《关于取消发票工本费有关问题的通知》。

（中国税务报社　刘佐）

中国出入境检验检疫制度

中华人民共和国国家质量监督检验检疫总局（以下简称“国家质检总局”）是国务院主管全国质量、计量、出入境商品检验、出入境卫生检疫、出入境动植物检疫和认证认可、标准化等工作，并行使行政执法职能的正部级直属机构。

与国家质检总局职能关系密切的有两个协定，即世贸组织《技术性贸易壁垒协定》（TBT 协定）和《实施卫生与植物卫生措施协定》（SPS 协定）。中国自加入世贸组织以来，积极遵循 WTO 相关规则的规定，制定修订并实施出入境检验检疫法律法规、规章、标准，形成了比较完善的出入境检验检疫制度，在保护人类健康和安全、保护动物或者植物的生命和健康、保护环境、防止欺诈行为、维护国家安全等方面发挥了积极作用。

一、中国出入境检验检疫的法律法规依据

中国现行出入境检验检疫方面的法律法规主要有“四法三条例”，具体是：

（一）商检法及其实施条例

1989 年 2 月 21 日第七届全国人民代表大会常务委员会第六次会议通过《中华人民共和国进出口商品检验法》，2002 年 4 月 28 日第九届全国人民代表大会常务委员会第二十七次会议修订，共 6 章 41 条。

商检法明确指出，为了加强进出口商品检验，保证商品质量，维护对外贸易有关各方的合法权益，促进对外经济贸易关系顺利发展，对进出口商品实施品质等检验。商检法是进出口商品检验和监督管理的法律依据，规定国家商检部门根据保护人类健康和安全、保护动物或者植物的生命和健康、保护环境、防止欺诈行为、维护国家安全的原则，制定、调整并公布实施必须实施检验的进出口商品目录，列入目录的进口商品未经检验不准销售、使用；列入目录的出口商品未经检验合格的不准出口。对必须经商检机构检验的进出口商品以外的进出口商品，商检法规定商检机构根据国家规定实施抽查检验。

（二）动植物检疫法及其实施条例

1991 年 10 月 30 日第七届全国人民代表大会常务委员会第二十二次会议通过《中华人民共和国进出境动植物检疫法》，共 8 章 50 条。

动植物检疫法是进出境动植物检疫和监督管理的法律依据，明确了进出境的动植物、动植物产品和其他检疫物，装载动植物、动植物产品和其他检疫物的装载容器、包装物，以及来自动植物疫区的运输工具，应接受动植物检疫机关的检疫和监管。输入动物、动物产品、植物种子、种苗及其他繁殖材料的，必须事先办理检疫审批手续，并在进境时接受检疫，检疫合格的，准予入境。输出动植物、动植物产品和其他检疫物，由动植物检疫机关实施检疫，经检疫合格或者经除害处理合格的，准予出境。来自动植物疫区的船舶、飞机、火车抵达口岸时，由动植物检疫机关实施检疫。

（三）卫生检疫法及其实施细则

1986 年 12 月 2 日第六届全国人民代表大会常务委员会第十八次会议通过《中华人民共和国国境卫生检疫法》，2007 年 12 月 29 日第十届全国人民代表大会常务委员会第三十一次会议修订，共 6 章 28 条。

卫生检疫法是国境卫生检疫和监督管理的法律依据，明确了出入境的人员、交通工具、运输设备以及可能传播检疫传染病的行李、货物、邮包等物品，都应当接受检疫，经国境卫生检疫机关许可，方准入境或者出境。入境的交通工具和人员，必须在最先到达的国境口岸的指定地点接受检疫。出境的交通工具和人员，必须在最后离开的国境口岸接受检疫。国境卫生检疫机关对入境、出境的人员实施传染病监测，并且采取必要的预防、控制措施，对国境口岸的卫生状况和停留在国境口岸的入境、出境的交通工具的卫生状况实施卫生监督。

（四）食品安全法

2009 年 2 月 28 日第十一届全国人大常委会第七次会议通过《中华人民共和国食品安全法》，共 10 章 104 条。2009 年 7 月 20 日，国务院颁布食品安全法实施条例，共 10 章 64 条。

食品安全法明确规定了出入境检验检疫机构在食品进出口环节的职责。进口的食品应当经出入境检验检疫机构检验合格，出口的食品由出入境检验检疫机构进行监督、抽检。向我国境内出口食品的出口商或者代理商应当向国家出入境检验检疫部门备案。向我国境内出口食品的境外食品生产企业应当经国家出入境检验检疫部门注册，出口食品生产企业和出口食品原料种植、养殖场应当向国家出入境检验检疫部门备案。国家出入境检验检疫部门收集、汇总进出口食品安全信息，并及时通报相关部门、机构和企业。国家出入境检验检疫部门建立进出口食品的进口商、出口商和出口食品生产企业的信誉记录，并予以公布。对有不良记录的进口商、出口商和出口食品生产企业，加强对其进出口食品的检验检疫。

其他与出入境检验检疫相关的法律法规还有《中华人民共和国认证认可条例》、《中华人民共和国农产品质量安全法》等。以上法律法规共同构成了我国出入境检验检疫的法律体系。

二、中国国家质检总局检验检疫方面的职责和机构设置

质检总局在出入境检验检疫方面的职责主要是：

组织起草有关检验检疫方面的法律、法规草案，研究拟订检验检疫工作的方针政策，制定和发布有关规章、制度；组织实施与检验检疫相关的法律、法规，指导、监督检验检疫的行政执法工作。

拟订出入境检验检疫综合业务规章、制度；负责口岸出入境检验检疫业务管理；负责商品普惠制原产地证和一般原产地证的签证管理。

组织实施出入境卫生检疫、传染病监测、卫生监督工作；管理国外疫情的收集、分析、整理，提供信息指导和咨询服务。

组织实施出入境动植物检疫和监督管理；管理国外重大动植物疫情的收集、分析、整理，提供信息指导和咨询服务；依法负责出入境转基因生物及其产品的检验检疫工作。

组织实施进出口食品和化妆品的安全、卫生、质量监督检验和监督管理；管理进出口食品和化妆品生产、加工单位的卫生注册登记和备案，管理出口企业对外卫生注册工作。

组织实施进出口商品法定检验和监督管理；监督管理进出口商品鉴定和外商投资财产价值鉴定；管理国家实行进口许可制度的民用商品的入境验证工作；审批法定检验商品免验和组织办理复验；组织进出口商品检验检疫的前期监督和后续管理；管理出入境检验检疫标志（标识）、进口安全质量许可、出口质量许可，并负责监督管理。依法审批并监督管理涉外检验、鉴定机构（含中外合资和合作的检验、鉴定机构）。

管理与协调质量监督检验检疫方面的国际合作与交流；代表国家参加与质量监督检验检疫有关的国际组织或区域性组织，签署并负责执行有关国际合作协定、协议和议定书，审批与实施有关国际合作与交流项目；按规定承担技术性贸易壁垒协议和卫生与植物卫生措施协定的实施、通报和咨询工作。

为履行出入境检验检疫职能，国家质检总局在全国31省（自治区、直辖市）共设有35个直属出入境检验检疫局，海陆空口岸和货物集散地设有近300个分支局和200多个办事处，共有检验检疫人员5万余人。质检总局对出入境检验检疫机构实施垂直管理。

三、中国出入境检验检疫工作的主要内容

出入境检验检疫工作的基本原则，是保护人类健康和安全、保护动物或者植物的生命和健康、保护环境、防止欺诈行为、维护国家安全。国家质检总局依法制定《出入境检验检疫机构实施检验检疫的进出境商品目录》，对出入境货物、交通工具和人员实施检验检疫通关管理，在口岸对出入境货物实行“先报检、后报关”的检验检疫货物通关管理模式。在非口岸，实施产地检验、口岸查验、换证放行通关管理模式。

（一）防止疫病疫情传播

通过对出入境人员、货物、交通工具等实施检验检疫，防止各种严重传染病及其传播媒介的传播。其中对出境人员实行健康体检，预防接种，确保出境人员健康；对入境人员查验健康证书，实施健康监测，及时发现染疫人员，采取相应措施。经过多年的实践，特别是经过抗击非典、高致病性禽流感、鼠间疫情、登革热以及甲型H1N1流感等

严重疫病疫情，出入境检验检疫机构形成了查验体温、疑似病例报告、染疫人员应急处理以及口岸值班制度、紧急情况报告制度等口岸卫生查验体系，完善突发事件紧急处置机制，形成了设施齐全、功能齐备、运转高效、反应灵敏、应对有力的口岸突发事件防御体系。

（二）防止有害生物传入传出

通过对出入境动植物及其产品和运输工具、集装箱、木制包装物等的检验检疫，防止有害生物和动植物疫病疫情传入传出。其中对出入境的动植物及其产品需经过风险分析、双边市场准入、强制隔离检疫、检疫处理，对来自疫区的入境运输工具和集装箱进行消杀灭处理，对查出疫情的产品予以退回、销毁或无害化处理。我国基本建立了严格科学的防止有害生物入侵体系，并在全国进行了大范围的疫情监测，以切实保证农业生产、生态安全和经济安全。

（三）防止有毒有害物质入境

针对入境货物携带有毒有害物质，特别是前些年进口废物原料夹带生活垃圾、废钢铁放射超标、国外废旧淘汰机电产品大量进境等情况，检验检疫部门加强了对有毒有害物质的防范，加强了对进口废物原料供货企业的管理，全面实施了装运前检验和到岸查验制度，对不符合我国环保要求的废物原料一律实行退运处理。与有关部门联合对废旧机电产品进口加强了管理，实施了废旧机电产品到岸逐一检查制度，对未经审批和不符合规定的废旧机电产品禁止入境，严厉打击非法入境行为。

（四）防止进出口商品质量安全事件发生

实施出入境检验检疫制度，一方面确保出口商品的质量，维护国家利益和国家形象；另一方面防止不合格商品进入我国，保护消费者健康安全。为了提高进出口商品质量，特别是保证高风险的农产品、食品质量安全，保证大宗原料质量和保证我国急需的重要设备质量，分别实行了强制性认证、卫生注册、生产过程监管、口岸查验、境外预检、风险预警、驻厂检验检疫等措施。各级检验检疫机构还帮助企业完善质量管理，提高生产工艺，积极采用先进标准，建立健全企业自检体系。同时积极向企业提供国外有关规定、国际市场信息，促使企业严格按照国外标准进行生产，提高质量。

2012年，全国出入境检验检疫部门共检验检疫货物1 844.12万批，货值16 435.7亿美元（同比分别上升4.05%和6.81%），批次不合格率1%，货值不合格率6.05%，不合格率同比分别上升0.06个百分点和下降0.34个百分点；共抽检货物450.14万批，货值7 684.57亿美元，批次和货值抽检率分别为24.41%和46.76%；共检出不合格货物18.49万批，货值993.95亿美元，批次和货值抽检不合格率分别为4.11%和12.93%。共查验出入境人员43 953.12万人次，同比上升7.17%；传染病监测体检133.7万人次，同比上升3.95%；截获进境有害生物4 278种，同比上升1.21%；受理集装箱报检数7 148.43万标箱，同比上升2.6%；检疫交通工具2 474.28万辆（节、艘、架）次，同比下降0.69%。

（国家质量监督检验检疫总局　傅伟明）

中国出口退税情况

一、2012 年中国出口贸易总额及退税总量

2012 年，尽管受到欧债危机及美元贬值等不利因素影响，中国外贸出口依然保持了增长势头，出口贸易总值达20 489亿美元，比 2011 年增长 7.9%。其中，与中国出口退税总量密切相关的一般贸易出口额为9 880亿美元，比 2011 年增长 7.7%，加工贸易中的进料加工进口总值为3 967亿美元，出口总值为7 639亿美元，净出口为3 672亿美元，净出口比 2011 年增长 4.4%，与之相应的是中国出口退税总额首次突破了 1 万亿大关。

2012 年出口退税额为10 426.8亿元，比上年增长 13.3%，其中出口货物退增值税7 518.0亿元，免抵调减增值税2 894.7亿元，出口消费品退消费税 14.1 亿元。出口退税额前三位的广东（含深圳）、浙江（含宁波）、江苏出口退税额分别为2 637亿元、1 769.8亿元、1 751.8亿元，占全国出口退税额总量的 58.78%，突破百亿退税额的省市达到 19 个，在全球经济增速放缓情况下，出口退税政策对中国沿海地区外向型经济起到了稳定作用，为中国国民经济快速增长提供了动力。

二、改革完善出口退税相关管理规定，支持外贸出口健康发展

（一）积极贯彻落实国务院办公厅关于促进外贸稳定增长的若干意见

2012 年 9 月 17 日，国家税务总局出台《关于贯彻落实国务院〈国务院办公厅关于促进外贸稳定增长的若干意见〉的通知》（国税函〔2012〕432 号），要求各地税务机关进一步提高工作效率，加快出口退税进度，认真贯彻国家税务部门制发的各项出口退（免）税政策，积极优化出口退税服务，逐步健全出口退税内控外防体系，严密防范和严厉打击骗取出口退税行为，支持外贸出口稳定增长。

（二）清理自 1994 年以来的有关出口退税政策和管理文件，形成出口退税的政策与管理两个方面的基本法规

从 1994 年中国对货物和劳务全面实行增值税以来，出口退（免）税制度已有 18 年，在这期间，针对国际国内经济形势的不断变化，出口退（免）税政策也随之调整，由于文件出台或废止过多，给企业以及税务人员掌握和执行政策带来了困难，容易引发征纳双方争议。

2012 年 5 月 25 日，财政部、国家税务总局发布《关于出口货物劳务增值税和消费税政策的通知》（财税［2012］39 号，以下简称通知）。通知从适应当前经济形势发展的需求入手，调整了出口货物的税收政策，由原先的不申报退税的出口货物予以征税的税收管理思想调整为不申报退税的出口退税货物可以申报免税，如果不申报免税则予以征税；通知对原政策中不清楚或未明确的条款进行了明确，废止了反响强烈和过期文件。截至 2012 年 7 月 1 日，关于出口退税方面的文件约有 650 余份，而全文或部分废止以及自然失效的达 395 份，本次清理后，有效文件 60 余份，便于出口企业以及税务人员掌握和操作。

通知主要内容包括：界定出口与非出口企业范围，对不具有进出口经营权委托出口的商贸企业或个人的非出口企业实行免税政策；明确视同出口货物范围，对进入特殊区域的出口货物、对外援助对外承包境外投资的出口货物、免税品经营企业销售的货物、中标机电产品、销售海洋工程结构物、销售用于国际运输工具上的货物、输入特殊区域的水电气视同出口予以退税；规定退（免）税适用方法为外贸企业采用免退税办法，生产企业采用免抵退税办法；调整外贸企业进料加工贸易方式的出口退税计税依据，取消进料加工贸易作价销售原材料办理免税证明的办法；扩大生产企业收购货物出口退税的范围，增加了视同自产的与本企业生产经营活动相关的货物，调整生产型集团公司收购成员企业货物出口退税的办法，规定集团内成员企业收购出口的成员企业及集团公司生产的货物，可视同自产货物予以退（免）税。扩大出口货物免税范围，将法定免税、特殊区域内企业出口、未按规定申报或未补齐增值税退（免）税凭证的出口货物劳务等 27 种情况列入免税政策；明确适用增值税征税政

策的出口货物范围和企业出口行为等。

为配合通知内容的调整，2012年6月14日，国家税务总局配套出台了《出口货物劳务增值税和消费税管理办法公告》（国家税务总局公告2012年第24号，以下简称公告），公告修订了纳税人出口货物退税申报有关事宜，明确出口企业申报退（免）税原始凭证、申报期限、申报程序的有关规定；放宽了出口企业申报退税期限，将货物报关出口后90天内申报出口退税改为次年4月30日以前各增值税纳税申报期内出口企业都可以申报出口退税，收齐单证申报时间最多约为470天；取消了小型企业、新发生出口业务的企业12个月审核期，由年终一次性退税改为正常退税；将海关进口增值税专用缴款书作为外贸企业申报出口退税的凭证；规定出口企业不申报退（免）税的出口货物应向主管税务机关办理免税申报手续，否则按内销规定征税；公告增加了对免税出口货物，出口企业可以放弃免税，实行征税的规定，一旦放弃免税，36个月内不得变更等内容。

（三）对经税务机关审核允许抵扣的增值税发票予以退税

2012年6月1日，国家税务总局发布《关于外贸企业使用增值税专用发票办理出口退税有关问题的公告》（国家税务总局公告2012年第22号），明确对外贸企业办理出口退税提供丢失增值税发票原件、增值税发票逾期抵扣、失控发票、交叉稽核比对异常的发票，凡属于经税务机关批准可以抵扣的凭证，经税务机关审核允许纳税人抵扣其进项税额的增值税专用发票也可以申报退税。这些措施有效地减轻了出口企业的负担，支持外贸出口发展。

（四）为配合在交通运输业和现代服务业营业税改征增值税试点工作，调整部分应税服务出口退税政策

2012年4月5日发布《营业税改征增值税试点地区适用增值税零税率应税服务免抵退税管理办法（暂行）》（国家税务总局公告2012年第13号）管理办法，明确国际运输（含中国台湾、香港、澳门地区）和研发、服务设计应税服务实行零税率，并出台了增值税零税率应税服务免抵退税管理办法（暂行）。

2012年7月26日，财政部、海关总署、国家税务总局三部委发布《关于在天津东疆保税港区试行融资租赁货物出口退税政策的通知》（财税［2012］66号）对在天津东疆保税港区注册的融资租赁企业或金融租赁公司在天津东疆保税港区设立的项目子公司，以融资租赁方式租赁给境外承租人且租赁期限在5年（含）以上，并向天津境内口岸海关报关出口的货物，试行增值税、消费税出口退税政策，融资租赁出口货物的范围包括飞机、飞机发动机、铁道机车、铁道客车车厢、船舶及其他货物。2012年8月10日国家税务总局发布《天津东疆保税港区融资租赁货物出口退税管理办法》（国家税务总局公告2012年第39号），对融资租赁的货物、海洋工程结构物出口退税企业资格、税务认定、申报审核方法予以明确。通过实施服务贸易出口退税政策，支持服务贸易出口、减少服务贸易逆差，促进中国产业结构的合理化，推动经济、社会的可持续发展。

（五）推出启运港退税试点政策

2012年8月24日发布《启运港退（免）税管理办法》的公告（国家税务总局公告2012年第44号），对满足条件的出口企业，从启运地报关，从水路转关直航运输经保税港区离境的集装箱货物，试行退税政策。明确出口企业办理启运港退（免）税的相关程序，以及税务机关对启运港退（免）税的审核要求，这一政策缩短了出口企业转关取得单证的时间，及时办理了出口退税，加速了企业资金周转。

（六）配合国家外汇管理局进行外汇核销制度改革工作

2012年8月1日，国家外汇管理局、海关总署、国家税务总局发布《关于货物贸易外汇管理制度改革的公告》（国家外汇管理局公告2012年第1号），规定2012年8月1日前报关出口的货物，截至7月31日已到出口收汇核销期限的，企业应不迟于7月31日办理出口收汇核销手续。自8月1日起，外汇局不再办理出口收汇核销手续，不再出具核销单。由于国家外汇管理局取消出口收汇核销，因此企业申报出口退税时相应地也不再提供纸质的外汇核销单，税务部门不再审核出口收汇核销单及相应的电子信息。

三、持续构建“内控外防”的全方位防范出口骗税体系

为保护纳税人合法权益，给企业提供公平、健

康的出口环境，中国持续推进构建“内控外防”的全方位防范出口骗税体系。

一是加强出口退税预警分析，对出口异常商品和异常企业发布预警。2012年对冬虫夏草、木制家具、以白银为主要原料的出口产品展开核查并加强出口退税审核。积极推进出口退税宏观分析及预警监控系统在各地的应用工作，为河北省、湖北省、陕西省和厦门市国家税务局等地安装了该系统。

二是持续完善出口退税审核，关注信息动态管理。根据出口企业纳税遵从情况，参考中国海关、人民银行、外汇管理局等管理部门的企业信用资质，对出口企业信用情况进行国家层面的数据采集，建立出口退税审核关注企业动态定级制度。

三是加大对省级国税部门出口退税审核情况监控力度。纠正部分地区出口退税管理权限过大问题，复核各地出口退税审核整改情况，并要求税务系统内部进行自查。

四、推进出口退税信息化建设，提高出口退税管理质量和效率

对现行出口退税审核系统、出口退税宏观分析及预警监控系统、出口退税传输系统、出口退税审核系统的总局监控平台进行了升级完善。其中出口退税审核系统数据库由SQL Server升级迁移为Oracle数据库，提高系统运行的效率。根据电子口岸“十二五”规划，加快电子口岸办出口退税联网核查系统、进口增值税联网核查系统联网工作。

附表1　**2001—2012年中国出口退税统计表**　单位：亿元，%

年　份	出口货物退增值税	免抵调减增值税	出口消费品退消费税	出口退税合计	比上年增长
2001	929.6	134.6	7.3	1 071.5	32.3
2002	738.2	514.5	6.6	1 259.3	17.5
2003	1 419.0	609.1	10.9	2 039.0	61.9
2004	1 446.8	745.0	4.6	2 196.4*	7.7
2005	2 265.5	1 100.9	7.2	3 373.6	53.6
2006	2 862.0	1 413.9	9.3	4 285.2	27.0
2007	3 648.9	1 614.8	9.3	5 273.0	23.1
2008	3 983.5	1 873.2	9.2	5 865.9	11.2
2009	4 114.3	2 362.9	9.4	6 486.6	10.6
2010	5 521.1	1 796.1	10.1	7 327.3	13.0
2011	7 226.2	1 966.5	12.1	9 204.8	25.6
2012	7 518.0	2 894.7	14.1	10 426.8	13.3

注：①2004年出口退税只反映办理当年发生的出口退税，不包括归还以前年度欠退税。

②根据历年《中国税务年鉴》统计数据计算整理。

附表2　**2012年中国出口退税额超百亿元地区统计表**　单位：亿元，%

序　号	地　区	出口退税额（含免抵税额）	出口退税额占全国出口退税总量的百分比
1	江苏	1 751.8	16.72%
2	广东（不含深圳）	1 691.71	16.15%
3	浙江（不含宁波）	1 248.57	11.92%
4	深圳	945	9.02%
5	上海	817.84	7.81%
6	宁波	511.59	4.88%
7	山东（不含青岛）	459.92	4.39%
8	福建	357.7	3.41%
9	厦门	304	2.90%
10	北京	278	2.65%
11	天津	269.47	2.57%
12	青岛	243.48	2.32%
13	河北	240.9	2.30%
14	大连	179	1.71%

续　表

序　号	地　区	出口退税额（含免抵税额）	出口退税额占全国出口退税总量的百分比
15	安徽	148.33	1.42%
16	辽宁（不含大连）	118.41	1.13%
17	湖北	117.31	1.12%
18	河南	112.19	1.07%
19	江西	101.1	0.96%
总计		9896.32	94.45%

注：依历年《中国税务年鉴》统计数据计算整理。

（国家税务总局　孙红梅 韩淼）

中国进出口信贷制度

2012 年，在世界经济增长进一步放缓，全球贸易增速回落，主要发达国家财政金融问题相互交织，国际金融市场剧烈动荡，国际经济金融形势依然复杂严峻的情况下，我国对外贸易和投资保持较高水平和较快增长，继续稳居世界第一大出口国和第二大进口国，成为大多数周边国家的最大贸易伙伴和越来越多国家的最大出口市场。为适应国内外经济金融形势发展，中国的银行业金融机构紧紧围绕科学发展这个主题和加快转变经济发展方式这条主线，加大进出口信贷制度建设力度，积极支持进出口融资和“走出去”融资，为进出口业务发展、促进经济平稳较快发展提供了有力保障。

一、进出口信贷业务蓬勃开展

2012 年，面对复杂严峻的国际经济形势，中国的进出口信贷坚持稳中求进的工作总基调，服务于对外经济合作和经济发展大局，对实体经济的发展提供了强有力的支持。

（一）出口信贷

出口信贷包括出口买方信贷和出口卖方信贷。其中，出口卖方信贷是我国银行为了支持我国资本性货物和服务的出口，给予出口商的中长期融资便利。出口买方信贷是我国银行为了支持我国本国机电产品、成套设备、对外工程承包等资本性货物和服务的出口，给予进口商或进口商银行的中长期融资便利。出口卖方信贷的借款人是出口国的国内出口商；出口买方信贷的借款人通常为贷款行认可的进口商、进口方银行或进口国主权级借款人（如财政部、中央银行等）。在出口信贷中，贷款行根据借款人的资信状况、借款金额、期限、担保方式等因素，自主确定贷款利率，并可按照一定的费率征收管理费、承担费等费用。

出口卖方信贷方面，中国进出口银行 2012 年全年新签约贷款 1 769.16 亿元，放款 1 753.65 亿元，年末贷款余额 3 784.43 亿元，比年初增加 306.9 亿元。

出口卖方信贷
实际发放贷款发展示意图

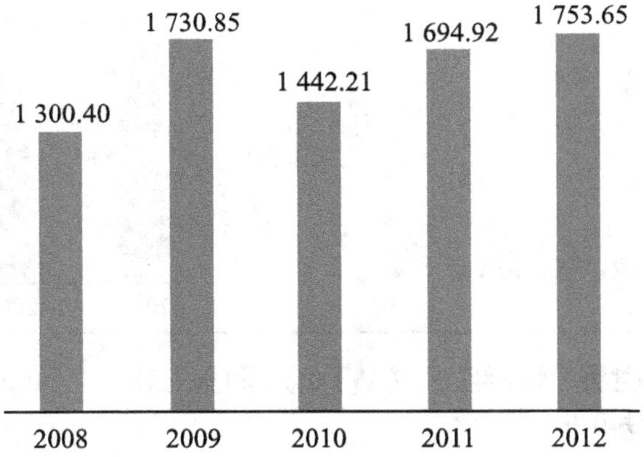

单位：亿元人民币

出口卖方信贷
实际发放贷款投向比例示意图

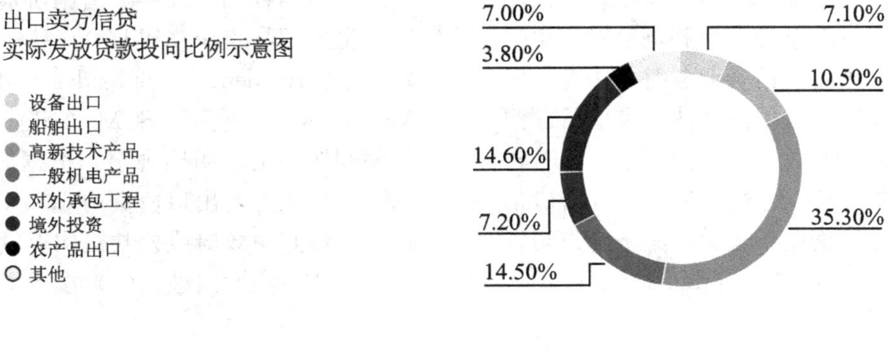

出口买方信贷方面，中国进出口银行 2012 年全年新签出口买方信贷项目金额 132.79 亿元，放款 425.39 亿元。年末贷款余额1 586.71亿元，比年初增加 317.48 亿元。

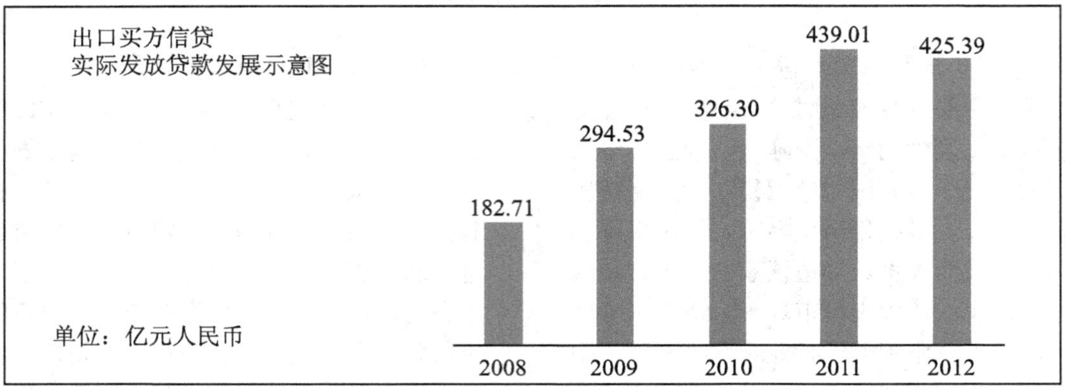

（二）进口信贷

进口信贷是指我国银行为我国企业从境外进口资本性货物以及相关配套建设、资源和能源以及企业生产经营所需产品的贷款。随着我国经济的快速发展，部分企业积极向供应链上游延伸，从国际市场进口先进的设备、技术、服务以及原材料等，以降低企业生产成本，提高企业的市场竞争能力，为进口信贷的发展拓宽了空间。

2012 年，中国进出口银行在进口信贷业务方面全年新签约贷款 1 621.66 亿元，放款 1 548.37 亿元。年末贷款余额 2 701.85 亿元，比年初增加 610.10 亿元。

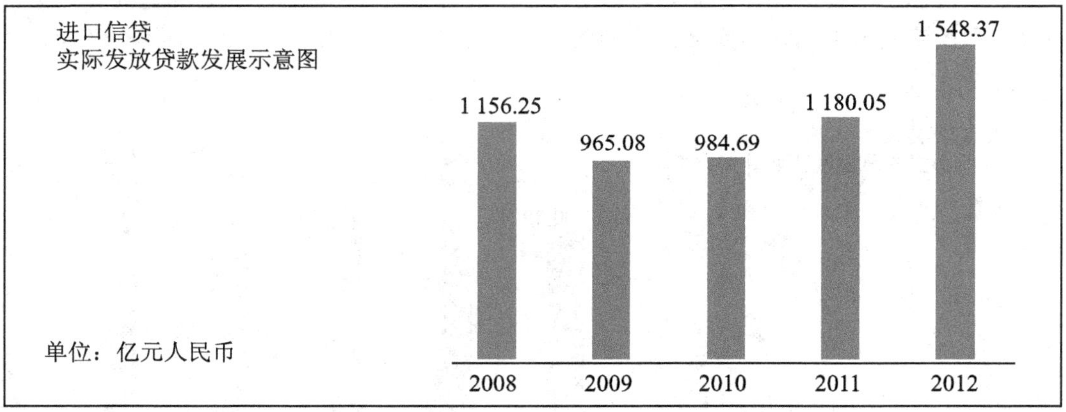

二、遵守世界贸易组织（WTO）有关出口信贷的制度规则

中国的进出口信贷，是按照市场化原则确定信贷条件，开展信贷业务，坚持项目长期财务可持续发展的原则，在全面履行加入世界贸易组织承诺的同时，中国银行业自身的业务水平和竞争能力也得到了显著提高。在办理出口信贷业务时，中国的银行业金融机构除遵守国家有关法律法规和监管部门的管理规定外，还在我国承诺的基础上，遵守 WTO 框架下的有关规定；此外，对于官方出口信用机构，其出口买方信贷业务还遵照经济合作与发展组织（Organization for Economic Co-operation and Development，以下简称 OECD）的《官方支持出口信贷的安排》（Arrangement on Officially Supported Export Credits，即通常所说的“君子协定”）等国际惯例的规定。

（一）《补贴与反补贴措施协定》

世界贸易组织（WTO）《补贴与反补贴措施协定》（Agreement on Subsides and Counter-vailing Measures，以下简称 SCM 协定）中对出口信贷的补贴问题做出了明确规定。根据 SCM 协定，满足以下三个条件的出口信贷构成 WTO 所禁止的补贴行为：（1）由政府或公共机构提供；（2）具有法律专向性或事实专向性；（3）授予了利益。但是，如果出口信贷是由经济合作与发展组织（OECD）《官方支持出口信贷的安排》（“君子协定”）的成员方所提供，或者出口信贷实施了“君子协定”规定的利率条款，则此等出口信贷不构成禁止性补贴（以下称“安全港”条款）。

（二）《官方支持出口信贷的安排》（“君子协定”）

《官方支持出口信贷的安排》（“君子协定”）由于在官方支持的出口信贷领域的重要影响，已经成为一项国际惯例，为许多国家或出口信贷机构所遵从。同时，由于 SCM 协定中纳入了“君子协定”的有关内容，因此，君子协定在国际补贴与反补贴领域也起着重要的作用。“君子协定”旨在鼓励出口商之间以出口货物和服务的质量和价格，而不是以最优惠的融资条件进行竞争，为有序使用官方支持的出口信贷提供基本框架。从性质上看，“君子协定”只是参加国之间道义上的协议安排，不属于国际条约的范畴，没有国际法约束力。

“君子协定”适用于由政府或代表政府为货物和/或服务出口（包括融资租赁）提供的、还款期在 2 年或 2 年以上的所有官方支持以及约束性援助贷款（其中第四章中规定的程序也适用于与贸易有关的非约束性援助贷款），不适用于军用设备和农产品。2013 年 1 月，OECD 发布了最新一版的《官方支持出口信贷的安排》，其在第二章规定了出口信贷的融资条款，包括官方支持的最大限度、最长还款期、本息偿还、利率和费用等，其中，以商业参考利率 CIRR 为基准构建的官方融资支持下的最低固定利率，是 SCM 协定“安全港”条款关注的核心内容。

三、进一步加强对绿色信贷的支持力度

发展绿色金融，走绿色发展之路，既是有效应对全球金融危机的重大机遇，也是突破环境资源约束，实现可持续发展的重要途径。2012 年，中国的银行业金融机构在进出口信贷中秉承“可持续发展”的理念，进一步加强对绿色信贷的支持力度，根据《赤道原则》等国际准则，按照“可持续发展”的理念，严格信贷项目环保要求，加强项目环境风险管理，在信贷业务中切实贯彻绿色信贷理念。

银监会《中国银行业运行报告（2012 年度）》中指出，2012 年，银监会继续推动银行业金融机构以绿色信贷为抓手，积极调整信贷结构，有效防范环境与社会风险，促进经济发展方式转变和经济结构调整。2012 年 1 月，银监会发布《关于印发绿色信贷指引的通知》（银监发〔2012〕4 号），对银行业金融机构有效开展绿色信贷，大力促进节能减排和环境保护提出了明确要求。其中规定，银行业金融机构应当从战略高度推进绿色信贷，加大对绿色经济、低碳经济、循环经济的支持，防范环境和社会风险，提升自身的环境和社会表现，并以此优化信贷结构，提高服务水平，促进发展方式转变。

发展绿色金融，走绿色发展之路，既是有效应对全球金融危机的重大机遇，也是突破环境资源约束，实现可持续发展的重要途径，金融机构应该发挥也可以发挥更大的作用。在监管机构的大力推动下，2012 年，银行业金融机构进一步提高识别、计量、监测、控制信贷业务活动中的环境和社会风险（指银行业金融机构的客户及其重要关联方在建设、生产、经营活动中可能给环境和社会带来的危害及相关风险，包括与耗能、污染、土地、健康、安全、移民安置、生态保护、气候变化等有关的环境与社会问题）的能力，逐步完善相关信贷政策制度和流程管理，建立环境和社会风险管理体系。

四、开展出口信贷规则的国际谈判，积极应对出口信贷面临的挑战

近年来，特别是金融危机以来，美国经济复苏乏力，欧洲主权债务危机加深，而中国经济在世界经济中的地位进一步突出，已经成为全球第一大出口国和第二大进口国，贸易规模仅次于美国居世界第二位。美欧对我国出口信贷的关注和质疑不断加深，指责我国依靠提供低成本贷款，为中国企业提供补贴，借以占领国际市场份额，反补贴调查逐渐成为美欧等国家打击和遏制我国出口信贷和产品出口的重要武器。2012 年，在美国调查中国多晶硅补贴案中，美国商务部再次重申，由于中国市场受到政府过多干预，已被严重扭曲，因此，中国市场上的商业贷款利率不能作为衡量利益的基准，必须采纳外国市场基准利率计算利益的原则，采用替代利率的做法仍未能改变。2012 年 11 月，欧盟对我

国光伏产品发起反补贴立案调查，其中相当一部分内容涉及出口信贷，相关银行业金融机构对有关问卷内容做出了回答。

WTO 规则是一个跨学科、跨领域的庞大的法律规则体系，在出口信贷与反补贴方面，利益的争夺与博弈正在越来越多地转化为规则和法律的争执。我们必须基于 WTO 及其规则本身，深刻了解和合理利用这些规则，积极参与规则谈判与制定，争取规则利益。目前，我国正在与美国、欧盟、金砖国家以及一些发展中国家进行出口信贷规则的国际谈判，力争制定一套参与国均可接受的、照顾不同的国家利益和国情、与国际最佳实践一致的新的出口信贷国际规则，使规则为我所用，努力从国际经贸规则的“参与者”向“制定者”转变，积极应对挑战，保护我国发展的重要战略机遇期。

（中国进出口银行总法律顾问　李健）

中国政府采购制度

2012年，我国政府采购制度改革不断深化，管理体制机制进一步完善，政府采购市场开放谈判稳步推进，对外交流与合作取得新的进展。

一、政府采购改革迈出新步伐

2012年，全国政府采购规模达到13 977.7亿元，节约资金1 850.8亿元，并不断深化改革，大力创新，在加强财政支出管理，实现政府管理目标，促进经济社会发展等方面取得了显著成效。

（一）政府采购法律制度建设实现稳步推进

以完善法律体系架构、规范操作执行作为制度建设的重点，进一步修改完善政府采购法实施条例，发布对中央集中采购机构监督考核暂行办法的补充通知，进一步规范政府采购评审工作，明确政府采购联合采购活动中投诉、举报事项监管权问题，加强中央预算单位政府采购管理。

（二）政府采购政策功能得到更好发挥

2012年，政府采购政策功能与“调结构、转方式”的宏观经济政策和社会事业发展的联系更加紧密。加大对中小企业扶持力度，通过预留采购份额、实施评审优惠等多项措施，鼓励中小企业积极参与政府采购，并重点向小微企业实施政策倾斜。全年授予中小企业的合同金额为10 830亿元，占全国政府采购的77.5%。完善政府采购信用担保制度，通过向供应商提供投标担保、履约担保和融资担保，逐步解决试点地区供应商参与政府采购过程中的资金占用、融资难等问题，进一步调动企业参与政府采购市场竞争的主动性。两次调整公布新的节能环保清单，全国强制和优先采购节能、环保产品规模分别达到同类产品的84.6%和68.3%，为国家节能减排和环保目标的实现提供了有力支持。

（三）政府采购运行机制不断完善

进一步推动集中采购工作，通过完善集中采购目录、电子化采购、区域联合采购等措施，规范集中采购行为、提高集中采购效率、节约集中采购成本、促进廉政建设。稳步推进中央单位的批量集中采购改革试点工作，在一些地方开展了计算机、公车、复印纸、文件柜等产品的批量采购工作。继续加强信息公开力度，在进口产品审核和单一来源审核工作中引入公示制度，不断提高采购透明度。

（四）政府采购执行监管得到进一步强化

首次与监察部、审计署、国家预防腐败局联合开展对全国政府采购甲级代理机构的专项检查，推进了政府采购代理机构工作的规范化。优化调整政府采购甲级代理机构资格认定的方式和流程，提高审核的透明度和准确性。进一步完善供应商投诉处理机制，规范供应商投诉处理中存在的操作失位、监管缺位、制度缺失等问题。继续加强标准化和信息化建设工作，颁布新的政府采购品目分类目录，印发全国政府采购管理系统建设总体规划和政府采购业务基础数据规范。目前，中央本级的计划管理系统、执行交易系统、评审专家监管系统和全国共享基础数据库已初步开发完成，各地也在加快管理交易一体化的政府采购系统建设。

二、政府采购市场开放谈判和合作交流取得新成效

2012年，财政部会同有关部门，以加入《政府采购协议》（GPA）谈判为工作主线，以提交第四份出价为核心，统筹开展各项谈判工作，兼顾其他多双边机制下的谈判和磋商，稳步推进政府采购市场开放进程，大力拓展国际合作交流空间。

（一）按时提交第四份加入GPA出价

根据国务院部署，财政部会同有关部门研究起草了第四份出价，经国务院批准后于11月29日提交WTO秘书处，圆满履行了我国相关承诺。第四份出价对第三份出价做了综合性改进：一是增加了货物附件，与参加方新一轮出价形式保持一致；二是增列了福建、山东、广东3个省，扩大了地方实体开放范围；三是再次降低了工程项目门槛价；四是删减和调整了有关例外情形。GPA参加方对我国提交新出价给予充分肯定，同时希望我国进一步修改出价，增加地方政府，扩大工程项目，并将承担公共职能的国有企业列入出价。

（二）积极与GPA参加方开展谈判

多次组团赴瑞士开展我国加入GPA谈判，与

美国、欧盟、日本、加拿大、韩国、新加坡、挪威等 7 个参加方开展了 12 场双边谈判。在 WTO 政府采购委员会会议上，通报我国加入 GPA 谈判工作进展，表明我国立场，妥善回应参加方关切。GPA 参加方对我国积极开展谈判给予高度肯定，对我国加入 GPA 面临的困难表示理解，希望我国加快谈判进程，早日加入 GPA。此外，还与美国和欧盟分别在北京和布鲁塞尔开展了 2 次工作会谈，重点就公共工程、国有企业出价以及有关政府采购法律政策等进行磋商。

（三）统筹做好多双边谈判工作

在第四届中美战略与经济对话期间，就我国加入 GPA 改进出价及政府采购法实施条例、本国产品管理办法等议题与美国开展深入磋商。在第 23 届中美商贸联委会期间，妥善应对美方关于公共工程、国有企业列入 GPA 出价等政府采购议题要价。在中欧财金对话框架下，与欧盟积极开展政府采购对话。与韩国、瑞士和冰岛在自由贸易区框架下开展政府采购谈判。参与中美投资协定政府采购议题磋商。积极参与亚太经济合作组织（APEC）政府采购议题交流。

（四）进一步拓展国际交流舞台

参加联合国贸易法委员会政府采购工作组会议，参与修订《公共采购示范法》立法指南，反映发展中国家国情和具体关注。分别与 WTO 秘书处、美国和欧盟联合举办政府采购研讨会，就 GPA 新文本、参加方新一轮出价以及政府采购制度开展深入讨论。举办中韩政府采购交流，就政府采购电子化、绿色采购、政府采购支持新技术产品政策等进行研讨。利用国际平台展示我国政府采购改革成果，加强交流，增进理解。

（财政部国库司）

中国的自由贸易区建设

一、2012年中国自贸区谈判新进展

2012年，我们按照党的十七大提出的“实施自贸区战略”和十八大提出的“加快实施自贸区战略”的要求，紧紧抓住全球自贸区发展机遇，坚持互利共赢原则，大力推进自贸区谈判工作。截至2012年底，中国已经签署和正在商谈的自贸区有18个，涵盖对外贸易总额的三分之一。其中，已经签署并实施的自贸协定有10个，涉及18个国家和地区；正在谈判的自贸协定有8个，涉及24个国家。中国自贸区建设从无到有，从少到多，取得了重要进展，已经初步形成以周边为主，包括美洲、亚洲、欧洲的自贸区网络。

（一）与周边国家自贸区建设实现重要突破

1. 启动并推进中韩自贸区谈判。2012年5月2日，商务部部长陈德铭与韩国外交通商部通商交涉本部长朴泰镐在北京举行中韩经贸部长会议期间，共同宣布启动中韩自贸区谈判。2012年年内，双方共举行3轮谈判，就自贸区谈判范围和领域，以及货物贸易、服务贸易等领域的谈判模式深入交换了意见。

2. 宣布启动并筹备中日韩自贸区谈判。2012年11月20日，商务部部长陈德铭与日本经产大臣枝野幸男、韩国外交通商部通商交涉本部长朴泰镐在柬埔寨首都金边举行会晤，正式宣布启动中日韩自贸区谈判。会后，中日韩三方代表举行工作磋商，讨论了中日韩自贸区第一轮谈判的有关筹备事宜。

3. 启动《区域全面经济伙伴关系协定》(RCEP）谈判。2012年11月20日，在柬埔寨金边举行的东亚领导人系列会议期间，温家宝总理同日本、韩国、澳大利亚、新西兰、印度以及东盟10国领导人，共同发布《启动〈区域全面经济伙伴关系协定〉谈判的联合声明》，正式启动覆盖16个国家的自贸区建设进程。这标志着东亚更大范围的经济一体化进程迈出了关键一步，展示了东亚各国加速整合、推进区域一体化的决心。

4. 签署中国—东盟自贸区补充协定。2012年11月19日，在柬埔寨金边举行的东亚领导人系列会议期间，商务部部长陈德铭与东盟10国经贸部长共同签署了中国—东盟自贸区框架下的两份议定书，即《关于修订〈中国—东盟全面经济合作框架协议〉的第三议定书》和《关于在〈中国—东盟全面经济合作框架协议〉下〈货物贸易协议〉中纳入技术性贸易壁垒和卫生与植物卫生措施章节的议定书》。上述议定书确定了中国与东盟国家之间的沟通协调机制，有助于确保自贸区各项协议的有效执行，进一步完善了中国—东盟自贸区制度框架。

5. 签署中国—新加坡自贸区框架下进一步开放银行业的换文。2012年7月6日，在江苏苏州召开的中国—新加坡双边合作委员会第九次会议期间，商务部国际贸易谈判代表兼副部长高虎城与新加坡贸工部部长林勋强分别代表两国政府，签署了两国在自贸区框架下进一步开放银行业的换文。

（二）与欧洲国家自贸区谈判取得积极进展

1. 推进中国—瑞士自贸区谈判。2012年，双方共举行4轮谈判，就货物贸易降税模式、服务贸易、原产地规则、海关合作和贸易便利化、卫生与植物卫生措施、技术性贸易壁垒、法律和机构条款、知识产权、竞争政策、贸易救济、争端解决和经济技术合作等有关问题深入交换了意见，并达成一系列共识，谈判取得较大进展。

2. 加快中国—冰岛自贸区谈判。2012年12月，双方在冰岛举行第5轮谈判，就货物贸易、服务贸易、投资、原产地规则、海关程序、贸易便利化、卫生与植物卫生措施、技术性贸易壁垒、法律事项、知识产权、竞争政策、贸易救济、政府采购等议题深入交换意见，并达成一系列共识，谈判取得实质性进展。

（三）与南美国家自贸区谈判取得新的成果

1. 与智利签署自贸区投资协定。2012年6月26日，在温家宝总理与智利总统皮涅拉的见证下，商务部部长陈德铭与智利外长莫雷诺在圣地亚哥签署关于完成中智自贸区投资补充协定谈判的联合声明。同年9月9日，商务部部长陈德铭与智利外长莫雷诺在俄罗斯符拉迪沃斯托克正式签署《中国—智利自由贸易协定中关于投资的补充协定》。中智

自贸区投资协定的签署，标志着中智自贸区建设全面完成，将有力促进中智经贸关系发展。

2. 启动中国—哥伦比亚自贸区联合可行性研究。2012 年 5 月 9 日，在胡锦涛主席和来访的哥伦比亚总统桑托斯的见证下，商务部部长陈德铭和哥伦比亚贸易工业旅游部长格拉纳多斯在京签署《中国商务部与哥伦比亚贸易工业旅游部关于开展双边自由贸易协定联合可行性研究的谅解备忘录》，正式启动两国自贸区联合可行性研究。中哥宣布启动自贸区联合可行性研究，将为深化双边经贸合作提供重要机遇。

此外，中国还积极推进与海湾合作委员会、澳大利亚等的自贸区谈判以及与巴基斯坦的自贸区第二阶段降税谈判，深入参与了《亚太贸易协定》第四轮关税减让谈判。

二、中国自贸区建设成效显著

中国自贸区建设促进了与自贸伙伴关系的全面发展，加快自贸区建设，同时已经成为中国统筹两个市场和两种资源、进一步扩大对外开放、积极应对国际金融危机、保持进出口稳定增长的重要手段，展示了中国开放、负责任的国际形象。通过自贸区提供的制度性保障，各方货物、服务、投资和人员流动政策更加透明、更具预见性，提升了彼此经贸关系和经济融合，取得了互利共赢、共同发展的结果。

（一）自贸区促进了与自贸伙伴贸易和投资的增长

2012 年，中国对外贸易总额为38 667亿美元，同比增长 6.2%。同期，中国与东盟成员、新西兰、巴基斯坦、智利、秘鲁、哥斯达黎加等 15 个自贸伙伴的双边贸易额为4 750亿美元，同比增长 10.2%，比总体高出 4 个百分点。各自贸区建设的推进，将使关税不断降低或取消，从而进一步激发货物贸易和服务贸易的潜力。

（二）自贸区提升了企业的国际竞争力

自贸区建成后，中国和自贸伙伴之间的市场准入条件将进一步改善，贸易和投资环境也将更加规范、透明。中国企业将有机会从自贸伙伴找到价廉物美的货源，并扩大在自贸伙伴的市场份额。同时，中国和自贸伙伴还将相互进一步开放服务贸易，降低投资门槛、优化投资环境，加强知识产权保护，为商务人员流动提供便利。这将有利于各方企业在更大范围、更高水平上参与国际经济合作、优化资源配置，提高在国际市场上的竞争力。

（三）自贸区增加了消费者的实际利益

通过自由贸易实现优势互补，互通有无，广大消费者可以更低的价格购买更多、更丰富的商品，提高消费水平和生活质量。例如，实施中国—智利自贸协定后，中国从智利进口的优质葡萄翻了一番，消费者在冬季也能享受到产自智利的品质优良、价格合理的当季提子。得益于中国—东盟自贸区，中国市场上的热带水果越来越多，价格也越来越实惠，榴莲、山竹、火龙果等热带水果成为中国广大消费者日常享用的水果。

三、中国自贸区建设任重道远

经过三十多年改革开放，特别是加入世贸组织十多年，中国获得了历史性、跨越式发展，综合国力和国际竞争力不断增强，抗风险能力和运用国际规则能力显著提高。目前，中国已经成为世界第二大经济体和第二大贸易国，为全面推进自贸区建设奠定了坚实基础。但应当看到，与加入世贸组织前相比，中国所处的国际经贸环境也发生了重大变化。近年来，美国、欧盟、日本、韩国、印度等重要经济体纷纷加大了对外商谈自贸协定的步伐，像跨太平洋伙伴关系协定（TPP）、跨大西洋贸易与投资伙伴关系协定（TTIP）等大型、高水平的自贸区一旦建立，各主要经济体之间将形成多组相互交叉的自贸关系，将对多边贸易体制和全球经贸格局带来深刻影响，也对中国自贸区建设提出了新的要求。

面对全球自贸区迅速发展的新形势，我们将在坚决维护多边贸易体制、深入参与多哈回合谈判的同时，积极参与区域经济合作，加快实施自贸区战略。除了积极推进现有的自贸区谈判，还要争取与更多国家发展更高水平、更加全面的自贸关系，不断提高贸易投资自由化水平，进一步扩大自贸区的领域和范围。同时，实施好已经签署的自贸协定，充分发挥其在促进经贸合作中的潜力。

（商务部国际司）

●投资政策与管理措施

中国利用外资政策

一、2012年中国吸收外资概况

2012年，我国吸收外资出现小幅下降，但总体走势基本平稳，质量和水平进一步提升。2012年，全国新设立外商投资企业24925家，同比下降10.06%；实际使用外资金额1117.16亿美元，同比下降3.7%（不含银行、保险、证券）。

（一）产业结构

2012年，外商投资农、林、牧、渔业新设立企业882家，同比增长1.97%，实际使用外资金额20.62亿美元，同比增长2.65%，分别占同期全国总量的3.54%和1.85%。

同期，外商投资制造业新设立企业8970家，同比下降19.29%，占同期全国总量的35.99%，较上年同期相应比重下降4.12个百分点；实际使用外资金额488.66亿美元，同比下降6.21%，占同期全国总量的43.74%，较上年同期相应比重下降1.17个百分点。部分高端制造业增长较快，交通运输设备制造业实际使用外资金额44.7亿美元，同比增长17.15%；通用设备制造业实际使用外资金额42.17亿美元，同比增长31.82%。

同期，全国服务业新设立外商投资企业13539家，同比下降3.84%，占同期全国总量的54.32%；实际使用外资金额538.36%亿美元，同比下降2.55%，占同期全国总量的48.19%。较上年同期水平上升0.57个百分点。服务业内部的行业分布进一步优化，其中，房地产业实际使用外资金额241.25亿美元，同比下降10.25%；分销服务业实际使用外资金额81.21亿美元，同比增长10.93%；计算机应用服务业实际使用外资金额29.88亿美元，同比增长12.26%；金融服务业实际使用外资金额21.19亿美元，同比增长10.98%。（参见附表1）

（二）主要投资来源地

2012年对华投资前15位国家和地区中，美国实际投资金额31.3亿美元，同比增长4.5%，走势转降为增。日本实际投资金额73.8亿美元，同比增长16.25%。德国实际投资金额14.71亿美元，同比增长29.54%。荷兰、瑞士和加拿大对华实际投资金额也有较大幅度的增长，同比增幅分别为49.06%、58.12%和29.2%。（参见附表2）

上述国别/地区对华投资包括其通过自由港对华的投资。

（三）区域分布

2012年，东部地区新设立外商投资企业21492家，同比下降8.94%；实际使用外资金额925.13亿美元，同比下降4.23%；分别占全国总额的86.23%和82.81%。中部地区新设立外商投资企业2327家，同比下降14.67%；实际使用外资金额92.87亿美元，同比增长18.51%；分别占全国总额的9.34%和8.31%。西部地区新设立外商投资企业1106家，同比下降20.03%；实际使用外资金额99.16亿美元，同比下降14.3%；分别占全国总额的4.44%和8.88%。（参见附表3）

（四）外商投资企业运营情况

根据2012年联合年检显示，占中国企业总数不到3%的外商投资企业，创造工业产值22万亿元，缴纳税收19638亿元，实现进出口额18602亿美元，吸纳直接就业人口4500万人，分别占全国相应总量的26.1%、20.5%、51.1%和14%。

二、2012 年中国出台的主要外资政策及管理措施

（一）完善和实施鼓励外资政策

一是实施好产业指导目录，引导外资投向。贯彻落实新修订的《外商投资产业指导目录》，启动修订《中西部地区外商投资优势产业目录》。二是继续扩大服务业开放。推进 CEPA、ECFA 框架机制下的经营性培训、养老机构等服务业领域开放；在天津滨海新区、上海浦东新区开展外商投资商业保理试点。

（二）创新利用外资方式

为规范涉及外商投资企业的股权出资行为，商务部于 2012 年 9 月出台《关于涉及外商投资企业股权出资的暂行规定》，提高了投资便利化水平。

（三）完善外资统计和后期监管

修订《外商投资统计制度》，发布《关于正式启用全口径外资管理信息系统的通知》，加强对外商投资企业的管理，实现外商投资企业审批、管理全过程信息监控。

（四）推进开发区和边合区建设

发布《国家级经济技术开发区和边境经济合作区“十二五”发展规划纲要（2011—2015）》，进一步加大对中西部国家级开发区和边合区的支持力度，推进国家级经开区国家生态示范工业园区建设和节能环保国际合作。

附表 1　　2012 年外商直接投资分领域简况　　金额单位：亿美元

	企业数			金额		
行业	个数	同比±%	比重%	金额	同比±%	比重%
总计	24 925	-10.1	100	1 117.2	-3.7	100
农业	882	2.0	3.5	20.6	2.7	1.9
制造业	8 970	-19.3	36.0	488.7	-6.2	43.7
服务业	13 539	-3.8	54.3	538.4	-2.6	48.2
其他	1 534	-7.3	6.2	69.5	4.4	6.2

附表 2　　2012 年对华投资前 15 位资金来源地简况　　单位：亿美元

	企业数		实际使用外资金额	
	本年数	同比±%	本年数	同比±%
总计	24925	-10.1	1117.2	-3.7
中国香港	13029	-9.7	712.9	-7.4
日本	1584	-14.8	73.8	16.3
新加坡	715	-6.2	65.4	3.3
中国台湾	2648	-17.9	61.8	-8.1
美国	1374	-8.2	31.3	4.5
韩国	1306	-5.2	30.7	20.2
德国	421	-8.3	14.7	29.5
荷兰	104	-14.1	11.4	49.1
英国	335	5.4	10.3	-36.0
瑞士	83	-17.0	8.8	58.1
百慕大	15	7.1	7.9	6.5
法国	154	-19.0	7.7	-3.7
加拿大	334	-15.0	6.6	29.2
其他太平洋岛屿	12	200.0	6.0	45.5
澳门	307	7.7	5.1	-25.7

注：部分自由港已按实际来源地纳入统计。

附表 3　　2012 年外商直接投资分领域简况　　金额单位：亿美元

	企业数			金额		
行业	个数	同比±%	比重%	金额	同比±%	比重%
总计	24 925	-10.1	100	1 117.2	-3.7	100
东部地区	21 492	-8.9	86.3	925.1	-4.2	82.8
中部地区	2 327	-14.7	9.3	92.9	18.5	8.3
西部地区	1 106	-20.0	4.4	99.2	-14..3	8.9

（商务部外国投资管理司）

中国外汇管理制度

2012年，外汇管理部门按照党中央、国务院统一部署，贯彻落实科学发展观，坚持稳中求进，加快外汇管理理念和方式转变，稳步推进外汇管理重点领域改革，坚守风险底线，积极防范跨境资金流动风险，完善外汇储备经营管理，促进国民经济平稳较快发展。

一、坚持服务实体经济，货物贸易外汇管理制度改革取得突破

2012年8月1日起，在总结试点经验的基础上，将货物贸易外汇管理制度改革推广至全国。改革取消了货物贸易外汇收支逐笔核销，通过总量核查、动态监测和分类管理，健全风险防范机制；同时，相应调整出口报关流程，简化出口退税凭证，加强部门联合监管。总体来看，企业人力成本大幅降低，平均每家企业每年节省工资费用达7万余元，而且收付汇速度加快；银行办理贸易收付汇效率明显提高，办理时间由平均每单26分钟缩短为9分钟。同时，行政审批事项大幅减少，行政许可项目由19小项减少为4小项，118份规范性文件废止。

二、坚持扩大对外开放，人民币资本项目可兑换稳步推进

一是实现直接投资基本可兑换。大幅简化外商直接投资外汇管理，取消50项行政审批项目中的35项，简化合并14项，促进了投资便利化。深化对外直接投资外汇管理改革，将资金来源和汇出核准由事前审批改为事后登记，扩展外汇资金来源，简化汇出手续。二是推进证券投资有序开放。大力简化境外上市外汇管理，完善合格境外机构投资者（QFII）和合格境内机构投资者（QDII）制度，积极推动人民币合格境外机构投资者（RQFII）制度。2012年，共批准100家QFII机构158亿美元、25家QDII机构106.3亿美元，以及28家RQFII机构563亿元人民币投资额度；新增QFII和RQFII机构500亿美元和2 500亿元人民币投资额度。

三、坚持把防风险放在首位，防范跨境资金流动冲击的体制机制不断完善

一是密切跟踪国内外经济形势和跨境资金流动变化，从监测跨境资金流入为主，转向对流出流入的双向监测，加大监测分析频度和力度，提高监测分析的敏感性和前瞻性。二是全面梳理当前外汇管理领域的潜在风险，明确监管职责和应对措施，充实防范跨境资金大幅波动的政策储备。三是继续保持对违规资金的高压打击态势。大力开展非现场检查，对保税监管等特定区域部分银行、企业进行专项检查，加大对大要案和地下钱庄的打击力度。2012年，共查处案件3 676起，罚没款共计4.57亿元人民币。四是通过金融机构外汇检查情况通报会等形式，加大对违法违规信息通报力度。五是加强对银行体系涉及外汇潜在风险的监测和提示。

四、坚持主动改进管理方式和手段，贸易投资便利化水平进一步提高

一是积极支持民间资本"走出去"。简化境外直接投资资金汇回和境外放款外汇管理，放宽个人对外担保管理，适度增加境内银行融资性对外担保余额指标规模，有力支持民间资本境外投资健康发展。二是取消银行收付实现制头寸下限管理。实行银行结售汇综合头寸正负区间管理，增强银行外汇交易和风险管理的主动性和灵活性。三是便利市场主体外汇交易。减免村镇银行进入银行间外汇市场交易费用，简化外汇市场准入管理，丰富货币掉期交易形式，扩大个人本外币兑换特许业务试点范围。推进电子银行个人结售汇业务发展，研究规范电子商务外汇支付业务。四是积极推进法规清理工作。全面梳理各分局辖内法规文件，大幅减少规范性文件数量，分局层面的法规文件从2万余件减少到不足200件，有效提高了外汇管理政策透明度。

五、完善外汇储备经营管理，保障外汇储备资产安全

一是完善外汇储备经营管理体制机制，组织实施新的投资基准管理模式，优化货币和资产摆布，稳步推进多元化经营。二是稳妥应对欧债危机，加强形势跟踪研判，适时调整风险政策，完善危机应对方案。三是进一步拓宽投资渠道，创新外汇储备运用，加强外汇储备委托贷款能力建设，优化驻外机构资产经营模式，完善全球化经营平台。四是大力推进机构和队伍建设，完善经营管理人员长期激励和约束机制。

（国家外汇管理局综合司）

中国国有企业改革发展情况

2012年，广大国有企业积极应对复杂多变的国内外经济形势，克服困难，扎实工作，保持了生产经营总体平稳运行。2012年，国务院国资委监管的中央企业（以下简称中央企业）累计实现营业收入22.3万亿元，同比增长9.6%；实现利润1.3万亿元，同比增长2.5%；实现净利润9 203.4亿元，同比增长1%；累计上缴税金1.8万亿元，同比增长10.3%。据快报统计，2012年，全国省级及以下国资委监管企业累计实现营业收入16万亿元，同比增长12.7%；实现利润7 334.1亿元，同比下降11.4%；实现净利润5 487.9亿元，同比下降13.2%；上缴税金9 308亿元，同比增长9.4%。

一、全力保障企业生产经营平稳运行

面对复杂的经济形势和国有企业生产经营遇到的困难，广大国有企业普遍建立了定期经济运行分析制度，努力解决生产经营中的困难和问题。把握形势、调整策略，超前做好各项应对措施和预案；加强市场调研，优化产品结构，提高服务质量，创新市场营销模式；开展多种形式的对接合作，提高竞争能力和抵御风险能力；加强管理，降本增效，加大风险管控，提高资金使用效率。中央企业持续改进营销采购管理，强化生产运行组织，严控各项费用开支，大力推进降本增效。

二、国有企业改革进一步深化

一是公司制股份制改革进一步深化，各地不断推进股权多元化，加快整体上市步伐，建设规范董事会，取得了积极进展。截至2012年底，国有控股上市公司共953家，占我国A股上市公司数量的38.5%，市值合计13.71万亿元，占A股上市公司总市值的51.4%。中央企业公司制股份制改革进一步深化，8家控股公司在境内外上市，17家控股上市公司实施增发或配股，4家企业主营业务整体改制上市工作顺利推进。江苏省属企业集团层面全部完成公司化改造，80%以上子公司成为股权多元化企业，重庆市属国有工商企业一半实现了整体上市或主体上市。二是规范董事会建设工作进一步推进。规范董事会试点中央企业扩大到51家，专职外部董事试点工作稳妥起步。深圳国有独资公司董事会全部实现了外部董事占大多数，河北国有企业面向全国选聘外部董事。三是企业内部三项制度改革进一步深化。中央企业普遍面向全社会公开招聘员工，加大竞争性选拔高级经营管理人员工作力度，完善效益导向考核与收入分配机制。安徽、江苏等地国有企业加大收入分配调控力度，重点做好企业内部分配结构调整工作，工资增长向一线职工、高技能岗位倾斜。四是一些企业历史遗留问题取得新的突破。驻黑龙江中央企业“三供一业”分离移交工作全面启动，一些企业还启动了厂办大集体改革。

三、国有经济布局结构进一步优化

一是各地结合地方经济发展规划，大力引导国有资本向基础设施、优势资源、战略性新兴产业和现代服务业集中，培育了一批对地方经济发展具有较强带动作用的大企业大集团，2012年上榜《财富》世界500强的国有企业达到56家。二是各地积极利用产权市场推动监管企业结构调整和低效无效资产转让，2012年全国产权市场公开转让企业国有产权866亿元，平均增值率达到19%。上海通过化解税务、债务、职工安置等难题，累计完成1 900户非主业企业和壳企业的退出，新疆生产建设兵团加强了对停业歇业企业的清理工作。山西按产业链进行战略重组，推动煤炭企业向煤化工、电力产业延伸。山东等地支持企业走出去并购重组，取得了较好成效。三是各地打破区域界限，积极开展“外引内联”，推动监管企业与中央企业、省外企业、省内企业间的合作，2012年共有15个省（区、市）与中央企业开展了多种形式的合作对接活动。辽宁、黑龙江、四川、甘肃等地积极推进监管企业跨省区联合重组，通过合资合作实现优势互补，海南积极开展市县水电资产和资源重组整合，福建整合全省稀土资源，北京完成了8个区县粮食购销企业重组，陕西等地推动省属监管企业与地市签署战略合作协议，促进了资源优化配置。

四、转型升级取得积极成效

一是各地普遍加大了推进传统产业改造升级和战略性新兴产业发展的力度。中央企业加快提升传统产业，培育发展战略性新兴产业，优化产业结构、产品结构，提升产业层级。一些中央企业发挥自身优势，提高系统集成服务能力，形成一流的国际竞争力。一些中央企业在高新技术产业的开发和应用方面取得突破，形成了具有自主知识产权的关键技术和高端产品。一些中央企业积极参与文化产业布局，创新经营模式，促进了产业转型和业务升级。河北推动钢铁、煤炭企业加大技术改造力度，积极发展钢材加工配送、先进装备制造业。青岛积极引导企业发展数字多媒体、智能交通、智能物联网等战略性新兴产业。北京、辽宁、新疆等地发挥大项目对产业发展的带动作用，提升了相关产业的层次。二是各地普遍加大了对科技创新的支持力度。中央企业坚持以科技创新战略为引领，健全和完善科技创新体系，加大科技投入，加快提升自主创新能力，突破了一批关键核心技术。“神九”与“天宫一号”首次载人交会对接，“蛟龙号”完成7 000米深潜试验及科考作业，航空母舰正式交付使用并成功完成国产舰载机起降，北斗区域导航系统全面建成，TD-LTE-A 正式被国际电联确认成为全球第四代移动通信国际标准，981 深海钻井平台顺利开钻，为建设创新型国家做出积极贡献。上海安排30%以上的国有资本收益支持企业核心关键技术创新，山东对做出突出贡献的科技创新优秀人才实施重奖，广东出台省属企业创新发展考核办法，加大对科技创新项目和培育自主品牌的考核支持力度。天津积极引导企业开展商业模式创新，探索电子商务等现代商业模式，引导企业由传统产品制造商向系统集成商转型。

五、扎实开展管理提升活动

2012 年 3 月，中央企业管理提升活动全面启动，各中央企业高度重视，紧密结合企业生产经营实际，广泛发动，全员参与，总体规划，有序推进。中央企业普遍注重了对自身管理水平的反思和再认识，一大批企业从强化基础管理入手，着眼经营管理关键环节，通过全面对标查找问题，边查边改，为顺利完成年度经营目标、保增长保稳定创造了良好条件。中央企业把信息技术渗透到企业价值链的各个环节，推动信息化和工业化深度融合，使信息化成为企业经营、研发和管理工作的基础。中央企业将风险管理融入日常管理工作，不断完善重大风险预警指标体系和动态预警机制，实施风险管理考核制度，强化风险的事前防范和事中控制，风险防控的能力和水平不断提高。黑龙江、吉林、云南、陕西等地也开展了管理提升活动，福建引导所出资企业开展与台塑对标，提高企业管理精细化水平。

六、国资监管体制进一步完善

一是国资监管组织和法规体系建设进一步推进。浙江、广西、湖南全部地市单独设立了国资委，且均为政府直属特设机构。安徽、江西 90%以上县（市、区）明确了国资监管责任主体。继湖北、山东颁布省级企业国有资产监督管理条例后，辽宁、江西等地全面启动了地方国资监管法规的制定工作。二是经营性国有资产集中统一监管进一步推进，14 个省级国资委的监管覆盖面比上年有所扩大，广西、内蒙古等地将金融企业纳入监管范围，湖北、深圳等地将文化、科技企业纳入监管范围。半数以上的省（区、市）国资委经营性国有资产监管覆盖面超过 90%。三是国有资本经营预算制度普遍建立，河南、山东等地在地市级国资委试行国有资本经营预算制度，河北开展对预算支出的绩效评估。四是初步建立地方监管企业名录库，组织开展监管企业户数清理，全国国有企业月报动态监测范围从地市扩大到县级，初步实现全覆盖。

七、国资监管针对性有效性进一步增强

各地在总结国资监管实践的基础上，结合监管企业特点，进一步探索规律，创新机制，整合监管资源，积极探索有效的具有针对性的监管方式。一是推行经济增加值考核机制。目前，约有 2/3 的省级国资委开展了经济增加值考核。辽宁对主业突出、经营稳定的企业，经济增加值指标考核权重由10%提高到 40%。上海、天津等地对监管企业开展分类监管、分类考核。山东、甘肃等地健全了重要子企业和境外国有资产监管制度。二是监管的信息化水平大大提高。企业国有产权交易信息监测系统已覆盖到全部省级国资委及其选择确定的产权交

易机构。湖北实现了全省国有经济运行监测全覆盖。江西建立了“重大事项台账制”、“集体会审制”和“专报制”三级管控制度。天津将国有产权管理由事中审核向事前服务指导、事后监督检查延伸，由境内向境外延伸，由传统监管向信息化管理延伸。三是进一步改进和深化外派监事会工作，许多地方建立了定期向同级政府专题汇报、向有关部门报送监督检查报告的制度，强化了监督成果的有效运用。

（国务院国有资产监督管理委员会研究局）

中国对外投资合作情况

近年来，虽然外部形势仍然复杂多变，存在诸多不确定因素和突出问题，但对外投资合作仍然处于难得的发展机遇期。中国对外投资合作以科学发展为主题，以加快转变经济发展方式为主线，牢牢掌握稳中求进的工作总基调，在政府、社会和企业的共同努力下，对外投资合作实现快速增长并呈跨越式发展势头。特别是2008年以来5年间，虽然受到全球金融危机的不利影响，对外投资合作仍实现了“逆势上扬”。对外投资合作已与对外贸易、利用外资相互融合、相互促进，共同构成当前中国开放型经济的重要组成部分，对促进国家经济社会发展、营造平等和谐的对外关系做出了重要贡献。

2012年，为应对国际金融危机，商务部会同有关部门加大工作力度，进一步完善政策促进体系、制订风险控制体系、健全服务保障体系，推动“走出去”健康快速发展。随着国内外形势和发展环境日趋好转，“走出去”企业积极实施全球化经营战略，中国对外投资合作实现了快速发展。

一、对外投资合作发展情况

（一）对外投资进入快速增长阶段

2008至2012年5年间，中国对外投资进入快速增长阶段，平均增长率达到24%。2012年，中国境内投资者共对全球141个国家和地区的4 425家境外企业进行了直接投资，累计实现非金融类直接投资772.2亿美元，同比增长28.6%。其中股本投资和其他投资628.2亿美元，占81.4%，利润再投资144亿美元，占18.6%。截至2012年底，中国累计非金融类对外直接投资4 346亿美元。

从投资方式来看，以收购方式实现的对外直接投资（非金融类）已经成为对外直接投资的主要方式。据初步统计，2012年中国企业共实施对外投资并购项目455个，实际交易金额达426.2亿美元，其中直接投资268.2亿美元，占62.9%；境外融资158亿美元，占并购金额的37.1%。涉及采矿、电力生产供应、制造、文化娱乐、交通运输、建筑等十大领域。主要的并购项目有：中石化通过香港子公司以51.67亿美元收购葡萄牙高浦（GALP）能源公司持有的高浦巴西及高浦荷兰公司30%股权；三峡集团通过香港公司26.9亿欧元（约合33.3亿美元）收购葡萄牙电力公司21.35%股份；大连万达集团26亿美元收购美国第二大院线集团AMC娱乐控股公司100%股权等。

（二）对外承包工程水平提升，企业实力不断增强

据初步统计，2012年，对外承包工程完成营业额1 166亿美元，同比增长12.7%；新签合同额1 565.3亿美元，同比增长10%。新签的大型项目不断增加，新签合同额在5 000万美元以上的项目586个（较上年同期增加88个），合计金额1 252.1亿美元，较上年同期增长11.4%，占新签合同总额的80%。其中上亿美元的项目329个，较去年同期增加63个。

对外承包工程开始进入转变发展方式的关键时期，结构和领域不断优化，石化、交通、电力和电子通讯等领域项目合同额占同期合同总额的六成以上，带动出口和盈利水平进一步提升。对外承包工程逐步实现从数量规模型向质量效益型转变，EPC总承包项目越来越多，以投融资为先导的特许经营方式（BOT）有所尝试。企业实力不断增长，具有对外承包工程经营资格的企业已超过3 200家，2012年入选美国ENR国际承包商225强的中国企业增加到52家，新增上榜企业7家，上榜企业比上一年增加2家。截至2012年底，中国对外承包工程业务累计签订合同额9 981亿美元，完成营业额6 556亿美元。

（三）对外劳务合作发展平稳，市场秩序进一步规范

据初步统计，2012年，中国对外劳务合作派出各类劳务人员51.2万人，较上年同期增加6万人，同比增长13.3%，其中承包工程项下派出劳务23.3万人，劳务合作项下派出27.9万人。年末在外各类劳务人员85万人，较去年同期增加3.8万人。

外派劳务市场经营秩序不断好转，境外劳务纠

纷增加势头得到进一步遏制，案件数量及涉及人数均呈下降趋势。2012年末，在外各类劳务人员分布的主要国家（地区）为日本、新加坡、中国澳门、安哥拉、阿尔及利亚、沙特阿拉伯、中国香港、韩国、俄罗斯联邦、阿拉伯联合酋长国等。截至2012年底，中国累计派出各类劳务人员639万人。

二、投资政策与管理措施

（一）完善管理制度，推进立法进程

商务部会同有关部门制定新形势下加快实施“走出去”战略的政策措施，研究完善相关政策促进体系、服务保障体系和风险控制体系。研究制定《境外投资管理条例》。开展民营企业“走出去”专题调研，与发展改革委联合印发《关于鼓励和引导民营企业积极开展境外投资的实施意见》，进一步加快实现对外投资便利化。完善《对外承包工程管理条例》配套制度，会同银监会、保监会制定执行《对外承包工程投（议）标管理办法》。深入推进对外劳务合作管理体制改革，出台《对外劳务合作管理条例》，将对外劳务合作经营资格核准下放至地方商务主管部门，与外交部、公安部等多部门组织开展清理整顿外派劳务市场秩序专项行动，遏制外派劳务纠纷频发势头。

（二）加强宏观规划指导，落实各项支持政策

印发《对外投资合作第十二个五年规划纲要》，明确了“十二五”时期对外投资合作的指导思想、基本原则、主要任务和政策措施。进一步深化与周边发展中国家的经贸合作，积极商签双边经贸合作中长期发展规划，推动落实规划重点合作项目。完善境外直接投资外汇管理，鼓励金融保险机构为合作项目提供信贷支持和金融保险服务。

（三）改进服务促进工作，提供境外权益保障

增强政府在对外投资合作方面的公共服务职能和政策信息透明度。组织编写《对外投资合作国别（地区）指南（2012年）》、《中国对外投资合作发展报告（2011—2012）》、《国别投资经营障碍报告（2012年）》。举办对外直接投资统计制度设立十周年系列宣传活动，发布《2011年度对外直接投资统计公报》，编制《2011年度中国对外承包工程、劳务合作业务统计年报》。提高对外投资合作信息服务系统服务水平。拟定《对外投资合作和对外贸易领域不良信用记录试行办法》。建立并完善“对外投资合作信息服务系统”，加强中国国际投资贸易洽谈会、中国工程和技术展览会等各类对外投资促进平台建设，加大“走出去”人才培训力度。加强政府间沟通合作，积极商签投资保护协定、自贸区协定和基础设施及劳务合作协议，积极参与国际投资合作规制磋商。发布《境外中资企业机构和人员安全管理指南》，组织“走出去”企业开展“安全生产年”活动，加强境外安全生产管理。

（商务部对外投资合作司）

●产业开放与管理措施

中国农业对外开放情况

一、2012 年中国农产品贸易环境变化情况

（一）世界农产品市场

2012 年，全球政治和经济发展中不确定因素不断出现严重影响了全球经济的复苏进程。全球经济低迷直接导致国际商品市场消费需求不旺，突出表现为非食用农产品如棉花和用于生物能源原料的谷物需求量下降。据美国农业部数据，2012 年，美国作为生物乙醇原料的玉米消费量比上年下降了近 10%。主要农产品生产国中，美国发生了 60 年以来最严重的旱灾，粮油作物产量下降；独联体国家小麦生产也因灾害而减产。全球农产品供求继续处于紧平衡状态。

据联合国粮农组织（FAO）数据，2012/2013 年度，全球谷物产量 23.1 亿吨，比上年下降 1.9%，但仍为历史第二高水平。谷物使用量 23.3 亿吨，比上年增长 0.2%，创历史新高，其中发展中国家比上年增长 1.8%，发达国家下降 2.7%。谷物出口量 3 亿吨，下降比上年 4.5%，其中发展中国家增长 20.9%，发达国家下降 16%。谷物期末库存量比上年下降 2.7%，其中发展中国家增长 5.4%，发达国家下降 23.4%。库存消费比由上年的 22.1%降至 20.7%。

表 1　　2010—2012 年世界谷物生产、消费、库存和贸易情况

单位：百万吨，%

年份		2010/2011	2011/2012	2012/2013	2012/2013 年度比上年度增长	年份		2010/2011	2011/2012	2012/2013	2012/2013 年度比上年度增长
生产	谷物	2 259.6	2 352.1	2 306.4	−1.9	出口	谷物	284.9	317.1	302.9	−4.5
	小麦	655.4	700.2	661.8	−5.5		小麦	125.8	147.3	139.5	−5.3
	大米	468.0	484.3	488.6	0.9		大米	36.3	37.8	37.0	−2.1
	粗粮	1 136.2	1 167.6	1 156.1	−1.0		粗粮	122.7	132.0	126.5	−4.2
消费	谷物	2 276.6	2 326.1	2 329.9	0.2	期末库存	谷物	492.7	513.4	499.4	−2.7
	小麦	660.6	696.2	683.3	−1.9		小麦	179.8	177.9	162.5	−8.7
	大米	459.7	469.5	476.9	1.6		大米	144.5	160.0	171.6	7.3
	粗粮	1 156.3	1 160.5	1 169.7	0.8		粗粮	168.4	175.5	165.2	−5.9

资料来源：联合国粮农组织谷物供需概况，2013 年 3 月。

据世界银行数据，2012 年，全球食物价格在上半年较为稳定，至 7 月份急剧上涨 10%，7 月和八月份维持在高位，10 月份回落。农产工业原料价格 1～2 月上升，其后下滑，9 月起转稳。能源价格波动下降，化肥价格 4 月升到峰值后回落。从全年平均看，能源和食物价格与上年基本持平，农产工业原料价格下降 28%，化肥价格下降 3%（参见图 1）。

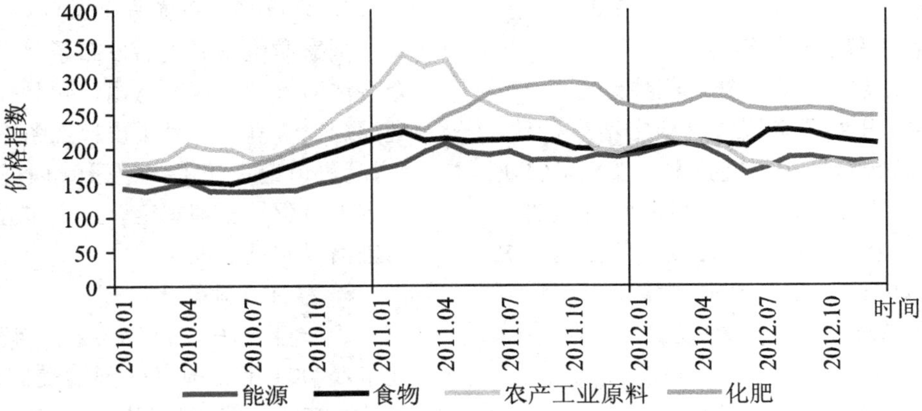

图1　2010—2012年国际市场初级产品价格变化

资料来源：世界银行（WB）。价格指数以2005年为100。

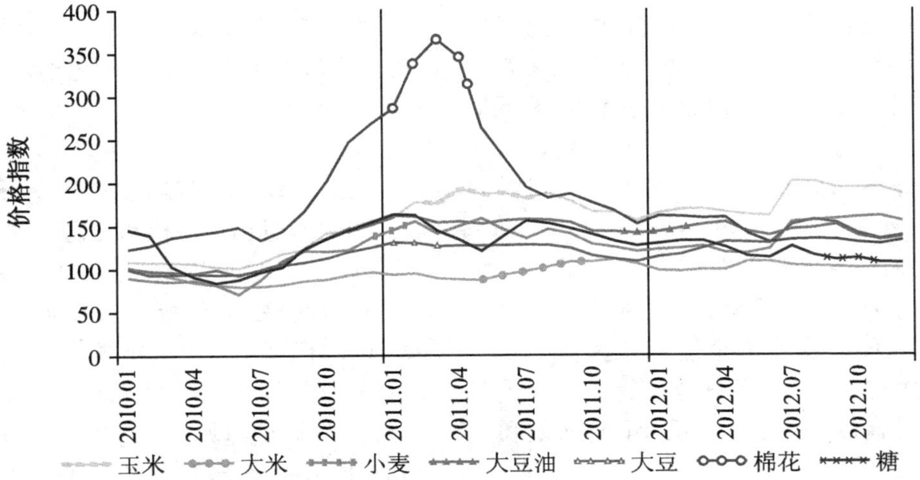

图2　2010—2012年国际市场主要农产品价格变化

资料来源：世界银行。各商品价格指数均以2009年平均价格为100。

（二）中国农业和农村经济

2012年，在全球粮食减产、国际农产品市场大幅波动以及宏观经济运行复杂多变的形势下，中国农业和农村经济保持了良好的发展势头，粮食生产实现“九连增”，其他主要农产品普遍增产，农民收入大幅提高。

全年粮食产量58 957万吨，比上年增加1 836万吨，增产3.2%。主要粮食品种中，玉米20 812万吨，增产8%，总产超过水稻首次成为第一大粮食作物品种；稻谷产量20 429万吨，增产1.6%；小麦12 058万吨，增产2.7%；经济作物产量中，棉花684万吨，增产3.8%；油料3 476万吨，增产5.1%；糖料13 493万吨，增产7.8%；烤烟320万吨，增产11.5%；茶叶180万吨，增产11.2%。肉类总产量8 384万吨，增长5.4%（其中猪肉5 335万吨，增长5.6%；牛肉662万吨，增长2.3%；羊肉401万吨，增长2%；禽肉1 823万吨，增长6.7%）；牛奶3 744万吨，增长2.3%。水产品5 906万吨，增长5.4%。

全国农民工总量26 261万人，比上年增长3.9%；其中外出农民工16 336万人，增长3%。全年农村居民人均纯收入7 917元，扣除价格因素后实际增长10.7%。农村居民食品消费支出占消费总支出的比重为39.3%，比上年下降1.1个百分点。以农村扶贫标准年人均纯收入2 300元（2010年不变价）计算，年末农村贫困人口9 899

万人，比上年减少 2 339 万人。

（三）中国农业贸易政策环境

1. 政府继续加大对农业生产的扶持力度

中国政府继续开展了全国粮食稳定增产行动，安排专项资金推行粮食增产关键技术，加大了农业四项补贴的规模，提高了稻谷的最低收购价，在主产区继续实行玉米和大豆临时收储政策等。全年中央财政用于“三农”的支出比上年增长 11.4%，农林水类别支出增长 25.3%，种粮农民各项补贴 1 923亿元。

2. 进一步扩大农产品市场开放

中国严格履行世界贸易组织承诺，实施了农产品的进口贸易管理。同时按照与相关国家和地区达成的双边自由贸易协定要求，进一步扩大国内市场开放，并对原产于老挝等 40 个最不发达国家的部分产品继续实施特惠税率。中国大陆与台湾《海峡两岸经济合作框架协议》中的早期收获计划项下 18 项农产品中的 16 项产品被取消进口关税，至此，大陆对原产于台湾的 50 种农产品实施进口零关税待遇。

3. 努力提高农产品国际竞争力

国务院办公厅先后发布了《关于加强食品安全工作的决定》和《国家食品安全监管体系“十二五”规划》，就加强进出口食品安全监管、完善进出口食品风险监测制度等提出了一系列具体规划和措施。

4. 加强农产品贸易管理

国家质检总局先后发布了《进口食品境外生产企业注册管理规定》、《出口食品原料种植场备案管理规定》、《进口食品进出口商备案管理规定》以及《食品进口记录和销售记录管理规定》等一系列食品进出口贸易管理规定，进一步强化了农产品贸易的进出口质量管理。

5. 积极应对贸易纠纷

2012 年 6 月，世界贸易组织专家组裁决报告宣布，2004 年美国对中国输美暖水虾产品进行反倾销调查时，使用“归零法”计算反倾销幅度违反了《反倾销协定》有关规则。7 月，世界贸易组织争端解决机构采纳了专家组报告。中美双方随后达成协议，美国承诺在 2013 年 3 月 23 日前改变有关做法。该协议后又因 2013 年美国国际贸易委员会对中国等 7 国输美暖水虾做出反补贴产业损害初裁而未得到履行。

二、2012 年中国农产品贸易情况

（一）进出口规模和贸易收支平衡

2012 年，中国农产品贸易实现平稳较快发展。据中国海关数据统计，全年农产品贸易总额 1 756.3亿美元，比上年增长 12.9%；其中出口呈额增量减局面，全年出口额 631.9 亿美元，比上年增长 4%；进口则量额双增，进口额1 124.4亿美元，比上年增长 18.5%；逆差 492.5 亿美元，比上年增加 151.3 亿美元，增幅 44.3%。

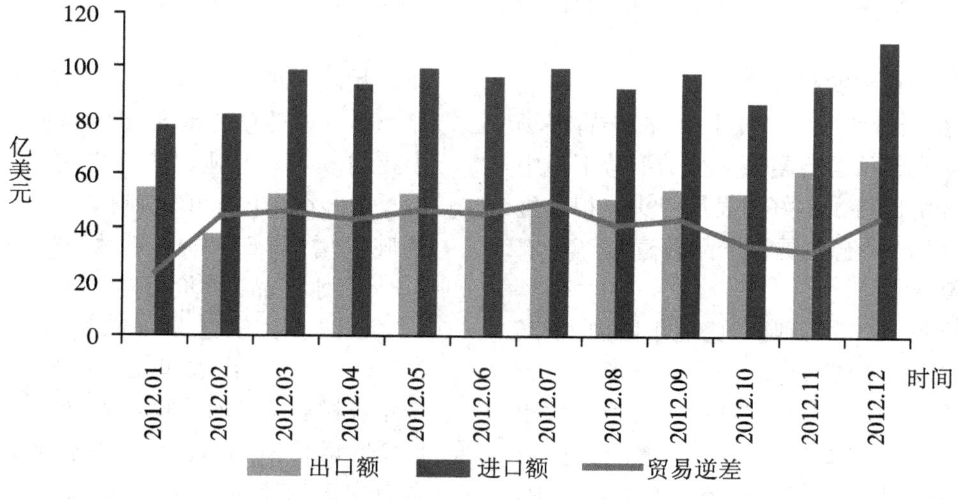

图 3　2012 年中国农产品对外贸易月度变化情况

数据来源：中国海关数据库。

（二）商品结构

农产品出口额居前五位的产品依次为水产品、蔬菜、畜产品、水果和饮品类；进口额居前五位的产品依次为油籽、畜产品、棉麻丝、植物油和水产品（图 4）。

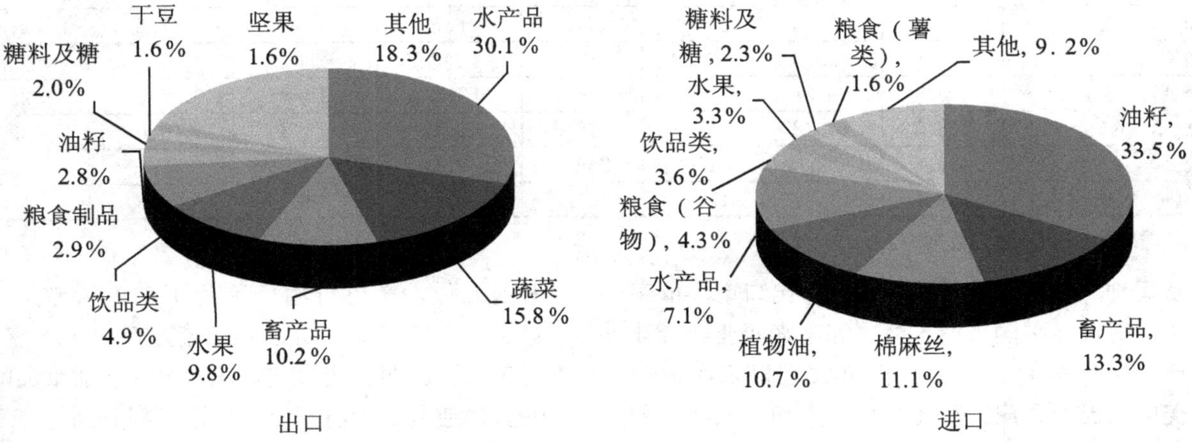

图 4 2012 年中国农产品进出口结构

数据来源：中国海关数据库。

谷物贸易在国内产量显著增加的背景下出现出口下降和进口增加局面。全年出口 81.3 万吨，比上年下降 33.1%；进口 1 398.3 万吨，增加 1.6 倍；净进口 1 316.9 万吨，比上年增加 893.7 万吨。其中小麦进口量 368.9 万吨，比上年增加 195%，约 2/3 来自于澳大利亚；稻谷出口量 25.5 万吨，比上年下降 46%，进口量 231.6 万吨，比上年增加 307%，约 2/3 来自于越南；玉米出口量 25.7 万吨，比上年下降 60%，进口量 520.6 万吨，比上年增长 197.1%，基本来自于美国；大麦进口量首次突破 250 万吨，比上年增长 42%。但总体看，三大主粮进口量占国内产量份额均很小，小麦为 3%，玉米为 2.5%，稻米为 1.2%，中国谷物自给率仍保持在 98%左右。

食用油籽贸易呈现量额双增局面，出口 100.6 万吨，比上年增长 10.4%；进口 6 227.6 万吨，增长 13.6%。分品种看，大豆出口 32.1 万吨，比上年增长 50%，进口 5 838.5 万吨，比上年增长 11%；油菜籽进口 292.9 万吨，比上年增长 132%；花生出口量下降 7.5%。食用植物油进口贸易继续增加，进口量 960.0 万吨，比上年增长 23.1%。分品种看，棕榈油进口 634.1 万吨，增长 7.3%；豆油进口 182.6 万吨，增长 59.7%；菜籽油进口 292.9 万吨，比上年增加 132%。食用油籽和食用植物油贸易逆差分别升至 360.5 亿美元和 106.2 亿美元，均创历史新高。

棉花国际市场价格持续显著下滑，但国内棉价受临时收储政策支撑居较高水平，产量、储量和进口量同增。全年进口 541.6 万吨，比上年增长 51.8%；进口额 120.1 亿美元，增长 24%；贸易逆差升至 119.6 亿美元新高。

食糖国内市场供求紧平衡。出口 4.7 万吨，比上年下降 20.6%；进口 374.7 万吨，比上年增长 28.4%；贸易逆差 22 亿美元。

园艺产品中，蔬菜类出口 99.7 亿美元，比上年下降 14.9%；进口 4.15 亿美元，增长 27.4%。水果类出口 61.8 亿美元，增长 12%；进口 37.6 亿美元，增长 21%。坚果出口 10.1 亿美元，增长 4.2%；进口 4.7 亿美元，增长 25.1%。

畜产品出口 64.4 亿美元，增长 7.5%；进口 149.1 亿美元，增长 11.2%。水产品出口 189.8 亿美元，增长 6.7%；进口 80 亿美元，比上年略减，贸易顺差 109.8 亿美元，继续居各类农产品首位。

（三）进出口市场结构

中国对各大洲农产品出口受相关地区经济形势差异影响而呈不同态势，进口则呈全面增长态势。

表 2　　2012 年中国农产品贸易区域分布　　单位：亿美元，%

区　域	贸易额				比上年增长		占比	
	进出口	出口额	进口额	差额	出口	进口	出口	进口
合计	1 756.6	632.2	1 124.4	−492.1	4.0	18.5	100.0	100.0
亚洲	637.1	390.8	246.3	144.5	6.5	12.9	61.8	21.9
非洲	53.6	25.0	28.6	−3.7	2.0	23.1	3.9	2.5
南美洲	308.4	21.1	287.3	−266.2	−1.5	13.8	3.3	25.6
欧洲	208.3	100.8	107.5	−6.6	−5.1	13.2	16.0	9.6
北美洲	424.2	82.3	341.9	−259.2	7.6	28.8	13.1	30.4
大洋洲	124.4	11.6	112.8	−101.2	2.2	19.1	1.8	10.0

数据来源：中国海关数据库。

从国别（地区）贸易看，前五大出口市场依序为日本、美国、中国香港、韩国和马来西亚，合计占农产品出口总额的 51%。前五大进口来源地依序为美国、巴西、澳大利亚、加拿大和阿根廷，合计占农产品进口总额的 58%。中国对日本、中国香港、韩国、德国和中国台湾的农产品贸易顺差处于前五位，净出口额分别为 115.9 亿美元、65.3 亿美元、35.4 亿美元、14.1 亿美元和 9.8 亿美元；对美国、巴西、澳大利亚、阿根廷和加拿大的农产品贸易逆差处于前五位，净进口额分别为 215.2 亿美元、179.6 亿美元、65 亿美元、50.6 亿美元和 43.4 亿美元。

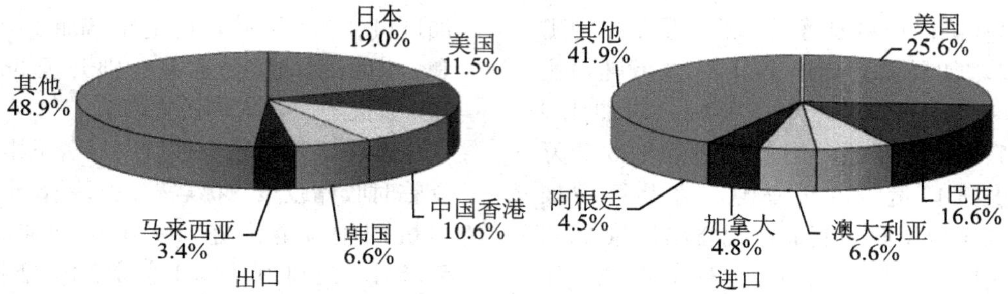

图 5　2012 年中国农产品出口市场和进口来源地结构

数据来源：中国海关数据库。

与自贸区伙伴间的双边农产品贸易发展出现分化。对新西兰的进口额和出口额分别增长 27.6% 和 8.2%，对中国台湾的进口额和出口额分别增长 27.9%和 23.3%，对中国香港和中国澳门的进口额和出口额分别增长 21%和 13%，均高于总体增幅。对东盟分别增长 10%和 2.4%，低于总体水平。对智利出口额下降 8.2%，进口额增长 24.2%。对秘鲁出口额增长 6.1%，进口额下降 5.8%。对巴基斯坦出口额下降 11.3%，进口额增加 1.5 倍。对哥斯达黎加出口额下降 2.1%，进口额增长 87.7%。

（四）贸易方式

年内，农产品一般贸易出口额 508.9 亿美元，占农产品贸易总额 80.5%；进料加工贸易出口额 78.6 亿美元，占 12.5%。一般贸易进口额 890.9 亿美元，占农产品进口总额 79.2%；保税区仓储转口货物 91.4 亿美元，占 8.1%；进料加工贸易进口额 77.7 亿美元，占 6.9%。

（五）国内进出口地区结构变化

农产品出口额排前五位的省（自治区、直辖市）依次为山东、广东、福建、浙江和辽宁，合计占农产品出口总额的 63.4%。分区域看，东部地区出口 436.2 亿美元，占农产品出口总额 69%，比上年增长 3.2%；西部地区居次，出口 74.2 亿美元，增长 11.3%；东北地区出口 73.2 亿美元，增长 4.7%；中部地区出口 48.4 亿美元，与上年持平。

农产品进口额排前五位的省（自治区、直辖市）依次为山东、广东、江苏、上海和天津，合计占农产品进口总额的 66.4%。其中东部地区进口

926.7亿美元，占农产品进口总额82.4%，比上年增长17.4%；西部地区进口84.3亿美元，增长35.8%；东北地区进口75亿美元，增长20.8%；中部地区进口38.4亿美元，增长8.8%。

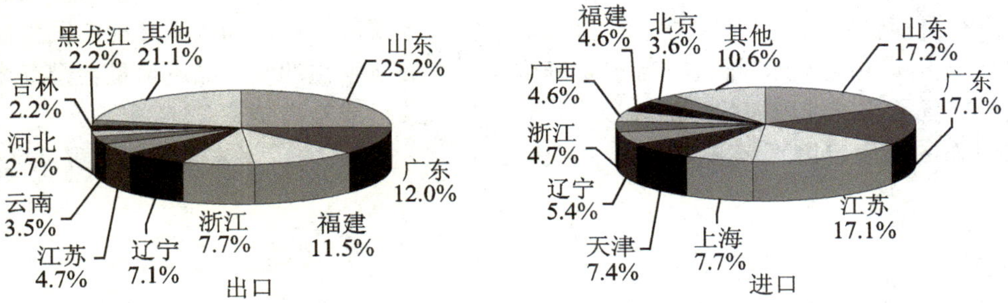

图6　2012年中国各省（自治区、直辖市）农产品进出口占比

数据来源：中国海关数据库。

19个省（自治区、直辖市）实现农产品贸易顺差，前五位的省及顺差额分别为：福建20.5亿美元、黑龙江9.7亿美元、云南9.7亿美元、陕西5.8亿美元和江西4.8亿美元。逆差前五位的省（自治区、直辖市）为：江苏162.1亿美元、广东116.8亿美元、天津74.2亿美元、上海73.2亿美元和广西41亿美元。

（六）农产品贸易地位

2012年，农产品进口额和出口额分别占全国商品进出口总额的6.2%和3.1%，其中进口额比上年提高0.8个百分点，出口额与上年持平。农产品进出口额分别占第一产业增加值的13.6%和7.6%，其中进口额占的比值比上年提高了0.8个百分点，出口额所占比值比上年下降了0.6个百分点。

三、2012年中国参与国际粮食和农业事务情况

2012年，中国的农业多边外交丰富多彩，农业日益成为中国优势的外交资源，对国际粮农事务的影响力不断增强，在联合国粮农组织（FAO）、世界粮食计划署（WFP）、世界动物卫生组织（OIE）、国际农业研究磋商组织（CGIAR）、二十国集团（G20）、亚太经合组织（APEC）及上海合作组织等重要平台发挥了越来越重要的作用，在几大涉农国际组织中扮演了核心成员角色，并深入参与了世界粮食安全委员会改革，对国际粮食安全事务享有更高的知情权和话语权，在国际粮农治理体系中地位更加突出。在区域合作和新兴经济体合作中，中国也发挥了主导作用；加大了参与国际农业标准制定力度，为构建公平的农业贸易环境逐渐发挥起关键作用。中国继续深度参与联合国粮农组织在粮食安全特别计划框架之下开展的“南南合作”等机制，努力提高发展中国家的粮食生产能力，应对全球粮食安全问题，保障供给水平，赢得了各方赞誉。

四、2012年农业利用外资情况

2012年，中国农业部门紧密围绕国内现代农业产业发展需要，不断优化农业利用外资结构。结合农业结构调整方向，鼓励外资投向农业高新技术产业、新能源和节能环保产业。引导外资向中西部地区转移，鼓励外商在中西部地区发展符合环保要求的劳动密集型产业，鼓励东部地区与中西部地区以市场为导向，加强农业招商引资工作，促进利用外资方式多样化，进一步提高农业利用国外贷款和无偿援助的质量和水平，强调项目的质量和效益，重视提高项目蕴含的农业科技含量和推广价值，着力提高农业“引进来”质量和水平。据商务部统计，2012年，农业实际利用外资金额20.6亿美元，比上年增长2.7%，占同期全国实际利用外资总额的1.9%。农业“引进来”项目的实施对于引进国外先进技术和管理理念，促进现代农业发展，提升中国粮食安全水平等具有积极的作用。

五、中国农产品贸易发展形势展望

2013年中国农产品贸易发展面临的主要风险包括：人民币仍面临升值压力，农业生产成本上

升，主要进口国贸易保护主义干扰贸易活动仍将持续，出口农产品价格竞争力将有所削弱。从农产品供求基本面看，如果农业生产正常，主要农产品国际市场价格下行可能性较大，产业竞争压力加大。

农产品主要出口市场仍将普遍呈需求不旺局面，其中欧盟市场需求继续萎缩的可能性较大，日本市场需求面临的不确定因素较多，美国、东盟、韩国、俄罗斯等重要市场需求有望增长。综合看，农产品出口量不会显著增长，出口额则可能出现低速增长甚至下降局面。国内市场农产品需求继续受经济较快增长和收入分配向民生倾斜的拉动等因素影响，预期农产品进口量会继续增加，逆差预期将接近或略高于2012年水平。

（农业部农业贸易促进中心　张晓婉）

中国纺织业对外开放情况

一、2012 年中国纺织工业发展概况

受国际市场需求低迷、国内棉价大幅高于国际市场、生产成本持续上涨等因素影响，2012 年我国纺织工业①发展压力明显加大，但全行业坚持深化产业结构调整，加快产业转型升级，积极应对各种外部风险。全年行业基本实现平稳运行，经济增速整体呈现缓中趋稳走势，并表现出以下发展特点：

（一）主要经济指标实现稳定增长

根据国家统计局②及海关统计数据，2012 年全国 3.7 万户规模以上纺织企业③实现工业总产值 57 810 亿元，同比增长 12.3%；利润总额 3 015.1 亿元，同比增长 7.7%；全年全行业 500 万元以上项目固定资产投资总额④达到 7 793 亿元，同比增长 14.6%；全社会口径纺织品服装出口总额⑤达到 2 625.6 亿美元，同比增长 3.3%。与全国主要工业制造业相比较，纺织行业生产增速位居中上游，利润增速位居前列，继续发挥了对国民经济增长的支撑作用。

（二）产业结构调整与转型升级取得新进展

2012 年，规模以上纺织企业人均产值同比增加 13.4%，技术进步与管理水平提升促进生产效率稳步提高；规模以上企业内销产值同比增长 12.3%，高于同口径出口交货值增速 9.9 个百分点，内需对行业发展的首要驱动作用更加突出；家纺、产业用行业增势良好，规模以上企业利润增速分别达到 12.7%和 18.8%，显著高于行业平均水平，表明产业链终端环节市场适应能力提升，品牌化发展取得成效；中西部纺织企业固定资产投资额同比增速达到 15.3%，高于东部地区增速 2.4 个百分点，产业区域布局结构调整继续推进。

（三）行业发展压力有所增加

尽管运行走势总体平稳，但与 2011 年相比较，纺织行业经济增速在 2012 年有所放缓，行业在发展中仍面临了一系列突出问题。一是国际市场需求低迷，根据相关数据，2012 年美国和欧盟纺织品服装进口总额同比分别下降 0.4%和 5.2%，我国出口企业订单不足问题突出。二是内外棉价差持续拉大，受国内临时收储政策影响，2012 年我国棉纺企业用棉成本比国际市场平均高出约 40%，严重影响了棉纺产业链的市场竞争力。三是出口加工型小微企业发展压力突出，2012 年规模以下企业纺织品服装出口额同比减少 0.7%，低于规模以上企业出口增速 3.1 个百分点。

表 1　　2012 年纺织工业主要运行指标

指标名称	单　位	2012 年累计	同　比（%）
主要经济指标（规模以上企业）			
工业总产值（现价）	亿元	57 810.0	12.3
工业销售产值（现价）	亿元	56 701.8	10.6
主营业务收入	亿元	56 852.3	10.6

① 本文中纺织工业、纺织行业是广义概念，涵盖化学纤维制造、纺纱、织造、非织造、针织、染整、家用和产业用制成品、服装制造及纺织机械制造整个纺织产业链条。本文中来源于国家统计局的纺织工业统计数据包括国家统计局标准分类中的纺织业、化学纤维制造业、纺织服装服饰业以及机械制造业中的纺织机械制造业。

② 本文中来源于国家统计局的数据除非特别说明为年报数据，均为快报数据。

③ 规模以上企业指年主营业务收入 2 000 万元及以上的企业。

④ 纺织行业固定资产投资统计包括 500 万元以上的城镇固定资产投资项目、农村固定资产投资项目，但不含农户投资项目。

⑤ 本文中纺织品服装贸易统计数据包括中国海关商品分类第 50～63 章中的纺织纱线、织物、制成品、服装和第 94 章中的寝具。

续 表

指标名称	单 位	2012 年累计	同 比（%）
利润总额	亿元	3 015.1	7.7
应交增值税	亿元	1 386.3	13.3
从业人数	万人	1 000.7	−1.0
主要产品产量			
化学纤维（全社会）	万吨	3 800.0	12.1
纱（全社会）	万吨	2 984.0	9.8
布（全社会）	亿米	840.8	3.3
印染布（规模以上企业）	亿米	566.0	−2.1
无纺布（规模以上企业）	万吨	236.5	23.1
服装（规模以上企业）	亿件	267.3	6.2
固定资产投资指标（500 万元以上项目）			
实际完成投资额	亿元	7 793.0	14.6
新开工项目数	个	12 959	−5.5
纺织品服装贸易指标（全社会口径）			
出口总额	亿美元	2 625.6	3.3
进口总额	亿美元	248.0	7.1
贸易差额	亿美元	2 377.6	2.9

数据来源：中国国家统计局、中国海关。

二、2012 年中国纺织工业出口贸易情况

2012 年，受国际市场需求低迷、国内棉价过高及企业生产成本上升等因素影响，我国纺织行业出口形势总体较为严峻，出口增速总体放缓，部分产品、部分市场出口下滑表现更为突出。

（一）出口增速明显放缓

2012 年，纺织行业出口总额虽然实现增长，但增速明显放缓，出口数量则同比减少。根据海关统计数据，2012 年我国共出口纺织品服装 2 625.6亿美元，同比增长 3.3%，增速低于 2011 年 16.6 个百分点；如扣除价格上涨因素，实际出口数量同比减少 0.6%，低于 2011 年 1.1 个百分点。从全年走势看，自 3 月以来行业出口即呈现增速持续下滑直至负增长的趋势，直至 9 月才随国外采购商季节性补库需求增加恢复正增长，且增速稳步回升。

表 2　　我国纺织品服装出口额及占全国的比重情况

年份	纺织品服装出口		其中：纺织品出口额(亿美元)	服装出口额（亿美元）
	出口额（亿美元）	占全国（%）		
2005	1 175.4	15.4	439.7	735.7
2010	2 120.0	13.4	825.2	1 294.8
2011	2 541.2	13.4	1 009.0	1 532.2
2012	2 625.6	12.8	1 024.1	1 601.5

数据来源：中国海关。

表 3　　我国纺织品服装出口价格、出口数量指数　　上年同期＝100

年份	出口价格指数			出口数量指数		
	纺织品服装	纺织品	服装	纺织品服装	纺织品	服装
2005	107.6	103.2	110.5	112.2	119.1	108.1
2010	108.0	108.8	107.6	114.6	118.1	112.4
2011	119.3	120.3	118.6	100.5	101.6	99.8
2012	103.9	99.8	106.9	99.4	101.7	97.8

资料来源：中国纺织工业联合会统计中心根据中国海关统计数据整理。

（二）棉制纺织品出口下滑更为突出

分产品结构看，上游纺织品出口增长减速幅度较终端服装产品更为明显。2012年，我国共出口纺织品1 024.1亿美元，同比增长1.5%，增速较2011年下降20.8个百分点；出口服装1 601.5亿元，同比增长4.5%，增速较2011年下降13.8个百分点。纺织品中，受国内棉大幅高于国际市场因素影响，棉制产品出口竞争力有所下降，出口额同比绝对减少，全年棉制纺织品出口额同比下降3.3%，增速低于2011年18.7个百分点，低于同期化纤制纺织品出口额增速6.35百分点；其中，棉纱线出口额同比下降3.2%，棉织物出口额同比下降0.8%。

表4　2012年我国主要纺织服装产品出口情况

主要出口产品	出口额（亿美元）	同比（%）	增速比2011年增减（百分点）
纺织品服装	2 625.6	3.3	−16.6
纺织品	1 024.1	1.5	−20.8
棉制纺织品	254.2	−3.3	−18.7
化纤制纺织品	532.8	3.0	−26.2
服装	1 601.5	4.5	−13.8
棉制服装	647.1	5.6	−6.9
化纤制服装	618.4	3.6	−21.0

资料来源：中国海关。

（三）对传统市场出口增长减速，新兴市场增长平稳

主要出口市场中，欧盟市场需求明显萎缩，2012年我国对欧盟纺织品服装出口额同比下降11.7%，较2011年大幅下降31.2个百分点。日本需求总体低迷，行业对日本出口额同比仅增长0.8%，低于2011年21.9个百分点。东盟市场则继续保持较快增长，行业对其出口额同比增速达到35%，高于2011年1.1个百分点，其中对东盟服装出口额同比增速高达94.1%，表明新兴市场终端需求仍较为旺盛。

表5　2012年我国对主要市场出口纺织品服装情况

国家或地区	出口额（亿美元）	同比（%）	增速比2011年增减（百分点）
欧盟	483.4	−11.7	−31.2
美国	410.7	3.8	−7.4
日本	283.7	0.8	−20.2
东盟	270.4	35.0	1.1
中国香港	164.3	6.3	3.2
非洲	161.7	17.0	−7.7
韩国	60.1	−8.9	−29.9

资料来源：中国海关。

（四）国际市场份额有所下降

2012年，在国际市场需求持续低迷的环境下，市场竞争更趋激烈。由于我国棉花价格显著高于国际市场，生产成本持续提升，部分中低档产品出口价格涨幅已超出国际采购商承受能力，订单向东南亚等发展中国家转移的趋势日益明显，我国纺织行业的国际市场份额有所流失。根据相关数据，2012年美国从我国进口纺织品服装的总金额同比下降0.2%，从越南进口则增长了6.4%；我国在日本、欧盟纺织品服装进口市场中所占份额虽仍保持73.2%和40%的高位，但与2011年相比已分别下降了1.7和1.1个百分点，越南、孟加拉、印度尼西亚等国所占份额则有所上升。

表 6　美、欧、日主要纺织品服装进口来源国所占份额情况

国家	欧盟		日本		美国	
	2012 年进口额占比（%）	较 2011 年增减（百分点）	2012 年进口额占比（%）	较 2011 年增减（百分点）	2012 年进口额占比（%）	较 2011 年增减（百分点）
中国	40.02	−1.10	73.22	−1.73	40.21	0.08
越南	2.25	0.19	5.90	0.77	7.58	0.48
孟加拉	9.42	1.10	1.22	0.32	4.58	−0.01
印度尼西亚	1.80	−0.02	2.93	0.40	5.15	−0.01

资料来源：欧盟统计局、日本海关、美国商务部。

三、2012 年中国纺织工业进口贸易情况

2012 年，我国内需消费规模稳步扩大，纺织企业继续利用国际市场配置生产要素，带动纺织行业相关进口贸易总体平稳发展，但受行业生产增速放缓等因素影响，部分产业链配套产品进口有所减少。

（一）服装进口较快增长，纺织品进口增长缓慢

2012 年，我国纺织品服装进口总额达到 248 亿美元，同比增长 7.1%，增速较 2011 年下降了 6.9 个百分点；但扣除价格因素后，实际进口数量同比增长 7.6%，较 2011 年提高了 10 个百分点，进口贸易态势总体平稳。其中，服装进口在内需市场带动下增长较快，进口额同比增速达到 20.3%，进口数量同比增长 19.9%。纺织品进口增速则总体偏低，进口额全年仅增长 4.3%，进口数量增长 5%。加工贸易订单减少是造成纺织品进口增速降低的主要原因，2012 年占纺织品进口额 62.2%的加工贸易进口额同比减少 4.5%，而纺织品一般贸易进口则实现了 29%的增长，表明纺织行业自主创新能力有所增加，简单加工出口比重下降，出口结构不断优化。

表 7　我国纺织品服装出口额及占全国的比重情况

年份	纺织品服装进口		其中：纺织品进口额(亿美元)	服装进口额（亿美元）
	进口额（亿美元）	占全国（%）		
2005	171.0	2.6	154.9	16.1
2010	203.2	1.5	178.1	25.2
2011	231.6	1.3	91.5	40.1
2012	248.0	1.4	199.8	48.2

资料来源：中国海关。

表 8　2012 年我国纺织品服装进口情况

主要出口产品	进口额（亿美元）	同比（%）	增速比 2011 年增减（百分点）
纺织品服装	248.0	7.1	−6.9
纺织品	199.8	4.3	−3.2
纺织纱线	74.2	21.4	13.0
纺织织物	52.7	−5.2	−12.8
纺织制成品	72.9	−2.5	−9.3
服装	48.2	20.3	−39.1

资料来源：中国海关。

（二）天然纤维原料进口需求稳步增加

2012年，由于国内棉价显著高于国际市场，纺织企业利用国际市场资源调节生产的需求明显增加，国家也通过利用国际棉花资源加强国内供给调控，带动棉花进口较快增长。2012年，我国共进口棉、麻、毛、丝等各种天然纤维原料631.4万吨，同比增长40.4%，增速较2011年提高27.1个百分点；进口额为152.4亿美元，同比增长15.5%。其中，原棉进口量达到513.5万吨，同比增长52.7%，增速较2011年提高34.1个百分点；进口额为118亿美元，同比增长24.7%。

（三）装备、染化料等行业相关进口有所减少

受纺织行业生产增速放缓及国内自主配套能力提升等因素影响，2013年我国纺织机械及染料助剂等产业链配套产品同比有所减少，全年共进口纺织机械42.3亿美元，同比下降21.4%；进口染料助剂30.2亿美元，同比下降5.4%。受进口价格下降影响，化纤原料进口总额同比减少，但进口数量仍实现增长，增速同比有所下降。2012年合成纤维单体进口总量同比增长4.4%，增速较2011年下降6.8个百分点；纤维素纤维进口量同比增长14.5%，较2011年下降11.8个百分点。

表9　　2012年我国纺织工业进口相关产品情况①

产品名称	进口量		进口额	
	全年累计（万吨）	同比（%）	全年累计（亿美元）	同比（%）
天然纤维	631.4	40.4	152.4	15.5
纤维素纤维原料	1 662.2	14.5	111.2	−7.8
合成纤维单体	2 107.2	4.4	268.0	−5.1
有机染料及助剂	69.7	−8.1	30.2	−5.4
纺织机械	—	—	42.3	−21.4
合计	—	—	604.1	1.3

资料来源：中国海关。

四、2012年中国纺织工业利用外资情况

我国纺织行业中的港澳台及外商投资企业以出口加工型企业为主，近年来，随着我国生产要素成本持续提升，外商企业竞争力逐步下降，在行业资本构成中所占比重也逐年降低。2012年，受国内棉价过高、用工成本继续提升等因素影响，港澳台及外商投资纺织企业经济运行呈现下行态势，投资增长进一步减速，资本存量和增量在行业中所占比重均进一步下降。

（一）外资企业经济运行情况有所下滑

根据国家统计局数据，2012年，全国6 758户规模以上港澳台及外商控股纺织企业共计实现工业总产值10 652.3亿元，同比增长7.9%，增速低于2011年12.9个百分点，低于纺织行业平均增速4.4个百分点；产值占纺织全行业的比重为18.2%，较2011年下降0.7个百分点。共计实现利润总额541.2亿元，同比下降4.6%，增速低于2011年22.1个百分点，低于纺织行业平均增速12.3个百分点；利润占全行业的比重为18%，较2011年下降2.3个百分点。从业人数合计达到245.2万人，同比减少4.6%；占全行业的比重为24.5%，较2011年下降0.9个百分点。根据中国海关统计数据，2012年，全国三资企业纺织品服装出口总额为701.9亿美元，同比下降3.1%，增速低于2011年15.4个百分点，低于纺织行业平均水平6.4个百分点；三资企业出口占全行业的比重为26.7%，比2011年下降1.8个百分点。

① 本表格中天然纤维包括各种棉、麻、丝和毛纤维；纤维素纤维原料包括用于制造再生纤维素纤维的棉短绒、化学木浆等；合成纤维单体指用于制造合成纤维的对苯二甲酸、乙二醇、己内酰胺等单体原料。

表 10 2012 年港澳台及外商控股纺织企业主要指标

主要经济指标（规模以上企业）							
指标名称	单位	港澳台控股			外商控股		
		累计	同比（%）	占全行业比重（%）	累计	同比（%）	占全行业比重（%）
企业户数	户	3 993	—	10.7	2 765	—	7.4
工业总产值（现价）	亿元	6 735.2	8.1	11.7	3 917.1	7.6	6.8
主营业务收入	亿元	6 531.9	6.0	11.5	3 834.5	5.3	6.7
利润总额	亿元	355.8	−5.6	11.8	185.4	−2.7	6.1
应缴增值税	亿元	152.9	14.0	11.0	87.2	16.0	6.3
从业人数	万人	162.9	−4.0	16.3	82.3	−5.7	8.2

纺织品服装贸易指标（全社会口径）				
指标名称	单位	三资企业		
		累计	同比（%）	占全行业比重（%）
出口总额	亿美元	701.9	−3.1	26.7
进口总额	亿美元	160.9	2.6	64.9
贸易差额	亿美元	541.0	−4.7	22.8

资料来源：中国国家统计局、中国海关。

（二）港澳台及外商新增投资增速下降

2012 年，受纺织行业经济增速放缓影响，港澳台及外商企业投资信心明显下降，新增固定资产投资虽总体实现增长，但增速大幅下降。全年，港澳台和外商控股企业 500 万元以上项目固定资产投资完成额为 629.8 亿元，同比增长 2.4%，增速较 2011 年下降 17.5 个百分点，低于全行业平均水平 12.2 个百分点；占全行业投资总额的比重为 8.1%，比 2011 年下降 0.9 个百分点。其中，外商控股企业新增投资同比减少 5.5%，在行业中占比也下降了 0.8 个百分点。

表 11 2012 年港澳台及外商在纺织行业中新增固定资产投资情况（500 万元以上项目）

指标名称	累计（亿元）	同比（%）	占全行业比重（%）
全行业投资合计	7 793.0	14.6	100.0
其中：内资	7 122.2	16.1	91.4
港澳台投资	348.3	9.8	4.5
外商投资	281.5	−5.5	3.6
个体经营	41.0	−19.6	0.5

资料来源：中国国家统计局。

（三）外资在纺织行业资本结构中占比有所下降

根据国家统计局年报数据，截至 2011 年底①，我国规模以上纺织企业实收资本中，港澳台资本和外商资本合计为2 274.1亿元，占全行业实收资本的比重为 31.2%，较 2010 年下降了 4.5 个百分点。其中，港澳台实收资本占全行业比重为 18.5%，较 2010 年下降 2 个百分点；外商资本占比为 12.7%，较 2010 年下降 2.5 个百分点。

① 由于实收资本数据来源于国家统计局年报，而国家统计局每年四季度方发布上年度年报，本部分内容使用 2011 年年报数据。

表 12　　2011年我国纺织工业实收资本及其结构（规模以上企业）①

实收资本类别	实收资本额（亿元）	占比（%）
实收资本总额	7 291.1	100.0
其中：国家资本	208.2	2.9
集体资本	91.4	1.3
法人资本	2 239.4	30.7
私营资本	2 470.2	33.9
港澳台资本	1 349.3	18.5
外商资本	924.8	12.7

资料来源：中国国家统计局。

（中国纺织工业联合会产业部　赵明霞）

① 本表格中数据为年报数据；2011年规模以上企业指年主营业务收入200万元及以上的企业。

中国汽车业对外开放情况

2012年面对严峻复杂的国内外形势，汽车行业认真贯彻落实党中央、国务院的战略部署，坚持稳中求进，积极应对下行压力加大的局面，实现了全行业稳定增长。汽车产销双双超过1 900万辆，创全球历史新高，再次蝉联世界第一。

第一部分 2012年国内汽车行业运行情况

一、汽车产销呈现为增长态势，总量继续保持世界第一

2012年我国汽车产销分别为1 927.18万辆和1 930.64万辆，同比分别增长4.63%和3.37%，增长较上年略有提升。2009年，在产销双双超过1 300万辆，跃居世界第一之后，汽车产销在2010年再次呈现快速增长，产销双双超过1 800万辆。然而，进入2011年后汽车产销增速明显减缓，2012年，产销增幅虽较上年略有提升，但仍在低位徘徊。从近几年汽车发展形势来看增速放缓的原因是一线城市汽车需求增长开始有所减缓，而国内二、三线城市汽车市场消费热情尚未被完全激发。随着居民收入不断提高，国内二、三线城市需求将呈现较快增长。同时，在十二五期间中国汽车市场维持世界上最大、需求最强的格局应该不会改变。

二、乘用车市场竞争不断加剧，中国品牌仍面临较大挑战

2012年，乘用车产销双双超过1 500万辆，分别达到1 552.37万辆和1 549.52万辆，创历史新高，同比增长7.17%和7.07%，增幅高于全行业。乘用车市场需求受优惠政策退出、国内大城市限购以及用车环境趋紧等不利因素影响，需求增势有所抑制。尽管如此，乘用车主要品种在2012年继续表现出激烈的竞争态势。在四大类乘用车品种中，运动型多用途乘用车（SUV）表现一枝独秀，同比增长超过20%，远高于其他乘用车品种；基本型乘用车（轿车）同比增幅虽较乘用车行业略低，但继续保持了稳定的增长；多功能乘用车（MPV）和交叉型乘用车同比略有下降。

2012年，中国品牌乘用车销售648.50万辆，同比增长6.1%，占乘用车销售总量的41.85%，占有率比上年同期下降0.38%。与前几年相比，中国品牌乘用车在2012年总体表现不佳。进入9月后，中国品牌销量有所增长，市场占有率也有明显提升。与国外品牌相比，中国品牌竞争能力普遍较低，尤其是中高档乘用车市场，几乎是国外品牌一统天下。为此，中国品牌要想在未来的市场竞争中占有主动权，仍需苦练内功，脚踏实地，辛勤耕耘。

三、商用车总体表现依旧低迷，重型货车市场需求下降更为明显

2012年，商用车总体表现依旧低迷，产销分别为374.81万辆和381.12万辆，同比下降4.71%和5.49%，降幅较上年有所减缓。

2012年在商用车品种中，货车市场表现较为低迷，共销售330.38万辆，同比下降6.80%。在货车品种中，重型货车降幅居首，共销售63.60万辆，同比下降27.78%，降幅较上年同期加大14.34%。中型和轻型货车略有下降，分别销售29.30万辆和184.27万辆，同比下降0.58%和1.99%；相比较而言，微型货车市场总体表现较好，销量结束上年下降状态，呈小幅增长，共销售53.48万辆，同比增长8.66%。

2012年，客车行业也面临较大挑战，市场增速明显放缓，共销售50.74万辆，同比增长4.01%，增幅较上年回落6.10个百分点。其中大型客车销售7.92万辆，同比增长7.34%；中型客车销售9.05万辆，同比下降1.15%；轻型客车销售33.77万辆，同比增长4.71%。

四、汽车进出口保持较快增长，出口量首超百万

2012年，汽车出口继续保持上年良好发展态

势，出口量首次超过百万，达到105.61万辆，同比增长29.70%，增幅较上年有所减缓。其中乘用车出口66.12万辆，同比增长38.89%；商用车出口39.49万辆，同比增长16.76%。从汽车出口细分品种来看，轿车继续保持较快增长，达到47.88万辆，同比增长44.43%；运动型多用途乘用车（SUV）和交叉型乘用车增速均超过30%，表现同样出色，此外客车、货车、半挂牵引车和货车非完整车辆也呈较快增长，多功能乘用车（MPV）和客车非完整车辆有所下降。

五、行业十强企业继续稳居主导，重点企业经济效益增速减缓

2012年，汽车行业骨干企业为稳定产业发展、促进产业升级、提高行业整体竞争实力继续起到了重要作用。2012年，汽车销量排名前10位的生产企业共销售1 686.28万辆，占汽车销售总量的87.34%，市场占有率比上年提升0.39个百分点。

根据中汽协统计2012年17家重点企业（集团）经济指标显示，行业内骨干企业经济效益总体稳定，但主要经济指标增速较上年同期继续趋缓。全年17家企业累计实现营业收入超过2.4万亿元，同比增长2.75%。增幅较上年回落7.42%；累计实现利润达到2 349.59亿元，同比下降1.24%。

第二部分 2012年汽车商品出口情况分析

一、2012年汽车产品出口特点

（一）出口特点

1. 整车出口增长明显，突破百万辆

2012年中国汽车整车出口量为101.57万辆，汽车出口首次突破百万辆。我国从20世纪90年代开始实现真正的汽车出口，20年左右的时间完成了从1万辆规模到超100万辆规模的增长。之所以取得如此成绩，源于出口的产品结构日趋合理、出口车型的有针对性及出口方式的多元化。

2. 整车出口以低端经济型车为主

中国汽车出口车型以低端经济型车为主，所以单车价格低，但是出口乘用车的平均单价在上升，2012年比2011年同期平均上升23%，这说明出口汽车的产品结构和市场结构在不断优化。

3. 在国内市场低速增长环境下轿车出口取得可贵增长

2012年轿车出口量增长33.2%，出口金额增长38.2%，这是在国内汽车市场进入低速增长，世界经济大环境普遍低迷，购买力下滑的不利局面下取得的，实在是难能可贵。

4. 自主品牌企业成为出口主力，合资企业整车出口力量渐强

2012年出口企业前五名分别为奇瑞、吉利、长城、上汽和力帆，其中奇瑞和吉利均超过10万辆，自主品牌产品构成出口的主力。与此同时，部分合资企业纷纷推出在中国本土研发的合资品牌参与出口的竞争，如：上海通用出口智利和利比亚雪佛兰新赛欧，累计出口数量超过了6万辆，同比增长了97.67%；上汽依维柯红岩商用车出口海湾和非洲国家；华晨宝马出口中东、非洲、南美等地。面对中国低速增长的态势，外资品牌在中国扩大的产能释放必须通过出口才能完成。

5. 汽车出口市场发生较大变化

从汽车整车出口的分布情况看，除传统东南亚市场，还包括欧洲和南美市场。尽管2012年对巴西、越南的出口回落较多，上述两国已退出出口前10名的行列，但对俄罗斯、阿尔及利亚保持良好的出口业绩；对委内瑞拉、伊拉克及秘鲁的出口增长较快。

6. 汽车产品出口方式发生较大变化

随着我国汽车企业的发展与壮大，汽车产品出口也从单纯产品贸易向海外设厂等投资型转变。以出口量居前两名的奇瑞和吉利公司为例，奇瑞近年来不但汽车出口量名列前茅，海外设厂也是最多的，如在俄罗斯、乌克兰、埃及、印度尼西亚及土耳其等国家建设CKD或SKD生产线，生产出口当地的产品；吉利已在俄罗斯和印尼建立全散件CKD组装厂，位于埃及的CKD工厂所生产的车辆计划2013年投入市场，在乌克兰设有半散件的SKD组装厂。此外，东风、一汽、上汽等大企业

集团也在加强海外战略的推进。随着我国汽车企业集团海外战略布局的逐渐完善，汽车产品出口方式会向多元化发展。

7. 汽车零部件出口增幅较小，出口品种多是劳动力密集型和资源密集型产品

相关统计显示，2012 年汽车零部件出口额同比增长仅为 11.2%，同比回落 16.3 个百分点；零部件出口产品以行驶系统、汽车电子电器、车身及附件等劳动密集型和资源密集型产品为主。

（二）汽车整车出口

2011 年全年的整车出口（含底盘）85 万辆，同比增长 50%，而 2012 年的出口增速就大幅回落到 19.5%的低位。2012 年整车出口增幅较大的是轿车和 9 座及以下小客车，尤其是轿车出口增长达到 33.2%。传统的载货车虽然仍是出口的主要车型，但出口量同比增长仅为 10.4%。

从汽车整车出口品种看，近年来乘用车出口的增长快于商用车，而轿车和载货车是两大强势品种。轿车出口在 2009 年下滑幅度速度大于载货车，但 2010—2011 年回升较快；轿车出口量在 2012 年一季度回落到 8 万辆的低位，随后大幅直线拉升，大幅超过载货车出口，三季度上升到 16 万辆，四季度回落到 13 万辆；从相关数据看出，全年轿车出口还是取得了较大幅度增长。

从轿车出口排量看，近年来各排量市场的出口增长速度仍不均衡，大排量轿车由于基数较低，出口同比增长幅度较大，但出口量占比较低；中小排量仍是出口主导车型，且占比较大。2012 年，轿车出口中 1.0～1.5L 车型表现突出，出口量占比 59.09%；其次是 1.5～2.0L 车型，出口量占比 32.58%；其他排量轿车出口占比不足 10%。

从近年来汽车整车出口形势看，2005—2007 年汽车出口呈现高增长，2008 年探底，2009—2010 年以来汽车出口量回升的趋势明显，但 2011 年开始的逐季增速也出现回落趋势。2012 年一季度的出口仅有 18 万辆，同比增长 10%；二季度回升到 26 万辆，增速达 23%；而三季度的出口突破 33 万辆，增速也创出 32%的高位；四季度出口下降到 25 万台，增速也回归 10%的谷底。考虑到 2008 年汽车出口增速剧烈下滑，2012 年的三季度汽车出口回升也是摆脱了 2008 年的世界经济下滑的阴影，说明汽车出口的抗风险能力有所增强；四季度的出口受国内市场高增长的影响，出口仍有潜力。2008—2012 年汽车整车出口情况见表 1。

表 1　　2008—2012 年汽车整车出口情况　　辆，亿美元

产品类型 \ 年份		2008		2009		2010		2011		2012	
		数量	金额	数量	金额	数量	金额	数量	金额	数量	金额
乘用车	轿车	241 316	17.95	102 432	8.03	179 940	12.76	372 083	25.98	495 456	35.89
	四驱越野车	24 438	2.57	12 280	1.10	22 502	1.94	24 309	2.26	4 863	0.54
	9 座及以下小客车	40 523	3.20	17 872	1.28	39 918	2.94	60 486	4.42	71 201	5.22
	其他载人机动车	7 063	0.70	1 982	0.18	2 067	0.23	3 373	0.40	6 938	0.86
	未列名载人机动车	5 253	0.16	18 439	0.43	37 941	0.73	9 839	0.34	9 242	0.38
	乘用车合计	318 593	24.58	153 005	11.02	282 368	18.60	470 090	33.40	587 700	42.90
商用车	客车	33 928	10.82	23 264	6.38	36 517	10.37	42 415	15.36	54 450	19.35
	载货车	287 720	43.16	177 926	25.46	232 081	31.84	322 053	48.13	355 450	57.32
	专用汽车	14 364	16.02	8 912	7.94	8 710	8.16	12 485	11.84	16 657	17.28
	汽车底盘	26 403	1.71	6 923	1.10	6 977	0.87	2 765	0.73	1 472	0.42
	商用车合计	362 415	71.71	217 025	40.88	284 285	51.24	379 718	76.06	428 029	94.37
	汽车总计	681 008	96.30	370 030	51.90	566 653	69.84	849 808	109.46	1 015 729	137.27

从月度走势看，2012 年一季度出口量走低；但 2012 年二季度后走势持续性较强，尤其是三季度的走势保持强势增长态势，这与 2008 年、2011 年 8 月后大幅回落的特征完全不同，综合目前出口的整体环境，且海外基地建设逐步呈现良好趋势，2013 年出口仍会保持稳定发展。2012 年汽车整车月度出口情况见图 1。

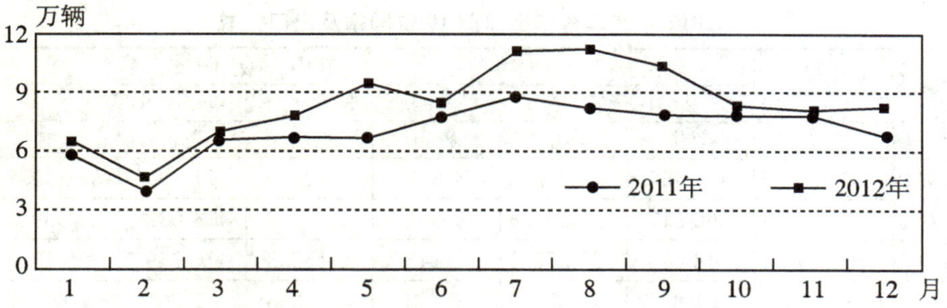

图1　2012年汽车整车月度出口情况

据中国汽车工业协会相关数据，2012年出口位于前10家汽车企业中，奇瑞达到18.48万辆，仍居出口的首位；吉利出口也突破10万辆，居第二位；长城、上汽和重庆力帆分居汽车出口的3至5位，出口量分别为9.65万辆、9.57万辆和8.70万辆；位于出口量6至10名的企业分别为东风（8.48万辆）、江淮（5.72万辆）、广汽（5.30万辆）、长安（5.19万辆）和北汽集团（5.09万辆）。出口量增长最大的是吉利和重庆力帆，出口量同比分别增长165.0%和102.3%，分别由2011年出口的第9名和第5名，升至2012年的第2名和第5名；2012年出口前10位汽车企业情况见图2。

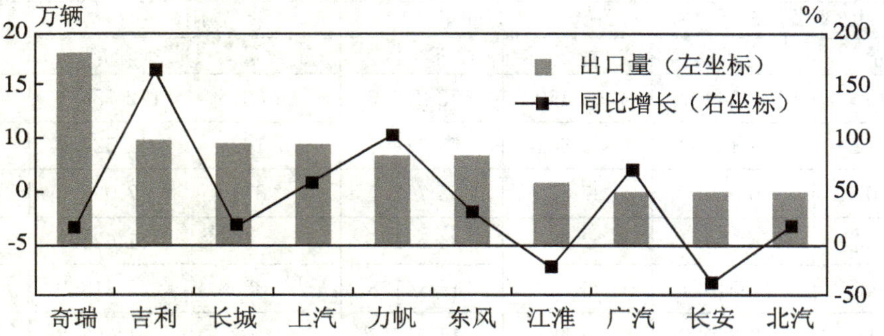

图2　2012年出口前10位汽车企业情况

2012年汽车出口市场较以往有所变化，2012年由于巴西出台贸易保护的相关政策，中国汽车对巴西出口下滑严重；对叙利亚市场出口也大幅度下降。2011年出口额高居第二位的巴西和出口额第八的越南跌出前10名行列，俄罗斯、阿尔及利亚、伊朗、委内瑞拉和伊拉克位于出口额的前五位，其中委内瑞拉出口额增长幅度最大，达到278.6%，由2011年出口的第14位升至第4位；伊拉克出口额同比增长141.1%，由2011年出口的第12位升至第5位。

从2012年轿车产品出口的国家看，发展中国家依旧是主要出口国。2011年的南美成为中国超级主力市场，巴西和智利等南美国家占轿车出口近50%份额；2012年对俄罗斯、伊拉克、伊朗和阿尔及利亚出口量较多，占轿车出口总量的48.89%。

多功能乘用车出口市场仍在快速变化，阿尔及利亚、智利、秘鲁、哥伦比亚、俄罗斯成为2012年我国产品出口主力市场，前期埃及和澳大利亚市场的份额较高，后期回落较大。

载货车市场的海外开拓较好，近几年的主力市场变化较小。2011年阿尔及利亚出口走势很强，巴西取代智利成为南美的核心主力市场；2012年的阿尔及利亚市场走势很强，伊拉克市场恢复，对智利和秘鲁的出口相对稳定，这体现了载货车的海外市场强势持续走好。

2012年汽车整车出口前10位国家及出口构成见表2

表 2 2012年汽车整车出口前10位国家及出口构成 辆，亿美元

国家(地区)	合计		其中：乘用车							
			小轿车		四驱越野车		小客车		其他载人机动车	
	数量	金额	数量	金额	数量	金额	数量	金额	数量	金额
合计	1 015 729	1 372 749.5	495 456	358 942.8	4 863	5 424.9	71 201	52 195.7	16 180	12 461.2
俄罗斯联邦	89 695	126 652.1	66 517	45 572.8	1 501	1 277.2	4 032	4 039.8	36	19.3
阿尔及利亚	149 760	102 497.1	48 648	27 577.1	145	153.3	10 749	5 018.8	226	232.4
伊朗	77 730	88 952.3	61 827	41 829.9	2	2.6	2 861	2 602.8	70	46.8
委内瑞拉	32 781	80 766.8	18 738	14 849.1	2	3.2	875	487.4	2 033	2 548.4
伊拉克	90 057	65 413.0	65 241	43 693.2	1 208	1 063.2	1 364	853.5	1 042	1 367.1
沙特阿拉伯	28 139	53 566.3	17 709	15 768.6	0	0.0	283	301.2	169	132.5
智利	62 649	52 977.2	36 290	23 095.9	242	231.7	9 664	7 104.6	351	380.0
哈萨克斯坦	13 378	46 601.5	304	195.9	0	0.0	312	155.0	8	9.8
秘鲁	37 161	39 440.9	12 798	8 437.8	53	52.2	8 618	5 465.3	247	198.2
缅甸	13 235	31 121.6	2 033	1 173.8	3	13.1	57	30.5	32	15.6

续 表

国家(地区)	其中：商用车							
	客车		载货车		专用汽车		汽车底盘	
	数量	金额	数量	金额	数量	金额	数量	金额
合计	54 450	193 544.7	355 450	573 216.6	16 657	172 786.4	1 472	4 177.3
俄罗斯联邦	712	6 185.3	15 661	57 929.0	1 169	11 527.3	67	101.3
阿尔及利亚	1 607	6 664.7	87 511	55 752.7	874	7 098.2	0	0.0
伊朗	623	8 306.4	12 287	34 531.5	58	1 621.9	2	10.4
委内瑞拉	1 546	19 518.1	8 749	15 541.8	838	27 818.8	0	0.0
伊拉克	1 314	2 230.2	19 786	14 517.7	102	1 688.2	0	0.0
沙特阿拉伯	3 972	19 355.6	5 409	7 812.1	558	10 024.2	39	172.0
智利	4 151	8 619.7	11 878	12 569.8	64	921.9	9	53.5
哈萨克斯坦	667	3 285.3	11 144	33 940.2	938	8 995.7	5	19.6
秘鲁	4 135	7 471.4	11 186	17 101.3	102	663.3	22	51.4
缅甸	563	2 731.5	10 179	24 985.4	358	2 166.4	10	5.2

综上所述，2012年汽车整车出口突破百万辆，具有里程碑意义；乘用车出口产品中小排量车市场前景较好；轿车和载货车为主要出口品种；奇瑞、吉利、长城等成为出口企业中的佼佼者；阿尔及利亚、伊拉克、俄罗斯成为我国整车出口的主要市场，委内瑞拉在2012年成为成长最快的“黑马市场”。

（三）汽车零部件产品出口

2012年汽车零部件（含发动机整机及发动机零部件）出口586.68亿美元，占汽车产品出口额的73.29%，可见汽车产品出口还是以零部件为主。在汽车产品出口增速回落的情况下，汽车零部件出口增长幅度也有所下滑。在出口额增长中其他车用零部件增幅最大（增长108.6%），转向系统居第二位（增长21.3%），汽车电子电器居第三位（增长18.3%）。出口零部件中占比最大的是行驶系统（占比35.5%），其次是汽车电子电器（占比17.4%），占比居第三位的是车身及附件（占比10.9%）。2012年汽车零部件出口情况见表3。

表 3　　2012 年汽车零部件产品出口情况

产品类型	出口金额，万美元	同比增长,%	所占比例,%
汽车零部件合计	5 866 759.1	10.2	100.0
发动机整机	148 643.8	−16.0	2.5
发动机零部件	535 823.5	10.1	9.1
车身及其附件	641 346.4	16.2	10.9
汽车电子电器	1 023 012.4	18.3	17.4
制动系统	381 885.9	3.6	6.5
传动系统	284 705.1	12.9	4.9
行驶系统	2 081 905.2	8.7	35.5
转向系统	116 255.0	21.3	2.0
未列名零部件	361 435.9	10.5	6.2
挂车、半挂车	64 233.5	−4.5	1.1
其他	227 512.5	108.6	3.9

从汽车零部件月度出口情况看，除 2 月份出口额较低为 35.2 万美元外，其他月份出口额均在 40 亿～50 亿美元左右，其中出口额在 40 亿美元以上的有 5 个月，出口额在 50 亿美元以上的有 6 个月。从出口额增长角度看，上半年增长幅度大于下半年，除 2 月份由于基数较低增长幅度达 32.9%外，其他月份增长呈波浪式；下半年零部件月度出口整体呈低速增长态势，除 11 月出现 0.3 的负增长外，其他月份增长幅度较小但呈平稳态势。2012 年汽车零部件产品月度出口情况见图 3。

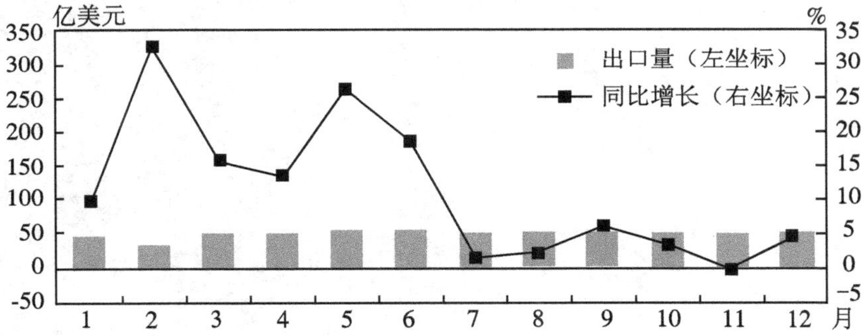

图 3　2012 年汽车零部件产品月度出口情况

从细分类别看，出口汽车零部件有如下特点：首先，出口的汽车零部件产品结构与以往相比变化不大，依然是轮胎、汽车电子电器和车身及附件居出口额的前三位，共计出口 308.51 亿美元，占汽车零部件出口总额的 52.59%。其次，除其他车用零部件出口额增长显著外，其余零部件出口额增长幅度都不大，增长幅度同比回落较大，发动机整机和挂车、半挂车甚至出现负增长。第三，出口的产品多是劳动密集型和资源密集型产品，如轮胎、汽车电子电器件等。

从汽车零部件分国别出口情况看，中国汽车零部件出口至 200 多个国家和地区，出口居中前六位国家的分别是美国、日本、韩国、俄罗斯、德国和英国，出口额合计为 299.15 亿美元，占中国汽车零部件出口总额的 50.99%。汽车零部件出口居前 10 位的国家中，出口额同比增长幅度较大的国家有墨西哥（增长 29.8%）、日本（增长 21.9%）、俄罗斯（增长 17.8%）、加拿大（增长 15.1%）和美国（增长 12.8%）。

从汽车零部件分省市出口情况看，出口额居前五位的省市分别是山东省、江苏省、广东省、浙江省和上海市，上述省市汽车零部件出口额均在 50 亿美元以上；位于汽车零部件出口六至十位的省市有福建省、辽宁省、天津市、北京市和河北省，出口额在 10 亿～20 亿美元；分省市汽车零部件出口额增长幅度最大的是天津市（增长 40.5%），其次是辽宁省（增长 35.4%），北京市居第三位（增长 24.5%）；其他省市汽车零部件出口额同比增幅较小。

从汽车零部件出口企业性质看，外商独资企业出口额居首位，出口 204.20 亿美元，占汽车零部件出口额的 34.89%；其次为私人企业，出口 171.59 亿美元，占汽车零部件出口额的 29.25%；中外合资企业居出口额的第三位，出口 127.22 亿美元，占汽车零部件出口额的 21.68%。

综上所述，尽管 2012 年汽车零部件出口增速有所回落，但其依然是中国汽车产品出口的主力，出口额占比在 70%以上。发达国家的汽车零部件的制造成本较高，跨国公司正在将汽车零部件行业中的劳动密集型产品向低成本国家和地区大量转移。中国劳动力成本偏低的竞争优势成为国外零部件商向中国转移生产基地的最佳选择。很多国外的汽车零部件企业到中国合资或独资建厂，一方面对大型跨国公司生产技术和加工能力的引进和吸收，强化了中国汽车零部件的出口竞争力；另一方面跨国公司全球采购体系为国内汽车零部件提供了出口平台，扩大了对外出口规模。

（中国汽车工业协会）

中国服务贸易

2012 年是中国“十二五”规划实施承前启后的关键年。在世界经济曲折复苏的背景下，中国采取积极措施促进服务贸易发展，服务贸易对外开放政策的稳定性、系统性、透明度不断提高，产业开放领域更加广泛，管理措施日益完善，在国民经济和社会发展中的战略性地位进一步凸显，在世界服务贸易中的大国地位进一步巩固。

一、2012 年中国服务贸易基本情况

2012 年，我国服务进出口延续增长态势，规模再创历史新高。进出口总额首次超过4 700亿美元，跃居世界第三。

（一）进出口规模稳步扩大

2012 年，中国服务进出口总额（按国际收支口径统计，不含政府服务）达 4 705.8 亿美元，比上年增长 12.3%；超过世界服务进出口平均增幅 10.3 个百分点，占世界服务进出口总额的 5.6%；占我国对外贸易总额的 10.8%，较上年提高 0.5 个百分点。其中，服务出口 1 904.4 亿美元，同比增长 4.6%；服务进口 2 801.4 亿美元，同比增长 18.2%。从世界排名看，2012 年，我国服务进出口总额居世界第三位，位于美国和德国之后；出口居世界第五位（前四位依次为美国、英国、德国、法国）；进口居世界第三位（前两位为美国和德国）。近年来，我国居民出境游大幅增长，加上运输企业规模小、国际竞争力不足等原因，致使我国旅游、运输等传统服务领域逆差不断扩大。2012 年，中国服务贸易逆差由上年的 549.2 亿美元扩大至 897 亿美元，同比增长 60%。

（二）高附加值服务进出口快速增长，传统服务进出口占比提高

2012 年，咨询、计算机和信息服务、广告宣传、金融、专有权利使用费和特许费等高附加值服务出口快速增长，分别比上年增长 17.8%、18.6%、18.2%、122.5%、40.1%；专有权利使用费和特许费、金融服务、通信服务进口增势显著，增幅分别为 20.7%、158.4%、38.6%。2012 年，作为中国服务贸易传统进出口类别的运输服务、旅游为代表的传统服务进出口占服务贸易的达 58.8%，比上年增加 2.2 个百分点。旅游进出口总额首破1 500亿美元，居各类服务之首，同比增长 25.6%。运输服务进出口总额达1 247.7亿美元，位居第二，同比增长 7.5%。

（三）重点领域保持高速增长

2012 年，服务外包、文化、技术等重点领域继续保持高增长态势，成为推动服务贸易发展的重要力量。2012 年，我国国际服务外包合同金额 438.5 亿美元，同比增长 34.4%，执行金额 336.4 亿美元，同比增长 41.1%。2012 年，全国共登记技术出口合同 55 395 份，合同总金额 293.29 亿美元，同比增长 37.11%；共登记技术引进合同 12 988份，合同金额 442.74 亿美元，同比增长 37.67%。2012 年，我国核心文化产品进出口总额为 274.55 亿美元，比上年增长 37.9%。其中，核心文化产品出口 259 亿美元，同比增长 38.5%；进口 15.55 亿美元，同比增长 28.6%。

（四）主要贸易伙伴保持稳定

目前，中国服务贸易国际市场结构保持稳定，主要贸易伙伴仍占较大比重。2012 年，中国香港、欧盟（27 国）、美国、东盟和日本为我国前五大服务贸易伙伴。我国与上述国家（地区）实现的服务进出口额超过 3 100 亿美元，占中国服务进出口总额的近 2/3。其中，中国香港继续为我国最大服务出口目的地、进口来源地和顺差来源地。双边服务进出口额达 1 345.5 亿美元，同比增长 19.9%，占我国服务进出口总额的 28.6%；中欧服务进出口总额达 607.4 亿美元，同比增长 7.6%，占我国服务进出口总额的 12.9%；中美双边服务进出口总额为 415.1 亿美元，比上年增长 9.2%，双边贸易逆差继续扩大，由上年的 153.7 亿美元增至 169.5 亿美元，同比增长 10.2%。

二、中国服务贸易发展环境不断优化

中国服务贸易法规政策体系逐步完善，服务贸易管理和促进工作的系统性、全面性、连续性不断增强。

（一）规划体系更加全面

2012年，国家相继出台了《服务业发展规划（2011—2015）》和《国内贸易“十二五”发展规划》。其中，服务业发展规划是我国首次制订，服务业和服务贸易统筹协调发展能力日渐增强。这对落实好《服务贸易发展“十二五”规划纲要》和《中国国际服务外包产业发展规划纲要（2011—2015）》具有重要意义，一个促进我国服务贸易发展的系统、全面、开放和科学的规划体系逐步形成，将指导今后一个时期我国服务贸易平稳较快发展。

（二）重点领域政策法规不断创新

一是完善《中国服务外包示范城市综合评价办法》，并报国务院审批同意。制定《承接国际服务外包业务发展资金管理指南（试行）》，从制度上做好服务外包业务发展资金管理工作。二是修订完成《文化产品和服务出口指导目录》，支持范围显著扩大。会同财政部重新修订《文化产业发展专项资金管理暂行办法》。研究修订《国际货物运输代理业管理规定》、《在境内举办对外经济技术展览会管理办法》以及《展会知识产权保护办法》。三是会同中国进出口银行印发《关于“十二五”期间金融支持服务贸易发展的指导意见》，着力解决服务贸易企业融资难问题。四是会同卫生部、教育部、科技部、财政部等十四部委联合发布了《关于促进中医药服务贸易发展的若干意见》。

（三）促进平台影响日益增强

2012年5月28日～6月1日，首届中国（北京）国际服务贸易交易会在北京国家会议中心成功举办，搭建目前全球唯一的国家级、国际性、综合型服务贸易交易平台。世贸组织、联合国贸发会议、经合组织成为京交会永久支持单位。除此之外，积极筹备首届中国（上海）国际技术进出口交易会各项工作，并重点主办了第十届大连软交会、第八届深圳文博会、第六届中国（香港）服洽会、第九届中韩技术展等国际服务贸易展会。

（四）发展基础更加巩固

一是完善服务贸易统计制度。与国家统计局联合修订并实施《国际服务贸易统计制度》。推进服务贸易企业直报工作，修订2010版的《国际服务贸易统计报表填报指南》，为地方商务主管部门提供综合性统计信息的“电子月刊”正式上线。二是加强宣传力度。首次编撰《中国文化贸易统计报告2012》，发布《中国服务贸易发展报告2012》、《中国服务贸易统计报告2012》、《中国软件出口发展报告2012》以及会展业、国际货代等行业年度报告。三是建立国际交流合作机制。2012年，与爱尔兰商签了以京交会为合作平台的服务贸易促进协议；借助京交会平台，与澳大利亚共同举办了第一届中澳服务贸易促进论坛；启动了中新（加坡）服务贸易工作组筹备事宜。四是开展业务培训。2012年，在香港、安徽、山东、新疆举办了服务贸易统计培训班，在宁夏举办了第一期服务外包统计和业务发展资金管理培训班，在成都、贵阳举办了两期文化贸易培训班。

（商务部服务贸易和商贸服务业司）

外资银行业金融机构在中国的经营、发展与监管

2012年，银监会按照“以我为主、循序渐进、安全可控、竞争合作、互利共赢”的方针，统筹推进银行业对外开放工作，合理引导外资银行本土化发展。

截至2012年底，49个国家和地区的银行在华设立了42家外资法人机构、95家外国银行分行和197家代表处（见表1）。

截至2012年底，37家外资法人银行、54家外国银行分行获准经营人民币业务，30家外资法人银行、25家外国银行分行获准从事金融衍生产品交易业务，6家外资法人银行获准发行人民币金融债，3家外资法人银行获准发行信用卡。

截至2012年底，在华外资银行业营业机构资产总额（含外资法人银行和外国银行分行）为2.38万亿元，同比增长10.66%（见表2）；各项存款余额为1.43万亿元，增长7.74%；各项贷款余额为1.04万亿元，增长6.23%；流动性比例为68.77%；实现税后利润163.39亿元；不良贷款率为0.52%；外资法人银行资本充足率为19.74%，核心资本充足率为19.25%。从总体上看，在华外资银行业营业机构主要指标均高于监管要求，基本面健康。

表1　在华外资银行业金融机构情况（截至2012年底）　单位：家

机构/类型	外国银行	独资银行	合资银行	独资财务公司	合计
法人机构总行		38	3	1	42
法人机构分行及附属机构		267	8		275
外国银行分行	95				95
总计	95	305	11	1	412

表2　在华外资银行业营业机构资产情况（2006—2012年）　单位：亿元，百分比

项目/年份	2006年	2007年	2008年	2009年	2010年	2011年	2012年
资产	9 279	12 525	13 448	13 492	17 423	21 535	23 804
占银行业金融机构总资产比例	2.11	2.38	2.16	1.71	1.85	1.93	1.82

（中国银行业监督管理委员会银行监管三部）

中国保险业对外开放情况

2012年是中国入世后的第十二个年头，中国保险业对外开放经历了一段不平凡的发展历程。入世后，中国保险业始终坚定不移地执行对外开放的基本国策，贯彻“以我为主、安全可控、统筹协调、优势互补、合作共赢、和谐发展”的总体原则，通过引进国外的资金、技术、人才、机制和理念，合理运用国内外两个市场、两种资源。保险业在增强风险防范能力、完善现代监管体系，提高行业竞争力等方面取得了显著成效。

一、保险业对外开放基本情况

目前，我国保险业市场基本呈现为一个竞争合作、互利共赢的开放格局。

（一）外资保险公司在华呈现出平稳健康发展的态势

1. 外资保险公司数量和业务规模稳步增长

截至2012年末，共有16个国家和地区的保险公司在我国设立55家外资保险公司（寿险29家，产险21家，再保险5家），外资保险公司法人机构数量较入世前增长了约一倍。从总体上看，在华外资保险公司正逐步适应中国保险市场，经营状况良好，偿付能力充足，没有出现外方股东因在华经营不善而主动撤资的情况，保持了平稳健康的发展态势。截至2012年末，我国外资保险公司原保险保费收入和总资产为542.5亿元和3 465.4亿元。全国外资保险公司市场份额（按保费计）占比3.5%，较入世前实现了较大幅度增长。

2. 外资保险公司总体呈现扭亏为盈的趋势

经过不断发展，目前外资保险公司中实现盈利的已有17家，随着更多公司完成开业成本摊销后，盈利能力还将有所提升。外资保险公司正在逐步走出在中国“水土不服”的困境，一些外资公司在引进国外公司治理和内控制度的同时，在高管任命、人才培养和渠道合作等方面实施本土化战略，能够结合实际情况进行灵活调整，取得了较好的经营效果；注重利用股东背景发挥资产管理、风险控制、产品研发等方面的优势，提高专业化水平；加强对责任保险、货运和海上保险等细分市场的开发，提高精细化水平。

3. 保险市场开放结构不断优化

自保险业全面对外开放以来，保险业已对外资保险公司经营放开了全部地域，各家外资保险公司可根据自身发展战略在各个省市开设分支机构，部分外资保险公司逐步向中西部地区发展，保险业开放的地域结构不断优化。业务结构方面，外资保险公司积极发挥自身在专业险种、渠道营销方面的优势，近年来我国保险市场上责任险、货运险、健康险等险种取得较快增长。2012年4月，国务院公布《国务院关于修改〈机动车交通事故责任强制保险条例〉的决定》，对《机动车交通事故责任强制保险条例》进行修改，标志着我国向外资保险公司开放交强险市场。市场主体结构方面，除发起设立独资或合资保险公司外，境外保险机构还参股了多家中资保险公司。

（二）“引进来”和“走出去”战略并举，中资保险机构进一步提升国际竞争力

截至2012年末，有9家中资保险公司在境外设立了29家保险营业机构，为我国驻外企业、员工和各国华人华侨提供了风险保障，提高了中国保险公司在海外的知名度和认可度。有8家中资保险公司在香港设立资产管理公司，体现了保险业不断增长的海外投资需求，在中国保险机构海外投资方面进行了初步尝试。中国人寿、人保、平安集团3家公司先后在纽约和香港证交所上市，建立了补充资本金的长效机制，并在公司治理、信息披露、财务管理、风险管控等方面率先实现了与国际准则接轨。2012年《财富》杂志世界500强排名中，中国人寿、中国平安和中国人保分别位列第129名、第242名和第292名，中国的保险公司正逐步得到世界的认可。

通过对外开放，我国保险业不仅引进大量的境外资金，同时也引进了大量专业人才和先进技术。目前各保险公司的精算、产品研发和资产管理等岗位核心人员基本具有海外从业背景或外资工作经验，责任险、健康险、货运险等专业险种研发以及保险公司风险防范和内控体系建设等均借鉴了国际经验。

（三）加强全面风险监管，有效防范金融风险

2008年国际金融危机爆发后，保险业面临国际金融风险跨境传递、金融信任危机传导、境外投资难度加大和国际分保困难等严峻形势。在国务院的统一安排下，保监会不断强化保险风险防范体系的规范性和有效性，完善风险预警、识别、处置机制，定期对金融危机发展进程、国际金融监管改革、跨国保险集团经营状况进行跟踪分析研究；利用双边保险监管合作机制，与在华设有分支机构的跨国保险集团母国监管机构取得联系，及时掌握境外监管动态；对国内保险公司财务和投资风险全面排查，降低金融风险跨境传递可能性；关注外资保险公司境外股东兼并重组进程，防范国内保险市场资金流出风险；加强对国内保险消费者的正面引导，防范大规模集中退保风险，有效防范了风险的跨境传递，维护了保险市场健康发展和国家经济金融安全。

（四）加强国际监管合作，赢得国际保险监管领域更多话语权

2000年我国加入国际保险监督官协会，并于2008年成功当选其核心决策机构——执行委员会的委员。2008年金融危机后，我国积极参与《国际保险集团监管共同框架》的制定工作，在“共同框架”的实施过渡期、选择进入机制等方面，争取了符合我国保险市场实际情况的具体政策。保监会与美国、欧盟、日本等国的保险监管机构开展了多种形式的监管合作，如举办中欧、中美保险监管对话，对监管体系改革、商业养老发展等问题开展联合专项研究等，我国在国际保险监管领域中的话语权逐步提升。

保险业对外开放20多年来，特别是入世以来，中国保险业坚持以对外开放促进行业改革发展取得了积极显著的成效，对外开放为中国保险业的改革发展注入了新的活力，两者之间形成良性互动。外资的进入不仅没有对保险市场安全和民族保险业发展造成大的冲击，反而带来了新的理念和技术，促进了国内保险公司经营管理水平的提高。同时，在中国这个全球最大的保险新兴市场当中，外资保险公司自身也取得了长足的发展。

二、保险业对外开放中始终坚持几个方向

在我国加入世贸组织承诺中，保险业是最先全面开放的金融行业。入世以来，保险业始终坚定不移地执行对外开放的基本国策，严格履行入世承诺，积极把握对外开放主动权，逐步推动行业形成全方位、多层次的开放格局。在对外开放的过程中，我们始终把握好以下几个方向：

一是要促进中外保险公司的优势互补。根据保险业服务经济社会发展大局、服务全面建设小康社会和构建社会主义和谐社会的时代要求，我们深入分析保险业加入世贸组织和全面开放的严峻形势和良好机遇，加快改革发展步伐，一方面继续发挥中资保险公司的本土优势和网络优势，拓展保险经济补偿、资金融通和辅助社会管理的内在功能，提高保险的覆盖面和渗透力。另一方面引导外资保险公司向我国保险业的薄弱环节和领域发展，充分发挥外资保险公司在责任保险、健康保险、农业保险和养老保险等方面的经验和技术优势，在公司治理、经营理念、信息技术和产品创新方面的示范效应，形成做大做强中国保险业的内外合力。

二是要推动中外保险公司的合作共赢。在积极引导有实力、有经验、有特色的境外保险机构进入中国市场的同时，鼓励外资保险公司与中资公司在客户、产品和渠道上进行差别竞争，维护公平竞争的良好市场秩序，使外资保险公司在分享中国保险市场快速增长利益的同时，避免与中资保险公司的恶性竞争，实现中外保险公司的合作共赢。同时积极研究以开放促进中资公司在观念、产品、体制和渠道等方面提高服务水平和核心竞争力。

三是做到“走出去”和“引进来”的均衡协调发展。在对外开放中，我们十分注意引进国外保险业的经营管理制度，强调引进消化吸收再创新；学习和借鉴国际保险监管的成功做法和新鲜经验，加强国际保险监管合作；鼓励和允许引进国外保险精算人才和高级管理人才，提高中国保险业的经营管理水平。同时，我们始终把实施“走出去”战略作为我国保险业应对国际化和国际竞争的重要举措，支持中资保险公司走向国际资本市场，在境外上市筹集资本，增强了资本实力，完善了公司治理结构，提高了国际知名度。

四是在搞好对外开放的同时高度重视风险控制。我们贯彻落实对外开放的基本国策，认真履行入世承诺，注意树立我国保险业信守承诺的良好国际形象。我们坚持安全可控的开放政策，充分考虑

中国保险市场对国际化和国际竞争的承受程度，综合运用世贸组织有关条款、市场准入的国际惯例，循序渐进把握对外开放节奏，防止对国内保险市场造成大的冲击。我们高度重视国家金融保险安全，密切监控和防范对外开放可能产生的风险，坚持以公司内控为基础，以偿付能力监管为核心，以现场检查为重要手段，以资金运用监管为关键环节，以保险保障基金为屏障，构筑了保险业风险防范的五道防线，实现了对外开放的速度、广度和深度与风险可控程度的统筹协调，较好地防止了国际化和国际竞争的风险。

三、保险业将继续深入推进对外开放工作

2013年中国保险业面临着十分复杂的国际形势。全球经济复苏趋缓，下行风险加大，贸易保护主义抬头，国际宏观经济政策协调难度加大；政治风险不确定性增强，地缘政治风险积聚，世界格局加速调整；金融危机外溢效应不容忽视，世界经济增长蕴含着诸多不确定因素，中国保险业对外开放面临着机遇与挑战并存的复杂形势。

尽管面临国际环境的压力和挑战，中国保险业将在国际化和国际竞争的道路上知难而进，勇于迎接挑战。为了更好地把握机遇，迎接挑战，保持保险业对外开放政策的稳定性和连续性，我们初步考虑在以下四项原则的指导下继续深入推进保险业对外开放工作：

一是坚定不移，继续推进保险业对外开放。坚持正确的指导思想，以改革促发展，以开放促发展，继续发挥全面开放对保险业改革发展的促进作用，推动中外资保险公司优势互补，协作共赢。继续认真履行对外承诺，维护保险业对外开放的良好形象。进一步加快与国际接轨的步伐，充分利用国际资源，把保险业的对外开放提高到一个新的水平。

二是防范风险，坚决维护国家金融保险安全。继续加强保险业风险防范工作，根据我国保险业发展实际和承受能力，及时评估保险业国际化和国际竞争中的风险，落实有关制度和措施，构筑保险业防范对外开放风险的坚实防线。严密监控国际保险市场动向，防止外资保险公司传导国际金融风险。防范资本外逃、洗钱和违法关联交易等行为，坚决维护国家金融保险安全。结合我国保险业发展实际，推进全球系统重要性保险机构认定工作，进一步加强我国保险业的宏观审慎监管。系统重要性金融机构在金融危机爆发后引发国际社会的广泛关注，随着国际金融监管改革的不断推进，全球系统重要性保险机构认定等一系列工作在全球范围内展开。

三是突出重点，优化保险市场开放结构。鼓励和支持境外资金以多种形式投资中国保险市场，重点引进健康养老、资产管理等专业保险机构，以开拓和示范效应带动我国相关领域保险业务的发展，提高行业服务水平和创新能力。加强进一步对外开放的调查研究。

四是加强监管，提高监管的国际化水平。继续完善现代保险监管体系，推动中资境外保险机构的监管工作，在防范风险的前提下，加强对中资保险公司海外投资的指引。根据金融综合经营的新形势，创新保险监管制度。积极开展国际保险监管交流，加强与外资保险公司总部所在地监管机构的监管协调，强化与周边国家和地区的区域性保险交流合作，加强对跨境保险的监管。积极参与国际保险规则和监管原则的制定，建立与国际保险组织和监管机构间人员交流的长效机制。

（中国保险监督管理委员会国际部　姜波 杜墨）

2012 年中国资本市场对外开放情况

对外开放是中国资本市场发展的重要动力。中国证监会始终坚持“以我为主、循序渐进、安全可控、竞争合作、互利共赢”的原则，积极稳妥地推进证券业对外开放，认真履行 WTO 证券业开放承诺，主动实施证券业和资本市场自主开放的政策措施，并对港澳台地区进一步扩大开放和先行先试。

20 多年来，从境内公司发行境内上市外资股（B 股）到发行境外上市外资股（H 股），再到境内外同时发行 A 股、H 股；从境外证券类机构设立驻华代表处到参股设立合资证券公司，再到境内证券公司设立境外分支机构；从合格境外机构投资者（QFII）制度到合格境内机构投资者（QDII）制度，再到人民币合格境外机构投资者（RQFII）试点；从内地与港澳《更紧密经贸关系安排》（CEPA）到《两岸经济合作框架协议》（ECFA），再到 CEPA 补充协议和 ECFA 后续商谈，中国资本市场和证券业走过了一条渐进式的开放道路，国际化水平和开放程度稳步提高。

一、积极稳妥推进证券市场对外开放

（一）支持境内企业到境外发行上市

境外上市是我国利用外资的重要形式和长期政策，符合境外上市条件的境内企业可以自主选择到境外上市并提出申请。中国证监会积极支持境内企业根据自身发展需要在境内外发行股票和上市，利用境内外两个市场、两种资源满足融资需求，参与国际经济合作，提升国际竞争力。

截至 2012 年底，共有 179 家境内股份有限公司到境外上市，筹资总额1 906.59亿美元。其中，在香港主板上市 148 家（含香港、纽约同时上市 10 家，香港、伦敦同时上市 4 家，香港、纽约、伦敦同时上市 1 家），在香港交易所创业板上市 28 家。179 家 H 股公司中有 81 家发行 A 股，1 家发行 B 股，1 家同时发行 A、B 股。

2012 年 12 月 20 日，中国证监会正式发布了《关于股份有限公司境外发行股票和上市申报文件及审核程序的监管指引》，取消了境外上市关于企业规模、盈利及筹资额等方面的条件限制，进一步明确和简化了境外上市的申请和审核程序，提高了审核效率。这项措施的出台将为境内企业特别是中小企业到境外市场直接上市融资创造更为便利的条件。

此外，中国证监会积极支持发行境内上市外资股（B 股）的境内上市公司将其 B 股以介绍方式转至香港上市的试点工作，并推动境内企业在港发行人民币债券等金融创新产品。

（二）扩大外资对中国证券期货业的参与度

外资参股证券公司情况。我国目前主要采取合资的形式实施证券公司对外资开放。外资参股证券公司包括两种形式：一是参与新设合资证券公司，二是作为战略投资者入股上市证券公司。截至 2012 年底，共有中国国际金融有限公司等合资证券公司 14 家，除其中 1 家（长江巴黎）已终止合资变更为内资证券公司，其余 13 家占证券公司总数（114 家）的 11%。2012 年 10 月，中国证监会正式公布了修订后的《外资参股证券公司设立规则》和《证券公司设立子公司试行规定》，将原有外国投资者在合资证券公司中不超过 33%的持股比例提高到 49%，并允许合资证券公司在持续经营满两年以上且符合有关条件的情况下，申请扩大业务范围。

外资参股基金管理公司情况。截至 2012 年底，有 43 家合资基金管理公司获准设立，占基金管理公司总数（77 家）的 56%，其中 19 家合资基金公司的外资股权比例已达 49%。2012 年，有 3 家合资基金管理公司获准设立，其中 2 家公司的外资持股比例为 49%。

外资参股期货管理公司情况。截至 2012 年底，根据内地与香港 CEPA 及其补充协议，中国证监会已批准苏皇金融期货亚洲有限公司、新际经纪香港有限公司、摩根大通经纪（香港）有限公司分别参股银河期货有限公司、中信新际期货有限公司及摩根大通期货有限公司，持股比例分别为 16.68%、42%及 49%。此外，为落实第四轮中美战略与经济对话（S&ED）的成果，中国证监会已于2012年启动相关管理办法的修订工作，拟允许符合条件的境外投资者在合资期货经纪公司中持有不超过49%的股份。预计该管理办法将于2013年上半年正式对外公布。

其他相关开放情况。根据中国加入WTO证券业开放承诺，截至2012年底，上海、深圳证券交易所各有3家特别会员，并各有38家和19家境外证券经营机构直接从事B股交易。此外，有9家境外证券交易所获准设立驻华代表处；境外证券类经营机构获准设立167家驻华代表机构，其中境外证券公司驻华代表处121家，境外资产管理公司驻华代表处46家。

（三）稳步推动中资机构“走出去”

证券公司设立海外分支机构情况。2012年，4家证券公司经批准设立境外子公司。截至2012年底，共有24家证券公司经批准设立境外子公司，其中23家境外子公司注册地在香港，1家境外子公司注册地在老挝。截至2012年底，21家正常运营的境外子公司实收资本197.35亿港元，总资产774.84亿港元，净资产293.36亿港元，2012年净利润6.02亿港元。

基金公司设立海外分支机构情况。在基金管理公司对外拓展业务方面，中国证监会支持基金管理公司设立境外机构，鼓励探索境外业务发展机会。2008年以来，中国证监会批准设立的77家基金管理公司中有20家基金管理公司在香港设立子公司，其中2012年批准设立了5家。

期货公司设立海外分支机构情况。自2006年以来，根据CEPA补充协议II的有关安排，中国证监会先后批准浙江永安等6家期货公司在中国香港设立子公司。2012年，6家香港子公司运行平稳，盈利能力稳健，实现税后净盈利4 013.4万港元，速动资金充足，符合香港证监会监管要求，并为境内期货公司走向海外提供了有益经验。

研究制订境内企业参与境外期货交易的相关规定，推动期货公司境外代理试点工作。加强与商务部、国资委和外汇局等部委之间的政策协调，研究制定《境内企业从事境外期货交易试行办法》和《期货公司境外期货经纪业务试行办法》，推动期货公司境外代理试点工作。

（四）进一步完善QFII、RQFII和QDII制度

QFII制度。合格境外机构投资者（QFII）制度是我国在资本项目尚未完全开放的条件下，部分开放资本市场的过渡性安排。2002年实施以来，QFII制度总体运行平稳，对于增加资本市场长期资金供给、引导价值投资理念发挥了积极作用。

2012年，随着我国国际收支形势有所好转，根据扩大资本市场对外开放、引入更多境外长期资金的需要，中国证监会加快了QFII资格审批，协调国家外汇管理局（简称外汇局）加快批准QFII投资额度，加强对QFII投资运作的监管。2012年全年，新批准72家境外机构QFII资格，QFII总数达到207家，其中资产管理机构、保险资金、政府投资管理公司、捐赠基金等长期投资机构的比例达到79%；外汇局新批准QFII投资额度158.03亿美元，QFII投资总额度合计374.43亿美元。

同时，为加大引入境外长期资金的宣传力度，2012年，中国的证券期货交易所在美国、加拿大、欧洲、日韩和中东地区举行了长期投资机构QFII制度推介活动，向境外养老金、主权基金等介绍我国资本市场和QFII发展情况，吸引境外长期资金进入。路演过程中，共举行了73场与大型投资机构的一对一会谈及8场集体推介会，会见境外投资机构近200家，取得了良好效果。下一步，中国证监会将继续加强对QFII投资运作的监管，适当加快QFII资格审批，鼓励更多长期资金进入，促进资本市场稳定发展。

RQFII制度。为进一步推进中国境内证券市场的对外开放，推动基金管理公司、证券公司发展跨境业务，拓宽境外人民币投资渠道，促进香港金融市场稳定发展，2011年12月，中国证监会、人民银行、外汇局联合发布了《基金管理公司、证券公司人民币合格境外机构投资者境内证券投资试点办法》，允许符合资格条件的基金管理公司、证券公司的香港子公司作为试点机构，运用其在香港募集的人民币资金在经批准的人民币投资额度内开展境内证券投资业务。同年，我会发布《关于实施〈基金管理公司、证券公司人民币合格境外机构投资者境内证券投资试点办法〉的规定》，允许符合条件的基金管理公司、证券公司的香港子公司，申请RQFII资格。

RQFII试点工作进展顺利。初始投资额度200亿元人民币，2012年4月新增500亿元，11月又新增2 000亿元，总额度达2 700亿元，为扩大资本市场开放、引入更多境外资金创造了良好环境。截至2012年底，14家基金管理公司、12家证券公司的香港子公司获得试点资格，累计获批投资额度合计670亿元人民币，大多数试点机构已开始在香港募集人民币资金。RQFII的试点办法已经修订完成。按照新的试点办法，符合条件的机构将扩大到银行、保险公司香港子公司和其他注册地及主要经营地在香港地区的金融机构，投资产品的结构也将进一步优化。

QDII制度。合格境内机构投资者（QDII）是指具有良好的证券投资能力，经监管部门批准，通过向境内居民、企业募集资金或者运用自有资金投资于境外证券市场的金融机构。QDII制度是在人民币资本项目尚不可自由兑换条件下有管理地进行境外证券投资业务的一项制度安排。2007年6月，中国证监会发布《合格境内机构投资者境外证券投资管理试行办法》及配套通知，正式开展证券经营机构的QDII业务试点。

基金管理公司QDII业务情况。截至2012年底，共有32家基金管理公司取得QDII资格，到境外金融市场进行证券投资；已批准72只QDII基金产品，其中67只QDII基金，资产净值约632亿元人民币。2012年，新批准了13只QDII基金，有16只QDII基金成立。

证券公司QDII业务情况。截至2012年底，共有13家证券公司取得了QDII资格；6只QDII集合资产管理计划获批并成立，其中1只产品已清盘，存续运作的5只产品资产净值共4.85亿元人民币。

QDII业务试点以来，中国证监会合理控制募集规模，不断完善业务规则，积极应对国际金融危机。总体来看，尽管受国际经济金融形势不利影响出现了一定亏损，但QDII业务的规则及监管框架已经基本建立，试点工作平稳起步并有序推进，初步达到了拓宽居民投资渠道、缓解外汇储备增长压力、提高证券经营机构的国际化水平的政策目标。具体表现在：一是QDII产品运作平稳顺畅，经受了国际金融危机的严峻考验；二是QDII产品类型日益丰富，拓宽了投资者的资产配置渠道；三是QDII业务提高了证券类经营机构的国际化水平，推动了“走出去”战略的实施；四是QDII业务促进了跨境资金的有序流动，为改善国际收支、完善外汇储备管理模式发挥了积极作用。

二、加强与港澳台证券市场的合作与联系

（一）香港、澳门地区

根据内地与香港、澳门特别行政区签订的CEPA及其补充协议，近年来中国证监会推出了一系列促进内地证券期货业进一步向港澳地区开放的政策措施，不断加强与港澳地区的合作与联系。

2004年1月1日起，允许香港交易及结算所有限公司在北京设立办事处；简化港澳地区专业人员在内地申请证券期货从业资格的相关程序，港澳专业人员申请获得内地证券期货从业资格只需通过内地法律法规的培训与考试，无须通过专业知识考试。

2005年1月1日起，允许符合条件的港澳中介机构参股内地期货经纪公司，港澳中介机构的参股比例不得超过49%。

2006年1月1日起，允许符合条件的内地创新试点类证券公司根据相关要求在香港地区设立分支机构；允许符合条件的内地期货公司到香港地区经营期货业务，包括设立分支机构。

2008年1月1日起，允许符合条件的内地基金管理公司在香港设立分支机构，经营有关业务；内地证券公司在香港地区设立分支机构完成香港地区注册程序的时限由6个月延长至1年。

2009年10月1日起，允许符合条件的港澳地区证券公司与内地具备设立子公司条件的证券公司在广东省设立合资证券投资咨询公司。合资证券投资咨询公司作为内地证券公司的子公司，专门从事证券投资咨询业务，港澳地区证券公司持股比例最高可达1/3。两地合作积极研究在内地引入港股组合ETF。

2011年1月1日起，支持符合条件的内地期货公司在香港地区设立的子公司在港依法开展业务；深化内地与香港地区金融服务及产品开发的合

作，适时在内地推出港股组合 ETF。

2012 年 4 月 1 日起，继续支持内地符合条件的证券类金融机构在港澳地区设立分支机构及依法开展业务；深化内地与港澳地区金融服务及产品开发的合作，允许以 RQFII 方式投资境内证券市场。

2013 年 1 月 1 日起，修订完善境外上市的相关规定，支持符合香港上市条件的内地企业赴香港上市，为境内企业特别是中小企业到境外市场直接上市融资创造便利条件；积极研究降低香港、澳门金融机构申请 QFII 资格的有关资质要求，为香港有关长期资金投资内地资本市场提供便利；积极研究深化内地与香港商品期货市场合作的路径和方式，推动两地建立优势互补、分工合作、共同发展的期货市场体系；继续支持符合条件的香港、澳门金融机构在内地设立合资证券公司、基金管理公司、期货公司；允许符合条件的港资、澳资银行从事证券公司客户交易结算资金和期货保证金存管业务；允许符合外资参股证券公司境外股东资质条件的香港、澳门证券公司与内地具备设立子公司条件的证券公司，在内地设立合资证券投资咨询公司，合资证券投资咨询公司作为内地证券公司的子公司，专门从事证券投资咨询业务，香港、澳门证券公司持股比例最高可达 49%。

截至 2012 年底，中国证监会已批准 3 家香港中介机构参股内地期货公司；另外，内地分别有 23 家证券公司、6 家期货公司、20 家基金管理公司在香港地区设立分支机构（有关名录详见附表 9 至附表 11）。

（二）台湾地区

2009 年 11 月，在 ECFA 框架下，中国证监会与台湾方面金融监督管理机构代表签署了《海峡两岸证券及期货监督管理合作谅解备忘录》。该文件于 2010 年 1 月 16 日生效，标志着两岸证券及期货监督管理合作机制的建立，奠定了两岸证券期货市场合作的基础。

2010 年，中国证监会积极参与 ECFA 的商谈和签署工作，在 ECFA 早收清单中做出三项开放承诺：一是对符合条件的台资金融机构在大陆申请 QFII 资格给予适当便利。二是尽快将台湾证券交易所、期货交易所列入大陆允许 QDII 投资金融衍生品的交易所名单。三是简化台湾地区证券从业人员在大陆申请从业人员资格和取得职业资格的相关程序。

截至 2012 年底，中国证监会批准了 17 家台资金融机构的 QFII 资格，批准了 2 家台资金融机构在大陆设立合资基金管理公司。

三、扩大国际交流与跨境监管合作

（一）国际多边和双边合作

积极参与 G20、FSB 机制下的国际金融监管改革。金融危机以来，二十国集团（G20）和金融稳定理事会（FSB）在推动国际金融体系改革和监管合作方面发挥了主导作用。2012 年，中国证监会高度重视并积极参与了 G20 洛斯卡沃斯峰会的相关准备工作，并在前期参与了能源和大宗商品市场工作组的相关研究；同时，会同有关部门积极落实了 G20 和 FSB 的行动计划，完成了 G20 宏观经济政策互评等工作。

积极参与国际证监会组织（IOSCO）工作。为了更好地应对国际金融危机后的新形势，IOSCO 作为国际证券监管标准制定组织，积极开展了一系列机构改革，于 2012 年成立了单一决策机构理事会，并将标准制定职能整合至理事会下设的七个专业委员会。中国证监会于 1995 年加入 IOSCO，成为其正式成员，2012 年成为理事会成员，加入了包括七个专业委员会在内的多个工作机构，并派人员担任多边备忘录监督小组和第五委员会（基金管理）副主席。至此，中国证监会已经开始全面参与 IOSCO 的标准制定、评估研究等方面的工作。

承办 IOSCO 第 37 届年会。2012 年 5 月 13 日至 17 日，中国证监会在北京承办了 IOSCO 第 37 届年会，来自 140 个成员机构的 500 余名代表参加了本届年会。IOSCO 北京年会的圆满成功得到了与会代表的高度评价，对推进中国证监会参与国际金融改革，加强跨境监管合作，展现中国资本市场的改革开放成果具有重要意义，也为 IOSCO 做出了重要贡献。

积极参加国际双边经济金融对话与磋商机制。2012 年，中国证监会参加了第四轮中美战略与经济对话、第七次中欧财金对话、第四次中日经济高层对话、中巴（西）高委会第二次会议以及中欧、中加、中澳、中印、中哈等双边对话磋商，与境外有关金融监管机构交流信息、讨论市场发展中的重大热点问题和监管政策，加强跨境监管和执法合作，共同维护公平、透明、高效的资本市场。

积极参与WTO贸易政策审议、自贸区谈判、IMF第四条款磋商、穆迪对中国主权评级等有关工作。中国证监会积极参与WTO贸易政策审议工作，认真回答其他成员对中国证券期货领域提出的相关问题，为多哈回合服务贸易谈判相关规则建言献策，积极参加有关自贸区谈判、IMF第四条款磋商、穆迪对中国主权评级等有关工作。此外，中国证监会与欧盟在“中欧可持续投资与贸易”项目下开展多种形式的合作，保持与经合组织、亚洲开发银行、世界银行等国际组织的联系，开展相关专题合作等。

（二）监管备忘录和跨境监管合作

成为IOSCO多边备忘录签署方。为加强国际证券监管合作，打击跨境违法违规行为，IOSCO于2002年5月通过了《磋商、合作及信息交换多边谅解备忘录》（以下简称多边备忘录），要求签署方共享实际持有人和控制人信息、证券和衍生品交易纪录以及银行和中介机构信息等调查资料，为IOSCO成员机构处理跨境证券类案件提供了便利。近年来，IOSCO成员机构在多边备忘录框架下的合作不断增加。截至2012年底，已有91个成员机构签署多边备忘录，另有25个成员机构正式承诺实施相应的立法和行政改革，以满足签署多边备忘录的要求。中国证监会于2007年签署了多边备忘录，并积极履行了多边备忘录下承诺的有关信息共享和跨境执法协助的各项义务。

签署双边监管合作谅解备忘录。签署双边监管合作谅解备忘录是中国证监会与境外监管机构建立监管合作机制、加强跨境监管合作的重要手段，也是境外金融机构进入中国资本市场，如设立合资证券公司、合资基金管理公司、申请QFII资格等，或QDII赴境外资本市场进行资本市场投资的必备条件。2012年，中国证监会分别于4月24日在斯德哥尔摩与瑞典金融监管局、5月17日在北京与卢森堡金融监管委员会、塞浦路斯证券交易委员会签署了《证券期货监管合作谅解备忘录》。截至2012年底，中国证监会已与49个国家和地区的监管机构签署了53个监管合作谅解备忘录。

积极开展跨境执法协助。在双边监管合作谅解备忘录和IOSCO多边备忘录的框架下，中国证监会与境外证券监管机构通过跨境执法协助，有效地打击了跨境证券犯罪行为，促进了各自监管职能的履行，保护了投资者的利益，维护了各自市场的公平、透明、高效。2012年，中国证监会新收到境外监管机构（含香港地区，下同）提出的协查请求54件，2012年共办结协查请求49件。

探讨跨境审计监管合作机制。中国证监会与境外审计监管机构开展了多种形式的对话与交流，商讨在加深了解、建立互信的基础上建立相关跨境审计监管合作机制的可能。在日常监管方面，中国证监会以实现相互依赖为目标，坚持在建立互信的基础上，依靠东道国监管机构对在一方监管机构注册而在另一方监管机构辖区内开展审计业务的事务所进行了包括现场检查在内的日常监管。目前，中国证监会正在与包括美国公众公司会计监察委员会（PCAOB）在内的境外机构就跨境审计日常监管合作安排进行磋商，并开展了如派遣观察员等多种形式的合作探索。在执法合作方面，境外监管机构多次请求中国证监会协助提供相关审计工作底稿，中国证监会积极协调各相关部委，初步建立了向境外监管机构提供审计工作底稿的相关流程，目前已启动了个案试点工作。

中国证监会将继续坚持“以我为主、循序渐进、安全可控、竞争合作、互利共赢”的原则，从中国资本市场发展的实际需要出发，根据金融业对外开放的总体规划和安排，进一步扩大对外开放，逐步提高资本市场的国际化水平，推动资本市场进一步健康有序地发展。

（中国证券监督管理委员会国际合作部　韩萍　周宏达）

附表 1

中国证券期货市场主要统计数据（2000—2012 年）

指 标	2000	2001	2002	2003	2004	2005	2006	2007	2008	2009	2010	2011	2012
境内上市公司数（A、B股）（家）	1 088	1 160	1 224	1 287	1 377	1 381	1 434	1 550	1 625	1 718	2 063	2 342	2 494
境内上市外资股（B股）（家）	114	112	111	111	110	109	109	109	109	108	108	108	107
境外上市公司数(家)	52	60	75	93	111	122	143	148	153	159	165	171	179
股票总发行股本(亿股)	3 791.71	5 218.01	5 875.45	6 428.46	7 149.43	7 629.51	14 926.35	22 416.85	24 522.85	26 162.85	33 184.35	36 095.52	38 395.00
其中：流通股本	1 354.26	1 813.17	2 036.90	2 269.92	2 577.18	2 914.77	3 444.50	10 331.52	12 578.91	19 759.53	25 642.03	28 850.26	31 339.60
股票市价总值（亿元）	48 090.94	43 522.20	38 329.12	42 457.72	37 055.57	32 430.28	89 403.89	327 140.89	121 366.44	243 939.12	265 422.59	214 758.10	230 357.62
其中：股票流通市值	16 087.52	14 463.17	12 484.55	13 178.52	11 688.64	10 630.53	25 003.64	93 064.35	45 213.9	151 258.65	193 110.41	164 921.30	181 658.26
股票成交金额（亿元）	60 826.65	38 305.18	27 990.46	32 115.27	42 333.95	31 663.16	90 468.92	460 556.22	267 112.64	535 986.74	545 633.54	421 649.73	314 667.41
上证综合指数（收盘）	2 073.48	1 645.97	1 357.65	1 497.04	1 266.50	1 161.06	2 675.47	5 261.56	1 820.81	3 277.14	2 808.08	2 199.42	2 269.13
深证综合指数（收盘）	635.73	475.94	388.76	378.62	315.81	278.74	550.59	1 447.02	553.30	1 201.34	1 290.87	866.65	881.17
投资者开户数（万户）	6 154.53	6 965.90	7 202.16	7 344.41	7 215.74	7 336.07	7 849.27	13 887.02	15 198.01	17 149.67	18 858.28	21 636.55	22 717.42
交易所债券成交金额（亿元）	19 119.16	20 417.76	33 249.53	62 136.36	50 323.50	28 367.85	18 279.32	20 667.21	28 884.94	40 635.06	76 011.5	216 349.51	403 426.49
证券投资基金只数(只)	34	51	71	95	161	218	307	346	439	557	704	914	1 173
证券投资基金规模（亿份）	560.00	811.26	1 330.36	1 632.76	3 308.79	4 714.92	6 220.69	22 339.84	25 741.25	24 535.89	25 200.75	26 510.37	31 708.41
证券投资基金成交金额（亿元）	2 465.79	2 561.88	1 166.58	682.65	728.58	773.13	1 879.05	8 620.10	5 831.06	10 249.58	8 996.43	6 365.80	8 667.36
期货总成交量（万手）	5 461.07	12 046.35	13 943.37	27 992.43	30 569.76	32 287.41	44 947.41	72 800	136 396	215 743	313 368.83	105 413.75	145 052.57
期货总成交额量(亿元)	16 082.29	30 144.98	39 490.28	108 396.59	146 935.32	134 462.71	210 046.32	410 000.00	719 173.35	1 305 107.20	3 080 592.41	1 375 162.44	1 711 269.36

注：①数据来源于中国证监会，各证券、期货交易所，中国证券业、期货业协会；②本表中有关股票的指标数值均涵盖A、B股；③2011 年起期货成交量和成交额改为单边统计；④2012 年证券投资基金成交金额统计包括 ETF 以及 LOF。

附表 2

外资参股证券公司一览表

序号	公司名称	境外股东名称
1	中国国际金融有限责任公司	新加坡政府投资公司 TPG Aisa V Delaware，L. P. KKR Institutions Investments L. P. 大东方人寿保险有限公司 名力集团控股有限公司
2	中银国际证券有限责任公司	中银国际控股有限公司
3	光大证券有限公司	中国光大控股有限公司
4	财富里昂证券有限公司	法国里昂证券资本市场公司
5	海际大和证券有限公司	日本大和证券公司
6	高盛高华证券有限公司	高盛（亚洲）有限公司
7	瑞银证券有限责任公司	瑞士银行有限公司 国际金融公司
8	瑞信方正证券有限责任公司	瑞士信贷
9	中德证券有限责任公司	德意志银行
10	华英证券有限责任公司	苏格兰皇家银行公众有限公司
11	摩根士丹利华鑫证券有限责任公司	摩根士丹利（亚洲）有限公司
12	第一创业摩根大通证券有限责任公司	摩根大通经纪（香港）有限公司
13	东方花旗证券有限公司	花旗环球金融亚洲有限公司

注：经中国证监会批准，长江巴黎百富勤证券有限公司外方股东法国巴黎银行已于 2006 年 12 月 8 日将其所持的 33%股权全部转让给长江证券，长江巴黎百富勤证券有限公司变更为长江证券的全资子公司。

附表3　　外资参股基金管理公司一览表

序号	公司名称	境外股东名称
1	国泰基金管理有限公司	意大利忠利集团
2	华夏基金管理有限公司	加拿大鲍尔公司
*3	鹏华基金管理有限公司	意大利欧利盛资本资产管理股份公司
4	嘉实基金管理有限公司	德意志资产管理（亚洲）公司（新加坡注册）
5	长盛基金管理有限公司	新加坡星展银行有限公司
6	富国基金管理有限公司	加拿大蒙特利尔银行
7	融通基金管理有限公司	日兴资产管理公司
*8	国投瑞银基金管理有限公司	瑞士银行股份有限公司
*9	泰达宏利基金管理有限公司	宏利资产管理（香港）有限公司
10	金鹰基金管理有限公司	东亚联丰投资管理有限公司
11	招商基金管理有限公司	荷兰投资公司
*12	华宝兴业基金管理有限公司	领先资产管理有限公司
13	摩根士丹利华鑫基金管理有限公司	摩根士丹利国际控股公司
*14	国联安基金管理有限公司	德国安联集团
*15	海富通基金管理有限公司	法国巴黎投资管理BE控股公司
*16	景顺长城基金管理有限公司	美国景顺资产管理公司（英国注册）
*17	兴业全球基金管理有限公司	荷兰全球人寿保险国际公司
18	申万菱信基金管理有限公司	三菱UFJ信托银行株式会社
19	中海基金管理有限公司	法国爱德蒙得洛希尔银行股份有限公司
*20	上投摩根基金管理有限公司	摩根富林明资产管理有限公司
21	光大保德信基金管理有限公司	保德信投资管理有限公司
22	中银基金管理有限公司	贝莱德投资管理（英国）有限公司
*23	国海富兰克林基金管理有限公司	美国坦伯顿国际股份有限公司
*24	华泰柏瑞基金管理有限公司	柏瑞投资有限责任公司
25	工银瑞信基金管理有限公司	瑞士信贷银行股份有限公司
26	交银施罗德基金管理有限公司	施罗德投资管理公司
*27	信诚基金管理有限公司	英国保诚集团股份有限公司
28	建信基金管理有限责任公司	美国信安金融服务公司
*29	汇丰晋信基金管理有限公司	汇丰环球投资管理（英国）有限公司
30	中邮创业基金管理有限公司	三井住友银行股份有限公司
31	信达澳银基金管理有限公司	康联首域集团有限公司
*32	诺德基金管理有限公司	美国诺德·安博特公司
*33	中欧基金管理有限公司	意大利意联银行股份合作公司
*34	金元惠理基金管理有限公司	惠理基金管理香港有限公司
35	浦银安盛基金管理有限公司	法国安盛投资管理公司
36	农银汇理基金管理有限公司	东方汇理资产管理公司
37	民生加银基金管理有限公司	加拿大皇家银行
*38	纽银梅隆西部基金管理有限公司	纽约银行梅隆资产管理国际有限公司
39	平安大华基金管理有限公司	大华资产管理有限公司
40	方正富邦基金管理有限公司	富邦证券投资信托股份有限公司
41	华宸未来基金管理有限公司	未来资产基金管理公司
*42	中原英石基金管理有限公司	安石投资管理有限公司
*43	华润元大基金管理有限公司	元大宝来证券投资信托股份有限公司

注：*代表外资股权为49%。

附表 4

外资参股期货公司一览表

	境内期货公司	境外股东名称
1	银河期货有限公司	苏皇金融期货亚洲有限公司
2	中信新际期货有限公司	新际经纪香港有限公司
3	摩根大通期货有限公司	摩根大通经纪（香港）有限公司

附表 5

合格境外机构投资者一览表

序号	合格境外机构投资者（QFII）名称	批准时间	注册地
1	瑞士银行	2003—5—23	瑞士
2	野村证券株式会社	2003—5—23	日本
3	摩根士丹利国际股份有限公司	2003—6—5	英国
4	花旗环球金融有限公司	2003—6—5	英国
5	高盛公司	2003—7—4	美国
6	德意志银行	2003—7—30	德国
7	香港上海汇丰银行有限公司	2003—8—4	香港
8	荷兰安智银行股份有限公司	2003—9—10	荷兰
9	摩根大通银行	2003—9—30	美国
10	瑞士信贷（香港）有限公司	2003—10—24	香港
11	渣打银行（香港）有限公司	2003—12—11	香港
12	日兴资产管理有限公司	2003—12—11	日本
13	美林国际	2004—4—30	英国
14	恒生银行有限公司	2004—5—10	香港
15	大和证券资本市场株式会社	2004—5—10	日本
16	雷曼兄弟国际（欧洲）公司	2004—7—6	英国
17	比尔及梅林达盖茨信托基金会	2004—7—19	美国
18	景顺资产管理有限公司	2004—8—4	英国
19	荷兰银行有限公司	2004—9—2	荷兰
20	法国兴业银行	2004—9—2	法国
21	巴克莱银行	2004—9—15	英国
22	德国商业银行	2004—9—27	德国
23	富通银行	2004—9—29	比利时
24	法国巴黎银行	2004—9—29	法国
25	加拿大鲍尔公司	2004—10—15	加拿大
26	东方汇理银行	2004—10—15	法国
27	高盛国际资产管理公司	2005—5—9	英国
28	马丁可利投资管理有限公司	2005—10—25	英国
29	新加坡政府投资有限公司	2005—10—25	新加坡
30	柏瑞投资有限责任公司	2005—11—14	美国
31	淡马锡富敦投资有限公司	2005—11—15	新加坡
32	JF 资产管理有限公司	2005—12—28	香港
33	日本第一生命保险相互会社	2005—12—28	日本
34	新加坡星展银行	2006—2—13	新加坡
35	安保资本投资有限公司	2006—4—10	澳大利亚
36	加拿大丰业银行	2006—4—10	加拿大
37	比联金融产品英国有限公司	2006—4—10	英国
38	法国爱德蒙得洛希尔银行	2006—4—10	法国
39	耶鲁大学	2006—4—14	美国
40	摩根士丹利投资管理公司	2006—7—7	美国

续 表

序号	合格境外机构投资者（QFII）名称	批准时间	注册地
41	英国保诚资产管理（香港）有限公司	2006－7－7	香港
42	斯坦福大学	2006－8－5	美国
43	通用电气资产管理公司	2006－8－5	美国
44	大华银行有限公司	2006－8－5	新加坡
45	施罗德投资管理有限公司	2006－8－29	英国
46	汇丰环球投资管理（香港）有限公司	2006－9－5	香港
47	瑞穗证券株式会社	2006－9－5	日本
48	瑞银环球资产管理（新加坡）有限公司	2006－9－25	新加坡
49	三井住友资产管理株式会社	2006－9－25	日本
50	挪威中央银行	2006－10－24	挪威
51	百达资产管理有限公司	2006－10－25	英国
52	哥伦比亚大学	2008－3－12	美国
53	保德信资产运用株式会社	2008－4－7	韩国
54	荷宝基金管理公司	2008－5－5	荷兰
55	道富环球投资管理亚洲有限公司	2008－5－16	香港
56	铂金投资管理有限公司	2008－6－2	澳大利亚
57	比利时联合资产管理有限公司	2008－6－2	比利时
58	未来资产基金管理公司	2008－7－25	韩国
59	安达国际控股有限公司	2008－8－5	美国
60	魁北克储蓄投资集团	2008－8－22	加拿大
61	哈佛大学	2008－8－22	美国
62	三星投资信托运用株式会社	2008－8－25	韩国
63	联博有限公司	2008－8－28	英国
64	华侨银行有限公司	2008－8－28	新加坡
65	首域投资管理（英国）有限公司	2008－9－11	英国
66	大和证券投资信托委托株式会社	2008－9－11	日本
67	壳牌资产管理有限公司	2008－9－12	荷兰
68	普信国际公司	2008－9－12	美国
69	瑞士信贷银行股份有限公司	2008－10－14	瑞士
70	大华资产管理有限公司	2008－11－28	新加坡
71	阿布达比投资局	2008－12－3	阿联酋
72	德盛安联资产管理卢森堡	2008－12－16	卢森堡
73	资本国际公司	2008－12－18	美国
74	三菱日联摩根士丹利证券股份有限公司	2008－12－29	日本
75	韩华投资信托管理株式会社	2009－2－5	韩国
76	新兴市场管理有限公司	2009－2－10	美国
77	DWS投资管理有限公司	2009－2－24	卢森堡
78	韩国产业银行	2009－4－23	韩国
79	韩国友利银行股份有限公司	2009－5－4	韩国
80	马来西亚国家银行	2009－5－19	马来西亚
81	罗祖儒投资管理（香港）有限公司	2009－5－27	香港
82	邓普顿投资顾问有限公司	2009－6－5	美国
83	东亚联丰投资管理有限公司	2009－6－18	香港
84	日本住友信托银行股份有限公司	2009－6－26	日本
85	韩国投资信托运用株式会社	2009－7－21	韩国
86	霸菱资产管理有限公司	2009－8－6	英国

续 表

序号	合格境外机构投资者（QFII）名称	批准时间	注册地
87	安石投资管理有限公司	2009—9—14	英国
88	纽约梅隆资产管理国际有限公司	2009—11—6	英国
89	宏利资产管理（香港）有限公司	2009—11—20	香港
90	野村资产管理株式会社	2009—11—23	日本
91	东洋资产运用（株）	2009—12—11	韩国
92	加拿大皇家银行	2009—12—23	加拿大
93	英杰华投资集团全球服务有限公司	2009—12—28	英国
94	常青藤资产管理公司	2010—2—8	美国
95	达以安资产管理公司	2010—4—20	日本
96	法国欧菲资产管理公司	2010—5—21	法国
97	安本亚洲资产管理公司	2010—7—6	新加坡
98	KB资产运用	2010—8—9	韩国
99	富达基金（香港）有限公司	2010—9—1	香港
100	美盛投资（欧洲）有限公司	2010—10—8	英国
101	香港金融管理局	2010—10—27	香港
102	富邦证券投资信托股份有限公司	2010—10—29	台湾地区
103	群益证券投资信托股份有限公司	2010—10—29	台湾地区
104	蒙特利尔银行投资公司	2010—12—6	加拿大
105	瑞士宝盛银行	2010—12—14	瑞士
106	科提比资产运用株式会社	2010—12—28	韩国
107	领先资产管理	2011—2—16	法国
108	宝来证券投资信托股份有限公司	2011—3—4	台湾地区
109	忠利保险有限公司	2011—3—18	意大利
110	西班牙对外银行有限公司	2011—5—6	西班牙
111	国泰证券投资信托股份有限公司	2011—6—9	台湾地区
112	复华证券投资信托股份有限公司	2011—6—9	台湾地区
113	亢简资产管理公司	2011—6—24	法国
114	东方汇理资产管理香港有限公司	2011—7—14	香港
115	贝莱德机构信托公司	2011—7—14	美国
116	GMO有限责任公司	2011—8—9	美国
117	新加坡金融管理局	2011—10—8	新加坡
118	中国人寿保险股份有限公司（台湾）	2011—10—26	台湾地区
119	新光人寿保险股份有限公司	2011—10—26	台湾地区
120	普林斯顿大学	2011—11—25	美国
121	新光投信株式会社	2011—11—25	日本
122	加拿大年金计划投资委员会	2011—12—9	加拿大
123	泛达公司	2011—12—9	美国
124	瀚博环球投资公司	2011—12—13	美国
125	安耐德合伙人有限公司	2011—12—13	美国
126	泰国银行	2011—12—16	泰国
127	科威特政府投资局	2011—12—21	科威特
128	北美信托环球投资公司	2011—12—21	英国
129	台湾人寿保险股份有限公司	2011—12—21	台湾地区
130	韩国银行	2011—12—21	韩国
131	安大略省教师养老金计划委员会	2011—12—22	加拿大
132	韩国投资公司	2011—12—28	韩国

续　表

序号	合格境外机构投资者（QFII）名称	批准时间	注册地
133	罗素投资爱尔兰有限公司	2011－12－28	爱尔兰
134	迈世勒资产管理有限责任公司	2011－12－31	德国
135	华宜资产运用有限公司	2011－12－31	韩国
136	新韩法国巴黎资产运用株式会社	2012－1－5	韩国
137	家庭医生退休基金	2012－1－5	荷兰
138	国民年金公团（韩国）	2012－1－5	韩国
139	三商美邦人寿保险股份有限公司	2012－1－30	台湾地区
140	保德信证券投资信托股份有限公司	2012－1－31	台湾地区
141	信安环球投资有限公司	2012－1－31	美国
142	医院管理局公积金计划	2012－1－31	香港
143	全球人寿保险股份有限公司	2012－2－3	台湾地区
144	大众信托基金有限公司	2012－2－3	马来西亚
145	明治安田资产管理有限公司	2012－2－27	日本
146	国泰人寿保险股份有限公司	2012－2－28	台湾地区
147	三井住友银行株式会社	2012－2－28	日本
148	富邦人寿保险股份有限公司	2012－3－1	台湾地区
149	美国友邦保险有限公司	2012－3－5	香港
150	纽伯格伯曼欧洲有限公司	2012－3－5	英国
151	马来西亚国库控股公司	2012－3－7	马来西亚
152	资金研究与管理公司	2012－3－9	美国
153	日本东京海上资产管理株式会社	2012－3－14	日本
154	韩亚大投株式会社	2012－3－29	韩国
155	兴元资产管理有限公司	2012－3－30	美国
156	伦敦市投资管理有限公司	2012－3－30	英国
157	摩根资产管理（英国）有限公司	2012－3－30	英国
158	冈三资产管理股份有限公司	2012－3－30	日本
159	预知投资管理公司	2012－4－18	南非
160	东部资产运用株式会社	2012－4－20	韩国
161	骏利资产管理有限公司	2012－4－20	美国
162	瑞穗投信投资顾问有限公司	2012－4－26	日本
163	瀚森全球投资有限公司	2012－4－28	英国
164	欧利盛资产管理有限公司	2012－5－2	卢森堡
165	中银国际（英国）保诚资产管理有限公司	2012－5－3	香港
166	富敦资金管理有限公司	2012－5－4	新加坡
167	利安资金管理公司	2012－5－7	新加坡
168	忠利基金管理有限公司	2012－5－23	卢森堡
169	威廉博莱公司	2012－5－24	美国
170	天达资产管理有限公司	2012－5－28	英国
171	安智投资管理亚太（香港）有限公司	2012－6－4	香港
172	三菱日联资产管理公司	2012－6－4	日本
173	中银集团人寿保险有限公司	2012－7－12	香港
174	霍尔资本有限公司	2012－8－6	美国
175	得克萨斯大学体系董事会	2012－8－6	美国
176	南山人寿保险股份有限公司	2012－8－6	台湾地区
177	SUVA瑞士国家工伤保险机构	2012－8－13	瑞士
178	不列颠哥伦比亚省投资管理公司	2012－8－17	加拿大

续 表

序号	合格境外机构投资者（QFII）名称	批准时间	注册地
179	惠理基金管理香港有限公司	2012—8—21	香港
180	安大略退休金管理委员会	2012—8—29	加拿大
181	教会养老基金	2012—8—31	美国
182	麦格里银行有限公司	2012—9—4	澳大利亚
183	瑞典第二国家养老金	2012—9—20	瑞典
184	海通资产管理（香港）有限公司	2012—9—20	香港
185	IDG 资本管理（香港）有限公司	2012—9—20	香港
186	杜克大学	2012—9—24	美国
187	卡塔尔控股有限责任公司	2012—9—25	卡塔尔
188	瑞士盈丰银行股份有限公司	2012—9—26	瑞士
189	海拓投资管理公司	2012—10—26	美国
190	奥博医疗股份有限公司	2012—10—26	美国
191	新思路投资有限公司	2012—10—26	新加坡
192	贝莱德资产管理北亚有限公司	2012—10—26	香港
193	摩根证券投资信托股份有限公司	2012—11—5	台湾地区
194	全球保险集团美国投资管理有限公司	2012—11—5	美国
195	鼎晖投资咨询（新加坡）有限公司	2012—11—7	新加坡
196	瑞典北欧斯安银行有限公司	2012—11—12	瑞典
197	嘉实国际资产管理有限公司	2012—11—12	香港
198	灰石投资管理有限公司	2012—11—21	加拿大
199	统一证券投资信托股份有限公司	2012—11—21	台湾地区
200	大和住银投信投资顾问株式会社	2012—11—19	日本
201	中信证券国际投资管理（香港）有限公司	2012—12—11	香港
202	太平洋投资策略有限公司	2012—12—11	香港
203	易方达资产管理（香港）有限公司	2012—12—11	香港
204	高瓴资本管理有限公司	2012—12—11	香港
205	永丰证券投资信托股份有限公司	2012—12—13	台湾地区
206	华夏基金（香港）有限公司	2012—12—25	香港

附表 6　　合格境外机构投资者托管行一览表

序　号	QFII 托管行中文名称
1	汇丰银行（中国）有限公司
2	花旗银行（中国）有限公司
3	渣打银行（中国）有限公司
4	中国工商银行股份有限公司
5	中国银行股份有限公司
6	中国农业银行股份有限公司
7	交通银行股份有限公司
8	中国建设银行股份有限公司
9	中国光大银行股份有限公司
10	中国招商银行股份有限公司
11	德意志银行（中国）有限公司
12	新加坡星展银行
13	中国中信银行股份有限公司
14	上海浦东发展银行股份有限公司
15	中国民生银行股份有限公司

续　表

序　号	QFII托管行中文名称
16	三菱东京日联银行（中国）有限公司
17	兴业银行股份有限公司

附表7　　境外证券类机构驻华代表处一览表

序　号	机构名称	辖　区
1	野村证券株式会社上海代表处	上海
2	法国巴黎资本（亚洲）有限公司上海代表处	上海
3	美林国际有限公司上海代表处	上海
4	里昂证券有限公司上海代表处	上海
5	新鸿基投资服务有限公司上海代表处	上海
6	摩根士丹利亚洲有限公司上海代表处	上海
7	高盛（中国）有限责任公司上海代表处	上海
8	巴克莱证券有限公司上海代表处	上海
9	苏皇证券亚洲有限公司上海代表处	上海
10	友利投资证券公司上海代表处	上海
11	瑞银证券亚洲有限公司上海代表处	上海
12	群益国际控股有限公司上海代表处	上海
13	元大证券（香港）有限公司上海代表处	上海
14	韩国现代证券公司上海代表处	上海
15	元富证券（香港）有限公司上海代表处	上海
16	日盛嘉富证券国际有限公司上海代表处	上海
17	永丰金证券（亚洲）有限公司上海代表处	上海
18	星展唯高达香港有限公司上海代表处	上海
19	星展亚洲融资有限公司上海代表处	上海
20	兆丰资本（亚洲）有限公司上海代表处	上海
21	花旗环球金融亚洲有限公司上海代表处	上海
22	凯基证券亚洲有限公司上海代表处	上海
23	洛希尔中国控股有限公司上海代表处	上海
24	海通国际证券有限公司上海代表处	上海
25	统一证券（香港）有限公司上海代表处	上海
26	韩国三星证券公司上海代表处	上海
27	大华证券（香港）有限公司上海代表处	上海
28	香港上海汇丰银行有限公司（证券业务）上海代表处	上海
29	韩华证券股份有限公司上海代表处	上海
30	内藤证券公司上海代表处	上海
31	摩根大通证券（亚太）有限公司上海代表处	上海
32	卓亚（企业融资）有限公司上海代表处	上海
33	法国兴业银行（香港）有限公司上海代表处	上海
34	台湾元大宝来证券股份有限公司上海代表处	上海
35	瑞士信贷（香港）有限公司上海代表处	上海
36	日本瑞穗证券股份有限公司上海代表处	上海
37	德意志银行股份有限公司（证券业务）上海代表处	上海
38	富邦综合证券股份有限公司上海代表处	上海
39	渣打证券（香港）有限公司上海代表处	上海
40	美国富瑞金融集团上海代表处	上海
41	派杰公司上海代表处	上海

续 表

序 号	机构名称	辖 区
42	冈三证券股份有限公司上海代表处	上海
43	威廉博莱有限责任公司上海代表处	上海
44	麦格理证券（澳大利亚）股份有限公司上海代表处	上海
45	致富证券有限公司上海代表处	上海
46	东洋证券股份有限公司上海代表处	上海
47	韩国大信证券股份有限公司上海代表处	上海
48	益华证券有限公司上海代表处	上海
49	新韩金融投资股份有限公司上海代表处	上海
50	蓝泽证券股份有限公司上海代表处	上海
51	韩国爱思开证券股份有限公司上海代表处	上海
52	香港联昌证券有限公司上海代表处	上海
53	盈透证券有限公司上海代表处	上海
54	华南永昌综合证券股份有限公司上海代表处	上海
55	韦仕投资银行集团有限合伙上海代表处	上海
56	明富环球新加坡私人有限公司（证券业务）上海代表处	上海
57	大宇证券股份有限公司上海代表处	上海
58	香港博大证券有限公司上海代表处	上海
59	香港第一金和昇证券有限公司上海代表处	上海
60	大和投资管理（香港）有限公司上海代表处	上海
61	三井住友资产管理股份有限公司上海代表处	上海
62	马丁可利投资管理有限公司上海代表处	上海
63	英国施罗德集团上海代表处	上海
64	英杰华投资集团全球服务有限公司上海代表处	上海
65	荷宝基金管理公司上海代表处	上海
66	未来资产迈普斯资产运用株式会社上海代表处	上海
67	新加坡东京海上国际资产管理有限公司上海代表处	上海
68	新加坡安本亚洲资产管理有限公司上海代表处	上海
69	科提比资产运用株式会社上海代表处	上海
70	日本大和住银投信投资顾问株式会社上海代表处	上海
71	道富环球投资管理亚洲有限公司上海代表处	上海
72	德盛安联资产管理香港有限公司上海代表处	上海
73	新加坡利安资金管理公司上海代表处	上海
74	富达基金（香港）有限公司上海代表处	上海
75	法国巴黎投资管理亚洲有限公司上海代表处	上海
76	韩国投资信托运用株式会社上海代表处	上海
77	韩国华宜资产运用株式会社上海代表处	上海
78	台湾复华证券投资信托股份有限公司上海代表处	上海
79	台湾元大宝来证券投资信托股份有限公司上海代表处	上海
80	野村投资管理香港有限公司上海代表处	上海
81	日本野村证券株式会社北京代表处	北京
82	大和证券株式会社北京代表处	北京
83	三菱日联证券股份有限公司北京代表处	北京
84	瑞士信贷（香港）有限公司北京代表处	北京
85	高盛（中国）有限责任公司北京代表处	北京
86	美林国际有限公司北京代表处	北京
87	花旗环球金融中国有限公司北京代表处	北京

续　表

序　号	机构名称	辖　区
88	摩根士丹利亚洲有限公司北京代表处	北京
89	瑞银证券亚洲有限公司北京代表处	北京
90	台湾宝来证券股份有限公司北京代表处	北京
91	里昂证券有限公司北京代表处	北京
92	苏皇融资亚洲有限公司北京代表处	北京
93	法国巴黎资本（亚洲）有限公司北京代表处	北京
94	汇富金融服务有限公司北京代表处	北京
95	渣打证券（香港）有限公司北京代表处	北京
96	洛希尔中国控股有限公司北京代表处	北京
97	京华山一国际（香港）有限公司北京代表处	北京
98	香港上海汇丰银行有限公司（证券业务）北京代表处	北京
99	兆丰资本（亚洲）有限公司北京代表处	北京
100	香港国浩资本有限公司北京代表处	北京
101	新百利有限公司北京代表处	北京
102	台湾摩根大通证券（亚太）有限公司北京代表处	北京
103	元大宝来证券股份有限公司北京代表处	北京
104	德意志银行股份有限公司（证券业务）北京代表处	北京
105	日本瑞穗证券股份有限公司北京代表处	北京
106	香港星展亚洲融资有限公司北京代表处	北京
107	香港第一上海融资有限公司北京代表处	北京
108	中银国际控股有限公司北京代表处	北京
109	蒙特利尔银行利时证券公司北京代表处	北京
110	法国外贸银行（证券业务）北京代表处	北京
111	日本三井住友信托银行股份有限公司（证券业务）北京代表处	北京
112	韩国未来资产证券株式会社北京代表处	北京
113	加皇投资理财有限公司北京代表处	北京
114	交银国际控股有限公司北京代表处	北京
115	韩国友利投资证券股份有限公司北京代表处	北京
116	城市信贷投资银行有限公司北京代表处	北京
117	韩国大宇证券股份有限公司北京代表处	北京
118	现汽投资证券股份有限公司北京代表处	北京
119	布朗兄弟哈里曼（香港）有限公司北京代表处	北京
120	加拿大帝国商业银行世界市场公司（证券业务）北京代表处	北京
121	太平洋顶峰证券有限公司北京代表处	北京
122	摩乃科斯证券股份有限公司北京代表处	北京
123	富邦综合证券股份有限公司北京代表处	北京
124	韩亚大投资证券股份有限公司北京代表处	北京
125	香港致富证券有限公司北京代表处	北京
126	美国飞腾投资公司北京代表处	北京
127	施罗德集团北京代表处	北京
128	宏富投资管理有限公司北京代表处	北京
129	美国先锋投资管理公司北京代表处	北京
130	邓普顿国际股份有限公司北京代表处	北京
131	信安环球投资有限公司北京代表处	北京
132	标准人寿投资公司北京代表处	北京
133	法国巴黎资产管理有限公司北京代表处	北京

续 表

序 号	机构名称	辖 区
134	英国纽约银行梅隆资产管理国际有限公司北京代表处	北京
135	东方汇理基金管理公司北京代表处	北京
136	香港景顺投资管理有限公司北京代表处	北京
137	瑞银环球资产管理（香港）有限公司北京代表处	北京
138	香港摩根资产管理有限公司北京代表处	北京
139	香港威灵顿环球投资管理有限公司北京代表处	北京
140	新加坡富敦资金管理公司北京代表处	北京
141	安智投资管理亚太（香港）有限公司北京代表处	北京
142	富达基金（香港）有限公司北京代表处	北京
143	香港贝莱德资产管理北亚有限公司北京代表处	北京
144	法盛全球资产管理公司北京代表处	北京
145	澳大利亚罗素投资集团有限公司北京代表处	北京
146	新加坡摩根士丹利投资管理公司北京代表处	北京
147	美国桥水投资公司北京代表处	北京
148	法国安盛投资管理巴黎公司北京代表处	北京
149	英国百能投资管理有限公司北京代表处	北京
150	香港英仕曼投资（香港）有限公司北京代表处	北京
151	新鸿基投资服务有限公司深圳代表处	深圳
152	苏皇融资亚洲有限公司深圳代表处	深圳
153	里昂证券有限公司深圳代表处	深圳
154	兆丰资本（亚洲）有限公司深圳代表处	深圳
155	凯基证券亚洲有限公司深圳代表处	深圳
156	元富证券（香港）有限公司深圳代表处	深圳
157	致富证券有限公司深圳代表处	深圳
158	富昌证券有限公司深圳代表处	深圳
159	元大宝来证券（香港）有限公司深圳代表处	深圳
160	恒生投资管理有限公司深圳代表处	深圳
161	新鸿基投资服务有限公司（证券业务）广州代表处	广东
162	统一综合证券股份有限公司厦门代表处	厦门
163	富邦综合证券股份有限公司厦门代表处	厦门
164	元富证券（香港）有限公司厦门代表处	厦门
165	新鸿基投资服务有限公司（证券业务）南京代表处	江苏
166	香港华富嘉洛证券有限责任公司沈阳代表处	辽宁
167	结好证券有限公司宁波代表处	宁波

附表 8　　境外交易所设立驻华代表处一览表

序 号	境外交易所名称
1	香港交易及结算所有限公司
2	纽约证券交易所有限责任公司
3	纳斯达克股票市场股份有限公司
4	东京证券交易所株式会社
5	韩国交易所
6	新加坡交易所有限公司
7	伦敦证券交易所有限责任公司
8	德意志交易所股份有限公司
9	多伦多证券交易所公司

附表 9　在香港特别行政区设立分支机构的内地证券公司一览表

序　号	公司名称	序　号	公司名称
1	中金公司	13	安信证券
2	招商证券	14	东方证券
3	中信证券	15	中国建银投资证券
4	国泰君安	16	长江证券
5	国元证券	17	光大证券
6	广发证券	18	银河证券
7	华泰证券	19	兴业证券
8	申银万国	20	财通证券
9	海通证券	21	齐鲁证券
10	平安证券	22	方正证券
11	国信证券	23	中信建投
12	国都证券		

附表 10　在香港特别行政区设立分支机构的内地基金管理公司一览表

序　号	公司名称	序　号	公司名称
1	南方基金	11	上投摩根基金
2	易方达基金	12	国投瑞银基金
3	嘉实基金	13	诺安基金
4	华夏基金	14	工银瑞信基金
5	汇添富基金	15	华宝兴业基金
6	大成基金	16	银华基金
7	博时基金	17	富国基金
8	海富通基金	18	融通基金
9	华安基金	19	长盛基金
10	广发基金	20	招商基金

附表 11　在香港特别行政区设立分支机构的内地家期货公司一览表

序　号	公 司 名 称
1	格林期货
2	浙江永安
3	广发期货
4	中国国际期货
5	金瑞期货
6	南华期货

附录 12　双边监管合作谅解备忘录一览表

序号	时间	境外监管机构名称	备忘录名称	签署地
1	1993.6.19	香港证券暨期货事务监察委员会	监管合作备忘录	北京
2	1994.4.28	美国证券与交易委员会	关于合作、磋商及技术协助的谅解备忘录	北京
3	1995.7.4	香港证券暨期货事务监察委员会	有关期货事宜的监管合作备忘录	北京
4	1995.11.30	新加坡金融管理局	关于监管证券和期货活动的相关合作与信息互换的备忘录	新加坡
5	1996.5.23	澳大利亚证券委员会	证券期货监管合作谅解备忘录	堪培拉
6	1996.10.7	英国财政部、证券与投资委员会	证券期货监管合作谅解备忘录	北京
7	1997.3.18	日本大藏省	谅解备忘录	东京
8	1997.4.18	马来西亚证券委员会	证券期货监管合作谅解备忘录	北京
9	1997.11.13	巴西证券委员会	证券监管合作谅解备忘录	北京

续 表

序号	时间	境外监管机构名称	备忘录名称	签署地
10	1997.12.22	乌克兰证券与股市委员会	证券监管合作谅解备忘录	北京
11	1998.3.4	法国证券委员会	证券期货监管合作谅解备忘录	北京
12	1998.10.8	德国联邦证券监管委员会	证券监管合作谅解备忘录	法兰克福
13	1999.11.3	意大利国家证券监管委员会	证券期货监管合作谅解备忘录	罗马
14	2000.6.22	埃及资本市场委员会	证券监管合作谅解备忘录	（邮寄方式）
15	2001.6.19	韩国金融监督委员会	证券期货监管合作安排	北京
16	2002.1.18	美国商品期货交易委员会	期货监管合作谅解备忘录	华盛顿
17	2002.6.27	罗马尼亚国家证券委员会	证券期货监管合作谅解备忘录	北京
18	2002.10.29	南非共和国金融服务委员会	证券期货监管合作谅解备忘录	比勒陀利亚
19	2002.11.1	荷兰金融市场委员会	证券期货监管合作谅解备忘录	（邮寄方式）
20	2002.11.26	比利时银行及金融委员会	证券期货监管合作谅解备忘录	北京
21	2003.3.21	加拿大证券监管机构初始参与成员	证券期货监管合作谅解备忘录	（邮寄方式）
22	2003.5.22	瑞士联邦银行委员会	证券期货监管合作谅解备忘录	（邮寄方式）
23	2003.12.9	印度尼西亚资本市场监管委员会	关于相互协助和信息交流的谅解备忘录	雅加达
24	2004.2.20	新西兰证券委员会	证券期货监管合作谅解备忘录	惠灵顿
25	2004.10.14	印度尼西亚商品期货交易监管局	期货监管合作谅解备忘录	北京
26	2004.10.26	葡萄牙证券市场委员会	证券期货监管合作谅解备忘录	蒙特利尔
27	2005.6.14	尼日利亚证券交易委员会	证券期货监管合作谅解备忘录	北京
28	2005.6.27	越南证券委员会	证券期货监管合作谅解备忘录	北京
29	2006.9.15	印度共和国证券交易委员会	证券期货监管合作谅解备忘录	北京
30	2006.9.20	阿根廷国家证券委员会	证券期货监管合作谅解备忘录	上海
31	2006.9.20	约旦证券委员会	证券期货监管合作谅解备忘录	上海
32	2006.9.26	挪威金融监管委员会	证券期货监管合作谅解备忘录	奥斯陆
33	2006.11.10	土耳其资本市场委员会	证券期货监管合作谅解备忘录	伊斯坦布尔
34	2006.11.21	印度远期市场委员会	商品期货监管合作谅解备忘录	新德里
35	2006.12.6	阿联酋证券商品委员会	证券期货监管合作谅解备忘录	（邮寄方式）
36	2007.4.12	泰国证券交易委员会	证券期货监管合作谅解备忘录	孟买
37	2008.1.15	列支敦士登金融管理局	证券期货监管合作谅解备忘录	北京
38	2008.1.24	蒙古金融监督委员会	证券监管合作谅解备忘录	北京
39	2008.8.8	俄罗斯联邦金融市场监督总局	证券期货监管合作谅解备忘录	北京
40	2008.9.27	迪拜金融服务局	证券期货监管合作谅解备忘录	迪拜
41	2008.10.23	爱尔兰金融服务监管局	证券期货监管合作谅解备忘录	北京
42	2008.10.30	奥地利金融市场管理局	证券期货监管合作谅解备忘录	（邮寄方式）
43	2009.10.6	西班牙国家证券市场委员会	证券期货监管合作谅解备忘录	巴塞尔
44	2009.11.16	台湾方面金融监督管理机构	海峡两岸证券及期货监督管理合作谅解备忘录	（邮寄方式）
45	2010.1.26	马耳他金融服务局	证券期货监管合作谅解备忘录	瓦莱塔
46	2010.5.5	科威特股票交易所委员会	证券期货监管合作谅解备忘录	科威特城
47	2010.12.17	巴基斯坦证券交易委员会	证券期货监管合作谅解备忘录	伊斯兰堡
48	2011.3.29	以色列证券监管局	证券期货监管合作谅解备忘录	北京
49	2011.4.7	卡塔尔金融市场管理局	证券期货监管合作谅解备忘录	北京
50	2011.9.19	老挝证券交易委员会	证券期货监管合作谅解备忘录	北京
51	2012.4.24	瑞典金融监管局	证券期货监管合作谅解备忘录	斯德哥尔摩
52	2012.5.17①	卢森堡金融监管委员会	证券期货监管合作谅解备忘录	北京
53	2012.5.17	塞浦路斯证券交易委员会	证券期货监管合作谅解备忘录	北京

① 该备忘录是在1998年5月18日我会与卢森堡证券委员会在北京签署的《证券期货监管合作谅解备忘录》基础之上重新签署的。

中国交通运输业对外开放情况

一、交通运输行业发展情况

2012年全国公路水路交通固定资产投资完成1.45万亿元，同比增长0.3%，继续保持增长。

1. 公路

2012年底，中国公路总里程已达到424万公里，比上年末增加13万公里，其中高速公路达到9.6万公里，比上年末增加1.1万公里。公路密度继续增加，路网密度达到44.1公里/百平方公里，通达水平进一步提高。

全国通公路的乡（镇）占全国乡（镇）总数的99.97%，与上年末持平，通公路的建制村占全国建制村总数的99.55%，比上年末提高0.17个百分点。其中，通硬化路面的乡（镇）占全国乡（镇）总数的97.43%，通硬化路面的建制村占全国建制村总数的86.46%，比上年末分别提高0.25个和2.42个百分点。

2012年公路货运量、货物周转量、客运量、旅客周转量分别完成319亿吨、59 535亿吨公里、356亿人、18 468亿人公里，同比分别增长13.1%、15.9%、8.2%、10.2%。

2. 水路

截至2012年底，全国港口拥有万吨级及以上泊位1 886个，比上年末增加124个，其中，沿海港口万吨级及以上泊位1 517个，比上年末增加95个，内河港口万吨级及以上泊位369个，增加29个。全国内河航道通航里程12.5万公里，比上年末增加383公里，其中，三级及以上航道9 894公里，比上年末增加434公里。

面对复杂的经济形势，水路客货运输量保持平稳增长，港口生产总体良好。2012年全国完成货运量45.9亿吨、货物周转量81 708亿吨公里，比上年分别增长7.7%和8.3%；完成客运量2.6亿人、旅客周转量77.5亿人公里，比上年分别增长4.9%和4.0%。全国港口完成货物吞吐量107.8亿吨，比上年增长7.3%，其中，完成外贸货物吞吐量30.6亿吨，比上年增长9.7%。货物吞吐量超过亿吨的港口由上年的26个增加到29个，集装箱吞吐量超过100万TEU的港口由上年的19个增加到22个。上海港集装箱吞吐量连续三年居全球第一。

2012年底，全国拥有水上运输船舶17.9万艘，比上年末减少0.4%；净载重量22 849万吨，增长7.5%；平均净载重量1 279吨/艘，增长7.8%；集装箱箱位157万TEU，增长6.7%。在集装箱箱位拥有量居世界前20位的世界集装箱班轮公司中，中国中远集运、中海集运分别排名第五和第九位。

二、交通运输业最新开放情况

1. 与港澳地区

《内地与香港关于建立更紧密经贸关系的安排》补充协议九于2012年6月29日在香港签署。根据“补充协议九”，在法律、铁路运输等21个领域进一步放宽市场准入的条件，在内地向香港开放运输服务贸易的具体承诺中，允许香港服务提供者在广东省以控股形式投资、建设、运营城际轨道交通项目。《内地与澳门关于建立更紧密经贸关系的安排》补充协议九于2012年7月2日在澳门签署。根据“补充协议九”，在法律、会计等20个领域进一步放宽市场准入的条件，新增加教育和铁路运输领域的开放措施，在内地向澳门开放运输服务贸易的具体承诺中，允许澳门服务提供者在广东省以控股形式投资、建设、运营城际轨道交通项目。

2. 海峡两岸海上直航

2012年，两岸海运取得了积极成果，进一步促进了两岸经贸交流和人员往来。发布了4项对台惠民政策措施，大陆新增2个直航港口（港区），两岸直航港口达85个。

2012年，海峡两岸海上运输继续保持增长，开辟27条两岸间直航集装箱班轮航线，40艘集装箱船从事两岸间运输，全年运送集装箱188万TEU，比上年增长8.0%；运送两岸贸易货物和中转货物共计6 250万吨，比上年增长4.2%。

两岸旅客往来更快捷，两岸旅客运输稳步增长。福建平潭至台中高速客运班轮航线实现常态化运行，厦门至金门客运航线试运行双向夜航，为构建厦金“一日生活圈”提供了交通保障。2012 年，两岸间海上运输完成客运量 166 万人，比上年增长 4.0%，大陆至台湾本岛客运量快速增长。

3. 港航服务业

截至 2012 年底，外商在华设立的独资船务公司 42 家，与去年持平，其中，设立在上海的有 35 家；外商在华设立的独资船务分公司 226 家，比去年增加 8 家，其中，设立在上海的有 171 家。在独资船务公司中，外商在华设立的独资集装箱运输服务公司 6 家、分公司 73 家。在华开展班轮运输业务的中外公司共 153 家。取得经营资质的国际船舶代理企业共2 022家。取得无船承运人经营资格的企业4 317家，其中，国外 374 家，香港地区 149 家，台湾地区 3 家，澳门地区 1 家。

为降低国际海运市场供需失衡、企业运营成本增加等多重因素影响，出台《关于促进我国国际海运业平稳有序发展的通知》，帮助企业应对国际海运业的困难局面，规范市场秩序。发布《关于鼓励和引导水运行业民营企业境外投资和跨国经营的若干意见》，支持民营水运企业“走出去”，增强国际竞争能力。发布《关于加强国际海上旅客运输市场准入管理的公告》，规范国际海上旅客运输活动，保障我国国际海上旅客运输安全。

4. 对外合作

2012 年，交通运输部继续与欧盟、美国、日本、韩国、加拿大、丹麦等国家举行年度双边海运会谈。与韩国联合举办中韩海运合作 20 周年纪念活动，组织召开中俄航联委第 53 次航行例会、中朝国境河流航运合作委员会第 50 次会议。参加 APEC、IMO 等国际组织举行的多边商谈，加深海运领域合作。

三、运输服务贸易

2012 年，中国运输服务贸易进出口总额为 1 248亿美元，同比增长 7.6%，在中国服务贸易进出口总额中的占比为 26.4%。2012 年，中国运输服务贸易逆差为 469 亿美元，比 2011 年的 449 亿美元增长 4.5%。2012 年运输服务贸易逆差占中国服务贸易总逆差的 52.3%，比 2011 年明显下降；运输服务贸易在中国服务贸易逆差行业中，2011 年为第一大逆差行业，2012 年变为第二大逆差行业，旅游服务贸易成为中国服务贸易的第一大逆差行业。

（交通运输部规划研究院）

中国航空运输业对外开放情况

一、2012 年中国民用航空行业发展情况

2012 年，在世界经济不景气的情况下，中国民航的主要运输指标依然保持了平稳较快增长。

2012 年中国民航全行业完成运输总周转量 610.32 亿吨公里，比上年增长 32.88 亿吨公里，增长 5.7%。其中，旅客周转量 446.43 亿吨公里，比上年增长 42.90 亿吨公里，增长 10.6%；货邮周转量为 163.89 亿吨公里，比上年减少 10.02 亿吨公里，减少 5.8%。

国内航线完成运输周转量 415.83 亿吨公里，比上年增加 35.22 亿吨公里，增长 9.3%。其中，港澳台航线 13.66 亿吨公里，比上年增加 1.02 亿吨公里，增长 8.1%；国际航线完成周转量 194.49 亿吨公里，比上年增加 2.35 亿吨公里，减少 1.2%。

全行业完成旅客运输量31 936万人次，比上年增加2 619万人次，增长 8.9%。其中，国内航线旅客运输量29 600万人次，国际航线2 336万人次，港澳台航线 834 万人次，分别比上年增加 8.8%、10.3%和 9.7%。截至 2012 年底，我国共有定期航班航线2 457条，按重复距离计算的航线里程为 494.88 万公里，按不重复距离计算的航线里程为 328.01 万公里。

截至 2012 年底，我国与其他国家或地区签订双边航空运输协定 114 个，与 2011 年底持平。其中，亚洲 44 个国家，非洲 23 个国家，欧洲 35 个国家，美洲 8 个国家，大洋洲 4 个国家，地区组织 1 个。定期航班国内通航城市 178 个（不含香港、澳门、台湾）。我国航空公司国际定期航班通航 52 个国家的 121 个城市，定期航班通航香港的内地城市 40 个，通航澳门的内地城市 7 个，通航台湾地区的大陆城市 38 个。

表 1　2011 年、2012 年中国运输统计数据

年度	运输总周转量（亿吨公里）	客运量（万人）	旅客周转量（亿吨公里）	货运量（万吨）	货邮周转量（亿吨公里）
2011 年	577.44	29 317	403.53	557.5	173.91
2012 年	610.32	31 936	446.43	545	163.89
同比增长	5.7%	8.9%	10.6%	−2.2%	−5.8%
年度	国际航线（条）	国际客运量(万人)	国际货运量（万吨）	运输飞机（架）	旅客吞吐量（亿人次）
2011 年	443	2 118	178.0	1 764	6.21
2012 年	480	2 336	156.5	1 941	6.8
同比增长	8.4%	10.3%	−12.1%	10.4%	9.5%

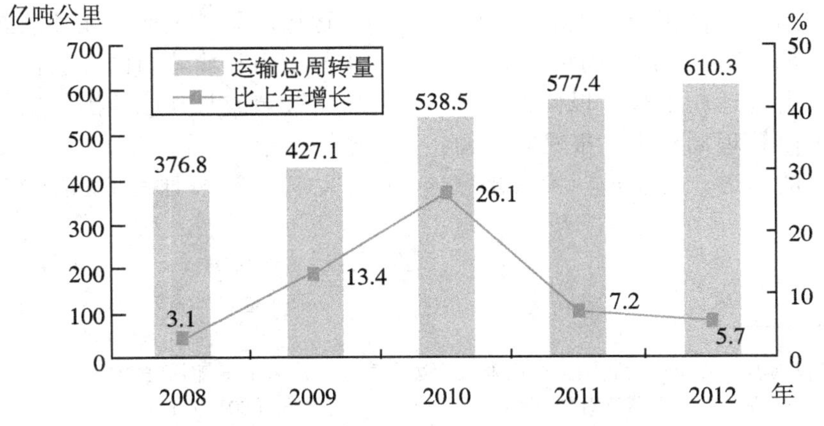

图 1　2008—2012 年民航运输总周转量

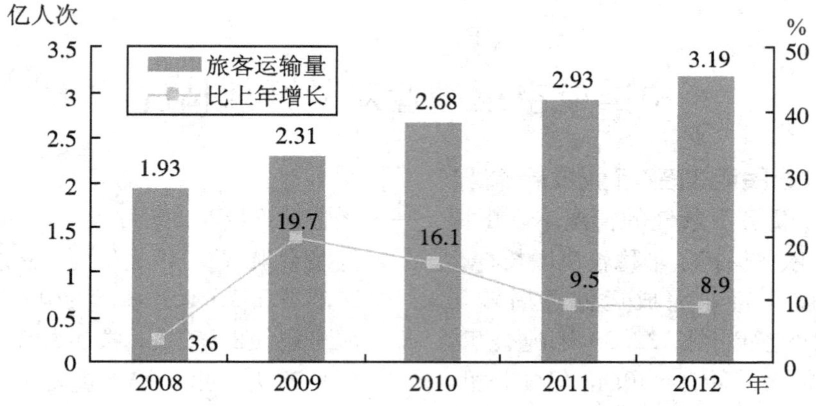

图 2　2008—2012 年民航旅客运输量

二、2012 年中国民航的对外开放情况

·鼓励航空公司参与国际竞争。近年来，我国至东南亚及周边国家经贸、旅游及人员往来增长较快，航空运输需求旺盛。为进一步促进航空运输的自由化，鼓励国内航空公司更多地参与国际竞争，2012 年民航进一步放宽了我国航空公司经营我国至东盟十国、日本（除东京、大阪、名古屋以外城市）、韩国济州及美国塞班、关岛等地国际航线的市场准入①。航空公司可根据经营安排自主提出开通至上述地区的航线申请，并提供相应的可研性报告、航线经营情况及市场预测报告等，申请办理航线经营许可。

·改进飞机引进管理。随着我国经济的发展和低空空域管理改革试点工作的推进，通用航空进入快速发展期，通用航空器引进数量快速增长，引进主体和引进方式日趋多元化。为适应新形势，进一步规范通用航空器管理，民航局改进了对通用航空器的引进管理方式②。对通用航空器的引进实行分类管理，一般通用航空器的引进由民航地区管理局备案管理；喷气公务机的引进由管理局负责受理，其中大型喷气公务机由管理局审核，报民航局核准；其余喷气公务机由管理局核准，报民航局备案。同时对运输飞机的引进，也通过明确管理原则，进一步提高管理效率。

·规范外国计算机订座系统准入流程。为实施外国航空公司在中国境内指定的销售代理直接进入和使用外国计算机订座系统许可，维护计算机订座系统服务市场秩序，保障消费者、外国航空公司、销售代理和外国计算机订座系统服务提供商的合法权益，根据相关法律、法规，2012 年民航制定实施了相关管理规定③。计算机订座系统是航空公司旅客运输服务必需的支持性基础设施，允许外国计算机订座系统以跨境交付方式向中国用户提供服务，有利于在计算机订座系统市场引入竞争机制。

规定要求外国航空公司作为申请主体，为其在中国境内指定的销售代理直接进入和使用外国计算机订座系统向中国民航局提出申请。外国航空公司的销售代理通过直接进入和使用外国计算机订座系统，可以销售该公司根据双边航空运输协议从事两国间航空运输服务时所提供的国际航空运输产品，包括由该外国航空公司实际承运的中国境内和境外间国际航段，以及经批准与中国航空公司或与其他外国航空公司代码共享航班的国际客票。

（中国民用航空局政策法规司　陈婧丹）

① 《关于试行放宽我国航空公司经营我国至东南亚及周边国家航线准入的通知》（民航发〔2012〕25 号）。

② 《关于修订印发〈引进通用航空器管理暂行办法〉的通知》（民航发〔2012〕117 号）。

③ 《外国航空运输企业在中国境内指定的销售代理直接进入和使用外国计算机订座系统许可管理暂行规定》（民航局令第 214 号，CCAR—315）。

中国卫生服务业对外开放情况

一、医疗机构准入

（一）发布的文件

《关于扩大香港和澳门服务提供者在内地设立独资医院地域范围的通知》（卫医政发〔2012〕19号）

《关于香港和澳门服务提供者在内地设立医疗机构有关问题的通知》（卫医政发〔2012〕72号）

（二）开放的措施

自2012年4月1日起，香港和澳门服务提供者在内地设立独资医院的地域范围，由上海市、重庆市、广东省、福建省和海南省，扩大到所有直辖市及省会城市。

自2013年1月1日起，香港和澳门服务提供者可以在内地以独资形式设置医疗机构；香港和澳门服务提供者在内地设置除独资医院、独资疗养院外的其他独资或合资、合作医疗机构时，其设置的标准和要求按照内地单位或个人设置医疗机构办理，并由省级卫生行政部门负责审批；香港和澳门服务提供者在广东省设立独资医院，由广东省省级卫生行政部门负责审批。国家卫生和计划生育委员会成立后，香港、澳门、台湾服务提供者在内地设立独资医院，全部由省级卫生计生行政部门审批。

二、专业人员准入

（一）发布的文件

《卫生部关于取得香港或外国居民身份的医师执业注册等有关问题的批复》（卫医政函〔2012〕277号）

（二）开放的措施

自2012年9月20日起，内地医师取得香港居民身份后，仍可持有内地《医师资格证书》，在内地注册执业；我国医师取得其他国家居民身份后，仍可持有我国《医师资格证书》，但不允许以该证书在我国注册执业；内地医师取得香港居民身份后担任内地医疗机构法定代表人，或者我国医师取得外国居民身份后担任我国医疗机构法定代表人，均应按照当地法定代表人登记管理相关部门有关规定执行。

（国家卫生计生委医政医管局）

中国新闻出版业发展情况

2012 年新闻出版业呈现出平稳较快发展的良好局面。据初步统计，2012 年全国出版、印刷和发行服务实现营业收入 1.65 万亿元，较 2011 年增长 13.6%，增加值4 451.4亿元，增长 10.7%。

一、不断完善公共服务体系建设

农家书屋工程建设取得历史性突破，建成书屋600 449家，提前三年实现建设目标，全面覆盖了具备条件的行政村。累计投入财政、社会资金 180 多亿元，配备图书 9.4 亿册、报刊 5.4 亿份、音像电子出版物 1.2 亿张、影视放映设备和阅读设施 60 多万套，每个书屋每年2 000元补充资金落实到位，管理员队伍素质不断提高，数字书屋、卫星书屋建设进度加快，寺庙书屋建设按计划推进。以“书香中国”为主题的全民阅读活动在全国范围广泛开展，向全国青少年推荐百种优秀图书、“大众喜爱的 50 种图书”评选、全国优秀古籍整理图书推荐等活动影响广泛，读书活动成为群众精神文化生活和国家文化建设的重要载体。国家重大出版工程成果丰硕，《中国美术分类全集》、《中国古籍总目》等重要典籍出版完成，《中国大百科全书》（第三版）、《大辞海》第一期、《中国总书目》等国家文化建设重大项目按计划实施。新闻出版“东风工程”实施范围不断扩展，民文出版“十二五”规划确定少数民族出版项目 500 种，民文出版物质量和少数民族地区新闻出版公共服务水平显著提高。全国已建成城乡公共阅报屏（栏）5.3 万多个。党报党刊向农村基层免费赠阅规模进一步扩大，推动中央报刊向中西部农村赠阅 20 多万份。中国无障碍电影（二期）音像出版工程出版近 40 部，盲残人中小学生无障碍阅读工程扎实推进。

二、进一步深化新闻出版体制改革

非时政类报刊出版单位体制改革取得阶段性成果，3 271种完成转企改制。按照“三改一加强”要求继续深化出版发行体制改革，出台《关于加快出版传媒集团改革发展的指导意见》，加强中央三大出版传媒集团公司建设，组建中国人力资源和社会保障出版集团公司、北京师范大学出版社（集团）有限公司等多家出版集团公司，出版传媒骨干企业实力进一步增强；积极推动国有骨干新闻出版企业和民营公司上市融资，南方出版传媒股份有限公司获得三年豁免，北京掌趣科技股份有限公司在创业板成功上市；发布《新闻出版总署关于支持民间资本参与出版经营活动的实施细则》，进一步激发了民间资本参与出版经营的积极性；妥善解决经营性新闻出版单位转企改制后税收政策优惠、行政资源倾斜等问题，积极推动改制后企业不断深化内部机制改革。

三、加快推动新闻出版产业发展

新闻出版业“十二五”规划实施进展顺利，新闻出版改革发展项目库不断充实完善，新入库项目 437 个，项目总数达到 979 个，一批具有战略性、引导性的项目得到国家经费支持和重点推进，项目建设对产业发展的驱动作用进一步显现。产业基地（园区）建设不断提速，珠三角、长三角、环渤海三大特色印刷复制产业带优化升级明显加快，中西部地区梯次承接印刷业转移的积极性不断增强，已批准设立的 27 家国家级新闻出版产业基地（园区）发展态势良好。总署与云南省、交通银行签署战略合作协议，以项目、资金、政策为纽带的部省、部银合作机制更加完善。数字出版产业集聚效应初显，数字出版新业态更加丰富成熟，以京、沪、粤为中心的音乐产业布局逐步成形，数字版权保护技术研发工程、中华字库工程等重大科技工程项目扎实推进，数字出版内容资源投送平台、MPR 出版物技术应用与推广等项目取得阶段性成果，原动力动漫出版扶持计划成果丰硕，传统书报刊出版单位和印刷复制业升级转型步伐继续加快。全国1 000余种、2 亿多册中小学秋季教科书采用绿色印刷，绿色印刷认证企业产值占到全国印刷产业 4.5%。出版物发行单位数量保持上升态势，新华书店市场主力军地位更加巩固，城乡发行网点建设得到加强，网络书店发展速度进一步加快。以促进改革发展为核心的行政资源配置机制不断优化，31 家民营企业获批开展原创网络游戏出版与运营业务，政府宏观调控对产业发展的促进作用更加突出。新闻出版系统承办第八届深圳文博会获得圆满成功，新闻出版馆总成交额达到30.2亿，第22届全国图书交易博览会实现订货码洋10亿多元、签约项目207亿元，第十届中国国际数码互动娱乐展览会成交金额突破2亿美元，上海书展实现零售码洋6 000万元，出版市场呈现持续繁荣态势。

四、全面提升对外传播能力

相继出台《关于加快我国新闻出版业走出去的若干意见》和《关于加快推动新闻出版业国际布局的意见》，新闻出版“走出去”工作力度进一步加强。伦敦书展中国主宾国活动取得圆满成功，图书版权输出达到1 859项，创下主宾国活动历史新高。经典中国国际出版工程新增资助项目91个，累计资助949种外向型图书，资助金额超过6 000万元。中国出版物国际营销渠道拓展工程效果更加显著，25万册外文版中国图书进入境外主流销售渠道，与美国亚马逊公司合作的“中国书店”项目上线品种超过16万种。重点新闻出版企业海外发展扶持计划取得明显进展，13个重点项目获得9 650万元中央财政资金支持，40多个新闻出版项目纳入国家文化出口重点企业和重点项目目录。第十九届北京国际图书博览会参展规模再创历史新高，达成版权贸易3 298项，法兰克福书展中国展团输出版权2 409项，首届中国国际新闻出版技术装备博览会在天津成功举办。海峡两岸出版工程扎实推进，青少年图书简转繁项目累计实现版权输出700余项，第八届海峡两岸图书交易会采购订货量进一步提升，对台交流合作进入纵深阶段。

五、切实提高版权保护水平

《著作权法》第三次修订工作坚持公开透明、集思广益，广泛征求社会各界意见。《教科书法定许可付酬办法》《出版文字报酬规定》完成修订。由15个部门组成的“推进使用正版软件工作部际联席会议制度”经国务院批准建立，全国31个省级机关按期完成使用正版软件检查整改任务，超过五分之二的地市级政府和近四分之一的县级政府完成检查整改任务，企业使用正版软件检查工作取得突破性进展。版权执法力度不断加大，各类专项整治效果显著，查办案件840多起，特别是“剑网行动”查办案件282起，有力震慑了网络侵权盗版活动。版权登记工作机制不断完善，全年登记作品444 548件。对著作权集体管理组织、境外著作权认证机构驻华代表处的监督管理进一步加强。杭州市被确认为全国版权示范城市，一批在版权保护方面业绩突出的企业、园区（基地）被确认为国家示范企业、园区，各类版权保护典型的示范效应更加显著。联合北京市承办了世界知识产权组织保护音像表演外交会议，成功缔结了《视听表演北京条约》，进一步树立了我国良好的国际形象。

六、深入开展“扫黄打非”斗争

“扫黄打非”日常监管长效机制不断完善，群众参与度日益提高。全年全国共收缴各类非法出版物3 854.5万件，查处各类案件12 538起；查办非法报刊和非法报刊网站案件160起，收缴非法报刊479.9万份；查办制售侵权盗版出版物和网上侵权盗版案件4 045起，收缴侵权盗版出版物3 085.1万件，为党的十八大胜利召开营造了良好文化环境，为维护社会和谐稳定、服务党和国家工作大局做出了应有贡献。

七、着力提高行政管理科学化水平

深入研究改进行政管理的思路和措施，逐一破解形势发展变化给行政管理带来的难题。报刊审读覆盖率进一步扩大，全流程报刊监管机制逐步完善；打击“新闻敲诈”、治理有偿新闻、治理违法违规广告等专项行动深入开展，对违规报刊的查办力度进一步加大，全年办理群众举报新闻报刊案件327件，180种报刊被缓验，40种报刊被注销登记，2 779个新闻记者证被注销，252个报刊社记者站被注销或缓验。严格执行图书出版重大选题备案制度，书号网上实名申领信息系统完成升级改造，音像电子出版物选题管理系统开发完成，出版物前置审读的服务水平和监管效率进一步提高。大型出版网站自我约束机制建设取得显著成效，网络出版、网络游戏审批管理更加严格规范，网络出版案件查处力度继续加大，全年查处封堵违规网站1 191家。印刷复制发行专项检查深入开展，724家企业受到罚款处罚，44

家企业被吊销经营许可证，15 家企业因违法行为被移交司法机关查处。印发《关于进一步加强学术著作出版规范的通知》，“出版物质量规范年”活动深入开展。中小学教辅材料出版资质管理和专项检查全面深入，教辅报纸分级管理的优胜劣汰机制初步形成，中小学循环使用教材正文用纸价格合理提高，教辅出版过散过滥问题得到有效治理。新闻出版标委会及印刷标准化委员会的 3 个分技术委员会成立，4 项国家标准、15 项行业标准和 1 项指导性技术文件经批准发布。《印刷业管理条例》《网络出版服务管理办法》等的修订工作积极推进，行政复议、行政应诉工作规范化水平进一步提高，新闻出版行政执法人员管理培训和行业普法工作进一步加强。取消新闻出版行政审批项目 4 项，下放 5 项，行政审批工作进一步向公开化、信息化、规范化方向发展。出台《新闻出版信息化“十二五”时期发展规划》，一批信息化管理项目的建设或升级改造取得新进展，新闻出版电子政务综合平台建设加快推进，全行业“一个平台、一张网”的信息化建设框架逐步形成。行业统计制度和工作机制更加完善，统计数据的科学性和应用水平进一步提高。

八、切实强化自身建设

以迎接学习贯彻党的十八大为主线，以学习型党组织建设为抓手，切实加强思想理论武装和政治纪律教育，基层组织建设与创先争优活动有机结合，精神文明创建和行业党建工作相互促进，全系统党员干部践行社会主义核心价值体系的自觉性、主动性不断增强。认真贯彻落实十八届中央政治局八项规定，大力转变工作作风，党员干部密切联系群众的意识大大增强。行业纠风工作深入开展，教材教辅散滥、新闻敲诈和有偿新闻、学术期刊违规收费等群众反映强烈的突出问题得到不同程度解决，行业诚信体系建设进一步深入推进。25 种廉政文化出版物获评全国优秀廉政文化出版物，产生了良好社会反响。新闻出版教育培训工作向多层次拓展，高层次高技能人才选拔和行业评优表彰工作积极推进，组织开展第三届全国印刷行业职业技能大赛，256 人被评选为第三批新闻出版行业领军人才，100 个集体和 80 名个人在全国新闻出版系统先进集体、先进工作者和劳动模范表彰大会受到隆重表彰。基层新闻出版人才教育培训工作扎实推进，出版专业技术人员继续教育工作积极开展。

（国家新闻出版总署办公厅　孙倩）

中国旅游业对外开放情况

一、旅游业总体发展情况

2012年，全国国内旅游人数29.57亿人次，比上年增长12.0%；国内旅游收入突破2万亿元，增长17.6%；入境过夜游客人数5 772万人次，增长0.3%；入境旅游人数13 241万人次，比上年下降2.2%，其中入境外国游客人数2 719.16万人次（见附表1），比上年增长0.3%；外汇旅游收入突破500亿美元，增长3.2%；中国公民出境总人数8 318万人次，比上年增长18.4%。全年旅游业实现旅游总收入25 866亿元，比上年增长15.2%。

二、旅游对外交流情况

截至目前，国务院批准的中国公民出境旅游目的地国家和地区共计148个，其中已正式实施115个。（见附表2）

（一）持续加强对外宣传推广

2012年国家旅游局组织参加了德国柏林国际旅游交易会等23个国际展览，组织日韩、东南亚、俄罗斯等8项境外专项推广活动，邀请来自欧美、亚洲等地的63批次、近千人的媒体记者和旅行商来华考察采风。在“中国欢乐健康游”主题年框架下，举办了900多项推广活动，同时举办了主题年启动仪式、“你好，俄罗斯”、百名俄罗斯记者采风等多项国家层面活动。国家旅游局驻外旅游办事处组织邀请了90多批次、3 000多名境外媒体记者和旅行商来华考察采风。各地也分别在美国、韩国等重点市场开展推广活动。4月在青岛举办中国国内旅游交易会；11月在上海举办中国国际旅游交易会。在纽约时代广场以及韩国、印度等主要客源市场组织投放中国旅游形象和“中俄旅游年”宣传广告。与中央外宣办进一步紧密合作，制定《2012年业务合作行动计划》；与文化部积极配合，作为“海外春节”组委会成员单位，将在海外举办的有关旅游文化活动纳入“海外春节”总体活动，共同推广中国文化和旅游，促进国家文化软实力提升。

（二）深入推进国际交流合作

国家主席胡锦涛出席中国与印尼、俄罗斯、埃及旅游合作文件签署仪式。成功举办中国“俄罗斯旅游年”，225项活动顺利完成，“俄罗斯旅游年”闭幕式圆满落幕。参与了世界旅游组织（UNWTO）、亚太经合组织（APEC）、亚太旅游协会（PATA）、南太旅游组织（SPTO）、世界旅游业理事会（WTTC）、东盟与中日韩旅游会议（“10＋3”）、20国集团旅游部长会议（T20）、博鳌论坛等多个国际组织及多边合作机制的十余次国际会议。通过中国一巴西高层协调与合作委员会、中美旅游工作组会议，中墨旅游工作组会议，中俄人文合作委员会旅游分委会、中澳旅游双边对话会议等活动的契机，积极推动与主要旅游客源国和目的地国在旅游市场方面的互利合作，交流旅游市场方面经验。在北京市成立的世界旅游城市联合会，成为全球第一个以城市为主体的国际旅游组织。我国旅游业国际影响力进一步提升。

（三）深化两岸四地旅游交流和产业合作

全力巩固港澳台入境市场的基础地位，认真落实和研究制定惠港惠澳和对台旅游政策，拓宽港澳资在内地设立的旅行社经营业务范围，出台支持以香港为母港的邮轮旅游发展新措施。2012年4月和8月，分两批次启动了天津、重庆、南京、济南、福州、杭州、广州、成都、西安、深圳10个城市的赴台个人游。8月28日，又将福建居民赴金、马、澎地区个人游扩大至海峡西岸经济区。目前已全面开放大陆31个省（区、市）赴台团队旅游，启动了26个城市赴台试点个人旅游和海西地区20个城市赴金、马、澎地区个人旅游，大陆赴台旅游组团社已达263家（见附表3）。建立并逐步完善了旅游市场监管、突发事件应急处置等合作机制。海峡两岸旅游交流协会与台湾海峡两岸观光旅游协会务实合作，先后出台和实施了一系列赴台个人游利好政策和措施，有序推动赴台个人游发展。全年大陆居民赴台旅游超过197万人次，同比增长58%。

三、旅游市场开放情况

积极引进外资旅游企业，2012年共新设立外商投资旅行社10家（见附表4）。同时，根据国家旅游局和商务部出台的《中外合资经营旅行社试点经营出境旅游业务监管暂行办法》，国家旅游局在试点的基础上，稳步开放外商投资旅行社经营中国公民出境旅游业务。根据该办法，取得试点资格的中外合资经营旅行社，可以从事招徕、组织、接待中国内地居民出国旅游和赴香港、澳门特别行政区旅游的经营活动；大陆居民赴台湾地区旅游的除外。

（国家旅游局政策法规司政策研究处　王倬）

附表1　　2012年入境外国游客人数　　（按国籍分）

国家	入境人次数（万人次）	占总数比重（%）	增幅（%）
韩国	406.99	15.0	－2.8
日本	351.82	12.9	－3.8
俄罗斯	242.62	8.9	－4.3
美国	211.81	7.8	0.1
马来西亚	123.55	4.5	－0.8
越南	113.72	4.2	13.0
新加坡	102.77	3.8	－3.3
蒙古	101.05	3.7	1.6
菲律宾	96.20	3.5	7.6
澳大利亚	77.43	2.8	6.6
加拿大	70.83	2.6	－5.3
德国	65.96	2.4	3.5
泰国	64.76	2.4	6.5
印度尼西亚	62.20	2.3	2.2
英国	61.84	2.3	3.8
印度	61.02	2.2	0.6
法国	52.48	1.9	6.4
哈萨克斯坦	49.14	1.8	－2.9
意大利	25.20	0.9	7.2
缅甸	20.59	0.8	7.8
荷兰	19.55	0.7	－1.0
朝鲜	18.06	0.7	18.6
瑞典	17.16	0.6	0.9
西班牙	13.69	0.5	－2.1
新西兰	12.83	0.5	6.1
乌克兰	12.02	0.4	0.0
巴西	9.94	0.4	1.6
巴基斯坦	9.67	0.4	4.5
土尔其	9.61	0.4	
伊朗	9.10	0.3	－27.3
丹麦	8.43	0.3	－0.4
瑞士	8.28	0.3	10.0
以色列	8.25	0.3	0.4
埃及	7.27	0.3	19.4
南非	7.15	0.3	
比利时	7.11	0.3	1.0
波兰	6.86	0.3	0.9
芬兰	6.78	0.2	3.9
奥地利	6.61	0.2	－1.3
墨西哥	5.77	0.2	7.4
乌兹别克斯坦	5.62	0.2	
挪威	5.35	0.2	4.0
孟加拉国	5.09	0.2	6.7
葡萄牙	4.86	0.2	3.3
吉尔吉斯斯坦	4.81	0.2	1.0
斯里兰卡	4.27	0.2	12.4

附表 2　已正式开展组团业务的出境旅游目的地国家（地区）　（截至 2012 年）

序号	国家/地区	启动时间	开展业务情况
1	香港	1983 年	全面开展
2	澳门	1983 年	全面开展
3	泰国	1988 年	全面开展
4	新加坡	1990 年	全面开展
5	马来西亚	1990 年	全面开展
6	菲律宾	1992 年	全面开展
7	澳大利亚	1999 年	北京、上海、广州开展
		2004 年 7 月	天津、河北、山东、江苏、浙江、重庆正式开展
		2006 年 8 月	全面开展
8	新西兰	1999 年	北京、上海、广州开展
		2004 年 7 月	天津、河北、山东、江苏、浙江、重庆正式开展
		2006 年 8 月	全面开展
9	韩国	1998 年	全面开展
10	日本	2000 年	北京、上海、广州试办
		2004 年 9 月 15 日	辽宁、天津、山东、江苏、浙江正式开展
		2005 年 7 月 25 日	全面开展
11	越南	2000 年	全面开展
12	柬埔寨	2000 年	全面开展
13	缅甸	2000 年	全面开展
14	文莱	2000 年	全面开展
15	尼泊尔	2002 年	全面开展
16	印度尼西亚	2002 年	全面开展
17	马耳他	2002 年	全面开展
18	土耳其	2002 年	全面开展
19	埃及	2002 年	全面开展
20	德国	2003 年	全面开展
21	印度	2003 年	全面开展
22	马尔代夫	2003 年	全面开展
23	斯里兰卡	2003 年	全面开展
24	南非	2003 年	全面开展
25	克罗地亚	2003 年	全面开展
26.	匈牙利	2003 年	全面开展
27	巴基斯坦	2003 年	全面开展
28	古巴	2003 年	全面开展
29	希腊	2004 年 9 月	全面开展
30	法国	2004 年 9 月	全面开展
31	荷兰	2004 年 9 月	全面开展
32	比利时	2004 年 9 月	全面开展
33	卢森堡	2004 年 9 月	全面开展
34	葡萄牙	2004 年 9 月	全面开展
35	西班牙	2004 年 9 月	全面开展
36	意大利	2004 年 9 月	全面开展
37	奥地利	2004 年 9 月	全面开展
38	芬兰	2004 年 9 月	全面开展
39	瑞典	2004 年 9 月	全面开展
40	捷克	2004 年 9 月	全面开展

续 表

序号	国家/地区	启动时间	开展业务情况
41	爱沙尼亚	2004年9月	全面开展
42	拉脱维亚	2004年9月	全面开展
43	立陶宛	2004年9月	全面开展
44	波兰	2004年9月	全面开展
45	斯洛文尼亚	2004年9月	全面开展
46	斯洛伐克	2004年9月	全面开展
47	塞浦路斯	2004年9月	全面开展
48	丹麦	2004年9月	全面开展
49	冰岛	2004年9月	全面开展
50	爱尔兰	2004年9月	全面开展
51	挪威	2004年9月	全面开展
52	罗马尼亚	2004年9月	全面开展
53	瑞士	2004年9月	全面开展
54	列支敦士登	2004年9月	全面开展
55	埃塞俄比亚	2004年12月15日	全面开展
56	津巴布韦	2004年12月15日	全面开展
57	坦桑尼亚	2004年12月15日	全面开展
58	毛里求斯	2004年12月15日	全面开展
59	突尼斯	2004年12月15日	全面开展
60	塞舌尔	2004年12月15日	全面开展
61	肯尼亚	2004年12月15日	全面开展
62	赞比亚	2004年12月15日	全面开展
63	约旦	2004年12月15日	全面开展
64	北马里亚纳群岛联邦	2005年4月1日	全面开展
65	斐济	2005年5月1日	全面开展
66	瓦努阿图	2005年5月1日	全面开展
67	英国	2005年7月15日	全面开展
68	智利	2005年7月15日	全面开展
69	牙买加	2005年7月15日	全面开展
70	俄罗斯	2005年8月25日	全面开展
71	巴西	2005年9月15日	全面开展
72	墨西哥	2005年9月15日	全面开展
73	秘鲁	2005年9月15日	全面开展
74	安提瓜和巴布达	2005年9月15日	全面开展
75	巴巴多斯	2005年9月15日	全面开展
76	老挝	2005年9月15日	全面开展
77	蒙古	2006年3月1日	全面开展
78	汤加	2006年3月1日	全面开展
79	格林纳达	2006年3月1日	全面开展
80	巴哈马	2006年3月1日	全面开展
81	阿根廷	2007年1月1日	全面开展
82	委内瑞拉	2007年1月1日	全面开展
83	乌干达	2007年1月1日	全面开展
84	孟加拉	2007年1月1日	全面开展
85	安道尔	2007年1月1日	全面开展
86	保加利亚	2007年10月15日	全面开展

续　表

序号	国家/地区	启动时间	开展业务情况
87	摩洛哥	2007年10月15日	全面开展
88	摩纳哥	2007年10月15日	全面开展
89	叙利亚	2007年10月15日	全面开展
90	阿曼	2007年10月15日	全面开展
91	纳米比亚	2007年10月15日	全面开展
92	美国	2008年6月17日	北京、天津、上海、江苏、浙江、湖南、湖北、河北、广东正式开展
		2009年10月1日	山西、辽宁、吉林、黑龙江、安徽、山东、广西、海南、重庆、四川、云南、陕西正式开展
		2011年1月30日	内蒙古、宁夏、福建正式开展
		2012年1月30日	河南、江西、贵州正式开展
93	台湾	2008年7月18日	全面开展
94	法属波利尼西亚	2008年9月15日	全面开展
95	以色列	2008年9月15日	全面开展
96	佛得角共和国	2009年9月15日	全面开展
97	圭亚那	2009年9月15日	全面开展
98	黑山共和国	2009年9月15日	全面开展
99	加纳共和国	2009年9月15日	全面开展
100	厄瓜多尔	2009年9月15日	全面开展
101	多米尼克	2009年9月15日	全面开展
102	阿拉伯联合酋长国	2009年9月15日	全面开展
103	巴布亚新几内亚	2009年9月15日	全面开展
104	马里共和国	2009年9月15日	全面开展
105	朝鲜	2010年4月12日	全面开展
106	密克罗尼西亚	2010年4月12日	全面开展
107	乌兹别克斯坦	2010年5月1日	全面开展
108	黎巴嫩	2010年5月1日	全面开展
109	加拿大	2010年8月15日	全面开展
110	塞尔维亚共和国	2010年8月15日	全面开展
111	伊朗伊斯兰共和国	2011年8月15日	全面开展
112	马达加斯加共和国	2012年2月1日	全面开展
113	哥伦比亚共和国	2012年2月1日	全面开展
114	萨摩亚独立国	2012年4月15日	全面开展
115	喀麦隆共和国	2012年12月1日	全面开展

附表3　**263家赴台游组团社名单**

一、北京（27家）		
1	L-BJ-CJ00001	中国国际旅行社总社有限公司
2	L-BJ-CJ00002	中国旅行社总社有限公司
3	L-BJ-CJ00003	中青旅控股股份有限公司
4	L-BJ-CJ00004	中国民间国际旅游公司
5	L-BJ-CJ00005	中信旅游集团有限公司
6	L-BJ-CJ00007	中国妇女旅行社
7	L-BJ-CJ00011	中国康辉旅行社集团有限责任公司

续 表

一、北京（27家）（续）		
8	L-BJ-CJ00027	中国天鹅国际旅游公司
9	L-BJ-CJ00029	中国金桥旅游有限公司
10	L-BJ-CJ00037	中国职工国际旅行社总社
11	L-BJ-CJ00039	海峡旅行社
12	L-BJ-CJ00042	同源国际旅行社
13	L-BJ-CJ00051	北京凯撒国际旅行社有限责任公司
14	L-BJ-CJ00055	中国和平国际旅游有限责任公司
15	L-BJ-CJ00056	北京中国国际旅行社有限公司
16	L-BJ-CJ00061	北京市华远国际旅游有限公司
17	L-BJ-CJ00080	北京神舟国际旅行社集团有限公司
18	L-BJ-CJ00086	中国旅行社总社（北京）有限公司
19	L-BJ-CJ00093	北京台湾会馆国际旅行社有限责任公司
20	L-BJ-CJ00108	北京东方世纪国际旅行社有限公司
21	L-BJ-CJ00071	北京众信国际旅行社股份有限公司
22	L-BJ-CJ00084	春秋（北京）国际旅行社有限公司
23	L-BJ-CJ00109	北京携程国际旅行社有限公司
24	L-BJ-CJ00050	环境国际旅行社有限公司
25	L-BJ-CJ00057	北京市中国旅行社有限公司
26	L-BJ-CJ00014	海洋国际旅行社有限责任公司
27	L-BJ-CJ00023	中商国际旅行社有限公司
二、天津（9家）		
28	L-TJ-CJ00001	天津中国国际旅行社
29	L-TJ-CJ00002	天津市中国旅行社
30	L-TJ-CJ00003	天津康辉国际旅行社有限责任公司
31	L-TJ-CJ00004	天津中国青年旅行社有限公司
32	L-TJ-CJ00010	天津市经典假期国际旅行社有限公司
33	L-TJ-CJ00013	天津市大亚国际旅行社有限公司
34	L-TJ-CJ00016	天津市金龙国际旅行社有限责任公司
35	L-TJ-CJ00006	天津中贸国际旅行社有限责任公司
36	L-TJ-CJ00011	天津中信国际旅行社有限公司
三、河北（6家）		
37	L-HEB-CJ00001	河北省中国国际旅行社有限公司
38	L-HEB-CJ00002	河北省中国旅行社有限责任公司
39	L-HEB-CJ00005	河北省东方国际旅行社有限责任公司
40	L-HEB-CJ00015	河北康辉国际旅行社有限责任公司
41	L-HEB-CJ00019	河北航空集团天鹅国际旅行社有限公司
42	L-HEB-CJ00028	河北海外国际旅行社有限公司
四、山西（6家）		
43	L-SX-CJ00003	大同中国国际旅行社有限责任公司
44	L-SX-CJ00016	山西商务国际旅行社（有限公司）
45	L-SX-CJ00029	山西太行国际旅行社有限责任公司
46	L-SX-CJ00032	山西皇城相府国际旅行社有限公司
47	L-SX-CJ00009	山西东方国际旅行社有限公司
48	L-SX-CJ00034	山西红马国际旅行社有限公司
五、内蒙古（6家）		
49	L-NMG-CJ00004	内蒙古新世纪康辉国际旅行社有限责任公司

续　表

五、内蒙古（6家）（续）		
50	L-NMG-CJ00008	赤峰国际旅行社有限公司
51	L-NMG-CJ00023	呼伦贝尔市经典假日国际旅行社有限公司
52	L-NMG-CJ00001	内蒙古中国旅行社有限责任公司
53	L-NMG-CJ00010	内蒙古五洲国际旅行社有限责任公司
54	L-NMG-CJ00019	内蒙古春秋国际旅行社有限公司
六、辽宁（9家）		
55	L-LN-CJ00001	辽宁海外国际旅行社有限公司
56	L-LN-CJ00002	沈阳市海外国际旅行社有限公司
57	L-LN-CJ00019	沈阳青年国际旅行社有限公司
58	L-LN-CJ00037	大连古莲国际旅行社有限公司
59	L-LN-CJ00041	辽宁康辉国际旅行社有限公司
60	L-LN-CJ00046	中国旅行社总社（大连）有限公司
61	L-LN-CJ00020	辽宁世纪国际旅行社有限公司
62	L-LN-CJ00007	大连中国青年旅行社
63	L-LN-CJ00052	中国国旅（辽宁）国际旅行社有限公司
七、吉林（6家）		
64	L-JL-CJ00013	延边文化国际旅行社有限公司
65	L-JL-CJ00010	吉林市中国旅行社有限公司
66	L-JL-CJ00022	吉林省环球国际旅行社有限公司
67	L-JL-CJ00014	吉林省青年商务国际旅行社有限责任公司
68	L-JL-CJ00024	长春文化国际旅行社有限公司
69	L-JL-CJ00018	延边海峡国际旅行社有限公司
八、黑龙江（5家）		
70	L-HLJ-CJ00006	哈尔滨铁道国际旅行社有限责任公司
71	L-HLJ-CJ00014	哈尔滨青年国际旅行社
72	L-HLJ-CJ00028	黑龙江天马国际旅行社有限公司
73	L-HLJ-CJ00037	哈尔滨纵横国际旅游有限公司
74	L-HLJ-CJ00033	黑龙江省运通国际旅行社有限公司
九、上海（10家）		
75	L-SH-CJ00001	上海国旅国际旅行社有限公司
76	L-SH-CJ00002	上海锦江国际旅游股份有限公司
77	L-SH-CJ00003	上海中旅国际旅行社有限公司
78	L-SH-CJ00004	上海中国青年旅行社
79	L-SH-CJ00007	国旅集团上海有限公司
80	L-SH-CJ00009	上海春秋国际旅行社（集团）有限公司
81	L-SH-CJ00011	上海航空国际旅游（集团）有限公司
82	L-SH-CJ00021	上海市东上海国际旅行社有限公司
83	L-SH-CJ00025	上海携程国际旅行社有限公司
84	L-SH-CJ00051	上海巴士国际旅游有限公司
十、江苏（13家）		
85	L-JS-CJ00001	中国国旅（江苏）国际旅行社有限公司
86	L-JS-CJ00006	江苏省中旅旅行社有限公司
87	L-JS-CJ00007	苏州中国国际旅行社有限责任公司
88	L-JS-CJ00010	无锡市中国旅行社有限责任公司
89	L-JS-CJ00018	中青旅江苏国际旅行社有限公司
90	L-JS-CJ00024	南京中北友好国际旅行社有限公司

续 表

十、江苏（13家）（续）		
91	L-JS-CJ00026	苏州青年旅行社股份有限公司
92	L-JS-CJ00034	江苏舜天海外旅游有限公司
93	L-JS-CJ00017	常州国旅旅行社有限公司
94	L-JS-CJ00015	徐州中国国际旅行社有限公司
95	L-JS-CJ00063	盐城康辉国际旅行社有限公司
96	L-JS-CJ00025	江苏省镇江中国旅行社
97	L-JS-CJ00021	苏州文化国际旅行社有限公司
十一、浙江（16家）		
98	L-ZJ-CJ00002	浙江省中国旅行社有限公司
99	L-ZJ-CJ00003	浙江省中青国际旅游有限公司
100	L-ZJ-CJ00005	浙江中山国际旅行社有限责任公司
101	L-ZJ-CJ00006	浙江光大国际旅游有限公司
102	L-ZJ-CJ00008	浙旅控股股份有限公司
103	L-ZJ-CJ00009	浙江海峡国际旅行社有限公司
104	L-ZJ-CJ00029	杭州海外旅游有限公司
105	L-ZJ-CJ00030	杭州市中国旅行社有限公司
106	L-ZJ-CJ00041	宁波浙仑海外旅行社有限公司
107	L-ZJ-CJ00047	温州国旅旅游有限公司
108	L-ZJ-CJ00055	浙江商务国际旅行社有限公司
109	L-ZJ-CJ00039	中国国旅（宁波）国际旅行社有限公司
110	L-ZJ-CJ00007	浙江捷登旅游有限公司
111	L-ZJ-CJ00070	浙江东港国际旅行社有限公司
112	L-ZJ-CJ00063	浙江飞扬国际旅游集团有限公司
113	L-ZJ-CJ00004	浙江省中国国际旅行社
十二、安徽（6家）		
114	L-AH-CJ00001	安徽海外旅游有限公司
115	L-AH-CJ00002	安徽中国青年旅行社有限责任公司
116	L-AH-CJ00006	黄山市中国旅行社
117	L-AH-CJ00008	安徽环球国际旅行社有限责任公司
118	L-AH-CJ00003	安徽省中国旅行社有限责任公司
119	L-AH-CJ00021	黄山中青旅中山国际旅行社有限公司
十三、福建（14家）		
120	L-FJ-CJ00001	福建海外旅游实业总公司
121	L-FJ-CJ00002	福建省中国旅行社
122	L-FJ-CJ00005	福建省旅游有限公司
123	L-FJ-CJ00008	福建省康辉国际旅行社股份有限公司
124	L-FJ-CJ00011	福建康泰国际旅行社有限公司
125	L-FJ-CJ00015	厦门旅游集团国际旅行社有限公司
126	L-FJ-CJ00016	厦门航空国际旅行社有限公司
127	L-FJ-CJ00018	厦门春辉国际旅行社有限公司
128	L-FJ-CJ00020	厦门建发国际旅行社有限公司
129	L-FJ-CJ00033	福建省惠安天马国际旅行社
130	L-FJ-CJ00009	福建省春秋国际旅行社有限公司
131	L-FJ-CJ00042	中国国旅（福建）国际旅行社有限公司
132	L-FJ-CJ00034	福建省石狮市假日国际旅行社有限公司
133	L-FJ-CJ00038	龙岩市中元国际旅行社有限公司

续　表

十四、江西（5家）		
134	L-JX-CJ00001	江西省海外旅游总公司
135	L-JX-CJ00006	南昌铁路国际旅行社有限责任公司
136	L-JX-CJ00007	江西光大国际旅行社有限公司
137	L-JX-CJ00020	九江中国国际旅行社
138	L-JX-CJ00002	江西省中国国际旅行社有限公司
十五、山东（11家）		
139	L-SD-CJ00001	山东旅游有限公司
140	L-SD-CJ00002	山东嘉华文化国际旅行社有限公司
141	L-SD-CJ00016	港中旅国际（山东）旅行社有限公司
142	L-SD-CJ00020	中国国旅（青岛）国际旅行社有限公司
143	L-SD-CJ00021	中国旅行社总社（青岛）有限公司
144	L-SD-CJ00046	山东南山国际旅行社有限公司
145	L-SD-CJ00048	威海中国旅行社有限公司
146	L-SD-CJ00010	山东交运旅游有限公司
147	L-SD-CJ00057	淄博国际旅行社有限公司
148	L-SD-CJ00003	山东省中国旅行社
149	L-SD-CJ00022	青岛华青国际旅行社有限责任公司
十六、河南（9家）		
150	L-HEN-CJ00001	河南旅游集团有限公司
151	L-HEN-CJ00002	河南省中国国际旅行社有限责任公司
152	L-HEN-CJ00009	河南中州国际旅行社有限公司
153	L-HEN-CJ00010	河南中原国际旅游集团有限公司
154	L-HEN-CJ00011	河南康辉国际旅行社有限责任公司
155	L-HEN-CJ00012	河南省中国旅行社有限公司
156	L-HEN-CJ00031	河南中信国际旅行社有限公司
157	L-HEN-CJ00024	河南职工国际旅行社
158	L-HEN-CJ00004	郑州海外国际旅行社有限公司
十七、湖北（10家）		
159	L-HUB-CJ00003	长江轮船海外旅游总公司
160	L-HUB-CJ00006	湖北省中国旅行社有限责任公司
161	L-HUB-CJ00010	湖北海外十堰中国国际旅行社有限公司
162	L-HUB-CJ00019	湖北新航线国际旅行社有限责任公司
163	L-HUB-CJ00022	中国国旅（宜昌）国际旅行社有限公司
164	L-HUB-CJ00011	中南国际旅游公司（湖北）
165	L-HUB-CJ00014	武汉春秋国际旅行社有限公司
166	L-HUB-CJ00015	宜昌大三峡国际旅行社
167	L-HUB-CJ00035	湖北峡州国际旅行社有限公司
168	L-HUB-CJ00021	中国国旅（武汉）国际旅行社有限公司
十八、湖南（9家）		
169	L-HUN-CJ00001	湖南华天国际旅行社有限责任公司
170	L-HUN-CJ00002	湖南省亲和力旅游国际旅行社有限公司
171	L-HUN-CJ00003	湖南省中国国际旅行社有限公司
172	L-HUN-CJ00006	长沙国旅国际旅行社有限公司
173	L-HUN-CJ00009	湖南光大国际旅行社有限公司
174	L-HUN-CJ00008	湖南海外旅游有限公司
175	L-HUN-CJ00005	湖南新康辉国际旅行社有限责任公司

续 表

十八、湖南（9家）续		
176	L-HUN-CJ00004	湖南省中国旅行社
177	L-HUN-CJ00010	张家界市中国旅行社有限责任公司
十九、广东（19家）		
178	L-CD-CJ00001	中国国旅（广东）国际旅行社股份有限公司
179	L-GD-CJ00002	广东省中国旅行社股份有限公司
180	L-GD-CJ00004	广州广之旅国际旅行社股份有限公司
181	L-CD-CJ00005	广东铁青国际旅行社有限责任公司
182	L-CD-CJ00019	广东南湖国际旅行社有限责任公司
183	L-CD-CJ00025	广东风光国际旅行社有限公司
184	L-CD-CJ00039	深圳中国国际旅行社有限公司
185	L-GD-CJ00041	深圳市口岸中国旅行社有限公司
186	L-CD-CJ00047	深圳市九洲国际旅行社有限公司
187	L-CD-CJ00058	深圳市航空国际旅行社有限公司
188	L-GD-CJ00069	广东省拱北口岸中国旅行社有限公司
189	L-CD-CJ00077	汕头市旅游总公司
190	L-GD-CJ00115	中山中国国际旅行社有限公司
191	L-GD-CJ00061	深圳市建南国际旅行社有限公司
192	L-GD-CJ00110	东莞市青年国际旅行社有限公司
193	L-GD-CJ00044	深圳华侨城国际旅行社有限公司
194	L-GD-CJ00110	东莞市景鸿国际旅行社有限公司
195	L-GD-CJ00036	广州携程国际旅行社有限公司
196	L-GD-CJ00079	汕头市中国旅行社有限公司
二十、广西（4家）		
197	L-GX-CJ00001	桂林中国国际旅行社有限责任公司
198	L-GX-CJ00004	广西中国国际旅行社
199	L-GX-CJ00018	桂林阳朔国际旅行社有限责任公司
200	L-GX-CJ00007	广西壮族自治区中国旅行社
二十一、海南（5家）		
201	L-HAN-CJ00008	海南豪阳国际旅行社有限公司
202	L-HAN-CJ00009	海南特区国际旅行社有限公司
203	L-HAN-CJ00011	海南康泰国际旅行社有限公司
204	L-HAN-CJ00014	中国国旅（海南）国际旅行社有限公司
205	L-HAN-CJ00018	海南乐游国际旅行社有限公司
二十二、重庆（8家）		
206	L-CQ-CJ00001	重庆海外旅业（旅行社）集团有限公司
207	L-CQ-CJ00002	重庆市中国旅行社（集团）有限公司
208	L-CQ-CJ00003	重庆新亚国际旅行社
209	L-CQ-CJ00004	重庆新世纪国际旅行社有限公司
210	L-CQ-CJ00012	重庆长江国际旅游公司
211	L-CQ-CJ00015	重庆黄金假期国际旅行社有限公司
212	L-CQ-CJ00018	重庆假日国际旅行社有限公司
213	L-CQ-CJ00020	重庆阳光国际旅行社有限公司
二十三、四川（9家）		
214	L-SC-CJ00001	四川海外旅游公司
215	L-SC-CJ00002	成都中国青年旅行社
216	L-SC-CJ00003	四川省中国青年旅行社有限公司

续　表

二十三、四川（9家）续		
217	L-SC-CJ00010	四川康辉国际旅行社有限公司
218	L-SC-CJ00018	成都熊猫旅游集团国际旅行社股份有限公司
219	L-SC-CJ00021	四川和邦国际旅行社有限责任公司
220	L-SC-CJ00007	港中旅国际成都旅行社有限公司
221	L-SC-CJ00012	四川省中国旅行社
222	L-SC-CJ00020	成都携程国际旅行社有限公司
二十四、贵州（6家）		
223	L-GZ-CJ00001	贵州海外旅游总公司
224	L-GZ-CJ00003	贵州省中国青年旅行社有限公司
225	L-GZ-CJ00002	贵州省中国国际旅行社
226	L-GZ-CJ00011	贵州海峡阳光国际旅行社有限公司
227	L-GZ-CJ00005	贵阳中国旅行社
228	L-GZ-CJ00010	贵州太平洋国际旅行社有限公司
二十五、云南（8家）		
229	L-YN-CJ00001	云南海外旅游总公司
230	L-YN-CJ00002	昆明中国国际旅行社
231	L-YN-CJ00011	昆明风情国际旅游（集团）有限公司
232	L-YN-CJ00012	云南省国际旅行社
233	L-YN-CJ00020	昆明康辉旅行社有限公司
234	L-YN-CJ00018	云南熊猫国际旅行社有限公司
235	L-YN-CJ00007	昆明铁路国际旅行社
236	L-YN-CJ00034	云南丽江白鹿国际旅行社有限公司
二十六、西藏（2家）		
237	L-XZ-CJ00001	西藏旅游总公司
238	L-XZ-CJ00002	西藏圣地国际旅行社
二十七、陕西（7家）		
239	L-SNX-CJ00001	西安中国国际旅行社集团有限责任公司
240	L-SNX-CJ00002	中国康辉西安国际旅行社有限责任公司
241	L-SNX-CJ00006	中国旅行社总社西北有限公司
242	L-SNX-CJ00010	西安中旅国际旅行社有限责任公司
243	L-SNX-CJ00004	陕西中国旅行社有限责任公司
244	L-SNX-CJ00003	陕西海外旅游有限责任公司
245	L-SNX-CJ00007	西安光大国际旅行社
二十八、甘肃（3家）		
246	L-GS-CJ00008	甘肃康辉国际旅行社有限责任公司
247	L-GS-CJ00001	甘肃丝绸之路国际旅行社有限责任公司
248	L-GS-CJ00002	甘肃省中国旅行社有限公司
二十九、青海（4家）		
249	L-QH-CJ00004	青海青藏国际旅行社有限公司
250	L-QH-CJ00003	青海省西海国际旅行社
251	L-QH-CJ00008	中国旅行社总社（青海）有限公司
252	L-QH-CJ00006	青海省康辉国际旅行社有限责任公司
三十、宁夏（4家）		
253	L-NX-CJ00002	宁夏中国国际旅行社
254	L-NX-CJ00001	宁夏海外旅游有限责任公司
255	L-NX-CJ00003	宁夏中国旅行社有限公司
256	L-NX-CJ00004	宁夏招商国际旅游有限公司

续 表

三十一、新疆（5家）		
257	L-XJ-CJ00001	中青旅新疆国际旅行社有限责任公司
258	L-XJ-CJ00004	港中旅国际新疆旅行社有限责任公司
259	L-XJ-CJ00002	新疆大西部国际旅行社有限责任公司
260	L-XJ-CJ00007	新疆中国旅行社有限公司
261	L-XJ-CJ00005	新疆中国国际旅行社有限责任公司
三十二、新疆兵团（2家）		
262	L-XB-CJ00001	新疆康辉大自然国际旅行社有限责任公司
263	L-XB-CJ00004	新疆生产建设兵团中国青年旅行社（有限公司）

附表 4

2012 年新设立的外商投资旅行社

序号	许可证编号	旅行社名称	许可经营业务	经营场	许可文号	出资人
1	L-SH-WZ00012	百事活（上海）旅行社有限公司	入境旅游业务 国内旅游业务	上海市	旅监管发（2011）67号	百事活公司 Pacific World Limited
2	L-SD-WZ00002	中欧航旅（山东）国际旅行社有限公司	入境旅游业务 国内旅游业务	青岛市	旅办发（2012）12号	青岛中欧航旅国际旅行社有限公司、新加坡中欧航空旅游联盟有限公司
3	L-SC-WZ00001	四川阿克斯旅行社有限公司	入境旅游业务 国内旅游业务	四川省	旅办发（2012）11号	Brian Anthony Glorioso
4	L-BJ-WZ00031	北京奥博旅行社有限公司	入境旅游业务 国内旅游业务	北京市	旅办发（2012）263号	奥博旅游中国有限公司
5	L-BJ-WZ00032	北京世界风情旅行社有限责任公司	入境旅游业务 国内旅游业务	北京市	旅办发（2012）396号	亚洲之美控股有限公司
6	L-BJ-WZ00033	爱客宙（北京）旅行社有限公司	入境旅游业务 国内旅游业务	北京市	旅办发（2012）401号	香港法人巨聪控股有限公司、法国自然人马诗赞奥利弗皮艾尔方苏华
7	L-BJ-WZ00034	北京旅途新境界旅游有限公司	入境旅游业务 国内旅游业务	北京市	旅发（2012）113号	接待专家（国际）商务服务有限公司、北京文华嘉和贸易有限公司、陈香伊
8	L-SH-WZ00013	上海亿达旅行社有限公司	入境旅游业务 国内旅游业务	上海市	旅发（2012）63号	安达旅运有限公司
9	L-HAN-WZ00003	三亚南方拾字旅行社有限公司	入境旅游业务 国内旅游业务	海南省	旅发（2012）143号	KUZNETSOV ANDREY
10	L-ZJ-WZ00002	江山市泛欧旅游有限公司	入境旅游业务 国内旅游业务	江山市	旅发（2012）145号	江山市金满田生物科技有限公司、石重庆

中国电信业对外开放情况

一、2012年电信业发展情况

2012年，我国电信业保持平稳较快发展，基础设施建设稳步推进，用户规模持续快速增长，移动通信加速更新换代，市场竞争格局逐步优化，三网融合取得积极进展，新兴信息消费增长迅猛，改革发展工作顺利推进，市场监管能力持续增强，网络信息安全保障有力，行业发展活力明显增强，加速推动了两化深度融合和信息化水平提升，服务支撑国民经济社会发展的基础性、先导性、战略性作用日益突出。

（一）行业继续保持平稳增长

2012年全国电信业务收入累计完成10 763亿元，同比增长9%，高于GDP增速1.2个百分点。3G业务收入出现了爆发式增长，增长幅度高达91.6%，达到1 081亿元。基础电信业完成增加值5 897亿元，同比增长5.4%，对GDP的直接贡献为1.13%。据测算，基础电信业固定资产投资完成3 614亿元，拉动GDP增长7 590亿元；增加就业岗位273万个。全国电话用户总数达13.9亿户，电话普及率达103.3部/百人。其中，移动电话总数达到11.1亿户；固定电话总数为2.78亿户。移动互联网用户达到7.6亿户。

（二）宽带网络加快普及提速

2012年光缆线路长度净增269万公里，达到1 480.6万公里，同比增长22.8%，随着接入网光纤化的发展，接入网光缆线路长度和纤芯长度的增长速度均超过30%。全国互联网国际出口带宽继续保持高速发展势头，同比增长36.7%，达到1 899 792Mbps。固定互联网宽带接入端口达到2.7亿个，同比增长15.8%。城市新建住宅小区大力推进光纤到户，已建住宅区加快光纤化改造，光纤入户网络覆盖家庭达到9 473万户。无线宽带网络持续优化，2012年3G基站总数达到104.1万个，同比增长27.9%，3G网络覆盖的广度和深度继续扩大，已覆盖全国所有县城以及大部分乡镇。

（三）移动通信加快更新换代

2012年新增3G用户1.04亿户，在新增移动电话用户中所占比例达82.9%，较2011年提高19个百分点，3G用户总数达到2.33亿户，3G用户占移动电话用户比重达到20.9%。全年国内智能终端出货量2.58亿部，同比增长166.8%。3G业务应用开发进展迅速，中国电信应用商店“天翼空间”累计上架应用数超过15.5万个，下载量超过2亿次；中国移动应用商场累计收入超过9 000万元，同比增长超过300%；中国联通开发了手机进场业务、刷卡器业务以及远程综合移动支付平台。此外，3G业务还被广泛应用于物联网、电子商务等社会生活的各个方面，有效地促进了经济社会信息化的进程。

（四）转型升级步伐不断加快

2012年非话音业务收入5 322.1亿元，同比增长16.9%，占电信业务收入比重达49.4%，同比提高3.6个百分点。固定通信业务收入同比增长4.9%，增速比2011年提升3.9个百分点；移动通信业务收入同比增长10.6%，其中3G业务收入1 081亿元，同比增长91.6%，增量贡献率达58.2%。数据业务成为新引擎。固定和移动数据业务收入成为拉动基础电信业收入增长的新引擎，2012年移动数据及互联网业务收入1 270亿元，同比增长55.8%，增量贡献率达到51.2%；固定数据及互联网业务收入1 383亿元，同比增长11.4%。2012年，基础电信业共完成移动互联网接入流量7.7亿G，比2011年增长40%，成为全部业务量中增长最快的领域。2012年手机电视下载视频数达到2 688.8万次，同比增长85.8%。

（五）互联网产业进一步发展

2012年，我国网民规模达5.64亿，互联网普及率为42.1%，较2011年底提升3.8个百分点。手机网民规模为4.2亿，较上年底增加约6 440万人，网民中使用手机上网的用户占比由上年底的69.3%提升至74.5%。网民中农村人口占比为27.6%，规模达到1.56亿。IPv6地址数量为12 535块/32，在全球的排名由2011年6月的第15位迅速提升至第3位。域名总数增至1 341万个，其中，CN域名总数为751万，占中国域名总数比例达56.0%。网络广告市场规模达到591.8亿元，同比增长48.2%；网络游戏用户付费市场规模达到458.3亿元，同比增长29.3%；网络视频整体收入为88.1亿，同比增长近100%，用户规模达到3.72亿人。移动搜索市场规模达到13.3亿元，同比增长了150%。

二、当前我国电信业开放情况

自2001年加入WTO以来，我国根据在WTO中承诺开放的业务和条件，严格履行WTO承诺，积极应对WTO挑战，逐步建设完善相关法律法规，有关情况如下。

根据我国WTO承诺及2003版《电信业务分类目录》，我国对外资开放的基础电信业务有10项：固定网本地电话业务、固定网长途电话业务、固定网国际长途电话业务、蜂窝移动通信业务、因特网数据传送业务、国际数据通信业务、无线寻呼业务、固定网国内数据传送业务、无线数据传送业务、国内通信服务设施业务，外资股比不超过49%。增值电信业务有3项：信息服务业务、在线数据处理与交易处理业务、存储转发类业务，外资持股比例不高于50%。

根据国务院《关于鼓励服务外包产业加快发展的复函》，我国在21个试点城市进行了离岸呼叫中心对外资试点开放，经营该项业务的外商投资企业外资股比可达100%。同时，我国对外资经营离岸呼叫中心业务试点审批程序进行了简化。

根据大陆与香港（澳门）更紧密经贸关系（CEPA）安排，在对WTO已经开放三项业务的基础上增加了因特网数据中心业务、因特网接入服务业务、呼叫中心业务、国内因特网虚拟专用网业务四项业务，港澳资本比重不高于50%。

截至目前，我国已批准29家中外合资企业（含港澳资）经营增值电信业务。

（工业和信息化部通信发展司）

中国文化产业对外开放情况

一、促进中国文化产业“走出去”系列举措

为推动文化产品和服务出口工作，中央在2005年7月下发《关于进一步加强和改进文化产品和服务出口工作的意见》，国务院办公厅在2006年转发了财政部、商务部、文化部、中国人民银行、海关总署、税务总局、广电总局、新闻出版总署8个部门的《关于鼓励和支持文化产品和服务出口的若干政策》。这两个文件提出了目前我国鼓励和支持文化产品和服务出口的若干具体政策，包括降低门槛，为文化产品和服务“走出去”营造良好外部环境；加强对文化产品和服务“走出去”的指导和服务；帮助企业解决出口资金短缺问题；完善文化产品和服务出口表彰奖励机制等几方面的问题。

2009年4月，文化部与商务部、新闻出版广电总局和中国进出口银行联合发布了《关于金融支持文化出口的指导意见》。2012年文化部与中国进出口银行签订了《关于扶持培育文化出口重点企业、重点项目的合作协议》，目的是逐步解决文化企业长期存在的融资难等问题。2009年8月，我国第一部文化产业专项规划《文化产业振兴规划》颁布，成为国家第十一个产业振兴与调整规划，标志着发展文化产业已经上升到国家战略层面，文化产业也因此成为我国软实力建设的核心所在。《文化产业振兴规划》提出的政策措施和保障条件非常具体，指出在对外文化贸易当中，我们要坚持以企业为主体，推动中华文化走出去，特别强调的是以企业为中心，重点是扶持体现民族特色的文化产品和服务的出口，同时明确提出要抓好国际营销网络的建设，鼓励文化企业到境外设立研发生产基地，开发和生产适合当地文化消费特点的文化产品，真正使中华文化“走出去”，扩大影响力。为充分发挥政府在推动中华文化“走出去”工作中的引导作用和服务职能，积极推动文化企业、产品和服务通过商业渠道走向世界。

2010年，商务部、文化部等10部门联合出台了《关于进一步推进国家文化出口重点企业和项目目录相关工作的指导意见》。2012年初，根据文化贸易过程中出现的新情况、新形势和新液态的实际需要，10部门对《文化产品和服务出口指导目录》又进行了调整，重新修订重点文化企业的认定标准，共有480余家文化企业和超过100个文化项目被认定为2011—2012年度国家文化出口重点企业和重点项目。2011年4月文化部颁布《关于促进文化产品和服务“走出去”2011—2015年总体规划》。2011年4月，国家新闻出版总署颁布《新闻出版业“十二五”时期走出去发展规划》，提出要统筹国际国内两个大局，推动新闻出版业“走出去”的具体政策措施，到“十二五”期末，基本扭转新闻出版产品和服务的出口逆差状况，大幅度提升中华文化的国际传播力和影响力。2011年10月，中共十七届六中全会审议通过了《中共中央关于深化文化体制改革、推动社会主义文化大发展大繁荣若干重大问题的决定》，提出了推动文化产业成为国家支柱产业的重要目标，对“走出去”做了进一步的强调。

2012年中国文化部发布《文化部“十二五”时期文化产业倍增计划》，提出了“十二五”期间，文化产业作为国民经济支柱型产业，它的增加值占GDP比重将从2.5%上升到5%以上，文化产业增加值年平均现价增长速度高于20%，2015年比2010年至少翻一番，实现倍增的奋斗目标。同时提出了推动文化产业“走出去”等10个方面的主要任务①。

二、中国文化产业“走出去”情况

1. 演艺娱乐业

我国演出行业的市场化进程逐渐加快。2008

① 马思伟：文化部发布《文化部“十二五”时期文化产业倍增计划》。http://www.ccnt.gov.cn/xxfbnew2011/xwzx/lmsj/201202/t20120228_231555.html

年，全国艺术表演团体的演出总收入为 13.3 亿元，2009 年增至 28.8 亿元，而到 2011 年这个数字攀升到 52.7 亿元（见表 1），国内演出场次和观众人数有较快增长，2011 年演出场次达到 154.72 万，观众人数达到 7.46 亿人次。随着我国经济的持续发展，我国的国际地位显著提升，促进了中国与其他国家的文化交流和互信，越来越多的中国优秀演出走出国门，在国际舞台上展现出丰富多彩的中华文化。2011 年中国首次亮相法国阿维尼翁艺术节，此次戏剧节还将 7 月 10 日定为“中国日”，举行了多场特别活动展示中国当代戏剧的风采。2011 年，澳大利亚“中国文化年”和意大利“中国文化年”先后举行，2010 年以来，中国与 11 个国家签署了成立中国文化中心的协定，中国文化中心为增进国际人民友谊，扩大人文交流搭建了良好的平台。中国演艺“走出去”已经突破了单纯的文化宣传与交流的模式，走向了国际化运营和市场化运作，将文化传播与市场营销相结合，促成中国文化影响力的显著提升。根据文化部对外文化联络局的统计，2009 年，中国境外商业演出团组数为 426 个，演出场次16 373场，实现演出收益约1 327.7万美元，平均每场收入不到1 000美元；2010 年，共有 302 项演艺类项目走出国门进行商业演出，演出总场次25 908场，出口总收入约为 2765.6 万美元，平均每场收入1 000美元左右；2011 年，共有 126 项演艺产品（项目）出国进行商业演出，演出总场次为8 090场，观众1 316.97万人次，出口总收入约为3 171.9万美元，平均每场收入约4 000美元（见表 2）。2011年，在演出场次减少的情况下，出口总收入在稳步提升，说明我国演艺产业优秀剧目的市场价值逐步获得了海外观众的认可。成功的演出包括在美国剧院驻演的《功夫传奇》《少林武魂》，从重庆走向海外的杂技剧《花木兰》，驻演柬埔寨的《五个的微笑》，中国杂技团的《一品一三绝》等。

表 1　　全国艺术表演院团收入情况

	2008 年	2009 年	2010 年	2011 年
演出总收入（亿元）	13.3	28.8	34.2	52.7
演出场次（千场）	905	1 201	1 371	1 547

数据来源：《中国统计年鉴》2009 年、2010 年、2011 年和 2012 年。

表 2　　2009—2011 年中国海外商演情况

	2009 年	2010 年	2011 年
演出总场次	16 373	25 908	8 090
出口总收入（万美元）	1 327.7	2 765.6	3 171.9
平均每场收入（美元）	低于 1 000	约 1 000	约 4 000

另一方面，中国演艺业在跨国资本运作方面有了突破性进展，2009 年 12 月中国天创国际演艺制作交流有限公司在美国布兰森市购买了白宫剧院，并在那里长期驻演《功夫传奇》；2010 年《少林武魂》在由东上海国际文化影视集团收购的美国大雾山旅游区东上海剧院成功驻演，保证了中国演出产品直接与国际市场对接。

2. 新闻出版业

作为中国文化产业的基础产业、提升国家文化软实力和推动中华文化走出去的主要力量，新闻出版业的地位不容忽视。2012 年全国出版、印刷和发行服务实现营业收入16 635.3亿元，较 2011 年增加2 066.7亿元，增长 14.2%；增加值4 617.0亿元，较 2011 年增加 595.3 亿元，增长 14.8%。2012 年全国共输出版权9 365种（其中出版物版权7 831种），较 2011 年增加1 582种，增长 20.3%；版权引进品种与输出品种比例由 2011 年的 2.1：1 降至 1.9：1。2012 年图书版权输出 7 568 种，引进16 115种，引进输出比由 2002 年的 7.9：1 降为 2012 年的 2.1：1（见表 3）。2012 年全国累计出口图书、报纸、期刊、音像制品、电子出版物和数字出版物2 087.9万册（份、盒、张），较 2011 年增加 530.4 万册（份、盒、张），增长 34.1%；金额9 474.1万美元，增加2 077.5万美元，增长 28.1%（见表 4）。①

① 国家新闻出版广电总局署：《2012 年新闻出版产业分析报告》。

表 3　　2005—2011 年中国图书版权引进输出一览表　　单位：种

	2005	2006	2007	2008	2009	2010	2011	2012
引进	9 382	10 950	10 255	15 776	12 914	13 724	14 708	16 115
输出	1 434	2 050	2 571	2 440	3 103	3 880	5 922	7 568
引进输出比	6.5	5.3	4.0	6.5	4.2	3.5	2.5	2.1

数据来源：2003—2008 年的《全国新闻出版业基本情况》共 5 个报告及 2009—2012 年《新闻出版产业分析报告》。

表 4　　2005—2011 年中国图书、报纸、期刊、音像制品、电子出版物贸易额　　单位：万美元

	2005	2006	2007	2008	2009	2010	2011	2012
出口额	3 517	3 916	3 968	3 588	3 499	3 758	7 397	9 474
进口额	18 351	21 173	25 446	28 618	31 032	37 391	42 508	
贸易差额	−14 834	−17 257	−21 478	−25 030	−27 533	−33 633	−35 111	

数据来源：同表 3。

数字出版产品出口是新闻出版走出去的新领域，我国数字出版产品大量输出海外，2011 年我国期刊数据库的海外付费下载收入近千万美元，电子书海外销售收入超过5 000万人民币，盛大网络文学在线阅读，读者分布在 200 多个国家和地区。到 2012 年底我国新闻出版企业在境外投资或设立分支机构 459 个。在数量增加的同时，质量和影响也在不断提升。人民卫生出版社投资收购了加拿大 BC 戴克出版公司的全部医学图书资产，之后在美国成立了人卫社美国公司。2007 年，中国青年出版总社在英国注册成立了一家专业出版社，这是中国大陆第一家在英国投资成立的出版社①。

2001 年以来，我国新闻出版业遵循政府推动、企业主体、市场化运作的原则，通过版权输出、实物产品出口、数字出版产品出口、印刷加工服务出口、对外出版投资、海外渠道拓展、人才培养等方式，实施文化“走出去”战略，“走出去”的规模不断扩大，领域不断拓宽。

3. 电影产业

2012 年我国故事片产量达到 745 部，创历史新高。全年在影院上映的国产影片达到 231 部，占总产量的 31%，在国产电影上映数量上较 2011 年也有大幅度的提升（见图 1）。在影片产量上，我国已经与美国基本持平，但考虑到我国在银幕数量上远远落后于美国，现有的电影产量已经超过了电影银幕的承载能力。以后的发展方向应该是努力提高影片品质，而不是盲目追求数量的扩大。2012 年我国电影产业总收入增长率在 2011 年出现大规模滑坡后回升到了 18%。2012 年我国电影票房收入 170.73 亿元，占总收入的 81.46%，国内非票房收入 29 亿元，占总收入的 13.84%，其中国内电影版权收入为 12 亿元，较前年增长了 2.4 亿元，占电影产业总收入比重仍不到 6%，与前一年相比几乎没有变化，说明我国在电影版权销售等非票房产业环节仍较为薄弱，与发达国家仍存在不小差距②。

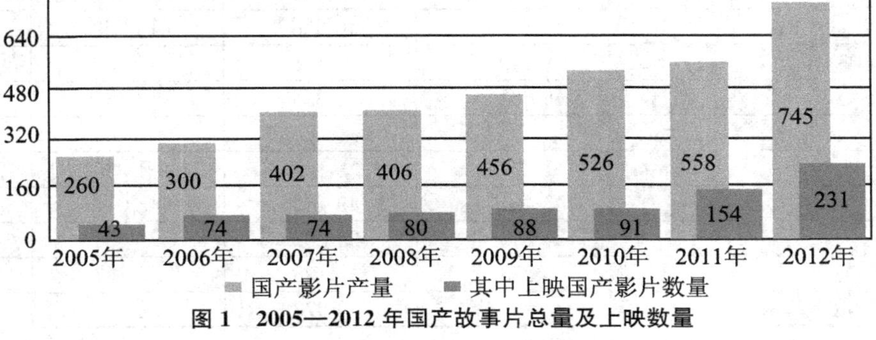

图 1　2005—2012 年国产故事片总量及上映数量

① 国家新闻出版广电总局署外事司：《走出去战略全面成果》。

② 艺恩咨询：《2012—2013 中国电影产业研究报告》。

2010年1月，国务院办公厅颁布了《促进电影产业繁荣发展的指导意见》，明确提出培育有国际竞争力和影响力的电影国际传播企业，开发适应国际市场需求的国产影片。2011年中国共有来自23家制片单位的52部影片在海外22个国家和地区销售，海外发行总收入20.24亿元。2012年全年我国共有75部中国影片销往80多个国家和地区，海外票房和销售收入达10.63亿元，比2011年则下降9.83亿元，降幅接近50%①，比2009年和2010年的海外票房和营销收入明显下降（见图2）。说明中国精神、中国形象、中国故事的世界性表达和传播能力，与之前相比没有实质性提升，与国际电影的主流形态存在差距，既带有强烈民族特色又符合世界各国观众审美口味的影片还不多。此外，中国电影的国际化宣传、营销手段比较落后，缺乏专业化、规模化的国外发行网络和营销人员，被动地依靠海外发行公司。中国电影要破解这一困局，一方面电影艺术工作者要从中国文化中吸取营养，还要探索合理的营销策略和发行渠道，坚持政府推动与市场运作相结合方式，推动中国电影"走出去"。

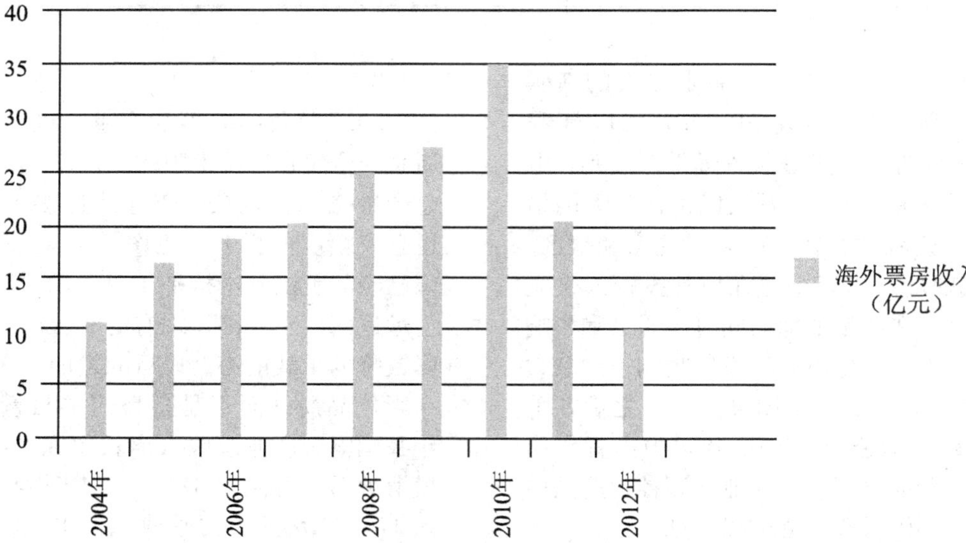

图2 中国电影海外票房收入

数据来源：艺恩咨询：《2012—2013中国电影产业研究报告》。

表5　2008—2011年中国电视节目进出口情况

	2008年	2009年	2010年	2011年
全年电视节目出口总额（万元）	12 476.06	9 173	21 010	22 662
＃电视剧	7 524.95	3 584	7 484	14 649
动画电视	2 947.79	4 456	11 133	3 662
全年电视节目出口量（小时）	10 300	10 238	13 762	25 657
＃电视剧（部）	149	128	288	298
电视剧（集）	6 662	5 825	12 362	14 001
动画电视（部）	38	55	84	426（时）
动画电视（集）	1 877	3 191	4 930	111（时）
全年电视节目进口总额（万元）	45 421	49 146	43 047	54 099
＃电视剧（万元）	24 293	26 887	21 450	34 564
动画电视（万元）	878	128	247	702
全年电视节目进出口贸易差额（万元）	−32 945	−39 973	−22 037	−31 436

资料来源：《中国统计年鉴》2009年、2010年、2011年、2012年。

① 中国文化报，2013年1月11日。

4. 电视产业

2005年以来，我国电视节目制作时间在25万小时以上，2011年达到29.5万小时，全年电视节目播出时间在1 675万小时左右，在电视节目的总时长中，电视剧占了44%。2011年，我国生产发行电视剧共计469部14 942集，稳居世界第一。全年制作完成的国产电视动画片共435部、26.12万分钟，跃居世界首位。

中国电视剧的进口额仍大于出口额，但是逆差正在缩小（见表5）。主要原因是国产剧的制作水平大幅提升，积极走向海外市场，国产剧的四个海外主要市场包括港台地区、东南亚、日韩以及北美的华人区，而中东、北欧、非洲以及东欧成为中国电视剧的新兴市场，印度半岛、拉美也开始认同和接受中国电视剧，成为潜在目标市场。

5. 动漫和网络游戏业

近五年来，在政策的持续推动和财政资金的大力支持下，动漫、网络游戏等文化产品“走出去”异军突起，海外销售收入的增长速度很快（如图3所示），经过多年的探索，中国网游企业海外拓展的版图已经呈辐射状扩张。2012年国产游戏出口收入达到5.87亿美元，同比增长45.7%。尽管增速有所回落，2012年新增54家公司共计66款国产网络游戏出口海外，从2010年至今，累计出口国产网络游戏产品数量已经突破260款，参与出口的网络游戏企业接近100家，国产网络游戏海外出口收入稳步增长。中小型网络游戏企业特别是网页游戏企业和移动网游戏企业积极的开拓海外市场，龙头企业则通过投资、并购等方式来开拓海外市场，如腾讯和完美均在北美参与了大量网络游戏相关项目和企业的投资。国产网络游戏产品在俄罗斯、越南等国占据了主要的市场份额。实际上，以完美世界为代表的国产网游企业已经将市场扩展到了除非洲和澳洲以外的绝大多数国家和地区。

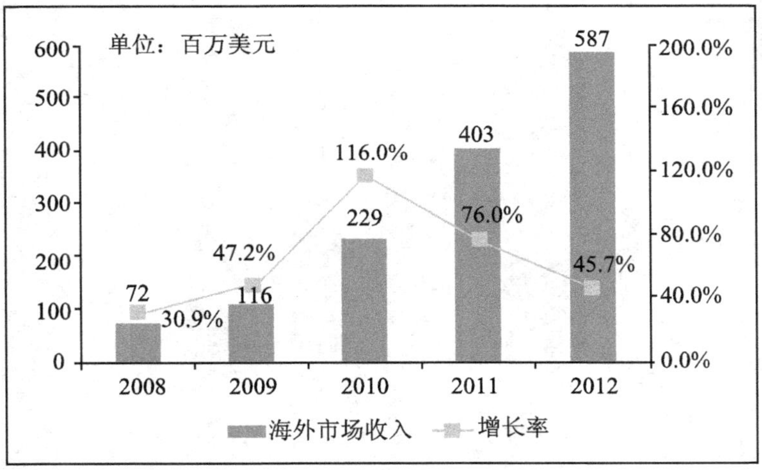

图3　2008—2012年中国国产网络游戏海外收入

数据来源：《2012中国网络游戏市场年度报告》。

2009年全国动漫出口收入为3.19亿元，2010年较2009年增长60%，达到5.1亿元，2011年我国核心动漫产品出口额达7.14亿元，较2010年增长40%。2011至2012年，我国动漫产业规模持续扩大，产业结构不断优化，市场主体快速成长，产业政策日益完善，除总产值增长22.23%外，2012年我国核心动漫产品出口额达到8.3亿，较2011年增长16.25%，动漫海外授权成为我国动漫“走出去”的主体形式，越来越多的中国动漫企业和品牌走向世界，影响世界。

总之，近年来在中国政府的积极引导和扶持下，在中国企业界、民间团体的共同努力下，中国文化“走出去”环境不断优化，中国文化市场对外开放的步伐加大，对外文化贸易额持续增长，结构不断完善，文化产品和服务的国际竞争力不断增强，越来越多的中国文化企业开始参与国际市场竞争。现在，中国国内一些外向型的文化企业都看到了海外市场的发展潜力，已经不仅仅局限于文化交流、寻找海外代理等传统模式出口，而是适应时代的要求，通过联合创作、合资经营、购买剧场影院等方式，积极地谋求海外发展。但是，从企业整体的国际化水平来看，仍处于初级阶段。文化企业选择直接投资方式进入国际市场，并且不断拓展文化产业价值链，主动开发文化衍生品，走向国际化价值链的高端，形成较强的风险控制能力，能够与当地文化企业或者其他跨国公司同台竞争，还是有很长一段路要走。

（中国传媒大学经济与管理学院　方英）

中国钢铁工业对外开放情况

一、2012 年中国钢铁产业发展概况

2012 年，欧债危机持续发酵并形成全球性冲击，发达经济体经济增速明显下滑，新兴市场和发展中国家经济进入调整期。国际金融危机深层次影响不断显现，世界经济复苏势头明显转弱。受国际经济增长动力不足、全球流动性大幅增加、主权债务危机反复冲击市场信心等不利因素影响，我国国内经济增速下降，市场需求萎缩，部分行业用钢量负增长，钢材价格持续低位运行，钢铁行业经历了十分严峻的考验。在困难形势面前，钢铁企业按照“稳市场、控产量、调结构、保盈利”方针，积极采取各种措施，努力减少不利影响，为满足下游行业用户需求，支撑国民经济健康发展做出了积极贡献。

1. 粗钢产量低速增长，占全球粗钢总产量比例提高

2012 年全国粗钢累计产量为 7.17 亿吨，同比增长 3.1%，增速同比回落 5.8 个百分点。根据国际钢铁协会（WSA）的统计数据，2012 年全球粗钢产量 15.5 亿吨，同比增长 1.2%。中国占全球粗钢总产量的比例为 46.3%，比 2011 年增长 0.9 个百分点。受国际金融危机深层次影响，欧洲、南美洲和大洋洲钢产量出现了不同幅度的下降，在亚洲，日本钢产量连续两年下降；主要产钢地区钢产量下降是造成我国占全球粗钢总产量比例上升的主要原因（见表 1）。从国别上看，作为新兴经济体的印度、土耳其钢产量增速均快于我国；美国、俄罗斯、韩国等传统产钢大国钢产量保持低速增长（见表 2）。

表 1　　2012 年全球主要国家及地区钢产量　　单位：百万吨

年份 国家及地区	2011	2012	2012/2011
欧洲	329.5	320.6	−2.7
欧盟 27 国	177.7	169.4	−4.7
独联体	112.7	111.3	−1.2
北美	118.9	121.9	2.5
美国	86.4	88.6	2.5
南美	48.4	46.9	−3
非洲	15.7	15.7	0.3
中东	23	24.2	5.3
亚洲	986.5	1 012.7	2.6
中国	694.8	716.5	3.1
日本	107.6	107.2	−0.3
大洋洲	7.2	5.8	−19.9
全球	1 529.2	1 547.8	1.2

数据来源：国际钢协 2013 年《世界钢铁统计数据》。

表 2　　2012 年主要钢铁生产国粗钢产量　　单位：百万吨

排名	国家	2012 年	2011 年	2012/2011 年（%）
1	中国	716.5	694.8	3.1
2	日本	107.2	107.6	−0.3
3	美国	88.6	86.4	2.5
4	印度	76.7	73.6	4.3
5	俄罗斯	70.6	68.9	2.5
6	韩国	69.3	68.5	1.2
7	德国	42.7	44.3	−3.7
8	土耳其	35.9	34.1	5.2

续 表

排名	国家	2012 年	2011 年	2012/2011 年（%）
9	巴西	34.7	35.2	−1.5
10	乌克兰	32.9	35.3	−6.9

数据来源：国际钢协 2013 年《世界钢铁统计数据》。

2. 产品结构发生变化，长材产量增速较快，中厚板产量下降较快

2012 年，政府采取了一些保增长措施，加大了建设项目审批力度，市场对长材需求较大；相反，终端需求并未得到明显改善，同时受机械、造船、汽车等下游行业增长乏力影响，市场对板材需求疲软，板材产量增长相对较慢。2012 年长材产量44 398.8万吨，同比增长 10.22%，板材产量40 778.0万吨，同比增长 3.92%，管材产量7 595.1万吨，同比增长 11.16%。

从主要钢材品种分析，钢筋、盘条等建筑用钢材产量增长较快；受产能影响，热轧薄宽钢带、镀层板（带）、涂层板（带）等产品产量也有较快增长；由于金融危机对造船行业周期影响的滞后性，2012 年进入最困难时期，需求不足，中板、厚板及特厚板产量出现大幅下降。（见表 3）

表 3　　2012 年全国钢材分品种产量　　单位：万吨

	2012 年	2011 年	增减	同比增长%
重轨	321.1	276.3	44.8	16.2
钢筋	17 537.7	15 256.3	2 281.4	15.0
热轧薄宽钢带	5 031.3	4 405.3	626.0	14.2
涂层板（带）	777.9	681.4	96.5	14.2
焊接钢管	4 775.4	4 241.5	533.9	12.6
盘条（线材）	13 616.1	12 152.8	1 463.3	12.0
镀层板（带）	3 757.9	3 395.8	362.1	10.7
铁道用钢材	515.4	470.8	44.6	9.5
无缝钢管	2 819.7	2 590.9	228.8	8.8
冷轧薄宽钢带	3 638.8	3 350.6	288.2	8.6
冷轧薄板	2 561.8	2 388.9	172.9	7.2
电工钢板（带）	658.8	623.8	35.0	5.6
中小型型钢	4 702.0	4 462.8	239.2	5.4
冷轧窄钢带	918.9	878.0	40.9	4.7
热轧窄钢带	5 093.2	4 877.0	216.2	4.4
棒材	7 410.2	7 274.0	136.2	1.9
中厚宽钢带	10 866.2	10 775.1	91.1	0.8
大型型钢	1 132.8	1 135.5	−2.7	−0.2
中板	3 802.8	4 169.7	−366.9	−8.8
厚钢板	2 341.0	2 618.6	−277.6	−10.6
特厚板	537.0	608.7	−71.7	−11.8

数据来源：中国钢铁工业协会。

3. 全年钢材价格持续低位运行，企业效益明显下滑

2012 年，国际、国内钢材价格都呈现下跌态势。2012 年末，国际钢材综合价格指数 175 点，比 2011 年末下降 6.3%，比 1 月末下降 8.9%；国内钢材综合价格指数 105.31 点，比 2011 年末下降 12.57%，比 1 月末下降 11.62%，其中长材价格指数 106.7 点，同比下降 15.65%，板材价格指数 105.74 点，同比下降 9.07%。9 月 7 日，国内钢材综合价格指数更是跌破 100 点，达到 99.24 点的年内最低点，随后虽然缓慢回升，到年末仍然很低。由于钢材价格大幅下跌，钢铁企业效益明显下滑，大部分企业处于亏损边缘。

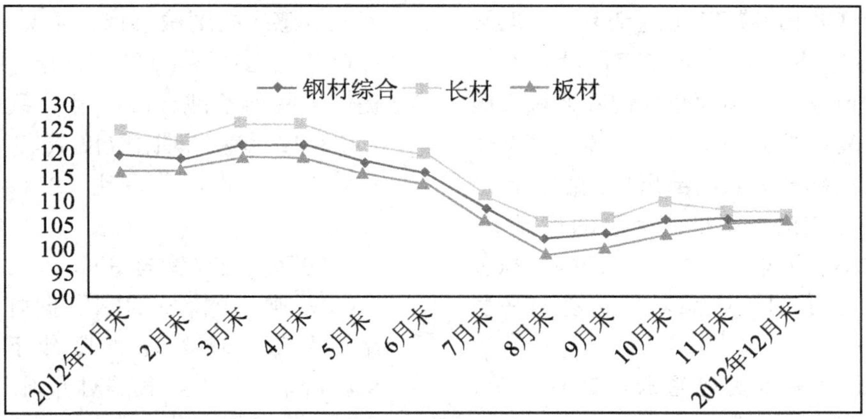

图1　2012年国内钢材综合价格指数（CSPI）

数据来源：中国钢铁工业协会。

4. 钢材价格下跌幅度远高于进口铁矿石降价幅度，企业效益明显下降

2012年我国进口铁矿石74 355.27万吨，同比增长8.38%；进口金额956.05亿美元，同比下降14.95%；进口均价128.58美元/吨，比2011年下跌35.26美元/吨，同比下降21.52%。

2012年我国进口炼焦煤5 354.92万吨，同比增长19.91%；进口金额76.40亿美元，同比增长14.31%；进口均价下跌为142.68美元/吨，同比下降4.67%。（见图2）

2012年钢材价格长期处于低位，但只要钢材价格稍有上涨，进口铁矿石价格便立即跟涨，且涨幅远高于钢材价格。钢材价格与进口铁矿石价格涨跌不同步，且进口铁矿石价格涨幅远高于钢材价格，进一步吞噬了钢铁企业微薄的利润，钢铁企业采购进口铁矿石风险增大。

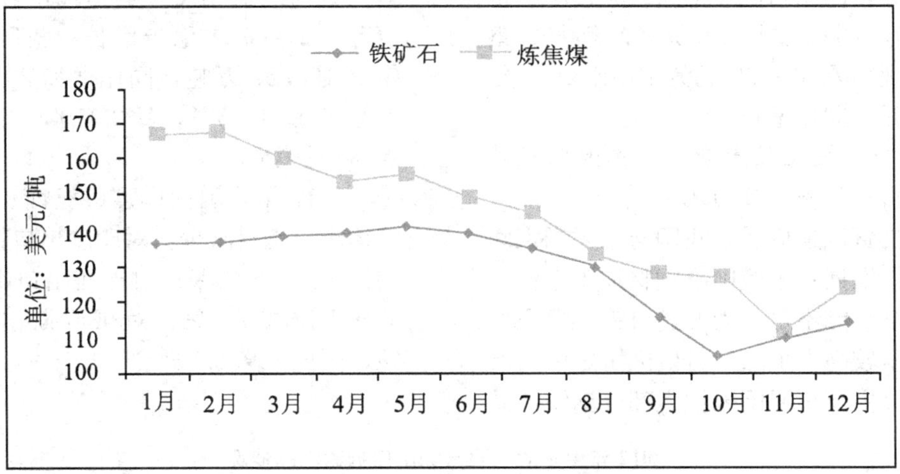

图2　2012年进口铁矿石及炼焦煤价格趋势

数据来源：海关总署。

5. 钢铁工业固定资产投资增速回落

2012年，全国钢铁行业固定资产投资6 584亿元，同比增长2.97%，增幅比2011年回落12.54个百分点。其中黑色金属矿采选业投资额1 529亿元，同比增长23.7%，增速比2011年提高5.3个百分点；黑色金属冶炼及压延加工业投资额5 055亿元，同比下降2.0%，2011年曾增长14.6%。虽然冶炼及压延加工业投资总额比2011年略有下降，但5 055亿元的投资总额仍然很庞大，形成的新增产能势必加大当前产能过剩的压力。

二、2012年中国钢铁产业对外贸易情况

2012年，国际经济形势复杂多变，世界经济面临严峻考验：欧债危机不断深化并向欧盟核心国家蔓延；美国经济复苏乏力；新兴经济体经济增速放缓的可能性增大；部分国家内部出现骚乱，社会动荡。在全球经济存在诸多不确定因素的情况下，我国钢铁行业克服不利因素，调整出口结构，积极开发新兴市场，实现了钢铁产品对外贸易的平稳增长。

1. 钢铁产品出口总体实现增长，进口下降，出口价格下跌幅度较大

2012年，我国出口钢材5 573.21万吨，同比增长14.02%；出口金额514.84亿美元，同比增长0.43%；出口均价923.77美元/吨，同比下降11.92%。

2012年我国进口钢材1 365.75万吨，同比下降12.34%；进口金额178.05亿美元，同比下降17.48%；进口均价1 303.68美元/吨，同比下降5.86%。

2012年进、出口相抵，钢材净出口4 207.46万吨，钢锭、钢坯净进口39.72万吨，以材、坯、锭折合成粗钢计算，净出口粗钢4 436.30万吨（钢材按0.94折算），同比增长27.68%。钢材、钢坯、钢锭合计实现顺差331.39亿美元，比2011年增加41.79亿美元，同比增长14.43%。

2. 钢材出口市场发生较大变化，东盟取代韩国成为我国钢材出口第一大目的地

中国—东盟自贸区建成后，我国与东盟国家间钢材贸易获得较大发展。东盟国家钢材加工企业较多，但炼铁、炼钢产能不足，需要进口钢坯等原材料进行加工，成本较高。虽然在自贸区协定中，泰国、印度尼西亚等主要东盟国家把大部分钢铁产品列入敏感或高度敏感产品清单，但自贸区建成后，进口关税也在逐步降低，为我国与其进行钢材贸易提供了便利条件。2012年，我国向东盟出口钢材1 423.42万吨，同比增长48.83%，占我国出口钢材总量的25.54%，比2011年增长5.97个百分点。

向韩国出口钢材995.40万吨，同比小幅减少3.46万吨，下降0.35%。向韩国出口占出口总量比例为17.86%，比2011年下降2.58个百分点。从出口结构上看，我国对韩国出口钢材主要为热轧产品，尤其是造船板数量较大。近两年来，韩国浦项、现代制铁等钢铁企业投资新建的热轧产能纷纷投产，韩国热轧板（卷）产量不断增长；但国际航运业持续低迷，新船订单大幅减少，造船企业开工不足，因此造船业用钢需求也有所下降。此外，韩国建筑业和汽车产业增长乏力，也对其钢材需求具有一定影响。

2012年，欧盟仍深陷欧债危机之中，钢材需求持续疲软。我国向欧盟出口钢材大幅下降，全年共出口395.32万吨，同比下降23.59%，占钢材出口总量的7.09%，比2011年降低3.5个百分点；与欧盟相反，美国经济经调整后逐步开始复苏，钢材需求稳步增长。我国全年向美国出口钢材198.52万吨，同比增加29.56%，占钢材出口总量的3.56%，比2010年增加0.43个百分点。（见表4）

2012年我国向印度、巴西、俄罗斯等新兴经济体出口钢材减少：对印度出口钢材225.57万吨，同比下降13.04%；对巴西出口钢材109.91万吨，同比下降17.05%；对俄罗斯出口钢材85.23万吨，同比下降8.66%。

表4 2012年中国对主要市场出口钢铁产品情况 单位：吨，美元/吨

序号	区域组织	2012年累计		2011年累计		累计同比%	
		数量	占出口量比重%	数量	占出口量比重%	数量	均价
世界合计		55 732 074.16	100.00	48 879 030.78	100.00	14.02	−11.92
1	东盟	14 234 158.36	25.54	9 563 981.57	19.57	48.83	−15.76
2	韩国	9 954 019.94	17.86	9 988 591.37	20.44	−0.35	−13.40
3	中东地区	6 234 622.94	11.19	5 752 035.69	11.77	8.39	−6.76
4	亚洲其他国家和地区	4 464 056.10	8.01	4 089 283.70	8.37	9.16	−3.24
5	南美洲	4 388 085.54	7.87	3 810 256.78	7.80	15.17	−10.75
6	欧盟27国	3 953 195.90	7.09	5 173 959.10	10.59	−23.59	−5.74

续　表

序号	区域组织	2012年累计		2011年累计		累计同比%	
		数量	占出口量比重%	数量	占出口量比重%	数量	均价
7	海湾国家经济合作委员会	3 323 299.44	5.96	3 139 792.67	6.42	5.84	−9.09
8	非洲	3 233 159.12	5.80	2 699 887.10	5.52	19.75	−7.94
9	美国	1 985 239.65	3.56	1 532 327.73	3.13	29.56	−13.85
10	香港地区	1 658 900.96	2.98	924 403.73	1.89	79.46	−18.81
11	北美自由贸易区（除美国）	1 212 163.95	2.17	922 213.06	1.89	31.44	−15.06
12	台湾地区	1 176 842.93	2.11	1 296 284.41	2.65	−9.21	−14.28
13	欧洲其他国家	1 158 529.16	2.08	1 210 873.61	2.48	−4.32	−5.22
14	大洋洲国家	984 855.99	1.77	106 026.28	0.22	828.88	−5.45
15	日本	890 411.70	1.60	932 975.22	1.91	−4.56	−7.57
16	中美洲	699 615.91	1.26	557 692.85	1.14	25.45	−13.92
17	澳门	109 785.11	0.20	45 360.90	0.09	142.03	−9.17
18	世界其他	32 715.86	0.06	810 725.61	1.66	−95.96	−37.47

数据来源：海关总署。

3. 贸易摩擦不断增多，出口难度增大，出口结构亟须调整

2012年，我国出口钢材均价为923.77美元/吨，同比下跌124.98美元/吨，下降11.92%；进口钢材均价为1 303.68美元/吨，同比下跌81.16美元/吨，下降5.86%。进口钢材均价比出口钢材均价高379.91美元/吨，从一个方面显示出我国钢材出口仍以中低端产品为主。

进入2012年以来，由于国际经济复苏缓慢，国际贸易保护日益加剧，已陆续有欧盟、美国、澳大利亚等多国就我国钢铁产品出口发起反倾销和反补贴调查，特别是东盟部分国家，对我国钢铁产品出口反应较为强烈。随着针对中国的贸易摩擦事件增多，我国钢铁产品出口难度将进一步加大。虽然针对我国钢铁产品的贸易摩擦涉及产品范围较广，既有热轧板材、棒线材产品，也有电工钢、不锈钢、镀锡板等高端产品，但从总体上看，国外钢铁产业对我国普通热轧产品出口的抱怨不断增多。

我国已经成为全球第一大钢材出口国，要增加钢材出口效益、减少贸易摩擦，亟须调整出口结构，减少中低端产品出口，减少一般产品出口，增加国外用户需求的特殊用途产品出口。同时，中国钢铁企业要实现国际化，除了产品出口、建设海外生产基地外，还需要进一步提升服务能力。

4. 进口钢材仍主要来自日本、韩国和我国台湾地区，一般贸易成为钢材进口的主要贸易方式，但进来料加工在钢材进口贸易中仍占据重要地位

2012年，我国从日本、韩国和我国台湾地区进口钢材合计1 175.87万吨，占我国进口钢材总量的86.10%，比2010年提高0.58个百分点。其中，从日本进口589.33万吨，占进口总量的43.15%，比2010年下降3.31个百分点；从韩国进口405.42万吨，占进口总量的29.68%，比2010年上升2.48个百分点；从我国台湾地区进口181.11万吨，占进口总量的13.26%，比2010年上升0.26个百分点。（见表5）

表5　2012年中国进口钢材主要来源国

单位：吨，%

国家/地区		2012年		2011年		累计同比%	比重增减
		数量	占进口总量比重	数量	占进口总量比重		
进口钢材合计		13 657 505.90	100.00	15 580 104.42	100.00	−12.34	0.00
其中：							
1	日本	5 893 318.12	43.15	7 238 431.26	46.46	−18.58	−3.31
2	韩国	4 054 224.80	29.68	4 239 057.51	27.21	−4.36	2.48
3	台湾	1 811 139.58	13.26	2 026 347.60	13.01	−10.62	0.26
4	德国	405 528.11	2.97	475 078.27	3.05	−14.64	−0.08

数据来源：海关总署。

在钢材进口贸易中，随着钢材进口总量的下降，一般贸易进口和进来料加工贸易进口数量同比均有下降，但一般贸易进口下降幅度小于进来料加工贸易进口。2012 年，我国一般贸易进口钢材 690.68 万吨，占我国进口钢材总量的 50.57%，比 2011 年增长了 2.96 个百分点。进来料加工贸易进口钢材 629.96 万吨，占我国钢材总进口量的 46.13%，同比下降了 3.71 个百分点。一般贸易进口占我国进口量比例超过进来料加工贸易进口，成为我国钢材进口最主要的贸易方式。边境小额贸易进口钢材 21.12 万吨，同比增长 43.13%，占我国钢材进口总量的 1.55%，同比增长了 0.6 个百分点。(见表 6)

表 6　2012 年中国进口钢材贸易方式　单位：吨，%

序号	贸易方式	2012 年		2011 年		同比	比重增减
		数量	占进口总量比重	数量	占进口总量比重		
1	一般贸易	6 906 764.52	50.57	7 417 344.66	47.61	−6.88	2.96
2	进料加工贸易	4 897 689.48	35.86	5 974 566.68	38.35	−18.02	−2.49
3	来料加工贸易	1 401 891.90	10.26	1 788 640.52	11.48	−21.62	−1.22
4	边境小额贸易	211 151.91	1.55	147 527.93	0.95	43.13	0.60
5	保税区仓储转口货物	163 163.24	1.19	146 651.37	0.94	11.26	0.25
6	保税仓库进出口境货物	68 341.50	0.50	94 120.58	0.60	−27.39	−0.10
7	其他贸易	7 676.72	0.06	7 678.47	0.05	−0.02	0.01
8	外商作为投资进口的设备物品	643.40	0.00	3 309.90	0.02	−80.56	−0.02
9	出口加工区进口设备	179.82	0.00	254.84	0.00	−29.44	0.00
10	出料加工贸易	2.29	0.00	—	—	—	—
11	国家间/国际组织无偿援助赠送物资	1.08	0.00	9.47	0.00	−88.63	0.00
12	租赁贸易	0.04	0.00	—	—	—	—
13	来料加工进口的设备	0.00	0.00	0.00	0.00	−80.00	0.00

三、2012 年中国钢铁行业国际贸易摩擦情况

随着主要出口目的地发生变化，东盟成为对我国钢铁产品发起贸易救济调查的主要地区：泰国、印度尼西亚、马来西亚先后对我国钢铁产品发起多个贸易救济调查，成为我国钢铁产品贸易救济调查的“重灾区”。贸易救济调查针对的产品范围广泛，既有线材、热轧产品，也有具有较高附加值的冷轧和不锈钢。除东盟外，巴西、澳大利亚、印度也对我国发起贸易救济调查。

1. 泰国对我国冷轧钢板（卷）、冷轧不锈钢板、高碳盘条发起反倾销调查

2012 年 9 月 9 日，泰国商业部外贸厅决定对原产于中国的冷轧钢板（卷）发起反倾销调查。由于泰国是东南亚地区最大的汽车生产及出口大国，因此对汽车用钢需求量较大，冷轧年均进口量约为 60 万吨～75 万吨。随着泰国汽车产业的发展，泰国对冷轧钢铁产品的需求也逐年增加。日本、韩国钢铁企业都十分重视泰国市场，一方面，为日系、韩系轿车配套供应钢材，另一方面，积极与泰国及其他东盟国家钢铁企业合资建厂。如果泰国对我国冷轧产品征收反倾销税，我国企业努力开发的市场将迅速被日韩企业占据，市场份额的损失难以避免。

2012 年 8 月 20 日，泰国外贸部对原产于中国的冷轧不锈钢发起了反倾销调查。泰国是我国企业在东南亚最主要的不锈钢销售市场，具有一定的市场容量。我国相关钢铁企业经过长期的市场开发，在泰国市场拥有固定的客户。泰国外贸部发起反倾销调查后，泰国客户停止采购我国产品或者在价格、交货条件等条款上附加一些苛刻要求。

泰国调查机关于 2012 年 11 月 29 日在官方公报上发布立案通知，对从中国进口的高碳盘条进行反倾销调查。目前案件还在调查过程中。

2. 巴西对 304 不锈钢和无取向硅钢发起反倾销调查

2012 年 4 月 12 日，巴西调查机关发布公告，决定对原产于南非、德国、中国、韩国、美国、芬

兰、中国台湾和越南的304不锈钢发起反倾销调查，涉案产品为厚度大于等于0.35毫米，小于4.75毫米的冷轧304不锈钢。倾销调查期为2010年10月至2011年9月，损害调查期为2006年10月至2011年9月。

4月19日，巴西调查机关又对原产于中国、韩国和中国台湾的无取向硅钢发起反倾销调查。倾销调查期为2007年全年，损害调查期为2007年至2011年。

3. 印尼对我国镀锡板发起反倾销调查

2012年6月25日，印尼对原产于韩国、中国和中国台湾的镀锡板发起反倾销调查。目前，相关应诉企业已经向调查机关提交了详细的调查问卷，案件还在调查过程中。

根据相关企业测算，印尼镀锡板需求量为每年20万吨左右，其本国生产能力无法满足国内需求。由于印尼渔业与水果资源丰富，印尼制罐企业及下游用罐食品行业总规模及从业人数远大于镀锡板生产企业。对我国镀锡板征收反倾销税将损害印尼食品行业的竞争力，不利于印尼经济的发展。

4. 马来西亚对我国盘条发起反倾销调查

2012年6月28日，马来西亚调查机关对中国、印尼、韩国、中国台湾和土耳其的盘条发起反倾销调查，这是马来西亚近5年来对我国主要钢铁产品发起的唯一一起反倾销调查。在初裁中，沙钢、永钢获得零税率，其他企业的税率为7.89%。马来西亚调查机关在终裁中将含碳量高于0.6%的产品排除出调查范围。沙钢、永钢在终裁中维持零税率，但调查机关将其他企业的税率从7.89%调高至25.2%。

5. 欧盟对原产于我国的彩涂板发起反补贴调查

2012年2月22日，应欧洲钢铁工业联盟（Eurofer）申请，欧委会发起对原产于中国的有机涂层钢板的反补贴调查，这是欧盟对我国钢铁产品第一次发起反补贴调查。欧委会已于2011年12月21日对同一产品发起反倾销调查。2012年9月19日，欧盟委员会对本案的反倾销程序做出初裁的决定，并开始征收临时反倾销税（反补贴的初裁尚未做出）。根据初裁决定，中国各钢铁企业的税率从13.2%到57.8%不等。案件将于2013年终裁。

6. 日本将我国不锈钢无缝钢管反倾销措施诉至世贸组织

根据江苏武进不锈钢管厂集团有限公司和常熟华新特殊钢有限公司的申请，商务部于2011年9月决定正式对原产于欧盟和日本的高性能不锈钢无缝管进行反倾销调查。目前，高性能不锈钢无缝管主要用于超临界、超超临界电站锅炉的过热器和再热器上，属于高科技含量、高附加值产品。2012年11月8日，中国商务部发布关于对原产于欧盟和日本的进口相关高性能不锈钢无缝钢管反倾销案的最终裁决公告，裁定日本公司的最终反倾销税税率为9.2%～14.4%不等，欧盟公司的最终反倾销税税率为9.7%～11.1%不等。2012年12月20日，日本向世贸组织争端解决机构秘书处就中国关于对日高性能不锈钢无缝钢管实施的反倾销措施提出与中国的磋商申请。

7. WTO上诉机构就中国对美国取向电工钢反倾销反补贴案发布裁决报告

我国对美国取向电工钢反倾销反补贴调查是我国第一次发起“双反”调查，该案于2010年发布终裁公告，决定对自美国进口的取向电工钢征收反倾销税和反补贴税。根据美国的请求，WTO争端解决机构于2011年2月24日决定成立专家组，2012年6月15日，世贸组织公布了该案的专家组报告。世贸组织专家组在使用“可获得事实”计算应诉企业补贴率、应诉企业倾销幅度的信息披露、与政府采购有关的补贴利益的信息披露等争议问题上，支持了中方主张，裁定中国贸易救济调查机关的做法符合世贸组织规则。10月18日，世贸组织上诉机构发布了美国诉中国取向电工钢反倾销反补贴措施争端案的裁决报告，支持了中方关于调查机关在价格影响评估中不需要证明价格影响与倾销或补贴进口之间具有因果关系等观点，同时对世贸组织《反倾销协定》和《补贴与反补贴措施协定》有关条款的含义做出澄清，有助于各成员调查机关正确适用相关规则。

8. 中国履行世贸组织就中国对原材料出口的限制措施案的裁决

2012年2月22日，世贸组织争端解决机构通过了中国对原材料出口的限制措施案上诉机构和专家组报告。在3月23日的争端解决机构大会上，中国表示愿意履行争端解决机构裁决和建议。5月

24 日，中国、美国、欧盟和墨西哥通知争端解决机构，中国履行该案裁决和建议的合理期限为 10 个月零 9 天，即截至 2012 年 12 月 31 日。财政部 2012 年 12 月 17 日公布的《2013 年关税实施方案》显示，镁、焦炭、萤石、锌、锰、金属硅 6 种原材料的出口关税已取消，新关税实施方案自 2013 年 1 月 1 日起执行。同时，我国还取消了焦炭的出口配额，预计 2013 年焦炭出口将出现增长。由于我国焦炭出口比例较小，大部分供给国内钢铁工业，因此，一定幅度内的出口增长短期内对我国钢铁行业影响不大。

（中国钢铁工业协会　蒋璇芳）

中国建筑业对外开放情况

一、2012 建筑业发展概况

（一）行业发展概况

2012年，中国建筑业加快推进发展方式转变和产业结构调整，总体呈现出平稳增长态势。全国建筑业企业（指具有资质等级的总承包和专业承包建筑业企业，不含劳务分包建筑业企业）完成建筑业总产值135 303万亿元，同比增长16.2%。建筑业固定资产投资4 035.6亿元，比上年增长24.6%；全年全社会建筑业实现增加值35 459亿元，增长9.3%。

（二）建筑服务贸易发展情况

1. 境内外商投资建设工程企业发展情况

中国建筑市场吸引了各国投资者，目前，来自全球多个国家和地区的投资者在中国境内设立了企业，取得相应资质从事建筑业、建设工程设计、招标代理、工程监理等活动，业务范围涵盖了石油、化工、水利、电力、市政等基础设施项目和房屋建设等多种工程建设项目。同时，还有大量外国企业通过跨境交付及与中国建设工程企业开展合作的方式，在中国开展建设工程设计、工程项目管理等服务。

2. 境外中国建设工程企业发展情况

2012年，全球经济复苏缓慢，欧债危机持续扩大，新兴经济体增速放缓，国际承包工程发展缓慢。我国对外承包工程积极调整，沉着应对，仍然保持了平稳的增长态势。2012年，对外承包工程业务完成营业额1 166亿美元，同比增长12.7%，新签合同额1 565亿美元，同比增长10%。截至2012年底，我国对外承包工程累计完成营业额6 556亿美元，签订合同额9 982亿美元。

2012年，对外承包工程市场亚洲区域有所下滑，而非洲区域出现增长，亚非市场新签合同额占总额的82.6%。交通运输领域、房屋建筑及电力工业占据了我国对外承包工程市场的主要份额，电子通讯、石油化工及制造加工业比重进一步增加。大型项目持续增加，信贷资金及对外投资对对外承包工程的发展起着重要作用。

（三）最新开放情况

2012年，中央政府与香港、澳门特别行政区政府签署了《〈内地与香港关于建立更紧密经贸关系的安排〉补充协议九》和《〈内地与澳门关于建立更紧密经贸关系的安排〉补充协议九》，协议的签署进一步扩大了建筑市场的开放，促进了两地市场的融合和经贸关系的发展。协议在建设领域开放方面做了以下规定：

允许取得内地监理工程师资格的香港、澳门专业人士在广东省注册执业，不受在香港、澳门注册执业与否的限制，按照内地有关规定作为广东省内工程监理企业申报企业资质时所要求的注册执业人员予以认定。

允许通过考试取得内地注册建筑师资格的香港、澳门专业人士在广东省注册执业，不受在香港、澳门注册执业与否的限制，并按照内地有关规定作为广东省内工程设计企业申报企业资质时所要求的注册执业人员予以认定。

允许通过考试取得内地注册结构工程师、注册土木工程师（港口与航道）、注册公用设备工程师、注册化工工程师、注册电气工程师资格的香港、澳门专业人士在广东省注册执业，不受在香港、澳门注册执业与否的限制，并按照内地有关规定作为广东省内工程设计企业申报企业资质时所要求的注册执业人员予以认定。

（四）重要法规及规范性文件

一是印发了《关于进一步加强房屋建筑和市政工程招投标监督管理工作的指导意见》，为进一步加强对工程建设招标投标活动的监管，规范市场各方主体的交易行为，起到了积极的引导保障作用。

二是编制了《建设工程监理招标（示范文本）》《工程设计合同示范文本》，为规范合同管理，避免合同纠纷，依法保障工程建设各方当事人合法权益提供了依据。

三是印发了《关于公布一级注册建造师继续教育培训单位名单的通知》《一级注册建造师继续教育必修课课程安排》《关于增加全国一级注册建筑师、勘察设计注册工程师执业人员照片和手写签名图片信息有关问题的通知》，加强注册执业人员管理，不断规范注册执业人员市场行为，维护稳定的建筑市场秩序。

二、建筑市场开放情况

（一）我国建设领域加入世贸组织的承诺

1. 关于建筑设计服务方面的承诺：

在市场准入方面：对于方案设计的市场准入没有限制；

除方案设计以外的设计要求与中国专业机构合作；允许设立合资、合作企业，允许外方拥有多数股权。中国加入 WTO 五年内，允许设立外商独资企业。

在国民待遇方面：外国服务提供者应为在其本国从事建筑、工程、城市规划服务的建筑师、工程师或设计企业。

2. 关于建筑及相关工程服务方面的承诺

在市场准入方面：允许设立中外合资、合作建筑业企业，允许外资控股。中国加入 WTO 后三年内，允许设立外商独资建筑业企业。但外资建筑企业只允许在其资质等级许可的范围内承包下列四类工程：一是全部由外国投资、外国赠款、外国投资和外国赠款捐助的项目；二是由国际金融机构资助并通过根据贷款条款进行的国际招标授予的建设项目；三是外资等于或超过 50% 的中外联合建设项目；外资少于 50%，但因技术困难而不能由中国建筑企业独立实施的中外联合建设项目；四是由中国投资，但中国建筑企业难以独立实施的建设项目，经省政府批准，可由中外建筑企业联合承揽。

在国民待遇方面：中国加入 WTO 后 3 年内取消建筑企业注册资本与国内企业的差别要求；取消对合资、合作建筑业企业承包外资工程的义务要求。

（二）其他自贸区的情况

在入世后，中国积极参加自贸区的磋商，在开放中促进建筑业的发展。2012 年，积极参与了与澳大利亚、冰岛、韩国等世界贸易组织成员的自贸区磋商，以期进一步促进双边建筑市场的扩大和开放，在更广阔的范围内参与国际市场竞争。

三、行业发展及贸易发展展望

2012 年国家宏观经济目标虽然进行了结构性调整，政府工作报告略微调低了国内生产总值增长的目标，调整为 7.5%，提出了稳中求进的总基调，建筑业总产值、增加值增速放缓，但结合国家发展战略方向，西部大开发、振兴东北老工业基地、中部崛起、城镇化、保障和改善民生等重大政策的推进，特别是党的十八大提出了明确的目标，在可预见的未来，固定资产投资将继续增加，开工项目数量还会持续增长，仍然为建筑业带来巨大的市场机会。

2013 年，建筑市场监管将继续推进建筑市场法规建设，完善建筑市场监管体系，并不断转变监管观念、加大监管力度，创新监管方式，构建诚信和谐、统一开放、竞争有序的建筑市场秩序，促进行业转型升级、健康发展。

（住房和城乡建设部建筑市场监管司　张娟）

● 知识产权保护

中国知识产权发展情况

2012年，国家知识产权战略深入实施，知识产权法律法规进一步完善，知识产权数量继续快速增长，知识产权保护成效显著，中国知识产权事业取得新进展。

一、国家知识产权战略实施

组织召开国家知识产权战略实施工作部际联席会议，研究制定《2012年国家知识产权战略实施推进计划》。“推进计划”围绕提升知识产权质量、运用知识产权促进战略性新兴产业发展、促进知识产权运用、加强知识产权保护、发展优势领域知识产权、提升知识产权管理能力、培育知识产权服务业和培育知识产权文化等重点方面提出90项具体措施，有力地推动战略实施工作。

国家知识产权局联合发展改革委等部门制定并由国务院办公厅转发《关于加强战略性新兴产业知识产权工作的若干意见》，联合有关部门出台《关于进一步加强职务发明人合法权益保护 促进知识产权运用实施的若干意见》，发布《关于加快培育和发展知识产权服务业的指导意见》，修订《向国外专利申请资助办法》等政策文件。《2012年全国专利事业发展战略推进计划》各项计划目标基本完成，专利战略推进工作开局良好。

各地认真贯彻落实“推进计划”，积极推进本地区知识产权战略实施工作。2012年，上海、山东发布新一轮知识产权战略纲要。目前，全国已有27个省（区、市）和新疆生产建设兵团制定出台了地方知识产权战略纲要性文件，全国近一半的地级市（区）制定知识产权战略纲要或实施意见。经过4年多努力，战略实施工作体系基本建立，各地方各领域的战略宏观部署基本完成，战略实施工作由夯实基础阶段转入攻坚阶段。

二、知识产权法律法规

国务院法制办会同有关部门对《著作权法实施条例》《信息网络传播权保护条例》《计算机软件保护条例》《植物新品种保护条例》等行政法规中关于罚款数额规定进行修改。

国家知识产权局积极推动《专利法》的修改工作，完成《专利法（修改草案）》的公开征求意见；完成《职务发明条例草案（征求意见稿）》，现正进一步完善；积极配合国务院法制办推动《专利代理条例》修订工作，正在落实立法后评估工作；完成《专利实施强制许可办法》《专利标识标注办法》等修订工作。国家工商行政管理总局积极配合国务院法制办做好《商标法》修改工作，《商标法修正案（草案）》经国务院常务会议审议通过，提交全国人大常委会审议；稳步推进《商标法实施条例》等配套法规规章的修改工作；与司法部联合制定发布了《律师事务所从事商标代理业务管理办法》。国家版权局认真做好《著作权法》第三次修改工作，修订《出版文字报酬规定》《全国版权示范城市、基地、单位（园区）管理办法》，起草《教科书法定许可使用作品支付报酬办法》《互联网传播影视作品著作权监督管理办法（草案）》《版权执法指导意见》等。

农业部组织起草《农业部关于进一步加强农业知识产权管理的意见》，颁布《农业植物品种命名规定》，制定《产品地理标志登记程序》《农产品地理标志使用规范》《农产品地理标志登记审查准则》，修改《农产品地理标志专家评审规范》等。国家林业局完成第五批林业植物部标品种保护名录的征集审定工作，组织起草完成《林业生物遗传资源获取和惠益分享管理办法（征求意见稿）》。海关部署启动《〈知识产权海关保护条例〉实施办法》修改工作，并形成了有关配套办法草案。

最高人民法院出台《关于审理因垄断行为引发的民事纠纷案件应用法律若干问题的规定》，建立起我国反垄断民事诉讼的具体依据。出台《关于审理侵害信息网络传播权民事纠纷案件适用法律若干问题的规定》，明确网络著作权案件审理的具体规则。

三、知识产权审批登记

2012 年，中国知识产权审批登记数量快速增长，审查质量继续提升，审查工作效率显著提高。

2012 年，国家知识产权局共受理三种专利申请 205.1 万件，同比增长 25.5%。其中，发明专利申请 65.3 万件，同比增长 24.0%。全年授权发明专利 21.7 万件，同比增长 26.1%。截至 2012 年底，经国家知识产权局授权并维持有效的发明专利为 87.5 万件；其中国内拥有 47.3 万件，占 54.1%，增长 34.7%。国家知识产权局受理依据《专利合作条约》（PCT）提出的国际申请19 926件，同比增长 14.0%。全年共受理专利复审请求17 320件，同比增长 33.8%；受理专利无效宣告请求2 941件，同比增长 7%。全年共收到集成电路布图设计登记申请1 778件，予以公告并发出证书1 629件。

2012 年，中国商标注册申请量 164.8 万件，同比增长 16.3%。国家工商行政管理总局全年共审查商标注册申请 122.7 万件，同比增长 1.8%。截至 2012 年底，中国商标累计申请量1 136万件，累计注册量 765.6 万件，有效注册商标 640 万件，继续保持世界第一。全年核准注册和初步审定地理标志1 754件。全年国内申请人马德里商标国际注册量2 100件，继续列马德里联盟第七位。新收商标评审案件 8.84 万件，同比增长 19%。

2012 年，国家版权局发布《关于作品登记工作有关情况的通报》，进一步规范和推动作品登记工作。全年全国作品著作权登记量达 68.8 万件，同比增长 49%。全年软件著作权登记量达到 13.9 万件，同比增长 27.3%。

2012 年，农业部共受理农业植物品种权申请1 361件，新登记农产品地理标志产品 212 个，累计登记产品1 047个。国家林业局全年共受理林业品种权申请 148 件，累计申请总数1 010件；全年授权 169 件，累计授予林业品种权 500 件。

2012 年，海关总署受理知识产权海关保护备案申请5 560件，同比增长 26.2%；核准通过4 379件，同比增长 27.7%。海关累计核准备案申请 2.8 万件，保持年均 25%以上的增长速度。

四、知识产权保护

2012 年，全国打击侵犯知识产权和制售假冒伪劣商品工作领导小组切实加强领导，以国务院办公厅名义印发打击侵权假冒工作要点，以领导小组名义印发每季度打击侵权假冒重点工作安排。领导小组各成员单位认真贯彻国务院工作部署，针对突出问题加大整治力度，严厉打击各类侵权假冒违法行为。

全国行政执法部门共立案侵犯知识产权和制售假冒伪劣商品案件325 271件，涉案金额 88.9 亿元，办结203 107件，移送司法机关6 999件，捣毁窝点20 721个。全国公安机关共破获侵权假冒案件43 773件，抓捕犯罪嫌疑人60 306人，涉案金额 113.1 亿元。全国检察机关批捕侵权假冒案件8 194件、犯罪嫌疑人14 842人，审查起诉16 143件、28 429人。全国审判机关共受理侵权假冒刑事案件 15 121 件，审结 14 662 件，生效判决人数 17 869人。

2012 年，国家知识产权局开展知识产权执维权“护航”专项行动，国家工商行政管理总局加强保护商标专用权执法，国家版权局联合公安部等开展打击网络侵权盗版专项治理“剑网行动”，文化部组织开展动漫市场专项整治行动，农业部开展种子执法年活动，国家林业局组织开展打击侵犯品种权专项行动。海关总署进一步加强与工商总局、公安机关等执法协作，组织开展“国门之盾”专项整治、知识产权保护“特别行动月”和“冬季行动”。

国家版权局积极推进政府及企业使用正版软件工作，2012 年，中央、省级政府机关按期完成检查整改任务，1/2 以上的市级政府和将近 1/3 的县级政府提前完成检查整改任务。中央企业三级以上企业基本实现了正版化，政策性银行、大型商业银行、股份制商业银行、邮储银行、大中型保险企业和新闻出版行业企业集团全面实现正版化。

2012 年，全国地方法院共新收、审结知识产权民事一审案件分别为87 419件和83 850件，同比分别增长 46%和 44.1%。共审结涉及知识产权侵权的刑事案件12 794件，判决发生法律效力15 518人，均为有罪判决。在审结案件中，以侵犯知识产权犯罪判决的案件7 684件，生效判决人数9 010人。全国检察机关共受理提请批准逮捕涉及侵犯知识产权犯罪案件5 256件、9 327人，同比分别增长20.3%和 19.5%。经审查，批准逮捕4 159件、6 995人，同比分别增长 17.8%和 17.5%。

五、知识产权宣传

2012 年，中央宣传部协调有关中央新闻单位，全国打击侵犯知识产权和制售假冒伪劣商品工作领导小组办公室组织各地区和各成员单位，对党的十六大以来特别是近两年我国打击侵权假冒工作部署和成效进行集中报道。中国打击侵权假冒工作网正式开通，相关部门进一步加大宣传力度，知识产权宣传呈现新气象。

国家知识产权局联合中央宣传部等 25 家部门在全国范围内开展知识产权宣传周活动，发布《2012 年中国知识产权保护状况》《中国实用新型专利制度发展状况》等。国家工商行政管理总局发布《中国商标战略年度发展报告 2011》（中英文版），开展《商标法》颁布 30 周年系列纪念宣传活动。国家版权局组织开展“绿书签行动 2012——拒绝盗版，从我做起”宣传活动，成功开展世界知识产权组织“保护音像表演表演外交会议”宣传工作。

文化部组织开展反侵权盗版宣传和打击侵权盗版活动。农业部组织召开《植物新品种保护条例》颁布实施 15 周年座谈会。国家林业局组织召开林业植物新品种保护与应用交流研讨会。海关部署组织全国海关开展大规模宣传活动，发布《2011 年中国海关知识产权保护状况》等。公安部坚持将宣传贯穿打击工作始终，组织媒体开展集中宣传活动，全视角反映公安打假成果。

最高人民法院发布《中国法院知识产权司法保护状况（2011 年）》《最高人民法院知识产权案件年度报告（2010）》，公布 2010 年中国法院知识产权司法保护十大案件和五十个典型案例等，有效增进社会对知识产权司法保护的理解和认同。

六、知识产权国际交流与合作

2012 年，相关部门积极参与知识产权国际事务，不断巩固和拓展多（双）边关系，知识产权国际交流与合作再上新台阶。

国家知识产权局积极参与世界贸易组织等相关会议，继续拓宽与世界知识产权组织等相关组织的合作，中美欧日韩五局合作稳步推进，中日韩三局合作进一步深化。召开首届金砖国家知识产权机构会议。首次将与欧洲内部市场协调局的合作关系提升为战略合作伙伴关系。积极开拓新的合作伙伴，全年签署 35 份双边合作协议及工作计划。商务部组织参加推动多哈回合知识产权议题谈判。开展中瑞（士）、中澳（大利亚）、中韩（国）、中新（西兰）、中冰（岛）自贸区中的知识产权章节谈判。组织相关部门和企业赴美、欧等开展知识产权海外交流宣传活动。

国家工商行政管理总局作为正式成员第一次参加商标五方会谈，加强与美、欧、英、日等商标主管机关的交流合作。国家版权局成功举办世界知识产权组织保护音像外交会议，顺利缔结《视听表演北京条约》。积极推进世界知识产权在福建德化设立版权保护优秀案例示范点调研活动。

海关总署继续推进与美、欧、日、韩、俄等合作，举办中欧海关知识产权专家组会议对《中欧海关知识产权执法合作行动计划》进行全面评估，积极推动并促成《上海合作组织成员国海关关于知识产权保护合作的备忘录》。公安部推进与国外执法机构的执法合作，组织地方公安机关与美国移民海关执法局开展代号为“蓝色计划”的联合行动，成功破获特大跨国制售假冒箱包犯罪案件，抓获犯罪嫌疑人 78 名。

（国家知识产权局办公室综合信息处处长　沙开清）

中国专利制度

2012 年，全国专利事业发展战略稳步推进，《2012 年全国专利事业发展战略推进计划》各项计划目标基本完成，专利战略推进工作开局良好。专利法律法规不断完善，专利申请与授权继续保持快速增长，专利服务经济社会发展的能力和水平提升，各项工作取得新进展。

一、法律法规

《专利法修改草案（征求意见稿）》《职务发明条例草案（征求意见稿）》已公开征求意见，现正进一步完善。推动《专利代理条例》修订，正在落实立法后评估工作。

国家知识产权局联合发展改革委等部门制定并由国务院办公厅转发《关于加强战略性新兴产业知识产权工作的若干意见》，联合有关部门出台《关于进一步加强职务发明人合法权益保护 促进知识产权运用实施的若干意见》，发布《关于加快培育和发展知识产权服务业的指导意见》，修订《向国外专利申请资助办法》等政策文件。

完成《专利实施强制许可办法》《专利标识标注办法》《行政复议规程》等修订工作。发布《发明专利申请优先审查管理办法》《关于开通优先权文件的数字接入服务相关事项公告》《关于开通中欧优先权文件电子交换服务的公告》等文件。

二、申请与授权

全年受理发明、实用新型和外观设计三种专利申请 205.1 万件，同比增长 25.5%。其中，发明专利申请 65.3 万件、实用新型专利申请 74.0 万件、外观设计专利申请 65.8 万件，同比分别增长 24.0%、26.4%和 26.1%。

国内发明专利申请（含港澳台地区，下同）为 53.5 万件，占总量的 81.9%，同比增长 28.7%。其中，职务申请 42.8 万件，占 80.0%，同比增长 32.1%，非职务申请 10.7 万件，占 20.0%，同比增长 16.7%。国内职务发明专利申请中，企业申请 31.6 万件，占 73.8%，同比增长 36.6%；高等院校申请 7.6 万件，占 17.8%，同比增长 20.1%；科研单位申请 2.9 万件，占 6.8%，同比增长 17.0%；机关团体申请 0.7 万件，占 1.6%，同比增长 53.9%。

全年授权发明专利 21.7 万件、实用新型专利 57.1 万件、外观设计专利 46.7 万件，同比分别增长 26.1%、40.0%和 22.8%。其中，国内发明专利授权 14.4 万件，占 66.4%。

截至 2012 年底，经国家知识产权局授权并维持有效的发明专利 87.5 万件，较 2011 年底增长 25.6%。其中，国内 47.3 万件，占 54.1%，增长 34.7%。我国每万人口发明专利拥有量（不含港澳台）达到 3.23 件。

国家知识产权局作为《专利合作条约》（PCT）受理局，全年受理 PCT 国际申请19 926件，同比增长 14.0%，居世界第 4 位。自 1994 年起，累计受理国际申请 8.3 万件。

全年受理复审请求 17 320 件，同比增长 33.8%。受理无效宣告请求2 941件，同比增长 7%。当事人向北京市第一中级人民法院起诉和向北京市高级人民法院上诉的案件分别为 900 和 446 件。

三、管理工作

修订并印发《国家知识产权局与省级人民政府合作会商工作规定》。与上海市人民政府建立新一轮合作会商制度，与河南省人民政府签订合作框架协议。截至 2012 年底，与 10 个省（自治区、直辖市）人民政府在知识产权合作会商进程中。深化城市知识产权试点示范工作，确定首批 23 家示范城市，加强试点城市分类指导。出台《国家知识产权强县工程试点示范县（区）评定管理办法》，深化县域知识产权工作。

与银监会、版权局和商标局制定《商业银行知识产权质押贷款业务的指导意见》。在全国 22 个地区开展知识产权质押融资、投融资服务等试点工作。全年完成专利质押融资 141 亿元，同比增长 56.7%，涉及专利3 399项，同比增长 74.0%。在 25 个市（区）开展专利保险试点工作，促进企业和保险机构有效对接。健全完善专利价值分析指标体系。开展重点展会知识产权交易专项服务。

成功举办以“专利保护创新、智慧改变生活”为主题的第六届中国专利周，开展1 200余场活动，参加企业15 000多家，达成意向成交额 15 亿元。组织开展第十四届中国专利奖评选，评选出 20 项专利金奖和 5 项外观设计金奖，自实施日起至 2011 年底，新增销售额1 655亿元，新增利润 346 亿元。

出台《重大经济科技活动知识产权评议试点工作管理暂行办法》，在地方开展试点。面向央企、中科院先导项目、国防领域开展知识产权评议工作。面向国家重大科技专项和战略性新兴产业，开展大型压缩机等领域专利分析重点研究。面向 10 个产业组织开展专利分析普及推广工作，有 100 多家企事业单位参与。

开展企业海外专利纠纷应急救助工作，帮助和指导企业应对涉及行业发展的海外专利诉讼。发布我国主要贸易目的国的专利申请指南。全力做好专利保障战略性新兴产业走出去的专项工作，探索专利工作支撑战略性新兴产业的新模式。

2012 年，启动专利代理行业发展促进工程，开展促进专利代理行业加快发展试点，初步建立专利代理责任保险制度。全国专利代理人资格考试报名人数16 780人，同比增长 21%，共有2 966人通过考试。依法审批专利代理机构，新批准 43 家代理机构，撤销 2 家代理机构。截至 2012 年底，全国共有14 744人获得专利代理人资格，其中8 064 人领取专利代理执业证，共有专利代理机构 912 家。

四、保护工作

进一步加大对执法办案工作的指导与推进力度，组织开展知识产权执法维权“护航”专项行动。印发了《2012 年知识产权执法维权“护航”专项行动方案》，针对各地流通环节、生产环节开展专利执法重点整治。全年共受理专利纠纷案件 2 510件（其中专利侵权纠纷案件2 232件，其他专利纠纷 278 件），查处假冒专利案件6 512件，办案总量9 022件，比 2011 年增长 199%。

总结中山产业集聚区知识产权快速维权试点工作经验，出台《关于开展知识产权快速维权试点工作的通知》，批复设立中国南通（家纺）知识产权快速维权中心，充分发挥维权援助中心在参与执法、协助执法中的重要作用。制定专利行政执法和知识产权维权援助举报投诉绩效考核评价指标。积极推进专利执法信息网络建设及执法信息的报送、统计、分析工作。

开展地方知识产权保护能力提升工作，引导地方完善保护管理机制。开展专业市场知识产权保护工作试点，支持地方加大行政执法力度。联合工信部等起草制定《关于加强陶瓷产业知识产权保护工作的若干意见》，组织北京市有关部门启动海龙电子城知识产权保护能力提升工程。研究制定“知识产权保护社会满意度评价指标体系”，完成全国 26 个省（区、市）的大规模社会调查工作。

五、宣传培训

国家知识产权局联合教育部、文化部等研究起草《关于加强知识产权文化建设的若干意见》，知识产权文化建设工程扎实推进。利用人民网《知识产权频道》，围绕知识产权热点事件，举办在线访谈等活动。联合中央主要媒体加强《知识产权频道》《知识产权周刊》等专版专栏的建设。组织开展面向青少年群体的知识产权知识竞赛活动。

发布《2011 年中国知识产权保护状况》、《2011 年全国专利实力状况报告》《中国实用新型专利制度发展状况》。联合中央宣传部等 25 个部门重点组织全国知识产权宣传周活动。组织 5 次重大专题发布会、10 次重大专项报道，对授权发明专利排行、第 100 万号发明专利发布等进行集中宣传报道。《新闻联播》头条播报“我国发布 2011 年发明专利授权量排行榜”，《人民日报》头版头条刊发“我国发明专利量接近‘十二五’目标”。联合工商总局、版权局等开展“2011 年度全国知识产权保护重大事件、案件及有影响人物评选活动”。联合公安部对在 2012 年度知识产权执法保护工作中做出突出贡献的先进集体和先进个人给予通报表扬。

知识产权人才工程顺利实施，继续实施知识产权人才三大工程。2012 年，新批复 5 家培训基地。开展了首批知识产权领军人才推荐选拔工作，共选出领军人才 80 余名。启动知识产权教材建设工作。举办各类培训班5 000余期，培训人员达 50 多万人次。初步形成了包括领军、高层次、骨干和专业人才 4 个层级，涵盖行政管理和执法、专利审查、服务业、企业、高校及科研院所 5 个类别的知识产权人才队伍体系，全国各类知识产权专业人才已达 6 万多人。

六、信息化和文献

国家、区域、地方三级专利信息服务体系建设稳步推进，国家专利数据中心核心系统建设完成，首个区域专利信息服务中心在广州授牌，首批 29 个地方中心设立。

专利电子审批系统（E 系统）、专利检索与服务系统（S 系统）进一步优化完善，实现了支持 2 000人的在家办公能力。为社会公众提供了多种模式网上支付，正式开通中国专利查询系统。全年电子申请比例达到 81.16%。外观设计智能审查通过智能审查引擎优化，实现了授权准确率 99.9% 的目标。实用新型智能审查通过率 26.3%，准确率达到 97.2%。发明专利著录项目智能审查已完成咨询项目验收。

中国专利文献纳入《专利合作条约》最低限度文献量，成为 PCT 国际检索与初审单位审查 PCT 申请时的必检文献。全年共引进各类专利和非专利文献资源 83 种。我国收集的专利文献总量已超过 8 500万件，覆盖 104 个国家、地区或组织。文献资源综合管理平台建成并投入使用，整理近 300 种电子资源并录入到文献综合管理平台。

七、国际及港澳台合作

积极协调相关部门深度参与世界知识产权组织各项议程，在发展议程、遗传资源和传统知识保护等多边知识产权磋商和规则制定中提出我国主张，有力维护国家利益。与世界知识产权组织的合作层次提升，合作领域拓展。

中美欧日韩五局合作稳步推进，正式成立五局统计工作组。中日韩三局合作日趋紧密。与欧盟内部市场协调局签署谅解备忘录，建立战略合作伙伴关系。与东盟、非洲的合作不断深入，继续开展面向发展中国家的知识产权培训。与知识产权大局合作全面深化，启动与美、德、日、韩等国的专利审查高速路合作试点。开拓与芬兰、瑞士等多国的双边合作关系，全年共签署双边合作协议 32 份。

落实与香港知识产权署签署的首份知识产权合作协议，与澳门经济局商谈协议续签。积极落实《海峡两岸知识产权保护合作协议》，为通过专利代理人资格考试的台湾居民举行颁证仪式。在台湾举办两岸专利代理实务交流合作论坛和两岸专利论坛。举办内地与香港、澳门三地知识产权研讨会。

（国家知识产权局办公室综合信息处处长　沙开清）

中国商标事业发展情况

2012 年，国家工商总局紧紧围绕服务创新型国家建设这一目标，牢牢把握实现商标工作科学发展这一主题，不断提升商标注册、运用、保护、管理效能，推动商标工作不断迈上新台阶。

一、商标注册审查及评审效能不断提升

伴随商标战略的深入推进实施，全社会商标意识不断增强，商标注册申请量持续大幅攀升，2012 年共受理商标注册申请 164.8 万件，同比增长 16.3%，比 2009 年翻了一番，连续 11 年位居世界第一。2012 年 3 月 29 日，我国商标累计申请量一举突破千万大关。截至 2012 年底，我国商标累计申请量1 136万件，累计注册量 765.6 万件，有效注册商标 640 万件，继续保持世界第一。在申请量持续攀升，审查难度不断增加的情况下，国家工商总局商标局、商评委通过完善工作机制，合理调配人员，挖掘内部潜力，商标注册审查周期继续保持在 10 个月之内，案件审理周期大幅缩短至 18 个月。全年共审查商标注册申请 122.7 万件，同比增长 1.8%；裁定异议案件 7.3 万件，同比增长 28.7%；审理完成商标评审案件 5.25 万件，同比增长 50%。

二、商标专用权保护力度不断加大

（一）打击侵犯知识产权和制售假冒伪劣商品工作成效显著

国家工商总局认真贯彻落实国务院《关于进一步做好打击侵犯知识产权和制售假冒伪劣商品工作的意见》，积极开展打击侵犯知识产权和制售假冒伪劣商品工作。2012 年，全国工商系统共出动执法人员 152.73 万人次，检查批发零售市场、集贸市场等各类市场 39.45 万个，捣毁制假售假窝点7 339个，立案查处侵权假冒案件 12.04 万件、罚没金额 8.51 亿元。依法向司法机关移送涉嫌犯罪案件1 576件，是 2010 年打击侵权假冒专项行动期间移送案件的 2.08 倍，涉案金额 20.24 亿元。

（二）积极构建商标保护长效机制

国家工商总局制定出台《关于构建商标保护长效机制的意见》，明确任务分工，抓好贯彻落实，推进构建完善日常监管与专项执法相结合，行政执法与刑事司法相衔接，注册、运用、保护和管理相统一，依法、规范、高效的商标保护长效机制。全国商标行政执法信息平台建设稳步推进，与相关部委的协调合作不断取得新成果，国家工商总局与海关总署联合下发《加强保护商标专用权执法合作的暂行规定》，与公安部、高检院联合下发《关于加强工商行政执法与刑事司法衔接配合工作若干问题的意见》。

（三）驰名商标保护力度不断加大

全年在商标管理、异议程序、商标异议复审和争议案件中共依法认定了1 298件驰名商标，截至目前总局共对4 486件商标通过驰名商标认定进行扩大保护。2012 年全系统共查处侵犯驰名商标权益的案件近 3 万件。

三、商标战略实施全面深入推进

（一）加强组织领导，商标战略实施推进有力

2012 年，国家工商行政管理总局深入贯彻《国家知识产权战略纲要》，全面推进《关于贯彻落实〈国家知识产权战略纲要〉大力推进商标战略实施的意见》落实。2012 年 4 月，国家工商总局在宁波召开首次全系统范围的商标战略实施工作研讨会，全面总结商标战略实施工作中的实践经验和理论研究成果，做出将商标战略实施工作重心转移到有效运用和依法保护上来的重要部署。

（二）推进国家商标战略实施示范评估工作，充分发挥示范带动效应

为了解示范城市、示范企业商标战略实施情况，加强绩效评估和管理，充分发挥商标战略实施示范效应，11 月，国家工商总局商标战略实施领导小组派出 10 个督导评估组，对首批示范城市（区）和示范企业商标战略实施工作进行了全面评估。充分挖掘了示范城市、示范企业在商标战略实施中的创新经验，有效激励了示范城市、示范企业进一步做好商标工作的热情，将商标战略实施推向新的高潮。

（三）创新商标战略实施行政指导工作机制

国家工商总局积极推动建立商标战略实施分类指导制度，鼓励和指导市场主体结合自身发展不同阶段的要求制定实施商标战略。各地创新开展形式多样的商标行政指导工作，通过向企业发放商标注册建议书、规范使用提示书、违规使用警示书、维权联系卡等，引导企业正确注册商标、合法使用商标、有效运用商标、主动保护商标，不断提升商标的市场价值和社会价值。2012 年，共办理商标权质权登记 686 件、质押商标5 245件，帮助企业融资 214.6 亿元。

（四）加强调研培训，不断加大对地方商标战略实施指导和支持力度

国家工商总局先后出台了多个支持区域发展的政策意见，将商标战略实施作为促进区域发展的有力抓手，充分发挥商标战略对经济社会发展的促进作用。总局领导先后赴 8 个省市调研指导工作，成功组织了第二次赴新疆商标战略宣讲活动，赢得了当地政府和企业的广泛好评。2012 年 12 月，国家工商总局举办全国工商行政管理系统商标战略实施培训班，进一步深化了地方工商系统领导干部对商标战略实施工作重要性的认识，提升了商标战略实施组织领导能力。

（五）进一步加强商标战略宣传、培训、调研和理论研究工作

国家工商总局认真做好 4·26 知识产权宣传周的各项宣传活动，发布了《中国商标战略年度发展报告（2011）》，编辑出版了《中国工商行政管理分论·商标注册与管理卷》，开展了建设国家商标研究基地的前期调研和推广浙江品牌指导站典型经验的调研工作。

四、商标依法行政效能建设不断加强

（一）积极配合做好《商标法》修订工作

经多次逐条讨论和意见交换，认真修改形成了《中华人民共和国商标法修正案（草案）》，于 2012 年 10 月 31 日经国务院第 223 次常务会议讨论通过，并提交全国人大常委会审议。稳步推进《商标法实施条例》等配套法规规章的修改工作。

（二）以《商标法》颁布三十周年为契机，组织开展系列纪念宣传活动

与全国人大法工委、最高人民法院联合举办“纪念《商标法》颁布 30 周年座谈会”，全国人大常委会副委员长严隽琪、总局周伯华局长出席会议并作重要讲话。在 2012 中国商标年会上举办了“纪念《商标法》颁布 30 周年暨推进国家商标战略实施高层研讨会”。与中央电视台合作录制播出了电视专题片《商标的力量》。配合《人民日报》出版纪念《商标法》颁布三十周年特刊。《新闻联播》“科学发展，成就辉煌”专栏对我国商标事业发展成就作了专题报道。

（三）依法加强对商标代理市场的监管

与司法部制定发布了《律师事务所从事商标代理业务管理办法》，促进代理市场健康有序发展。截至 2012 年底，在商标局备案的商标代理组织已达8 709家。

五、商标服务科学发展和创新型国家建设取得新成效

（一）服务新农村建设成效明显

继续加强地理标志和农产品商标的注册、保护和宣传工作。截至 2012 年底，累计共核准注册和初步审定地理标志商标1 754件，农产品商标累计注册量达 128.15 万件。加强对各地注册保护地理标志工作的指导和培训，举办了地理标志产品专用标志使用经验交流座谈会。积极与主流媒体合作，创新开展形式多样、富有特色的地理标志文化宣传活动。在第七届中国中部投资贸易博览会上首次成功举办“中国地理标志成果展”，在上海成功举办了第一届中国国际地理标志产品博览会。地理标志和农产品商标在促进农民增收、农业增效，带动地方农业产业结构调整等方面的作用日益凸显。

（二）服务企业实施“走出去”战略成效显著

继续加大马德里国际注册的培训和宣传力度，国家工商总局先后与泉州市政府、宁波市政府签署备忘录，鼓励和支持当地企业进行商标国际注册。在中国商标网上按季度统计公布马德里商标申请数据及马德里国际注册商标公告，方便国内企业对国际商标提出异议。继续支持做好北汽福田公司“FOTON”商标在越南和百度公司“Baidu”商标在欧盟的维权案件。中国企业商标国际注册和海外维权意识和能力进一步增强，2012 年，国内申请人马德里国际商标申请量 2100 件（一标多类），继续位列马德里联盟第七位。国外申请人指定我国的

领土延伸申请量为20 121件（一标多类），同比增长7.5%，位居马德里联盟第一位，累计注册量为181 659件。

（三）商标公共服务水平不断提升

一是扎实推进商标注册管理自动化系统三期工程和硬件设施的全面升级，不断完善商标网上服务系统，商标注册网上申请同比增长23.3%，占同期申请总量的60.2%。二是切实做好“中国商标网”的信息发布工作，继续按季度统计发布全国各省市县三级商标申请量、注册量和有效注册量等数据信息，扎实推进商标政务公开。全年网站点击率达33.3亿次。三是坚持优质高效与民互动，全年共接听答复咨询电话59 600个，共回复网上公众留言1 765件，办理率达100%，公众对网上回复留言满意度达五星级，取得了良好的社会效果。四是进一步加强商标档案的规范化管理，提升商标档案查询服务。一年来共接待公检法、律师、工商系统、商标权利人等档案查询近4 000人次，查询、复制商标档案3万余件。

六、加强国际及与港澳台交流和合作

2012年，国家工商总局积极开展商标领域多边及双边交流合作活动，为加强对外宣传、树立我国保护知识产权的良好形象发挥了重要作用。一是积极开展多边领域的交流合作。通过派员参加会议，热情接待来访，加强与世界知识产权组织（WIPO）、世界贸易组织（WTO）、亚太经合组织（APEC）等国际组织的交流与合作。2012年，国家工商总局商标局继续派员赴瑞士参加WTO世贸组织与贸易有关的知识产权（TRIPs）理事会例会，认真研究并积极提出会议预案。10月29日至11月3日，商标局派员参加了在西班牙举行的2012年商标五方会谈会议，这是中国作为正式成员第一次参加五方会谈。二是双边领域的商标交流与合作取得新进展，加强了与美国、欧盟、英国、日本等各国商标主管机关的交流合作。三是加强与港、澳、台地区的交流与合作。与来访香港知识产权署代表团就《马德里议定书》适港建议方案进行了细节上的交流。进一步做好《海峡两岸知识产权保护协议》的实施工作，做好台湾地区商标申请优先权受理工作、案件沟通协处等工作。

七、商标评审工作取得新成绩

近年来，随着商标申请量的逐年上升和全社会商标保护意识的增强，商标评审案件连年持续迅猛增长，仅2009至2011年三年收到的新申请评审案件已达20.4万件，相当于2001至2008年八年间案件申请总量的2倍。2012年，商评委受理的新申请评审案件8.84万件，较2011年增长了19%，其中异议复审案件（2.73万件）较2011年增加了79%。面对商标评审案件快速增加的情况，国家工商总局商评委牢牢抓住效能建设这个核心，不断提高审理效率、增强工作效益、突出审理效果，使案件审理数量和质量又有新的提升。同时，依法公正裁决，强化机制创新，服务经济社会科学发展的水平进一步提升。一是创新驰名商标认定和保护工作机制。研究制定了《关于审理涉及驰名商标重复认定案件的工作规范意见》，有效提高了案件评审效能。二是创新打击恶意抢注案件工作机制，诚实守信的市场竞争环境进一步净化。对涉嫌恶意抢注的案件专门开通快速审理通道，有力打击恶意抢注商标行为。2012年，共审理涉及恶意抢注的商标争议案件近3 000件。同时，积极创新统计分析工作机制，恶意抢注信息进行统计分析，为各地实施商标战略，以及企业及时维权提供了重要参考。三是创新案件调处工作机制。积极试行案件调解机制，在总结以往开展调解工作经验的基础上，商评委2012年又成功调解了5起较大商标争议案件，为实现诉争双方共同发展，构建和谐有序的市场竞争环境发挥了应有的作用。如在调解“PRTV”商标争议案件中，充分考虑到该案涉及面广，涉及省份多，对行业新兴产品的标准影响大，案情复杂，双方矛盾尖锐，涉及群体利益矛盾突出等因素，制定了周密的调解方案，与双方前后分别交谈共计16次，历时一年，克服种种困难，最终彻底有效地化解了双方的尖锐矛盾，从根本上消除了不稳定因素，促进了社会和谐，维护了创新企业的知识产权。

（国家工商行政管理总局商标局综合处　徐一文）

统计数据：

一、商标申请与注册数据

表 1　　2012 年度商标申请/注册概况表

<table>
<tr><th></th><th>国内</th><th>国际</th><th>马德里</th><th>合计</th></tr>
<tr><td>申请商标</td><td>1 502 540</td><td>97 190</td><td>48 586</td><td>1 648 316</td></tr>
<tr><td>续展申请</td><td>87 452</td><td>14 602</td><td>4 929</td><td>106 983</td></tr>
<tr><td>异议申请</td><td>22 594</td><td>13 519</td><td>218</td><td>36 331</td></tr>
<tr><td>变更申请</td><td>126 172</td><td>23 749</td><td>2 271</td><td>152 192</td></tr>
<tr><td>转让申请</td><td>91 409</td><td>12 298</td><td>1 890</td><td>105 597</td></tr>
<tr><td>注销申请</td><td colspan="2">6 451</td><td rowspan="2">1 448</td><td rowspan="2">16 668</td></tr>
<tr><td>撤销申请</td><td colspan="2">8 769</td></tr>
<tr><td>许可合同备案申请</td><td colspan="3">30 765</td><td>30 765</td></tr>
<tr><td>注册商标</td><td>919 951</td><td>58 656</td><td>26 290</td><td>1 004 897</td></tr>
<tr><td>审定商标</td><td colspan="2">791 370</td><td>26 563</td><td>817 933</td></tr>
<tr><td>核驳商标</td><td colspan="2">217 787</td><td>10 928</td><td>228 715</td></tr>
<tr><td>部分核驳商标</td><td colspan="2">176 262</td><td>4 239</td><td>180 501</td></tr>
<tr><td>变更注册商标</td><td colspan="2">142 083</td><td>8 492</td><td>150 575</td></tr>
<tr><td>转让注册商标</td><td colspan="2">100 030</td><td>1 907</td><td>101 937</td></tr>
<tr><td>续展注册商标</td><td colspan="2">96 714</td><td>3 833</td><td>100 547</td></tr>
<tr><td>注销注册商标</td><td colspan="2">106 288</td><td rowspan="2">2 916</td><td rowspan="2">112 851</td></tr>
<tr><td>撤销注册商标</td><td colspan="2">3 647</td></tr>
<tr><td>许可合同备案办理</td><td colspan="3">26 945</td><td>26 945</td></tr>
<tr><td>补发商标注册证</td><td colspan="3">9 547</td><td>9 547</td></tr>
</table>

表 2　　2012 年度各省、自治区、直辖市商标申请与注册统计表

说明：申请件数、注册件数指 2012 年初到 2012 年底的商标统计情况，其他指截至 2012 年底的统计情况。

省、自治区、直辖市	申请件数	注册件数	有效注册量
北京市	115 952	66 917	410 298
天津市	21 952	11 168	66 345
河北省	35 346	22 391	149 943
山西省	11 982	6 637	47 310
内蒙古自治区	11 056	8 754	51 387
辽宁省	27 718	16 308	121 818
吉林省	12 198	7 886	57 051
黑龙江省	15 697	9 596	76 901
上海市	91 867	59 679	316 442
江苏省	98 704	62 328	410 472
浙江省	161 835	117 201	773 912
安徽省	33 692	19 977	106 685
福建省	84 475	55 599	324 435
江西省	22 055	13 699	76 682
山东省	77 267	47 409	304 480
河南省	48 823	29 416	159 024
湖北省	30 313	19 434	117 131
湖南省	35 789	19 054	121 001
广东省	272 505	162 766	992 334
广西壮族自治区	14 454	8 612	50 505

续　表

省、自治区、直辖市	申请件数	注册件数	有效注册量
海南省	6 172	4 399	25 165
四川省	56 467	30 548	193 832
贵州省	19 981	7 335	32 753
云南省	24 762	16 788	74 208
西藏自治区	960	612	3 282
陕西省	34 031	17 696	86 277
甘肃省	5 154	2 948	21 475
青海省	2 599	1 588	8 873
宁夏回族自治区	3 439	2 166	11 216
新疆维吾尔自治区	14 207	7 708	50 117
重庆市	40 725	23 257	92 341
香港特别行政区	53 039	28 680	150 091
澳门特别行政区	528	240	2 488
台湾省	16 796	11 155	98 514
合计	1 502 540	919 951	5 584 788

表3　　2012年度外国（地区）在华商标申请统计表

外国（地区）	外国（地区）申请件数	马德里申请件数	总计
阿尔巴尼亚	5	0	5
阿尔及利亚	33	1	34
阿富汗	30	0	30
阿根廷	139	0	139
阿联酋	333	0	333
阿曼	4	0	4
阿塞拜疆	58	0	58
埃及	123	26	149
埃塞俄比亚	2	0	2
爱尔兰	302	63	365
爱沙尼亚	24	28	52
安道尔	7	0	7
安哥拉	8	0	8
安圭拉	59	0	59
奥地利	333	714	1 047
澳大利亚	2 130	917	3 047
巴巴多斯	56	0	56
巴布亚新几内亚	3	0	3
巴哈马	123	0	123
巴基斯坦	83	0	83
巴拉圭	14	0	14
巴林	6	0	6
巴拿马	97	0	97
巴西	491	0	491
白俄罗斯	10	70	80
百慕大	195	0	195
保加利亚	33	103	136
贝里斯	26	0	26

续 表

外国（地区）	外国（地区）申请件数	马德里申请件数	总计
贝宁共和国	1	0	1
比荷卢	0	2 241	2 241
比利时	412	0	412
冰岛	40	14	54
波多黎各	2	0	2
波兰	90	385	475
玻利维亚	2	0	2
伯利兹	37	0	37
布基纳法索	1	0	1
朝鲜民主主义人民共和国	7	0	7
丹麦	1 040	529	1 569
德国	4 395	6 508	10 903
多米尼加共和国	12	0	12
俄罗斯	389	1 974	2 363
厄瓜多尔	67	0	67
法国	3 599	5 274	8 873
法属波利尼西亚	1	0	1
菲律宾	81	0	81
斐济	5	0	5
芬兰	416	222	638
哥伦比亚	111	0	111
哥斯达黎加	12	0	12
格鲁吉亚	6	5	11
古巴	6	2	8
哈萨克斯坦	9	91	100
韩国	6 114	539	6 653
荷兰	1 101	0	1 101
荷属安的列斯群岛	18	0	18
吉尔吉斯斯坦	4	0	4
加拿大	1 536	0	1 536
柬埔寨	1	0	1
捷克共和国	83	197	280
喀麦隆	1	0	1
卡塔尔	7	0	7
开曼群岛	1 742	0	1 742
科特迪瓦	18	0	18
科威特	29	0	29
克罗地亚	8	37	45
肯尼亚	2	2	4
库克群岛	4	0	4
库拉索	3	0	3
库拉索岛	0	10	10
拉脱维亚	8	64	72
老挝	1	0	1
黎巴嫩	38	0	38
立陶宛	4	5	9

续　表

外国（地区）	外国（地区）申请件数	马德里申请件数	总计
利比亚	10	0	10
列支敦士登	75	120	195
卢森堡	294	0	294
罗马尼亚	63	37	100
马恩岛	58	0	58
马耳他	22	0	22
马来西亚	1 063	0	1 063
马里	2	0	2
马其顿共和国	0	15	15
马绍尔群岛	90	0	90
毛里求斯	28	0	28
毛里塔尼亚	1	0	1
美国	24 751	4 040	28 791
美属维尔京群岛	5	0	5
蒙古	12	2	14
孟加拉国	19	0	19
秘鲁	64	0	64
缅甸	25	0	25
摩尔多瓦共和国	2	21	23
摩洛哥	13	51	64
摩纳哥	58	113	171
莫桑比克	0	14	14
墨西哥	373	0	373
南非	404	0	404
尼泊尔	2	0	2
尼日利亚	38	0	38
挪威	79	278	357
欧盟	0	9 100	9 100
葡萄牙	116	107	223
日本	21 572	3 104	24 676
瑞典	653	258	911
瑞士	1 570	3 828	5 398
萨尔瓦多	1	0	1
塞尔维亚和黑山	6	17	23
塞拉利昂	1	0	1
塞浦路斯	114	44	158
塞舌尔	192	0	192
沙特阿拉伯	122	0	122
圣基茨和尼维斯	1	0	1
圣马力诺	12	12	24
圣文森特	1	0	1
斯里兰卡	26	0	26
斯洛伐克	16	48	64
斯洛文尼亚	17	85	102
苏丹	1	0	1
苏里南	3	0	3

续 表

外国（地区）	外国（地区）申请件数	马德里申请件数	总计
泰国	643	0	643
坦桑尼亚	20	0	20
突尼斯	22	0	22
土耳其	258	412	670
瓦努阿图	4	0	4
危地马拉	10	0	10
委内瑞拉	75	0	75
文莱	98	0	98
乌干达	12	0	12
乌克兰	57	246	303
乌拉圭	25	0	25
乌兹别克斯坦	8	0	8
西班牙	1 479	631	2 110
西萨摩亚	371	0	371
希腊	86	54	140
新加坡	1 836	231	2 067
新西兰	1 090	0	1 090
匈牙利	22	93	115
叙利亚	29	0	29
牙买加	6	0	6
亚美尼亚	10	12	22
也门	16	0	16
伊拉克	92	0	92
伊朗	106	37	143
以色列	184	117	301
意大利	2 609	3 798	6 407
印度	642	0	642
印度尼西亚	124	0	124
英国	5 680	1 545	7 225
英属海峡群岛	9	0	9
英属根西岛	11	0	11
维尔京群岛（英属）	2 758	0	2 758
英属西印度群岛	158	0	158
约旦	48	0	48
越南	120	95	215
英属泽西岛	18	0	18
直布罗陀	11	0	11
智利	278	0	278
合计	97 190	48 586	145 776

表 4　　2012 年度外国（地区）在华商标注册统计表

外国（地区）	外国（地区）注册件数	马德里注册件数	总计
阿尔巴尼亚	4	0	4
阿尔及利亚	17	1	18
阿富汗	42	0	42

续 表

外国（地区）	外国（地区）注册件数	马德里注册件数	总计
阿根廷	101	0	101
阿联酋	259	9	268
阿曼	2	1	3
阿塞拜疆	25	3	28
埃及	40	5	45
爱尔兰	115	75	190
爱沙尼亚	3	10	13
安道尔	33	6	39
安哥拉	3	0	3
安圭拉	71	4	75
奥地利	125	497	622
澳大利亚	1 284	536	1 820
巴巴多斯	85	2	87
巴布亚新几内亚	5	0	5
巴哈马	62	5	67
巴基斯坦	52	0	52
巴拉圭	4	0	4
巴勒斯坦	1	0	1
巴林	4	8	12
巴拿马	48	3	51
巴西	271	0	271
白俄罗斯	0	31	31
百慕大	114	0	114
保加利亚	20	40	60
贝里斯	5	0	5
比利时	190	375	565
冰岛	0	10	10
波兰	46	121	167
玻利维亚	2	0	2
伯利兹	29	1	30
布基纳法索	7	0	7
朝鲜民主主义人民共和国	2	0	2
丹麦	363	416	779
德国	2 373	5 305	7 678
多米尼加共和国	3	0	3
俄罗斯	200	696	896
厄瓜多尔	4	0	4
法国	1 828	3 234	5 062
法属波利尼西亚	1	0	1
菲律宾	67	0	67
斐济	3	12	15
芬兰	210	280	490
刚果民主共和国	1	0	1
哥伦比亚	47	0	47
哥斯达黎加	5	0	5
格鲁吉亚	0	1	1

续 表

外国（地区）	外国（地区）注册件数	马德里注册件数	总计
古巴	2	4	6
哈萨克斯坦	6	60	66
韩国	3 676	335	4 011
荷兰	862	1 014	1 876
荷属安的列斯群岛	52	0	52
吉尔吉斯斯坦	2	1	3
几内亚	5	0	5
加拿大	989	10	999
加纳	3	0	3
柬埔寨	1	0	1
捷克共和国	40	160	200
津巴布韦	2	0	2
喀麦隆	2	0	2
卡塔尔	31	0	31
开曼群岛	1 072	6	1 078
科特迪瓦	2	0	2
科威特	16	0	16
克罗地亚	0	60	60
肯尼亚	9	5	14
库克群岛	20	0	20
库拉索	1	7	8
拉脱维亚	4	24	28
老挝	1	0	1
黎巴嫩	20	6	26
立陶宛	2	3	5
利比亚	2	0	2
列支敦士登	47	102	149
卢森堡	213	308	521
罗马尼亚	6	14	20
马恩岛	139	0	139
马耳他	8	7	15
马来西亚	580	1	581
马里	1	0	1
马其顿共和国	0	9	9
马绍尔群岛	38	0	38
毛里求斯	50	0	50
毛里塔尼亚	3	0	3
美国	16 050	2 227	18 277
美属维尔京群岛	2	0	2
蒙古	1	7	8
孟加拉国	6	0	6
秘鲁	24	0	24
缅甸	12	0	12
摩尔多瓦共和国	6	11	17
摩洛哥	8	10	18
摩纳哥	19	59	78

续　表

外国（地区）	外国（地区）注册件数	马德里注册件数	总计
莫桑比克	1	0	1
墨西哥	199	0	199
纳米比亚	1	0	1
南非	184	0	184
尼泊尔	4	0	4
尼日利亚	18	0	18
挪威	51	184	235
葡萄牙	171	81	252
葡属马德拉岛	4	0	4
日本	12 450	1 774	14 224
瑞典	403	566	969
瑞士	1 354	2 065	3 419
塞尔维亚和黑山	1	40	41
塞内加尔	8	0	8
塞浦路斯	40	97	137
塞舌尔	46	13	59
沙特阿拉伯	69	0	69
圣文森特	2	0	2
斯里兰卡	13	0	13
斯洛伐克	3	26	29
斯洛文尼亚	9	31	40
泰国	260	3	263
坦桑尼亚	4	0	4
特克斯和凯科斯群岛	1	0	1
突尼斯	6	0	6
土耳其	57	232	289
危地马拉	1	0	1
委内瑞拉	24	0	24
文莱	53	0	53
乌干达	1	0	1
乌克兰	63	100	163
乌拉圭	9	0	9
乌兹别克斯坦	4	0	4
西班牙	827	579	1 406
西萨摩亚	81	0	81
希腊	57	38	95
新加坡	1 213	231	1 444
新西兰	524	0	524
匈牙利	15	32	47
叙利亚	26	0	26
牙买加	12	0	12
亚美尼亚	0	9	9
也门	2	0	2
伊拉克	29	0	29
伊朗	54	12	66

续 表

外国（地区）	外国（地区）注册件数	马德里注册件数	总计
以色列	110	33	143
意大利	1 668	2 205	3 873
印度	378	0	378
印度尼西亚	80	1	81
英国	3 042	1 698	4 740
英属海峡群岛	17	0	17
英属根西岛	4	0	4
维尔京群岛（英属）	2 309	53	2 362
英属西印度群岛	264	0	264
约旦	16	0	16
越南	45	48	93
英属泽西岛	18	0	18
直布罗陀	7	2	9
智利	133	0	133
合计	58 656	26 290	84 946

表 5　2012 年度按类申请和注册商标统计表　单位：个

类别	申请				注册			
	国内	国际	马德里	合计	国内	国际	马德里	合计
1	25 590	2 003	1 088	28 681	15 712	1 284	722	17 718
2	11 605	724	315	12 644	7 438	450	191	8 079
3	43 258	4 962	1 905	50 125	23 318	2 862	1 052	27 232
4	9 515	790	355	10 660	5 701	465	208	6 374
5	48 252	4 415	1 741	54 408	24 041	2 418	1 076	27 535
6	29 533	1 728	1 036	32 297	19 666	1 047	577	21 290
7	46 815	3 458	1 931	52 204	29 795	1 890	992	32 677
8	10 595	1 105	524	12 224	6 765	643	335	7 743
9	88 551	8 761	4 946	102 258	52 145	5 249	2 411	59 805
10	16 082	2 051	1 126	19 259	9 578	1 116	616	11 310
11	59 178	2 875	1 502	63 555	37 306	1 644	751	39 701
12	27 508	2 225	1 101	30 834	16 751	1 196	585	18 532
13	2 858	164	75	3 097	1 999	77	37	2 113
14	25 201	2 038	1 192	28 431	15 028	1 076	714	16 818
15	4 226	367	134	4 727	2 619	211	78	2 908
16	28 235	2 837	1 525	32 597	16 511	1 840	925	19 276
17	13 777	1 072	655	15 504	10 099	843	446	11 388
18	37 359	3 549	1 832	42 740	23 949	2 113	997	27 059
19	28 588	879	625	30 092	22 840	629	346	23 815
20	35 949	1 791	1 064	38 804	22 472	1 012	618	24 102
21	27 920	2 064	918	30 902	16 326	1 313	532	18 171
22	5 429	407	197	6 033	3 864	280	144	4 288
23	4 833	242	101	5 176	3 404	158	58	3 620
24	24 411	1 524	784	26 719	16 202	911	477	17 590
25	173 833	7 370	2 982	184 185	110 788	4 463	1 287	116 538
26	8 014	629	240	8 883	5 593	375	169	6 137
27	7 950	509	311	8 770	5 214	309	166	5 689

续 表

类别	申请				注册			
	国内	国际	马德里	合计	国内	国际	马德里	合计
28	21 144	2 357	1 103	24 604	13 609	1 559	580	15 748
29	62 408	2 617	759	65 784	43 242	1 481	451	45 174
30	83 713	3 498	1 044	88 255	53 359	2 050	545	55 954
31	44 627	892	366	45 885	28 351	711	221	29 283
32	28 561	1 928	716	31 205	15 627	1 006	389	17 022
33	57 042	4 013	1 275	62 330	22 862	2 119	798	25 779
34	4 413	412	223	5 048	3 338	236	110	3 684
35	109 501	5 617	3 035	118 153	60 585	3 374	952	64 911
36	21 495	1 395	731	23 621	14 776	996	460	16 232
37	22 245	1 433	1 152	24 830	18 203	1 164	662	20 029
38	12 843	1 062	892	14 797	6 880	655	561	8 096
39	17 933	925	617	19 475	12 516	597	358	13 471
40	12 384	773	533	13 690	8 153	545	349	9 047
41	38 649	3 193	1 804	43 646	22 938	2 153	949	26 040
42	38 564	2 865	2 667	44 096	23 649	2 093	1 520	27 262
43	53 147	1 950	541	55 638	28 881	1 103	296	30 280
44	20 255	1 058	512	21 825	12 633	590	323	13 546
45	8 551	663	411	9 625	5 225	350	256	5 831
合计	1 502 540	97 190	48 586	1 648 316	919 951	58 656	26 290	1 004 897

表6　　1979—2012年商标注册申请及核准注册商标统计表

年度	申请				核准注册			
	国内	国际	马德里	合计	国内	国际	马德里	合计
1979					27 459	5 130		32 589
1980				26 177	15 348	1 297		16 645
1981				23 004	15 707	2 049		17 756
1982	17 000	1 565		18 565	12 385	4 672		17 057
1983	19 120	1 687		20 807	4 293	2 278		6 571
1984	26 487	3 077		29 564	13 252	1 518		14 770
1985	43 445	5 798		49 243	19 584	2 084		21 668
1986	45 031	5 939		50 970	26 993	5 126		32 119
1987	40 014	4 055		44 069	27 687	4 454		32 141
1988	41 683	5 866		47 549	25 448	3 604		29 052
1989	43 202	5 209		48 411	31 810	4 625		36 435
1990	50 853	4 371	2 048	57 272	25 966	4 036	1 269	31 271
1991	59 124	5 885	2 595	67 604	34 501	3 523	2 306	40 330
1992	79 837	8 367	2 591	90 795	42 710	4 198	1 180	48 088
1993	107 758	21 014	3 551	132 323	42 668	3 999	2 059	48 726
1994	117 186	20 238	5 193	142 617	47 482	7 803	3 016	58 301
1995	144 610	21 442	6 094	172 146	59 895	12 591	19 380	91 866
1996	122 057	22 615	7 132	151 804	101 178	15 843	11 407	128 428
1997	118 577	21 676	8 502	148 755	188 047	24 958	10 033	223 038
1998	129 394	18 252	10 037	157 683	80 095	14 137	13 478	107 710
1999	140 620	18 883	11 212	170 715	96 139	13 896	12 366	122 401
2000	181 717	24 623	16 837	223 177	129 441	16 327	12 807	158 575

续 表

年度	申请				核准注册			
	国内	国际	马德里	合计	国内	国际	马德里	合计
2001	229 775	23 234	17 408	270 417	167 563	19 017	16 259	202 839
2002	321 034	37 221	13 681	371 936	169 904	23 364	19 265	212 533
2003	405 620	33 912	12 563	452 095	206 070	21 188	15 253	242 511
2004	527 591	44 938	15 396	587 925	225 394	25 069	16 156	266 619
2005	593 382	52 166	18 469	664 017	218 731	23 792	16 009	258 532
2006	669 276	56 840	40 203	766 319	228 814	25 254	21 573	275 641
2007	604 952	59 714	43 282	707 948	215 161	19 159	29 158	263 478
2008	590 525	60 704	46 890	698 119	342 498	31 870	29 101	403 469
2009	741 763	51 966	36 748	830 477	737 228	68 471	31 944	837 643
2010	973 460	67 838	30 889	1 072 187	1 211 428	108 510	29 299	1 349 237
2011	1 273 827	95 831	47 127	1 416 785	926 330	66 074	30 294	1 022 698
2012	1 502 540	97 190	48 586	1 648 316	919 951	58 656	26 290	1 004 897
合计	9 961 460	902 116	447 034	11 359 791	6 637 160	648 572	369 902	7 655 634

二、商标行政执法数据

表 1　　全国查处商标一般违法案件基本情况

项目		案件总数（件）		其中：涉外案件数		立案查处案件数（件）								案值（万元）	罚款金额（万元）	收缴和消除商标标识（件）	销毁物品（件）
		合计	其中：投诉案件	合计	其中：投诉案件	小计	其中：投诉案件	案值5万元以下	案值5万～10万元	案值10万～30万元	案值30万～100万元	案值100万元以上	罚款10万元以上				
合计		7 142	1 402	258	26	6 916	1 244	6 592	191	81	31	21	29	146 903	4 629	615 155	71 155
注册商标使用的管理	自行改变注册商标的	169	84			154	81	132	21	1				206	*	*	*
	自行改变注册商标注册人名义、地址或其他注册事项的	202	61	16		191	43	170	21					129	*	*	*
	自行转让注册商标的	38	18			37	18	31	6					53	*	*	*
	商品粗制滥造、以次充好、欺骗消费者的	544	150	29		513	130	466	47					478	283	*	*
未注册商标使用的管理	冒充注册商标的	4 111	773	81	12	3 993	693	3 818	70	62	26	17	20	140 193	2 735	*	*
	商品粗制滥造、以次充好、欺骗消费者的	358	81	32	11	332	77	324	6			2		3 520	169	*	*
	违反《商标法》第六条规定的	89	2	72		89		88	1					22	21	*	*
	违反《商标法》第十条规定的	45	2	1		45	1	44	1					79	31	*	*
商标使用许可合同的管理	违反《商标法》第四十条第一款规定的	60	7			60	7	58	2					57	57	*	*
	违反《商标法》第四十条第二款规定的	27	5			18	5	17	1				2	9	*	10 087	4 010
违反《商标法》第十三条规定的		173	74			160	49	155		4		1		274	*	11 677	4 259
违反《商标印制管理办法》规定的		1 303	145	25	3	1 301	140	1 267	15	13	5	1	7	1 838	1 307	593 384	62 669
违法使用地理标志的		7				7		7						8	11		
违法使用地理标志产品专用标志的		2				2		2						2	7		
违法使用特殊标志的		5		1		5		5						6	3	5	3
违法使用奥林匹克标志的		9		1		9		8		1				29	4	2	214

表 2

全国查处商标侵权假冒案件基本情况

（左半部分）

项　目		案件总数（件）		其中：涉外案件		立案查处案件（件）							
		合计	其中：投诉案件	合计	其中：投诉案件	小计	其中：投诉案件	案值5万元以下	案值5万～10万元	案值10万～30万元	案值30万～100万元	案值100万元以上	罚款10万元以上
合　计		59 085	14 239	14 033	4 579	58 078	13 513	56 184	1 186	483	160	65	372
假冒商标	小计	8 796	2 334	2 948	857	8 537	2 080	8 206	170	78	57	26	52
假冒商标	未经注册商标所有人的许可，在相同商品上使用与其注册商标相同的商标的	3 985	1 101	1 464	468	3 959	1 059	3 807	63	42	33	14	29
假冒商标	伪造、擅自制造他人注册商标标识或者销售伪造、擅自制造的注册商标标识的	1 045	319	271	31	962	184	918	28	6	6	4	5
假冒商标	销售明知是假冒注册商标的商品的	3 766	914	1 213	358	3 616	837	3 481	79	30	18	8	18
商标侵权	小　计	50 289	11 905	11 085	3 722	49 541	11 433	47 978	1 016	405	103	39	320
商标侵权	未经注册商标所有人的许可，在相同商品上使用与其注册商标近似的商标或在类似商品上使用与其注册商标相同或近似的商标的	7 907	1 687	1 928	565	7 856	1 594	7 535	164	107	36	14	92
商标侵权	销售侵犯注册商标专用权的商品的	40 415	9 853	8 943	3 097	39 858	9 491	38 699	817	264	56	22	213
商标侵权	在同一种或类似商品上，将与他人注册商标相同或近似的标志作为商品名称或者商品装潢使用，误导公众的	1 361	239	133	37	1 224	226	1 178	21	17	6	2	13
商标侵权	故意为侵犯他人注册商标专用权行为提供仓储、运输、邮寄、隐匿便利条件的	53	13	15	2	53	11	46	2	4	1		
商标侵权	未经商标注册人同意更换其注册商标并将该更换商标的商品又投入市场的	35	11	3	2	35	11	29	4		2		1
商标侵权	给他人注册商标专用权造成其他损害的	361	77	60	19	358	75	341	6	8	2	1	1
商标侵权	侵犯地理标志专用权的	105	15			105	15	101	1	3			
商标侵权	侵犯特殊标志所有权的	12	6	2		12	6	11	1				
商标侵权	侵犯奥林匹克标志专用权的	26	4	1		26	4	25		1			
商标侵权	侵犯世界博览会标志专用权的	14				14		13		1			

全国查处商标侵权假冒案件基本情况

（右半部分）

案值（万元）	罚款金额（万元）	没收、销毁侵权商品（件）	没收、销毁侵权商标标识（件）	没收、销毁专门用于制造侵权商品和伪造注册商标标识的工具（件）	移送司法机关					
					案件数			其中：涉外案件数		
					合计（件）	其中：投诉案件	移送人数（人）	合计（件）	其中：投诉案件	移送人数（人）
108 270	47 878	23 537 247	10 432 789	2 675	*	*	*	*	*	*
33 463	9 160	7 877 638	4 733 130	718	576	250	557	374	178	299
20 862	5 147	6 851 116	967 680	359	378	169	378	254	119	183
1 713	968	264 911	3 726 552	293	51	23	36	20	14	16
10 888	3 046	761 611	38 898	66	147	58	143	100	45	100
74 807	38 718	15 659 609	5 699 659	1 957	*	*	*	*	*	*
27 106	9 965	9 191 203	2 247 204	671	*	*	*	*	*	*
44 591	27 113	5 903 210	2 563 776	1 077	*	*	*	*	*	*
1 896	1 026	363 829	229 940	59	*	*	*	*	*	*
195	118	26 742	27 785	7	*	*	*	*	*	*
188	57	10 231	17 158	2	*	*	*	*	*	*
687	362	138 078	601 014	110	*	*	*	*	*	*
80	29	672	1 380		*	*	*	*	*	*
12	6	2 650	2		*	*	*	*	*	*
35	23	15 389	11 400	31	*	*	*	*	*	*
19	17	7 605			*	*	*	*	*	*

表3　全国查处商标违法案件基本情况　（与上年同期对比）

项　目		2012年	2011年	增减量	增长率（%）
案件数	合计（件）	66 227	79 021	－12 794	－16.19
	1. 一般违法案件	7 142	10 185	－3 043	－29.88
	侵权假冒案件	59 085	68 836	－9 751	－14.17
	2. 国内	52 194	61 999	－9 805	－15.81
	涉外	14 033	17 022	－2 989	－17.56
收缴和消除商标标识（件）		11 047 944	11 802 249	－754 305	－6.39
罚没金额（万元）		52 507	59 552	－7 045	－11.83
案值（万元）		255 174	156 283	98 890	63.28
移送司法机关	案件（件）	576	421	155	36.82
	人数（人）	557	415	142	34.22

表4　全国各地区查处商标违法案件基本情况　单位：件，万元

地区	案件	案值	罚没金额	地区	案件	案值	罚没金额
合计	66 227	255 174	52 507	河南	5 138	3 519	2 012
北京	1 338	1 625	1 495	湖北	2 349	1 955	1 411
天津	374	394	312	湖南	1 575	5 028	1 990
河北	1 234	1 006	694	广东	11 096	36 614	10 236
山西	1 760	582	609	广西	1 057	756	386
内蒙古	385	493	431	海南	625	288	301
辽宁	1 282	1 690	1 088	重庆	437	1 730	1 564
吉林	531	2 821	378	四川	1 421	7 916	1 496
黑龙江	1 151	1 006	589	贵州	929	631	397
上海	2 449	7 181	1 927	云南	1 307	7 402	738
江苏	2 360	141 024	2 004	西藏	70	61	31
浙江	7 653	15 621	12 685	陕西	1 311	1 031	771
安徽	6 288	3 248	2 222	甘肃	565	523	354
福建	4 819	4 925	2 402	青海	470	125	135
江西	987	1 341	738	宁夏	214	130	97
山东	3 938	3 493	2 345	新疆	1 114	1 017	668

三、商标申请与注册数据

2012年度商标评审案件统计表

项目	案件类型	数量（件）
评审案件申请量	驳回商标注册申请复审	56 524
	商标异议复审	27 255
	注册商标争议	448
	撤销注册商标复审	4 213
	总计	88 440
评审案件裁决量	驳回商标注册申请复审	42 778
	商标异议复审	7 087
	注册商标争议	197
	撤销注册商标复审	2 442
	总计	52 504

续 表

项目	案件类型	数量（件）
参与行政诉讼	一审	2 525
	二审	919
	再审	52
	总计	3 496
行政复议	申请量	83
	结案量	64

中国版权保护状况

2012年，是“十二五”时期承前启后的重要一年，也是深化改革开放、加快转变经济发展方式的关键一年。版权作为一种重要的知识产权，是推进科技创新和经济发展的战略资源和核心要素，是增强民族创新能力、提高国家综合实力的重要基础支撑。作为文化艺术创作的体现，版权具有独特的文化精神属性，是文化发展的基础内容和重要资源，在建设社会主义文化强国中有着不可替代、举足轻重的作用。

国家版权局按照国务院的统一决策部署，着力实施《版权工作“十二五”规划》，紧紧围绕科学发展的主题和加快转变经济发展方式的主线，全面推进各项工作，使得中国版权保护工作融入经济社会发展大局。通过保护版权促进文化创造的积极性，从而进一步推动文化产业的发展，带动民族产业及国家经济文化的建设，为全面开创中国特色社会主义伟大事业和党的建设做出了应有的贡献。

一、完善版权法律政策体系，顺利完成《著作权法》修订工作

落实国务院立法工作计划，顺利完成《著作权法》修订起草工作。《著作权法》第三次修订工作是我国在新的历史条件下自主进行的全面积极的制度调整，是贯彻国家知识产权战略纲要、建设创新型国家和文化强国的重要举措。在修法领导小组的全面领导和相关部门的大力支持下，2012年修法工作取得突破性进展，送审稿正式呈报国务院。本次修法立足于我国实践，借鉴国际社会的成功做法，着力解决我国著作权保护实际工作中的突出问题，受到中外社会各界的广泛关注。起草过程坚持开门立法，充分发扬民主，专门成立了修法专家委员会提供咨询，平行委托相关教学科研机构起草专家建议稿，两次通过网络公开征求社会各界意见和建议，两次以专函向立法、司法、行政机关以及相关社会团体征求意见，针对特定领域、特定行业和特定部门定向征求意见，专门举行媒体互动会。社会各界普遍认为本次修法开创了“开门立法、阳光立法”的先河，体现了“科学立法、民主立法、反映民意、集中民智、凝聚共识”的立法精神。

此外，还修订了《出版文字报酬规定》《全国版权示范城市、基地、单位（园区）管理办法》，起草《教科书法定许可使用作品支付报酬办法》《互联网传播影视作品著作权监督管理办法（草案）》《版权执法指导意见》。

二、加强版权行政管理体系，大力推进软件正版化工作和“双打”专项行动

2012年1月，国务院批复同意建立由新闻出版总署（国家版权局）牵头，共由15个部门组成的“推进使用正版软件工作部际联席会议”。按照国务院要求，截至2012年底，中央、省级政府机关按期完成检查整改任务，共有超过一半的市级政府和将近1/3的县级政府提前完成检查整改任务。在政府机关方面，自2010年开展软件正版化检查整改以来，中央和省级政府机关按期完成工作任务，62.15%的市级政府和32.85%的县级政府已完成检查整改，中央和地方累计采购操作系统、办公及杀毒三类软件323.2万套，采购金额21.65亿元。国务院及相关部委及时研究出台软件经费预算、软件采购、软件资产管理、年度检查、审计监督等制度，初步建立政府机关软件正版化长效机制。

在企业方面，累计完成软件正版化企业17 782家，累计举办培训班1 494次，参训企业4.29万家（次），培训人员8.41万人（次）。中央企业三级以上企业、大中型银行、大中型保险企业、新闻出版行业企业集团总部等全部实现软件正版化。

落实国务院工作部署，推动打击侵权假冒工作常态化和制度化。截至2012年12月底，各地版权执法部门全年共查办案件2 249件，其中行政结案1 524件，移送司法机关追究刑事责任858件。在开展的各项打击侵权假冒工作中，由国家版权局联合公安部、工信部、国家互联网信息办公室联合部署的打击网络侵权盗版专项治理“剑网行动”共查办网络侵权盗版案件282件，其中，行政结案210件，移送司法机关追究刑事责任72件，没收服务

器及相关设备93台，关闭网站183家。在开展的重点视频网站主动监管工作中，各级版权部门对主要网站的监管范围进一步扩大，网络版权秩序进一步规范。此外，国家版权局联合有关部门开展了打击假冒他人署名书画作品、保障外交会议等多个专项治理行动，并积极推动京版“十五社”反盗版联盟、美国电影协会、盛大文学公司等权利人及组织与淘宝网、百度、360搜索、搜狗搜索等网络交易平台或搜索引擎公司建立版权保护合作机制，推进诚信建设。

三、构建版权公共服务体系，创新版权舆论宣传工作

进一步加强和规范作品登记工作，初步扭转了长期存在的登记工作中程序不规范、证书不统一、重复登记、信息散乱等问题；各登记机构和中国版权保护中心严格执行信息报送和分析统计工作要求。2012年，全国作品著作权登记量达687 651件，同比增长49.05%；软件著作权登记量达139 228件，同比增长27.33%，双双创历史新高。推进全国版权示范城市、单位、园区（基地）建设。通过授予一批示范城市、示范单位、示范园区（基地），发挥其示范效应及产业聚集效应。积极开展各类促进版权相关产业发展的专项活动，成功举办第四届中国国际版权博览会。开展了第三届世界知识产权组织版权金奖评选颁奖活动。

进一步加大宣传力度，2012年3月，国家版权局官方网站正式改版上线，宣传力度进一步加大，取得良好社会效果；创新性地开展了“4.26知识产权宣传周”网络宣传活动，针对诸如外交会议等各项版权重点工作开展配套宣传，激发了社会各界及公众对版权工作的关注度和支持度。

四、探索建立社会参与体系，努力推进版权制度保障工作

按照“政府引导，社会参与，合理配置，分工协作”的原则，建立社会化的版权相关协会、中介组织、集体管理组织，充分保障各版权主体的作用，调动社会参与版权工作积极性，形成了比较有力有效的工作氛围和合力。2012年，继续规范和监督著作权集体管理组织的业务活动，加强对境外著作权认证机构驻京代表处在华活动的管理指导。不断完善包括音乐、音像、文字、摄影、电影等较为完备的著作权集体管理组织体系，为维护著作权人的合法权益、保障各种作品的合法传播、满足广大公众的文化需求提供了基本制度保障。

五、改革版权国际应对体系，不断提高中国国际影响力

调整了被动应付的思路，以积极应对、主动参与、高点切入的新思路，开展国际版权外交。成功承办世界知识产权组织保护音像表演外交会议，版权对外交流合作迈上新台阶。世界知识产权组织保护音像表演外交会议于2012年6月20日至26日在北京成功召开，来自世界知识产权组织155个成员、49个国际组织，共204个代表团的721名代表出席会议。这是我国举办的第一个涉及国际条约缔结的大型国际会议，充分体现了国际社会对我国近年来版权保护工作成绩的高度认可，全方位展示了我国变被动为主动，参与国际规则制定，在国际版权领域负责任大国的良好形象。

在仅半年多的筹备和实施工作中，在以时任国务院副总理王岐山为主任的外交会议组委会领导下，在中宣部、外交部等十余个成员单位的大力支持和配合下，通过精心组织、高效工作，全力做好各项服务，实现了会议预期目的。同时通过举办一系列丰富多彩的配套活动，展示了我国知识产权特别是版权领域近年来取得的突出成就，为会议的圆满召开营造了良好氛围。中方的各项工作得到各国参会代表的广泛认可和高度评价，为国家争得了荣誉。国内外媒体均对会议给予了积极热情的介绍和评价。

中国政府以东道国身份，并运用代表团团长被选为外交会议主席等平台，充分发挥大国作用，集思广益、友好协商，有力促成了《视听表演北京条约》的顺利缔结，将为电影、戏剧等作品表演者提供更加全面的国际法律保护。会议体现出的多边框架下积极磋商合作、高效务实的工作作风被各成员国和世界知识产权组织及总干事誉为“北京精神”。这对于增强我国在国际知识产权领域的话语权和影响力，提升承办城市形象等方面均具有里程碑式的意义。

从维护国家利益大局着眼，继续推进和落实与

美国专利商标局、美国版权局战略合作谅解备忘录的实施工作；积极参与中国欧盟知识产权合作项目（三期）启动工作；积极推进和落实与英国版权战略合作谅解备忘录框架下的工作计划并与英国就我国版权法修改、网络版权执法等问题展开讨论；继续推进中日、中韩版权关系；参与中澳、中瑞自贸区及中俄、中巴、中瑞知识产权工作组的谈判工作，为我国实施互利共赢的对外开放战略、扩大国际经贸合作、提高中华文化国际影响力做出了积极贡献。

（国家新闻出版广电总局
版权管理司综合处副处长　丁智勇）

第七篇　中国地方 WTO 事务(2012)

河北省WTO工作情况综述

2012年，河北省开放型经济建设迈上一个新的台阶。全年实际利用外资60.3亿美元，同比增长14.7%，超额完成全年增长10%的目标任务。全省外贸进出口完成505.5亿美元，其中，出口296亿美元，同比增长3.6%，创历史最好水平；进口209.4亿美元，下降16.3%。全年中方对外投资10.52亿美元，核准对外投资企业66家，同比增长15.8%。

一、对外开放呈现出新的特点

（一）开放结构更加合理

1. 服务贸易快速增长，增速高于货物贸易

2012年，全省服务贸易进出口总额为45.45亿美元，较2011年增长36.97%。其中，服务贸易出口额为18.18亿美元，同比增长55.87%；服务贸易进口额为27.27亿美元，同比增长26.72%。同期，货物贸易进出口完成了505.5亿美元，同比下降5.7%。

2. 招商引资与对外投资并重

受国内外经济形势影响，全省实际利用外资走势上半年呈现“W”走势，下半年冲高回落后增幅趋稳，总体呈现振荡式增长态势。与此同时，全省对外投资在连年大幅增长的基础上，依然保持快速发展势头。2012年对外投资总额12.39亿美元，同比增长11.56%；中方对外投资额10.52亿美元，同比增长15.76%。中方对外投资额首次突破10亿美元大关，创历史新高。

（二）开放主体向民营经济拓展

2012年，河北省民营企业进出口222.3亿美元，增长7.8%，占进出口总额的43.9%。其中，出口152.8亿美元，增长12.6%；进口69.5亿美元，下降1.6%。进出口、出口、进口增幅分别高于全省13.5、9.0和14.7个百分点，占比为44.0%、51.6%和33.2%，分别提高了5.5、4.1和5.0个百分点。

（三）开放层次进一步提高

2012年，十一个设区市中石家庄、张家口、秦皇岛、唐山、廊坊、沧州、衡水、邯郸等八市出口均增长，其中，张家口、秦皇岛、唐山、廊坊、沧州、衡水、邯郸出口增幅分别高于全省23.5、8.4、7.6、2.7、7.9、7.3和0.1个百分点；石家庄、秦皇岛、唐山、衡水四市对全省出口增长的贡献率较高，分别达到25.5%、26.5%、42.3%和26.5%。张家口、秦皇岛、沧州、衡水四市进出口实现增长，增幅分别高于全省28.5、7.1、14.3和17.6个百分点。

二、WTO规则应用步入常态化

随着河北省国际贸易的不断发展，2012年，国外对河北省发起各类贸易救济措施调查案件共41起，同比增长46.43%；涉案企业330家，同比下降29.03%；涉案金额178 878.76万美元，同比增长283.62%。从贸易救济案件类别看，其中反倾销调查21起，反补贴6起，“双反”调查（反倾销反补贴合并调查）3起，保障措施调查2起，特别保障措施调查1起，反规避调查8起。近年来，河北省贸易救济呈现出大案数量增多，金额巨大，并逐步由钢铁、石化、医药等传统产业领域拓向战略性新兴产业等特点。针对这些情况，河北省多措并举，多方参与，使贸易摩擦应对工作走向了机制化和常态化。

（一）建立贸易摩擦应对机制

河北省连续三年召开由省直18个相关部门参加的“国际贸易摩擦形势通报会”，构建了贸易摩擦协调应对机制。通报会既就国际贸易摩擦问题沟通信息、研判形势、明确思路，也在协同应对国际贸易摩擦方面交换意见、增进了解、凝聚共识，从而宣传和普及了WTO规则和精神，为相关部门进一步遵守和运用规则奠定了基础。

特别是2012年9月，欧盟对我国光伏产品发起“双反”调查后，河北省迅速组织所涉及的12个省直部门、4个设区市、27家银行和2家企业进行专业培训，形成了部门间、部门与企业间多层次的协调应对机制。

（二）建立贸易摩擦预警制度

建立了重大国际贸易摩擦预警信息发布制度，

2012年已发布重大预警信息20余篇。利用河北WTO事务咨询网、河北贸易救济网和中国产业安全指南网河北子站等平台，为相关部门和商务企业提供公共服务产品，2012年以来共上传各类信息800多篇，约100余万字。对河北省钢铁行业和医药重点产品的430家企业进行监测，2012年共发布监测报告10期，为维护河北省产业安全形成有效支持。

（三）指导企业运用WTO规则

2012年，河北省对进口产品提起申诉案件2起。其中，存续案件为乐凯胶片股份有限公司对欧盟、美国、日本进口相纸提起的反倾销调查。商务部2012年3月23日发布最终裁定公告，决定对原产于欧盟、美国、日本的进口相纸产品征收16.2%～28.8%的反倾销税，实施期限5年。新立案件为沧州大化TDI公司等企业对欧盟进口的甲苯二异氰酸酯产品提起的反倾销调查。商务部2012年11月13日发布初裁公告，决定对该进口产品征收6.6%～37.7%不等比例保证金的临时反倾销措施。

三、自贸区规则运用迈出新步伐

近年来，在经济全球化迅速发展的同时，区域经济合作也呈急剧扩展趋势，而自由贸易区成为区域经济一体化的主要形式。河北省对利用自贸区规则促出口、稳外需、保市场高度重视。

（一）对自贸区规则进行深入研究

分别撰写了《用足用好自贸区优惠安排促出口稳外需保市场》《当前我省外贸企业拓展自贸区市场需要着力解决的几个问题》《以东北亚区域经济一体化为契机推进我省沿海经济隆起带建设》《河北省企业“走出去”应注重利用境外经贸合作区平台》等一系列调研文章。

（二）积极开拓自贸区市场

近年来，河北省积极组织参加中国—东盟博览会。2012年，河北省组织了50余家企业、160余人参加了中国—东盟博览会，博览会上签订贸易协议13项，贸易成交额达2 300万美元，签约国际合作项目投资额3亿美元，国内合作投资额900万元人民币。组织小团组到缅甸、老挝、柬埔寨、冰岛、丹麦、澳大利亚和新西兰等国家进行考察、项目洽谈和对接，并取得丰硕成果。

（三）与自贸区协定国家和地区建立了密切的经贸关系

2012年，河北省对已签署自贸协定的20余国家和地区进出口总额占外贸总额的1/4，达到125亿美元。其中，出口92.4亿美元。在自贸区协定国家和地区中，东盟是河北省第五大贸易伙伴、第三大出口市场和第七大进口市场，占河北省对自贸区协定国家进出口总额的32.5%；韩国为河北省第六大贸易伙伴、第五大出口市场和第五大进口市场；印度为河北省第九大贸易伙伴、第七大出口市场和第六大进口市场；中国台湾为河北省第十大出口市场。

（河北省商务厅　赵静）

天津市对外贸易、利用外资及对外经济合作概况

一、进出口规模创历史新高

2012 年，全市外贸进出口 1 156.2 亿美元，同比增长 12%。其中，出口 483.1 亿美元，同比增长 8.6%；进口 673.1 亿美元，同比增长 14.3%。全市进出口、出口和进口增幅分别高于全国 5.8、0.7 和 10 个百分点，其中进出口增速居东部沿海地区首位，出口增速 7 年来首次高于全国平均水平。

2012 年，天津市对外贸易主要特点：一是内资企业出口活力增强。在中海油服、天钢国贸、海洋石油工程和博瑞鑫等企业拉动下，内资企业出口 155 亿美元，增长 13.7%，占全市比重 32.1%，较上年提高 1.5 个百分点。二是新兴贸易方式增长较快。转口贸易、租赁贸易等新兴贸易方式出口 40.2 亿美元，增长 30%，占全市比重 8.4%，较上年提高 1.4 个百分点。三是对新兴市场出口表现活跃。对新兴市场出口平均增幅 18%，占全市比重由上年的 46.2% 提高到 50.2%，其中对东盟、拉美、俄罗斯出口增幅分别达 33.3%、30.4% 和 23%，东盟首超韩国成为我市第三大出口市场。四是机电和高新技术产品出口表现较好。机电和高新技术产品出口分别增长 10.9% 和 9.5%，占全市比重达 70.6% 和 39.3%，较上年提高 1.5 和 0.4 个百分点。其中重点商品船舶、汽车零件、自动数据处理设备零件、液晶显示板、二极管及类似半导体器件出口分别增长 3 倍、73.5%、61.1%、23.7% 和 21.2%，五类商品净增出口 16 亿美元，拉动全市出口增长 3.6 个百分点。五是进口贸易优势明显。进口占贸易总额比重 58.2%，对全市外贸增长贡献率达 68.8%。其中能源资源类大宗商品进口增长较快，煤炭、粮食、铁矿砂增速分别达 67.8%、50.2% 和 18.2%；飞机、汽车等优势商品进口表现突出，分别增长 95.7% 和 48.9%。六是滨海新区主导地位强化。滨海新区出口 308.6 亿美元，增长 11.6%，占全市比重 63.9%，较上年提高 1.7 个百分点。

二、利用外资在高基数上快速增长

2012 年，天津市实际使用外资额 150.16 亿美元，同比增长 15%；合同外资额 185.9 亿美元，同比增长 10.4%；新批外商投资企业 632 家。2012 年，天津市使用外资主要特点：一是外资大项目加快聚集。全市新批千万美元以上项目 224 个，增长 25.8%，合同外资额 102 亿美元，增长 30.6%；新批上亿美元项目 13 个，增长 1.2 倍，合同外资额 22.3 亿美元，增长 40.6%。二是制造业实际使用外资快速增长。全市制造业实际使用外资额 76.2 亿美元，增长 33.7%，占全市比重 50.8%，主要分布在汽车及零部件、装备制造、电子电气、医药化工等行业。制造业实际使用外资上亿美元项目 4 个，分别是卡特彼勒发动机、西门子机械传动、大众汽车变速器和汉森风电动力设备。三是新领域新方式引资加快发展。全市新批跨境人民币直接投资项目 25 个，合同外资额 71 亿元人民币，分别增长 1.8 倍和 3.2 倍。其中，华润燃气人民币直接投资项目合同外资达 24.5 亿元人民币。全市新批外资融资租赁业项目 57 个，合同外资额 16.7 亿美元，分别增长 96.6% 和 1.7 倍，全市已累计批准外资融资租赁业项目 105 个，合同外资额 34.55 亿美元，继续保持全国领先水平。四是滨海新区龙头带动作用突出。滨海新区实际使用外资额 98.4 亿美元，增长 15.8%，合同外资额 142.5 亿美元，增长 10.1%。两项指标占全市比重分别达 65.5% 和 76.7%。五是来自亚洲的投资占主导地位。来自亚洲国家和地区的实际使用外资额占全市比重达 83%。其中，香港 86.5 亿美元、日本 14.9 亿美元、新加坡 9.1 亿美元、韩国 9.1 亿美元、台湾 5.2 亿美元，占全市比重分别达 57.6%、9.9%、6.1%、6.1% 和 3.5%。

三、对外经济合作快速发展

2012 年，天津市核准境外企业和机构 103 家，投资总额 22.6 亿美元，同比增长 20.4%。全市对外承包工程新签合同额 15.6 亿美元，同比下降 20%；实现营业额 31 亿美元，同比增长 3.7%，全年带动出口 9.8 亿美元，同比增长 56.2%。全市对外劳务合作新签劳务人员合同工资总额 1.1 亿

美元，同比增长 68.6%；劳务人员实际工资收入总额 8 390 万美元，同比增长 81.6%；派出各类劳务 16 553 人次，同比增长 49.4%；期末在外人数 17 510人次，同比增加 1426 人次。

四、努力提高企业应对国际贸易摩擦能力

2012 年，天津市企业共遭遇国外贸易救济调查 36 起，涉案企业 133 家，涉案金额 1.15 亿美元。特点如下：一是涉案行业集中，以钢铁和自行车行业为主。其中钢铁行业 27 起，涉案金额 6 802.96 万美元；自行车行业 5 起，涉案金额 2 909.36 万美元。二是贸易救济调查发起方较为集中，包括欧盟、巴西、墨西哥、美国、印度等。其中欧盟发起调查 7 起，巴西 8 起，墨西哥 5 起。

天津市公平贸易工作以提高企业应对国外贸易救济调查能力为重点，主要开展了以下几方面工作：一是提高预警信息服务能力。依托本市行业协会和龙头企业，建立了 8 个进出口公平贸易预警点，成立了公平贸易预警综合办公室，通过“天津市进出口公平贸易”网站和《天津市进出口公平贸易动态》刊物，高效率地开展公平贸易预警信息的收集、分析、梳理和发布工作。二是加强应对工作指导，帮助企业制定积极有效的应对策略。三是强化知识培训，提高有关政府部门、行业组织和企业应对国际贸易摩擦的意识和能力。

（天津市商务委员会法规处　王海东）

河南省多方推进开放型经济建设

2012年，河南省世贸工作积极为产业和企业营造公平的贸易环境，以“不断提高贸易摩擦应对和贸易救济工作的能力”为主线，加强对重大问题的思考和研究，为企业服务，促产业发展。

一、通过宣传培训和具体指导，不断提高企业和商务主管部门应对贸易摩擦的意识和能力

（一）宣传培训

2012年，通过省商务厅网站、中国产业安全指南网河南子站共发布信息15 000多条，上报政务信息120多条；创办并每月编发了《河南公平贸易》月刊；刻录并下发了俄罗斯入世规则和国外贸易救济应对光盘；印发了国务院发展研究中心冯飞部长《产业发展的新特点和新挑战》；在《河南商务》发表文章3篇；举办了河南省贸易救济与维护产业安全培训班；组织省辖市参加了商务部举办的区域反倾销应对培训班。

（二）具体指导

协调省财政厅等部门和省辖市完成了美国对我国太阳能电池反补贴调查三次补充问卷；协助做好天瑞集团贸易壁垒应对情况调查工作；配合做好美国诉我国汽车及零配件补贴案和墨西哥诉我国纺织服装产品生产和出口补贴措施案的应对工作；接到商务部关于秘鲁承诺在中方遵守最低限价协议的情况下不对中国鞋类发起贸易救济措施的通报后，及时查找并通知本省对秘鲁有出口鞋类业务的企业办理认证和背书，以免企业出口业务受到影响。

二、开展了贸易救济及效果跟踪调查工作

配合商务部对氨纶、间苯二酚、多晶硅贸易救济申诉案开展了实地核查；对河南省贸易救济企业开展了效果跟踪调查；向商务部报送了《河南省贸易救济效果跟踪情况的报告》；向省政府报送了《白羽肉鸡实施“双反”救济措施后企业仍然面临较大压力》《苯酐贸易救济措施后企业仍然亏损严重》《聚氯乙烯贸易救济措施后企业面临严峻形势》的专报信息；为进一步分析贸易救济效果，对河南昊华公司就贸易救济效果开展了专项调查，并向商务部报送了专题信息。

三、开展了产业损害预警监测

（一）做好数据库报表催报审核工作，扩容入库企业

做好230家产业安全监测企业报表的催报和审核工作，每季度对省辖市工作情况进行绩效考核和通报；组织省辖市上报新增产业安全监测企业83家，使河南省企业数量规模进入全国产业安全监测第一方阵；数据库扩容考评综合得分居全国前列。

（二）开展了重点行业预警监测分析

2011年底，河南省太阳能电池出口被美国“双反”调查，产业发展受到了严重影响。省商务厅联合洛阳理工学院对该行业进行了预警监测，形成了《河南省太阳能电池产业预警监测情况的报告》。同年还联合河北省商务信息中心完成了《河南省钢铁行业预警监测情况报告》。对机电等5 000多种出口商品开展了出口变动异常的监测，发布了量价变动异常商品。

四、开展调查研究，为领导决策提供支持

与洛阳理工学院联合探寻适合郑州航空物流发展的路径，形成了2.5万字的《郑州航空物流发展策略研究》。完成了18万字的《中国入世十年河南世贸工作大事记》的编纂和印发。开展了“世贸组织贸易便利化企业需求问卷调查”。参加了全球价值链国际研讨会并将建立增加值贸易统计的信息及时进行了通报。按照WTO政府采购协议附表列明的目录，整理列出了涉及河南省服务项目，并积极开展相关工作。

（河南省商务厅世贸处　李永兵）

黑龙江省对外经贸工作与 WTO 事务简述

一、对外经贸合作持续快速发展

（一）对外贸易

2012 年，全省商务战线应对国内外形势变化，努力破解对外贸易发展难题，外贸进出口实际完成 378.2 亿美元，出口完成 144.4 亿美元，进口完成 233.9 亿美元，绝对值列全国第 15 位。对俄经贸合作创新发展与转型升级高点起步，成功举办黑龙江对俄贸易项目推介暨中俄企业合作对接会；100 多个地方品牌商品、40 家企业入驻莫斯科格林伍德国际贸易中心集中展示；成立黑龙江省对俄农业合作产业联盟、哈牡绥东对俄贸易加工区城市合作联盟；绥芬河综合保税区注册企业达到 190 家，实现贸易额 2.5 亿美元。全年对俄进出口实际完成 213.1 亿美元，同比增长 12.2%，占全省进出口总额的 56.3%，占全国对俄进出口总额的 24.2%，在全国对俄贸易各省区中名列首位。

（二）利用外资

2012 年，全省实际利用外资 39 亿美元，同比增长 20.07%。实际利用省外资金 2 429.51 亿元人民币，同比增长 42.08%，利用外来投资有力拉动全省固定资产投资增长，促进了产业项目建设。一是大型招商活动成效显著。黑龙江省在香港、广东、浙江三地重大经贸合作交流活动共签约 118 个投资及合作项目；在第 23 届哈洽会省级签约平台上签订了 657 个省外投资项目，签订了 27 个外商投资项目。二是大项目带动作用明显。全年引进超亿美元外资项目 4 项，引进超百亿元人民币内资项目 9 项。三是重点产业建设项目稳步推进。全省 45 个省级重点推进的新材料产业项目全部开工建设；全省 129 个现代服务业项目已有 127 个开（复）工。四是园区招商平台作用更加凸显。全省国家级开发区达到 12 家；对全省 75 家省级以上开发区进行产业定位；全省开发区新增入驻企业 3 915 家。

（三）对外投资合作

对外投资合作取得新进展。全省批准设立非金融类对外直接投资企业 89 家，主要投向俄罗斯、澳大利亚、美国、德国等 22 个国家和地区，协议投资总额 9.53 亿美元，同比增长 21%，其中中方协议投资额 8.75 亿美元，同比增长 22%，实际投资额 3.54 亿美元。全省对外投资企业带动进出口 15.8 亿美元，增长 12.3%。对外承包工程资金、技术密集型项目增多，全年对外承包工程和劳务合作营业额实现 9.51 亿美元。

（四）对外经贸交流合作

2012 年，紧密围绕全省商务工作三大任务指标，在巩固与中国港澳、日韩等传统市场经贸合作的基础上，大力发展与发达经济体、新兴经济体多、双边经贸往来，积极参与多边与区域合作机制，有力地提升了黑龙江省对外经贸交往广度与深度。截至 2012 年，黑龙江省已与 210 个国家和地区开展了经贸往来。全年先后成功举办了“2012 黑龙江（香港）经贸合作交流活动”“2012（黑龙江）中日经济合作会议”“黑龙江省—韩国忠清北道生物产业企业对接洽谈会”“黑龙江省—香港经贸合作座谈会”等 12 场大型经贸合作对接活动。全年共接待美国、加拿大、法国、日本、韩国、中国香港等国家（地区）的 26 个经贸代表团；先后与美国威斯康星州商务厅、加拿大阿尔伯塔省国际贸易部、日本新潟知事政策局、韩国忠清北道经济通商局、香港贸易发展局、泰国商业部、汤加王国驻华大使等举行了 18 场工作会谈。

二、妥善运用贸易救济机制 促进进出口贸易健康发展

2012 年，进出口公平贸易工作以研究探索黑龙江省贸易救济工作有效途径为主线，围绕商务中心工作和黑龙江省经济建设大局两个中心，以突出抓好黑龙江省涉案企业应诉工作为重点，努力实现维护黑龙江省重点产业安全和保护企业正当合法权益两个目标。

（一）认真梳理了本省涉案企业贸易摩擦情况，为下一步应对贸易摩擦积累经验

截至 2012 年末，黑龙江省先后有哈尔滨市高泰食品有限责任公司等 9 家企业涉及贸易摩擦案，

这些企业有的成功应对，获得胜诉，渡过难关，走上了良性发展道路；也有企业放弃应诉，遭受重大损失。通过认真梳理总结黑龙江省贸易摩擦应对工作的经验教训，为今后更好地开展贸易救济工作打下了良好的工作基础。

（二）发挥贸易救济机制作用，服务黑龙江省优势产业发展

一是配合商务部进出口公平贸易局对黑龙江省奶制品、马铃薯淀粉的生产经营和发展状况进行调研。二是努力争取贸易救济措施，保护黑龙江省奶农和乳制品行业的利益。三是要求国家继续延长对欧盟进口的马铃薯淀粉实施反倾销反补贴措施，保证马铃薯产业的健康持续发展。

（三）努力搭建贸易救济工作沟通协调平台，逐步形成贸易救济联动机制

结合黑龙江省目前涉及国际贸易纠纷案件数量相对南方发达省份较少、企业对反倾销反补贴的政策了解不多、普遍对贸易摩擦重视程度不够等问题，加大对企业的宣传指导力度，使企业更多地了解掌握贸易摩擦动态，认清贸易摩擦形势，树立预防为主的理念，以及敢于应诉、善于应诉、合理维护产业利益的意识和信心。形成了由商务部、省商务厅、商协会、企业组成的“四体联动”贸易救济应对工作机制。

三、加强工作调研，做好WTO事务培训宣传，持续提升能力建设

根据商务部的安排，协调省内相关厅局、科研单位、地市有关部门和企业，先后对黑龙江省大豆产业竞争力情况、农业及农产品补贴情况、国外技术性贸易措施对我国对外贸易的影响情况和企业贸易便利化等问题进行了四次全省范围的调研工作，为我国参加WTO相关谈判，提供了第一手的详实基础材料。

组织省内有关人员参加商务部召开的全国性工作会议和专题培训班，并积极协助、认真安排了商务部世贸司在黑龙江省举办的“地方政府WTO规则北部地区培训班”和“农业补贴调研座谈会”。

（黑龙江省商务厅）

山东省扎实推进外经贸工作 积极应对国际贸易摩擦

2012年，山东省商务部门面对世界经济复苏明显放缓和国内经济下行压力加大的严峻形势，在山东省委省政府坚强领导下，全省商务系统坚持以科学发展为主题，以加快转变发展方式为主线，按照稳中求进的工作总基调，扎实做好外经贸工作。全年进出口完成2 455.4亿美元，同比增长4.1%。其中出口1 287.3亿美元，增长2.4%；进口1 168.1亿美元，增长6%。实际到账外资123.5亿美元，增长10.7%。境外投资36.6亿美元，增长35.2%。新签对外承包工程合同额88亿美元，完成营业额81.1亿美元，派出各类劳务人员51 425人，分别增长1.2%、8.6%和5.3%。

一、对外贸易小幅增长

对大洋洲、非洲、东盟、南美洲、中东、俄罗斯等新兴市场出口分别增长20.6%、16.7%、9.5%、9.3%、3.6%、3.2%；发达经济体市场中对美国、日本出口分别增长2.3%、2.6%。外贸转型升级步伐加快，重点培育国际知名品牌215个，新增国家级外贸转型升级示范、科技兴贸创新、机电产品出口基地6个，新建出口农产品质量安全示范区18个，覆盖面扩大到67个县（市、区）。二十大类出口商品中塑料制品、箱包、家具、肥料、游戏机、纸制品、胶合板、轮胎、鞋类、金属制品、电器电子产品、钢材出口分别增长43.5%、37.2%、31.8%、23.7%、21.4%、17.7%、14.4%、13.4%、12.2%、11.6%、9.2%、6.4%，合计拉动全省出口增长4.4个百分点。部分资源类商品进口增长较快，其中原油、食糖、铝材、肥料、食用植物油、煤、铜及铜材、成品油、粮食进口分别增长4.3倍、3.9倍、75.7%、66.5%、54.2%、46.9%、42.9%、40.3%、28.2%，合计拉动全省进口增长10.7个百分点。

二、利用外资质量提高

全省新批外商投资项目1 333个，合同外资165.6亿美元，增长4.9%。世界500强投资和境外上市发展迅速，全年新增36家世界500强企业投资项目53个，合同外资和实际到账外资分别为16.3亿和9亿美元；新增境外上市及增发企业5家，融资2.9亿美元，调回资金2.3亿美元。利用外资结构进一步优化，新批服务业项目637个，实际到账外资44.7亿美元，增长16.8%；新批制造业项目584个，实际到账外资70.2亿美元，增长9.4%。“访千家外企促增资发展”活动卓有成效，新批增资项目899个，实际到账外资59.8亿美元，增长38.8%。来自香港合同外资和实际到账外资分别为84.5亿和61.1亿美元，分别占全省总量的51%和49.5%。服务外包连续四年实现倍增，全省新签离岸服务外包合同金额28.2亿美元，执行金额21.7亿美元，分别增长84.4%和104.4%。

三、“走出去”三项指标全国领先

全省外派劳务、境外投资、对外承包工程营业额分别列全国第一、二、二位。境外资源开发快速发展，全年新核准境外资源开发企业53个，境外投资14.2亿美元，增长1.3倍。优势产能境外转移扎实推进，新核准产能境外转移企业84家，中方投资9.2亿美元，分别增长20%和22.9%。新核准跨国并购项目61个，中方投资10.1亿美元，分别增长74.5%和38.1%。对外承包工程大企业主导作用明显，山东高速集团、中铁十局等10家工程大企业新签合同额和完成营业额分别为66.4亿和58.7亿美元，分别占全省总量的75.5%和72.4%。与央企合作“借船出海”效应进一步显现，分包央企海外工程项目48个，完成营业额8.4亿美元。外派高端劳务规模扩大，全省外派海员、护士、技工、设计咨询等各类高端劳务17 103人，增长31.6%。

四、园区转型升级步伐加快

山东省德州、明水、胶州3个开发区升级为国家级经济技术开发区，全省国家级经济技术开发区达到12家。园区国际合作加快推进，中德生态园概念性规划和指标体系编制完成，基础设施、重点项目建设全面展开；日照国际海洋城启动建设；中美清洁能源合作产业园完成规划选址。中日韩地方经济合作示范区建设取得阶段性成果，商务部批复同意《关于在山东半岛蓝色经济区建设中日韩地方经济合作示范区的框架方案》，山东省与韩国首尔市，山东省青岛、东营、威海分别与韩国釜山、群山、仁川，青岛与日本京都，建立了经济合作伙伴关系。经济开发区开放引领作用进一步增强，全省省级以上经济开发区完成进出口 1 324 亿美元，实际到账外资 69.8 亿美元，分别增长 6.8% 和 12.6%，占全省总额的 53.9% 和 56.5%。引进国家“千人计划”人才 24 人，占全省总量的 27.6%。

五、积极创新应对国际贸易摩擦

2012 年，涉及山东省出口产品遭受国外贸易救济调查案件 53 起。其中，反倾销 41 起、反补贴 7 起、保障措施 3 起、特殊保障措施 2 起。涉案金额 17.5 亿美元，同比增长 49.6%；涉案企业 823 家，同比增长 11.2%。涉案产品主要包括太阳能光伏电池、钢铁及制品、硬木胶合板、轮胎、日用陶瓷、服装及配饰等。2012 年，中国共发起反倾销贸易救济调查立案 6 起，反倾销复审贸易救济调查立案 6 起，反补贴贸易救济调查立案 2 起。其中，山东省产品涉及反倾销调查 2 起，反倾销复审调查 2 起。涉案产品包括 TDI、吡啶、磺胺甲恶唑、甲乙酮等。2012 年山东省共有 5 起案件无损害结案，10 起案件取消调查，13 起案件因其他原因终止调查。

国际贸易摩擦主要特点包括：

（1）摩擦日趋严重

2012 年以来，美国政府成立了跨部门贸易执法中心，专门负责调查别国“不公平贸易”做法；通过法案授权美国商务部可以对中国等所谓“非市场经济国家”进行反补贴调查，使美国商务部做出的针对中国产品的 24 个反补贴裁决合法化。欧盟、澳大利亚、巴西等国也纷纷修改法律，增加贸易救济调查人员，降低贸易救济申请条件，以加强对本国企业的保护，贸易保护主义色彩愈加浓厚。

（2）反倾销调查仍是国外对我贸易救济的主要手段

在 2012 年山东省遭受的 53 起贸易救济调查案件中，反倾销调查 41 起，占全年案件总数的 77.4%，涉案金额 9.6 亿美元，占全部涉案金额的 54.9%，反补贴调查 7 起，保障措施 3 起，特殊保障措施 2 起。

（3）涉案金额大幅增长

2012 年山东省遭受国外贸易救济调查 53 起，案件数量与去年基本持平，但涉案金额 17.5 亿美元，比去年大幅增长 49.6%。其中，欧盟发起的案件涉案金额 10.9 亿美元，同比增长 2.4 倍，占全省涉案金额的 62.3%，成为 2012 年国外贸易救济调查对山东省影响最大的地区。

（4）清洁能源领域成为国际贸易摩擦的重灾区

继 2011 年中国的太阳能光伏电池产品遭遇美国反倾销反补贴调查以来，2012 年清洁能源领域又连续遭受来自美国、欧盟、印度发起的贸易救济调查 5 起。其中，反倾销 3 起，反补贴 2 起，涉案金额近 9 亿美元。案件数量同比增长 1.5 倍，涉案金额同比增长 5.5 倍。

（5）发达经济体发起案件影响较大

2012 年山东省产品遭受美、欧等发达经济体发起的贸易救济调查 21 起，涉案金额 14.1 亿美元，占全省全部涉案金额的 80.6%。其中，美国、欧盟共发起 15 起，涉案金额合计 12.8 亿美元，占全省涉案金额的 73.1%。

（6）发展中国家发起案件数量较多

2012 年山东省产品共遭受 13 个发展中国家发起的贸易救济调查案件 32 起，占全省案件总数的 60.4%。其中，化工产品 11 起，钢铁及其制品 7 起，轻工产品 5 起，纺织及服装 4 起，机电产品 4 起，清洁能源产品 1 起。巴西和印度各发起 8 起贸易救济调查，泰国 4 起，巴基斯坦和墨西哥各为 2 起。

面对国际贸易摩擦，山东省积极创新应对，主要措施如下：

（1）深化联席会议制度

2012 年初以联席会议办公室名义向成员单位印发了《山东省应对国际贸易摩擦联席会议 2012 年工作要点》。2012 年 2 月份和 8 月份分别召开了联席会议成员单位联络员会议，通报了贸易摩擦及应对情况，交流工作经验。2012 年 10 月份组织有关联席会议成员单位赴广东省调研，学习先进经验和做法，参观广交会展会，增强主动为企业服务意识。在相关部门的支持下，设立了山东省进出口公平贸易政策资金，出台了《山东省进出口公平贸易政策资金使用管理暂行办法》，以完善山东省应对国际贸易摩擦工作体系。

（2）抓好重点案件

一是主动服务。为有效应对重点案件，分别在山东省淄博、东营、临沂举办欧盟陶瓷餐具、哥伦比亚轮胎及美国硬木装饰胶合板反倾销反补贴应诉培训会，邀请国内著名律师讲解案件情况及应对技巧，山东省约 140 多家相关企业参加了培训，收到了很好的效果。先后 6 次组织山东省约 50 家企业参加商务部和有关商协会召开的应诉协调会，提高了山东省涉案企业应诉率；组织协调山东省涉案企业积极应对美国 ITC 对我烧结磁体、己酸孕酮等产品发起的 337 调查案件，及时了解案件动态，准确把握应诉重点。二是全力配合。配合巴西官员完成了对山东省日照金穗进出口有限公司柠檬酸反倾销实地核查工作，促使巴西最终达成对华贸易救济方面的首次价格承诺。三是加强协作。在相关成员单位的配合下，较好地完成了美国柠檬酸、美国标准钢管等 4 起反补贴政府问卷的填答与相关资料的提交工作，为案件最终取得利好结果奠定了基础。四是积极申诉。2012 年 4 月组织山东省企业赴比利时参加欧盟对我浓缩大豆蛋白产品反倾销听证会，积极申明中方观点，此案最终以无损害结案。

（3）强化贸易救济措施

一是指导烟台万华、潍坊绿霸等企业用好贸易救济措施，主动发起针对国外的贸易救济调查，配合商务部完成了部分案件反倾销期终复审实地核查工作。加强重点行业的预警，建立完善产业损害预警机制，与机械、化工行业协会合作完成了年度产业损害预警报告。改进企业数据直报工作，完善审核流程，下放审核权限，明确工作责任，及时对上报数据进行催报和审核。完成部分市数据直报企业名单的调整工作。实施贸易救济措施效果跟踪，2012 年对山东省 26 家涉案企业、20 个涉案产品进行了贸易救济效果跟踪调查，贸易救济措施实施效果明显。

（4）搞好信息服务

充分利用山东国际商务网、《每日信息》、《商务研究》、《应对国际贸易摩擦简报》及广播、电视等媒体搞好信息服务，广泛宣传贸易救济相关知识，增强主动运用国际规则应对贸易摩擦，维护山东省产业安全的能力。2012 年共发布各类国际贸易信息 9 291 条。其中，编发《应对国际贸易摩擦简报》12 期，商务部政务信息采用 7 篇，省委今日信息采用 8 篇，报中办 5 篇，省府要情采用 7 篇，每日信息采用 152 条，上网信息 9 000 多条，网站日均浏览量达 2 万多次。

（5）加强调研培训

举办全省贸易摩擦应对培训班、全省贸易救济与维护产业安全业务和企业数据直报培训班，对贸易救济知识和产业安全预警进行培训，与省人社厅、省司法厅合作完成选派 100 名律师到美国进行贸易救济法律第二期培训的筹备组织工作等，全年培训 300 多人次。针对山东省应对贸易摩擦和维护产业安全的重点，通过深入调研，形成了《山东省葡萄酒产业的现状与对策》、《山东省轮胎行业应对美国特保措施取得积极成效》等调研报告，其中 3 篇调研报告在《中国贸易救济》、《产业安全信息参考》上发表，10 篇调研报告在《商务研究》上发表。

（山东省商务厅）

山西省商务工作取得新进展

一、对外贸易、利用外资及对外经济合作概况

2012年按经营单位所在地（自营）统计，全省进出口总值为150.4亿美元，增长2%。其中出口70.16亿美元，增长29.4%；进口80.27亿美元，下降13.9%，累计贸易逆差10.1亿美元。太原武宿综合保税区成功获批，填补了山西省没有海关特殊监管区域的空白；铝镁合金、不锈钢和玻璃器皿基地成功获批国家级专业型外贸转型升级示范基地；山西方略保税物流中心顺利通过海关总署等部门验收并开始运营。

全省外商直接投资合同额3.6亿美元，比2011年同期下降77.1%；实际使用外资25.04亿美元，增长20.8%，其中纳入商务口径统计的为8.4亿美元，增长28.8%。2012年9月成功举办了第4届能源博览会。

全省对外承包工程、劳务合作新签合同额6.39亿美元，增长52.8%；完成营业额4.46亿美元，下降36.1%；期末在外人数3 264人（次），下降33.4%。山西省承建的晋非经贸合作区是我国在非洲建设的7个境外经贸合作区之一，也是中部省份在非洲建设的唯一园区。

二、普及WTO相关知识和规则、强化WTO信息通报与咨询服务工作

（1）以中国入世十周年为契机，成功举办了“中国入世10周年回顾与展望”专题报告会。

（2）结合世贸工作实际，举办培训班。自入世以来，山西省每年都聘请商务部专家、律师事务所专业律师讲课，举办WTO相关知识和规则、应对贸易摩擦知识和案例等一系列培训活动，为全省地市商务局培养了贸易摩擦应对方面的专业人才，提升了企业遵守规则、运用规则应对贸易摩擦的能力。

（3）密切关注商务部世贸司的网站信息，及时将WTO最新情况向全省企业通报，指导和帮助企业及时了解信息，掌握主动。

三、参与WTO贸易政策审议

根据商务部的统一要求，山西省商务厅下发了《关于世贸组织贸易政策审议工作有关安排的通知》，要求省直相关部门、各市商务局和省内重点进出口企业对当年WTO安排审议成员国的对外经贸活动的具体政策措施情况进行收集整理，配合商务部完成WTO贸易政策审议。

四、开展技术性贸易措施、贸易便利化调研

为了做好“国外技术性贸易措施对我国对外贸易影响的抽样调查”，全面掌握我国对外贸易受国外技术性贸易措施的影响情况，我们根据商务部的安排，对20家重点进出口企业进行了抽样调查，提供了科学的决策依据。

配合省出入境检疫局联合建立了技术性贸易措施应对机制，并定期编印出版了《技术性贸易措施咨询》。

为了推动贸易便利化谈判工作，根据商务部的安排，选出了15家进出口企业参加世贸组织贸易便利化企业需求问卷调查，准确反映了我国的贸易便利化程度。

五、积极应对贸易摩擦

山西省积极落实商务部提出的“建立中央政府、地方政府、中介组织和企业合力应对贸易摩擦的‘四体联动’工作机制”要求，培训指导、组织协调与重点跟踪三头并进，每年组织业务培训2～3次，每案深入企业调研情况、分析案情、鼓励应对，并就重点案件召开案情分析会，聘请专家指导，协调各省直部门积极填写政府问卷，以确保本省涉案企业的应诉率。

六、加强自贸区政策宣传

关注我国的自贸区战略实施情况，重点就中国东盟自贸区的优惠政策及商机对我省企业进行了培训，并与东盟国际投资商会联合在太原举办了“东盟市场推介会”，以推动和促进山西省与东盟地区

在经济、文化领域的合作与交流，增进双方深层次的互动交流，让山西省、东盟的企业更多分享自贸区优惠政策。双方按照“优势互补、共谋发展”原则签署了战略合作备忘录。

七、参与加入WTO《政府采购协定》(GPA)课题研究工作

山西省专门成立了WTO《政府采购协定》(GPA)课题研究小组，由省财政厅牵头组织实施，目前已按照国家的统一安排部署，配合省财政厅初步完成了GPA应对基础研究工作，拿出了省情分析和产业竞争力评估报告，并已提交《山西省政府采购省情报告》《山西省加入GPA出价草案》。

（山西省商务厅）

湖北省做好 WTO 工作，为地方经济发展服务

2012 年，湖北省商务厅按照商务部和湖北省委省政府要求，积极应对形势和环境变化，主动适应工作重点转变，紧紧围绕为经济发展服务，为企业排忧解难，切实做好 WTO 有关工作，为湖北省对外开放和对外经贸合作发展服务。

一、做好贸易摩擦应对工作

2012 年湖北省遭遇了 28 起贸易摩擦原审案件，涉案金额约 1.6 亿美元。面对日益频繁、复杂的贸易摩擦，我们切实抓好贸易摩擦案件的应对工作。

一是及时收集和通报案情。利用“四体联动”应对机制，加强与商务部、国家商协会及企业的联系，同时密切跟踪国外调查机关的动态，在获知有关信息后立即通知涉案企业，提高了胜诉的可能性。

二是做好重大案件的服务、协调工作。对于重大贸易摩擦案件，及时召开应诉协调会，指导涉案企业应诉，并就有关应诉策略、应对重点和政策支持等问题予以介绍和解答。同时组织省内涉案企业积极参加国家层面的应对工作会、听证会，积极支持涉案企业与国内外调查机关、相关行业组织及企业进行磋商谈判。

三是建立重点涉案企业联系制度，做好案件影响分析和信息报送工作，将复审案件纳入了观察范围，建立了《湖北省重点涉案企业联系制度》，分析了国外贸易救济措施调查对湖北省出口贸易的影响，及时向商务部、省委省政府相关部门上报了有关信息。

四是重大贸易摩擦案件取得了一定成效，企业合法权益得到有力保证。例如 4 月 17 日，美国对我钢制轮毂双反案以无损害结案；8 月 2 日，澳大利亚对我草甘膦制剂反倾销案以无损害终止调查；9 月 18 日，加拿大对我钢桩产品双反案以无损害结案；10 月 9 日，巴西对我涂镀板反倾销案以无损害结案。以上案件应诉结果有力地维护了本省相关企业的合法权益。

五是指导和协助企业积极运用贸易救济措施保护自身合法权益。召集武汉邮科院、长飞光纤、烽火藤仓三家企业进行座谈，积极指导企业运用贸易救济措施维护自己的利益。

六是协助国家主管部门开展贸易救济调查。2012 年 3 月商务部对原产于日本和美国的进口间苯二酚进行反倾销立案调查，湖北省商务厅参加了该案件的产业损害调查组。作为产业损害调查组成员，直接参加了上述案件的产业损害调查工作。通过多方面的努力，湖北省贸易摩擦应对工作取得了较好成绩，重大案件应对取得一定成效，我省应对贸易摩擦水平得到了提升。

二、落实中欧世贸援助湖北质量试点省项目

按照《中欧世贸项目二期——湖北贸易可持续发展技术援助试点工作方案》，在商务部指导下，2012 年湖北省商务厅与中欧世贸项目组共同努力重点推动的工作包括：

（一）举办四场培训研讨会活动

先后举办“欧盟合格评定和市场监管能力建设”活动、“欧盟低电压电器产品法规研讨会”、“欧盟化学品法规体系研讨会”、“欧盟机械安全指令研讨会”，使相关机构和企业更多地学习和了解了欧盟相关领域的法规政策和体制机制，在一定程度上促进了湖北地区相关领域产品生产和标准化能力和水平的提高。

（二）制作活动光盘和材料，做好信息传播

按照商务部世贸司和项目组关于湖北作为质量试点省须推广项目有关活动内容并形成相关材料的要求，湖北省商务厅将每次活动刻录光盘并附活动的书面材料，寄送全国有关省市商务厅（局）和企业，借以宣传推广和共同分享试点经验。同时将电子版本上传省商务厅官网中欧世贸专栏，供免费下载，进一步扩大试点影响。

（三）做好三项相关专题调研

为进一步深化中欧世贸项目二期——湖北贸易可持续发展技术援助试点工作，2012 年湖北省商务厅与武汉科技大学合作开展欧盟 RAPEX 和 RASFF 数据指标研究，与省出入境检验检疫局开

展中欧技术法规和标准比较研究，与武汉纺织大学开展中欧纺织服装标准比较研究，取得了较好成果。

三、举办“俄罗斯入世：鄂俄经贸合作发展论坛”

2012年9月27日，省商务厅和俄罗斯联邦驻华大使馆商务代表处联合主办“俄罗斯入世：鄂俄经贸合作发展论坛”。主要目的是在俄罗斯正式加入世界贸易组织之际，回顾和总结湖北对俄近年经贸合作取得的成绩、经验及存在的问题，交流俄入世对湖北经贸合作发展的影响，探讨湖北面临的机遇和挑战，推动湖北与俄罗斯在WTO这一多边体制框架下在经贸领域的进一步合作与发展。

四、在全国地方WTO工作会议上做典型发言

11月27日，省商务厅胡道银副厅长在“2012年度全国地方WTO暨自贸区工作会议”上介绍了湖北在世贸领域所做的工作及取得的成绩和经验，提出积极实施开放先导战略，在世贸组织框架下，全面推进对外开放，做好地方WTO工作。

五、做好中国加入GPA湖北地方出价工作

2012年，湖北省开展加入WTO《政府采购协议》谈判应对研究工作：(1) 开展GPA有关基础研究；(2) 提出湖北省初步出价清单；(3) 深入开展GPA相关专题研究，为中国加入GPA从地方角度做好充分准备，完成“加入政府采购协议（GPA）对湖北商务的影响及其对策”专题研究。

六、做好湖北省地方参与WTO政策审议

湖北省按照商务部要求，积极组织有关方面和企业参与对世贸组织其他成员的政策审议，特别是与本省经贸合作密切成员的政策审议，消除影响湖北省与有关成员开展经贸合作的政策障碍，利用世贸规则维护企业利益，推动双边经贸合作。

七、开展湖北省地方立法与WTO规则一致性审核

2012年，重点对拟出台的湖北地方经济贸易政策，特别是有关出口的扶持政策、地方补贴政策等，积极提供咨询和建议，加强合规性审查，确保相关政策与世贸组织规则及我国加入承诺的一致性，力求新出台的政策措施与世贸组织规则及我国对外承诺一致。

八、积极开展WTO各项规则的宣传、培训和咨询

2012年通过培训，特别是借助网络形式，帮助企业和有关政府部门人员对世贸组织相关规则进行深入解读，帮助企业理解、把握和用好规则，力求最大限度地发挥政策效应，为湖北地方经济发展服务。

（湖北省商务厅）

宁夏商务工作：扎实推进，注重实效

一、对外贸易概况

（一）对外贸易规模不断扩大

2007—2012年间，宁夏累计实现进出口总额111.26亿美元，年均增速7%，其中出口74.99亿美元，年均增速8.5%；进口36.27亿美元，年均增速3%。2012年宁夏外贸实现进出口总额22.2亿美元，同比下降3%，其中出口16.4亿美元，增长3%；进口5.8亿美元，下降16%。

（二）出口商品结构不断优化

近年来，宁夏加快调整优化出口商品结构，培育发展了一批在国际市场上具有较强竞争力、有宁夏特色优势的出口商品。截至目前，宁夏出口商品达到1 010种，出口500万美元以上的商品有32种，出口超1亿美元的商品有4种，分别是钽铌铍及制品、生物医药、羊绒及制品、冶金产品，产品出口能力不断增强。2012年，具有宁夏特色及比较优势和附加值较高的新材料、生物医药、装备制造、农产品、纺织服装产品出口占全区出口总值的72%，工业制成品出口比重占55%。出口商品结构不断优化，质量和附加值不断提高。钽制品、氰胺产品、无毛绒、四环素和硫氰酸红霉素出口占全球市场份额分别为40%、60%、40%、80%和50%。

（三）出口主体不断扩大

随着企业进出口经营权的放开，不同所有制企业平等竞争的格局已经形成。全区拥有进出口经营权的企业3 075家。2012年全区有出口实绩的312家企业中，出口超1亿美元的企业有3家；出口在5 000万～1亿美元的企业有6家；出口在1 000万～5 000万美元的企业有29家。全区30家重点出口企业出口共计9.77亿美元，占全区出口比重为60%。

（四）出口市场分布更趋合理

2012年，与宁夏有贸易实绩的国家和地区达130个，亚洲、欧洲和北美洲仍然是对外贸易的主要市场。其中：出口超1亿美元的市场有3个（美、日、印度），出口在5 000万～1亿美元的市场有5个，出口在1 000万～5 000万美元的市场有20个，出口在500万～1 000万美元的市场有11个。对中东、东盟、非洲、俄罗斯、巴西等新兴经济体出口加快，出口增速均在50%以上，新兴市场开拓力度不断加大。

（五）进口增长加快，结构逐步优化

随着宁夏推进新型工业化进程的加快，满足工业化需求的稀缺资源氧化铝、天然橡胶、钽铌锰矿砂和机械设备、零部件2012年共计进口5.2亿美元，占全区进口总值的90%。其中氧化铝、天然橡胶、钽铌锰矿砂等资源类进口占全区进口总值的35%；机电产品进口占全区进口总值的41%。

（六）对外贸易发展环境明显改善

在商务部、财政部的大力支持下，宁夏支持外贸发展的政策环境大为改观。“十一五”期间是宁夏外贸发展史上政策最完善、支持力度最大的时期。宁夏集中运用国家支持政策，支持了400多个发展项目，重点扶持投资额500万元以上的外贸项目149个。主要支持了新材料、新能源、机电产品、农产品、纺织服装、生物医药、精细化工、清真食品等领域科技研发和技术改造项目；集中力量培育了一批基础条件好、发展潜力大的出口基地建设，有力地推动了出口商品结构调整，促进了宁夏外向型企业发展，加快了外贸发展方式转变。

二、公平贸易工作开展情况

近年来，涉及宁夏出口产品的“两反一保”案件逐渐增多。2012年，我们主要开展了以下几方面的工作：一是多次组织企业开展公平贸易培训工作，指导活性炭企业、马铃薯淀粉企业、双氰胺企业、光伏产业积极应对贸易摩擦，维护企业合法权益。二是认真做好产业损害预警监测工作，调整了宁夏产业损害预警监测企业，扩容了产业安全数据库，强化产业安全数据报送工作，充分发挥了产业损害预警机制的作用。三是配合商务部产业损害调查局在宁夏召开了“马铃薯贸易救济措施效果跟踪座谈会”和“全国产业损害预警机制培训会”；配合商务部公平贸易局在宁夏开展了葡萄酒产业和马铃薯产业安全情况调研活动。

三、WTO相关工作

（一）出口贸易平台工程

一是2010—2012年宁夏连续三年成功举办了中国阿拉伯国家经贸论坛，打造了我国对外开放的新平台，形成了宁夏加快发展的新载体。国务院批准了宁夏建设内陆开放型经济试验区和银川综合保税区，同时将中阿经贸论坛升格为中阿博览会。二是抓住商务部培育内外贸结合专业市场契机，大力加强对穆斯林国际商贸城、灵武羊绒城和中宁枸杞国际交易市场外贸功能拓展的政策支持和引导，充分发挥市场对产业的支撑作用，积极推动专业市场内外贸一体化融合发展。三是利用中小企业国际市场开拓资金支持企业利用电子商务平台开展对外贸易，依托穆斯林国际商贸城汇集全国清真食品和穆斯林用品，打造集散中心，实现线上交易与线下交易相互补充的商业模式。四是支持中银绒业、银阳新能源、银川懿丰贸易、宁夏马斯特等企业在美国、法国、柬埔寨等国家和地区设立公司，开发能源，树立品牌，带动技术、商品出口。宁夏宝塔石化成为宁夏首家"走出去"的工程设计咨询企业。

（二）进口贸易平台工程

一是高度重视，制定贯彻落实意见。认真落实《国务院关于加强进口促进对外贸易平衡发展的指导意见》（国发〔2012〕15号）文件精神，制定了我区《关于加强进口促进我区对外贸易平衡发展的实施意见》（宁政发〔2013〕44号），充分发挥进口在促进宁夏内陆开放型经济试验区建设方面的重要作用。二是细化措施，全力抓好贯彻落实。在加大财政扶持力度，完善鼓励进口技术和产品目录，用好各项税收优惠政策，提供多元化融资便利，完善进口信用保险体系，完善企业进口结算制度，进一步优化进口环节管理，优化检验检疫监管模式，完善进口公共服务，发挥行业中介组织作用，积极搭建进口贸易会展平台等方面抓好落实。

（三）加工贸易转型升级工程

一是大力推动宁夏加工贸易企业数量增长。根据宁夏产业特色，在综合保税区内建设面向穆斯林地区的清真食品、穆斯林用品、纺织服装、机电产品加工基地。设立与加工贸易相关的清真食品和穆斯林用品的认证，出口加工产品的研发设计、产品测试、售后维修、设备租赁等服务贸易业务。二是深化加工贸易产业链，促进宁夏小型微型企业发展。在保税区外促进小微企业为加工贸易企业实施配套服务，延长加工贸易产业链，推动产业链的集聚化发展。三是鼓励现有宁夏加贸企业开拓面向中东阿拉伯国家的加工贸易。目前我区加工贸易业务主要以羊绒加工、天然乳胶加工等大宗原材料加工为主，企业数量虽少，但开展加工贸易时间较长，能够抵御一定市场风险，并有一定的国际贸易合作经验，积极鼓励企业开拓阿拉伯市场。

（四）外贸转型升级示范基地建设工程

一是积极推进出口基地培育建设机制的建立和完善。支持条件成熟的地区和产业板块申报国家级科技兴贸出口创新基地和外贸转型升级示范基地，依托宁夏优势特色产业和现有产业园区以及出口龙头企业，集中力量培育一批基础条件好、发展潜力大的自治区级出口基地，鼓励各地区结合区域经济发展特点，确定本地区的出口基地，有针对性地进行重点培育和扶持，逐步建立国家、自治区、地级市三级互动的出口基地建设、培育机制。

二是加大政策支持力度。自治区商务厅拟订了一系列扶持政策措施，加大对出口基地建设的支持力度，主要包括以下方面：营造出口基地建设的政策环境，鼓励出口基地实施外贸商品质量提升战略，帮助出口基地企业开拓国际市场，为出口基地提供更多的贸易机会，支持出口基地商会和行业协会建设，强化对出口基地的服务措施，促进出口基地的贸易便利化。

三是积极开展示范基地的培育工作。成功申报宁夏枸杞及制品出口基地和银川羊绒及制品出口基地为国家外贸转型升级出口基地；成功申报银川经济技术开发区新能源出口基地为国家科技兴贸出口创新基地，有力推进了宁夏枸杞、羊绒、新能源产业外向型发展的步伐，促进了产业转型升级。

（五）贸易投资便利化工程

一是建立部门联席会议制度。进一步完善关贸、检贸、财贸、税贸、银贸、工贸协作机制，牵头制定《宁夏回族自治区贸易投资便利化工作制度》。建立由自治区商务厅、发改委、财政厅、外事办、国税局、地税局、口岸办、金融办、工商局、银川海关、宁夏出入境检验检疫局、外汇管理局宁夏分局等部门组成的贸易投资便利化联席工作机制，加强部门协作与配合，协调解决贸易投资便利化工作中的重要问题，提高行政效率，降低贸易投资成本。

二是完善部门协作机制。深化与海关的合作，推行分类通关、无纸通关改革，推广“多点报关、多点验放”通关模式，提高口岸通关效率，推动宁夏电子口岸发展。深化与检疫检验合作，推进出口产品区域化管理，实施企业分类管理和出口工业品风险评估，加大出口免验推广力度。认真执行检验检疫优惠政策，为出口农产品企业减免检测费和检验检疫收费，降低出口纺织服装产品检验费用。深化与税务部门合作，进一步优化出口退税服务，提高出口退税审核效率，确保出口退税快速到账。深入与金融部门合作，支持外经贸企业通过企业债券和银行间市场债务融资工具融资，支持小额贷款公司等各类新型金融组织为中小外经贸企业提供融资支持。深化与外汇部门合作，创新外汇管理服务和跨境人民币结算业务。继续指导维护产业安全和应对贸易摩擦工作。

三是建立“四外”联动工作机制。进一步发挥四外协作机制功能，定期召开外贸、外经、外资和产业处会议，讨论协调发展的重要事宜，推动引进世界500强企业来宁夏发展。联合在欧美、日韩、中国香港等地开展专题招商活动，主动承接国际国内产业转移。

四是建立重点企业联系工作制度。制定外贸处联系五市外贸工作和联系全区重点企业工作制度，建立了与五市外贸工作联系机制和帮扶重点进出口企业机制。按照“一企一策”原则，及时协调解决各地各企业进出口工作中出现的困难和问题。

五是完善外经贸政策促进机制。研究出台扩大国际经贸合作的政策意见，进一步明确地方财政扶持外经贸发展的相关政策，形成中央和地方共同促进外经贸发展的政策促进机制。

（宁夏商务厅）

上海市WTO工作有关情况

一、商务运行情况①

（一）对外贸易情况

2012年，上海市实现进出口总额4 367.78亿美元，同比微降0.15%。其中，出口2 068.27亿美元，同比下降1.41%；进口2 299.51亿美元，同比增长1.01%。

（二）利用外资情况

2012年，上海市合同吸收外资223.4亿美元，同比增长10.85%；实际利用外资151.84亿美元，同比增长20.36%。其中，合同吸收外资若按投资方式划分，中外合资企业吸收外资39.78亿美元，同比增长64.38%；中外合作企业吸收外资21.88亿美元，同比增长31.97%；外商独资企业吸收外资172.14亿美元，同比增长8.49%。若按产业划分，第二产业吸收外资35.86亿美元，同比增长21.77%；其中工业吸收外资35.32，同比增长23.11%；第三产业吸收外资187.15亿美元，同比增长8.97%。

2012年，全市新批外商直接投资合同项目4 043个，同比下降9.06%。其中，外商直接投资项目按投资方式划分，中外合资企业592个，同比增长15.18%；中外合作企业50个，同比增长127.27%；外商独资企业3 437个，同比下降12.25%。按产业划分，第二产业221个，同比下降16.60%，其中工业206个，同比下降16.94%；第三产业3 818个，同比下降8.40%。

二、贸易摩擦案件应对工作

（一）贸易摩擦案件总体情况

2012年，上海共涉及69起新立及61起复审“两反两保”案件，调查当年总涉案金额约19.5亿美元。

在涉及上海的69起新立案件中，反倾销案43起、反规避案11起，反补贴案9起，特别保障措施案2起，保障措施案4起。涉案金额约19.5亿美元（调查发起的19个成员方分别为：欧盟13起，巴西10起，美国和印度各9起，加拿大4起，澳大利亚、土耳其和泰国各4起，墨西哥2起，阿根廷、巴基斯坦、俄罗斯、哥伦比亚、韩国、马来西亚、南非、秘鲁、中国台湾、埃及各1起），涉及上海1 300多家企业。与2011年相比，案件数量增加了18起，涉案金额为2011年的近2.5倍。这主要由于欧盟分别于9月6日和11月8日对华发起了有史以来影响我国出口金额最大的“光伏产品反倾销和反补贴调查”，涉及上海近10亿欧元的出口。

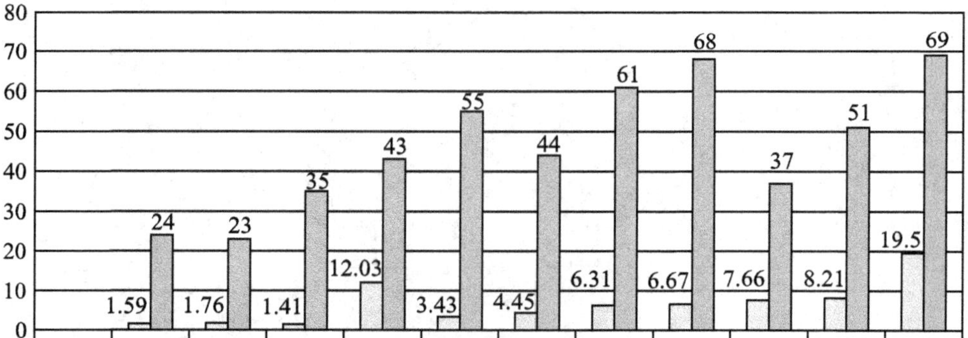

时间	2002年	2003年	2004年	2005年	2006年	2007年	2008年	2009年	2010年	2011年	2012年
金额	1.59	1.76	1.41	12.03	3.43	4.45	6.31	6.67	7.66	8.21	19.5
涉案数	24	23	35	43	55	44	61	68	37	51	69

入世后各年度上海贸易摩擦案件的涉案数（起）和涉案金额（亿美元）

① 本部分数据来源于上海市商务委员会官方门户网站。

（二）应对贸易摩擦案件的主要做法

在积极应对贸易摩擦方面，上海市主要做了以下三方面工作：一是联合商会、行业协会开展案件应诉，如组织召开了欧盟光伏产品双反案件、巴西无缝碳钢管、秘鲁服装及配饰、印度间苯二胺等 30 余起新立反倾销案件的企业应诉协调会，并针对涉案金额较小的中小企业推行行业集体应诉机制，还组织各行业协会和重点企业召开了"欧盟部分反倾销复审邀请协调会"；二是反补贴案件应对，组织相关委办、区县梳理政策，汇总填答美国和欧盟光伏产品、欧盟自行车等多起反补贴案件的政府调查问卷，针对高新、机电出口产品开展补贴问题研究；三是开展案件核查与企业调研，如与商务部公平贸易局代表共赴上海赛迪威尔钢化玻璃绝缘子有限公司调研，重点研究商讨发展中国家贸易摩擦应对事宜；在中西部国际贸易摩擦应对培训班上带领培训学员赴第一铅笔厂进行调研活动等。

三、进口贸易救济及产业损害调查工作

2012 年上海市继续完善产业安全预警机制，进一步推进产业安全数据直报企业扩容工作。开展了上海对外申诉企业存续、运行情况调查，调查范围涉及本市丙烯酸酯、新闻纸、聚氯乙烯、取向电工钢、碳钢紧固件、苯酚、聚酯切片等遭受国外产品冲击较为严重的行业，通过调查发现，这些行业在合理运用贸易救济措施后，有效保护了产业安全，目前生产经营平稳运行。

四、承办召开有关会议，扩大 WTO 工作的影响力

2012 年，先后在上海组织召开了"上海—瑞典：企业社会责任培训班"，"拉美对华贸易摩擦专项研究研讨会"等；配合商务部相关司局在沪承办了"应对国际贸易摩擦培训班"，"第八届中国产业国际竞争力论坛"及全国"337 调查应对专题工作会"。

（上海市商务委员会副主任　钟晓敏）

江西省商务发展情况

一、招商引资质量和水平进一步提升

一是广泛开展“招大引强年”活动。各级凝聚共识，省市县三级联动，瞄准国内外500强企业、跨国公司和行业龙头企业主动对接，强化服务。全省新引进5 000万美元以上重大外资项目44个，增长25.7%；引进省外10亿元以上项目113个，增长52.7%。新引进世界500强投资项目7个，引进国内500强投资项目58个。截至2012年底，全省共引进世界500强51家、国内500强107家。

二是深入推进产业招商。全省百人招商团22支产业招商小分队成功签约重大项目100个，签约金额379.74亿元。战略性新兴产业招商成效显著，新批外资项目中战略新兴产业项目占46.3%，实际利用外资占45.8%；引进省外亿元以上项目中战略性新兴产业项目占42.6%；实际进资占46.7%。服务业招商引资快速增长，全省新引进服务业外资项目增长32.6%，实际进资增长45.1%；引进省外亿元以上服务业项目增长75%，占全省引进省外亿元以上项目的14.9%，同比提高5个百分点。

三是引资渠道不断拓展。华润集团并购洪客隆，江钨集团联手德国世泰科集团，萍钢与方大特钢实行战略重组取得突破。成功推进安义从玉菜业、宜丰万国矿业、九江经开区翰森科技、永丰龙天勇有色金属4家招商引资企业在境外上市，融资超过2亿美元。企业增资扩股活跃，全省共有337家外资企业增资扩股，增资金额25.9亿美元，占全省实现利用外资总量的37.95%。

四是精心组织重大招商活动。香港活动周、赣台会分别签约重大项目90个和76个，总投资分别达91.8亿美元和27.7亿美元，为外资增长和产业发展积累了后劲。充分利用中博会、厦洽会、泛珠会、华赣会等重大活动开展项目推介洽谈，成功引进了一批重大投资项目。

二、外贸出口在面临巨大困难和压力中实现较快发展

一是全力帮助企业开拓国际市场。组织1 100余家企业参加广交会等70余个国内外知名展会，鼓励企业加入第三方电子商务平台，加大小微企业投保出口信用保险的政策支持力度，有力地支持了企业发展。2012年本省出口超1亿美元的国家和地区达47个，比上年增加8个；对新兴市场国家出口136.5亿美元，占全省出口总值的54.4%，较2011年提高9.1个百分点。

二是积极促进出口产业结构优化。进一步完善了《江西省外贸转型升级产业出口基地培育工作实施意见》，指导和推进市、县加快实现产业优势与出口优势的相互促进。其中鹰潭眼镜产业被商务部认定为第二批国家外贸转型升级示范基地，上饶市信州区被认定为“国家科技兴贸创新基地”。2012年全省机电产品出口93.6亿美元，增长14.87%，高于全国6.2个百分点。劳动密集型产品成为拉动出口增长主要动力，其中鞋类和玩具出口增幅分别达90.4%和99.5%。服务贸易快速发展，核心文化产品出口增长119.5%；服务外包进一步拓展。

三是进一步壮大出口主体。将对外贸易经营者备案登记权限下放至70个县级商务主管部门。2012年新办理对外贸易经营备案企业1 373家。全省有出口实绩的企业2 460家，比上年增加207家。其中新增出口企业641家，实现出口100亿美元，占全省的39.8%。截至2012年底，全省共有进出口企业8 605家。

四是有效增强促进外贸发展整体合力。积极协调省直有关部门落实中央关于外贸稳增长的政策。积极应对贸易摩擦，维护本省企业利益和产业安全。“百人服务团”先后3次集中开展服务活动，深入全省1 000多家企业帮助解决实际问题。特别是在2012年下半年外贸出口出现明显下滑的情况下，省政府成立全省工业和外贸促生产保增长协调办公室，组织集中办公，建立每日一调度、五日一告知工作机制，实行挂图作战，推动全省外贸出口超额完成冲刺10%的增长目标，全年实现增长14.8%的好成绩。

三、企业“走出去”步伐明显加快

一是扎实开展“大宣传、大调研、大培训”活

动。采取集中宣讲、一对一上门宣讲等形式给企业送政策增信心。加大媒体宣传力度，营造“走出去”的浓厚氛围。通过召开座谈会、上门走访、发放问卷等多种方式开展大调研，有针对性地开展帮扶工作。积极组织企业开展业务培训，培训各类外经人才1 000余人次，深受各方好评。

二是搭建平台促对接。召开赣企与央企“走出去”项目对接会，组织有“走出去”意向的企业参加亚欧博览会、“9·8”厦门投洽会和东盟博览会等20多场活动。利用“发展中国家商务官员研修基地”平台组织企业与发展中国家官员对接；与香港投资推广署和中联办联合举办了“立足香港，迈向国际”研讨会，召开了江西—埃塞俄比亚投资合作座谈会等。组织20多家企业赴非洲、中欧、日韩等国家考察市场，取得了较好成效。全省共核准外经企业数量达373家，其中境外投资企业267家、承包工程企业72家。江西国际、中鼎国际连续9年和5年入选全球最大225家国际承包商，江西中煤首次跻身全球国际工程承包商225强。

三是多措并举做好服务工作。重点加强了与商务部有关司局、省直有关部门和各设区市主管部门的协调，通过承上启下、上下联动，为推动企业“走出去”营造了比较宽松的环境。累计发放江西走出去业务指南、对外投资国别产业指引等政策文件汇编近2 000份，不断更新“走出去”和“出国务工”网站专栏内容，为企业提供境外政治、经济政策以及“走出去”动态等信息，为全省推动“走出去”工作提供了有效指引。

四是强化境外企业安全管理。一年来，联合各设区市商务主管部门组织开展了境外投资企业安全隐患排查工作，成效显著，保障了外经业务的健康发展。

四、公平贸易和产业预警工作取得新突破

2012年，江西省涉及国外贸易救济调查案共4起，涉及企业20家，涉案金额近18亿美元，涉案企业数和涉案金额为历年之最。其中欧盟光伏产品“双反”调查案，江西省涉案14.6亿多美元，占全部涉案金额的81%。

为了应对贸易摩擦，维护本省企业利益，我们主要做了以下工作：

一是联系商务部和进出口商会，随时掌握我省涉案情况，并第一时间将案情通知市商务局和涉案企业，同时将企业应诉意见反馈有关进出口商会。对于涉及江西省光伏产业的重大案情立即向省政府领导做了书面报告。

二是主动做好涉案企业的应诉辅导和协调工作。欧盟对我陶瓷餐具发起反倾销调查后，我处立即向涉案企业通报了案情，并组织其中应诉意愿较强的3家企业赴北京参加了进出口商会召开的应诉协调会。随后，又在景德镇组织召开了“案情通报和应诉辅导会”，向涉案企业介绍了案情进展情况和应诉基本程序，鼓励企业积极应对，最后6家涉案企业全部参与了无损害抗辩工作。欧盟对我光伏产品反补贴调查启动后，我们根据省政府和厅领导指示，及时组织召开了应诉辅导会，邀请了商务部具体负责应诉工作的同志和政府律师专程来赣，对省发改委等20多家省直部门、金融单位和涉案企业进行了“欧盟调查问卷”辅导和解答，使江西省顺利完成了问卷的填答和报送工作。

三是做好应诉效果跟踪和分析。我们在组织企业积极应诉的同时，对调查国的裁决结果进行了跟踪，并将有关情况及时通知应诉企业，掌握裁决税率对企业出口的影响。在欧盟不锈钢水槽和陶瓷餐具反倾销调查中，江西省分别有2家和6家企业获得了单独关税，是近几年来江西省参与应诉并获得单独关税最多的一年。

2012年，产业安全数据库建设工作稳步推进。一是继续抓好原有数据库监测企业的数据直报工作。制订了产业安全预警工作内部考评方案，以明确省、市商务主管部门的工作职责。为推动该项工作，将相关培训活动有计划地安排在南昌、九江和赣州等地进行，既方便了监测企业就近参加培训，节约了时间和费用，又提高了基层商务部门对产业安全预警工作的认识；二是认真做好产业安全数据库扩容工作。按照商务部关于数据库增加企业数量、扩大监测范围的要求，2012年江西省新增监测企业200家，并按时按量上报备案，在年底之前完成了对所有监测企业的业务培训工作，受到商务部有关司局的大会表扬。江西省商务厅被商务部产业损害调查局评为“2012年度产业损害预警工作先进集体”，两位同志被评为优秀工作者。

（江西省商务厅公平贸易处）

汕头市对外经贸工作简况

一、对外贸易

（一）简况

2012年汕头市进出口总额88.02亿美元，同比增长0.2%。其中出口61.63亿美元，同比增长3.5%；进口26.38亿美元，同比下降6.9%；实现贸易顺差35.25亿美元。汕头市与181个国家（地区）有着贸易往来，主要出口市场依次为：美国、香港、日本、阿联酋、马来西亚、菲律宾、英国、加拿大、泰国、新加坡。主要进口市场为：日本、台湾、韩国、德国、沙特阿拉伯、美国、泰国、马来西亚、印度、新加坡。

按企业性质划分，外资企业出口23.16亿美元，同比增长1.4%，进口9.84亿美元，同比下降14.3%；私营企业出口33.62亿美元，同比增长6.4%，进口14.99亿美元，同比增长8.4%；国有企业出口2.92亿美元，同比下降12.9%，进口1.22亿美元，同比下降19.5%；集体企业出口1.44亿美元，同比增长4.1%，进口413万美元，同比下降46.7%。

按贸易方式划分，一般贸易出口46.36亿美元，同比增长5.8 %，进口15.75亿美元，同比下降0.2%；加工贸易出口15.13亿美元，同比下降2.7%，进口8.63亿美元，同比下降14.8%。

按进出口商品划分，主要出口商品有机电产品、服装及衣着附件、玩具、家具及其零件、高新技术产品等；主要进口商品有初级形状的塑料、机电产品、纺织纱线织物及制品、高新技术产品、通断保护电路装置及零件等。

（二）参加的商务洽谈会情况

（1）组织5家企业共10个展位参加2012年3月1日至5日在上海新国际博览中心举行的第22届中国华东进出口商品交易会，总成交额398万美元；（2）在第111、112届广交会上，我市共组织参展企业675家（次），成交总金额60 893万美元；（3）组织184家企业206个展位，赴东盟、东欧、非洲等新兴市场以及欧美传统出口市场。参加境外重要展会共9场次，分别为：德国纽伦堡国际玩具博览会、英国伯明翰春季国际博览会、粤港雅加达时尚生活展览会、韩国进口商品展、南美国际家庭用品及礼品博览会、俄罗斯秋季国际家居用品博览会、第二届中国—东盟（泰国）商品贸易展览会、澳大利亚中国纺织服装展和中国—东盟（缅甸）商品展览会。

（三）对外贸易经营者备案登记情况

2012年汕头市共办理新登记对外贸易经营者256家，其中民营私营253家，国有、集体1家，外商投资企业2家。截至2012年12月31日，汕头市办理对外贸易经营者登记共有3 829家企业（有效备案的经营者2 294家），其中民营私营3 233家，国有、集体506家，外商投资企业90家。

（四）加工贸易情况

2012年全市加工贸易进出口总额23.76亿美元，同比下降7.5%，占全市进出口总额的27%。加工贸易出口15.13亿美元，同比下降2.7%，占全市出口总值的24.6%。其中进料加工出口11.91亿美元，同比下降6.8%；来料加工出口3.22亿美元，同比增长15.8%。加工贸易进口8.63亿美元，同比下降14.8%，占全市进口总值的32.7%。其中进料加工进口6.1亿美元，同比下降22.1%；来料加工进口2.54亿美元，同比增长9.7%。

二、对外经济合作

（一）简况

汕头市积极响应国家实施“走出去”战略，创新发展观念，抢抓发展机遇，“抢、拓、扩”三策并施，积极开拓国际市场，大力做好宣传，用好用足政策，千方百计搭建对外投资服务平台，引导和鼓励企业“走出去”参与国际竞争，推动企业“走出去”对外投资业务跨越发展。自2007年以来，连续6年被省外经贸厅授予外经工作奖二等奖。2012年，汕头市新设立境外投资企业19家，比上年16家增加3家；中方投资总额10 258万美元，是上年同期的4.85倍，净增长8 142万美元；境外企业增资3家，共增资5 898万美元，增资额是上年同期的8.65倍；截至2012年底，全市境外投资企业累计

106 家，中方投资总额达 37 033 万美元。

（二）境外投资情况

汕头市企业对外投资方向，除继续在传统地区香港加大投资外，还开辟了新兴市场，例如非洲、荷兰（欧洲）、澳大利亚、美国和新加坡等，投资地域不断扩展；经营范围除传统支柱产业玩具、纺织服装及化妆品行业外，更涉及：家电、手机和电脑等电子产品；时尚饰品、日用百货；轻工、原材料和化工材料；钻石加工等。

2012 年对外投资呈现四大亮点：一是境外投资水平有了大幅提升；二是境外并购规模有了较大突破；三是境外资源回运有了新机；四是境外经营方式有转变。

三、吸引外资

（一）简况

2012 年，全市批准设立外商直接投资项目 18 个，同比下降 60.87%；合同外资金额 15 653 万美元，同比下降 66.89%；实际吸收外资金额 13 051 万美元，同比下降 62.24%。其中，合资企业 4 个，同比下降 81.82%，合同外资金额 4 753 万美元，同比增长 309.39%；实际吸收外资金额 3 512 万美元，同比增长 7.37%。合作企业 2 个，同比增长 100.00%，合同外资金额 425 万美元，同比增长 10 725.00%，实际吸收外资金额 65 万美元，同比下降 92.59%。外资企业 12 个，同比下降 47.83%，合同外资金额 8 474 万美元，同比下降 82.16%，实际吸收外资金额 7 261 万美元，同比下降 69.61%。外商投资股份制企业合同外资金额 2 001万美元，同比增长 243.44%，实际吸收外资金额 2 213 万美元，同比下降 66.07%。

外商直接投资项目中生产型 9 家，非生产型项目 9 家。

（二）外商直接投资的主要来源

外商直接投资主要来源为：中国香港 12 家，合同外资金额 13 370 万美元；韩国 2 家，合同外资金额 179 万美元；中国台湾 1 家，合同外资金额 71 万美元；文莱 1 家，合同外资金额 337 万美元；塞舌尔 1 家，合同外资金额 56 万美元；瑞典 1 家，合同外资金额 451 万美元；投资性公司 1 家，合同外资金额 1 017 万美元。

（汕头市对外贸易经济合作局　钟颖）

江苏省对外贸易、利用外资及对外经济合作概况

江苏是我国开放较早、经济发展较快的省份之一。改革开放以来，尤其是我国加入世贸组织以来，江苏以约占中国1%的面积、5.8%的人口，创造了全国经济总量的10%，经济发展一直位居全国前列。

2012年，江苏商务事业更在高平台上实现了新突破，社会消费品零售总额连续5年位于全国第三位，占全国总量的8.8%。利用外资规模连续10年保持全国第一，占全国总量的四分之一强。进出口规模连续10年保持全国第二，占全国总量的14.2%。服务贸易快速发展，服务外包各项指标全国领先，全年境外中方协议投资规模跃居全国各省市之首，国际经济合作层次提高，开发区已发展成全国园区类型最全、发展速度最快、建设水平领先的开放型经济集聚区。

一、江苏货物贸易以加工贸易为主体，一般贸易蓬勃发展

2012年全省对外贸易额5 481亿美元，占全国的14.2%。其中出口3 285亿美元，占全国总量的16.0%；进口2 196亿美元，占全国总量的12.1%。

江苏外贸商品结构不断优化。2012年全省机电产品出口2 177亿美元，高新技术产品出口1 309亿美元，分别占全省出口额的66.3%和39.8%。

二、江苏是中国利用外资最多的地区

2012年，全省实际利用外资358亿美元。全省新批及净增资9 000万美元以上的大项目245个。截至2012年底，江苏已累计设立外资企业超过10万家，累计实际利用外资近2 900亿美元，累计协议利用外资超过6 000亿美元；全省累计认定跨国公司地区总部39家，功能性机构46家，批准设立外商投资性公司49家，外资独立法人研发中心232家，外资企业内设研发中心登记数达到768家。外商投资主要集中在设备制造、电器机械及器材、通讯设备、电子计算机制造、批发零售、商务服务等领域。

三、江苏企业境外投资步伐不断加快

2012年江苏省共核准对外投资项目572个，中方协议投资额为50.5亿美元，同比分别增长13.3%和40.1%；拥有柬埔寨西哈努克港经济特区、埃塞俄比亚东方工业园2个国家级境外经贸园区，目前其建设和招商工作开展顺利。

截至2012年底，江苏共核准境外投资项目2 915个，累计中方协议投资额超过137.8亿美元，投资国别和地区139个，投资主要集中在制造、批发零售、商务服务、房地产、光伏和采矿业等领域。

四、江苏是对外承包工程与劳务合作业务大省

2012年，江苏对外承包工程完成营业额64.7亿美元；新签合同额超过亿美元大项目有12个，其合同总额达27.2亿美元。全省有21家企业合同额超1亿美元，有4家企业进入全球最大225家国际工程承包商。2012年，江苏派出各类劳务人员近2.5万人次，期末在外人数超过5.1万人。全省对外承包工程和劳务合作业务呈现国际竞争力明显增强，新兴市场开拓取得较大突破，行业结构进一步优化，外派劳务市场健康稳定发展的态势。

五、服务外包产业成为江苏开放型经济发展中的一大亮点

全省服务外包产业各项指标连续5年在全国保持领先地位。2012年，全省离岸外包协议金额118.5亿美元，同比增长53.6%；离岸外包执行金额97.8亿美元，同比增长53.3%。服务外包企业登记数达6 524家，从业人员84万人。拥有南京、苏州、无锡3个中国服务外包示范城市，常州、昆山等6个省级服务外包示范城市，无锡高新技术开发区、苏州高新技术开发区等43个省级服务外包示范区，以及南京、苏州、无锡、昆山4个中国服务外包人才培训中心，47家省级服务外包人才培训基地，苏南服务外包产业带集聚效应日益显现。

六、江苏开发区在中国兴办时间最早，发展速度最快，园区门类最全，现有规模最大，其建设水平全国领先

2012年，开发区实现业务总收入15.6万亿元，规模以上企业工业增加值2.2万亿元，地方一般预算收入2 937亿元，实际到账外资和进出口额均占全省的3/4以上。开发区已成为全省经济社会发展的增长极、外商投资的密集区、高新技术产业的集聚区、改革创新的先行区及迅速崛起的新城区。

面对新的战略发展机遇期，江苏开放型经济将全面实施外贸调结构推进计划、外资提水平推进计划、强素质优服务推进计划，以及企业国际化跨越计划，大力开展企业国际化推进年活动，加快转变外经贸发展方式，着力扩大消费，推动开放型经济朝着“优化结构、扩展深度、提高效益”方向转变，确保“市场份额不减少、工作位次不后移、质量效益有提升”，实现开放型经济持续健康发展，为又富又美的新江苏贡献力量。

（江苏省公平贸易局副局长　祝纪庆）

安徽省外向型经济稳步发展

一、2012年外向型经济发展总体情况

（一）外贸工作逆势上扬

2012年全省外贸依存度为14.4%。实现进出口总额393.3亿美元，增长25.6%，总量居全国第十四、中部第二，增幅居全国第六、中部第二。呈现出以下特点：

1. 市县成为中坚力量

2012年市、县进出口总额占全省的89.8%，其中民营企业进出口额占49.5%，增长94.7%，是全省平均增幅的3.7倍。

2. 骨干企业带动作用明显

2012年，进出口超亿美元企业41家，进出口总额占42.9%。2家安徽企业入围全国文化出口企业30强。

3. 出口商品结构不断优化

2012年，机电产品出口占42%，其中汽车整车出口23.27万辆，占全国的22.1%，连续7年位居全国第一。成立全国首家省级公共外贸创意研发服务中心。

4. 国际市场进一步拓展

与安徽省有贸易往来的国家地区增至219个。与拉美、东盟、非洲等新兴市场贸易增势迅猛，占64.7%。

5. 口岸开放取得突破

目前安徽省有水运、航空以及铁路口岸9个，数量居中部第一。2012年口岸货运量突破1 500万吨，出入境旅客超33万人次。

（二）实际利用外资不断增长

2012年实际利用外资92亿美元，增长23.8%，其中吸收外商直接投资86.4亿美元，增长30.3%，总量居中部第二，增幅居中部第一。呈现出以下特点：

1. 利用外资领域不断拓展

制造业是利用外资的主要领域，2012年占63.3%。目前已有65家世界500强企业在我省设立企业97家。

2. 投资来源和方式不断突破

外资来源地增至109个。从传统的合资、合作、独资等扩展到BOT、资产并购、股权并购、境外上市等。

3. 开发区载体作用日益显现

全省共有90家省级以上开发区，其中国家级经济技术开发区10家，数量居全国第四，中西部第一。2012年，省级以上开发区GDP、固定资产投资额、进出口额、利用外资额分别占全省总量的2/5、2/5、1/2和3/5。

4. 沿海产业转移成为新增长点

2012年，全省共有446个企业再投资项目到资，合计54.1亿美元，增长76.8%，占全省62.6%。

（三）对外经济合作规模不断扩大

2012年对外承包工程完成营业额28.1亿美元、增长18.8%，总量居全国第十一、中部第二，增幅居全国第十一、中部第一。实际对外投资5.5亿美元，总量居全国第十五、中部第二。对外承包工程营业额超千万美元的企业19家，对外投资过500万美元的企业19家。对外工程承包覆盖90多个国家和地区，主要集中在非洲、中东等地。对外投资覆盖51个国家和地区，主要集中在非洲、南美、东南亚等地。

二、贸易摩擦应对工作不断完善

（一）基本情况

2012年，安徽省出口产品涉案超15起，案件数为历年之最，涉案金额接近4亿美元，占本省全年出口额2%。涉及能源、机电、化工、轻工、纺织、农产品等主要出口行业。

一是世贸争端涉及我省出口产业，例如美国诉我国12个汽车出口基地补贴案包括我省合肥、芜湖两大汽车基地。二是案件数和种类增多，从以往单纯的反倾销调查转变为当前的“双反”、出口知识产权侵权和对我贸易政策调查。三是大案对出口影响严重，安徽省出口行业首次遭遇涉案过亿的“双反”案件，仅光伏一个产业就损失1亿美元的出口。四是部分出口产业集群因贸易摩擦出口受阻，例如美国硬木胶合板“双反”案已对皖北地区

行业出口造成影响。五是国外技术性贸易措施阻碍安徽省重点行业出口，例如巴西政府出台的提高进口汽车工业品税收政策已经连续两年影响奇瑞、江汽乘用车对巴出口。

（二）应对举措

面对日趋复杂的贸易摩擦形势，安徽省商务厅按照宏观预测、综合分析、政策引导、协调应诉等方法加强应对工作，取得了良好效果，挽回了部分出口损失。

一是充分运用贸易摩擦应对联动机制成功应对巴西IPI，使得奇瑞、江汽对巴出口有望恢复到2010年水平。二是组织协调涉案企业积极应对国外双反调查，有效阻止了国外对安徽省出口柠檬酸、镀锌钢丝等出口产品采取限制措施。三是按照“一企一策”促增长的原则，在引导企业主动应诉光伏“双反”调查的同时，指导具备增长潜力的企业调整出口结构，开拓新兴国际市场，使部分企业实现逆势增长。四是强化政策杠杆作用，鼓励涉案企业主动应诉，变被动为主动。五是通过强化应对技术性贸易壁垒检测平台的公共服务功能，积极为产业集群出口提供快捷高效服务，降低出口成本，经过平台检测的出口产品，未发生进口商退货情况。六是积极向安徽省委省政府和商务部反映安徽省遭遇重大摩擦案件情况，积极寻求省领导和有关部门对安徽省应对工作的指导和帮助。七是注重培养安徽省企业和地方商务人员应对贸易摩擦能力。

三、维护产业安全工作向深层次推进

安徽省商务厅产业安全数据库建设工作自2006年开展以来，在工作制度建设、完善直报系统、扩展重点监测企业数量、上报数据质量方面一直处于各省市前列，连续多年受到商务部产业损害调查局表扬。2012年全省新增产业安全数据库直报企业60家。省厅对全省16个市、60家产业安全数据库直报企业进行了数据直报业务培训。在维护产业安全方面，安徽省从基础抓起，建立了审核通报机制。对企业直报数据实行专人审核，确保一个工作日内审核完毕；按月通报各地样本企业上报数据情况；及时将数据库反馈的公共服务信息和个性化服务项目介绍给样本企业。

为巩固贸易救济措施成果，省商务厅对截至2012年底贸易救济效果跟踪企业存续情况进行了汇总统计，先后调查了安徽江汽集团等7家贸易救济企业，对企业运行情况、发展中遇到的突出问题和困难进行了初步的调查，为下一步贸易政策、产业政策调查分析提供了依据。在宣传动员下，各市商务主管部门均指定部门和人员负责数据库建设工作，数据直报业务培训已经全方位覆盖监测样本企业，维护产业安全工作更加具体、深入、务实。

（安徽省商务厅公平贸易局）

浙江省 WTO 事务

2012 年浙江省 WTO 工作取得了一定的成绩。“四体联动”应对贸易摩擦机制建设逐步完善，工作队伍不断充实。对外贸易预警示范点建设扎实推进，产业布局进一步完善。产业损害预警机制不断深入，产业安全数据库建设工作走在全国前列。浙江省企业运用 WTO 规则维护自身权益的意识和能力有了长足的提高。

一、围绕案件应对，公平贸易工作成效显著

（一）应对贸易摩擦有新突破

2012 年，浙江省共遭遇印度、巴西、美国、土耳其、欧盟等 18 个国家或地区发起的反倾销，反补贴，保障措施等贸易救济调查案件 87 起，与去年基本持平；涉案金额 32.9 亿美元，同比增长 133.7%，创金融危机后的新高。主要特点：一是新兴经济体成为主要发起国，占比达到 71.3%，同比提高了 14.3 个百分点，且产品主要集中在本省传统优势产业；二是对浙江省新兴产业冲击加大，受美国、欧盟和印度的贸易救济调查影响，2012 年浙江省光伏组件产品出口同比下降近 50%，其中对欧盟下降 52%，对美国下降近 57%。浙江省面临的贸易摩擦形势较以往更为严重，对浙江省产业的冲击加大。在应对贸易摩擦过程中，“四体联动”的贸易摩擦应对机制发挥了高效务实的作用。在“四体联动”机制下，浙江省各级商务主管部门和预警点认真做好贸易救济调查案件的预警、组织、协调和指导等应对工作，多管齐下，取得了良好的案件应对成果。据统计，2012 年浙江省终裁的 15 起涉案金额 1 000 万美元以上的原审案件中，13 起案件都成功得到了案件撤销、行业无损害、零税率及最低税率结案等良好的应诉结果，胜诉率达到了 86.7%。良好的应诉结果不仅使企业保住了原有的市场份额，由于应诉结果给企业带来了优势地位，同时还提升了企业在国外市场的知名度，部分企业涉案产品出口增长迅猛。

（二）对外贸易预警示范点建设扎实推进

经过几年的努力，浙江省对外贸易预警示范点在传统优势产业中的布局基本完成，根据浙江省产业升级和发展战略性新兴产业的需要，2012 年我们着力在战略性新兴产业和高新技术产业设立对外贸易预警示范点。经过全省商务系统的共同努力，顺利完成了金华市电动汽车、衢州市氟硅产业、海宁市光热产业等 16 个预警点的申报、考评、设立工作。这些预警点的设立，将更好地服务于浙江省九大战略性新兴产业、海洋经济及义乌国际贸易综合改革试点以及舟山群岛新区建设。至此，浙江省共设立了 116 个预警点，基本覆盖了全省主要块状经济及相关新兴产业。

二、维护产业安全，产业损害调查工作深入开展

（一）贸易救济措施实施效果明显

到目前为止，浙江省有 51 家企业发起或参与发起了 30 起对外贸易救济案件，其中原审案 20 起，复审案 10 起，涉及行业主要集中在化工、纺织、轻工、机械和电子信息等浙江省优势产业和重点发展产业。20 起原审案中，反倾销 19 起，反补贴 1 起。其中 2012 年浙江省企业发起原审案 1 起，复审案 1 起；处于裁决前调查阶段有 3 起，目前在实施的案件有 17 起。从对企业的实施效果跟踪情况来看，总体实施效果良好。2012 年有 5 家企业接受了商务部产业损害现场核查，在各方的重视和认真准备下，核查工作进行顺利，为取得较好的结果奠定了重要基础。贸易救济措施的实施，有效地为浙江省企业维护了公平的贸易发展环境，推动了浙江省整体产业竞争力的提升，助推了浙江省产业结构的调整和优化，反击了国际贸易保护主义。

（二）产业损害预警机制建设不断完善

浙江省认真贯彻落实商务部《关于加强产业损害预警工作的指导意见》，在市级机构调整完成后，在全省实施“产业损害预警信息项目”，以项目实施推进“一体两翼”工作网络和“四位一体”的产业损害预警监测体系的完善。在各市商务主管部门的重视和企业的积极参与下，产业安全数据库建设工作取得了新进展，监测企业数据报送率逐月提升，在商务部产业损害调查局考核地方报送率的“龙虎榜”上，2012 年 4 月以来浙江省一直处于前

两位，7月以来处于第1位。入库企业增加调整工作有序进行，年底入库企业数达到650家，比年初增加近百家。2012年下半年，根据部调查局的统一部署，在入库企业中选择了335家有出口实绩的企业，开展出口调查问卷的填报，在各地的统力配合下，报送率逐月提高。浙江省的产业损害预警机制建设得到了商务部产业损害调查局的充分肯定，省厅被评为先进集体，有6位同志被评为优秀工作者。

（三）产业损害预警监测有新提升

2012年完成了“浙江省产业损害预警监测分析系统”的升级改造，增强了预警分析和完善了预警信息发布等功能，将为浙江省产业损害预警监测分析提供强有力的技术支撑，成为浙江省产业损害预警监测的重要平台。结合“分析系统”升级改造，新开发了“量价分析、信号分析”等功能，对600多个产品的进出口数据进行模型分析，并按红、黄、蓝、绿不同颜色表示变化情况，显示预警信息。在继续对光纤等重点产品进行预警监测的同时，重点开展了化纤、光纤、船舶行业的产业损害预警监测，并发布预警监测分析报告。部分商务主管部门针对本地区产业特点，开展对重点行业和产品的预警监测，如舟山市商务部门对本地船舶行业进行深入分析，提出了预警信息和调整建议。

（浙江省商务厅）

贵州省商务工作简况

一、对外贸易、利用外资及对外经济合作概况

（1）对外贸易规模进一步扩大。完成货物贸易进出口 66.3 亿美元，同比增长 36%；完成服务贸易进出口 14.5 亿美元，同比增长 116%。

（2）招商引资高位增长。实际利用外资首次突破 10 亿美元大关，达 10.5 亿美元，同比增长 55%。

（3）对外经济合作保持良好的增长。对外承包工程完成营业额再创历史新高，达到 4 亿美元，同比增长 33%。

二、参与 WTO 贸易政策审议

为做好 2012 年 WTO 的贸易政策审议工作，组织市、州、地商务主管部门及贵州省重点进出口企业提交 2012 年世贸组织贸易政策审议意见，收集本辖区外经贸企业就被审议成员的经贸体制和具体政策措施进行的评论或提出的问题；为我国政府参与世贸组织多哈回合贸易便利化谈判提供参考和依据，协助商务部开展世贸组织贸易便利化企业需求问卷调查。

三、公平贸易工作、应对贸易摩擦、产业预警

（1）根据本省贸易摩擦涉案情况，特邀商务部进出口公平贸易局领导对贵州轮胎进出口公司就美非公路用轮胎案案件工作会进行实地指导，并对本省贸易摩擦工作进行座谈。

（2）贵州钢绳股份有限公司应对美国“双反”案，美国国际贸易委员会裁定涉案产品的倾销行为和补贴行为未对美国国内产业造成实质性损害或实质性损害威胁，美国商务部将不对涉案产品征收反倾销和反补贴税。瓮福国际应对印度三聚磷酸钠反倾销调查案，印度取消反倾销税。

（3）十月中旬协助商务部在贵阳就各地方产业损害预警机制建设、产业安全数据库应用、监测企业数据直报等内容举办全国产业损害预警机制培训。

进一步完善我省产业安全数据库建设，新增外贸出口订单指数调查问卷，正式启动了扩容项目，增加企业数为 100 家。

（贵州省商务厅）

西藏外贸发展概况

2012 年，自治区商务系统继续坚持外贸、外资、外经“三外”并举，加强口岸基础设施建设，深化国际经贸交流与合作，不断扩大沿边开放，积极促进开放型经济发展。

一、对外贸易发展迅速，进出口规模不断扩大

（一）外贸进出口总额快速增长，规模不断扩大

1. 外贸进出口总额快速增长

2012 年，全区进出口贸易总额突破 30 亿美元，再创历史新高。外贸进出口总额实现 34.24 亿美元，同比增长 152.04 %。其中：出口 33.55 亿美元，同比增长 183.61%；进口 0.69 亿美元，同比减少 60.71%。边境小额贸易进出口总额实现 16.86 亿美元，同比增长 81.28%，占进出口总额的 47%。自产产品出口 3 911 万美元，同比增长 33.16%。全年实现边民互市贸易 6.5 亿元，同比增长 10.2%。活畜出口 55 万只（头、匹）。

2. 外贸经营主体发展迅速，开拓国际市场的能力增强

积极鼓励区外大型企业参与西藏对外贸易，支持区内企业做大做强，形成了各种所有制平等竞争、内外资企业共同发展的新格局。截至 2012 年，全区进出口企业达到 543 家，其中进出口额超 5 000万美元的企业达到 29 家，进出口额超 1 亿美元的企业达到 5 家。

3. 市场多元化战略进一步巩固

对外贸易市场扩大到亚洲、欧美、非洲、拉美等地的 140 多个国家和地区。

4. 进出口贸易结构得到优化，出口商品品种不断丰富

出口商品主要是以矿泉水、啤酒、水泥、藏毯、建材等工业制成品以及机电产品为主。

（二）以展会为平台的贸易促进和经贸交流扎实有效

2012 年，全年完成 11 个展会的组织参展，现场销售产品 127 万元，签订销售协议 4 820 万元，出口成交 1 090 万美元。签订招商引资项目合同 3 个，协议 3 个、意向协议 11 个，协议金额达到 67 亿元。

二、“请进来”“走出去”成效显著，拉萨经济技术开发区建设全面推进

（一）积极调整利用外资结构，创新引资方式，吸收外资工作质量和水平不断提高

截至 2012 年，西藏自治区共审批设立外商投资企业 228 家，2012 年全年实际利用外资达到 1.74 亿美元，是 2011 年的 2.7 倍。外资主要来自尼泊尔、香港、日本、美国、英国、韩国等国家和地区。外商投资领域主要包括制造业、旅游服务业、餐饮娱乐业、建筑业、房地产业和运输业等。外商直接投资，实现了西藏投资主体多元化，带来了技术、管理和人才创新，促进了多种所有制经济发展。特别是香格里拉大酒店、华泰龙甲玛多金属铜矿、瑞吉酒店等一批较大外资项目的落地，为西藏特色产业发展注入了活力。

（二）拉萨国家级经济技术开发区坚持“壮大二产”的发展思路，加大对外招商引资力度，成为西藏招商引资的重要平台

截至 2012 年，拉萨国家级经济技术开发区累计登记注册企业 796 家，注册资金达 167.5 亿元，已形成藏药、农副产品加工、高新技术等多个产业群雏形，成为西藏自治区“二产抓重点”的重要突破口。2012 年，拉萨经开区累计实现税收 28.19 亿元，同比增长 104%。

（三）国际经贸交流与合作得到不断深化，开放型经济发展得到有效促进

1. 2012 年，西藏自治区共接受国际多、双边无偿援助项目 5 个，接受援助资金 312.71 万美元。援助项目涉及扶贫开发、医疗卫生、教育、新能源开发利用等广泛领域。受援项目的实施，为我区改善农牧区生产生活条件、促进社会事业进步发挥了积极作用。

2. 积极实施“走出去”战略，大力支持西藏企业开展对外工程承包、劳务合作，到境外投资办

实业。2012年，全年审批2家非公企业赴尼泊尔投资建厂，投资总额为128.4万美元。西藏宏绩（集团）有限公司承建的国家重大成套援助项目尼泊尔沙拉公路已竣工并通过终验。吉隆热索跨界大桥已复工建设。吉隆跨境经济合作区前期论证工作初见成效。

三、口岸工作实现重大突破，沿边开放步伐加快

西藏充分发挥区位优势，不断加大沿边开放力度，加强口岸和边贸市场基础设施建设，樟木、普兰、吉隆、亚东等口岸以及边贸市场建设和整治工作稳步推进。樟木口岸基础设施更加完善，通关环境进一步优化，贸易量快速增长。吉隆口岸基础设施建设全面加强，中尼跨境经济合作区建设前期工作已经启动。“十二五”口岸重点项目建设全面推进，2012年全年共投资6 936.6万元，在樟木、拉萨航空港、亚东、吉隆等口岸实施了联检设施和口岸国门等基础设施建设项目，口岸功能大幅提升，口岸通关能力进一步提升。亚东仁青岗边贸市场交易活跃，贸易额逐年增长，亚东乃堆拉边贸市场全年实现交易额6 602.35万元，同比增长43.2%。

随着西藏口岸基础设施的不断建设和完善，口岸通关环境得到优化，进一步促进了西藏的对外开放，口岸保持了良好的发展态势。

（西藏自治区商务厅）

广东省外经贸发展及地方公平贸易与 WTO 事务

2012 年，广东省外经贸系统坚持稳中求进，既把稳增长放在更加突出的位置，又抓住全球经济周期性波动和市场倒逼带来的机遇，坚定不移调结构、促转型，全省外经贸发展呈现增长平稳、质量提升、结构优化、转型加快的良好态势。

一、2012 年广东外经贸发展情况及特点

2012 年全省进出口总值 9 838.2 亿美元，增长 7.7%，增幅高于全国平均水平 1.5 个百分点；服务贸易进出口首次突破千亿美元大关，达 1 064.8 亿美元；实际吸收外商直接投资 235.5 亿美元，增长 8%，其中服务业实际吸收外资增长 10%；新设境外企业 833 家，新增中方协议投资额 43.4 亿美元，增长 49.6%。主要特点如下：

（一）外贸结构明显优化

外贸结构进一步优化，产业价值链高端产品出口份额进一步扩大，机电产品、高新技术产品出口分别增长 9.3%和 12.3%，文化产品出口大幅增长 49.3%。服务贸易进出口总额突破千亿美元大关，承接服务外包合同金额和执行金额分别大幅增长 56.3%和 64.1%。对南非、印度、巴西、俄罗斯等新兴市场的进出口总额达到 544.2 亿美元，增长 24.4%。民营企业进出口比重继续提升，对外贸增长的贡献率达 71.7%。进口总额达 4 096.8 亿美元，增长 7.4%，增速高于全国 3.1 个百分点，扭转了近年来进口增速一直低于全国的局面，特别是鼓励进口产品项下的重要装备进口达 1 859.6 亿美元，增长 12.4%。

（二）加工贸易转型升级取得阶段性成果

加工贸易层次提升，产业链条加快向上游的研发和下游的营销环节延伸，“委托设计＋自主品牌”生产模式占比达 54.7%，比上年提高 9.7 个百分点，加工贸易企业新设立研发机构 122 个，在境外新增注册品牌、引进母公司品牌等 152 个。来料加工占比下降至 12.8%，进料加工占比提升至 87.2%。加工贸易监管机制进一步完善，基本完成外经贸、海关、企业“三方联网”，东莞试点启动了加工贸易“四方联网”。内销平台进一步拓展，“外博会”升格为国家级“加博会”。

（三）利用外资和对外投资质量稳步提升

合同和实际利用外资分别达 349.9 亿美元和 235.5 亿美元，增长 0.9%和 8%。外资项目平均规模由上年的 493 万美元增长到 579 万美元，其中超千万美元的项目 974 宗、合同额占比达到 66.2%；服务业实际吸收外资增长 10%。新设境外企业 833 家，新增中方协议投资额 43.4 亿美元，增长 49.6%。对外承包工程新签合同额 190.5 亿美元，增长 41.8%；完成营业额 160.5 亿美元，增长 41.5%。支持企业成功收购境外项目 21 个，汇出收购资金 4 亿美元。

（四）外经贸发展体制机制加快完善

大力推进行政审批制度改革，取消和下放行政许可事项 23 个子项、非行政许可事项 30 个子项，分别占总数的 74.2%、55.6%。全面建成外商投资项目网上审批系统，在东莞大朗和佛山顺德试点取消外资项目合同、章程的前置审批程序，改为后置备案登记。“三个一”通关模式试点扎实推进，广州白云国际机场实施 24 小时国际过境旅客免办边检手续，创新实施一次性临时来往粤港小汽车通关模式，实现香港居民来粤“自驾游”。

二、2012 年广东地方公平贸易与 WTO 事务工作

（一）公平贸易工作

一是不断完善贸易摩擦应对工作机制。制定新时期加强贸易摩擦应对工作的指导意见，进一步加强对全省应对工作的指导和协调。同时大力培育行业组织，推动涉案企业联合组建抗辩联盟，促进行业组织成为应对贸易摩擦的中坚力量。如在美国暖水虾反补贴调查案中，积极推动全省 17 家相关企业联合成立无损害抗辩联盟；在欧盟陶瓷厨餐具案中，支持潮州市陶瓷行业协会代表广东企业开展集体应诉。

二是积极应对“两反两保”和 337 调查等大案要案。2012 年全省遭遇贸易摩擦案件总计 69 起，涉案金额 18.14 亿美元。全力抓好欧盟对我陶瓷厨

餐具反倾销、巴西对我搅拌器反倾销调查、美国对我不锈钢水槽反倾销反补贴调查等大案要案的应对工作，举办一系列的应诉协调和辅导会，组织协调各政府部门以及涉案企业所在地市政府部门填答反补贴问卷，协调一致地应对好国外调查官的实地检查，经积极应对，广东应诉企业在多起案件裁决中取得好结果。在巴西对中国未着色平板玻璃发起反倾销调查案中，获得不予征税裁决；在加拿大对我不锈钢水槽发起的反倾销反补贴调查案初裁中，分别获得 0.1% 和 0.9% 的低补贴税率；在美国对 LED 摄影照明设备及部件 337 调查案中，与起诉方达成和解协议，维护了出口市场。

三是积极运用对外交涉、磋商和争端解决机制。加强规则抗争，维护公平贸易，派工作小组赴欧盟相关国家对欧盟实施的日用陶瓷反倾销调查、自行车反补贴调查等贸易救济措施开展交流交涉活动，得到了相关部门的理解和支持。此外，支持广东陶瓷厨餐具企业和潮州市外经贸部门赴欧盟参与交涉和听证；配合商务部中埃第二次贸易救济合作机制会议，安排并接待埃及贸易救济代表团实地考察广东企业，当面沟通立场，均取得了积极效果。

四是积极探索建立业界自律措施。积极配合商务部推动全省出口行业采取自律措施。针对土耳其对我国瓷砖启动特保措施调查的威胁，推动瓷砖出口行业就出口配额取消、恢复正常贸易后如何有序出口、减少和避免新的贸易摩擦采取业界自律措施。联合商务部公平贸易局、中国轻工商会先后在东莞主办中墨鞋类产品最低限价协议执行通报会和输墨鞋类产品重点企业座谈会，有效落实出口鞋产品最低限价协议，避免墨西哥对我国鞋类重启特别保障措施。

五是大力开展队伍人才培训。举办全省反补贴应对工作联络员培训班和全省产业安全数据库重点联系企业培训暨座谈会，参训人员包括全省 20 多个涉及反补贴调查的政府部门和全省重点联系企业的工作人员，提升了全省公平贸易工作人员的整体素质，提高了产业和企业运用国际规则维护权益的意识和能力。

（二）地方 WTO 事务工作

一是继续推进境外市场个性化研究工作。开展广东与俄罗斯及中亚五国为重点的境外投资贸易市场个性化研究工作。编印发行《广东与中亚五国经贸合作商机》一书，帮助广东企业更好地熟悉中亚五国贸易投资政策与环境，了解广东与中亚五国经贸合作的方向和重点领域。

二是开展加入 WTO《政府采购协定》（GPA）相关课题研究工作。及时跟进和通报 GPA 谈判动态，开展加入《政府采购协定》广东省出价方案可行性研讨，开展加入 GPA 总体可行性报告和广东省出价清单课题研究工作。

三是开展广东省贸易摩擦预警和信息服务体系建设调研工作。通过调研探索全省贸易摩擦应对工作新模式，研究建立广东省国际贸易风险监测预警综合服务信息平台，构建有关数据库，通过对国际经济发展变化、货物进出口、技术进出口和国际服务贸易的连续监测，分析对广东贸易摩擦和产业安全的影响，及时发布贸易摩擦和产业损害预警信息，为政府、企业决策提供有力支持。

四是推进涉外展会知识产权情况与保护试点工作。开展广东省知识产权保护（涉外应对）试点工作，完善外经贸领域知识产权保护工作机制，加强涉外知识产权保护工作，减少涉外展会知识产权纠纷。积极进行实地调研和通过发放问卷调查，摸清广东外经贸企业在国内外展会上涉及知识产权的主要问题以及企业对政府有关知识产权保护工作建议和诉求，编印涉外展会知识产权保护手册，并在展会上向广东外经贸企业发放。

五是积极应对技术性贸易壁垒。针对国外层出不穷的新技术标准，广东积极开展咨询和举办各种专题培训班，提高企业应对技术性贸易壁垒的意识和能力。制订开展应对欧盟玩具安全新指令专题培训方案，并积极组织专家授课开展网上培训工作，帮助广东玩具出口企业积极应对欧盟玩具安全新指令特别是化学要求条款，主动做好应对准备工作。

（广东省对外贸易经济合作厅）

第八篇　WTO 学术成果

●首届中国世界贸易组织研究成果收集活动

2013年5月14日，首届中国世界贸易组织研究成果收集活动圆满结束。活动所征集到的86部入围作品将按著作、论文、报告入册整理后，收纳到“中国世界贸易组织成果库”中。入围作品涉及多个领域，包括WTO多边贸易体制、多哈回合谈判、环保劳工标准、贸易救济、争端解决、知识产权、技术性贸易措施、卫生与植物卫生措施、农业、服务贸易、民用飞机、中国入世后续影响、地方WTO事务等。

本次活动由中国世界贸易组织研究会与商务部政策研究室合作开展，旨在推动和繁荣我国世界贸易组织学术研究，促进我国在参与和完善多边贸易体制方面发挥更加积极的作用，推进我国进一步改革开放。

此次活动得到了从事世界贸易组织工作与研究的政府机关、科研机构、大专院校以及相关企业的热烈反响和支持。为推进成果收集活动，中国世贸组织研究会成立了专家委员会，设立了WTO研究成果征集活动办公室。

中国世界贸易组织研究成果收集活动入围作品名单

（按作品名称拼音排序）

著作类（共25篇）		
著作名称	作者	所在单位
《实施卫生与植物卫生措施协定》研究	肖冰	南京大学法学院
【美】约翰·杰克逊《国家主权与WTO》之中文译著	盛建明	对外经济贸易大学法学院
WTO法律大辞典	张玉卿	北京市张玉卿律师事务所
WTO争端解决年度报告	王军	外经贸大学法学院
多边贸易自由化与国际劳工权益保护——法律与政策分析	李雪平	武汉大学WTO学院
公告健康危机与WTO知识产权制度的改革——以TRIPs协议为中心	冯洁菡	武汉大学法学院
公务员世界贸易组织知识读本	王福明	对外经贸大学公共管理学院
国际服务贸易：研究文献综述	沈大勇	上海对外贸易学院国际经贸研究所
国际贸易与环境保护法律问题研究	肖曼	江苏出入境检验检疫局
国内外商品标签标识应用大全	李木华	广东省标准化研究院
互补性竞争论：区域集团与多边贸易体制	刘光溪	云南省金融工作办公室
既往不咎——WTO争端解决机制研究	韩立余	中国人民大学法学院
贸易性食品农产品植物卫生国际协定应用概论	鄢建 张艺兵 王洪兵	山东检验检疫处
全球化时代的经贸政策协调	崔凡	对外经济贸易大学国际经贸学院
全球竞争政策——WTO框架下竞争政策议题研究	白树强	对外经济贸易大学
如何应诉美国反倾销	王建宇	北京理工大学珠海学院
食品安全RFID全程溯源及预警关键技术研究	刘胜利	深圳出入境检验检疫局
世贸组织规则博弈——中国参加WTO争端解决的十年法律实践	商务部条法司	商务部条约法律司
投资中国：银行业规则透视与实务指南	陈胜	中国银行业监督管理委员会法规部

续 表

著作名称	作者	所在单位
外资银行风险控制法律问题研究	曾文革	重庆大学法学院
系列专著《国际反倾销法律与实务》	肖伟	厦门大学法学院
应对国外贸易救济调查指南	周晓燕	商务部公平贸易局
中国反倾销立法与实践十年文集	周晓燕	商务部公平贸易局
中国服务贸易发展四因素模型和促进体系研究	周密	商务部国际贸易经济合作研究院
中国入世十周年特刊	万学忠	法制日报社
论文类（共 42 篇）		
作品名称	作者	所在单位
DSM Reforms and China's Proposal—Taking "Right" as a Keystone（《WTO 争端解决机制的改革与中国的提案——以"义"为本》，SSCI 论文）	栾信杰	中国计量学院
Impasse in the DDA NAMA Sectoral Negotiations and Possible Solutions	符荆捷	商务部世贸司
WTO 框架下我国发展战略性新兴产业的财税政策研究	申书海	财政部关税司（关税政策研究中心）
WTO 农业谈判中的非贸易关注问题	倪洪兴	农业部贸易促进中心
WTO 证据法论纲	刘衡	中国社会科学院欧洲研究所
把握空间和时间的有效管理副标题：相对论在管理工作中的实践	崔杰	新疆出入境检验检疫局
出口灯饰市场采购检验监管政策初探	陈志勇	广东中山出入境检验检疫局
刍议 WTO 国外技术性贸易措施的法律应对	隋雨泉	广东出入境检验检疫局
地方贸易技术壁垒预警系统建设初探	叶科泰	广东省标准化研究院
多哈？多哈！——兼论中国对多哈的贡献	王伟	财政部关税司
多哈回合谈判主要成果评析	万怡挺	商务部世贸司
服务贸易补贴与贸易救济等法律问题研究	盛建明	对外经济贸易大学
复杂多变的全球化经济格局若刺激贸易"把关"商务部　设立事务中心给企业提供国内外走向环境的参考　地方则培育企业	金泰忠	迈陈镇党政办
国际贸易中的品牌壁垒及其跨越	刘华军	山东财经大学
含贸易措施的多边环境协议与 WTO 规则之间的关系	边永民	对外经济贸易大学法学院
合理利用世界贸易组织补贴规则，完善我国官方出口信用支持	肖连魁	中国进出口银行
后奥运经济下中国贸易结构优化驱动分析	罗羽	中国进出口银行
加入 WTO 后过渡期分析及应对建议	张珩	财政部关税司（关税政策研究中心）
加入世贸组织十周年农业发展与关税政策回顾与展望	王化雪	财政部关税司（关税政策研究中心）
论 WTO 对环境贸易措施的放松趋势——以五个典型案例为视角	张磊	华东政法大学国际法学院
论 WTO 法下的中国法制变化	张乃根	复旦大学法学院
论 WTO 争端案件中的规则应用差异	肖冰	南京大学法学院
贸易之路、中兴之基：记中国入世十周年	赵昌会	中国进出口银行
评中国在 WTO 近十年的表现——兼论中国在 WTO 中的角色变化及其影响	余敏友	武汉大学 WTO 学院
浅谈"入世对我国技术机构的影响"	王广成	黑龙江省计量检定测试院
浅谈美国对华"双反"措施中的双重救济问题	官松	中国驻以色列使馆经商处
区域贸易成员实施 WTO 保障措施问题研究	陈立虎	江苏苏州大学法学院
全球价值链对美中贸易差额的影响及对策研究	王斌	海关总署 WTO 事务办公室
如何提升中国食品农产品出口企业的竞争优势	杨学礼	天津出入境检验检疫局
如何突破国外技术性贸易壁垒？——山东省 2002 年农产品出口增长 17%的背后	李西峰	山东出入境检验检疫局
入世十年，纺织服装业 TBT 发展趋势研究	谢秋琪	湖北省标准化研究院湖北 WTO/TBT 通报咨询中心

续 表

作品名称	作者	所在单位
碳税收等减缓碳排放措施与多边规则	方霞	财政部关税司（关税政策研究中心）
知识产权与贸易联系的缘起及其审视	马乐	华东政法大学
中国加入WTO十年的法理断想：简论WTO的法治、立法、执法、守法与变法	陈安	厦门大学法学院
中国金融业开放的新起点	陈胜	中国银行业监督管理委员会法规部
中国入世十年深圳WTO事务工作回顾与展望	张金生	深圳市世贸组织事务中心
中国入世以来出口产品质量升级的决定因素与变动趋势	殷德生	华东师范大学金融与统计学院
中国制成品出口比较优势及贸易结构研究	魏浩	北京师范大学经济管理学院
中国制冷产品的技术性贸易措施应对	李朝振	上海出入境检验检疫局
抓住机遇“走出去”	卢进勇	对外经济贸易大学国际经贸学院
走出国门的“金钥匙”——上海实施“走出去”战略的重点研究	高耀松	原上海国际经济贸易研究所
最低质量标准政府规范研究	程鉴冰	浙江出入境检验检疫局

报告类（共19篇）

报告名称	作者	所在单位	备注
LUCLID（国际统一化学品信息数据库）指南	冯智辉	广州市标准化研究院	
WTO地理标志谈判与我国典型案例研究	王笑兵	山东大学法学院	
对广东地区转基因食品管理的研究	邓郁琼	广州出入境检验检疫局	
多边贸易谈判与中国农业发展	农业部贸促中心（农产品贸易办公室）	农业部	
多哈回合环境产品谈判研究	姚为群	上海WTO事务咨询中心	
化学品安全技术性贸易措施研究	陈会明	中国检验检疫科学研究院	
加强我市WTO事务工作加快开放型经济体系建设问题研究	深圳市世贸组织事务中心	深圳市世贸组织事务中心	
江苏出口企业应对国外技术贸易壁垒法律对策研究	肖冰	南京大学法学院	
扩大服务业开放，提升服务业国际竞争力	高耀松	原上海国际经济贸易研究所	
美国出口管制造成的贸易壁垒研究及影响分析	中国商用飞机有限责任公司北京民用飞机技术研究中心（中国商飞北研中心）		主要参加者：中国商飞北研中心秦曦，中国商飞北研中心柳青
民机相关知识产权贸易壁垒研究报告	中国商用飞机有限责任公司北京民用飞机技术研究中心（中国商飞北研中心）		主要参加者：吉凤贤、丁武、王柯、王志强（均来自上海飞机客户服务有限公司）
民用飞机绿色贸易壁垒研究	中国商飞上海飞机设计研究院	中国商飞上海飞机设计研究院	主要参加者：张华、张康、许敏
民用相关区域采购贸易壁垒研究	中国商用飞机有限责任公司北京民用飞机技术研究中心（中国商飞北研中心）		主要参加者：上海飞机制造有限公司董大为
民机相关政府补贴贸易壁垒研究	中国商用飞机有限责任公司北京民用飞机技术研究中心（中国商飞北研中心）		主要参加者：上海飞机制造有限公司刘春明，中国商飞有限责任公司罗继业

续 表

报告名称	作者	所在单位	备注
民机相关政治外交贸易壁垒研究	中国商用飞机有限责任公司北京民用飞机技术研究中心（中国商飞北研中心）		主要参加者及工作单位：上海飞机制造有限公司张岚岚，上海飞机制造有限公司童悦
十年辉煌——加入世贸组织以来辽宁经济和外经贸的发展	辽宁省对外贸易经济合作厅	辽宁省对外贸易经济合作厅	
与SPS有关的贸易纠纷及案例研究	乐海洋	珠海出入境检验检疫局	
中国加入WTO的后评估（2002—2006）	陈泰锋	普洱市金融办	
中山市照明产品出口竞争力研究报告	朱春红	中山出入境检验检疫局	

●专　　著

1.《21世纪经济报道》."入世"十年解密：WTO改变中国.南昌：二十一世纪出版社，2012

[作者简介]《21世纪经济报道》

[内容提要]《21世纪经济报道》以十年为尺度，打造了这样一个专题，用以回顾WTO与中国的十年，解密WTO，解密入世十周年的中国经济。一组组故事，一个个主题，记录了中国与WTO相拥乃至相处的过程，记录了全球化多边贸易给中国经济和中国人带来的冲击与变化。

2.《中国竞争法律与政策研究报告》编写组.中国竞争法律与政策研究报告2012年.北京：法律出版社，2012

[作者简介] 中国世界贸易组织研究会竞争政策与法律专业委员会

[内容提要] 本书是由中国世界贸易组织研究会竞争政策与法律专业委员会联合多家高校及科研机构共同编撰的关于竞争政策与法律的研究报告，系统地介绍我国竞争法律和政策制定与实施的现状，研究世界主要经济体竞争政策与法律最新发展情况以供借鉴，以我国竞争法律与政策学术研究成果进行全面评述，是集政策性、研究性、实用性为一体的权威出版物。

3.农业部农业贸易促进中心编著.自由贸易协定农产品关税减让手册.北京：中国农业出版社，2012

[作者简介] 农业部农业贸易促进中心

[内容提要] 本书分为综合篇和专题篇两个部分。综合篇主要介绍自由贸易区的概念、全球自贸区发展趋势、主要国家自贸区农业安排的一般做法及中国自贸区发展情况；专题篇重点介绍中国及自贸区伙伴农业谈判基本情况及主要农产品降税安排。

4.常景龙.WTO之DSB报告执行制度论：十五年的实施与反思.厦门：厦门大学出版社，2012

[作者简介] 常景龙，男，河南偃师人，河南科技大学文法学院，讲师，国际法与国家法研究所副所长，厦门大学国际经济法博士研究生，中国国际经济法学会会员。

[内容提要] 本书内容分为四部分：DSB报告执行制度的建构、DSB报告执行制度的实施、DSB报告执行制度变革的目标、DSB报告执行制度变革目标的实现。附录有DSB报告执行情况简表。

5.陈菁泉.东北亚区域经济制度性合作研究.大连：东北财经大学出版社，2012

[作者简介] 陈菁泉，东北财经大学经济与社会发展研究院教授。

[内容提要] 本书主要梳理金融危机之前和之后东北亚区域进出口贸易、投资和金融发展的状况，从贸易、产业互补程度、资源禀赋和投融资角度研究中、日、俄、朝、蒙等国家经济发展的规律和特点，总结归纳了金融危机之后各国的经济发展态势，并在此基础上深入揭示了存在于东北亚区域经济合作中的利益冲突，深入研究了各国进行区域合作的必要性以及合作的路径选择，探讨了中国的比较优势以及中国与周边东北亚国家的区域合作特征与模式。

6.崔卫杰，袁波主编.中国自由贸易区发展报告2011.北京：中国商务出版社，2012

[作者简介] 商务部国际贸易经济合作研究院青年论坛区域小组，受青年课题资金支持。

[内容提要] 本书共分五篇：综合篇、协定篇、专题篇、大事记录篇、基础数据篇。内容涉及：中国自由贸易区建设总体情况；内地与香港关于建立

更紧密经贸关系的安排；东盟FTA战略的新进展及影响等。

7. 邓力平. 税收发展与税制改革：我国加入WTO十年的思考. 北京：中国税务出版社，2012

［作者简介］邓力平，厦门国家会计学院院长，厦门大学经济学教授、博士生导师，第九、第十届全国人大代表，享受国务院政府特殊津贴。同时担任中国税务学会常务理事、中国国际税收研究会常务理事、中国国际贸易学会常务理事、福建省人民政府经济顾问等。

［内容提要］本书以中国加入WTO这十年的发展进程为时代背景，探讨十年来国际经济贸易发展的新特征，十年来世界性税制改革的新进展，总结十年来我国税收发展与税制改革取得的成效与经验，并对我国税收继续发展与税制改革提出政策建议。

8. 高田甜. WTO争端解决机制证明负担规则研究. 北京：法律出版社，2012

［作者简介］高田甜，女，华东政法大学国际法学博士，上海对外贸易学院WTO研究教育学院讲师。研究方向：国际经济法、世界贸易组织（WTO）法。

［内容提要］本书以WTO争端解决机制中的证明负担规则作为研究对象，对WTO争端解决背景下的“证明负担”这一重要课题加以研究。

9. 高维新. WTO贸易救济权研究. 北京：对外经济贸易大学出版社，2012

［作者简介］高维新，男，汉族，现任广东海洋大学经济管理学院教授、硕士研究生导师。中国法学会世界贸易组织法研究会理事，全国高校国际贸易学科协作组成员，广东省高等院校人文社科重点研究基地——广东海洋大学海洋经济与管理研究中心专职研究员，广东海洋大学WTO研究中心专职研究员，广东省湛江市人民检察院兼职理论研究员。

［内容提要］本书创新之处：一是对WTO贸易救济权的概念进行了科学的界定和系统的阐释。因为救济权本身在理论界还存在不同认识，WTO贸易救济权又比一般的救济权更为复杂，对WTO贸易救济权的概念中外学者仅有极少人有所涉猎，但均没有进行系统科学的界定；二是对WTO贸易救济权进行了全面的法理学分析，并对涉及相关协议的实施是否达到了规范各成员的目的、是否有助于自由贸易的发展及公平贸易秩序的建立等问题进行了深入的研究；三是提出WTO贸易救济规则改革的对策建议，并对WTO贸易救济权的未来发展趋势进行了展望。

10. 何海燕，张剑，陈玲. 反倾销政策与产业损害数据库规划. 北京：首都经济贸易大学出版社，2012

［作者简介］何海燕，女，博士，教授，博士生导师。北京理工大学教育研究院常务副院长，工商管理、教育经济与管理学科方向带头人；国家商务部政策咨询专家，长期从事公共政策与贸易政策、战略与决策、科技与教育政策、系统评价与分析等领域的研究。

［内容提要］本书主要针对反倾销中的产业损害幅度计算问题和产业损害数据资料库建立问题进行研究，目的在于清楚地定义反倾销中产业损害幅度的计算方法，同时提出产业损害数据资料库的具体规划，为我国科学地进行反倾销产业损害认定和反倾销税的征收提供支持，为我国调查机关、企业和研究者们建立研究平台做前期准备。

11. 姜维. WTO贸易救济机制的设计与运行研究. 北京：中国商务出版社，2012

［作者简介］姜维，女，博士，副教授，国际商务师。现在深圳职业技术学院，从事国际市场营销管理、报关与报检实务等课程教学。主要研究方向为国际经济。

［内容提要］本书以机制设计理论为基础，综合运用多个学科的理论和分析方法对WTO贸易救济机制进行研究。主要内容包括：WTO贸易救济机制的设计、WTO层面现行贸易救济机制的主要内容、典型成员贸易救济机制的构成及比较、WTO贸易救济机制的运行、中国贸易救济机制的设计与运行策略等。

12. 李居迁. WTO贸易与环境法律问题. 北京：知识产权出版社，2012

［作者简介］李居迁，男，河南省南阳市人，法学博士，副教授。现为中国政法大学国际法学院国际公法所所长，并任世界经济论坛空间理事会理

事、中国空间法学会常务理事、北京国际法学会常务理事、改革开放论坛理事、中国政法大学国际法研究中心常务副主任、中国政法大学航空与空间法研究中心副主任等职。

［内容提要］本书以 WTO 体制为考察中心，对相关的问题进行分析研究，探究在这个问题上国际社会的发展趋势、WTO 的态度和发展趋势。

13. 李晓玲. WTO 争端裁决的执行机制研究. 北京：中国社会科学出版社，2012

［作者简介］李晓玲，中国青年政治学院法律系讲师。

［内容提要］本书对世贸组织裁决执行的规则与实践进行了研究，探讨了裁决执行的基本理论、补偿和报复机制的规则与实践、世贸协定和争端裁决在成员域内的效力与执行，以及若干重要世贸争端裁决的执行实践。

14. 李艳丽. 中国自由贸易区战略的政治经济研究. 北京：中国经济出版社，2012

［作者简介］李艳丽，女，经济学博士，在东北财经大学国际经济贸易学院任讲师，主要讲授《国际经济学》《国际市场营销》《国际贸易》等课程。

［内容提要］本书运用政治经济的分析方法对中国自由贸易区战略进行解析，并同时参照美国、日本等大国的战略实践，为完善中国自由贸易区战略提供政策建议。书中研究了中国自由贸易区战略的经济效应、中国自由贸易区战略与国际安全的关系、自由贸易区战略对中国"和平崛起"战略的影响等。

15. 刘稚主编. 大湄公河次区域合作发展报告. 北京：社会科学文献出版社，2012

［作者简介］刘稚，女，云南大学大湄公河次区域研究中心主任、研究员，入选"百千万人才工程"，云南省中青年学术带头人，中国东南亚研究会副会长，中国面向西南重要桥头堡建设云南研究中心常务副主任。

［内容提要］本书从三个层面系统介绍和研究大湄公河次区域合作的重点、热点问题，分析和展望次区域合作的发展趋势，并对新形势下我国进一步推进次区域合作深入发展提出了相关对策和建议。

16. 毛健，刘晓辉. 图们江区域多边合作开发推进战略研究. 北京：经济科学出版社，2012

［作者简介］毛健，男，吉林长春人，吉林大学经济学院教授、博士生导师，研究方向为区域经济发展战略。刘晓辉，长春工业大学工商管理学院副院长。

［内容提要］本书分析了图们江区域开发现状、障碍及态势，借鉴区域经济合作理论及典型区域合作模式的经验，提出了多边合作开发推进战略框架及合作途径。

17. 孟夏主编. 亚太区域经济合作发展报告 2012. 北京：高等教育出版社，2012

［作者简介］《亚太区域经济合作发展报告》为年度研究报告，是首批入选"教育部哲学社会科学系列发展报告"资助项目的研究报告。该报告由南开大学 APEC 研究中心组织撰写，汇集了国内该领域研究专家的真知灼见，是目前我国研究亚太区域经济合作问题的标志性学术成果。

［内容提要］本书汇集全国多所一流高等院校和研究所知名学者的研究成果，包括 APEC 进程中的热点问题、亚太地区政治经济形势及对区域经济合作的影响、亚太区域经济一体化的新趋势及热点问题、资料选编四个专栏。研究内容既包括 APEC 进程中的重点问题，同时也进一步拓展到更广阔的亚太区域经济合作视角。

18. 全小莲. WTO 透明度原则研究. 厦门：厦门大学出版社，2012

［作者简介］全小莲，西南政法大学国际法学院讲师。

［内容提要］本书共六章节，内容包括："WTO 的透明度原则：从理念到规则""推动透明度原则发展的因素""透明度原则的国际实施""WTO 透明度原则的国际保障：贸易政策评审机制"等。

19. 孙琬钟，左海聪主编. WTO 法与中国论丛. 2012 年卷. 北京：知识产权出版社，2012

［作者简介］孙琬钟，男，汉族，河北怀来县人，北京大学法学院兼职教授，中国法学会世界贸易组织法研究会的发起人之一。现任世界贸易组织法研究会会长，董必武法学思想研究会常务副会长，北京大学公法研究中心客座研究员，宪法、行

政法博士生导师组成员，中国政法大学讲座教授，北京师范大学、中国人民大学兼职教授。

左海聪，湖南郴州人，南开大学法学院院长、国际法教研室教授、博士生导师，兼任中国法学会世界贸易组织法研究会副会长、天津市法学会副会长、中国国际经济法学会常务理事、中国法学会国际经济法研究会常务理事、中国审判理论研究会常务理事、中国国际经济贸易仲裁委员会仲裁员。

[内容提要] 本书是“WTO 法与中国论坛暨中国法学会世界贸易组织法研究会 2011 年年会”的论文集，涉及领域非常广泛，包括：WTO 争端解决与中国的实践、贸易救济法律问题、WTO 框架下贸易与环境法律问题、WTO 框架下服务与知识产权法问题，以及 WTO 其他议题等。本论丛反映了 WTO 领域的重点、热点、难点问题，对我国对外贸易及相关法律制度建设有积极的参考价值。

20. 王军杰. WTO 框架下农业国内支持法律制度研究. 北京：法律出版社，2012

[作者简介] 王军杰，男，法学博士，四川大学法学院讲师。

[内容提要] 本书分五章，内容包括：GATT/WTO 农业国内支持规则、WTO 新一轮农业谈判与农业国内支持、农业国内支持的理论阐释与政策演进趋向、WTO 主要成员农业国内支持法律制度等。

21. 王洛林主编. 加入 WTO 十年后的中国. 北京：中国发展出版社，2012

[作者简介] 王洛林，中国社会科学院原副院长，全国政协经济委员会副主任，中国社会科学院特邀顾问，中国发展研究基金会副理事长。

[内容提要] 本书从宏观经济、对外贸易、行业发展、社会保障体制建设、区域经济合作及国际评论等多个角度入手，对中国加入 WTO 前的预测与加入 WTO 后的发展进行比较，系统评估加入 WTO 十年对中国经济社会和国际经济体系的影响，探讨中国未来十年的发展路径，探寻中国中长期发展的突破口和着力点，提出一系列推动中国未来十年进一步改革发展的建议。

22. 王亮亮. 东亚区域货币合作研究. 北京：中国金融出版社，2012

[作者简介] 王亮亮，经济学博士，研究方向为货币政策、金融监管，现供职于中国人民银行金融研究所。

[内容提要] 本书以最优货币理论、货币搜寻理论以及计价货币选择理论为基础，对东亚货币合作的发展历程、制约因素等问题进行分析，对东亚货币合作的可行性进行实证检验，揭示了东亚区域货币合作最有可能选择的模式，进一步讨论了在区域合作的背景下推进人民币国际化的战略。

23. 王新奎主编. 贸易评论. 第三辑. 全球多边贸易体制的未来与中国. 上海：上海人民出版社，2012

[作者简介] 王新奎，男，浙江省定海人，经济学博士、教授。现任全国工商联副主席、上海市政协副主席、上海市工商联会长、上海对外贸易学院院长、上海 WTO 事务咨询中心总裁、上海市人民政府参事。

[内容提要] 本书前半部分的文章主要是各方专家、官员对中国入世的总结和对中国入世后发挥作用的展望；后半部分是学者对特定贸易政策、环境变化的研究，了解政策对中国外贸环境的影响，提出改进的建议。

24. 王志华. WTO 框架下新型贸易壁垒法律问题研究. 济南：山东人民出版社，2012

[作者简介] 王志华，山东政法学院经济贸易法学院国际法教研室主任，法学副教授。

[内容提要] 本书介绍了贸易管制概述、WTO 时代的贸易管制、WTO 时代的新型贸易壁垒、WTO 框架下约束贸易壁垒的基本原则及例外、与新型贸易壁垒相关的配套协议、碳壁垒的形成与表现形式、壁垒合法性的国际法分析、中国碳壁垒应对机制的建立、WTO 协议在中国国内法的适用、中国外贸管制法与 WTO 协议的协调等内容。

25. 谢桂娟. 东北亚国家集体身份建构与区域合作：一种区域整体视角的研究. 北京：社会科学文献出版社，2012

[作者简介] 谢桂娟，吉林农安人，现为延边大学政治与公共管理学院国际政治专业副教授、硕士生导师，主要从事东北亚区域国际政治、国际关系等方面的研究。

[内容提要] 本书在对温特建构主义理论重新阐释的基础上，以东北亚国家集体身份建构与区域

合作的互动关系为分析框架，从东北亚区域整体的视角，试图对上述温特理论予以回答。

26. 许楚敬. 非WTO法在WTO争端解决中的运用. 北京：社会科学文献出版社，2012

[作者简介] 许楚敬，广东省饶平人，现任华南师范大学法学院研究生导师，兼任中国国际经济法学会理事、中国国际法学会理事。主要从事国际经济法、世界贸易组织法的教学与研究工作。

[内容提要] 本书对WTO争端解决中非WTO法的地位演变、引起的规则冲突、非直接适用，以及非WTO法在WTO争端解决中的价值及运用等重要的实践性理论问题做了研究和分析。

27. 杨德勇等. 我国区域合作的模式、机制和路径. 北京：经济科学出版社，2012

[作者简介] 杨德勇，金融学博士、产业经济学博士后（一期）、金融学博士后（二期），教授，北京工商大学经济学院院长。兼任中国金融学会常务理事、中国国际金融学会常务理事、中国投资协会理事、北京市金融学会常务理事、北京市国际金融学会常务理事、北京市经济学总会理事。

[内容提要] 本书系统分析我国区域合作几十年的经验和存在的问题，运用区域经济学、产业经济学、制度经济学和发展经济学等相关理论，分析制约我国区域合作的诸多因素，借鉴国外区域合作的成功经验，探索深化我国区域合作的模式、机制，提出促进我国区域合作的政策建议。

28. 杨国华编. WTO的理念. 厦门：厦门大学出版社，2012

[作者简介] 杨国华，男，法学博士，现就职于中华人民共和国商务部条约法律司，任WTO法律处处长，负责与我国有关的WTO争端解决事务。武汉大学国际法研究所、湖南师范大学、中国政法大学、国际关系学院兼职教授，北京市国际法学会会长。澳大利亚Bond University"全球贸易与金融中心"（Tim Fischer Centre for Global Trade & Finance）高级研究员。中国国际经济贸易仲裁委员会仲裁员。

[内容提要] 本书作者畅谈了他对WTO理念的深刻认识，精辟地总结了WTO专家组和上诉机构审理和裁决案件的思路，尤其是与读者分享了他参加WTO专家组和上诉机构共开庭时的一些感受。

29. 杨国华编. WTO中国案例精选. 厦门：厦门大学出版社，2012

[作者简介] 同前。

[内容提要] 本书作者根据多年的WTO实务经验和教学思考，从上百个WTO案例中甄选出适合学生阅读、理解、分析的真实案例，通过对案例的评析指导，让学生在真实案例中掌握WTO的基本理论和具体规则及其应用。

30. 杨国华编. 探索WTO. 厦门：厦门大学出版社，2012

[作者简介] 同前。

[内容提要] 本书包括WTO概论、中国诉美国禽肉限制措施案、美国诉中国知识产权案、美国诉中国出版物案、美国诉中国出版物上诉案等内容。

31. 张贵洪，斯瓦兰·辛格（Swaran Singh）主编. 亚洲的多边主义. 北京：时事出版社，2012

[作者简介] 张贵洪，浙江嵊州人，现为复旦大学国际问题研究院副院长、教授、博士生导师，兼任联合国研究中心执行主任，中国南亚学会常务理事，中印友好协会理事，中国联合国协会理事，亚洲学者联合会（AAS）副会长兼中国同学会召集人。

斯瓦兰·辛格（Swaran Singh），印度尼赫鲁大学国际研究学院外交和裁军教授，国际政治、组织和裁军研究中心主任，亚洲学者联合会（新德里）主席，印度亚太学会（瓦拉纳西）秘书长。现担任《亚洲政策与政治》（马尼拉）、《印度洋地区》（海德拉巴德）、《印度洋研究》（德里）、《千年亚洲》（德里）等杂志的编委。

[内容提要] 本书从地区安全范式、制度模式演变和亚洲合作治理三个视角，对亚洲多边主义的演变、特点、趋势及其相关问题进行了探讨。

32. 张国元. 博弈与协调：WTO的实质内涵与全球贸易治理机制. 北京：法律出版社，2012

[作者简介] 张国元，华东政法大学副教授，主讲国际法、国际私法、国际经济法。

[内容提要] 本书从自由贸易与贸易保护的博弈与协调的关系入手展开，着重就WTO运行中相关关系的博弈与协调进行深入剖析，从而揭示出

WTO 法律体系的实质内涵。

33. 张军旗. WTO 国际法律责任制度研究. 北京：法律出版社，2012

[作者简介] 张军旗，陕西省蒲城县人。现为上海财经大学法学院教授、博士生导师，兼任上海市 WTO 法研究会（筹）副会长，中国国际经济贸易法研究会理事。

[内容提要] 本书分为十章，内容包括 WTO 国际责任概述、WTO 国际责任的主体、WTO 国际责任构成要件概述、WTO 国际责任的范围等。

34. 张磊，王茜. 多哈回合谈判的最新进展. 北京：法律出版社，2012

[作者简介] 张磊，世界贸易组织教席主持人（WTO Chair Holder）。现任 WTO 学院院长、教授，联合国世界知识产权组织仲裁员。现为荷兰马斯特里赫特大学国际经济法专业博士。

[内容提要] 本报告从多哈回合谈判的最新进展入手，包括农业议题、非农产品市场准入议题、规则议题、新加坡议题和服务贸易议题五部分内容。

35. 张亮. 反倾销法从低征税规则研究. 北京：中国法制出版社，2012

[作者简介] 张亮，男，祖籍湖北汉川，现为中山大学法学院讲师，主要研究方向为国际经济法。

[内容提要] 本书从五个方面对从低征税原则进行了研究，包括从低征税规则的合理性、从低征税规则在欧盟的适用、从低征税规则在其他 WTO 成员方的适用、WTO 多哈回合反倾销谈判中的从低征税规则、对中国适用从低征税规则的思考。

36. 朱榄叶. WTO 法律制度——以案说法. 北京：法律出版社，2012

[作者简介] 朱榄叶，女，华东法政大学国际法学院教授，博士研究生导师，中国国际法学会常务理事，中国法学会 WTO 法研究会副会长，中国国际经济法研究会副会长，享受国务院政府特殊津贴。兼任中国国际经济贸易仲裁委员会委员、上海仲裁委员会仲裁员、深圳仲裁委员会仲裁员。

[内容提要] 本书选择了 WTO 争端解决机构的专家组/上诉机构报告，涉及关税、贸易救济措施以及 TRIPs（《与贸易有关的知识产权协定》）的案例，通过这些报告了解 WTO 基本原则和实践；其中每个报告只保留对一个法律问题的分析内容，并以中文对案例所涉及的措施做了概要介绍，便于学生阅读理解。

37. 朱淑娣主编. 中美知识产权行政法律保护制度比较：捷康公司主动参加美国 337 行政程序案. 北京：知识产权出版社，2012

[作者简介] 朱淑娣，复旦大学法学院教授、宪法行政法专业（行政法方向）博士生导师，及美国耶鲁大学福克斯国际学者。上海市人大及市府行政法咨询与评审专家，上海“再就业工程”专家志愿团成员。

[内容提要] 本书主要由三部分内容构成，即案例评鉴、制度描述及理论总结。主要以捷康公司主动参加美国 337 行政调查与裁决程序案为样本，展开分析并具体描述中美知识产权行政法律保护制度的基本特点及二者之间的比较等。

38. 邹春萌. 东盟区域服务贸易自由化研究. 北京：社会科学文献出版社，2012

[作者简介] 邹春萌，云南大学国际关系研究院副研究员，博士，硕士生导师。主要研究方向：东南亚经济、中国—东盟区域合作等。

[内容提要] 本书借鉴和运用当代服务贸易自由化的相关理论，围绕东盟区域服务贸易自由化的主线，阐述东盟服务贸易自由化的发展特征和发展趋势。

● 学术论文

➢ 中国与世界贸易组织

1. 中国加入世界贸易组织十年回顾与展望. 石广生. 百年潮. 2012/01

［作者简介］中国国际经济合作学会名誉会长，原对外贸易经济合作部部长

［内容提要］2001年12月11日，中国经过长达15年的艰苦谈判，终于正式成为世界贸易组织成员。而今加入后又过了整整10个年头，中国成功应对了各种挑战，取得经济社会的快速发展，世界也因此而受益。

2. 中国入世10年：观察与思考. 章昌裕. 对外经贸实务. 2012/01

［作者简介］对外经济贸易大学国际经贸学院

［内容提要］入世10年，中国积极参与全要素国际运动，在“走出去”战略推动下，步入了资本净输出阶段。在以资本运动引领下的当代全要素国际经济合作中，从传统的“市场换技术”“资源换技术”“廉价劳动换技术”过渡到“资本换技术”“资本换市场”，积极参与国际资本循环，是构筑中国全面参与国际经济合作，提高竞争新优势的重要路径。

3. “入世红利”能够带来未来的“转型红利”吗？孙立坚. 对外经贸实务. 2012/01

［作者简介］复旦大学经济学院

［内容提要］2010年12月11日，北京人民大会堂召开的中国入世10周年的高层论坛上，胡锦涛总书记、拉米总干事长、素帕猜秘书长等海内外领袖人物，都一致高度认同了中国是加入世贸组织的最大赢家之一，也是对世界经济的发展贡献最大的国家之一。尤其是胡总书记的重要讲话，多次强调了中国是一个负责任的大国，中国今后“增长方式”的转变动力以及由此带来巨大的投资和商业机会，将会通过更加坚定不移的对外开放政策，与爱好和平的世界各国人民一起分享。听后感触很深，入世10年后，中国经济未来的发展将面临怎样的机遇和挑战？值得我们深入探讨。

4. 加入WTO十年中美农产品贸易演变. 马翠萍，肖海峰，王金凤. 世界经济，2012/01

［作者简介］中国农业大学经济管理学院，山东工商学院会计学院

［内容提要］本文通过中美农产品贸易结合度指数、格鲁贝尔—洛伊德产品指数、国际市场占有率、出口产品相似度指数、产品分散度指数研究了1996—2010年期间中美农产品贸易的演变。研究结果表明：中美农产品贸易紧密程度加大，大宗农产品呈现越来越明显的产业间贸易趋势，高附加值农产品向产业内贸易发展；同时，中美农产品在出口市场、出口产品结构方面竞争激烈。未来中美农产品贸易发展将以竞争为主，互补为辅，贸易逆差持续扩大。

5. 对中国流通产业安全的几点认识. 纪宝成，李陈华. 经济理论与经济管理，2012/01

［作者简介］中国人民大学商学院，湖南商学院经济与贸易发展研究院

［内容提要］中国加入WTO已经10年，外资商业进入中国市场的步伐持续加快，大大压缩了中国民族商业的发展空间，对中国流通产业安全构成潜在威胁。然而，在一些传统的以及当前流行的观点中，这种潜在威胁并没有引起足够的重视。本文就中国流通产业安全提出几点新的认识，为未来的经验分析和对策研究提供启示。

6. 入世十周年中国外贸：质变、驱动因素及趋势. 李玉举. 世界贸易组织动态与研究，2012/01

［作者简介］中国社会科学院财贸所

［内容提要］中国加入世界贸易组织10年来，贸易额在取得巨量增长的同时，贸易结构方面发生了5个显著的质变。入世效应、强势贸易政策、量增价升、自由贸易区网络、外贸体制改革是其中5个最为重要的原因。“十二五”时期，要从6个方面不断拓展对外开放广度和深度，提高开放型经济水平。

7．“入世10年的中国财政：公共服务均等化与区域发展的核心竞争力”研讨会综述．李妍，缪小林．财贸经济，2012/02

［作者简介］云南财经大学财政税收研究所，云南财经大学财政与经济学院，云南财经大学公共政策研究中心

［内容提要］2011年11月14日，中国社会科学院《财贸经济》杂志社、云南财经大学财政与经济学院、云南省财税与公共政策研究基地联合主办了“入世十年的中国财政：公共服务均等化与区域发展核心竞争力”研讨会，来自中国人民大学、中山大学、厦门大学、武汉大学、湖南大学、中央财经大学、上海财经大学、东北财经大学、西南财经大学、山西财经大学、江西财经大学、安徽财经大学、河北经贸大学等高校和研究机构的专家学者，昆明市政府、云南省财政厅等政府部门的相关领导，以中国财政政策改革、公共服务均等化、区域社会经济发展、政府间转移支付等为主题，对入世10年的中国财政问题展开讨论，并提出了许多颇有价值的见解。

8．市场开放促进了产业升级吗？——理论及来自中国制造业的证据．殷德生．世界经济文汇，2012/02

［作者简介］华东师范大学金融与统计学院，华东师范大学中国现代城市研究中心

［内容提要］中国通过吸引FDI增加了国内资本存量，但学界关于FDI对促进产业升级的作用一直存在着争议。本文将市场开放分解为源于国际贸易的产品竞争效应和源于FDI的外资效应，阐述它们对最终产品部门—中间品部门—研发部门之间资本要素需求的影响机制和结果，并以加入WTO后中国制造业28个细分行业规模以上企业为样本，采用行业成本转换法估计资本要素相对需求变化的影响因素。结果表明，FDI和出口显著地增加了中国制造业的资本要素相对需求，进而促进了产业升级。

9．WTO原则下发达国家畜牧业补贴经验与中国生猪补贴政策研究．谭莹，邱俊杰．经济问题探索，2012/02

［作者简介］华南农业大学经济管理学院

［内容提要］在新的贸易体制下，发达国家对畜牧业补贴的重点和方式有所改变，但数量并没有实质性的削减。中国是生猪生产和消费大国，中国生猪产业的一系列问题需要国家持续地对生猪产业进行补贴。本文通过分析WTO农业补贴原则和借鉴发达国家畜牧业补贴经验，认为中国的生猪补贴政策完全符合WTO原则，政府还应该加强生猪产业基础设施投入，实行“绿箱”为主的生猪产业补贴等，以促进生猪产业发展。

10．WTO规则框架下我国服务贸易的市场准入研究：基于服务业外资进入经济效应的考察．石士钧．产业经济研究，2012/03

［作者简介］上海对外贸易学院

［内容提要］大力扩展服务贸易领域的市场准入，是我国当前引进外资、实现服务业现代化和产业升级转型、培育经济增长点的紧迫之举。本文以中国服务业FDI为研究对象，深入分析了其对中国经济增长的作用关系。结果表明，我国服务业FDI与经济增长之间存在着长期稳定的协整关系；在中国服务业FDI对经济增长发挥作用的六个路径中，就业效应、技术效应、资本效应和产业结构效应均具有正向推动作用；针对贸易效应和制度效应作用并不显著的情况，本文从WTO规则框架下我国服务贸易的市场准入扩展方面做了深入的思考与探索。

11．中国入世后十年的六大挑战与应对．薛荣久．国际经贸探索，2012/03

［作者简介］对外经济贸易大学

［内容提要］文章主要论述中国加入世贸组织后十年遇到的挑战与应对，由六大部分构成：第一部分是世贸组织受到严峻的挑战与应对，提出五大挑战与四条应对措施；第二部分是对中国期望加高和竞争加强的挑战与应对，提出三大挑战与五项应对措施；第三部分是中国贸易发展基础不牢的挑战与应对，提出九大挑战与四项应对措施；第四部

分是世贸组织规则掌握与运用欠缺的挑战与应对，提出六大挑战与六项应对措施；第五部分是整体应对机制相对落后的挑战与应对，提出四大挑战与三项应对措施；第六部分为世贸组织研究与人才匮乏的挑战与应对，提出三大挑战与两大应对措施。

12. 论TRIPs协定下商标注册的使用要求——兼评我国相关义务的履行及商标法的第三次修改. 杨建锋. 世界贸易组织动态与研究，2012/03

[作者简介] 上海海洋大学经济管理学院

[内容提要] TRIPs协定下商标注册包含的使用要求具有重要的法理意义，这也是美国商标法的直接体现。其中，TRIPs协定第15条第3款是对WTO成员国内立法的妥协，体现为一项选择性义务。TRIPs协定第15条第1款还包含了通过使用获得商标注册的显著性要求的规定，第16条第1款包含了对在先使用商标的特别保护要求。我国在商标注册使用要求方面不抵触TRIPs协定最低义务要求，但在商标法第三次修改时应谨慎对未驰名商标保护给予扩大保护。

13. 中国参与WTO贸易援助所面临的问题评析. 曹俊金. 世界贸易组织动态与研究，2012/03

[作者简介] 上海杉达学院法学系

[内容提要] 贸易援助是官方发展援助的重要形式，中国在WTO贸易援助倡议的启动、后续工作及实际参与中起到了积极作用。中国国际经济地位的转变让其他国家产生更高的援助期待。发达国家对发展中国家提供的贸易援助是其应当承担的国际义务。"南南合作"是发展中国家之间的互助合作形式，其本质是基于平等理念的合作，是贸易援助的补充形式。中国在力所能及的条件下应当尽量与发展中国家开展"南南合作"并在此过程中提供适当援助。完善对外援助法律制度是顺利开展贸易援助、实现援助目的的保障。

14. 金融开放的水平测度及协调性分析. 张小波. 经济科学，2012/04

[作者简介] 西南政法大学经济学院

[内容提要] 本文从金融开放的内涵着手，构建了金融开放的体系结构，在此基础上提出了测算金融开放水平的公式，并进一步地对金融开放的协调性的含义、测度和判断等问题进行了细致研究。选择包括中国在内的108个国家和地区样本进行实证分析，分析结果显示目前中国官方承诺的金融开放处于中度开放水平，现实金融开放水平明显要低于官方承诺水平。而中国金融开放的协调性研究表明中国在加入WTO后中国金融开放与国内发展不相协调且这种不协调的程度有加重的趋势，即相对于官方承诺的金融开放水平所要求的速度和质量国内发展显得不足。

15. WTO规则下两岸经贸关系正常化问题探讨. 邓敏，王敏娟. 亚太经济，2012/05

[作者简介] 西南财经大学国际商学院

[内容提要] 本文应用博弈论等研究方法，依据两岸同为WTO成员以及ECFA是WTO框架下的区域合作形式等客观事实，论证两岸经贸合作的法理依据及正常经贸关系，分析两岸建立正常经贸关系的现实基础及现存差距，界定两岸经贸关系正常化的含义，探寻消除差距、实现两岸经贸关系正常化的基本路径。

16. 入世以来中国农产品进口的水土节约效应. 林桂军，杨秀清，耿晔强. 国际贸易，2012/06

[作者简介] 对外经济贸易大学，商务部公平贸易局

[内容提要] 农业开放是中国加入世界贸易组织过程中人们激烈争论的问题之一，也是入世后国内各界密切关注的问题。10年过去了，我们应该怎样评估当时的决策，过去10年来我国在农产品贸易方面的利弊得失如何，这些都需要细致研究。

17. 入世十年来中国与LDC国家贸易新发展及展望. 肖艳，张汉林. 国际经贸探索，2012/06

[作者简介] 对外经济贸易大学中国WTO研究院，中南林业科技大学经济学院

[内容提要] 中国与最不发达国家间的经贸关系日益紧密，但是针对中国在这些国家的"新殖民主义"活动的指责声日益高涨。在中国加入世界贸易组织十周年之际，文章通过对比分析中国、美国以及欧盟与最不发达国家间的贸易商品结构的演变，发现中国自LDC国家的进口商品结构严重偏向于资源类商品的事实，探讨了中国在未来经贸合作中更应注重对LDC国家自我发展能力的培养以及中方的投资开发行为应遵循的原则，从而构建新

型的双边经贸合作前景。

18. 港澳台—中国对外开放的独特优势. 华晓红，郑学党. 经济学家，2012/07

[作者简介] 对外经济贸易大学国际经济研究院

[内容提要] 中国对外开放三十多年，经济发展速度之快举世瞩目。作为对外开放的典型标志，对外贸易和引进外资更是突飞猛进，中国成为世界贸易排名第二、发展中国家引进外资最多的经济体。中国对外开放之所以取得如此成就，港澳台地区功不可没，甚至可言，如果没有同文同种的新型工业化经济体港澳台与中国内地的密切经贸往来，中国对外开放将经历较长的探索阶段。港澳台地区是中国对外开放最早的也是迄今最主要的投资者，是中国承接国际产业转移最重要的推动者，也是中国进军国际市场的最重要中介与平台。无论是珠三角经济带还是长三角经济带，港澳台企业都是重要的支柱力量。中国最早的区域经济一体化协议是与香港和澳门签署的，今后中国的自贸区战略，港澳台地区将成为核心。

19. 入世十年我国农产品贸易法制的反思与展望. 曾文革，王热. 经济问题探索，2012/07

[作者简介] 重庆大学

[内容提要] 入世十年，我国切实履行了农业贸易的各项承诺。回顾十年来WTO农产品贸易规则的执行情况，我们认为，WTO《农业协定》所追求的公平的农产品贸易体制的目标尚未达到，目前不公平的农产品贸易体制对我国农业发展造成了较大的影响。入世以来，我国在农产品贸易法制建设成效显著，农产品贸易的各领域基本做到有法可依，但是我国农产品贸易法制还存在许多不足。同时，新时期全球农产品贸易市场出现了一些新的情况，需要我国积极应对。未来我国一方面应当积极参与新一轮农业谈判，为我国争取公平的农产品贸易国际法制环境，另一方面应当加强国内立法，为我国农产品贸易创造完善的国内法制环境。

20. 入世十年中国产业国际竞争力的实证分析. 李钢，刘吉超. 财贸经济，2012/08

[作者简介] 中国社会科学院工业经济研究所

[内容提要] 本文利用最新的统计数据对中国加入WTO十年以来产业国际竞争力的现状及变化趋势进行了实证研究，得出如下结论：加入WTO十年以来，中国产业国际竞争力有较大程度提升。虽然中国传统劳动密集型产业比较优势在下降，而技术和资本密集型产业比较优势在上升，但中国目前最具有比较优势的产业仍是劳动密集型产业；中国劳动密集型、技术密集型和资本密集型产业的竞争优势都有所提高；中国制造业竞争优势的增强是推动中国产业国际竞争力提升的主要动力，中国传统劳动密集型产业仍然保持着较强的国际竞争力，同时一些技术和资本密集型产业的快速发展推动中国产业国际竞争力不断提升。虽然中国制造业产业国际竞争力的进一步提升面临着诸多挑战，但本文判断中国产业国际竞争力处于第二次快速提升的前夜。从中短期来看，2016年“市场经济地位”的自然获得，将会进一步释放中国产业国际竞争力的既有优势，而从中长期来看，随着人口素质的不断提升，中国将迎来质量型人口红利所带来的新的20年战略机遇期，这将是中国产业国际竞争力持续提升的重要源泉。

21. 加入WTO对农户收入的影响研究——基于价格传导视角. 王军英，朱晶. 国际贸易问题，2012/09

[作者简介] 南京农业大学，邢台学院，南京农业大学经济管理学院

[内容提要] 本文从价格传导途径出发，实证分析了加入WTO引致的商品价格和要素价格变动对农户家庭各类来源收入以及总体纯收入的影响。结果表明：加入WTO使得所有农村居民家庭纯收入都有所上升。从地区来看，东部地区农户收入的上升幅度大于西部地区农户；从收入分组来看，低收入组农户收入的增幅大于高收入组农户。

22. WTO/TBT协定框架下我国技术法规体系的立法完善. 唐健飞. 宏观经济研究，2012/09

[作者简介] 江西财经大学法学院

[内容提要] 在当代国际贸易中，西方国家越来越重视技术性贸易壁垒的作用，推行新贸易保护主义。在WTO/TBT协定框架下，我国应正确认识技术法规的功能，充分利用国际规则，借鉴西方国家的立法经验，在立法理念、制度设计以及运行模式等方面采取配套措施，完善我国技术法规体

系，应对西方国家技术性壁垒的挑战。

23. 中国服务业开放度研究. 樊瑛. 国际贸易，2012/10

［作者简介］对外经济贸易大学国际经济贸易学院

［内容提要］本文以中国入世服务业开放承诺为研究基准，从入世十年中国服务业开放的时间维度、空间维度、结构维度和模式维度四个维度入手分析中国服务业开放的绩效与特征，运用中国服务业对经济贡献度、中国对世界服务贸易贡献度、中国服务贸易依存度、中国服务业 FDI 依存度、中国服务贸易开放度指数五个测度指标测度了中国服务业开放度，并针对未来中国服务业开放面临的挑战给出政策建议。

24. 中国在 WTO 的地位变迁趋势及未来作用研究. 汤碧. 国际贸易，2012/10

［作者简介］对外经济贸易大学国际经济贸易学院

［内容提要］2001 年 12 月 11 日，中国成为 WTO 第 143 个成员。入世以来，中国出色地履行了入世承诺，国民生产总值增长了两倍多，已经发展壮大成为世界第二大经济体、第一大出口国，在全球经济中扮演着举足轻重的角色。中国完成了从 WTO 新成员和学习者向多边贸易规则推动者和制定者的重大角色转变，逐渐成为 WTO 的一个成熟成员。

25. 入世以来中国证券市场动态国际一体化研究. 何光辉，杨咸月，陈诗一. 经济研究，2012/10

［作者简介］复旦大学国际金融系，上海社科院部门经济所，复旦大学经济学院

［内容提要］本文运用滚动协整等方法检验中国与全球六个主要发达证券市场之间的动态协整关系。研究发现中国证券市场国际一体化已隐约出现，但不确定性大，而且国际化关系不对等。协整一致的相互引导关系已基本形成，虽然彼此间的同步关系还仅停留在周期分量上。入世后中国证券市场国际一体化水平显著提高，但在美欧金融危机期间没有得到延续。进一步推进中国市场国际一体化应根据自身发展特点和国际金融形势变化及时调整策略，确保在分享全球化利益的同时风险最低。

26. 入世以来我国在国际贸易中角色地位变化的实证研究——以社会网络分析为方法. 张勤，李海勇. 财经研究，2012/10

［作者简介］北京物资学院商学院，海关总署办公厅

［内容提要］文章从联合国贸易和发展会议网站获取 2001 年和 2010 年国际贸易 50 强之间的进出口数据，采用社会网络分析方法研究了入世 10 年来我国在国际贸易体系中角色和地位的变化。研究结果表明：2010 年，我国的点出度、特征向量中心度与核心度都排名第一，在多维尺度图、国际贸易网络图中也占据中心地位，表明我国在国际贸易网络中的地位不断提高、权力不断增强；但点入度、中间中心度和限制度落后于美、德等贸易强国，反映出我国在国际贸易体系中的话语权和影响力尚需进一步提高。文章最后对我国转变对外贸易发展方式、实现从贸易大国向贸易强国的转变提出了对策建议。

27. 加入 WTO 后中国第三产业增速变缓的原因解析. 刘强. 世界经济研究，2012/11

［作者简介］潍坊学院

［内容提要］本文首先通过数据和事实证明了加入 WTO 对中国产业发展的影响与库兹涅茨事实矛盾，突出表现为第三产业贡献率的增速变缓，同时衡量产业结构变动的 Moore 值变小，第二产业的增速超过了第三产业，并且越是经济发达和人均收入高的地区，第三产业占比的增长越慢。随后，本文从理论和实证两个方面对这一现象的成因进行了探讨，认为加入 WTO 带来的比较优势与规模效应、产业结构变迁对加入 WTO 的路径依赖和变迁粘性、外商直接投资的流入结构和方向、我国在国际产业分工中的位置以及加入 WTO 加剧的产业集聚与区域发展不均衡等是导致经济增长与三次产业增速变化背离的主要原因。随后基于 Chow 突变点的实证检验和省域差异分析也全面支持了这一结论。最后，文章提出了相应的政策建议。

28. WTO 对中国第四次贸易政策审议的法律考察. 胡加祥，彭德雷. 国际经贸探索，2012/12

［作者简介］上海交通大学凯原法学院，华东理工大学商学院

［内容提要］贸易政策审议对于每一个世贸组

织成员而言，犹如是一次“年检”或“大考”，其目的是确保各成员贸易政策和措施的透明度，加深其他成员对其的理解。2012年6月12日和14日，世贸组织对中国进行了第四次贸易政策审议。在本次审议中，各成员提出的问题之多、范围之广，都超过前三次审议。对各成员提出的问题进行系统梳理和分析，有利于我们全面了解中国在融入多边贸易体制进程中所取得的成绩和存在的问题，同时也有助于我们更好地理解世贸组织的规则和贸易政策审议机制。

➤ 多边贸易体制、多哈回合与新议题

1. 新兴经济体的崛起与世界经济格局的变革. 刘洪钟，杨攻研. 经济学家，2012/01

［作者简介］辽宁大学国际关系学院

［内容提要］新兴经济体的崛起对于全球经济而言意义重大，它将带来全球经济格局的重塑，其强大的贸易实力将促进全球经济引擎的多元化，不断提升的金融实力将推进国际货币与金融体系的巨大变革。然而新兴经济体崛起的过程将具有长期性和曲折性，其经济未来的可持续增长能力和国内金融市场的发展在很大程度上将成为这一过程的羁绊，需要政府努力提高本国的科技创新能力，开发国内需求，同时推行金融改革，提高效率；积极参与全球治理的改革，加强国际合作，建立适应全球经济新格局的治理方式，减少未来全球经济的不确定性。

2. WTO体制下普惠制的变化与未来——以欧盟新普惠制方案为实证的分析. 沈木珠. 国际贸易问题，2012/03

［作者简介］南京财经大学国际经济法研究所

［内容提要］普惠制的实施历时40余年，它已成为国际贸易中一项重要的法律制度，实施普惠制的法律文件构成WTO规则体系的组成部分。随着WTO体制的建立和贸易自由化进程的加速，更由于受国际金融危机和欧债危机的影响与冲击，WTO发达成员已先后公布与实施新普惠制方案，受惠条件明显提高甚至订入了附加条件的特惠条款，动摇了WTO体制下普惠制的非互惠与公平原则。可以预见，普惠制作为一项制度最终或将退出国际贸易舞台，而作为一种精神还将存续并扩展适用于WTO其他领域。

3. 俄罗斯加入世贸组织的历程、减让承诺和中国的机会. 李舒萌. 世界贸易组织动态与研究，2012/03

［作者简介］国家商务部人事司

［内容提要］本文全面回顾了俄罗斯漫长而曲折的入世进程，揭示出一幅错综复杂的国际经济和政治关系图景。根据目前已经公开的世贸组织文件，本文初步总结了俄罗斯在货物贸易、服务贸易和知识产权等领域做出的开放和减让承诺。尽管这些承诺直接反映了美欧的经济利益，但也同时维护了中国的工业品出口、原材料进口的利益。

4. 碳贸易保护和WTO在应对气候变化全球合作中的作用. 张天桂. 世界贸易组织动态与研究，2012/03

［作者简介］上海社会科学院世界经济研究所

［内容提要］经济危机使全球贸易保护主义迅速抬头。负有量化减排义务的发达国家越来越多地以应对气候变化、防止碳泄露为由，试图通过贸易限制手段维持自身的竞争力不因减排所导致的成本上升而下降，碳贸易保护初露端倪。贸易与气候变化的关系成为WTO不得不面对的问题，其在应对气候变化全球合作中的特定作用日益显现。

5. 国际投资体系中的准入前国民待遇——从日韩投资国民待遇看国际投资规则的发展趋势. 赵玉敏. 国际贸易，2012/03

［作者简介］商务部研究院

［内容提要］现今越来越多的贸易协定涵盖了投资问题，使贸易协定成为制定投资规则的一个重要领域。更重要的是，持续不断大量涌现的区域自由贸易协定在制定相关投资规则方面采用了更加开放的原则，这推动全球投资治理体制日益向着更加自由化的方向发展，有关投资准入权规则的发展鲜明地印证了这一点。

6. 美国关税法修订后对华采取汇率反补贴措施的风险、危害及我国对策研究. 吴岚，胡雪梅. 国际贸易，2012/05

［作者简介］上海对外贸易学院

［内容提要］2012年3月13日，美国《1930年关税法》修订案（以下简称“关税法修订案”）在先后经参众两院通过并经美国总统奥巴马签字

后，已成为正式生效的法律。该关税法修订案赋予了美国商务部对来自非市场经济国家（NME）的商品征收反补贴税的权力，这提升了美国以汇率低估构成补贴为由对我国采取反补贴措施的风险。一旦美国的上述行动付诸实施，将对我国经济产生多方位且十分严重的危害。

7. WTO生物能源贸易规则：问题与对策——从我国粮食安全的视角. 余莹. 亚太经济，2012/05

［作者简介］中南财经政法大学，中南民族大学

［内容提要］以粮食为原料的生物能源产业发展已经对国际粮食安全产生了消极影响。作为粮食进口大国，我国应推动将生物能源纳入WTO环境货物进行谈判，并对生物能源进行降税，还应推广实施鼓励以非粮原料的生物能源技术标准，以实现生物能源的可持续发展。

8. 危机下的复苏：贸易保护还是贸易自由? 戴翔，张二震. 财贸研究，2012/06

［作者简介］南京大学经济学院，安徽财经大学国际经济贸易学院

［内容提要］从开放经济条件下的国民收入恒等式入手，构建一个简单的在产出上具有相互依赖关系的两国模型，力图在理论上回答短期的贸易保护主义措施是否应该成为应对危机冲击的政策工具。理论模型分析所形成的基本判断是：关税以及优先购买本国货等非关税壁垒，不但不能增加国内产出从而促进经济复苏，反而有害；提升自主性消费和增加政府支出相对于贸易保护主义而言才是更为有效的短期选择。进一步的数值模拟为上述判断提供了支持。在以国际生产分割为主要表现形式的当代国际分工深入演进的大趋势下，倡导和坚持贸易投资自由化，是应对危机、走出危机、实现经济可持续增长的理性选择。

9. WTO成员资格是否有效地降低了成员的关税水平?——来自1991—2010年WTO153个成员和62个非成员的经验证据. 赵红军. 世界经济研究，2012/06

［作者简介］上海对外贸易学院国际经贸学院

［内容提要］文章通过构建两个能够反映WTO成员资格的指标，实证检验了1991—2010年间WTO153个成员、62个非成员，加入WTO之后这一成员资格在削减关税税率方面的有效性。结果发现，仅从关税税率角度看，WTO成员资格的获得将具有平均而言2.62%～3.41%的关税削减效应；从时间上来看，获得WTO成员资格的时间每延长一年，大约能给成员带来0.22%～0.34%的关税削减幅度；穷国加入WTO后，其关税削减的幅度将更大，且WTO成员资格对成员关税税率的累积影响在获得该资格后的第八年到第十年达到最大，另外，在这一WTO资格获得之前，它也具有较强的关税削减效应。这证明了WTO成员资格对各成员关税削减方面的重大现实意义，对于今后的WTO成员资格谈判等也具有理论指导意义。

10.《反假冒贸易协定》（ACTA）：制度评价及其国际影响. 袁真富，郑舒姝. 国际贸易问题，2012/07

［作者简介］上海大学知识产权学院

［内容提要］欧盟、美国、日本等11个缔约方完成了《反假冒贸易协定》（ACTA）的文本讨论，但是，ACTA的谈判过程和文本内容一直充满了争议和批评。总体上看，ACTA具有以下主要特点：发达国家主导性、谈判场所的独立性、谈判过程的秘密性、制定时间的迅速性、协定属性的诸边性、执法体系的强化性等。ACTA弱化了现有的知识产权多边保护体系，并把关注重点从实体权利完全转移到执法实践，将对知识产权国际体制产生重要影响。虽然ACTA谈判故意回避了发展中国家，但可以预见ACTA将会以各种方式被输送给发展中国家。随着ACTA的生效和实施，国际贸易将受到较大影响，并有可能构成新的贸易壁垒。在此背景下，中国应当开展专门研究，积极采取应对之策，避免ACTA的不利影响。

11. WTO宪政思潮反思. 谢进. 世界贸易组织动态与研究，2012/07

［作者简介］对外经济贸易大学

［内容提要］晚近，国际法学界掀起了一股“WTO宪政化”的思潮，本文从实然、应然两个层面对WTO宪政化进行分析与反思。在实然状态上，WTO具有不完全的宪政化特征，在应然方面，WTO既不应该也不能够宪政化。文章在分析了“WTO宪政化”思潮兴起的原因后，指出应从发展中国家的角度分析问题，正确对待

WTO 宪政思潮。

12. WTO 多哈规则谈判中关于《反倾销协定》的最新谈判结果评析. 姜维. 世界贸易组织动态与研究，2012/07

［作者简介］深圳职业技术学院

［内容提要］2011 年 4 月 21 日，多哈回合谈判小组的主席们分发了代表各个小组工作进展的最新文件，其中，规则谈判小组的“主席沟通文件”对《反倾销协定》的修改和说明在整体架构上与 2008 年“主席案文”基本相同：一方面对《反倾销协定》中成员方修改意见比较一致的条款做出了具体修改，另一方面对成员方无法达成一致的主要争议点在相关条款后做出了说明。本文综合比较了 2011“主席沟通文件”和 2008“主席案文”的内容，对关于《反倾销协定》的最新谈判结果进行详细解读并在此基础上给予评论。

13. 政府采购、贸易自由化与发展——政府采购贸易自由化理论综述与批判. 宋雅琴，万如意. 世界经济研究，2012/08

［作者简介］清华大学公共管理学院

［内容提要］基于我国参与政府采购贸易自由化谈判的紧迫性和国内政府采购制度发展的战略需要，对新自由主义政府采购贸易自由化理论这一世贸组织《政府采购协议》的理论基石进行系统全面的梳理，考察这一理论如何推动西方现代政府采购制度的建立，如何积极促成政府采购市场的贸易自由化，以及如何建立政府采购贸易自由化与发展之间的联系。在此基础上采取庖丁解牛的方法，对新自由主义政府采购贸易自由化理论体系的构成要素逐一进行批判性评论，指出这一理论体系的薄弱和矛盾之处，以及对中国参与《政府采购协议》谈判的启示意义。

14. 世界贸易组织利益再平衡问题研究——以俄罗斯入世为例. 刘伟丽. 财经问题研究，2012/08

［作者简介］深圳大学经济学院

［内容提要］本文首先对世界贸易组织的利益失衡进行剖析，将失衡归纳为世界贸易组织机制固有的失衡、世界贸易组织法律协议的失衡、世界贸易组织体制决策的失衡和世界贸易组织体系发展的失衡四个动态的发展阶段；其次对俄罗斯入世前的经济和对外贸易发展状况进行梳理，对俄罗斯与美国、欧盟和中国的互补型贸易结构进行具体分析；再次对俄罗斯入世后的普京新经济政策、主要进出口商品结构、关税同盟和主要进出口国别结构进行展望分析；最后提出建立世界贸易组织发展新格局、完善世界贸易组织的制度缺陷和“金砖国家”内部利益平衡的世界贸易组织利益再平衡的政策建议。

15. 中国加入《政府采购协定》国有企业出价策略研究. 海闻，李晋，戴觅. 国际贸易问题，2012/09

［作者简介］北京大学汇丰商学院，北京大学国家发展研究院

［内容提要］中国加入《政府采购协定》（GPA）被誉为中国的第二次“入世”，意味着对世界公平贸易、自由贸易和非歧视贸易的进一步推动。本文探讨了政府采购协议的发展趋势及主要成员国的国有企业开放情况，分析了各国关于国有企业纳入政府采购协议出价的法律基础定义。通过理论模型并基于“投入—产出”的方法估算中国将部分国有企业纳入政府采购协议后，进口的变化、国内产出冲击、国企成本节约以及上游行业生产者剩余的变化，结果表明中国加入 GPA 开放部分国有企业可以减少扭曲，提高社会总的福利水平。

16. 俄罗斯加入世界贸易组织对中俄农产品贸易的影响. 曾寅初，刘君逸，梁筱筱. 经济纵横，2012/09

［作者简介］中国人民大学农业与农村发展学院

［内容提要］俄罗斯加入世界贸易组织（WTO）将带来中俄农产品贸易新一轮的高速增长，并可能造成短期内中方贸易顺差的继续扩大；在促进双边农产品贸易结构继续优化和提升我国与俄罗斯农产品贸易便利化程度的同时，也将面临俄罗斯对进口农产品质量安全要求的提高所带来的新挑战。为进一步促进中俄农产品贸易的发展，我国应重视对俄罗斯政策调整信息的收集和分析，把握俄罗斯进口农产品要求的新动向，利用 WTO 的贸易规则和国际平台，改善中俄农产品贸易的环境，探索土地密集型产品大量进口的可能性。

17. 简析 WTO 协定下贸易权的绝对性与相对性. 李雪平. 世界贸易组织动态与研究，2012/09

［作者简介］武汉大学 WTO 学院

[内容提要] 为应对由全球经济衰退带来的国内经济社会问题，某些成员常把WTO协定下的贸易权作为其调整和推进对外贸易的政策工具和法律盾牌，致使WTO成员间由来已久的贸易权纠纷雪上加霜。对WTO协定下的贸易权进行性质定位，并据此分析其绝对性和相对性，有助于明晰成员享有贸易权的限度和范围，有助于理解程序性质的贸易权和实体性质的贸易权，由此期望为解决成员间的贸易权争端提供新思路或新方法。

18. 贸易与环境谈判：选择区别规则还是差别待遇？邓旭. 世界贸易组织动态与研究，2012/09

[作者简介] 上海对外贸易学院

[内容提要] 贸易与环境谈判中需要权衡WTO规则与MEAs规则中对发展中国家待遇的差异。WTO规则的S&D已经转变为发展中国家履行义务的非互惠待遇，而MEAs的共同但有区别原则(CBDR)确认了发展中国家承担义务的差别待遇，两者的差异甚为明显。发展为我国当前核心利益，我国应该稳妥参与贸易与环境的谈判，但不宜积极推动谈判的进程。

19. 论“共同但有区别的责任”对碳关税贸易措施的约束. 王燕. 国际经贸探索，2012/10

[作者简介] 广东外语外贸大学国际商务英语学院

[内容提要] 碳关税源于碳减排国家维持竞争力和减少碳泄漏的需要。作为气候贸易措施，碳关税应符合WTO涵盖协定及气候公约“共同但有区别责任”原则，从而减少多边贸易治理和气候治理的分歧，维护南北国家在贸易体制下的权利义务平衡。该原则在碳关税争端中适用是可行的，它为WTO可持续发展原则一定程度的反映，亦可为TBT协定、GATT第20条引言所兼容，DSU对司法解释的规定和争端解决实践亦证实外部国际法原则可被纳入环境贸易争端中予以解释。

20. 国家公共秩序还是国际公共秩序——服务贸易总协定中公共秩序的定位. 陈儒丹. 国际经贸探索，2012/10

[作者简介] 华东政法大学国际金融法律学院

[内容提要] 各国服务贸易发展不平衡与国际服务贸易自由化的矛盾使《服务贸易总协定》的公共秩序例外制度成为重要的“缓冲地带”。具有贸易限制效应的争议措施意欲保护的公共秩序的范围认定就成为必须解决的关键问题。WTO司法实践认定为国际社会的公共秩序，而有学者认为是贸易限制措施实施国一国的公共秩序。进一步的研究发现WTO文本规定、相关欧盟司法实践、演进式解释历史等WTO法律解释因素和立法交易成本、国际贸易自行车理论、法官最大化自身利益的理性选择等经济政治因素共同决定国际公共秩序观点更具法理依据，也更合理。但是，国际公共秩序观点的确存在过度压缩成员自治权空间的弊端，有必要对其进行一定程度的软化。

21. 美国、欧盟反垄断法中的皇冠宝石规则及启示. 韩伟. 经济纵横，2012/11

[作者简介] 中国科学院研究生院

[内容提要] 资产剥离作为典型的合并救济措施，面临着资产可售性低等原因导致的剥离失败风险。皇冠宝石规则是保障资产剥离成功实施的一种风险控制制度，该规则可激励合并企业积极剥离资产，但也可能导致救济过度，损害合并企业利益。虽然美国、欧盟反垄断执法部门在政策表述上对皇冠宝石规则的态度存有分歧，但实践中执法部门都是在认可其积极功能的前提下，审慎适用该规则。中国的合并救济制度还有待完善，皇冠宝石规则应成为重要组成部分，美国、欧盟的相关经验值得借鉴。

22. WTO“公共道德”之考问与追问. 赵玉意. 国际经贸探索，2012/11

[作者简介] 南京大学法学院，桂林理工大学管理学院

[内容提要] “美国远程博彩案”与“中国出版物和视听产品案”专家组在对“公共道德”解释时依循了《维也纳条约法公约》第31条和第32条的传统路径，但在争议措施的“公共道德”政策目标归属上呈现了民族主义或国际主义的不确定立场，该种立场直接导致证明上宣称标准和合理标准的混乱。作为新兴经济体国家，中国应因势利导，证明国内“公共道德”政策目标属于WTO“公共道德”的范畴，从而实现政策目标归属的成功转化。

23. 我国碳金融交易的几个基本理论问题. 逄锦聚. 经济学家，2012/11

[作者简介] 南开大学

［内容提要］为促进我国环境保护、节能减排和碳交易的健康发展，要加强有关基本理论的研究。在市场上进行交易的是碳排放额，碳排放额具有使用价值和价值，又是用于交换的劳动产品，所以碳排放额的商品属性是确定的。目前，无论是在国际上还是在国内碳排放额市场发育都很不充分，交易价格的形成机制只能实行政府作用与市场机制作用相结合。碳金融对我国经济与社会发展具有重要意义，但实现碳减排的目标，基础是技术创新、调整经济结构、转变发展方式，而碳金融只是重要手段之一。在发展碳金融交易过程中要妥善处理实体经济与虚拟经济的关系，规避风险，使碳金融的发展与碳技术、碳实体经济的发展相适应。我国是发展中国家，处在社会主义初级阶段，既要积极参与国际碳减排活动，又要坚持规则的公平性。

24. WTO能解决汇率争端吗？范晓波. 世界贸易组织动态与研究，2012/11

［作者简介］中国政法大学

［内容提要］本文围绕 WTO 对汇率问题是否有管辖权、是否有解决汇率争端的规则、WTO 是否适合解决汇率争端等方面进行了分析，指出汇率问题宜磋商解决，在 WTO 成员方没有就影响贸易的汇率问题达成约束性纪律之前，现有规则难以解决这一争议。

25. WTO人类生命与健康权争端中证明标准的新发展——以维护发展中国家的利益为视角. 姜作利. 世界贸易组织动态与研究，2012/11

［作者简介］山东大学法学院

［内容提要］随着经济全球化的发展，发展中国家正面临着远比发达国家更严峻的人类生命与健康问题。专家组在涉及人类生命与健康争端审理中，逐渐确立了一些严格的证明标准，大大增加了发展中国家胜诉的难度，为发达国家借口干涉发展中国家的主权和人权提供了机会。可喜的是，专家组和上诉机构在最近的涉及人类生命与健康的案件中的证明标准方面，开始关注成员国的主权和人权问题，适当增加了申诉方的证明责任，降低了被诉方（多数为发展中国家成员）的证明标准，为发展中国家在相关争端中据理力争提供了理论和判例依据。中国应该充分利用涉及人类生命与健康争端中证明标准的新发展，切实保护好自己的主权和人权。

➢ 区域贸易协定

1. 后危机时代中国—东盟区域货币合作的路径选择. 阙澄宇，马斌. 财经问题研究，2012/01

［作者简介］东北财经大学国际经济贸易学院

［内容提要］中国—东盟货币合作具有典型的“危机推动型”特征，但是 2008 年国际金融危机爆发以来，中国—东盟货币合作并未取得实质性突破，甚至陷入了困境。本文探讨了中国—东盟货币合作面临困境的表现，认为东盟的“大国平衡”战略、中国与东盟国家对“美元体制”的依赖及相互间经济发展水平的巨大差异是中国—东盟货币合作面临困境的根源；未来的中国—东盟货币合作应由 CMI 下的双边机制向多边机制发展，并应注重汇率的协调与合作。

2. 论 ECFA 的两岸特色及台湾经济由大陆走向世界的前景——兼论 ECFA 与 CEPA 的区别. 谈谭. 世界经济与政治论坛，2012/01

［作者简介］上海政法学院国际事务系

［内容提要］ECFA 的签署和生效是两岸关系和平发展的重要标志，它是两岸共同应对区域经济一体化的关键一步。ECFA 不仅是两岸双方平等协商的规范两岸经贸关系的特殊安排，同时也是 WTO 框架内特殊的两岸经贸合作机制。因此，ECFA 的最大特色就是它的两岸特色——特殊自由贸易协定、大陆让利、“九二共识”的政治前提以及“两岸经济合作委员会”的机构安排。ECFA 既有助于实现两岸经济优势互补，又有利于台湾参与区域和全球经济整合，防止台湾经济被边缘化。更重要的是，它表明两岸经贸合作正常化是台湾参与区域经济整合的必要环节，而且台湾经济未来的出路是深化两岸经济整合。在经济战略整体布局上，ECFA 将推动台湾经济从大陆走向世界的进程，加速形成包括两岸四地的自由贸易区。

3. FDI 对东亚区域经济一体化的影响研究. 喻旭兰，刘舒. 国际经贸探索，2012/01

［作者简介］湖南大学金融与统计学院

［内容提要］文章通过使用 1990—2008 年度的数据，利用时间序列分析方法对东亚国家的 FDI 与区域内投资和贸易一体化的关系进行了详细的实证研究。研究结果表明：长期而言，在区域生产网络机制的作用下，FDI 的流入将促进东亚区域内国

家（地区）之间的贸易和投资流动，有利于推动东亚区域经济一体化。在当前东亚区域经济一体化进展缓慢的背景下，通过一系列激励措施吸引外资，是促进东亚区域经济一体化发展的不错选择。

4. 中国自由贸易区建设的战略——基于面板数据的实证分析. 熊芳，刘德学. 国际经贸探索，2012/01

［**作者简介**］暨南大学经济学院

［**内容提要**］运输成本所体现的地理距离对国际贸易的阻碍作用随着产业内贸易的发展重新被重视。“相似需求理论”认为经济发展水平相近的国家的贸易量会更大。边界的存在使国际贸易受到关税的阻碍，各国希望通过FTA甚至更高形式的经济一体化组织来抹平边界的作用。文章从实证的角度解析我国自由贸易区建设的影响因素，重点考察地理因素、经济发展水平对中国自由贸易区建设的影响的显著性，以从中窥探中国自由贸易区建设的特点及战略选择。

5. 中华自由贸易区：从假设到实践的可能性. 华晓红，杨立强，郑学党. 亚太经济，2012/01

［**作者简介**］对外经济贸易大学国际经济研究院，对外经济贸易大学国际经济研究院中国对外经济贸易研究室

［**内容提要**］面对区域经济一体化浪潮，内地与港澳、台湾分别签署了经济一体化协定，进而为两岸四地经济整合创造了条件，“中华自由贸易区”有可能从假设走向实践。分析表明，整体上四地经济一体化对各个经济体的影响是正面的，将促进经济和贸易的大幅增长。在此基础上，对建立“中华自由贸易区”的可能性、主要障碍进行了分析，并提出了合作模式、内外部关系等具体设想。

6. 日本参与TPP的政治经济分析. 刘晨阳. 亚太经济，2012/01

［**作者简介**］南开大学APEC研究中心

［**内容提要**］2011年底，日本正式做出了加入TPP谈判的官方决定。这是日本实施其FTA战略的重要举措，同时也是日本民主党政府在综合考虑各种利益得失基础上所做出的一项政治决断。但是，无论从日本国内的情况还是TPP的谈判标准来看，日本在政治、经济和社会等方面仍然面临着一系列困难和制约因素，能否最终加入TPP还存在不确定性。

7. 论大湄公河次区域经济发展与区域刑事司法合作——从湄公河惨案谈起. 姚东. 亚太经济，2012/01

［**作者简介**］中国人民大学法学院，西安石油大学人文学院

［**内容提要**］从湄公河惨案着手，论述了澜沧江—湄公河航运的法律依据，打击犯罪的法律规定，犯罪的原因，最后提出构建大湄公河次区域国家区域刑事司法合作的设想。

8. 世界经济一体化最新趋势与特征研究. 黄金华，秦成逊. 经济问题探索，2012/02

［**作者简介**］昆明理工大学

［**内容提要**］经济一体化已经成为经济全球化的重要组成部分和强有力的推动力量。本文回顾了经济一体化的几个发展形式，总结了经济一体化的最新发展现状，并在分析的基础上对经济一体化的发展趋势进行了展望，并认为跨区域的自由贸易区成了经济一体化最主要和最普遍的形式，各国在竞争中谋合作，在合作中进行利益博弈。

9. 中澳自由贸易区建立对中国羊毛产业的影响分析. 周向阳，肖海峰. 中国农村经济，2012/03

［**作者简介**］中国农业大学经济管理学院

［**内容提要**］本文设计两种不同的政策方案，运用GTAP模型对中澳自由贸易区建立可能给中国羊毛及相关产业带来的影响进行了情境模拟。结果表明：中澳自由贸易区建立对中国经济发展具有促进作用。在羊毛产业开放的条件下，中国羊毛产业将受到不利影响，而纺织业和服装业却将获益，并且纺织业和服装业的获益大于羊毛产业的受损；在对羊毛产业采取特殊保护措施时，羊毛产业、纺织业和服装业都会获益。从国民经济整体发展、羊毛及相关产业的生产和贸易情况来看，在建立中澳自由贸易区时采取保护羊毛产业的政策略好于完全放开羊毛产业。

10. 中国各省份—东盟农产品贸易增长的实证分析. 贾伟，屈四喜. 中国农村经济，2012/03

［**作者简介**］中国农业科学院农业经济与发展研究所，农业部国际合作司

［**内容提要**］本文在对引力模型加以改进的基础上，分析了中国各省份与东盟农产品贸易增长的

影响因素。结果显示：(1) 中国省份地区生产总值对中国各省份与东盟农产品贸易影响明显，东盟GDP影响并不明显，第三方GDP及其关税税率变化显著影响中国与东盟农产品贸易，且对中国从东盟进口农产品的影响大于中国对东盟出口农产品的影响；(2) 中国省份之间农产品贸易的加强导致了中国与东盟农产品贸易的减弱；(3) 中国各省份与东盟之间的农产品竞争力水平对中国与东盟农产品贸易产生了正向影响；(4) 不能把中国与东盟农产品贸易的增长归功于中国与东盟自由贸易协定的签订和中国加入WTO，两者对于促进中国与东盟农产品贸易的作用较为有限，因而不能忽略世界经济增长对中国与东盟农产品贸易增长所产生的重要作用。

11. 金砖国家多边经济合作的新趋势. 汪巍. 亚太经济，2012/03

[**作者简介**] 中国国际问题研究所

[**内容提要**]"金砖国家"正在推动改革世界银行、国际货币基金组织等国际金融机构，倡导多边主义和国际关系民主化，维护发展中国家的权益。在建立国际经济新秩序过程中，"金砖国家"致力于创立多元化和更加稳定的国际货币体系，"金砖国家"对促进发展和世界经济复苏做出了贡献。"金砖国家"将在保持世界经济稳定方面发挥更重要的作用。

12. 中国—东盟区域经济深度一体化——制度环境与制度距离的视角. 胡超，王新哲. 国际经贸探索，2012/03

[**作者简介**] 广西民族大学商学院

[**内容提要**] 通过关税的不断减让，中国—东盟区域经济一体化取得了快速发展，但是伴随关税的持续降低，其对贸易的促进作用终究有限。后自贸区时代实现中国—东盟区域经济的深度一体化需要寻求新的突破口。基于一国制度环境及国家间的制度距离会对贸易成本尤其是交易成本产生影响的理论分析，以2002—2009年中国—东盟七国双边贸易的面板数据进行了实证检验。结果表明，制度环境及双边国家间的制度距离对中国—东盟七国间的贸易的确具有显著影响。当前各国间较大的商务制度环境差异意味着后自贸区时代通过加强国家间的双边合作和政策协调，以及自身市场化改革、转型，通过缩小国家间的制度距离进而促进区域经济向深度一体化迈进具有较大的空间。

13. 基于GMS合作的次区域合作均衡实证分析. 胡志丁，于伟. 国际经贸探索，2012/04

[**作者简介**] 北京师范大学地理学与遥感科学学院

[**内容提要**] GMS次区域合作依地缘政治、经济关系而建立，获得次区域范围内的经济利益和非经济领域的合作是其合作的主要收益。自1992年建立以来，GMS次区域合作在合作形式、机制建设、对外贸易、投资、国际大通道建设、公共卫生、生态环境、禁毒等方面取得了显著的成效，但是其合作程度仍然是相当低的。通过前期构建的次区域合作均衡模型对其进行实证研究得出了相同的结论，中国要发挥主导作用就必须加快实现产业转型。只有增加区域内产业互补性，并通过贸易和其他领域的合作增大彼此利益，朝着实现区域一体化的梦想才能实现。

14. 重叠需求、能源禀赋与双边贸易成本——基于上海合作组织的经验分析. 师博，单豪杰. 世界经济研究，2012/04

[**作者简介**] 西北大学经济管理学院，申银万国证券董事会办公室

[**内容提要**] 本文在改进的引力模型框架下，测算了1992—2009年中国与上海合作组织其他成员国以及土库曼斯坦的双边贸易成本，并基于重叠需求的视角经验分析贸易成本的影响因素。实证结果表明，贸易模式对双边贸易成本的影响较为显著，重叠需求引发的产业间贸易和要素禀赋差异引致的产业内贸易对贸易成本具有不同的作用机制，中国加入WTO、国际金融危机的爆发以及拥有共同边界有利于降低双边贸易成本。最后，本文还为加强上海合作组织的经济作用、深化成员国的贸易合作提出了政策建议。

15. 东盟区域经济一体化——基于边境效应的实证分析. 李军林，姚东旻，许晓晨. 经济理论与经济管理，2012/04

[**作者简介**] 中国人民大学经济学院，华宝证券公司

[**内容提要**] 本文通过计算边境效应来测定自由贸易区与其他国家（地区）的贸易程度。通过

2000—2009 年这 10 年的面板数据，在理论上验证了以下结论：东盟区域内部各国之间的贸易壁垒和边境效应普遍降低；东盟作为一个整体对于世界其他主要贸易国家的边境效应却在不断提升，这反映出东盟的一体化进程在不断提高。此外，在本文的研究中还发现另外一个值得关注的情况：与其他自由贸易区的国家同质化结构不同，东盟区域内既有发展程度较高的国家，也有依然被联合国定义为贫穷、欠发达的国家，这样的国家结构必然会造成贸易层面上的分化，折射出东盟在内部融合的过程中出现的一些不协调和分化。

16. 东亚“10＋3”国家农产品国际竞争力分解及比较研究——基于分类农产品的 CMS 模型. 赵亮，穆月英. 国际贸易问题，2012/04

［作者简介］中国农业大学经济管理学院

［内容提要］随着东亚地区双边或多边贸易协定的不断增加，经济一体化成为了各国的最终诉求。然而农产品贸易问题却始终是谈判进程的主要阻力之一。本文侧重于对东亚区域内东盟 10 国和中日韩 3 国，就劳动密集型和资本密集型农产品分阶段进行恒定市场份额（CMS）的比较分析。得出的主要结论是：东亚地区农产品市场总体需求潜力很大；产业和结构的合理和完善可在一定程度上提高农产品的竞争力；中国农产品出口份额相对较大但主要依靠低廉的价格，并且竞争力逐渐减弱；政府制定的贸易政策和外部机会在未来农产品贸易中发挥着越来越重要的作用，区域经济合作是一种理想的选择方式。

17. 后 ECFA 时代闽台产业合作机制研究. 郑露曦，张向前. 经济问题探索，2012/04

［作者简介］国立华侨大学台湾经济研究所，厦门大学嘉庚学院

［内容提要］ECFA（海峡两岸经济合作框架协议）为福建省与台湾地区产业合作带来了新的契机，作为对台先行区的福建面临着政策普惠性带来的区域竞争。近年来闽台产业合作水平与领域不断提高和拓宽，合作平台陆续建立，但仍受福建投资环境与台湾地区政策的制约。因此闽台双方要努力构建合作基础和规范，福建需通过提高产业素质、完善产业链配置、加强中心城市建设和营造“亲商氛围”、完善人才体系来优化投资硬环境和软环境；台湾地区需正确认识 ECFA 的积极意义，继续放宽合作政策，做好产业定位，以此促进闽台产业在“后 ECFA 时代”的深化合作。

18. 中国参与区域服务贸易自由化机制与对策研究. 周念利，郭辛捷. 国际经贸探索，2012/04

［作者简介］对外经济贸易大学中国 WTO 研究院

［内容提要］中国对外签订区域服务贸易协议的对象多数来自于亚洲和拉美的发展中经济体，呈现出从“货物先行”向“货服并行”转变的趋势。在区域服务贸易自由化机制设计方面，中国引入了四大创新因素：服务贸易规则和投资规则“分立”构架且各自的适用范围界定明确；尝试构建服务贸易紧急保障制度；设置更加严格的服务贸易政策审议机制；针对特定缔约对象采取相对宽泛的服务原产地规则。中国应该从国内规制改革和服务部门开放顺序选择方面做好战略谋划与策略应对。

19. 论优惠原产地规则对中国重叠式自由贸易区的经济影响. 成新轩，武琼，于艳芳. 世界经济研究，2012/05

［作者简介］河北大学管理学院，石家庄铁道学院

［内容提要］随着对外开放步伐的加快，我国与多个国家或地区建立了自由贸易区，促进了经济的发展。优惠原产地规则作为自由贸易区的主要特征，对中国重叠式自由贸易区的经济影响日益凸显。本文首先描述了中国重叠式自由贸易区的发展现状，分析了自由贸易区优惠原产地规则的主要特征。采用实证的方法，探讨了优惠原产地规则对中国与贸易伙伴之间贸易额的相关性，进一步分析了中国重叠式自由贸易区优惠原产地规则存在的问题以及改进的方向。

20. 海峡两岸经济合作协议对台湾地区经济之影响. 谢志忠，林天时. 财经科学，2012/05

［作者简介］福建农林大学经济与管理学院

［内容提要］本文就海峡两岸经济合作框架协议（ECFA）对我国台湾地区总体经济与产业经济的影响进行了评估，认为 ECFA 的签署使台湾地区得以消除贸易壁垒，融入区域经济整合具有正面效益。在产业经济层面，本文分析了 ECFA 早期收获清单对台湾地区产业的效益，以及海峡两岸新

兴产业合作的前景，并运用计量分析方法就海峡两岸经贸合作对台湾地区产业结构的影响进行了实证研究。分析研究的结论认为：ECFA的签署不仅将为台湾地区的产业带来效益，更为海峡两岸产业合作与台湾地区的产业升级带来新的契机。

21. 多博弈和参与多个区域经济合作组织的决策机理——以中国为例. 李文鸿. 中央财经大学学报，2012/05

［作者简介］南财经政法大学

［内容提要］在区域经济一体化的背景下，一个国家可能会参与多个区域性国际经济组织。这是面对多个相似博弈时如何选择的问题。参与一个经济组织的博弈分析是参与多个经济组织的多博弈分析的基础。如果一个国家参与国际经济组织所能使用的资源是有限的，在后来加入其他经济组织时要求会越来越高。如果使用的资源不受限制，其参与多个经济组织时的行动不会相互影响，且加入新的经济组织后，最大化总效用的条件不变。

22. 大湄公河次区域经济合作：复杂的合作机制与中国的角色. 沈铭辉. 亚太经济，2012/05

［作者简介］中国社会科学院亚太与全球战略研究院

［内容提要］1992年在亚洲开发银行的帮助下，大湄公河地区的六国建立了大湄公河次区域经济合作机制。经过20年的运行，该机制取得了较大的成功。但是由于其合作主体、合作领域以及合作环境比较复杂且发生了变化，GMS合作机制的未来面临着不确定性。中国需要充分认识GMS合作机制的定位，与亚行取得合作以推动该机制发展。

23. 论东亚区域合作中的美国因素和主导权问题. 王英英. 亚太经济，2012/05

［作者简介］中南民族大学公共管理学院

［内容提要］东亚区域合作是我国所在的亚太和东亚地区的两大机制（以APEC为代表的亚太合作机制和以东盟＋3、东亚峰会为代表的东亚合作机制）之一。重视东亚区域合作是我国大周边战略的关键，但是，相对于亚太合作或亚太合作机制，东亚合作机制的建设难度更大，东亚一体化的目标更加遥不可及，主要难题是如何处理美国因素和解决主导权问题。

24. 中国当前FTA贸易效应分析与比较. 李荣林，赵滨元. 亚太经济，2012/05

［作者简介］南开大学国际经济研究所

［内容提要］根据2002—2010年中国进出口数据，利用混合效应面板数据模型，考察中国当前FTA的贸易创造效应和贸易转移效应，得出如下结论：中国参与FTA产生的贸易创造效应明显，而贸易转移效应较少；中国参与FTA明显推动了中国出口，而对进口影响因伙伴国不同而有所差异；FTA成立时间越长，体现出的贸易创造和贸易转移效应越明显；FTA的贸易效应与伙伴国经济发展水平密切相关；FTA伙伴国地理距离越近，贸易效应越明显。中国应选择经济互补性强、资源丰富、市场潜力大的国家缔结FTA，逐步扩大区域经济合作的地域范围，建立更广泛的区域经济合作伙伴关系。

25. 港澳与珠江三角洲建立共同市场制度整合的效应研究. 袁持平，刘洋. 亚太经济，2012/05

［作者简介］中山大学，中山大学港澳珠江三角洲研究中心，中山大学新华学院经贸系

［内容提要］本研究从一体化程度、投资便利化程度和贸易便利化程度三个指标，衡量港澳与珠三角地区建立共同市场过程中制度整合的经济效应与进展，并对其进一步的整合方向提出若干研究建议。

26. 贸易结构、分工经济与区域服务贸易自由化的福利效应. 逯宇铎，李丹. 国际经贸探索，2012/05

［作者简介］大连理工大学管理与经济学部经济学院

［内容提要］由于区域内经济体出口相似指数过高，在发展区域服务贸易自由化的过程中会出现竞争，不同区域成员贸易结构和专业化分工特点也影响区域服务贸易自由化的发展。文章以亚洲经济体区域服务贸易自由化发展为例，采用面板数据的因果关系模型，定量分析贸易结构、分工经济与区域服务贸易自由化的福利效应三者之间的关系。研究得出，无论是从长期还是短期来看，服务贸易的互补性和服务贸易的专业化分工都是服务贸易出口额增长的格兰杰原因。

27. ECFA的建立与海峡两岸垂直分工模式.谢锐，肖皓，赖明勇.世界经济研究，2012/06

［作者简介］湖南大学两型社会创新基地湖南大学经济与贸易学院

［内容提要］通过计算中国大陆加入WTO以来中国大陆出口的垂直专业化比率，以及东亚各经济体的中间产品的来料比率及其贡献，本文发现，无论是在出口总量上，还是在台湾地区出口到中国大陆的主要产品，其对中国大陆垂直专业化的贡献程度从2002年以来一直在下降。这表明中国大陆不断深化的开放并没有促进海峡两岸产业链的进一步深化，相反，受此前台湾的“戒急用忍”政策所至，海峡两岸产业互补性垂直分工减弱。进一步采用GTAP模型模拟中国大陆参与东亚区域贸易自由化的各种不同场景，结果显示，通过ECFA参与中国大陆区域贸易自由化进程的三种模式均有利于提高台湾来料对大陆出口垂直专业化的贡献度，有利于台湾走出在东亚分工体系中被边缘化的困境，优化海峡两岸产业垂直分工体系。反之，如果中国大陆率先与其他东亚国家实现全面贸易自由化，会给两岸产业垂直分工模式带来一定的负面影响。

28. 区域服务贸易安排“特惠实质”的政治经济分析.周念利.财贸经济，2012/06

［作者简介］对外经济贸易大学中国WTO研究院

［内容提要］区域服务贸易安排的不断蔓延标志着世界服务贸易的管理模式正在发生变化。本文基于与多边服务贸易自由化安排相对照的视角，对区域服务贸易安排提供的特惠待遇内容及实质展开政治经济分析。研究结果显示，由于区域服务贸易安排内含着重要的“特惠侵蚀”机制：一是引入“非成员最惠国待遇条款”，二是设立相对自由的服务原产地规则，实际付诸实施的区域服务贸易“特惠待遇”远不如根据协定文本测算得那么显著。从“服务”的特殊属性出发，本文指出有一系列的政治经济因素会促使区域服务贸易安排具有更强的将特惠承诺向区外扩展适用的潜在动力。区域服务贸易“特惠待遇”在本质上具有“渗漏性”这点会有助于推进多边服务贸易自由化进程。

29. 东北区域经济一体化框架下城市职能与竞争力研究.金春雨，张浩博，程浩.经济纵横，2012/06

［作者简介］吉林大学数量经济研究中心，吉林大学商学院

［内容提要］本文对东北地区36个城市的职能进行了实证分析，指出各城市具有规模优势的职能部门和具有强度优势的职能部门，分析了各城市职能分工格局；并依据城市职能强度，将东北地区36个城市划分为专业化城市、一般化城市和多样化城市三种类型。同时，对东北地区36城市竞争力进行了综合评价，结果显示，11个城市具有较强的综合竞争力，城市职能辐射功能较强。

30. FTA网络化发展中的“轮轴—辐条”模式：福利效应与中国的参与战略.邓慧慧，桑百川.财贸经济，2012/07

［作者简介］对外经济贸易大学国际经济研究院

［内容提要］由不同类型、不同规模的“轮轴—辐条”结构组成的错综复杂的FTA网络成为区域经济一体化的新模式，相关国内外文献较少从微观视角涉及这种新模式的福利效应分析。本文在一般均衡垄断竞争模型基础上，分析了“轮轴—辐条”及其扩展结构下不同地位国家的福利和FTA收益以及影响因素。结果发现：(1)轮轴国与辐条国之间存在不对称收益，轮轴国取得的福利大于辐条国，轮轴有自我强化效应；(2)辐条拓补和多轮轴—辐条结构的福利分配情况复杂，受到产品替代性、贸易互补性、市场份额以及规模报酬递增水平等共同影响；(3)从轮轴—辐条结构进化到全球自由贸易将会增加辐条国的福利和贸易额，降低轮轴国的福利和贸易额。在深入考察FTA网络的构建及其稳定性基础上，墨西哥、韩国、日本、俄罗斯及南非是优先的可选FTA合作伙伴。

31. 后危机时代中国参与东北亚区域合作的路径分析.鄂冰.财经问题研究，2012/07

［作者简介］对外经济贸易大学国际贸易学院

［内容提要］2001年中国加入世贸组织后积极参与各类经济合作，对外贸易取得惊人成绩。2007年的美国次贷危机和2011年欧洲主权债务危机的爆发和蔓延导致贸易保护主义抬头，对外贸易额大

幅缩减，东北亚区域贸易合作被提上前所未有的高度，这不得不催促我们进一步深入思考中国贸易发展的新方式。本文从对外贸易的视角，探讨了在后危机时代全球经济发展出现新趋势的前提下，中国参与东北亚区域经济合作的路径选择。

32. 我国缔结的区域贸易协定对粮食安全的影响. 余莹. 经济问题探索，2012/07

[作者简介] 中南财经政法大学

[内容提要] 目前在我国对外签订的区域自由贸易协定中，中国—东盟和中国—新西兰自由贸易协定的农产品贸易规则体系最为全面，协议根据我国与对方是否可能发生大量粮食贸易的实际情况，分别针对性地采取了将粮食纳入高度敏感产品进行关税保护和相关特殊保障措施等方式对粮食进行保护。从近年来我国粮食进出口数据分析，我国缔结的区域协议对我国的粮食贸易影响不大。

33. TPP 背景下中国的选择策略思考——基于与 APEC 比较的分析. 田海. 亚太经济，2012/07

[作者简介] 南京大学法学，西北大学

[内容提要] TPP 是在 APEC 进程停滞后，美国试图主导制定的新一轮贸易游戏规则的新平台。当前中国面临是否选择加入谈判等现实问题，中国应有不同的准备思路。但是无论是否加入，国家利益的考量应为根本的出发点。中国要真正扭转国际贸易规则制定中的边缘化地位，只有靠不断增强自己的综合国力，靠实力去改变规则。

34. 全球保障措施能否将自贸区协定成员排除在外？杨利军. 国际贸易，2012/07

[作者简介] 商务部进出口公平贸易局

[内容提要] 综上，我们认为，在我们与其他成员方进行自贸区谈判时，需谨慎对待在全球保障措施中排除另一成员方的问题。一般情况下应保留《保障措施协定》下的权利和义务，不轻易做出排除规定。对于自贸区协定成员方的利益，我们可根据《保障措施协定》第 5.2 条的规定在具体实施中予以考虑。如需涉及该条款，建议在该条款中设定一定条件（如微量进口条件），以便为将来案件灵活处理寻求依据。

35. 东盟参与“TPP 轨道”合作面临的机遇、挑战及战略选择. 李文韬. 亚太经济，2012/07

[作者简介] 南开大学 APEC 研究中心

[内容提要] 美国高调推进的“TPP 轨道”合作使得亚太地区的政治经济格局面临一场激烈变革。面对新的机遇与挑战，东南亚国家联盟（ASEAN）的区域经济一体化战略也必须随之进行全面调整。但坚持“大国平衡”战略，采取集体一致行动的参与方式仍是东盟区域经济合作战略的核心原则。

36. 中韩 FTA 时代的经贸合作展望. 徐长文. 国际贸易，2012/08

[作者简介] 商务部研究院

[内容提要] 2012 年是中韩两国建交 20 周年，建交以来中韩经贸合作的快速发展令世人瞩目，两国已经成为互为重要的经贸合作伙伴。随着两国友好合作关系的深化，特别是今年 5 月 2 日，中韩宣布两国自贸区（FTA）开始谈判，并将于两年内建立 FTA，即中韩将进入 FTA 时代。此刻，回顾两国建交 20 年来的经贸合作的发展历程，展望中韩 FTA 时代的经贸合作的发展前景，具有重要意义。

37. 美国加入 TPP 的动因、挑战和影响：从美国视角分析. 曲凤杰，朱梦曳，牛桐. 国际贸易，2012/09

[作者简介] 国家发改委对外经济研究所

[内容提要] 美国加入 TPP 并积极推动其发展的动因要从经济和战略两个层面分析。TPP 对于美国来说不是普通的 FTA，而是美国总体战略部署的关键环节，其长远意义大于短期意义，战略意义大于经济意义。为此，需更多地站在战略高度来谋划化解方案。不能因为 TPP 目前在贸易方面影响有限而忽视其可能对我国产生的重大不利影响。

38. TPP 对东亚区域经济合作的影响：中美对话语权的争夺. 全毅. 亚太经济，2012/09

[作者简介] 福建社会科学院，《亚太经济》杂志，亚太经济研究所

[内容提要] 参与跨太平洋伙伴关系协定是奥巴马政府对外贸易政策的一次重要调整，它标志着美国新的亚太区域合作政策的战略转变。本文在概述跨太平洋伙伴关系协定的最新发展动向的基础上，分析了美国参与并主导 TPP 的战略意图及其对东亚区域合作的潜在影响；同时，文章对东亚区

域一体化进程进行了反思，并针对美国的TPP战略，提出了中国的对策建议。

39. 亚太区域一体化新特征与中国的策略选择. 杨勇. 亚太经济，2012/09

[作者简介] 武汉大学经济与管理学院

[内容提要] 经济体利益取向多元化和经济一体化结构多边化是当前亚太区域经济一体化的最新特征，是新区域主义在复杂国际经济形势下的调整与发展，也是经济体追求自身利益的客观需要。本文在分析亚太区域经济一体化的现状和新特征基础上，对中国的自贸区战略实施进程进行深入剖析，认为多边化区域主义是亚太经济一体化的需要，中国应该反思过去参与区域经济一体化的政策措施，合理选择区域经济一体化伙伴和扩展利益空间，长远布局符合中国利益的亚太多边化区域经济一体化体系。

40. 中日韩高技术产品出口贸易技术特征和演进趋势研究——基于出口复杂度的实证研究. 汤碧. 财贸经济，2012/10

[作者简介] 对外经济贸易大学国际经济研究院

[内容提要] 高技术制造业作为一国技术实力的核心，日益受到各国的重视。中日韩三国均为高技术产品出口大国，而且中日韩FTA谈判即将启动。在此背景下，本文在描述了中日韩三国高技术产品现状的基础上，采用Hausmann构造的出口复杂度指数，按HS4位编码测算了中日韩三国高技术产品的出口复杂度，并据此分析了中日韩三国高技术产品出口的技术特征和发展趋势。我们发现，虽然中国已经成为全球最大的高技术产品出口国家，但日本和韩国的高技术产品技术含量更高，高技术产业发展更加成熟，而且中国与日韩高技术产业出口产品的技术含量差距正在扩大。最后，本文就此提出相关建议，以促进中国高技术产业的技术水平进一步提升。

41. 中澳自由贸易区原产地规则模式选择及实证分析. 徐进亮，文静. 国际经贸探索，2012/10

[作者简介] 对外经贸大学国际经贸学院

[内容提要] 在借鉴中国已建立的自由贸易区和世界其他自由贸易区原产地规则的基础上，定性探讨并定量验证了不同限制程度的原产地规则对中澳自由贸易区的经济效应，结果发现：综合来看，建立中澳自由贸易区对中国的效应是积极的；具体来看，原产地规则限制程度过低或过高都会给经济带来负面的影响，而只有选择适中限制程度的原产地规则才会最优化中国在中澳自由贸易区中的收益。

42. 粮食出口限制、粮食安全与区域合作框架下的约束机制. 孙林，唐锋. 国际经贸探索，2012/10

[作者简介] 浙江工业大学经贸管理学院

[内容提要] 文章详细分析了粮食主产国实施出口限制政策的特征、粮食出口限制对粮食安全导致的影响，并在此基础上分析了WTO/GATT多边贸易谈判机制在约束粮食出口限制上的内在缺陷，继而提出从区域合作视角约束粮食出口限制的新思路。在区域合作框架下，约束粮食主产国实施出口限制具有可操作性强、易实施等特点。文章建议中国在实施“自由贸易区战略”的同时，应该考虑将约束粮食出口限制的条款嵌入区域合作框架协议，为中国在国际化背景下利用国际市场保障粮食安全、提升粮食安全政策效率提供新的制度保障。

43. 东亚地区的政治转型与经济发展. 全毅，金泓汎. 经济学动态，2012/10

[作者简介] 福建社会科学院亚太经济所

[内容提要] 政治是经济发展的重要前提。二战后，东亚地区在不到半个世纪的时间里创造了“东亚奇迹”，在政治民主与经济社会发展的关系上，创造了“低民主、高增长”的新模式。这有多方面的原因，归纳起来：一是树立“发展优先主义”指导理念，二是营造良好的发展环境，三是发展政府主导型经济。三者有机地结合起来，推动政治和经济社会全面发展，促进了亚太地区的崛起。

44. 区域经济一体化经济效应研究动态. 汪占熬，陈小倩. 经济纵横，2012/10

[作者简介] 温州大学城市学院

[内容提要] 随着国际金融危机的逐步推进，欧洲主权债务危机的不断爆发，全球贸易保护主义开始抬头，加强区域经济一体化建设对我国有着重要的现实意义。本文梳理了国内外对区域经济一体化经济效应的研究成果，重点放在空间经济学作为指导理论之后的最新进展上，并提出了一个相对完整的理论分析框架，即区域经济一体化的静态效

应、动态效应和产业集聚效应，以期对研究我国区域经济一体化问题有所借鉴。

45. 缔结“区域贸易安排”能否有效促进发展中经济体的服务出口. 周念利. 世界经济，2012/11

［**作者简介**］对外经济贸易大学中国 WTO 研究院

［**内容提要**］本文基于 2000—2010 年的经验数据，分别运用静、动态面板引力模型对一个典型的“发展中经济体”对外缔结各类“区域贸易安排”的服务贸易影响进行研究。结果显示：发展中经济体对外缔结“区域贸易安排”能对其双边服务出口产生显著的正向影响；单纯缔结“区域货物贸易安排”不会对双边服务出口产生显著的正向影响；对外缔结“区域服务贸易安排”能显著提升双边服务出口流量；“南北型”区域贸易安排（区域服务贸易安排）对双边服务出口的促进作用要明显强于“南南型”。发展中经济体应更注重与发达经济体缔结“南北型”区域贸易安排，在货物和服务贸易自由化顺序上不必拘泥于“货物贸易自由化先行”策略，可采取“货物、服务贸易自由化并行”甚至“服务贸易自由化先行”策略。

46. 中国—东盟“南南竞争”区域生产网络价值创造战略途径探寻. 梁运文. 经济理论与经济管理，2012/11

［**作者简介**］广西大学商学院

［**内容提要**］探寻“南南竞争”属性下的中国—东盟区域生产网络价值创造机理具有重要的理论和现实意义。本文构建了“南南竞争”下的中国—东盟区域生产网络价值驱动要素体系，其中区域生产网络中企业与顾客间的“协同价值”，中国—东盟间民族国家的“竞合关系”，中国—东盟空间内的“地点资源”组合，11 国政府的“政治治理”，是决定与驱动中国—东盟区域生产网络有效价值创造的“四辆马车”。在此基础上，本文对中国—东盟区域生产网络各价值要素结构逐次进行了深入剖析，以探寻能有效创造中国—东盟区域生产网络价值的战略途径。

47. 东亚区域生产网络发展与东亚区域经济合作的深化. 林桂军，汤碧，沈秋君. 国际贸易问题，2012/11

［**作者简介**］对外经济贸易大学，对外经济贸易大学国际经济研究院

［**内容提要**］随着产品内分工的发展，东亚区域生产网络的日益深化已成为东亚区域经济发展不可逆的趋势。本文梳理了东亚区域生产网络的表现和特征，对东亚区域生产网络引起的东亚贸易结构变化进行了探讨，分析了东亚区域生产网络对东亚各经济体的影响，揭示了东亚区域生产网络存在的缺点和潜在问题，并提出在东亚区域经济合作不断深化的背景下，促进东亚区域生产网络进一步发展的策略。

48. 碳排放、全要素生产率与“金砖国家”合作发展. 蒋昭乙. 世界经济与政治论坛，2012/11

［**作者简介**］南京大学经济学院，江苏省社科院

［**内容提要**］研究不同环境管制下金砖国家全要素生产率增长情况，判断工业化进程中全要素生产率主要的贡献因素，既有助于各国对于本国工业化下一阶段的政策制定，也有助于金砖国家在能源贸易、清洁能源、环保技术等领域的合作发展，同时对于气候变化规则、欧盟的国际航空碳排放费等一系列政治议题金砖国家也可以开展深度合作。本文将利用 Malmquist-Luenberger 生产率指数方法探讨金砖国家的节能减排、全要素生产率与其经济合作之间的关系。首先按照 Malmquist-Luenberger 生产率指数法计算金砖国家 1992—2008 年的数据，然后，探讨和验证两种情形下（是否考虑 CO_2 排放）全要素生产率增长的影响因素，最后研究金砖国家在节能减排、清洁能源和环保技术等多方面的经济合作。

49. WTO 中的集团化现象与我国策略选择. 李计广. 国际贸易，2012/12

［**作者简介**］对外经济贸易大学中国 WTO 研究院

［**内容提要**］当前，在全球治理中各种集团不断涌现，“G”现象正逐渐成为新潮流，尤其以发展中国家组成的集团居多。例如，在联合国框架下，有著名的“争常”联盟 G4（日本、印度、巴西和德国），在人权领域有发展中国家组成的“相同理念集团”，在国际气候谈判领域则有“基础四国”（中国、印度、巴西和南非）、“三大新兴国家 G3”（中国、印度、巴西）等。在全球经济治理领

域，涵盖诸多新兴大国的二十国集团（G20）正成为最具活力和影响力的全球经济治理机制。此外还出现了若干“G-X”设想，如G“8+5”（G8加上中国、印度、巴西、南非、墨西哥五国），G2（美国和中国），G3（美、中、欧），G4（美、中、欧、日）等。这些集团相互竞争，相互重叠，福山（Francis Fukuyama）称之为“多元的多边主义”。帕特里克（Stewart Patrick）认为这些集团的出现，正在促使全球治理从正式制度趋向灵活的、非正式的、有限成员集团化的态势。在全球经济治理领域，尤以WTO中的集团最多，发挥的作用也最明显。

50. 积极推进全方位次区域合作机制建设. 王海峰. 国际贸易，2012/12

［作者简介］国家发改委对外经济研究所

［内容提要］本文梳理了我国参与亚洲次区域合作的相关制度安排，分析了次区域合作面临的主要问题，讨论了次区域合作的必要性和制度建设的重点领域，提出了积极推进全方位次区域合作机制的对策建议，内容包括：建立多层次常态化的对话和交流机制，加强国内统筹规划和综合协调，建立次区域合作重大项目库，拓展次区域合作资金渠道，吸引国际多边金融机构参与，加强人才培训和交流等对策建议。

51. 中日韩自由贸易区的经济效应及推进路径——基于SMART的模拟分析. 彭支伟，张伯伟. 世界经济研究，2012/12

［作者简介］南开大学国际经济贸易系

［内容提要］本文在SMART模型框架下建立了一个局部均衡模型，基于HS6分位数据模拟中日韩三国间不同的阶段性双边关税减让方案和长期内关税的全部减让对三国经济的影响。结果表明，中日韩自由贸易协定启动后，三国的农业部门、日本和韩国的纺织品部门以及中国的汽车部门将受到其他两国较为明显的冲击。机电产品及其零部件的区域内贸易增长潜力有限，但三国在该领域的垂直专业化分工尚具备进一步拓展的潜力。中日韩自由贸易区谈判首先要克服来自当前高度保护部门的阻力，而在机电产品领域应重点促进区域内投资和技术贸易的便利化，运用发达的地区分工网络提升各国在后危机时代的全球竞争力。

52. TPP在美国重塑国际贸易秩序中的双重功能. 姜文学. 财经问题研究，2012/12

［作者简介］东北财经大学国际经济贸易学院/区域经济一体化与上海合作组织研究中心

［内容提要］美国加入并主导TPP谈判出于多重考虑，从美国重塑国际贸易秩序的视角看，一方面，美国将TPP作为主导亚太区域贸易秩序构建的手段，为塑造区域贸易秩序提供范本；另一方面，美国将TPP作为撬动多边贸易谈判的工具，为多边贸易谈判提供范本，并减少未来贸易谈判的障碍。中美在国际贸易秩序重塑中存在竞争关系，为应对美国的TPP战略，中国应致力于增强东亚经济的“自我循环”能力，凝聚全球发展共识，并妥善处理中美竞争关系。

53. 从俄林到克鲁格曼：区位对贸易意味着什么？——区际贸易理论和新经济地理学的比较. 王岚，罗小明. 当代财经，2012/12

［作者简介］天津财经大学经济学院

［内容提要］区位对贸易的影响是一个由来已久的问题，但它作为区域经济学和国际经济学的交叉领域，一直被置于主流经济学之外。俄林和克鲁格曼作为诺贝尔经济学奖获得者，都将视角着眼于区位与贸易的交叉领域，分别创建了区际贸易理论和新经济地理学，可见区位对贸易的重要影响。通过对比并理清两大理论体系之间的继承发展关系，在剖析区位与贸易之间相互影响机制的基础上，揭示出贸易的本质是区位问题，是供给和需求空间分布的均衡结果。

54. 美国TPP战略解析：经济视角的分析. 孟夏，宋丽丽. 亚太经济，2012/12

［作者简介］南开大学APEC研究中心，南开大学国际经济研究所

［内容提要］TPP是目前美国着力打造的洲际FTA，其目的是构建“可持续的21世纪贸易框架”，主导亚太区域经济一体化进程。在市场准入、跨领域问题以及下一代贸易与投资议题等方面，美国都有其强烈的利益诉求。美国在TPP中试图谋求宽领域、深层次、高标准和前瞻性的经济利益，巩固并保持其竞争优势，维护在世界经济中的“领袖”地位。

55. 亚太区域经济一体化的进程与影响因素. 宋兰旗. 经济纵横，2012/12

［作者简介］长春大学经济学院

［内容提要］在贸易集团化和区域经济一体化成为整个世界经济发展的两大趋势的背景下，对亚太地区经济一体化进程的关注显得格外重要。本文以区域经济一体化组织形态理论为依据，结合亚太地区经济一体化的现状，得出了亚太区域经济一体化进程目前尚属于较低级的起步阶段的结论，从经济方面分析了影响亚太区域经济一体化进程的因素，对促进亚太区域经济一体化提出了建议。

➢ 争端解决

1. 中国与世界贸易组织争端解决机制：评估和展望. 田丰. 世界经济与政治，2012/01

［作者简介］中国社会科学院世界经济与政治研究所

［内容提要］在多边框架内有效解决贸易争端是中国申请加入世界贸易组织的主要动机之一。作者分析了中国"入世"十年来参与世界贸易组织争端解决活动的具体情况，重点讨论了两个关键性问题：世界贸易组织的争端解决机制能否有效预防成员对协定的违反，维护中国的贸易利益？其他世界贸易组织成员在使用争端解决机制时是否存在针对中国的"好讼"倾向？作者认为，随着经济实力的增长、国际经济交往的加深和对争端解决活动日益积极的参与，中国利用国际经济规则来遏制他国针对性贸易保护主义行为的能力相应增强。在世界贸易组织框架下，中国国际经济地位的相对变化是出现针对中国"好讼"现象的重要原因。因为国家间经济地位的相对变化改变了相互间合作的收益，在多哈回合进展有限的情况下，其他成员希望通过世界贸易组织的申诉强制实施更高水平的国际合作。在信息不对称条件下，出口额和贸易平衡状况等现有观测指标的缺陷进一步加强了其他成员对中国的关注，提高了其对中国申诉的可能性。此外，世界贸易组织成员政府对特定部门利益的偏重以及对争端解决机制的策略性使用都从不同途径提高了贸易伙伴对中国申诉的动力。

2. 争端解决机制选择的经验研究. 强永昌，权家敏. 国际经贸探索，2012/02

［作者简介］复旦大学经济学院，嘉兴学院商学院

［内容提要］现有的争端解决机制选择的经验研究，主要关注单边行动和 WTO 争端解决机制。本文在此基础上，进一步检验了双边磋商和 WTO 争端解决机制的选择问题。检验结果表明：政治、经济因素对于双边和多边机制的选择都有不同程度的影响，并且政治因素的影响更为显著，进而在结论中提出了对中国的启示。

3. 发展中国家参与 WTO 诉讼活动诉前费用过高的原因及对策分析——以鼓励发展中国家积极参与 WTO 诉讼为视角. 姜作利. 世界贸易组织动态与研究，2012/01

［作者简介］山东大学法学院

［内容提要］WTO 法律制度的法律化、西方法学的晦涩难懂及复杂的程序、相关优惠待遇规定形同虚设及缺乏相应的法律机制和诉讼经验，导致发展中国家参与 WTO 争端解决活动的诉前费用大幅度提高，严重制约着发展中国家积极参与 WTO 争端解决活动，难以切实维护自己的合法权益。发达国家在多年的司法实践中，积累了不少充分利用社会资源，有效降低政府的诉前费用负担的经验，值得发展中国家借鉴：发展中国家应建立相应的法律机制，提高自己的能力，充分利用一切资源，切实降低诉前费用。

4. GATT 第 20 条争端案例下的碳关税征收合法性分析. 马翠萍，刘小和. 国际贸易问题，2012/03

［作者简介］中国农业大学经济管理学院，中国农业科学院农业经济与发展研究所

［内容提要］文章援引 GATT 第 20 条豁免条款经典案例，将碳关税合法性纳入 WTO 争端解决机制"两步走"审核程序。通过剖析争端解决机制对案例的裁决，认为碳关税满足 GATT 第 20 条（g）款，同时通过与多边国家协商制定多方认可的碳关税征收的无歧视标准，可通过 GATT 第 20 条前言的要求，从而认为碳关税征收满足 GATT 第 20 条豁免条款，案例折射出 WTO 争端解决机制对可耗竭自然资源保护措施的态度由承认其重要

性，到肯定再到鼓励，都增加了碳关税征收的可能性。

5. 非WTO国际法规范适用于WTO文化贸易的可行性——以中美文化产品案的法律适用问题为视角. 张帅梁. 国际经贸探索，2012/03

［作者简介］河南农业大学文法学院

［内容提要］WTO法律体系不是一个封闭的法律怪圈，非WTO国际法规范在理论上具有适用于WTO案件的可能性与必要性，在实践中WTO争端解决机构也曾适用非WTO国际法规范解决成员方的贸易争端。适用的渊源包括一般法律原则和国际条约，适用的方式包括直接适用和“作为解释的证据和材料”。而中国在中美文化产品案中的败诉凸显出WTO的文化贸易立法不具自足性，无法保证成员有效维护本国文化主权。在WTO现有文化贸易立法之外，存在适用《文化多样性公约》等非WTO国际法规范的可行性。认识到这一点，对于处于国际文化贸易弱势地位的中国具有另辟蹊径的现实意义。

6. WTO争端解决机制的法律性质. 吴岚. 世界贸易组织动态与研究，2012/03

［作者简介］华东政法大学

［内容提要］WTO争端解决机制被誉为WTO皇冠上的明珠，自其运行以来，既以其专业高效广受赞誉，又因其程序设计的冲突和裁决执行的效果引发批评。将“就DSU的改进和澄清”列入正式议程的多哈回合至今未果。专家组的临时性、争端解决程序透明度不足、补偿和报复的不溯及既往、报复的效果不足等WTO争端解决机制的不足到底仅仅属于技术性的缺陷还是根植于机制自身的法律性质，首先涉及对WTO争端解决机制法律性质的廓清，同时该问题的解决也是我们进一步了解和更好地运用WTO争端解决机制的基础。

7. WTO反补贴案件中条约解释方法实证研究. 蒋奋. 世界贸易组织动态与研究，2012/03

［作者简介］浙江大学宁波理工学院

［内容提要］文法解释方法、整体解释方法、目的解释方法和历史解释方法是专家组和上诉机构解释WTO各涵盖协定的具体方法。本文考察专家组和上诉机构在反补贴案件中对四种解释方法的运用，并通过对反补贴案件DSB报告的实证研究来归纳四种解释方法在运用于SCM协定时，诸如字典及其含义选择、上下文范围确定等方面的特点。

8. 原材料出口限制措施的合法性之争——DS394案专家组报告评析. 赵海乐. 国际贸易，2012/05

［作者简介］对外经济贸易大学法学院

［内容提要］原材料出口限制，向来是资源贸易领域的一大特点，也是近年来的一大焦点问题。DS394案，即中国—原材料出口限制案，是从GATT签订至今，以及WTO成立十余年来首起由于原材料出口限制引发的国际法律争议。本文将在对专家组报告进行剖析的基础之上，对中国可能面临的法律问题与对策提出建议。

9. 贸易救济案件中的“市场经济地位”问题——基于中美双反案和中欧紧固件案的研究. 俞燕宁. 国际贸易问题，2012/05

［作者简介］浙江工商大学法学院诉讼法研究中心

［内容提要］“非市场经济地位”问题长期困扰着中国出口企业。文章以此问题为切入点，通过对WTO上诉机构对中美双反案和中欧紧固件反倾销案的两份裁决的研究，认为这两份裁决分别从不同侧面表明，身处“非市场经济地位”的企业和获得“市场经济地位”待遇的企业在贸易救济案件实践中各有利弊。中国企业即使获得完全市场经济地位，其在未来的贸易救济领域仍然可能遭遇到严峻挑战。中国学界和实务界对此应有清醒认识并提前做好相应准备。

10. 中国涉案WTO争端解决的条约解释及其比较. 张乃根. 世界贸易组织动态与研究，2012/05

［作者简介］复旦大学法学院

［内容提要］2011年是中国入世后涉案WTO争端解决的结案数量最多的一年。这些结案报告含有大量关于WTO协定的条约解释，且多半直接影响案件的裁定，全面地、深入地研究这些条约解释，对于总结中国涉诉案件的经验教训以及继续更好地应对WTO争端解决，维护中国的国家利益及企业合法权益，具有十分重要的理论与实践意义。

11. 论WTO/DSB贸易与环境争端的新发展. 李威. 世界贸易组织动态与研究，2012/07

［作者简介］河南工程学院人文社科系，华东

政法大学国际法研究中心

［内容提要］随着国际环境法发展完善的外部推动，WTO/DSB（WTO 争端解决机构）通过司法造法逐步确立了贸易与环境争端“环境优先”的裁决思路，促进了贸易与环境的平衡发展。然而，气候国际法进程的停滞和各国低碳转型的经济发展需求，造成以单边可再生能源产业措施为核心的气候与贸易争端频繁发生，DSB 面临气候国际法与 WTO 法规则冲突的解决和协调，并将通过司法造法淡化“环境优先”的裁决思路，这一转型将对气候与环境争端确立可予遵循的新判例。

12. 贸论国际投资争端解决的管辖权冲突及应对——以 CAFTA 投资争端解决机制为视角. 丁丁，王云鹏. 国际贸易问题，2012/08

［作者简介］对外经济贸易大学法学院

［内容提要］文章从 CAFTA 投资争端解决机制入手，对国际投资争端管辖权冲突的成因进行了分析，认为：当事方在不同条约下享有的投资权益的竞合是管辖权冲突的根本原因；在不同条约下，同一措施导致的当事方投资利益的减损所产生的多重诉由是管辖权冲突的直接原因；当事方根据其享有的争端解决请求权所进行的多重选择是管辖权冲突的关键原因。文章认为，争端解决方式的选择应考虑投资争端解决机制的近期发展及国际投资环境的变化，需经过识别和利益衡量两个主要阶段，并应基于尊重主权，利益最优化，以及立足区域一体化、兼顾全球化、稳固双边投资促进和保护等原则进行利益衡量，以确定具体的方式。

13. 基于报复角度的国际反倾销分析. 余萍，魏守道. 国际贸易问题，2012/08

［作者简介］广东外语外贸大学南国商学院，暨南大学经济学院

［内容提要］国内外学者通过研究发现一国（地区）遭受反倾销后，有可能对别国（地区）进行报复性反倾销，这样会导致国际反倾销的日益增加。我们通过整理 WTO 公布的 1995—2010 年间的反倾销数据，从反倾销的国别或地区、行业和年份等方面进行了研究，认为：印度、美国、欧盟和阿根廷的反倾销报复能力比较强，已经成为全球反倾销的主要国家（地区），中国和韩国的反倾销报复能力比较弱，已经成为全球被反倾销的主要国家（地区）。进一步地，我们将主要反倾销国家（地区）与主要被反倾销国家（地区）之间的反倾销案件进行比较后，认为一国（地区）遭受反倾销特别是来自于主要反倾销国家（地区）的反倾销时，若没有进行有效的反倾销报复，其他国家（地区）也会加入对该国（地区）的反倾销队伍中来，使其面临更多的反倾销。

14. 论 WTO 条约解释中的通常意义与词典释义——以 TRIPs 协定有关争端为例. 孙益武. 世界贸易组织动态与研究，2012/09

［作者简介］复旦大学法学院

［内容提要］《维也纳条约法公约》第 31 条的条约解释通则已经在 WTO 的争端解决案件中得到普遍适用。专家组在解释条文中争议用语的通常意义时，往往以词典释义为基础，结合条约解释通则来确定和澄清争议用语的含义。词典释义作为文本解释的一种具体方法有其适用的正当性。司法实践中，WTO 争端解决机构对于词典种类、品牌和版本的选用没有形成一个明确的指导规则。结合 WTO 有关 TRIPs 争端中的词典释义的实践进行分析，能给我们一些有益的启示。

15. “后报复”阶段的规则研究与多哈 DSU 改革方案——以 US/Canada-Continued Suspension 案为例. 李晓玲. 世界贸易组织动态与研究，2012/09

［作者简介］中国青年政治学院法律系

［内容提要］DSU 规定了实施报复的条件和程序，但对报复实施后的监督和终止却疏于规范。US/Canada - Continued Suspension 呈现了“后报复”阶段的各种问题。上诉机构报告对终止报复的条件、解决后报复执行异议的适当程序、有权且负有义务启动程序的争端方等的裁决和诠释，对完善 WTO 裁决执行机制具有正面的体制性意义，但也因突破了 DSU 案文和忽视进行中的 DSU 谈判，被指责为超越权限的造法。多哈回合 DSU 谈判对“后报复”问题形成的两种改革方案均未全然接受上诉机构报告的结论，而是各自采纳了互不相同的逻辑和解决思路。

16. GATT 第 20 条（g）项在“稀土案”中的适用探析. 刘瑛，吴娴. 国际贸易，2012/10

［作者简介］武汉大学 WTO 学院

[内容提要] 2012年3月13日，美国、欧盟和日本就中国的稀土、钨和钼相关出口限制措施（以下简称“稀土案”）正式在WTO争端解决机构（DSB）提出与中国进行磋商，并于2012年6月30日正式向DSB提出设立专家组的申请。稀土案在涉诉措施和涉诉条款上，与此前的中国原材料出口限制案（以下简称“原材料案”）高度相似。篇幅所限，本文不讨论GATT第20条（g）项的可适用性问题，而仅就GATT第20条（g）项在“稀土案”中具体适用的相关问题试做探讨。

17. 理性看待“原材料案”的法律解释问题. 贺小勇. 国际贸易，2012/11

[作者简介] 华东政法大学

[内容提要] 本文以“出版物案”和“原材料案”为切入点，结合DSB争端解决的实践，归纳专家组和上诉机构法律解释的一般规律，分析“原材料案”的解释是否符合《关于争端解决规则与程序的谅解》（DSU）的规定及DSB的实践，并对“原材料案”是否带来负面影响做出定量评估。

18. 认真对待WTO对中国原材料案裁决的长远不利影响. 余敏友，胡传海. 国际贸易，2012/11

[作者简介] 武汉大学法学院

[内容提要] 中国原材料案是展示“超WTO义务”限制中国经济与环境政策空间的例证。在2012年年底前，中国将采取措施执行WTO裁决，“超WTO义务”对其国内政策与贸易政策的各种影响，正在并将继续受到广泛关注与审视。

19. 反倾销法国内产业定义中的“主要部分”研究——兼评欧盟紧固件案. 唐琮琮. 世界贸易组织动态与研究，2012/11

[作者简介] 华东政法大学

[内容提要] WTO《反倾销协定》没有解释国内产业定义中“主要部分”一词的含义。“主要部分”生产者的产量占同类产品国内总产量的比重是多少？“主要部分”包含哪些生产者？欧盟紧固件案为这两个问题的解答提供了指引。“主要部分”没有具体的比重要求，但要确保为损害确定提供足够的、真实的生产者信息。调查机构不能运用结果导向型的方式来选择“主要部分”所包含的生产者，否则将违反损害确定中“客观审查”的义务。

➢ 反倾销、反补贴

1. 国外对华反补贴发展趋势与应对策略. 张晓涛. 国际贸易，2012/01

[作者简介] 中央财经大学国际经济与贸易学院

[内容提要] 根据WTO秘书处统计，1995年1月1日至2010年12月31日期间，贸易伙伴国对华共发起了43起反补贴调查，其中29起采取征收惩罚性关税等反补贴救济措施。尤其是2007年以来在全球经济衰退背景下，贸易摩擦频繁爆发，中国已成为反补贴案件的首要涉案国，中国被发起反补贴调查和采取反补贴措施的数量几乎每年都占全球反补贴案件总数的一半以上。2016年中国将获得“市场经济地位”，针对中国的反补贴调查会更加名正言顺，未来将有更多的国家针对中国采取反补贴调查。

2. 我国对外反倾销与国内企业的市场势力. 杨艳红，李小平. 宏观经济研究，2012/01

[作者简介] 中南财经政法大学经济学院

[内容提要] 最新的经济理论发现，适度的市场势力对一国企业和行业的创新及国际竞争力具有积极作用。这里运用比较分析方法对我国对外反倾销对国内企业的国际市场势力和国内市场势力进行分析，发现我国反倾销政策对国内企业的国际市场势力没有任何影响，或者说我国国内企业还不具备国际市场势力；而对其国内市场势力有较明显的积极影响。

3. “一意孤行”且“渐行渐远”——美国《2011年货币汇率监督改革法案》与WTO补贴与反补贴规则的一致性问题及我国的对策. 栾信杰. 国际贸易，2012/01

[作者简介] 中国计量学院国际贸易研究所，对外经济贸易大学中国WTO研究院

[内容提要] 近年来，反补贴是中美贸易摩擦的一个热点。2011年10月11日美国参议院通过的《2011年货币汇率监督改革法案》（Currency Exchange Rate Oversight Reform Act of 2011）是美国对华反补贴的深化和发展。本文对该法案出台的背景、立法进程、与WTO规则的一致性问题及其一旦成为美国的正式立法后我国所采取的应对措施进行了系统的研究和分析。

4. 产业的自我选择效应与反倾销裁决. 王晰. 财经问题研究，2012/01

［**作者简介**］湖南农业大学商学院

［**内容提要**］反倾销自20世纪80年代以来成为国内外学术研究的热点，已有的文献并未揭示为何不同产业对于反倾销申诉的参与选择及其裁决结果的广泛差异。本文从经济规则属性、结构属性、政治属性三方面分析了产业对于反倾销参与的自我选择效应，并引入Heckman样本选择模型控制这种内生性。二阶段经验分析验证了自我选择效应对反倾销裁决的影响。发现产业在申诉阶段的自我选择导致了在裁决阶段其收益预期的自我实现，导致反倾销成为少数产业在国际竞争中反复运用的长期战略工具。

5. 反倾销反补贴的双向措施操作与现实指向. 林波. 改革，2012/02

［**作者简介**］北京理工大学管理与经济学院

［**内容提要**］国际发展环境深刻变化，反倾销反补贴联动措施已成为贸易领域中的重要政策工具。基于世贸组织贸易规定，对反倾销反补贴联动实施原则进行梳理与分析，提出双项措施实施必要条件的判定过程及判定方法。研究结果表明，中国应在反倾销反补贴联动措施主要受调查目标国和发起国双重角色中合理变换，以保障国内产业安全，积极维护国际公平贸易秩序。

6. 美国反倾销贸易效应的实证分析. 杨仕辉，邓莹莹，谢雨池. 财贸研究，2012/02

［**作者简介**］暨南大学经济学院

［**内容提要**］基于美国1998—2007年对外反倾销案的动态面板数据，应用一阶差分广义矩估计方法（SYS-GMM）考察其关税和反倾销对被诉国出口贸易和贸易份额的影响，结果表明：美国关税和反倾销措施在被诉国和被诉行业中都存在贸易破坏效应和贸易转移效应，其中，对中国反倾销的贸易效应最大；比较关税与反倾销措施对被诉国出口的影响，发现美国实施反倾销措施的贸易破坏效应和贸易转移效应远大于关税，表明反倾销措施已经成为美国取代传统关税控制进口的重要贸易政策。

7. 消费者为何成为反倾销政策的牺牲品？王晰. 中央财经大学学报，2012/02

［**作者简介**］湖南农业大学商学院

［**内容提要**］全球反倾销措施使各国消费者付出了沉重的代价，但消费者权益一直未受世界各国足够重视。什么因素导致消费者成为“沉默的大多数”？已有的文献并未给出充分解释。在对消费者福利进行分析的基础上，本文从政治不确定性、政治压力偏转、不知情的消费者、政治权利扭曲的公共利益条款等角度对此现象进行了解释，研究结论对我国反倾销法律制度完善以及消费者权益保护提供了重要的启示。

8. 对外反倾销措施提升中国企业绩效了吗？苏振东，刘璐瑶，洪玉娟. 财贸经济，2012/03

［**作者简介**］大连理工大学经济学院

［**内容提要**］本文选取1999—2007年度中国对外反倾销措施涉案产品数据以及与之相关的中国工业企业数据，构建微观面板数据模型，定量研究对外反倾销措施对中国进口竞争性产业内企业绩效的实际救济效果。研究结果表明：第一，对外发起反倾销调查当年对进口竞争性企业绩效的影响不明显；第二，不同于以往的研究结果，总体而言，中国反倾销措施的肯定性仲裁结果会降低企业绩效，否定性仲裁结果会提升企业绩效。最后，本文据此提出中国对外反倾销措施的实施在规制国外企业的不正当竞争行为的同时，应以提高国内进口竞争性企业绩效为根本目的。

9. 我国“双反”措施的产业救济效果与福利效应——基于可计算局部均衡COMPAS模型的研究. 向洪金，赖明勇. 产业经济研究，2012/03

［**作者简介**］湖南大学经济与贸易学院

［**内容提要**］本文利用可计算局部均衡COMPAS模型，基于2005—2009年我国鸡肉产品生产与进口的有关数据，就我国对美国白羽肉鸡产品反倾销、反补贴税的产业救济效果、福利效应等进行了实证模拟。模拟结果表明：在未来5年里，我国对美国白羽肉鸡产品的反倾销、反补贴税将使我国白羽肉鸡行业的产量和就业增加近26%，销售收入增加38.4%；但是，“双反”措施也将导致我国市场鸡肉价格大约上涨9.8%，消费量下降2.8%，消费者福利损失近10亿美元。

10. 论WTO反倾销司法审查条款及其借鉴. 聂资鲁，蔡岱松. 财经理论与实践，2012/03

［**作者简介**］湖南大学法学院

［内容提要］WTO《反倾销守则》第13条规定了“司法审查”制度，这一规定在世贸组成员的国内反倾销法中普遍确立了司法审查制度。中国采取“转化”的方式将该规定的内容以国内立法的形式完成了作为世贸组织成员国应尽的国际义务。借鉴欧美国家的经验而实施这一系列的立法过程对法治原则的贯彻和独立司法审查的建立和完善对我国司法审查制度，特别是在保障该制度的独立性方面起到了十分重要的作用。其主要表现在从程序正义和实质正义两个方面对西方司法审查概念在中国反倾销司法审查制度中的融入。

11. 破解中国与其他金砖国家贸易摩擦难题. 桑百川，郑伟，徐紫光. 国际贸易，2012/04

［作者简介］对外经济贸易大学

［内容提要］本文从中国与其他金砖国家经贸关系的当前形势出发，详细分析了各类经贸摩擦产生的深层次原因，并就缓解与其他金砖国家贸易摩擦提出了务实对策。相信本文对于如何继往开来，更好地推动金砖国家相互合作迈向新台阶有所启迪。

12. 出口补贴、企业所有权与外国对华的反倾销调查——基于Poisson模型的理论和实证分析. 王根蓓. 财经研究，2012/04

［作者简介］上海财经大学国际工商管理学院

［内容提要］文章以中国出口导向型经济实践为基础，通过理论建模确立了五个理论假说，它们分别阐明了出口补贴、企业所有权、贸易报复威胁以及WTO贸易制度与外国对华反倾销风险之间的关联性。文章还采用Poisson模型的GEE、FE和RE回归方法，估计了印度、美国、欧盟、阿根廷、土耳其、巴西、南非和澳大利亚8个国家和地区1995—2009年对华反倾销调查的面板数据，从经验上验证了外国对华反倾销调查的数量与中国的出口退税和对外反倾销调查强度成正比，与外资控制在华出口企业所有权的强度成反比。

13. 反补贴政策实施中补贴幅度确定的决策方法及其实证研究. 乔小勇，朱相宇. 财经研究，2012/04

［作者简介］清华大学公共管理学院，北京理工大学管理与经济学院

［内容提要］随着我国对外贸易的迅速发展，贸易摩擦已经由企业的微观层面向政府政策的宏观层面发展，反补贴已经成为国际贸易摩擦的新热点。补贴幅度确定是反补贴政策实施的关键和难点问题。文章基于系统思维，运用管理决策、计量经济等理论与方法，提出了补贴幅度确定的IEC间接弹性系数法，并选取中、美2006年铜版纸案件进行了实证研究并得出相应结论。

14. 补贴对中国企业出口行为的影响——基于配对倍差法的经验分析. 施炳展. 财经研究，2012/05

［作者简介］南开大学经济学院国际经济研究所

［内容提要］文章利用配对倍差法控制内生性后，基于新新贸易理论，利用1999—2007年中国工业企业微观数据，经验分析了补贴对企业是否出口及出口规模的影响。分析结论是，补贴显著提升了企业的出口可能性和出口规模；相对于未补贴企业，补贴企业出口概率增长率高出30%～110%，出口规模增长率高出30%～50%；对外资企业的影响大于本土企业，对私营企业的影响大于国有企业；但补贴对出口规模的影响在入世后特别是近年来才显现，这意味着补贴对出口的影响可能存在门槛效应。从政策层面看，尽管政府可以通过补贴等政策手段帮助企业走出国门，但要在国际市场实现持续增长仍要靠企业自身的核心竞争力。

15. 美国对中国经济安全影响的动态监测分析. 顾海兵，张安军，薛珊珊. 经济学家，2012/05

［作者简介］中国人民大学经济学院

［内容提要］本文从产业安全、资源安全与外贸安全三个领域选取了8个重点指标，并通过指标依国别分解法对2006—2010年间美国对中国经济安全的影响程度进行了动态监测分析，结果发现：(1) 中国在外商直接投资、有色矿业外贸依存度以及进出口集中度上均为高度安全状态，但需警惕美国在重点领域的资本控制、部分有色金属对美的过度依赖以及中国对美国贸易出口的一边倒情形；(2) 国外发明专利授权量、综合外贸依存度与贸易反倾销摩擦中，中国均处于危机到重度不安全状态，应警惕美国对华的高新技术封锁控制、中美贸易摩擦纠纷案件；(3) 中国石油进口依赖度处于危机状态，警惕美方在石油产地干涉控制与国际价格

波动对我国带来的间接损失风险；（4）2006—2008年美国对中国经济不安全影响程度呈下降态势，但2009—2010年并没有减轻，所占比重有相对上升态势。

16. 美国反倾销反补贴联动实施宏观影响因素研究. 林波，何海燕. 经济学动态，2012/05

［作者简介］北京理工大学管理与经济学院

［内容提要］随着全球经济贸易环境深刻变化，反倾销反补贴联动实施成为贸易救济领域新的焦点和趋势，美国是目前实施反倾销反补贴联动调查最多的国家。通过1995—2010年美国案件数据测算结果表明，美国反倾销反补贴联动调查不受他国贸易救济措施的逆向干扰，国内宏观政治局势变动、贸易逆差、货币贬值和进口渗透率对美国反倾销反补贴联动案件数量具有正向主导作用，而经济增长率及通货膨胀率与美国对外反倾销反补贴联动调查数存在较为显著的负相关关系。

17. 被诉反倾销措施贸易效应的实证分析与比较. 杨仕辉，邓莹莹. 国际经贸探索，2012/05

［作者简介］暨南大学经济学院

［内容提要］在整理全球反倾销案件和数据的基础上，首次统计分析了1995—2008年全球前12个主要被诉国家的案件数、涉案金额、市场份额的分布及显示性比较优势指数等，发现中国成为全球反倾销的首要目标国，反倾销针对的就是出口市场份额高、竞争力强的产品。其后建立动态面板数据模型实证分析贸易破坏效应和贸易转移效应。结果表明，肯定结案时存在显著的贸易破坏效应和贸易转移效应，但难以判断贸易效应是短期的；否定结案后也存在贸易震慑效应，但影响小于贸易破坏效应。最后考察不同结案对产业竞争力的影响发现，肯定结案对申诉方提高产业竞争力有积极作用，但这种作用随时间递延而衰减。

18. 国际反倾销经济效应研究综述. 刘爱东，夏菲. 经济问题探索，2012/05

［作者简介］中南大学商学院

［内容提要］从反倾销措施的贸易效应、产业影响以及社会福利等方面对国际反倾销经济效应相关研究进行追踪梳理，旨在把握后金融危机时代不同国家过度运用反倾销措施实施贸易保护新动向的深层次动因，为我国政府制定和优化贸易政策，完善我国企业应对反倾销的战略体系，提升我国企业的国际竞争力，提供创新的战略思路和理论支持。

19. 基于对等原则的上游补贴规则运用探析——以对欧美反补贴救济为样本. 李仲平，李炼. 国际经贸探索，2012/06

［作者简介］上海财经大学法学院，广东金融学院法律系

［内容提要］在法律法规未明文规定上游补贴规则的情况下，我国商务部直接运用他国相关规则进行反补贴救济，其法理依据只能是国际法上的对等原则。但在欧美对华反补贴并未适用上游补贴规则的前提下，我国在对欧美反补贴救济中运用该规则并不符合对等原则的一般适用条件。而在对WTO成员适用对等原则时，还有可能不符合对等原则的特殊适用条件。尽管作为一种策略选择，我国在寻求缓解国际贸易摩擦的过程中仍可灵活运用该原则，但前提是必须注意把握对等原则的适用边界和WTO的基本精神，追求在WTO争端解决机制下的国家利益最大化。

20. 全球反倾销滥用演进与中国应对策略. 李勤昌. 国际贸易，2012/07

［作者简介］东北财经大学国际经济贸易学院

［内容提要］在全球反倾销滥用的治理中，我们应当认真研究国际反倾销演进的主要特征及其产生的原因，以便准确把握治理的重点目标，制定和采取有针对性的措施。WTO反倾销协定的谈判结果是各成员国制定和修改反倾销法规以及实施反倾销措施的法律基础，因此，治理国际反倾销滥用的根本是WTO反倾销协议的改革，把约束企业行为和行业行为当作反倾销治理的研究重点是本末倒置。中国作为世界贸易大国，应当积极主动地在WTO反倾销协议改革多边谈判中，联合利益攸关成员，形成有效的国家利益集团，为限制和规范反倾销行为发挥大国作用。

21. 国外对华实施反补贴政策的关键决策影响因素的实证研究——基于SCM与2004—2009年国外对华发起的38起反补贴案件数据. 乔小勇，朱相宇. 国际贸易问题，2012/07

［作者简介］清华大学公共管理学院，北京理工大学管理与经济学院

［内容提要］基于WTO《补贴与反补贴措施协定》（SCM）以及构建的关键宏观决策影响因素"BL"组合模型，运用2004—2009年美国、加拿大、澳大利亚、南非、印度对我国发起的38起反补贴案件及其国内宏观经济发展相关数据，对国外对华实施反补贴政策的关键决策影响因素进行了实证研究，并得出相应结论。

22. 中印反倾销行为特征比较研究. 杨晓云，药朝诚. 国际贸易问题，2012/07

［作者简介］重庆三峡学院经济与管理学院，山西财经大学国际贸易学院

［内容提要］中印两国同属发展中阵营中较受关注的反倾销手段使用国，其行为特征在诸多方面存在联系和差异。文章通过比较中印两国在反倾销规模、反倾销对象、反倾销行业分布、反倾销调查时间、反倾销调查结论、由反倾销引发的WTO争端六个方面的行为，揭示出两国自20世纪90年代以来的反倾销行为特征。

23. 后关税化时代复合型贸易壁垒应对策略研究. 廖靓，黄汉民. 中南财经政法大学学报，2012/07

［作者简介］中南财经政法大学工商管理学院

［内容提要］国际贸易进入后关税化时代后，各种不同类型的复合型贸易壁垒又泛滥起来，我国连续多年成为遭遇贸易摩擦最多的国家。面对反倾销、反补贴和保障措施等复合型贸易壁垒，我们需要从非市场经济地位问题和缺乏统一高效的组织机构方面寻求适宜的应对策略，从练好内功与盲目应诉、主动规避与被动应对、长期布局与短期行为等方面寻找具体对策。

24. 《美国反补贴法适用于非市场经济体法案》之违法性分析. 苟大凯，朱广东. 国际贸易，2012/08

［作者简介］四川警察学院，盐城师范学院

［内容提要］2012年3月13日美国总统奥巴马签署了《美国反补贴法适用于非市场经济体法案》（以下简称《法案》），授权美国有关行政机关对来自非市场经济体的输美产品采取反补贴措施。《法案》既损害中美经贸关系的健康发展，也不符合国际规则，是美国贸易保护主义的产物。本文基于《法案》的主要内容和主要目标分别从一般国际法和WTO相关法理角度探讨其违法性。

25. 基于完全成本的碳酸稀土理论价格研究——兼论中国稀土资源定价机制改革. 曾先峰，李国平，汪海洲. 财经研究，2012/09

［作者简介］西安外国语大学经济金融学院，西安交通大学经济与金融学院

［内容提要］文章基于完全成本核算了2008—2010年碳酸稀土的理论价格，并与国内市场价格和出口价格进行了比较。研究发现，碳酸稀土的国内价格严重偏离其理论价格，市场价格严重扭曲。出口管制政策是校正稀土市场价格扭曲、弥补稀土资源折耗成本和生态环境外部成本补偿不足的一种手段，为我国政府在本次稀土国际贸易争端中提出出口管制政策是"基于保护资源和环境的考虑，为实现可持续发展"的观点提供了经验支持。破解当前稀土生产与出口内外困局的关键是改革稀土资源价格形成机制。文章提出了按照市场化原则和WTO规则改革稀土资源定价机制的政策建议。

26. 我国反倾销措施的贸易救济效果检验. 赵磊. 经济问题探索，2012/09

［作者简介］辽宁大学

［内容提要］在当前的国际贸易环境下，反倾销措施已经成为世界各国普遍认可的一种贸易救济手段。反倾销措施贸易救济效果的相关研究也成了近期学术界所关注的焦点。我国自改革开放以来，对外贸易规模不断扩大，成为反倾销立案调查的主要对象国。随着改革开放程度的深化、经济结构的调整，实现了从贸易大国向贸易强国的角色转变。作为WTO的主要成员，如何合理运用反倾销措施保护本国利益，维护贸易公平是历史赋予我们的新任务。本文使用中国海关总署的进出口数据，结合商务部公示的对外反倾销措施实施案例，对反倾销涉案国家和地区及涉案产品的市场占有率和贸易额，按照海关税则号整理后，对立案调查、征收反倾销税、无损害结案、撤销调查和价格承诺这几种形式是否存在贸易救济效果，分别进行了检验。

27. 构建中欧经贸关系"合作范式"研究. 李计广. 国际贸易问题，2012/10

［作者简介］对外经济贸易大学中国WTO研究院

［内容提要］近期欧盟对华经贸政策日趋强硬，中欧经贸摩擦不断增多，未来的争端焦点将主要集

中在知识产权、政府采购、资源性产品、产品安全、贸易救济等方面。对此，中国要站在和平发展的战略高度来看待，积极打造中欧经贸关系“合作范式”，在欧债危机的背景下以合适的方式施以援手，在全球经济治理中加强合作，做好投资欧洲的战略和技术性准备，不断拓展与深化中欧合作领域。

28. 中美贸易摩擦——基于GTAP可计算一般均衡模型分析.李昕.国际贸易问题，2012/11

[作者简介] 北京师范大学国民核算研究院

[内容提要] 本文利用含中国加工贸易部门的GTAP多国多部门可计算一般均衡模型，对中美或将发生的局部贸易摩擦及不同程度的全面贸易制裁进行模拟。结果显示：若中美爆发全面贸易制裁，中国当期实际经济增长率下降1.67%～4.51%，实物投资下降0.82%～2.09%，一般贸易出口下降0.14%～1.15%，一般贸易进口下降0.2%～1.74%，加工贸易出口下降0.11%～0.96%，加工贸易进口下降0.10%～0.85%。虽然，进出口变化有助于控制国内物价水平上涨，但我国新增就业会有所降低。美国方面，发动针对中国的贸易战，既无助于增加国内生产（实物生产下降0.07%～0.54%），拉动投资（实物量投资下降0.44%～1.57%），刺激消费（价格上升0.13%～0.18%），又无助于增加国内就业及削减贸易逆差。中美两国贸易摩擦，弊大于利。

29. 欧债危机下的中欧贸易摩擦新动向、趋势及应对.郝洁.国际贸易，2012/11

[作者简介] 国家发改委对外经济研究所国际贸易和国际投资研究室

[内容提要] 本文对欧债危机下中欧贸易摩擦的新动向及其影响因素进行分析，指出中欧贸易摩擦的发展趋势，并给出相应的对策建议。

30. 美国农业补贴政策改革的趋势：2012年美国农业法案动向、诱因及其影响.彭超，潘苏文，段志煌.农业经济问题，2012/11

[作者简介] 农业部农村经济研究中心，美国世界农业经济与环境研究所

[内容提要] 本文在整理美国国内相关建议的基础上，探讨2012年美国农业法案中农业补贴政策的改革方向。新的美国农业法案将取消或大幅削减直接支付，调整目标价格及目标收入补贴，突出农业保险作用。之所以发生这些调整，原因在于美国财政预算紧张、农产品价格上涨、农业风险增大以及世贸组织谈判需要等。如果上述调整实施将会引发国际农产品价格上涨，带来新的贸易争端。据此，提出我国应立足本国保证主要粮食供给、加强粮食贸易调节、完善农业补贴制度、健全农业保险制度等政策建议。

31. 认证制度、贸易壁垒与我国机电产品的出口——以欧盟CE标志规则修订为例.陈淑梅，陈晖，徐勤珍.世界经济与政治论坛，2012/11

[作者简介] 东南大学经济管理学院，东南大学信息科学与工程学院

[内容提要] 当前欧洲主权债务危机的阴霾未散，我国对欧机电产品出口一直在低位徘徊，研究我国机电产品如何跨越欧盟贸易壁垒尤显重要。本文运用引力模型，选择1999年1月至2011年1月我国对欧盟12国机电产品出口的面板数据，结合计量分析和进化策略两种方法，就2010年1月1日启动的欧盟CE标志规则修订对我国机电产品出口的影响进行实证研究，评估我国出台和修订CCC认证制度的作用。研究结果表明，两种方法得到的结论基本一致：欧盟修订CE标志规则阻碍了我国机电产品输欧，且计量分析中该阻碍因素所起作用更为强烈；2003年我国CCC认证制度的建立对促进我国机电产品的出口比2009年该制度的修订所起作用更为显著。本文将进化策略用于国际贸易学研究，是一次跨学科的研究尝试。

32. 美国对华适用反补贴法的实践检视——基于“非市场经济国家”的考量.刘素霞.国际经贸探索，2012/11

[作者简介] 西安交通大学法学院

[内容提要] 历史上，美国的反补贴法从未适用于“非市场经济国家”。受国内经济、政治、贸易政策等原因影响，美国商务部不顾国内立法无授权的客观情况，逐渐对华启动反补贴制裁，但最终在美国受到司法的否定性评价。为消除“非公路用轮胎案”判决的不利影响，美国国会迅速修改了关税法以适用于“非市场经济国家”。新形势下，中国政府和企业应面对现实，放长眼光，提升产品竞

争能力，打造升级版的“中国制造”，使我国产品立足国际市场。

33. 显性比较优势与美国对中国产品反倾销的贸易效应. 沈国兵. 世界经济，2012/12

［**作者简介**］复旦大学经济学院世界经济研究所

［**内容提要**］本文针对显性比较优势与美国对中国产品反倾销的贸易效应问题，基于10分位贸易品进行的统计分析和GMM分析显示：（1）显性比较优势不是中国产品遭受美国反倾销的必要条件，也不是中国产品招致美国反倾销的原罪；（2）美国对中国产品反倾销调查带来负向贸易效应，课征终裁反倾销税产生不利的贸易效应，显性比较优势上升显著地促进了美国从中国进口产品，它与美国对中国产品反倾销交互项产生正向贸易效应；（3）中国涉案产品RCA强度能够削减同期内美国从非被诉方产品的进口转移，尽管跨期内已失去削减贸易转移的功效。因此，坚守中国制造业的显性比较优势是重要的，它将继续支撑中国经济的可持续增长。

34. 美欧“双反”情形下中国光伏产业的危机与出路. 史丹，白旻. 国际经济评论，2012/12

［**作者简介**］中国社会科学院财经战略研究院

［**内容提要**］近年来，中国光伏产业飞速发展，特别是出口量大幅增长。但2011年下半年以来，中国光伏产业屡遭国外贸易救济措施制裁，其金额之大、影响之广令人震惊，中国光伏产业发展面临空前危机。如何全面客观地认识此次“双反”的深层原因，进而找出中国光伏产业应对之策和走出危机的出路，是本文研究的主要内容。

第九篇　与 WTO 有关的法规及政策(2012)

《规范互联网信息服务市场秩序若干规定》

《规范互联网信息服务市场秩序若干规定》已于2011年12月7日经中华人民共和国工业和信息化部第22次部务会议审议通过，现予公布，自2012年3月15日起施行。

《进出口许可证证书管理规定》

修订后的《进出口许可证证书管理规定》已于2011年12月22日经中华人民共和国商务部2011年第58次部务会议审议通过，现予以公布，自2012年3月5日起施行。原《进出口许可证证书管理规定》（外经贸配字［1999］第87号）同时废止。

《商业特许经营信息披露管理办法》

修订后的《商业特许经营信息披露管理办法》已于2012年1月18日经商务部第60次部务会议审议通过，现予发布，自2012年4月1日起施行。《商业特许经营信息披露管理办法》（商务部令2007年第16号）同时废止。

《中央投资项目招标代理资格管理办法》

为提高政府投资效益，加强对中央投资项目招标代理机构的监督管理，规范招标代理行为，提高招标代理质量，防止腐败行为，根据《中华人民共和国招标投标法》《中华人民共和国招标投标法实施条例》《国务院关于投资体制改革的决定》以及相关法律法规，制定《中央投资项目招标代理资格管理办法》，现予发布，自2012年4月2日起施行。

《海关总署关于修改〈中华人民共和国海关关于执行《内地与香港关于建立更紧密经贸关系的安排》项下《关于货物贸易的原产地规则》的规定〉的决定》

《海关总署关于修改〈中华人民共和国海关关于执行《内地与香港关于建立更紧密经贸关系安排》项下《关于货物贸易原产地规则》的规定〉的决定》已于2012年3月28日经海关总署署务会议审议通过，现予公布，自2012年4月1日起施行。

《海关总署关于修改〈中华人民共和国海关关于执行《内地与澳门关于建立更紧密经贸关系的安排》项下《关于货物贸易的原产地规则》的规定〉的决定》

《海关总署关于修改〈中华人民共和国海关关于执行《内地与澳门关于建立更紧密经贸关系安排》项下《关于货物贸易原产地规则》的规定〉的决定》已于2012年3月28日经海关总署署务会议审议通过，现予公布，自2012年4月1日起施行。

《外商投资商业领域管理办法补充规定（五）》

《外商投资商业领域管理办法补充规定（五）》经中华人民共和国商务部审议通过，现予发布，自发布之日（2012 年 4 月 10 日）起施行。

《民用爆炸物品进出口管理办法》

《民用爆炸物品进出口管理办法》已于 2012 年 2 月 10 日经中华人民共和国工业和信息化部第 23 次部务会议审议通过，并经中华人民共和国公安部、中华人民共和国海关总署同意，现予公布，自 2012 年 9 月 1 日起施行。

《专利实施强制许可办法》

《专利实施强制许可办法》已经国家知识产权局局务会议审议通过，现予公布，自 2012 年 5 月 1 日起施行。2003 年 6 月 13 日国家知识产权局令第三十一号发布的《专利实施强制许可办法》和 2005 年 11 月 29 日国家知识产权局令第三十七号发布的《涉及公共健康问题的专利实施强制许可办法》同时废止。

《商务领域标准化管理办法（试行）》

《商务领域标准化管理办法（试行）》已于 2012 年 3 月 14 日经商务部第 62 次部务会议审议通过，现予发布，自 2012 年 7 月 1 日起施行。《国内贸易部标准化管理实施办法》（内贸科字〔1997〕第 135 号）和《外经贸行业标准化管理办法》（外经贸技发〔1999〕第 103 号）同时废止。

《中外合作会计师事务所本土化转制方案》

为了贯彻落实《国务院办公厅转发财政部关于加快发展我国注册会计师行业若干意见的通知》（国办发〔2009〕56 号），规范现有中外合作会计师事务所本土化转制工作，促进在我国法律框架和统一市场规则下公平竞争，根据《中华人民共和国注册会计师法》《中华人民共和国合伙企业法》《外国企业或者个人在中国境内设立合伙企业管理办法》（国务院令第 567 号）和《会计师事务所审批和监督暂行办法》（财政部令第 24 号）以及其他有关制度办法，财政部、工商总局、商务部、外汇局、证监会制定了《中外合作会计师事务所本土化转制方案》，现予印发，自 2012 年 5 月 10 日起施行。

《机电产品国际招标机构资格管理办法》

《机电产品国际招标机构资格管理办法》已于 2012 年 3 月 9 日经中华人民共和国商务部 2012 年第 61 次部务会议审议通过，现予以公布，自 2012 年 6 月 1 日起施行。原《机电产品国际招标机构资格审定办法》（商务部令［2005］第 6 号）同时废止。

《对外劳务合作管理条例》

《对外劳务合作管理条例》已于2012年5月16日经国务院第203次常务会议通过，现予公布，自2012年8月1日起施行。

《国家知识产权局行政复议规程》

《国家知识产权局行政复议规程》已由局务会议审议通过，现予公布，自2012年9月1日起施行。

《商务部关于涉及外商投资企业股权出资的暂行规定》

《商务部关于涉及外商投资企业股权出资的暂行规定》已于2012年8月24日经商务部第68次部务会议审议通过，现予公布，自2012年10月22日起施行。

《国务院关于修改〈期货交易管理条例〉的决定》

《国务院关于修改〈期货交易管理条例〉的决定》已于2012年9月12日经国务院第216次常务会议通过，现予公布，自2012年12月1日起施行。

《司法部关于修改〈香港特别行政区和澳门特别行政区律师事务所与内地律师事务所联营管理办法〉的决定》

《司法部关于修改〈香港特别行政区和澳门特别行政区律师事务所与内地律师事务所联营管理办法〉的决定》已于2012年11月20日经司法部部务会议审议通过，现予发布，自2013年1月1日起施行。

《司法部关于修改〈律师事务所管理办法〉的决定》

《司法部关于修改〈律师事务所管理办法〉的决定》已经2012年9月18日司法部部务会议审议通过，现予发布，自发布之日起施行。

《关于〈设立外商投资印刷企业暂行规定〉的补充规定（二）》

《关于〈设立外商投资印刷企业暂行规定〉的补充规定（二）》已于2012年9月28日经新闻出版总署第1次署务会议通过，并经商务部同意，现予公布，自2013年1月1日起施行。

《中华人民共和国证券投资基金法》

《中华人民共和国证券投资基金法》已由中华人民共和国第十一届全国人民代表大会常务委员会第三十次会议于2012年12月28日修订通过，现将修订后的《中华人民共和国证券投资基金法》公布，自2013年6月1日起施行。

第十篇　贸易统计数据

● 世界贸易统计

表 1

1950—2012 年世界货物出口、产量和 GDP　　（指数，2005 年＝100）

年份	总额				数量								GDP
	出口				出口				产量				
	总计 a	农产品	燃料和矿产品	制成品	总计 a	农产品	燃料和矿产品	制成品	总计	农业	矿业	制造业	
1950	1	3	1	0	4	15	10	2	13	26	22	9	13
1951	1	4	1	0	4	15	11	2	14	27	25	9	14
1952	1	4	1	0	4	15	12	2	14	28	25	10	14
1953	1	4	1	0	4	16	13	2	15	29	26	11	15
1954	1	4	1	1	5	16	14	3	15	29	26	11	16
1955	1	4	1	1	5	17	15	3	17	30	29	12	17
1956	1	4	1	1	6	18	16	3	17	31	31	13	17
1957	1	4	1	1	6	19	18	3	18	31	31	13	18
1958	1	4	1	1	6	20	17	3	18	34	31	13	18
1959	1	5	1	1	7	22	18	4	19	34	32	15	19
1960	1	5	1	1	8	24	22	4	21	35	35	16	20
1961	1	5	1	1	8	25	23	4	21	36	37	17	21
1962	1	5	1	1	8	25	24	5	23	37	40	19	22
1963	2	5	1	1	9	26	25	5	24	38	41	20	23
1964	2	6	2	1	11	27	27	6	27	40	45	22	25
1965	2	6	2	1	11	28	28	6	28	40	47	24	26
1966	2	6	2	2	12	29	30	7	30	41	49	26	28
1967	2	6	2	2	13	30	33	8	31	43	50	27	29
1968	2	6	2	2	14	32	37	9	33	44	54	29	30
1969	3	7	3	2	16	34	39	10	35	44	55	31	32
1970	3	8	3	3	17	35	44	11	37	45	59	33	34
1971	3	8	3	3	18	35	45	12	39	47	62	34	36
1972	4	10	4	4	20	38	48	13	41	47	63	37	38
1973	6	14	5	5	22	38	53	15	44	49	67	40	40
1974	8	17	12	6	24	36	52	17	45	50	69	42	41
1975	8	17	11	7	22	37	46	16	44	52	65	40	42
1976	10	19	13	8	24	40	49	18	47	52	70	43	44
1977	11	22	15	9	26	41	50	19	49	53	72	45	46
1978	13	25	15	11	27	44	53	20	51	55	73	47	48
1979	16	31	22	13	28	46	56	21	53	56	79	49	50
1980	20	35	32	15	29	49	52	22	53	56	77	50	51
1981	19	34	31	15	29	51	47	23	53	58	71	50	52
1982	18	32	27	14	28	50	44	23	52	60	66	49	52
1983	18	31	25	14	29	50	44	24	54	60	66	51	54
1984	19	33	25	16	31	52	46	26	57	63	68	54	56
1985	19	31	24	16	32	51	46	28	59	65	67	56	58
1986	21	35	18	19	33	50	50	29	60	66	69	58	60
1987	24	40	20	23	35	53	51	31	62	67	70	60	63
1988	27	45	21	27	38	55	53	34	65	68	74	64	66
1989	30	47	24	29	40	56	56	36	68	70	77	66	68
1990	33	49	28	33	42	57	59	38	69	72	78	67	70
1991	34	50	26	34	44	59	61	40	68	72	78	66	70
1992	36	53	26	37	46	62	63	41	68	74	78	66	71

续 表

年份	总额				数量								GDP
	出口				出口				产量				
	总计a	农产品	燃料和矿产品	制成品	总计a	农产品	燃料和矿产品	制成品	总计	农业	矿业	制造业	
1993	36	51	25	37	48	63	66	43	68	74	80	66	72
1994	41	59	26	42	52	68	70	48	70	76	81	68	73
1995	49	69	30	51	56	71	73	52	74	78	83	71	75
1996	51	71	34	53	59	74	75	55	76	81	85	74	77
1997	53	70	35	55	65	79	81	61	80	83	88	78	80
1998	52	67	28	56	68	80	83	64	82	85	89	80	82
1999	54	64	32	58	71	80	82	67	84	87	88	83	84
2000	61	65	47	64	79	83	84	76	88	89	91	88	88
2001	59	65	43	62	78	85	84	76	88	90	91	86	89
2002	62	69	43	65	81	88	86	79	89	91	91	88	91
2003	72	80	54	75	86	91	91	83	92	94	94	91	93
2004	88	92	72	91	94	94	96	93	97	98	98	96	97
2005	100	100	100	100	100	100	100	100	100	100	100	100	100
2006	116	111	128	113	109	106	104	110	104	102	101	105	104
2007	134	133	147	130	116	111	107	119	108	105	101	111	108
2008	154	158	195	143	118	113	108	122	109	109	103	111	110
2009	120	139	125	115	104	111	103	103	103	109	101	102	107
2010	145	160	167	137	119	119	108	122	110	109	103	112	111
2011	175	195	225	158	125	127	111	131	113	112	105	115	114
2012	175	194	228	158	128	130	114	134	115	113	108	118	116

a 包括未分类产品。

表1（续） **1950—2012年世界货物出口、产量和GDP** （年度变化百分比）

年份	总额				数量								GDP
	出口				出口				产量				
	总计a	农产品	燃料和矿产品	制成品	总计a	农产品	燃料和矿产品	制成品	总计	农业	矿业	制造业	
1950-1963	7	4	8	10	8	4	7	9	5	3	5	7	5
1964	12	7	12	15	11	5	9	15	9	5	9	10	7
1965	8	4	7	11	7	5	3	7	6	0	4	9	4
1966	9	4	10	11	8	4	6	10	7	3	5	8	6
1967	5	0	6	8	6	2	10	5	5	3	2	5	4
1968	11	4	14	15	11	6	12	18	6	3	7	7	6
1969	14	7	9	16	12	5	6	16	6	0	2	8	7
1970	15	11	14	15	9	3	12	9	5	3	8	5	5
1971	12	7	11	14	7	2	1	9	5	3	4	5	4
1972	18	20	14	19	8	7	7	10	5	0	3	7	6
1973	38	46	47	34	12	1	10	14	8	5	7	10	7
1974	45	22	123	31	5	−5	−2	9	3	2	2	3	2

续 表

年份	总额				数量								GDP
	出口				出口				产量				
	总计a	农产品	燃料和矿产品	制成品	总计a	农产品	燃料和矿产品	制成品	总计	农业	矿业	制造业	
1975	4	1	−4	9	−7	1	−12	−4	−2	4	−6	−4	1
1976	13	11	16	13	12	8	7	13	7	1	8	8	5
1977	14	13	11	15	4	4	3	5	4	3	3	5	4
1978	16	13	4	22	5	7	5	6	5	3	1	5	5
1979	27	24	47	21	5	5	6	5	4	1	9	4	4
1980	22	14	42	16	2	7	−6	6	−1	1	−3	1	3
1981	−1	−2	−3	−1	−1	5	−10	4	0	4	−8	0	2
1982	−6	−7	−11	−4	−2	−2	−6	−2	−1	3	−7	−1	1
1983	−2	−1	−8	1	3	0	−1	5	2	0	−1	3	3
1984	6	5	−1	8	8	3	5	11	7	5	4	7	5
1985	0	−6	−3	4	3	−1	−1	5	3	2	−1	3	4
1986	9	11	−24	20	4	−2	9	4	3	2	3	3	3
1987	17	15	11	20	6	6	2	6	3	1	1	4	4
1988	14	13	1	16	9	3	6	9	5	2	5	6	5
1989	8	4	15	7	6	3	4	8	3	3	4	3	4
1990	13	5	16	14	4	1	6	6	1	2	1	1	3
1991	1	1	−6	3	4	3	3	4	0	0	−1	−1	1
1992	7	7	−1	8	5	6	4	5	0	2	1	−1	1
1993	0	−4	−4	0	4	1	4	4	0	1	2	−1	1
1994	14	16	5	16	9	9	7	11	3	3	2	3	2
1995	19	18	15	20	7	5	4	9	5	2	2	6	2
1996	5	3	14	4	5	4	4	5	4	4	3	3	3
1997	3	−1	3	5	10	6	7	11	5	2	3	6	3
1998	−1	−5	−21	2	5	1	3	5	2	2	1	2	2
1999	4	−4	16	3	5	1	−1	5	3	3	−1	4	3
2000	13	1	46	10	11	4	4	14	5	2	4	6	4
2001	−4	0	−9	−4	0	2	0	−1	−1	2	0	−2	2
2002	5	6	1	5	3	3	2	4	1	1	0	2	2
2003	17	17	24	16	6	4	6	6	4	3	4	4	3
2004	22	15	35	20	10	3	6	11	5	5	4	6	4
2005	14	9	38	10	7	6	4	8	3	2	2	4	3
2006	16	11	28	13	9	6	4	10	4	2	1	5	4
2007	16	20	15	15	6	5	3	8	4	3	0	6	4
2008	15	19	33	10	2	2	1	2	1	4	2	0	1
2009	−23	−12	−36	−20	−12	−2	−5	−15	−5	1	−2	−8	−2
2010	22	15	33	19	14	8	6	18	7	0	2	9	4
2011	20	22	35	15	5	6	2	7	3	2	1	3	2
2012	0	0	2	0	2	2	3	2	2	1	3	2	2

a 包括未分类产品。

表 2

2010—2012 年世界货物贸易流向（按地区）

（左半部分表格）　　　　　　　　　　　　　　　　　　　　　　　　单位：十亿美元

目的地		世界 a	北美洲		中、南美洲	欧洲			独联体	
原产地	年份		总计	美国		总计	欧盟（27）	欧洲其他地区	总计	俄罗斯
世界	2010	14 897.00	2 510.60	1 868.45	600.51	5 859.67	5 316.82	542.84	401.22	224.67
	2011	1 7881.00	2 923.75	2 171.39	762.56	6 919.43	6 229.06	690.38	535.84	305.23
	2012	17 930.00	3 035.10	2 162.92	787.13	6 564.00	5 908.10	655.90	549.82	316.60
北美洲	2010	1 964.30	957.39	526.00	165.23	330.22	287.41	42.81	11.05	7.39
	2011	2 282.01	1 103.00	604.16	201.19	382.08	327.90	54.19	15.37	10.27
	2012	2 371.35	1 151.41	606.49	216.93	379.92	325.98	53.94	17.98	12.84
美国	2010	1 278.50	413.51	—	137.06	276.30	239.59	36.71	9.19	5.99
	2011	1 480.29	479.93	—	166.25	315.63	268.45	47.19	12.91	8.28
	2012	1 545.71	509.04	—	180.05	313.80	265.35	48.45	15.33	10.70
中、南美洲	2010	591.36	138.84	119.08	159.61	108.11	95.11	13.00	7.81	6.93
	2011	759.52	183.31	158.59	203.16	139.06	121.59	17.47	8.74	7.44
	2012	749.63	186.80	161.98	201.85	127.53	111.28	16.25	8.25	6.62
欧洲	2010	5 643.86	415.90	346.66	98.36	4 008.26	3 664.86	343.40	179.74	122.65
	2011	6 651.62	481.61	399.22	119.12	4 696.51	4 260.52	435.99	234.01	162.01
	2012	6 384.75	492.49	405.11	123.90	4 382.83	3 978.78	404.05	245.35	170.38
欧盟（27）	2010	5 165.87	377.87	315.98	90.64	3 692.28	3 367.43	324.85	162.16	113.35
	2011	6 076.45	434.39	360.89	109.62	4 320.00	3 905.86	414.15	210.73	149.87
	2012	5 803.28	445.69	367.10	113.33	4 019.80	3 636.53	383.27	220.45	157.47
欧洲其他地区	2010	477.98	38.03	30.68	7.72	315.99	297.43	18.56	17.59	9.30
	2011	575.16	47.22	38.32	9.50	376.50	354.66	21.84	23.28	12.13
	2012	581.47	46.80	38.02	10.57	363.03	342.25	20.78	24.90	12.91
独联体	2010	589.25	33.59	27.88	6.39	307.95	264.95	43.00	111.25	32.25
	2011	789.21	42.84	36.72	10.45	406.93	348.50	58.43	160.05	51.04
	2012	805.25	37.05	30.14	7.09	430.00	368.62	61.38	148.69	45.19
俄罗斯	2010	400.63	26.08	23.88	3.77	231.22	198.78	32.44	62.20	—
	2011	522.01	34.16	31.96	7.23	290.50	249.40	41.10	83.83	—
	2012	529.26	29.21	27.12	4.69	311.66	269.94	41.72	77.42	—
非洲	2010	510.70	89.96	80.47	15.37	187.79	168.90	18.89	1.43	1.00
	2011	598.28	96.64	83.58	29.76	208.66	185.11	23.54	1.85	1.33
	2012	630.01	73.86	61.27	30.33	240.44	219.07	21.37	1.77	1.22
中东	2010	906.95	76.78	72.79	7.00	111.75	91.85	19.89	4.78	1.61
	2011	1 267.51	107.65	102.33	10.43	159.94	133.47	26.47	5.94	2.10
	2012	1 349.43	118.02	59.72	10.79	148.19	115.91	32.28	7.15	2.39
亚洲	2010	4 690.49	798.13	695.58	148.56	805.59	743.75	61.84	85.17	52.84
	2011	5 532.53	908.70	786.78	188.45	926.26	851.97	74.29	109.88	71.05
	2012	5 640.05	975.46	838.21	196.23	855.09	788.47	66.62	120.65	77.96
日本	2010	769.84	139.26	120.24	17.89	98.72	87.06	11.66	9.14	8.00
	2011	823.18	146.82	127.80	17.84	109.79	95.90	13.88	13.75	11.81
	2012	798.57	162.79	136.43	17.12	89.67	81.47	8.20	14.58	12.59
中国	2010	1 577.75	394.55	346.66	69.89	396.54	376.59	19.95	53.82	29.61
	2011	1 898.38	458.16	398.81	94.05	459.90	434.24	25.67	67.23	38.90
	2012	2 048.71	504.94	437.41	104.37	436.04	411.36	24.69	75.65	44.06
澳大利亚和新西兰	2010	244.03	13.30	10.88	3.10	20.74	19.73	1.01	1.25	0.95
	2011	308.06	16.52	12.92	3.59	25.45	23.85	1.60	1.51	1.23
	2012	293.98	16.30	12.33	3.02	22.55	20.81	1.74	1.28	1.01
亚洲其他地区	2010	2 098.87	251.03	217.81	57.67	289.59	260.36	29.22	20.96	14.27
	2011	2 502.91	287.19	247.26	72.97	331.12	297.98	33.14	27.39	19.11
	2012	2 498.78	291.44	252.04	71.72	306.82	274.84	31.99	29.12	20.31

a　包括未分类产品。

（右半部分表格） 单位：十亿美元

非洲			中东	亚洲						目的地	
总计	南非	非洲其他地区		总计	日本	澳大利亚/新西兰	亚洲其他地区			年份	原产地
							总计	中国	其他		
457.14	89.43	367.71	558.77	4 223.03	637.34	203.98	3 381.71	1 106.70	2 275.01	2010	世界
543.14	113.82	429.31	662.48	5 156.92	786.99	248.68	4 121.26	1 356.10	2 765.15	2011	
580.02	117.50	462.52	713.76	5 333.41	812.69	263.80	4 256.92	1 359.25	2 897.67	2012	
32.48	6.24	26.23	52.64	413.09	71.33	27.35	314.40	108.95	205.46	2010	北美洲
37.46	8.21	29.25	62.77	476.26	78.72	34.40	363.13	126.93	236.21	2011	
37.67	8.44	29.23	75.05	488.25	82.93	37.99	367.32	135.56	231.77	2012	
28.71	5.63	23.09	48.67	363.95	60.47	24.62	278.85	91.89	186.96	2010	美国
33.20	7.25	25.94	58.34	412.06	65.69	31.12	315.25	103.97	211.28	2011	
33.14	7.55	25.59	69.60	422.28	69.95	34.38	317.95	110.47	207.48	2012	
15.37	2.45	12.91	15.05	133.78	19.56	1.95	112.27	67.60	44.67	2010	中、南美洲
21.59	3.10	18.50	17.99	169.73	24.28	3.02	142.42	87.58	54.85	2011	
20.94	3.30	17.63	17.02	172.10	22.87	3.03	146.20	85.62	60.58	2012	
177.28	29.37	147.91	168.61	527.58	65.83	41.74	420.01	161.23	258.78	2010	欧洲
202.34	37.62	164.72	195.37	641.71	77.16	51.20	513.34	204.56	308.78	2011	
210.79	34.83	175.96	208.29	642.56	79.75	51.31	511.50	197.95	313.54	2012	
162.71	28.10	134.61	138.64	476.23	57.30	38.71	380.22	149.27	230.95	2010	欧盟（27）
186.42	36.05	150.37	160.19	578.25	67.28	47.32	463.66	188.86	274.79	2011	
191.57	33.48	158.09	158.57	578.90	70.27	47.45	461.19	184.00	277.19	2012	
14.57	1.27	13.30	29.98	51.35	8.53	3.02	39.80	11.96	27.83	2010	欧洲其他地区
15.92	1.57	14.35	35.19	63.46	9.89	3.88	49.68	15.70	33.99	2011	
19.22	1.35	17.87	49.73	63.65	9.47	3.87	50.31	13.95	36.36	2012	
8.71	0.09	8.62	19.50	87.96	15.44	0.32	72.20	33.36	38.84	2010	独联体
12.39	0.22	12.17	21.83	119.32	18.45	0.24	100.63	54.66	45.97	2011	
13.85	0.44	13.41	20.30	126.81	20.39	0.34	106.07	53.94	52.13	2012	
4.89	0.05	4.84	8.11	63.75	14.57	0.13	49.05	19.78	29.27	2010	俄罗斯
8.23	0.11	8.11	9.28	87.13	17.19	0.07	69.87	34.69	35.17	2011	
7.21	0.27	6.94	5.91	91.01	18.79	0.11	72.10	33.56	38.54	2012	
67.10	14.95	52.16	15.71	118.37	9.54	2.52	106.31	53.93	52.37	2010	非洲
78.87	18.19	60.68	18.04	141.98	12.60	4.42	124.95	60.91	64.05	2011	
80.89	20.26	60.63	17.12	159.68	18.50	5.79	135.39	66.89	68.50	2012	
28.48	7.99	20.49	87.95	474.65	110.74	4.57	359.35	77.97	281.38	2010	中东
37.39	10.29	27.10	103.93	667.08	145.51	7.87	513.70	121.38	392.32	2011	
39.38	11.16	28.22	115.65	731.58	153.59	6.79	571.20	132.79	438.41	2012	
127.72	28.33	99.39	199.31	2 467.61	344.91	125.53	1 997.17	603.66	1 393.51	2010	亚洲
153.09	36.20	116.88	242.55	2 940.85	430.25	147.53	2 363.07	700.09	1 662.99	2011	
176.51	39.07	137.43	260.32	3 012.45	434.66	158.55	2 419.24	686.50	1 732.74	2012	
10.07	3.83	6.24	25.31	452.47	—	17.77	434.70	171.27	263.43	2010	日本
9.90	4.32	5.58	24.56	482.91	—	19.74	463.17	183.61	279.56	2011	
10.61	4.06	6.55	28.33	459.59	—	20.38	439.21	166.56	272.65	2012	
56.05	10.80	45.25	62.64	536.97	148.43	36.47	352.08	—	352.08	2010	中国
69.13	13.36	55.77	79.69	663.30	182.80	45.84	434.67	—	434.67	2011	
82.79	15.32	67.46	85.62	754.34	189.50	50.92	513.92	—	513.92	2012	
4.25	1.77	2.48	6.66	185.87	41.54	14.30	130.02	55.75	74.28	2010	澳大利亚和新西兰
5.22	1.87	3.35	8.45	243.19	54.81	16.46	171.92	78.45	93.46	2011	
5.08	1.78	3.30	8.57	233.73	52.27	15.60	165.86	81.37	84.50	2012	
57.34	11.93	45.41	104.69	1 292.29	154.94	56.98	1 080.37	376.65	703.72	2010	亚洲其他地区
68.83	16.65	52.18	129.85	1 551.44	192.64	65.49	1 293.32	438.03	855.29	2011	
78.03	17.91	60.12	137.79	1 564.78	192.89	71.64	1 300.25	438.57	861.68	2012	

a 包括未分类产品。

表 3

2010—2012 年世界货物贸易流向（按产品类别和地区）

（左半部分表格）　　　　单位：十亿美元

目的地	世界a			北美洲			中、南美洲			欧洲		
原产地	2010	2011	2012	2010	2011	2012	2010	2011	2012	2010	2011	2012
世界												
农产品	1 361.46	1 660.52	1 656.71	164.19	196.29	201.40	52.87	65.49	67.64	587.58	689.39	663.85
食品	1 122.20	1 360.11	1 375.25	138.28	164.73	168.67	46.13	56.96	60.45	493.60	576.93	562.36
鱼产品	102.92	123.39	122.51	17.77	20.54	20.56	2.46	3.13	3.34	43.38	49.49	46.15
其他食品	1 019.28	1 236.72	1 252.75	120.50	144.19	148.12	43.67	53.84	57.11	450.23	527.44	516.21
原料	239.26	300.40	281.46	25.91	31.56	32.73	6.74	8.52	7.19	93.97	112.47	101.49
燃料和矿产品	3 021.30	4 076.44	4 138.93	470.65	611.31	577.44	114.42	170.24	176.27	1 043.11	1 376.81	1 399.28
矿石和其他矿物	340.83	437.80	395.73	19.95	26.42	25.46	5.99	7.90	6.70	107.28	128.34	112.12
燃料	2 345.51	3 223.91	3 374.85	403.90	523.38	497.24	101.07	153.32	161.23	787.63	1 065.80	1 124.50
有色金属	334.96	414.73	368.35	46.81	61.51	54.74	7.36	9.02	8.33	148.20	182.67	162.65
制成品	9 986.10	11 522.62	11 489.65	1 821.51	2 056.36	2 192.00	416.44	505.24	521.48	4 047.19	4 632.37	4 295.24
钢铁	424.05	529.28	485.90	49.21	64.46	67.85	18.20	20.98	21.40	171.23	217.23	182.74
化学品	1 707.96	2 002.93	1 956.67	243.50	277.41	281.15	83.29	104.37	108.03	802.15	921.34	877.81
药品	462.99	505.21	507.76	81.88	88.60	88.76	17.82	19.81	21.42	272.67	287.48	281.30
其他化学品	1 244.97	1 497.73	1 448.91	161.62	188.82	192.40	65.47	84.56	86.61	529.47	633.86	596.50
其他半制成品	937.97	1 114.84	1 101.34	148.38	171.44	181.02	34.87	42.27	44.65	418.08	495.03	458.70
机械和运输设备	5 092.72	5 758.61	5 757.73	1 014.74	1 134.78	1 223.83	212.98	255.13	258.62	1 877.57	2 107.58	1 930.87
办公和电信设备	1 613.14	1 684.86	1 673.65	342.63	358.95	362.65	42.86	48.07	47.98	528.73	534.38	487.65
EDP 和办公设备	545.67	554.45	553.68	147.80	158.27	159.83	14.43	15.96	15.85	207.93	203.35	196.45
通讯设备	583.10	636.00	635.15	155.04	158.34	162.86	23.45	26.52	25.77	209.67	222.70	212.83
集成电路	484.37	494.41	484.82	39.79	42.33	39.95	4.97	5.59	6.36	111.12	108.33	78.37
运输设备	1 686.57	1 967.29	1 978.29	354.70	401.74	453.09	89.89	108.84	107.74	716.09	825.58	745.61
汽车	1 091.58	1 284.49	1 295.30	280.27	311.02	355.57	55.77	68.83	68.84	469.77	555.09	485.39
其他运输设备	594.99	682.80	683.00	74.43	90.72	97.52	34.12	40.01	38.90	246.31	270.50	260.22
其他机械	1 793.01	2 106.46	2 105.79	317.40	374.09	408.09	80.23	98.22	102.89	632.76	747.61	697.62
纺织品	252.22	294.95	285.67	34.49	38.19	39.30	15.69	19.17	18.39	87.38	100.60	90.04
服装	353.09	416.52	422.69	84.59	95.28	97.30	11.13	15.06	16.52	172.84	202.77	185.34
其他制成品	1 218.09	1 405.47	1 479.65	246.61	274.79	301.54	40.27	48.25	53.88	517.94	587.81	569.74
个人及家居用品	256.71	301.87	318.91	61.41	68.99	76.61	9.24	12.14	14.35	124.39	145.75	139.77
科学和控制仪器	333.75	376.22	389.89	63.74	70.90	76.31	11.50	13.21	14.07	112.49	126.90	121.69
杂项制成品	627.63	727.38	770.84	121.46	134.90	148.62	19.54	22.91	25.46	281.05	315.16	308.28
制成品出口总额 b	**14 897.00**	**17 881.00**	**17 930.00**	**2 510.60**	**2 923.75**	**3 035.10**	**600.51**	**762.56**	**787.13**	**5 859.67**	**6 919.43**	**6 564.00**
北美洲												
农产品	213.48	251.36	257.59	81.76	94.80	97.66	14.79	17.40	17.56	21.12	23.86	23.09
食品	167.24	196.61	205.80	68.32	80.61	83.63	12.41	14.28	15.05	14.73	16.54	16.77
鱼产品	8.97	10.73	10.20	3.83	4.32	4.10	0.17	0.19	0.20	1.60	1.89	1.70
其他食品	158.27	185.88	195.60	64.49	76.29	79.53	12.24	14.09	14.85	13.12	14.65	15.07
原料	46.24	54.74	51.79	13.44	14.19	14.02	2.38	3.12	2.51	6.39	7.32	6.32
燃料和矿产品	299.96	409.31	402.13	181.07	238.33	228.84	27.36	41.05	49.13	41.72	60.39	60.00
矿石和其他矿物	48.02	59.53	53.91	9.32	12.39	11.85	0.87	1.28	1.35	16.23	15.72	13.31
燃料	214.57	301.89	305.25	147.93	194.42	188.71	25.37	38.43	46.55	20.33	38.47	40.82
有色金属	37.37	47.89	42.97	23.82	31.53	28.28	1.12	1.34	1.23	5.16	6.20	5.86
制成品	1 352.23	1 498.61	1 582.07	659.72	730.72	782.89	116.60	135.67	142.76	231.72	249.76	247.60
钢铁	28.81	33.31	33.17	20.14	23.38	24.17	2.83	3.37	3.22	1.93	2.37	2.08
化学品	234.11	260.49	258.82	78.79	91.36	92.20	27.04	32.83	33.24	63.16	64.40	63.20
药品	51.91	50.22	52.13	10.63	11.28	10.49	4.20	3.82	4.26	28.48	26.41	26.69
其他化学品	182.20	210.27	206.68	68.16	80.08	81.71	22.84	29.00	28.98	34.68	37.99	36.52
其他半制成品	110.24	124.93	127.60	59.67	64.86	69.40	8.12	9.09	9.61	16.53	19.06	18.13
机械和运输设备	788.95	875.21	947.69	412.96	457.12	497.85	63.27	72.99	79.31	109.31	121.38	120.16
办公和电信设备	205.70	211.94	214.02	106.38	110.57	111.58	19.89	20.75	21.71	22.18	22.82	21.84
EDP 和办公设备	64.77	71.93	74.76	35.56	42.51	44.61	8.13	8.57	8.87	8.20	8.27	8.51
通讯设备	89.51	91.10	93.21	57.53	55.17	54.65	9.24	9.52	9.83	9.53	10.68	10.44
集成电路	51.42	48.91	46.06	13.29	12.88	12.32	2.53	2.66	3.01	4.45	3.87	2.89
运输设备	321.24	370.19	419.75	182.89	206.52	231.52	18.58	23.78	27.28	50.01	57.27	56.98
汽车	205.50	241.11	269.86	156.61	175.29	196.62	9.89	13.49	14.53	13.03	17.75	17.99
其他运输设备	115.74	129.08	149.89	26.28	31.24	34.90	8.69	10.28	12.75	36.98	39.52	38.99
其他机械	262.01	293.08	313.92	123.69	140.03	154.76	24.80	28.47	30.32	37.12	41.29	41.34
纺织品	16.00	17.95	17.74	8.77	9.51	9.92	3.49	4.46	3.92	1.44	1.54	1.43
服装	10.23	11.16	11.34	7.54	8.19	8.15	0.78	0.81	0.81	0.87	0.94	1.03
其他制成品	163.88	175.56	185.71	71.83	76.30	81.20	11.07	12.12	12.64	38.47	40.07	41.56
个人及家居用品	16.48	18.20	20.41	13.21	14.47	16.53	0.69	0.78	0.85	0.73	0.80	0.84
科学和控制仪器	65.22	71.38	75.15	20.92	23.16	24.83	4.20	4.77	5.11	18.03	18.99	18.65
杂项制成品	82.18	85.98	90.15	37.71	38.68	39.84	6.18	6.57	6.69	19.72	20.28	22.06
制成品出口总额 b	**1 964.30**	**2 282.01**	**2 371.35**	**957.39**	**1 103.00**	**1 151.41**	**165.23**	**201.19**	**216.93**	**330.22**	**382.08**	**379.92**

（右半部分表格） 单位：十亿美元

独联体			非洲			中东			亚洲			目的地
2010	2011	2012	2010	2011	2012	2010	2011	2012	2010	2011	2012	原产地
												世界
55.77	66.11	66.91	69.18	92.10	93.78	70.72	86.39	90.08	351.98	453.62	462.77	农产品
50.75	59.70	60.31	62.13	84.26	85.73	65.70	80.37	84.44	257.96	327.80	345.41	食品
3.43	3.93	4.18	2.95	3.82	4.69	1.79	2.22	2.46	30.84	39.85	40.51	鱼产品
47.32	55.77	56.13	59.18	80.45	81.04	63.91	78.15	81.97	227.12	287.95	304.90	其他食品
5.02	6.42	6.60	7.05	7.84	8.04	5.02	6.02	5.64	94.02	125.82	117.37	原料
41.64	68.20	60.57	73.73	98.63	107.68	60.16	76.07	82.94	1 137.43	1 542.01	1 611.06	燃料和矿产品
5.65	8.06	6.35	5.93	7.72	7.00	5.83	8.08	8.15	186.51	246.42	225.46	矿石和其他矿物
32.75	55.45	49.42	62.24	84.14	93.92	46.93	58.02	65.62	836.54	1 158.20	1 267.18	燃料
3.24	4.69	4.80	5.56	6.77	6.76	7.40	9.97	9.17	114.37	137.38	118.43	有色金属
299.22	395.48	417.78	295.28	333.29	357.36	407.49	478.40	506.43	2 625.37	3 031.18	3 116.34	制成品
17.59	23.85	23.77	17.70	20.39	21.12	30.61	37.10	35.37	117.66	142.01	131.66	钢铁
49.36	61.50	64.20	45.39	54.01	56.05	46.38	54.42	55.70	429.07	515.19	502.78	化学品
15.48	18.39	19.17	12.02	13.38	14.51	10.96	12.57	12.88	51.04	59.68	66.22	药品
33.88	43.11	45.03	33.37	40.63	41.54	35.42	41.85	42.82	378.03	455.51	436.56	其他化学品
33.56	41.05	44.54	36.70	39.70	44.64	58.07	70.27	65.50	203.62	248.80	254.64	其他半制成品
138.60	195.04	208.38	145.04	159.37	167.12	199.04	225.10	246.95	1 451.72	1 622.80	1 672.53	机械和运输设备
22.08	27.31	28.85	20.75	24.16	21.45	33.87	41.85	42.62	621.29	649.08	681.17	办公和电信设备
7.72	9.56	11.26	6.56	6.98	6.77	11.98	13.63	14.31	149.18	146.63	149.11	EDP 和办公设备
13.26	16.30	16.00	12.57	15.53	13.19	20.25	26.04	25.21	148.01	169.61	178.19	通讯设备
1.10	1.45	1.59	1.62	1.64	1.49	1.63	2.18	3.10	324.10	332.84	353.87	集成电路
48.74	76.37	83.37	55.08	61.71	67.91	81.60	84.80	102.30	291.24	354.03	374.28	运输设备
36.24	58.40	61.72	37.78	42.10	49.38	55.75	57.99	69.99	154.92	189.23	202.49	汽车
12.50	17.97	21.66	17.30	19.61	18.53	25.85	26.81	32.31	136.33	164.80	171.80	其他运输设备
67.77	91.36	96.15	69.22	73.49	77.77	83.57	98.45	102.03	539.18	619.69	617.08	其他机械
9.90	12.23	12.98	16.46	19.91	19.83	13.25	16.12	16.05	73.18	86.18	87.01	纺织品
17.27	19.91	20.87	7.08	8.36	10.13	12.39	15.37	17.24	47.03	58.84	68.01	服装
32.94	41.89	43.05	26.92	31.55	38.47	47.74	60.01	69.62	303.09	357.36	399.70	其他制成品
11.18	13.70	14.58	6.72	7.97	11.06	8.62	11.00	13.36	34.87	41.96	48.73	个人及家居用品
6.50	9.53	9.13	5.72	6.26	6.79	8.00	9.36	10.13	125.56	139.78	151.29	科学和控制仪器
15.26	18.66	19.34	14.47	17.32	20.62	31.12	39.65	46.13	142.65	175.62	199.68	杂项制成品
401.22	**535.84**	**549.82**	**457.14**	**543.14**	**580.02**	**558.77**	**662.48**	**713.76**	**4 223.03**	**5 156.92**	**5 333.41**	制成品出口总额 b
												北美洲
2.18	2.66	3.38	7.62	9.38	8.21	5.59	7.08	5.84	80.04	95.91	101.66	农产品
2.01	2.49	3.18	6.92	8.56	7.39	5.02	6.46	5.29	57.44	67.42	74.31	食品
0.24	0.30	0.28	0.02	0.05	0.03	0.03	0.03	0.03	3.07	3.94	3.85	鱼产品
1.77	2.19	2.90	6.89	8.50	7.37	4.99	6.43	5.26	54.37	63.48	70.47	其他食品
0.17	0.17	0.20	0.70	0.82	0.82	0.57	0.62	0.56	22.60	28.49	27.35	原料
0.58	1.26	0.75	3.26	4.61	3.95	1.80	2.92	2.13	43.69	59.97	56.36	燃料和矿产品
0.07	0.05	0.14	0.59	0.89	0.54	0.22	0.40	0.40	20.70	28.79	26.31	矿石和其他矿物
0.49	1.18	0.59	2.60	3.62	3.33	1.23	1.74	1.08	16.15	23.26	23.21	燃料
0.01	0.02	0.02	0.07	0.10	0.09	0.35	0.78	0.65	6.84	7.92	6.84	有色金属
8.02	11.19	13.61	19.91	21.64	23.75	42.57	49.30	62.06	273.42	299.52	308.09	制成品
0.11	0.11	0.13	0.46	0.54	0.53	0.53	0.63	0.68	2.81	2.91	2.36	钢铁
1.19	1.37	1.45	2.50	2.93	3.16	3.66	3.82	4.23	57.68	63.67	61.16	化学品
0.18	0.21	0.29	0.36	0.45	0.58	0.67	0.69	0.84	7.39	7.35	8.98	药品
1.01	1.16	1.16	2.14	2.48	2.58	2.99	3.13	3.39	50.29	56.31	52.17	其他化学品
0.38	0.52	0.54	1.32	1.52	1.40	6.52	8.34	7.82	17.69	21.46	20.55	其他半制成品
5.59	8.21	10.37	13.98	15.08	16.96	27.84	31.96	44.50	155.93	168.22	178.06	机械和运输设备
0.41	0.50	0.60	0.96	1.02	1.34	2.97	4.00	5.41	52.90	52.21	51.43	办公和电信设备
0.20	0.23	0.22	0.40	0.41	0.47	1.33	1.56	1.60	10.95	10.36	10.43	EDP 和办公设备
0.13	0.19	0.29	0.51	0.55	0.82	1.36	1.75	2.31	11.20	13.20	14.79	通讯设备
0.07	0.08	0.08	0.06	0.05	0.05	0.27	0.70	1.49	30.75	28.66	26.21	集成电路
1.95	3.43	4.77	6.84	7.78	8.40	15.53	17.37	26.95	45.40	53.99	63.57	运输设备
1.00	1.91	2.12	3.10	3.82	4.48	8.77	9.87	13.58	13.09	18.99	20.54	汽车
0.95	1.53	2.65	3.73	3.96	3.92	6.76	7.50	13.37	32.31	35.00	43.03	其他运输设备
3.23	4.28	5.00	6.18	6.28	7.23	9.34	10.59	12.14	57.64	62.02	63.06	其他机械
0.04	0.04	0.04	0.08	0.09	0.09	0.18	0.17	0.17	2.00	2.15	2.15	纺织品
0.02	0.03	0.05	0.04	0.05	0.05	0.20	0.24	0.26	0.76	0.89	0.98	服装
0.69	0.91	1.05	1.53	1.43	1.56	3.64	4.15	4.39	36.55	40.22	42.83	其他制成品
0.04	0.06	0.07	0.10	0.12	0.12	0.32	0.37	0.40	1.39	1.58	1.57	个人及家居用品
0.40	0.54	0.62	0.88	0.77	0.90	1.87	2.11	2.30	18.93	21.02	22.71	科学和控制仪器
0.25	0.30	0.36	0.54	0.54	0.54	1.46	1.67	1.69	16.23	17.62	18.54	杂项制成品
11.05	**15.37**	**17.98**	**32.48**	**37.46**	**37.67**	**52.64**	**62.77**	**75.05**	**413.09**	**476.26**	**488.25**	制成品出口总额 b

表3（续1）

（左半部分表格） 单位：十亿美元

目的地	世界a			北美洲			中、南美洲			欧洲		
原产地	2010	2011	2012	2010	2011	2012	2010	2011	2012	2010	2011	2012
中、南美洲												
农产品	164.17	207.10	205.21	22.45	27.81	27.27	26.18	33.33	35.54	43.69	53.53	48.30
食品	147.33	187.32	186.00	18.70	23.69	23.19	24.58	31.44	33.83	38.76	48.11	43.50
鱼产品	8.61	11.15	11.17	2.26	2.79	3.08	1.18	1.44	1.56	2.79	3.27	2.96
其他食品	138.72	176.17	174.83	16.44	20.90	20.11	23.40	30.00	32.26	35.97	44.84	40.54
原料	16.84	19.78	19.21	3.75	4.12	4.08	1.59	1.89	1.71	4.93	5.43	4.80
燃料和矿产品	246.31	328.18	319.57	70.93	97.10	96.76	53.66	73.71	71.34	35.51	49.44	44.98
矿石和其他矿物	72.88	95.49	84.77	5.37	7.20	6.38	4.29	5.50	4.15	16.96	22.47	18.86
燃料	137.24	190.60	198.54	59.99	82.94	83.76	45.09	63.06	62.42	10.18	16.94	18.80
有色金属	36.19	42.09	36.26	5.56	6.96	6.61	4.28	5.14	4.77	8.37	10.03	7.32
制成品	163.12	199.98	199.47	43.94	55.14	58.16	79.66	95.95	94.49	21.09	25.71	24.27
钢铁	14.56	20.77	19.33	2.88	5.58	5.75	4.74	5.93	5.89	2.18	3.77	2.96
化学品	38.22	49.19	49.99	10.26	14.54	15.83	18.18	22.21	22.68	6.21	7.92	7.00
药品	7.53	10.60	11.21	2.38	4.33	4.70	4.10	4.83	5.06	0.59	0.69	0.64
其他化学品	30.69	38.59	38.78	7.88	10.20	11.13	14.08	17.38	17.62	5.63	7.24	6.36
其他半制成品	21.31	24.47	24.10	4.70	5.20	5.45	10.01	11.97	11.51	3.55	3.93	3.74
机械和运输设备	58.02	70.35	70.07	12.27	14.77	15.85	32.72	39.08	37.04	7.06	8.00	8.69
办公和电信设备	5.71	5.96	5.82	1.04	1.30	1.41	2.99	2.81	2.44	0.52	0.60	0.61
EDP和办公设备	1.54	0.85	0.77	0.40	0.23	0.23	0.50	0.51	0.40	0.21	0.04	0.04
通讯设备	3.05	2.96	2.72	0.36	0.42	0.49	2.41	2.20	1.93	0.13	0.15	0.14
集成电路	1.12	2.15	2.33	0.27	0.64	0.69	0.08	0.10	0.11	0.18	0.40	0.43
运输设备	31.68	38.77	37.92	4.33	4.59	5.18	20.40	25.12	23.50	4.21	4.37	4.71
汽车	22.85	27.25	25.49	2.32	2.23	2.26	18.10	21.98	20.82	1.40	1.46	0.98
其他运输设备	8.83	11.52	12.42	2.01	2.36	2.92	2.30	3.15	2.68	2.81	2.91	3.73
其他机械	20.63	25.63	26.34	6.90	8.87	9.27	9.33	11.15	11.09	2.34	3.04	3.37
纺织品	3.87	4.31	4.19	0.59	0.54	0.53	3.01	3.46	3.36	0.14	0.17	0.15
服装	13.12	15.25	15.61	9.37	10.48	10.39	3.40	4.36	4.82	0.25	0.28	0.25
其他制成品	14.03	15.63	16.18	3.88	4.05	4.37	7.61	8.95	9.18	1.70	1.64	1.49
个人及家居用品	4.97	5.31	5.21	0.91	0.81	0.79	2.76	3.35	3.44	0.98	0.79	0.61
科学和控制仪器	2.63	3.00	3.22	1.42	1.56	1.78	0.71	0.85	0.81	0.28	0.31	0.35
杂项制成品	6.43	7.33	7.74	1.55	1.68	1.81	4.14	4.75	4.93	0.43	0.54	0.52
制成品出口总额b	**591.36**	**759.52**	**749.63**	**138.84**	**183.31**	**186.80**	**159.61**	**203.16**	**201.85**	**108.11**	**139.06**	**127.53**
欧洲												
农产品	570.59	670.76	657.32	22.95	26.43	27.58	5.51	6.64	7.00	449.24	520.82	501.30
食品	486.50	570.37	563.55	21.11	24.10	25.22	4.82	5.82	6.17	385.24	445.47	432.86
鱼产品	35.86	40.48	38.03	1.13	1.13	1.05	0.50	0.55	0.55	28.52	32.22	29.51
其他食品	450.64	529.88	525.51	19.99	22.97	24.17	4.33	5.27	5.62	356.72	413.25	403.35
原料	84.09	100.39	93.78	1.84	2.32	2.36	0.69	0.82	0.83	64.00	75.36	68.44
燃料和矿产品	623.83	826.90	840.27	40.44	53.74	46.43	4.60	5.96	8.09	494.48	649.53	656.01
矿石和其他矿物	73.24	91.28	81.62	1.65	1.89	2.10	0.28	0.40	0.44	55.16	68.57	60.13
燃料	426.58	579.63	623.83	31.61	42.17	36.65	3.35	4.44	6.61	339.43	458.27	489.56
有色金属	124.00	155.99	134.82	7.18	9.68	7.68	0.96	1.12	1.03	99.89	122.69	106.32
制成品	4 306.65	4 987.26	4 734.05	344.85	394.95	411.62	85.85	104.35	106.29	2 977.97	3 416.96	3 138.41
钢铁	179.30	225.43	197.00	9.43	12.35	13.50	3.17	3.73	4.15	134.59	169.19	141.62
化学品	943.90	1 078.28	1 040.01	104.24	113.27	113.60	20.89	24.36	26.17	651.47	742.91	702.81
药品	358.36	393.14	388.99	55.92	60.22	60.74	8.14	9.54	10.34	231.92	245.89	238.12
其他化学品	585.53	685.14	651.02	48.32	53.05	52.86	12.74	14.82	15.83	419.56	497.02	464.69
其他半制成品	447.31	522.02	488.61	22.54	25.94	26.78	7.25	8.60	8.75	330.10	386.67	353.53
机械和运输设备	2 023.94	2 338.27	2 219.32	157.05	184.04	196.32	46.29	57.62	56.55	1 339.02	1 522.51	1 389.44
办公和电信设备	377.33	389.73	357.14	15.97	15.75	14.96	2.88	3.49	2.95	293.89	296.18	271.37
EDP和办公设备	133.87	136.15	129.81	5.04	5.19	4.77	0.64	0.76	0.81	109.60	109.55	103.84
通讯设备	175.73	184.93	170.35	8.04	7.29	7.18	1.85	2.32	1.70	135.80	138.08	129.90
集成电路	67.73	68.65	56.97	2.90	3.28	3.00	0.40	0.41	0.44	48.50	48.55	37.63
运输设备	806.23	950.32	911.51	64.19	73.60	82.55	18.64	22.93	21.26	563.71	655.30	591.67
汽车	563.01	680.68	633.91	43.43	50.37	58.62	9.45	11.90	10.92	413.19	488.38	424.56
其他运输设备	243.22	269.64	277.60	20.76	23.23	23.93	9.18	11.03	10.34	150.52	166.93	167.11
其他机械	840.38	998.23	950.68	76.89	94.69	98.82	24.77	31.20	32.34	481.42	571.02	526.41
纺织品	78.86	89.95	82.17	3.55	3.94	4.01	0.82	0.96	1.05	58.29	66.29	58.75
服装	116.33	134.69	126.82	3.43	4.21	4.53	0.39	0.58	0.68	98.67	112.38	102.67
其他制成品	517.02	598.61	580.12	44.61	51.20	52.89	7.03	8.50	8.94	365.82	417.01	389.59
个人及家居用品	109.11	129.18	123.46	5.16	6.41	6.77	0.51	0.64	0.75	87.99	102.64	94.82
科学和控制仪器	120.15	140.44	137.25	16.70	19.16	19.26	2.91	3.42	3.57	68.98	80.28	74.66
杂项制成品	287.76	328.99	319.40	22.75	25.63	26.85	3.61	4.44	4.62	208.85	234.09	220.11
制成品出口总额b	**5 643.86**	**6 651.62**	**6 384.75**	**415.90**	**481.61**	**492.49**	**98.36**	**119.12**	**123.90**	**4 008.26**	**4 696.51**	**4 382.83**

（右半部分表格） 单位：十亿美元

独联体			非洲			中东			亚洲			目的地
2010	2011	2012	2010	2011	2012	2010	2011	2012	2010	2011	2012	原产地
												中、南美洲
7.33	7.96	7.32	9.87	15.34	14.75	11.36	12.90	12.53	41.87	54.78	57.70	农产品
7.03	7.62	6.94	9.74	15.15	14.61	11.16	12.69	12.33	36.19	47.41	50.10	食品
0.18	0.22	0.23	0.13	0.29	0.34	0.03	0.06	0.06	1.89	2.92	2.86	鱼产品
6.85	7.40	6.71	9.62	14.86	14.27	11.13	12.63	12.27	34.30	44.50	47.25	其他食品
0.31	0.34	0.38	0.13	0.18	0.15	0.20	0.21	0.21	5.68	7.36	7.60	原料
0.17	0.27	0.19	2.02	1.91	1.86	2.10	3.52	2.99	79.16	98.65	98.03	燃料和矿产品
0.16	0.24	0.18	1.16	1.09	0.91	1.69	2.66	2.35	43.24	56.32	51.93	矿石和其他矿物
0.01	0.04	0.02	0.75	0.77	0.90	0.38	0.70	0.55	18.11	22.60	28.69	燃料
0.00	0.00	0.00	0.11	0.05	0.05	0.03	0.16	0.09	17.81	19.73	17.40	有色金属
0.29	0.50	0.73	3.47	4.32	4.07	1.42	1.50	1.34	12.69	16.20	15.70	制成品
0.02	0.02	0.05	0.48	0.63	0.47	0.22	0.28	0.25	4.01	4.55	3.94	钢铁
0.07	0.08	0.07	0.51	0.64	0.59	0.18	0.20	0.22	2.64	3.41	3.35	化学品
0.03	0.03	0.03	0.04	0.05	0.06	0.04	0.04	0.04	0.28	0.53	0.57	药品
0.04	0.05	0.04	0.48	0.58	0.53	0.14	0.16	0.18	2.35	2.88	2.78	其他化学品
0.04	0.05	0.05	0.43	0.47	0.43	0.15	0.16	0.14	2.32	2.61	2.69	其他半制成品
0.11	0.30	0.49	1.80	2.28	2.15	0.77	0.74	0.61	3.19	5.05	5.07	机械和运输设备
0.00	0.00	0.00	0.01	0.02	0.02	0.03	0.02	0.02	1.13	1.21	1.30	办公和电信设备
0.00	0.00	0.00	0.00	0.01	0.00	0.00	0.00	0.00	0.42	0.05	0.09	EDP 和办公设备
0.00	0.00	0.00	0.01	0.01	0.01	0.02	0.01	0.02	0.11	0.15	0.12	通讯设备
0.00	0.00	0.00	0.00	0.00	0.00	0.00	0.00	0.00	0.59	1.00	1.09	集成电路
0.06	0.15	0.36	1.08	1.35	1.30	0.49	0.44	0.24	1.07	2.67	2.53	运输设备
0.01	0.02	0.13	0.62	0.87	0.73	0.03	0.20	0.03	0.35	0.49	0.54	汽车
0.04	0.13	0.23	0.45	0.48	0.57	0.45	0.23	0.22	0.72	2.19	1.99	其他运输设备
0.06	0.15	0.13	0.72	0.92	0.83	0.25	0.29	0.35	0.99	1.17	1.25	其他机械
0.00	0.00	0.00	0.02	0.03	0.03	0.00	0.00	0.00	0.08	0.09	0.11	纺织品
0.00	0.00	0.00	0.01	0.01	0.02	0.01	0.01	0.01	0.05	0.06	0.09	服装
0.05	0.05	0.05	0.20	0.25	0.38	0.09	0.10	0.10	0.40	0.43	0.46	其他制成品
0.03	0.03	0.03	0.11	0.12	0.14	0.04	0.05	0.06	0.12	0.12	0.13	个人及家居用品
0.01	0.01	0.01	0.03	0.04	0.03	0.02	0.02	0.01	0.12	0.13	0.15	科学和控制仪器
0.00	0.01	0.01	0.06	0.09	0.22	0.03	0.03	0.03	0.15	0.17	0.18	杂项制成品
7.81	**8.74**	**8.25**	**15.37**	**21.59**	**20.94**	**15.05**	**17.99**	**17.02**	**133.78**	**169.73**	**172.10**	制成品出口总额 b
												欧洲
20.18	23.99	24.91	20.71	25.39	25.85	15.55	19.47	21.50	35.65	46.73	47.74	农产品
18.36	21.68	22.49	17.25	21.91	22.08	13.83	17.53	19.69	25.31	33.09	34.12	食品
1.73	1.85	2.02	1.22	1.35	1.75	0.22	0.29	0.28	2.53	3.07	2.87	鱼产品
16.63	19.83	20.47	16.03	20.55	20.33	13.61	17.24	19.42	22.78	30.02	31.26	其他食品
1.82	2.31	2.42	3.46	3.48	3.77	1.72	1.94	1.81	10.34	13.64	13.62	原料
5.03	7.73	8.24	22.54	31.26	37.37	8.92	13.42	13.57	28.80	41.24	45.50	燃料和矿产品
0.44	0.82	0.89	1.51	1.86	1.93	0.89	1.22	1.26	13.18	16.40	14.75	矿石和其他矿物
3.47	5.45	6.06	18.79	26.68	32.81	6.38	10.04	10.38	5.02	9.02	17.09	燃料
1.11	1.46	1.29	2.24	2.71	2.62	1.65	2.16	1.93	10.59	15.82	13.66	有色金属
152.62	200.13	209.71	131.11	142.22	145.58	140.91	158.56	159.26	452.53	542.38	538.52	制成品
3.72	5.02	4.01	8.24	9.30	9.98	8.78	10.32	10.72	10.27	13.38	12.32	钢铁
32.64	39.05	39.95	21.95	24.95	25.94	22.26	25.70	25.52	86.21	99.70	99.21	化学品
13.37	15.72	16.14	8.24	9.01	9.75	8.64	10.15	10.25	31.25	37.55	40.40	药品
19.28	23.33	23.80	13.71	15.94	16.19	13.62	15.54	15.27	54.96	62.15	58.81	其他化学品
16.09	19.66	20.83	15.07	15.42	16.65	15.76	18.42	17.38	39.13	46.09	43.96	其他半制成品
74.98	104.62	110.97	68.27	74.07	73.96	72.71	78.84	78.01	252.55	301.75	298.78	机械和运输设备
12.12	14.34	14.03	9.29	11.73	9.02	10.19	12.93	11.34	32.37	34.64	32.65	办公和电信设备
4.67	5.65	6.38	3.88	4.20	3.79	3.85	4.24	4.08	6.18	6.54	6.12	EDP 和办公设备
6.79	7.96	6.88	4.51	6.60	4.33	5.78	8.00	6.43	12.38	14.04	13.15	通讯设备
0.66	0.73	0.77	0.90	0.92	0.90	0.56	0.69	0.83	13.81	14.06	13.39	集成电路
22.70	36.44	40.75	21.18	23.15	26.30	23.20	22.36	23.21	81.96	104.34	113.14	运输设备
17.98	29.35	31.83	15.68	17.39	20.71	11.75	12.92	13.38	50.90	69.31	72.94	汽车
4.72	7.09	8.91	5.51	5.75	5.59	11.44	9.44	9.83	31.06	35.03	40.20	其他运输设备
40.16	53.83	56.19	37.80	39.19	38.63	39.33	43.56	43.45	138.21	162.78	152.99	其他机械
3.59	4.34	4.54	5.18	5.67	5.45	2.02	2.36	2.41	5.03	5.86	5.54	纺织品
4.96	6.21	6.68	1.42	1.51	1.62	2.39	2.98	3.32	4.84	6.58	7.12	服装
16.64	21.21	22.73	10.98	11.31	11.98	16.99	19.94	21.91	54.49	69.01	71.59	其他制成品
4.16	5.35	5.86	1.68	1.63	1.86	2.49	3.06	3.29	7.08	9.39	10.04	个人及家居用品
3.84	4.93	5.66	3.33	3.61	3.60	4.24	4.86	5.09	20.04	24.09	25.28	科学和控制仪器
8.64	10.93	11.21	5.98	6.07	6.53	10.26	12.02	13.53	27.38	35.53	36.27	杂项制成品
179.74	**234.01**	**245.35**	**177.28**	**202.34**	**210.79**	**168.61**	**195.37**	**208.29**	**527.58**	**641.71**	**642.56**	制成品出口总额 b

表 3（续 2）

（左半部分表格）　　　　单位：十亿美元

目的地	世界 a			北美洲			中、南美洲			欧洲		
原产地	2010	2011	2012	2010	2011	2012	2010	2011	2012	2010	2011	2012
独联体												
农产品	44.22	57.29	65.88	0.55	0.52	0.60	0.13	0.21	0.17	10.14	13.80	20.01
燃料和矿产品	380.34	528.07	530.17	26.29	34.55	28.32	2.07	2.98	1.81	248.25	334.88	338.44
制成品	143.71	184.74	186.62	6.25	7.22	7.53	4.16	6.06	5.11	41.47	50.63	57.99
制成品出口总额 b	**589.25**	**789.21**	**805.25**	**33.59**	**42.84**	**37.05**	**6.39**	**10.45**	**7.09**	**307.95**	**406.93**	**430.00**
非洲												
农产品	49.73	58.14	57.39	2.39	3.39	3.08	1.08	1.53	1.53	20.40	22.39	20.33
燃料和矿产品	339.39	402.30	437.72	79.04	82.98	61.26	12.02	25.42	25.84	120.39	134.23	169.18
制成品	93.44	105.46	103.41	8.06	9.58	8.79	2.23	2.74	2.90	39.34	45.08	41.62
制成品出口总额 b	**510.70**	**598.28**	**630.01**	**89.96**	**96.64**	**73.86**	**15.37**	**29.76**	**30.33**	**187.79**	**208.66**	**240.44**
中东												
农产品	26.85	30.89	29.77	0.44	0.52	0.56	0.09	0.07	0.07	2.58	2.62	2.57
燃料和矿产品	593.18	864.52	915.21	52.89	81.29	92.80	3.53	6.34	6.14	70.13	105.38	93.11
制成品	203.72	260.59	265.44	23.29	25.39	24.23	3.29	3.95	4.50	33.55	44.44	41.89
制成品出口总额 b	**906.95**	**1267.51**	**1349.43**	**76.78**	**107.65**	**118.02**	**7.00**	**10.43**	**10.79**	**111.75**	**159.94**	**148.19**
亚洲												
农产品	292.42	384.97	383.55	33.64	42.83	44.65	5.10	6.30	5.77	40.40	52.36	48.24
食品	225.46	290.25	296.40	27.29	32.65	33.18	3.52	4.20	4.19	30.49	38.07	37.15
鱼产品	41.08	50.25	53.04	10.23	11.97	12.00	0.53	0.82	0.89	7.10	8.23	8.08
其他食品	184.38	240.00	243.36	17.06	20.69	21.18	2.99	3.38	3.29	23.39	29.84	29.07
原料	66.96	94.72	87.15	6.35	10.18	11.47	1.58	2.10	1.59	9.91	14.30	11.09
燃料和矿产品	538.29	717.16	693.86	20.00	23.30	23.02	11.19	14.78	13.91	32.63	42.94	37.55
矿石和其他矿物	101.58	128.75	115.91	2.14	3.30	3.28	0.08	0.13	0.15	5.46	5.81	4.83
燃料	357.35	491.35	492.22	11.70	11.82	11.68	10.48	13.74	12.91	21.26	27.76	23.41
有色金属	79.36	97.06	85.73	6.15	8.19	8.06	0.64	0.91	0.85	5.92	9.37	9.31
制成品	3 723.23	4 285.98	4 418.58	735.41	833.37	898.77	124.65	156.53	165.44	702.06	799.79	743.45
钢铁	141.16	176.79	167.31	13.51	19.34	20.42	6.45	7.29	7.40	13.73	19.73	15.33
化学品	367.10	452.01	448.75	38.53	45.59	47.88	12.22	17.38	18.81	49.42	64.29	61.38
药品	35.50	40.61	44.92	8.15	8.43	9.21	1.31	1.57	1.68	9.92	11.63	12.72
其他化学品	331.60	411.40	403.83	30.37	37.16	38.67	10.91	15.81	17.13	39.50	52.66	48.66
其他半制成品	274.54	338.99	351.64	52.47	64.96	69.92	9.06	12.09	14.32	47.93	60.31	57.99
机械和运输设备	2 106.52	2 333.06	2 377.29	424.74	470.26	505.11	68.09	81.97	82.08	396.67	425.80	381.87
办公和电信设备	1 006.24	1 056.73	1 073.73	217.55	229.70	233.11	16.52	20.45	20.27	208.38	210.90	190.21
EDP 和办公设备	341.61	340.93	343.13	106.46	109.94	109.81	5.12	6.06	5.73	89.16	84.79	83.38
通讯设备	304.45	344.63	355.58	88.13	94.51	99.65	9.70	12.15	11.90	61.89	71.24	69.91
集成电路	360.18	371.17	375.02	22.95	25.25	23.65	1.70	2.24	2.64	57.33	54.87	36.92
运输设备	480.41	548.23	551.10	99.90	112.91	129.87	31.01	35.05	33.48	89.99	98.67	80.27
汽车	276.50	305.72	338.52	75.54	80.59	95.73	18.01	20.82	22.21	38.43	43.57	38.13
其他运输设备	203.91	242.52	212.58	24.36	32.33	34.15	12.99	14.23	11.26	51.56	55.09	42.14
其他机械	619.87	728.10	752.46	107.29	127.65	142.13	20.56	26.47	28.34	98.30	116.23	111.39
纺织品	142.03	169.16	168.23	20.48	23.12	23.84	8.09	10.12	9.88	24.40	29.06	26.04
服装	198.69	238.13	245.77	61.65	69.56	71.34	6.54	9.29	10.18	64.65	79.38	72.18
其他制成品	493.19	577.83	659.60	124.03	140.54	160.27	14.20	18.38	22.76	105.26	121.22	128.66
个人及家居用品	120.69	142.92	163.48	42.00	47.16	52.39	5.19	7.31	9.25	32.60	39.32	41.52
科学和控制仪器	140.17	153.23	166.98	23.91	25.96	29.26	3.52	4.02	4.40	23.83	25.58	26.16
杂项制成品	232.33	281.68	329.14	58.11	67.43	78.61	5.49	7.05	9.12	48.83	56.32	60.98
制成品出口总额 b	**4 690.49**	**5 532.53**	**5 640.05**	**798.13**	**908.70**	**975.46**	**148.56**	**188.45**	**196.23**	**805.59**	**926.26**	**855.09**

a　包括未分类目的地。
b　包括未分类产品。

(右半部分表格)　　单位：十亿美元

独联体			非洲			中东			亚洲			目的地
2010	2011	2012	2010	2011	2012	2010	2011	2012	2010	2011	2012	原产地
												独联体
17.26	20.58	20.57	3.07	4.15	6.59	3.02	4.20	6.66	8.46	11.80	8.91	农产品
33.69	56.82	49.38	1.31	3.03	3.22	5.87	6.27	6.47	57.16	81.31	92.25	燃料和矿产品
58.23	79.36	77.17	3.06	3.62	3.97	8.20	9.93	6.97	19.74	23.76	21.05	制成品
111.25	**160.05**	**148.69**	**8.71**	**12.39**	**13.85**	**19.50**	**21.83**	**20.30**	**87.96**	**119.32**	**126.81**	制成品出口总额 b
												非洲
0.89	1.25	1.06	10.83	13.64	13.49	4.66	5.06	4.63	8.62	10.61	12.46	农产品
0.33	0.28	0.30	21.23	27.12	27.39	3.45	3.61	3.25	94.54	112.76	130.65	燃料和矿产品
0.19	0.30	0.42	26.24	28.08	29.65	5.09	6.14	5.90	11.04	12.35	11.88	制成品
1.43	**1.85**	**1.77**	**67.10**	**78.87**	**80.89**	**15.71**	**18.04**	**17.12**	**118.37**	**141.98**	**159.68**	制成品出口总额 b
												中东
1.04	1.17	1.30	1.59	2.06	2.21	12.70	13.87	14.89	4.77	5.86	5.83	农产品
0.13	0.22	0.23	14.14	19.07	20.11	24.07	29.25	32.83	391.25	553.72	613.39	燃料和矿产品
3.51	4.45	5.55	12.10	15.36	15.92	45.52	55.68	61.95	68.89	93.63	93.04	制成品
4.78	**5.94**	**7.15**	**28.48**	**37.39**	**39.38**	**87.95**	**103.93**	**115.65**	**474.65**	**667.08**	**731.58**	制成品出口总额 b
												亚洲
6.88	8.51	8.37	15.50	22.15	22.67	17.85	23.80	24.02	172.57	227.94	228.46	农产品
6.39	7.72	7.56	14.40	20.76	21.35	16.54	22.12	22.50	126.37	163.67	169.13	食品
0.87	1.01	1.19	0.97	1.35	1.83	1.06	1.33	1.54	20.29	25.47	27.43	鱼产品
5.52	6.71	6.37	13.43	19.41	19.51	15.48	20.79	20.96	106.08	138.19	141.70	其他食品
0.49	0.79	0.81	1.09	1.39	1.32	1.31	1.69	1.52	46.20	64.27	59.33	原料
1.72	1.61	1.48	9.23	11.64	13.78	13.94	17.08	21.70	442.82	594.37	574.88	燃料和矿产品
0.78	0.35	0.32	0.21	0.56	0.23	1.14	1.09	0.89	89.80	115.13	104.12	矿石和其他矿物
0.54	0.76	0.68	7.68	9.14	11.71	10.16	12.51	18.09	290.77	406.56	408.32	燃料
0.40	0.50	0.48	1.35	1.93	1.84	2.64	3.48	2.72	62.25	72.68	62.45	有色金属
76.36	99.55	110.59	99.39	118.05	134.41	163.79	197.29	208.95	1787.06	2043.34	2128.05	制成品
2.64	3.59	3.87	4.51	5.55	5.59	11.29	13.63	13.86	88.99	107.55	100.78	钢铁
5.07	6.67	6.94	10.40	13.36	13.94	10.83	13.42	13.50	240.56	291.04	286.13	化学品
0.78	1.03	1.06	2.72	3.16	3.41	0.82	0.92	0.94	11.79	13.84	15.86	药品
4.29	5.64	5.88	7.68	10.20	10.53	10.01	12.50	12.56	228.77	277.20	270.27	其他化学品
6.61	8.66	10.09	12.56	14.90	17.89	26.15	32.13	28.39	119.69	145.11	152.94	其他半制成品
34.44	49.12	56.15	47.38	52.40	56.80	77.38	88.82	96.60	1023.89	1128.73	1170.65	机械和运输设备
8.05	10.25	11.51	8.98	9.60	9.00	16.25	19.15	19.41	530.48	556.64	590.18	办公和电信设备
2.67	3.34	4.10	1.80	1.88	1.90	5.27	5.88	6.45	131.11	129.02	131.75	EDP 和办公设备
5.14	6.42	6.83	6.61	7.12	6.60	10.28	12.59	12.32	122.67	140.57	148.34	通讯设备
0.24	0.48	0.58	0.57	0.60	0.50	0.69	0.67	0.65	276.70	287.04	310.08	集成电路
14.45	21.64	25.60	19.29	22.15	23.86	34.72	35.67	41.97	157.20	186.30	188.11	运输设备
12.31	19.20	22.73	14.02	14.87	17.73	30.05	29.14	36.50	88.08	97.45	105.45	汽车
2.13	2.44	2.87	5.27	7.28	6.13	4.67	6.53	5.46	69.11	88.85	82.66	其他运输设备
11.94	17.23	19.04	19.11	20.65	23.95	26.41	34.00	35.22	336.22	385.80	392.36	其他机械
4.83	6.00	6.62	9.92	12.53	12.82	9.01	11.07	10.67	65.16	77.05	78.15	纺织品
11.36	12.43	12.88	4.81	5.74	7.53	8.42	10.56	11.99	41.23	51.12	59.64	服装
11.42	13.07	14.04	9.82	13.58	19.83	20.70	27.67	33.93	207.54	242.73	279.76	其他制成品
5.96	6.91	7.21	4.03	5.21	8.01	4.80	6.37	8.34	26.06	30.61	36.74	个人及家居用品
1.39	1.61	1.70	1.07	1.21	1.72	1.53	1.97	2.30	84.90	92.88	101.43	科学和控制仪器
4.08	4.56	5.14	4.71	7.16	10.10	14.36	19.33	23.29	96.58	119.24	141.59	杂项制成品
85.17	**109.88**	**120.65**	**127.72**	**153.09**	**176.51**	**199.31**	**242.55**	**260.32**	**2467.61**	**2940.85**	**3012.45**	制成品出口总额 b

a　包括未分类目的地。

b　包括未分类产品。

表 4

2003—2012 年区域一体化协定的货物贸易

单位：十亿美元

地区 \ 年份	2003	2004	2005	2006	2007	2008	2009	2010	2011	2012
欧盟（27）										
总出口	3 148.9	3 762.4	4 065.9	4 591.2	5 346.8	5 922.2	4 595.5	5 165.9	6 076.5	5 803.3
内部出口	2 165.7	2 577.1	2 755.6	3 135.6	3 645.7	3 995.6	3 063.9	3 367.4	3 905.9	3 636.5
外部出口	983.3	1 185.4	1 310.3	1 455.6	1 701.1	1 926.6	1 531.6	1 798.4	2 170.6	2 166.8
总进口	3 214.2	3 854.5	4 222.3	4 830.4	5 610.7	6 299.4	4 748.5	5 396.5	6 306.0	5 937.6
内部进口	2 156.2	2 576.4	2 754.2	3 133.2	3 645.7	3 995.6	3 063.9	3 367.4	3 905.9	3 636.5
外部进口	1 058.0	1 278.1	1 468.0	1 697.2	1 964.9	2 303.7	1 684.7	2 029.0	2 400.1	2 301.1
北美自由贸易区										
总出口	1 162.9	1 319.6	1 475.8	1 664.0	1 840.3	2 035.6	1 602.3	1 964.3	2 282.0	2 371.3
对内出口	650.1	739.1	824.5	901.0	950.0	1 013.2	767.9	956.7	1 102.3	1 150.7
对外出口	512.8	580.5	651.3	763.0	890.2	1 022.4	834.4	1 007.6	1 179.7	1 220.6
总进口	1 723.1	2 007.9	2 283.4	2 540.6	2 700.8	2 906.8	2 176.7	2 682.1	3 090.4	3 190.9
内部进口	639.8	715.5	790.9	864.4	915.2	965.2	717.5	899.6	1 078.8	1 034.7
外部进口	1 083.3	1 292.4	1 492.5	1 675.9	1 785.4	1 940.9	1 459.2	1 782.5	2 055.7	2 112.1
东盟										
总出口 a	474.8	568.9	656.0	769.6	865.4	989.9	814.0	1 050.0	1 237.1	1 252.7
内部出口 a	117.2	141.6	165.3	191.6	218.5	252.0	201.9	264.8	313.2	325.1
外部出口	357.6	427.3	490.7	578.0	647.0	737.9	612.1	785.2	923.9	927.6
总进口 a	411.8	513.8	602.9	688.0	775.5	938.8	727.1	953.1	1 153.0	1 219.7
内部进口 a	100.9	125.2	151.1	174.1	194.8	228.5	176.1	230.8	265.2	272.5
外部进口	310.1	387.4	451.8	513.9	580.7	710.2	550.9	722.3	887.8	947.2
南方共同市场										
总出口	106.1	135.8	164.0	190.2	223.7	278.4	217.2	283.3	355.7	339.5
内部出口	12.7	17.1	21.1	25.8	32.4	41.6	32.7	44.6	54.2	48.5
外部出口	93.4	118.7	142.9	164.4	191.3	236.8	184.5	238.7	301.4	291.0
总进口	69.1	95.1	113.9	139.5	182.8	257.9	186.3	266.7	334.0	325.0
内部进口	13.5	18.0	22.5	25.9	34.0	43.7	32.8	44.7	53.8	47.8
外部进口	55.6	77.1	91.4	113.6	148.8	214.2	153.5	222.0	280.2	277.3
安第斯共同体										
总出口	30.0	38.9	51.4	64.8	76.7	94.5	78.6	99.3	134.4	140.9
内部出口	2.9	3.4	4.5	5.2	5.9	7.0	5.8	7.8	9.3	10.4
外部出口	27.1	35.6	46.9	59.6	70.7	87.5	72.7	91.5	125.1	130.5
总进口	30.6	36.9	46.3	56.4	70.7	93.6	74.4	96.9	124.4	135.1
内部进口	3.5	4.2	5.2	6.2	7.2	8.6	7.1	9.5	11.2	11.7
外部进口	27.2	32.7	41.1	50.2	63.5	85.0	67.3	87.4	113.1	123.4

表 5

2002—2012 年区域集团的货物贸易

单位：十亿美元

地区 \ 年份	2002	2003	2004	2005	2006	2007	2008	2009	2010	2011	2012
出口											
世界 a	**6 495.2**	**7 589.1**	**9 222.5**	**10 507.6**	**12 129.5**	**14 022.7**	**16 159.5**	**12 554.1**	**15 282.8**	**18 319.4**	**18 401.0**
北美洲和欧洲											
欧洲自由贸易联盟	153.6	175.5	208.2	237.8	273.5	313.2	377.9	293.3	330.9	400.5	392.0
欧盟（27）	2 637.6	3 148.9	3 762.5	4 072.6	4 594.7	5 350.7	5 935.8	4 597.5	5 165.9	6 076.5	5 803.3
北美自由贸易区	1 106.2	1 162.9	1 319.6	1 475.8	1 664.1	1 840.7	2 035.2	1 601.8	1 964.3	2 282.0	2 371.3
中、南美洲											
安第斯共同体	26.0	30.0	39.0	51.5	64.9	76.9	94.0	78.6	99.3	134.4	140.9
中美洲共同市场	16.7	18.0	19.9	21.7	24.3	27.3	29.6	26.1	30.4	36.2	37.4
加勒比共同体和共同市场	7.3	9.0	11.0	14.9	20.2	20.1	26.3	14.9	17.6	23.0	21.8
南方共同市场	90.3	107.6	137.1	165.5	191.8	225.6	280.3	219.1	283.3	355.7	339.5
非洲											
中部非洲经济与货币共同体	8.9	11.6	16.6	22.9	26.8	30.2	42.7	27.0	35.5	44.2	45.0
东南非共同市场	28.6	37.4	49.2	66.0	82.9	98.7	127.0	92.6	118.4	99.2	134.3
中部非洲国家经济共同体	18.5	22.5	32.1	49.6	61.6	78.0	111.3	71.7	91.8	118.7	126.0
西非国际经济共同体	29.5	37.0	53.7	67.1	78.1	87.5	111.9	83.4	114.8	153.4	155.3
南部非洲发展共同体	51.7	62.0	79.7	97.9	116.7	144.2	177.7	131.3	170.4	212.2	208.5
西非经济和货币同盟	8.7	9.8	11.6	12.7	14.2	15.0	18.5	19.3	20.8	23.8	23.3
中东和亚洲											
东盟	407.4	474.8	568.9	656.0	769.8	865.4	989.9	814.0	1 050.0	1 237.1	1 252.7
海湾（阿拉伯国家）合作委员会	167.9	212.7	285.2	397.6	480.7	555.0	762.5	525.9	661.5	949.9	1 061.8
南亚自由贸易区	70.8	84.0	105.2	132.6	158.9	190.0	240.8	206.3	277.3	364.9	355.1
备忘：											
非洲、加勒比和太平洋国家集团	112.3	136.6	181.4	226.7	269.8	316.8	399.1	288.7	380.7	481.4	473.1
最不发达国家	39.9	45.8	60.4	82.4	103.4	128.3	167.9	127.7	162.4	203.4	205.9
WTO 成员（153）	6 193.5	7 235.9	8 780.7	9 967.8	11 486.1	13 273.7	15 245.3	11 874.0	14 432.6	17 295.0	17 328.4
进口											
世界	**6 742.8**	**7 868.5**	**9 571.0**	**10 869.7**	**12 462.9**	**14 329.4**	**16 571.2**	**12 777.9**	**15 502.6**	**18 499.3**	**18 601.3**
北美洲和欧洲											
欧洲自由贸易联盟	124.3	143.1	168.0	187.0	211.8	248.2	280.1	228.0	257.5	303.8	289.9
欧盟（27）	2 672.1	3 214.2	3 854.5	4 227.7	4 846.1	5 627.7	6 326.2	4 784.3	5 396.5	6 306.0	5 937.6
北美自由贸易区	1 600.8	1 723.1	2 007.9	2 283.4	2 540.6	2 700.8	2 906.8	2 176.7	2 682.1	3 090.4	3 190.9
中、南美洲											
安第斯共同体	28.4	30.6	36.9	46.4	56.5	70.7	93.6	74.3	96.9	124.4	135.1
中美洲共同市场	26.2	28.2	32.1	36.2	41.5	47.8	54.5	41.1	48.9	59.0	61.9
加勒比共同体和共同市场	14.1	15.1	17.0	20.2	23.0	26.3	31.7	23.6	24.9	30.3	31.0
南方共同市场	62.3	69.1	95.1	113.9	139.5	182.8	257.9	186.3	266.7	334.0	325.0
非洲											
中部非洲经济与货币共同体	5.9	6.0	6.9	7.9	10.5	14.2	17.4	17.3	20.0	25.2	26.8
东南非共同市场	35.5	40.3	51.0	65.1	76.0	93.7	119.4	114.7	134.6	143.3	174.3

续 表

地区 \ 年份	2002	2003	2004	2005	2006	2007	2008	2009	2010	2011	2012
中部非洲国家经济共同体	11.2	13.4	15.3	19.8	23.2	32.4	44.4	45.7	43.2	53.6	60.1
西非国际经济共同体	19.9	25.9	33.1	43.6	51.9	66.1	89.5	67.1	83.5	103.5	104.6
南部非洲发展共同体	49.2	65.8	85.3	99.7	119.6	140.4	171.3	140.6	162.2	205.3	216.1
西非经济和货币同盟	8.1	10.2	12.8	15.3	16.0	20.0	25.5	22.0	24.4	25.4	29.5
中东和亚洲											
东盟	366.8	411.8	513.8	603.0	688.4	775.8	939.3	727.0	953.1	1 153.0	1 219.7
海湾（阿拉伯国家）合作委员会	99.3	122.1	154.3	188.3	225.1	295.0	383.0	318.4	350.0	426.6	488.2
南亚自由贸易区	84.5	105.2	140.7	194.4	238.4	296.6	406.7	326.6	436.5	573.2	595.8
备忘：											
非洲、加勒比和太平洋国家集团	115.3	141.7	176.3	216.5	260.0	309.5	388.2	314.1	366.9	451.7	473.4
最不发达国家	49.6	59.9	70.9	87.2	100.5	124.6	161.9	153.7	169.4	207.7	224.3
WTO 成员（153）a	6 477.3	7 559.9	9 179.3	10 426.0	11 973.3	13 760.3	15 898.3	12 176.0	14 792.4	17 698.7	17 742.7

a 包括重要的转口及因转口的进口。

表 6

2002—2012 年区域集团的服务贸易

单位：十亿美元

地区 \ 年份	2002	2003	2004	2005	2006	2007	2008	2009	2010	2011	2012
出口											
世界	**1 596.9**	**1 850.0**	**2 247.8**	**2 512.7**	**2 841.8**	**3 420.3**	**3 846.4**	**3 481.4**	**3 819.7**	**4 258.3**	**4 349.9**
北美洲和欧洲											
欧洲自由贸易联盟	49.9	57.1	69.4	79.6	88.3	106.7	122.1	114.8	123.3	139.1	137.0
欧盟（27）	726.7	884.7	1 072.8	1 181.4	1 329.7	1 609.7	1 782.2	1 614.0	1 675.4	1 873.9	1 831.7
北美自由贸易区	332.2	344.2	396.1	433.9	479.8	555.5	606.5	573.4	626.7	682.1	714.8
中、南美洲											
安第斯共同体	4.2	4.6	5.4	6.2	7.3	8.2	9.4	9.4	9.8	11.2	12.6
中美洲共同市场	4.4	4.6	5.1	5.7	6.4	7.3	8.1	7.6	8.9	9.8	10.8
加勒比共同体和共同市场	7.0	7.6	8.4	9.2	9.6	10.2	10.5	9.6	9.9	15.1	15.7
南方共同市场	13.5	15.3	18.5	23.3	27.9	35.5	44.1	40.6	47.6	57.0	58.2
非洲											
中部非洲经济与货币共同体	1.3	1.0	1.5	1.3	1.4	1.8	2.1	1.9	1.9	2.0	…
东南非共同市场	13.5	15.7	20.2	21.5	23.8	29.5	36.3	32.1	36.3	33.9	37.5
中部非洲国家经济共同体	1.6	1.3	2.0	1.6	1.8	2.5	3.1	3.2	3.3	3.4	…
西非国际经济共同体	4.8	6.1	6.4	5.2	6.2	6.5	7.8	7.0	8.0	8.7	10.0
南部非洲发展共同体	9.3	13.2	15.6	17.3	18.9	22.4	21.9	20.3	23.6	25.8	26.7
西非经济和货币同盟	1.4	1.6	2.0	2.1	2.2	2.9	3.3	2.8	3.3	3.4	…

续　表

地区＼年份	2002	2003	2004	2005	2006	2007	2008	2009	2010	2011	2012
中东和亚洲											
东盟	75.3	80.1	105.6	118.2	137.1	175.2	196.5	166.1	200.9	236.0	253.8
海湾（阿拉伯国家）合作委员会	11.1	12.8	16.0	25.9	35.8	40.6	37.3	37.1	38.9	43.5	48.8
南亚自由贸易区	22.7	27.6	42.5	56.9	74.8	92.3	113.4	99.7	132.6	147.8	151.7
备忘：											
非洲、加勒比和太平洋国家集团	30.4	37.3	42.8	48.7	53.2	60.7	64.4	59.2	67.3	78.5	82.0
最不发达国家	6.3	6.7	8.2	9.2	10.5	13.6	16.9	18.3	21.5	25.5	27.1
WTO 成员（153）	1 572.6	1 818.2	2 211.7	2 469.4	2 788.2	3 358.2	3 778.4	3 411.8	3 740.0	4 169.5	4 249.7
进口											
世界	**1 561.3**	**1 792.5**	**2 145.7**	**2 383.7**	**2 659.6**	**3 173.8**	**3 633.0**	**3 292.3**	**3 613.3**	**4 042.2**	**4 152.3**
北美洲和欧洲											
欧洲自由贸易联盟	31.6	36.5	43.8	54.1	57.0	69.4	76.8	72.1	80.9	93.4	98.3
欧盟（27）	689.3	832.5	981.9	1 071.5	1 175.5	1 410.1	1 585.3	1 434.9	1 467.3	1 614.0	1 569.1
北美自由贸易区	269.7	289.2	332.2	358.7	401.8	443.1	485.5	452.4	486.9	524.3	541.5
中、南美洲											
安第斯共同体	7.5	7.9	9.0	10.4	11.8	13.7	16.6	15.2	17.9	20.4	22.6
中美洲共同市场	4.3	4.5	5.1	5.3	6.0	6.8	7.1	6.0	7.0	7.6	8.0
加勒比共同体和共同市场	4.6	4.7	5.2	5.9	6.4	6.9	7.0	5.9	6.1	11.8	12.4
南方共同市场	19.2	20.7	23.5	31.0	36.7	46.8	59.5	57.7	76.4	93.3	99.2
非洲											
中部非洲经济与货币共同体	4.3	4.5	5.9	6.4	8.1	9.6	11.4	10.2	12.8	14.6	…
东南非共同市场	13.2	13.7	16.6	21.1	23.5	29.8	36.3	31.9	35.8	37.1	40.3
中部非洲国家经济共同体	7.5	7.8	11.1	13.9	16.2	23.5	34.5	30.8	31.9	40.4	…
西非国际经济共同体	8.7	10.7	11.7	12.7	19.3	24.2	32.9	26.4	30.8	34.9	33.8
南部非洲发展共同体	13.4	16.4	21.2	25.8	28.8	38.7	48.8	43.5	47.3	56.9	57.5
西非经济和货币同盟	2.9	3.6	4.2	4.5	4.9	5.9	7.0	6.6	7.3	7.9	…
中东和亚洲											
东盟	93.6	103.7	124.6	137.6	155.6	181.9	210.0	188.1	224.2	262.6	276.3
海湾（阿拉伯国家）合作委员会	26.3	30.3	38.7	54.6	75.0	103.9	122.1	109.5	122.5	151.5	162.7
南亚自由贸易区	26.1	31.5	44.7	58.9	71.6	85.1	104.9	92.5	131.4	141.3	145.7
备忘：											
非洲、加勒比和太平洋国家集团	37.1	42.8	51.7	60.8	74.8	93.6	116.7	101.1	115.1	138.9	141.2
最不发达国家	14.8	16.5	21.1	26.1	30.1	40.0	54.2	50.6	54.3	66.8	71.7
WTO 成员（159）	1 530.2	1 753.3	2 090.4	2 320.5	2 585.0	3 064.5	3 493.8	3 149.0	3 459.7	3 883.1	3 984.6

表 7

2002—2012 年世界货物出口（按地区和国家）

单位：百万美元

地区 \ 年份	2002	2003	2004	2005	2006	2007	2008	2009	2010	2011	2012
世界 a	**6 495 000**	**7 589 000**	**9 222 000**	**10 508 000**	**12 130 000**	**14 023 000**	**16 160 000**	**12 554 000**	**15 283 000**	**18 319 000**	**184 010 000**
北美洲	1 106 240	1 162 965	1 319 700	1 475 825	1 664 160	1 840 760	2 035 215	1 601 885	1 964 300	2 282 010	2 371 345
百慕大	56	52	73	49	27	27	24	29	15	13	12
加拿大	252 394	272 739	316 762	360 475	388 178	420 693	456 471	316 094	387 481	452 131	454 794
墨西哥	160 682	165 396	187 980	214 207	249 961	271 821	291 265	229 712	298 305	349 569	370 827
美国	693 103	724 771	814 875	901 082	1 025 967	1 148 199	1 287 442	1 056 043	1 278 495	1 480 290	1 545 709
中、南美洲	195 900	224 900	292 500	371 300	448 800	513 900	616 900	474 100	591 400	759 500	749 600
安提瓜和巴布达	39	45	57	83	74	59	65	51	46	56	60
阿根廷	25 650	29 566	34 576	40 351	46 546	55 779	70 018	55 672	68 133	83 950	80 927
阿鲁巴	1 488	2 052	3 435	4 416	4 716	5 206	5 456	1 952	264	5 179	1 850
巴哈马	446	425	477	549	694	802	956	711	702	834	984
巴巴多斯	242	250	278	359	510	524	488	379	429	475	565
伯利兹	169	205	213	208	274	267	304	253	304	376	390
玻利维亚	1 299	1 597	2 166	2 827	3 952	4 504	6 525	4 960	6 402	8 348	11 107
巴西	60 439	73 203	96 678	118 529	137 807	160 649	197 942	152 995	201 915	256 040	242 580
智利	18 180	21 664	32 520	41 267	58 680	67 972	64 510	55 463	71 109	81 455	78 277
哥伦比亚	11 911	13 080	16 224	21 190	24 391	29 991	37 626	32 853	39 820	57 420	60 274
哥斯达黎加	5 264	6 102	6 301	7 026	8 200	9 337	9 504	8 784	9 448	10 408	11 453
古巴	1 421	1 688	2 332	2 319	3 159	3 981	3 957	3 092	4 914	6 440	5 972
库拉索岛	—	—	—	—	—	—	943	675	683	928	948
多米尼克	43	40	42	42	41	37	40	33	37	30	35
多米尼加	5 165	5 471	5 936	6 145	6 610	7 160	6 748	5 483	6 754	8 612	9 079
厄瓜多尔	5 042	6 223	7 753	10 100	12 728	14 321	18 818	13 863	17 490	22 322	23 847
萨尔瓦多	2 996	3 128	3 305	3 418	3 706	4 015	4 641	3 866	4 499	5 308	5 339
格林纳达	38	42	32	28	25	33	31	29	25	29	35
危地马拉	4 162	4 459	5 036	5 381	6 025	6 898	7 737	7 214	8 463	10 401	9 983
圭亚那	487	513	593	553	588	679	795	763	880	1 116	1 393
海地	280	347	391	470	509	522	480	576	579	767	815
洪都拉斯	3 745	3 754	4 534	5 048	5 277	5 784	6 199	4 827	6 111	7 800	7 931
牙买加	1 114	1 180	1 402	1 532	1 948	2 254	2 439	1 316	1 328	1 624	1 708
荷属安的列斯	1 609	1 161	521	608	695	676	1 088	810	811	—	—
尼加拉瓜	561	605	756	866	1 050	1 222	1 475	1 394	1 851	2 264	2 677
巴拿马	846	864	944	7 050	8 034	8 821	9 817	10 717	10 987	14 555	16 220
巴拉圭	2 329	2 585	2 874	3 154	3 470	4 699	6 380	5 061	6 505	7 764	7 271
秘鲁	7 714	9 091	12 809	17 368	23 830	28 094	31 019	26 962	35 565	46 269	45 639
圣基茨和尼维斯	39	41	40	34	40	34	51	38	32	45	45
圣卢西亚	44	62	80	64	94	98	164	166	215	161	160
圣文森特和格林纳丁斯	38	38	37	40	38	48	52	49	42	38	43
圣马丁岛	—	—	—	—	—	—	133	130	123	127	131
苏里南	469	638	874	997	1 175	1 359	1 743	1 402	2 026	2 467	2 563
特立尼达和多巴哥	3 880	5 178	6 517	9 942	14 155	13 396	18 650	9 126	10 982	14 944	12 981
乌拉圭	1 861	2 206	2 931	3 422	3 989	4 518	5 942	5 405	6 724	7 912	8 743
委内瑞拉	26 781	27 230	39 668	55 716	65 578	69 980	95 021	57 603	65 745	92 811	97 340
欧洲	2 839 425	3 386 535	4 051 100	4 404 300	4 979 280	5 803 085	6 483 420	5 021 260	5 643 855	6 651 620	6 384 755
阿尔巴尼亚	340	448	605	658	798	1 078	1 355	1 091	1 545	1 951	1 968
奥地利	78 673	97 146	118 376	125 182	136 751	163 620	181 289	136 989	152 560	177 428	166 439
比利时	216 127	255 617	306 866	334 400	366 745	430 952	471 840	370 125	407 700	476 110	446 529
波斯尼亚和黑塞哥维那	1 005	1 340	1 793	2 400	3 323	4 152	5 021	3 954	4 803	5 850	5 162
保加利亚	5 733	7 543	9 932	11 739	15 064	18 518	22 362	16 318	20 630	28 208	26 715
克罗地亚	4 904	6 187	8 024	8 773	10 377	12 364	14 112	10 474	11 811	13 364	12 344
塞浦路斯	843	923	948	1 465	1 333	1 394	1 633	1 257	1 402	1 818	1 737
捷克	38 492	48 702	68 986	78 110	94 929	122 498	146 799	112 956	132 982	162 939	156 569
丹麦	57 495	66 512	77 079	85 121	92 558	103 171	116 923	93 984	96 440	111 864	105 594
爱沙尼亚	4 336	5 622	5 932	7 716	9 692	11 010	12 458	9 048	11 591	16 723	16 124
法罗群岛	536	594	616	599	651	746	852	762	839	1 008	948
芬兰	45 145	53 171	61 520	65 498	77 206	90 025	96 455	62 854	69 518	79 142	73 012
法国	331 719	392 039	452 106	463 428	495 868	559 612	616 240	484 781	523 767	596 473	568 920

续 表

地区 \ 年份	2002	2003	2004	2005	2006	2007	2008	2009	2010	2011	2012
马其顿	1 116	1 367	1 676	2 041	2 401	3 398	3 991	2 708	3 351	4 478	4 002
德国	615 831	751 560	909 887	970 915	1 108 107	1 321 214	1 446 171	1 120 041	1 258 924	1 473 985	1 407 082
希腊	10 414	13 382	15 308	17 278	20 749	23 578	26 382	20 469	21 713	33 899	35 479
匈牙利	34 517	43 094	55 567	62 936	75 255	95 400	108 504	83 008	95 483	112 312	103 927
冰岛	2 229	2 381	2 839	3 091	3 453	4 783	5 382	4 057	4 604	5 347	5 064
爱尔兰	88 265	92 755	104 788	109 658	108 726	121 544	125 719	115 928	116 497	125 740	117 227
意大利	254 427	299 333	353 782	373 135	416 875	499 882	542 748	406 909	447 301	523 258	500 719
拉脱维亚	2 285	2 893	4 009	5 161	6 155	8 308	10 144	7 702	9 532	13 130	14 094
立陶宛	5 475	7 162	9 302	11 807	14 142	17 144	23 646	16 454	20 748	28 050	29 640
卢森堡	10 214	13 297	16 250	19 120	22 980	22 933	25 694	21 339	19 748	21 866	19 447
马耳他	2 028	2 252	2 517	2 399	2 796	3 437	3 481	2 857	3 586	4 386	4 250
黑山	—	—	—	—	556	626	617	388	437	632	472
荷兰	244 059	296 012	357 417	406 372	463 630	550 755	637 918	497 891	574 251	667 101	655 700
挪威	59 662	68 321	82 527	103 759	122 208	136 354	171 764	116 778	130 669	160 305	161 026
波兰	41 133	53 762	75 047	89 437	110 780	140 147	170 458	136 503	159 724	188 697	183 421
葡萄牙	25 908	31 757	35 787	38 738	44 750	52 482	57 137	44 211	49 406	59 675	58 328
罗马尼亚	13 877	17 662	23 553	27 688	32 458	40 488	49 535	40 567	49 579	63 012	57 824
塞尔维亚	—	—	—	—	6 428	8 825	10 972	8 345	9 795	11 779	11 353
塞尔维亚和黑山	2 275	2 650	3 979	5 065	—	—	—	—	—	—	—
斯洛伐克	14 405	21 837	27 745	31 889	41 862	58 516	71 142	56 082	64 664	79 830	81 497
斯洛文尼亚	10 366	12 766	16 361	19 248	23 230	30 102	34 128	26 177	29 200	34 756	32 173
西班牙	125 687	156 147	182 623	192 644	213 717	253 297	281 493	227 338	254 418	306 551	293 939
瑞典	81 499	102 104	123 267	130 962	147 793	168 817	183 327	130 781	158 549	186 963	172 424
瑞士	91 699	104 822	122 844	130 930	147 856	172 078	200 759	172 474	195 609	234 819	225 949
土耳其	36 059	47 253	63 167	73 476	85 535	107 272	132 027	102 143	113 883	134 907	152 469
英国	280 195	305 627	347 494	390 860	450 907	441 831	472 168	354 893	415 959	502 540	474 476
欧盟（27）b	2 637 595	3 1489 35	3 762 450	4 072 640	4 594 740	5 350 675	5 935 795	4 597 460	5 165 870	6 076 455	5 803 285
欧盟（27）对外出口	843 380	983 280	1 185 380	1 315 710	1 458 860	1 703 430	1 937 785	1 533 105	1 798 440	2 170 600	2 166 755
独联体	153 200	194 595	265 495	343 705	430 955	520 475	702 540	450 310	589 250	789 210	805 250
亚美尼亚	505	686	723	974	985	1 152	1 057	710	1 041	1 334	1 428
阿塞拜疆	2 167	2 592	3 615	7 649	13 015	21 269	30 586	21 097	26 476	34 495	32 634
白俄罗斯	8 021	9 946	13 774	15 979	19 734	24 275	32 571	21 304	25 284	41 419	45 991
格鲁吉亚	346	461	647	865	936	1 232	1 495	1 134	1 677	2 189	2 377
哈萨克斯坦	9 670	12 927	20 093	27 849	38 250	47 755	71 172	43 196	59 971	87 603	92 286
吉尔吉斯共和国	486	582	719	672	891	1 321	1 856	1 673	1 760	1 972	1 894
摩尔多瓦	644	790	985	1 091	1 052	1 342	1 591	1 283	1 541	2 217	2 162
俄罗斯	107 301	135 929	183 207	243 798	303 551	354 403	471 606	303 388	400 630	522 011	529 255
塔吉克斯坦	738	797	915	909	1 399	1 468	1 409	1 010	1 195	1 257	1 358
土库曼斯坦	2 850	3 632	3 870	4 944	7 156	8 932	11 945	5 000	6 500	13 000	16 500
乌克兰	17 957	23 067	32 666	34 228	38 368	49 296	66 954	39 782	51 478	68 460	68 530
乌兹别克斯坦	2 513	3 189	4 280	4 749	5 617	8 029	10 298	10 735	11 695	13 254	10 836
非洲	144 900	179 300	239 600	311 000	370 700	436 500	562 200	393 500	510 700	598 300	630 000
阿尔及利亚	18 799	23 163	31 304	46 002	54 613	60 163	79 298	45 174	57 053	73 489	71 866
安哥拉	8 328	9 508	13 475	24 109	31 862	44 396	63 914	40 828	50 595	67 310	74 000
贝宁	448	541	569	578	736	1 047	1 282	1 225	1 282	1 410	1 400
博茨瓦纳	2 425	2 810	3 513	4 425	4 529	5 174	4 951	3 456	4 693	5 882	5 971
布基纳法索	247	321	479	468	588	623	693	900	1 585	2 352	2 183
布隆迪	30	38	47	58	58	59	57	67	101	123	134
喀麦隆	1 802	2 283	2 477	2 861	3 576	4 230	5 241	3 552	3 878	4 517	4 500
佛得角	11	13	15	18	21	19	32	35	44	69	53
中非共和国	147	128	134	128	158	178	150	120	140	190	210
乍得	185	601	2 191	3 081	3 352	3 666	4 169	2 800	3 500	4 600	4 400
科摩罗	19	27	19	12	10	14	7	15	21	25	19
刚果	2 280	2 677	3 433	4 745	6 078	5 635	8 325	6 100	9 300	11 600	10 700
刚果（金）	1 132	1 378	1 917	2 403	2 705	3 100	4 400	3 500	5 300	6 600	6 300
科特迪瓦	5 275	5 788	6 919	7 697	8 477	8 669	10 390	11 327	11 555	12 542	12 350
吉布提	36	37	38	40	55	58	69	77	85	93	95
埃及	5 546	7 408	9 661	12 912	16 728	19 224	26 224	23 062	26 438	31 570	29 385
赤道几内亚	2 117	2 801	4 599	7 064	8 207	10 210	15 218	9 100	10 000	13 500	15 500

续 表

地区 \ 年份	2002	2003	2004	2005	2006	2007	2008	2009	2010	2011	2012
厄立特里亚	52	7	11	11	12	13	11	11	12	400	480
埃塞俄比亚	480	496	678	903	1 043	1 277	1 602	1 618	2 330	2 875	3 000
加蓬	2 409	3 062	3 728	5 065	5 450	6 309	9 566	5 356	8 686	9 766	9 665
冈比亚	12	8	10	8	11	13	14	66	35	95	100
加纳	1 850	2 324	2 450	2 802	3 727	4 195	5 270	5 840	7 960	12 785	13 000
几内亚	709	609	744	853	1 033	1 203	1 342	1 050	1 471	1 433	1 300
几内亚比绍	54	65	76	89	74	107	128	122	127	230	130
肯尼亚	2 116	2 411	2 684	3 420	3 502	4 081	5 001	4 463	5 169	5 756	6 127
莱索托	358	476	708	651	718	830	884	734	878	1 172	1 100
利比里亚	176	109	104	131	158	200	242	149	222	367	459
利比亚	9 803	14 647	20 410	31 358	40 260	46 970	62 100	36 951	48 673	18 996	62 216
马达加斯加	486	856	992	855	985	1 238	1 310	1 052	1 071	1 590	1 500
马拉维	407	525	483	509	668	869	879	1 188	1 066	1 425	1 184
马里	874	928	976	1 101	1 550	1 556	2 097	1 774	1 996	2 391	2 164
毛里塔尼亚	332	318	440	625	1 367	1 454	1 788	1 364	2 074	2 776	2 641
毛里求斯	1 801	1 898	1 993	2 143	2 329	2 238	2 384	1 939	2 261	2 565	2 673
摩洛哥	7 849	8 778	9 925	11 190	12 744	15 340	20 345	14 054	17 771	21 654	21 417
莫桑比克	810	1 045	1 504	1 783	2 381	2 412	2 653	2 147	3 000	3 604	4 100
纳米比亚	1 072	1 262	1 827	2 070	2 647	2 922	3 141	3 146	4 026	4 407	4 034
尼日尔	279	352	437	489	508	663	910	1 000	1 150	1 250	1 500
尼日利亚	17 975	24 031	38 631	50 467	58 726	66 606	86 274	56 742	84 000	114 500	116 000
卢旺达	65	63	98	125	147	177	268	235	297	464	591
圣多美和普林西比	5	7	5	7	8	7	11	8	11	11	11
塞内加尔	1 067	1 257	1 509	1 578	1 594	1 674	2 170	2 017	2 161	2 542	2 532
塞舌尔	228	274	291	340	380	360	430	395	400	483	497
塞拉利昂	49	92	139	158	231	245	216	231	341	349	1 109
索马里	297	223	180	250	290	350	420	420	450	520	540
南非	29 723	36 482	46 146	51 626	58 175	69 784	80 782	61 677	80 892	98 047	87 256
苏丹	1 949	2 542	3 778	4 824	5 657	8 879	11 671	8 257	11 404	9 689	3 368
斯威士兰	1 029	1 638	1 949	1 640	1 660	1 740	1 570	1 660	1 800	1 910	1 900
坦桑尼亚	980	1 216	1 479	1 679	1 865	2 139	3 121	2 982	4 051	4 735	5 500
多哥	427	598	601	660	630	677	853	903	900	1 100	1 000
突尼斯	6 874	8 027	9 685	10 494	11 694	15 165	19 320	14 445	16 427	17 847	17 008
乌干达	467	532	654	813	962	1 337	1 724	1 568	1 619	2 159	2 357
赞比亚	956	980	1 576	1 810	3 770	4 617	5 099	4 312	7 200	9 001	8 600
津巴布韦	2 012	1 670	1 887	1 850	2 000	2 400	22 00	2 269	3 199	3 512	3 884
中东	247 800	302 300	400 800	541 200	659 500	766 200	1 034 100	722 200	907 000	1 267 500	1 349 400
巴林	5 794	6 632	7 558	10 242	12 200	13 634	17 316	11 874	14 971	196 50	19 768
伊朗	24 440	33 750	41 697	56 252	77 012	88 733	113 668	78 830	101 316	132 000	104 000
伊拉克	12 219	9 711	17 810	23 697	29 361	41 268	61 273	41 929	52 483	83 300	94 400
以色列	29 347	31 784	38 618	42 770	46 789	54 091	61 337	47 935	58 413	67 796	63 141
约旦	2 770	3 082	3 883	4 302	5 204	5 725	7 938	6 375	7 028	8 006	7 885
科威特	15 369	20 678	28 599	44 869	56 016	62 691	87 457	54 008	69 978	102 168	118 546
黎巴嫩	1 238	1 813	2 199	2 337	2 814	3 574	4 454	4 187	5 021	5 664	5 615
阿曼	11 172	11 669	13 342	18 692	21 585	24 692	37 719	27 652	36 601	47 092	52 138
卡塔尔	10 978	13 382	18 684	25 762	34 051	42 020	67 307	48 007	74 800	114 299	132 968
沙特阿拉伯	72 453	93 245	125 997	180 711	211 306	233 329	313 462	192 314	251 143	364 736	388 370
叙利亚	6 536	5 731	7 378	8 708	10 919	11 546	15 410	10 855	12 796	10 000	4 000
阿联酋	52 163	67 135	90 997	117 287	145 588	178 630	239 213	192 000	214 000	302 000	350 000
也门	3 336	3 733	4 072	5 608	6 654	6 299	7 584	6 259	8 400	10 800	8 600
亚洲 a	1 807 800	2 138 400	2 653 300	3 060 200	3 576 100	4 141 700	4 725 100	3 890 900	5 076 400	5 971 300	6 110 600
阿富汗	100	144	305	384	408	497	540	403	388	376	370
澳大利亚	65 033	70 377	86 565	106 097	123 437	141 358	187 257	154 331	212 634	270 387	256 680
孟加拉国	6 149	6 990	8 305	9 297	11 802	12 453	15 370	15 083	19 194	24 439	25 113
不丹	113	133	183	258	414	675	521	496	641	675	610
文莱达鲁萨兰	3 702	4 421	5 057	6 249	7 636	7 668	10 319	7 200	8 907	12 440	12 982
柬埔寨	1 923	2 118	2 798	3 092	3 692	4 088	4 708	4 196	5 143	7 000	8 200
中国	325 596	438 228	593 326	761 953	968 978	1 220 456	1 430 693	1 201 612	1 577 754	1 898 381	2 048 714
斐济	515	668	693	701	694	755	922	630	841	1 070	1 224

续　表

年份 地区	2002	2003	2004	2005	2006	2007	2008	2009	2010	2011	2012
法属波利尼西亚	183	156	199	217	235	197	195	148	153	168	139
中国香港	201 928	228 708	265 543	292 119	322 669	349 386	370 242	329 422	400 692	455 573	492 908
国内出口	18 328	19 591	19 978	20 050	22 765	18 109	16 958	16 839	14 798	16 846	22 371
转口	183 600	209 117	245 565	272 069	299 904	331 276	353 284	312 583	385 894	438 727	470 537
印度	49 250	58 963	76 649	99 616	121 808	150 159	194 828	164 909	226 350	302 905	294 158
印度尼西亚	59 166	64 108	70 767	86 996	103 527	118 013	139 606	119 646	158 075	200 788	188 496
日本	416 726	471 817	565 675	594 941	646 725	714 327	781 412	580 719	769 839	823 184	798 568
基里巴斯	3	3	2	4	6	10	8	6	4	9	6
韩国	162 471	193 817	253 845	284 419	325 465	371 489	422 007	363 534	466 384	555 214	547 870
老挝	301	335	363	553	882	923	1 092	1 053	1 746	2 216	2 269
中国澳门	2 356	2 581	2 812	2 476	2 557	2 543	1 997	961	870	869	1 021
马来西亚	94 058	104 705	126 511	140 980	160 676	176 211	199 516	157 433	198 612	228 086	227 388
马尔代夫	132	152	181	162	225	228	331	169	198	346	314
蒙古	524	616	870	1 065	1 543	1 889	2 539	1 903	2 899	4 818	4 385
缅甸	3 046	2 483	2 380	3 813	4 589	6 338	6 937	6 662	8 661	9 238	8 900
尼泊尔	568	662	772	863	838	868	939	823	856	919	911
新喀里多尼亚	492	785	1 033	1 093	1 352	2 104	1 300	993	1 493	1 661	1 321
新西兰	14 383	16 527	20 344	21 730	22 409	26 943	30 580	24 933	31 396	37 669	37 305
北马里亚纳群岛	825	838	826	691	509	329	115	9	5	2	4
巴基斯坦	9 913	11 930	13 379	16 051	16 930	17 838	20 323	17 523	21 410	25 383	24 567
帕劳	20	8	6	13	14	11	10	6	6	6	8
巴布亚新几内亚	1 641	2 207	25 52	3 273	4 166	4 681	5 713	4 394	5 742	6 908	6 128
菲律宾	35 208	36 231	39 681	41 255	47 410	50 466	49 078	38 436	51 496	483 05	51 995
萨摩亚	71	87	85	87	65	97	72	46	70	66	76
新加坡	125 177 |	159 902	198 637	229 649	271 807	299 308	338 176	269 832	351 867	409 503	408 393
国内出口	66 836	86 419	106 663	124 546	143 176	156 038	175 702	138 064	182 726	223 913	228 160
转口	58 341 |	73 483	91 974	105 103	128 631	143 270	162 474	131 769	169 141	185 590	180 233
所罗门群岛	58	74	97	103	121	165	210	165	224	415	493
斯里兰卡	4 699	5 125	5 757	6 347	6 886	7 740	8 452	7 345	8 602	10 236	9 380
中国台北	135 080	150 298	182 432	198 432	224 017	246 677	255 629	203 675	274 601	308 257	301 181
泰国	68 108	80 324	96 248	110 936	129 722	153 867	177 778	152 422	193 306	222 576	229 519
东帝汶	—	8	7	8	8	8	13	8	17	12	12
汤加	15	18	15	10	10	8	9	8	8	14	16
图瓦卢	0	0	0	0	0	0	0	0	0	0	0
瓦努阿图	20	27	37	38	49	50	57	57	49	67	55
越南	16 706	20 149	26 485	32 442	39 826	48 561	62 685	57 096	72 237	96 906	114 529
备忘项：											
世界不含 a 欧盟(27) 对内出口	4 701 001	5 423 398	6 645 400	7 750 693	8 993 631	10 375 441	12 161 494	9 489 745	11 915 362	14 413 543	14 764 475
欧洲不含 欧盟(27) 对内出口	1 045 208	1 220 880	1 474 030	1 647 370	1 843 399	2 155 843	2 485 406	1 956 901	2 276 426	2 745 762	2 748 223

a　含重要转口。

b　由于欧洲统计局对塞浦路斯，爱沙尼亚和立陶宛使用不同的统计方法，2004 年前，欧盟（27）总体数据并不是由单个成员国加总而来。

c　自 1998 年，统计数据均来自南非，而不再是南部非洲关税同盟。

注：统计总额无连续性的国家和地区集团标示为‘｜’。主要在于货物贸易统计数据收集和报告的方法不同。

注意世界和亚洲数据含重复计算的因素，源于其使用一般货物贸易统计体系，该方法含转口贸易。

一些国家和地区近几年的数据由秘书处统计。

表 8

2002—2012 年世界货物进口（按地区和国家）

单位：百万美元

地区＼年份	2002	2003	2004	2005	2006	2007	2008	2009	2010	2011	2012
世界 a	**6 743 000**	**7 869 000**	**9 571 000**	**10 870 000**	**12 463 000**	**14 329 000**	**16 571 000**	**12 778 000**	**15 503 000**	**18 499 000**	**18 601 000**
北美洲	1 601 620	1 724 005	2 008 940	2 284 410	2 541 720	2 702 095	2 908 130	2 178 010	2 683 265	3 091 470	3 192 025
百慕大	747	833	988	985	1 094	1 167	1 159	1 064	988	900	900
加拿大 b	227 499	245 021	279 931	322 411	359 000	390 188	419 011	329 907	402 690	463 410	474 920
墨西哥	173 087	175 039	202 260	228 240	263 476	290 246	318 304	241 515	310 205	361 068	380 477
美国	1 200 230	1 303 050	1 525 680	1 732 706	1 918 077	2 020 403	2 169 487	1 605 296	1 969 184	2 265 894	2 335 537
中、南美洲	182 200	193 000	246 200	308 800	374 000	467 800	608 600	451 800	584 600	734 000	754 700
安提瓜和巴布达	400	422	454	506	624	728	743	534	501	471	530
阿根廷	8 990	13 834	22 445	28 689	34 152	44 706	57 462	38 786	56 502	73 938	68 508
阿鲁巴	2 017	2 397	3 589	4 288	4 723	5 126	6 011	2 449	1 378	5 891	2 600
巴哈马	1 728	1 762	1 905	2 312	2 727	2 956	3 199	2 535	2 591	2 966	3 386
巴巴多斯	1 039	1 195	1 413	1 604	1 697	1 746	1 920	1 449	1 569	1 805	1 780
伯利兹	525	552	520	593	660	684	837	669	706	831	882
玻利维亚	1 775	1 616	1 877	2 431	2 916	3 586	5 081	4 545	5 590	7 664	8 269
巴西	49 723	50 881	66 433	77 628	95 838	126 645	182 377	133 677	191 537	236 946	233 372
智利	17 091	19 322	24 794	32 735	38 406	47 164	62 787	42 806	59 288	75 230	79 468
哥伦比亚	12 711	13 889	16 746	21 204	26 162	32 897	39 669	32 898	40 683	54 675	59 111
哥斯达黎加	7 188	7 663	8 268	9 824	11 548	12 952	15 372	11 395	13 570	16 220	17 578
古巴	4 176	4 673	5 615	8 084	10 258	10 886	15 373	9 619	11 496	14 243	13 719
库拉索岛	—	—	—	—	—	—	2 160	1 737	1 902	2 130	2 254
多米尼克	116	128	144	165	167	196	247	225	224	226	200
多米尼加	8 838	7 627	7 888	9 869	12 174	13 597	15 993	12 296	15 489	17 436	17 758
厄瓜多尔	6 431	6 703	8 226	10 287	12 114	13 893	18 852	15 090	20 591	24 286	25 197
萨尔瓦多	5 184	5 754	6 329	6 690	7 663	8 821	9 818	7 325	8 416	9 965	10 270
格林纳达	199	254	233	328	299	365	363	282	318	330	335
危地马拉	7 659	8 127	9 475	10 499	11 915	13 576	14 547	11 531	13 838	16 613	16 994
圭亚那	563	576	651	788	889	1 059	1 312	1 161	1 397	1 763	1 974
海地	1 130	1 188	1 306	1 454	1 619	1 682	2 315	2 124	3 146	3 020	3 170
洪都拉斯 b	4 382	4 774	5 827	6 545	7 303	8 888	10 453	7 372	8 907	10 994	11 179
牙买加	3 533	3 639	3 940	4 739	5 650	6 893	8 465	5 064	5 225	6 439	6 585
荷属安的列斯	2 268	2 606	1 723	1 950	2 209	2 549	3 079	2 607	2 687	—	—
尼加拉瓜	1 754	1 879	2 212	2 623	3 026	3 611	4 317	3 489	4 173	5 204	5 851
巴拿马	2 982	3 086	3 594	9 600	10 775	13 269	15 737	13 877	16 737	21 802	23 390
巴拉圭	1 672	2 228	3 097	3 715	4 744	5 859	9 033	6 940	10 033	12 366	11 555
秘鲁	7 493	8 414	10 101	12 502	15 312	20 368	29 953	21 814	30 030	37 747	42 545
圣基茨和尼维斯	201	199	183	210	250	272	325	296	270	247	230
圣卢西亚	309	403	422	486	592	614	656	520	662	700	660
圣文森特和格林纳丁斯	174	201	226	240	271	327	373	333	338	332	360
圣马丁岛	—	—	—	—	—	—	829	737	720	734	768
苏里南	492	704	742	1 050	1 013	1 044	1 304	1 390	1 398	1 638	1 782
特立尼达和多巴哥	3 643	3 892	4 858	5 694	6 484	7 663	9 591	6 955	6 480	9 511	9 065
乌拉圭	1 964	2 190	3 114	3 879	4 806	5 628	9 069	6 907	8 622	10 726	11 614
委内瑞拉	12 963	9 256	16 679	24 027	33 616	46 097	50 450	41 540	39 000	47 500	60 400
欧洲	2 875 295	3 461 510	4 161 265	4 579 110	5 254 160	6 115 620	6 894 040	5 213 365	5 899 945	6 922 005	6 530 450
阿尔巴尼亚	1 504	1 864	2 309	2 618	3 058	4 188	5 251	4 550	4 406	5 396	4 882
奥地利	78 299	99 532	119 905	127 327	137 212	163 037	184 293	143 063	159 009	191 418	178 416
比利时	198 311	234 945	285 621	318 700	351 635	411 558	466 307	353 364	391 204	466 625	437 246
波斯尼亚和黑塞哥维那	3 872	4 801	5 915	7 070	7 345	9 720	12 189	8 773	9 223	11 051	10 024
保加利亚	7 954	10 871	14 453	18 163	23 270	29 961	36 908	23 539	25 513	32 582	32 742
克罗地亚	10 722	14 209	16 589	18 560	21 502	25 839	30 728	21 203	20 067	22 715	20 762
塞浦路斯	4 086	4 466	5 502	6 316	6 928	8 615	10 644	7 835	8 569	8 678	7 293
捷克	40 656	51 728	69 967	76 512	93 191	118 169	142 038	105 048	126 652	152 125	140 736
丹麦	50 320	57 429	68 157	75 581	85 507	98 027	109 362	83 133	83 052	95 663	91 971
爱沙尼亚	5 863	7 967	8 336	10 238	13 449	15 677	16 026	10 140	12 287	17 708	17 681
法罗群岛	494	738	628	743	790	1 016	988	783	780	987	1 149
芬兰	34 218	42 513	51 443	58 766	69 375	81 704	91 781	60 889	68 803	84 264	76 240
法国	329 262	398 840	470 945	504 124	541 919	630 861	716 795	560 873	611 070	720 029	673 794

续　表

地区 \ 年份	2002	2003	2004	2005	2006	2007	2008	2009	2010	2011	2012
马其顿	1 995	2 306	2 932	3 228	3 763	5 281	6 883	5 073	5 474	7 027	6 511
德国	490 283	604 612	715 742	777 073	906 684	1 054 983	1 185 067	926 347	1 054 814	1 254 869	1 167 236
希腊	31 570	44 852	52 760	54 436	63 619	78 532	92 580	69 448	63 793	67 394	63 164
匈牙利	37 755	47 808	60 538	66 552	78 262	95 565	108 940	77 761	88 178	102 440	95 316
冰岛	2 275	2 827	3 643	4 979	6 137	6 738	6 205	3 604	3 920	4 841	4 772
爱尔兰	52 399	53 886	61 814	68 565	73 118	83 822	83 965	62 704	60 276	66 606	62 768
意大利	247 015	297 519	355 301	384 790	442 555	511 662	561 919	415 105	487 049	558 787	486 630
拉脱维亚	4 046	5 234	7 096	8 697	11 541	15 322	16 143	9 811	11 691	16 290	17 198
立陶宛	7 709	9 803	12 387	15 548	19 373	24 412	31 099	18 304	23 403	31 773	32 216
卢森堡	12 651	16 165	20 046	22 607	27 145	28 029	32 157	25 330	25 092	29 318	27 555
马耳他	2 646	3 227	3 641	3 681	4 307	4 801	5 300	4 478	5 062	6 293	6 598
黑山	—	—	—	—	1 842	2 867	3 731	2 313	2 182	2 544	2 337
荷兰	219 265	264 704	319 669	363 822	416 833	492 616	580 937	443 153	516 409	599 035	591 198
挪威	34 873	40 055	48 534	55 488	64 261	80 297	90 293	68 970	77 326	90 787	87 316
波兰	55 299	68 272	89 696	101 639	126 989	165 710	208 804	149 459	178 049	210 597	196 021
葡萄牙	40 156	47 200	54 948	63 921	70 684	82 129	94 416	71 663	77 749	82 466	72 216
罗马尼亚	17 854	23 983	32 691	40 518	51 160	70 314	84 053	54 324	62 109	76 475	70 183
塞尔维亚	—	—	—	—	13 172	19 164	24 331	16 047	16 735	19 862	19 013
塞尔维亚和黑山	6 320	7 952	11 752	11 635	—	—	—	—	—	—	—
斯洛伐克	16 564	22 523	29 862	34 649	44 986	60 616	73 912	55 650	65 026	79 842	78 206
斯洛文尼亚	10 944	13 845	17 759	20 337	24 141	31 559	37 034	26 507	30 094	35 527	32 009
西班牙	165 105	208 602	258 331	288 786	328 696	389 301	420 803	293 218	327 016	376 606	334 790
瑞典	66 955	83 540	100 433	111 697	127 547	153 226	168 503	119 876	148 946	177 026	162 528
瑞士	87 189	100 239	115 799	126 574	141 400	161 180	183 574	155 378	176 281	208 220	197 787
土耳其	51 554	69 340	97 540	116 774	139 576	170 063	201 964	140 928	185 544	240 842	236 545
英国	364 075	399 401	470 633	519 273	612 671	638 263	657 783	519 078	591 095	673 691	689 927
欧盟（27）	2 672 085	3 214 190	3 854 540	4 227 700	4 846 095	5 627 660	6 326 180	4 784 250	5 396 455	6 305 950	5 937 635
欧盟（27）自外进口	886 000	1 057 950	1 278 135	1 472 030	1 712 490	1 980 415	2 328 170	1 719 895	2 029 025	2 400 095	2 301 105
独联体	103 960	132 275	172 975	215 610	279 775	378 975	500 090	333 315	415 410	541 350	569 115
亚美尼亚	987	1 280	1 351	1 802	2 192	3 268	4 426	3 321	3 749	4 145	4 267
阿塞拜疆	1 666	2 626	3 516	4 350	5 269	6 045	7 574	6 514	6 746	10 167	10 417
白俄罗斯	9 092	11 558	16 491	16 708	22 351	28 693	39 381	28 569	34 884	45 771	46 404
格鲁吉亚	796	1 141	1 846	2 490	3 678	5 215	6 302	4 500	5 257	7 058	7 842
哈萨克斯坦	6 584	8 409	12 781	17 353	23 677	32 756	37 889	28 409	31 107	37 056	44 539
吉尔吉斯共和国	587	717	941	1 102	1 931	2 789	4 072	3 040	3 223	4 261	5 374
摩尔多瓦	1 038	1 399	1 769	2 292	2 693	3 690	4 899	3 278	3 855	5 191	5 213
俄罗斯 b	60 966	76 070	97 382	125 434	164 281	223 486	291 861	191 803	248 634	323 831	335 446
塔吉克斯坦	721	881	1 191	1 330	1 723	2 455	3 273	2 570	2 657	3 206	3 778
土库曼斯坦	2 120	2 512	3 320	2 947	2 560	3 619	5 600	6 800	5 700	7 600	9 900
乌克兰	16 977	23 020	28997	36 136	45 039	60 618	85 535	45 487	60 911	82 594	84 639
乌兹别克斯坦	2 425	2 662	3 392	3 666	4 380	6 340	9 277	9 023	8 689	10 472	11 296
非洲	135 900	165 500	212 500	256 500	302 900	374 900	481 400	411 200	475 900	566 200	610 200
阿尔及利亚	11 969	12 380	18 169	20 357	21 456	27 631	39 479	39 294	40 473	47 247	47 490
安哥拉 b	3 760	5 480	5 832	8 353	8 778	13 661	20 982	22 660	16 667	20 229	24 000
贝宁	725	892	894	1 018	1 228	2 037	2 289	2 064	2 054	2 200	2 200
博茨瓦纳	1 845	2 448	3 231	3 161	3 086	4 067	5 211	4 728	5 657	7 272	8 025
布基纳法索	739	925	1 270	1 260	1 319	1 678	2 018	1 870	2 048	2 406	3 150
布隆迪	129	157	176	269	431	319	403	402	509	752	751
喀麦隆	1 866	2 163	2 406	2 735	3 150	4 657	5 686	4 442	5 133	6 800	7 300
佛得角	276	351	431	438	542	750	825	709	742	947	765
中非共和国	120	118	151	175	203	249	300	270	300	310	320
乍得	1646	790	953	950	1 350	1 800	2 000	2 000	2 400	2 700	2 800
科摩罗	53	70	86	99	115	138	180	210	233	277	273
刚果 b	675	831	969	1 304	2 013	2 530	3 050	2 900	4 000	5 200	5 200
刚果（金）	1 081	1 495	2 051	2 690	2 892	3 400	4 300	3 900	4 500	5 500	6 100
科特迪瓦	2 599	3 279	4 715	5 865	5 820	6 683	7 884	6 960	7 849	6 720	9 777
吉布提 b	197	238	261	277	336	473	574	451	374	511	580
埃及	12 770	12 950	15 950	22 449	27 300	37 100	48 382	44 946	52 923	62 245	69 254
赤道几内亚	507	908	1 092	1 310	2 020	2 767	3 787	5 200	5 200	6 500	7 500

续 表

地区 \ 年份	2002	2003	2004	2005	2006	2007	2008	2009	2010	2011	2012
厄立特里亚	538	433	480	490	495	510	600	590	690	890	1 000
埃塞俄比亚	1 594	2 686	2 874	4 095	5 207	5 809	8 277	7 668	8 602	8 896	12 656
加蓬	1 135	1 206	1 347	1 471	1 725	2 157	2 563	2 501	2 983	3 665	3 631
冈比亚	161	156	229	260	259	321	322	304	285	344	380
加纳	2 720	3 210	4 074	5 347	6 754	8 061	10 269	8 046	10 922	15 968	18 000
几内亚	667	640	780	820	956	1 218	1 366	1 060	1 405	2 106	2 300
几内亚比绍 b	59	65	83	106	127	168	199	202	197	260	250
肯尼亚	3 245	3 725	4 553	5 846	7 233	8 989	11 128	10 202	12 093	14 782	16 290
莱索托	815	1 121	1 440	1 410	1 500	1 738	1 800	1 850	2 300	2 500	2 600
利比里亚	178	170	337	310	467	499	813	551	710	1 044	1 066
利比亚	4 396	4 330	6 326	6 079	6 041	6 733	9 150	12 859	17 674	8 000	23 000
马达加斯加	627	1 304	1 680	1 706	1 804	2 635	3 781	3 199	2 525	2 906	3 050
马拉维	695	786	933	1 165	1 207	1 378	2 204	2 022	2 173	2 428	2 724
马里	928	1 271	1 364	1 544	1 820	2 185	3 339	2 486	3 428	3 390	2 941
毛里塔尼亚	431	542	923	1 428	1 167	1 432	1 941	1 498	1 935	2 467	3 170
毛里求斯	2 159	2 363	2 771	3 157	3 627	3 894	4 651	3 733	4 386	5 149	5 354
摩洛哥	11 864	14 250	17 822	20 790	23 980	32 010	42 366	32 881	35 382	44 272	44 776
莫桑比克	1 543	1 753	2 035	2 408	2 869	3 050	4 008	3 764	4 600	6 306	6 800
纳米比亚	1 470	1 980	2 396	2 577	2 884	3 520	4 340	4 980	5 570	6 360	6 420
尼日尔	468	622	750	943	949	1 149	1 696	2 200	2 476	2 700	2 900
尼日利亚	7 547	10 853	14 164	20 754	26 523	34 830	49 951	33 906	44 235	56 000	51 000
卢旺达	248	259	284	471	591	771	1 174	1 308	1 431	1 776	2 408
圣多美和普林西比	31	41	41	50	71	79	114	103	112	132	131
塞内加尔	1 958	2 391	2 839	3 498	3 671	4 871	6 528	4 713	4 782	5 909	6 434
塞舌尔	420	412	497	675	757	859	1 087	794	650	750	800
塞拉利昂	264	303	286	345	389	445	534	520	770	1 717	1 572
索马里	454	517	610	630	790	890	890	750	840	1 100	1 100
南非	29 267	39 748	53 466	62 304	78 715	88 450	101 640	74 054	94 226	121 606	124 245
苏丹	2 446	2 882	4 075	6 757	8 074	8 775	9 352	9 691	10 045	9 236	9 475
斯威士兰	955	1 519	1 925	1 890	1 910	1 840	1 580	1 780	1 960	1 950	1 990
坦桑尼亚	1 660	2 125	2 726	3 287	4 246	5 337	7 703	6 411	7 874	10 799	11 346
多哥	591	775	880	1 060	1 085	1 237	1 509	1 509	1 599	1 800	1 850
突尼斯	9 526	10 910	12 818	13 177	15 007	19 099	24 638	19 096	22 215	23 952	24 447
乌干达	1 053	1 375	1 726	2 054	2 557	3 493	4 526	4 247	4 664	5 631	6 044
赞比亚	1 102	1 574	2 152	2 558	3 074	4 007	5 060	3 832	5 321	7 178	8 200
津巴布韦	1 751	1 710	2 204	2 350	2 300	2 550	2 950	2 900	3 800	4 400	4 400
中东	184 300	215 000	280 600	335 400	375 800	469 600	603 400	512 300	581 400	679 700	739 600
巴林	5 013	5 657	7 385	9 393	10 515	11 488	14 980	10 100	12 260	12 730	13 920
伊朗	20 617	24 798	31 976	40 041	40 772	44 942	57 401	50 768	65 404	61 760	57 092
伊拉克	9 817	9 934	21 302	23 532	20 892	21 516	33 000	38 437	43 915	49 000	57 000
以色列	35 517	36 303	42 864	47 142	50 334	59 039	67 656	49 278	61 209	75 830	75 392
约旦	5 076	5 743	8 179	10 498	11 548	13 681	16 995	14 236	15 564	18 930	20 691
科威特	9 001	10 987	12 631	15 801	17 243	21 363	24 840	19 892	22 675	25 405	25 880
黎巴嫩	6 560	7 315	9 609	9 633	9 647	12 251	16 754	16 574	18 460	20 750	21 945
阿曼	6 296	6 801	8 796	8 971	11 039	16 025	23 137	17 936	19 973	24 019	28 600
卡塔尔	4 052	4 897	6 005	10 061	16 440	23 429	27 900	24 922	23 240	29 888	34 200
沙特阿拉伯	32 293	41 704	47 376	59 459	69 800	90 214	115 134	95 552	106 863	131 586	155 593
叙利亚	4 488	5 111	8 411	10 862	11 488	14 655	18 105	15 443	17 562	16 800	7 300
阿联酋	42 652	52 074	72 082	84 654	100 057	132 500	177 000	150 000	165 000	203 000	230 000
也门	2 921	3 675	3 986	5 378	6 074	8 511	10 546	9 185	9 255	10 034	12 000
亚洲 a	1 659 500	1 977 300	2 488 400	2 889 800	3 334 500	3 820 300	4 575 500	3 677 900	4 862 000	5 964 600	6 205 100
阿富汗	2 452	2 101	2 177	2 471	2 582	2 819	3 020	3 336	5 154	6 390	5 500
澳大利亚	72 690	89 084	109 384	125 281	139 253	165 336	200 273	165 471	201 639	243 701	260 942
孟加拉国	8 592	10 434	12 036	13 889	16 034	18 596	23 860	21 833	27 821	36 214	34 131
不丹	197	249	411	386	420	526	543	529	854	1 052	1 090
文莱达鲁萨兰	1 556	1 327	1 422	1 491	1 676	2 101	2 572	2 449	2 562	3 629	3 582
柬埔寨 b	2 318	2 560	3 193	3 927	4 771	5 439	6 508	5 830	6 791	9 300	11 000
中国	295 170	412 760	561 229	659 953	791 461	956 116	1 132 567	1 005 923	1 396 247	1 743 484	1 818 405
斐济	901	1 205	1 446	1 607	1 804	1 800	2 264	1 440	1 808	2 182	2 253

续　表

地区 \ 年份	2002	2003	2004	2005	2006	2007	2008	2009	2010	2011	2012
法属波利尼西亚	1 292	1 585	1 500	1 723	1 656	1 863	2 169	1 717	1 726	1 796	1 706
中国香港	207 969	233 249	272 893	300 160	335 754	370 133	392 962	352 241	441 369	510 855	553 487
留存进口	59 352	61 018	70 044	75 269	86 097	93 791	98 927	88 672	112 587	131 822	140 102
印度	56 517	72 558	99 775	142 870	178 410	229 370	321 032	257 202	350 234	464 463	489 668
印度尼西亚	38 340	42 196	54 877	75 725	80 650	93 101	127 539	93 786	135 324	176 201	190 383
日本	337 194	382 930	454 542	515 866	579 064	622 243	762 534	551 981	694 059	855 381	885 843
基里巴斯	50	52	59	74	62	70	75	67	73	92	109
韩国	152 126	178 827	224 463	261 238	309 383	356 846	435 275	323 085	425 212	524 413	519 585
老挝	447	462	713	882	1 060	1 067	1 403	1 461	2 060	2 398	2 467
中国澳门	3 009	3 232	4 094	4 514	5 236	6 045	5 880	4 751	5 629	7 927	8 982
马来西亚	79 869	83 300	105 283	114 625	131 153	146 982	156 896	123 832	164 622	187 473	196 615
马尔代夫	392	471	642	745	927	1 096	1 388	963	1 091	1 465	1 554
蒙古	691	801	1 021	1 184	1 486	2 117	3 616	2 131	3 278	6 598	6 739
缅甸	2 348	2 091	2 196	1 927	2 564	3 312	4 288	4 348	4 760	9 019	9 201
尼泊尔	1 419	1 754	1 938	2 283	2 492	3 122	3 590	4 384	5 133	5 774	6 063
新喀里多尼亚	1 008	1 541	1 636	1 774	2 117	2 809	3 233	2 574	3 312	3 698	3 245
新西兰	15 047	18 559	23 195	26 219	26 424	30 882	34 369	25 574	30 617	37 105	38 254
北马里亚纳群岛	646	660	664	591	489	300	160	70	90	90	90
巴基斯坦	11 233	13 038	17 949	25 357	29 825	32 590	42 329	31 668	37 807	44 012	44 157
帕劳	97	88	107	105	115	110	120	130	120	120	140
巴布亚新几内亚	1 137	1 367	1 680	1 729	2 260	2 945	3 510	3 210	3 950	4 760	4 940
菲律宾	41 092	42 576	46 102	49 487	54 078	57 996	60 420	45 878	58 468	63 693	65 350
萨摩亚	132	150	210	239	275	266	288	231	310	346	346
新加坡	116 441 |	136 218	173 599	200 047	238 710	263 155	319 780	245 785	310 791	365 770	379 723
留存进口	58 100	62 735	81 625	94 944	110 079	119 885	157 306	114 017	141 650	180 180	199 490
所罗门群岛	67	94	121	185	217	294	328	268	404	466	495
斯里兰卡	6 105	6 672	7 973	8 834	10 258	11 301	13 953	10 049	13 512	20 269	19 183
中国台北	113 331	128 130	169 250	182 614	202 698	219 252	240 448	174 371	251 236	281 438	270 473
泰国	64 645	75 824	94 410	118 178	128 773	139 966	179 225	133 709	182 921	228 787	247 590
东帝汶	—	130	146	109	101	183	269	295	298	340	380
汤加	89	94	105	121	116	143	168	145	159	193	199
图瓦卢	11	8	11	13	13	16	26	14	16	25	25
瓦努阿图	90	105	128	149	217	229	314	294	285	304	297
越南	19 746	25 256	31 969	36 761	45 015	62 682	80 714	69 949	84 839	106 750	113 780
备忘项：											
世界不含 a 欧盟(27) 自内进口	4 956 714	5 712 299	6 994 564	8 114 035	9 329 324	10 682 108	12 573 207	9 713 537	12 135 168	14 593 490	14 964 758
欧洲不含 欧盟(27) 自内进口	1 089 210	1 305 269	1 584 856	1 823 441	2 120 552	2 468 378	2 896 027	2 149 006	2 532 514	3 016 150	2 893 917

a　含重要转口。

b　进口以 f.o.b. 计。

注：统计总额无连续性的国家和地区集团标示为‘｜’。主要在于货物贸易统计数据收集和报告的方法不同。

注意世界和亚洲数据含重复计算的因素，源于其使用一般货物贸易统计体系，该方法含转口贸易。

一些国家和地区近几年的数据由秘书处统计。

表 9

2002—2012 年世界商务服务出口（按地区和国家）

单位：百万美元

地区 \ 年份	2002	2003	2004	2005	2006	2007	2008	2009	2010	2011	2012
世界 a	**1 596 900**	**1 850 000**	**2 247 800**	**2 512 700**	**2 841 800**	**3 420 300**	**3 846 400**	**3 481 400**	**3 819 700**	**4 258 300**	**4 349 900**
北美洲	332 200	344 200	396 100	433 900	481 300	557 100	608 100	574 600	628 100	683 500	716 100
百慕大	…	…	…	…	1 490	1 620	1 527	1 273	1 341	1 363	1 324
加拿大	39 567	43 131	49 058	54 418	58 880	63 785	66 726	63 605	71 956	78 217	77 531
墨西哥	12 242	12 257	13 587	15 628	15 807	17 139	17 570	14 727	15 166	15 297	16 018
美国	280 396	288 788	333 437	363 814	405 111	474 597	522 231	495 035	539 602	588 621	621 218
中、南美洲	44 500	49 400	57 300	69 900	79 300	93 700	108 500	99 800	113 600	135 100	140 500
安提瓜和巴布达	389	413	470	454	462	510	547	499	467	481	496
阿根廷	3 428	4 419	5 202	6 519	7 899	10 233	12 004	10 831	13 462	15 405	15 038
阿鲁巴	986	1 034	1 238	1 291	1 290	1 451	1 582	1 503	1 531	1 659	1 735
巴哈马	2 035	2 028	2 211	2 460	2 403	2 566	2 493	2 311	2 456	2 558	2 697
巴巴多斯	951	1 063	1 111	1 426	1 579	1 666	1 792	1 464	1 601	1 712	1 745
伯利兹	161	196	223	284	339	369	355	318	325	311	373
玻利维亚	242	348	401	473	462	484	482	498	530	780	837
巴西	8 790	9 570	11 615	14 856	17 946	22 615	28 822	26 245	30 294	36 435	38 121
智利	4 315	4 990	5 949	7 040	7 726	8 851	10 716	8 408	10 729	13 009	12 502
哥伦比亚	1 799	1 852	2 188	2 594	3 301	3 559	4 058	4 115	4 357	4 764	5 145
哥斯达黎加	1 841	1 990	2 207	2 585	2 933	3 521	4 053	3 567	4 288	4 965	5 552
古巴	2 350	2 845	3 634	7 075	7 201	8 588	9 252	8 444	10 212	10 986	10 220
库拉索岛	—	—	—	—	—	—	—	—	—	1 215	1 397
多米尼克	78	76	86	85	99	108	117	115	125	127	126
多米尼加	2 982	3 401	3 435	3 865	4 496	4 753	4 888	4 753	5 053	5 224	5 435
厄瓜多尔	820	812	940	940	959	1 112	1 351	1 239	1 370	1 484	1 689
萨尔瓦多	750	906	1 039	915	976	1 094	1 030	834	944	1 016	1 258
格林纳达	128	132	159	115	129	147	148	137	135	145	140
危地马拉	1 053	954	1 015	1 221	1 410	1 619	1 732	1 818	2 192	2 243	2 360
圭亚那	172	157	161	148	148	173	212	170	248	…	…
海地	125	114	104	89	136	199	285	324	188	193	215
洪都拉斯	525	573	635	684	727	770	874	915	944	990	1036
牙买加	1 881	2 103	2 262	2 296	2 613	2 670	2 763	2 616	2 600	2 587	2 642
荷属安的列斯	1 550	1 639	1 754	1 819	1 936	2 048	2 027	2 003	1 965	—	—
尼加拉瓜	191	222	250	271	306	333	452	484	491	577	625
巴拿马	2 241	2 503	2 758	3 193	3 957	4 887	5 718	5 487	6 157	7 175	8 820
巴拉圭	531	550	597	610	726	883	1 060	1 269	1 324	1 767	…
秘鲁	1 342	1 600	1 872	2 164	2 532	3 021	3 514	3 499	3 552	4 221	4 952
圣基茨和尼维斯	86	104	131	158	172	168	155	126	129	135	134
圣卢西亚	248	317	366	434	342	354	362	350	388	377	395
圣文森特和格林纳丁斯	135	131	143	156	169	159	151	137	137	141	145
圣马丁岛	—	—	—	—	—	—	—	—	—	902	1 039
苏里南	35	52	129	183	211	210	233	257	207	191	168
特立尼达和多巴哥	598	672	838	883	800	910	918	758	869	5 808	…
乌拉圭	745	746	1 086	1 285	1 361	1 804	2 241	2 209	2 540	3 358	3 160
委内瑞拉	913	791	1 024	1 248	1 441	1 723	2 011	2 027	1 627	1 702	1 851
欧洲	798 400	971 300	1 178 500	1 302 300	1 460 100	1 766 200	1 964 700	1 783 900	1 854 500	2 075 200	2 033 000
阿尔巴尼亚	552	695	997	1 154	1 481	1 924	2 419	2 415	2 256	2 398	2 069
奥地利	25 600	32 165	37 518	42 060	45 199	53 657	62 957	53 876	53 925	60 521	60 903
比利时	36 171	43 252	50 562	54 106	57 143	72 716	89 639	84 477	89 853	93 389	94 665
波斯尼亚和黑塞哥维那	522	719	861	987	1 137	1 454	1 668	1 332	1 198	1 216	1 093
保加利亚	2 162	2 921	4 005	4 413	5 249	6 512	7 830	6 832	6 630	7 423	7 269
克罗地亚	5 581	8 568	9 399	9 966	10 488	12 490	14 749	11 724	11 579	12 644	11 952
塞浦路斯	4 183	4 975	5 884	6 187	6 749	8 260	9 324	7 817	7 831	8 524	7 820
捷克	6 916	7 733	9 578	11 821	14 113	17 243	21 732	19 258	20 878	23 036	21 974
丹麦	26 149	30 974	36 337	42 766	51 508	60 662	71 566	55 034	60 815	65 828	64 675
爱沙尼亚	1 695	2 179	2 807	3 200	3 558	4 451	5 217	4 403	4 518	5 371	5 395
法罗群岛	71	77	86	133	175	214	252	170	191	207	…
芬兰	10 314	11 369	15 060	16 883	17 246	22 990	31 607	27 614	26 885	29 985	29 600
法国	84 849	97 781	113 899	121 477	127 688	148 194	164 175	189 529	191 163	223 397	210 662

续 表

年份 地区	2002	2003	2004	2005	2006	2007	2008	2009	2010	2011	2012
马其顿	220	359	429	492	581	798	997	841	887	1 108	1 062
德国	95 830	115 727	138 850	157 448	180 708	215 657	250 774	233 056	239 071	260 012	257 237
希腊	19 790	24 072	33 104	34 164	35 490	42 794	49 804	37 385	37 588	39 645	33 529
匈牙利	6 838	9 125	10 691	12 743	13 584	17 093	19 969	18 265	19 294	21 508	19 974
冰岛	1 028	1 279	1 524	1 949	1 804	2 260	2 109	2 331	2 465	2 939	3 031
爱尔兰	28 201	41 636	52 174	59 446	70 992	92 286	99 265	93 405	97 905	112 750	115 540
意大利	58 929	70 439	83 480	88 315	97 372	110 439	113 621	92 852	96 775	105 228	102 878
拉脱维亚	1 220	1 487	1 751	2 141	2 605	3 649	4 472	3 800	3 644	4 443	4 493
立陶宛	1 456	1 860	2 431	3 085	3 571	3 966	4 689	3 604	4 034	5 148	5 839
卢森堡	20 274	25 146	33 593	40 203	50 311	64 375	67 514	57 241	63 256	70 652	69 709
马耳他	1 166	1 345	1 660	1 982	2 555	3 392	4 291	3 919	4 473	4 964	4 865
黑山	—	—	—	—	524	921	1 099	945	989	1 175	1 172
荷兰	54 443	68 889	82 769	90 124	94 510	109 084	123 037	111 352	115 558	135 629	131 235
挪威	19 228	21 357	25 296	29 105	33 064	40 165	44 605	38 227	39 492	42 383	43 815
波兰	10 011	11 174	13 289	16 246	20 473	28 571	35 093	28 551	32 734	37 536	37 813
葡萄牙	10 137	12 180	14 477	15 041	18 193	22 978	25 916	22 435	23 018	26 348	24 213
罗马尼亚	2 326	2 993	3 579	5 063	6 897	9 383	12 761	9 777	8 753	10 048	9 788
塞尔维亚	—	—	—	—	2 089	3 123	4 000	3 475	3 523	4 184	3 990
塞尔维亚和黑山	829	1 130	1 678	1 909	—	—	—	—	—	—	—
斯洛伐克	2 761	3 259	3 703	4 382	5 376	6 980	8 406	6 013	5 812	6 592	7 148
斯洛文尼亚	2 295	2 778	3 451	3 989	4 474	5 666	7 250	6 028	6 104	6 718	6 540
西班牙	59 146	73 510	85 344	94 011	105 537	126 747	142 063	122 485	123 454	141 150	135 819
瑞典	23 708	30 363	38 508	42 628	48 012	61 825	69 270	57 505	63 202	74 144	75 998
瑞士	29 662	34 509	42 562	48 513	53 435	64 226	75 434	74 233	81 337	93 826	90 153
土耳其	13 977	17 909	22 706	26 450	25 269	28 624	34 783	33 651	34 521	38 465	42 005
英国	130 175	155 343	193 998	204 063	232 267	284 856	281 369	254 616	263 789	289 829	279 983
欧盟（27）	726 700	884 700	1 072 800	1 181 400	1 329 700	1 609 700	1 782 200	1 614 000	1 675 400	1 873 900	1 831 700
欧盟(27)对外出口 a	—	—	444 200	494 400	557 100	681 200	758 400	701 100	740 800	829 600	830 600
独联体	23 400	27 100	35 000	41 400	51 400	67 500	85 600	71 600	79 800	96 000	104 600
亚美尼亚	176	199	324	403	475	571	636	580	750	800	797
阿塞拜疆	321	392	453	625	841	1 172	1 455	1 698	2 017	2 624	4 153
白俄罗斯	1 317	1 477	1 726	2 055	2 385	3 244	4 222	3 470	4 500	5 253	5 877
格鲁吉亚	370	418	508	648	801	976	1 157	1 225	1 514	1 916	2 445
哈萨克斯坦	1 363	1 528	1 817	1 999	2 584	3 251	3 981	3 815	3 895	4 109	4 610
吉尔吉斯共和国	120	137	193	234	351	654	884	850	679	1 104	1 204
摩尔多瓦	206	231	320	384	449	609	824	651	663	839	897
俄罗斯	13 450	16 088	20 469	24 741	30 866	38 960	50 574	41 972	44 566	54 532	58 299
塔吉克斯坦	60	66	81	103	110	116	134	142	307	531	769
乌克兰	4 583	5 013	7 460	8 913	10 822	13 651	17 302	12 959	15 940	18 155	18 668
乌兹别克斯坦	475	536	573	660	773	962	1 196	1 036	1 328	1 773	2 152
非洲	34 600	43 100	52 200	55 900	62 600	74 400	84 900	76 600	85 600	86 000	91 200
阿尔及利亚	1 279	1 544	1 823	2 466	2 511	2 781	3 420	2 792	3 519	3 657	3 464
安哥拉	207	201	323	177	…	311	329	623	857	732	…
贝宁	141	163	204	179	196	281	328	204	348	332	369
博茨瓦纳	439	626	743	821	771	788	863	236	241	444	191
布基纳法索	43	44	65	63	59	84	121	142	270	351	…
布隆迪	4	2	4	7	6	7	3	2	7	20	…
喀麦隆	1 003	593	1 056	857	900	1 239	1 355	1 141	1 105	1 113	…
佛得角	144	190	220	253	361	468	575	465	481	560	578
中非共和国	6	11	18	19	22	26	29	28	30	32	…
乍得	34	36	41	55	80	111	129	234	…	…	…
科摩罗	23	27	32	39	43	51	56	51	55	64	58
刚果	158	185	183	206	251	303	352	358	378	449	…
刚果（金）	77	25	107	96	169	200	326	414	291	326	318
科特迪瓦	513	560	641	697	706	775	856	859	889	788	845
吉布提	79	87	87	95	97	92	131	142	149	152	…
埃及	9 127	10 837	14 046	14 449	15 834	19 660	24 668	21 302	23 618	19 031	21 336
赤道几内亚	14	8	17	20	23	26	32	28	29	32	…
厄立特里亚	118	…	…	…	…	…	…	…	…	…	…

续 表

地区 \ 年份	2002	2003	2004	2005	2006	2007	2008	2009	2010	2011	2012
埃塞俄比亚	450	588	800	789	890	1 183	1 775	1 676	1 991	2 598	2 596
加蓬	74	167	136	120	121	138	160	142	142	155	…
冈比亚	61	70	72	82	92	128	118	104	131	153	…
加纳	539	612	684	1 083	1 243	1 614	1 559	1 522	1 344	1 740	2 762
几内亚	43	55	31	35	38	44	95	67	61	71	155
几内亚比绍	6	5	6	5	3	33	44	32	42	17	…
肯尼亚	773	876	1 227	1 523	1 979	2 409	2 520	2 188	3 004	3 311	4 059
莱索托	15	24	31	32	38	39	39	38	37	43	…
利比里亚	…	…	68	81	143	156	182	142	40	365	…
利比亚	275	329	351	419	385	109	208	385	410	30	…
马达加斯加	279	253	358	420	558	874	1042	764	988	1090	1333
马拉维	49	50	52	65	62	70	72	75	76	75	…
马里	150	208	227	253	291	359	442	335	356	378	…
毛里塔尼亚	53	32	37	57	62	61	99	114	86	151	116
毛里求斯	1 146	1 274	1 449	1 604	1 663	2 194	2 530	2 225	2 656	3 237	3 364
摩洛哥	4 098	5 126	6 304	7 570	9 269	11 490	12 840	11 892	12 138	13 550	13 116
莫桑比克	336	300	246	316	355	404	488	544	557	633	744
纳米比亚	258	399	456	391	505	579	538	637	878	926	817
尼日尔	48	57	88	84	84	79	126	100	119	137	…
尼日利亚	2 524	3 473	3 336	1 433	2 057	1 097	1 834	1 760	2 629	2 314	2 348
卢旺达	38	48	65	83	74	126	326	249	243	352	355
圣多美和普林西比	8	9	9	9	8	7	10	10	13	18	17
塞内加尔	389	488	604	690	716	1096	1177	909	940	1 013	941
塞舌尔	297	311	308	347	409	628	608	600	592	614	569
塞拉利昂	38	66	61	78	43	45	61	103	60	160	…
南非	4 863	8 261	9 634	11 041	11 912	13 499	12 394	11 656	13 617	14 427	14 711
苏丹	130	31	35	101	220	342	457	351	224	306	307
斯威士兰	90	200	235	273	274	447	222	191	250	236	…
坦桑尼亚	860	900	1 074	1 215	1 467	1 836	1 966	1 795	2 001	2 319	2 649
多哥	72	72	122	145	159	197	253	265	289	367	…
突尼斯	2 603	2 842	3 520	3 901	4 162	4 769	5 831	5 241	5 471	4 447	4 907
乌干达	216	249	350	488	469	516	702	877	1 048	1 614	1 893
赞比亚	114	142	161	207	229	273	300	241	311	375	…
津巴布韦	257	243	375	336	294	250	222	238	282	335	…
中东	34 500	43 500	50 500	64 100	77 700	89 100	98 300	94 400	103 900	114 900	129 300
巴林	1 068	1 260	2 676	3 048	3 322	3 524	3 740	3 653	4 047	3 040	2 819
伊朗	3 740	4 369	4 362	4 912	5 544	6 791	7 863	6 619	8 078	8 600	…
伊拉克	…	…	…	348	353	839	1 721	1 736	2 201	2 164	…
以色列	11 641	13 056	15 382	16 831	18 301	20 229	23 894	21 629	24 329	26 818	29 649
约旦	1 743	1 717	2 052	2 239	2 850	3 436	4 353	4 197	5 221	4 736	5 377
科威特	1 373	1 763	2 516	3 840	7 495	9 104	11 362	10 995	8 733	9 590	9 758
黎巴嫩	4 412	9 445	9 682	10 840	11 565	12 744	17 558	16 874	15 952	19 686	…
阿曼	606	655	736	939	1 311	1 683	1 826	1 620	1 899	2 148	2 519
卡塔尔	…	…	…	2 576	3 484	3 129	2 276	1 943	2 826	5 580	8 851
沙特阿拉伯	5 177	5 713	5 852	11 179	13 973	15 743	9 128	9 428	10 351	11 116	10 575
叙利亚	1 347	1 181	2 343	2 560	2 649	3 561	4 145	4 583	7 040	…	…
阿联酋	2 191	2 350	2 560	4 277	6 259	7 434	8 958	9 503	11 028	12 063	14 279
也门	129	244	292	285	…	578	1 049	1 085	1 460	1 091	1 013
亚洲 a	329 300	371 600	478 100	545 200	629 500	772 100	896 300	780 400	954 200	1 067 700	1 135 300
阿富汗	…	…	…	…	…	…	…	1 857	3 069	…	…
澳大利亚	19 161	23 227	27 841	30 378	32 438	39 786	44 513	40 295	46 336	50 912	51 927
孟加拉国	305	398	420	474	603	685	899	947	1 203	1 388	1 158
不丹	23	20	28	42	42	52	51	53	67	80	97
文莱达鲁萨兰	427	436	544	616	745	813	867	915	1 054	915	…
柬埔寨	596	541	788	1 064	1 244	1 510	1 613	1 492	1 596	2 140	2 456
中国	39 381	46 401	64 534	73 909	91 427	121 654	146 444	128 526	161 210	175 670	190 440
斐济	481	591	672	832	780	830	960	686	800	…	…
法属波利尼西亚	655	809	889	957	880	1 034	1 008	850	752	787	…
中国香港	44 545	46 487	55 104	63 642	72 680	84 650	92 220	84 416	103 978	118 050	123 387

续 表

地区＼年份	2002	2003	2004	2005	2006	2007	2008	2009	2010	2011	2012
印度	19 125	23 633	37 931	52 199	69 456	86 612	106 745	92 222	123 561	137 085	140 705
印度尼西亚	6 519	5 143	11 755	12 571	11 093	12 074	14 731	12 618	16 211	20 118	22 552
日本	64 879	75 889	94 883	107 981	115 179	126 969	146 430	125 824	138 703	142 551	142 407
基里巴斯	9	7	7	10	9	10	4	4	…	…	…
韩国	29 514	33 771	43 163	48 327	55 333	71 375	89 428	72 466	86 266	94 063	109 619
老挝	152	111	160	184	203	255	359	374	489	526	…
中国澳门	4 873	5 711	8 102	8 567	10 459	14 202	17 760	18 791	28 693	39 778	45 469
马来西亚	14 753	13 459	16 999	19 463	21 572	29 375	30 283	28 727	31 639	35 768	37 532
马尔代夫	360	429	505	317	549	638	716	1 431	1 804	1 975	1 985
密克罗尼西亚联邦	19	19	18	19	22	25	26	26	…	…	…
蒙古	179	203	329	409	483	575	497	412	483	618	751
缅甸	399	225	230	235	254	282	274	279	331	580	…
尼泊尔	192	302	356	271	252	340	494	601	584	775	769
新喀里多尼亚	262	334	387	263	304	380	413	362	374	408	…
新西兰	5 351	6 825	8 068	8 580	8 025	9 346	9 186	8 024	8 901	9 977	9 874
巴基斯坦	1 496	1 476	1 719	2 043	2 245	2 224	2 531	2 548	2 949	3 393	3 181
巴布亚新几内亚	163	222	189	288	305	313	318	160	279	386	473
菲律宾	3 428	3 389	4 043	4 525	6 444	9 766	9 717	11 014	14 095	17 711	18 478
萨摩亚	64	76	94	113	133	130	133	148	159	171	…
新加坡	30 762	37 803	48 258	55 520	66 078	84 824	99 002	75 101	94 088	108 362	111 932
所罗门群岛	15	24	26	37	51	56	54	66	104	129	140
斯里兰卡	1 247	1 389	1 506	1 519	1 604	1 755	1 981	1 874	2 454	3 062	3 761
中国台北	21 501	23 028	25 545	25 574	28 860	32 994	36 549	31 408	40 104	45 643	48 746
泰国	15 304	15 694	18 932	19 740	24 382	29 848	32 709	29 893	34 086	41 280	49 180
东帝汶	…	…	…	…	25	32	23	24	32	28	…
汤加	18	22	21	29	22	23	34	28	33	41	52
图瓦卢	1	2	2	2	2	2	2	2	3	3	…
瓦努阿图	90	108	118	135	140	177	225	241	271	282	314
越南	2 948	3 272	3 867	4 232	5 060	6 415	6 956	5 666	7 355	8 581	9 490
备忘项：											
世界不含欧盟(27)对内出口 a	—	—	1 619 200	1 825 800	2 069 300	2 491 800	2 822 500	2 568 500	2 885 100	3 214 000	3 348 900
欧洲不含欧盟(27)对内出口 a	—	—	550 000	615 300	687 500	837 800	940 900	871 000	919 900	1 031 000	1 031 900

a 欧盟内、外部贸易统计参阅技术注释。

注：由于服务贸易数据的频繁修正，致使大量国家和地区的数据缺少连续性。参阅技术注释。

表 10

2002—2012 年世界商务服务进口（按地区和国家）

单位：百万美元

地区＼年份	2002	2003	2004	2005	2006	2007	2008	2009	2010	2011	2012
世界 a	**1 561 300**	**1 792 500**	**2 145 700**	**2 383 700**	**2 659 600**	**3 173 800**	**3 633 000**	**3 292 300**	**3 613 300**	**4 042 200**	**4 152 300**
北美洲	269 700	289 200	332 200	358 700	402 700	444 100	486 500	453 300	487 900	525 300	542 400
百慕大	…	…	…	…	837	1 081	1 021	964	991	943	934
加拿大	44 455	51 771	58 023	64 906	71 841	81 723	87 604	80 868	95 159	104 359	105 151
墨西哥	16 618	17 193	18 790	20 298	21 611	22 462	23 991	20 857	21 856	25 120	25 247
美国	208 629	220 191	255 416	273 545	308 385	338 877	373 890	350 625	369 907	394 847	411 110
中、南美洲	48 800	51 200	58 400	71 100	80 900	100 100	121 500	114 000	140 900	173 000	184 200
安提瓜和巴布达	163	174	182	218	249	271	260	217	215	207	208
阿根廷	4 775	5 462	6 374	7 364	8 242	10 569	13 073	11 887	14 452	17 492	18 280
阿鲁巴	581	693	613	684	721	748	749	644	633	821	792
巴哈马	929	1 009	1 169	1 209	1 510	1 502	1 306	1 069	1 101	1 258	1 522
巴巴多斯	466	492	519	615	643	605	679	652	671	522	347
伯利兹	121	127	139	147	143	159	161	154	154	162	177
玻利维亚	417	534	590	664	808	883	996	993	1128	1635	1856
巴西	13 496	14 350	16 111	22 409	27 149	34 700	44 396	44 074	59 746	72 976	77 751

续 表

年份 地区	2002	2003	2004	2005	2006	2007	2008	2009	2010	2011	2012
智利	4 953	5 555	6 653	7 572	8 250	9 733	11 518	10 264	12 683	15 372	14 723
哥伦比亚	3 234	3 298	3 873	4 704	5 428	6 170	7 131	6 959	7 982	9 413	10 445
哥斯达黎加	1 170	1 231	1 370	1 502	1 617	1 814	1 878	1 401	1 778	1 771	2 029
古巴	589	661	776	1 015	1 258	1 325	2 079	1 673	1 923	2 213	2 278
库拉索岛	—	—	—	—	—	—	—	—	—	791	874
多米尼克	50	41	45	48	50	63	69	65	65	66	66
多米尼加	1 271	1 179	1 168	1 431	1 510	1 691	1 895	1 733	2 054	2 089	2 137
厄瓜多尔	1 559	1 575	1 889	2 079	2 265	2 481	2 944	2 568	2 951	3 056	3 136
萨尔瓦多	1 007	1 040	1 130	1 053	1 153	1 244	1 238	921	1 024	1 072	1 148
格林纳达	86	77	80	88	101	104	106	91	89	91	91
危地马拉	1 018	1 085	1 325	1 429	1 756	2 017	2 116	2 058	2 362	2 485	2 528
圭亚那	196	172	208	201	245	273	323	272	344	…	…
海地	251	247	336	516	562	645	718	639	716	733	701
洪都拉斯	726	746	840	923	1 027	1 058	1 199	942	1 143	1 432	1 459
牙买加	1 552	1 538	1 670	1 676	1 969	2 226	2 304	1 824	1 767	1 884	1 978
荷属安的列斯	715	748	711	725	749	789	865	925	911	—	—
尼加拉瓜	336	353	385	424	475	625	716	628	687	801	872
巴拿马	1 256	1 253	1 412	1 759	1 673	2 065	2 561	2 127	2 651	3 304	3 782
巴拉圭	321	318	287	329	365	442	562	512	707	863	…
秘鲁	2 325	2 493	2 603	2 996	3 266	4 214	5 566	4 665	5 888	6 344	7 210
圣基茨和尼维斯	73	75	76	90	96	98	116	93	95	92	91
圣卢西亚	124	141	148	174	182	199	209	185	198	202	195
圣文森特和格林纳丁斯	54	61	69	72	80	103	98	87	86	86	90
圣马丁岛	—	—	—	—	—	—	—	—	—	236	257
苏里南	152	188	251	339	250	292	367	246	237	553	583
特立尼达和多巴哥	340	335	314	471	311	320	271	335	369	5472	…
乌拉圭	593	602	748	901	937	1 079	1 462	1 254	1 491	1 952	2 236
委内瑞拉	3 837	3 251	4 265	5 173	5 746	9 523	11 515	11 777	12 555	15 031	17 076
欧洲	730 600	881 000	1 041 900	1 143 500	1 252 200	1 505 700	1 692 900	1 534 500	1 578 000	1 739 400	1 698 200
阿尔巴尼亚	561	734	991	1 318	1 552	1 893	2 361	2 216	1 990	2 235	1 861
奥地利	18 554	23 576	27 902	30 686	33 337	38 854	42 569	36 766	36 920	42 013	42 494
比利时	35 111	42 089	48 256	50 427	52 313	68 630	84 645	77 547	82 396	90 991	92 229
波斯尼亚和黑塞哥维那	298	375	422	425	458	571	682	651	526	559	502
保加利亚	1 740	2 424	3 210	3 389	4 085	4 900	5 905	5 022	4 161	4 219	4 188
克罗地亚	2 328	2 888	3 516	3 351	3 395	3 837	4 502	3 790	3 459	3 577	3 671
塞浦路斯	1 622	2 083	2 546	2 615	2 843	3 610	4 187	3 280	3 180	3 631	3 505
捷克	6 241	7 220	8 894	10 168	11 902	14 270	17 333	15 314	16 880	19 232	18 914
丹麦	23 754	27 260	32 775	36 192	44 228	52 893	61 321	51 010	51 972	58 173	57 372
爱沙尼亚	1 071	1 362	1 712	2 180	2 453	3 025	3 295	2 480	2 756	3 666	3 842
法罗群岛	131	146	161	230	274	359	382	343	366	394	…
芬兰	9 746	12 025	14 414	17 607	18 597	22 405	30 696	27 171	26 593	29 666	30 274
法国	67 792	81 692	98 522	106 046	112 134	128 256	140 212	164 286	170 406	190 044	172 085
马其顿	267	373	487	533	551	740	964	801	817	947	1 005
德国	143 890	172 140	196 568	210 893	223 674	259 588	291 695	259 464	266 491	295 100	293 435
希腊	9 391	10 657	13 542	14 301	15 873	19 692	24 288	19 441	19 875	19 210	15 386
匈牙利	6 298	9 015	10 019	11 182	11 681	15 146	17 683	15 458	15 333	17 007	15 473
冰岛	1 099	1 479	1 814	2 527	2 531	2 937	2 410	2 015	2 187	2 590	2 759
爱尔兰	41 771	54 344	65 286	71 483	80 050	94 487	110 703	103 441	107 155	115 679	112 111
拉脱维亚	689	915	1 164	1 546	1 952	2 666	3 145	2 251	2 183	2 616	2 579
立陶宛	891	1 209	1 577	1 995	2 454	3 270	4 035	2 906	2 898	3 695	4 151
卢森堡	12 353	15 448	20 887	24 213	29 784	37 572	38 821	33 293	36 727	41 348	40 454
马耳他	746	827	1 020	1 187	1 753	2 200	2 635	2 549	28 34	3 049	2 945
黑山	—	—	—	—	277	373	580	445	434	427	477
荷兰	56 213	69 664	78 709	83 590	86 008	97 393	111 273	107 522	105 510	120 897	119 248
挪威	17 834	20 415	22 622	28 837	31 141	38 723	43 788	36 258	42 427	45 924	48 889
波兰	9 087	10 533	13 133	15 353	19 402	23 626	29 581	23 538	29 512	31 835	31 548
葡萄牙	6 931	8 066	9 468	10 176	11 814	13 989	16 262	14 185	14 233	15 741	13 186
罗马尼亚	2 304	2 906	3 818	5 425	6 808	8 749	11 693	10 106	8104	9 471	8 995
塞尔维亚	—	—	—	—	2 114	3 445	4 239	3 408	3 476	3 932	3 694

续 表

年份 地区	2002	2003	2004	2005	2006	2007	2008	2009	2010	2011	2012
塞尔维亚和黑山	537	795	1 192	1 478	—	—	—	—	—	—	—
斯洛伐克	2 301	3 006	3 406	4 024	4 675	6 409	9 057	7 384	6 773	7 089	6 715
斯洛文尼亚	1 699	2 154	2 579	2 825	3 205	4 196	5 061	4 294	4 318	4 621	4 280
西班牙	38 241	47 499	58 742	66 775	78 020	95 688	104 868	88 058	87 514	94 111	89 176
瑞典	23 809	28 434	32 900	35 217	38 983	47 083	53 383	45 066	46 946	54 709	54 843
瑞士	12 685	14 642	19 327	22 703	23 306	27 770	30 629	33 838	36 285	44 906	46 606
土耳其	5 526	6 690	9 188	10 311	10 739	14 547	16 694	15 489	18 159	19 420	18 920
英国	106 413	122 920	145 199	158 431	170 256	195 069	195 257	163 240	164 542	174 566	173 891
欧盟（27）	689 300	832 500	981 900	1 071 500	1 175 500	1 410 100	1 585 300	1 434 900	1 467 300	1 614 000	1 569 100
欧盟(27)自外进口 a	—	—	392 200	430 000	469 900	563 800	654 500	586 300	604 400	662 800	651 100
独联体	34 100	39 900	50 800	59 000	69 000	91 100	114 700	92 900	109 100	128 900	152 000
亚美尼亚	217	264	419	517	600	772	952	839	985	1 111	1 130
阿塞拜疆	1 283	2 027	2 702	2 625	2 784	3 324	3 828	3 329	3 762	5 630	7 104
白俄罗斯	826	820	943	1 057	1 643	1 999	2 617	2 099	2 873	3 167	3 632
格鲁吉亚	325	355	440	584	687	872	1 156	910	996	1 201	1 362
哈萨克斯坦	3 506	3 712	5 058	7 375	8 621	11 473	10 915	9 856	11 162	10 796	12 578
吉尔吉斯共和国	143	157	218	286	455	599	987	860	915	1 129	1 525
摩尔多瓦	243	268	331	390	457	613	791	678	724	845	921
俄罗斯	22 852	26 487	32 216	37 795	43 679	56 768	73 616	59 830	71 358	87 307	104 170
塔吉克斯坦	103	120	205	250	393	590	453	289	524	666	1002
乌克兰	3 143	3 979	6 162	6 962	8 582	11 055	15 777	11 070	12 137	12 707	13 546
乌兹别克斯坦	287	302	424	425	402	390	427	415	486	557	659
非洲	42 300	48 800	60 300	71 700	86 200	109 900	142 000	125 200	139 500	156 400	158 500
阿尔及利亚	2 334	2 748	3 631	4 502	4 492	6 334	10 473	11 202	11 549	11 977	11 000
安哥拉	2 766	2 774	4 285	6 191	6 860	11 997	20 451	18 210	16 028	22 415	…
贝宁	203	244	273	267	342	491	500	488	503	561	628
博茨瓦纳	516	652	789	847	834	980	782	471	546	660	505
布基纳法索	146	225	284	347	346	442	588	545	816	1060	…
布隆迪	34	38	75	125	193	173	241	160	156	189	…
喀麦隆	1 273	1 177	1 448	1 428	1 416	1 719	2 578	1 720	1 717	1 727	…
佛得角	138	183	194	201	242	285	349	307	292	311	285
中非共和国	90	88	106	105	120	148	165	156	183	186	…
乍得	660	829	1 680	1 542	2 124	1 702	1 838	1 851	…	…	…
科摩罗	23	36	41	45	54	62	77	83	93	106	105
刚果	917	866	1 012	1 413	2 422	3 523	3 565	3 209	4 848	5 454	…
刚果（金）	257	349	681	1 020	762	1 441	1 853	1 658	2 497	2 633	2 813
科特迪瓦	1 447	1 657	1 896	1 982	2 087	2 263	2 487	2 441	2 578	2 472	2 648
吉布提	55	60	70	76	81	99	121	114	104	143	…
埃及	6 013	6 038	7 470	9 507	10 288	13 088	16 335	12 765	12 991	13 129	15 468
赤道几内亚	606	722	744	906	845	1 128	1 657	2 058	1 970	2 449	…
厄立特里亚	25	…	…	…	…	…	…	…	…	…	…
埃塞俄比亚	556	689	932	1 178	1 154	1 737	2 379	2 190	2 534	3 309	3 866
加蓬	741	821	921	1 020	1 207	1 426	1 599	1 253	1 916	2 480	…
冈比亚	54	30	45	47	94	87	86	83	73	68	…
加纳	548	753	904	1 140	1 442	1 812	2 038	2 366	2 444	3 126	3 043
几内亚	156	188	195	205	233	247	398	288	381	526	898
几内亚比绍	27	36	42	42	40	68	85	85	100	83	…
肯尼亚	588	575	803	955	1 235	1 479	1 663	1 624	1 817	1 958	2 336
莱索托	215	312	362	354	332	358	347	338	438	516	…
利比里亚	…	…	90	99	217	219	344	141	234	266	…
利比亚	1 343	1 528	1 753	2 128	2 324	2 497	3 572	4 323	5 251	3 603	…
马达加斯加	561	479	474	462	600	1 037	1 277	1 157	1 005	1 050	1 054
马拉维	222	136	135	140	142	141	172	208	177	199	…
马里	380	478	528	583	672	774	1022	813	997	1 049	…
毛里塔尼亚	131	161	251	322	345	435	653	541	569	646	869
毛里求斯	775	875	1 005	1 193	1 312	1 562	1 910	1 586	1 951	2 450	2 378
摩洛哥	1 903	2 350	2 805	3 103	3 562	4 527	5 628	5 302	5 724	6 713	6 582
莫桑比克	559	553	511	627	729	819	918	1 011	1 267	1 467	2 334
纳米比亚	223	269	411	359	420	504	578	568	694	716	642

续 表

地区 \ 年份	2002	2003	2004	2005	2006	2007	2008	2009	2010	2011	2012
尼日尔	140	175	250	277	327	369	599	735	843	940	…
尼日利亚	4 688	5 715	5 973	6 384	12 115	15 553	22 577	16 487	19 942	22 472	20 875
卢旺达	124	104	123	176	214	259	504	503	442	524	413
圣多美和普林西比	10	11	13	10	16	16	19	17	22	27	23
塞内加尔	457	567	684	777	808	1 206	1 384	1 110	1 078	1 193	1 111
塞舌尔	209	213	211	231	265	462	369	377	420	419	367
塞拉利昂	76	89	87	86	78	90	117	129	150	245	…
南非	5 376	7 848	10 063	11 833	13 900	16 127	16 515	14 390	18 023	19 228	17 195
苏丹	784	805	1 023	1 801	2 728	2 873	2 552	1 886	2 195	1 939	1 832
斯威士兰	202	342	363	396	365	494	629	539	650	774	…
坦桑尼亚	611	685	923	1 131	1 212	1 364	1 627	1 685	1 843	2 156	2 304
多哥	147	204	237	249	261	303	358	374	389	492	…
突尼斯	1 353	1 510	1 869	2 075	2 338	2 674	3 226	2 812	3 165	3 110	3 106
乌干达	495	…	473	593	756	958	1 234	1 378	1 774	2 409	2 393
赞比亚	361	388	418	446	562	887	877	674	901	1 152	…
津巴布韦	542	536	571	585	485	502	510	608	833	1 092	…
中东	52 000	61 700	79 100	98 300	122 300	159 400	189 900	174 500	196 400	224 500	237 500
巴林	945	907	1 248	1 416	1 605	1 701	2 030	1 741	1 905	1 778	1 495
伊朗	5 381	6 432	9 730	10 407	11 407	14 760	17 240	17 157	22 498	18 757	…
伊拉克	…	…	…	5 426	5 030	4 741	7 565	8 433	9 611	10 829	…
以色列	10 634	10 978	12 695	13 609	14 508	17 263	19 489	16 279	17 561	19 109	20 221
约旦	1 627	1 690	1 972	2 465	2 854	3 356	3 926	3 672	4 312	4 357	4 459
科威特	4 881	5 534	6 202	7 444	8 805	10 494	14 799	12 779	14 272	16 461	18 213
黎巴嫩	3 340	6 474	8 213	7 879	8 720	9 973	13 445	14 031	13 418	12 937	…
阿曼	1 880	2 573	3 152	3 145	3 896	5 095	5 878	5 482	6 291	7 066	7 961
卡塔尔	…	…	…	4 034	6 864	7 348	7 067	5 662	7 666	15 548	22 126
沙特阿拉伯	7 152	7 936	11 057	19 684	29 488	45 914	49 572	47 039	50 996	54 954	49 889
叙利亚	1 675	1 697	2 071	2 274	2 437	2 917	3 078	2 608	3 377	…	…
阿联酋	9 934	11 440	14 655	18 891	24 322	33 372	42 773	36 752	41 337	55 702	62 969
也门	883	947	1 004	1 183	1 800	1 811	2 289	2 038	2 295	2 220	2 440
亚洲	383 800	420 700	522 900	581 200	646 400	763 400	885 400	797 800	961 500	1 094 700	1 179 400
阿富汗	…	…	…	…	…	…	…	763	1 260	…	…
澳大利亚	18 023	21 476	27 377	29 909	31 600	39 197	47 613	41 278	50 236	59 370	63 018
孟加拉国	1 318	1 595	1 835	2 011	2 111	2 673	3 496	31 97	4 125	4 981	4 913
不丹	60	108	103	128	58	54	90	71	85	111	133
文莱达鲁萨兰	762	886	922	940	1 035	1 115	1 181	1 215	1 366	1 171	…
柬埔寨	368	425	502	632	760	871	935	826	968	1 293	1 507
中国	46 080	54 852	72 190	83 344	100 327	129 259	158 004	158 016	192 174	237 003	280 164
斐济	273	384	463	503	514	515	593	444	503	…	…
法属波利尼西亚	530	598	665	736	546	616	718	702	593	555	…
中国香港	25 833	25 988	30 985	33 836	36 907	42 448	46 921	43 703	51 166	56 274	57 240
印度	20 776	24 679	35 293	46 820	58 222	70 388	87 847	79 628	116 384	123 749	127 482
印度尼西亚	16 770	17 171	20 620	21 836	21 175	24 075	27 994	22 636	25 599	30 788	33 327
日本	104 873	107 535	130 309	132 622	133 898	148 549	167 326	146 927	155 613	165 727	174 757
基里巴斯	21	26	27	38	28	36	51	44	…	…	…
韩国	36 545	40 314	49 944	58 964	69 346	83 954	95 433	79 525	94 956	99 970	107 057
老挝	23	22	24	29	31	38	102	130	258	325	…
中国澳门	1 517	1 819	2 171	2 345	2 927	4 427	5 611	4 689	7 151	10 071	10 588
马来西亚	16 248	17 323	18 967	21 750	23 421	28 475	30 060	27 257	32 002	37 743	41 964
马尔代夫	110	119	155	210	226	265	342	396	446	535	576
密克罗尼西亚联邦	56	56	55	56	55	55	59	…	…	…	…
蒙古	260	249	496	468	514	456	598	545	760	1 768	2 016
缅甸	293	399	440	481	541	629	599	593	754	1 067	…
尼泊尔	231	258	376	424	488	716	840	828	846	761	882
新喀里多尼亚	417	538	598	840	1 129	1 320	1 389	1 101	1 394	1 434	…
新西兰	4 690	5 637	7 119	8 155	7 795	9 095	9 673	7 844	9 208	10 803	10 993
巴基斯坦	2 095	3 102	5 101	7 206	8 093	8 435	9 286	5 902	6 480	7 237	7 308
巴布亚新几内亚	834	962	1 076	1 262	1 584	1 945	1 817	1 823	2 737	2 951	3 635
菲律宾	5 386	5 322	5 769	5 797	6 211	7 391	8 348	8 679	11 129	12 066	14 093

续 表

年份 / 地区	2002	2003	2004	2005	2006	2007	2008	2009	2010	2011	2012
萨摩亚	28	30	41	55	56	62	62	69	74	75	…
新加坡	33 519	40 086	49 703	55 073	64 938	74 405	87 202	82 426	97 546	114 525	117 744
所罗门群岛	49	62	42	57	66	95	113	101	180	191	189
斯里兰卡	1 553	1 646	1 872	2 051	2 359	2 568	2 975	2 487	3 075	3 973	4 407
中国台北	23 852	24 803	29 859	31 420	31 752	34 089	34 149	29 082	37 117	41 321	42 143
泰国	16 572	17 999	22 909	26 615	32 407	37 765	45 696	36 300	44 774	51 965	52 519
东帝汶	…	…	…	…	45	52	102	294	446	806	…
汤加	28	32	32	34	31	33	45	42	41	52	59
图瓦卢	11	16	15	12	13	25	18	19	24	33	…
瓦努阿图	47	56	61	69	66	70	129	106	119	143	144
越南	3 698	4 050	4 739	4 420	5 082	7 137	7 881	8 046	9 771	11 707	12 353
备忘项：											
世界不含欧盟(27)自内进口 a	—	—	1 555 900	1 742 200	1 954 100	2 327 500	2 702 100	2 443 700	2 750 400	3 091 000	3 234 400
欧洲不含欧盟(27)自内进口 a	—	—	452 200	502 100	546 600	659 300	762 100	685 900	715 100	788 200	780 300

a 欧盟内、外部贸易统计参阅技术注释。

注：由于服务贸易数据的频繁修正，致使大量国家和地区的数据缺少连续性。参阅技术注释。

表 11

2005—2012 年世界货物出口量和产量增长

（年度变化百分比）

年　份	2005—2012	2010	2011	2012
世界货物出口	3.5	14.0	5.5	2.5
农产品	4.0	7.5	6.0	2.0
燃料和矿产品	2.0	5.5	2.5	2.5
制成品	4.0	18.0	7.0	2.5
世界货物产量	2.0	6.5	2.5	2.0
农业	2.0	0.0	2.0	1.5
采掘业	1.0	2.0	1.5	3.0
制造业	2.5	9.0	3.0	2.0
世界 GDP	2.0	4.0	2.5	2.0

表 12

2005—2012 年世界主要地区和经济体货物贸易量增长

（年度变化百分比）

出口			年份 / 地区	进口		
2005—2012	2011	2012		2005—2012	2011	2012
3.5	5.5	2.5	世界	3.5	5.0	2.0
3.5	6.5	4.5	北美洲	1.5	4.5	3.0
−0.5	6.5	3.0	加拿大	2.0	6.0	1.5
4.5	4.5	8.5	墨西哥	4.5	6.5	7.5
4.5	7.0	4.0	美国	0.5	4.0	3.0
1.5	7.0	0.5	中、南美洲	8.5	13.0	2.5
2.0	5.5	1.0	欧洲	1.0	3.0	−2.0
2.0	5.5	0.5	欧盟（27）	0.5	2.5	−2.0
−1.0	−3.5	1.0	挪威	3.0	4.5	−0.5
2.5	8.0	0.5	瑞士	2.0	2.5	−1.5

续 表

出口 2005—2012	出口 2011	出口 2012	年份 / 地区	进口 2005—2012	进口 2011	进口 2012
3.0	2.0	1.5	独联体	8.5	17.0	6.5
7.0	6.5	2.5	亚洲	6.0	6.5	3.5
3.0	0.5	2.5	澳大利亚	5.5	7.0	5.0
11.0	9.0	6.0	中国	10.0	9.0	3.5
−1.0	7.0	29.0	中国香港	5.0	7.0	3.0
10.5	15.0	−0.5	印度	13.5	9.5	7.0
2.5	−0.5	−1.0	日本	1.0	4.0	3.5
4.5	7.5	1.0	六个东亚贸易体 a	3.0	4.0	2.0

a 中国香港，马来西亚，韩国，新加坡，台、澎、金、马单独关税区（中国台北）和泰国。

表 13

2005—2012 年世界货物和服务贸易（按地区和国家）

（年度变化百分比）

出口 2005—2012	出口 2011	出口 2012	年份 / 地区	进口 2005—2012	进口 2011	进口 2012
			货物贸易			
8	20	0	世界	8	19	0
7	16	4	北美洲	5	15	3
8	16	4	美国	4	15	3
3	17	1	加拿大	6	15	2
11	28	−1	中、南美洲	14	26	3
11	27	−5	巴西	17	24	−2
10	23	−4	阿根廷	13	31	−7
5	18	−4	欧洲	5	17	−6
5	18	−4	欧盟（27）	5	17	−6
8	20	−4	瑞士	7	18	−5
13	34	2	独联体	15	30	5
12	30	1	俄罗斯	15	30	4
10	33	0	乌克兰	13	36	2
11	17	5	非洲	13	19	8
8	21	−11	南非	10	29	2
13	36	1	尼日利亚 a	14	27	−9
14	40	6	中东	12	17	9
12	45	6	沙特阿拉伯 a	15	23	18
17	41	16	阿联酋 a	15	23	13
11	18	2	亚洲	12	23	4
15	20	8	中国	16	25	4
4	7	−3	日本	8	23	4
			服务贸易			
8	11	2	世界	8	12	3
7	9	5	北美洲	6	8	3
8	9	6	美国	6	7	4
5	9	−1	加拿大	7	10	1
10	19	4	中、南美洲	15	23	7
14	20	5	巴西	19	22	7
13	14	−2	阿根廷	14	21	5
7	12	−2	欧洲	6	10	−2
6	12	−2	欧盟（27）	6	10	−3
9	15	−4	瑞士	11	24	4

续　表

出口 2005—2012	出口 2011	出口 2012	年份 / 地区	进口 2005—2012	进口 2011	进口 2012
14	20	9	独联体	14	18	18
13	22	7	俄罗斯	16	22	19
11	14	3	乌克兰	10	5	7
7	0	6	非洲	12	12	1
6	−19	12	埃及	7	1	18
4	6	2	南非	5	7	−11
…	11	13	中东	…	14	6
19	9	18	沙特阿拉伯	19	35	13
…	7	−5	阿联酋	…	8	−9
…	12	6	亚洲	…	14	8
14	9	8	日本	19	23	18
4	3	0	中国	4	6	5

a　秘书处估计。

表 14

2012 年世界货物出口（按产品类别）

单位：十亿美元，%

	总额	份额	年度变化百分比								
		占世界货物贸易	1980—1985	1985—1990	1990—1995	1995—2000	2000—2005	2005—2012	2010	2011	2012
农产品	1 657	9.2	−2	9	7	−1	9	10	15	22	0
燃料和矿产品	4 139	23.1	−5	3	2	10	16	13	33	35	2
燃料	3 375	18.8	−5	0	1	12	17	13	30	37	5
制成品	11 490	64.1	2	15	9	5	9	7	19	15	0
钢铁	486	2.7	−2	9	8	−2	17	6	30	25	−8
化工产品	1 957	10.9	1	14	10	4	14	9	17	17	−2
办公和通信设备	1 674	9.3	9	18	15	10	6	4	22	4	−1
汽车	1 295	7.2	5	14	8	5	10	5	29	18	1
纺织品	286	1.6	−1	15	8	0	6	5	19	17	−3
服装	423	2.4	4	18	8	5	7	6	12	18	1
农产品（AoA）a	1 385	7.7	—	—	—	—	10	11	16	22	1
非农产品(NAMA)	16 546	92.3	—	—	—	—	10	8	22	20	0

a　见（AoA）（第 5 章，第 2.1.2 节）的农产品定义。

表 15

2012 年世界货物出口（按产品类别和地区）

单位：十亿美元，%

	农产品	燃料和矿产品		制成品						
		总额	燃料	总额	钢铁	化工产品	办公和通信设备	汽车	纺织品	服装
世界	1 657	4 139	3 375	11 490	486	1 957	1 674	1 295	286	423
占所有出口比重	9.2	23.1	18.8	64.1	2.7	10.9	9.3	7.2	1.6	2.4
年度变化百分比										
2005—2012	10	13	13	7	6	9	4	5	5	6
2011	22	35	37	15	25	17	4	18	17	18
2012	0	2	5	0	−8	−2	−1	1	−3	1

续 表

	农产品	燃料和矿产品		制成品						
		总额	燃料	总额	钢铁	化工产品	办公和通信设备	汽车	纺织品	服装
北美洲	258	402	305	1 582	33	259	214	270	18	11
占所有出口比重	10.9	17.0	12.9	66.7	1.4	10.9	9.0	11.4	0.7	0.5
年度变化百分比										
2005—2012	9	12	13	5	7	8	3	5	1	−3
2011	18	36	41	11	16	11	3	17	12	9
2012	2	−2	1	6	0	−1	1	12	−1	2
中、南美洲	205	320	199	199	19	50	6	25	4	16
占所有出口比重	27.4	42.6	26.5	26.6	2.6	6.7	0.8	3.4	0.6	2.1
年度变化百分比										
2005—2012	12	12	11	7	3	12	−3	6	4	1
2011	26	33	39	23	43	29	4	19	11	16
2012	−1	−3	4	0	−7	2	−2	−6	−3	2
欧洲	657	840	624	4 734	197	1 040	357	634	82	127
占所有出口比重	10.3	13.2	9.8	74.1	3.1	16.3	5.6	9.9	1.3	2.0
年度变化百分比										
2005—2012	7	11	11	4	4	7	−1	3	0	3
2011	18	33	36	16	26	14	3	21	14	16
2012	−2	2	8	−5	−13	−4	−8	−7	−9	−6
独联体	66	530	479	187	53	51	4	5	4	3
占所有出口比重	8.2	65.8	59.5	23.2	6.6	6.3	0.5	0.7	0.5	0.4
年度变化百分比										
2005—2012	14	13	14	11	6	15	25	3	10	8
2011	30	39	39	29	23	34	37	60	30	34
2012	15	0	2	1	−4	7	25	−38	−8	7
非洲	57	438	384	103	9	21	3	9	3	10
占所有出口比重	9.1	69.5	60.9	16.4	1.4	3.4	0.5	1.5	0.5	1.6
年度变化百分比										
2005—2012	11	11	11	7	1	12	8	8	7	1
2011	17	19	18	13	3	15	19	8	11	13
2012	−1	9	11	−2	−18	0	0	3	−7	−7
中东	30	915	893	265	7	87	15	13	7	10
占所有出口比重	2.2	67.8	66.1	19.7	0.5	6.4	1.1	1.0	0.5	0.8
年度变化百分比										
2005—2012	9	13	13	14	14	16	9	16	8	15
2011	15	46	46	28	36	33	7	21	16	19
2012	−4	6	6	2	4	−8	12	8	5	165
亚洲	384	694	492	4 419	167	449	1 074	339	168	246
占所有出口比重	6.8	12.3	8.7	78.3	3.0	8.0	19.0	6.0	3.0	4.4
年度变化百分比										
2005—2012	14	15	16	10	10	12	6	8	8	9
2011	32	33	37	15	25	23	5	11	19	20
2012	0	−3	0	3	−5	−1	2	11	−1	3

表 16

2012 年世界商业服务贸易（按产品类别）　单位：十亿美元，%

	总　额	份　额				
年份	2012	2000	2005	2010	2011	2012
出口						
所有服务	4 350	100.0	100.0	100.0	100.0	100.0
运输服务	890	23.2	22.6	21.1	20.6	20.5
旅游服务	1 110	31.9	27.9	24.9	25.1	25.5
其他服务	2 345	44.8	49.5	53.7	54.1	53.9
进口						
所有服务	4 150	100.0	100.0	100.0	100.0	100.0
运输服务	1 145	28.6	28.6	27.1	27.7	27.5
旅游服务	995	30.1	27.4	23.8	23.4	24.0
其他服务	1 965	41.2	44.0	47.6	47.8	47.3

表 17

1990—2012 年世界商业服务出口增长（按产品类别和地区）　（年度变化百分比）

	年　度	世界	北美洲	中、南美洲	欧洲	独联体	非洲	中东	亚洲
商业服务									
	1990—1995	8	8	9	—	—	7	…	14
	1995—2000	5	7	6	4	…	4	…	4
	2000—2005	11	5	8	13	18	…	…	…
	2005—2010	9	8	10	7	14	9	…	12
	2011	11	9	19	12	20	0	11	12
	2012	2	5	4	−2	9	6	13	6
运输服务									
	1990—1995	6	4	7	—	—	6	…	11
	1995—2000	3	1	1	3	…	−1	…	3
	2000—2005	10	3	11	11	15	14	…	11
	2005—2010	7	6	9	6	13	9	9	9
	2011	9	11	17	10	16	6	22	4
	2012	1	3	−1	−2	5	9	13	4
旅游服务									
	1990—1995	9	7	10	—	—	8	…	14
	1995—2000	4	6	7	2	…	6	…	3
	2000—2005	8	2	6	9	18	15	12	11
	2005—2010	6	4	7	3	9	8	15	13
	2011	12	10	8	13	28	−4	2	18
	2012	4	8	5	−2	12	6	6	10
其他商业服务									
	1990—1995	9	11	10	—	—	5	…	16
	1995—2000	7	10	9	6	…	6	…	5
	2000—2005	13	8	11	15	25	…	13	…
	2005—2010	11	10	16	10	19	11	…	13
	2011	12	8	30	12	20	3	14	14
	2012	2	4	6	−2	11	4	20	6

表 18

2012 年区域间和区域内货物贸易

单位：十亿美元，%

原产地	目的地							世界
	北美洲	中、南美洲	欧洲	独联体	非洲	中东	亚洲	
	贸易额							
世界	3 035	787	6 564	550	580	714	5 333	17 930
北美洲	1 151	217	380	18	38	75	488	2 371
中、南美洲	187	202	128	8	21	17	172	750
欧洲	492	124	4 383	245	211	208	643	6 385
独联体	37	7	430	149	14	20	127	805
非洲	74	30	240	2	81	17	160	630
中东	118	11	148	7	39	116	732	1349
亚洲	975	196	855	121	177	260	3 012	5 640
区域内贸易流量占每一区域总货物贸易出口的份额								
世界	16.9	4.4	36.6	3.1	3.2	4.0	29.7	100.0
北美洲	48.6	9.1	16.0	0.8	1.6	3.2	20.6	100.0
中、南美洲	24.9	26.9	17.0	1.1	2.8	2.3	23.0	100.0
欧洲	7.7	1.9	68.6	3.8	3.3	3.3	10.1	100.0
独联体	4.6	0.9	53.4	18.5	1.7	2.5	15.7	100.0
非洲	11.7	4.8	38.2	0.3	12.8	2.7	25.3	100.0
中东	8.7	0.8	11.0	0.5	2.9	8.6	54.2	100.0
亚洲	17.3	3.5	15.2	2.1	3.1	4.6	53.4	100.0
每一区域的出口额占世界对此区域出口总额的份额								
世界	100.0	100.0	100.0	100.0	100.0	100.0	100.0	100.0
北美洲	37.9	27.6	5.8	3.3	6.5	10.5	9.2	13.2
中、南美洲	6.2	25.6	1.9	1.5	3.6	2.4	3.2	4.2
欧洲	16.2	15.7	66.8	44.6	36.3	29.2	12.0	35.6
独联体	1.2	0.9	6.6	27.0	2.4	2.8	2.4	4.5
非洲	2.4	3.9	3.7	0.3	13.9	2.4	3.0	3.5
中东	3.9	1.4	2.3	1.3	6.8	16.2	13.7	7.5
亚洲	32.1	24.9	13.0	21.9	30.4	36.5	56.5	31.5
区域内贸易流量占世界总货物贸易出口的份额								
世界	16.9	4.4	36.6	3.1	3.2	4.0	29.7	100.0
北美洲	6.4	1.2	2.1	0.1	0.2	0.4	2.7	13.2
中、南美洲	1.0	1.1	0.7	0.0	0.1	0.1	1.0	4.2
欧洲	2.7	0.7	24.4	1.4	1.2	1.2	3.6	35.6
独联体	0.2	0.0	2.4	0.8	0.1	0.1	0.7	4.5
非洲	0.4	0.2	1.3	0.0	0.5	0.1	0.9	3.5
中东	0.7	0.1	0.8	0.0	0.2	0.6	4.1	7.5
亚洲	5.4	1.1	4.8	0.7	1.0	1.5	16.8	31.5

表 19

1948、1953、1963、1973、1983、1993、2003 和 2012 年

世界货物出口（按地区和国家）

单位：十亿美元，%

地区＼年份	1948	1953	1963	1973	1983	1993	2003	2012
				总　额				
世界	59	84	157	579	1 838	3 677	7 380	17 930
				份　额				
世界	100.0	100.0	100.0	100.0	100.0	100.0	100.0	100.0
北美洲	28.1	24.8	19.9	17.3	16.8	18.0	15.8	13.2
美国	21.7	18.8	14.9	12.3	11.2	12.6	9.8	8.6
加拿大	5.5	5.2	4.3	4.6	4.2	3.9	3.7	2.5
墨西哥	0.9	0.7	0.6	0.4	1.4	1.4	2.2	2.1
中、南美洲	11.3	9.7	6.4	4.3	4.4	3.0	3.0	4.2
巴西	2.0	1.8	0.9	1.1	1.2	1.0	1.0	1.4
阿根廷	2.8	1.3	0.9	0.6	0.4	0.4	0.4	0.5
欧洲	35.1	39.4	47.8	50.9	43.5	45.3	45.9	35.6
德国 a	1.4	5.3	9.3	11.7	9.2	10.3	10.2	7.8
法国	3.4	4.8	5.2	6.3	5.2	6.0	5.3	3.2
意大利	1.8	1.8	3.2	3.8	4.0	4.6	4.1	2.8
英国	11.3	9.0	7.8	5.1	5.0	4.9	4.1	2.6
独联体 b	—	—	—	—	—	1.5	2.6	4.5
非洲	7.3	6.5	5.7	4.8	4.5	2.5	2.4	3.5
南非 c	2.0	1.6	1.5	1.0	1.0	0.7	0.5	0.5
中东	2.0	2.7	3.2	4.1	6.8	3.5	4.1	7.5
亚洲	14.0	13.4	12.5	14.9	19.1	26.1	26.1	31.5
中国	0.9	1.2	1.3	1.0	1.2	2.5	5.9	11.4
日本	0.4	1.5	3.5	6.4	8.0	9.9	6.4	4.5
印度	2.2	1.3	1.0	0.5	0.5	0.6	0.8	1.6
澳大利亚和新西兰	3.7	3.2	2.4	2.1	1.4	1.4	1.2	1.6
六个东亚贸易体	3.4	3.0	2.5	3.6	5.8	9.7	9.6	32.4
备忘项：								
欧盟 d	—	—	24.5	37.0	31.3	37.4	42.3	32.4
前苏联	2.2	3.5	4.6	3.7	5.0	—	—	—
GATT/WTO 成员 e	63.4	69.6	75.0	84.1	78.4	89.3	94.3	96.6

a　联邦德国的数据参考 1948—1983 年。

b　数据受到显著影响，包括波罗的海国家和独联体 1993—2003 年的相互贸易。

c　自 1998 年，统计数据均来自南非，而不再是南部非洲关税同盟。

d　数据参考 EEC（6）1963 年，EC（9）1973 年，EC（10）1983 年，EU（12）1993 年，EU（25）2003 年和 EU（27）2010 年。

e　其成员以所提年份为准。

注：1973 年、1983 年和 1993—2003 年的出口份额受到石油价格的影响。

表 20

1948、1953、1963、1973、1983、1993、2003 和 2012 年

世界货物进口（按地区和国家）

单位：十亿美元，%

地区＼年份	1948	1953	1963	1973	1983	1993	2003	2012
				总额				
世界	62	85	164	594	1 882	3 787	7 696	18 188
				份额				
世界	100.0	100.0	100.0	100.0	100.0	100.0	100.0	100.0
北美洲	18.5	20.5	16.1	17.2	18.5	21.4	22.4	17.6
美国	13.0	13.9	11.4	12.3	14.3	15.9	16.9	12.8
加拿大	4.4	5.5	3.9	4.2	3.4	3.7	3.2	2.6
墨西哥	1.0	0.9	0.8	0.6	0.7	1.8	2.3	2.1
中、南美洲	10.4	8.3	6.0	4.4	3.8	3.3	2.5	4.1
巴西	1.8	1.6	0.9	1.2	0.9	0.7	0.7	1.3
阿根廷	2.5	0.9	0.6	0.4	0.2	0.4	0.2	0.4
欧洲	45.3	43.7	52.0	53.3	44.2	44.6	45.0	35.9
德国 a	2.2	4.5	8.0	9.2	8.1	9.0	7.9	6.4
法国	5.5	4.9	5.3	6.4	5.6	5.7	5.2	3.7
意大利	2.5	2.8	4.6	4.7	4.2	3.9	3.9	2.7
英国	13.4	11.0	8.5	6.5	5.3	5.5	5.2	3.8
独联体 b	—	—	—	—	—	1.2	1.7	3.1
非洲	8.1	7.0	5.2	3.9	4.6	2.6	2.2	3.4
南非 c	2.5	1.5	1.1	0.9	0.8	0.5	0.5	0.7
中东	1.8	2.1	2.3	2.7	6.2	3.3	2.8	4.1
亚洲	13.9	15.1	14.1	14.9	18.5	23.6	23.5	31.8
中国	0.6	1.6	0.9	0.9	1.1	2.7	5.4	10.0
日本	1.1	2.8	4.1	6.5	6.7	6.4	5.0	4.9
印度	2.3	1.4	1.5	0.5	0.7	0.6	0.9	2.7
澳大利亚和新西兰	2.9	2.3	2.2	1.6	1.4	1.5	1.4	1.6
六个东亚贸易体	3.5	3.7	3.2	3.9	6.1	10.3	8.6	9.6
备忘项：								
欧盟 d	—	—	—	—	—	—	41.8	32.6
前苏联	1.9	3.3	4.3	3.6	4.3	—	—	—
GATT/WTO 成员 e	58.6	66.9	75.3	85.5	81.3	88.7	94.8	97.6

a 联邦德国的数据参考 1948—1983 年。

b 数据受到显著影响，包括波罗的海国家和独联体 1993—2003 年的相互贸易。

c 自 1998 年，统计数据均来自南非，而不再是南部非洲关税同盟。

d 数据参考 EEC（6）1963 年，EC（9）1973 年，EC（10）1983 年，EU（12）1993 年，EU（25）2003 年和 EU（27）2010 年。

e 其成员以所提年份为准。

注：1973 年、1983 年和 1993—2003 年的出口份额受到石油价格的影响。

表 21

2012 年世界货物贸易的主要进出口方

单位：十亿美元，%

排名	出口方	总额	份额	年度变化百分比	排名	进口方	总额	份额	年度变化百分比
1	中国	2 049	11.1	8	1	美国	2 336	12.6	3
2	美国	1 546	8.4	4	2	中国	1 818	9.8	4
3	德国	1 407	7.6	−5	3	德国	1 167	6.3	−7
4	日本	799	4.3	−3	4	日本	886	4.8	4
5	荷兰	656	3.6	−2	5	英国	690	3.7	2
6	法国	569	3.1	−5	6	法国	674	3.6	−6
7	韩国	548	3.0	−1	7	荷兰	591	3.2	−1
8	俄罗斯	529	2.9	1	8	中国香港	553	3.0	8
9	意大利	501	2.7	−4		留用进口	140	0.8	6
10	中国香港	493	2.7	8					
	内部出口	22	0.1	33	9	韩国	520	2.8	−1
	转口	471	2.6	7	10	印度	490	2.6	5
11	英国	474	2.6	−6	11	意大利	487	2.6	−13
12	加拿大	455	2.5	1	12	加拿大 a	475	2.6	2
13	比利时	447	2.4	−6	13	比利时	437	2.4	−6
14	新加坡	408	2.2	0	14	墨西哥	380	2.0	5
	内部出口	228	1.2	2	15	新加坡	380	2.0	4
	转口	180	1.0	−3		留用进口	199	1.1	11
15	沙特阿拉伯	388	2.1	6					
16	墨西哥	371	2.0	6	16	俄罗斯 a	335	1.8	4
17	阿联酋 b	350	1.9	16	17	西班牙	335	1.8	−11
18	中国台北	301	1.6	−2	18	中国台北	270	1.5	−4
19	印度	294	1.6	−3	19	澳大利亚	261	1.4	7
20	西班牙	294	1.6	−4	20	泰国	248	1.3	8
21	澳大利亚	257	1.4	−5	21	土耳其	237	1.3	−2
22	巴西	243	1.3	−5	22	巴西	233	1.3	−2
23	泰国	230	1.2	3	23	阿联酋 b	230	1.2	13
24	马来西亚	227	1.2	0	24	瑞士	198	1.1	−5
25	瑞士	226	1.2	−4	25	马来西亚	197	1.1	5
26	印尼	188	1.0	−6	26	波兰	196	1.1	−7
27	波兰	183	1.0	−3	27	印尼	190	1.0	8
28	瑞典	172	0.9	−8	28	奥地利	178	1.0	−7
29	奥地利	166	0.9	−6	29	瑞典	163	0.9	−8
30	挪威	161	0.9	0	30	沙特阿拉伯	156	0.8	18
31	捷克	157	0.9	−4	31	捷克	141	0.8	−7
32	土耳其	152	0.8	13	32	南非	124	0.7	2
33	卡塔尔	133	0.7	16	33	越南	114	0.6	7
34	科威特	119	0.6	16	34	匈牙利	95	0.5	−7
35	爱尔兰	117	0.6	−7	35	丹麦	92	0.5	−4
36	尼日利亚 b	116	0.6	1	36	挪威	87	0.5	−4
37	越南	115	0.6	18	37	乌克兰	85	0.5	2
38	丹麦	106	0.6	−6	38	智利	79	0.4	6

续 表

排名	出 口 方	总额	份额	年度变化百分比	排名	进 口 方	总额	份额	年度变化百分比
39	伊朗 b	104	0.6	−21	39	斯洛伐克	78	0.4	−2
40	匈牙利	104	0.6	−7	40	芬兰	76	0.4	−10
41	委内瑞拉	97	0.5	5	41	以色列	75	0.4	−1
42	伊拉克 b	94	0.5	13	42	葡萄牙	72	0.4	−12
43	哈萨克斯坦	92	0.5	5	43	罗马尼亚	70	0.4	−8
44	南非	87	0.5	−11	44	埃及	69	0.4	11
45	斯洛伐克	81	0.4	2	45	阿根廷	69	0.4	−7
46	阿根廷	81	0.4	−4	46	菲律宾	65	0.4	3
47	智利	78	0.4	−4	47	希腊	63	0.3	−6
48	安哥拉 b	74	0.4	10	48	爱尔兰	63	0.3	−6
49	芬兰	73	0.4	−8	49	委内瑞拉 b	60	0.3	27
50	阿尔及利亚	72	0.4	−2	50	哥伦比亚	59	0.3	8
	以上总计 c	16985	92.3	—		以上总计 c	16948	91.1	—
	世界 c	18401	100.0	0		世界 c	18601	100.0	1

a 进口以 f. o. b. 计价。
b 秘书处估计。
c 包括转口以及为转口的进口。

表 22

2012 年世界货物贸易的主要进出口方［不包括 EU（27）内部贸易］

单位：十亿美元，%

排名	出 口 方	总额	份额	年度变化百分比	排名	进 口 方	总额	份额	年度变化百分比
1	EU（27）对外出口	2 167	14.7	0	1	美国	2336	15.6	3
2	中国	2 049	13.9	8	2	EU（27）从外进口	2 301	15.4	−4
3	美国	1 546	10.5	4	3	中国	1 818	12.2	4
4	日本	799	5.4	−3	4	日本	886	5.9	4
5	韩国	548	3.7	−1	5	中国香港	553	3.7	8
6	俄罗斯	529	3.6	1		留用进口	140	0.9	6
7	中国香港	493	3.3	8					
	内部出口	22	0.2	33	6	韩国	519.58	3.472	−1
	转口	471	3.2	7	7	印度	490	3.3	5
8	加拿大	455	3.1	1	8	加拿大 a	475	3.2	2
9	新加坡	408	2.8	0	9	墨西哥	380	2.5	5
	内部出口	228	1.5	2	10	新加坡	380	2.5	4
	转口	180	1.2	−3		留用进口	199.49	1.333	11
10	沙特阿拉伯	388	2.6	6					
11	墨西哥	371	2.5	6	11	俄罗斯 a	335	2.2	4
12	阿联酋 b	350	2.4	16	12	中国台北	270	1.8	−4
13	中国台北	301	2.0	−2	13	澳大利亚	261	1.7	7
14	印度	294	2.0	−3	14	泰国	248	1.7	8
15	澳大利亚	257	1.7	−5	15	土耳其	237	1.6	30
16	巴西	243	1.6	−5	16	巴西	233	1.6	−2

续　表

排名	出　口　方	总额	份额	年度变化百分比	排名	进　口　方	总额	份额	年度变化百分比
17	泰国	230	1.6	3	17	阿联酋 b	230	1.5	13
18	马来西亚	227	1.5	0	18	瑞士	198	1.3	18
19	瑞士	226	1.5	−4	19	马来西亚	197	1.3	5
20	印尼	188	1.3	−6	20	印尼	190	1.3	8
21	挪威	161	1.1	0	21	沙特阿拉伯	156	1.0	18
22	土耳其	152	1.0	13	22	南非	124	0.8	2
23	卡塔尔	133	0.9	16	23	越南	114	0.8	7
24	科威特	119	0.8	16	24	挪威	87	0.6	17
25	尼日利亚 b	116	0.8	1	25	乌克兰	85	0.6	2
26	越南	115	0.8	18	26	智利	79	0.5	6
27	伊朗 b	104	0.7	−21	27	以色列	75	0.5	−1
28	委内瑞拉	97	0.7	5	28	埃及	69	0.5	11
29	伊拉克 b	94	0.6	13	29	阿根廷	69	0.5	−7
30	哈萨克斯坦	92	0.6	5	30	菲律宾	65	0.4	3
31	南非	87	0.6	−11	31	委内瑞拉	60	0.4	27
32	阿根廷	81	0.5	−4	32	哥伦比亚	59	0.4	8
33	智利	78	0.5	−4	33	伊朗	57	0.4	−8
34	安哥拉 b	74	0.5	10	34	伊拉克 b	57	0.4	16
35	阿尔及利亚	72	0.5	−2	35	尼日利亚 b	51	0.3	−9
36	乌克兰	69	0.5	0	36	阿尔及利亚	47	0.3	1
37	以色列	63	0.4	−7	37	白俄罗斯	46	0.3	1
38	利比亚	62	0.4	228	38	摩洛哥	45	0.3	1
39	哥伦比亚	60	0.4	5	39	哈萨克斯坦	45	0.3	20
40	阿曼	52	0.4	11	40	巴基斯坦	44	0.3	
41	菲律宾	52	0.4	8	41	秘鲁	43	0.3	13
42	白俄罗斯	46	0.3	11	42	卡塔尔 b	34	0.2	14
43	秘鲁	46	0.3	−1	43	孟加拉	34	0.2	−6
44	新西兰	37	0.3	−1	44	阿曼 b	29	0.2	19
45	阿塞拜疆	33	0.2	−5	45	科威特	26	0.2	2
46	埃及	29	0.2	−7	46	厄瓜多尔	25	0.2	4
47	孟加拉	25	0.2	3	47	突尼斯	24	0.2	2
48	巴基斯坦	25	0.2	−3	48	安哥拉 a b	24	0.2	19
49	厄瓜多尔	24	0.2	7	49	巴拿马 b	23	0.2	7
50	摩洛哥	21	0.1	−1	50	利比亚 b	23	0.2	188
	以上总计 c	11 490	96.8	—		以上总计 c	11 514	95.6	—
	世界[除 EU(27)]c	11 872	100.0	26		世界[除 EU(27)]c	12 037	100.0	25

a　进口以 f.o.b. 计价。
b　秘书处估计。
c　包括转口以及为转口的进口。

表 23

2012 年世界商业服务贸易的主要进出口方

单位：十亿美元，%

排名	出口方	总额	份额	年度变化百分比	排名	进口方	总额	份额	年度变化百分比
1	美国	621	14.3	6	1	美国	411	9.9	4
2	英国	280	6.4	−3	2	德国	293	7.1	−1
3	德国	257	5.9	−1	3	中国	280	6.7	18
4	法国	211	4.8	−6	4	日本	175	4.2	5
5	中国	190	4.4	8	5	英国	174	4.2	
6	日本	142	3.3	0	6	法国	172	4.1	−9
7	印度	141	3.2	3	7	印度	127	3.1	3
8	西班牙	136	3.1	−4	8	荷兰	119	2.9	−1
9	荷兰	131	3.0	−3	9	新加坡	118	2.8	3
10	中国香港	123	2.8	5	10	爱尔兰	112	2.7	−3
11	爱尔兰	116	2.7	2	11	韩国	107	2.6	7
12	新加坡 a	112	2.6	3	12	加拿大	105	2.5	1
13	韩国	110	2.5	17	13	意大利	105	2.5	−8
14	意大利	103	2.4	−2	14	俄罗斯	104	2.5	19
15	比利时	95	2.2	1	15	比利时	92	2.2	1
16	瑞士	90	2.1	−4	16	西班牙	89	2.1	−5
17	加拿大	78	1.8	−1	17	巴西	78	1.9	7
18	瑞典	76	1.7	2	18	澳大利亚	63	1.5	6
19	卢森堡	70	1.6	−1	19	阿联酋	63	1.5	13
20	丹麦	65	1.5	−2	20	丹麦	57	1.4	−1
21	奥地利	61	1.4	1	21	中国香港	57	1.4	2
22	俄罗斯	58	1.3	7	22	瑞典	55	1.3	0
23	澳大利亚	52	1.2	2	23	泰国	53	1.3	1
24	泰国	49	1.1	19	24	沙特阿拉伯	50	1.2	−9
25	中国台北	49	1.1	7	25	挪威	49	1.2	6
26	中国澳门	45	1.0	14	26	瑞士	47	1.1	4
27	挪威	44	1.0	3	27	奥地利	42	1.0	1
28	土耳其	42	1.0	9	28	中国台北	42	1.0	2
29	巴西	38	0.9	5	29	马来西亚	42	1.0	11
30	波兰	38	0.9	1	30	卢森堡	40	1.0	−2
31	马来西亚	38	0.9	5	31	印尼	33	0.8	8
32	希腊	34	0.8	−15	32	波兰	32	0.8	−1
33	以色列	30	0.7	11	33	芬兰	30	0.7	2
34	芬兰	30	0.7	−1	34	墨西哥	25	0.6	1
35	黎巴嫩 b	25	0.6	…	35	安哥拉 b	24	0.6	…
36	葡萄牙	24	0.6	−8	36	卡塔尔	22	0.5	42
37	印尼	23	0.5	12	37	尼日利亚	21	0.5	−7
38	捷克	22	0.5	−5	38	以色列	20	0.5	6
39	埃及	21	0.5	12	39	伊朗 b	20	0.5	…
40	匈牙利	20	0.5	−7	40	土耳其	19	0.5	−3
	以上总计	3 885	89.4	—		以上总计	3 570	85.9	—
	世界	4 350	100.0	2		世界	4 150	100.0	3

a 未包括中介交易。
b 秘书处估计。

表 24

2012 年世界商业服务贸易的主要进出口方［不包括 EU（27）内部贸易］ 单位：十亿美元，%

排名	出口方	总额	份额	年度变化百分比	排名	进口方	总额	份额	年度变化百分比
1	欧盟（27）对外出口	831	24.8	0	1	欧盟（27）从外出口	651	20.1	−2
2	美国	621	18.6	6	2	美国	411	12.7	4
3	中国	190	5.7	8	3	中国	280	8.7	18
4	日本	142	4.3	0	4	日本	175	5.4	5
5	印度	141	4.2	3	5	印度	127	3.9	3
6	中国香港	123	3.7	5	6	新加坡	118	3.6	3
7	新加坡 a	112	3.3	3	7	韩国	107	3.3	7
8	韩国	110	3.3	17	8	加拿大	105	3.3	1
9	瑞士	90	2.7	−4	9	俄罗斯	104	3.2	19
10	加拿大	78	2.3	−1	10	巴西	78	2.4	7
11	俄罗斯	58	1.7	7	11	澳大利亚	63	1.9	6
12	澳大利亚	52	1.6	2	12	阿联酋	63	1.9	13
13	泰国	49	1.5	19	13	中国香港	57	1.8	2
14	中国台北	49	1.5	7	14	泰国	53	1.6	1
15	中国澳门	45	1.4	14	15	沙特阿拉伯	50	1.5	−9
16	挪威	44	1.3	3	16	挪威	49	1.5	6
17	土耳其	42	1.3	9	17	瑞士	47	1.4	4
18	巴西	38	1.1	5	18	中国台北	42	1.3	2
19	马来西亚	38	1.1	5	19	马来西亚	42	1.3	11
20	以色列	30	0.9	11	20	印尼	33	1.0	8
21	黎巴嫩 b	25	0.7	…	21	墨西哥	25	0.8	1
22	印尼	23	0.7	12	22	安哥拉 b	24	0.7	…
23	埃及	21	0.6	12	23	卡塔尔	22	0.7	42
24	乌克兰	19	0.6	3	24	尼日利亚	21	0.6	−7
25	菲律宾	18	0.6	4	25	以色列	20	0.6	6
26	墨西哥	16	0.5	5	26	伊朗 b	20	0.6	…
27	阿根廷	15	0.4	−2	27	土耳其	19	0.6	−3
28	南非	15	0.4	2	28	阿根廷	18	0.6	5
29	阿联酋	14	0.4	18	29	科威特	18	0.6	11
30	摩洛哥	13	0.4	−3	30	南非	17	0.5	−11
31	智利	13	0.4	−4	31	委内瑞拉	17	0.5	14
32	科特迪瓦	12	0.4	−5	32	埃及	15	0.5	18
33	沙特阿拉伯	11	0.3	−5	33	智利	15	0.5	−4
34	古巴	10	0.3	−7	34	菲律宾	14	0.4	17
35	新西兰	10	0.3	−1	35	乌克兰	14	0.4	7
36	科威特	10	0.3	2	36	哈萨克斯坦	13	0.4	17
37	越南	9	0.3	11	37	越南	12	0.4	6
38	卡塔尔	9	0.3	59	38	黎巴嫩 b	12	0.4	…
39	巴拿马	9	0.3	23	39	伊拉克 b	11	0.3	…
40	伊朗 b	9	0.3	…	40	阿尔及利亚	11	0.3	−8
	以上总计	3 165	94.4	—		以上总计	2 995	92.6	—
	世界［除 EU（27）］	3 350	100.0	4		世界［除 EU（27）］	3 235	100.0	5

a 未包括中介交易。
b 秘书处估计。

表 25

2002—2012 年美国的货物贸易（按地区和国家）

单位：十亿美元

地区＼年份	2002	2003	2004	2005	2006	2007	2008	2009	2010	2011	2012
出口											
世界	**693.1**	**724.8**	**814.9**	**901.1**	**1 026.0**	**1 148.2**	**1 287.4**	**1 056.0**	**1 278.5**	**1 480.3**	**1 545.7**
北美洲	258.7	267.7	301.0	332.6	364.9	385.4	413.2	334.3	413.5	479.9	509.0
加拿大	160.8	169.5	189.1	211.4	230.2	248.4	260.9	204.7	248.2	280.7	291.7
墨西哥	97.5	97.6	110.7	120.2	133.7	135.9	151.2	128.9	163.6	198.1	215.9
中、南美洲	50.9	51.5	60.7	71.5	87.2	105.4	135.0	108.0	137.1	166.2	180.0
巴西	12.4	11.2	13.9	15.4	18.9	24.2	32.3	26.1	35.4	42.9	43.8
其他中、南美洲国家	38.5	40.2	46.8	56.1	68.4	81.2	102.7	81.9	101.6	123.3	136.2
欧洲	160.1	168.9	187.0	204.0	235.8	272.5	311.1	249.9	276.3	315.6	313.8
欧盟（27）	147.3	155.2	171.9	186.0	212.7	244.2	271.8	220.6	239.6	268.4	265.4
欧洲其他地区	12.8	13.8	15.0	17.9	23.1	28.3	39.3	29.3	36.7	47.2	48.5
独联体	3.8	3.7	4.8	5.9	7.1	10.5	13.8	8.1	9.2	12.9	15.3
俄罗斯	2.4	2.4	3.0	4.0	4.7	7.3	9.3	5.3	6.0	8.3	10.7
其他独联体国家	1.4	1.3	1.8	1.9	2.4	3.2	4.5	2.8	3.2	4.6	4.6
非洲	10.7	10.7	13.4	15.5	18.8	24.1	28.8	24.7	28.7	33.2	33.1
南非	2.5	2.8	3.2	3.9	4.5	5.5	6.5	4.4	5.6	7.3	7.5
非洲其他地区	8.1	7.9	10.2	11.6	14.4	18.5	22.3	20.2	23.1	25.9	25.6
中东	18.9	19.4	23.5	31.5	37.2	45.1	55.0	44.8	48.7	58.3	69.6
亚洲	189.7	202.7	224.1	239.5	274.2	304.4	329.4	285.4	363.9	412.1	422.3
中国	22.1	28.4	34.4	41.2	53.7	62.9	69.7	69.5	91.9	104.0	110.5
日本	51.4	52.1	53.6	54.7	58.5	61.2	65.1	51.1	60.5	65.7	70.0
六个东亚贸易体	85.0	88.6	100.2	103.7	116.8	125.8	131.0	107.7	143.5	162.0	158.3
亚洲其他地区	31.2	33.6	35.9	40.0	45.3	54.6	63.6	57.1	68.1	80.4	83.5
进口											
世界	**1 200.2**	**1 303.1**	**1 525.7**	**1 732.7**	**1 918.1**	**2 020.4**	**2 169.5**	**1 605.3**	**1 969.2**	**2 265.9**	**2 335.5**
北美洲	349.2	366.5	417.7	464.6	507.9	531.6	559.0	407.1	512.2	585.7	608.1
加拿大	213.9	227.6	259.7	291.9	307.7	317.5	339.1	227.6	279.3	319.1	327.5
墨西哥	73.7	83.8	105.2	129.9	140.4	213.3	218.6	178.8	232.3	265.9	280.3
中、南美洲	135.9	139.5	157.9	172.5	140.4	141.8	167.4	113.5	136.4	178.8	177.6
巴西	16.7	18.9	22.7	26.2	28.0	27.2	32.1	21.1	25.0	32.5	33.3
其他中、南美洲国家	119.2	120.5	135.1	146.3	112.4	114.6	135.2	92.4	111.4	146.3	144.3
欧洲	259.7	282.0	317.5	346.8	369.9	393.5	409.6	314.5	359.2	416.5	430.3
欧盟（27）	239.5	260.8	292.4	319.7	341.2	364.9	377.9	287.7	327.0	376.4	389.5
欧洲其他地区	20.2	21.2	25.1	27.1	28.7	28.6	31.7	26.8	32.1	40.1	40.9
独联体	8.4	10.4	14.9	19.8	25.3	26.5	38.5	24.1	32.2	42.0	35.0
俄罗斯	7.1	9.1	12.6	16.1	20.7	20.2	27.9	19.0	26.5	35.5	30.1
其他独联体国家	1.2	1.3	2.3	3.6	4.6	6.3	10.5	5.1	5.7	6.5	4.8
非洲	23.3	33.8	48.3	67.9	83.8	95.2	117.3	64.6	87.5	94.9	68.5
南非	4.2	4.8	6.2	6.1	7.7	9.3	10.1	6.0	8.3	9.7	8.8
非洲其他地区	19.1	29.1	42.2	61.8	76.1	85.9	107.1	58.7	79.1	85.2	59.7
中东	35.8	43.9	54.2	65.7	74.7	80.3	115.3	61.0	76.9	106.3	119.6
亚洲	450.2	482.6	567.7	638.0	716.0	751.4	762.4	620.4	764.7	841.7	896.4
中国	133.4	163.2	210.5	259.8	305.7	340.3	356.6	309.7	383.1	417.5	444.5
日本	124.5	121.1	133.4	142.0	152.2	149.6	143.6	98.6	123.7	132.6	150.5
六个东亚贸易体	135.5	138.3	157.1	162.3	174.9	173.0	167.0	133.4	160.5	177.6	181.1
亚洲其他地区	56.8	60.0	66.7	73.9	83.2	88.5	95.3	78.7	97.5	114.1	120.4

表 26

2008—2012 年欧盟（27）的货物贸易（按地区和国家）

单位：十亿美元

地区 \ 年份	总额 2008	总额 2009	总额 2010	总额 2011	总额 2012	年度变化百分比 2005—2012	2009	2010	2011	2012
出口										
世界	**5 935.8**	**4 597.5**	**5 165.9**	**6 076.5**	**5 803.3**	**5**	**−23**	**12**	**18**	**−4**
北美洲	435.3	329.4	377.9	434.4	445.7	3	−24	15	15	3
美国	363.5	280.3	316.0	360.9	367.1	2	−23	13	14	2
其他北美洲国家	71.8	49.1	61.9	73.5	78.6	6	−32	26	19	7
中、南美洲	89.5	68.8	90.6	109.6	113.3	11	−23	32	21	3
巴西	38.2	29.5	40.9	48.9	49.4	14	−23	38	20	1
其他中、南美洲国家	51.3	39.3	49.8	60.7	63.9	10	−23	27	22	5
欧洲	4 347.9	3 340.9	3 692.3	4 320.0	4 019.8	4	−23	11	17	−7
欧盟（27）	3 997.0	3 064.0	3 367.4	3 905.9	3 636.5	4	−23	10	16	−7
欧洲其他地区	350.9	276.9	324.8	414.1	383.3	7	−21	17	27	−7
独联体	218.2	132.4	162.2	210.7	220.4	12	−39	22	30	5
俄罗斯	153.0	90.2	113.3	149.9	157.5	12	−41	26	32	5
其他独联体国家	65.2	42.2	48.8	60.9	63.0	11	−35	16	25	3
非洲	171.9	147.0	162.7	186.4	191.6	9	−14	11	15	3
南非	29.1	21.8	28.1	36.0	33.5	6	−25	29	28	−7
非洲其他地区	142.9	125.2	134.6	150.4	158.1	10	−12	7	12	5
中东	156.4	126.9	138.6	160.2	158.6	6	−19	9	16	−1
亚洲	443.9	383.7	476.2	578.3	578.9	9	−14	24	21	0
中国	114.6	113.6	149.3	188.9	184.0	16	−1	31	27	−3
日本	61.3	48.8	57.3	67.3	70.3	4	−20	17	17	4
六个东亚贸易体	146.6	122.5	152.5	180.4	187.0	8	−16	24	18	4
亚洲其他地区	121.4	98.9	117.2	141.7	137.7	8	−19	19	21	−3
进口										
世界	**6 299.4**	**4 748.5**	**5 396.5**	**6 306.0**	**5 937.6**	**5**	**−25**	**14**	**17**	**−6**
北美洲	324.7	240.8	275.0	329.6	324.2	5	−26	14	20	−2
美国	269.4	205.0	224.1	264.3	261.7	4	−24	9	18	−1
其他北美洲国家	55.4	35.8	50.9	65.3	62.4	9	−35	42	28	−4
中、南美洲	129.9	90.2	109.3	134.3	121.8	7	−31	21	23	−9
巴西	52.6	35.4	43.9	53.9	47.3	7	−33	24	23	−12
其他中、南美洲国家	77.2	54.8	65.4	80.4	74.4	7	−29	19	23	−7
欧洲	4 322.0	3 313.6	3 645.4	4 236.8	3 957.7	4	−23	10	16	−7
欧盟（27）	3 995.6	3 063.9	3 367.4	3 905.9	3 636.5	4	−23	10	16	−7
欧洲其他地区	326.4	249.7	278.0	330.9	321.2	6	−24	11	19	−3
独联体	324.8	205.8	264.1	357.9	351.0	10	−37	28	35	−2
俄罗斯	248.7	163.1	209.3	275.7	274.6	10	−34	28	32	0
其他独联体国家	76.2	42.7	54.8	82.2	76.3	12	−44	28	50	−7
非洲	216.6	148.8	179.7	207.9	237.7	9	−31	21	16	14
南非	32.5	20.7	26.5	28.1	25.6	3	−36	28	6	−9
非洲其他地区	184.1	128.1	153.3	179.8	212.1	10	−30	20	17	18
中东	114.9	69.3	95.7	140.8	119.4	5	−40	38	47	−15
亚洲	786.4	622.9	764.3	838.8	765.4	6	−21	23	10	−9
中国	364.1	298.4	374.0	406.8	372.0	9	−18	25	9	−9
日本	110.3	79.5	88.7	95.9	81.5	−2	−28	12	8	−15
六个东亚贸易体	185.7	143.1	178.1	179.5	165.9	2	−23	24	1	−8
亚洲其他地区	126.3	102.0	123.4	156.7	146.0	8	−19	21	27	−7

表27

2002—2012年日本的货物贸易（按地区和国家）

单位：十亿美元

地区＼年份	2002	2003	2004	2005	2006	2007	2008	2009	2010	2011	2012
出口											
世界	**416.7**	**471.8**	**565.7**	**594.9**	**646.7**	**714.3**	**781.4**	**580.7**	**769.8**	**823.2**	**798.6**
北美洲	131.5	128.6	142.5	151.7	164.7	164.5	159.4	109.9	139.3	146.8	162.8
美国	120.4	117.5	128.7	135.9	145.5	143.7	138.7	95.3	120.2	127.8	136.4
其他北美洲国家	11.1	11.1	13.8	15.8	19.3	20.8	20.7	14.6	19.0	19.0	26.4
中、南美洲	6.7	6.5	8.1	9.4	12.0	15.0	19.1	12.2	17.9	17.8	17.1
巴西	1.8	1.9	2.3	2.7	3.0	4.0	5.9	4.2	6.2	6.2	5.9
其他中、南美洲国家	4.9	4.6	5.8	6.6	9.0	11.0	13.2	7.9	11.7	11.6	11.2
欧洲	67.2	67.2	80.0	94.8	93.5	100.7	112.7	119.5	81.5	98.7	109.8
欧盟（27）	64.0	75.7	89.3	87.8	94.0	105.4	110.4	72.4	87.1	95.9	81.5
欧洲其他地区	3.2	−8.5	−9.3	7.0	−0.5	−4.8	2.2	47.1	−5.6	2.8	28.3
独联体	1.2	2.2	3.8	5.2	8.3	12.5	19.3	4.1	9.1	13.8	14.6
俄罗斯	0.9	1.8	3.1	4.5	7.1	10.8	16.5	3.3	8.0	11.8	12.6
其他独联体国家	0.2	0.4	0.7	0.7	1.2	1.7	2.8	0.8	1.1	1.9	2.0
非洲	3.9	4.8	6.6	7.0	8.7	10.5	12.1	8.0	10.1	9.9	10.6
南非	1.6	2.0	2.9	3.3	4.1	4.6	4.6	2.6	3.8	4.3	4.1
非洲其他地区	2.4	2.8	3.7	3.7	4.6	5.9	7.5	5.4	6.2	5.6	6.6
中东	11.4	12.9	14.5	16.5	19.2	26.2	33.8	21.6	25.3	24.6	28.3
亚洲	189.5	231.2	288.7	303.5	322.2	361.0	406.5	329.5	452.5	482.9	459.6
中国	52.5	72.9	92.9	98.4	111.5	129.7	144.6	125.9	171.3	183.6	166.6
六个东亚贸易体	105.9	122.6	153.6	161.2	167.0	179.8	198.7	155.2	212.5	222.1	211.0
亚洲其他地区	31.1	35.7	42.3	43.8	43.6	51.5	63.2	48.4	68.7	77.2	82.0
进口											
世界	**337.2**	**382.9**	**454.5**	**516.7**	**579.1**	**622.2**	**762.5**	**552.0**	**694.1**	**855.4**	**885.8**
北美洲	67.7	69.2	74.2	77.0	80.4	84.1	95.5	72.6	83.4	93.2	95.3
美国	58.7	59.9	63.6	65.5	68.0	70.9	78.9	60.6	69.1	76.3	78.2
其他北美洲国家	9.0	9.3	10.6	11.5	12.4	13.1	16.6	12.0	14.4	16.9	17.1
中、南美洲	6.8	7.7	10.4	12.1	16.2	19.6	22.5	15.8	22.8	29.0	28.8
巴西	2.7	2.9	3.7	4.4	5.1	6.0	9.1	6.4	9.9	12.7	12.0
其他中、南美洲国家	4.2	4.8	6.8	7.7	11.1	13.6	13.4	9.4	13.0	16.3	16.8
欧洲	49.6	55.7	64.5	65.7	66.8	72.5	79.7	67.8	75.9	91.6	94.8
欧盟（27）	47.7	45.6	44.8	50.1	59.8	64.9	70.4	59.1	66.4	80.5	83.2
欧洲其他地区	1.9	10.1	19.7	15.6	7.0	7.6	9.3	8.7	9.4	11.1	11.6
独联体	3.6	4.6	6.2	6.8	7.4	11.5	14.9	9.7	17.2	20.0	22.1
俄罗斯	3.3	4.2	5.7	6.2	6.7	10.6	13.4	8.8	16.1	19.0	20.8
其他独联体国家	0.3	0.4	0.5	0.6	0.7	1.0	1.5	0.8	1.1	1.0	1.3
非洲	5.7	6.4	8.7	9.9	13.5	15.3	20.9	9.1	11.7	17.2	21.3
南非	2.9	3.6	4.6	5.5	6.6	7.7	9.0	5.0	7.2	8.5	6.4
非洲其他地区	2.8	2.9	4.1	4.3	6.9	7.6	11.9	4.1	4.5	8.7	14.8
中东	40.7	51.2	62.7	87.5	109.1	114.0	167.6	92.6	118.6	161.2	169.7
亚洲	163.1	188.1	227.8	257.6	283.3	303.2	361.3	284.3	362.7	443.1	453.6
中国	61.8	75.4	94.3	108.6	118.0	127.5	143.2	122.6	153.2	183.9	188.4
六个东亚贸易体	57.1	63.3	74.6	81.4	88.9	91.2	104.7	80.3	105.1	128.3	131.4
亚洲其他地区	44.3	49.3	59.0	67.6	76.3	84.5	113.4	81.5	104.5	130.9	133.8

表 28

2002—2012 年中国的货物贸易（按地区和国家）

单位：十亿美元

地区 \ 年份	2002	2003	2004	2005	2006	2007	2008	2009	2010	2011	2012
出口											
世界	**325.6**	**438.2**	**593.3**	**762.0**	**969.0**	**1 220.5**	**1 430.7**	**1 201.6**	**1 577.8**	**1 898.4**	**2 048.7**
北美洲	100.4	130.4	176.2	226.0	284.2	326.2	349.7	304.8	394.5	458.2	504.9
美国	91.4	119.2	159.7	204.9	255.0	289.4	308.0	269.3	346.7	398.8	437.4
其他北美洲国家	9.0	11.2	16.4	21.1	29.2	36.9	41.7	35.5	47.9	59.4	67.5
中、南美洲	6.5	8.4	13.0	17.7	26.6	39.5	56.9	42.9	69.9	94.0	104.4
巴西	1.5	2.1	3.7	4.8	7.4	11.4	18.8	14.1	24.5	31.8	33.4
其他中、南美洲国家	5.0	6.3	9.3	12.9	19.3	28.1	38.0	28.8	45.4	62.2	71.0
欧洲	67.2	100.8	140.5	186.8	244.3	317.8	371.5	301.5	396.5	459.9	436.0
欧盟（27）	64.7	96.5	134.4	178.3	231.4	299.3	351.6	285.9	376.6	434.2	411.4
欧洲其他地区	2.5	4.2	6.0	8.5	12.9	18.6	19.9	15.7	19.9	25.7	24.7
独联体	9.3	13.8	21.4	28.0	48.1	64.7	39.0	53.8	67.2	75.7	2.2
俄罗斯	3.5	6.0	9.1	13.2	15.8	28.5	33.1	17.5	29.6	38.9	44.1
其他独联体国家	5.8	7.8	12.3	14.8	32.3	36.2	5.9	36.3	37.6	36.8	−41.8
非洲	6.9	10.1	13.6	18.5	26.2	36.8	50.5	46.3	56.1	69.1	82.8
南非	1.3	2.0	3.0	3.8	5.8	7.4	8.6	7.4	10.8	13.4	15.3
非洲其他地区	5.6	8.1	10.7	14.7	20.4	29.3	41.9	39.0	45.3	55.8	67.5
中东	9.5	13.3	16.9	22.2	29.6	44.3	58.8	51.1	62.6	79.7	85.6
亚洲	130.0	165.9	219.1	269.2	329.5	406.6	477.4	413.4	537.0	663.3	754.3
日本	55.3	70.8	89.6	102.4	112.0	124.9	138.7	118.1	148.4	182.8	189.5
六个东亚贸易体	52.4	64.6	86.5	111.7	145.8	181.1	212.0	175.2	223.3	270.9	335.4
亚洲其他地区	22.2	30.5	43.0	55.2	71.6	100.6	126.7	120.0	165.3	209.6	229.4
进口											
世界	**295.2**	**412.8**	**561.2**	**660.0**	**791.5**	**956.1**	**1 132.6**	**1 005.9**	**1 396.2**	**1 743.5**	**1 818.4**
北美洲	32.0	40.0	54.2	58.5	69.6	83.8	97.9	93.7	124.5	154.7	166.1
美国	27.3	33.9	44.8	48.7	59.3	69.5	81.6	77.8	102.7	123.1	133.8
其他北美洲国家	4.7	6.1	9.5	9.7	10.3	14.2	16.4	15.9	21.8	31.5	32.4
中、南美洲	4.9	5.9	7.2	13.2	31.5	47.7	67.7	60.2	84.2	109.3	116.0
巴西	3.0	5.8	8.7	10.0	12.9	18.3	29.9	28.3	38.1	52.4	52.3
其他中、南美洲国家	1.9	0.1	−1.5	3.2	18.6	29.4	37.8	32.0	46.1	56.9	63.7
欧洲	43.1	59.1	76.2	79.9	97.2	120.0	144.4	139.8	192.3	245.9	242.2
欧盟（27）	39.8	55.0	70.5	74.0	90.6	111.0	132.6	127.8	168.4	211.2	212.1
欧洲其他地区	3.3	4.2	5.7	5.9	6.6	9.0	11.8	12.0	24.0	34.7	30.2
独联体	10.6	13.1	16.2	20.7	22.8	28.0	33.9	31.0	42.3	65.5	72.8
俄罗斯	8.4	9.7	12.1	15.9	17.6	19.7	23.8	21.3	25.9	40.4	44.1
其他独联体国家	2.2	3.4	4.1	4.8	5.2	8.3	10.1	9.8	16.4	25.2	28.6
非洲	5.4	8.4	15.6	21.1	28.8	36.4	56.0	43.3	67.1	93.2	113.2
南非	1.3	1.8	3.0	3.4	4.1	6.6	9.2	8.7	14.9	32.1	44.7
非洲其他地区	4.2	6.5	12.7	17.6	24.7	29.7	46.7	34.6	52.2	61.1	68.6
中东	9.5	14.4	21.6	31.0	40.8	47.9	79.9	56.2	86.7	134.1	145.2
亚洲	187.3	264.5	357.7	424.3	500.8	592.3	652.7	581.2	797.4	934.7	956.4
中国	15.0	25.1	38.7	55.2	73.3	85.8	92.5	86.4	106.9	122.6	142.9
日本	53.5	74.1	94.3	100.4	115.7	134.0	150.6	130.9	176.7	194.6	177.8
六个东亚贸易体	99.3	136.9	182.5	214.3	246.8	286.5	306.3	272.0	374.7	432.4	444.2
亚洲其他地区	19.6	28.4	42.2	54.4	65.0	86.1	103.3	91.9	139.2	185.1	191.4

表 29

2012 年 NAFTA 成员的货物贸易（按产品和原产地/目的地）

单位：十亿美元，%

目 的 地	世 界					NAFTA					其他原产地/目的地				
	总 额	份 额		年度变化百分比		总 额	份 额		年度变化百分比		总 额	份 额		年度变化百分比	
	2012	2005	2012	2011	2012	2012	2005	2012	2011	2012	2012	2005	2012	2011	2012
出口															
加拿大															
农产品	63	11.4	13.8	15	4	32	8.9	9.4	12	5	31	25.5	27.4	19	4
燃料和矿产品	149	25.7	32.7	27	−4	123	27.0	35.9	24	−2	26	18.6	23.0	41	−10
制成品	211	57.2	46.3	10	3	172	58.6	50.0	10	5	39	49.6	34.9	9	−2
总出口	455	100.0	100.0	17	1	343	100.0	100.0	15	2	112	100.0	100.0	23	−3
墨西哥															
农产品	23	5.9	6.2	22	0	17	5.5	5.8	20	−3	5	8.1	7.6	31	8
燃料和矿产品	66	16.7	17.8	39	−5	47	15.2	15.8	35	−12	19	27.4	26.1	55	20
制成品	269	77.0	72.7	11	9	224	78.8	75.1	9	9	45	64.2	62.7	24	9
总出口	371	100.0	100.0	17	6	299	100.0	100.0	14	5	72	100.0	100.0	31	12
美国															
农产品	172	9.2	11.1	18	2	48	7.8	9.4	17	4	124	10.0	12.0	18	1
燃料和矿产品	187	5.6	12.1	44	1	58	6.7	11.4	47	−1	129	5.0	12.4	43	2
制成品	1102	81.0	71.3	11	5	386	82.8	76.0	12	7	716	80.0	69.0	10	4
总出口	1546	100.0	100.0	16	4	508	100.0	100.0	16	6	1037	100.0	100.0	16	4
NAFTA															
农产品	258	9.3	10.9	18	2	98	7.7	8.5	16	3	160	11.3	13.1	19	2
燃料和矿产品	402	12.1	17.0	36	−2	229	16.2	19.9	32	−4	173	7.1	14.2	44	1
制成品	1582	74.6	66.7	11	6	783	73.0	68.0	11	7	800	76.8	65.5	11	4
总出口	2371	100.0	100.0	16	4	1151	100.0	100.0	15	4	1221	100.0	100.0	17	3
进口															
加拿大															
农产品	39	6.8	8.2	14	4	25	7.0	9.1	12	7	14	6.6	7.0	18	−2
燃料和矿产品	67	12.0	14.0	34	−6	27	7.3	10.1	38	−2	39	19.4	19.1	31	−8
制成品	350	78.9	73.6	11	5	209	83.5	77.3	11	5	141	71.5	68.7	12	4
总出口	475	100.0	100.0	15	2	270	100.0	100.0	13	4	205	100.0	100.0	18	0
墨西哥															
农产品	28	7.4	7.3	24	−8	22	10.2	10.9	24	−8	6	3.8	3.2	27	−7
燃料和矿产品	44	8.0	11.6	42	−6	34	9.6	17.2	53	−3	10	5.8	5.4	17	−15
制成品	297	83.5	78.2	12	8	139	79.9	69.2	12	8	159	88.2	88.2	12	7
总出口	380	100.0	100.0	16	5	201	100.0	100.0	20	6	180	100.0	100.0	13	5
美国															
农产品	142	5.5	6.1	18	3	49	7.7	8.0	13	4	93	4.7	5.4	20	3
燃料和矿产品	486	19.4	20.8	28	−7	169	23.3	27.9	27	−3	317	18.0	18.3	29	−9
制成品	1618	71.5	69.3	11	6	362	63.9	59.5	9	8	1256	74.3	72.7	12	6
总出口	2336	100.0	100.0	15	3	608	100.0	100.0	14	4	1727	100.0	100.0	15	3
NAFTA															
农产品	209	5.9	6.5	18	2	95	7.9	8.8	15	2	113	4.8	5.4	20	2
燃料和矿产品	597	17.2	18.7	30	−7	231	17.0	21.4	32	−3	366	17.3	17.3	29	−9
制成品	2265	73.8	71.0	11	6	709	71.4	65.8	10	7	1555	75.0	73.6	12	6
总出口	3191	100.0	100.0	15	3	1079	100.0	100.0	15	4	2112	100.0	100.0	15	3

表 30

2012 年 MERCOSUR 成员的货物贸易（按产品和原产地/目的地）

单位：十亿美元，%

目的地	世界					MERCOSUR					其他原产地/目的地				
	总额	份额		年度变化百分比		总额	份额		年度变化百分比		总额	份额		年度变化百分比	
	2012	2005	2012	2011	2012	2012	2005	2012	2011	2012	2012	2005	2012	2011	2012
出口															
阿根廷															
农产品	43	47.5	53.3	31	−5	5	23.4	23.5	34	−5	38	53.2	63.0	30	−5
燃料和矿产品	8	19.5	10.2	−1	0	2	18.1	10.9	23	−11	6	19.8	9.9	−4	0
制成品	25	30.4	31.2	20	−4	13	58.5	65.6	16	−3	12	23.8	20.0	25	−6
总出口	81	100.0	100.0	23	−4	20	100.0	100.0	21	−4	61	100.0	100.0	24	−3
巴西															
农产品	86	29.6	35.6	26	0	1	5.7	6.2	19	−6	85	32.2	38.7	26	0
燃料和矿产品	66	16.0	27.0	38	−16	3	7.7	12.1	59	−30	63	16.9	28.6	17	0
制成品	82	52.1	33.8	19	−3	19	86.5	81.6	19	−17	63	48.3	28.8	19	3
总出口	243	100.0	100.0	27	−5	23	100.0	100.0	24	−18	220	100.0	100.0	27	−4
巴拉圭															
农产品	4	84.6	58.5	20	−12	1	84.1	25.8	11	62	3	85.2	89.7	22	−21
燃料和矿产品	2	1.4	32.1	17	−1	2	2.1	63.6	16	−2	0	0.5	1.9	306	0
制成品	1	13.8	8.8	22	8	0	13.8	10.4	29	−5	0	13.8	7.2	10	34
总出口	7	100.0	100.0	19	−6	4	100.0	100.0	16	9	4	100.0	100.0	22	−17
乌拉圭															
农产品	6	63.4	73.8	18	13	1	34.8	43.5	6	4	5	71.9	84.8	21	15
燃料和矿产品	0	5.3	1.4	−62	45	0	4.1	3.6	−66	26	0	5.6	0.6	33	0
制成品	2	29.6	22.9	27	−2	1	61.2	52.9	32	−9	1	20.2	11.9	19	14
总出口	9	100.0	100.0	18	11	2	100.0	100.0	12	−3	6	100.0	100.0	20	16
MERCOSUR															
农产品	140	35.3	41.3	27	−1	8	16.6	16.5	25	1	132	38.0	45.5	27	−1
燃料和矿产品	76	16.5	22.5	32	−14	7	11.1	14.9	32	−17	69	17.3	23.7	15	0
制成品	110	45.9	32.3	20	−3	33	72.3	68.4	19	−11	77	42.0	26.3	20	1
总出口	340	100.0	100.0	26	−5	49	100.0	100.0	22	−11	291	100.0	100.0	26	−3
进口															
阿根廷															
农产品	2	4.3	3.6	21	−4	1	5.5	4.6	17	−10	2	3.6	3.2	23	0
燃料和矿产品	11	8.4	15.8	89	−10	2	10.1	9.3	38	−39	9	7.3	18.3	113	0
制成品	55	86.3	79.6	23	−8	16	84.4	86.1	21	−16	38	87.7	77.1	25	−4
总出口	69	100.0	100.0	31	−7	19	100.0	100.0	23	−19	50	100.0	100.0	35	−2
巴西															
农产品	14	5.9	5.9	25	−4	6	28.4	29.3	22	−2	8	3.5	3.7	26	−5
燃料和矿产品	49	22.2	20.9	36	−6	2	16.2	8.9	18	−13	47	22.8	22.1	29	0
制成品	171	71.9	73.1	20	0	12	55.3	61.6	10	−5	158	73.7	74.2	21	0
总出口	233	100.0	100.0	24	−2	20	100.0	100.0	14	−4	213	100.0	100.0	25	−1
巴拉圭															
农产品	1	9.4	8.6	24	0	1	15.5	15.1	18	2	0	4.4	4.0	40	−6
燃料和矿产品	2	15.5	16.6	37	11	1	20.7	23.8	27	2	1	11.1	11.6	105	0
制成品	9	75.1	74.4	21	−11	3	63.7	60.8	26	−14	6	84.5	84.1	18	−9
总出口	12	100.0	100.0	23	−7	5	100.0	100.0	25	−8	7	100.0	100.0	22	−5
乌拉圭															
农产品	1	11.2	11.3	37	−7	1	18.0	22.7	45	−7	0	6.3	5.5	23	−9
燃料和矿产品	3	25.9	27.6	29	39	1	10.5	17.4	230	−1	3	37.0	32.9	60	0
制成品	7	62.9	61.0	21	1	2	71.6	59.9	13	−7	5	56.7	61.5	26	6
总出口	12	100.0	100.0	24	8	4	100.0	100.0	34	−6	8	100.0	100.0	19	17
MERCOSUR															
农产品	18	5.8	5.7	25	−4	8	14.8	17.5	23	−3	10	3.6	3.6	26	−4
燃料和矿产品	65	18.6	20.0	43	−5	5	13.0	11.2	37	−20	59	20.0	21.5	39	0
制成品	241	75.4	74.1	21	−2	34	72.2	71.1	17	−11	207	76.1	74.6	22	−1
总出口	325	100.0	100.0	25	−3	48	100.0	100.0	20	−11	277	100.0	100.0	26	−1

表 31

2012 年安第斯共同体成员的货物贸易（按产品和原产地/目的地） 单位：十亿美元，%

目 的 地	世 界					安第斯共同体					其他原产地/目的地				
	总 额	份 额		年度变化百分比		总 额	份 额		年度变化百分比		总 额	份 额		年度变化百分比	
	2012	2005	2012	2011	2012	2012	2005	2012	2011	2012	2012	2005	2012	2011	2012
出口															
玻利维亚															
农产品	2	22.0	13.6	6	37	1	79.9	73.4	2	102	1	14.8	6.4	9	−5
燃料和矿产品	8	64.2	72.5	37	20	0	10.4	23.6	48	6	8	70.9	78.3	37	21
制成品	1	10.9	4.9	−21	67	0	9.4	3.1	−7	21	1	11.1	5.1	−22	72
总出口	11	100.0	100.0	30	33	1	100.0	100.0	15	64	10	100.0	100.0	32	30
哥伦比亚															
农产品	7	21.7	11.0	22	−5	0	9.3	10.2	23	10	6	23.1	11.1	22	−6
燃料和矿产品	40	40.6	66.7	61	9	1	25.4	14.6	−9	11	40	42.2	70.1	63	9
制成品	10	34.7	17.0	13	4	3	65.3	73.0	16	5	8	31.4	13.3	11	3
总出口	60	100.0	100.0	44	5	4	100.0	100.0	12	9	57	100.0	100.0	47	5
厄瓜多尔															
农产品	8	31.8	31.9	26	2	0	14.3	15.6	48	4	7	34.5	34.4	25	2
燃料和矿产品	14	58.6	58.5	33	7	2	56.7	56.0	33	17	12	58.8	58.9	34	6
制成品	2	7.1	7.9	1	12	1	29.0	28.3	16	4	1	3.8	4.9	−11	21
总出口	24	100.0	100.0	28	7	3	100.0	100.0	29	11	21	100.0	100.0	27	6
秘鲁															
农产品	8	18.2	16.8	33	−3	1	16.5	21.5	39	11	7	18.3	16.5	32	−4
燃料和矿产品	23	48.6	50.6	29	−2	1	37.2	21.2	−1	−21	23	49.1	52.3	30	−1
制成品	5	14.1	11.5	28	6	1	46.4	56.1	22	9	4	12.5	9.0	30	5
总出口	46	100.0	100.0	30	−1	2	100.0	100.0	18	2	43	100.0	100.0	31	−2
安第斯共同体															
农产品	23	22.5	16.6	26	0	2	16.8	21.6	26	32	21	23.1	16.2	26	−3
燃料和矿产品	85	48.1	60.6	44	7	3	35.8	29.4	16	6	82	49.3	63.0	45	7
制成品	18	21.0	12.7	14	7	5	47.4	47.9	17	6	13	18.5	9.9	13	7
总出口	141	100.0	100.0	35	5	10	100.0	100.0	18	12	130	100.0	100.0	37	4
进口															
玻利维亚															
农产品	0	11.6	8.1	46	−3	0	15.8	13.5	100	−21	1	11.2	7.5	38	2
燃料和矿产品	1	11.1	16.4	54	20	0	4.5	6.2	4	34	1	11.8	17.4	56	20
制成品	6	76.2	74.9	33	6	1	79.3	79.6	25	13	6	75.9	74.4	34	5
总出口	8	100.0	100.0	37	8	1	100.0	100.0	32	9	8	100.0	100.0	38	8
哥伦比亚															
农产品	6	10.4	10.8	27	12	1	29.8	24.9	13	16	6	9.0	9.9	30	11
燃料和矿产品	7	5.2	11.2	66	37	0	12.9	7.7	26	−28	6	4.7	11.4	70	43
制成品	45	83.2	76.1	33	3	2	57.2	67.4	30	−3	43	85.1	76.6	33	4
总出口	59	100.0	100.0	34	8	4	100.0	100.0	25	−1	56	100.0	100.0	35	9
厄瓜多尔															
农产品	2	8.7	8.7	23	−7	1	9.6	18.1	26	5	2	8.6	7.3	22	−11
燃料和矿产品	6	12.3	23.6	38	4	0	24.8	8.7	−21	−38	6	9.8	25.8	48	7
制成品	17	72.3	67.4	15	5	2	65.5	73.2	15	5	15	73.7	66.5	16	5
总出口	25	100.0	100.0	18	4	3	100.0	100.0	10	−1	22	100.0	100.0	19	4
秘鲁															
农产品	5	13.2	11.3	24	8	1	12.9	19.0	9	59	4	13.3	10.5	27	1
燃料和矿产品	7	20.7	15.3	37	3	2	57.9	51.0	27	8	4	14.5	11.5	43	0
制成品	31	66.0	72.3	23	14	1	29.1	28.3	9	2	30	72.2	77.1	24	15
总出口	43	100.0	100.0	26	13	4	100.0	100.0	18	15	38	100.0	100.0	27	13
安第斯共同体															
农产品	14	10.8	10.4	26	6	2	16.6	20.1	19	21	12	10.1	9.5	28	4
燃料和矿产品	20	11.3	15.1	45	13	3	32.1	23.1	15	−4	18	8.7	14.4	53	17
制成品	99	75.8	73.2	27	7	7	51.3	56.1	20	2	92	78.9	74.8	27	7
总出口	135	100.0	100.0	28	9	12	100.0	100.0	18	5	123	100.0	100.0	29	9

表 32

2012 年 ASEAN 成员的货物贸易（按产品和原产地/目的地）

单位：十亿美元，%

目的地	世界					ASEAN					其他原产地/目的地				
	总额	份额		年度变化百分比		总额	份额		年度变化百分比		总额	份额		年度变化百分比	
	2012	2005	2012	2011	2012	2012	2005	2012	2011	2012	2012	2005	2012	2011	2012
出口															
印度尼西亚															
农产品	45	16.7	23.7	32	−6	7	12.6	17.8	23	−4	37	17.6	25.4	34	−6
燃料和矿产品	75	36.1	39.6	34	−11	17	24.5	41.2	39	−1	58	38.8	39.2	33	−13
制成品	67	46.9	35.6	15	−1	17	62.1	40.1	9	5	50	43.5	34.3	17	−2
总出口	188	100.0	100.0	27	−6	41	100.0	100.0	24	0	147	100.0	100.0	28	−8
马来西亚															
农产品	34	9.5	14.9	36	−13	7	6.9	11.5	34	2	27	10.4	16.2	36	−16
燃料和矿产品	52	14.6	22.7	30	12	15	19.5	25.2	18	26	36	12.9	21.7	36	7
制成品	140	74.9	61.6	6	−1	38	72.1	62.5	7	3	102	75.9	61.2	6	−3
总出口	227	100.0	100.0	15	0	61	100.0	100.0	12	8	166	100.0	100.0	16	−3
菲律宾															
农产品	5	6.6	9.7	31	−6	1	5.5	7.9	39	2	4	6.8	10.2	30	−8
燃料和矿产品	4	4.1	7.5	28	−5	1	6.5	7.8	41	−40	3	3.6	7.4	22	11
制成品	43	89.0	81.7	−12	10	8	87.9	84.3	−35	25	34	89.3	81.1	−5	7
总出口	52	100.0	100.0	−6	8	10	100.0	100.0	−25	14	42	100.0	100.0	−1	6
新加坡															
农产品	10	1.9	2.4	30	−3	4	2.5	3.3	36	0	6	1.7	2.0	25	−5
燃料和矿产品	80	13.0	19.5	42	−8	41	17.5	31.8	51	−1	38	10.9	13.7	35	−14
制成品	283	80.5	69.3	11	0	81	78.3	62.6	11	1	202	81.5	72.4	11	−1
总出口	408	100.0	100.0	16	0	130	100.0	100.0	21	1	278	100.0	100.0	14	−1
泰国															
农产品	42	16.0	18.3	35	−11	9	12.6	15.1	30	−4	33	17.0	19.4	36	−12
燃料和矿产品	18	5.5	7.8	33	12	10	13.3	18.3	38	10	8	3.4	4.4	27	15
制成品	163	76.0	70.8	10	6	37	72.4	65.9	18	5	125	77.0	72.4	7	6
总出口	230	100.0	100.0	15	3	57	100.0	100.0	23	5	173	100.0	100.0	13	3
ASEAN															
农产品	166	9.5	13.2	33	−6	33	6.9	10.3	29	0	132	10.4	14.3	34	−7
燃料和矿产品	259	16.1	20.7	36	−2	96	20.0	29.5	37	4	163	14.8	17.6	35	−6
制成品	780	72.1	62.2	11	3	191	71.7	58.9	10	4	588	72.2	63.4	11	3
总出口	1253	100.0	100.0	18	1	325	100.0	100.0	18	4	928	100.0	100.0	18	0
进口															
印度尼西亚															
农产品	21	8.8	10.9	43	−7	4	4.5	7.1	82	−14	17	10.8	12.4	35	−5
燃料和矿产品	49	25.7	25.5	45	4	23	38.8	42.7	40	3	26	19.5	18.8	50	4
制成品	119	65.4	62.3	23	13	27	56.6	50.2	18	10	92	69.7	67.1	25	14
总出口	190	100.0	100.0	30	8	53	100.0	100.0	31	5	137	100.0	100.0	30	9
马来西亚															
农产品	21	6.3	10.9	32	1	9	8.6	16.0	33	−2	13	5.5	8.9	31	4
燃料和矿产品	38	11.7	19.2	31	15	16	20.4	30.0	37	12	21	8.7	15.0	27	18
制成品	133	78.8	67.9	8	3	29	68.8	52.2	4	4	105	82.2	74.0	9	2
总出口	197	100.0	100.0	14	5	55	100.0	100.0	16	6	142	100.0	100.0	13	5
菲律宾															
农产品	7	7.8	11.1	3	3	2	12.5	12.8	−28	−3	5	6.7	10.6	24	6
燃料和矿产品	16	15.6	24.8	22	9	3	21.5	21.4	−24	3	13	14.2	25.8	46	11
制成品	42	76.4	63.6	7	−1	10	65.4	65.1	4	−2	32	78.9	63.2	8	0
总出口	65	100.0	100.0	9	3	15	100.0	100.0	−8	−1	50	100.0	100.0	16	4

续 表

目的地	世界					ASEAN					其他原产地/目的地				
	总额	份额		年度变化百分比		总额	份额		年度变化百分比		总额	份额		年度变化百分比	
	2012	2005	2012	2011	2012	2012	2005	2012	2011	2012	2012	2005	2012	2011	2012
新加坡															
农产品	14	3.2	3.7	26	2	6	4.9	7.1	26	4	8	2.6	2.8	27	0
燃料和矿产品	130	19.2	34.2	47	3	27	16.0	33.5	59	2	103	20.4	34.3	44	3
制成品	227	76.1	59.7	9	3	46	78.1	57.5	−5	1	181	75.4	60.3	13	4
总出口	380	100.0	100.0	18	4	80	100.0	100.0	5	2	300	100.0	100.0	22	4
泰国															
农产品	17	6.0	6.8	27	11	3	6.4	7.4	30	19	14	5.9	6.7	26	9
燃料和矿产品	57	21.6	23.0	34	6	13	28.4	29.8	31	9	44	20.0	21.5	35	5
制成品	163	69.5	65.8	17	14	26	61.2	62.1	15	7	136	71.5	66.5	17	16
总出口	248	100.0	100.0	25	8	43	100.0	100.0	20	9	205	100.0	100.0	26	8
ASEAN															
农产品	97	6.0	7.9	30	2	28	7.1	10.2	27	−2	69	5.6	7.3	31	4
燃料和矿产品	312	18.6	25.5	41	6	90	23.9	32.9	38	4	222	16.8	23.4	42	6
制成品	781	73.6	64.1	14	7	152	67.5	55.9	7	3	629	75.6	66.4	16	8
总出口	1 220	100.0	100.0	21	6	273	100.0	100.0	15	3	947	100.0	100.0	23	7

表 33

2012 年最不发达国家货物贸易进出口

单位：百万美元，%

	出口					进口				
	总额	年度变化百分比				总额	年度变化百分比			
	2012	2005—2012	2010	2011	2012	2012	2005—2012	2010	2011	2012
LDCs	205 937	14	27	25	1	224 344	14	10	23	8
石油出口方 a										
安哥拉	74 000	17	24	33	10	24 000	16	−26	21	19
赤道几内亚	15 500	12	10	35	15	7 500	28	0	25	15
也门	8 600	6	34	29	−20	12 000	12	1	8	20
苏丹	3 368	−5	38	−15	−65	9 475	5	4	−8	3
缅甸	8 900	13	30	7	−4	9 201	25	9	89	2
乍得	4 400	5	25	31	−4	2 800	17	20	13	4
不丹	610	13	29	5	−10	1 090	16	61	23	4
制成品出口方										
孟加拉国	25 113	15	27	27	3	34 131	14	27	30	−6
柬埔寨	8 200	15	23	36	17	11 000	16	16	37	18
马达加斯加	1 500	8	2	48	−6	3 050	9	−21	15	5
莱索托	1 100	8	20	34	−6	2 600	9	24	9	4
尼泊尔	911	1	4	7	−1	6 063	15	17	12	5
海地	815	8	0	32	6	3 170	12	48	−4	5
萨摩亚	76	−2	53	−6	15	346	5	34	12	0
农产品出口方										
埃塞俄比亚	3 000	19	44	23	4	12 656	17	12	3	42
乌干达	2 357	16	3	33	9	6 044	17	10	21	7
布基纳法索	2 183	25	76	48	−7	3 150	14	10	17	31
贝宁	1 400	13	5	10	−1	2 200	12	−1	7	0
马拉维	1 184	13	−10	34	−17	2 724	13	7	12	12
多哥	1 000	6	0	22	−9	1 850	8	6	13	3
卢旺达	591	25	27	56	27	2 408	26	9	24	36
索马里	540	12	7	16	4	1 100	8	12	31	0
所罗门群岛	493	25	36	86	19	495	15	51	15	6

续 表

	出口					进口				
	总额	年度变化百分比				总额	年度变化百分比			
	2012	2005—2012	2010	2011	2012	2012	2005—2012	2010	2011	2012
利比里亚	459	20	49	65	25	1 066	19	29	47	2
阿富汗	370	−1	−4	−3	−2	5 500	12	54	24	−14
几内亚比绍	130	5	4	82	−43	250	13	−3	32	−4
中非	210	7	17	36	11	320	9	11	3	3
布隆迪	134	13	50	22	8	751	16	26	48	0
冈比亚	100	43	−47	171	6	380	6	−6	21	11
瓦努阿图	55	5	−14	38	−19	297	10	−3	7	−3
科摩罗	19	7	38	22	−25	273	16	11	19	−1
基里巴斯	6	4	−38	121	−32	109	6	9	26	18
圣多美和普林西比	11	7	34	0	1	131	15	9	17	0
非燃料产品出口方										
赞比亚	8 600	25	67	25	−4	8 200	18	39	35	14
刚果（金）	6 300	15	51	25	−5	6 100	12	15	22	11
坦桑尼亚	5 500	18	36	17	16	11 346	19	23	37	5
莫桑比克	4 100	13	40	20	14	6 800	16	22	37	8
毛里塔尼亚	2 641	23	52	34	−5	3 170	12	29	27	28
老挝	2 269	22	66	27	2	2 467	16	41	16	3
马里	2 164	10	13	20	−10	2 941	10	38	−1	−13
几内亚	1 300	6	40	−3	−9	2 300	16	33	50	9
尼日尔	1 500	17	15	9	20	2 900	17	13	9	7
厄立特里亚	480	71	9	…	20	1 000	11	17	29	12
塞拉利昂	1 109	32	48	2	217	1 572	24	48	123	−8
其他										
塞内加尔	2 532	7	7	18	0	6 434	9	1	24	9
吉布提	95	13	10	9	2	580	11	−17	37	14
图瓦卢	0	25	0	0	0	25	10	14	56	0
东帝汶	12	6	96	−28	0	380	20	1	14	12
备忘项：										
世界 b	18 401 000	8	22	20	0	18 601 000	8	21	19	1

a 不丹的数据包括其出口的电流。

b 包括重要的复出口和为复出口的进口。

注：2012 的数据主要为估计值。

表 34

2002—2013 年初级产品的出口价格 （指数，2005 年＝100）

	2002	2003	2004	2005	2006	2007	2008	2009	2010	2011	2012	2012				2013	
												Q1	Q2	Q3	Q4	Q1	Q2
食品和饮料	83	87	98	100	110	127	157	136	153	182	175	169	170	183	177	179	179
食品	84	88	100	100	111	127	157	134	150	180	176	169	171	184	179	181	183
谷类	94	95	102	100	122	159	222	161	166	230	236	216	215	257	255	240	231
小麦	97	96	103	100	126	167	214	147	147	207	206	183	176	229	233	211	206
玉米	101	107	114	100	124	166	227	168	189	297	303	282	274	334	322	310	296
大米	67	69	85	100	106	116	243	205	181	192	202	193	209	203	202	198	191
大麦	115	110	104	100	123	181	211	135	167	218	251	227	249	265	262	252	244
植物油和蛋白粉	82	96	111	100	103	143	193	154	170	209	217	203	217	236	214	213	211
肉类	80	82	100	100	95	99	103	98	117	134	132	135	132	130	132	135	136
牛肉	80	76	96	100	97	99	102	101	128	154	158	163	158	153	160	163	153
羊肉	91	99	103	100	96	101	106	91	91	93	63	78	62	56	56	60	65
猪肉	70	79	105	100	94	94	96	82	110	132	122	126	124	123	117	118	131

续 表

	2002	2003	2004	2005	2006	2007	2008	2009	2010	2011	2012	2012				2013	
												Q1	Q2	Q3	Q4	Q1	Q2
家禽	85	90	102	100	94	106	115	116	116	118	128	124	127	129	131	136	141
海产食品	85	84	88	100	121	113	113	114	140	139	113	110	112	109	116	149	165
鱼类	72	74	82	100	125	112	119	121	151	146	117	116	119	113	121	159	176
虾类	124	117	105	100	105	116	91	85	98	115	97	84	83	94	99	109	123
糖	70	77	83	100	133	102	117	152	172	211	175	193	173	174	162	153	145
香蕉	91	65	91	100	118	117	146	147	153	169	171	181	170	167	164	162	158
柑橘	67	81	101	100	98	114	132	108	118	102	99	88	97	114	99	94	121
饮料	76	80	83	100	108	123	152	154	176	206	167	175	163	170	162	152	147
咖啡	54	59	70	100	112	129	150	132	165	231	180	200	180	178	162	161	153
可可豆	115	114	100	100	103	127	167	187	203	193	154	152	143	162	159	143	149
茶	83	90	92	100	112	98	125	145	146	160	161	157	158	163	168	148	122
农业原材料	90	93	98	100	109	114	113	94	124	153	133	135	136	131	132	133	135
木料	82	86	96	100	108	107	109	102	101	111	107	105	109	109	107	104	106
棉花	84	115	112	100	105	115	129	114	188	280	162	182	164	153	149	163	168
羊毛	101	113	105	100	104	144	138	115	153	234	215	241	219	199	202	218	191
橡胶	51	72	87	100	140	153	174	128	243	321	225	257	239	198	206	210	193
生皮	123	104	102	100	105	110	98	68	110	125	127	118	128	130	131	131	143
金属和有色金属（不含石油）	52	58	79	100	156	183	169	136	202	229	190	205	193	178	185	199	176
铜	42	48	78	100	183	194	189	141	205	240	217	226	214	210	215	216	195
铝	71	75	90	100	135	139	136	88	114	126	106	115	104	101	105	105	97
铁矿石	45	49	58	100	119	130	219	285	522	597	457	505	496	398	431	528	446
锡	55	66	115	100	119	196	250	184	276	353	286	311	278	262	293	326	283
镍	46	65	94	100	163	251	143	99	148	155	119	133	116	111	115	117	101
锌	56	60	76	100	237	235	137	120	157	159	141	147	140	137	141	147	133
铅	46	53	91	100	132	265	215	177	221	246	212	215	203	204	226	235	211
铀	35	40	65	100	171	355	230	167	165	201	175	186	184	176	155	153	146
以上总计	**72**	**76**	**91**	**100**	**123**	**140**	**151**	**127**	**161**	**190**	**171**	**172**	**170**	**171**	**170**	**175**	**169**
能源	47	55	72	100	119	132	185	117	147	201	203	216	200	199	199	203	189
天然气	48	63	70	100	115	117	174	110	113	154	171	171	178	169	167	168	169
原油	47	54	71	100	121	133	182	116	149	204	208	220	202	203	204	208	192
烧杯	54	57	113	100	104	138	266	149	206	254	202	236	201	188	183	193	179
所有初级产品	**54**	**61**	**77**	**100**	**121**	**135**	**172**	**121**	**152**	**197**	**191**	**200**	**189**	**188**	**189**	**192**	**181**

注：这些指数是美元价格的长期平均。季度数据未经过季节调整。

表 35

2012 年农产品占货物贸易和初级产品的份额（按地区）

单位：%

	出　口	进　口		出　口	进　口
占货物贸易份额			占初级产品份额		
世界	**9.2**	**9.2**	**世界**	**28.6**	**28.6**
北美洲	10.9	6.6	北美洲	39.0	25.9
中、南美洲	27.4	8.6	中、南美洲	39.1	27.7
欧洲	10.3	10.1	欧洲	43.9	32.2
独联体	8.2	12.2	独联体	11.1	52.5
非洲	9.1	16.2	非洲	11.6	46.5
中东	2.2	12.6	中东	3.2	52.1
亚洲	6.8	8.7	亚洲	35.6	22.3

表 36

2012 年农产品出口（按目的地）

单位：十亿美元，%

地区＼年份	总　额	份　额				年度变化百分比		
		地区出口		世界出口				
	2012	2005	2012	2005	2012	2005—2012	2011	2012
世界	1 657	100.0	100.0	100.0	100.0	10	22	0
欧洲								
世界	**657**	**100.0**	**100.0**	**46.8**	**39.7**	**7**	**18**	**−2**
欧洲	501	80.9	76.3	37.9	30.3	6	16	−4
亚洲	48	5.3	7.3	2.5	2.9	12	31	2
北美洲	28	5.1	4.2	2.4	1.7	5	15	4
非洲	26	2.7	3.9	1.3	1.6	13	23	2
独联体	25	2.7	3.8	1.2	1.5	13	19	4
中东	22	2.2	3.3	1.0	1.3	14	25	10
中、南美洲	7	0.8	1.1	0.4	0.4	11	20	5
亚洲								
世界	**384**	**100.0**	**100.0**	**18.3**	**23.2**	**14**	**32**	**0**
亚洲	228	58.0	59.6	10.6	13.8	14	32	0
欧洲	48	15.4	12.6	2.8	2.9	10	30	−8
北美洲	45	14.2	11.6	2.6	2.7	10	27	4
中东	24	4.9	6.3	0.9	1.4	18	33	1
非洲	23	4.0	5.9	0.7	1.4	20	43	2
独联体	8	1.9	2.2	0.4	0.5	16	24	−2
中、南美洲	6	1.2	1.5	0.2	0.3	18	23	−8
北美洲								
世界	**258**	**100.0**	**100.0**	**16.0**	**15.5**	**9**	**18**	**2**
北美洲	102	29.9	39.5	4.8	6.1	14	20	6
亚洲	98	46.4	37.9	7.4	5.9	6	16	3
欧洲	23	12.1	9.0	1.9	1.4	5	13	−3
中、南美洲	18	5.8	6.8	0.9	1.1	12	18	1
非洲	8	2.7	3.2	0.4	0.5	12	23	−12
中东	6	1.9	2.3	0.3	0.4	12	27	−17
独联体	3	1.1	1.3	0.2	0.2	13	22	27
中、南美洲								
世界	**205**	**100.0**	**100.0**	**10.6**	**12.4**	**12**	**26**	**−1**
欧洲	58	20.2	28.1	2.1	3.5	18	31	5
亚洲	48	31.7	23.5	3.4	2.9	8	23	−10
中、南美洲	36	13.8	17.3	1.5	2.1	16	27	7
北美洲	27	18.7	13.3	2.0	1.6	7	24	−2
中东	15	5.5	7.2	0.6	0.9	17	55	−4
非洲	13	4.7	6.1	0.5	0.8	17	14	−3
独联体	7	5.0	3.6	0.5	0.4	7	9	−8
非洲								
世界	**66**	**100.0**	**100.0**	**3.0**	**4.0**	**14**	**30**	**15**
欧洲	21	32.4	31.2	1.0	1.2	14	19	0
非洲	20	25.6	30.4	0.8	1.2	17	36	45
亚洲	9	26.9	13.5	0.8	0.5	4	39	−24

续 表

地区 \ 年份	总额	份额				年度变化百分比		
		地区出口		世界出口				
	2012	2005	2012	2005	2012	2005—2012	2011	2012
北美洲	7	5.7	10.1	0.2	0.4	24	39	59
中东	7	5.0	10.0	0.2	0.4	26	35	59
独联体	1	2.4	0.9	0.1	0.0	0	−5	15
中、南美洲	0	0.1	0.3	0.0	0.0	33	65	−18
独联体								
世界	**57**	**100.0**	**100.0**	**3.3**	**3.5**	**11**	**17**	**−1**
独联体	20	50.4	35.4	1.7	1.2	5	10	−9
欧洲	13	19.1	23.5	0.6	0.8	14	26	−1
亚洲	12	16.7	21.7	0.6	0.8	15	23	17
非洲	5	4.9	8.1	0.2	0.3	19	9	−9
中东	3	5.8	5.4	0.2	0.2	9	42	−9
北美洲	2	0.4	2.7	0.0	0.1	46	42	0
中、南美洲	1	1.7	1.8	0.1	0.1	12	40	−15
中东								
世界	**30**	**100.0**	**100.0**	**1.9**	**1.8**	**9**	**15**	**−4**
中东	15	32.9	50.0	0.6	0.9	16	9	7
亚洲	6	9.8	19.6	0.2	0.4	20	23	0
欧洲	3	13.0	8.6	0.2	0.2	3	2	−2
非洲	2	4.7	7.4	0.1	0.1	16	30	8
独联体	1	2.6	4.4	0.0	0.1	18	12	11
北美洲	1	2.0	1.9	0.0	0.0	8	18	8
中、南美洲	0	0.2	0.2	0.0	0.0	9	−16	−3

表37

2012年主要经济体农产品进口（按原产地）

单位：百万美元，%

加拿大a						美国					
	总额	份额	年度变化百分比				总额	份额	年度变化百分比		
	2012	2012	2005—2012	2011	2012		2012	2012	2005—2012	2011	2012
地区						地区					
世界	37 909	100.0	8	14	4	世界	141 852	100.0	6	18	3
北美洲	23 892	63.0	9	12	7	北美洲	48 583	34.2	4	13	4
亚洲	4 786	12.6	8	21	−2	亚洲	39 151	27.6	9	25	5
欧洲	4 586	12.1	8	13	3	欧洲	26 072	18.4	6	22	0
中、南美洲	3 801	10.0	9	20	−5	中、南美洲	24 240	17.1	4	13	4
非洲	631	1.7	9	17	−11	非洲	2 801	2.0	6	18	−9
中东	109	0.3	9	5	14	中东	564	0.4	0	−5	3
独联体	100	0.3	0	27	11	独联体	431	0.3	3	7	7
经济体						经济体					
美国	2 2385	59.0	8	12	8	加拿大	29 934	21.1	2	12	5
欧盟（27）	4 099	10.8	7	12	3	欧盟（27）	21 868	15.4	3	14	4

续　表

加拿大 a						美国					
	总额	份额	年度变化百分比				总额	份额	年度变化百分比		
	2012	2012	2005—2012	2011	2012		2012	2012	2005—2012	2011	2012
墨西哥	1 352	3.6	14	8	3	墨西哥	18 647	13.1	9	16	4
中国	1 297	3.4	9	12	2	中国	8 047	5.7	10	15	7
巴西	995	2.6	9	30	−14	印度	6 033	4.3	24	73	81
以上5个经济体总计	**30 128**	**79.5**	—	—	—	**以上5个经济体总计**	**84 529**	**59.6**	—	—	—
泰国	809	2.1	12	25	−3	巴西	5 191	3.7	5	27	−10
智利	696	1.8	9	7	−1	印尼	4 884	3.4	9	38	−15
印尼	426	1.1	11	54	−21	泰国	4 763	3.4	7	19	−13
澳大利亚	426	1.1	1	6	3	智利	4 349	3.1	3	10	8
印度	395	1.0	16	26	25	澳大利亚	2 657	1.9	0	4	15
危地马拉	368	1.0	15	29	0	越南	2 626	1.9	12	26	6
哥伦比亚	346	0.9	5	15	−14	哥伦比亚	2 484	1.8	6	23	−10
新西兰	346	0.9	2	28	−6	危地马拉	2 296	1.6	11	36	7
阿根廷	292	0.8	12	12	7	马来西亚	2 273	1.6	14	39	−20
秘鲁	261	0.7	14	31	4	新西兰	2 268	1.6	2	11	10
越南	252	0.7	10	26	2	厄瓜多尔	2 021	1.4	6	20	−3
哥斯达黎加	223	0.6	5	11	−11	阿根廷	1 856	1.3	9	39	7
马来西亚	209	0.6	10	35	−18	哥斯达黎加	1 832	1.3	7	10	7
科特迪瓦	191	0.5	13	6	−1	秘鲁	1 658	1.2	13	34	−4
瑞士	187	0.5	14	22	−1	菲律宾	1 622	1.1	8	45	−10
厄瓜多尔	183	0.5	12	−1	−2	日本	1 248	0.9	7	7	7
土耳其	172	0.5	18	12	22	洪都拉斯	1 101	0.8	9	34	12
南非	163	0.4	4	1	5	韩国	1 064	0.8	7	21	8
加拿大	151	0.4	18	23	9	多米尼加	965	0.7	9	6	14
韩国	147	0.4	8	32	−4	瑞士	903	0.6	21	18	12
菲律宾	128	0.3	9	24	9	科特迪瓦	895	0.6	4	18	−16
中国台北	118	0.3	10	4	5	尼加拉瓜	779	0.5	14	16	8
洪都拉斯	114	0.3	17	45	19	土耳其	714	0.5	6	19	10
日本	97	0.3	6	6	6	中国台北	617	0.4	3	14	−3
挪威	87	0.2	12	37	5	俄罗斯	479	0.3	−1	−7	−3
摩洛哥	80	0.2	5	−7	−5	萨尔瓦多	419	0.3	12	58	4
俄罗斯	75	0.2	−2	26	−3	挪威	395	0.3	9	−29	−14
尼加拉瓜	64	0.2	16	105	9	南非	340	0.2	2	−2	17
乌拉圭	56	0.1	−3	−16	56	以色列	319	0.2	5	12	10
以色列	51	0.1	14	31	23	乌拉圭	249	0.2	−11	38	17
萨尔瓦多	51	0.1	14	95	−48	加纳	231	0.2	20	48	−29
巴基斯坦	35	0.1	14	3	37	斐济	213	0.1	5	−15	39
尼日利亚	35	0.1	37	52	−47	巴拿马	184	0.1	−1	8	7
利比亚	34	0.1	18	16	0	巴基斯坦	169	0.1	15	29	42
牙买加	34	0.1	7	12	0	摩洛哥	163	0.1	8	11	−23
以上40个经济体总计	**37 432**	**98.7**	—	—	—	**以上40个经济体总计**	**138 753**	**97.8**	—	—	—

表37（续）

2012年主要经济体农产品进口（按原产地）

单位：百万美元，%

	欧盟（27）				
	总额	份额	年度变化百分比		
	2012	2012	2005—2012	2011	2012
地区					
世界	623 242	100.0	6	17	−5
欧洲	469 041	75.3	6	16	−4
中、南美洲	49 873	8.0	6	18	−8
亚洲	43 583	7.0	8	29	−8
非洲	22 206	3.6	4	16	−13
北美洲	19 626	3.1	3	18	−10
独联体	12 481	2.0	12	47	19
中东	2 304	0.4	−1	13	−18
经济体					
欧盟（27）	450 057	72.2	6	16	−4
巴西	20 748	3.3	6	21	−7
美国	14 564	2.3	3	17	−8
阿根廷	8 426	1.4	5	10	−12
中国	8 416	1.4	9	20	−11
以上5个经济体总计	**502 210**	**80.6**	—	—	—
印尼	6 572	1.1	11	37	−15
挪威	6 447	1.0	8	8	−5
乌克兰	5 681	0.9	25	65	39
瑞士	5 615	0.9	12	17	−1
俄罗斯	5 394	0.9	6	37	8
土耳其	5 104	0.8	3	11	−4
泰国	4 496	0.7	10	28	−16
印度	4 344	0.7	12	31	−2
智利	4 034	0.6	5	17	−10
马来西亚	3 830	0.6	6	24	−2
越南	3 803	0.6	18	31	2
加拿大	3 716	0.6	1	19	−19
罗马尼亚	3 473	0.6	23	29	−11
科特迪瓦	3 387	0.5	6	9	−11
澳大利亚	3 093	0.5	5	59	9
南非	3 037	0.5	2	0	−7
厄瓜多尔	3 021	0.5	7	22	−3
新西兰	2 896	0.5	1	21	−12
保加利亚	2 829	0.5	20	42	−8
秘鲁	2 760	0.4	13	27	−2
摩洛哥	2 654	0.4	3	9	−9
哥伦比亚	2 092	0.3	2	26	−14
加纳	1 974	0.3	10	29	−15
哥斯达黎加	1 669	0.3	4	8	−8
肯尼亚	1 395	0.2	4	15	−11

	日本				
	总额	份额	年度变化百分比		
	2012	2012	2005—2012	2011	2012
地区					
世界	93 725	100.0	5	24	−2
欧洲	39 497	42.1	5	24	−3
中、南美洲	27 331	29.2	3	21	−4
亚洲	13 929	14.9	8	28	−1
非洲	8 809	9.4	9	29	−1
北美洲	2 422	2.6	3	21	16
独联体	1 543	1.6	0	10	−2
中东	185	0.2	4	14	10
经济体					
美国	19 689	21.0	3	21	−6
欧盟（27）	11 500	12.3	7	26	−2
中国	11 472	12.2	4	18	7
加拿大	6 654	7.1	5	20	1
泰国	5 927	6.3	9	37	−13
以上5个经济体总计	**55 243**	**58.9**	—	—	—
澳大利亚	5 756	6.1	1	12	−4
巴西	3 703	4.0	10	40	−1
智利	2 988	3.2	7	30	1
印尼	2 947	3.1	10	43	−18
韩国	2 630	2.8	8	29	2
俄罗斯	2 093	2.2	1	26	1
马来西亚	1 821	1.9	9	43	−8
新西兰	1 814	1.9	4	15	3
越南	1 667	1.8	7	23	7
菲律宾	1 517	1.6	7	19	−1
中国台北	1 205	1.3	−1	11	−2
印度	1 105	1.2	9	41	−20
挪威	997	1.1	10	19	4
墨西哥	988	1.1	9	25	8
瑞士	850	0.9	48	60	−4
阿根廷	748	0.8	24	2	20
新加坡	701	0.7	13	31	2
南非	483	0.5	−6	10	−18
哥伦比亚	373	0.4	3	16	−29
乌克兰	327	0.3	48	−97	…
秘鲁	313	0.3	9	−7	16
危地马拉	219	0.2	10	50	−19
毛里塔尼亚	214	0.2	8	28	43
土耳其	208	0.2	7	65	1
中国香港	199	0.2	30	−6	29

续　表

	欧盟（27）						日本				
	总额	份额	年度变化百分比				总额	份额	年度变化百分比		
	2012	2012	2005—2012	2011	2012		2012	2012	2005—2012	2011	2012
墨西哥	1 343	0.2	10	17	−6	厄瓜多尔	181	0.2	4	2	1
乌拉圭	1 328	0.2	12	2	−18	斯里兰卡	150	0.2	7	32	1
以色列	1 323	0.2	0	6	−10	摩洛哥	140	0.1	3	−11	10
冰岛	1 287	0.2	−1	12	−10	冰岛	137	0.1	1	11	−5
洪都拉斯	1 204	0.2	18	57	7	缅甸	136	0.1	5	18	3
塞尔维亚	1 177	0.2	18	46	−16	加纳	133	0.1	9	27	−23
巴拉圭	1 129	0.2	20	26	−30	坦桑尼亚	117	0.1	13	14	1
喀麦隆	1 100	0.2	0	7	−24	格陵兰	106	0.1	6	16	18
菲律宾	1 016	0.2	7	22	−20	斐济	105	0.1	10	19	13
巴布亚新几内亚	1 012	0.2	15	62	−3	以色列	97	0.1	6	58	20
以上40个经济体总计	**607 449**	**97.5**	—	—	—	**以上40个经济体总计**	**92 410**	**98.6**	—	—	—

a　进口以 f.o.b. 计价。

表38

2012年农产品的主要进出口方

单位：十亿美元，%

地区＼年份	总额	占世界出口/进口份额				年度变化百分比			
	2012	1980	1990	2000	2012	2005—2012	2010	2011	2012
出口方									
欧盟（27）	613	—	—	41.8	37.0	7	7	18	−2
欧盟(27)对外出口	163	—	—	10.2	9.8	10	17	23	3
美国	172	17.0	14.3	13.0	10.4	11	19	18	2
巴西	86	3.4	2.4	2.8	5.2	14	19	26	0
中国	66	1.5	2.4	3.0	4.0	13	26	25	2
加拿大 b	63	5.0	5.4	6.3	3.8	6	19	15	4
印尼	45	1.6	1.0	1.4	2.7	18	42	34	−6
阿根廷	43	1.9	1.8	2.2	2.6	12	23	31	−5
印度	42	1.0	0.8	1.1	2.6	22	41	49	23
泰国	42	1.2	1.9	2.2	2.5	13	25	35	−12
澳大利亚	38	3.3	2.9	3.0	2.3	9	15	38	3
马来西亚	34	2.0	1.8	1.5	2.0	14	38	35	−13
俄罗斯	32	—	—	1.4	1.9	12	3	38	8
越南 a	25	…	…	0.7	1.5	19	26	32	13
新西兰	24	1.3	1.4	1.4	1.4	9	27	23	0
墨西哥	23	0.8	0.8	1.7	1.4	9	13	22	0
以上15个经济体总计	**1 349**	—	—	**83.3**	**81.4**	—	—	—	—
进口方									
欧盟（27）	623	—	—	42.6	35.7	6	6	17	−5
欧盟(27)自外进口	173	—	—	13.3	9.9	6	9	21	−7
中国	157	2.1	1.8	3.3	9.0	19	41	34	8
美国	142	8.7	9.0	11.6	8.1	6	16	18	3
日本	94	9.6	11.5	10.4	5.4	5	14	24	−2

续 表

地区＼年份	总额	占世界出口/进口份额				年度变化百分比			
	2012	1980	1990	2000	2012	2005—2012	2010	2011	2012
俄罗斯 a b	42	—	—	1.3	2.4	14	25	19	−3
加拿大 b	38	1.8	2.0	2.6	2.2	8	12	14	4
韩国	33	1.5	2.2	2.2	1.9	10	26	30	−5
沙特阿拉伯	29	1.5	0.8	0.9	1.7	18	60	18	40
墨西哥 b	27	1.2	1.2	1.8	1.6	7	16	24	−7
印度	26	0.5	0.4	0.7	1.5	19	26	26	14
中国香港	25	—	—	—	—	12	20	17	3
留用进口	17	1.0	1.0	1.1	1.0	13	22	19	4
马来西亚	21	0.5	0.5	0.8	1.2	17	30	32	1
印尼	21	0.6	0.5	1.0	1.2	16	38	43	−7
埃及 a	18	0.6	1.1	0.7	1.0	20	28	41	6
泰国	17	0.3	0.7	0.8	1.0	13	28	27	11
以上 15 个经济体总计	**1 304**	—	—	**81.6**	**74.8**	—	—	—	—

a 进口以 f. o. b. 计价。
b 包括秘书处估计。

表 39

1990—2012 年主要经济体的农产品出口

单位：百万美元，%

地区＼年份	总额					占经济体总货物出口的份额	
	1990	2000	2010	2011	2012	2005	2012 a
世界	**414 723**	**551 074**	**1 361 458**	**1 660 517**	**1 656 711**	**8.3**	**9.2**
阿根廷	7 482	11 954	34 650	45 262	43 151	47.5	53.3
澳大利亚	11 875	16 446	27 048	37 399	38 405	20.0	15.0
巴西	9 779	15 464	68 585	86 443	86 435	29.6	35.6
喀麦隆 b	695	438	1 521	1 538	1 765	25.7	39.2
加拿大	22 339	34 789	52 128	60 144	62 834	11.4	13.8
智利	2 779	6 399	15 770	19 066	18 907	26.0	24.2
中国	10 060	16 384	51 607	64 613	66 175	3.8	3.2
哥伦比亚	2 514	3 106	5 757	7 059	6 629	21.7	11.0
哥斯达黎加	927	1 812	3 371	3 845	4 083	33.3	35.6
科特迪瓦 b	2 374	2 308	5 976	6 716	5 880	43.8	47.6
克罗地亚	…	595	1 771	2 062	2 071	13.9	16.8
多米尼加 b	…	542	1 358	1 557	1 641	12.2	18.1
厄瓜多尔	1 236	1 948	5 965	7 486	7 437	31.8	31.2
埃及 b	669	610	5 122	5 312	4 738	9.1	16.1
埃塞俄比亚 b	260	406	1 893	2 203	2 528	91.0	84.3
欧盟（27）	—	230 390	532 320	626 412	612 939	9.2	10.6
欧盟（27）对内出口	—	56 008	128 699	158 400	162 882	6.4	7.5
欧盟（27）对外出口	—	174 382	403 621	468 013	450 057	10.6	12.4
加纳 b	…	621	1 267	3 549	5 863	46.2	45.1

续 表

地区 \ 年份	总额					占经济体总货物出口的份额	
	1990	2000	2010	2011	2012	2005	2012 a
危地马拉	849	1 618	3 917	4 651	4 910	37.1	49.2
洪都拉斯	680	782	1 590	2 333	3 012	17.0	38.0
中国香港	4 556	5 693	8 028	9 216	9 346	1.5	1.9
内部出口	821	453	849	1 005	1 043	2.7	4.7
转口	3 735	5 240	7 178	8 212	8 303	1.4	1.8
冰岛	1 274	1 257	1 930	2 314	2 298	59.3	45.4
印度	3 506	5 951	23 106	34 491	42 395	10.3	14.4
印尼	4 154	7 764	35 957	48 143	45 023	16.2	23.9
伊朗	601	932	4 992	4 574	5 973	4.1	5.7
以色列	1 327	1 182	2 306	2 458	2 433	4.0	3.9
日本	3 298	4 349	10 143	10 925	10 859	1.0	1.4
肯尼亚	559	1 062	2 861	3 129	3 227	47.6	52.7
韩国	2 985	4 298	9 346	12 705	12 628	1.9	2.3
马拉维 b	382	342	849	1 151	956	82.1	80.8
马来西亚	7 500	8 015	28 869	38 902	33 948	9.5	14.9
墨西哥	3 466	9 100	18 789	22 944	22 838	5.9	6.2
摩洛哥	1 228	1 746	3 652	3 990	3 928	23.0	18.3
缅甸 b	…	…	2 306	3 195	3 034	…	34.1
新西兰	5 966	7 665	19 565	24 068	23 979	59.9	64.3
尼加拉瓜	295	547	1 454	1 748	2 053	83.4	76.7
巴基斯坦	1 081	1 234	3 940	5 550	4 979	13.4	20.3
巴拿马 b	263	580	810	830	925	85.8	5.7
巴拉圭	863	699	3 996	4 807	4 255	44.6	58.5
秘鲁	789	1 911	5 935	7 874	7 664	18.2	16.8
菲律宾	1 683	2 026	4 129	5 417	5 075	6.6	9.8
俄罗斯	—	7 583	21 251	29 241	31 597	5.9	6.0
新加坡	4 095	3 723	7 889	10 074	9 860	2.0	2.4
内部出口	1 183	1 202	3 239	3 868	3 917	1.5	1.7
转口	2 912	2 521	4 236	5 754	5 457	2.5	3.0
南非	1 691	3 270	7 866	8 868	8 302	10.2	9.5
斯里兰卡 b	758	1 093	2 561	2 980	2 732	23.6	29.1
瑞士	2 244	2 521	7 972	9 347	9 004	3.1	4.0
叙利亚 b	767	621	2 577	2 270	908	12.4	22.7
中国台北	3 732	3 509	5 522	6 769	6 938	2.3	2.3
坦桑尼亚 b	…	432	1 175	1 141	1 329	46.0	24.2
泰国	7 786	12 220	35 136	47 601	42 030	16.1	18.3
突尼斯 b	418	548	1 352	1 885	1 931	11.0	11.4
土耳其	3 300	3 828	12 370	14 949	15 671	11.0	10.3

续 表

地区 \ 年份	总额					占经济体总货物出口的份额	
	1990	2000	2010	2011	2012	2005	2012 a
乌干达	…	292	975	1 324	1 236	68.8	52.4
乌克兰	—	1 585	10 475	13 487	18 526	13.8	27.0
阿联酋 b，c	501	1 185	4 923	5 646	6 544	2.1	1.9
美国	59 404	71 408	142 574	168 275	171 909	9.2	11.1
乌拉圭	1 025	1 278	4 828	5 703	6 455	63.4	73.8
越南 b	…	3 954	16 835	22 229	25 045	23.4	21.9

a 接近一年。
b 包括秘书处估计。
c 主要的转口。

表 40

1990—2012 年主要经济体的农产品进口

单位：百万美元，%

地区 \ 年份	总额					占经济体总货物进口的份额	
	1990	2000	2010	2011	2012	2005	2012 a
阿尔及利亚	2 766	2 815	7 350	11 489	10 755	21.0	22.6
阿根廷	326	1 644	2 133	2 579	2 478	4.3	3.6
澳大利亚 b	2 735	4 234	11 085	13 530	14 109	5.5	5.6
孟加拉国 c，d	835	1 716	5 992	8 176	9 768	19.3	28.6
白俄罗斯	—	1 226	3 286	3 809	4 192	11.0	9.0
波斯尼亚和黑塞哥维纳	…	…	1 814	2 112	1 989	18.6	19.8
巴西 e	2 690	4 762	10 759	13 582	13 109	5.9	5.9
加拿大 b	9 009	15 272	31 969	36 447	37 909	6.8	8.2
智利	461	1 421	4 595	5 992	6 387	6.8	8.0
中国	7 855	19 544	108 260	144 724	156 823	6.8	8.6
哥伦比亚	593	1 736	4 486	5 718	6 395	10.4	10.8
科特迪瓦	…	453	1 578	1 746	1 997	15.1	20.4
克罗地亚	…	777	2 307	2 743	2 643	9.6	12.7
古巴	…	826	…	…	…	20.7	…
多米尼加 d，f	413	964	2 216	2 771	2 822	11.3	15.3
厄瓜多尔	206	423	1 931	2 374	2 203	8.7	8.7
埃及 d	4 793	4 195	11 850	16 659	17 660	21.3	25.5
萨尔瓦多	158	692	1 488	1 795	1 868	15.4	18.2
欧盟（27）g	—	253 823	557 488	654 553	623 242	9.6	10.5
欧盟（27）从外进口	—	79 049	153 867	186 540	173 185	7.8	7.5
危地马拉	196	673	2 023	2 432	2 500	12.1	14.7
中国香港	8 325	11 728	20 622	24 231	25 003	3.7	4.5
留用进口	4 591	6 488	13 444	16 019	16 700	24.1	20.1
印度	1 721	3 993	17 864	22 551	25 668	5.3	5.2
印度尼西亚	2 126	5 727	15 644	22 411	20 906	9.7	11.0
伊朗 d	3 830	2 943	9 414	11 288	13 989	9.5	24.5
以色列	1 565	2 288	5 056	6 129	5 916	6.2	7.8
日本	50 762	62 150	77 449	95 981	93 724	12.8	10.6

续 表

地区 \ 年份	总额					占经济体总货物进口的份额	
	1990	2000	2010	2011	2012	2005	2012 a
约旦 d	709	942	2 682	3 187	3 603	14.7	17.4
哈萨克斯坦 d	—	506	3 049	4 188	4 442	8.1	10.0
韩国	9 531	12 837	26 614	34 681	33 076	6.4	6.4
科威特 d	589	1 312	3 070	3 968	3 849	14.4	14.9
黎巴嫩 d	…	1 210	2 996	3 331	3 436	15.6	15.7
马来西亚	2 404	4 610	16 053	21 144	21 435	6.3	10.9
墨西哥 b	5 374	10 989	23 531	29 235	27 076	7.4	7.3
摩洛哥	1 096	1 941	4 825	6 531	6 421	13.3	14.3
新西兰	756	1 204	3 376	4 132	4 287	8.4	11.2
尼日利亚 d	658	1 212	4 882	6 180	5 628	14.3	11.0
挪威	2 090	2 956	7 242	8 796	9 009	8.7	10.3
阿曼	506	1 158	2 519	2 736	3 066	12.3	10.7
巴基斯坦	1 568	1 882	6 737	7 353	6 524	14.4	14.8
秘鲁	668	998	3 600	4 494	4 801	13.2	11.3
菲律宾	1 665	3 104	6 823	7 026	7 240	7.8	11.1
俄罗斯 b d	—	7 561	36 473	43 256	41 983	17.1	13.3
沙特 d	3 487	5 663	17 680	20 870	29 291	15.4	18.8
塞内加尔 d	372	394	1 144	1 451	1 652	29.8	25.7
新加坡	4 702	4 890	10 871	13 756	13 953	3.2	3.7
留用进口	1 789	2 369	6 635	8 003	8 496	3.9	4.3
南非	1 219	1 650	5 423	7 054	7 389	5.5	7.3
斯里兰卡 d	549	934	2 063	2 848	2 278	12.8	11.9
苏丹 d	…	376	2 409	2 193	2 495	14.2	26.3
瑞士	5 920	5 693	12 017	13 836	12 894	6.5	6.5
叙利亚 d	791	850	4 106	3 928	1 707	15.8	23.4
中国台北	6 203	7 899	13 180	15 343	14 990	5.2	5.5
泰国	3 230	4 484	11 985	15 195	16 844	6.0	6.8
突尼斯 d	819	968	2 553	3 193	3 428	11.1	14.0
土耳其	2 806	4 133	12 878	17 574	16 370	5.5	6.9
乌克兰	—	1 092	6 245	6 930	8 036	8.5	9.5
阿联酋	1 726	3 230	11 806	14 378	16 290	6.9	7.1
美国	39 966	69 115	116 448	137 157	141 849	5.5	6.1
委内瑞拉	986	1 970	5 388	5 856	8 536	10.0	14.1
越南 d	236	1 269	10 272	13 187	13 697	9.9	12.0
也门 d	…	…	2 920	3 235	4 261	29.2	35.5

a 接近一年。
b 进口以 f. o. b. 计价。
c 财政年度的数据。
d 包括秘书处估计。
e 自 2000 年进口以 f. o. b. 计价。
f 参见欧盟（27）从外进口的详细数据。

表 41

1990—2012 年主要经济体的食品出口

单位：百万美元，%

地区 \ 年份	总额					占经济体总货物出口的份额	
	1990	2000	2010	2011	2012	2005	2012 a
世界	315 559	431 261	1 122 197	1 360 115	1 375 255	6.7	7.7
阿根廷	6 949	11 491	33 838	44 225	42 407	46.2	52.4
澳大利亚	7 937	12 583	21 887	29 301	30 704	16.1	12.0
白俄罗斯	—	495	3 189	3 787	4 455	8.3	9.7
巴西	8 697	12 808	60 777	77 373	77 212	25.7	31.8
加拿大	10 898	17 630	37 163	43631	46 329	6.7	10.2
智利	1 965	4 424	11 811	14 342	14 481	19.6	18.5
中国	7 868	13 559	44 153	54 168	56 318	3.2	2.7
哥伦比亚	2 222	2 502	4 447	5 722	5 250	17.2	8.7
哥斯达黎加	848	1 648	3 131	3 584	3 814	30.2	33.3
科特迪瓦	…	1 806	5 001	5 307	4 727	36.0	38.3
厄瓜多尔	1 198	1 758	5 228	6 663	6 614	27.6	27.7
埃及	251	375	4 356	4 487	4 038	7.2	13.7
埃塞俄比亚 b	186	321	1 703	1 988	2 281	75.4	76.0
欧盟（27）	—	189 387	451 064	529 591	522 396	7.7	9.0
欧盟（27）对内出口	—	46 530	104 755	129 237	133 548	5.2	6.2
欧盟（27）对外出口	—	142 857	346 309	400 354	388 848	8.9	10.7
加纳 b	…	513	1 132	2 887	5 601	40.5	43.1
危地马拉	778	1 518	3 557	4 119	4 464	33.8	44.7
洪都拉斯	649	730	1 554	2 295	2 963	16.3	37.4
中国香港	3 385	3 664	6 125	7 094	7 243	0.9	1.5
内部出口	742	362	605	698	787	2.1	3.5
转口	2 644	3 302	5 521	6 396	6 457	0.8	1.4
冰岛	1 266	1 240	1 904	2 278	2 257	58.5	44.6
印度	2 782	5 418	18 199	27 009	30 534	9.0	10.4
印度尼西亚	2 853	5 526	25 630	32 865	33 692	11.3	17.9
伊朗	…	818	4 738	4 318	5 600	3.7	5.4
以色列	1 022	824	1 832	2 031	2 050	3.1	3.2
日本	1 706	2 124	4 730	4 615	4 557	0.5	0.6
肯尼亚	502	927	2 320	2 502	2 599	37.6	42.4
韩国	2 162	2 665	4 990	6 165	6 398	1.1	1.2
马拉维 b	374	331	814	1 078	896	78.4	75.7
马来西亚	3 434	5 440	23 609	31 716	28 486	7.0	12.5
墨西哥	3 057	8 179	17 728	21 641	21 427	5.4	5.8
摩洛哥	1 105	1 596	3 347	3 751	3 692	21.2	17.2
缅甸 b	…	…	1 497	1 735	1 558	…	17.5

续　表

地区 \ 年份	总额					占经济体总货物出口的份额	
	1990	2000	2010	2011	2012	2005	2012 a
新西兰	4 272	5 819	16 386	20 118	20 021	49.6	53.7
尼加拉瓜	251	534	1 434	1 717	2 023	81.3	75.6
挪威	2 365	3 827	9 415	10 145	9 668	5.2	6.0
巴基斯坦	516	964	3 531	4 901	4 187	12.0	17.0
巴拿马 b	258	569	792	795	886	85.0	5.5
巴拉圭	502	564	3 862	4 678	4 099	39.9	56.4
秘鲁	703	1 736	5 561	7 456	7 242	16.8	15.9
菲律宾	1 532	1 815	3 767	4 915	4 638	6.1	8.9
俄罗斯	—	3 936	12 135	17 476	21 682	3.0	4.1
塞尔维亚	…	…	2 189	2 407	2 651	19.8	23.4
新加坡	2 747	3 091	6 876	8 777	8 807	1.7	2.2
内部出口	1 077	1 092	3 178	3 819	3 868	1.4	1.7
转口	1 671	1 999	3 659	4 926	4 804	2.0	2.7
南非	…	2 232	6 239	6 859	6 607	7.7	7.6
斯里兰卡	649	…	2 233	2 577	2 426	21.6	25.9
瑞士	1 756	2 007	7 312	8 623	8 414	2.6	3.7
叙利亚 b	577	408	2 386	2 102	841	9.9	21.0
中国台北	2 703	1 819	2 736	3 373	3 761	1.1	1.2
坦桑尼亚 b	…	359	955	972	1 147	36.4	20.9
泰国	6 611	9 924	24 999	31 465	30 704	11.6	13.4
突尼斯 b	384	510	1 269	1 801	1 851	10.4	10.9
土耳其	2 906	3 521	11 878	14 209	15 033	10.5	9.9
乌干达	…	241	887	1 163	1 092	58.2	46.3
乌克兰	—	1 339	9 885	12 757	17 848	12.4	26.0
阿联酋 b c	73	1 128	4 701	5 358	6 209	2.0	1.8
美国	42 422	54 341	112 356	131 345	138 034	6.9	8.9
乌拉圭	670	1 064	4 121	4 876	5 718	54.3	65.4
越南 b	…	3 666	13 907	18 007	21 281	20.2	18.6

a　接近一年。
b　包括秘书处估计。
c　主要的转口。

表 42

1990—2012 年主要经济体的食品进口

单位：百万美元，%

年份 地区	总额					占经济体货物进口的份额	
	1990	2000	2010	2011	2012	2005	2012 a
阿尔及利亚	2 306	2 578	6 683	10 762	9 998	19.3	21.1
阿根廷	164	1 267	1 499	1 787	1 726	2.8	2.5
澳大利亚 b	1 943	3 245	9 825	12 038	12 643	4.6	5.0
孟加拉国 c，d	650	1 254	4 859	6 684	7 243	12.6	21.2
白俄罗斯	—	1 027	2 767	3 100	3 509	9.3	7.6
波斯尼亚和黑塞哥维纳	…	…	1 669	1 943	1 826	17.3	18.2
巴西 e	2 112	3 665	8 373	10 244	10 626	4.4	4.8
加拿大 b	7 143	12 027	27 957	31 851	33 357	5.6	7.2
智利	308	1 228	4 198	5 519	5 912	5.8	7.4
中国	4 619	9 043	59 556	75 455	90 651	3.3	5.0
哥伦比亚	395	1 405	3 933	5 068	5 872	8.7	9.9
科特迪瓦	…	427	1 511	1 689	1 930	14.6	19.7
克罗地亚	…	653	2 083	2 486	2 443	8.3	11.8
古巴	…	765	…	…	…	20.0	…
多米尼加 d，f	…	…	2 051	2 592	2 640	9.8	14.3
厄瓜多尔	156	310	1 719	2 091	1 959	7.5	7.8
埃及	2 903	3 519	10 145	14 794	15 666	17.7	22.6
萨尔瓦多	128	613	1 322	1 572	1 663	14.0	16.2
欧盟（27）g	—	200 465	470 523	549 914	530 903	7.9	8.9
欧盟（27）从外进口	—	57 253	124 214	149 560	142 055	6.1	6.2
危地马拉	169	592	1 841	2 194	2 255	10.9	13.3
中国香港	6 551	9 165	18 013	21 299	22 087	2.9	4.0
留用进口	3 908	5 863	12 492	14 903	15 631	22.0	18.8
印度	771	2 283	12 317	15 296	17 672	3.3	3.6
印尼	1 104	3 336	11 470	16 730	15 828	6.4	8.3
伊朗	…	2 585	8 156	9 654	12 442	7.6	21.8
以色列	1 197	1 923	4 342	5 326	5 196	5.2	6.9
日本	34 154	48 543	64 026	79 056	78 870	10.4	8.9
约旦 d	672	851	2 476	2 948	3 333	13.6	16.1
哈萨克斯坦 d	—	459	2 827	3 938	4 165	7.3	9.4
肯尼亚	199	403	1 407	1 902	1 961	9.5	12.0
韩国	3 912	7 722	19 176	25 370	24 879	4.4	4.8
科威特 d	561	1 249	2 949	3 780	3 676	13.9	14.2
黎巴嫩 d	…	1 107	2 799	3 113	3 229	14.4	14.7
马来西亚	2 021	3 526	12 786	16 524	16 523	5.1	8.4
墨西哥 b	4 326	8 485	19 512	24 533	22 859	6.0	6.2

续　表

地区＼年份	总额 1990	2000	2010	2011	2012	占经济体货物进口的份额 2005	2012 a
摩洛哥	677	1 585	4 057	5 593	5 581	10.6	12.5
新西兰	643	1 074	3 187	3 902	4 041	7.7	10.6
尼日利亚	…	1 159	4 535	5 741	5 228	13.8	10.3
挪威	1 584	2 221	6 122	7 553	7 888	6.8	9.0
阿曼	486	1 122	2 394	2 617	2 913	11.8	10.2
巴基斯坦	1 276	1 524	4 893	5 203	4 846	10.3	11.0
秘鲁	621	864	3 099	3 840	4 222	11.4	9.9
菲律宾	1 348	2 598	6 450	6 564	6 819	6.9	10.4
俄罗斯 b d	—	6 853	34 054	40 150	39 001	16.1	12.3
沙特 d	3 319	5 375	16 690	19 770	18 600	14.7	12.0
塞内加尔 d	350	362	1 072	1 356	1 554	28.1	24.1
新加坡	3 685	4 354	9 799	12 329	12 558	2.8	3.3
留用进口	2 014	2 354	6 140	7 403	7 754	3.7	3.9
南非	846	1 254	4 688	6 091	6 528	4.5	6.4
斯里兰卡	502	…	1 884	2 539	2 038	11.7	10.6
苏丹 d	…	360	2 353	2 136	2 430	13.4	25.6
瑞士	4 371	4 519	10 216	11 917	11 194	5.4	5.7
叙利亚 d	745	726	3 695	3 534	1 536	12.9	21.0
中国台北	3 495	5 013	9 536	11 025	11 247	3.6	4.2
泰国	1 672	2 677	8 596	10 842	12 638	4.0	5.1
突尼斯 d	582	706	2 077	2 712	2 986	8.5	12.2
土耳其	1 856	2 128	7 411	10 653	10 420	2.8	4.4
乌克兰	—	882	5 586	6 111	7 225	7.2	8.5
阿联酋	1 627	3 026	11 198	13 744	15 572	6.3	6.8
美国	30 055	51 226	97 345	114 023	117 138	4.2	5.0
委内瑞拉	739	1 704	5 005	5 343	8 000	9.0	13.2
越南 d	…	814	7 286	9 046	9 632	6.3	8.5
也门 d	…	…	2 845	3 163	4 114	28.3	34.3

a　接近一年。
b　进口以 f. o. b. 计价。
c　财政年度的数据。
d　包括秘书处估计。
e　自 2000 年进口以 f. o. b. 计价。
f　参见欧盟（27）从外进口的详细数据。
g　欧盟（27）自内进口见原数据。

表 43

2012 年燃料和矿产品占货物贸易和初级产品的份额（按地区）

单位：%

	出口	进口		出口	进口
占货物贸易份额			占初级产品份额		
世界	23.1	23.1	世界	71.4	71.4
北美洲	17.0	19.0	北美洲	61.0	74.1
中、南美洲	42.6	22.4	中、南美洲	60.9	72.3
欧洲	13.2	21.3	欧洲	56.1	67.8
独联体	65.8	11.0	独联体	88.9	47.5
非洲	69.5	18.6	非洲	88.4	53.5
中东	67.8	11.6	中东	96.8	47.9
亚洲	12.3	30.2	亚洲	64.4	77.7

表 44

2012 年燃料占货物贸易和初级产品的份额（按地区）

单位：%

	出口	进口		出口	进口
占货物贸易份额			占初级产品份额		
世界	18.8	18.8	世界	58.2	58.2
北美洲	12.9	16.4	北美洲	46.3	63.8
中、南美洲	26.5	20.5	中、南美洲	37.8	66.1
欧洲	9.8	17.1	欧洲	41.7	54.5
独联体	59.5	9.0	独联体	80.4	38.8
非洲	60.9	16.2	非洲	77.5	46.6
中东	66.1	9.2	中东	94.5	37.9
亚洲	8.7	23.8	亚洲	45.7	61.1

表 45

2012 年制成品占货物贸易的份额（按地区）

单位：%

	出口	进口
占货物贸易份额		
世界	64.1	64.1
北美洲	66.7	72.2
中、南美洲	26.6	66.3
欧洲	74.1	65.4
独联体	23.2	76.0
非洲	16.4	61.6
中东	19.7	71.0
亚洲	78.3	58.4

表 46

2012 年各地区制成品的出口（按目的地）

单位：十亿美元，%

年份 地区	总 额	份 额				年度变化百分比		
		占地区出口		占世界出口				
	2012	2005	2012	2005	2012	2005—2012	2011	2012
世界	**11 490**	**100.0**	**100.0**	**100.0**	**100.0**	**7**	**15**	**0**
欧洲								
世界	**4 734**	**100.0**	**100.0**	**47.9**	**41.2**	**4**	**16**	**−5**
欧洲	3 138	71.9	66.3	34.4	27.3	3	15	−8
亚洲	539	8.4	11.4	4.0	4.7	9	20	−1
北美洲	412	9.5	8.7	4.5	3.6	3	15	4
独联体	210	2.7	4.4	1.3	1.8	12	31	5
中东	159	3.0	3.4	1.5	1.4	6	13	0
非洲	146	2.6	3.1	1.3	1.3	7	8	2
中、南美洲	106	1.5	2.2	0.7	0.9	11	22	2
亚洲								
世界	**4 419**	**100.0**	**100.0**	**31.7**	**38.5**	**10**	**15**	**3**
亚洲	2 128	47.2	48.2	14.9	18.5	10	14	4
北美洲	899	24.4	20.3	7.7	7.8	7	13	8
欧洲	743	19.4	16.8	6.1	6.5	8	14	−7
中东	209	3.3	4.7	1.0	1.8	16	20	6
中、南美洲	165	1.9	3.7	0.6	1.4	21	26	6
非洲	134	1.9	3.0	0.6	1.2	18	19	14
独联体	111	1.4	2.5	0.5	1.0	19	30	11
北美洲								
世界	**1 582**	**100.0**	**100.0**	**15.1**	**13.8**	**5**	**11**	**6**
北美洲	783	54.6	49.5	8.3	6.8	4	11	7
亚洲	308	18.1	19.5	2.7	2.7	6	10	3
欧洲	248	17.2	15.7	2.6	2.2	4	8	−1
中、南美洲	143	5.9	9.0	0.9	1.2	12	16	5
中东	62	2.6	3.9	0.4	0.5	12	16	26
非洲	24	1.1	1.5	0.2	0.2	10	9	10
独联体	14	0.4	0.9	0.1	0.1	16	39	22
中东								
世界	**265**	**100.0**	**100.0**	**1.4**	**2.3**	**14**	**28**	**2**
亚洲	93	19.8	35.1	0.3	0.8	24	36	−1
中东	62	20.6	23.3	0.3	0.5	16	22	11
欧洲	42	18.6	15.8	0.3	0.4	12	32	−6
北美洲	24	17.3	9.1	0.2	0.2	4	9	−5
非洲	16	6.4	6.0	0.1	0.1	13	27	4

续 表

地区＼年份	总额	份额				年度变化百分比		
		占地区出口		占世界出口				
	2012	2005	2012	2005	2012	2005—2012	2011	2012
独联体	6	2.3	2.1	0.0	0.0	13	27	25
中、南美洲	4	0.9	1.7	0.0	0.0	25	20	14
中、南美洲								
世界	**199**	**100.0**	**100.0**	**1.8**	**1.7**	**7**	**23**	**0**
中、南美洲	94	36.9	47.4	0.6	0.8	10	20	−2
北美洲	58	39.6	29.2	0.7	0.5	2	25	5
欧洲	24	12.5	12.2	0.2	0.2	6	22	−6
亚洲	16	7.3	7.9	0.1	0.1	8	28	−3
非洲	4	2.3	2.0	0.0	0.0	5	24	−6
中东	1	1.0	0.7	0.0	0.0	1	5	−10
独联体	1	0.2	0.4	0.0	0.0	14	74	44
独联体								
世界	**187**	**100.0**	**100.0**	**1.3**	**1.6**	**11**	**29**	**1**
独联体	77	32.7	41.4	0.4	0.7	14	36	−3
欧洲	58	31.4	31.1	0.4	0.5	10	22	15
亚洲	21	17.5	11.3	0.2	0.2	4	20	−11
中东	8	5.8	4.0	0.1	0.1	5	16	4
北美洲	7	5.8	3.7	0.1	0.1	4	21	−30
中、南美洲	5	2.2	2.7	0.0	0.0	14	46	−16
非洲	4	3.3	2.1	0.0	0.0	4	18	10
非洲								
世界	**103**	**100.0**	**100.0**	**0.9**	**0.9**	**7**	**13**	**−2**
欧洲	42	52.2	40.3	0.5	0.4	3	15	−8
非洲	30	18.7	28.7	0.2	0.3	14	7	6
亚洲	12	13.3	11.5	0.1	0.1	5	12	−4
北美洲	9	9.3	8.5	0.1	0.1	6	19	−8
中东	6	4.0	5.7	0.0	0.1	13	21	−4
中、南美洲	3	1.3	2.8	0.0	0.0	20	23	6
独联体	0	0.1	0.4	0.0	0.0	25	58	39

表 47

2012 年制成品的主要进出口方

单位：十亿美元，%

地区 \ 年份	总额	占世界出口/进口份额				年度变化百分比			
	2012	1980	1990	2000	2012	2005—2012	2010	2011	2012
出口方									
欧盟（27）	4385	—	—	42.9	38.2	4	11	16	−5
欧盟(27)对外出口	1 715	—	—	14.2	14.9	7	16	18	
中国	1 925	0.8	1.9	4.7	16.8	16	31	20	9
美国	1 102	13.0	12.1	13.8	9.6	6	18	11	5
日本	710	11.2	11.5	9.6	6.2	4	34	7	−2
韩国	463	1.4	2.5	3.3	4.0	9	28	15	−2
中国香港	423	—	—	—	—	6	22	9	4
内部出口	5	1.2	1.1	0.5	0.0	−15	16	−14	−11
转口	418	—	—	—	—	7	22	10	4
新加坡	283	0.8	1.6	2.5	2.5	6	28	10	1
内部出口	133	0.4	1.0	1.3	1.2	6	32	11	
转口	152	0.3	0.6	1.2	1.3	7	26	8	1
墨西哥	269	0.4	1.1	3.0	2.3	7	30	11	9
中国台北	262	1.6	2.6	3.0	2.3	6	36	11	−3
加拿大	211	2.7	3.1	3.7	1.8	0	19	10	3
瑞士	195	2.4	2.5	1.5	1.7	7	12	20	−6
印度	180	0.5	0.5	0.7	1.6	14	22	34	−2
泰国	163	0.1	0.6	1.1	1.4	10	29	13	2
马来西亚	140	0.2	0.7	1.7	1.2	4	22	6	−1
土耳其	108	0.1	0.4	0.5	0.9	9	13	18	4
以上 15 个经济体总计	**10 399**	—	—	**92.4**	**90.5**	—	—	—	—
进口方									
欧盟（27）	3 905	—	—	40.1	32.6	3	11	13	−8
欧盟(27)从外进口	1 235	—	—	12.6	10.3	4	17	10	−7
美国	1 618	11.2	15.4	19.8	13.5	4	22	11	6
中国	1 059	1.1	1.7	3.5	8.8	12	32	16	3
中国香港	453	—	—	—	—	7	25	11	5
留用进口	35	1.1	0.9	0.6	0.3	14	94	30	18
日本	418	2.3	4.1	4.3	3.5	6	22	16	4
加拿大	340	3.7	3.8	4.1	2.8	5	21	11	5
墨西哥	290	1.5	1.3	3.1	2.4	7	27	12	8
韩国	257	0.9	1.8	2.0	2.2	7	29	12	−4
俄罗斯	253	—	—	0.4	2.1	20	50	34	3
新加坡	227	1.2	1.8	2.2	1.9	6	24	9	3
留用进口	75	0.8	1.2	1.1	0.6	4	21	10	7
印度	188	0.5	0.5	0.5	1.6	16	24	22	−2
澳大利亚	178	1.3	1.3	1.2	1.5	9	19	19	10
巴西	163	0.9	0.5	0.8	1.4	17	38	22	
泰国	163	0.4	1.0	1.0	1.4	10	36	17	14
中国台北	163	0.9	1.5	2.3	1.4	3	45	8	−8
以上 15 个经济体总计	**9 257**	—	—	**85.7**	**77.4**	—	—	—	—

表 48

2012 年美国、欧盟（27）和中国的制成品贸易（按原产地和目的地）

单位：十亿美元，%

出口						年份 地区	进口					
总额	份额		年度变化百分比				总额	份额		年度变化百分比		
2012	2005	2012	2005—2012	2011	2012		2012	2005	2012	2005—2012	2011	2012
						美国						
1 102	**100.0**	**100.0**	**6**	**11**	**5**	**世界**	**1 618**	**100.0**	**100.0**	**4**	**11**	**6**
387	37.6	35.1	5	12	7	北美洲	362	24.0	22.4	3	9	8
114	7.5	10.4	11	15	5	中、南美洲	49	3.4	3.0	2	23	8
34	1.8	3.1	14	17	1	巴西	15	1.4	0.9	−2	34	12
220	23.5	20.0	4	7	−1	欧洲	344	22.3	21.2	3	15	4
201	21.8	18.2	3	7	0	欧盟（27）	314	20.9	19.4	3	15	5
12	0.6	1.1	16	44	25	独联体	8	0.4	0.5	5	26	−4
9	0.4	0.8	17	48	29	俄罗斯	6	0.3	0.4	7	26	−3
21	1.5	1.9	10	10	10	非洲	10	0.5	0.6	5	19	−7
59	3.7	5.3	12	16	26	中东	26	1.6	1.6	4	13	−1
287	25.6	26.1	6	9	3	亚洲	820	47.7	50.7	5	9	7
63	3.9	5.7	12	10	2	中国	429	20.2	26.5	8	9	7
48	5.3	4.4	3	6	13	日本	144	11.0	8.9	1	8	14
115	12.1	10.5	4	6	−1	六个东亚贸易体	157	12.0	9.7	1	10	2
						欧盟（27）						
4 385	**100.0**	**100.0**	**4**	**16**	**−5**	**世界**	**3 905**	**100.0**	**100.0**	**3**	**13**	**−8**
376	9.4	8.6	3	14	4	北美洲	232	6.3	5.9	3	12	−1
98	1.4	2.2	11	21	2	中、南美洲	29	0.7	0.7	4	17	−6
43	0.5	1.0	13	19	−2	巴西	12	0.3	0.3	2	14	−13
2 948	72.4	67.2	3	15	−8	欧洲	2 846	74.6	72.9	3	14	−8
2 670	66.5	60.9	3	14	−8	欧盟（27）	2 670	70.3	68.4	3	14	−8
190	2.7	4.3	12	31	4	独联体	35	0.8	0.9	5	29	−11
138	1.9	3.1	12	34	5	俄罗斯	22	0.5	0.6	5	27	−6
131	2.6	3.0	6	9	1	非洲	39	1.2	1.0	1	18	−11
130	2.9	3.0	5	12	−1	中东	27	0.9	0.7	1	22	−6
490	8.2	11.2	9	20	0	亚洲	682	15.4	17.5	5	8	−8
157	1.7	3.6	16	25	−3	中国	359	6.2	9.2	9	8	−8
60	1.4	1.4	4	19	6	日本	77	2.9	2.0	−2	7	−14
154	2.9	3.5	7	16	2	六个东亚贸易体	147	4.4	3.8	1	1	−7
						中国 a						
1 925	**100.0**	**100.0**	**16**	**20**	**9**	**世界**	**1 059**	**100.0**	**100.0**	**12**	**16**	**3**
485	31.0	25.2	12	16	10	北美洲	92	8.4	8.7	12	13	4
98	2.4	5.1	29	34	12	中、南美洲	11	0.7	1.0	17	23	21
32	0.6	1.7	33	30	6	巴西	4	0.3	0.4	12	37	8
418	25.3	21.7	13	15	−5	欧洲	195	14.5	18.5	15	25	−1
395	24.1	20.5	13	15	−5	欧盟（27）	183	13.6	17.3	15	25	0
72	2.9	3.7	20	25	13	独联体	7	1.2	0.7	2	4	−3
41	1.8	2.2	19	31	15	俄罗斯	4	0.9	0.4	−2	3	−3
78	2.5	4.1	24	22	21	非洲	4	0.3	0.4	14	25	−2
82	3.0	4.3	22	28	8	中东	21	1.0	2.0	23	45	−1
686	33.1	35.6	17	23	15	亚洲	729	73.8	68.8	10	13	3
167	12.1	8.7	10	22	6	日本	141	19.0	13.4	6	15	17
310	14.3	16.1	17	22	25	六个东亚贸易体	378	39.4	35.7	10	12	3

a　中国通报其 2012 年内部进口占制成品进口的 13%。

表 49

1990—2012 年主要经济体的制成品出口

单位：十亿美元，%

地区 \ 年份	总额					占经济体总货物出口的份额	
	1990	2000	2010	2011	2012	2005	2012 a
世界	2 391	4 691	9 986	11 523	11 490	71.2	64.1
阿根廷	4	9	22	26	25	30.4	31.2
澳大利亚	7	15	27	31	32	20.4	12.3
孟加拉国 b，c	1	6	18	23	23	91.2	93.6
白俄罗斯	—	5	13	20	22	51.9	48.7
博茨瓦纳	…	2	4	5	5	84.9	87.1
巴西	16	32	70	84	82	52.1	33.8
柬埔寨 c	…	1	5	6	7	94.7	90.1
加拿大	73	176	186	204	211	57.2	46.3
智利	1	3	8	11	10	14.9	13.3
中国 d	44	220	1 477	1 772	1 925	91.9	94.0
哥伦比亚	2	4	9	10	10	34.7	17.3
哥斯达黎加 d	0	4	5	6	7	65.1	60.0
克罗地亚	…	3	8	9	8	68.2	61.7
多米尼加 d	2	5	4	5	5	80.6	55.3
埃及 c	1	2	11	13	13	19.4	43.5
萨尔瓦多 d	0	2	3	4	4	78.9	70.3
欧盟（27）	—	2 012	4 001	4 627	4 385	80.7	75.6
欧盟（27）对内出口	—	668	1 448	1 711	1 715	84.1	79.1
欧盟（27）对外出口	—	1 344	2 552	2 916	2 670	79.1	73.4
危地马拉	0	1	4	4	4	56.7	41.1
中国香港	76	192	373	408	423	95.8	85.9
内部出口	27	22	7	6	5	80.3	23.3
转口	48	170	366	402	418	97.0	88.8
印度 e	13	33	138	184	180	71.1	61.2
印尼 d	9	37	58	68	68	45.3	35.9
以色列 e	10	30	54	63	58	94.5	92.0
日本	275	450	680	725	710	91.9	88.9
约旦 c	1	1	5	6	6	71.5	70.0
哈萨克斯坦 c	—	1	7	10	12	12.0	12.5
韩国	61	155	412	473	463	90.8	84.4
马来西亚 d	16	79	133	141	140	74.9	61.6

续 表

地区 \ 年份	总额					占经济体总货物出口的份额	
	1990	2000	2010	2011	2012	2005	2012 a
墨西哥 d	25	139	222	247	269	77.0	72.7
摩洛哥 d	2	5	11	14	14	63.0	63.6
新西兰	2	4	7	8	8	31.2	22.2
挪威	11	13	24	25	24	18.1	14.9
巴基斯坦	4	8	16	18	19	81.1	75.3
菲律宾 c，d	6	35	44	39	43	89.1	81.8
俄罗斯	—	26	83	101	104	21.6	19.6
沙特 c	4	6	32	42	57	9.5	14.7
塞尔维亚	…	…	6	7	7	63.3	61.0
新加坡	37	118	254	280	283	80.6	69.2
内部出口	23	63	121	133	133	71.8	58.4
转口	14	54	139	150	152	91.1	84.3
南非 e	8	14	33	37	35	50.5	40.2
斯里兰卡 c	1	4	6	7	7	68.1	69.3
瑞士	60	72	173	207	195	91.9	86.2
中国台北	62	141	245	271	262	86.5	87.0
泰国	15	52	142	159	163	76.0	71.0
突尼斯 c	2	5	12	13	12	74.9	72.5
土耳其	9	22	88	104	108	81.3	70.8
乌克兰	—	10	33	43	41	68.5	59.7
阿联酋 c，f	3	7	53	60	69	19.5	19.8
美国	290	646	944	1 047	1 102	81.0	71.3
越南 c	…	6	46	62	77	49.9	67.1

a 接近一年。
b 财政年度的数据。
c 包括秘书处估计。
d 包括重要的自加工区的出口。
e 包括重要的钻石出口。最近几年，钻石占制成品出口的份额，印度 12%，以色列 29%，南非 4.7%。
f 重要的转口。

表 50

1990—2012 年主要经济体的制成品进口

单位：十亿美元，%

地区＼年份	总额					占经济体总货物进口的份额	
	1990	2000	2010	2011	2012	2005	2012 a
阿尔及利亚 b	7	6	31	34	34	76.5	71.5
阿根廷	3	22	48	59	55	86.3	79.6
澳大利亚 c	32	59	137	162	178	79.9	71.0
孟加拉国 b，d	2	5	18	22	20	66.6	57.3
白俄罗斯	—	4	17	19	22	46.3	46.4
巴西 e	13	41	133	163	163	71.9	73.1
加拿大 c	93	201	293	325	340	78.9	73.6
智利 b	5	12	41	49	54	68.2	67.5
中国 f	42	170	894	1 033	1 059	74.7	58.2
哥伦比亚	4	9	33	44	45	83.2	76.1
哥斯达黎加 f	1	5	10	12	13	74.8	72.5
科特迪瓦	…	1	4	3	5	46.9	46.5
克罗地亚	…	6	13	14	13	72.9	61.5
多米尼加 b，c，f	2	7	9	10	10	55.9	55.6
厄瓜多尔	2	3	14	16	17	72.3	67.4
埃及 b	7	8	32	33	35	40.8	50.6
欧盟（27）g	—	1 963	3 755	4 244	3 905	73.5	65.8
欧盟（27）从外进口	—	617	1 202	1 328	1 235	62.7	53.7
危地马拉 f	1	3	9	11	11	71.2	64.2
中国香港	71	193	389	432	453	91.6	81.9
留用进口	22	27	23	30	35	45.6	42.3
印度 i	12	22	157	192	188	47.0	38.5
印尼 b，f	17	30	86	106	119	63.1	62.8
伊朗 b	15	10	38	42	36	67.0	62.6
伊拉克 b	…	2	33	33	40	…	71.0
以色列 i	12	29	42	52	50	72.5	65.8
日本	100	213	347	403	418	53.6	47.2
约旦 b	1	3	9	9	10	57.4	49.5
哈萨克斯坦 b	—	4	22	28	34	78.2	76.8
肯尼亚	1	2	7	8	10	64.3	58.7
韩国	44	98	240	268	257	60.5	49.5
科威特 b	3	6	18	20	21	80.2	81.2
黎巴嫩	…	3	10	10	10	53.3	46.5
马来西亚 f	23	68	121	130	133	78.8	67.8
墨西哥 c，f	32	150	240	268	290	83.5	78.2
摩洛哥 f	4	7	21	24	24	61.8	53.8

续 表

年份 / 地区	总额					占经济体总货物进口的份额	
	1990	2000	2010	2011	2012	2005	2012 a
新西兰	8	11	21	24	26	76.7	67.6
尼日利亚 b	5	4	38	48	44	80.6	86.5
挪威	21	27	58	67	66	78.8	75.1
阿曼 b	2	3	14	16	18	75.8	63.3
巴基斯坦	4	5	18	20	20	58.4	45.0
秘鲁	2	5	22	27	31	66.0	73.2
菲律宾	9	29	39	42	42	76.4	63.6
卡塔尔 b	1	3	19	25	28	89.2	83.0
俄罗斯 c	—	19	182	245	253	71.9	80.1
沙特 b	18	22	81	100	118	78.3	75.6
塞内加尔	…	…	9	12	12	65.5	61.5
新加坡	44	110	202	220	227	76.1	59.7
留用进口	30	55	63	70	75	58.5	37.6
南非 b	13	18	52	63	63	68.9	61.8
斯里兰卡 b	2	5	8	12	11	64.8	58.6
瑞士	58	68	142	166	158	82.1	79.8
叙利亚 b	1	2	9	9	4	51.8	54.1
中国台北	37	110	164	176	163	71.7	60.2
泰国	25	47	122	143	163	69.5	65.8
特立尼达和多巴哥 b	1	2	3	5	5	51.1	49.8
突尼斯 b	4	6	16	16	16	72.0	67.4
土耳其	14	38	116	142	132	66.4	55.9
乌克兰	—	6	32	44	48	57.0	56.1
阿联酋	9	23	96	112	127	61.4	55.4
美国	376	968	1 369	1 523	1 618	71.5	69.3
委内瑞拉	5	12	26	30	38	78.7	62.7
越南 b	2	11	61	74	82	69.4	72.4

a 接近一年。
b 包括秘书处估计。
c 进口以 f.o.b. 计价。
d 财政年度的数据。
e 自 2000 年进口以 f.o.b. 计价。
f 包括重要的加工区进口。
g 2010 年以前进口以 f.o.b. 计价。
h EU（27）从内部的进口见数据库。
i 包括重要的钻石进口。最近几年，钻石占制成品进口的份额，印度 17.5%，以色列 18.8%。

表 51

2012 年钢铁的主要进出口方

单位：十亿美元，%

地区＼年份	总　额	占世界出口/进口份额				年度变化百分比			
	2012	1980	1990	2000	2012	2005—2012	2010	2011	2012
出口方									
欧盟（27）	178	—	—	46.9	36.7	3	21	26	−13
欧盟(27)对外出口	55	—	—	11.5	11.2	5	11	26	−5
中国 a	54	0.3	1.2	3.1	11.1	16	67	40	−3
日本	44	20.1	11.8	10.4	9.0	7	35	11	−6
韩国	30	2.2	3.4	4.7	6.2	11	40	30	−5
俄罗斯	28	—	—	5.3	5.8	6	19	13	4
美国	21	4.2	3.3	4.4	4.3	9	30	18	3
乌克兰	17	—	—	3.6	3.6	5	38	28	−15
土耳其	13	0.0	1.4	1.3	2.7	12	13	26	2
中国台北	11	0.4	0.8	3.2	2.4	4	28	17	−11
巴西	11	1.1	3.4	2.5	2.3	3	20	41	−11
印度	11	0.1	0.2	0.9	2.2	11	64	−1	4
加拿大	8	2.3	1.9	2.2	1.6	4	47	7	1
南非	6	1.6	2.0	1.9	1.3	1	51	−1	−18
哈萨克斯坦 b	6	—	—	0.8	1.2	16	33	58	−3
墨西哥 a	5	0.1	0.7	1.2	1.0	3	52	20	−13
以上 15 个经济体总计	**444**	—	—	**92.3**	**91.3**	—	—	—	—
进口方									
欧盟（27）	158	—	—	40.9	31.0	3	28	29	−19
欧盟(27)自外进口	35	—	—	7.5	6.8	3	38	38	−27
美国	45	10.1	9.5	12.7	8.8	6	43	32	10
中国 a	23	2.7	2.5	6.4	4.5	−2	−5	8	−16
韩国	21	1.2	2.9	3.5	4.2	5	30	13	−17
泰国	15	0.6	2.4	1.8	2.9	8	55	18	10
加拿大 c	13	1.6	2.0	3.5	2.6	5	45	19	3
印度尼西亚	12	1.2	1.1	1.1	2.3	17	40	26	28
墨西哥 a，c	12	2.2	1.0	2.6	2.3	10	36	15	23
土耳其	11	0.4	1.1	1.6	2.2	7	27	19	−4
印度	11	1.0	1.0	0.5	2.1	14	24	15	−3
沙特 b	11	2.3	0.7	0.7	2.1	18	233	34	18
日本	10	1.1	4.1	2.4	2.0	5	63	36	−15
中国台北	9	1.4	2.5	3.1	1.8	1	63	16	−14
俄罗斯 b，c	9	—	—	0.9	1.7	13	62	38	−13
阿联酋 b	9	0.7	0.4	0.6	1.7	13	0	32	13
以上 15 个经济体总计	**369**	—	—	**82.3**	**72.2**	—	—	—	—

a　包括重要的加工区货物。
b　进口以 f. o. b. 计价。
c　包括秘书处估计。

表 52

1990—2012 年主要经济体的汽车出口

单位：百万美元，%

地区 \ 年份	总额 1990	2000	2010	2011	2012	占经济体总货物出口的份额 2005	2012 a
世界	318 959	576 434	1 091 580	1 284 494	1 295 298	9.0	7.2
阿根廷	200	2 108	8 078	10 043	9 635	7.6	11.9
澳大利亚	726	2 151	2 719	2 783	3 246	3.3	1.3
白俄罗斯	—	739	1 597	2 686	2 942	7.4	6.4
巴西	2 034	4 683	12 589	14 411	13 038	10.1	5.4
加拿大	28 442	60 656	50 116	53 946	62 151	18.5	13.7
智利	18	203	816	938	927	1.0	1.2
中国 b	258	1 581	28 037	37 494	43 110	1.3	2.1
哥伦比亚	6	226	341	393	563	3.1	0.9
科特迪瓦	…	11	24	38	26	2.4	0.2
克罗地亚	…	45	202	207	194	1.8	1.6
厄瓜多尔	1	60	350	390	492	1.4	2.1
欧盟（27）	—	287 180	546 348	661 418	615 251	12.1	10.6
欧盟（27）对内出口	—	71 022	177 187	226 590	238 901	10.0	11.0
欧盟（27）向外出口	—	216 158	369 161	434 829	376 351	13.2	10.3
格鲁吉亚	—	1	244	487	637	2.8	26.8
中国香港	354	764	1 552	1 439	1 340	0.5	0.3
内部出口	27	23	9	0	0	0.0	0.0
转口	328	741	1 543	1 439	1 340	0.6	0.3
印度	198	588	7 896	8 091	10 038	2.6	3.4
印度尼西亚	22	369	2 551	2 928	4 293	1.5	2.3
伊朗 c	…	61	484	336	412	0.3	0.4
以色列	31	31	426	150	167	0.3	0.3
日本	66 195	88 043	149 424	150 424	165 888	20.6	20.8
约旦	19	62	117	135	133	2.6	1.7
韩国	2 301	15 194	54 488	69 171	72 005	13.3	13.1
科威特 c	65	49	655	882	1 010	0.3	0.9
马来西亚 b	121	307	1 329	1 407	1 530	0.5	0.7
墨西哥 b	4 383	30 655	55 635	67 691	75 469	16.5	20.4
摩洛哥 b	28	24	244	426	996	0.7	4.6
挪威	305	459	671	812	772	0.7	0.5
菲律宾 b	23	583	1 821	2 215	1 626	3.7	3.1
卡塔尔 c	32	32	751	541	666	0.5	0.5
俄罗斯	—	1 133	2 325	3 790	987	1.0	0.2
沙特 c	229	59	1 073	857	1 979	0.4	0.5
新加坡	348	678	3 407	4 013	4 284	1.0	1.0
内部出口 c	82	90	620	679	521	0.2	0.2
转口 c	266	588	2 788	3 334	3 513	1.9	1.9
南非	249	1 708	6 702	7 320	7 572	8.4	8.7
瑞士	591	772	1 704	2 152	2 111	1.1	0.9
中国台北	829	2 221	4 859	5 755	6 309	1.9	2.1
泰国	108	2 417	18 701	18 279	24 276	7.2	10.6
突尼斯 c	30	63	328	355	320	2.7	1.9

续 表

地区 \ 年份	总额					占经济体总货物出口的份额	
	1990	2000	2010	2011	2012	2005	2012 a
土耳其	153	1 517	13 755	15 677	14 837	12.8	9.7
乌克兰	—	145	512	570	521	0.9	0.8
阿联酋 d	1	641	5 758	6 242	7 234	2.5	2.1
美国	32 547	67 195	99 746	119 476	132 246	9.6	8.6
委内瑞拉	73	223	85	11	8	0.6	0.0
越南 c	…	8	493	641	969	0.5	0.8

a 接近一年。
b 包括重要的出口加工区的出口。
c 包括秘书处估计。
d 主要的转口。

表 53

1990—2012 年主要经济体的汽车进口

单位：百万美元，%

地区 \ 年份	总额					占经济体总货物进口的份额	
	1990	2000	2010	2011	2012	2005	2012 a
阿尔及利亚	658	615	3 981	4 879	7 565	11.0	15.9
阿根廷	183	2 805	10 646	13 592	12 566	15.2	18.3
澳大利亚 b	3 794	8 550	22 928	24 897	30 777	12.8	12.3
巴林 c	…	180	90	101	115	…	3.4
白俄罗斯	—	297	1 000	1 715	1 845	3.0	4.0
巴西 e	532	4 154	17 013	22 826	21 681	6.4	9.7
加拿大 b	24 640	46 276	59 594	64 496	71 353	18.3	15.4
智利	579	1 507	7 429	8 917	9 030	11.4	11.4
中国 g	1 796	3 798	53 043	69 642	73 973	2.1	4.1
哥伦比亚	416	590	3 954	6 338	6 176	9.0	10.4
克罗地亚	…	831	939	1 075	818	8.7	3.9
多米尼加	…	…	882	614	626	9.2	3.4
厄瓜多尔	157	184	2 278	2 117	2 109	11.2	8.4
埃及	416	512	3 686	2 957	3 438	3.7	5.0
埃塞俄比亚 c	114	141	749	800	1 138	8.4	9.0
欧盟（27）g	—	248 594	427 468	502 426	438 728	9.9	7.4
欧盟（27）从外进口	—	32 178	58 307	67 597	62 377	3.8	2.7
加纳 c	…	331	1 011	1 795	2 214	13.1	12.3
危地马拉 f	117	481	747	847	924	7.4	5.4
中国香港	994	2 195	3 517	3 848	3 731	0.8	0.7
留用进口	666	1 455	1 974	2 410	2 391	2.9	2.9
印度	260	421	4 388	5 652	5 870	0.8	1.2
印尼	1 523	1 870	5 557	7 383	9 608	4.2	5.0
伊朗 c	…	770	2 688	3 261	2 305	4.0	4.0
以色列	871	2 298	4 262	4 689	4 078	5.0	5.4
日本	7 327	9 956	14 159	17 031	20 440	2.6	2.3

续 表

地区 \ 年份	总额					占经济体总货物进口的份额	
	1990	2000	2010	2011	2012	2005	2012 a
约旦 c	108	519	1 182	1 005	1 136	8.2	5.5
哈萨克斯坦 c	—	435	1 048	1 808	3 140	9.0	7.0
肯尼亚	255	156	762	803	966	6.5	5.9
韩国	929	1 773	8 017	9 746	9 794	1.6	1.9
科威特 c	453	1 141	3 670	4 194	6 439	18.4	24.9
黎巴嫩 c	…	535	1 862	1 431	1 445	7.8	6.6
马来西亚 f	1 312	1 833	5 760	5 880	7 364	2.9	3.7
墨西哥 b，f	933	20 003	29 439	34 704	39 437	11.3	10.6
摩洛哥 f	317	471	2 368	2 709	3 307	5.7	7.4
新西兰	1 012	1 480	2 768	2 830	3 780	13.2	9.9
挪威	1 419	2 597	6 700	8 127	8 142	9.5	9.3
阿曼 c	429	1 109	4 869	4 651	4 445	23.0	15.5
巴基斯坦	390	324	1 096	1 314	1 451	5.1	3.3
巴拿马 c	111	332	976	1 251	1 343	10.1	5.7
秘鲁	176	510	2 930	3 451	4 584	4.9	10.8
菲律宾	537	974	2 573	2 434	3 104	2.1	4.7
卡塔尔 c	202	409	2 380	3 061	3 502	13.6	10.2
俄罗斯 b	—	1 044	23 552	39 259	40 528	11.2	12.8
沙特 c	2 839	3 815	15 641	16 748	19 793	16.6	12.7
新加坡	1 418	2 417	3 909	4 846	4 821	1.8	1.3
留用进口 c	1 152	1 829	1 122	1 512	1 308	1.7	0.7
南非 c	…	1 455	6 843	8 737	8 768	10.0	8.6
苏丹 c	…	155	773	541	453	13.2	4.8
瑞士	6 048	6 222	11 704	15 041	14 067	6.6	7.1
叙利亚 c	75	184	1 240	1 186	515	7.2	7.1
中国台北	2 565	2 676	4 160	5 572	5 399	2.0	2.0
泰国	2 651	2 084	8 536	9 334	13 439	3.7	5.4
突尼斯	306	595	1 620	1 424	1 595	6.7	6.5
土耳其	1 177	5 831	15 462	19 423	16 368	10.3	6.9
乌克兰	—	446	3 113	5 056	5 472	8.6	6.5
阿联酋	964	2 384	10 726	11 690	13 245	7.7	5.8
美国	79 320	170 195	189 765	211 645	250 375	11.9	10.7
委内瑞拉	426	1 451	961	833	1 723	12.7	2.9
越南 c	…	294	2 328	2 460	1 745	3.2	1.5

a 接近一年。
b 进口以 f. o. b. 计价。
c 包括秘书处估计。
d 财政年度的数据。
e 自 2000 年进口以 f. o. b. 计价。
f 包括重要的加工区的进口。
g EU（27）从内进口参看数据库信息。

表 54

1990—2012 年主要经济体的纺织品出口

单位：百万美元，%

地区 \ 年份	总额					占经济体总货物出口的份额	
	1990	2000	2010	2011	2012	2005	2012 a
世界	**104 354**	**154 848**	**252 221**	**294 953**	**285 668**	**2.0**	**1.6**
阿根廷	158	258	263	300	222	0.5	0.3
澳大利亚	153	347	239	274	257	0.3	0.1
孟加拉国 b，c	343	393	1 263	1 590	1 634	7.6	6.5
白俄罗斯	—	410	615	745	727	3.0	1.6
巴西	769	895	1 094	1 108	996	1.1	0.4
加拿大	687	2 204	1 907	2 024	2 018	0.7	0.4
智利	33	114	195	213	193	0.5	0.2
中国 d	7 219	16 135	76 871	94 411	95 450	5.4	4.7
哥伦比亚	133	268	414	486	454	1.7	0.8
克罗地亚	…	87	115	121	110	1.2	0.9
多米尼加 c，d	…	…	274	331	349	0.5	3.8
厄瓜多尔	3	40	200	165	119	0.5	0.5
埃及	554	411	1 292	1 523	1 365	2.1	4.6
萨尔瓦多 d	38	79	240	283	276	3.3	5.2
欧盟（27）	—	56 737	67 881	76 959	69 366	1.7	1.2
欧盟（27）对内出口	—	15 603	20 799	23 811	22 374	1.6	1.0
欧盟（27）向外出口	—	41 134	47 082	53 148	46 992	1.8	1.3
危地马拉	34	53	258	278	247	3.3	2.5
中国香港	8 213	13 441	11 307	11 283	10 546	4.7	2.1
内部出口	2 171	1 174	251	203	186	3.0	0.8
转口	6 042	12 267	11 056	11 080	10 360	4.9	2.2
印度	2 180	5 593	12 833	15 340	15 274	8.4	5.2
印度尼西亚	1 241	3 505	4 144	4 791	4 541	3.9	2.4
伊朗 c	510	766	993	939	1 097	1.4	1.1
以色列	270	490	848	801	743	1.7	1.2
日本	5 871	6 994	7 086	8 034	7 819	1.2	1.0
约旦 c	31	43	71	72	71	1.0	0.9
肯尼亚	21	26	60	60	70	1.4	1.1
韩国	6 076	12 710	10 968	12 369	11 970	3.7	2.2
黎巴嫩	…	8	37	43	37	1.1	0.7
中国澳门 c	136	271	54	50	21	11.1	2.0
马来西亚 d	343	1 270	1 671	2 036	1 786	1.0	0.8
毛里求斯 c，d	35	81	74	114	97	3.5	3.6
墨西哥 d	713	2 571	1 928	2 140	2 236	1.0	0.6
摩洛哥 d	203	123	337	413	355	1.7	1.7
尼泊尔	82	182	266	292	293	21.6	32.1
新西兰	135	146	265	297	266	1.2	0.7
尼日利亚 c	…	10	231	85	78	…	0.1

续 表

地区 \ 年份	总额					占经济体总货物出口的份额	
	1990	2000	2010	2011	2012	2005	2012 a
挪威	163	173	180	197	208	0.2	0.1
巴基斯坦	2 663	4 532	7 848	9 082	8 705	44.2	35.4
秘鲁	221	128	288	374	488	0.9	1.1
菲律宾 d	132	297	170	184	170	0.7	0.3
俄罗斯	—	475	583	670	657	0.2	0.1
塞尔维亚	…	…	95	125	132	1.2	1.2
新加坡	903	907	809	851	801	0.4	0.2
内部出口	141	293	266	263	258	0.2	0.1
转口	762	614	542	587	553	0.6	0.3
南非 c	167	237	231	235	228	0.6	0.3
斯里兰卡 c	25	244	172	198	226	2.1	2.4
瑞士	2557	1 503	1 498	1 638	1 175	1.2	0.5
叙利亚 c	555	158	671	591	236	2.6	5.9
中国台北	6 128	11 891	9 719	11 016	10 293	4.9	3.4
坦桑尼亚	…	11	116	115	133	1.8	2.4
泰国	928	1 958	3 761	4 072	3 521	2.5	1.5
突尼斯 c	112	154	446	468	456	3.1	2.7
土耳其	1 440	3 672	8 964	10 772	11 054	9.6	7.3
乌克兰	—	127	192	224	232	0.7	0.3
阿联酋 e	6	1 289	1 812	1 913	2 218	1.2	0.6
美国	5 039	10 952	12 169	13 791	13 485	1.4	0.9
越南 c	…	299	3 061	3 770	4 117	2.2	3.6

a 接近一年。
b 财政年度的数据。
c 包括秘书处估计。
d 包括重要的出口加工区的出口。
e 主要的转口。

表 55

1990—2012 年主要经济体的纺织品进口

单位：百万美元，%

地区 \ 年份	总额					占经济体总货物进口的份额	
	1990	2000	2010	2011	2012	2005	2012 a
阿根廷	53	653	1067	1293	1133	2.5	1.7
澳大利亚 b	1 445	1 632	2 182	2 550	2 587	1.5	1.0
孟加拉国 c，d	452	1 350	4 471	5 562	5 840	17.5	17.1
白俄罗斯	—	256	526	645	639	2.1	1.4
波斯尼亚和黑塞哥维那	…	…	299	337	297	2.8	3.0
巴西 e	252	1 045	3 773	4 303	4 300	1.6	1.9
柬埔寨 b	…	432	1 808	2 150	2 487	25.1	22.6
加拿大 b	2 325	4 126	4 150	4 502	4 591	1.4	1.0

续　表

地区 \ 年份	总额					占经济体总货物进口的份额	
	1990	2000	2010	2011	2012	2005	2012 a
智利	203	431	1 024	1 192	1 198	1.8	1.5
中国 f	5 292	12 832	17 679	18 901	19 810	2.3	1.1
哥伦比亚	75	558	1 094	1 530	1 522	3.4	2.6
哥斯达黎加 f	83	184	287	338	343	2.5	2.0
克罗地亚	…	249	436	513	416	2.4	2.0
多米尼加 d，f，g	…	1 173	673	1 010	1 029	6.5	5.6
埃及	211	206	2 035	2 265	2 278	1.5	3.3
萨尔瓦多 f	111	325	878	1 032	1 024	13.4	10.0
欧盟（27）g	—	57 445	73 944	84 606	74 118	1.7	1.2
欧盟（27）从外进口	—	16 275	26 862	31 458	27 126	1.5	1.2
马其顿	…	27	409	476	439	9.8	6.7
危地马拉 f	38	59	944	1 068	984	11.1	5.8
洪都拉斯 b，d	26	501	1 578	1 654	1 566	17.9	14.0
中国香港	10 182	13 716	11 265	11 049	10 364	4.6	1.9
留用进口	…	…	…	…	…	1.9	…
印度	240	585	2 790	3 393	3 318	1.4	0.7
印度尼西亚	785	1 251	4 216	5 654	5 570	1.0	2.9
伊朗 d	…	298	603	693	654	1.1	1.1
以色列	474	759	765	788	706	1.6	0.9
日本	4 133	4 934	7 196	9 195	9 013	1.1	1.0
约旦	107	172	555	635	718	6.5	3.5
肯尼亚	17	47	277	369	324	4.1	2.0
韩国	1 947	3 359	4 833	5 658	4 882	1.4	0.9
科威特 d	168	212	374	451	548	2.1	2.1
黎巴嫩	…	178	274	252	265	2.2	1.2
中国澳门	619	906	102	83	66	15.6	0.7
马达加斯加 d	20	200	255	329	269	15.5	8.8
马来西亚 f	951	1 114	1 193	1 466	1 369	0.8	0.7
毛里求斯 d	336	411	236	285	274	8.0	5.1
墨西哥 b，f	992	5 822	5 150	5 859	6 003	2.7	1.6
摩洛哥 f	361	1 364	2 025	2 443	2 413	8.6	5.4
新西兰	396	369	513	596	603	2.0	1.6
尼日利亚 d	…	38	1 114	1 410	1 284	…	2.5
挪威	554	509	816	971	906	1.3	1.0
巴基斯坦	126	130	950	1 245	1 077	1.9	2.4
秘鲁	17	165	725	894	971	2.6	2.3
菲律宾	910	1 250	648	814	796	2.2	1.2
俄罗斯 b	—	714	3 551	4 439	4 661	1.3	1.5
沙特 d	1 312	986	1 464	1 723	2 036	2.0	1.3
新加坡	1 778	1 275	1 044	1 151	1 081	0.5	0.3

续 表

年份 地区	总额					占经济体总货物进口的份额	
	1990	2000	2010	2011	2012	2005	2012 a
留用进口	1 016	661	502	564	528	0.4	0.3
南非	561	569	1 145	1 385	1 330	1.6	1.3
斯里兰卡 d	412	1 483	1 723	2 230	2 185	17.5	11.4
瑞士	1 849	1 326	1 992	2 297	2 050	1.3	1.0
叙利亚 d	168	399	499	477	207	3.5	2.8
中国台北	1 013	1 460	1 285	1 418	1 255	0.6	0.5
泰国	898	1 630	2 672	2 982	3 245	1.7	1.3
突尼斯 d	790	1 207	1 845	2 026	1 843	12.2	7.5
土耳其	567	2 124	6 540	7 557	6 441	3.8	2.7
乌克兰	—	450	1 089	1 224	1 280	2.5	1.5
阿联酋	983	2 055	2 366	2 707	3 067	2.6	1.3
美国	6 730	15 985	23 375	25 359	25 956	1.3	1.1
委内瑞拉	112	286	633	511	725	2.1	1.2
越南 d	…	1 379	7 042	8 702	9 195	9.3	8.1

a 接近一年。
b 进口以 f. o. b. 计价。
c 财政年度的数据。
d 包括秘书处估计。
e 自 2000 年进口以 f. o. b. 计价。
f 包括重要的加工区的进口。
g 2010 前进口以 f. o. b. 计价。
h EU（27）从内进口参看数据库信息。

表 56

2012 年服装的主要进出口方

单位：十亿美元，%

年份 地区	总额	占世界出口/进口份额				年度变化百分比			
	2012	1980	1990	2000	2012	2005—2012	2010	2011	2012
出口方									
中国 a	160	4.0	8.9	18.2	37.8	12	21	18	4
欧盟（27）	109	—	—	28.4	25.8	3	2	17	−7
欧盟(27)对外出口	29	—	—	6.6	6.8	6	2	26	2
中国香港	23	—	—	—	—	−3	5	2	−8
内部出口	0	11.5	8.6	5.0	0.1	−38	−28	−14	−29
转口	22	—	—	—	—	2	6	2	−8
孟加拉国 b	20	0.0	0.6	2.6	4.7	16	25	29	4
土耳其	14	0.3	3.1	3.3	3.4	3	10	9	2
越南 b	14	…	…	0.9	3.3	17	22	27	7
印度	14	2	2	3.0	3.3	7	−6	31	−6
印尼	8	0.2	1.5	2.4	1.8	6	15	18	−6

续 表

年份 地区	总额	占世界出口/进口份额				年度变化百分比			
	2012	1980	1990	2000	2012	2005—2012	2010	2011	2012
美国	6	3.1	2.4	4.4	1.3	2	12	11	7
马来西亚 a	5	0.4	1.2	1.1	1.1	9	24	18	
墨西哥 a	4	0.0	0.5	4.4	1.1	−7	6	6	−4
柬埔寨	4	…	…	0.5	1.0	10	25	31	8
泰国	4	0.7	2.6	1.9	1.0	1	15	6	−6
巴基斯坦	4	0.3	0.9	1.1	1.0	2	17	16	−7
斯里兰卡 b	4	0.3	0.6	1.4	0.9	5	7	21	−5
以上 15 个经济体总计	**370**	—	—	**78.7**	**87.5**	—	—	—	—
进口方									
欧盟（27）	170	—	—	41.1	38.5	4	3	14	−11
欧盟(27)自外进口	90	—	—	19.8	20.3	5	4	15	−12
美国	88	16.4	24.0	33.0	19.9	1	14	8	−1
日本	34	3.6	7.8	9.7	7.7	6	5	23	3
中国香港	16	—	—	—	—	−2	7	4	−5
留用进口	…	…	…	…	…	…	…	…	…
加拿大 c	9	1.7	2.1	1.8	2.1	7	10	15	−2
俄罗斯 b c	9	—	—	0.1	2.1	39	85	23	0
韩国	6	0.0	0.1	0.6	1.4	12	31	38	3
澳大利亚 c	6	0.8	0.6	0.9	1.4	10	19	21	4
瑞士	6	3.4	3.1	1.6	1.3	4	1	16	−7
中国 a	5	0.1	0.0	0.6	1.0	16	37	59	13
阿联酋 b	4	0.6	0.5	0.4	0.8	13	2	21	13
沙特 b	3	1.6	0.7	0.4	0.8	13	278	28	18
墨西哥 a c	3	0.3	0.5	1.8	0.7	2	9	20	8
智利	3	0.2	0.0	0.2	0.6	17	35	36	7
土耳其	3	0.0	0.0	0.1	0.6	19	32	15	−18
以上 15 个经济体总计 d	**348**	—	—	**92.4**	**78.9**	—	—	—	—

a 包括加工区的重要货物。
b 包括秘书处估计。
c 进口以 f. o. b. 计价。
d 除香港的留用进口。

表57

1990—2012年主要经济体的服务出口

单位：百万美元，%

地区 \ 年份	总额 1990	2000	2010	2011	2012	占经济体总货物出口的份额 2005	2012 a
世界	**108 129**	**197 786**	**353 092**	**416 521**	**422 686**	**2.7**	**2.4**
阿尔巴尼亚	…	97	281	325	292	30.0	14.9
孟加拉国 b，c	643	5 067	14 855	19 213	19 948	74.1	79.4
白俄罗斯	—	262	432	506	567	2.1	1.2
波斯尼亚和黑塞哥维那	…	…	168	205	177	3.4	3.4
博茨瓦纳	…	30	145	237	57	4.6	1.0
巴西	247	282	157	193	167	0.3	0.1
柬埔寨	…	970	3 041	3 995	4 294	71.5	52.4
加拿大	328	2 077	1 173	1 289	1 280	0.5	0.3
中国 d	9 669	36 071	129 820	153 774	159 614	9.7	7.8
哥伦比亚	460	520	650	650	703	4.3	1.2
哥斯达黎加 d	54	660	161	172	193	6.7	1.7
克罗地亚	…	469	488	578	515	6.5	4.2
多米尼加 d	782	2 555	550	645	680	30.9	7.5
埃及	144	313	1 277	1 553	1 258	1.4	4.3
萨尔瓦多 d	184	1 673	1 696	1 829	1 912	49.3	35.8
欧盟（27）	—	56 240	100 177	116 804	108 896	2.1	1.9
欧盟（27）对内出口	—	13 025	22 328	28 054	28 540	1.5	1.3
欧盟（27）向外出口	—	43 215	77 849	88 750	80 356	2.4	2.2
马其顿	…	318	565	658	598	24.4	14.9
危地马拉	24	49	1 187	1 255	1 229	28.0	12.3
海地 c	63	245	509	677	720	83.6	88.3
洪都拉斯 c	64	2 275	2 915	3 808	3 018	55.3	38.1
中国香港	15 406	24 214	24 049	24 505	22 573	9.3	4.6
内部出口	9 266	9 933	417	360	256	36.1	1.1
转口	6 140	14 281	23 632	24 145	22 317	7.4	4.7
印度	2 530	5 965	11 229	14 672	13 833	8.8	4.7
印度尼西亚	1 646	4 734	6 820	8 045	7 524	5.7	4.0
以色列	482	729	181	177	161	1.1	0.3
日本	568	534	531	595	557	0.1	0.1
约旦	11	115	889	1 004	994	24.7	12.6
肯尼亚	9	9	189	247	241	5.4	3.9
韩国	7 879	5 027	1 610	1 840	1 910	0.9	0.3
吉尔吉斯斯坦	—	…	126	143	157	3.5	8.3
莱索托 c	…	161	506	676	634	68.5	57.7
中国澳门 c	1 111	1 844	164	133	111	66.8	10.9

续 表

年份 地区	总额					占经济体总货物出口的份额	
	1990	2000	2010	2011	2012	2005	2012 a
马达加斯加 c	11	309	348	350	304	40.3	20.3
马来西亚 d	1 315	2 257	3 880	4 567	4 563	1.8	2.0
毛里求斯 c，d	607	948	658	893	821	34.7	30.7
墨西哥 d	587	8 631	4 363	4 638	4 449	3.4	1.2
摩尔多瓦	—	76	233	280	254	15.7	11.8
摩洛哥 d	722	2 401	3 007	3 274	3 225	25.4	15.1
缅甸 c	12	800	337	943	972	8.7	10.9
新西兰	67	116	186	206	186	0.9	0.5
巴基斯坦	1 014	2 144	3 930	4 550	4 214	22.5	17.2
秘鲁	120	504	1 189	1 525	1 617	6.1	3.5
菲律宾 d	1 733	2 536	1 764	14 02	1 612	5.5	3.1
俄罗斯	—	438	134	231	356	0.1	0.1
塞尔维亚	…	…	407	481	505	5.4	4.4
新加坡	1 588	1 825	1 069	1 190	1 335	0.7	0.3
内部出口	995	504	135	146	130	0.2	0.1
转口 c	593	1 321	932	1 043	1 204	1.4	0.7
南非	85	218	101	119	125	0.3	0.1
斯里兰卡 c	638	2 812	3 491	4 211	4 005	45.3	42.7
瑞士	686	607	1 366	1 542	1 409	1.2	0.6
叙利亚 c	330	129	384	338	135	1.6	3.4
中国台北	3 987	3 015	979	994	971	0.8	0.3
泰国	2 817	3 759	4 300	4 561	4 275	3.7	1.9
突尼斯 c	1 126	2 227	3 089	3 317	2 992	29.8	17.6
土耳其	3 331	6 533	12 760	13 948	14 290	16.1	9.4
乌克兰	—	417	569	668	573	2.0	0.8
阿联酋 e	146	464	1 122	1 055	1 223	0.7	0.3
美国	2 565	8 629	4 694	5 233	5 614	0.6	0.4
越南 c	…	1 821	10 390	13 149	14 0 68	14.4	12.3

a 接近一年。
b 财政年度的数据。
c 包括秘书处估计。
d 包括重要的出口加工区的出口。
e 主要的转口。

表 58

1990—2012 年主要经济体的服务进口

单位：百万美元，%

地区＼年份	总额 1990	2000	2010	2011	2012	占经济体总货物进口的份额 2005	2012 a
阿尔巴尼亚	…	68	173	199	175	5.6	3.6
阿尔及利亚	4	38	183	238	289	0.4	0.6
阿根廷	6	333	402	563	460	0.5	0.7
澳大利亚 b	711	1 858	4 832	5 838	6 080	2.6	2.4
孟加拉国 c，d	14	174	161	204	276	1.8	0.8
白俄罗斯	—	50	136	170	240	0.3	0.5
波斯尼亚和黑塞哥维那	…	…	174	193	179	2.4	1.8
巴西 e	59	173	1 355	2 066	2 556	0.4	1.1
加拿大 b	2 388	3 690	8 314	9 532	9 365	1.9	2.0
智利	52	501	1 851	2 519	2 706	2.8	3.4
中国 f	48	1 192	2 518	4 012	4 522	0.2	0.2
哥伦比亚	19	80	393	644	802	0.6	1.4
哥斯达黎加 f	17	592	239	291	309	3.4	1.8
克罗地亚	…	278	580	703	609	2.3	2.9
多米尼加	…	…	203	225	229	4.9	1.2
厄瓜多尔	1	23	139	218	253	1.3	1.0
埃及	9	11	608	415	452	0.1	0.7
萨尔瓦多 f	171	713	296	322	337	5.3	3.3
欧盟（27）g	—	83 456	166 637	190 746	170 058	3.1	2.9
欧盟（27）从外进口	—	40 170	88 787	101 996	89 702	4.5	3.9
危地马拉 f	5	33	168	183	181	1.8	1.1
洪都拉斯 d	25	1 304	338	325	400	7	3.6
中国香港	6913	16 008	16 645	17 248	16 338	6.1	3.0
留用进口	…	…	…	…	…	…	…
冰岛	75	88	113	126	118	2.9	2.5
印度	2	22	236	364	403	0.0	0.1
印度尼西亚	16	39	365	417	481	0.1	0.3
以色列	61	471	1 126	1 364	1 450	1.4	1.9
日本	8 765	19 705	26 867	32 945	33 942	4.4	3.8
约旦	28	61	283	319	361	1.6	1.7
韩国	151	1 307	4 443	6 110	6 267	1.1	1.2
科威特 d	206	317	584	729	851	3.5	3.3
黎巴嫩	…	171	445	470	510	3.0	2.3
中国澳门	26	540	264	345	391	22.1	4.4
马来西亚 f	76	148	408	690	856	0.2	0.4
墨西哥 b，f	573	3 602	2 294	2 744	2 965	1.1	0.8
摩洛哥 f	8	232	299	371	383	1.4	0.9

续　表

地区＼年份	总额 1990	2000	2010	2011	2012	占经济体总货物进口的份额 2005	2012 a
新西兰	149	401	962	1 125	1 147	2.7	3.0
挪威	1 231	1 287	2 504	2 894	2 668	3.3	3.1
巴拿马	71	97	1 871	2 368	2 540	2.6	10.9
秘鲁	1	59	346	487	583	0.9	1.4
卡塔尔 d	29	54	326	419	480	1.4	1.4
俄罗斯 b	—	198	7 541	9 238	9 218	0.9	2.9
沙特 d	833	813	2 240	2 866	3 388	2.5	2.2
塞尔维亚	…	…	289	324	312	1.5	1.6
新加坡	920	1 881	1 960	2 335	2 389	1.1	0.6
留用进口	328	560	1 028	1 293	1 185	0.7	0.6
南非	108	223	1 363	1 529	1 599	1.5	1.6
瑞士	3 437	3 160	5 288	6 139	5 721	3.5	2.9
中国台北	290	978	1 188	1 530	1 638	0.6	0.6
泰国	29	131	482	613	726	0.2	0.3
突尼斯 d	191	438	535	550	467	4.3	1.9
土耳其	16	264	2 835	3 272	2 677	0.7	1.1
乌克兰	—	60	738	592	1 157	1.1	1.4
阿联酋	514	832	2 598	3 150	3 569	1.8	1.6
美国	26 977	67 115	81 939	88 584	87 957	4.6	3.8
委内瑞拉	101	390	606	536	838	2.2	1.4
越南 d	…	450	451	529	603	0.9	0.5

a　接近一年。
b　进口以 f. o. b. 计价。
c　财政年度的数据。
d　包括秘书处估计。
e　自 2000 年进口以 f. o. b. 计价。
f　包括重要的加工区的进口。
g　2010 前进口以 f. o. b. 计价。
h　EU（27）从内进口参看数据库信息。

表 59

2012 年世界运输服务贸易（按地区）　　单位：十亿美元，%

地区＼年份	总额 2012	份额 2005	2012	年度变化百分比 2005—2012	2010	2011	2012
出口							
世界	890	100.0	100.0	7	16	9	1
北美洲	97	11.1	10.9	6	16	11	3
中、南美洲	29	2.9	3.2	8	19	17	−1
欧洲	416	50.9	46.7	5	9	10	−2
欧盟（27）	373	46.1	41.8	5	10	9	−3
独联体	39	3.1	4.4	12	20	16	5

续 表

地区 \ 年份	总额	份额		年度变化百分比			
	2012	2005	2012	2005—2012	2010	2011	2012
非洲	27	2.6	3.0	9	20	6	9
中东	32	2.7	3.6	11	19	22	13
亚洲	253	26.7	28.3	8	29	4	4
进口							
世界	1 145	100.0	100.0	8	18	14	2
北美洲	125	14.9	10.9	3	17	10	3
中、南美洲	55	3.9	4.8	11	26	18	5
欧洲	363	39.5	31.8	4	12	9	−4
欧盟（27）	337	36.6	29.5	4	12	10	−5
独联体	29	1.5	2.5	16	22	19	7
非洲	62	4.6	5.5	10	15	8	4
中东	110	5.3	9.6	17	12	34	9
亚洲	399	30.3	34.9	10	26	17	5

表 60

2012 年运输服务的主要进出口方

单位：十亿美元，%

地区 \ 年份	总额	份额		年度变化百分比			
	2012	2005	2012	2005—2012	2010	2011	2012
出口方							
欧盟（27）	373.3	46.1	41.8	5	10	9	−3
欧盟(27)对外出口	184.7	22.8	20.7	5	14	8	−2
美国	82.8	9.2	9.3	7	16	11	4
新加坡	42.5	3.4	4.8	12	29	7	3
韩国	40.7	4.2	4.6	8	36	−5	10
日本	40.1	6.3	4.5	2	23	−1	5
中国	38.9	2.7	4.4	14	45	4	9
中国香港	31.9	3.6	3.6	7	26	8	0
俄罗斯	19.0	1.6	2.1	11	20	17	10
挪威	18.0	…	2.0	…	…	11	3
印度	17.1	1.0	1.9	17	18	32	−2
土耳其	13.2	0.9	1.5	15	16	12	24
加拿大	13.2	1.7	1.5	4	24	16	−1
中国台北	10.0	1.0	1.1	8	54	−1	3
埃及	8.9	0.8	1.0	9	18	4	8
乌克兰	8.5	0.8	1.0	10	25	16	−6
以上 15 个经济体总计	**760.0**	**…**	**85.0**	—	—	—	—
进口方							
欧盟（27）	337.2	36.6	29.5	4	12	10	−5
欧盟(27)从外进口	153.8	16.4	13.5	5	17	9	−3
美国	89.8	11.6	7.9	2	16	9	5
中国	85.9	4.2	7.5	17	36	27	7
印度	58.9	3.0	5.2	16	30	23	4
日本	55.3	5.9	4.8	5	15	6	12
阿联酋	47.7	1.6	4.2	23	12	63	14

续 表

地区 \ 年份	总 额	份 额		年度变化百分比			
	2012	2005	2012	2005—2012	2010	2011	2012
新加坡	35.3	3.0	3.1	8	17	16	3
韩国	30.1	3.0	2.6	6	27	0	2
泰国	28.5	2.1	2.5	10	32	19	7
加拿大	23.2	2.1	2.0	7	23	13	−1
沙特	17.9	0.7	1.6	21	12	21	16
澳大利亚	17.2	1.6	1.5	7	29	16	11
中国香港	16.4	1.5	1.4	7	19	14	−1
俄罗斯	16.4	0.8	1.4	18	27	30	7
巴西	14.2	0.7	1.2	16	42	25	0
以上 15 个经济体总计	**875.0**	**78.4**	**76.5**	—	—	—	—

表 61

2012 年世界旅游服务贸易（按地区）

单位：十亿美元，%

地区 \ 年份	总 额	份 额		年度变化百分比			
	2012	2005	2012	2005—2012	2010	2011	2012
出口							
世界	1 110	100.0	100.0	7	9	12	4
北美洲	193	18.8	17.4	6	9	10	8
中、南美洲	48	4.4	4.4	7	8	8	5
欧洲	428	48.1	38.6	3	−1	13	−2
欧盟（27）	369	42.1	33.2	3	−1	13	−2
独联体	24	1.6	2.2	12	1	28	12
非洲	43	4.1	3.8	6	10	−4	6
中东	51	3.3	4.6	12	25	2	6
亚洲	322	19.7	29.0	13	25	18	10
进口							
世界	995	100.0	100.0	6	9	10	5
北美洲	136	15.4	13.6	4	7	7	6
中、南美洲	44	2.5	4.4	15	26	22	7
欧洲	379	49.4	38.1	2	−1	9	−4
欧盟（27）	340	45.5	34.1	2	−2	8	−4
独联体	56	3.4	5.6	14	24	25	28
非洲	26	1.9	2.6	11	14	6	−4
中东	67	5.2	6.8	10	18	−11	9
亚洲	287	…	28.8	…	20	17	15

表 62

2012 年旅游服务的主要进出口方

单位：十亿美元，%

地区 \ 年份	总额	份额		年度变化百分比			
	2012	2005	2012	2005—2012	2010	2011	2012
出口方							
欧盟（27）	368.6	42.1	33.2	3	−1	13	−2
欧盟(27)对外出口	124.7	11.7	11.2	6	5	18	4
美国	162.8	15.2	14.7	6	9	11	9
中国	50.0	4.2	4.5	8	15	6	3
中国澳门	43.9	1.1	4.0	28	53	38	14
泰国	33.6	1.4	3.0	20	25	35	24
中国香港	32.1	1.5	2.9	18	35	25	16
澳大利亚	31.6	2.4	2.8	9	16	8	
土耳其	23.8	2.6	2.1	4	−2	11	3
马来西亚	20.2	1.3	1.8	13	15	9	3
新加坡	19.3	0.9	1.7	18	51	28	7
印度	17.8	1.1	1.6	13	27	24	2
加拿大	17.4	2.0	1.6	3	16	7	3
瑞士	16.5	1.4	1.5	7	6	18	−6
日本	14.5	…	1.3	…	28	−17	33
韩国	14.2	0.8	1.3	14	6	21	14
以上 15 个经济体总计	**865.0**	**…**	**78.0**	—	—	—	—
进口方							
欧盟（27）	339.6	45.5	34.1	2	−2	8	−4
欧盟(27)从外进口	121.7	16.2	12.2	2	0	6	−4
中国	102.0	3.3	10.3	25	26	32	41
美国	91.8	11.5	9.2	3	2	4	7
俄罗斯	42.8	2.7	4.3	14	27	23	30
加拿大	35.2	2.8	3.5	10	23	13	6
日本	27.8	…	2.8	…	11	−2	2
澳大利亚	27.5	1.7	2.8	14	24	20	3
新加坡	22.4	1.5	2.3	12	19	15	5
巴西	22.2	0.7	2.2	25	51	29	5
中国香港	20.2	2.0	2.0	6	12	10	6
韩国	20.1	2.4	2.0	4	25	6	1
沙特	17.0	1.4	1.7	9	4	−18	−1
挪威	16.9	…	1.7	…	…	15	5
瑞士	14.2	1.4	1.4	7	3	25	2
伊朗 a	12.4	0.6	1.3	…	56	…	…
以上 15 个经济体总计	**810.0**	**…**	**81.7**	—	—	—	—

a　秘书处估计。

表 63

2012 年世界其他服务贸易（按地区）

单位：十亿美元，%

地区 \ 年份	总 额	份 额		年度变化百分比			
	2012	2005	2012	2005—2012	2010	2011	2012
出口							
世界	2 345	100.0	100.0	9	7	12	2
北美洲	426	19.2	18.2	9	8	8	4
中、南美洲	63	1.8	2.7	16	17	30	6
欧洲	1187	54.4	50.7	8	4	12	−2
欧盟（27）	1089	50.2	46.4	8	3	13	−2
独联体	41	1.1	1.7	18	9	20	11
非洲	22	1.0	0.9	9	8	3	4
中东	46	…	2.0	…	−9	14	20
亚洲	558	20.5	23.8	12	16	14	6
进口							
世界	1 965	100.0	100.0	9	6	12	2
北美洲	282	15.0	14.3	9	4	7	2
中、南美洲	86	2.7	4.4	17	21	27	7
欧洲	911	52.6	46.4	7	1	12	−2
欧盟（27）	848	50.0	43.1	7	1	11	−2
独联体	67	2.5	3.4	14	12	13	16
非洲	70	2.6	3.6	14	7	19	1
中东	60	…	3.0	…	6	20	−3
亚洲	489	22.0	24.9	11	14	13	6

表 64

2012 年其他服务贸易的主要进出口方

单位：十亿美元，%

地区 \ 年份	总 额	份 额		年度变化百分比			
	2012	2005	2012	2005—2012	2010	2011	2012
出口方							
欧盟（27）	1 088.7	50.2	46.4	8	3	13	−2
欧盟(27)对外出口	520.9	22.7	22.2	9	3	12	0
美国	375.6	16.5	16.0	9	8	8	4
印度	103.8	3.1	4.4	15	26	11	9
中国	101.5	2.3	4.3	19	24	13	11
日本	87.8	4.8	3.7	6	3	8	−6
瑞士	66.8	2.8	2.8	10	11	14	−4
中国香港	59.4	2.7	2.5	9	17	12	1
韩国	54.5	1.5	2.3	17	9	20	23
新加坡 a	50.2	…	2.1	…	15	19	2
加拿大	47.0	2.5	2.0	6	10	8	−2

续 表

地区＼年份	总额	份额		年度变化百分比			
	2012	2005	2012	2005—2012	2010	2011	2012
俄罗斯	28.1	0.8	1.2	16	3	24	8
中国台北	27.1	1.2	1.2	9	18	15	9
巴西	26.1	0.6	1.1	19	15	24	8
挪威	20.5	0.8	0.9	10	3	3	4
以色列	20.0	0.8	0.9	10	5	14	14
以上15个经济体总计	2 155.0	…	92.0	—	—	—	—
进口方							
欧盟（27）	847.6	50.0	43.1	7	1	11	−2
欧盟(27)从外进口	351.5	20.3	17.9	7	−1	11	−2
美国	229.5	11.4	11.7	10	3	7	3
中国	92.3	3.2	4.7	16	9	13	10
日本	91.7	5.2	4.7	8	0	10	3
新加坡 a	60.0	…	3.1	…	19	20	2
韩国	56.8	2.2	2.9	14	13	9	12
印度	51.1	1.9	2.6	14	43	5	8
加拿大	46.8	3.1	2.4	5	12	6	−2
俄罗斯	44.9	1.5	2.3	17	11	19	15
巴西	41.3	1.2	2.1	18	27	17	10
瑞士	27.8	1.0	1.4	14	10	26	5
挪威	23.0	0.9	1.2	14	15	28	8
中国台北	21.0	1.4	1.1	6	32	17	0
中国香港	20.6	1.0	1.0	11	21	7	0
安哥拉 b	20.0	0.5	1.0	…	−8	45	…
以上15个经济体总计	1 675.0	…	85.2	—	—	—	—

a 未包括中介交易。
b 秘书处估计。

表 65

2011和2012年世界通信服务出口（按地区）

单位：十亿美元，%

地区＼年份	总额		份额		年度变化百分比		
	2011	2012	2005	2012	2005—2012	2011	2012
出口							
世界	105	110	100.0	100.0	9	11	5
北美洲	16	17	…	15.6	…	14	7
中、南美洲	4	4	4.5	3.6	6	−5	11
欧洲	59	62	57.9	55.3	9	12	5
欧盟（27）	54	58	53.6	52.2	9	12	7
独联体	3	3	2.1	2.7	14	7	5
非洲	4	4	3.2	3.9	13	4	5
中东	6	6	4.9	5.3	11	−3	1
亚洲	15	15	14.7	13.6	8	15	3

表 66

2011 年和 2012 年通信服务的主要进出口方

单位：百万美元，%

地区＼年份	总额		占 10 个经济体份额	年度变化百分比			
	2011	2012	2011	2005—2011	2010	2011	2012
出口方							
欧盟（27）	54 380	58 266	65.2	9	6	12	7
欧盟(27)对外出口	23 951	29 119	28.7	17	16	16	22
美国	12 886	14 047	15.5	…	10	14	9
科威特 a	3 601	3 447	4.3	19	−48	1	−4
加拿大	3 156	…	3.8	8	10	16	…
中国	1 726	1 793	2.1	24	2	41	4
印度	1 672	1 647	2.0	1	−9	8	−1
中国香港	1 568	…	1.9	9	39	26	…
俄罗斯	1 473	1 550	1.8	14	1	9	5
印度尼西亚	1 450	1 090	1.7	6	9	29	−25
瑞士	1 448	882	1.7	3	8	1	−39
以上 10 个经济体总计	**83 360**	**…**	**100.0**	—	—	—	—
进口方							
欧盟（27）	50 035	52 165	68.6	8	2	5	4
欧盟(27)自外进口	21 222	23 902	29.1	14	7	9	13
美国	8 057	8 280	11.1	…	5	−4	3
沙特 a	2 599	2 027	3.6	40	18	18	−22
俄罗斯	2 530	3 085	3.5	23	11	21	22
加拿大	2 359	…	3.2	8	25	−2	…
中国香港	2 002	…	2.7	10	45	20	…
韩国	1 540	1 613	2.1	12	19	5	5
印度	1 406	1 019	1.9	22	−3	21	−28
中国	1 191	1 647	1.6	12	−6	5	38
马来西亚 a	1 169	1 294	1.6	9	19	27	11
以上 10 个经济体总计	**72 885**	**…**	**100.0**	—	—	—	—

a　通信服务。

表 67

2011 年和 2012 年电信服务的主要进出口方

单位：百万美元，%

地区＼年份	总额		占 10 个经济体份额	年度变化百分比			
	2011	2012	2011	2005—2011	2010	2011	2012
出口方							
欧盟（27）	43 878	…	63.8	9	6	10	…
欧盟(27)对外出口	19 469	…	28.3	19	19	13	…
美国	12 650	13 790	18.4	…	10	14	9
科威特	3 601	3 447	5.2	19	−48	1	−4
加拿大	1 977	…	2.9	10	11	16	…

续 表

地区 \ 年份	总额		占10个经济体份额	年度变化百分比			
	2011	2012	2011	2005—2011	2010	2011	2012
印度	1 639	1 623	2.4	13	−11	8	−1
俄罗斯	1 349	1 406	2.0	14	0	7	4
中国香港	1 246	…	1.8	11	59	32	…
挪威	977	…	1.4	22	9	73	…
摩洛哥	762	668	1.1	15	5	8	−12
马来西亚	653	828	0.9	1	22	−5	27
以上10个经济体总计	**68 730**	**…**	**100.0**	—	—	—	—
进口方							
欧盟（27）	40 538	…	67.5	9	1	5	…
欧盟(27)自外进口	16 599	…	27.6	14	4	7	…
美国	7 690	7 903	12.8	…	6	−4	3
沙特	2 599	2 027	4.3	40	18	18	−22
俄罗斯	2 513	3 065	4.2	23	11	22	22
加拿大	1 563	…	2.6	11	34	−2	…
印度	1 340	959	2.2	36	12	23	−28
马来西亚	1 169	1 294	1.9	9	19	27	11
挪威	1 024	…	1.7	29	83	−32	…
韩国	926	910	1.5	…	0	4	−2
中国香港	716	…	1.2	9	73	29	…
以上10个经济体总计	**60 080**	**…**	**100.0**	—	—	—	—

表68

2011年和2012年世界建筑服务出口（按地区）

单位：十亿美元，%

地区 \ 年份	总额		份额		年度变化百分比		
	2011	2012	2005	2012	2005—2012	2011	2012
出口							
世界	110	115	100.0	100.0	11	9	2
北美洲	4	4	2.7	3.2	13	16	1
中、南美洲	0	0	0.2	0.1	3	−17	−8
欧洲	49	45	55.6	40.0	5	6	−8
欧盟（27）	45	41	52.2	36.6	5	6	−9
独联体	6	6	4.5	5.5	14	25	13
非洲	2	2	2.0	1.6	8	−9	4
中东	3	3	3.4	2.4	6	7	5
亚洲	48	53	31.5	47.1	17	12	12

表 69

2011 和 2012 年建筑服务的主要进出口方

单位：百万美元，%

地区 \ 年份	总额		占 10 个经济体份额	年度变化百分比			
	2011	2012	2011	2005—2011	2010	2011	2012
出口							
欧盟（27）	45 312	41 322	45.8	8	−8	6	−9
欧盟(27)对外出口	26 727	24 846	27.0	10	−9	8	−7
韩国	15 478	21 905	15.7	22	−18	29	42
中国	14 724	12 246	14.9	34	53	2	−17
日本	10 955	11 552	11.1	7	−15	3	5
俄罗斯	4 408	4 751	4.5	12	−15	26	8
美国	3 084	…	3.1	15	−34	17	…
新加坡	1 543	1 681	1.6	19	−3	50	9
土耳其	1 245	1 343	1.3	6	−12	11	8
马来西亚	1103	1311	1.1	5	14	7	19
以色列	1 004	1 332	1.0	19	7	20	33
以上 10 个经济体总计	**98 855**	**…**	**100.0**	—	—	—	—
进口方							
欧盟（27）	30 854	29 985	45.0	8	−8	5	−3
欧盟(27)自外进口	11 459	11 300	16.7	7	−22	7	−1
安哥拉	7 932	…	11.6	35	−1	71	…
日本	7 702	7 735	11.2	8	−31	−2	0
俄罗斯	5 600	7 424	8.2	6	−1	22	33
韩国	3 795	5 153	5.5	28	−18	65	36
中国	3 728	3 619	5.4	15	−14	−26	−3
沙特	2 578	2 729	3.8	11	15	−32	6
美国	2 412	…	3.5	13	−33	1	…
阿尔及利亚	1 988	…	2.9	24	−15	−22	…
哈萨克斯坦	1 900	2 757	2.8	0	−19	14	45
以上 10 个经济体总计	**68 490**	**…**	**100.0**	—	—	—	—

表 70

2011 和 2012 年保险服务的主要进出口方

单位：百万美元，%

地区 \ 年份	总额		占 10 个经济体份额	年度变化百分比			
	2011	2012	2011	2005—2011	2010	2011	2012
出口							
欧盟（27）	52 594	54 727	59.0	15	−2	−7	4
欧盟(27)对外出口	25 495	27 012	28.6	23	−3	−16	6
美国	15 477	16 626	17.4	13	0	7	7
瑞士	5 743	5 811	6.4	9	−12	17	1
中国	3 018	3 329	3.4	33	8	75	10

续 表

地区 \ 年份	总额 2011	总额 2012	占10个经济体份额 2011	年度变化百分比 2005—2011	2010	2011	2012
新加坡	2 967	2 983	3.3	15	42	−21	1
印度	2 573	2 228	2.9	18	18	44	−13
墨西哥	2 262	2 215	2.5	7	15	24	−2
加拿大	1 980	1 848	2.2	…	49	5	−7
日本	1 658	−378	1.9	11	47	30	…
土耳其	869	988	1.0	18	6	21	14
以上10个经济体总计	**89 140**	**90 375**	**100.0**	—	—	—	—
进口方							
美国	56 620	53 340	39.4	12	−4	−7	−6
欧盟（27）	36 627	33 034	25.5	6	−2	0	−10
欧盟(27)自外进口	153 13	13 263	10.6	7	−2	4	−13
中国	19 738	20 600	13.7	18	39	25	4
日本	6 806	7 406	4.7	23	32	0	9
印度	6 052	6 260	4.2	17	24	21	3
加拿大	4 728	4 400	3.3	…	47	8	−7
新加坡	4 473	4 473	3.1	15	39	16	0
墨西哥	4 086	4 086	2.8	10	−18	56	0
泰国	2 753	3 050	1.9	12	32	27	11
沙特	1 949	2 300	1.4	26	11	17	18
以上10个经济体总计	**143 835**	**138 950**	**100.0**	—	—	—	—

表71

2011和2012年金融服务的主要进出口方

单位：百万美元，%

地区 \ 年份	总额 2011	总额 2012	占10个经济体份额 2011	年度变化百分比 2005—2011	2010	2011	2012
出口							
欧盟（27）	158 764	146 734	53.0	9	2	16	−8
欧盟(27)对外出口	70 765	64 933	23.6	8	5	13	−8
美国	74 055	72 328	24.7	11	9	5	−2
瑞士 a	17 017	16 076	5.7	3	−3	8	−6
新加坡 a	14 827	14 837	5.0	22	15	25	0
中国香港 a	14 570	14 442	4.9	15	16	11	−1
印度	6 234	5 531	2.1	33	61	7	−11
日本	4 111	4 651	1.4	−3	−25	14	13
加拿大	3 747	3 767	1.3	11	18	14	1
韩国	3 389	3 192	1.1	13	20	24	−6
巴西	2 662	2 684	0.9	32	32	28	1
以上10个经济体总计	**299 375**	**284 240**	**100.0**	—	—	—	—

续 表

地区 \ 年份	总额		占10个经济体份额	年度变化百分比			
	2011	2012	2011	2005—2011	2010	2011	2012
进口方							
欧盟（27）	73 647	67 731	62.2	8	7	18	−8
欧盟(27)自外进口	30 198	26 909	25.5	9	11	22	−11
美国	16 207	15 641	13.7	5	2	10	−3
印度	8 211	5 434	6.9	45	81	21	−34
加拿大	4 432	4 330	3.7	8	13	−2	−2
中国香港	3 882	4 082	3.3	18	13	10	5
日本	3 346	3 221	2.8	4	3	6	−4
新加坡 a	3 036	3 019	2.6	22	25	18	−1
瑞士 a	1 894	1 687	1.6	10	−9	10	−11
挪威	1 876	2 087	1.6	…	…	49	11
巴西	1 804	1 975	1.5	16	4	7	9
以上10个经济体总计	**118 335**	**109 205**	**100.0**	—	—	—	—

a 包括间接测算的金融中介服务 FISIM。

表 72

2011和2012年计算机和信息服务的主要进出口方

单位：百万美元，%

地区 \ 年份	总额		占10个经济体份额	年度变化百分比			
	2011	2012	2011	2005—2011	2009	2011	2012
出口							
欧盟（27）	132 035	135 684	58.0	13	6	15	3
欧盟(27)对外出口	57 104	56 442	25.1	18	10	14	−1
印度 a	43 634	47 323	19.2	18	24	8	8
美国	15 501	…	6.8	9	2	11	…
中国	12 182	14 454	5.4	37	42	32	19
以色列 b	9 529	11 329	4.2	13	12	23	19
加拿大	6 993	…	3.1	12	17	4	…
菲律宾 b	2 381	2 036	1.0	73	10	23	−14
阿根廷	1 790	1 826	0.8	40	27	34	2
马来西亚 b	1 770	1 990	0.8	26	−1	23	12
俄罗斯	1 753	2 088	0.8	27	5	29	19
以上10个经济体总计	**227 565**	**…**	**100.0**	—	—	—	—
进口方							
欧盟（27）	63 041	64 831	57.1	12	3	10	3
欧盟(27)自外进口	20 320	22 307	18.4	11	2	4	10
美国	24 538	…	22.2	15	16	16	…

续 表

地区 \ 年份	总额		占10个经济体份额	年度变化百分比			
	2011	2012	2011	2005—2011	2010	2011	2012
日本	4 218	4 496	3.8	10	−5	18	7
巴西	4 036	4 447	3.7	15	25	15	10
中国	3 844	3 843	3.5	15	−8	30	0
加拿大	3 184	…	2.9	10	0	10	…
俄罗斯	2 433	2 651	2.2	31	32	29	9
印度	1 856	2 497	1.7	7	12	−27	35
挪威	1 712	1 731	1.5	…	…	2	1
澳大利亚	1 635	1 575	1.5	13	17	11	−4
以上10个经济体总计	**110 495**	**…**	**100.0**	—	—	—	—

a 秘书处估计。
b 计算机服务。

表73

2011和2012年专有权利使用费和特许费服务的主要经济体

单位：百万美元，%

地区 \ 年份	总额		占10个经济体份额	年度变化百分比			
	2011	2012	2011	2005—2011	2010	2011	2012
出口							
美国	120 836	124 303	42.6	8	9	13	3
欧盟（27）	102 730	96 682	36.2	13	3	14	−6
欧盟(27)对外出口	54 130	50 485	19.1	11	8	21	−7
日本	29 058	31 846	10.2	9	23	9	10
瑞士	19 523	…	6.9	15	11	18	…
韩国	4 336	3 436	1.5	15	−2	38	−21
加拿大	2 911	3 583	1.0	1	−22	3	23
新加坡	1 637	1 649	0.6	…	16	68	1
以色列	1 100	1 146	0.4	11	11	29	4
澳大利亚	919	854	0.3	9	25	−1	−7
中国台北	838	932	0.3	24	90	82	11
以上10个经济体总计	**283 890**	**…**	**100.0**	—	—	—	—
进口方							
欧盟（27）	123 174	117 792	47.2	12	0	9	−4
欧盟(27)自外进口	63 403	59 892	24.3	8	−1	8	−6
美国	36 620	41 992	14.0	6	7	10	15
瑞士	21 697	…	8.3	19	15	31	…
日本	19 158	19 919	7.3	5	12	2	4
新加坡	16 391	16 511	6.3	…	19	17	1
中国	14 706	17 749	5.6	18	18	13	21

续　表

地区＼年份	总　额		占10个经济体份额	年度变化百分比			
	2011	2012	2011	2005—2011	2010	2011	2012
加拿大	10 352	10 563	4.0	7	9	6	2
韩国	7 295	8 387	2.8	8	26	−19	15
俄罗斯	5 830	7 629	2.2	24	21	20	31
中国台北	5 788	4 549	2.2	22	44	17	−21
以上10个经济体总计	**261 010**	**…**	**100.0**	—	—	—	—

表 74

2011和2012年其他商业服务的主要进出口方

单位：百万美元，%

地区＼年份	总　额		占10个经济体份额	年度变化百分比			
	2011	2012	2011	2005—2011	2010	2011	2012
出口方							
欧盟（27）	541 280	532 621	57.7	9	4	13	−2
欧盟(27)对外出口	254 182	258 690	27.1	9	1	14	2
美国	117 175	127 248	12.5	10	9	4	9
中国	58 270	66 623	6.2	17	14	12	14
日本	45 367	37 603	4.8	9	0	7	−17
中国香港	39 573	…	4.2	8	16	13	…
印度 a	39 524	45 009	4.2	13	28	13	14
加拿大	26 461	24 978	2.8	10	10	7	−6
瑞士 b	25 621	…	2.7	24	34	16	…
新加坡 c	23 469	24 223	2.5	…	10	21	3
中国台北	21 298	23 014	2.3	10	18	13	8
以上10个经济体总计	**938 040**	**…**	**100.0**	—	—	—	—
进口方							
欧盟（27）	466 419	462 425	59.6	8	0	13	−1
欧盟(27)自外进口	187 611	186 300	24.0	10	−2	14	−1
美国	78 192	81 622	10.0	14	7	16	4
日本	45 889	46 509	5.9	10	1	17	1
中国	39 620	42 354	5.1	16	1	15	7
韩国	34 679	38 132	4.4	14	12	14	10
新加坡	28 736	29 580	3.7	18	13	19	3
印度	25 458	30 296	3.3	11	51	0	19
巴西	25 367	28 346	3.2	23	36	22	12
加拿大	19 974	19 096	2.6	8	10	8	−4
俄罗斯	18 565	19 875	2.4	19	9	19	7
以上10个经济体总计	**782 900**	**798 235**	**100.0**	—	—	—	—

a　秘书处估计。
b　包括建筑、计算机和信息服务。
c　未包括中介服务。

表 75

2011 和 2012 年个人、文化及娱乐服务的主要进出口方

单位：百万美元，%

地区 \ 年份	总额		占 10 个经济体份额	年度变化百分比			
	2011	2012	2011	2005—2011	2010	2011	2012
出口方							
欧盟（27）	23 645	22 652	73.9	9	16	16	−4
欧盟(27)对外出口	9 633	9 339	30.1	8	18	17	−3
加拿大	2 474	2 409	7.7	3	3	13	−3
土耳其	1 267	1 220	4.0	3	17	39	−4
韩国	929	1 253	2.9	23	22	46	35
美国	893	…	2.8	24	36	−11	…
澳大利亚	874	914	2.7	12	15	25	5
新加坡	503	507	1.6	…	14	0	1
俄罗斯	493	556	1.5	17	36	4	13
中国香港	472	…	1.5	10	9	11	…
挪威	444	474	1.4	…	…	12	7
以上 10 个经济体总计	**31 995**	**…**	**100.0**	—	—	—	—
进口方							
欧盟（27）	20 964	19 685	58.8	3	9	7	−6
欧盟(27)自外进口	8 168	7 624	22.9	1	12	2	−7
委内瑞拉	3 652	3 747	10.2	63	18	12	3
加拿大	2 200	2 460	6.2	3	−3	4	12
澳大利亚	1 646	1 696	4.6	13	20	30	3
挪威	1 560	1 546	4.4	…	…	156	−1
卡塔尔	1 428	1 398	4.0	…	…	…	−2
巴西	11 21	1 034	3.1	16	33	−12	−8
俄罗斯	1 059	1 117	3.0	16	24	6	6
韩国	1 023	1 167	2.9	14	21	0	14
日本	977	1 200	2.7	−2	−11	5	23
以上 10 个经济体总计	**35 630**	**35 050**	**100.0**	—	—	—	—

表 76

2011 年中间品的主要进出口方

单位：百万美元，%

地区 \ 年份	总额	占世界进出口的份额		年度变化百分比			
	2011	2005	2011	2005—2011	2009	2010	2011
出口方							
欧盟（27）	2 782	40.9	35.9	7	−25	16	20
欧盟(27)向外出口	967	13.5	12.5	8	−22	18	18
中国 a	773	6.6	10.0	17	0	0	0
美国	757	11.4	9.8	7	0	0	0
日本	451	6.9	5.8	6	−19	31	7

续　表

地区 \ 年份	总　额	占世界进出口的份额		年度变化百分比			
	2011	2005	2011	2005—2011	2009	2010	2011
韩国	291	3.3	3.8	12	−13	35	17
中国香港	282	—	—	9	−9	25	16
内部出口	13	0.2	0.2	7	29	−22	28
转口	270	—	—	10	−11	28	15
新加坡	218	3.1	2.8	8	−16	30	7
中国台北	209	2.7	2.7	10	−19	34	12
加拿大	206	3.5	2.7	5	−30	27	17
巴西	168	1.5	2.2	16	−18	35	31
澳大利亚	138	1.1	1.8	19	−15	43	26
印度	137	1.2	1.8	17	−15	40	24
马来西亚	133	1.7	1.7	10	−1	27	15
墨西哥 a	127	1.9	1.6	7	−23	34	20
泰国	122	1.2	1.6	15	−12	32	23
以上15个经济体总计	**6 525**	**87.2**	**84.3**	**9**	**−22**	**24**	**18**
进口方							
欧盟（27）	2 699	37.7	33.8	7	−28	18	19
欧盟(27)自外进口	950	12.1	11.9	9	−28	25	18
中国 a	1 056	9.5	13.2	16	−8	35	19
美国	771	12.8	9.7	4	−27	26	18
日本	311	4.2	3.9	8	−28	31	17
中国香港	227	—	—	7	−28	18	19
留用进口	22	0.4	0.3	9	−28	25	18
韩国	247	2.9	3.1	11	−23	30	17
印度	237	1.5	3.0	22	−1	35	30
墨西哥 a	209	2.9	2.6	7	−22	30	14
加拿大 b	194	3.2	2.4	5	−21	24	14
新加坡	167	2.5	2.1	6	−20	26	7
中国台北	158	2.2	2.0	7	−26	46	11
泰国	133	1.5	1.7	12	−26	43	20
土耳其	120	1.3	1.5	12	−33	33	28
马来西亚	120	1.7	1.5	7	−12	32	11
巴西 b	116	0.9	1.4	18	−28	39	22
以上15个经济体总计	**6 560**	**85.2**	**82.2**	**9**	**−23**	**26**	**18**

a　包括出口加工区。
b　进口以 f.o.b. 计价。

表 77

2008 年主要经济体总出口的增值含量

单位：总出口的%

地 区	出口的增值含量 a					
	国 内				国 外	总 计
	直接出口	至第三方	复进口	总计		
阿根廷	46.6	39.6	0.0	86.3	14	100
澳大利亚	52.1	33.8	0.2	86.1	14	100
奥地利	39.3	25.2	0.3	64.7	35	100
比利时	34.8	24.5	0.3	59.6	40	100
巴西	44.9	43.5	0.1	88.5	11	100
文莱	76.9	14.3	0.0	91.2	9	100
保加利亚	36.9	23.1	0.0	60.0	40	100
柬埔寨	45.1	18.9	0.0	63.9	36	100
加拿大	49.7	28.6	0.4	78.7	21	100
智利	48.9	30.4	0.0	79.3	21	100
中国	24.7	40.9	1.1	66.7	33	100
塞浦路斯	67.4	12.7	0.0	80.1	20	100
捷克	31.4	28.6	0.2	60.2	40	100
丹麦	43.7	22.1	0.3	66.1	34	100
爱沙尼亚	38.7	23.0	0.0	61.8	38	100
芬兰	37.7	25.5	0.1	63.3	37	100
法国	37.2	35.1	0.4	72.7	27	100
德国	36.2	34.9	1.1	72.2	28	100
希腊	49.8	24.3	0.1	74.2	26	100
中国香港	46.0	24.8	0.1	70.9	29	100
匈牙利	36.3	18.6	0.1	55.0	45	100
冰岛	46.3	18.0	0.0	64.3	36	100
印度	42.3	33.9	0.1	76.3	24	100
印度尼西亚	49.3	33.2	0.1	82.6	17	100
爱尔兰	37.6	16.6	0.1	54.4	46	100
以色列	44.7	20.3	0.0	65.1	35	100
意大利	36.4	40.5	0.3	77.2	23	100
日本	33.0	47.2	0.4	80.6	19	100
韩国	28.7	27.4	0.5	56.6	43	100
拉脱维亚	40.4	30.6	0.0	71.0	29	100
立陶宛	42.4	16.4	0.0	58.9	41	100
卢森堡	29.9	10.4	0.2	40.5	59	100
马来西亚	37.9	23.6	0.4	61.9	38	100
马耳他	46.4	13.2	0.0	59.6	40	100
墨西哥	39.8	29.3	0.2	69.4	31	100
荷兰	38.1	24.8	0.5	63.4	37	100
新西兰	38.1	40.4	0.0	78.6	21	100
挪威	59.5	25.4	0.3	85.2	15	100

续 表

地 区	出口的增值含量 a					
	国 内				国 外	总 计
	直接出口	至第三方	复进口	总计		
菲律宾	36.7	21.3	0.2	58.3	42	100
波兰	36.2	33.0	0.2	69.4	31	100
葡萄牙	38.7	25.8	0.1	64.6	35	100
罗马尼亚	47.1	25.4	0.1	72.6	27	100
俄罗斯	56.9	35.5	0.1	92.6	7	100
沙特	90.8	6.2	0.0	97.1	3	100
新加坡	34.3	12.3	0.3	46.9	53	100
斯洛伐克	32.1	19.3	0.2	51.6	48	100
斯洛文尼亚	39.5	21.5	0.0	61.0	39	100
南非	46.2	32.7	0.0	78.9	21	100
西班牙	40.8	34.0	0.2	75.1	25	100
瑞典	38.7	26.0	0.3	65.0	35	100
瑞士	41.6	27.8	0.3	69.6	30	100
中国台北	27.3	24.4	0.5	52.2	48	100
泰国	38.0	24.0	0.2	62.2	38	100
土耳其	40.2	33.4	0.1	73.7	26	100
英国	51.1	29.7	0.3	81.1	19	100
美国	48.8	35.8	0.7	85.4	15	100
越南	42.6	17.5	0.1	60.2	40	100
欧盟（27）a d	**38.9**	**30.4**	**0.5**	**69.7**	**30**	**100**
其他 c	**60.0**	**27.3**	**0.5**	**87.9**	**12**	**100**
世界 d	**42.0**	**31.6**	**0.5**	**74.1**	**26**	**100**

a 细节可见元数据第 V 节第 2.3 部分。
b 包括欧盟对内出口。
c 除表中所列的所有国家。
d 所有经济体的平均值。

表 78

2008 年主要经济体国内外对总出口的贡献度

单位:%

地 区	出口增值的来源 a						总 计
	国 内			国 外			
	初级产品	制成品	服务	初级产品	制成品	服务	
阿根廷	28.1	32.4	25.8	2.0	6.4	5.3	100.0
澳大利亚	36.6	14.3	35.2	3.7	4.8	5.4	100.0
奥地利	1.9	27.9	34.9	4.2	14.5	16.5	100.0
比利时	0.8	23.9	35.0	8.2	12.8	19.3	100.0
巴西	22.4	33.7	32.4	3.3	4.2	4.0	100.0
文莱	65.7	10.9	12.5	1.3	3.7	6.0	100.0
保加利亚	8.5	21.1	30.8	9.5	12.8	17.2	100.0

续 表

地 区	出口增值的来源 a						总 计
	国 内			国 外			
	初级产品	制成品	服务	初级产品	制成品	服务	
柬埔寨	22.9	16.6	23.5	4.5	11.5	21.0	100.0
加拿大	24.2	24.6	29.9	4.8	9.3	7.2	100.0
智利	39.8	15.3	24.1	5.4	6.6	8.8	100.0
中国	9.2	39.0	18.5	7.2	14.7	11.3	100.0
塞浦路斯	3.4	8.8	67.0	2.5	5.3	13.0	100.0
捷克	2.5	32.8	25.1	4.5	19.3	15.8	100.0
丹麦	7.0	25.2	33.9	4.1	8.4	21.4	100.0
爱沙尼亚	5.2	23.0	33.9	3.7	16.7	17.4	100.0
芬兰	2.2	31.1	30.2	7.0	13.1	16.5	100.0
法国	3.7	28.8	40.3	5.1	11.3	10.9	100.0
德国	1.1	36.5	34.5	4.8	10.6	12.4	100.0
希腊	3.9	14.0	56.4	7.4	5.9	12.4	100.0
中国香港	0.1	4.7	66.2	4.2	6.9	18.0	100.0
匈牙利	2.9	28.6	23.7	3.9	22.4	18.6	100.0
冰岛	11.6	24.0	29.9	2.0	7.9	24.5	100.0
印度	12.2	21.2	42.9	6.0	7.1	10.6	100.0
印度尼西亚	31.3	35.8	15.5	4.6	6.2	6.6	100.0
爱尔兰	1.5	20.8	32.1	3.3	9.2	33.1	100.0
以色列	2.8	27.8	34.5	5.9	12.7	16.2	100.0
意大利	2.2	36.3	38.8	4.9	8.6	9.3	100.0
日本	0.4	45.4	34.8	6.8	6.8	5.7	100.0
韩国	0.6	34.4	21.6	15.7	14.2	13.4	100.0
拉脱维亚	6.0	20.1	44.8	2.8	10.9	15.5	100.0
立陶宛	5.0	28.9	25.8	12.3	10.2	17.8	100.0
卢森堡	0.3	5.1	35.2	3.1	8.2	48.0	100.0
马来西亚	18.4	23.6	20.0	4.5	18.9	14.6	100.0
马耳他	1.9	18.5	39.5	4.0	13.4	22.6	100.0
墨西哥	19.7	28.3	21.4	3.1	18.2	9.3	100.0
荷兰	9.9	22.0	31.5	11.4	11.6	13.7	100.0
新西兰	14.7	26.0	37.8	4.6	7.9	8.9	100.0
挪威	48.7	9.6	26.9	1.8	6.6	6.4	100.0
菲律宾	3.7	29.3	25.7	4.8	18.7	17.8	100.0
波兰	5.2	32.2	32.1	4.5	13.5	12.5	100.0
葡萄牙	3.6	24.0	37.1	7.0	14.3	14.0	100.0
罗马尼亚	5.7	36.7	30.3	4.6	11.2	11.4	100.0
俄罗斯	29.2	32.9	30.5	0.6	2.8	4.0	100.0
沙特	85.2	7.3	4.4	0.3	0.8	1.9	100.0
新加坡	0.0	18.4	28.5	10.4	16.6	26.1	100.0

续　表

地　区	出口增值的来源 a						总　计
	国　内			国　外			
	初级产品	制成品	服务	初级产品	制成品	服务	
斯洛伐克	2.7	27.7	21.6	7.1	22.6	18.4	100.0
斯洛文尼亚	2.0	30.5	28.9	4.9	17.7	16.1	100.0
南非	26.2	22.6	30.1	6.6	7.7	6.7	100.0
西班牙	3.4	27.6	44.1	5.9	8.1	10.9	100.0
瑞典	2.7	27.5	34.8	7.2	12.3	15.5	100.0
瑞士	1.4	30.1	38.1	4.4	13.0	13.0	100.0
中国台北	0.6	28.4	23.3	14.5	19.2	14.0	100.0
泰国	8.6	36.6	17.2	8.1	13.0	16.6	100.0
土耳其	5.5	32.4	35.9	5.8	10.8	9.6	100.0
英国	5.9	26.2	49.1	4.1	7.0	7.8	100.0
美国	5.4	36.8	43.2	5.1	5.4	4.1	100.0
越南	30.0	16.3	13.8	7.8	15.0	17.2	100.0
欧盟（27）b	**3.3**	**29.4**	**37.0**	**5.5**	**10.9**	**13.9**	**100.0**
其他 c	**54.6**	**15.2**	**18.0**	**3.4**	**4.2**	**4.5**	**100.0**
世界	**13.0**	**29.5**	**31.6**	**5.6**	**9.8**	**10.5**	**100.0**

a　细节可见元数据第Ⅴ节第2.3部分。
b　包括欧盟对内出口。
c　除表中所列的所有国家。

表 79

2010 年美国海外子公司提供的货物和服务　　单位：十亿美元，%

	总　额	占总供应的份额
海外子公司的总供应	**1 481.0**	**29.9**
给母公司	379.0	7.7
给其他当地分支机构 a	303.0	6.1
给非当地的分支机构 b	799.0	16.1
无关联公司的总供应	**3 470.0**	**70.1**
给美国的无关联机构	96.0	1.9
给非关联的本地公司 a	2 703.0	54.6
给非关联的非本地公司 b	671.0	13.6
分支机构与无关联公司的总供应	**4 951.0**	**100.0**

a　在同一个经济体内。
b　公司设在第三方国家。

● 中国商务统计

表 1

1981—2012 年中国进出口总值

单位：亿美元，%

年 度	进出口	出 口	进 口	同 比		
				进出口	出 口	进 口
1981	440.2	220.1	220.2	—	—	—
1982	416.1	223.2	192.9	−5.5	1.4	−12.4
1983	436.2	222.3	213.9	4.8	−0.4	10.9
1984	535.5	261.4	274.1	22.8	17.6	28.1
1985	696.0	273.5	422.5	30.0	4.6	54.1
1986	738.5	309.4	429.0	6.1	13.1	1.5
1987	826.5	394.4	432.2	11.9	27.5	0.7
1988	1 027.8	475.2	552.7	24.4	20.5	27.9
1989	1 116.8	525.4	591.4	8.7	10.6	7.0
1990	1 154.4	620.9	533.5	3.4	18.2	−9.8
1991	1 357.0	719.1	637.9	17.6	15.8	19.6
1992	1 655.3	849.4	805.9	22.0	18.1	26.3
1993	1 957.0	917.4	1 039.6	18.2	8.0	29.0
1994	2 366.2	1 210.1	1 156.2	20.9	31.9	11.2
1995	2 808.6	1 487.8	1 320.8	18.7	23.0	14.2
1996	2 898.8	1 510.5	1 388.3	3.2	1.5	5.1
1997	3 251.6	1 827.9	1 423.7	12.2	21.0	2.5
1998	3 239.5	1 837.1	1 402.4	−0.4	0.5	−1.5
1999	3 606.3	1 949.3	1 657.0	11.3	6.1	18.2
2000	4 743.0	2 492.0	2 250.9	31.5	27.8	35.8
2001	5 096.5	2 661.0	2 435.5	7.5	6.8	8.2
2002	6 207.7	3 256.0	2 951.7	21.8	22.4	21.2
2003	8 509.9	4 382.3	4 127.6	37.1	34.6	39.8
2004	11 545.5	5 933.3	5 612.3	35.7	35.4	36.0
2005	14 219.1	7 619.5	6 599.5	23.2	28.4	17.6
2006	17 604.4	9 689.8	7 914.6	23.8	27.2	19.9
2007	21 765.7	12 204.6	9 561.2	23.6	26.0	20.8
2008	25 632.6	14 306.9	11 325.7	17.8	17.3	18.5
2009	22 072.7	12 016.6	10 056	−13.9	−16.0	−11.2
2010	29 792.6	15 779.3	13 948.3	34.7	31.3	38.7
2011	36 420.6	18 986.0	17 434.6	22.5	20.3	24.9
2012	38 667.6	20 489.3	18 178.3	6.2	7.9	4.3

表 2

2012 年中国进出口简要情况

单位：亿美元，%

项 目	12 月份		1～12 月累计	
	绝对值	同 比	绝对值	同 比
进出口总值	3 668.4	10.2	38 667.6	6.2
出口总值	1 992.3	14.1	20 489.3	7.9
进口总值	1 676.1	6.0	18 178.3	4.3
进出口差额	316.2	92.1	2 311.1	49.2

表 3

2012 年全国进出口主要国别/地区总值

单位：千美元，%

进口原产国（地）	进出口		出 口		进 口		累计同比（±%）		
出口最终目的国（地）	12 月份	1～12 月累计	12 月份	1～12 月累计	12 月份	1～12 累计	进出口	出口	进口
总值	366 840 927	3 866 760 327	199 229 682	2 048 934 762	167 611 245	1 817 825 565	6.2	7.9	4.3
其中：香港	39 789 853	341 487 083	37 663 303	323 526 893	2 126 550	17 960 189	20.5	20.7	15.9
印度	5 590 936	66 472 283	4 255 309	47 672 984	1 335 628	18 799 299	−10.1	−5.7	−19.6
日本	26 619 980	329 451 382	12 776 064	151 642 641	13 843 916	177 808 741	−3.9	2.3	−8.6
韩国	23 295 760	256 329 182	7 141 527	87 681 373	16 154 234	168 647 809	4.4	5.7	3.7
台湾	16 902 013	168 962 983	4 199 186	36 779 079	12 702 827	132 183 904	5.6	4.8	5.8
东南亚国家联盟	40 227 452	400 092 876	21 213 684	204 271 902	19 013 767	195 820 974	10.2	20.1	1.5
其中：印度尼西亚	6 850 503	66 218 792	3 448 609	34 288 971	3 401 894	31 929 821	9.4	17.4	1.9
马来西亚	10 137 822	94 813 051	4 265 709	36 518 016	5 872 113	58 295 035	5.3	31.0	−6.2
菲律宾	3 106 063	36 370 191	1 476 870	16 732 202	1 629 193	19 637 989	12.8	17.4	9.2
新加坡	7 010 318	69 275 979	4 190 563	40 751 647	2 819 755	28 524 332	8.7	14.6	1.4
泰国	6 303 516	69 744 827	2 913 262	31 200 086	3 390 253	38 544 740	7.7	21.4	−1.3
越南	5 356 753	50 439 697	3 765 183	34 210 497	1 591 569	16 229 200	25.4	17.6	46.0
欧洲联盟	50 420 366	546 043 298	31 744 065	333 988 452	18 676 301	212 054 847	−3.7	−6.2	0.4
其中：英国	6 115 333	63 105 381	4 647 771	46 298 910	1 467 562	16 806 471	7.5	4.9	15.5
德国	14 368 766	161 129 719	6 231 527	69 217 528	8 137 239	91 912 191	−4.7	−9.4	−0.9
法国	4 636 385	51 021 875	2 567 757	26 900 113	2 068 629	24 121 761	−2.0	−10.3	9.3
意大利	3 792 414	41 725 039	2 418 651	25 657 052	1 373 763	16 067 987	−18.6	−23.9	−8.6
荷兰	7 025 755	67 609 043	5 900 135	58 904 339	1 125 619	8 704 703	−0.8	−1.0	0.5
俄罗斯	7 517 231	88 158 035	4 029 239	44 057 529	3 487 992	44 100 506	11.2	13.2	9.2
南非	5 856 949	59 945 902	1 793 833	15 327 047	4 063 116	44 618 855	31.8	14.7	39.0
巴西	7 364 360	85 715 688	3 239 163	33 414 886	4 125 198	52 300 802	1.8	5.0	−0.2
加拿大	4 846 309	51 371 726	2 550 053	28 125 700	2 296 256	23 246 026	8.3	11.3	4.9
美国	46 036 192	484 682 516	32 361 925	351 796 166	13 674 266	132 886 350	8.5	8.4	8.8
澳大利亚	10 947 961	122 300 647	3 153 409	37 740 107	7 794 552	84 560 540	4.9	11.3	2.3
新西兰	887 521	9 674 621	341 039	3 865 409	546 482	5 809 213	11.0	3.4	16.6

表 4

2012 年全国进口重点商品量值

单位：千美元，%

商品名称	计量单位	12 月份		1～12 月累计		2011 年同期累计		累计比去年同期比±	
		数 量	金 额	数 量	金 额	数 量	金 额	数 量	金 额
鲜、干水果及坚果	吨	286 837	340 174	3 266 486	3 671 976	3 200 950	2 929 647	2.0	25.3
谷物及谷物粉	万吨	56	220 376	1 398	4 786 548	545	2 043 722	156.7	134.2
大豆	万吨	589	3 832 172	5 838	34 988 030	5 250	29 749 435	11.2	17.6
食用植物油	万吨	112	1 125 864	845	9 692 150	657	7 714 035	28.7	25.6
铁矿砂及其精矿	万吨	7 094	8 086 960	74 355	95 605 352	68 575	112 430 965	8.4	−15.0
原油	万吨	2 367	18 640 089	27 102	220 665 916	25 378	196 788 004	6.8	12.1
成品油	万吨	416	3 228 749	3 982	32 992 995	4 060	32 779 973	−1.9	0.6
肥料	万吨	35	149 203	843	4 048 908	795	3 465 001	6.1	16.9
农药	吨	7 989	54 466	68 927	592 230	52 903	488 772	30.3	21.2
初级形状的塑料	万吨	206	3 899 584	2 370	46 186 293	2 304	47 206 490	2.9	−2.2
ABS 树脂	吨	128 914	274 608	1 665 499	3 621 869	1 852 900	4 120 104	−10.1	−12.1
聚酯切片	吨	12 713	22 814	182 985	324 607	197 412	350 786	−7.3	−7.5

续 表

商品名称	计量单位	12月份		1～12月累计		2011年同期累计		累计比去年同期比±	
		数 量	金 额	数 量	金 额	数 量	金 额	数 量	金 额
天然橡胶（包括胶乳）	万吨	21	593 257	218	6 812 677	210	9 378 466	3.6	−27.4
合成橡胶（包括胶乳）	吨	122 693	384 834	1 437 680	5 093 062	1 445 344	5 363 486	−0.5	−5.0
原木	万立方米	314	544 494	3 789	7 250 935	4 232	8 274 748	−10.5	−12.4
锯材	万立方米	190	508 789	2 063	5 517 329	2 155	5 712 731	−4.3	−3.4
木质胶合板	万立方米	1	7 947	14	88 279	15	91 537	−4.5	−3.6
纸浆	万吨	139	973 559	1 646	11 042 024	1 445	11 939 411	14.0	−7.5
纸及纸板（未切成形的）	万吨	22	284 972	311	3 833 237	328	4 076 160	−5.0	−6.0
纺织用合成纤维	万吨	3	90 975	33	1 008 512	35	1 116 700	−4.9	−9.7
合成纤维纱线	吨	31 697	146 529	404 827	1 909 901	458 942	2 030 301	−11.8	−5.9
钢坯及粗锻件	万吨	3	44 113	36	492 946	64	681 201	−43.3	−27.6
钢材	万吨	104	1 291 864	1 366	17 805 067	1 558	21 574 005	−12.3	−17.5
未锻造的铜及铜材	吨	341 211	2 811 480	4 647 626	38 586 797	4 073 228	36 790 571	14.1	4.9
废铜	万吨	44	1 308 620	486	14 862 098	469	16 336 191	3.7	−9.0
氧化铝	万吨	39	142 130	502	1 816 301	189	778 477	165.1	133.3
未锻造的铝及铝材	吨	66 099	325 572	1 170 945	4 789 961	910 483	4 420 660	28.6	8.4
废铝	万吨	22	328 542	259	4 127 913	269	4 625 404	−3.5	−10.8
金属加工机床	台	8 597	1 088 620	110 208	13 656 244	114 453	13 230 337	−3.7	3.2
汽车和汽车底盘	辆	82 524	3 294 746	1 130 818	47 571 022	1 037 432	43 280 208	9.0	9.9
飞机	架	63	1 812 870	523	15 691 702	421	11 649 262	24.2	34.7
* 机电产品	—	—	72 486 234	—	782 378 489	—	753 485 270	—	3.8
* 高新技术产品	—	—	49 726 426	—	506 750 972	—	462 977 103	—	9.5

注：* “机电产品”和“高新技术产品”包括本表中已列名的有关商品，请读者使用时注意。

表 5

2012 年全国出口重点商品量值

单位：千美元，%

商品名称	计量单位	12月份		1～12月累计		2011年同期累计		累计比去年同期比±	
		数 量	金 额	数 量	金 额	数 量	金 额	数 量	金 额
活猪	万头	26	67 069	164	460 564	156	452 047	5.2	1.9
大米	吨	20 614	25 052	279 087	272 132	515 497	426 959	−45.9	−36.3
玉米	吨	5 013	2 008	257 300	101 171	136 083	46 581	89.1	117.2
食糖	吨	3 705	3 591	47 144	43 486	59 372	51 217	−20.6	−15.1
煤及褐煤	万吨	82	136 125	928	1 587 895	1 467	2 717 155	−36.7	−41.6
焦炭及半焦炭	万吨	6	24 294	102	445 059	330	1 487 004	−69.1	−70.1
原油	万吨	8	79 133	243	2 226 025	251	1 905 684	−3.3	16.8
成品油	万吨	252	2 178 502	2 429	21 328 891	2 570	20 766 043	−5.5	2.7
塑料制品	吨	794 118	3 177 016	8 513 117	31 569 747	7 950 730	23 466 478	7.1	34.5
锯材	万立方米	4	27 882	47	329 490	54	358 964	−12.0	−8.2
生丝	吨	597	31 713	7 674	368 452	7 122	366 724	7.8	0.5
纺织纱线、织物及制品	—	—	8 571 609	—	95 775 534	—	94 659 663	—	1.2
箱包及类似容器	吨	273 614	3 091 699	3 018 899	25 311 385	—	23 940 995	—	5.7
服装及衣着附件	—	—	15 528 840	—	159 144 987	—	153 212 080	—	3.9
鞋类	—	—	5 289 770	—	46 811 877	—	41 722 294	—	12.2
贵金属或包贵金属的首饰	千克	69 985	2 198 634	960 301	22 892 976	768 124	10 079 119	25.0	127.1
钢坯及粗锻件	万吨	0	223	0	4 053	0	4 870	−14.7	−16.8
钢材	万吨	485	4 207 651	5 573	51 483 782	4 888	51 251 897	14.0	0.5

续 表

商品名称	计量单位	12月份		1～12月累计		2011年同期累计		累计比去年同期比±	
		数 量	金 额	数 量	金 额	数 量	金 额	数 量	金 额
未锻轧铝	吨	41 339	92 579	631 214	1 467 688	766 097	1 789 012	−17.6	−18.0
手持无线电话机及其零件	—	—	11 941 595	—	109 758 400	—	90 687 990	—	21.0
彩色电视接收机	万台	573	1 145 144	6 148	12 108 645	6 537	13 667 114	−6.0	−11.4
集成电路	万个	1 339 002	7 728 393	11 821 248	53 434 838	9 047 039	32 560 154	30.7	64.1
集装箱	万个	24	825 070	248	8 422 013	324	11 404 043	−23.5	−26.1
摩托车及有动力装置的脚踏车	万辆	93	479 326	1 101	5 504 673	1 283	5 821 904	−14.2	−5.4
自行车	万辆	391	248 092	5 715	3 176 335	5 572	2 904 553	2.6	9.4
手表	万只	5 864	185 878	66 248	1 914 109	68 162	1 589 081	−2.8	20.5
玩具	—	—	896 792	—	11 450 886	—	10 826 894	—	5.8
自动数据处理设备及其部件	万台	18 473	18 733 710	183 275	185 317 793	183 412	176 286 311	−0.1	5.1
电动机及发电机	万台	27 485	818 021	309 631	9 224 579	337 139	8 789 165	−8.2	5.0
家具及其零件	—	—	5 664 789	—	48 823 976	—	37 932 082	—	28.7
灯具、照明装置及零件	—	—	2 112 470	—	19 537 853	—	12 648 178	—	54.5
*机电产品	—	—	115 066 616	—	1 179 420 798	—	1 085 434 742	—	8.7
*高新技术产品	—	—	62 019 781	—	601 196 010	—	548 742 979	—	9.6

注：*“机电产品”和“高新技术产品”包括本表中已列名的有关商品，请读者使用时注意。

表 6

2012 年进出口商品企业性质贸易方式总值表

企业性质	贸易方式（2位）	1～12月		12月份	
		美元值（千）	美元值（同比）	美元值（千）	美元值（同比）
#合计	—	407 916 261.52	4.7058	38 488 635.82	5.986
国有企业		285 818 056.59	7.1632	25 462 212.43	1.0683
#合计					
一般贸易		243 225 889.98	5.5059	20 805 456.68	−4.69
国家间、国际组织无偿援助和赠送的物资		328 794.78	10.3865	20 584.51	−65.7108
其他境外捐赠物资		153 504.75	209.7025		
加工贸易		19 046 954.62	13.5764	2 181 399.21	35.5827
来料加工		13 749 519.90	18.1385	1 650 191.58	72.2417
进料加工		5 297 434.73	3.2297	531 207.63	−18.3811
寄售、代销贸易		524.325	−70.3034		
加工贸易进口设备		1 008.99	−16.5091		
对外承包工程出口货物		5 014 366.18	−4.8726	426 134.97	−6.958
租赁贸易		2 351 870.61	61.0337	219 745.11	
出料加工贸易		26 733.95	282.1158	3 818.34	847.3437
易货贸易					
免税外汇商品		25 460.37	90.2241	2 757.24	52.5578
海关特殊监管区域		15 578 035.91	27.3266	1 796 217.06	46.4792
保税监管场所进出境货物		15 391 132.65	26.4924	1 777 061.90	46.0859
海关特殊监管区域物流货物		183 586.04	192.6729	19 069.67	96.8543
其他贸易		64 912.13	−10.3622	6 099.32	−24.1944
外商投资企业					

续 表

企业性质	贸易方式（2位）	1～12月 美元值（千）	1～12月 美元值（同比）	12月份 美元值（千）	12月份 美元值（同比）
#合计		74 469 203.98	－3.0325	6 039 554.59	－10.2677
一般贸易		52 046 469.52	－2.4809	4 004 545.00	－11.8799
国家间、国际组织无偿援助和赠送的物资					
加工贸易		19 787 541.70	6.7985	1 800 640.82	7.5038
来料加工		846 281.44	0.3378	63 415.63	－32.0671
进料加工		18 941 260.26	7.1066	1 737 225.19	9.8394
加工贸易进口设备		180.343	－60.4859	10.75	－97.2831
对外承包工程出口货物		1 429.60	－81.3019		
租赁贸易		19 000.42	－14.5467	1 242.38	2 097.69
外商投资企业作为投资进口的设备、物品		417 926.48	－60.5124	41 751.85	－63.5065
出料加工贸易		3 634.92	139.0697	757.846	154.8992
海关特殊监管区域		2 065 137.95	－44.2166	177 839.06	－53.6658
保税监管场所进出境货物		1 912 320.58	－46.5153	168 729.45	－54.6431
海关特殊监管区域物流货物		119 330.19	24.315	7 568.77	－25.5696
其他贸易		127 883.06	25.4286	12 766.88	7.9158
中外合作企业					
#合计		132 254.88	－23.5384	7 850.33	－27.2933
一般贸易		68 934.23	0.3531	7 464.84	47.8471
加工贸易		62 939.70	－39.2959	380.146	－93.3105
来料加工		536.509	－81.74		
进料加工		62 403.19	－38.058	380.146	－93.3105
外商投资企业作为投资进口的设备、物品		270	1 630.77		
其他贸易		110.961	－80.8337	5.343	－91.8474
中外合资企业					
#合计		23 399 207.77	－8.3065	2 033 358.20	－11.7992
一般贸易		8 518 527.15	－24.3867	662 228.42	－31.222
加工贸易		13 952 943.16	7.3236	1 273 551.87	12.9437
来料加工		179 957.35	－9.2177	12 790.96	－38.1071
进料加工		13 772 985.80	7.5797	1 260 760.92	13.8968
加工贸易进口设备		106			
对外承包工程出口货物		1 429.60	－81.3019		
租赁贸易		14 520.87	－23.8006	952.227	
外商投资企业作为投资进口的设备、物品		204 118.12	－40.7933	37 826.24	－56.6345
出料加工贸易		1 168.37	128.1731	137.572	－13.9804
海关特殊监管区域		679 617.15	－21.2336	57 462.44	－54.3558
保税监管场所进出境货物		668 393.03	－22.5031	57 208.04	－54.5301
其他贸易		26 777.35	53.6181	1 199.42	0.786
外商独资企业					
#合计		50 937 741.33	－0.3297	3 998 346.06	－9.4263
一般贸易		43 459 008.14	3.3853	3 334 851.74	－6.7571

续 表

企业性质	贸易方式（2位）	1～12月		12月份	
		美元值（千）	美元值（同比）	美元值（千）	美元值（同比）
国家间、国际组织无偿援助和赠送的物资					
加工贸易		5 771 658.84	6.421	526 708.80	−2.7626
来料加工		665 787.58	3.6625	50 624.67	−30.3497
进料加工		5 105 871.27	6.7916	476 084.13	1.5129
加工贸易进口设备		74.343	−83.7111	10.75	−97.2831
租赁贸易		4 479.55	40.9345	290.151	413.26
外商投资企业作为投资进口的设备、物品		213 538.36	−70.076	3 925.61	−85.5584
出料加工贸易		2 466.55	144.6029	620.274	351.4991
海关特殊监管区域		1 385 520.80	−51.2009	120 376.62	−53.329
保税监管场所进出境货物		1 243 927.54	−54.149	111 521.41	−54.7008
海关特殊监管区域物流货物		119 330.19	24.315	7 568.77	−25.5696
其他贸易		100 994.75	20.3081	11 562.11	9.3365
集体企业		1 610 067.72	5.0005	74 795.77	−47.1527
#合计					
一般贸易		1 428 108.75	−4.2704	71 598.87	−48.1548
加工贸易		16 285.40	−34.7786	555.91	−71.5203
来料加工		10 256.47	−45.2086	201.792	−85.2072
进料加工		6 028.92	−3.5414	354.118	−39.7583
海关特殊监管区域		165 568.45	900.6252	2 640.76	78.6104
保税监管场所进出境货物		165 568.45	900.6252	2 640.76	78.6104
其他贸易		105.133	77.5056	0.24	10.5991
私营企业					
#合计		17 668 478.30	15.8686	2 030 139.35	32.6571
一般贸易		15 060 216.34	14.1835	1 712 848.37	31.3934
国家间、国际组织无偿援助和赠送的物资		4 606.16	−10.3003		
其他境外捐赠物资		17 341.90	29 538.20		
加工贸易		187 100.64	12.8119	17 604.07	10.8906
来料加工		65 021.77	63.6412	2 308.80	−28.9524
进料加工		122 078.87	−3.2023	15 295.27	21.1457
边境小额贸易		25.535		8.703	
对外承包工程出口货物		20 816.74	−13.4557	1 390.36	−55.9419
租赁贸易		71 985.36	24 730.07	12 286.00	
出料加工贸易		670.442	1 405.56		
易货贸易					
海关特殊监管区域		2 230 267.37	24.1239	277 494.02	36.8375
保税监管场所进出境货物		758 882.56	30.226	133 655.71	115.8982
海关特殊监管区域物流货物		1 471 314.67	21.2711	143 838.27	2.0975
其他贸易		75 447.81	12.6784	8 507.83	77.9904
个体工商户					
#合计		17 167.91	82.9468	1 439.46	332.989
一般贸易		16 893.05	116.0726	1 386.17	504.5576
加工贸易		263.539	−82.9785	53.287	−48.3453

续 表

企业性质	贸易方式（2位）	1～12月 美元值（千）	1～12月 美元值（同比）	12月份 美元值（千）	12月份 美元值（同比）
进料加工		263.539	−82.9785	53.287	−48.3453
其他贸易		11.325	−35.6753		
其他企业					
＃合计		28 333 287.03	−3.2353	4 880 494.22	79.5046
一般贸易		28 039 737.74	−2.8813	4 865 560.53	83.1314
国家间、国际组织无偿援助和赠送的物资		7 147.20	−30.9804	176.261	−39.9993
其他境外捐赠物资		125 139.84	−37.4295	3 455.25	486.4858
加工贸易		22 719.95	−63.6636	1 024.28	−90.4887
进料加工		22 719.95	−63.6636	1 024.28	−90.4887
对外承包工程出口货物		3 436.94			
出料加工贸易		162.281	−83.8596		
海关特殊监管区域		114 101.66	−9.7047	7 329.63	−85.1687
保税监管场所进出境货物		114 101.28	−6.3166	7 329.63	−85.1687
海关特殊监管区域物流货物		0.376	−99.9918		
其他贸易		20 841.42	138.9956	2 948.26	303.2145
集体、私营企业及其他企业					
＃合计		47 629 000.95	3.3793	6 986 868.80	59.1143
一般贸易		44 544 955.87	2.2594	6 651 393.93	62.2765
国家间、国际组织无偿援助和赠送的物资		11 753.36	−24.1249	176.261	−61.2768
其他境外捐赠物资		142 481.74	−28.7793	3 455.25	486.4858
加工贸易		226 369.53	−11.1915	19 237.55	−32.9689
来料加工		75 278.24	28.7831	2 510.59	−45.5849
进料加工		151 091.29	−23.0863	16 726.96	−30.5522
边境小额贸易		25.535		8.703	
对外承包工程出口货物		24 253.68	0.8332	1 390.36	−55.9419
租赁贸易		71 985.36	24 730.07	12 286.00	
出料加工贸易		832.723	−20.6904		
易货贸易					
海关特殊监管区域		2 509 937.47	29.397	287 464.41	13.3134
保税监管场所进出境货物		1 038 552.29	44.0266	143 626.10	27.3219
海关特殊监管区域物流货物		1 471 315.05	20.816	143 838.27	2.0975
其他贸易		96 405.69	27.2585	11 456.33	107.8682
集体及私营企业					
＃合计		19 278 546.02	14.8756	2 104 935.12	25.9009
一般贸易		16 488 325.09	12.3084	1 784 447.23	23.7735
国家间、国际组织无偿援助和赠送的物资		4 606.16	−10.3003		
其他境外捐赠物资		17 341.90	29 538.20		
加工贸易		203 386.04	6.5846	18 159.98	1.8672
来料加工		75 278.24	28.7831	2 510.59	−45.5849
进料加工		128 107.80	−3.2183	15 649.39	18.4363
边境小额贸易		25.535		8.703	
对外承包工程出口货物		20 816.74	−13.4557	1 390.36	−55.9419

续 表

企业性质	贸易方式（2位）	1～12月 美元值（千）	1～12月 美元值（同比）	12月份 美元值（千）	12月份 美元值（同比）
租赁贸易		71 985.36	24 730.07	12 286.00	
出料加工贸易		670.442	1 405.56		
易货贸易					
海关特殊监管区域		2 395 835.81	32.1218	280 134.78	37.1398
保税监管场所进出境货物		924 451.01	54.2579	136 296.47	115.0284
海关特殊监管区域物流货物		1 471 314.67	21.2711	143 838.27	2.0975
其他贸易		75 552.94	12.7357	8 508.07	77.9874

表 7

2012 年出口商品企业性质贸易方式总值表

企业性质	贸易方式（2位）	1～12月 美元值（千）	1～12月 美元值（同比）	12月份 美元值（千）	12月份 美元值（同比）
#合计	—	59 650 383.42	1.1063	5 552 839.08	−1.0885
国有企业		32 090 855.49	1.4419	3 155 387.67	4.5602
#合计		15 987 982.67	−2.7095	1 391 202.97	−5.742
一般贸易		324 375.72	12.1153	20 584.51	−63.6754
国家间、国际组织无偿援助和赠送的物资		524.658	13.7591		
其他境外捐赠物资		8 164 088.64	11.8385	1 052 152.69	37.1465
加工贸易		4 056 461.05	21.9033	633 345.99	168.9282
来料加工		4 107 627.59	3.4071	418 806.70	−21.2276
进料加工					
寄售、代销贸易					
加工贸易进口设备		5 014 366.18	−4.8726	426 134.97	−6.958
对外承包工程出口货物		1 674.58	266.7416		
租赁贸易		12 049.14	627.7914	1 824.13	352.5725
出料加工贸易					
易货贸易					
免税外汇商品		2 575 402.06	10.7275	262 788.86	1.6143
海关特殊监管区域		2 564 508.04	10.3697	262 632.25	1.5873
保税监管场所进出境货物		10 894.02	367.5819	156.609	83.2992
海关特殊监管区域物流货物		10 391.85	−17.3563	699.545	−21.7033
其他贸易		21 350 207.61	−1.3656	1 858 410.66	−9.006
外商投资企业		6 900 703.51	−14.1875	562 340.12	−26.901
#合计					
一般贸易		14 051 227.57	6.2731	1 234 866.81	1.6343
国家间、国际组织无偿援助和赠送的物资		469 107.58	−4.5678	24 732.66	−47.5742
加工贸易		13 582 120.00	6.6917	1 210 134.16	3.6221
来料加工					
进料加工		1 429.60	−81.3019		
加工贸易进口设备		294.904	−76.2044		
对外承包工程出口货物					
租赁贸易		2 511.37	258.1001	579.167	329.5312

续 表

企业性质	贸易方式（2位）	1～12月		12月份	
		美元值（千）	美元值（同比）	美元值（千）	美元值（同比）
外商投资企业作为投资进口的设备、物品		384 138.82	7.5862	60 156.36	5.652
出料加工贸易		360 918.60	6.6571	58 546.18	6.6719
海关特殊监管区域		23 220.22	24.4331	1 610.18	−21.6019
保税监管场所进出境货物		9 901.84	−4.2254	468.202	−9.2723
海关特殊监管区域物流货物		82 758.11	−19.3331	3 863.08	−39.2087
其他贸易		28 313.90	33.4306	3 863.08	104.9745
中外合作企业		54 437.91	−33.093		
#合计		536.509	−77.4874		
一般贸易		53 901.40	−31.7535		
加工贸易					
来料加工		6.3	−28.8859		
进料加工		12 950 890.65	−5.1859	1 083 917.53	−12.6377
外商投资企业作为投资进口的设备、物品		2 511 774.66	−32.4614	160 725.05	−51.9741
其他贸易		10 119 912.74	5.4146	894 689.25	5.1661
中外合资企业		124 164.17	−9.1376	8 813.53	−31.4398
#合计		9 995 748.57	5.6247	885 875.73	5.7277
一般贸易					
加工贸易		1 429.60	−81.3019		
来料加工					
进料加工					
加工贸易进口设备		827.236	201.6962	136.226	
对外承包工程出口货物		311 947.40	−5.0644	28 241.23	−48.3958
租赁贸易		311 947.40	−5.0644	28 241.23	−48.3958
外商投资企业作为投资进口的设备、物品		4 999.02	57.6841	125.775	−1.9849
出料加工贸易		8 316 558.85	5.4869	770 630.05	−3.0988
海关特殊监管区域		4 360 614.95	1.3775	397 751.99	−8.0849
保税监管场所进出境货物					
其他贸易		3 876 876.92	9.5057	340 177.56	−5.4547
外商独资企业		344 406.90	−2.3035	15 919.13	−53.6174
#合计		3 532 470.03	10.8117	324 258.43	−0.3761
一般贸易					
国家间、国际组织无偿援助和赠送的物资		294.904	−63.1053		
加工贸易					
来料加工		1 684.13	294.3101	442.941	228.5011
进料加工		72 191.42	153.6248	31 915.13	1 343.05
加工贸易进口设备		48 971.20	399.55	30 304.95	19 105.51
租赁贸易		23 220.22	24.4331	1 610.18	−21.6019
外商投资企业作为投资进口的设备、物品		4 896.52	−31.6087	342.427	−11.0545
出料加工贸易		123 075.46	11.0817	5 764.64	−31.5359
海关特殊监管区域		48 262.86	−48.6277	2 964.83	−51.624

续　表

企业性质	贸易方式（2位）	1～12月 美元值（千）	1～12月 美元值（同比）	12月份 美元值（千）	12月份 美元值（同比）
保税监管场所进出境货物		9 844.71	－26.7259	253.36	－68.8257
海关特殊监管区域物流货物		7 200.99	－40.7636	111.506	－82.2421
其他贸易		2 643.72	106.685	141.854	－23.2383
集体企业		64 967.89	1 803.82	2 546.45	72.232
＃合计		64 967.89	1 803.82	2 546.45	72.232
一般贸易					
加工贸易		5 977 459.29	7.9013	527 203.99	－2.6929
来料加工		5 671 119.59	7.1618	488 872.74	－5.333
进料加工		1 795.90	－17.8364		
海关特殊监管区域					
保税监管场所进出境货物		119 008.71	17.7532	12 288.27	27.4574
其他贸易		38 951.66	70.6681	1 363.99	4.0812
私营企业		80 057.05	2.3182	10 924.27	31.1348
＃合计		25.535		8.703	
一般贸易		20 816.74	－13.4557	1 390.36	－55.9419
国家间、国际组织无偿援助和赠送的物资		676.373	464.0578		
其他境外捐赠物资		153.469	1 282.85		
加工贸易					
来料加工		161 777.92	36.3251	24 560.17	99.5665
进料加工		112 212.11	62.1122	18 239.72	177.8537
边境小额贸易		49 565.80	0.2304	6 320.45	10.0691
对外承包工程出口货物		2 085.05	39.2293	83.756	－30.1818
租赁贸易		16 143.54	81.4935	1 386.37	372.7746
出料加工贸易		15 929.73	111.2564	1 333.08	601.3231
易货贸易		213.808	－84.2134	53.287	－48.3453
海关特殊监管区域		213.808	－84.2134	53.287	－48.3453
保税监管场所进出境货物					
海关特殊监管区域物流货物		92 642.03	60.4232	4 685.77	40.7695
其他贸易		2 441.63	－68.8225	409.495	1 207.96
个体工商户		546.022	－92.9474	176.261	6 274.72
＃合计		790.715	－88.7254		
一般贸易					
加工贸易					
进料加工		3 436.94			
其他贸易		162.281	－83.8596		
其他企业		82 448.22	168.1826	3 990.11	57.6076
＃合计		82 447.84	168.19	3 990.11	57.6076
一般贸易		0.376	－62.2869		
国家间、国际组织无偿援助和赠送的物资		2 816.23	－17.4875	109.897	－80.5701
其他境外捐赠物资		6 209 320.32	8.6079	539 040.76	－2.6713
加工贸易		5 737 753.81	6.2266	493 580.15	－5.5825
进料加工		2 341.93	－76.4106	176.261	10.2244
对外承包工程出口货物		790.715	－88.7267		

续 表

企业性质	贸易方式（2位）	1～12月 美元值（千）	1～12月 美元值（同比）	12月份 美元值（千）	12月份 美元值（同比）
出料加工贸易		129 067.23	11.4031	12 594.91	19.3043
海关特殊监管区域		46 152.65	31.9424	1 475.50	－23.8819
保税监管场所进出境货物		82 914.58	2.5198	11 119.41	29.0176
海关特殊监管区域物流货物		25.535		8.703	
其他贸易		24 253.68	0.8332	1 390.36	－55.9419
集体、私营企业及其他企业		676.373	464.0578		
#合计		315.75	－68.9385		
一般贸易					
国家间、国际组织无偿援助和赠送的物资		309 194.02	102.317	31 096.73	90.5795
其他境外捐赠物资		259 627.84	151.1548	24 776.28	134.2982
加工贸易		49 566.18	0.2292	6 320.45	10.0691
来料加工		4 901.28	－0.2336	193.653	－71.753
进料加工		6 100 534.75	7.9637	532 968.63	－3.1342
边境小额贸易		5 719 382.46	6.1887	491 837.57	－5.8759
对外承包工程出口货物		1 795.90	－17.8364		
租赁贸易					
出料加工贸易		128 853.42	12.5341	12 541.63	19.9719
易货贸易		46 152.65	31.9424	1 475.50	－23.8819
海关特殊监管区域		82 700.78	3.997	11 066.13	29.9548
保税监管场所进出境货物		25.535		8.703	
海关特殊监管区域物流货物		20 816.74	－13.4557	1 390.36	－55.9419
其他贸易		676.373	464.0578		
集体及私营企业		153.469	1 282.85		
#合计					
一般贸易		226 745.80	85.7306	27 106.62	96.6348
国家间、国际组织无偿援助和赠送的物资		177 180.00	143.9444	20 786.17	158.4379
其他境外捐赠物资		49 565.80	0.2304	6 320.45	10.0691
加工贸易		2 085.05	39.0346	83.756	－30.1818
来料加工		75 278.24	28.7831	2 510.59	－45.5849
进料加工		128 107.80	－3.2183	15 649.39	18.4363
边境小额贸易		25.535		8.703	
对外承包工程出口货物		20 816.74	－13.4557	1 390.36	－55.9419
租赁贸易		71 985.36	24 730.07	12 286.00	
出料加工贸易		670.442	1 405.56		
易货贸易					
海关特殊监管区域		2 395 835.81	32.1218	280 134.78	37.1398
保税监管场所进出境货物		924 451.01	54.2579	136 296.47	115.0284
海关特殊监管区域物流货物		1 471 314.67	21.2711	143 838.27	2.0975
其他贸易		75 552.94	12.7357	8 508.07	77.9874

表 8

2012 年进口商品企业性质贸易方式总值表

企业性质	贸易方式（2 位）	1～12 月 美元值（千）	1～12 月 美元值（同比）	12 月份 美元值（千）	12 月份 美元值（同比）
＃合计	—	348 265 878.10	5.3482	32 935 796.73	7.2797
国有企业		253 727 201.10	7.9331	22 306 824.77	0.5931
＃合计		227 237 907.31	6.1364	19 414 253.71	−4.6137
一般贸易		4 419.06	−48.2216		
国家间、国际组织无偿援助和赠送的物资		152 980.09	211.5428		
其他境外捐赠物资		10 882 865.98	14.916	1 129 246.52	34.1574
加工贸易		9 693 058.84	16.6311	1 016 845.59	40.7281
来料加工		1 189 807.14	2.6219	112 400.94	−5.6818
进料加工		524.325	−70.3034		
寄售、代销贸易		1 008.99	−16.5091		
加工贸易进口设备					
对外承包工程出口货物		2 350 196.03	60.9693	219 745.11	
租赁贸易		14 684.81	174.9594	1 994.21	
出料加工贸易					
易货贸易		25 460.37	90.2241	2 757.24	52.5578
免税外汇商品		13 002 633.86	31.2229	1 533 428.20	58.4699
海关特殊监管区域		12 826 624.61	30.298	1 514 429.65	58.0954
保税监管场所进出境货物		172 692.02	185.9257	18 913.07	96.975
海关特殊监管区域物流货物		54 520.28	−8.8926	5 399.78	−24.5055
其他贸易		53 118 996.37	−3.6867	4 181 143.93	−10.8174
外商投资企业		45 145 766.01	−0.4041	3 442 204.88	−8.819
＃合计					
一般贸易		5 736 314.12	8.1078	565 774.00	23.0092
国家间、国际组织无偿援助和赠送的物资		377 173.86	7.1908	38 682.97	−16.2232
加工贸易		5 359 140.26	8.1729	527 091.03	27.3872
来料加工		180.343	−60.4859	10.75	−97.2831
进料加工					
加工贸易进口设备		18 705.52	−10.9072	1 242.38	2 097.69
对外承包工程出口货物		417 926.48	−60.5124	41 751.85	−63.5065
租赁贸易		1 123.55	37.1621	178.679	9.9732
外商投资企业作为投资进口的设备、物品		1 680 999.13	−49.7461	117 682.71	−63.9982
出料加工贸易		1 551 401.98	−52.0738	110 183.27	−65.2549
海关特殊监管区域		96 109.97	24.2865	5 958.59	−26.5738
保税监管场所进出境货物		117 981.22	28.775	12 298.68	8.6998
海关特殊监管区域物流货物		49 496.77	−29.6687	3 987.26	−10.2496
其他贸易		40 620.33	−14.4326	3 601.77	13.8226
中外合作企业		8 501.78	−61.9081	380.146	−68.7237
＃合计					
一般贸易		8 501.78	−60.9367	380.146	−68.7237
加工贸易		270	1 630.77		

续 表

企业性质	贸易方式（2位）	1～12月 美元值（千）	1～12月 美元值（同比）	12月份 美元值（千）	12月份 美元值（同比）
	来料加工	104.661	－81.6409	5.343	－91.491
	进料加工	10 448 317.11	－11.9007	949 440.66	－10.8221
	外商投资企业作为投资进口的设备、物品	6 006 752.49	－20.4075	501 503.37	－20.1664
	其他贸易	3 833 030.42	12.7127	378 862.62	36.8427
中外合资企业		55 793.18	－9.3955	3 977.43	－49.0799
＃合计		3 777 237.24	13.1204	374 885.19	39.3372
	一般贸易	106			
	加工贸易				
	来料加工	14 520.87	－21.9995	952.227	
	进料加工	204 118.12	－40.7933	37 826.24	－56.6345
	加工贸易进口设备	341.136	43.4188	1.346	－99.1584
	对外承包工程出口货物	367 669.75	－31.1787	29 221.21	－58.9391
	租赁贸易	356 445.63	－33.236	28 966.81	－59.2526
	外商投资企业作为投资进口的设备、物品	21 778.33	52.7142	1 073.65	1.1209
	出料加工贸易	42 621 182.49	－1.3906	3 227 716.01	－10.8167
	海关特殊监管区域	39 098 393.19	3.6142	2 937 099.75	－6.5744
	保税监管场所进出境货物				
	其他贸易	1 894 781.92	0.6215	186 531.24	2.5634
外商独资企业		321 380.68	10.9213	34 705.54	－9.5332
＃合计		1 573 401.24	－1.2514	151 825.70	5.7971
	一般贸易	74.343	－83.7111	10.75	－97.2831
	国家间、国际组织无偿援助和赠送的物资	4 184.64	75.8883	290.151	413.26
	加工贸易	213 538.36	－70.076	3 925.61	－85.5584
	来料加工	782.412	34.6018	177.333	6 870.64
	进料加工	1 313 329.38	－53.2752	88 461.49	－65.4061
	加工贸易进口设备	1 194 956.35	－55.7944	81 216.46	－66.9893
	租赁贸易	96 109.97	24.2865	5 958.59	－26.5738
	外商投资企业作为投资进口的设备、物品	96 098.23	25.1487	11 219.69	10.1069
	出料加工贸易	1 486 992.26	4.5269	69 031.13	－48.1405
	海关特殊监管区域	1 379 845.88	－1.2893	68 634.03	－47.9937
	保税监管场所进出境货物	6 440.69	－44.1589	302.55	－73.4426
	海关特殊监管区域物流货物	3 055.49	－53.4423	90.286	－87.7362
	其他贸易	3 385.20	－31.9032	212.264	－47.3331
集体企业		100 600.56	665.9552	94.305	
＃合计		100 600.56	665.9552	94.305	
	一般贸易	105.133	84.0242	0.24	10.5991
	加工贸易	11 691 019.01	20.4146	1 502 935.37	52.0309
	来料加工	9 389 096.75	18.8888	1 223 975.63	55.4867
	进料加工	2 810.26	－4.7153		
	海关特殊监管区域	17 341.90	29 949.04		
	保税监管场所进出境货物	68 091.93	5.1034	5 315.81	－14.73

续 表

企业性质	贸易方式（2位）	1～12月 美元值（千）	1～12月 美元值（同比）	12月份 美元值（千）	12月份 美元值（同比）
其他贸易		26 070.11	54.1578	944.808	−51.2771
私营企业		42 021.82	−12.2247	4 371.00	1.7708
#合计					
一般贸易					
国家间、国际组织无偿援助和赠送的物资		71 308.98	41 846.46	12 286.00	
其他境外捐赠物资		516.973	1 446.30		
加工贸易					
来料加工		2 068 489.45	23.2611	252 933.86	32.7847
进料加工		646 670.45	25.928	115 415.99	108.5492
边境小额贸易		1 421 748.87	22.1651	137 517.83	1.7588
对外承包工程出口货物		73 362.76	12.071	8 424.07	80.7751
租赁贸易		1 024.37	109.367	53.09	35.4129
出料加工贸易		963.318	246.8179	53.09	35.4129
易货贸易		49.731	−74.3532		
海关特殊监管区域		49.731	−74.3532		
保税监管场所进出境货物		11.325	−35.6753		
海关特殊监管区域物流货物		28 240 645.00	−3.3611	4 875 808.45	79.552
其他贸易		28 037 296.11	−2.8634	4 865 151.03	83.1182
个体工商户		6 601.18	152.6063		
#合计		124 349.13	−35.5654	3 455.25	486.4858
一般贸易		22 719.95	−63.6636	1 024.28	−90.4887
加工贸易		22 719.95	−63.6636	1 024.28	−90.4887
进料加工					
其他贸易					
其他企业		31 653.44	−66.8972	3 339.52	−92.8777
#合计		31 653.44	−65.236	3 339.52	−92.8777
一般贸易					
国家间、国际组织无偿援助和赠送的物资		18 025.19	239.6287	2 838.36	1 614.18
其他境外捐赠物资		41 419 680.64	2.6386	6 447 828.04	68.0319
加工贸易		38 807 202.06	1.6979	6 157 813.78	72.1965
进料加工		9 411.43	69.1926		
对外承包工程出口货物		141 691.03	−26.6012	3 455.25	486.4858
出料加工贸易		97 302.30	−30.0186	6 642.64	−63.3863
海关特殊监管区域		29 125.60	24.0754	1 035.09	−61.3099
保税监管场所进出境货物		68 176.70	−41.0063	5 607.55	−63.7454
海关特殊监管区域物流货物					
其他贸易					
集体、私营企业及其他企业		71 308.98	41 846.46	12 286.00	
#合计		516.973	1 446.30		
一般贸易					
国家间、国际组织无偿援助和赠送的物资		2 200 743.45	23.1604	256 367.68	8.0022
其他境外捐赠物资		778 924.45	26.0987	118 849.82	16.2563

续 表

		1～12月		12月份	
企业性质	贸易方式（2位）	美元值（千）	美元值（同比）	美元值（千）	美元值（同比）
加工贸易		1 421 748.87	21.6874	137 517.83	1.7588
来料加工		91 504.40	29.165	11 262.68	133.386
进料加工		13 178 011.27	18.3842	1 571 966.50	40.1434
边境小额贸易		10 768 942.63	15.8543	1 292 609.66	40.6291
对外承包工程出口货物		2 810.26	－4.7153		
租赁贸易		17 341.90	29 949.04		
出料加工贸易		74 532.62	－2.3415	5 618.36	－23.8015
易货贸易		29 125.60	24.0754	1 035.09	－61.3099
海关特殊监管区域		45 407.02	－14.0759	4 583.27	－2.4418
保税监管场所进出境货物					
海关特殊监管区域物流货物					
其他贸易		71 308.98	41 846.46	12 286.00	
集体及私营企业		516.973	1 446.30		
＃合计					
一般贸易		2 169 090.01	28.2521	253 028.16	32.8342
国家间、国际组织无偿援助和赠送的物资		747 271.00	41.8892	115 510.30	108.7196
其他境外捐赠物资		1 421 748.87	22.1651	137 517.83	1.7588
加工贸易		73 467.89	12.1337	8 424.31	80.7719
来料加工		75 278.24	28.7831	2 510.59	－45.5849
进料加工		128 107.80	－3.2183	15 649.39	18.4363
边境小额贸易		25.535		8.703	
对外承包工程出口货物		20 816.74	－13.4557	1 390.36	－55.9419
租赁贸易		71 985.36	24 730.07	12 286.00	
出料加工贸易		670.442	1 405.56		
易货贸易					
海关特殊监管区域		2 395 835.81	32.1218	280 134.78	37.1398
保税监管场所进出境货物		924 451.01	54.2579	136 296.47	115.0284
海关特殊监管区域物流货物		1 471 314.67	21.2711	143 838.27	2.0975
其他贸易		75 552.94	12.7357	8 508.07	77.9874

表 9

2012 年全国月度进口和出口统计

单位：亿美元，%

出　　口	当　　月		1月～当月累计	
	金　额	同　比	金　额	同　比
2012.01	1 498.6	－0.6	1 498.6	－0.6
2012.02	1 144.1	18.3	2 642.7	6.8
2012.03	1 655.8	8.8	4 298.5	7.6
2012.04	1 631.3	4.8	5 929.8	6.8
2012.05	1 810.3	15.3	7 740.1	8.7
2012.06	1 798.4	11.1	9 538.6	9.1
2012.07	1 769.2	1.0	11 307.7	7.8
2012.08	1 778.8	2.7	13 086.6	7.1

续　表

出　口	当　月		1月～当月累计	
	金　额	同　比	金　额	同　比
2012.09	1 861.3	9.8	14 947.9	7.4
2012.10	1 755.4	11.6	16 703.3	7.8
2012.11	1 793.7	2.9	18 497.1	7.3
2012.12	1 992.3	14.1	20 489.4	7.9
进　口	当　月		1月～当月累计	
	金　额	同　比	金　额	同　比
2012.01	1 228.1	−15.3	1 228.1	−15.3
2012.02	1 464.0	40.0	2 692.1	7.9
2012.03	1 604.0	5.3	4 296.1	6.9
2012.04	1 445.9	0.2	5 742.1	5.1
2012.05	1 628.7	13.0	7 370.8	6.8
2012.06	1 482.2	6.1	8 852.9	6.7
2012.07	1 515.9	4.5	10 368.8	6.3
2012.08	1 514.7	−2.5	11 883.5	5.1
2012.09	1 587.1	2.4	13 470.6	4.8
2012.10	1 434.3	2.3	14 904.8	4.6
2012.11	1 597.3	0.0	16 502.1	4.1
2012.12	1 676.1	6.0	18 178.3	4.3

表 10

2012 年月度进出口总值统计

单位：亿美元，%

月　份	当　月		1月～当月累计	
	进出口	同　比	进出口	同　比
2012.01	2 726.8	−7.8	2 726.8	−7.8
2012.02	2 608.0	29.6	5 334.8	7.4
2012.03	3 259.8	7.1	8 594.6	7.3
2012.04	3 077.3	2.6	11 671.9	6.0
2012.05	3 439.1	14.2	15 110.9	7.7
2012.06	3 280.6	8.8	18 391.5	7.9
2012.07	3 285.1	2.6	21 676.6	7.1
2012.08	3 293.5	0.2	24 970.1	6.1
2012.09	3 448.4	6.2	28 418.5	6.1
2012.10	3 189.7	7.2	31 608.2	6.2
2012.11	3 391.0	1.5	34 999.2	5.8
2012.12	3 668.4	10.2	38 667.6	6.2

表 11

1982—2012 年全国年度服务进出口

单位：亿美元，%

年　份	进出口额			出口额			进口额		
	金额	同比	占世界比重	金额	同比	占世界比重	金额	同比	占世界比重
1982	44	—	0.6	25	—	0.7	19	—	0.5
1983	43	−2.3	0.6	25	0.0	0.7	18	−5.3	0.5
1984	54	25.6	0.7	28	12.0	0.8	26	44.4	0.7
1985	52	−3.7	0.7	29	3.6	0.8	23	−11.5	0.6
1986	56	7.7	0.6	36	24.1	0.8	20	−13.0	0.4
1987	65	16.1	0.6	42	16.7	0.8	23	15.0	0.4
1988	80	23.1	0.7	47	11.9	0.8	33	43.5	0.5
1989	81	1.3	0.6	45	−4.3	0.7	36	9.1	0.5
1990	98	21.0	0.6	57	26.7	0.7	41	13.9	0.5
1991	108	10.2	0.6	69	21.1	0.8	39	−4.9	0.5
1992	183	69.4	1.0	91	31.9	1.0	92	135.9	1.0
1993	226	23.5	1.2	110	20.9	1.2	116	26.1	1.2
1994	322	42.5	1.6	164	49.1	1.6	158	36.2	1.5
1995	430	33.5	1.8	184	12.2	1.6	246	55.7	2.1
1996	430	0.0	1.7	206	12.0	1.6	224	−8.9	1.8
1997	522	21.4	2.0	245	19.0	1.9	277	23.8	2.2
1998	504	−3.4	1.9	239	−2.5	1.8	265	−4.5	2.0
1999	572	13.5	2.1	262	9.6	1.9	310	17.0	2.3
2000	660	15.4	2.2	301	15.2	2.0	359	15.8	2.5
2001	719	9.0	2.4	329	9.1	2.2	390	8.8	2.6
2002	855	18.9	2.7	394	19.7	2.5	461	18.1	3.0
2003	1 013	18.5	2.8	464	17.8	2.5	549	19.0	3.1
2004	1 337	32.0	3.1	621	33.8	2.8	716	30.5	3.4
2005	1 571	17.5	3.2	739	19.1	3.0	832	16.2	3.5
2006	1 917	22.0	3.5	914	23.7	3.2	1 003	20.6	3.8
2007	2 509	30.9	3.9	1 217	33.1	3.6	1 293	28.8	4.1
2008	3 045	21.4	4.1	1 464	20.4	3.9	1 580	22.2	4.5
2009	2 867	−5.8	4.5	1 286	−12.2	3.9	1 581	0.1	5.1
2010	3 624	26.4	5.1	1 702	32.4	4.6	1 922	21.5	5.5
2011	4 191	15.6	5.2	1 821	7.0	4.4	2 370	23.3	6.1
2012	4 706	12.3	5.6	1 904	4.6	4.4	2 801	18.2	6.8

注：①遵循 WTO 有关服务贸易的定义，中国服务进出口数据不含政府服务。

②数据来源：WTO 国际贸易统计数据库（International Trade Statistics Database）；中国商务部。

表 12

1997—2012 年全国服务进出口差额

单位：亿美元

年份	1997	1998	1999	2000	2001	2002	2003	2004	2005	2006	2007	2008	2009	2010	2011	2012
总计	-32.2	-25.9	-48.0	-57.1	-61.3	-67.0	-84.8	-95.5	-92.6	-89.1	-76.0	-115.6	-295.1	-219.3	-549.2	-897.0
运输服务	-69.9	-44.6	-54.8	-67.3	-66.9	-78.9	-103.3	-124.8	-130.2	-133.5	-119.5	-119.1	-230.1	-290.5	-448.7	-469.5
旅游	39.4	34.0	32.3	31.2	38.8	49.9	22.2	65.9	75.4	96.3	74.5	46.9	-40.3	-90.7	-241.2	-519.5
通信服务	-0.2	6.1	4.0	11.0	-0.5	0.8	2.1	-0.3	-1.2	-0.3	0.9	0.6	-0.1	0.8	5.4	1.4
建筑服务	-6.2	-5.3	-5.5	-3.9	-0.2	2.8	1.1	1.3	9.7	7.0	24.7	59.7	36.0	94.2	110.0	86.3
保险服务	-8.7	-13.7	-17.2	-23.6	-24.8	-30.4	-42.5	-57.4	-66.5	-82.8	-97.6	-113.6	-97.1	-140.3	-167.2	-172.7
金融服务	-3.0	-1.4	-0.6	-0.2	0.2	-0.4	-0.8	-0.4	-0.1	-7.5	-3.3	-2.5	-2.9	-0.6	1.0	-0.4
计算机和信息服务	-1.5	-2.0	0.4	0.9	1.2	-4.9	0.7	3.8	2.2	12.2	21.4	30.9	32.8	62.9	83.4	106.1
专有权利使用费和特许费	-4.9	-3.6	-7.2	-12.0	-18.3	-29.8	-34.4	-42.6	-51.6	-64.3	-78.5	-97.5	-106.4	-122.1	-139.6	-167.1
咨询	-1.2	-2.4	-2.4	-2.8	-6.1	-13.5	-15.6	-15.8	-8.6	-5.6	7.2	46.1	52.1	76.8	98.1	134.3
广告宣传	0.0	-0.5	0.0	0.2	0.2	-0.2	0.3	1.5	3.6	4.9	5.8	2.6	3.6	8.4	12.4	19.8
电影音像	-0.3	-0.2	-0.3	-0.3	-0.2	-0.7	-0.4	-1.3	-0.2	0.2	1.6	1.6	-1.8	-2.5	-2.8	-4.3
其他商业服务	24.3	7.8	3.2	9.7	15.4	38.3	85.9	74.7	75.0	84.3	86.8	28.9	59.2	184.1	140.1	88.6

注：①遵循 WTO 有关服务贸易的定义，中国服务进出口数据不含政府服务。

②数据来源于中国商务部。

表 13

1997—2012 年全国服务贸易出口（分项目）

（左半部分表格）

单位：亿美元，%

年份		总计	运输服务	旅游	通信服务	建筑服务	保险服务	金融服务
1997	金额（亿美元）	245.0	29.5	120.7	2.7	5.9	1.7	0.3
	占比（%）	100.0	12.1	49.3	1.1	2.4	0.7	0.1
1998	金额（亿美元）	238.8	23.0	126.0	8.2	5.9	3.8	0.3
	比上年增长（%）	−2.5	−22.1	4.4	201.4	0.7	120.5	−1.3
	占比（%）	100.0	9.6	52.8	3.4	2.5	1.6	0.1
1999	金额（亿美元）	261.6	24.2	141.0	5.9	9.9	2.0	1.1
	比上年增长（%）	9.6	5.2	11.9	−28.0	65.8	−47.0	310.8
	占比（%）	100.0	9.2	53.9	2.3	3.8	0.8	0.4
2000	金额（亿美元）	301.5	36.7	162.3	13.5	6.0	1.1	0.8
	比上年增长（%）	15.2	51.7	15.1	128.2	−38.9	−47.1	−29.7
	占比（%）	100.0	12.2	53.8	4.5	2.0	0.4	0.3
2001	金额（亿美元）	329.0	46.4	177.9	2.7	8.3	2.3	1.0
	比上年增长（%）	9.1	26.3	9.6	−79.8	37.8	110.9	27.3
	占比（%）	100.0	14.1	54.1	0.8	2.5	0.7	0.3
2002	金额（亿美元）	393.8	57.2	203.9	5.5	12.5	2.1	0.5
	比上年增长（%）	19.7	23.4	14.6	102.9	50.1	−8.1	−48.5
	占比（%）	100.0	14.5	51.8	1.4	3.2	0.5	0.1
2003	金额（亿美元）	463.7	79.1	174.1	6.4	12.9	3.1	1.5
	比上年增长（%）	17.8	38.2	−14.6	16.1	3.5	49.7	197.9
	占比（%）	100.0	17.0	37.5	1.4	2.8	0.7	0.3
2004	金额（亿美元）	620.6	120.7	257.4	4.4	14.7	3.8	0.9
	比上年增长（%）	33.8	52.6	47.9	−31.0	13.8	21.7	−38.2
	占比（%）	100.0	19.4	41.5	0.7	2.4	0.6	0.2
2005	金额（亿美元）	739.1	154.3	293.0	4.9	25.9	5.5	1.5
	比上年增长（%）	19.1	27.8	13.8	10.2	76.7	44.3	54.6
	占比（%）	100.0	20.9	39.6	0.7	3.5	0.7	0.2
2006	金额（亿美元）	914.2	210.2	339.5	7.4	27.5	5.5	1.5
	比上年增长（%）	23.7	36.2	15.9	52.1	6.2	−0.3	−0.2
	占比（%）	100.0	23.0	37.1	0.8	3.0	0.6	0.2
2007	金额（亿美元）	1 216.5	313.2	372.3	11.7	53.8	9.0	2.3
	比上年增长（%）	33.1	49.1	9.7	59.2	95.3	64.9	59.0
	占比（%）	100.0	25.7	30.6	1.0	4.4	0.7	0.2
2008	金额（亿美元）	1 464.5	384.2	408.4	15.7	103.3	13.8	3.2
	比上年增长（%）	20.4	22.6	9.7	33.7	92.1	53.0	36.7
	占比（%）	100.0	26.2	27.9	1.1	7.1	0.9	0.2
2009	金额（亿美元）	1 286.0	235.7	396.8	12.0	94.6	16.0	4.4
	比上年增长（%）	−12.2	−38.7	−2.9	−23.7	−8.4	15.4	38.7
	占比（%）	100.0	18.3	30.9	0.9	7.4	1.2	0.3
2010	金额（亿美元）	1 702.5	342.1	458.1	12.2	144.9	17.3	13.3
	比上年增长（%）	32.4	45.2	15.5	1.8	53.2	8.2	204.6
	占比（%）	100.0	20.1	26.9	0.7	8.5	1.0	0.8
2011	金额（亿美元）	1 820.9	355.7	484.6	17.3	147.2	30.2	8.5
	比上年增长（%）	7.0	4.0	5.8	41.5	1.6	74.7	−36.2
	占比（%）	100.0	19.5	26.6	0.9	8.1	1.7	0.5
2012	金额（亿美元）	1 904.4	389.1	500.3	17.9	122.5	33.3	18.9
	比上年增长（%）	4.6	9.4	3.2	3.7	−16.8	10.3	122.5
	占比（%）	100.0	20.4	26.3	0.9	6.4	1.7	1.0

（右半部分表格） 单位：亿美元，%

计算机和信息服务	专有权利使用费和特许费	咨 询	广告、宣传	电影、音像	其他商业服务	年 份	
0.8	0.5	3.5	2.4	0.1	76.8	金额（亿美元）	1997
0.3	0.2	1.4	1.0	0.0	31.3	占比（%）	
1.3	0.6	5.2	2.1	0.2	62.1	金额（亿美元）	1998
59.7	14.3	49.5	−11.4	53.0	−19.1	比上年增长（%）	
0.6	0.3	2.2	0.9	0.1	26.0	占比（%）	
2.7	0.7	2.8	2.2	0.1	69.1	金额（亿美元）	1999
98.8	18.9	−45.9	4.6	−56.7	11.2	比上年增长（%）	
1.0	0.3	1.1	0.8	0.0	26.4	占比（%）	
3.6	0.8	3.6	2.2	0.1	70.8	金额（亿美元）	2000
34.1	7.8	26.9	1.3	69.8	2.5	比上年增长（%）	
1.2	0.3	1.2	0.7	0.0	23.5	占比（%）	
4.6	1.1	8.9	2.8	0.3	72.8	金额（亿美元）	2001
29.6	37.0	150.0	24.1	146.8	2.8	比上年增长（%）	
1.4	0.3	2.7	0.8	0.1	22.1	占比（%）	
6.4	1.3	12.8	3.7	0.3	87.6	金额（亿美元）	2002
38.3	20.6	44.5	34.5	6.4	20.3	比上年增长（%）	
1.6	0.3	3.3	0.9	0.1	22.2	占比（%）	
11.0	1.1	18.8	4.9	0.3	150.6	金额（亿美元）	2003
72.7	−19.5	46.7	30.4	12.7	71.8	比上年增长（%）	
2.4	0.2	4.1	1.0	0.1	32.5	占比（%）	
16.4	2.4	31.5	8.5	0.4	159.5	金额（亿美元）	2004
48.5	120.9	67.2	74.5	22.6	5.9	比上年增长（%）	
2.6	0.4	5.1	1.4	0.1	25.7	占比（%）	
18.4	1.6	53.2	10.8	1.3	168.8	金额（亿美元）	2005
12.4	−33.4	68.8	26.8	226.5	5.9	比上年增长（%）	
2.5	0.2	7.2	1.5	0.2	22.8	占比（%）	
29.6	2.1	78.3	14.5	1.4	196.9	金额（亿美元）	2006
60.7	30.2	47.2	34.3	2.3	16.6	比上年增长（%）	
3.2	0.2	8.6	1.6	0.1	21.5	占比（%）	
43.4	3.4	115.8	19.1	3.2	269.1	金额（亿美元）	2007
46.9	67.1	47.8	32.3	130.9	36.7	比上年增长（%）	
3.6	0.3	9.5	1.6	0.3	22.1	占比（%）	
62.5	5.7	181.4	22.0	4.2	260.1	金额（亿美元）	2008
43.9	66.7	56.7	15.2	32.2	−3.4	比上年增长（%）	
4.3	0.4	12.4	1.5	0.3	17.8	占比（%）	
65.1	4.3	186.2	23.1	1.0	246.9	金额（亿美元）	2009
4.2	−24.8	2.7	5.0	−76.7	−5.1	比上年增长（%）	
5.1	0.3	14.5	1.8	0.1	19.2	占比（%）	
92.6	8.3	227.7	28.9	1.2	355.9	金额（亿美元）	2010
42.1	93.4	22.3	24.8	26.4	44.1	比上年增长（%）	
5.4	0.5	13.4	1.7	0.1	20.9	占比（%）	
121.8	7.4	283.9	40.2	1.2	322.8	金额（亿美元）	2011
31.6	−10.5	24.7	39.3	−0.1	−9.3	比上年增长（%）	
6.7	0.4	15.6	2.2	0.1	17.7	占比（%）	
144.5	10.4	334.5	47.5	1.3	284.2	金额（亿美元）	2012
18.6	40.1	17.8	18.2	5.9	−12.0	比上年增长（%）	
7.6	0.5	17.6	2.5	0.1	14.9	占比（%）	

表 14

1997—2012 年全国服务贸易进口（分项目）

（左半部分表格）

单位：亿美元，%

年份		总　计	运输服务	旅　游	通信服务	建筑服务	保险服务	金融服务
1997	金额（亿美元）	277.2	99.4	81.3	2.9	12.1	10.5	3.2
	占比（%）	100.0	35.9	29.3	1.0	4.4	3.8	1.2
1998	金额（亿美元）	264.7	67.6	92.1	2.1	11.2	17.6	1.6
	比上年增长（%）	−4.5	−32.0	13.2	−28.3	−7.4	68.1	−49.7
	占比（%）	100.0	25.6	34.8	0.8	4.2	6.6	0.6
1999	金额（亿美元）	309.7	79.0	108.7	1.9	15.4	19.2	1.7
	比上年增长（%）	17.0	16.8	18.0	−7.0	37.5	9.3	2.1
	占比（%）	100.0	25.5	35.1	0.6	5.0	6.2	0.5
2000	金额（亿美元）	358.6	104.0	131.1	2.4	9.9	24.7	1.0
	比上年增长（%）	15.8	31.6	20.7	25.1	−35.4	28.6	−41.6
	占比（%）	100.0	29.0	36.6	0.7	2.8	6.9	0.3
2001	金额（亿美元）	390.3	113.2	139.1	3.3	8.5	27.1	0.8
	比上年增长（%）	8.8	8.9	6.1	34.7	−14.8	9.7	−20.6
	占比（%）	100.0	29.0	35.6	0.8	2.2	6.9	0.2
2002	金额（亿美元）	460.8	136.1	154.0	4.7	9.6	32.5	0.9
	比上年增长（%）	18.1	20.2	10.7	44.3	13.8	19.7	16.1
	占比（%）	100.0	29.5	33.4	1.0	2.1	7.0	0.2
2003	金额（亿美元）	548.5	182.3	151.9	4.3	11.8	45.6	2.3
	比上年增长（%）	19.0	33.9	−1.4	−9.1	22.8	40.6	158.8
	占比（%）	100.0	33.2	27.7	0.8	2.2	8.3	0.4
2004	金额（亿美元）	716.0	245.4	191.5	4.7	13.4	61.2	1.4
	比上年增长（%）	30.5	34.6	26.1	10.5	13.1	34.2	−40.6
	占比（%）	100.0	34.3	26.7	0.7	1.9	8.6	0.2
2005	金额（亿美元）	831.7	284.5	217.6	6.0	16.2	72.0	1.6
	比上年增长（%）	16.2	15.9	13.6	27.8	21.0	17.6	15.9
	占比（%）	100.0	34.2	26.2	0.7	1.9	8.7	0.2
2006	金额（亿美元）	1 003.3	343.7	243.2	7.6	20.5	88.3	8.9
	比上年增长（%）	20.6	20.8	11.8	26.6	26.6	22.7	456.9
	占比（%）	100.0	34.3	24.2	0.8	2.0	8.8	0.9
2007	金额（亿美元）	1 292.6	432.7	297.9	10.8	29.1	106.6	5.6
	比上年增长（%）	28.8	25.9	22.5	41.6	41.9	20.8	−37.5
	占比（%）	100.0	33.5	23.0	0.8	2.3	8.3	0.4
2008	金额（亿美元）	1 580.0	503.3	361.6	15.1	43.6	127.4	5.7
	比上年增长（%）	22.2	16.3	21.4	39.6	49.9	19.5	1.6
	占比（%）	100.0	31.9	22.9	1.0	2.8	8.1	0.4
2009	金额（亿美元）	1 581.1	465.7	437.0	12.1	58.7	113.1	7.3
	比上年增长（%）	0.1	−7.5	20.9	−19.9	34.5	−11.3	28.2
	占比（%）	100.0	29.5	27.6	0.8	3.7	7.2	0.5
2010	金额（亿美元）	1 921.7	632.6	548.8	11.4	50.7	157.5	13.9
	比上年增长（%）	21.5	35.8	25.6	−6.0	−13.6	39.3	91.2
	占比（%）	100.0	32.9	28.6	0.6	2.6	8.2	0.7
2011	金额（亿美元）	2 370.0	804.4	725.9	11.9	37.3	197.4	7.5
	比上年增长（%）	23.3	27.2	32.3	4.7	−26.5	25.3	−46.2
	占比（%）	100.0	33.9	30.6	0.5	1.6	8.3	0.3
2012	金额（亿美元）	2 801.4	858.6	1 019.8	16.5	36.2	206.0	19.3
	比上年增长（%）	18.2	6.7	40.5	38.6	−2.9	4.4	158.4
	占比（%）	100.0	30.6	36.4	0.6	1.3	7.4	0.7

（右半部分表格）　　单位：亿美元，%

计算机和信息服务	专有权利使用费和特许费	咨　询	广告、宣传	电影、音像	其他商业服务	年　份	
2.3	5.4	4.7	2.4	0.4	52.5	金额（亿美元）	1997
0.8	2.0	1.7	0.9	0.2	18.9	占比（%）	
3.3	4.2	7.6	2.7	0.4	54.4	金额（亿美元）	1998
44.0	−22.8	62.0	9.8	−11.1	3.5	比上年增长（%）	
1.3	1.6	2.9	1.0	0.1	20.5	占比（%）	
2.2	7.9	5.2	2.2	0.3	65.9	金额（亿美元）	1999
−32.8	88.6	−30.8	−17.4	−13.0	21.2	比上年增长（%）	
0.7	2.6	1.7	0.7	0.1	21.3	占比（%）	
2.7	12.8	6.4	2.0	0.4	61.2	金额（亿美元）	2000
18.5	61.8	22.0	−7.6	10.2	−7.2	比上年增长（%）	
0.7	3.6	1.8	0.6	0.1	17.1	占比（%）	
3.4	19.4	15.0	2.6	0.5	57.4	金额（亿美元）	2001
30.1	51.3	134.8	27.5	34.2	−6.1	比上年增长（%）	
0.9	5.0	3.8	0.7	0.1	14.7	占比（%）	
11.3	31.1	26.3	3.9	1.0	49.3	金额（亿美元）	2002
228.6	60.7	75.1	52.9	91.2	−14.1	比上年增长（%）	
2.5	6.8	5.7	0.9	0.2	10.7	占比（%）	
10.4	35.5	34.5	4.6	0.7	64.6	金额（亿美元）	2003
−8.6	13.9	31.1	16.1	−27.6	31.1	比上年增长（%）	
1.9	6.5	6.3	0.8	0.1	11.8	占比（%）	
12.5	45.0	47.3	7.0	1.8	84.8	金额（亿美元）	2004
20.9	26.7	37.2	52.5	152.9	31.2	比上年增长（%）	
1.7	6.3	6.6	1.0	0.2	11.8	占比（%）	
16.2	53.2	61.8	7.2	1.5	93.9	金额（亿美元）	2005
29.5	18.3	30.6	2.4	−12.4	10.7	比上年增长（%）	
2.0	6.4	7.4	0.9	0.2	11.3	占比（%）	
17.4	66.3	83.9	9.6	1.2	112.6	金额（亿美元）	2006
7.2	24.7	35.7	33.5	−21.4	20.0	比上年增长（%）	
1.7	6.6	8.4	1.0	0.1	11.2	占比（%）	
22.1	81.9	108.6	13.4	1.5	182.4	金额（亿美元）	2007
27.0	23.5	29.4	40.0	27.0	62.0	比上年增长（%）	
1.7	6.3	8.4	1.0	0.1	14.1	占比（%）	
31.7	103.2	135.4	19.4	2.6	231.2	金额（亿美元）	2008
43.3	26.0	24.7	45.2	65.9	26.8	比上年增长（%）	
2.0	6.5	8.6	1.2	0.2	14.6	占比（%）	
32.3	110.7	134.2	19.5	2.8	187.7	金额（亿美元）	2009
2.1	7.2	−0.9	0.7	9.2	−18.8	比上年增长（%）	
2.0	7.0	8.5	1.2	0.2	11.9	占比（%）	
29.7	130.4	150.9	20.4	3.7	171.8	金额（亿美元）	2010
−8.3	17.8	12.5	4.4	33.2	−8.5	比上年增长（%）	
1.5	6.8	7.9	1.1	0.2	8.9	占比（%）	
38.4	147.1	185.8	27.7	4.0	182.6	金额（亿美元）	2011
29.6	12.8	23.1	35.9	7.8	6.3	比上年增长（%）	
1.6	6.2	7.8	1.2	0.2	7.7	占比（%）	
38.4	177.5	200.2	27.7	5.6	195.6	金额（亿美元）	2012
−0.1	20.7	7.7	−0.3	40.2	7.1	比上年增长（%）	
1.4	6.3	7.1	1.0	0.2	7.0	占比（%）	

表 15

2012 年全国派出各类劳务人员（省市区排名）

单位：人

序　号	省、自治区、直辖市	2012 年累计派出人数	期末在外人数
1	山东省	51 425	103 736
	其中：青岛市	10 678	19 411
2	江苏省	46 495	86 849
3	广东省	41 032	48 164
	其中：深圳市	2 591	1 389
4	福建省	35 364	35 162
	其中：厦门市	10 352	8 317
5	河南省	26 113	74 814
6	辽宁省	25 495	47 143
	其中：大连市	15 019	23 691
7	湖北省	24 662	31 002
8	上海市	21 244	29 350
9	浙江省	20 020	27 149
	其中：宁波市	868	1 935
10	天津市	16 553	17 510
11	吉林省	13 935	48 285
12	安徽省	13 370	23 748
13	北京市	12 501	16 759
14	湖南省	11 964	30 077
15	河北省	11 533	9 800
16	四川省	10 442	21 301
17	陕西省	8 408	12 612
18	云南省	8 075	19 655
19	黑龙江省	7 047	7 767
20	江西省	6 081	13 816
21	广西壮族自治区	4 658	4 883
22	内蒙古自治区	4 641	4 272
23	新疆维吾尔自治区	3 708	2 024
24	重庆市	3 643	5 403
25	山西省	3 264	3 513
26	新疆生产建设兵团	2 544	2 406
27	贵州省	2 178	2 442
28	甘肃省	1 982	3 332
29	青海省	1 208	945
30	宁夏回族自治区	280	493
31	西藏自治区	153	21
32	海南省	20	26

表 16

2011 年我国对外承包工程、劳务合作人员（分国别/地区）

单位：人

项　目 国家（地区）	合　计		对外承包工程		对外劳务合作	
	派出人数	年末在外人数	派出人数	年末在外人数	派出人数	年末在外人数
合计	452 224	812 427	243 159	324 018	209 065	488 409
亚洲	**299 812**	**570 939**	**130 283**	**150 496**	**169 529**	**420 443**
＃缅甸	7 048	16 514	6 612	16 012	436	502
中国香港	22 166	24 046	2 182	2 054	19 984	21 992
日本	59 874	177 664	26	104	59 848	177 560
中国澳门	34 296	58 543	54	440	34 242	58 103
蒙古	12 532	10 525	10 935	7 727	1 597	2 798
新加坡	30 338	84 129	3 756	12 666	26 582	71 463
韩国	6 454	41 071	92	130	6 362	40 941
阿联酋	5 805	16 817	4 377	9 621	1 428	7 196
沙特阿拉伯	19 530	30 606	16 792	24 363	2 738	6 243
越南	10 045	14 624	8 752	9 358	1 293	5 266
中国台湾	9 174	10 858	38	7	9 136	10 851
非洲	**116 448**	**181 079**	**100 021**	**152 038**	**16 427**	**29 041**
＃阿尔及利亚	18 333	36 562	14 641	31 858	3 692	4 704
安哥拉	24 528	41 693	19 954	33 159	4 574	8 534
利比亚	3 093	1	2 828	1	265	0
尼日利亚	5 844	9 062	4 247	6 747	1 597	2 315
苏丹	8 593	15 257	8 545	15 119	48	138
欧洲	**23 365**	**35 027**	**4 624**	**7 606**	**18 741**	**27 421**
＃英国	1 296	1 106	32	79	1 264	1 027
德国	2 282	5 315	77	337	2 205	4 978
荷兰	626	2 177	1	1	625	2 176
希腊	776	332	0	0	776	332
西班牙	5	1 048	5	1048	0	0
俄罗斯联邦	15 892	20 760	2 991	3 233	12 901	17 527
拉丁美洲	**7 827**	**13 249**	**5 248**	**8 908**	**2 579**	**4 341**
＃巴西	233	623	137	500	96	123
墨西哥	159	444	128	155	31	289
北美洲	**1 369**	**3 633**	**477**	**461**	**892**	**3 172**
＃加拿大	445	600	96	108	349	492
美国	918	3 022	378	350	540	2 672
大洋洲	**3 322**	**8 233**	**2 506**	**4 491**	**816**	**3 742**
＃澳大利亚	684	1 590	682	684	2	906
新西兰	67	410	42	204	25	206
巴布亚新几内亚	250	1 013	250	1 013	0	0
其他	**81**	**267**	**0**	**18**	**81**	**249**

注：①“＃”表示“其中”。

②数据来源于中国对外承包工程、劳务合作业务统计年报（2011）。

表 17

2012 年全国对外承包营业额（分省市区排序）

单位：万美元

序　　号	省、直辖市、自治区	完成营业额
1	广东省	1 605 342
	其中：深圳市	1 528 439
2	山东省	811 423
	其中：青岛市	332 432
3	上海市	681 188
4	江苏省	646 755
5	四川省	563 592
6	湖北省	456 194
7	浙江省	371 286
	其中：宁波市	122 819
8	天津市	310 174
9	北京市	289 909
10	河北省	286 271
11	安徽省	281 148
12	河南省	228 558
13	辽宁省	184 706
	其中：大连市	62 589
14	江西省	184 082
15	湖南省	172 772
16	陕西省	167 927
17	云南省	154 762
18	新疆维吾尔自治区	101 405
19	黑龙江省	95 033
20	广西壮族自治区	74 972
21	福建省	64 228
	其中：厦门市	2 866
22	重庆市	58 424
23	吉林省	46 653
24	新疆生产建设兵团	45 642
25	山西省	44 556
26	贵州省	40 007
27	甘肃省	26 221
28	青海省	22 104
29	宁夏回族自治区	1 551
30	海南省	1 050
31	内蒙古自治区	857
32	西藏自治区	501

表 18

2012 年我国对外承包工程业务完成营业额前 50 家企业

单位：万美元

序　号	企　业　名　称	完成营业额
1	华为技术有限公司	1 039 030
2	中国水利水电建设股份有限公司	547 314
3	中国建筑工程总公司	498 779
4	中兴通讯股份有限公司	489 409
5	中国港湾工程有限责任公司	321 538
6	中信建设有限责任公司	263 576
7	中国机械设备工程股份有限公司	221 672
8	山东电力建设第三工程公司	211 885
9	中国葛洲坝集团股份有限公司	200 895
10	中国路桥工程有限责任公司	188 384
11	山东电力基本建设总公司	187 960
12	上海振华重工（集团）股份有限公司	183 136
13	中工国际工程股份有限公司	146 413
14	中国石油集团长城钻探工程有限公司	143 239
15	中国土木工程集团有限公司	137 755
16	上海电气集团股份有限公司	132 034
17	中国石油集团东方地球物理勘探有限责任公司	124 136
18	中国石油工程建设公司	112 188
19	中国石油集团川庆钻探工程有限公司	108 750
20	中国水利电力对外公司	108 358
21	中地海外建设集团有限公司	101 680
22	中铁四局集团有限公司	99 920
23	中国电力工程有限公司	97 022
24	青建集团股份公司	88 008
25	上海贝尔股份有限公司	78 207
26	国家电网公司	75 809
27	中石化炼化工程（集团）股份有限公司	75 519
28	上海建工（集团）总公司	68 974
29	中国石油天然气管道局	67 445
30	中国地质工程集团公司	66 277
31	中国石化集团中原石油勘探局	62 315
32	中国技术进出口总公司	60 012
33	东方电气股份有限公司	59 193
34	上海隧道工程股份有限公司	57 936
35	中冶京诚工程技术有限公司	54 013
36	哈尔滨电气国际工程有限责任公司	53 867
37	安徽建工集团有限公司	53 721
38	中国机械进出口（集团）有限公司	51 644
39	中国交通建设股份有限公司	49 913
40	中国中材国际工程股份有限公司	49 039
41	中国石油天然气管道工程有限公司	47 321
42	中国大连国际经济技术合作集团有限公司	46 979
43	中国江苏国际经济技术合作公司	45 823
44	中国海外工程有限责任公司	43 537
45	中铁十八局集团有限公司	43 193
46	沈阳远大铝业工程有限公司	42 839
47	中海油田服务股份有限公司	42 225
48	中国河南国际合作集团有限公司	41 908
49	中国中铁股份有限公司	41 868
50	新疆生产建设兵团建设工程（集团）有限责任公司	40 957

表 19

2012 年我国对外承包工程业务新签合同额前 50 家企业

单位：万美元

序号	企业名称	新签合同额
1	华为技术有限公司	1 315 116
2	中国水利水电建设股份有限公司	1 229 937
3	中国建筑工程总公司	855 293
4	中信建设有限责任公司	631 039
5	中国葛洲坝集团股份有限公司	599 200
6	中国港湾工程有限责任公司	550 673
7	中兴通讯股份有限公司	539 063
8	中国土木工程集团有限公司	528 176
9	中国机械设备工程股份有限公司	425 207
10	中铁国际经济合作有限公司	320 830
11	中国路桥工程有限责任公司	295 330
12	上海振华重工（集团）股份有限公司	279 463
13	中国石油工程建设公司	237 307
14	中国交通建设股份有限公司	208 189
15	中国浦发机械工业股份有限公司	196 700
16	中国石油集团长城钻探工程有限公司	187 207
17	中国石油天然气管道局	166 035
18	山东高速集团有限公司	165 272
19	中地海外建设集团有限公司	157 881
20	中工国际工程股份有限公司	157 614
21	中国水利电力对外公司	148 186
22	中国电力工程有限公司	138 700
23	特变电工股份有限公司	129 949
24	中国石油集团东方地球物理勘探有限责任公司	122 243
25	中国石化集团国际石油工程有限公司	121 991
26	中国中材国际工程股份有限公司	112 462
27	惠生工程（中国）有限公司	102 780
28	中国机械进出口（集团）有限公司	99 381
29	中铁四局集团有限公司	97 685
30	中国成套设备进出口（集团）总公司	92 940
31	北方重工集团有限公司	90 380
32	山东电力基本建设总公司	87 827
33	云南建工集团有限公司	87 823
34	中冶京诚工程技术有限公司	82 214
35	上海贝尔股份有限公司	79 003
36	中国成达工程有限公司	78 754
37	中铁一局集团有限公司	76 199
38	山东电力建设第三工程公司	74 140
39	东北电业管理局第二工程公司	73 105
40	北方国际合作股份有限公司	72 995
41	北京城建集团有限责任公司	71 493
42	中国十七冶集团有限公司	70 820
43	中国技术进出口总公司	69 633
44	中国江西国际经济技术合作公司	68 672
45	中国地质工程集团公司	66 359
46	中铁二十局集团有限公司	63 440
47	青建集团股份公司	59 784
48	中国石化集团中原石油勘探局	56 856
49	中国河南国际合作集团有限公司	56 151
50	威海国际经济技术合作股份有限公司	51 565

表 20

2012 年全国外商投资企业进出口情况

单位：亿美元

	全国		外商投资企业					
	金额	比去年%	金额		占全国比重%		比重+/-(百分点)	比去年
进出口总值	38 667.61	6.20%	18 939.97		48.98%		−2.10	1.82%
出口总值	20 489.35	7.90%	10 227.48		49.92%		−2.50	2.75%
进口总值	18 178.26	4.30%	8 712.49		47.93%		−1.69	0.74%
			投资进口设备	134.29	占三资企业进口比重	1.54%	−0.48	−23.30%

注：1～12 月份贸易顺差值为 1 514.99 亿美元，扣除投资项下进口设备、物料，贸易净顺差值为 1 649.28 亿美元。

表 21

2012 年我国非金融类对外直接投资（按省市区排序）

单位：万美元

序号	省、直辖市、自治区	实际投资额
	合计	2 818 748
1	广东省	322 155
	其中：深圳市	209 113
2	山东省	305 774
	其中：青岛市	86 157
3	江苏省	292 273
4	辽宁省	283 915
	其中：大连市	200 167
5	浙江省	240 190
	其中：宁波市	100 696
6	上海市	176 198
7	湖南省	140 163
8	甘肃省	133 923
9	北京市	118 642
10	四川省	73 711
11	云南省	70 981
12	天津市	62 802
13	重庆市	55 516
14	陕西省	54 887
15	安徽省	54 516
16	福建省	53 066
	其中：厦门市	16 426
17	湖北省	50 030
18	河北省	47 001
19	内蒙古自治区	46 035
20	江西省	36 590
21	黑龙江省	35 403
22	海南省	30 619
23	吉林省	27 688
24	山西省	26 362
25	河南省	24 497
26	广西壮族自治区	23 620

续 表

序　号	省、直辖市、自治区	实际投资额
27	新疆维吾尔自治区	20 761
28	新疆生产建设兵团	5 159
29	宁夏回族自治区	4 834
30	青海省	852
31	贵州省	586

注：按省市排序的表中都是地方企业，不含中央企业。

表 22

2000—2012 年两岸贸易统计

单位：亿美元,%

年　份	贸易总额		大陆对台出口额		大陆自台进口额		贸易差额
	金　额	同　比	金额	同比	金额	同比	
2000	305.3	30.1	50.4	27.6	254.9	30.6	—204.5
2001	323.4	5.9	50.0	—0.8	273.4	7.2	—223.4
2002	446.7	38.1	65.9	31.7	380.8	39.3	—314.9
2003	583.6	30.7	90.0	36.7	493.6	29.7	—403.6
2004	783.2	34.2	135.5	50.4	647.8	31.2	—512.3
2005	912.3	16.5	165.5	22.2	746.8	15.3	—581.3
2006	1 078.4	18.2	207.4	25.3	871.1	16.6	—663.7
2007	1 244.8	15.4	234.6	13.1	1 010.2	16.0	—775.6
2008	1 292.2	3.8	258.8	10.3	1 033.4	2.3	—774.6
2009	1 062.3	—17.8	205.1	—20.8	857.2	—17.0	—652.1
2010	1 453.7	36.9	296.8	44.8	1 156.9	35.0	—860.1
2011	1 600.3	10.1	351.1	18.3	1 249.2	7.9	—898.1
2012	1 689.6	5.6	367.8	4.8	1 321.8	5.8	—954

表 23

2000—2012 年台商投资大陆统计

单位：亿美元,%

年　份	项　目　数			实际使用台资金融		
	个　数	同　比	占当年总额比重	金　额	同　比	占当年总额比重
2000	3 108	24.4	13.9	23.0	—11.7	5.6
2001	4 214	35.6	16.1	29.8	29.8	6.4
2002	4 853	15.2	14.2	39.7	33.3	7.5
2003	4 495	—7.4	10.9	33.8	—14.9	6.3
2004	4 002	—11.0	9.2	31.2	—7.7	5.1
2005	3 907	—2.4	8.8	21.6	—31.0	3.6
2006	3 752	—4.0	9.1	21.4	—0.7	3.4
2007	3 299	—12.1	8.7	17.7	—20.4	2.4
2008	2 360	—28.5	8.6	19.0	7.0	2.1
2009	2 555	8.3	10.9	18.8	—1.0	2.1
2010	3 072	20.2	—	24.8	31.7	—
2011	2 639	—14.10	—	21.8	—11.81	—
2012	2 229	—15.5	—	28.5	20.4	3

表 24

2000—2012 年内地与香港贸易统计

单位：亿美元，%

年份	进出口		出口		进口	
	总额	同比	总额	同比	总额	同比
2000	539.5	23.3	445.2	20.8	94.3	36.8
2001	559.7	3.7	465.5	4.6	94.2	−0.1
2002	629.1	23.7	584.7	25.6	107.4	14
2003	847.1	26.3	762.9	30.5	111.2	3.7
2004	1 126.8	28.9	1 008.8	32.3	118	6.1
2005	1 367.1	21.3	1 244.8	23.4	122.3	3.6
2006	1 661.7	21.6	1 553.9	24.8	107.9	−11.8
2007	1 972.5	18.7	1 844.3	18.7	128.2	18.8
2008	2 036.7	3.3	1 907.4	3.4	129.2	0.9
2009	1 749.5	−14.1	1 662.3	−12.8	87.1	−32.6
2010	2 035.8	31.8	2 183.2	31.3	133.6	40.9
2011	2 835.2	23.0	2 680.3	22.8	155.0	26.4
2012	3 414.9	20.5	3 235.3	20.7	179.6	15.9

表 25

2000—2012 年香港对内地投资统计

单位：亿美元，%

年份	项目数			实际使用港资金额		
	个数	同比	占比	金额	同比	占比
2000	7 199	22	32.21	155	−6.3	38.07
2001	8 008	11.2	30.64	167.1	7.8	35.66
2002	10 845	35.4	31.74	178.6	6.88	33.86
2003	13 633	25.7	33.19	177.0	−0.9	33.08
2004	14 719	7.97	33.71	189.9	7.29	31.08
2005	14 831	0.76	33.71	179.5	5.48	24.72
2006	15 496	4.5	37.36	202.3	12.7	32.11
2007	16 208	4.6	42.8	277.0	30.0	37.1
2008	12 857	−20.7	45.7	410.4	48.1	44.4
2009	10 701	−16.8	45.7	460.8	12.3	51.2
2010	13 070	22.1	—	605.7	31.5	—
2011	13 889	6.27	—	705.0	16.4	—
2012	12 604	−9.3	—	655.6	−7.0	58.7

表 26

2000—2012 年内地对香港承包工程统计

单位：亿美元，%

年份	项目数		新签合同额		完成营业额		年末在港人数	
	份数	同比	金额	同比	金额	同比	人数	同比
1998	116	−36.30	18.30	−7.60	19.00	24.20	497	−21.40
1999	156	34.00	27.70	51.40	19.60	3.10	924	85.90
2000	162	3.80	25.50	−8.00	20.20	3.10	1037	12.20
2001	235	45.06	23.64	−7.25	16.99	−16.18	958	−7.62
2002	187	20.43	22.03	−6.79	21.38	25.76	907	−5.32
2003	284	51.87	23.34	5.94	26.37	23.38	850	−6.28

续 表

年 份	项 目 数		新签合同额		完成营业额		年末在港人数	
	份 数	同 比	金 额	同 比	金 额	同 比	人 数	同 比
2004	649	128.52	17.74	−23.99	25.43	−3.58	839	−1.29
2005	209	67.80	14.46	−18.51	17.83	−29.89	991	18.12
2006	258	23.44	18.28	26.42	17.55	−18.11	1 037	4.64
2007	263	1.94	16.27	−11.00	19.94	13.62	767	−26.04
2008	95	−63.88	16.1	−1.04	16.9	−15.25	375	−51.11
2009	94	−1.05	29.3	81.99	18.0	6.51	449	19.73
2010	1 632	—	35.1	—	19.0	—	21 052	—
2011	94	—	44.9	—	19.7	—	24 046	—
2012	120	—	54.0	—	27.9	—	35 098	—

注：2010数据包括内地在香港承包工程、劳务合作合同数；年末在港劳务人数。

表27

2000—2012年内地与澳门贸易统计

单位：亿美元，%

年 份	进出口		出 口		进 口	
	总 额	同 比	总 额	同 比	总 额	同 比
2000	8.05	9.6	7.10	11.3	0.95	−2.0
2001	8.63	7.2	7.43	4.7	1.19	25.4
2002	10.18	18.2	8.76	18.0	1.42	19.4
2003	14.67	44.1	12.81	46.3	1.86	30.6
2004	18.28	24.7	16.11	25.9	2.16	16.3
2005	18.70	2.0	16.05	−0.8	2.65	22.5
2006	24.41	30.5	21.84	36.1	2.56	−3.4
2007	29.2	19.7	26.4	20.9	2.8	9.7
2008	29.1	−0.5	26	−1.5	3.1	9.1
2009	21	−27.9	18.5	−28.8	2.5	−19.6
2010	22.6	8.0	21.4	15.7	1.2	−49.8
2011	25.2	11.2	23.6	10.0	1.6	31.3
2012	29.9	18.6	27.1	14.9	2.8	72

表28

2000—2012年澳门对内地投资统计

单位：亿美元，%

年份	项 目		实际利用外资	
	个数	同比	金额	同比
2000	433	70.5	3.47	12.5
2001	458	5.8	3.21	−7.6
2002	518	13.1	4.68	45.9
2003	580	12	4.16	−11.1
2004	715	23.3	5.46	31.2
2005	707	−1.2	6.00	10
2006	868	22.8	6.00	0.41
2007	856	−1.4	6.4	−6.0
2008	435	−96.8	5.8	−9.4
2009	294	−32.4	8.1	40.1
2010	274	−6.8	6.6	−19.6
2011	283	3.28	6.8	3.84
2012	303	7.1	5.1	−25.7

表 29

1998—2012 年内地对澳门劳务合作统计

单位：亿美元，人

年 份	劳务合作			承包工程		
	新签合同额	完成营业额	年末在外人数	新签合同额	完成营业额	年末在外人数
1998	1.34	1.12	27 066	1.30	1.45	436
1999	0.73	1.31	28 260	0.55	1.18	614
2000	0.98	1.23	28 253	0.62	0.98	451
2001	1.24	1.38	36 563	0.93	0.64	241
2002	1.23	1.09	21 033	1.25	0.79	611
2003	0.90	1.18	23 590	2.13	1.70	1 024
2004	1.20	1.31	21 983	5.24	2.18	1 146
2005	2.74	1.38	27 063	5.79	3.73	219
2006	3.14	2.57	37 557	18.13	7.92	456
2007	4.04	2.63	44 510	11.03	11.72	578
2008	5.41	3.64	53 399	8.86	8.79	899
2009	1.1	3.3	47 908	2.8	5.3	2 091
	新签合同额		完成营业额		年末在外人数	
2010	15.6		14.5		48 951	
2011	8.2		5.0		58 543	
2012	7.5		4.7		68 216	

注：2010、2011、2012 年数据未单列。

表 30

2012 年中国对亚洲国家/地区贸易统计

单位：亿美元，%

	进出口		出口		进口		贸易差额	
	金 额	同比	金 额	同比	金 额	同比	当 年	上年同期
总值	38 667.60	6.2%	20 489.35	7.9%	18 178.26	4.3%	2 311.09	1 551.42
亚洲地区	20 449.30	7.5%	10 069.63	12.0%	10 379.67	3.4%	−310.04	−1 047.45
亚洲司主管国别	11 484.07	2.0%	5 485.78	7.5%	5 998.30	−2.6%	−512.52	−1 057.80
占总值比	29.7%	−1.2%	26.8%	−0.1%	33.0%	−2.3%		
东北亚	5 984.10	−0.4%	2 455.10	3.5%	3 529.00	−2.9%	−1 073.90	−1 263.56
日本	3 294.51	−3.9%	1 516.43	2.3%	1 778.09	−8.6%	−261.66	−462.92
韩国	2 563.29	4.4%	876.81	5.7%	1 686.48	3.7%	−809.66	−797.86
朝鲜	60.34	7.0%	35.33	11.6%	25.01	1.0%	10.31	6.90
蒙古	65.96	2.5%	26.53	−2.9%	39.42	6.5%	−12.89	−9.68
东盟	4 000.93	10.3%	2 042.72	20.1%	1 958.21	1.6%	84.51	−226.88
文莱	16.08	22.6%	12.52	68.2%	3.55	−37.3%	8.97	1.78
缅甸	69.72	7.2%	56.73	17.7%	12.98	−22.7%	43.75	31.43
柬埔寨	29.23	17.0%	27.08	17.0%	2.15	16.8%	24.93	21.31
印度尼西亚	662.19	9.4%	342.89	17.4%	319.30	1.9%	23.59	−20.78
老挝	17.28	32.8%	9.37	96.8%	7.91	−4.1%	1.46	−3.53
马来西亚	948.13	5.3%	365.18	31.0%	582.95	−6.2%	−217.77	−342.55
菲律宾	363.70	12.8%	167.32	17.4%	196.38	9.2%	−29.06	−37.46
新加坡	692.76	8.7%	407.52	14.6%	285.24	1.4%	122.27	76.59
泰国	697.45	7.7%	312.00	21.4%	385.45	−1.3%	−73.45	−133.44
越南	504.40	25.4%	342.10	17.6%	162.29	46.0%	179.81	179.76
东帝汶	6 316 万美元	−12.5%	6 247 万美元	−11.3%	68 万美元	−60.7%	0.62	0.69

续 表

	进出口		出口		进口		贸易差额	
	金额	同比	金额	同比	金额	同比	当年	上年同期
南亚	930.67	−4.5%	704.51	−1.2%	226.16	−13.4%	478.35	451.90
印度	664.72	−10.1%	476.73	−5.7%	187.99	−19.6%	288.74	271.69
巴基斯坦	124.17	17.6%	92.76	9.9%	31.40	48.2%	61.36	63.16
孟加拉国	84.51	2.3%	79.71	2.1%	4.80	6.9%	74.91	73.62
斯里兰卡	31.68	0.9%	30.07	0.6%	1.62	5.9%	28.45	28.36
尼泊尔	19.98	67.2%	19.68	66.6%	0.30	112.9%	19.39	11.67
马尔代夫	7 667 万美元	−21.2%	7 649 万美元	−21.2%	19 万美元	36.9%	0.76	0.97
不丹	1 562 万美元	−10.5%	1 560 万美元	−10.2%	1 万美元	−83.3%	0.16	0.17
阿富汗	4.69	100.2%	4.64	101.8%	0.05	17.8%	4.59	2.26
西亚	2 510.54	7.4%	1 023.49	6.1%	1 487.05	8.3%	−463.56	−407.90
伊朗	364.67	−19.1%	116.03	−21.4%	248.64	−18.1%	−132.61	−155.83
土耳其	190.95	1.9%	155.86	−0.2%	35.09	12.3%	120.76	124.91
塞浦路斯	12.12	5.4%	10.93	−2.7%	1.19	351.6%	9.75	10.97
西亚其他	1 942.80	15.1%	740.67	14.0%	1 202.13	15.8%	−461.46	−387.94
香港	3 414.87	20.5%	3 235.27	20.7%	179.60	15.9%	3 055.67	2 525.27
澳门	29.86	18.6%	27.07	14.9%	2.79	72.0%	24.28	21.93
台湾	1 689.63	5.6%	367.79	4.8%	1 321.84	5.8%	−954.05	−898.08
亚洲其他	1 888.07	16.4%	213.06	14.6%	1 675.01	16.6%	−1 461.96	−1250.83
欧盟	5 460.43	−3.7%	3 339.88	−6.2%	2 120.55	0.4%	1 219.34	1 448.27
美国	4 846.83	8.5%	3 517.96	8.4%	1 328.86	8.8%	2 189.10	2 023.39

注：①十大贸易伙伴：欧盟、美国、东盟、中国香港、日本、韩国、中国台湾、澳大利亚、俄罗斯、巴西。
②十大出口市场：美国、欧盟、中国香港、东盟、日本、韩国、印度、俄罗斯、澳大利亚、中国台湾。
③十大进口来源：欧盟、东盟、日本、韩国、美国、中国台湾、澳大利亚、沙特阿拉伯、巴西、南非。
④占总值比中的"同比"为同比增减点数：亚洲司主管 26 个国别。

表 31

2012 年美国对中国出口主要商品构成（章）

单位：百万美元，%

HS 编码	商品类别	2012 年	上年同期	同比	占比
章	总值	110 590	103 939	6.4	100.0
12	油籽；子仁；工业或药用植物；饲料	15 242	10 687	42.6	13.8
84	核反应堆、锅炉、机械器具及零件	11 559	12 201	−5.3	10.5
85	电机、电气、音像设备及其零附件	9 663	10 148	−4.8	8.7
88	航空器、航天器及其零件	8 368	6 392	30.9	7.6
90	光学、照相、医疗等设备及零附件	7 034	5 730	22.8	6.4
87	车辆及其零附件 但铁道车辆除外	7 028	6 763	3.9	6.4
39	塑料及其制品	4 692	5 116	−8.3	4.2
74	铜及其制品	3 859	3 767	2.5	3.5
47	木浆等纤维状纤维素浆；废纸及纸板	3 819	3 993	−4.4	3.5
52	棉花	3 530	2 638	33.8	3.2
29	有机化学品	3 264	3 520	−7.3	3.0
76	铝及其制品	2 759	3 035	−9.1	2.5
27	矿物燃料、矿物油及其产品；沥青等	2 522	2 041	23.6	2.3
26	矿砂、矿渣及矿灰	1 709	1 589	7.6	1.6
38	杂项化学产品	1 691	1 538	9.9	1.5
44	木及木制品；木炭	1 638	1 933	−15.3	1.5
72	钢铁	1 582	2 572	−38.5	1.4
10	谷物	1 535	1 012	51.6	1.4
41	生皮（毛皮除外）及皮革	1 472	1 299	13.4	1.3

续 表

HS编码	商 品 类 别	2012年	上年同期	同 比	占 比
28	无机化学品；贵金属等的化合物	1 290	1 287	0.3	1.2
03	鱼及其他水生无脊椎动物	1 113	1 131	−1.6	1.0
30	药品	1 068	984	8.5	1.0
40	橡胶及其制品	1 027	973	5.5	0.9
02	肉及食用杂碎	1 005	817	23.0	0.9
23	食品工业的残渣及废料；配制的饲料	948	645	47.0	0.9
48	纸及纸板；纸浆、纸或纸板制品	729	781	−6.7	0.7
73	钢铁制品	642	632	1.6	0.6
32	鞣料；着色料；涂料；油灰；墨水等	581	1 107	−47.5	0.5
55	化学纤维短纤	564	572	−1.3	0.5
08	食用水果及坚果；甜瓜等水果的果皮	538	337	59.6	0.5
	以上合计	102 470	95 243		

表 32

2012年美国自中国进口主要商品构成（章）

单位：百万美元，%

HS编码	商 品 类 别	2012年	上年同期	同 比	占 比
章	总值	425 644	399 362	6.6	100.0
85	电机、电气、音像设备及其零附件	110 705	98 701	12.2	26.0
84	核反应堆、锅炉、机械器具及零件	99 120	94 855	4.5	23.3
94	家具；寝具等；灯具；活动房	22 443	20 493	9.5	5.3
95	玩具、游戏或运动用品及其零附件	21 978	22 624	−2.9	5.2
64	鞋靴、护腿和类似品及其零件	17 149	16 722	2.6	4.0
61	针织或钩编的服装及衣着附件	14 985	15 091	−0.7	3.5
62	非针织或非钩编的服装及衣着附件	14 714	15 000	−1.9	3.5
39	塑料及其制品	12 148	10 899	11.5	2.9
87	车辆及其零附件，但铁道车辆除外	9 389	8 183	14.7	2.2
73	钢铁制品	9 367	8 645	8.4	2.2
90	光学、照相、医疗等设备及零附件	8 777	7 879	11.4	2.1
42	皮革制品；旅行箱包；动物肠线制品	8 414	8 052	4.5	2.0
29	有机化学品	6 435	5 721	12.5	1.5
63	其他纺织制品；成套物品；旧纺织品	6 373	6 212	2.6	1.5
40	橡胶及其制品	4 697	3 948	19.0	1.1
83	贱金属杂项制品	3 839	3 583	7.1	0.9
71	珠宝、贵金属及制品；仿首饰；硬币	3 602	3 309	8.8	0.9
44	木及木制品；木炭	3 166	2 800	13.1	0.7
82	贱金属器具、利口器、餐具及零件	3 098	2 915	6.3	0.7
48	纸及纸板；纸浆、纸或纸板制品	2 535	2 403	5.5	0.6
96	杂项制品	2 379	2 101	13.2	0.6
69	陶瓷产品	2 259	2 271	−0.5	0.5
70	玻璃及其制品	1 959	1 816	7.8	0.5
03	鱼及其他水生无脊椎动物	1 954	2 030	−3.7	0.5
49	印刷品；手稿、打字稿及设计图纸	1 946	1 771	9.9	0.5
76	铝及其制品	1 897	1 752	8.3	0.5
28	无机化学品；贵金属等的化合物	1 628	2 392	−32.0	0.4

续 表

HS 编码	商 品 类 别	2012 年	上年同期	同 比	占 比
67	加工羽毛及制品；人造花；人发制品	1 549	1 531	1.2	0.4
72	钢铁	1 547	1 484	4.2	0.4
20	蔬菜、水果等或植物其他部分的制品	1 385	1 247	11.0	0.3
	以上合计	401 437	376 430	6.6	

表 33

2012 年美国对中国出口主要商品构成（类）

单位：百万美元，%

海关分类	HS 编码	商 品 类 别	2012 年	上年同期	同 比	占 比
类	章	总值	110 590	103 939	6.4	100.0
第 16 类	84—85	机电产品	21 222	22 349	−5.0	19.2
第 2 类	06—14	植物产品	17 444	12 198	43.0	15.8
第 17 类	86—89	运输设备	15 551	13 293	17.0	14.1
第 15 类	72—83	贱金属及制品	9 714	10 864	−10.6	8.8
第 6 类	28—38	化工产品	9 476	10 041	−5.6	8.6
第 18 类	90—92	光学、钟表、医疗设备	7 059	5 756	22.7	6.4
第 7 类	39—40	塑料、橡胶	5 719	6 089	−6.1	5.2
第 10 类	47—49	纤维素浆；纸张	4 704	4 920	−4.4	4.3
第 11 类	50—63	纺织品及原料	4 635	3 737	24.1	4.2
第 5 类	25—27	矿产品	4 430	3 861	14.7	4.0
第 1 类	01—05	活动物；动物产品	2 618	2 429	7.8	2.4
第 4 类	16—24	食品、饮料、烟草	1 845	1 343	37.3	1.7
第 9 类	44—46	木及制品	1 641	1 936	−15.3	1.5
第 8 类	41—43	皮革制品；箱包	1 634	1 469	11.2	1.5
第 20 类	94—96	家具、玩具、杂项制品	557	834	−33.2	0.5
		其他	2 340	2 820		

表 34

2012 年美国自中国进口主要商品构成（类）

单位：百万美元，%

海关分类	HS 编码	商 品 类 别	2012 年	上年同期	同 比	占 比
类	章	总值	425 644	399 362	6.6	100.0
第 16 类	84—85	机电产品	209 825	193 556	8.4	49.3
第 20 类	94—96	家具、玩具、杂项制品	46 800	45 217	3.5	11.0
第 11 类	50—63	纺织品及原料	39 294	39 265	0.1	9.2
第 15 类	72—83	贱金属及制品	21 130	19 799	6.7	5.0
第 12 类	64—67	鞋靴、伞等轻工产品	20 558	20 089	2.3	4.8
第 7 类	39—40	塑料、橡胶	16 846	14 847	13.5	4.0
第 6 类	28—38	化工产品	12 495	12 325	1.4	2.9
第 17 类	86—89	运输设备	10 432	9 302	12.1	2.5
第 18 类	90—92	光学、钟表、医疗设备	10 116	9 134	10.7	2.4
第 8 类	41—43	皮革制品；箱包	8 531	8 175	4.4	2.0
第 13 类	68—70	陶瓷；玻璃	5 269	5 067	4.0	1.2
第 10 类	47—49	纤维素浆；纸张	4 486	4 196	6.9	1.1
第 14 类	71	贵金属及制品	3 602	3 309	8.8	0.9
第 9 类	44—46	木及制品	3 505	3 138	11.7	0.8
第 4 类	16—24	食品、饮料、烟草	3 126	2 757	13.4	0.7
		其他	9 629	9 185	4.8	

表 35

2012 年美国自中国进口的十大类商品及其国别/地区构成　　单位：百万美元，%

HS84—85：机电产品

国家和地区	金　额	同　比	占　比
中国	209 825	8.4	35.0
墨西哥	99 126	6.7	16.6
日本	54 067	9.1	9.0
德国	29 691	7.0	5.0
加拿大	28 748	2.3	4.8
韩国	23 944	−9.4	4.0

HS39—40：塑料、橡胶

国家和地区	金　额	同　比	占　比
中国	16 846	13.5	23.8
加拿大	13 646	−0.4	19.3
墨西哥	5 710	9.8	8.1
日本	5 031	5.3	7.1
韩国	3 620	11.2	5.1
德国	3 548	8.1	5.0

HS94—96：家具、玩具、杂项制品

国家和地区	金　额	同　比	占　比
中国	46 800	3.5	61.2
墨西哥	9 380	28.3	12.3
加拿大	4 941	10.8	6.5
越南	2 570	26.1	3.4
中国台湾	1 896	10.5	2.5
日本	1 322	−9.2	1.7

HS28—38：化工产品

国家和地区	金　额	同　比	占　比
爱尔兰	24 831	−19.9	14.2
加拿大	19 872	−6.1	11.4
德国	17 442	13.1	10.0
中国	12 495	1.4	7.2
英国	10 204	−6.6	5.9
瑞士	9 739	11.5	5.6

HS50—63：纺织品及原料

国家和地区	金　额	同　比	占　比
中国	39 294	0.1	38.0
越南	7 339	6.3	7.1
印度	6 202	−1.3	6.0
墨西哥	5 369	−2.6	5.2
印度尼西亚	5 235	−2.6	5.1
孟加拉国	4 553	−1.0	4.4

HS86—89：运输设备

国家和地区	金　额	同　比	占　比
加拿大	64 000	15.0	23.9
日本	54 822	25.3	20.5
墨西哥	54 535	17.2	20.4
德国	31 633	18.0	11.8
韩国	15 244	22.9	5.7
中国	10 432	12.1	3.9

HS72—83：贱金属及制品

国家和地区	金　额	同　比	占　比
加拿大	23 176	−5.6	19.3
中国	21 130	6.7	17.6
墨西哥	10 147	2.3	8.5
日本	6 738	18.4	5.6
德国	6 180	9.3	5.2
韩国	5 498	21.2	4.6

HS90—92：光学、钟表、医疗设备

国家和地区	金　额	同　比	占　比
墨西哥	10 489	6.3	14.0
中国	10 116	10.7	13.5
德国	8 901	0.8	11.9
日本	7 936	−0.7	10.6
瑞士	5 436	−3.6	7.3
爱尔兰	5 291	2.1	7.1

HS64—67：鞋靴、伞等轻工产品

国家和地区	金　额	同　比	占　比
中国	20 558	2.3	72.8
越南	2 539	16.8	9.0
意大利	1 241	7.6	4.4
印度尼西亚	1 153	17.3	4.1
墨西哥	554	29.4	2.0
印度	283	27.5	1.0

HS41—43：皮革制品；箱包

国家和地区	金　额	同　比	占　比
中国	8 531	4.4	64.7
意大利	1 102	13.1	8.4
法国	568	22.9	4.3
越南	527	40.1	4.0
印度	351	8.9	2.7
加拿大	275	19.2	

表 36

2012 年欧盟（27）自我国进口主要商品构成（章）

单位：百万美元，%

HS 编码	商品类别	2012 年	上年同期	同比	占比
章	总值	184 140	188 926	−2.5	100.0
84	核反应堆、锅炉、机械器具及零件	43 560	51 012	−14.6	23.7
87	车辆及其零附件，但铁道车辆除外	35 761	33 678	6.2	19.4
85	电机、电气、音像设备及其零附件	18 538	20 201	−8.2	10.1
90	光学、照相、医疗等设备及零附件	10 099	9 351	8.0	5.5
88	航空器、航天器及其零件	8 742	7 700	13.5	4.8
74	铜及其制品	6 991	6 852	2.0	3.8
30	药品	6 388	5 324	20.0	3.5
39	塑料及其制品	5 797	5 826	−0.5	3.2
29	有机化学品	4 177	4 159	0.4	2.3
72	钢铁	2 766	3 461	−20.1	1.5
47	木浆等纤维状纤维素浆；废纸及纸板	2 546	2 816	−9.6	1.4
73	钢铁制品	2 539	2 864	−11.3	1.4
27	矿物燃料、矿物油及其产品；沥青等	2 479	1 824	35.9	1.4
38	杂项化学产品	1 930	2 037	−5.3	1.1
71	珠宝、贵金属及制品；仿首饰；硬币	1 914	2 224	−13.9	1.0
22	饮料、酒及醋	1 883	1 751	7.5	1.0
40	橡胶及其制品	1 812	1 760	3.0	1.0
76	铝及其制品	1 392	1 365	1.9	0.8
28	无机化学品；贵金属等的化合物	1 314	1 394	−5.7	0.7
94	家具；寝具等；灯具；活动房	1 135	1 089	4.2	0.6
48	纸及纸板；纸浆、纸或纸板制品	1 087	1 201	−9.5	0.6
02	肉及食用杂碎	1 085	715	51.8	0.6
41	生皮（毛皮除外）及皮革	1 039	1 193	−12.9	0.6
26	矿砂、矿渣及矿灰	989	1 072	−7.7	0.5
32	鞣料；着色料；涂料；油灰；墨水等	910	844	7.9	0.5
43	毛皮、人造毛皮及其制品	787	564	39.6	0.4
19	谷物粉、淀粉等或乳制品；糕饼	771	500	54.1	0.4
34	洗涤剂、润滑剂、人造蜡、塑型膏等	722	712	1.4	0.4
33	精油及香膏；香料制品及化妆盥洗品	714	676	5.7	0.4
62	非针织或非钩编的服装及衣着附件	700	545	28.6	0.4
	以上合计	170 568	174 710	−2.4	

表 37

2012 年欧盟（27）对中国出口主要商品构成（类）

单位：百万美元，%

海关分类	HS 编码	商品类别	2012 年	上年同期	同　比	占　比
类	章	总值	184 140	188 926	−2.5	100.0
第 16 类	84—85	机电产品	62 098	71 213	−12.8	33.7
第 17 类	86—89	运输设备	45 399	42 757	6.2	24.7
第 6 类	28—38	化工产品	17 006	15 902	6.9	9.2
第 15 类	72—83	贱金属及制品	15 748	16 634	−5.3	8.6
第 18 类	90—92	光学、钟表、医疗设备	10 271	9 541	7.7	5.6
第 7 类	39—40	塑料、橡胶	7 609	7 586	0.3	4.1
第 5 类	25—27	矿产品	4 071	3 513	15.9	2.2
第 10 类	47—49	纤维素浆；纸张	3 851	4 224	−8.8	2.1
第 4 类	16—24	食品、饮料、烟草	3 328	2 892	15.1	1.8
第 11 类	50—63	纺织品及原料	3 119	2 992	4.2	1.7
第 1 类	01—05	活动物；动物产品	2 356	1 811	30.1	1.3
第 8 类	41—43	皮革制品；箱包	2 305	2 168	6.3	1.3
第 14 类	71	贵金属及制品	1 914	2 224	−13.9	1.0
第 20 类	94—96	家具、玩具、杂项制品	1 404	1 336	5.1	0.8
第 13 类	68—70	陶瓷；玻璃	1 138	1 174	−3.0	0.6
其　他			2 523	2 958	−14.7	1.4

表 38

2012 年欧盟（27）自我国进口主要商品构成（类）

单位：百万美元，%

海关分类	HS 编码	商品类别	2012 年	上年同期	同　比	占　比
类	章	总值	371 997	408 150	−8.9	100.0
第 16 类	84—85	机电产品	178 256	191 794	−7.1	47.9
第 11 类	50—63	纺织品及原料	44 682	52 591	−15.0	12.0
第 20 类	94—96	家具、玩具、杂项制品	32 635	35 926	−9.2	8.8
第 15 类	72—83	贱金属及制品	22 656	26 425	−14.3	6.1
第 6 类	28—38	化工产品	15 344	16 873	−9.1	4.1
第 12 类	64—67	鞋靴、伞等轻工产品	12 352	13 289	−7.1	3.3
第 7 类	39—40	塑料、橡胶	12 205	12 755	−4.3	3.3
第 18 类	90—92	光学、钟表、医疗设备	10 515	10 206	3.0	2.8
第 17 类	86—89	运输设备	10 330	12 706	−18.7	2.8
第 8 类	41—43	皮革制品；箱包	8 223	8 653	−5.0	2.2
第 13 类	68—70	陶瓷；玻璃	5 821	6 258	−7.0	1.6
第 10 类	47—49	纤维素浆；纸张	3 361	3 478	−3.4	0.9
第 9 类	44—46	木及制品	3 137	3 347	−6.3	0.8
第 14 类	71	贵金属及制品	2 955	3 231	−8.5	0.8
第 1 类	01—05	活动物；动物产品	2 791	3 136	−11.0	0.8
其　他			6 735	7 483	−10.0	1.8

表 39

2012 年欧盟（27）自我国进口的十大类商品及其国别/地区构成

单位：百万美元，%

HS84—85：机电产品

国家和地区	金 额	同 比	占 比
中国	178 256	−7.1	38.9
美国	67 428	−2.3	14.7
日本	37 749	−14.6	8.2
瑞士	20 191	−12.1	4.4
韩国	17 291	−10.3	3.8
台湾	16 214	−18.0	3.5

HS64—67：鞋靴、伞等轻工产品

国家和地区	金 额	同 比	占 比
中国	12 352	−7.1	53.9
越南	2 735	6.2	11.9
印度尼西亚	1 628	9.5	7.1
印度	1 465	−18.5	6.4
突尼斯	561	−17.1	2.5
柬埔寨	386	1.7	1.7

HS50—63：纺织品及原料

国家和地区	金 额	同 比	占 比
中国	44 682	−15.0	39.1
土耳其	15 424	−9.7	13.5
孟加拉国	11 168	0.3	9.8
印度	8 104	−21.6	7.1
巴基斯坦	3 644	−20.0	3.2
突尼斯	3 084	−18.3	2.7

HS39—40：塑料、橡胶

国家和地区	金 额	同 比	占 比
中国	12 205	−4.3	19.9
美国	9 602	−5.4	15.7
日本	4 238	−14.3	6.9
瑞士	4 139	−11.3	6.8
土耳其	3 517	−5.4	5.7
韩国	3 282	4.5	5.4

HS94—96：家具、玩具、杂项制品

国家和地区	金 额	同 比	占 比
中国	32 635	−9.2	69.1
美国	1 958	−3.1	4.1
越南	1 118	−4.3	2.4
瑞士	1 064	−6.2	2.3
土耳其	1 057	−8.3	2.2
日本	990	−26.5	2.1

HS90—92：光学、钟表、医疗设备

国家和地区	金 额	同 比	占 比
美国	24 841	−4.3	32.8
瑞士	13 860	−1.1	18.3
中国	10 515	3.0	13.9
日本	7 374	−10.9	9.8
韩国	3 890	1.2	5.1
墨西哥	2 313	12.1	3.1

HS72—83：贱金属及制品

国家和地区	金 额	同 比	占 比
中国	22 656	−14.3	18.8
俄罗斯	12 593	−15.8	10.5
美国	9 361	−2.9	7.8
挪威	7 513	−10.5	6.2
瑞士	7 096	−13.1	5.9
土耳其	5 956	−21.2	4.9

HS86—89：运输设备

国家和地区	金 额	同 比	占 比
美国	30 750	7.4	25.2
日本	15 602	−15.2	12.8
韩国	13 836	6.7	11.3
土耳其	11 252	−13.1	9.2
中国	10 330	−18.7	8.5
未列明国家	9 333	9.0	7.6

HS28—38：化工产品

国家和地区	金 额	同 比	占 比
美国	51 006	−0.1	27.2
瑞士	39 631	−6.9	21.1
中国	15 344	−9.1	8.2
新加坡	12 640	16.9	6.7
俄罗斯	7 738	2.0	4.1
日本	7 725	−12.7	4.1

HS41—43：皮革制品；箱包

国家和地区	金 额	同 比	占 比
中国	8 223	−5.0	47.7
印度	1 650	−8.8	9.6
瑞士	787	5.0	4.6
巴西	657	−11.9	3.8
越南	578	−3.0	3.4
美国	553	−11.5	3.2

表 40

2012 年日本对我国出口主要商品构成（章）

单位：百万美元，%

HS 编码	商品类别	2012 年	上年同期	同 比	占 比
章	总值	144 197	162 013	−11.0	100.0
85	电机、电气、音像设备及其零附件	30 808	33 284	−7.4	21.4
84	核反应堆、锅炉、机械器具及零件	29 928	39 168	−23.6	20.8
87	车辆及其零附件，但铁道车辆除外	13 581	15 505	−12.4	9.4
90	光学、照相、医疗等设备及零附件	11 958	11 575	3.3	8.3
72	钢铁	8 198	9 639	−15.0	5.7
39	塑料及其制品	7 957	8 759	−9.2	5.5
29	有机化学品	7 508	7 613	−1.4	5.2
74	铜及其制品	3 887	3 768	3.2	2.7
73	钢铁制品	2 037	2 159	−5.6	1.4
38	杂项化学产品	1 919	2 059	−6.8	1.3
27	矿物燃料、矿物油及其产品；沥青等	1 893	2 165	−12.6	1.3
40	橡胶及其制品	1 552	1 710	−9.2	1.1
70	玻璃及其制品	1 194	1 312	−9.0	0.8
32	鞣料；着色料；涂料；油灰；墨水等	923	1 083	−14.8	0.6
54	化学纤维长丝	908	944	−3.8	0.6
47	木浆等纤维状纤维素浆；废纸及纸板	884	928	−4.7	0.6
82	贱金属器具、利口器、餐具及零件	741	719	3.1	0.5
34	洗涤剂、润滑剂、人造蜡、塑型膏等	726	708	2.5	0.5
55	化学纤维短纤	722	788	−8.4	0.5
37	照相及电影用品	708	735	−3.7	0.5
76	铝及其制品	707	850	−16.9	0.5
71	珠宝、贵金属及制品；仿首饰；硬币	600	785	−23.6	0.4
28	无机化学品；贵金属等的化合物	571	732	−22.0	0.4
60	针织物及钩编织物	487	516	−5.6	0.3
96	杂项制品	483	351	37.6	0.3
48	纸及纸板；纸浆、纸或纸板制品	478	605	−20.9	0.3
68	矿物材料的制品	453	560	−19.1	0.3
30	药品	432	356	21.3	0.3
59	浸、包或层压织物；工业用纺织制品	394	409	−3.5	0.3
94	家具；寝具等；灯具；活动房	361	449	−19.6	0.3
	以上合计	132 997	150 235	−11.5	92.0

表 41

2012 年日本自我国进口主要商品构成（章）

单位：百万美元，%

HS 编码	商品类别	2012 年	上年同期	同比	占比
章	总值	188 386	184 129	2.3	100.0
85	电机、电气、音像设备及其零附件	47 426	44 042	7.7	25.2
84	核反应堆、锅炉、机械器具及零件	32 275	30 736	5.0	17.1
61	针织或钩编的服装及衣着附件	12 963	13 019	−0.4	6.9
62	非针织或非钩编的服装及衣着附件	12 141	12 275	−1.1	6.5
95	玩具、游戏或运动用品及其零附件	6 056	5 469	10.7	3.2
90	光学、照相、医疗等设备及零附件	5 408	4 767	13.4	2.9
39	塑料及其制品	5 216	4 952	5.3	2.8
94	家具；寝具等；灯具；活动房	5 127	4 515	13.5	2.7
73	钢铁制品	4 052	4 007	1.1	2.2
64	鞋靴、护腿和类似品及其零件	3 980	3 799	4.8	2.1
87	车辆及其零附件，但铁道车辆除外	3 859	3 391	13.8	2.1
42	皮革制品；旅行箱包；动物肠线制品	3 693	3 385	9.1	2.0
16	肉、鱼及其他水生无脊椎动物的制品	3 313	3 147	5.3	1.8
29	有机化学品	3 212	3 248	−1.1	1.7
63	其他纺织制品；成套物品；旧纺织品	3 192	3 185	0.2	1.7
28	无机化学品；贵金属等的化合物	2 522	4 747	−46.9	1.3
44	木及木制品；木炭	1 836	1 877	−2.2	1.0
20	蔬菜、水果等或植物其他部分的制品	1 758	1 618	8.6	0.9
72	钢铁	1 698	2 349	−27.7	0.9
48	纸及纸板；纸浆、纸或纸板制品	1 607	1 491	7.8	0.9
76	铝及其制品	1 598	1 902	−16.0	0.9
07	食用蔬菜、根及块茎	1 521	1 468	3.6	0.8
38	杂项化学产品	1 499	2 386	−37.2	0.8
27	矿物燃料、矿物油及其产品；沥青等	1 260	1 882	−33.1	0.7
03	鱼及其他水生无脊椎动物	1 257	1 281	−1.9	0.7
68	矿物材料的制品	1 174	1 020	15.1	0.6
91	钟表及其零件	1 062	874	21.5	0.6
96	杂项制品	879	801	9.9	0.5
40	橡胶及其制品	825	739	11.6	0.4
70	玻璃及其制品	788	827	−4.7	0.4
	以上合计	173 194	169 198	2.4	92.0

表 42

2012 年日本对我国出口主要商品构成（类）

单位：百万美元，%

海关分类	HS 编码	商品类别	2012 年	上年同期	同比	占比
类	章	总值	144 197	162 013	－11.0	100.0
第 16 类	84—85	机电产品	60 736	72 452	－16.2	42.1
第 15 类	72—83	贱金属及制品	16 376	18 086	－9.5	11.4
第 17 类	86—89	运输设备	13 838	15 927	－13.1	9.6
第 6 类	28—38	化工产品	13 439	13 906	－3.4	9.3
第 18 类	90—92	光学、钟表、医疗设备	12 267	11 830	3.7	8.5
第 7 类	39—40	塑料、橡胶	9 509	10 469	－9.2	6.6
第 11 类	50—63	纺织品及原料	3 608	3 877	－7.0	2.5
第 5 类	25—27	矿产品	2 144	2 439	－12.1	1.5
第 13 类	68—70	陶瓷；玻璃	1 837	2 065	－11.0	1.3
第 10 类	47—49	纤维素浆；纸张	1 587	1 853	－14.4	1.1
第 20 类	94—96	家具、玩具、杂项制品	1 092	1 143	－4.5	0.8
第 14 类	71	贵金属及制品	600	785	－23.6	0.4
第 1 类	01—05	活动物；动物产品	207	192	8.1	0.1
第 4 类	16—24	食品、饮料、烟草	159	122	29.8	0.1
第 8 类	41—43	皮革制品；箱包	86	85	1.3	0.1
其他			6 715	6 782	－1.0	

表 43

2012 年日本自我国进口主要商品构成（类）

单位：百万美元，%

海关分类	HS 编码	商品类别	2012 年	上年同期	同比	占比
类	章	总值	188 386	184 129	2.3	100.0
第 16 类	84—85	机电产品	79 701	74 777	6.6	42.3
第 11 类	50—63	纺织品及原料	30 456	30 660	－0.7	16.2
第 20 类	94—96	家具、玩具、杂项制品	12 062	10 785	11.8	6.4
第 15 类	72—83	贱金属及制品	9 792	10 979	－10.8	5.2
第 6 类	28—38	化工产品	8 959	11 976	－25.2	4.8
第 18 类	90—92	光学、钟表、医疗设备	6 622	5 777	14.6	3.5
第 4 类	16—24	食品、饮料、烟草	6 500	5 840	11.3	3.5
第 7 类	39—40	塑料、橡胶	6 041	5 691	6.1	3.2
第 12 类	64—67	鞋靴、伞等轻工产品	4 884	4 654	4.9	2.6
第 17 类	86—89	运输设备	3 989	3 562	12.0	2.1
第 8 类	41—43	皮革制品；箱包	3 898	3 581	8.9	2.1
第 2 类	06—14	植物产品	2 763	2 662	3.8	1.5
第 13 类	68—70	陶瓷；玻璃	2 588	2 503	3.4	1.4
第 9 类	44—46	木及制品	2 209	2 220	－0.5	1.2
第 5 类	25—27	矿产品	2 137	2 772	－22.9	1.1
其他			5 785	5 690		

表 44

2012 年日本自我国进口的十大类商品及其国别/地区构成

单位：百万美元，%

HS84—85：机电产品				HS90—92：光学、钟表、医疗设备			
国家和地区	金额	同比	占比	国家和地区	金额	同比	占比
中国	79 701	6.6	49.5	美国	8 091	3.8	26.8
美国	15 648	−4.1	9.7	中国	6 622	14.6	21.9
台湾	11 864	7.1	7.4	瑞士	2 436	12.2	8.1
韩国	11 741	0.0	7.3	德国	2 382	2.6	7.9
泰国	7 274	−1.7	4.5	爱尔兰	1 990	28.0	6.6
马来西亚	5 758	−14.8	3.6	台湾	814	3.3	2.7
HS50—63：纺织品及原料				HS16—24：食品、饮料、烟草			
国家和地区	金额	同比	占比	国家和地区	金额	同比	占比
中国	30 456	−0.7	73.4	中国	6 500	11.3	22.2
越南	2 452	16.7	5.9	美国	4 243	3.1	14.5
印度尼西亚	1 255	16.3	3.0	泰国	3 553	0.2	12.2
意大利	1 041	4.5	2.5	荷兰	2 431	−2.4	8.3
泰国	751	−0.5	1.8	法国	1 507	3.7	5.2
韩国	663	−7.9	1.6	韩国	1 235	5.8	4.2
HS94—96：家具、玩具、杂项制品				HS39—40：塑料、橡胶			
国家和地区	金额	同比	占比	国家和地区	金额	同比	占比
中国	12 062	11.8	71.2	中国	6 041	6.1	27.3
越南	701	21.9	4.1	泰国	2 864	−17.1	13.0
泰国	609	6.9	3.6	美国	2 379	1.5	10.8
台湾	602	16.4	3.6	韩国	2 152	−3.0	9.7
美国	402	15.2	2.4	印度尼西亚	2 146	−24.9	9.7
马来西亚	360	13.2	2.1	台湾	1 721	3.7	7.8
HS72—83：贱金属及制品				HS64—67：鞋靴、伞等轻工产品			
国家和地区	金额	同比	占比	国家和地区	金额	同比	占比
中国	9 792	−10.8	27.8	中国	4 884	4.9	69.1
韩国	5 429	−10.2	15.4	越南	508	30.5	7.2
美国	1 888	−4.0	5.4	意大利	370	7.0	5.2
印度尼西亚	1 840	−18.9	5.2	印度尼西亚	223	25.1	3.2
台湾	1 839	−5.4	5.2	柬埔寨	185	26.5	2.6
澳大利亚	1 667	−23.4	4.7	缅甸	105	18.0	1.5
HS28—38：化工产品				HS86—89：运输设备			
国家和地区	金额	同比	占比	国家和地区	金额	同比	占比
美国	11 599	−3.7	18.1	美国	7 323	82.6	25.0
中国	8 959	−25.2	14.0	德国	6 841	16.0	23.3
德国	6 880	8.4	10.7	中国	3 989	12.0	13.6
法国	5 065	10.2	7.9	泰国	1 627	35.5	5.6
瑞士	3 615	5.1	5.6	法国	1 334	75.2	4.6
意大利	2 856	13.6	4.5	英国	962	31.5	

附 录

附录一 多哈回合谈判及中国参与谈判大事记（2012）

5月23日	中国商务部部长助理俞建华、中国常驻世贸组织代表团大使易小准出席经合组织多哈回合谈判小型部长会议，就多哈回合下一步谈判安排进行了讨论。
5月24日	在法国巴黎出席经合组织部长级会议的中国商务部部长助理俞建华及常驻世贸组织代表团大使易小准应约会见了澳大利亚贸易部长埃默森。双边就中澳自贸区和多哈回合谈判交换了意见。
5月25日	商务部部长陈德铭会见并宴请了来京出席“京交会”及“最不发达国家加入世贸组织最佳实践圆桌会”的世贸组织总干事拉米，双方就“中国支持最不发达国家和加入项目”及多哈回合谈判等问题交换了意见。常驻世贸组织代表团大使易小准参加。
5月28日	中共中央政治局常委、国务院总理温家宝在国家会议中心会见世贸组织总干事拉米，双方就促进世界经济、推动多哈回合谈判等交换了意见。
5月29日	商务部部长助理俞建华主持晚宴，欢迎出席“最不发达国家加入世贸组织最佳实践圆桌会”的全体嘉宾。老挝贸易部长等来自18个国家的代表及世贸组织官员出席了晚宴，中国常驻世贸组织大使易小准出席。
5月29日	由中国政府资助、世贸组织秘书处主办，旨在帮助最不发达国家融入多边贸易体制，分享经济全球化成果的“最不发达国家加入世贸组织最佳实践圆桌会”在京开幕。陈德铭部长、世贸组织总干事拉米等在开幕式上致辞。商务部部长助理俞建华、中国常驻世贸组织大使易小准、萨摩亚副总理、老挝等十余个国家的部长级官员以及多个国家的代表出席了开幕式。
5月29日	中共中央政治局委员、国务院副总理王岐山在中南海紫光阁会见来访的世贸组织总干事拉米，双方就全球价值链、贸易和投资等问题交换了意见。商务部部长陈德铭、部长助理俞建华、常驻世贸组织大使易小准、外交部部长助理马朝旭等参加了会见。
6月11日	商务部部长助理俞建华在瑞士日内瓦出席世贸组织第四次对华贸易政策审议期间会见了世贸组织总干事拉米。双方就第四次对华贸易政策审议、多哈回合谈判、《信息技术产品协定》扩大、中国加入《政府采购协定》、多边投资规则谈判、中国捐建中国花园等问题交换了意见。
6月12日	商务部部长助理俞建华在瑞士日内瓦出席世贸组织第四次对华贸易政策审议并发言。常驻世贸组织大使易小准参加。
7月16日	商务部部长助理俞建华在京会见了世界贸易组织上诉机构首任主席、争端解决机制之父胡里奥·拉卡特·穆罗先生，双方就多哈回合谈判、贸易争端解决机制、多边贸易体制与区域贸易自由化之间的关系等议题进行了交流。
9月19日—20日	商务部、世贸组织、联合国贸发会议和经合组织在北京联合举办“全球价值链国际研讨会”，王岐山副总理出席了开幕式并会见世贸组织总干事拉米、联合国贸发会议秘书长素帕猜和经合组织秘书长古里亚。

（商务部世界贸易组织司）

附录二　中国自由贸易区建设概况

我国在2001年正式加入世贸组织后，顺应世界区域经济一体化快速发展的新特点，积极稳妥推进自贸区建设。经过十来年发展，我国自贸区建设取得了一定进展，初步形成了周边自贸平台和全球自贸区网络。

截至2012年，我国已经签署和正在商谈的自贸区有18个，其中已经签署并实施的自贸协定有10个，涉及18个国家和地区。这些协定分别是中国与东盟、新加坡、巴基斯坦、新西兰、智利、秘鲁、哥斯达黎加的自贸协定，内地与香港、澳门的更紧密经贸关系安排（CEPA），以及内地与台湾的海峡两岸经济合作框架协议（ECFA）。正在谈判的自贸区有8个，涉及24个国家，分别是中国与韩国、海湾合作委员会、澳大利亚、瑞士、挪威和冰岛的自贸谈判，以及中日韩自贸区和《区域全面经济合作伙伴关系协定（RCEP）》谈判。

此外，中国完成了与印度的区域贸易安排（RTA）联合研究，正与哥伦比亚等开展自贸区联合可行性研究，还加入了《亚太贸易协定》。

（商务部国际经贸关系司）

附录三　WTO 年度大事记（2012）

◇ 2012 年 1 月

10 日

加强在食品安全、动物和植物健康援助方面机构与捐助者的协调

2012 年 1 月 10 日，通过了一个 5 年期项目以帮助发展中国家达到食品安全、动物和植物健康领域的国际标准。加强协调以期更好地达到目标，是新的 2012—2016 中期战略目标的主要特征。

20 日

响应部长级会议的决议启动改善最贫穷国家的入世程序

2012 年 1 月 20 日，最不发达国家分委员会会议达成一致，启动提议的工作以“进一步增强、简化和易于实施”的指导性原则以便利最不发达国家的入世程序，这响应了上个月第八届部长级会议的决议。

27 日

WTO 发布新的服务贸易数据

WTO 更新了服务贸易数据，提供了主要服务贸易数据，如运输服务、电信服务、金融和保险服务。

29 日

拉米：“利用多边贸易谈判和 WTO 体制促进区域更快的一体化”

2012 年 12 月 29 日，总干事拉米参加在埃塞俄比亚的亚的斯亚贝巴举行的非洲联盟峰会，发表演讲：“在加速区域一体化与强化多边贸易体制之间并不存在矛盾”。

◇ 2012 年 2 月

1 日

WTO 成员批准欧盟豁免对巴基斯坦的贸易援助

2012 年 2 月 1 日，货物贸易委员会批准欧盟的请求，该请求关于暂时解除欧盟对于某些来自巴基斯坦产品的进口关税，以帮助巴基斯坦从 2010 年的洪灾中恢复。该请求豁免欧盟自 2012 年 11 月 30 日起 WTO 义务。

14 日

总理事会选举新主席

2012 年 2 月 16 日，WTO 总理事会选举挪威大使 Elin Johansen 为 2012 年新任主席。

16 日

WTO 启动 2012 年青年经济学家学术论文奖征集活动

2012 年 2 月 16 日，WTO 启动“2012 青年经济学家有奖征文”。目的是促进年轻经济学家高质量研究 WTO 及其相关的问题，并加强 WTO 与学术界的联系。

17 日

23 位最不发达国家官员完成了 WTO 课程

2012 年 1 月 30 日～2 月 17 日，WTO 针对最不发达国家举办了为期 3 周的介绍性课程。荷兰大使 Van Schreven 主持授课，共有 23 位最不发达国家官员，其中 10 名来自仍处于入世进程中的国家。

24 日

WTO 成员审议阿塞拜疆贸易改革措施

2012 年 2 月 24 日，WTO 成员审议阿塞拜疆共和国贸易改革措施。此举旨在加快阿塞拜疆加入 WTO 进程，使之国内贸易政策与 WTO 规则接轨。

29 日

WTO 召开“贸易援助、可持续发展和绿色经济”专题研讨会

2012 年 2 月 29 日，WTO 召开“贸易援助、可持续发展和绿色经济”专题研讨会。该研讨会由 WTO 成员和其他国际组织代表参加。贸易与发展委员会主席总结，贸易援助有助于可持续发展，但要使绿色增长真正实现仍需要大量的工作。

规则工作组选举了新主席

2012年2月29日，规则谈判工作组的正式会议上，选举了牙买加大使 Wayne McCook 为新主席。

WTO 在厄瓜多尔设立新的信息查询中心

2012年2月29日，应厄瓜多尔对外关系、贸易和一体化部的请求，WTO 在厄瓜多尔的瓜亚基尔设立了新的信息查询中心。

◇ 2012年3月

8日

拉米："全球化管理依赖于本土管理的全球化发展"

2012年3月8日，总干事拉米在牛津大学发表演讲，说："缺失真正的全球政府，全球治理需要主权政府的行动。这是政府间的。换句话说，全球化管理依赖于本土管理的全球化发展。"

14日

WTO 发布最新非互惠贸易安排数据库

工业产品谈判主席表示将寻求新途径以推动关税谈判

WTO 非农业产品市场准入谈判机构（NAMA）主席 Luzius Wasescha 瑞士大使表示，他将继续与成员进行磋商，以寻求新的途径解决关税谈判问题。

15日

WTO 和 OECD 共享贸易增值数据

世界贸易组织与经济合作与发展组织签署谅解备忘录，就共享贸易增值数据达成协议。该数据库日后将对公众开放。

23日

新当选的知识产权谈判主席探讨未来的谈判步骤

2012年3月23日，新当选的知识产权谈判主席通知各代表团，就葡萄酒和烈酒地理标志的多边注册问题，他将召集磋商探讨如何在 WTO 部长级会议的新指令下推动未来的谈判。

WTO 和 WIPO 共同举办第四次政府官员知识产权培训课程

2012年3月22～23日，来自发展中国家成员和转型经济体的24位政府官员参加了 WTO 和 WIPO 共同举办的第四次政府官员知识产权培训课程。该课程旨在使学员了解该领域最新的进展。

27日

拉米："我们需要促进贸易的国际货币体制"

2012年3月27日，拉米在 WTO 举办的汇率与贸易学术研讨会开幕式发言，指出"国际社会需要推动国际货币体制的改革。任何单方面的改变和维持都是不可行的"。

WTO 举办汇率与贸易学术研讨会

2012年3月27～28日，WTO 举办汇率与贸易学术研讨会，该研讨会是由贸易、债务与财务工作组举办的。该研讨会旨在研究贸易与汇率的关系，尤其是相互影响关系。

28日

哥伦比亚加入 WTO《信息技术协议》

信息技术产品贸易扩大委员会确认，哥伦比亚将加入这一 WTO 诸边协议，该协议旨在促进信息技术贸易自由化。

30日

WTO 政府采购委员会接受对于协议所做的修改

2012年3月30日，WTO 政府采购委员会接受对于《政府采购协议》所做的修改。修改的协议有待各成员的国内批准。

◇ 2012年4月

10日

多米尼加 WTO 信息查询中心升级

设在圣多明戈工业和贸易部的对外贸易司的多米尼加 WTO 信息查询中心升级。

11日

WTO 成员开始筹备部长级会议以确保其加强对发展议题的关注

2012年4月11日，WTO 成员在贸易与发展委员会会议上达成一致，就促进世贸组织的工作反映发展问题进行非正式磋商。

13 日

拉米任命专家组明确 21 世纪所面对的挑战

2012 年 4 月 13 日，拉米宣布成立专家组以研究和分析 21 世纪全球贸易开放所面临的挑战。

15 日

圣加伦大学学生涉足 WTO 贸易谈判领域

2012 年 4 月 15～20 日，72 名来自 27 个国家的圣加伦大学学生参与模拟 WTO 贸易谈判。这一为期 5 天的项目将对参与者深刻理解全球贸易产生积极影响。

16 日

发展中国家成员承诺向最贫穷的国家开放市场

2012 年 4 月 16 日，4 个 WTO 成员承诺向最不发达国家成员的产品开放市场，这表明发展中国家成员努力改善最不发达国家成员产品市场准入的条件。

新的世界投入—产出数据库（WIOD）将在全球价值链中发挥重要作用

2012 年 4 月 16 日，欧洲委员会举办了高层论坛，WTO 参与启动了世界投入—产出数据库（WIOD）。新的数据库使贸易分析家可以以全球价值链的角度进行分析。随着贸易的日益全球化，这些增值链已经是我们经济中的重要特征，我们今天所交易的产品都不再仅仅是一个国家或地区所生产的，其最终的产品往往是在世界上许多国家和地区所进行的一系列工序而共同完成的。

17 日

货物贸易委员会就 2012 年主席候选人名单达成一致

2012 年 4 月 17 日，货物贸易委员会就 2012 年主席候选人及其附属机构的负责人名单达成一致。肯尼亚大使 Tom Mboya Okeyo 感谢他的前任主席爱沙尼亚大使 Jüri Seilenthal，感谢他过去一年的努力工作与奉献。

拉米：“贸易改善人民的生活水平”

2012 年 4 月 17 日，总干事拉米参加在美国明尼阿波利斯召开的明尼苏达经济俱乐部的会议，他发表演讲指出：“贸易改善了人民的生活水平”。他还引用了歌手鲍勃·迪伦的歌词“这个时代在变化”，在世界贸易中仍然如此。

19 日

WTO 高级贸易政策课程（法语）在日内瓦开幕

23 日

拉米：增强综合框架是为最不发达国家“提供的”

2012 年 4 月 23 日，总干事拉米多哈卡塔尔举行的增强综合框架（EIF）高级早餐会上发言，他说增强综合框架是帮助最不发达国家“将贸易作为增长、减少贫困和就业引擎”。没有预先判断今年晚些时候的中期回顾，拉米觉得增强综合框架是可以提供并且具有良好的价值。

26 日

补贴委员会持续关注改善通报质量

2012 年 4 月 26 日，补贴与反补贴委员会进行会谈，讨论如何督促更多的成员通报其补贴措施，并提高通报的时效和完整性。

27 日

WTO 秘书处组织第一期贸易与环境高级课程

2012 年 4 月 16～27 日，WTO 秘书处在其日内瓦总部举办了第一期镀锡与环境高级课程。该课程是由贸易与环境部和培训与技术合作研究所共同组织的。

30 日

黑山和萨摩亚的加入强化了 WTO

2012 年 4 月 29 日，WTO 欢迎黑山成为其第 154 位成员。WTO 也将在 5 月 10 日迎来萨摩亚成为其第 155 位成员。总干事拉米希望黑山和萨摩亚可以成为 WTO 多边贸易体制的积极的成员。

◇ 2012 年 5 月

1 日

拉米：成员方仍在就推动多哈议程寻求机遇

2012 年 5 月 1 日，总干事拉米向总理事会作报告："过去几周我与部长们、代表团进行了会谈。我的感觉是 WTO 成员仍希望继续努力寻求机遇以尽早推动多哈议程。"最近在墨西哥的巴亚尔塔港举行的 G-20 贸易部长会议，支持给予"推动多哈谈判及时解决诸如贸易便利化领域的问题，同时加强努力，找到克服特别具有挑战性的领域的最重要的和基本的僵局的途径和方法。"

11 日

拉米：加入世界贸易组织将成为未来国际竞争的资本

2012 年 5 月 11 日，总干事拉米在埃塞俄比亚的亚的斯亚贝巴大学发表演讲："加入世界贸易组织所需要的国内市场的改革为一国的竞争力提供了坚实的基础和工具。"他还补充道"WTO 成员对于尽快完成埃塞俄比亚的入世程序有着强烈的意愿"。

14 日

拉米认为《信息技术协议》扩围谈判的成功将促进其他领域的贸易开放

2012 年 5 月 14 日，总干事拉米参加《信息技术协议》15 周年座谈会，他表示"15 年前，一群有远见卓识的成员克服了几乎是不可逾越的障碍，谈判达成了迄今为止最为成功的协议之一。今天，他们的继任者有责任进一步扩大这一成果。"《信息技术协议》15 周年纪念举行了为期两天（14～15 日）的座谈会，并且对 WTO 成员、观察员、私人部门、IT 产业的代表、IT 技术的学术专家、政府间国际组织、非政府组织和媒体开放。

15 日

《信息技术协议》启动扩充谈判的非正式会谈

2012 年 5 月 15 日，信息技术委员会会议集中了许多代表团，他们表示将在非正式的双边和多边场合磋商应该将什么产品纳入到《信息技术协议》中。

21 日

拉米强调需要持续培育发展中国家的贸易能力

2012 年 5 月 21 日，总干事拉米参加国际贸易中心（ITC）联合咨询工作组会议，发言认为国际贸易中心是世界贸易组织培育贸易能力工作的主要伙伴。他还督促国际贸易中心将未来工作重心集中于贸易便利化，贸易援助，最不发达国家，以及区域一体化。

24 日

WTO 任命新的上诉机构成员

2012 年 5 月 24 日，WTO 上诉机构任命新的成员，来自韩国的张胜和（Seung Wha Chang）先生将接替日本的大岛正太郎（Shotaro Oshima）先生，后者的任期止于今年 4 月 6 日，张胜和任期自 2012 年 6 月 1 日起四年。

28 日

拉米："已经到了将服务置于贸易开放议程核心的时候"

2012 年 5 月 30 日，总干事拉米参加北京中国国际服务贸易交易会，发表演讲："中国力争提升至价值链的上游，借以希望平衡其经济增长，唯一需要的是更加积极的服务贸易开放进程——WTO 框架可能的最佳选择。"

29 日

总干事拉米为 WTO 支持最不发达国家加入的最佳计划 2012 北京圆桌会议揭幕

30 日

拉米提醒要警惕贸易保护主义

2012 年 5 月 30 日，总干事拉米参加在曼谷举行的泰国商会，发言指出："贸易保护主义就像胆固醇：自 2008 年起贸易限制措施就缓慢累积——现在几乎覆盖了 3%的世界货物贸易和几乎 4%的 G20 贸易——将会阻碍贸易顺畅进行。"

WTO 在多哥设立新的信息查询中心

2012 年 5 月 30 日，应多哥贸易和私人部门促进部的请求，WTO 在多哥的首都洛美设立新的信息查询中心。

◇ 2012 年 6 月

5 日

WTO 成员讨论如何管理伪造注册商标货物的行为

2012 年 6 月 5 日，在知识产权理事会会议上，

WTO成员方就伪造注册商标货物的行为如何管理展开辩论，并认为该问题是一个迫切需要重视和解决的问题。

8日

拉米高度评价中国台北入世10年

2012年6月8日，中国台北加入世界贸易组织这十年，中国台北适应贸易性质的变化，进口和出口的70%为中间品，中国台北还显示其帮助最贫穷贸易伙伴的意愿，总干事拉米如此评价。

11日

WTO庆祝法律事务部成立30周年

2012年6月28日，WTO的法律事务部（Legal Affairs Division LAD）将召开会议庆祝自其前身关贸总协定法律事务办公室至今已经运行30年。参与者将包括前法律事务部长官和其他的主要的发言人。会议还借以向约翰·杰克逊教授致敬，赞扬他为国际贸易法领域的所做的宝贵贡献。

13日

上诉机构欢迎新成员

来自韩国的张胜和（Seung Wha Chang）先生宣誓就职，成为WTO上诉机构的一员。

14日

拉米敦促财政专家在商品领域推行更强硬的法律法令

政府对于商品的敏感性将会导致政策的适得其反，有时会带来灾难性的结果。2012年6月14日，WTO总干事拉米参加在日内瓦举行的全球商品融资会议，他指出贸易界应该游说政府加强贸易规则，推行更强硬的法律法令以避免陷阱。

21日

WTO在哥斯达黎加圣何塞的美洲农业科学研究所的总部设立信息查询中心

2012年6月21日，WTO在哥斯达黎加首都圣何塞的美洲农业科学研究所的总部设立信息查询中心。

25日

拉米：WTO教席项目强化了与贸易咨询点的作用

2012年6月25日，总干事拉米在WTO教席项目第三届年度会议开幕式上发表演讲，他指出："就其所在社会的与贸易相关的问题上，WTO教席项目强化了与贸易咨询点的作用"。他表示这15个教席已经产出了100多入世研究成果，包括4本书，许多工作论文、文章、案例评析和一个数据库。

26日

拉米："多边主义正处于历史的十字路口"

2012年6月26日，总干事拉米参加在柏林召开的洪堡特—奥德管理学院（Humboldt-Viadrina School of Governance）发表演讲，他说"多边主义正处于历史的十字路口。要么是提出共同价值观的精神，加强合作，否则我们将面临多边主义的回撤给我们带来的危险。没有在金融、安全、贸易、环境和贫困减少方面的全球合作，分裂、冲突和战争的风险仍是危险的现实。"

◇ 2012年7月

5日

WTO高级贸易政策课程在日内瓦结束

2012年7月5日,WTO高级贸易课程在日内瓦结束,共有来自24个最不发达和发展中国家和地区的官员参与此次为期3个月的集中课程培训(法语授课)。

6日

WTO成员便利最贫穷国家的入世谈判

2012年7月6日，WTO成员将其在最不发达国家分委员会上提议生效，即简便最贫穷国家的入世程序。总干事拉米说："这些改善后的指导性原则将为最不发达国家加入世界贸易组织提供一个简便的框架。这是为世界最贫穷国家提供改善服务的一个很好例证。"

9日

拉米在"日内瓦周"上表示将改善非常任成员和观察员利益

2012年7月9日，总干事拉米在第24届"日内瓦周"开幕式上宣布，WTO将提高非常任成员和观察员利益。这包括“组织日内瓦周活动的主要议题围绕WTO及其成员所关注的重要的体制性内容……，提供更多的与WTO秘书处工作人员、其他成员或来自日内瓦的政府间国际组织的专家进行单独咨询的时间。”

11日

塞舌尔群岛加入WTO谈判取得关键性进展

2012年7月10日，WTO成员审议了塞舌尔群岛入世谈判的进展。WTO成员赞扬了塞舌尔群岛在其市场准入谈判、法律框架和贸易体制改革方面所取得的关键性进展。

WTO成员表示新通过的原则将有助于利比里亚的加入谈判

2012年7月11日，利比里亚加入工作组第一次会议，许多WTO成员表示新通过的对于最不发达国家加入世界贸易组织的指导原则，无疑将有助于西非国家的入世谈判。

WTO主持贸易援助和服务工作组

2012年7月11日，WTO主持贸易和服务援助工作组，WTO成员、“日内瓦周”的参与者和其他国际组织的代表都参加了该工作组的活动。参与者一致认为服务对于经济增长、就业和贫困的减少是至关重要的。

12日

老挝将在本年WTO暑休前结束所有加入谈判

2012年7月12日举行的WTO听证会，显示老挝已经完成了所有的双边入世谈判，并将要完成其入世多边一揽子谈判。按计划，老挝将在本年WTO暑休前结束所有加入谈判，将在年底获批。

定义“外来物种”的生物多样性——检验贸易规则的作用

2012年7月12～13日，WTO召开听证研讨会，获悉食品安全与动植物健康规则可适用于因新物种入侵导致的环境损害威胁，但各成员方政府和国际组织应合作弥补不同领域适用时的界限。

16日

报告显示，持续增长的调控性措施成为WTO面临的巨大挑战

根据2012年7月16日WTO发布的报告显示，非关税措施，如对制成品和农产品的军管制标准，对于贸易的影响越来越大，可能将高于关税的影响。拉米说“一个明显的趋势已经出现，即非关税措施已经较少关注转移生产者的进口竞争，更多的关于更宽泛的公共政策目标的实现。”

WTO成员努力加强对于发展问题的关注

2012年7月16日，WTO贸易与发展委员会（CTD）会议，WTO成员讨论了加强贸易与发展委员会对于发展问题的关注的提案。关注的领域主要为电子商务，技术援助和其他与发展相关的议题。

18日

中国宣布推进加入《政府采购协议》进程

2012年7月18日，WTO政府采购委员会会议上，中国宣布将在今年年底前进一步修改市场准入计划，以推进加入诸边《政府采购协议》的进程。

23日

拉米对俄罗斯政府批准本国加入WTO表示欢迎

总干事拉米高度赞扬了俄罗斯政府批准本国加入WTO。

25日

拉米向总理事会汇报多哈回合谈判，督促谈判“换挡”

2012年7月25日，总理事会会议上，总干事拉米告诉WTO成员他们在夏季休假后应该“换挡”，以确保取得谈判的进展及成果。他提醒WTO成员“要么全部要么为零”的战略是致使谈判瘫痪的方式，现在是所有成员表态的时候了。

WTO成员祝贺瓦努阿图通过其入世一揽子协议

2012年7月25日，总理事会会议上，瓦努阿图官方通知WTO其入世一揽子协议已经获得国内批准。这意味着，瓦努阿图将于8月24日正式成为WTO成员，即第157位成员。

总理事会批准将便利化最贫穷国家入世谈判的提议

2012年7月25日，总理事会会议正式批准通

过使最贫穷国家申请加入世界贸易组织谈判更加快速和便宜的指导原则。

WTO一致同意将于印度尼西亚巴厘岛举行第9届部长级会议

2012年7月25～26日，总理事会会议上达成一致，将于2013年12月第一周在印度尼西亚巴厘岛举行第9届部长级会议。

◇ **2012年8月**

2日

WTO公布“青年大使项目”大赛优胜者

2012年8月2日，WTO公布“WTO青年大使项目”视频和论文比赛的优胜者。他们分别为来自印度的Ankita Mishra和巴西的Karina Hehs，他们还将参加9月25日举行的WTO年度公共论坛，讨论“贸易如何促进发展”，该议题是基于他们参赛的作品。

9日

WTO开展了信息查询中心的培训项目

2012年8月9～10日，WTO开展了为期两天的信息查询中心的培训项目。主要是芬兰培训生项目和实习生项目的参与者。该培训旨在使参与者熟悉WTO数据库的使用以及如何使咨询中心运营得更加有效率。

20日

WTO升级了马拉维信息查询中心

2012年8月20～23日，应马拉维工业和贸易部的请求，WTO其首都利隆圭开展了信息查询中心的培训。该培训由WTO参赞威利先生（Willie Chatsika）主讲，同时也标志着新的升级后信息查询中心正式开幕。

22日

随着俄罗斯和瓦努阿图的加入WTO成员总数达到157个

2012年8月22日，俄罗斯成为WTO第156个成员；随着瓦努阿图将于8月24日加入，届时WTO将有157位成员方。“今年我们将欢迎两位新成员的加入。这两位成员的加入历程都非常漫长，他们的加入毫无疑问地加强了WTO多边贸易体制。”总干事拉米如是说。

29日

WTO更新数据库的全球贸易信息

◇ **2012年9月**

5日

副总干事耶克萨：APEC已经成为未来贸易议题的先驱者

2012年9月5日，WTO副总干事鲁佛斯·耶克萨（Rufus Yerxa）参加在俄罗斯的海参崴举行的APEC部长会议，发言指出“APEC已经将自己打造为就多边贸易体制所面临的最新的、紧迫的和具争议性的挑战而提倡进行开放性会谈的首要论坛”。

11日

副总干事鲁格瓦比扎：WTO规则可帮助发展中国家取得优先发展的权利

2012年9月11日，内陆发展中国家的贸易部长们在哈萨克斯坦的阿拉木图召开会议，讨论如何加强内陆发展中国家的贸易发展潜力，阐明当前关键贸易问题上的共同立场。

WTO和FAO首脑会议：粮食危机未现，但应保持警惕

2012年9月11日，世界粮农组织总干事若泽·格拉济安诺·达席尔瓦（José Graziano da Silva）和世界贸易组织总干事拉米举行首脑会议，一致认为目前较高的国际粮食价格并未构成粮食危机，但是鉴于目前紧张的市场局势仍然需要持续保持警惕。

12日

WTO论坛讨论2013世界贸易报告

2012年9月12日，WTO开设新的论坛以讨论下一年的世界贸易报告。报告的主题是“世界贸易的未来发展趋势”。

WTO在卢旺达设立信息查询中心

2012年9月12～13日，应赞比亚商业、贸易和工业部的请求，WTO在赞比亚首都卢萨卡启动了一项技术援助培训项目，在赞比亚设立新的信息查询中心。

15 日

WTO 宣布 2012 年青年经济学家学术论文奖获胜者

WTO 宣布 2012 年青年经济学家学术论文奖获胜者为耶鲁大学的 Treb Allen。他的论文“贸易中的信息摩擦”，被学术评选专家组评为第一名。这是 2012 年 9 月 15 日在比利时的鲁汶召开的欧洲贸易研究小组年度会议上宣布的。

19 日

拉米：全球价值链将我们联结在一起

2012 年 9 月 19 日，总干事拉米参加世贸组织—中国商务部—经合组织—贸发大会（WTO—MOFCOM—OECD—UNCTAD）在北京举行的全球价值链论坛，发表讲话：“出口生产的高进口密集度已经使供应链上的国家之间的联系空前加强了。这不再仅仅是关于出口。进口对于出口是至关重要的。这不仅仅是关于‘他们’，而是关于‘我们’了。”

20 日

拉米警告区域贸易协定将导致“政策背离”

2012 年 9 月 21 日，总干事拉米在对外经济贸易大学发表演讲，指出“作为国际团体我们必须与保护主义作斗争，而且尤其是世界贸易组织，我们必须与政策分割”。

21 日

拉米号召决策者推动 WTO 谈判

2012 年 9 月 21 日，总干事拉米在新加坡欧洲商会的新加坡舒曼系列讲座上的讲话指出：“谈判僵局是政治性的，而且也是政治层面迟早必须解决的，如果我们希望多边贸易体制有助于现存危机”。

拉米为全球治理改革提出“关键原则”

2012 年 9 月 21 日，总干事拉米参加拉贾拉南国际问题研究院的新加坡全球对话，做演讲指出：“共同价值，多边主义，辅助性，一致性，可执行性，合法性——这是我们未来重建全球治理体制的工作任务的关键因素。”

24～26 日

WTO 公共论坛：“多边主义是否面临危机?”

2012 年 9 月 24～26 日，为期 3 天的 2012 年度公共论坛在 WTO 总部召开，1300 多名来自民间社团、高校、企业和政府的参与者，将讨论“多边主义是否面临危机”的问题。

拉米：“多边主义正在苦苦挣扎”

2012 年 9 月 24 日，总干事拉米开幕式上发言指出：“虽然多边主义在全球合作的所有领域中都处于苦苦挣扎的状态，此刻我站在你们面前，仍保持着乐观的态度。毕竟此刻我们正聚集在‘贸易之家’。一个在两次世界大战的废墟上长起，耗费了 60 年建造的国际之家。”

第一日：与会者确认，多边主义面临危机

是的，多边主义面临危机，而且看起来已经不足够应对今天所面对的问题。这是公共论坛开幕第一天演讲者的坦率评估，同时他们也表达了对多边主义的未来的普遍乐观情绪。

第二日：为应对全球经济问题，WTO 改革迫在眉睫

全球经济问题，包括世界大部分地区的失业率，无不指明了多边主义正面临危机。世界贸易组织必须进行改革，以期能以更好的状态帮助工人、农民、商人和年轻人。这是由总干事拉米所主持的高层专家小组所做的评估。

第三日：专家建议贸易是解决失业率的重要办法

2012 年公式论坛的最后一天，高层专家小组一致认为贸易可以创造就业，但是就业并不单单由贸易创造。政府的作用在于制定合适的国内措施以创造就业和收入分配。这也需要更多的国际合作和确保贸易和就业议程的一致性。

25 日

拉米：帮忙发展中国家成员仍然处于优先地位，但要注意“贸易的性质正在发生变化”

2012 年 9 月 25 日，总干事拉米参加联合国贸易与发展大会 UNCTAD 的贸易与发展委员会第 59 次会议，发言指出：“我们应该持续关注优先目标，即世界贸易组织与贸发大会的共同目标——帮忙发展中国家融入全球经济的利益”。他又说：“今天我们制造和贸易的方式正在发生变化，因此我们要更好地最大化贸易对增长和发展的贡献。”

27 日

WTO 在卢旺达设立信息查询中心

2012 年 9 月 27 日，应卢旺达政府的要求，WTO 在卢旺达的基加利的贸易和产业部设立信息查询中心。

28 日

老挝成员方谈判结束，将进入总理事会阶段

2012 年 9 月 28 日，老挝作为最不发达国家成员加入的成员方谈判结束，将提交到由 157 个成员组成的总理事会的 10 月 26 日的会议上请求批准。

G20 农业建议可能重启谈判进程

2012 年 9 月 28 日，发展中国家组成的 G20 农业谈判集团，提交了两个新的建议，表明将努力按照 2011 年 12 月的部长级会议的指示，并探讨如何取得多哈回合谈判的进展。

◇ 2012 年 10 月

1 日

拉米："开放的贸易和开放的心胸"是未来应对挑战的关键

2012 年 10 月 1 日，总干事拉米参加华盛顿举行的布鲁金斯对话活动，他指出"贸易在未来面对的挑战不会比现今更为复杂。实际上，我们有理由相信我们今天的经济、环境和社会状况，将会使未来挑战的应对更加困难"。

3 日

拉米号召将谈判集中在"可接受"的成果

2012 年 10 月 3 日，总干事拉米在总理事会报告中指出"我们需要为未来的谈判日程寻找任何更多的，哪怕很小的选择"。他认为自上次会议以来，多哈发展议程已经有"启动的迹象"，而且就其目前的联络沟通已经证实"重新启动的集体愿望"。

拉米："贸易为发展创造机会"

2012 年 10 月 3 日，总干事拉米参加拥有诺贝尔奖金获得者阿马蒂亚·森的日内瓦国际研究所学年开幕典礼，他说："在森教授的工作中，发展是与自由等同的，他定义发展为一个过程，是一个不断扩展人类自由同时去除很少选择机会的'不自由'的过程。国际贸易是公认的带来发展的工具。本着同样的精神，WTO 并不倡导开放贸易本身，但是将开放贸易作为'提升生活标准，确保充分就业以及大量稳定地实际收入和有效需求增长'的工具。"

9 日

WTO 在尼日利亚设立新的信息查询中心

2012 年 10 月 9 日，应尼日利亚联邦贸易与投资部的要求，WTO 在尼日利亚首都阿布贾设立信息查询中心。

旨在帮助官员了解与医药有关的知识产权问题的研讨会

2012 年 10 月 9～12 日，27 位来自发展中国家的官员参加了 WTO 举行的专题研讨会，会议旨在帮助他们了解 TRIPS 协议下与医药有关的知识产权问题。

10 日

WTO 成员表示最不发达国家的贸易高速增长令各方深受鼓舞

2012 年 10 月 10 日，最不发达国家分委员会会议上，许多成员表示 WTO 秘书处报告提到最不发达国家的总出口较 2011 年增长了 23.9%，达到 2298 亿美元，这非常令人鼓舞。然而，他们也认为海地，WTO 中最不发达国家成员的协调者"仍有许多工作要做"。

18 日

动植物卫生检疫委员会寻求在 2013 年初确定主席的斡旋和调停权限

2012 年 10 月 18～19 日，WTO 处理食品安全、动物植物健康的委员会召开会议，明确会议主席如何调停争端。旨在 2013 年 3 月以前确定主席的斡旋和调停权限。

22 日

"保障措施之友"督促调查透明度和合理程序

2012 年 10 月 22 日，保障措施委员会大会，新的 10 代表团组成的 WTO 集团保障措施之友(FSP)，表达了对于"调查透明度和程序性问题"的关注。

23日

WTO发布2011年贸易和关税数据

2012年10月23日，WTO发布2011年贸易和关税数据，提供详细的进出口贸易流量数据和关税水平数据。这些数据在年度出版物2012年版——国际贸易统计，贸易和全球关税——以及WTO更新的统计数据库和其他来源。

19个发展中国家出口补贴的最终延展期

2012年10月23日，补贴与反补贴措施委员会批准了19个发展中国家的出口补贴过渡期的最终延展时间——2013年底结束。这些出口补贴主要包括自由贸易区和税收优惠。

24日

WTO成员审议其反倾销措施

2012年10月24日，反倾销措施委员会审议了32个成员的2012年上半年的反倾销措施报告，以及25个成员最近的初裁和终裁通报。

26日

总理事会接受老挝成为新任成员方

2012年10月26日，WTO总理事会成员大会一致同意老挝的加入，为此东南亚国家2013年前期加入扫清了道路。

塔吉克斯坦加入工作组取得重大进展

2012年10月26日，塔吉克斯坦入世工作扫清了一大障碍，入世工作组批准了其暂定的加入世界贸易组织的一揽子条件。

卫生与植物卫生检疫措施高级洽谈会

2012年10月26日，《实施卫生与植物卫生检疫措施协议》高级洽谈会在WTO总部日内瓦闭幕。这一洽谈会是由WTO农业与货物贸易部以及培训与技术援助研究所共同举行的。

31日

总干事拉米在G-20贸易措施论坛上警告各国贸易限制有所放缓，然而贸易摩擦仍在加剧

2012年10月31日，总干事拉米参加G-20贸易措施论坛，指出“过去5个有中，G-20经济体出台新的贸易限制措施有所放缓。”然而，“由于此时持续的经济困难，贸易摩擦仍在加剧”。他督促G-20政府“加倍努力以维持其市场开放，并且推动贸易开放使其作为应对全球经济增长放缓的措施”。

印度尼西亚和黑山共和国成为政府采购委员会观察员

2012年10月31日，政府采购委员会批准印度尼西亚和黑山共和国作为观察员的请求。至此，诸边《政府采购协议》共有25个观察员。

◇ 2012年11月

1日

信息技术：扩大产品范围谈判的进展

2012年11月1日，《信息技术协议》委员会大会上，韩国汇报了本周所主持的《信息技术协议》扩大产品范围的技术讨论的进展情况。17个参与方进行了更富实际的讨论，确定将纳入《信息技术协议》扩大范围的修订统一的产品清单，将于11月中旬散发。

2日

农业协议高级洽谈会

2012年11月2日，《农业协议》高级洽谈会在WTO总部日内瓦闭幕。这一洽谈会是由WTO农业与货物贸易部以及培训与技术援助研究所共同举行的。

5日

WTO总干事办公室主任督促贸易和投资措施制定者应与贸易发展机构建立更紧密的合作关系

WTO总干事办公室主任阿兰查·冈萨雷斯（Arancha González）女士参加2012年11月5日在墨西哥举行的G20贸易和投资促进峰会，指出“随着南南贸易与合作的增多以及价值链的延伸，地缘政治正在不断地发生变化，对于发展中国家，对于企业尤其是中小型企业而言，这是一个固有的机会。贸易和投资措施制定者应与贸易发展机构建立更紧密的合作关系，这是带来上述发展的核心要素。”

WTO成员讨论创新对知识产权发展的作用

创新是提升生活标准的关键，知识产权制度则为此提供了适当的平衡，政府的相关法案有助于帮助微小的创业者，WTO理事会就知识产权于2012年11月7日召开听证会。

7 日

WTO 开始准备第四次全球贸易援助审议大会

2012 年 11 月 7 日，贸易和发展委员会探讨准备第四次全球贸易援助审议大会，并汇报贸易援助项目的实施进展。

19 日

WTO 发布新版“贸易自由与市场准入”交互工具

2012 年 11 月 19 日，WTO 发布新版“贸易自由与市场准入”交互工具，使所有的有关货物、服务贸易 WTO 数据和世界关税的市场准入指标更加动态化，这是由世界贸易组织、国际贸易委员会和联合国贸易与发展大会共同开发的。在 WTO 官网有接口。

为最不发达国家成员提供的第一期高级 WTO 课程结束

2012 年 11 月 19～23 日，为最不发达国家成员提供的第一期高级 WTO 课程在日内瓦举行。最不发达国家分委员会主席丹麦驻 WTO 大使斯特芬·施密特（Steffen Smidt）主持开幕式，共有 24 个学员。

28 日

WTO 和太平洋岛屿论坛秘书处加强联系

2012 年 11 月 28 日，WTO 总干事拉米和太平洋岛屿论坛秘书处秘书长图伊洛马·内洛尼·斯莱德（Tuiloma Neroni Slade），在萨摩亚的首都阿皮亚签署了为期 5 年的合作备忘录。通过此备忘录，两个组织将合作加强向太平洋岛屿论坛提供与贸易有关的技术援助。

30 日

拉米和瓦努阿图副总理讨论其入世后项目

拉米与瓦努阿图副总理兼贸易、旅游和商业发展部长哈姆·利尼在其首都维拉港会面，讨论其入世后项目，并表明其访问旨在“设立一个基于瓦努阿图利益的入世后项目”。

WTO 成员通过精简技术壁垒以减少贸易壁垒

WTO 技术壁垒委员会将其工作重点转向更宽泛的内容以期或以更容易解决具体的问题。最终，可以促进从食品、药品、化妆品到玩具、电话和轮胎等的贸易。

亚洲经济体讨论争端解决的最佳措施

来自亚洲 13 个经济体的贸易外交官员和从业人员聚集在新德里参加 WTO 争端解决工作组。

◇ 2012 年 12 月

5 日

拉米表示世界经济需要更多的贸易交流以避免衰退

WTO 总干事拉米在年度报告中表示：“世界需要所有成员对更新的和更强有力的承诺以给多边贸易体制以活力，以此来重塑全球经济复苏的信心。尽管目前世界经济需要更多的贸易交流以避免衰退，但一些国家抵抗内向型经济政策的决心已经摇摇欲坠。”

政府采购委员会接受越南为观察员

2012 年 12 月 5 日，政府采购委员会批准越南作为观察员的请求。至此，诸边《政府采购协议》共有 26 个观察员。

6 日

WTO 成员提高棉花援助的数量和质量

对非洲主要棉花生产商的发展援助，自 2005 年继续为 4 亿美元，援助方和受援方寻求增加援助量以及更好的方式。

7 日

拉米督促巴厘部长级会议达成“可接受”成果

2012 年 12 月 7 日，WTO 总干事拉米在贸易谈判委员会会议上，“虽然我们对于多哈回合保有期待和雄心，但切不可忘记应该在适当的时机达成可接受的成果。”

成员欢迎阿塞拜疆入世的进展

2012 年 12 月 7 日，WTO 成员审议阿塞拜疆的市场准入谈判情况、贸易体制和法律框架，以加速其入世谈判。

阿富汗入世谈判加速

2012 年 12 月 7 日，阿富汗入世谈判工作组第 3 次会议，WTO 成员表达意愿将优先批准阿富汗入世。

10 日

WTO 批准了塔吉克斯坦入世

2012 年 12 月 10 日，总理事会批准了塔吉克斯坦的入世一揽子协议。塔吉克斯坦将于 2013 年 6 月 7 日前完成国内程序后 30 天成为 WTO 成员。

哈萨克斯坦扫清了 2013 年入世障碍

2012 年 12 月 10 日，哈萨克斯坦入世工作组 14 次会议，审议入世谈判的进展。成员们表达了希望哈萨克斯坦 2013 年完成入世。

11 日

拉米表示成员方对 2013 年谈判的展望令人鼓舞

2012 年 12 月 11 日，拉米在总理事会上做报告，认为 12 月 7 日的贸易谈判委员会的会议“表明 WTO 成员充分认识到自己的责任以及关键问题所在”。他又提到：“我们务实地讨论了明年可能的成果。我很高兴地注意到，大家是谨慎的，同时又是实际和明确的。我看到大家都致力于在第九届部长级会议时达成可信的成果。总之，这一讨论是令人鼓舞的。”

巴厘部长级会议将于 2013 年 12 月 3～6 日举行

2012 年 12 月 11 日，总理事会达成一致，WTO 第九届部长级会议将于 2013 年 12 月 3～6 日在印度尼西亚巴厘岛举行。

14 日

卡多·拉米雷斯·埃尔南德斯先生当选上诉机构新一任主席

墨西哥人卡多·拉米雷斯·埃尔南德斯先生当选上诉机构新一任主席。任期自 2013 年 1 月 1 日至 6 月 30 日。他将接替张月娇女士的工作，后者的任期于 2012 年 12 月 31 日止。

17 日

WTO 总干事加纳候选人阿兰·科瓦德沃·克里曼坦先生

2012 年 12 月 17 日，加纳提名阿兰·科瓦德沃·克里曼坦（Alan John Kwadwo Kyerematen）先生为 WTO 总干事候选人。现任总干事帕斯卡尔·拉米将于 2013 年 8 月 31 日任期结束。

19 日

WTO 总干事哥斯达黎加候选人安贝尔·冈萨雷斯部长

2012 年 12 月 19 日，哥斯达黎加提名安贝尔·冈萨雷斯（Anabel González）部长为 WTO 总干事候选人。现任总干事帕斯卡尔·拉米将于 2013 年 8 月 31 日任期结束。

瓦加杜古 WTO 信息查询中心升级

WTO 总干事拉米访问布基纳法索时，签署协议以现代化的手段升级 1997 年设在首都瓦加杜古的贸易、产业和工艺品部的 WTO 信息查询中心。

20 日

WTO 总干事约旦候选人蒂姆·格罗泽部长

2012 年 12 月 20 日，新西兰提名蒂姆·格罗泽（Tim Groser）部长为 WTO 总干事候选人。现任总干事帕斯卡尔·拉米将于 2013 年 8 月 31 日任期结束。

21 日

WTO 总干事肯尼亚候选人阿米纳·穆罕默德女士

2012 年 12 月 21 日，肯尼亚提名阿米纳·穆罕默德（Amina Mohamed ）女士为 WTO 总干事候选人。现任总干事帕斯卡尔·拉米将于 2013 年 8 月 31 日任期结束。

WTO 总干事约旦候选人艾哈迈德·欣达维先生

2012 年 12 月 21 日，约旦提名艾哈迈德·欣达维（Ahmad Hindawi）先生为 WTO 总干事候选人。现任总干事帕斯卡尔·拉米将于 2013 年 8 月 31 日任期结束。

WTO 总干事墨西哥候选人埃米尼奥·布兰科先生

2012 年 12 月 21 日，墨西哥提名埃米尼奥·布兰科（Herminio Blanco）先生为 WTO 总干事候选人。现任总干事帕斯卡尔·拉米将于 2013 年 8 月 31 日任期结束。

24 日

WTO 总干事印度尼西亚候选人冯慧兰部长

2012 年 12 月 19 日，印度尼西亚提名冯慧兰

(Mari Pangestu) 女士为 WTO 总干事候选人。现任总干事帕斯卡尔·拉米将于 2013 年 8 月 31 日任期结束。

28 日

WTO 总干事韩国候选人朴泰镐部长

2012 年 12 月 28 日，韩国提名朴泰镐 (Taeho Bark) 部长为 WTO 总干事候选人。现任总干事帕斯卡尔·拉米将于 2013 年 8 月 31 日任期结束。

31 日

WTO 总干事巴西候选人罗伯托·卡瓦略·阿泽维多先生

2012 年 12 月 28 日，巴西提名罗伯托·卡瓦略·阿泽维多 (Roberto Carvalho de Azevêdo) 为 WTO 总干事候选人。现任总干事帕斯卡尔·拉米的任期于 2013 年 8 月 31 日结束。

附录四 《世界贸易报告 2012》摘要

今年的《世界贸易报告》探讨除关税以外影响贸易的其他政策措施。1948 年《关税与贸易总协定》(GATT) 生效以来，随着关税的不断下降，非关税措施 (NTMs) 渐成国际贸易关注焦点。非关税措施涉及范围很广，内容复杂，受多种政策因素驱动，且一直处在变化之中。构成非关税措施基础的公共政策目标已经改变。改变的原因有很多，包括全球化进程中各国相互依赖性加强，社会意识增多，对卫生、安全和环境质量的担忧与日俱增。这些因素大多缘于经济一体化的加深，国际合作不再仅限于传统和初级方式。服务贸易的发展以及影响其发展的相关政策正受到越来越广泛的关注。

公共政策方向及其受关注度的持续放大效应给国际合作带来了挑战。GATT/WTO 通过争端解决机制和多轮成功的谈判已经解决了非关税措施带来的部分问题。东京回合和乌拉圭回合特别关注一系列非关税措施，包括在多边规则中有重要地位的标准问题。乌拉圭回合还成功地把服务引入 WTO。

进入 21 世纪，货物贸易的技术性贸易壁垒协定 (TBT) 和动植物检验检疫措施 (SPS)，以及服务的国内规制都给国际合作带来新的严峻挑战。与此同时，透明度的问题也更加尖锐。与其他许多措施相比，它们反映的是公共政策目标（如保证卫生、安全和消费者权益)。它们的贸易效应可能是副产品，但是在设计和实施时仍然可以对贸易造成不必要的困扰，尤其给发展中国家的政府和企业带来一系列问题。显而易见，这些主题意味着今年的报告重点就是 TBT/SPS 措施和服务的国内规制。

A. 介绍

报告的 A 部分对 GATT/WTO 中非关税措施的历史进行回顾，讨论使用非关税措施的动机演变。这些动机把贸易政策的这一部分复杂化了，但是没有改变管理公共政策和贸易机会关系的核心挑战。

B 部分分析了政府使用非关税措施和服务业措施的原因，公共政策干预可能导致国际贸易扭曲的程度，以及离岸外包和服务业措施对货物贸易的交叉效应。这一部分从理论和实证两方面分析了备选政策工具的各种选项，并对这一背景下使用非关税措施的案例进行了研究，包括最近的金融危机、气候变化政策和食品安全担忧等。案例研究旨在分析这些措施对国际贸易造成的困扰程度。

C 部分调查了非关税措施和服务业措施的可获得信息来源，并对其优缺点进行了评估。运用这些信息，本部分建立了许多“特征事实”，首先是关于非关税措施（特别是 TBT/SPS)，然后是服务业措施。

D 部分讨论非关税措施和服务业措施的一般贸易效应，着重考虑 TBT/SPS 措施和国内服务规制。该部分还讨论了对日趋多样的 TBT/SPS 措施和国内服务业措施进行规制协调和/或标准的相互承认，是如何帮助减少贸易障碍的。

E 部分探讨了在非关税措施和服务业措施方面的国际合作。第一部分回顾了这类合作的经济基础，并讨论了贸易协定中非关税措施规则的有效设计。第二部分分析了多边贸易体制以及其他国际论坛和机构中是如何出现 TBT/SPS 措施和服务规制合作的。第三部分是关于 GATT/WTO 争端解决机制处理非关税措施的法律分析，和近期国际贸易争端案件中对这些规则的解读。最后一部分是对重要挑战和关键政策建议的讨论。

B. 非关税措施的经济学观察

政府干预的原因和措施种类

政府使用非关税措施是为了增加国家福利以及“政治经济”因素。

非关税措施，如 TBT/SPS 措施（包括标签）、税收和补贴，通常是实现公共政策目标的首选政策工具，用以纠正信息不对称（即利益相关方不享有对等信息）或不完全竞争等市场失灵，以及追求非经济目标，如保护公共健康等。出口补贴和出口征税等非关税措施则通过在国际市场上扩大市场范围以增加国民收入。尽管许多非关税措施都是出于保护消费者需要，但也可出于政治需要被用来保护国内生产商。

无论基于何种动机，非关税措施都会产生贸易效应。

通常情况下，非关税措施会阻碍贸易，尽管有时也能起到促进贸易的作用。在采用非关税措施纠正市场失灵时，贸易效应是追求公共政策目标过程中无意产生的副产品。其他情况下，当非关税措施被用来操纵贸易条件或保护国内生产商时，获得的收益都源自对贸易伙伴产生的负面贸易效应。旨在实现公共政策目标的非关税措施同样可以具有保护主义的动机，这表明区分非关税措施的“合法性”和保护主义动机，以及确定非关税措施是否增加了不必要的贸易成本都存在困难。

依据国内和国际条件选择非关税措施

根据国内政治经济背景分析政策工具的选择，有助于确定政策干预的动机。

无论是政策宣称的目标或是贸易受到的影响都难以说明一项非关税措施对贸易无关痛痒。通过对这些措施的本质及其出台的政治经济环境的分析，可以得出重要结论。特别是与关税和其他政策工具相比，某些非关税措施自身具有的不透明性使得政府可以掩盖一项措施的成本和收益，在满足游说生产商需求的同时，表面上看是一项符合公众利益的政策。政治环境里的各种情况，如竞选周期或部门之争，可以作为坚持使用非关税措施的重要借口。部门利益也在其中扮演重要角色。有影响力的大企业基于固定成本的增加或某些行业离岸外包的趋势等因素给政府施压，也会影响政府做出使用非关税措施的决策。

由于成员在贸易协定里承诺禁用某些贸易政策，没有受到有效规制的措施会成为保护或支持国内产业的第二途径。

当政府逐渐无法使用关税和其他贸易措施时，一些非关税措施，包括 TBT/SPS 在内的境内非关税措施就会被用来影响贸易。例如，政府会对进口竞争产业有意实施更苛刻的国内技术标准，令国内企业比国外企业更容易符合标准。实践经验表明关税受国际协议约束时，非关税措施的使用在增加。

影响服务贸易的措施

尽管服务贸易有自身的特性，区分实现公共政策目标和扭曲贸易的服务业措施，与识别非关税措施一样困难重重。

许多服务部门都存在市场失灵，因此对服务市场的规制相当普遍。同时，服务贸易的特殊性，如服务的不可见性和供给方式的多样性，意味着多数以“境内”实施的规制措施是贸易保护的唯一形式。因此，除某些服务业措施明显出于保护主义目的外，更多的服务规制虽然基于公共政策目标，但仍然会影响贸易。

在各个生产环节确保服务业措施没有过分地扭曲贸易尤为重要。

服务贸易对支撑国际生产网络非常重要。服务市场贸易和竞争的限制性措施造成的影响可能会超出直接涉及的部门。特别是基础设施服务，对其他服务和商品的溢出效应会非常明显。

二十一世纪的非关税措施

金融危机期间出台的非关税措施，以及为应对气候变化和食品安全而采取的政策，都是公共政策与贸易政策相互作用带来的挑战。

近期金融危机期间，大量“紧急”措施被用于阻止系统性破坏的蔓延，从而导致人们对危机引发以邻为壑政策的担忧。因此，迫切需要对这些危机应对措施进行监督以对抗保护主义的幽灵。

就气候变化而言，体制健全的国家会通过非关税措施处理气候政策中的环境与贸易的关系。环境政策的两个主要影响是碳泄漏（即一国通过实施严格的减排政策而被另一国家未严格减排所增加的排放抵消）和因实施严厉环境政策而导致该国企业竞争力的缺失。环境因素可以催生非关税措施，如边境调整措施等，这些措施也会产生所谓“规制俘虏”风险，给国内生产商带来新的竞争力挑战。

经济、社会和技术进步导致消费者对食品安全的要求不断提高，并给分割的全球生产链管理带来新挑战。食品安全措施广泛用于应对这些挑战，许多旨在减少其对贸易负面效应的各种方法应运而生，广受关注，包括标准协调、规则的相互承认等。

C. 非关税措施和服务业措施的内容

非关税措施和服务业措施的信息来源

透明度是非关税措施和服务措施中广为关注的问题。尽管近期为填补信息缺口已经投入大量精力，数据还是太少。

非关税措施的信息相对稀少，主要是因为这些措施本质上就比关税难以衡量。近年来，WTO 和其他国际组织已经就非关税措施数据的收集和分类做出实质性努力，也取得很大进展。现在这些努力也开始向服务业措施延展。然而，想要得到更清晰更完整的贸易政策全景仍需要做更多的工作。

WTO 自有的信息来源包括 WTO 成员承诺/减让表、通报、WTO 贸易政策审议、监督报告，以及 WTO 成员提出的特定贸易关注问题和提至 WTO 的争端。这些来源大多非常有限，未能满足设计之初要达到的透明度水平。以 WTO 成员通报义务为例，成员通报率低便是一个严重缺陷。

另一个问题是数据不是储存在数据库中而是分散各处，影响了数据的可获得性。随着目前 WTO 新推出的集成式贸易情报门户（I－TIP）信息系统的逐步使用，非关税措施数据的可获得性将有望得到改善。

WTO 以外的信息来源，本世纪初联合国贸发会议（UNCTAD）的贸易分析和信息系统（TRAINS）数据库是非关税措施最完整的集合，但也亟须升级。

来自所有相关组织的多机构集团对贸发会议陈旧的编码体系进行了更新。同时，贸发会议、国际贸易中心和世界银行开始协调非关税措施官方信息的收集工作。他们还进行了一系列商务调研作为对官方信息的有益补充。

其他 WTO 以外的信息来源包括全球反倾销数据库、CoRe 非关税措施数据库和全球贸易预警数据库。

这些数据库都没有能够完整地覆盖所有非关税措施。不过，每一个都有所侧重，整合起来就能提供非常有意义的信息。

除《服务贸易总协定》和优惠贸易协定中的具体承诺，关于服务业措施的信息极少。经济合作与发展组织（OECD）的产品市场规制指标体系是已实施措施的主要信息来源。然而，它没有区分市场准入、国民待遇限制及国内规制。国内规制更可靠的信息来自特定领域数据，如金融服务。

非关税措施的典型事实

非关税措施逐渐兴盛已是不争的事实，但相关证据仍不够令人信服。非关税措施在 20 世纪 90 年代就开始增加，但在 2000 至 2008 年期间一直很平静，直至金融危机爆发而开始抬头。WTO 的通报数据显示 TBT/SPS 措施正呈增加趋势。

从贸发会议 TRAINS 数据库的历史数据看，受非关税措施影响的产品种类和贸易规模所占比例在 20 世纪 90 年代到本世纪初保持上升势头，之后保持平稳，到 2008 年时还有小幅下降。

然而从 WTO 通报数据的统计看，TBT/SPS 措施的使用从 20 世纪 90 年代中期开始一直呈上升势头，这体现在 WTO 成员向 TBT 和 SPS 委员会提出特定贸易关注的数量增加上。提出特定贸易关注的频率和覆盖范围都在一直增加，虽然增速并不均匀。

有关 TBT 和 SPS 措施的 WTO 争端特征差别较大。过去五年中，只有 11％的争端涉及《实施卫生与植物卫生措施协定》，12％涉及《技术贸易壁垒协定》。同时期涉及《关税与贸易总协定》（GATT）的超过一半（55％）。这个矛盾的一个合理解释是以委员会为基础的其他合作机制很有效地转移了这些争议。

官方数据显示，TBT/SPS 措施是最常见的非关税措施。商业调研显示它们也是与出口最直接相关的障碍。

来自三十个发展中国家、欧盟和日本最新的官方非关税措施信息显示，一项 TBT 和 SPS 措施大多存在于多个部门。

国际贸易中心对 11 个发展中国家商业调研的结果显示，TBT/SPS 措施是出口商面临的最大负担。2010 年被出口商认为是负担的所有非关税措施中，TBT/SPS 措施占 48%。调研数据同样显示，影响欧盟出口商的措施中，TBT/SPS 措施比例较大（超过 50%），美国的比例较低一些（20%）。这可能是对美国和欧盟的调研方法不同所致。

WTO 成员特定贸易关注和国际贸易中心商业调研的结果都表明，发达国家实施的 TBT/SPS 措施是核心关注所在。

发达国家实施 TBT/SPS 措施引起的特定贸易关注相对多于发展中国家的措施。国际贸易中心商业调研显示发达经济体更频繁地寻求 TBT/SPS 措施。

非关税措施，特别是 TBT/SPS 措施在不同领域差异较大，但在农业领域最为常见。

不足为奇的是，与 SPS 措施相关的特定贸易关注绝大多数都会影响农业领域（占 94%）。比较出人意料的是多数 TBT 措施（29%）也与农业相关。而计量分析结果显示，具有特定贸易关注的非关税措施，相对于税目数量和贸易金额而言，TBT 措施应用最为广泛，尤其是在农业领域。

如果对国际贸易中心调研结果进行贸易加权，企业填报的农业领域的非关税措施占 63%，制造业仅为 45%。而农业领域非关税措施中 TBT/SPS 措施的比例（59%）也高于制造业（34%）。

关于农产品的 WTO 争端案件大多都涉及《技术性贸易壁垒协定》和《实施卫生与植物卫生措施协定》。2007—2011 年期间，与农产品（根据《农业协议》的定义范围）有关的争端中有 28%涉及这两个协议，而同期非农产品争端中无一例涉及《实施卫生与植物卫生措施协定》，仅有 2.9%引用了《技术性贸易壁垒协定》。

证据显示程序障碍是发展中国家出口企业面临的主要困难。

国际贸易中心商业调研结果表明，出口商负担的非关税措施中，70%的案件存在程序障碍。“时间约束”、“显著偏高的收费”或“非正式”的收费合计超过填报障碍总数的一半。

服务业措施

目前服务业措施信息汇集在很多方面都差强人意。成员履行 WTO 通报义务比率较低。WTO 成员市场准入和国民待遇承诺减让表提供的是约束性政策信息，而实际情况往往大大超出这些约束。另一方面，国内规制的界定工具也十分落后。

产品市场监管（PMR）指数是服务业措施使用频率很高的指标。从 20 世纪 90 年代后期开始，这一指标在 OECD 国家就一直显示出下降趋势，这表明市场的竞争程度在增加，但还不足以对市场准入、国民待遇和国内规制提供进一步的信息。由于没有纳入产品市场监管指数，对许多非 OECD 国家服务业措施的发展趋势更是知之甚少。

一些信息反映出对外国服务和服务提供者的歧视，这在 OECD 统计的外国直接投资（FDI）限制指数中尤为明显。这类对国内经营者有利的歧视性措施，自 20 世纪 90 年代后期开始，特别是随着外国所有权限制的逐渐减少，开始呈现下降趋势。

关于国内规制的数据更是非常棘手。贸易文献使用 PMR 作为国内规制的衡量工具，但这一指标不足以表达服务行业的质量要求以及程序和技术标准。衡量国内规制的困难之一是行业间差异。毫无疑问，最可靠的信息来自各类部门数据，比如世界银行关于银行规制的数据库。

D. 非关税措施和服务业措施的贸易效应

贸易效应的量化

非关税措施种类繁多，也不能很容易地进行跨国家和跨部门对比。然而现有的研究文献都表明非关税措施明显扭曲贸易，扭曲程度甚至可能超过了关税。而且非关税措施对整体保护水平的贡献度随人均 GDP 的增加而增加。

许多研究通过估计“从价税”（AVE）来量化非关税措施对国际贸易的影响。以不同国家和税率的平均值看，非关税措施对贸易的限制水平几乎是关税的两倍。最新的证据表明，随着关税逐渐下降，非关税措施对整体贸易限制的贡献度迅速提升。这一证据还表明，WTO成员越富裕，其非关税措施的贸易限制程度——相较关税而言——就越高。而农产品的平均从价税比制造业产品高很多。

发展中国家服务业措施的限制程度一般高于发达国家，但还没有得出服务业措施限制程度与人均国民收入之间的规律性关系。

鉴于发展中经济体之间差异较大，贸易措施的限制程度并未呈现与一成员发展水平之间的规律性变化。此外，服务业措施限制程度在国家间的差异与所涉及的特定服务部门相关。

关于衡量非关税措施和服务业措施对贸易限制程度的研究方法有很多局限性，而在全球供应链背景下其限制程度被夸大了。

方法论上的局限性一定程度上源自非关税措施和服务业措施在使用中缺乏透明度。不同价格的数据不足、采用不同计量方法得到的结论的敏感性，以及当市场上同时存在多项非关税措施和服务业措施时，试图把价格增加归结为一项单一措施等都会产生问题。

迄今在衡量非关税措施和服务业措施带来的贸易效应的各种努力都没有考虑一个事实，即全球生产链中半制成品会不止一次跨越边境。事实上，多次跨越边境造成的贸易成本的边际增加效果远大于单一的国际交易。

对服务业措施限制程度的估计不足以代表其对货物贸易的影响。

服务业措施的贸易限制效应已经超出服务贸易，溢出到货物贸易领域。运输和旅游约占一半的跨境服务贸易，显然是国际贸易中最重要的直接服务投入。有证据表明，运输和物流的贸易与竞争壁垒不仅对运输服务的跨境贸易有负面影响，而且对一成员整体贸易状况都有影响。同样，对外国直接投资和商业服务的政策限制已经对诸如设备、交通工具、化工和电气设备等在内的制造业部门的出口产生影响。

货物与服务的相互补充，以及服务业措施对制成品贸易的溢出效应在全球价值链中表现更加明显。开放并具有竞争性的商业服务市场对推动价值链向更专业化和服务敏感型制造业产品方向发展意义重大。

评估服务业措施的整体限制程度必须考虑服务贸易和货物贸易的相互作用，但此类实证分析还很少见。

TBT/SPS措施和服务业国内规制的讨论

目前还没有就非关税措施整体限制程度对各种措施所产生的作用进行对比性分析。然而，并不是所有措施对贸易的影响都是限制性的。TBT/SPS措施和服务业国内规制并不是明确无误地增加或减少贸易。

一般而言，TBT/SPS措施的积极效应普遍存在于先进技术行业，消极效应则存在于初级加工产品贸易。当产生消极效应时，TBT/SPS措施对贸易的影响主要取决于对发展中国家出口的影响，小国家尤为如此。

关于服务业国内规制贸易效应的实证研究很有限。减少竞争的国内规制对双边贸易都有负面影响。相反，金融部门的研究显示旨在保持适当标准的国内规制对贸易有正面效应。

TBT/SPS措施和服务业国内规制的影响不仅限于贸易伙伴双方，而且影响到与其有贸易关系的所有国家。

有观点认为，TBT/SPS措施是进入一个新市场的一项固定成本。例如，一企业为了符合进入外国市场的标准可能需要付出初期成本，但这一成本与企业的销售量无关。这种观点与TBT/SPS措施对小企业的影响大于大企业和零件外包企业的事实相吻合。

固定成本因素的重要程度与TBT/SPS措施和国内服务业措施影响贸易的实际情况相一致，这些措施不仅对贸易规模产生影响，同时也影响一国出口市场的多元化。

有证据显示合格评定对贸易产生的负担尤其明显。

本报告组织的一项关于SPS措施的研究发现，相对于产品特征方面的规制要求，合格评定措施对食品和农产品贸易的负面效应更大。

对贸易的负面效应可以通过减少政策差异性得以缓和，如合并为国际标准、协调及相互认证。

实践研究通过多种方法衡量TBT/SPS措施的协调程度。例如，一些研究基于一项标准是否已成为由国际标准化组织（ISO）、国际电工委员会

(IEC)、国际电信联盟（ITU）或类似机构承认的一项国际标准。其他研究基于一项标准是否在一组国家内得到普遍实行。特别是，TBT/SPS措施的协调有助于增加中小企业在出口市场的机会。

与货物一样，服务规制在国家间的差异构成了贸易限制。有确切证据显示，标准的相互承认或整合为国际标准，以减少政策的多样性，可以增加服务贸易。

如果标准的协调和相互认证发生在区域层次，则会对区域外成员产生明显的贸易转移效应和规章“锁定”效应。对发展中国家而言尤其如此。

现有研究表明，区域层次的协调会转移贸易。这种贸易转移效应尤其会损害发展中国家的出口。优惠贸易协定中加入此类特定条款会带来“轴辐”结构，即以较大的贸易伙伴为中心，其他国家如辐条般遵守其制定的标准。

去年的《世界贸易报告》已经讨论过，锁定效应的风险存在于区域内达成的TBT条款。一个区域内的标准协调会增加未来多边贸易开放的成本。如采用某一标准就要支付某种形式的固定成本，区域条款成为多边合作绊脚石的风险就会存在。

E. 全球化世界非关税措施的国际合作

贸易协定中的非关税措施规定

浅层协议包含意在解决关税被非关税措施替代问题的条款。

根据贸易协定的主要经济理论，一项贸易协定关于非关税措施规则需要解决的主要问题是关税和非关税措施之间的“政策替代”。制定简单的规则，而给各国政府规范非关税措施留出自主权的做法可以提高效率（“浅层”一体化）。

国际贸易的实质正在发生变化，私有标准的使用将提升机构深度一体化的需求。

全球生产链的迅猛发展产生跨境政策溢出的新形式。而且，企业越来越开始使用私有标准应对供应链管理和市场准入的挑战。这为贸易协定中纳入非关税措施深层次合作提供了合理性。因为生产是国际化的，一些贸易摩擦的成本是由外国企业承担的，贸易协定发挥了防止政府和企业扭曲生产链中贸易和投资决策的作用。

而且，随着政府出于卫生、安全和环境的考虑，实施非关税措施的理由越来越多，有必要制定公认的规则，以便在合理高效使用非关税措施的识别和监管方面开展合作。

随着卫生和环境等领域消费者关注越来越重要，政府理所当然把规制置于更突出的位置。然而由于政策制定者可能不完全理解规则本身的需要，以及贸易伙伴的需要，某些非关税措施的复杂性会导致低效率。许多非关税措施的晦涩程度也会让规则的实施成为国际社会共同面临的困难，因为它取决于每一个政府对其他成员最终如何讨价还价的判断能力。

GATT有关国民待遇和非违反之诉的条款就是为了解决关税和非关税措施之间的政策替代问题而设计的。深层协议通过各种方法规范非关税措施，创造利益平衡。

限制非关税措施的歧视做法就是对待外国产品至少要和国内“类似”产品一样（国民待遇）。当一项措施并没有直接违反国民待遇原则，如果该政府可以证明其预期利益因另一政府的措施而受损，该政府可以转而提出适当的“非违反”之诉。然而在实践中，非违反之诉很少被WTO成员诉诸争端解决，而且就算诉诸WTO争端解决机制，成功的实例也很少。

经常引起讨论的深度一体化形式有三种：规制的相互承认、在贸易谈判中把关税和非关税措施进行关联，以及非关税措施统一化。这些方法一定程度上都能创造平衡，取决于一系列需要准确评估的经济条件（例如贸易一体化的程度、国家间不同的政策偏好）。

特定政策领域的合作：TBT/SPS措施，服务业措施

各国在TBT/SPS措施方面进行合作，以解决在平衡贸易限制和实现政策目标方面产生的问题。

政府在试图平衡贸易限制并通过有效规制实现政策目标时会产生问题。为解决这些问题，国家间应通过共同制定、发布和采用诸如“良好规制实践”，或制定作为措施基准的国际标准等方式开展合作。

WTO的TBT和SPS委员会也允许WTO成员解决信息不足的问题。委员会制定的WTO成员就拟出台措施履行“通报”义务的透明度程序已经提高了措施信息的质量和可获得性。有关特定贸易关注的讨论提供了WTO成员如何平衡实施贸易限制与实现政策目标二者关系的信息。

WTO成员通过《服务贸易总协定》的合作，将特定服务业措施种类纳入渐进式贸易开放的谈判之中。

服务贸易的保护措施常见于国内法律、规章、制度、程序、决定和行政命令等之中。尽管此类服务业措施通常并不以贸易为中心，但却对贸易产生了不必要的扭曲和限制作用。

《服务贸易总协定》为区分相关非关税措施提供了一个框架，这些措施中，一类是可以被视为服务贸易壁垒的、并致力于渐进式贸易开放的规制，另一类属于国内规制类措施。那些违反市场准入国民待遇和数量性限制的歧视性规制已经受到约束，谈判的目标是最终取消这些规制。

WTO成员为补充市场准入减让表，在进行国内规制原则谈判时面临挑战。

一些国内规制并不在市场准入谈判的范围之内，但仍对贸易有影响。成员面临的挑战就在于要找到一种既能确保完成既定目标，又不增加不必要负担的有效方法。

因此，《服务贸易总协定》的工作重点是制定一系列国内规制纪律，以保证这些措施符合透明度和客观标准，在保证服务质量之外不增加额外负担，以及在许可程序执行过程中不会限制服务供给。《技术性贸易壁垒协定》和《实施卫生与植物卫生措施协定》达成的过程说明，服务业也需要类似的一套准则，以减少或消除与实现政策目标无关的要求。

WTO争端解决对GATT/WTO关于非关税措施纪律的诠释

GATT有关非关税措施的规则与“浅层协议”方式一致。

GATT不会限制WTO成员的规制自主权，但以下情况除外：一项措施对待进口产品差于国内“同类”产品（第3条：国民待遇），对两个相似的进口产品有歧视性待遇（第1条：最惠国待遇），或构成边境禁止或限制并对进口或出口的产品数量或金额产生抑制作用（第11条）。这一框架的补充是贸易伙伴的利益因一项与GATT相符的措施受到抵消或削弱时仍有机会提出异议。

然而，尽管一项非关税措施与第1、3条非歧视性义务，或第11条禁止数量性限制的规则相违背，它可能会符合GATT第20条一般例外。

几种不同的方法可以判定一项旨在寻求合法规制目标的非关税措施是否涉及违反GATT和其他WTO协定非歧视性义务。

一些方法认为尽管存在歧视性，非关税措施在寻求合法规制目标或客观上并没有保护主义动机时，仍需严格符合第3条国民待遇原则。其他方法认为，衡量这些措施已经不适用于第3条，而应该衡量其是否属于GATT第20条的一般例外。

上诉机构在最近的两起争端［美国—丁香香烟，美国—金枪鱼II（墨西哥）］中阐释了《技术性贸易壁垒协定》第2条第1款对规制目的的分析。上诉机构认为，要判定违反《技术性贸易壁垒协定》第2条第1款，技术规定不能仅对进口产品的竞争机会有不利影响，且这种不利影响不能仅产生自一项合法规则的范围定义。在解读第2条第1款时，上诉机构指出，尽管GATT和《技术性贸易壁垒协定》是在寻求达成类似的平衡，但两个协定的结构有很大不同。GATT中的平衡来自第3条第4款国民待遇原则和第20条的种种例外，而《技术性贸易壁垒协定》的平衡只能在第2条第1款中找到。

《技术性贸易壁垒协定》和《实施卫生与植物卫生措施协定》都是“后歧视性”协议。

尽管《技术性贸易壁垒协定》和《实施卫生与植物卫生措施协定》包含非歧视性义务，其条款已经超越了“浅层协议”方式。它们通过使用国际标准和在非歧视性义务之上附加其他义务来推动协调。比如要保证规则要求不会导致不必要贸易限制。一些人质疑这些“后歧视性”义务是否恰当，认为如果没有WTO对一成员国内规制选择进行“二次猜想”的裁决，要评估一项措施是否符合这些义务非常困难。

应对非关税措施的挑战

近期全球经济形势的变化已经改变了非关税措施的认知需求以及政府实施保护主义措施的动机结构。

GATT规则是为一个最终产品贸易的世界设计的，但是越来越复杂的跨境生产网络正在改变现代国际贸易的实质。这些变化给管理带来挑战，就好比服务外包的世界里需要重新思考当前多边贸易体制中市场准入的基本架构。

国际市场变化不仅源自商业组织的变化，还有很多其他因素，包括消费者和选民们对健康和气候问题敏感度的增加。另一方面，非关税措施的使用极有可能是对一系列全球经济环境中可预见趋势的回应，包括食物生产与消费方式、国际金融在经济和经济危机中的作用，以及气候变化带来的根本问题。

WTO协定中的透明度条款有助于解决非关税措施信息不足带来的问题，但仍不够。至少在一定程度上表明，并不是所有各方都能从透明度中受益。

每一个政府对贸易伙伴的非关税措施都非常感兴趣，但对自己的非关税措施却总愿意藏而不露。WTO贸易政策审议机制及其监督报告有助于解决这一问题，但是报告的信息来源和及时性方面的局限使其效用有所降低。

增加透明度有助于开放贸易。这意味着对政府而言，维持信息不足与设置关税的动机相似。尽管在一般表述中都推崇透明度，但当与经济动机相抵触时，透明度条款的效应经常遭到忽略。

提升透明度的办法包括为WTO独立地监督政府和市场提供必要的信息来源，或依赖第三方做同样的事情。遵守规则仍是问题所在，因为这样的监督角色和代理并没有解决政府缺乏透明化动机的现实。成员需要通过双边和/或诸边进行透明度谈判予以改进。

要限制出于保护主义目的而使用非关税措施，需要通过经济分析和法律分析双管齐下。经济理论可以帮助界定政府是由于竞争原因而非其所陈述的公共政策缘由而使用非关税措施的各种情况。

当法律争端中一项措施的目的、原因或意图占重要地位时，经济理论可以深入理解政府的政策选择及其管理方式。非关税措施是否适合解决各类公共政策问题可以通过经济原理进行评估。政府政策也可以用保护主义的特征进行检验。

考虑到“经济指标”的使用既不是详尽的，也不可能对一项影响他国贸易利益的非关税措施政策理由给出绝对答案，因此这类分析可以缩小某些采用贸易原理分析时产生的实证差距。

现行WTO规则侧重于关税和非关税措施之间的政策替代问题，某些情况下政策灵活度会相当有限。

非违反之诉的做法可以允许WTO成员就其他成员使用非关税措施规避义务的做法——所谓“政策替代”问题进行报复。然而，当一个成员想采取一项有助于减少贸易限制的国内措施时，规则却不允许其通过提高关税来维持其承诺的市场准入水平。灵活度的缺乏会降低成员采取有效国内规制或贸易让步的意愿。因此，扩大非违反之诉的范围可以提高经济效益。

在法律层面，起诉方成功发起非违反之诉需满足的要素仍然存在很多不确定性。WTO成员乐于通过其他规则解决非关税措施和国内服务规制的问题。最后，尽管有过成功的案例，相对于其他贸易救济方式，非违反之诉的胜诉者可以使用的救济方式仍然非常有限。

《实施卫生与植物卫生措施协定》和《技术性贸易壁垒协定》中强烈呼吁采用国际标准的做法在实践中制造紧张。

《实施卫生与植物卫生措施协定》和《技术性贸易壁垒协定》鼓励使用国际标准。但是这里存在一条“紧张分界线”，一方面，采取国际标准来避免不必要的贸易限制措施，另一方面，如何采用“相关的”国际标准。国际标准可能很难实施，而且WTO成员的偏好存在差异，设定国际标准也存在困难，包括实现既定效果的能力不同等。TBT和SPS委员会的日常工作以及目前进行的多哈谈判的部分内容都受到这一“紧张”的影响。

政府对私有标准的责任和WTO的角色还不清晰。

WTO在解决“私有标准”的贸易影响时扮演什么样的角色？这是多边贸易体制面临的另一个重要挑战。这一话题可以广泛见于WTO各种日常工作当中，从绿色保护主义、食品安全到社会责任。尽管这些标准标明自身是“自愿性”的（因为它们是由私有实体实施的），但它们仍有可能在事实上影响贸易，而且这一影响已经严重波及WTO的发展中成员。考虑到私有标准并不是由政府定义的，因此就产生了政府对私有标准的责任问题（在

WTO 规则下），以及 WTO 的角色问题。一些成员认为，WTO 不应对这一问题展开讨论，其他成员却迫不及待地期待参与讨论。

确保市场准入和 GATS 国民待遇承诺免遭不必要的负担或保护主义措施的影响至关重要。

这里面的核心关注是，多边层面的一般规则会导致因追求服务业非贸易目标而使规制丧失自由度。解决办法之一是加强纪律，确保相关措施在实现预定目标中的必要性，同时进一步提高对规制措施影响贸易和投资的敏感意识。

确定竞争型服务规制的贸易工具实施领域非常重要。

WTO 在电信部门已经有成功制定条款推动竞争的经验。这种经验可以用于其他有可能使用类似政策工具的部门。确定这些推动服务业竞争的的贸易工具实施领域需要国家、地区和国际机构的广泛行动，以扩大规制对话和合作范围。

能力建设是推进 TBT/SPS 措施和服务业国内规制国际合作的重要课题。

处理公共政策的规制并不受制于为消除保护主义壁垒而进行的市场开放谈判，因此无法通过诸如普惠制等优惠性安排，来帮助发展中成员贸易发展和经济增长。相反，一项有助于贸易的公共政策面临的发展挑战涉及技术援助和能力建设。在 SPS 和 TBT 领域，发展中国家和最不发达国家常常缺少设计和实施有效措施的制度体系、培训能力和物质基础。

标准及贸易发展促进会（STDF），是由联合国粮农组织（FAO）、世界动物卫生组织（OIE）、世界银行、世界卫生组织（WHO）和世贸组织共同成立的一个国际性合作机构，可以协助 SPS 领域的能力建设工作。世贸组织框架内的强化综合框架（EIF）和促贸援助（AFT）也都是与此相关的一些动议。

应对服务贸易规制的挑战，需要做的远不是简单地解决透明度问题或过分限制性的规制实践问题，更多的工作是要促进管理者、政策制定者和贸易谈判者之间在规制内容和贸易原则方面的合作与理解。分享良好实践、加强规制体系都是确保服务市场正常运转的当务之急。

附录五　WTO成员一览表、WTO政府观察员一览表

WTO成员一览表

（截至2013年3月31日）

序　号	中文名称（简称）	英文名称（简称）	加入时间
1	阿尔巴尼亚	Albania	2000—09—08
2	安哥拉	Angola	1996—11—23
3	安提瓜和巴布达	Antigua and Barbuda	1995—01—01
4	阿根廷	Argentina	1995—01—01
5	亚美尼亚	Armenia	2003—02—05
6	澳大利亚	Australia	1995—01—01
7	奥地利	Austria	1995—01—01
8	巴林	Bahrain	1995—01—01
9	孟加拉国	Bangladesh	1995—01—01
10	巴巴多斯	Barbados	1995—01—01
11	比利时	Belgium	1995—01—01
12	伯利兹	Belize	1995—01—01
13	贝宁	Benin	1996—02—22
14	玻利维亚	Bolivia	1995—09—12
15	博茨瓦纳	Botswana	1995—05—31
16	巴西	Brazil	1995—01—01
17	文莱	Brunei Darussalam	1995—01—01
18	保加利亚	Bulgaria	1996—12—01
19	布基纳法索	Burkina Faso	1995—06—03
20	布隆迪	Burundi	1995—07—23
21	柬埔寨	Cambodia	2004—10—13
22	喀麦隆	Cameroon	1995—12—13
23	加拿大	Canada	1995—01—01
24	佛得角	Cape Verde	2008—07—23
25	中非	Central African Republic	1995—05—31
26	乍得	Chad	1996—10—19
27	智利	Chile	1995—01—01
28	中国	China	2001—12—11
29	中国台北	Chinese Taipei	2002—01—01
30	哥伦比亚	Colombia	1995—04—30
31	刚果（布）	Congo	1997—03—27
32	哥斯达黎加	Costa Rica	1995—01—01
33	科特迪瓦	Côte d'Ivoire	1995—01—01
34	克罗地亚	Croatia	2000—11—30
35	古巴	Cuba	1995—04—20
36	塞浦路斯	Cyprus	1995—07—30
37	捷克	Czech Republic	1995—01—01
38	刚果（金）	Democratic Republic of the Congo	1997—01—01

续 表

序 号	中文名称（简称）	英文名称（简称）	加入时间
39	丹麦	Denmark	1995—01—01
40	吉布提	Djibouti	1995—05—31
41	多米尼克	Dominica	1995—01—01
42	多米尼加	Dominican Republic	1995—03—09
43	厄瓜多尔	Ecuador	1996—01—21
44	埃及	Egypt	1995—06—30
45	萨尔瓦多	El Salvador	1995—05—07
46	爱沙尼亚	Estonia	1999—11—13
47	欧盟（前欧共体）	European Community	1995—01—01
48	斐济	Fiji	1996—01—14
49	芬兰	Finland	1995—01—01
50	法国	France	1995—01—01
51	加蓬	Gabon	1995—01—01
52	冈比亚	The Gambia	1996—10—23
53	格鲁吉亚	Georgia	2000—06—14
54	德国	Germany	1995—01—01
55	加纳	Ghana	1995—01—01
56	希腊	Greece	1995—01—01
57	格林纳达	Grenada	1996—02—22
58	危地马拉	Guatemala	1995—07—21
59	几内亚	Guinea	1995—10—25
60	几内亚比绍	Guinea—Bissau	1995—05—31
61	圭亚那	Guyana	1995—01—01
62	海地	Haiti	1996—01—30
63	洪都拉斯	Honduras	1995—01—01
64	中国香港	Hong Kong，China	1995—01—01
65	匈牙利	Hungary	1995—01—01
66	冰岛	Iceland	1995—01—01
67	印度	India	1995—01—01
68	印度尼西亚	Indonesia	1995—01—01
69	爱尔兰	Ireland	1995—01—01
70	以色列	Israel	1995—04—21
71	意大利	Italy	1995—01—01
72	牙买加	Jamaica	1995—03—09
73	日本	Japan	1995—01—01
74	约旦	Jordan	2000—04—11
75	肯尼亚	Kenya	1995—01—01
76	韩国	Korea，Republic of	1995—01—01
77	科威特	Kuwait	1995—01—01
78	吉尔吉斯斯坦	Kyrgyz Republic	1998—12—20
79	老挝	Lao People's Democratic Republic	2013—02—02
80	拉脱维亚	Latvia	1999—02—10
81	莱索托	Lesotho	1995—05—31
82	列支敦士登	Liechtenstein	1995—09—01
83	立陶宛	Lithuania	2001—05—31
84	卢森堡	Luxembourg	1995—01—01

续　表

序　号	中文名称（简称）	英文名称（简称）	加入时间
85	中国澳门	Macau，China	1995—01—01
86	马达加斯加	Madagascar	1995—11—17
87	马拉维	Malawi	1995—05—31
88	马来西亚	Malaysia	1995—01—01
89	马尔代夫	Maldives	1995—05—31
90	马里	Mali	1995—05—31
91	马耳他	Malta	1995—01—01
92	毛里塔尼亚	Mauritania	1995—05—31
93	毛里求斯	Mauritius	1995—01—01
94	墨西哥	Mexico	1995—01—01
95	摩尔多瓦	Moldova	2001—07—26
96	蒙古	Mongolia	1997—01—29
97	黑山	Montenegro	2012—4—29
98	摩洛哥	Morocco	1995—01—01
99	莫桑比克	Mozambique	1995—08—26
100	缅甸	Myanmar	1995—01—01
101	纳米比亚	Namibia	1995—01—01
102	尼泊尔	Nepal	2004—04—23
103	荷兰	Netherlands	1995—01—01
104	新西兰	New Zealand	1995—01—01
105	尼加拉瓜	Nicaragua	1995—09—03
106	尼日尔	Niger	1996—12—13
107	尼日利亚	Nigeria	1995—01—01
108	挪威	Norway	1995—01—01
109	阿曼	Oman，Sultanate of	2000—11—09
110	巴基斯坦	Pakistan	1995—01—01
111	巴拿马	Panama	1997—09—06
112	巴布亚新几内亚	Papua New Guinea	1996—06—09
113	巴拉圭	Paraguay	1995—01—01
114	秘鲁	Peru	1995—01—01
115	菲律宾	Philippines	1995—01—01
116	波兰	Poland	1995—07—01
117	葡萄牙	Portugal	1995—01—01
118	卡塔尔	Qatar	1996—01—13
119	罗马尼亚	Romania	1995—01—01
120	俄罗斯	Russian Federation	2012—08—22
121	卢旺达	Rwanda	1996—05—22
122	圣基茨和尼维斯	Saint Kitts and Nevis	1996—02—21
123	圣卢西亚	Saint Lucia	1995—01—01
124	圣文森特和格林纳丁斯	Saint Vincent and the Grenadines	1995—01—01
125	萨摩亚	Samoa	2012—05—10
126	沙特阿拉伯	Saudi Arabia	2005—12—11
127	塞内加尔	Senegal	1995—01—01
128	塞拉利昂	Sierra Leon	1995—07—23
129	新加坡	Singapore	1995—01—01
130	斯洛伐克	Slovakia Republic	1995—01—01

续 表

序 号	中文名称（简称）	英文名称（简称）	加入时间
131	斯洛文尼亚	Slovenia	1995—07—30
132	所罗门群岛	Solomon Islands	1996—07—26
133	南非	South Africa	1995—01—01
134	西班牙	Spain	1995—01—01
135	斯里兰卡	Sri Lanka	1995—01—01
136	苏里南	Suriname	1995—01—01
137	斯威士兰	Swaziland	1995—01—01
138	瑞典	Sweden	1995—01—01
139	瑞士	Switzerland	1995—07—01
140	塔吉克斯坦	Tajikistan	2013—03—02
141	坦桑尼亚	Tanzania	1995—01—01
142	泰国	Thailand	1995—01—01
143	马其顿	The former Yugoslav Republic of Macedonia	2003—04—04
144	多哥	Togo	1995—05—31
145	汤加	Tonga	2007—07—27
146	特立尼达和多巴哥	Trinidad and Tobago	1995—03—01
147	突尼斯	Tunisia	1995—03—29
148	土耳其	Turkey	1995—03—26
149	乌干达	Uganda	1995—01—01
150	乌克兰	Ukraine	2008—05—16
151	阿联酋	United Arab Emirates	1996—04—10
152	英国	United Kingdom	1995—01—01
153	美国	United States	1995—01—01
154	乌拉圭	Uruguay	1995—01—01
155	瓦努阿图	Vanuatu	2012—08—24
156	委内瑞拉	Venezuela，Bolivarian Republic of	1995—01—01
157	越南	Viet Nam	2007—01—11
158	赞比亚	Zambia	1995—01—01
159	津巴布韦	Zimbabwe	1995—03—05

WTO 政府观察员一览表

（截至 2013 年 3 月 31 日）

序 号	中 文 名 称	英 文 名 称
1	阿富汗	Afghanistan
2	阿尔及利亚	Algeria
3	安道尔	Andorra
4	阿塞拜疆	Azerbaijan
5	巴哈马群岛	Bahamas
6	白俄罗斯	Belarus
7	不丹	Bhutan
8	波斯尼亚和黑塞哥维那	Bosnia and Herzegovina
9	科摩罗	Comoros
10	赤道几内亚	Equatorial Guinea
11	埃塞俄比亚	Ethiopia
12	梵蒂冈	Holy See (Vatican)
13	伊朗	Iran
14	伊拉克	Iraq
15	哈萨克斯坦	Kazakhstan
16	黎巴嫩共和国	Lebanese Republic
17	利比里亚	Liberia，Republic of
18	利比亚	Libya
19	圣多美和普林西比	Sao Tone and Principe
20	塞尔维亚	Serbia
21	塞舌尔	Seychelles
22	苏丹	Sudan
23	叙利亚	Syrian Arab Republic
24	乌兹别克斯坦	Uzbekistan
25	也门	Yemen

注：除了梵蒂冈例外，其他所有观察员必须在其成为观察员后五年内开始其加入 WTO 谈判。

附录六 中国世界贸易组织研究会年度大事记（2012）

1月6日，孙振宇会长在“2012年中国石油和化学工业联合会党委理论中心组学习会暨中国加入世界贸易组织10周年讲座”上发表讲话，对石化行业在入世10年来取得的成就予以肯定，对石化企业在当前经济形势下的发展路径提出建议。

1月10日—13日，孙振宇会长率我会“外顾委”委员在山东进行调研。

2月9日，我会外经贸咨询顾问委员会（简称“外顾委”）2012年第一次工作会议召开，与会专家就中国如何应对WTO第四次贸易政策审议、中国原材料出口限制案、外顾委研究课题等问题展开讨论并提出建议。

2月28日，孙振宇会长在北京与来访的澳大利亚外交贸易部副部长高斯珀（Bruce Gosper），澳大利亚外交贸易部自由贸易协定司副司长爱丽森·伯罗斯（Alison Burrows）女士就世贸组织相关问题以及2012年多哈回合谈判等议题进行会谈。

2月29日，我会与对外经济贸易大学联合举行“国际经贸政策研究热点问题座谈会”，旨在建立和拓展双方的联系，深化科研合作与国际交流，整合政府、高校、企业、民间组织等资源，充分发挥智库作用。

3月1日，孙振宇会长应邀在神华集团系列专题讲座第14讲上，就“学习掌握国际规则，提高企业国际竞争力”专题做报告。报告涵盖了WTO的基本原则和规则，WTO的功能和决策机制，中国入世十年的表现与角色，当前国际政经形势及对策等内容。

3月16日，我会第三届理事会第一次会议暨“新时期深化改革扩大开放的战略选择”高层论坛在京召开。商务部俞建华部长助理代表陈德铭部长出席会议并就“多边贸易体制与自由贸易协定的关系及中国的战略选择”发表演讲。中国人民银行前副行长吴晓灵、香港中国商会主席陈经纬、国务院发展研究中心对外经济研究部张小济研究员和中国社科院世界经济与政治研究所所长张宇燕研究员到会发表演讲。

3月18日，应我会孙振宇会长邀请，新西兰贸易部长蒂姆·格雷泽（Tim Groser）在对外经济贸易大学发表主题为“亚太区域贸易一体化的构想”的演讲。格雷泽强调中国在亚太地区的重要地位和作用，并介绍了FTA（自由贸易协定）和TPP（跨太平洋战略经济伙伴关系协定）的发展情况及其与WTO的关系，阐述其推动亚太区域一体化的构想。

3月31日，新形势下的中俄经贸科技合作发展论坛在京举行，会议围绕普京胜选后内外战略和政策继承与创新，对中俄关系发展新阶段的认识，新时期中俄经贸合作发展的现状、问题及前景，以及俄罗斯入世后中俄经贸合作面临的机遇与挑战等议题展开了讨论。

3月31日，我会竞争政策与法律专业委员会（竞委会）工作会议在京召开。会议讨论了竞委会工作机制与2012年工作计划。

4月6日，孙振宇会长接见乌拉圭青年学者尼古拉斯·桑托（Nicolas Santo）并听取其研究课题的介绍，同时为其解答了关于中国企业“走出去”以及中国与拉美国家经贸合作的问题。

4月11日，我会外经贸咨询顾问委员会2012年第二次工作会议在京召开，重点围绕金砖国家贸易与经济研究网络决议、如何扩大金砖国家的经贸合作等问题展开研讨。

4月14日—15日，由我会主办的“境外项目投融资、汇率与财税政策及投资风险说明会”在京举行，与会代表就2012年海外市场投资形势、机电产品出口形势及政策趋向、外汇走势、风险防范与税收政策、海外项目投融资风险防范与实务等议题发表演讲。

“境外项目投融资、汇率与财税政策及投资风险说明会”作为我会长期举办的专题会议，为帮助我国企业在新形势下强化海外项目投融资风险防范意识，增强财务管理水平，指导和帮助企业“走出去”做了大量工作。

5月18日，我会外经贸咨询顾问委员会2012年第三次工作会议在京召开，重点围绕俄罗斯入世与普京当选俄总统后的政策走向、奥朗德当选法国总统以及欧债危机等问题研讨。

5月24日—6月2日，我会副会长薛荣久教授，应台湾中华国际经贸研究学会理事长胡联国教授邀请出访台湾并在五所大学分别发表学术演讲，内容包括：ECFA的签署与实施、效益与愿景、中国（大陆）入世后十年的挑战与应对、中国（大陆）国际贸易学科的发展、两岸携手研究国际贸易学科的发展机遇与面临的挑战。

5月28日，首届中国（北京）国际服务贸易交易会“WTO与中国：北京国际论坛——共享服务贸易发展经验”在北京国际会议中心举行。全国人大常委会副委员长蒋正华、商务部副部长王超、世界贸易组织总干事拉米、新西兰驻华大使伍开文、国际贸易和可持续发展中心总裁梅林德、中国服务贸易协会会长兼中国远洋运输（集团）总公司董事长魏家福及中国美国商会主席狄安华等嘉宾出席了论坛，并针对“服务贸易：共享发展经验”和“中国服务业开放发展战略”两大专题发表了演讲。

6月16日，我会与山东省昌邑市人民政府签署战略合作协议。中国世界贸易组织研究会把昌邑市作为县域经济开放发展研究基地，共同探讨推动县域经济转型升级、提高国际化水平的路径。

6月29日，我会外顾委2012年第四次会议在京召开。会议特别邀请前驻美大使、博鳌亚洲论坛秘书长周文重介绍美国大选的前景及其对中美经贸关系的影响。与会的外顾委委员和对外经贸大学专家针对中美经贸关系展开深入讨论。

7月16日，由我会和对外经济贸易大学共同主办的“WTO上诉机构对于国际贸易争端的审理及其法理高端研讨会”在京召开，世贸组织上诉机构创始人拉卡特（Lacarte）教授出席并发表演讲，解答大家的提问并与各位专家互动交流。

7月20日，争端解决热点问题座谈会在京召开，会议针对近期原材料出口案、银联卡支付案、我国诉美国22类产品反倾销案、美国就能源产品对我国的反倾销案等案件进行分析和探讨。孙振宇会长、WTO上诉机构孙月姣大法官、WTO专家组张玉卿大法官、商务部世贸司刘毓骅副司长、商务部条法司杨国华副司长、对外经贸大学白树强教授等出席会议。

7月27日，我会外顾委第五次工作会议召开，会议就刚刚结束的中非合作论坛第五届部长级会议等相关议题进行了热烈而深入的研讨。

7月30日，美国农业部首席经济学家约瑟夫·克劳盾（Joseph Glauber）、美国驻中国使馆公使衔农业参赞斯科特·辛德勒（Scott Sinderlar）、美国驻中国大使馆农业处专家吴新平等四人拜会我会孙振宇会长，双方就多哈回合谈判、TPP中的农业议题以及中美农业贸易现状与前景等热点问题交换了看法。

8月1日，我会与商务部政研室共同开展“中国世界贸易组织研究成果收集活动”，广泛征集对世贸组织研究具有前瞻性、可行性以及对政府政策和社会发展产生重要影响的著作、学术论文、调研报告等，表彰对中国世贸组织事务研究和相关工作具有推动作用的成果和贡献。

8月16日，孙振宇会长应邀参加云南省领导干部时代前沿知识讲座第63讲，做了题为《中国经济发展的外部环境与国家“桥头堡”的建设》的报告，指出入世十年来，中国越来越多地在国际舞台上展现魅力，在多边机制和区域合作中发挥了越来越重要的作用，我国企业开展外贸活动时应注重形象，树立大局观念，为桥头堡战略打造良好的商贸品质。

8月22日，第二届中国海外投资年会开幕式在香港会展中心大会堂举行。本届年会聚焦全球经济转型与中国海外投资新模式，并颁发“2012中国海外投资年度最佳案例奖”。作为该年会的合作机构，我会会长孙振宇、竞委会主席俞晓松出席开幕式并参加年会多项活动。会前，我会受香港中国商会、中国中央电视台委托，开展了“2012中国海外投资年度最佳案例”课题调研。

8月27日，中国驻WTO大使易小准莅临对外经贸大学做“WTO事务最新进展”学术报告，与我会外顾委委员、贸大师生分享其工作在WTO最前线的经验与体会。易大使还就全球价值链、俄罗斯入世与区域经贸合作、中俄经贸关系以及国营企业发展方向等问题与我会交换了意见。

9月3日，由我会和中欧协会主办，新疆财经大学和石河子大学协办的“区域经济合作与多边贸易体制”高层论坛在乌鲁木齐第二届亚欧博览会期间成功举行。与会代表建议进一步健全和完善上海合作组织成员国与新疆的合作机制，加强地方间的交流和互联，加强喀纳斯口岸的建设；在上合组织框架内开展研究，在运输、保险等方面推进贸易便利化进程。

9月5日，俄罗斯世界贸易中心代表团拜访我会，双方就WTO相关知识、俄罗斯入世与中国的应对、中国入世经验等议题进行了深入交流，一致同意应加强和促进中俄双方、上合组织、金砖国家之间在WTO框架内的合作。双方还表示加强后续合作，择机建立长期战略伙伴关系。

9月8日，作为第十六届国际投资贸易洽谈会的重要活动之一，中国昌邑（厦门·2012）国际投资项目推介会在厦门国际会议中心隆重举行。本次推介会由我会和山东昌邑市政府共同举办。中国世界贸易组织研究会会长孙振宇会长在致辞中对昌邑市的未来寄予厚望，希望以此次推介会为契机，带动地域经济合作与发展。大约百位中外人士出席了推介会。

9月24日，我会竞争政策与法律专业委员会（竞委会）召开工作会议，研究首届中国竞争法律与政策年会事宜。

9月24日，受商务部委托，开始进行“WTO框架下我国主要贸易伙伴贸易政策合规性”课题研究。

11月17～18日，我会国际合作部举办“涉外财税金融政策与项目融资、信贷保函及财税筹划风险说明会”。为帮助企业“走出去”，我会全年共举办了6期有关对外投资、市场、财务等专题的培训班，参加企业超过200家。

11月27日，由深圳市人民政府主办，我会与深圳经贸委、深圳WTO中心承办的第十一届“WTO与深圳”高级论坛隆重举行。商务部部长助理俞建华参加开幕式并致辞，强调我国入世后在多边层面履行承诺享受权利，并在此基础上表明我国将继续维护WTO多边贸易体制。当前应落实十八大精神，抓住战略发展机遇，利用WTO继续推动我国经济的发展。我会孙振宇会长阐述了绕开多哈回合谈判成果去谈21世纪新议题的不可行性，呼吁维护WTO多边贸易体制，处理好区域和多边的关系，在国际谈判中建立统一战线，加强我国国际化人才的培养。

12月6日，由我会和对外经济贸易大学联合主办的“TPP：跨太平洋的挑战研讨会”在京召开。会议第一阶段为《跨太平洋伙伴关系：21世纪贸易协定的探索》新书推介，第二阶段为“TPP：跨太平洋的挑战”研讨。参加研讨会的有商务部、国家质检总局、银监会、海关总署、中国社会科学院、对外经贸大学、南开大学、北京大学、中国政法大学、中国工业经济联合会的专家学者以及新加坡南洋理工大学黛博拉·艾姆斯（Deborah Elms）教授和新加坡管理大学高树超教授。

12月11日，由我会和北京大学知识产权学院共同举办的“WTO技术壁垒协定（TBT/SPS）座谈会暨WTO规则与信息安全政策一致性研究论证会”在京召开，与会代表就WTO技术壁垒协定（TBT/SPS）最新发展情况和备受关注的前沿问题进行了广泛探讨。

12月18日，由我会主办的首届“中国竞争政策与法律年会（2012年）”在京举行。国务院反垄断委员会秘书长、商务部副部长高虎城出席开幕式并做主旨演讲，孙振宇会长和俞建华部长助理分别致辞，竞委会主席、中国贸促会前会长俞晓松主持开幕仪式。来自商务部、国家发展改革委员会、国家工商总局、最高人民法院、国务院法制办公室及业界的专家和代表围绕反垄断法发表演讲，分析案例，总结反垄断法实施以来取得的成就和经验，同时探讨反垄断法实施过程中出现的新情况和新问题，对企业经营活动、控制和规避法律风险发挥了重要指导作用。

12月19日，中期评审我会受财政部委托开展的“俄罗斯、东盟、墨西哥、加拿大关税政策现状的比较分析”课题研究。

12月26日，我会外顾委召开第十次工作会议，外顾委委员王晖、韩铁城、王成安与当年多次参与中美双边谈判领导工作的佟志广副部长、俞晓松副主任，外经贸部陈鹏，国家计委孙晓路，国务院经贸办肖宏章，以及薛荣久副会长等，就“新时期中美经贸关系”进行了专题研讨。

12月28日，我会编辑出版《中国世界贸易组织年鉴（2012）》和《竞争报告》，并翻译出版《世界贸易报告》，为国内WTO工作及研究提供了前沿性和基础性资料。

我会全年还编辑出版了15期《世界贸易组织要情》，就欧债危机、TPP谈判、中非经贸合作关系和反补贴应对等问题进行了专题分析，提出了相关的政策建议。

附录七　对外经济贸易大学年度大事记（2012）

一、欧盟理事会主席范龙佩、欧盟委员会主席巴罗佐访问贸大　国际化特色进一步彰显

2012年2月15日，欧盟理事会主席范龙佩、欧盟委员会主席巴罗佐、中国人民银行行长周小川、中国驻欧盟大使吴海龙等莅临我校发表演讲，并为欧盟驻华代表团主办的欧元展揭幕。45位欧盟及20国集团（G20）驻华大使和来自欧盟总部、欧洲投资银行、驻华使团及中国外交部、中国人民银行的50余位官员出席了开幕式。范龙佩、巴罗佐、周小川三位嘉宾与贸大千余师生互动交流，引起了热烈反响。

2012年，匈牙利前总理麦杰希·彼德、世界贸易组织总干事拉米、诺贝尔经济学奖获得者罗伯特·蒙代尔及罗伯特·奥曼教授等多位国际著名学者来校访问并做了精彩演讲；多场高质量的国际学术会议成功举办；2012年学校孔子学院总数达到七所；学校来华留学生总数突破3 000人；出色完成第二届国际青年声乐家“I Sing Beijing（我唱北京）”活动，成功举办第三届国际文化节；学校国际化工程取得新进展；学校国际影响力有了新的提升。

二、首次开办暑期学校　教育教学改革取得新进展

7月9日至8月3日开设首期暑期学校项目，来自世界各地的42位海外专家走进贸大开设课程。2 059名本校本科生、硕士生、博士生及外校学生参与选课学习。暑期学校的开办，让学生体验“不出国的留学”，使优秀学生深入接触国际前沿课程。

2012年，教育教学改革取得新进展：10种17册教材入选第一批“十二五”普通高等教育本科国家级规划教材；《企业财务报表分析》入选国家2012年“精品视频公开课”建设选题名单；“现代服务业人才培养实验教学中心”被评为十二五国家级实验示范教学中心；获得两个由教育部、中央政法委员会评审的“首批卓越人才教育培养基地”；推荐的150个项目全部被教育部批准为2012年度国家级大学生创新创业训练计划项目；雀巢（中国）有限公司被北京市教委认定为“2012年北京高等学校市级校外人才培养基地”建设单位；学校成立了教师教学发展中心。

三、招生、就业继续保持全国领先位置

2012年我校本科招生录取分数全线上扬，部分省市分数再创新高，继续保持全国高校招生中优质生源的领先地位。

2012年我校毕业生就业依然保持高就业率、高就业质量和高就业满意度。截至9月1日，本科毕业生就业率为98.69%，研究生就业率为98.48%，国内外继续深造人数创历史新高，取得了骄人成绩。超八成毕业生实现高质量就业，主要集中在外贸相关的机关单位和大型国有企业、金融系统和外资企业。据知名考试测评机构ATA调查显示，我校毕业生的通用就业力在211高校中排名第六。

四、第八届“挑战杯”创业计划竞赛获全国金奖 人才培养质量进一步提升

在第八届“挑战杯”中国大学生创业计划竞赛全国决赛中，我校参赛作品“iHiM留学生之梦想文化传媒有限公司”荣获金奖，实现历史性突破。在2012年北京市第七届“挑战杯”首都大学生创业计划竞赛中，我校获奖总数位列北京市高校第二名，创我校参加“挑战杯”首都创业计划竞赛历史最好成绩。

2012年我校组织、参加了多场高水平学科竞赛，400余人获得各类市级以上奖项，参赛人数、获奖项目再创历史新高。在中国首届“世界贸易组织模拟法庭辩论赛”（China WTO Moot Court Competition）上，我校代表队荣获团体冠军。首次评选出“十大杰出”学生，二三课堂活动体系正式发布，“成长惠园”网站正式上线，学生宿舍全部安装了空调，体育场馆设施设备修缮更新，无线网络实现校园全覆盖，办学条件进一步改善，人才培养质量进一步提升。

五、人才强校第三次会议召开 首次实施“杰青”“优青”计划和职员制

我校召开第三次人才强校工作会议，着力解决人才队伍建设的动力和机制问题，校党委书记王玲代表学校党委做了题为“坚持深化体制机制创新全面推进人才强校战略”的工作报告；施建军校长就如何实施人才强校做了详尽论述。学校颁布了“杰出青年学者培育计划”实施办法、“优秀青年学者培育计划”实施办法，首次实施了“杰青”和“优青”培育计划。11月13日我校《职员岗位聘任办法》正式出台，职员制正式实施。

六、科学研究取得丰硕成果 服务国家战略能力显著增强

2012年我校科学研究工作全面丰收。获得纵向课题129项，其中国家社会科学基金项目35项（包括重大项目3项、重点项目1项、一般和青年项目30项、学术期刊资助项目1项）；国家自然科学基金项目23项（包括面上项目6项、青年项目13项、国际（地区）合作与交流项目2项、专项项目2项）；国家软科学研究计划出版项目1项；教育部人文社会科学研究项目50项；北京市各类项目20项。获得横向课题119项（含国际合作项目8项）。截至2012年12月25日，产出各类科研成果1 385项，发表各类论文1 194篇，SSCI收录61篇，出版各类著作139部。2012年我校获得省部级奖励23项，其中第六届“高等学校科学研究优秀成果奖（人文社会科学）”10项，北京市第十二届哲学社会科学优秀成果奖8项，第十七届“安子介国际贸易研究奖”4项，第四届“钱端升法学研究成果奖”1项，再创历史新高。

七、中国企业“走出去”协同创新中心揭牌成立

中国企业“走出去”协同创新中心在我校正式成立，世界贸易组织总干事拉米和对外经贸大学校长施建军共同为中心揭牌。中国企业“走出去”协同创新中心是一种新的国际合作模式，以“国家急需、世界一流”为目标，标志着我校为国家经济社会发展服务能力进一步提升。目前，我校已在联合国贸易和发展会议、国际贸易与可持续发展中心设立办公室，国际贸易与可持续发展中心中国部也已入驻我校。

八、统计学院揭牌成立 学科布局更加合理

10月20日，即第三个“世界统计日”，我校隆重举行统计学院成立大会，国家统计局副局长谢鸿光和我校施建军校长为统计学院揭牌。统计学院致力于培养具有国际视野，能够胜任政府部门、高校及研究机构、金融机构和各类企业的经济统计实务和高层次研究工作的复合型高素质专门人才。校长施建军教授兼任首任院长，统计学专业本科生、硕士研究生、博士研究生均授予经济学学位；其中统计方向的硕士研究生、博士研究生已开始招生，2013年开始招收统计学专业本科生。

九、党建评估获肯定 党建科学化水平迈上新台阶

10月23日，市委教育工委常务副书记刘建带领北京高校《党建和思想政治工作基本标准》（简称《基本标准》）检查组莅临我校，全面检查我校五年来开展党建和思想政治工作落实《基本标准》的情况，对我校贯彻落实“三重一大”决策制度总体情况给予充分肯定。

十、学习宣传贯彻十八大精神 推动学校内涵式发展掀热潮

我校党委对学习宣传贯彻党的十八大精神高度重视，科学设计，研究制定学习宣传贯彻实施方案，有系统、分层次、立体化地开展了学习宣传贯彻活动。

党委理论中心组召开专题学习贯彻十八大精神。党委常委会审议并通过《中共对外经济贸易大学委员会学习宣传贯彻十八大精神主题教育活动实施方案》，校党委书记王玲做了全校学习贯彻十八大精神主题教育活动的动员和部署。

学校还建立了学习贯彻十八大精神专题网站，组建了“十八大精神宣讲团”，认真开展“微党课”活动。

附录八　北京市国际服务贸易事务中心年度大事记（2012）

北京市国际服务贸易事务中心是北京市商务委员会所属全额拨款事业单位，是中国（北京）国际服务贸易交易会（简称京交会）组委会执行机构，成立于2012年7月9日。中心内设9个部门，分别为办公室、策划协调部、宣传推介部、展览会务部、WTO事务中心、联合国贸易网络北京中心、国际经济贸易研究部、财务部、人力资源部。在北京市国际服务贸易事务中心成立之前，北京WTO事务中心、北京市国际经济贸易研究所，以及联合国贸易网络北京中心共同作为首届京交会执行机构的组成部分。

一、举办京交会

京交会的主办单位是中华人民共和国商务部和北京市人民政府，具体执行机构是北京市国际服务贸易事务中心和中国国际经济技术交流中心。世界贸易组织、联合国贸易发展会议和经济合作与发展组织这三大国际组织是京交会的永久支持机构。

5月28日—6月1日首届京交会在北京国家会议中心举办。首届京交会以“服务贸易：新视野、新机遇、新发展”为主题，坚持“国家级、国际性、综合型服务贸易交易平台”的定位，围绕WTO对服务贸易划分的十二大领域开展六大板块活动。WTO划分的十二大服务贸易领域包括：商业服务，通讯服务，建筑及相关工程服务，金融服务，旅游与旅行相关服务，娱乐、文化与体育服务，运输服务，健康与社会服务，教育服务，分销服务，环境服务，其他服务等。六大板块活动包括：开幕式暨高峰论坛，高层论坛，综合展示，推介洽谈，主题日活动，以及权威发布。

首届京交会共举办130多场活动，共有中外参展企业1 721家，全球83个国家和地区的注册客商2.4万人，到会专业观众累计超过10万人次。期间共签约458个项目，总金额601亿美元，其中签约金额在500万美元以上的项目109个，涉及签约金额575亿美元，占总签约金额的95.7%。签约金额中112亿美元涉及国际服务贸易交易。

二、举办“WTO与中国：北京国际论坛（2012）”

5月与中国世界贸易组织研究会合作举办“WTO与中国：北京国际论坛（2012）”，主题围绕共享服务贸易发展经验，分为“服务贸易：共享发展经验”和“中国服务业开放发展战略”两大专题。

在“服务贸易：共享发展经验”专题中，全国人大常委会副委员长蒋正华、商务部副部长王超、世界贸易组织总干事拉米、新西兰驻华大使伍开文、国际贸易和可持续发展中心总裁梅林德、中国服务贸易协会会长兼中国远洋运输（集团）总公司董事长魏家福以及中国美国商会主席狄安华发表了演讲。

全国人大常委会副委员长蒋正华和商务部副部长王超在致辞中强调，大力发展服务贸易和商贸服务业是促进我国经济持续平稳较快发展、加快转变经济发展方式、推进我国经济结构战略性调整的必然选择。世界贸易组织总干事拉米认为中国具有无穷的成长潜力和创新发展能力，在2005—2010年间，中国服务贸易年均增速16%，是世界服务贸易增长最快的国家，但中国也面临着地区发展不平衡等严峻挑战，需要进一步开放服务市场。新西兰驻华大使伍开文强调了新西兰与中国之间良好的双边经贸关系。国际贸易和可持续发展中心总裁梅林德讨论了如何进一步推进多边服务贸易规则，特别是与补贴和竞争政策相关的贸易规则。中国服务贸易协会会长兼中国远洋运输（集团）总公司董事长魏家福以运输服务为例阐述了对服务贸易发展的认识。中国美国商会主席狄安华提出中国在金融、电信和农业等领域对外资公司仍设定许多限制，这些市场准入壁垒不仅打击外国投资者的积极性，也牺牲了中国消费者的选择机会，希望中国进一步开放服务领域。

在“中国服务业开放发展战略”主题中，全国政协经济委员会副主任、中国商业联合会会长张志刚、北京市朝阳区区长程连元、德国驻华大使馆商务参赞卢恒科、北京首都国际机场股份有限公司副总经理张伟、国家发改委产业经济与技术经济研究所研究员姜长云、德勤华永会计师事务所合伙人金建分别发表了演讲。

在对论坛的总结中，中国世界贸易组织研究会会长、中国驻世界贸易组织首任大使孙振宇强调了服务贸易在扩大就业、制造业的升级换代和提高制造业的附加值等方面的重要性，希望政府能制定财税、金融政策，扩大生产性服务的投资，鼓励外资和民营企业进入服务领域。

三、邀请并协助世界贸易网点联盟主办首届京交会的分销服务板块

世界贸易网点联盟成立于2000年，是一个非政府非营利性的国际贸易促进组织，是联合国贸易发展会议领导下的全球最大的贸易网络和贸易促进机构，在全球80多个国家建立了120个贸易网点，总部设在日内瓦。目前，世界贸易网点联盟在亚太地区共设立了10余个贸易网点。

在首届京交会中，世界贸易网点联盟主办了分销服务板块，展区以世界贸易网点联盟、中国商务区联盟、跨境分销、城市新兴商业中心和现代分销服务体系为主要内容，通过展览展示、供需洽谈与企业对接等方式，将京交会现场交易平台与世界贸易网点联盟自身的网络虚拟电子商务平台相结合，搭建中外企业分销服务合作与发展的新型贸易平台。

首届京交会中世界贸易网点联盟的分销服务板块共有30多个项目签约，签约总额超百亿元。世界贸易网点联盟与北京市朝阳区签订战略合作，促进联盟成员与中国内地企业的商贸交流。北京市东城区商务委代表红桥市场等八家分销服务重点企业和王府井、前门等分销服务集聚区与世界贸易网点联盟签订了战略合作框架协议，双方建立长期有效的交流机制，由世界贸易网点联盟搭建东城区重点分销企业对外交流合作的平台。

四、举办第十三届世界贸易网点联盟年会暨第二届世界贸易便利化论坛

11月在北京举办第十三届世界贸易网点联盟年会暨第二届世界贸易便利化论坛。本届年会暨论坛围绕“发展贸易便利化，加强企业国际竞争力”这一主题，内容包括开幕式、主论坛、分论坛、第十三届世界贸易网点联盟年会、世界贸易便利化论坛，以及投资贸易洽谈会等活动。

北京市委常委、宣传部部长、副市长鲁炜，世界贸易网点联盟主席布鲁诺·麦斯尔，联合国日内瓦办事处总干事里卡多·艾斯比诺撒，北京市商务委副主任闫小彦，朝阳区副区长汪洋出席开幕式并致辞。主论坛邀请了南非工商局中小企业发展中心主任特雷萨·哈蒂姆，世界贸易组织贸易政策审议司高级顾问威利·阿尔法罗，埃及贸易网点主任瓦利德·加穆尔，孟买世界贸易中心行政总裁、印度孟买贸易网点主任瓦瑞卡发表演讲。分论坛围绕“贸易便利化服务提供商：提高中小企业参与国际贸易的核心竞争力”和“创意服务产业与服务贸易”两个议题，共有来自中国、印度、埃及、阿根廷等国家的15个贸易网点负责人参加了本届年会暨论坛，另有多家知名跨国企业和国内150家企业代表参加了活动。

年会期间，世界贸易网点联盟进行了2012—2015年度世界贸易网点联盟执行委员会选举，联合国贸易网络北京中心首次成为10个执行委员会成员之一，并首次当选世界贸易网点联盟亚太区总协调，代表世界贸易网点联盟总部处理亚太地区事务。

五、研讨活动

12月举办了“乘十八大东风，务实办好京交会——中国经济转型升级与服务贸易发展”专家研讨会。此次研讨会在党的十八大胜利召开背景下举办，旨在贯彻落实十八大提出的转变经济发展方式的精神，务实办好京交会。来自北京大学、首都经济贸易大学、商务部研究院、中国会展经济研究会、中国快递协会、北京服务外包企业协会等单位的服务贸易领域专家学者及业内人士参加了研讨。

附录九　上海 WTO 事务咨询中心年度大事记（2012）

2012 年 2 月 13～15 日，中心派员在俄罗斯莫斯科参加了 2012 年亚太经合组织（APEC）贸易投资委员会（CTI）全体会议和贸易政策对话。此次 CTI 议题广泛，主要包括：2012 年 APEC 优先议题与 CTI 工作计划，支持多边贸易体制、贸易投资自由化与区域经济一体化，努力打造可靠的供应链，扩大规制领域合作与强化规制监管，努力实现 APEC 领导人包括创新增长在内的增长战略，产业对话，私有企业参与等。此次贸易政策对话主要关注环境产品与气候变化、环境产品与空气污染、环境产品与水处理以及环境产品分类的实践。

2012 年 3 月 30 日，中心邀请上海市发展改革委员会法规处处长张忠伟，以及上海环境能源交易所总经理林健到中心做讲座，分别向大家介绍了此次德班气候大会中国就气候变化问题的谈判立场，以及上海作为试点城市开展碳排放交易试点工作情况，还就相关热点问题与中心青年员工进行了深入交流。

2012 年 3 月 23 日，金砖国家民间技术支持网络专家座谈会在中心举行，出席会议的有来自上海市商务委、社科院、复旦大学、交通大学、南京大学、华东师范大学、浙江师范大学、上海外贸学院和上海 WTO 事务咨询中心等单位的专家。与会专家探讨了组建网络的必要性和重要性，以及网络的工作机制。首任中国驻 WTO 大使孙振宇和上海 WTO 事务咨询中心总裁王新奎做了总结发言。

2012 年 5 月 26 日，全球贸易投资研究咨询中心揭牌仪式在上海举行。商务部部长陈德铭与上海市市长韩正出席并致辞，双方共同为全球贸易投资研究咨询中心揭牌。陈德铭在致辞中指出，全球贸易投资研究咨询中心的成立既是服务于上海实施国际经济、金融、航运和贸易“四个中心”战略，进一步深化商务部与上海市“部市合作”的主要举措，也将为深入研究全球经济贸易发展趋势、提高对外贸易投资领域的科学决策水平提供有力的智力支持。韩正表示，上海 WTO 事务咨询中心成立以来在为上海市政府和企业提供 WTO 事务研究咨询服务的同时，也为国家提供了贸易与投资领域大量的研究与咨询服务。希望上海 WTO 中心发挥自身优势，开拓创新，把全球贸易投资研究咨询中心建设成国内外知名的专业性研究咨询机构。商务部部长助理李荣灿，上海市委常委、副市长艾宝俊等参加了揭牌仪式。全球贸易投资研究咨询中心是以上海 WTO 事务咨询中心为载体，采取商务部与上海市政府合作建设方式，为国家及上海提供经济全球化背景下贸易、投资和产业运行监测、预警等领域研究与咨询服务的机构。

2012 年 6 月 29 日下午，市府发展研究中心信息处潘春来和梁绍连同志应邀来中心做了题为“重视决策咨询研究，服务政府科学民主决策”的讲座。讲座围绕决策咨询研究的任务和职责、如何把握决策咨询研究的重点与热点、决策咨询内参的选稿与编撰、市领导批示稿件的特点等展开讨论，并提出几点建议。

2012 年 7 月 12 日，WTO 争端解决上诉机构第一轮主席 Julio Lacarte-Muro 到访中心，与中心总监龚柏华教授做了交流。Julio 是乌拉圭人，出生于 1918 年（现年 94 岁），参加了 1948 年关于成立国际贸易组织的“哈瓦那宪章”的起草工作，是设计 WTO 争端解决谅解备忘录谈判委员会主席，WTO 争端解决上诉机构第一轮主席，被称为“WTO 争端解决机制之父”。

2012 年 8 月 29 日上午，中心总裁王新奎以“经济全球化新趋势与中国：长期的视角”为题，为中心业务人员做了一次讲座。在讲座中，王新奎总裁首先介绍了什么是观察经济全球化的长期视角，他认为经济全球化新趋势是全球性资源短缺，包括制度创新遭遇瓶颈、突破性科技发明处于酝酿期、化石能源供求失衡、劳动力资源供给不稳定和环境承受力达到极限，这是当前全球经济面临的共性问题。他提出了“制造—服务革命”的概念，即智能制造与数字化服务融合的创新平台将推动产业的集成创新，其长期后果可能是创新的演化路径发生改变，即由科技创新催生商业模式创新，向由商业模式创新催生科技创新转变。他指出，“制造—

服务革命”可能导致全球投资与产业布局的重新调整，使服务与货物融合的贸易成为国际贸易的主体形式，从而推动全球多边贸易规则的重构。

2012 年 9 月 26 日，上海 WTO 事务咨询中心在世界贸易组织秘书处 2012WTO 公众论坛中主办的第 43 分场在日内瓦举行。这是中国的非政府机构第一次在此论坛中独立承办分场活动，主题是“恢复多边主义活力——亚太视角”。论坛重点分析了近年来亚太地区经济一体化的动力、机制、做法和效果；强调一个有活力的多边国际贸易体系所具备的持久重要性和相关性；探索亚太地区的经验能否为恢复多边贸易体系的活力做出贡献。

2012 年 10 月 18 日下午，中欧工商学院院长朱晓明教授应邀为中心全体员工做了一次以“大挑战，大机遇——第三次工业革命（数字化革命）及其战略思考”为题的讲座。朱院长认为第三次工业革命实际上是一场关于数字技术与数字化的革命。这场数字化革命使更多的定制化产品、服务和促销信息得以实现：市场营销者可以建立和维持与顾客的关系，收集和分析日趋复杂的消费者购买方式和个性特征方面的数据，并使消费者更容易也更有效地寻求到更多关于产品、服务和价格的信息。第三次工业革命带来的改变，对中国经济乃至全球经济都是一次挑战。

2012 年 11 月 7 日，由中国国际工业博览会组委会主办，上海市发展和改革委员会、上海市商务委员会、上海市人民政府发展研究中心和上海 WTO 事务咨询中心承办的 2012 中国国际工业博览会 WTO 论坛暨上海 WTO 事务咨询中心顾问委员会年会在上海锦江饭店举行。论坛以“清洁能源：市场和规则”为主题，邀请国内外专家、企业高管以及从事相关事务的高级官员共同深入探讨清洁能源的发展对于平等地获取可持续能源、减缓气候变化和能源安全所具有的重要意义。上海市副市长艾宝俊出席并致辞，上海市政协副主席、上海 WTO 事务咨询中心理事长兼总裁王新奎出席并主持。英国工商业联合会主席罗杰·卡尔，日内瓦国际贸易和可持续发展中心总裁梅林德，国内外官员及企业界人士出席会议并发表了演讲。

2012 年 11 月 30 日，“经济全球化新形势下我国对外开放战略”课题专家座谈会在上海召开。该课题是商务部与上海市政府合作建设的“全球贸易投资研究咨询中心”国家级平台的首个大型部市合作决策咨询项目。“全球贸易投资研究咨询中心”是以上海 WTO 事务咨询中心为载体，采取商务部与上海市政府合作建设方式，提供经济全球化背景下贸易、投资和产业运行监测、预警等领域研究与咨询服务的机构。该课题将从货物贸易、服务贸易、投资规则、区域开放格局、自贸区建设五大对外开放领域，提出今后 5～10 年，在经济全球化新趋势下我国对外开放的重大战略。商务部部长陈德铭、上海市常务副市长杨雄、副市长艾宝俊、上海市政协副主席上海 WTO 事务咨询中心总裁王新奎、课题参与单位专家代表等参加了上述活动。

附录十 深圳市世贸组织事务中心年度大事记（2012）

2012年1月18日，“深圳市贸易安全与产业损害预警系统”项目政府投资计划下达。

2012年4月5日，市经济贸易和信息化委员会郭立民主任带队到中心调研指导工作。

2012年5月10日，为配合商务部开展贸易政策审议工作，我市召开了“贸易政策审议工作启动会”，并成立了贸易政策审议工作组。中心先后赴南山、福田、罗湖及龙华、坪山、光明新区宣讲WTO贸易政策审议相关的政策及WTO规则。

2012年5月11日上午，陈彪副市长到中心调研指导工作，高度评价了中心的工作。

2012年6月14日，我市进出口公平贸易与维护产业安全暨WTO事务工作会议在市政府全体会议室召开。

2012年7月12日，深圳市世贸组织事务中心博士后创新实践基地首批两名博士后出站考核圆满完成。

2012年7月25日，深圳市人民政府以深府办【2012】42号文件发布了“关于印发《深圳市贸易政策符合世界贸易组织规则审查办法》的通知”，标志着该项工作向制度化和规范化迈进了一大步。

2012年8月31日，市经贸信委党组成员、世贸组织事务中心张金生主任带队赴新疆喀什地区开展调研学习，并就新疆喀什开发区的招商引资政策文件与世贸组织规则已执行情况开展了座谈。

2012年9月，张金生主任率深圳经贸WTO事务代表团访问东南亚，先后与缅甸工商联、老挝工贸部贸易政策司举行座谈，在柬埔寨举办经贸宣讲会，并受到我国驻柬大使潘广学接见。

2012年9月，深圳市世贸组织事务中心博士后创新实践基地完成两名新招博士后入站手续。

2012年11月27～29日，商务部世贸司和国际司在深圳联合举办了全国地方世贸组织工作会议暨自贸区工作会议。商务部俞建华部长助理、世贸司、国际司领导和来自全国各省、直辖市、自治区及计划单列市商务部门和WTO机构、商协会、科研院所代表共180人参加了会议。深圳市政府副市长陈彪到会致辞。此次会上代表们讨论通过了由深圳市世贸组织事务中心、中国世贸研究会提出的《地方世贸组织事务工作深圳倡议》。此外，中心张金生主任应邀在会议开幕式上介绍了深圳地方WTO事务工作经验。

2012年11月27～28日，第十一届“WTO与深圳”高级论坛在深圳市五洲宾馆召开。来自商务部、中国世界贸易组织研究会、对外经贸大学中国WTO研究院的多位领导、专家学者围绕“深圳国际化城市建设与可持续发展——开放、改革、创新”这一主题碰撞思想火花。商务部部长助理俞建华、深圳市市长许勤、省外经贸厅副厅长郑建荣等出席开幕式并致辞。

2012年11月28日，深圳市贸组织事务中心顾问委员会2012年会在深圳市五洲宾馆召开。市政府副秘书长高国辉出席会议并致辞，中心顾问委员会委员及国内外相关领域的专家、学者以及政府官员参加了会议。

2012年12月6日，商务部进出口公平贸易局召开“美国337调查应对专题工作会”。中心张金生主任应邀出席并就“如何帮助企业提高预防和应对337调查的能力、选择应诉策略”做了专题发言。中心报送的两篇应对337调查工作情况报告被评为优秀调研报告，并编入《美国337调查应对优秀调研报告及经验总结文集（2012）》。

2012年12月14日，中心召开深圳市WTO事务工作联络员2012年工作会议暨应对国外技术性贸易措施培训。

2012年12月21～23日，埃及贸易救济代表团来深圳访问考察，市经贸信息委党组成员、世贸组织事务中心张金生主任会见了代表团一行，介绍了深圳外经贸总体发展形势以及深圳与埃及的贸易往来情况。

2012年12月27日，“2012年深圳市WTO法律服务体系工作会议”在北京召开。

對外經濟貿易大學

University of International Business and Economics

对外经济贸易大学是教育部直属的全国重点大学，国家“211工程”首批重点建设高校。2010年12月，教育部与商务部正式签署协议，共建对外经济贸易大学。学校现任党委书记王玲，校长施建军。

学校创建于1951年，是一所拥有经、管、法、文、理五大门类的多科性财经外语类大学。现有教职员工1600余人，在校学生1.6万人。目前，学校下设17个学院，并设有思想政治理论课教学科研部、体育部和文化艺术教学部；拥有国家级重点学科2个，国家级人文社会科学重点研究基地1个，教育部战略研究（培育）基地1个、教育战略与规划研究中心1个，北京市重点学科7个，北京市哲学社会科学研究基地1个，博士后流动站4个，一级学科博士点5个，一级学科硕士点8个，专业硕士学位授权点10个，本科专业39个。培养的学生一直以专业知识和技能扎实、外语娴熟、思维活跃、实践能力强而受到社会的普遍欢迎。

学校的学术研究在我国对外经贸科研领域占有重要地位，设有100多个研究单位，其中中国WTO研究院是全国唯一的研究世界贸易组织的国家级人文社科重点研究基地。学校主办并公开发行多种学术刊物，其中《国际贸易问题》、《国际商务——对外经济贸易大学学报》、《日语学习与研究》、《Journal of WTO and China》（WTO与中国）等享有较高的学术地位。学校也是国家培训高级经济管理干部的基地之一，设有政府委托或与外国合办的多个高级在职培训机构。

学校于1989年11月在国内率先成立了校董会。李岚清为首任校董会主席，荣毅仁、霍英东等任名誉主席，吴仪为第二任校董会主席。2011年9月，校董会第三届会议选举施建军为第三任校董会主席，石广生、刘鸿儒、陈元为荣誉主席。校董会的建立，对于学校的建设发展发挥了重要作用。

学校坚持走内涵式发展道路，倡导追求卓越、创造精品的精神，把建设国际竞争力、影响力显著增强的国际知名的有特色高水平大学作为自己的长期愿景和历史使命。

地址：北京朝阳区惠新东街10号
电话：64492001
网址：http://www.uibe.edu.cn

中国世界贸易组织研究会

CWTO China Society for World Trade Organization Studies

名誉会长
Honarary Chairman

徐匡迪
Xu Kuangdi

陈德铭
Chen Deming

终身荣誉顾问
Lifelong Honorary Advisors

沈觉人
Shen Jueren

佟志广
Tong Zhiguang

谷永江
Gu Yongjiang

龙永图
Long Yongtu

会长
Chairman

孙振宇
Sun Zhenyu

副会长
Vice Chairmen

廖晓淇
Liao Xiaoqi

王成安
Wang Chengan

王琴华
Wang Qinhua

施建军
Shi Jianjun

陈经纬
Chen Jingwei
(Chan Kingwai)

陈鹏
Chen Peng

李恩恒
Li Enheng

霍建国
Huo Jianguo

薛荣久
Xue Rongjiu

中国世界贸易组织研究会是中华人民共和国商务部直属管理的从事世贸组织（WTO）及相关经济和贸易问题研究的全国性社团组织。由全国长期致力于世贸组织相关事务的政府官员、权威专家学者和机构自愿组成，是国内进行世贸组织有关事务研究、咨询、培训、编辑、出版、国际交流与合作的权威机构之一。

China Society for World Trade Organization Studies (CWTO) is the sole nation-wide non-governmental organization of studying WTO and relevant economic and trade issues based in Beijing, China. Formed voluntarily by government officials, experts, scholars, and institutions all over the country engaged in WTO-related affairs, CWTO is one of the authoritative institutions in the country carrying out research, consulting, training, compilation, publication, international exchange and cooperation activities in connection with WTO.

国务院前副总理李岚清会见中国世界贸易组织研究会领导。(左起：廖晓淇、俞晓松、佟志广、李岚清、谷永江、徐秉金、刘光溪)

Former Vice Premier Li Lanqing met with CWTO leaders. (From left: Liao Xiaoqi, Yu Xiaosong, Tong Zhiguang, Li Lanqing, Gu Yongjiang, Xu Bingjin, Liu Guangxi)

2009年3月20日，徐匡迪院士、陈德铭部长出席中国世界贸易组织研究会第二届理事会第三次会议并发表重要讲话。（左起：郑志海、孙振宇、俞晓松、徐匡迪、陈德铭、谷永江、易小准、徐秉金、吴家煌、刘光溪）

On Mar. 20, 2009, Academician Xu Kuangdi and Minister Chen Deming attended and gave speech at the third session of the Second CWTO Council Meeting. (From left: Zheng Zhihai, Sun Zhenyu, Yu Xiaosong, Xu Kuangdi, Chen Deming, Gu Yongji-ang, Yi Xiaozhun, Xu Bingjin, Wu Jiahuang and Liu Guangxi)

宗旨: 服务国家，面向企业，依托智库院校，开展国际合作。

Our mission

To serve the country, support enterprises, rely on think tanks and universities, and carry out international cooperation.

主要职能:

- 研究世界贸易组织相关理论和实际问题；
- 组织国内外学术成果、工作经验和信息交流；
- 向我国政府部门、企业提供培训、咨询和法律服务；
- 国内外信息采编，编辑出版书籍、报刊、音像资料，宣传普及世界贸易组织知识；
- 促进我国与包括广大发展中国家在内的所有世贸组织成员的自由、公平贸易和经济技术合作；
- 推动我国企业参与国际竞争；
- 促进和推动我国与其他国家和地区包括自贸区在内的区域性经济合作；
- 协助我国政府部门在完善多边贸易体制进程中发挥积极和建设性作用。

Main functions

- Study WTO-related theories and practical issues;
- Organize domestic and international exchanges of academic research, work experiences and information;
- Provide relevant training, consultancy and legal services to China's government agencies, industries, and enterprises;
- Collect information, edit and publish books, newspapers, audio and video materials, and periodicals to popularize WTO knowledge;
- Promote free-and-fair trade, and economic and technological cooperation between China and other WTO members, including developing countries;
- Encourage Chinese enterprises to participate in global competition;
- Enhance regional economic cooperation between China and other economies including FTAs;
- Assist the Chinese government to play an active and constructive role in improving the world trading system.

2011年3月8日，商务部部长助理俞建华与中国世界贸易组织研究会领导在第二届理事会第四次会议上合影。（左起：王琴华、霍建国、陈经纬、俞建华、谷永江、俞晓松、孙振宇、郑志海、薛荣久）

On Mar. 8, 2011, Assistant Minister of Commerce Yu Jianhua and CWTO leaders attended the fourth session of the Second CWTO Council Meeting. (From left: Wang Qinhua, Huo Jianguo, Chan Kingwai, Yu Jianhua, Gu Yongjiang, Yu Xiaosong, Sun Zhenyu, Zheng Zhihai and Xue Rongjiu)

2013年9月30日,我会主办的“两岸经贸问题研讨会”在对外经贸大学召开。我会荣誉会长、海峡两岸关系协会会长陈德铭和有关专家学者及商务部相关司局参加了本次研讨会。会议由孙振宇会长主持。

On Sept. 30, 2013, a seminar on “Economic Issues Across the Taiwan Straits” was held in UIBE. Mr. Chen Deming, Honorary Chairman of CWTO and President of ARATS attended the seminar with scholars and relevant officials from Ministry of Commerce. The seminar was presided over by Mr. Sun Zhenyu, Chairman of CWTO.

2013年8月23日，世界贸易组织副总干事易小准视察我会并座谈。(左起：王琴华、王成安、薛荣久、易小准、孙振宇、陈鹏、霍建国、吴家煌、林桂军)

On Aug. 23, 2013, Deputy Director-general of WTO Yi Xiaozhun visited CWTO. (From left: Wang Qinhua, Wang Chengan, Xue Rongjiu, Yi Xiaozhun, Sun Zhenyu, Chen Peng, Huo Jianguo, Wu Jiahuang, Lin Guijun)

地址：北京市朝阳区惠新东街10号对外经济贸易大学逸夫科研楼6层
邮编：100029
电话：010-6449 3232
传真：010-8425 5122
网址：http://cwto.mofcom.gov.cn
电邮：office@cwto.org.cn
微博：http://weibo.com/chinawto

Address：Suite 608, Yifu Research Bldg., No.10, Huixin Dongjie, Chaoyang District, Beijing, China
Postcode：100029
Tel：010-6449 3232
Fax：010-8425 5122
Website：http://cwto.mofcom.gov.cn
Email：office@cwto.org.cn
Weibo)：http://weibo.com/chinawto

北京市国际服务贸易事务中心

北京市国际服务贸易事务中心是北京市商务委员会所属全额拨款事业单位，是中国（北京）国际服务贸易交易会（以下简称“京交会”）的执行机构，成立于2012年7月9日，中心内设9个部门，分别为办公室、策划协调部、宣传推介部、展览会务部、WTO事务中心、联合国贸易网络北京中心、国际经济贸易研究部、财务部、人力资源部。

北京市国际服务贸易事务中心作为京交会的执行机构，办好京交会是其主要职责。经国务院批准，从2012年起由中华人民共和国商务部和北京市人民政府共同主办京交会，并于每年5月28日至6月1日期间在北京国家会议中心举办。京交会定位于国家级、国际性、综合型的服务贸易交易会，是我国大力发展服务业和服务贸易、促进产业结构升级、扩大消费和提升人民生活品质、提升中国在国际服务贸易领域话语权的新平台，致力于打造成为国际服务贸易领域最具权威性和影响力的交易会。

北京市国际服务贸易事务中心除了新成立专门围绕京交会筹办的业务部门外，还保留了原北京WTO事务中心和联合国贸易网络北京中心的国际事务职能，下设了WTO事务中心和联合国贸易网络北京中心两个部门。目前，WTO事务中心主要负责“WTO与中国：北京国际论坛”的组织筹备工作；负责京交会和北京市国际服务贸易事务中心的法律和知识产权保护工作；负责为政府和企事业单位提供有关WTO事务的研究和信息咨询服务；负责开展与世界贸易组织有关的国际交往等职能。

CIFTIS

中国(北京)国际服务贸易交易会

CHINA BEIJING INTERNATIONAL FAIR FOR TRADE IN SERVICES

北京市国际服务贸易事务中心
地址：北京市朝阳区朝阳公园西里南区6号 邮编：100125
网址：www.ciftis.org

上海WTO事务咨询中心
Shanghai WTO Affairs Consultation Center

SCC / WTO

理事长兼总裁
王新奎
Council Chairman & President
Mr. Wang Xinkui

上海WTO事务咨询中心是上海市人民政府主办的非营利性WTO事务专业咨询服务机构和国际交流沟通平台，建于中国加入世界贸易组织前夕的2000年10月。

上海WTO事务咨询中心设理事会，理事会成员由上海地区与WTO事务相关的主要政府部门的代表组成。

上海WTO事务咨询中心设顾问委员会，顾问委员会成员由经中华人民共和国国务院批准的国外WTO事务资深专家和经上海市人民政府批准的国内WTO事务权威人士组成。

上海WTO事务咨询中心业务团队成员的知识结构覆盖经济学、政治学、法学、管理学、系统工程、信息工程等专业领域，并具有从事WTO事务研究和咨询工作的长期经验。经中华人民共和国人力资源和社会保障部批准，中心设有以全球多边贸易体制为主要研究方向的博士后科研工作站。

作为WTO事务的专业咨询服务机构和国际交流沟通平台，上海WTO事务咨询中心向政府、企业和社会公众提供下列与WTO事务相关咨询服务：

1 与WTO有关的各类贸易谈判与磋商的数据分析或决策咨询服务；
2 与WTO争端解决有关的法律、法规和其他措施的合规性咨询服务；
3 针对各主要贸易伙伴的贸易环境和贸易壁垒调查服务；
4 按具体产品的反倾销、反补贴和保障措施的预警及监控服务；
5 反映贸易政策、贸易流量和产业产出相关关系的贸易运行监控服务；
6 与全球多边贸易体制有关的各国中长期宏观贸易政策趋势的研究服务；
7 通过电子网络发布或纸质文献资料查讯的WTO信息服务；
8 与WTO 事务有关的专题和热点培训服务。

The Shanghai WTO Affairs Consultation Center (SCC/WTO), funded by the Shanghai Municipal Government and established in October 2000 just prior to China's accession to the World Trade Organization, is a nonprofit think tank dedicated to professional consulting services and international exchanges on WTO affairs.

The SCC/WTO Board of Trustees consists of representatives from Shanghai's leading government departments related to WTO affairs.

The SCC/WTO also has a high-level Advisory Committee with members from home (accredited by the Shanghai Municipal Government) and abroad (accredited by China's State Council).

The SCC/WTO boasts a strong contingent of experienced researchers and veteran consultants in WTO affairs with expertise in multidisciplinary and interdisciplinary areas such as economics, political science, law, public administration, systems engineering, and information engineering. Upon approval from China's Ministry of Human Resources and Social Security, the SCC/WTO runs a postdoctoral program with a research focus on the global multilateral trading system.

As a professional institute specializing in WTO affairs consultancy and communication, the SCC/WTO provides the government, business, academia, and public with a broad range of services:

1 Statistical analysis and policy advice on trade negotiations under WTO;
2 Compliance consulting on laws, regulations and other measures related to the settlement of disputes under WTO;
3 Survey of trade environment and trade barriers in China's major trading partners;
4 Early-warning and monitoring of anti-dumping, countervailing, and safeguard measures against selected products;
5 Tracking and monitoring trade operations based on the interrelationship between trade policies, trade flows and industrial output;
6 Identifying trends in medium- and long-term macroeconomic policies of WTO members within the framework of multilateral trading system;
7 Distributing WTO-related information in print and electronic formats;
8 Training programs on hot topics and current issues related to WTO affairs.

地址：上海市古北路620号院内WTO中心办公楼
邮编：200336
电话：021-62591080

WTO Building,620, Gu Bei Road, Shanghai, China
Zip: 200336
Tel: 86-21-62591080

深圳市世贸组织事务中心
深圳市贸易壁垒申诉与调查服务中心

深圳市世贸组织事务中心是深圳市政府设立的统筹协调深圳市地方WTO事务的专门工作机构。中心成立于2002年12月，2003年12月加挂“深圳市贸易壁垒申诉与调查服务中心”，2005年1月成立“深圳市WTO学会”。中心自成立以来，秉承贴近产业、服务企业的宗旨，遵循高起点、高水平、高标准、高质量的原则，创造性地开展地方WTO事务工作，致力于为政府和企业提供WTO事务专业服务；致力于维护公平贸易秩序；致力于保障深圳的产业安全；致力于推进深圳国际化城市建设。

中心设综合部、规则部、协调部、技术标准部、法律服务部和知识产权部。

基本职能：

1. 作为深圳市WTO事务工作领导小组的办事机构，负责协调深圳市WTO事务工作及国家WTO事务主管部门的地方对口联络工作；
2. 负责组织深圳市有关WTO政策和议题的信息收集、分析研究工作；
3. 协助企业开展贸易壁垒申诉，组织开展贸易壁垒调查相关工作；
4. 组织、协调、开展深圳市贸易摩擦和争端的应对工作以及贸易救济措施的启动和运用工作；
5. 承担深圳市与国际贸易有关的产业损害调查工作以及进出口与产业损害预警系统的建设；
6. 组织、协调、开展深圳市与国际贸易有关的知识产权纠纷的应对工作；
7. 参与深圳市与WTO相关的服务贸易政策制定和咨询工作；
8. 负责对深圳市制定的与WTO有关的法规、规章草案和规范性文件草稿提出合规性意见，负责深圳市与贸易和投资有关的地方性法规、规章和政策的通报工作，以及WTO其他成员方制定的法律、法规、贸易和技术政策的通报咨询工作；
9. 提供与WTO有关的信息、政策、法律咨询服务，负责WTO事务的宣传培训。

联系方式：

主　任：张金生 电话：(0755)82002106
副主任：曾建中 电话：(0755)82001586
副主任：高　瞻 电话：(0755)82002089
监督投诉 电话：(0755)82105519

地址：深圳市福田区福中三路市民中心3129-3143

中心综合部电话：(0755)82105519 传真：(0755)82002090
信息培训部（规则部）电话：(0755)82105525 传真：(0755)82002890
咨询服务部（协调部）电话：(0755)82107308 传真：(0755)82002090
技术标准部电话：(0755)83997902 传真：(0755)83202795
法律服务部电话：(0755)82105011 传真：(0755)82002956
知识产权部电话：(0755)83699635 传真：(0755)83699637

武汉大学WTO学院

简介

武汉大学WTO学院是武汉大学直属学院之一，是按照国际国内开放办学的模式和高效管理机制运行的新型学院。学院旨在以实现学生的国际就业为目标，提供高质量的教学计划和培养方案，使学生在学习的基础上，树立敢于面向国际职业市场的观念，提高就业竞争能力。

学院与多个国家的多所名校建立了联合培养机制，为高中毕业生开创了更新更好的就读机会，学生因此改变了自己的人生轨迹，拥有更好的学习机会、更大的发展空间、更高的就业层次。学院教学以严谨著称，学生管理以严格闻名，教学成效异常显著，学院因此获得了国外高校的高度肯定，吸引了多所世界名校前来我院寻求合作。

国内第二学位教育项目

武汉大学WTO双学位实验班至今已成功举办7届，是面向武汉地区十八所普通高校在校大学生开发的双学位教育（学生在大一时申请）。WTO双学位班将“培养具有国际交流能力的法律、经济、管理学的综合性人才”作为武汉大学特色人才培养目标之一；强调学生在继续学习原本科专业的同时，不转学籍参加本班学习，学生可以用原专业的学位或武大授予的学位进行就业、深造和申请出国，真正使学生获得综合优势。

网　　址：www.whuwto.com
地　　址：武汉大学桂园WTO学院
电　　话：027－68753872
　　　　　027－68754413
传　　真：027－68754690

山東·昌邑

文明和谐的昌邑欢迎您

Wenmining Hexie de Changyi HuanyingNin

昌邑市地处山东半岛西北部，渤海莱州湾南岸，东与烟台、青岛毗邻，西与国际风筝都潍坊市区接壤，属环渤海经济圈，是国务院确定的沿海对外开放城市，在山东半岛蓝色经济区、黄河三角洲高效生态经济区和胶东半岛高端产业聚集区“三区”建设中交汇融合、功能叠加，属实施“蓝黄”两大国家战略的重点区域。昌邑古称鄑邑、都昌，秦朝设县，宋朝定名。春秋战国时为晏子食邑、孙膑封地，迄今已有2200多年的建制沿革历史。市域面积1627.5平方公里，总人口58万，是著名的“中国丝绸之乡”、“华侨之乡”、“中国溴·盐之乡”、“中国北方绿化苗木基地”、“中国超纤产业基地”、“中国纺织产业基地”、“全国科技进步先进市”、“2011年度中国中小城市科学发展百强”、“2011年度中国最具投资潜力中小城市百强”、“山东省区域经济协调发展示范县”、“山东省铸造业基地”、“山东省园林城市”。

昌邑区位优越，资源丰富，交通便捷，产业优势明显。目前，形成了石油化工、盐及盐化工、机械装备、纺织服装、食品加工、水产养殖、绿化苗木等优势产业集群。2011年，全市完成地区生产总值263.9亿元，实现财政总收入28.6亿元。

昌邑，一座生机勃勃的城市，一方投资兴业的热土。文明开放的昌邑欢迎您！

投资昌邑
INVEST IN CHANGYI
http://changyi.mofcom.gov.cn
贴近 合作 共赢

电话：0536-7211953
传真：0536-7211953
E-mail:cysswj@163.com

成都（国家）经济技术开发区（龙泉驿区）

Chengdu (State-level) Economic & Technological Development Zone (Longquanyi District)

龙泉驿区是四川省成都市九区之一，成都（国家）经济技术开发区所在地，距成都市中心 12.6 公里，距中国第五大机场双流国际机场28公里。龙泉驿已有2000多年的悠久历史，人文底蕴深厚。全区面积556平方公里，人口78万，辖12个街镇乡。

成都经开区是以汽车及关键零部件为主导的先进制造业基地，于2000年批准为国家经济技术开发区，2005年批准为国家（成都）电子元器件产业园，2010 年批准为国家汽车产业新型工业化产业示范基地创建单位，是四川省两大千亿产业园区之一，是成都汽车产业综合功能区的主体区，也是规划建设的天府新区成都国际汽车城。其综合发展水平列全国 131 个国家经开区第 27 位、西部第 2 位。

2012年，龙泉驿区实现地区生产总值631.40亿元，财政总收入139.31亿元，规模以上工业增加值459.2亿元，区域综合经济实力连续四年位居四川省十强县第2名。

百万整车生产平台基本形成。一汽大众、一汽丰田、吉利轿车、沃尔沃等重大整车项目建成投产，一汽新能源客车、大运汽车、瑞华特电动汽车等重大整车项目加快建设，初步形成了“十车七机”产业体系。拟建总产能将达到 125 万台，百万辆整车生产平台成功搭建后，可生产轿车、客车、越野车、商务车、SUV、载重车、专用车等多种车型，将成为成都市乃至四川省最重要的汽车产业聚集区和核心区。

龙泉驿区未来的奋斗目标是建设中国一流、世界知名的成都国际汽车城，打造世界级、万亿级的高端产业基地。到 2015 年，实现整车产能 100 万台，汽车城综合功能区空间结构初步成型，进入全国汽车产业集群格局的二级体系，成为成渝经济圈的重要增长极。

龙泉驿区绿化覆盖率近 40%，属亚热带季风气候，年平均气温 16.8 度，年总降雨量 903.6 毫米，空气质量达国家一级标准，是“全国生态建设示范试点区”，也是四川省花果山风景名胜区和四川省新五大旅游景区“两湖一山”的主体区域。

龙泉驿区是中国三大优质水蜜桃基地之一，区域内水蜜桃种植面积达 50Km²，号称“中国水蜜桃之乡”。境内有国家4A景区洛带古镇、国家 4A 景区桃花故里、东郊明珠龙泉湖等众多自然和历史人文景观。

这里已成功举办 26 届“中国·成都国际桃花节”、4 届“中国·成都国际汽车节”和 2 届“中国成都·全球汽车论坛”。

成渝高速（龙泉段）

机器人生产车间

大众汽车堆场

2012 汽车越野赛

地址：成都市龙泉驿区滨河南街 21 号
联系电话：028-84856474　邮编：610100

江苏省常熟高新技术产业开发区

Changshu New & Hi-tech Industrial Development Zone, Jiangsu

江苏省常熟高新技术产业开发区（原名江苏省常熟东南经济开发区）于 2003 年 5 月经省政府批准设立，并于 2 011 年 4 月更为现名。建区以来，凭借得天独厚的交通区位、特色鲜明的产业集群、配套齐全的载体平台和优质高效的管理服务，主要经济指标连年快速攀升。在新的历史阶段，高新区围绕打造“ 转型发展引领区、城市功能提升区、总部经济集聚区、争先进位示范区 ”的目标，以建设常熟南部新城为重点，大力实施创新驱动战略，加快推进经济转型升级。截至 2012 年底，高新区内外资注册资本分别达 200 亿元和 57 亿美元，形成了汽车及零部件、高端装备制造、高端电子信息（光电）三大主导产业。同时，依托区内全国县级市中首家国家大学科技园，大力发展现代高技术服务业，逐步培育和形成了“ 科技、人才、资本高度融合，研发、孵化、育成高效对接 ”的创新创业机制和氛围，先后多次被评为江苏省发展速度最快的开发区之一，连获三届“ 长三角最具投资价值开发区 ”和“ 中国服务外包最佳园区十强 ”，并被认定为国家高技术服务产业基地核心区。

常熟国家大学科技园

大学科技园创研基地（先进制造业中心）

Changshu New & Hi-tech Industrial Development Zone,Jiangsu (abbr. CNZ), originally named Changshu Southeast Economic Development Zone, was set up in May,2003. In April, 2011, it got its current name approved by provincial government. CNZ possess advantageous geographic location, unique industrial integration, well-established supporting facilities and efficient government services. Ever since its setting up, the main economic indicators have been growing at a great leap forward. In the new historical stage, with the target of building the zone into a model area featuring with industries innovated and upgraded, city functions improved and upgraded, head economy concentrated and its own status ranked higher". CNZ focus on the construction of Changshu Southern New Metro, implementation of innovation-driven strategy and acceleration of economy transformation and upgrading. By the end of 2012, the registered capital of the foreign investment and domestic capital has reached $5.7 billion and ¥20 billion respectively. Pillar industries of CNZ are auto & auto components, high-end equipment manufacturing and high-end electronic information (photoelectric). At the same time, relying on the first national university science and technology park in the county-level city, CNZ develops modern hi-tech services vigorously, gradually cultivating mechanisms and atmosphere of innovation and entrepreneurship, forming "high degree integration of technology, talents and capital, efficient docking of research, incubation and cultivation". CNZ has been ranked more than once as one of the fastest development zones in Jiangsu Province. It also has been appraised as one of "The Most Investment Value Zone in Yangtze River Delta" and "Top 10 of National Outsourcing Bases" for 3 consecutive years. In 2011, CNZ has been recognized as one of National Key Hi-tech Service Industrial Zones by the national Development and Reform Commission.

江苏省常熟高新技术产业开发区管委会
The Management Committee of Changshu New & Hi-tech Industrial Development Zone,Jiangsu
地址：中国江苏常熟东南大道 1 号
Add: No.1 Dongnan Road of Changshu, Jiangsu Province, P.R. China
电话（Tel）: 0512-52579888 0512-52579908 传真（Fax）: 0512-52579902
邮编（Zip Code）: 215500 网址（Web）: http://www.china-csdz.com

安达市开发区

哈大齐工业走廊安达开发区

Anda Development Zone in Harbin-Daqing-Qiqihar Industry Corridor

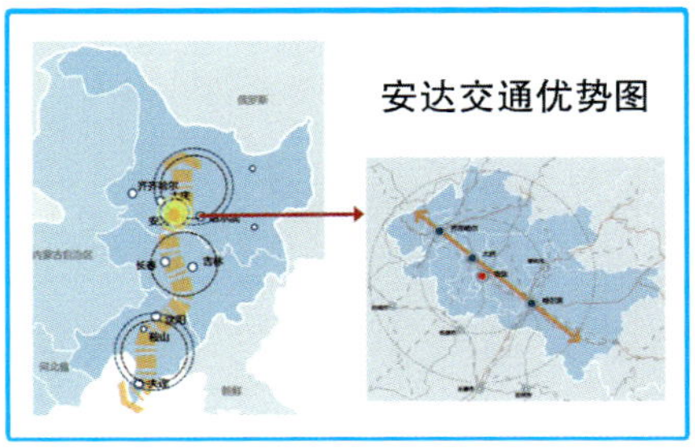

安达市开发区总规划面积85平方公里，由高新化工新材料产业园、综合开发区、万宝山乡村工业集聚区、天然气化工区、现代产业园及配套生活基地等区块组成。其主导产业发展方向是引进化工新工艺加工企业，生产新产品和新材料，以新材料制造高端化工新产品，进而形成完整产业链条，加快壮大高新化工新材料产业发展规模，打造发展前景广阔、成长性好、附加值高的化工产业集群。自2005年辟建园区以来，按照“边规划、边建设、边招商、边摆放项目”的原则，已累计投入基础设施建设资金13.8亿元，完成了19.9平方公里的基础设施建设，部分园区已达到“七通一平”标准，具备了较强的项目承载能力。累计入驻项目131个，实现产值635亿元，税收15.3亿元。

截至目前，区内聚集了杭州贝因美、大庆安瑞佳、哈尔滨豪运等106家知名企业，形成了石油化工、食品加工、机械制造、现代物流、建筑建材等脉络清晰的产业链。其中，2012年引进超亿元项目50多个，区内企业实现产值185亿元，上缴税金5.5亿元。力争到2015年末，实现再造一个安达财政的奋斗目标。

The Anda Municipal Development Zone covers a total planned area of 85 km2, consisting of the High-tech New Chemical Materials Industrial Park, Comprehensive Development Zone, Wanbaoshan Village Industrial Agglomeration Area, Natural Gas Chemical Industrial Area, Modern Industrial Park, Ancillary Construction Home Base and other blocks. Its leading industry development direction is the introduction of processing enterprises with novel chemical process for the manufacture of new products and new materials. Then, those new materials will be utilized to manufacture high-end chemical products, so as to further form a complete industrial chain, to speed up the industrialization development scale of high-tech new chemical materials, and to establish a chemical industry cluster featured by broad development prospects, superior growth potential and high value-added commodities.Since beginning to open up the industrial park in 2005, the Anda Municipal Government has assisted in the principle of “planning, building, canvassing and deploying carried out simultaneously”. As of now, the development zone has invested a total of RMB 1.38 billion for infrastructure funding, and has completed 19.9 square kilometers of infrastructure construction. In addition, certain parts of the industrial park have reached "seven accesses and site leveling" standards, which have been equipped with a strong project carrying capacity. The number of accumulated assigned projects has been up to 131, with the output value of RMB 63.5 billion and the tax revenue of RMB 1.53 billion.

Up to now, the industrial park has gathered 106 well-known enterprises involving Beingmate (Hangzhou), Daqing AnRuijia, Harbin Haoyun and so on. Accumulatively, a total of 131 projects have been stationed in this industrial park, forming a clear industrial chain consisting of petrochemical, food processing, machinery manufacturing, modern logistics, building materials and so forth. Among them, it canvassed a total of over 50 projects with the investment amount exceeding RMB 0.1 billion. In addition, the enterprises in this industrial zone achieved the output value of RMB 18.5 billion and turned over taxes of RMB 550 million.As the end of 2015, it strives to achieve the motivational objective to recreate a new Anda.

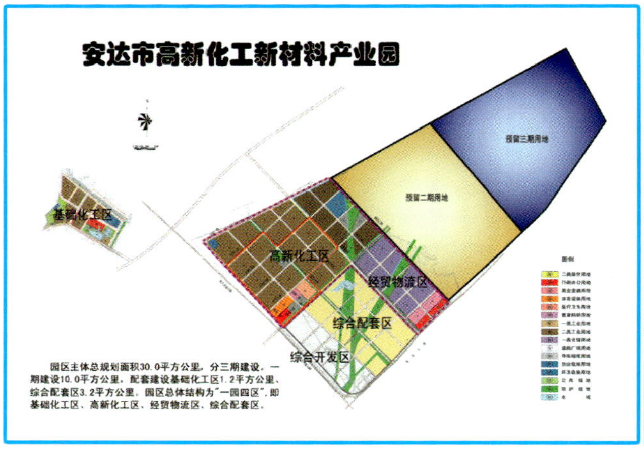

地址：黑龙江省安达市八卦城鸿牛广场6号（开发区管委会）
Address: No.6 Hongniu Square, Bagua Downtown, Anda City, Heilongjiang Province (Development Zone Management Committee)
电话（Tel）：0455-7123001　传真（Fax）：0455-7123001　网址（URL）：http://www.adkfq.com/　邮箱（E-mail）：adkfq@163.com

青岛：加快建设国际贸易中心城市

Qingdao: Stepping up Its Status as An International Trade Center

中日韩自贸区谈判第二次工作磋商会议在青岛召开

青岛是国家计划单列市、副省级城市和山东半岛蓝色经济区龙头城市。青岛港是世界十大外贸口岸和中国五大外贸口岸之一，与世界 150 多个国家有贸易往来，2012 年货物吞吐量突破 4 亿吨。

青岛作为 1984 年国家首批进一步对外开放的沿海城市，改革开放特别是入世十余年来，青岛的经济总量、产业实力、开放活力、社会发展等各个领域发生了显著变化，全市生产总值年均增长 17.5%，固定资产投资、地方财政收入年均分别增长 24.7%、19.1%。全市 86% 的外贸进出口、75% 的实际利用外资始于入世后，集装箱出口占全国比重超过 20%，轮胎出口超过 10%，铁矿石进口吞吐量居世界港口首位，原油进口吞吐量居中国港口首位。2012 年，全市外贸进出口额 732.1 亿美元，青岛口岸进出口额 1492 亿美元，全市实际使用外资 46 亿美元，有 112 家世界 500 强企业在青岛投资创业，境外投资额、对外承包工程营业额分别突破 10 亿、30 亿美元，离岸服务外包执行额突破 8 亿美元。

“十二五”期间，青岛将紧紧抓住经济全球化、区域经济一体化发展趋势，提升发展国际货物贸易，突破发展国际转口贸易，跨越发展国际服务贸易，加快建设东北亚区域性国际贸易中心城市。

青岛市南软件园

青岛金王购买的美国油田开采现场

青岛中德生态园奠基仪式

As a city of independent national planning, Qingdao boasts its sub-provincial economic status, and is a pilot city of the Blue Economic Zone of Shandong Peninsula. Qingdao Harbor ranks top 10 in the world and top 5 in China. It enjoys trade ties with over 150 countries in the world, and its handling capacity in 2012 reached more than 400 tons.

As one of the first group of coastal cities opening to the outside world in 1984, Qingdao has experienced tremendous development and changes in terms of economy, industries, vitality, and society, particularly in the past over 10 years after China entered into WTO. The annual increase of its GDP is around 17.5%, while the figures of fixed asset investment and local financial revenue reach 24.7% and 19.1% respectively. 86% of its import and export value as well as 75% of its paid-in foreign investment are accomplished after China' s entering into WTO. Its container export volume and tire export accounts for 20% and 10% of China. In addition, its handling capacity of iron ore and crude oil ranks the first in the world and the first among Chinese harbors respectively. In 2012, the total trade value of Qingdao reached 73.21 billion USD, and the total value through Qingdao Harbor was 149.2 billion USD. The FDI of the city was 4.6 billion USD. 112 companies out of the Fortune 500 have establishments in Qingdao. Investment and the turnover of contracted projects from Qingdao to other countries were over 1 billion and 3 billion USD respectively, while the offshore outsourcing revenue reaches over 0.8 billion USD.

In the national "12th Five-year Plan", Qingdao will seize the trend of economic globalization and regional integration, enhance international trade focus on transit trade, achieve breakthroughs in international service trade, and build an international trade center in the northeast Asia.

规划建设中的
如意总部基地

建设中的呼和浩特留
学人员创业园大厦

HEDA 呼和浩特经济技术开发区

呼和浩特经济技术开发区始建于 1992 年，1995 年成为自治区级开发区，2000 年 7 月被批准为国家经济技术开发区。下辖如意工业园区、金川工业园区、国家呼和浩特出口加工区、留学人员创业园以及沙尔沁新区（开发区整建制托管沙尔沁镇）。

从 1992 年至今，经过 20 年的发展建设，开发区已发展成为呼和浩特市的重要经济增长极、改革创新的试验田、对外开放的窗口。2012 年，开发区规模以上工业企业完成工业总产值 404.22 亿元，同比增长 16.57 %；完成工业增加值 94.2 亿元，同比增长 13.7 %；完成财政收入 22.74 亿元，同比增长 15.53 %。

（一）沙尔沁新区（含如意工业园新区）。2012 年 2 月 28 日，市委决定由呼和浩特经济技术开发区整建制托管沙尔沁镇，着力打造呼市工业集中集聚集约发展的主平台。6 月 1 日起，开发区对沙尔沁镇正式行使行政管理权。新区规划面积 202 平方公里，其中规划工业用地面积 100 平方公里，规划新农村及现代农业示范建设面积约 102 平方公里。新区核心区规划用地面积约 40 平方公里，包括如意工业园新区规划面积21.86平方公里。目前沙尔沁新区已投入基础设施建设资金3亿元，共引进各类企业40余家，初步形成新能源、新材料、生物制药、食品包装材料、装备制造等产业体系。

（二）如意总部基地。在原如意工业园区进行产业转型，功能定位为呼市乃至自治区的行政中心、商务中心、金融中心。如意总部基地规划面积 11.6 平方公里，总建筑面积 1500 万平方米，其中新增建筑面积 700 万平方米。建设期为 5 年，建成后将成为自治区最具活力的现代服务业集聚发展的核心区。

（三）金川工业园区。分为北区和南区，北区辟建于 1992 年，规划面积 6 平方公里；南区辟建于 2005 年，规划面积为 14.45 平方公里。现已开发利用面积 15.07 平方公里，基本形成以绿色食品加工、输变电、装备制造、生物医药为主导的产业结构。

（四）出口加工区。2002 年 6 月在呼和浩特经济技术开发区内设立，2007 年 7 月通过九部委验收，正式封关运营，规划面积 2.21 平方公里。驻区企业有内蒙古晟纳吉光伏材料公司、内蒙古北特通信公司等。

（五）留学人员创业园。2004 年 12 月被批准为留学人员创业园，2010 年 3 月挂牌正式运行。同年 12 月，创业园被审批为科技企业孵化器。目前，共引进各类孵化研发企业及中介服务机构 30 余家，主要从事新能源、新材料、电子信息、环境科学等方面的新技术、新产品研发。2011 年 4 月开工建设的呼和浩特留学人员创业园大厦，计划于 2013 年上半年投入使用。

经过 20 年的发展，开发区已形成了一批高科技、无污染、非矿资依赖型的产业。其中有以伊利集团为代表的乳业，以创维电子、TCL 王牌、北特通信、方维电器、银安科技等为代表的电子信息制造业，以阜丰生物科技、齐鲁制药、双奇药业、大唐药业、兰太药业、元和药业等为代表的生物发酵和生物制药业，以晟纳吉光伏材料、日月太阳能、华生高岭土等为代表的新型材料业，以众环数控、富特橡塑机械、恒方科技、一汽亿阳、敕勒川电缆、精诚绝缘子等为代表的装备制造业，以世界 500 强利乐集团为代表的包装材料业。同时，一大批现代服务业在开发区成长壮大，开发区正在由单一工业型向多元发展的综合产业园区迈进。

热忱欢迎国内外客商和朋友来开发区考察、洽谈合作项目及投资创业，我们将竭诚为您提供满意的服务。

呼和浩特经济技术开发区与土左旗签订整建制托管沙尔沁镇协议

呼和浩特经济技术开发区管委会与呼和浩特众环（集团）有限责任公司举行项目入区签约仪式

开发区管委会主任李博宏参加第十六届澳门国际贸易投资展览会

金川工业园驻区企业伊利工业园

地址：呼和浩特市如意开发区 68 号　招商热线：0471-4610021　网址：www.hetdz.gov.cn

河北高碑店经济开发区

河北高碑店经济开发区位于高碑店市区东部，是 1992 年经河北省政府批准设立的省级开发区，总规划面积 14.38 平方公里，是京南保北重要的区域经济增长极。园区地处京津保三角腹地，距北京、天津、保定各为 68、112、58 公里，承接环渤海、环京津、环首都三大经济辐射圈，112 国道、107 国道、京昆高速、京港澳高速、京广铁路、京武高铁贯穿全境，距廊涿高速、京昆高速出口不足 5 公里，距北京首都机场仅 70 分钟车程，距首都第二机场仅 30 分钟车程，具有得天独厚的地理区位优势。

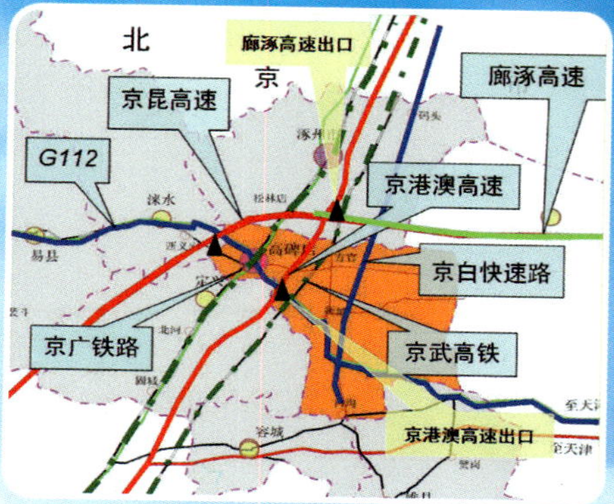

区位交通图

近年来，高碑店经济开发区不断优化“两个环境”，着力打造招商引资的最优平台，加快推进“产业集群化、园区特色化”建设，大力发展战略性新兴产业，在巩固强化节能门窗产业特色的同时，培育出一大批经济发展新引擎，使开发区发展生机勃勃，充满活力。目前，入区企业 86 家，已形成新型建材、汽车制造、机械制造、食品饮品加工、新能源五大产业园区，集群化程度日益提高。尤其是新型节能门窗生产发展迅猛，产业链条不断外延，已成为园区的特色名片，区内现已建成全球唯一的门窗博物馆、亚洲最大的国际门窗展览交易城、世界最大的节能门窗生产基地，河北省唯一的门窗幕墙专业检测机构和河北省中部地区最大的综合公用型海关保税区，被认定为“河北省服务外包产业基地”,“国家国际科技合作基地”及“国家节能门窗科技化产业基地”。

综合公用型海关保税区

隆基泰和实业有限公司总部

保定长城华北汽车有限责任公司

招商电话：0312-6391030　0312-2818168　传真：0312-6391035　电子邮箱：gbdkfq@163.com
地址：河北省高碑店市团结西路 432 号　邮编：074000

南京江宁经济技术开发区

南京江宁经济技术开发区创办于1992年6月，2010年11月被批准为国家经济技术开发区，2011年11月被批准为中央“海外高层次人才创新创业基地”。建区20年来，江宁开发区坚持产业化和城市化同步推进，着力完善投资环境，累计投入近200亿元建成了完备的基础设施，教育、居住、医疗、商贸、休闲等服务功能健全；着力打造高端载体，江苏软件园、中国无线谷、翠屏科创园、智能电网产业园、航空动力产业基地、创意文化产业园等产业平台加快建设；着力培育现代产业，先后吸引了来自美国、德国、日本、韩国、台湾、香港等45个国家和地区的2000多个项目，其中千万美元以上项目500多个、世界500强企业53家，实现合同外资115亿美元，到位外资65亿美元，形成了电子信息和汽车制造两大主导产业，智能电网、软件及未来网络两大新兴产业，航空动力、总部和研发中心以及现代物流等一批特色产业；着力增强创新能力，高新技术产业产值占规模工业比重达65%，39人入选国家“千人计划”。2010年和2011年连续两年在全省各级各类开发区综合实力排名中位列第五，2011年在全国新晋升国家级的41家开发区综合评价中位居第一，成为南京地区对外开放示范区、利用外资集聚区、高新技术产业密集区和科技创新先导区。

在进入“二次创业”、转型升级的新阶段，江宁开发区将瞄准生态环境优美、功能配套齐全、产业经济发达、高端人才集聚、创新创业活跃、百姓和谐乐居等发展内涵，加快建设国内领先的创新型生态化科技产业新城，加速跻身国家开发区第一方阵。

千人计划专家江宁创业大厦
(“The thousand talents program” Jiangning Venture Building)

中国·江宁无线谷（未来网络谷）
(China·Jiangning Wireless Valley (Future Network Valley))

江宁智能电网博览馆
(Jiangning Smart Grid Exhibition Hall)

上海大众帕萨特轿车生产线
(Assemble lines of Shanghai Volkswagen Passat cars)

Nanjing Jiangning Economical and Technological Development Zone established in June 1992 and was approved by State Council as a national economic and technical development zone on Nov.11, 2010, and was approved as a central “innovation and venture base for overseas high-level talents” on Nov.29, 2011.

Since the construction and development of 20 years, Jiangning development zone has been insisting on promoting industrialization and urbanization simultaneously with great efforts to improve investment environment. It has spent nearly 20 billion RMB on completing functional services such as infrastructure, education, residence, medical service, commerce, and relaxation, etc.

Jiangning development zone has been focusing on accelerating the construction of high-end carrier such as Jiangsu Software Park, China Wireless Valley, Cuiping Technological Venture Park, Smart Power Grid Industrial Park , Aerodynamic Industrial Base and Cultural Creativity Industrial Park.

Jiangning Development Zone has been paying great efforts to cultivate modern industries. It has successively attracted more than 2000 projects from 45 countries such as USA, Germany, Japan, Korea, Taiwan and Hong Kong, including over 500 projects of over ten million US dollars，53 world-top-500 enterprises. It has actualized contract utilization foreign-capital of 11.5 billion US dollars, and has actually utilized foreign capital of 6.5 billion US dollars. It has formed into two leading industries including electronic information and auto manufacturing, two emerging industries including smart power grid, software and future network, and characteristic industries including aerodynamics, headquarters, R&D center and modern logistic, etc.

Jiangning Development Zone has been putting forth effort on strengthening abilities of innovation. The output value of the high-tech industry accounts for 65% in industrial enterprises above size. 39 people have been chosen in “the thousand talents program”. It ranked fifth in the comprehensive assessment of development zones of various levels and types in Jiangsu Province in 2010 and 2011 continuously. It ranked top in the comprehensive assessment of 41 newly-promoted state-level development zones nationwide in 2011. It has become an opening demonstration zone of Nanjing area, a concentration zone of foreign capital utilization, a high-tech industrial congestion area and a pioneering area of scientific and technical innovation.

In the new stage of second pioneering work, transformation and upgrade, Jiangning development zone will center around connotation of development such as beautiful ecological environment, complete functional services, economically advanced industry, concentration of high-end talents, actively innovative pioneering work and people happily live in harmony. It will accelerate the construction of domestic leading innovative new town with ecologically technological industry and rank among the top group of national state-level development zones

南京江宁经济技术开发区管理委员会
Administrative Committee of Nanjing Jiangning Economical &Technological Development Zone
地址（Adress）：南京市江宁区将军大道166号（No.166, Jiangjun Road, Nanjing Jiangning） http://www.jndz.gov.cn
电话（Telephone）：86-25-52106888, 52101670,52110888,52110999 传真（Fax）：86-25-52106455 邮箱（E-mail）：jndz@jndz.gov.cn

哈尔滨利民经济技术开发区

利民经开区位于哈尔滨市呼兰区内，东依松花江，北靠呼兰河，幅员面积 128 平方公里。1991 年 6 月经省政府批准创办，1992 年 7 月启动建设，现已成为产城融合发展的哈尔滨现代都市新区。2008 年 4 月被确定为全省哈大齐工业走廊核心示范区，2011 年 3 月被列为全省产业建设重点园区，“松花江避暑城”被市委市政府确定为“北国水城”样板区，2011 年 4 月晋升国家经济技术开发区，还先后被批准为国家火炬计划利民医药产业基地、国家生物产业高技术示范基地、国家服务外包基地城市示范区和全省新型工业化医药产业示范基地、地理信息产业基地，连续多年被省评为先进开发区，并被国家开发区协会、中国民营企业促进会等部门评为投资环境百强、科技创新竞争力百强和优秀医药科技园区。目前，建成区面积 32.5 平方公里，入区企业 429 户，引进资金总额 650 亿元，形成固定资产 548 亿元，累计实现税收 56 亿元，出口创汇 6.6 亿美元。

便捷的交通网络。现已形成铁路、公路、航空、水运“四位一体”立体交通网络，滨北、滨州两条铁路贯穿全境，哈尔滨北站、城市地铁和江北公路客运枢纽站正在规划建设，成为连接龙江腹地及俄罗斯、东北亚的重要通道。

雄厚的产业基础。生物医药方面：形成了以哈药生物、哈药物流、誉衡药业等 52 家高科技医药企业为骨干的生物医药产业园区，其中高新技术产品 47 个，拥有自主知识产权 50 个，国家和地方知名医药品牌 32 个。绿色食品方面：形成了以黑龙江正大、华润雪花啤酒、正阳楼食品等 46 家企业为代表的绿色食品产业园区，构建了以农副产品深加工为主导的全产业链生产体系。文化教育方面：省内知名学府哈师大、哈工大华德学院等 22 所大学相继入驻，集聚形成了规模相对集中的职教大学城，成为远近闻名的培养专业技术人才的摇篮和人才之城。

完善的城市功能。围绕“打造一流硬环境”，累计投入 60 多亿元进行基础设施配套建设，道路、给排水、铁路专用线、通讯、宽带网等市政设施及商住、金融、学校、医院等配套服务功能日臻完备，生态宜居城市框架初步形成。

学院路

高效的服务体系。坚持“投资者和纳税人是上帝”的发展理念，树立了“宁肯自己千难万难，绝不让投资者一事为难”的工作准则，完善了“一站式办公、一条龙服务”体系，在全省创下了“远学浙闽、近学利民”的典型。

义乌中国小商品落户哈尔滨市利民经济技术开发区

利民开发区参加哈尔滨寒地博览会合作项目签约仪式

优惠的让利政策。作为省市共建的重点园区，享有国家振兴东北老工业基地以及建设哈大齐工业走廊、国家生物产业基地城市等相关扶持政策，尤其对入区的科技含量高、投资规模大、产出效益好的企业实行差异化特殊扶持政策，投资成本、制造成本、政务成本相对更低。

省领导到利民开发区调研指导工作

市领导来利民开发区调研医药产业园区

地址：哈尔滨市呼兰区北京路 CBD 大厦　电话：0451-87138928

凭借区位、交通等优势，重庆经开区吸引了众多客商投资考察

重庆广阳湾滨江城市带效果图

世界 IT 巨头微软与重庆经开区签署战略合作协议

重庆朝天门商贸城项目

晋城经济技术开发区

晋城经济技术开发区于 1992 年 8 月批准设立，1997 年 3 月 12 日被山西省政府批准为省级开发区，批准规划面积 4 平方公里。2012 年 2 月 22 日经山西省政府批准异地扩区 5.85 平方公里。2013 年 3 月成为国家开发区。开发区辖“一区一园”（高新技术开发区和新兴产业工业园），区域批准规划面积近 10 平方公里，管辖面积近 30 平方公里，管辖郝匠、东吕匠、东谢匠、侯匠等 14 个社区（村），总人口约 10 万人。区内有博士 57 人，本科以上学历各类人才 5000 余人。

经过 20 年的发展，开发区已形成了以光电通讯、机械制造为主导，以丝麻服装、生物医药、新材料等为重点的产业发展格局。区内现已建成全球最大的光通讯连接器、光学镜头模组、精密刀具生产基地。以高端煤机装备、LED 光源、瓦斯抑爆设备、特种陶瓷、核级阀门、ZSM-5 分子筛等为代表的一批高新技术项目落户晋城开发区，其技术含量达到国内及国际领先水平。

截至 2012 年底，全区规模工业增加值完成 29.98 亿元，同比增长 20%；财政总收入 5.71 亿元，同比增长 30.32%；外贸进出口（按企业上报数统计）完成 18.65 亿美元，同比增长 62%，其中进口 9.04 亿美元，出口 9.61 亿美元；实际利用外资 1.96 亿美元，同比增长 50.1%；全年全社会固定资产投资 32.4 亿元，同比增长 62.1%。连续三年在山西省省级开发区综合经济指标考核中排名第一；连续五年实际利用外资排名山西省省级开发区第一；连续三年外贸进出口额排名山西省省级开发区第一；连续两年被评为省内“投资环境综合评估先进单位”；在 2012 年度山西省开发区经济发展水平考核中排名第一。

晋城经济技术开发区正以蓬勃的发展姿态、优良的投资环境、全新的服务理念驶入经济发展的快车道，努力成为山西省解放思想的先导区、转型发展的引领区、产业集群的示范区、投资兴业的集聚区。

富士康晋城科技工业园

晋城乐百利特

开发区鸟瞰图

晋煤金鼎煤机制造园

中道能源锂动力电池产业园

首届中国特色商品博览交易会

三门峡会展中心——国际文博城

开幕式现场

领导巡视五大平台演示中心

中国特色商品城奠基仪式

首届中国特色商品名牌发布会

首届中国特色商品博览交易会（以下简称“特博会”）于2012年11月23日-28日在三门峡国际文博城成功举办。特博会获得了国家相关单位的大力支持，由中国商业联合会、中国商业企业管理协会、河南省商务厅、河南省发改委、河南省工信厅、豫晋陕黄河金三角承接产业转移示范区联合主办，由河南省三门峡市、山西省运城市和临汾市、陕西省渭南市四市共同承办。同时，经中国商业联合会批准，特博会将在三门峡设立永久会址，每年定期举办。

特博会作为专业的特色商品高端会展，以创新开放的精神探索办会新模式，全面展示特色商品新成果、新技术，倾力打造展销平台、品牌平台、融资平台、贸易平台和创新平台五大服务平台。展销平台——拥有国内一流的会展设施，展览面积达12万平方米，吸引了40余家专业协会入驻；品牌平台——由商务部国际经济贸易合作研究院组建品牌专家组，开展品牌评选认定工作，探索解决特色产品行业发展中面临的标准缺失、质量不稳、品牌认证困难等诸多难题；融资平台——运作“一中心两载体”（金三角金融产品交易中心、特色金三角控股公司、特色金三角资产管理公司），打造供应链、销售链、金融链三大产业链条，预期将凝聚近1000亿元的资金容量；贸易平台——举办特色商品与政府采购、军需采购、知名采购商、大型连锁超市、电子商务对接等活动；创新平台——筹建国家级特色产品实验室及中国特色产业科技孵化器等国字号平台，开展特色商品科技成果转化等服务。

首届特博会以“振兴民族经济，发展特色产业”为主题，举办了大小近20余项重要活动，涵盖了品牌评定、经贸洽谈、金融对接、信息交流、宣传推介等多方面内容。吸引了全国34个省、市、自治区，香港与澳门特别行政区，台湾地区，以及俄罗斯、英国、韩国、巴基斯坦、缅甸等国家1328家企业参展，参会采购商1018家，参展商品涉及20大类上万个品种，参会客商共达成交易总额73.3亿元，参观购物人数达25万人次，现场零售额在3亿元以上。本届特博会期间还举办了特色商品名牌、优秀品质、绿色环保和科技创新四个奖项的评选活动，共有500余家企业报名参加评选，其中100家企业获奖。

地址：河南省三门峡市湖滨区五原路西段国际文博城　邮编：472000　电话：0398-2169381
传真：0398-2169386　电子邮箱：tbhzwhsmx@163.com　网址：www.cfdet.com

国家萍乡经济技术开发区

国家萍乡经济技术开发区 1993 年设立，1995 年经江西省人民政府批准为省级开发区，2010 年经国务院批准为国家级经济技术开发区。园区总面积为 57.6 平方公里，人口 12 万；建成区面积 16 平方公里，是萍乡市中心城区北面的重要组成部分，城市“南延北扩”的主战场，规划建设中的萍乡市新城区行政商务中心座落其中。园区内基础设施和服务功能完善，综合投资环境优越，是江西省最重要的现代制造业和国家新材料产业示范基地。

自设立以来，开发区坚持走新型工业化和新型城市化相结合的发展道路，形成了“三园六基地”的工业经济布局和“三轴三心”（以安源大道、萍实大道、迎宾大道为城市主动力轴，将城区范围划分为老城区商贸流通中心、田中片区文化生态休闲中心、新城区行政商务中心）的城市功能分区，沪昆高速、浙赣铁路贯通开发区东西，正在建设的“杭南长”高铁萍乡站将在 2012 年投入使用，距长沙黄花机场仅 1 小时车程，交通区位优势明显，对全区经济发展和城市转型起到了重要的辐射和推动作用。

2007–2011 年连续五年荣获“江西省综合先进园区”，连续五年考评保持在全省前三名。

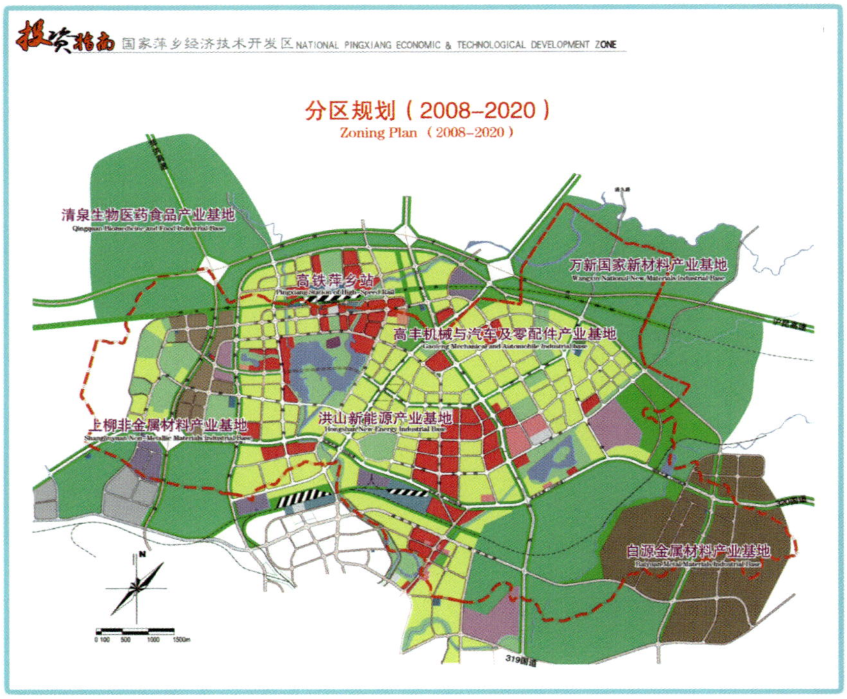

pingxiang Economic and Technological Development Zone(ETDZ)was initially established in 1993,It was approved as the province–level zone by the, Jiangxi Provincial Government in 1995 and forgoer approved as the state–level zone by the State Council in 2010.Pingxiang ETDZ covers a total of 57.6km area (including 16 km currently developed area) and 0.12 million population, which is an important part of Pingxiang City and the mouth region for “City Expansion toward North and South”. The planned Administration and Business Center of New Pingxiang City is located in the zone, The infrastructure and service facilities in Pingxiang ETDZ have been greatly improved and the overall environment for investment is superior which makes pingxiang ETDZ as an important demonstrational hose for the Jiangxi’s modern manufacturing industry and the country’s new materials industry。

Since its establishiment ,Pingxiang ETDZ adheres to the new path of combined industrialization and urbanization to form a “Three–Parks and Six–Base” of the industrial economy and “Three–Axis and Three–Heart” of the city’s functional zoning. The city is divided into three functional districts: the old city business and trading center, the cultural and ecological leisure center and the new city administration and business center. Three roads of Anyuan,Pingshi and Yingbing act as major axis for city traffic.Shanghai–kunming State Hihgway and Zhejiang–Jiangxi Railway extend in east–west direction.The Pingxiang Station of “Hangzhou–Nanchang–Changsha High–Speed Rail”will be put into use in 2012,which will shorten the distance between Pingxiang ETDZ and Changsha Huanghua International Airport to 1 hour driving. All these have played an important role for demonstration, radiation and promotion of the city’s economic development and urban transformation.

Pingxiang ETDZ has won the “Honor of Jiangxi’s Excellent ETDZ” for four consecutive years of 2007–2010,which has maintained the top three of Jiangxi’ development zones on the basis of a comprehensive evaluation of six major economic indicators.

地址：江西省萍乡市工业大道 1 号　邮编（Post code）：337055
Address: No.1, Industry Road, Pingxiang City, Jiangxi Province, China
招商热线 / 传真（Phone/Fax）：0799–6761716　13307996258
网址（website）：www.pxedz.gov.cn
邮箱（E–mail）：644271712@qq.com

常熟经济技术开发区

CHANGSHU ECONOMIC AND TECHNOLOGICAL DEVELOPMENT ZONE

常熟经济技术开发区成立于 1992 年，2002 年 8 月被江苏省委、省政府批准比照国家开发区享有相应的经济审批权限和行政级别。2005 年 6 月批准设立常熟出口加工区。2010 年 11 月升格为国家经济技术开发区。近年来，常熟经济技术开发区依托得天独厚的濒江临港和“二路一桥”（沿海高速、沿江高速、苏通长江大桥）的交通区位优势，开发建设以沿江工业区、出口加工区为核心的工业板块以及综合配套服务沿江发展的滨江新市区。区内国家一类对外开放口岸——常熟港已建成 14 个码头 43 个泊位，与全球 53 个国家和地区的 265 个国际口岸实现通航通商，逐步形成了钢材、纸浆、木材等特色货种。目前，常熟经济技术开发区已有来自二十多个国家和地区的外资企业 600 多家，外资总投资超过 210 亿美元，其中 24 家世界 500 强企业投资项目 50 多个，投资额超亿美元项目 30 个，总投资超百亿元的特大型项目 6 个。2012 年，开发区实现地区生产总值 672 亿元，业务总收入 2512 亿元，公共财政预算收入 37 亿元。未来五年，开发区将重点推进观致汽车和奇瑞捷豹路虎两个汽车整车项目，形成 2000 亿元级汽车产业，培育一个 1000 亿元级装备制造产业和三个 500 亿元级基地型产业，建设 10 家销售超 100 亿元企业和一大批创新型科研企业。

肇庆国家高新区

Zhaoqing National High-tech Industry Development Zone

肇庆高新区是国家高新区、广东省吸收外资重点工业园区、广东省山区吸收外资示范区、广东省首批示范性产业转移园，享有地市一级经济管理和相关行政审批权限，所在地大旺总面积 98 平方公里，全部为国有土地。

该区位于珠三角中心区西部、肇庆市最东端，距广州市区 50 公里，属广佛半小时经济生活圈，到广州白云机场仅需 30 多分钟车程。铁路、公路、高速公路、城际轨道交通和水路交通四通八达。

近年来，该区经济社会实现了超常规、跨越式发展。2012 年与 2002 年相比，全区 GDP 增长了 42.2 倍，工业总产值增长了 135.1 倍，公共财政预算收入增长了 51.6 倍。目前，全区已投产企业 230 多家，吸引了一大批国内外知名企业落户，初步形成了金属新材料、电子信息、生物医药、先进装备制造四大主导产业。

下阶段，该区将按照现代科技工业城的发展定位，全力以赴谋招商，聚精会神抓工业，大力发展四大主导产业，努力开创“二次创业”新辉煌，引领全市新型工业化。

2012 年 10 月 30 日，肇庆市领导到肇庆高新区调研。

2013年1月9日，省领导到肇庆高新区视察。

肇庆高新区创业服务中心为高端人才提供创新创业服务

肇庆高新区行政服务中心为企业提供“一站式”便捷服务

2012年6月4日，肇庆市领导到肇庆高新区调研。

Zhaoqing National High-tech Industry Development Zone has three provincial titles: the key foreign investment-attracting industrial zone, the foreign investment-attracting demonstration zone of mountainous area, the first industrial-transfer demonstration zone. It enjoys prefecture-level economical management right, and prefecture-level administrative approval. It lies in Dawang district, which consists of 98 square kilometers state-owned land.

Zhaoqing National High-tech industry development Zone located in the west of the Pearl River Delta' s centre, the east of Zhaoqing city. It lies within the “economy and life half hour circle of Guangzhou and Foshan”. There is only 50 kilometers from Dawang to Guangzhou, and 30-minutes' drive from Dawang to Guangzhou Baiyun Airport. There are railways, highways, intercity railways, and waterway transportation lead –ing in all directions.

In recent years, the economy of this area has grown by leaps and bounds extraordinarily . In 2012, the GDP of this region has grown by 42.2 times, the industrial output has risen by 135.1 times and the public budget revenues has increased 51.6-fold compared with those in 2002. With more than 230 enterprises in production now, it attracts a large number of well-known domestic and foreign enterprises and enjoys four leading industries--the new metal materials，electronic information，biomedicine and advanced equipment manufacturing .

In accordance with the development orientation of modern science and technology industrial city, the people in the district will go all out to seek investment, focus on industry production, make efforts on developing the four leading industries, strive for creating "Second Startup" and hold the lead in Zhaoqing`s new industrialization.

地址：广东肇庆国家高新区党委办　电话：0758-3636813　传真：0758-3636813　邮编：526238

赣州经济技术开发区

Ganzhou Economic and Technological Development Zone

赣州经济技术开发区地处号称“国家历史文化名城”、“绿色宝库”、“客家摇篮”、“世界钨都”、“稀土王国”的赣州市中心城区，是国家经济技术开发区、出口加工区、国家新型工业化示范基地、国家科技兴贸创新基地、国家加工贸易梯度转移重点承接地、台资企业转移承接基地，享受《国务院关于支持赣南等原中央苏区振兴发展的若干意见》、《关于赣州市执行西部大开发税收政策问题的通知》优惠政策。开发区内设有西城区、香港工业园、综合物流园区、高校园区和出口加工区五大功能区，形成了稀土和钨及其应用、铜铝深加工、新能源汽车、电子信息、机械制造、食品药品六大主导产业，落户各类工业企业 330 余家，汇聚了伟创力电源、万宝至马达、孚能科技、金力永磁、澳克泰工具技术、江钨合金、金信诺电缆、曼妮芬等一批行业品牌企业。

赣州经济技术开发区交通便捷，区位优势明显。区内有赣粤高速和厦蓉高速出口，距南昌、广州、深圳等地约 4 小时车程。京九铁路、韶赣龙铁路、即将开工建设的昌吉赣铁路客专也在区内交汇，形成纵贯南北、横达东西的南方交通枢纽。开发区距赣州 4C 级黄金机场仅 20 分钟车程。

开发区基础设施完善、配套能力较强、劳动用工充足、生态环境优美，投资环境优良，可为企业提供“一站式并联审批”、“限时办结审批”、“部门挂点跟踪”等各项服务。

赣州香港工业园

格特拉克（江西）传动系统有限公司赣州分公司

伟创力电源车间一角

Ganzhou Economic and Technological Development Zone is located in the "The national historical and cultural city", "green treasure house", "the hakka cradle", "tungsten capital of the world", "rare earth kingdom" of Ganzhou City, is the state-level economic and Technological Development Zone, export processing zone, national new industrialization demonstration base, National Science and technology innovation base in trade, national processing trade major undertaking, Taiwan-funded enterprises to undertake the transfer of the base, enjoy the "State Council on support Gannan raw Central Soviet area development certain opinions", "Ganzhou city on the implementation of the western development tax policy notice" preferential policies. With Xicheng District, Hongkong Industrial Park, integrated logistics park, University Park and export processing zone such as the five major functional areas within the Development Zone, the formation of rare earth and tungsten and its application, aluminum deep processing, new energy automobile, electronic information, machinery manufacturing, food and medicine industry of 6 big dominant, in all kinds of industrial enterprises more than 330, convergence the Flextronics power, Wanbaozhi motor, Fu technology, Jin Li permanent magnet, Jiangxi tungsten alloy, Achteck tool technology，Kingsignal cable, Manifen and a number of industry brand enterprises.

Ganzhou Development Zone, convenient transportation, location advantages are obvious. In Jiangxi Ganyue Expressway and xiamen-chengdu Expressway export, to Nanchang, Guangzhou, Shenzhen, about 4 hours drive. The Beijing-Kowloon Railway, Shao Ganlong railway, the upcoming construction of the Changji Jiangxi railway passenger special after my area and intersection in my area, the formation of the North-South transportation hub, southern cross over. From the development zone to Ganzhou 4C gold airport only 20 minutes by car.

In addition, the development zone infrastructure facilities, supporting capacity, labor abundant, beautiful environment, excellent investment environment, for enterprises to provide "one-stop parallel examination and approval", "limit resolve approval", "Department of hanging point tracking" service.

地址：赣州开发区华坚南路　招商热线：0797-8371030　网址：www.gzkfq.gov.cn

港口

中马大门

公共服务中心和海浪广场

QIP

中国—马来西亚钦州产业园区

中国—马来西亚钦州产业园区是中马两国政府合作的第一个产业园区，也是继中新苏州工业园区、中新天津生态城之后中外两国政府合作的第三个园区，同时也是我国首创的“两国双园”的姐妹产业园区，是广西实施“引进来、走出去”战略的登陆点和试验场，是中国—东盟自由贸易区建成后中国与东盟合作的新平台、新动力、新亮点。

2011年4月28日，我国家领导人访问马来西亚，提议双方合作共建中马钦州产业园区，获得了马来西亚总理纳吉布的积极回应。10月21日，第八届中国—东盟博览会期间，我国家领导人和纳吉布总理共同见证园区签字仪式并揭牌。2012年3月26日国家批复设立中马钦州产业园区。4月1日，两国总理亲赴钦州，共同出席了园区开园仪式并奠基。9月1日，中共中马钦州产业园区工作委员会、中马钦州产业园区管理委员会组建成立。

园区总规划面积55平方公里，规划人口50万人，首期开发15平方公里。以打造中国—东盟合作的示范园区“中马智造城共赢示范区”为目标，定位为“先进制造基地、信息智慧走廊、文化生态新城、合作交流窗口”。

作为开放式园区，不仅服务中马两国企业，同时面向全球招商。产业发展立足现有基础，深化两国特色优势产业合作，并着眼未来发展，培育战略性新兴产业，重点发展装备制造、电子信息、食品加工、材料及新材料、生物技术和现代服务业六大产业。

中国能建中电工程华东电力设计院

EAST CHINA ELECTRIC POWER DESIGN INSTITUTE

CEEC 中国能建 ENERGY CHINA　CPECC ECEPDI

中国能建中电工程华东电力设计院 1953 年创建于上海，是中国勘察设计单位综合实力百强并获得国家质量、环境和职业健康安全管理体系认证证书，具有工程设计综合甲级、工程勘察综合甲级资质的单位，它主要承担电力系统规划、火电、核电、新能源和输变电项目的勘察、设计、咨询、监理、总承包等业务。截至 2012 年底，共有在职职工 1149 人。

华东院坚持发展高新技术，在 300MW、600MW、1000MW、1250MW 各容量等级核电厂常规岛，600MW 级亚临界 / 超临界 / 超超临界和 1000MW 级超临界 / 超超临界燃煤发电，洁净煤发电，天然气发电，超高压、特高压交直流输变电和大跨越高塔、同塔多回紧凑型线路，地下变电站等方面的设计技术水平处于国内领先地位。

截至 2012 年底，华东院参与了 38 项海外工程的设计，承担了巴基斯坦恰希玛核电厂 1 号机组（325MW）、2 号机组（340MW）和 3、4 号机组（2×340MW）常规岛及 BOP 工程，伊朗萨汉特电厂（2×325MW）、塔巴斯电厂（2×325MW），伊拉克巴格达东联合循环燃机（4×100MW）工程，印尼巴厘岛电厂（3×142MW），菲律宾马利万斯燃煤电厂（2×325MW），肯尼亚城网改造二期（Lot-1），委内瑞拉比西亚电厂配套输变电工程等勘察设计及服务工作。

Founded in Shanghai in 1953, East China Electric Power Design Institute (ECEPDI) is a regional electric power engineering company operating directly under China Electric Power Engineering Consulting Group Corporation (CPECC), which is under China Energy Engineering Group Co.Ltd.(CEEC). ECEPDI is one of the “100 Most Powerful Engineering Company in China” and possesses the certificates of the National Quality Management System, the Environmental Management System and the Occupational Health and Safety Management System. ECEPDI is an independent legal entity possessing qualification certificates of “Class A” Engineering Survey and Design. The major business of ECEPDI includes the Planning of Electric Power System, Surveying, Engineering, Consulting, Supervision and EPC of Fossil-fuel, Nuclear and new energy of Power Generation Projects, and Power Transmission and Distribution Projects. By the end of 2012, there are 1149 employees in total.

ECEPDI insists to focus its efforts on developing high and new technologies. ECEPDI is the pioneer in China in the fields of the engineering of conventional island of nuclear power plants with 300MW, 600MW, 1000MW and 1250MW class units, the engineering of coal-fired power plants for subcritical, supercritical & ultra-supercritical 600MW class units and supercritical & ultra-supercritical 1000MW class units, the clean coal and natural gas power generation, the engineering of extra and ultra high voltage AC/DC power transmission, large span power transmission lines and towers, transmission lines and towers of compact multi-circuit type and underground substations.

By the end of 2012, ECEPDI has been involved in 38 overseas projects, including Conventional Islands and BOP for Pakistan Chashma Nuclear Power Plant (unit No.1, 1×325MW, unit No.2, 1×340MW,and unit No.3&4, 2×340MW) , Iran Sahand Power Plant (2×325MW), Iran Tabas Power Plant (2×325MW), Iraq East Baghdad Combined Cycle Gas Turbine Power Plant(4×100MW), Indonesia Bali Coal-fired Power Plant (3×142 MW) , Philippines Mariveles Coal-fired Power Plant (2×325 MW) , Kenya City Power Grid Rebuilding Phase II(Lot-1), and Power Transmission Supporting Project of Venezuela El Vigia Power Plant.

地址：上海市武宁路 409 号　Address: No.409 Wuning Rd. Shanghai, P.R. China
电话（Tel）：（86-21）22015888　传真（Fax）：（86-21）62574087 62577326　网址（Website）：http://www.ecepdi.com　邮编（Zip）：200063

重庆对外经贸（集团）有限公司

重庆对外经贸（集团）有限公司是 2009 年 9 月经重庆市委、市政府批准成立的市属国有重点企业，注册资金 30 亿元，目前为当地规模最大的对外经贸企业，是重庆市扩大开放、实施“走出去”战略的综合平台。

集团主要从事国际国内商品及服务贸易（含劳务输出）、国内外工程承包建设与资源开发等经营业务。集团下辖全资子公司 6 个：重庆对外建设（集团）有限公司、中国重庆国际经济技术合作公司、重庆繁盛机电技术进出口有限公司、重庆对外贸易进口有限公司、明德国际（香港）经贸有限公司、重庆对外经贸集团能源投资有限公司；控股子公司 2 个：重庆五矿机械进出口有限公司、渝澳万濠经济技术发展有限公司；参股企业 3 个：重庆重钢矿产开发投资有限公司、重庆直升机产业投资有限公司、重庆长江轴承有限公司。集团在坦桑尼亚、利比里亚、利比亚、乌干达、南非、苏丹、马来西亚、约旦、越南、缅甸、尼泊尔、马耳他、东帝汶、阿联酋、美国等二十余个国家和地区设有分（子）公司和代表处，共有员工 17000 多人。

集团成立以来，始终坚持科学发展，不断优化资源配置，着力转变发展方式，业务发展高歌猛进，增长势头持续强劲。2009 年，完成营业收入 34.6 亿元；2010 年，完成营业收入 58 亿元；2011 年，营业收入、资产规模均超过 100 亿元，仅用两年时间跨进“双百亿”集团行列。集团位列 2012 中国服务业企业 500 强第 194 名，位列 2012 重庆企业 100 强第 21 名，位列 2012 重庆服务业企业 100 强第 9 名。

Chongqing Foreign Trade and Economic Cooperation (Group) Limited Company is found in September, 2009, with the approval by Chongqing Municipal Committee and Municipal government for state-owned key enterprises, the company has a registered capital of 3,000,000,000 Yuan, is currently the local 's largest foreign trade enterprises and the integrated platform of carrying out "out-going" strategy in Chongqing City.

The group mainly engaged in domestic and international trade in goods and services (including the export of labor services), domestic and foreign project contracting construction and resources development and other business. The group has 6 wholly owned subsidiaries: Chongqing Foreign Construction (Group) Limited Company, China Chongqing International Economic Technical Cooperation Corporation, Chongqing Fansheng Electrical and Mechanical Technology Import and Export Limited Company, Chongqing Foreign Trade Import Company Limited, Mingde International (Hongkong) Trade Limited Company, and Chongqing Foreign Trade Group Energy Investment Limited Company; a owned subsidiary: Chongqing Wukuang Machinery Import and Export Limited Company; 3 share enterprise households: Chongqing Chonggang Mineral Development Investment Company Limited, Chongqing Helicopter Industry Investment Company Limited, and Chongqing Changjiang Bearing Limited company. the group set up branches (subsidiaries) and representative offices in more than 20 countries and regions all over the world, including Tanzania, Liberia, Libya, Uganda, South Africa, Sultan, Malaysia, Jordan, Vietnam, Burma, Nepal, Malta, East Timor, United Arab Emirates, the United States (subsidiary) with a total staff of more than 17,000 people.

Since its establishment, the group always adheres to the scientific development, constantly optimizing the allocation of resources, and changing the pattern of development, the business development steps forward, the growth also keeps strong. in 2009, the company achieve sales revenue of 3,460,000,000 Yuan; in 2010, achieve sales revenue of 5,800,000,000 Yuan; in 2011, the operating income and asset size are all more than 10,000,000,000 yuan, stepping into the "double ten billion" group within only two years. The group in 2012 ranks 194th in top 500 Chinese service industry enterprises, 21th in 2012 top 100 enterprises in Chongqing, and the 9th in the 2012 top 100 Chongqing service industry enterprises.

重庆对外经贸集团新办公楼掠影

乌干达工程及交通部国务部长一行访问集团

集团承建的利比里亚蒙罗维亚海湾大桥

集团正在建设的苏丹总统府

Nokia Siemens
Networks

诺基亚西门子通信
Nokia Siemens Networks

诺基亚西门子通信是诺基亚与西门子的合资公司，作为全球移动宽带专家，我们为移动运营商提供硬件、软件和服务，帮助他们规划、设计和建造网络，运营和维护这些网络，提升他们的客户体验。

Nokia Siemens Networks, a joint venture between Nokia and Siemens, is the world's vspecialist in mobile broadband. We provide mobile operators with hardware, software and services to plan, design and build their networks; to operate and maintain those networks; and to enhance their customers' experience.

全球各地使用任何设备随时随地进行连接的需求出现爆炸性增长。解决这种挑战所需的网络基础设施只有为数不多的几家公司能提供——诺基亚西门子通信正是其中之一。我们的客户包括大多数世界领先的通信公司，包括 America Movil、中国移动、DeutscheTelekom、SoftBank、Telefonica、T-Mobile USA、Verizon和Vodafone。

There is explosive growth on demand that communicate by any equipment at any time and location all over the world. Only a few companies can provide the required network infrastructure to address this challenge -- Nokia Siemens Networks is one of the providers in the field. Our customers are most leading communications companies in the world including America Movil, China Mobile, Deutsche Telekom, SoftBank, Telefonica, T-Mobile USA, Verizon and Vodafone.

从第一个GSM通话到第一个商用LTE网络通话，我们始终处于每一代移动技术发展的最前沿。我们的全球专家不断进行功能创新，以满足客户对于网络的需求。我们提供全球最高效的移动网络，以智能的方式实现网络价值最大化，同时我们的服务支持所有网络无缝协作。

From the first ever call on GSM, to the first call on LTE, we operate at the forefront of each generation of mobile technology. Our global experts invent the new capabilities our customers need in their networks. We provide the world's most efficient mobile networks, the intelligence to maximize the value of those networks, and the services to make it all work seamlessly.

诺基亚西门子通信总部位于芬兰埃斯堡，在全球150多个国家和地区开展业务运营，2012年净收入约合1 38亿欧元。

With headquarters in Espoo, Finland, we operate in over 150 countries and had net sales of approximately 13.8 billion euros in 2012.